Johannes Ahrends
Dierk Lenz
Patrick Schwanke
Günter Unbescheid

Oracle 11g Release 2 für den DBA

Produktive Umgebungen effizient konfigurieren, optimieren und verwalten

ADDISON-WESLEY

An imprint of Pearson Education

München • Boston • San Francisco • Harlow, England
Don Mills, Ontario • Sydney • Mexico City
Madrid • Amsterdam

Bibliografische Information der Deutschen Nationalbibliothek
Die Deutsche Nationalbibliothek verzeichnet diese Publikation in der Deutschen Nationalbibliografie; detaillierte bibliografische Daten sind im Internet über <http://dnb.d-nb.de> abrufbar.

10 9 8 7 6 5 4 3 2 1

13 12 11

ISBN 978-3-8273-2680-5

Einbandgestaltung:	Thomas Arlt, tarlt@adesso21.net
Lektorat:	Sylvia Hasselbach, shasselbach@pearson.de
Korrektorat:	Sandra Gottmann, Münster
Herstellung:	Philipp Burkart, pburkart@pearson.de
Satz:	le-tex publishing services GmbH, Leipzig
Druck und Verarbeitung:	Kösel, Krugzell (www.KoeselBuch.de)

Printed in Germany

Inhaltsverzeichnis

Vorwort

Lohnt es sich in der heutigen Zeit überhaupt noch, ein Buch über eine schnelllebige Software zu schreiben? Aus dem Titel des Buches ist ersichtlich, dass es sich um die Oracle Version 11g Release 2 handelt, eine Version also, die für circa 18 Monate aktuell sein und im Laufe dieser Zeit auch noch weitere Patches und Änderungen erfahren wird. Warum sollte man also mehr als zwei Jahre darauf verwenden, Funktionen zu erlernen, Beispiele auszuarbeiten und zu testen, um schlussendlich eine Software zu beschreiben, die dann schon das Ende ihres Lebenszyklus erreicht hat?

Vielleicht liegt es am Untertitel „Produktive Umgebungen effizient konfigurieren, optimieren und verwalten". Wir arbeiten teilweise seit über 20 Jahren mit der Oracle-Datenbank und stellen fest, dass die Aufgaben eines Administrators sich zwischenzeitlich gar nicht so sehr geändert haben. Sicherlich gibt es viele kleine Helferlein, die ihm das Leben bzw. die Arbeit erleichtern, aber dafür sprechen wir heute nicht mehr über Megabytes, sondern Terabytes, und statt zehn Datenbanken sind jetzt hunderte zu betreuen. Mehr denn je kommt es also darauf an, Datenbanken effizient zu administrieren, und zwar unabhängig von schönen neuen „Features". Daher ist es auch gar nicht so wichtig, ob die Version jetzt 10.2, 11.1 oder vielleicht 13.0 heißt, einzig und allein gute Kenntnise über die wesentlichen Funktionen der Datenbank sind entscheidend für den reibungslosen Betrieb vieler großer Datenbanken.

Ein schöner Aspekt, wie langlebig die Oracle-Funktionen sind, kam bei einer Diskussion über das Kapitel „Management-Werkzeuge" zutage. Wir diskutierten darüber, wie lange es SQL*Plus schon gibt und kamen zu dem Schluss, dass es nächstes Jahr sein 25-jähriges Jubiläum feiert! Bereits mit der Version 5.1 wurde SQL*Plus ausgeliefert, und bis heute ist die Administration der Oracle-Datenbanken ohne dieses kleine Werkzeug undenkbar. Zwar suggeriert das Wort „Automatic" in der Oracle-Dokumentation und bei vielen Funktionen, dass eine Administration scheinbar gar nicht mehr notwendig ist, doch trotz schöner grafischer Werkzeuge sollte der Datenbankadministrator zu guter Letzt genau wissen, wie eine Oracle-Datenbank aufgebaut ist und wie man sie mit einem einfachen Befehl – mit SQL*Plus – „beherrscht".

Mehr als zwei Jahre haben wir geschrieben und wieder verworfen, getestet und geflucht, diskutiert und gestritten – das allerdings recht wenig – und hoffen, Ihnen mit diesem Buch eine Übersicht über die Möglichkeiten der Oracle-Datenbank geben zu können, mit praktischen Beispielen und Hinweisen über neue und alte Funktionen. Dieses Buch erhebt nicht den Anspruch, alle erdenklichen Funktionen der Oracle-Datenbank zu beschreiben (dafür gibt es eine ganze Reihe an zusätzlicher Dokumentation), aber wir haben die Themen zusammengestellt, von denen wir erwarten, dass ein Datenbankadministrator sie versteht und einsetzen kann.

Wir haben in den vergangenen Jahren Tage, Wochenenden und Feierabende statt mit unseren Familien mit der Oracle-Datenbank verbracht. Daher möchten wir an dieser Stelle ganz besonders unseren Ehefrauen, die wir vernachlässigt und manches Mal auch mit Fragen über Oracle-Datenbanken malträtiert haben, danken. Danke dafür, dass sie uns unterstützt und uns bei unseren gemeinsamen Meetings mit Essen und Trinken versorgt haben.

Oracle hatte Verzögerungen bei der Freigabe von Version 11g Release 2 und als es endlich da war, waren wir immer noch nicht fertig – es fehlte ja auch noch der Enterprise

Manager. Unsere Lektorin Frau Hasselbach und auch der Verlag haben trotzdem an den Erfolg des Buches geglaubt – auch dafür herzlichen Dank.

Oracle 11g ist damit Geschichte und das nächste Release wartet ...

1 Datenbankkonzepte

1.1 Allgemeines

Die Oracle-Datenbank ist ein relationales Datenbankmanagementsystem (RDBMS), d. h., Tabellen bilden die wesentliche Strukturierungseinheit für die zu speichernden Daten.

Da die theoretischen Grundlagen der relationalen Datenspeicherung bereits 1970 gelegt wurden, verwundert es nicht, dass in der Zwischenzeit auch andere Paradigmen wie z. B. Objektorientierung, verschachtelte Relationen (Nested Relations) oder semistrukturierte Daten à la XML in Erscheinung getreten sind. Alle diese Konzepte haben in der Oracle-Datenbank ihre Spuren hinterlassen und sind dort vertreten. Dennoch spielt die relationale Modellierung und Speicherung in der Praxis weiterhin eine vorherrschende Rolle.

Die Oracle-Datenbank basiert auf der Datenbanksprache SQL (Structured Query Language, „SEQUEL" gesprochen). Sie erfüllt in weiten Teilen die Bedingungen an Core SQL:2003, den Pflichtteil des SQL:2003-Standards, der 2003 sowohl von der ANSI- als auch von den ISO/IEC-Organisationen verabschiedet wurde.

1.1.1 Transaktionsverhalten

Einer der großen Unterschiede zwischen einem Datenbankmanagementsystem wie Oracle und flachen Dateisystemen oder einfachen Datenbanken wie MS Access ist die Möglichkeit der Transaktionsverarbeitung, und zwar transparent und automatisch.

Eine Transaktion besteht aus einer Folge von Kommandos, die den Inhalt der Datenbank manipulieren. Im Rahmen des sogenannten ACID-Paradigmas werden vier wesentliche Anforderungen an Transaktionen – genauer gesagt: an die Transaktionsverarbeitung eines Datenbankmanagementsystems – gestellt:

Atomicity meint das Alles-oder-nichts-Prinzip der Transaktionsverarbeitung. Wenn z. B. per UPDATE-Befehl ein Betrag x vom Kontostand des Kontos A abgezogen wird und ein weiterer UPDATE-Befehl den Betrag auf den Kontostand des Kontos B addiert, müssen entweder beide Befehle ausgeführt werden oder keiner von beiden. Daher macht es Sinn, beide in einer Transaktion zu kapseln.

Consistency bedeutet, dass nach Abschluss einer Transaktion die Daten logisch konsistent sein müssen, also Integritätsbedingungen wie z. B. Abhängigkeiten und Eindeutigkeitsanforderungen der Daten erfüllt sein müssen.

Isolation gibt vor, dass jede Transaktion so laufen muss, als gäbe es keine weiteren gleichzeitig ausgeführten Transaktionen. Zum Beispiel dürfen geänderte Daten nicht einfach von einer anderen, zufällig parallel ablaufenden Transaktion überschrieben oder gelöscht werden. Das bedeutet auch, dass andere Transaktionen die Auswirkungen einer Transaktion erst nach deren Bestätigung mit COMMIT sehen können. In der Zwischenzeit verhalten sich alle Operationen so, als habe die Transaktion nicht stattgefunden.

Durability heißt, dass das Datenbankmanagementsystem garantiert, dass bei erfolgreichem Transaktionsabschluss (COMMIT) alle Änderungen wiederherstellbar in die Datenbank integriert sind.

Alle DML- (Data Manipulation Language) und DDL (Data Definition Language)-Befehle finden in der Oracle-Datenbank im Rahmen von Transaktionen statt. Es gibt keine Möglichkeit, das Transaktionsverhalten grundsätzlich zu umgehen. Die Oracle-Datenbank erfüllt die Anforderungen des ACID-Paradigmas entsprechend den Maßgaben des SQL-Standards, bietet aber auch in jedem Aspekt die Möglichkeit, diese Anforderungen etwas aufzuweichen:

- Das Alles-oder-nichts-Prinzip gilt im Rahmen der Wiederherstellung nach einem Absturz oder Hardwarefehler. Im normalen Betrieb ist es durchaus möglich, dass z. B. ein Update-Befehl innerhalb einer Transaktion eine Integritätsbedingung verletzt und daher zurückgerollt wird. Das Zurückrollen betrifft aber nur den einen Befehl, nicht die gesamte Transaktion. Es ist also Aufgabe der Anwendung oder einer PL/SQL-Routine[1] zu überprüfen, ob bei einem Fehler die gesamte Transaktion zurückgerollt werden muss.

  Dies ist das Verhalten, das vom SQL-Standard gefordert wird, für den Fall, dass sogenannte Immediate-Constraints verwendet werden, also Integritätsbedingungen, die unmittelbar nach Ende des SQL-Befehls überprüft werden. Alternativ können sogenannte Deferred-Constraints verwendet werden, die erst am Transaktionsende geprüft werden. Dadurch wird Atomizität auch im laufenden Betrieb erzwungen, in der Praxis ist dies aber eher unüblich.
- Integritätsbedingungen können deaktiviert werden, um z. B. bei Ladeprozessen oder in replizierten Umgebungen eine bessere Performance zu erreichen.
- Eine vollständige Isolation gleichzeitig laufender Transaktionen ist nur im Isolations-Level „Serializable“ gegeben. Für Anwendungen, bei denen Datenkorrektheit oberste Maxime ist, z. B. Banken-Software, ist dies zu empfehlen. Anderen Anwendungen, wie beispielsweise interne Auswertungen und Reports, reicht meistens der Isolations-Level „Read Committed“, der zwar bestimmte Interferenzen zwischen parallelen Transaktionen zulässt, aber dafür wesentlich weniger Sperrprobleme verursacht und dadurch eine bessere Performance bietet.
- Sogar die Wiederherstellbarkeit abgeschlossener Transaktionen kann seit der Datenbankversion 10gR2 gegen eine höhere Performance eingetauscht werden, indem die Commit-Anweisungen asynchron ausgeführt werden. Für umfangreiche Batch-Jobs, die bei einem Absturz einfach noch mal angestartet werden können, ist dies eine interessante Option, damit nicht bei jeder Transaktion auf den Abschluss des Commits gewartet werden muss.

Jedes DDL-Kommando, z. B. die Erstellung einer Tabelle, führt je ein implizites Commit vor und nach seiner Ausführung aus. Das heißt, bei Ausführung eines DDL-Kommandos wird eine noch offene Transaktion abgeschlossen, das DDL-Kommando wird ausgeführt und festgeschrieben. Es ist daher grundsätzlich nicht möglich, DDL-Kommandos in eigene Transaktionen mit einzuflechten oder zurückzurollen.

1 PL/SQL ist die prozedurale Komponente des Oracle SQL-Dialekts und damit eine Programmiersprache innerhalb der Datenbank.

Innerhalb der Programmiersprache PL/SQL gibt es die Möglichkeit, einzelne Programmblöcke oder Module als „autonome Transaktion“ zu kennzeichnen. Damit verhalten sich diese als geschachtelte Transaktion, d. h., die autonome Transaktion kann mit COMMIT bestätigt werden, während die übergeordnete zurückgerollt wird. Dies ermöglicht beispielsweise die Protokollierung ausgesuchter Aktionen oder aufgetretener Fehler mithilfe von INSERT-Befehlen in eine Protokolltabelle. Ohne die autonome Transaktion würde im Fall eines ROLLBACKs der übergeordneten Transaktion auch der Eintrag in die Protokolltabelle wieder entfernt.

1.1.2 Sperrverhalten

Die Oracle-Datenbank benötigt für einen rein lesenden Zugriff keinerlei Sperren. Damit ist z. B. die Lauffähigkeit von Berichten parallel zur Transaktionsverarbeitung grundsätzlich sichergestellt. Dies liegt darin begründet, dass ein sogenanntes „Multi-Version Concurrency“-Modell benutzt wird. Wird ein Datensatz geändert, hinterlegt der Oracle-Server die alte Version in einem sogenannten Undo-Segment innerhalb der Datenbank.

Für eine lesende Transaktion ist es daher kein Problem, wenn parallel andere Transaktionen dieselben Daten modifizieren. Anhand eines internen Zeitstempels stellt die lesende Transaktion automatisch fest, ob ein Datensatz zwischenzeitlich geändert wurde, und greift in diesem Fall auf die Undo-Segmente zurück. Das geschieht für Benutzer und Anwendungen transparent.

Neben dem Lesekonsistenz-Grundsatz bei der Transaktionsverarbeitung, der besagt, dass keine Änderungen noch offener Transaktionen gesehen werden, gibt es in diesem Zusammenhang noch eine weitere Lesekonsistenz-Eigenschaft. Diese besagt, dass keine Änderungen bei der Abarbeitung eines SQL-Befehls gesehen werden, die beim Start der Verarbeitung noch nicht durch COMMIT bestätigt sind. Hierdurch wird sichergestellt, dass das Ergebnis einer Abfrage immer korrekt ist, auch wenn es sich auf einen Zeitpunkt in der Vergangenheit bezieht. Würde die Lesekonsistenz in dieser Form nicht eingehalten werden, so würden dadurch falsche Ergebnisse möglich, eben weil bei Datenabfragen keine Sperren ausgelöst werden.

Das Setzen des Lesekonsistenzzeitpunkts auf den Anfang einer Abfrage hat zur Folge, dass eine Abfrage, die mehr als einmal innerhalb einer Transaktion ausgeführt wird, unter Umständen bei jeder Ausführung ein anderes Ergebnis liefert. Wenn eine Anwendung hiermit nicht ausreichend geschützt ist, sollte der Isolations-Level vom Standardwert „Read Committed“ auf „Serializable“ oder – für rein lesenden Zugriff – auf „Read Only“ gesetzt werden. Damit sieht eine Transaktion immer nur diejenigen Daten, die bereits bei Transaktionsanfang bestätigt waren (und natürlich die eigenen Änderungen). Mehrfach ausgeführte Abfragen innerhalb der Transaktion liefern garantiert stets das gleiche Ergebnis, es sei denn, die eigene Transaktion hat die Daten modifiziert. Sobald die Transaktion versucht, Datensätze zu bearbeiten, die von anderen Transaktionen seit dem Transaktionsanfang bereits bearbeitet worden sind, wird dies mit folgender Fehlermeldung abgelehnt:

```
ORA-08177: can't serialize access for this transaction
```

In diesem Fall muss die Transaktion zurückgerollt und neu gestartet werden.

Auch wenn der Isolations-Level „Serializable“ ein noch konsistenteres Arbeiten ermöglicht als die Standardeinstellung „Read Committed“, ist aus Performancegründen meistens der Letztere zu empfehlen. Außerdem kann der Anwendungsentwickler durch explizites Sperren (`SELECT ... FOR UPDATE`) für konsistentes Verhalten sorgen und so trotzdem die Performancevorteile nutzen. Wenn es nur um konsistentes Lesen geht, ist eine weitere Alternative mit der Flashback-Technik gegeben. Dabei wird einer Abfrage explizit ein Konsistenzzeitpunkt mitgegeben.

Bei Datenänderungen wird der betroffene Datensatz gesperrt, um gleichzeitige Änderungen durch andere Transaktionen auszuschließen. Hierfür wird eine DML-Sperre benutzt, der Datensatz wird im Row-Exclusive-Modus gesperrt. Dieser Modus ist grundsätzlich automatisch von der Oracle-Datenbank eingestellt, sobald DML-Befehle benutzt werden. Hierbei wird eine Sperre pro Datensatz erstellt, sobald dieser vom DML-Befehl bearbeitet wird.[2]

Da die eigentliche Datensatzsperre an einer dafür vorgesehenen Stelle innerhalb des Oracle-Blocks durchgeführt wird, gibt es keinerlei Einschränkung in der Anzahl erlaubter Datensatzsperren pro Transaktion, pro Sitzung oder pro Datenbank. Daher sind Verfahren wie Lock Escalation, bei denen Datensatzsperren in Blocksperren umgewandelt werden, sobald eine bestimmte Anzahl von Datensätzen gesperrt werden soll, in der Oracle-Datenbank nicht notwendig und daher auch nicht implementiert.

Die Datensatzsperre ist grundsätzlich eine sehr gut geeignete Einheit für Sperrverfahren, da für viele Anwendungen hiermit sinnvolles Arbeiten mit mehreren Benutzern möglich ist. Dies bedeutet aber nicht, dass die Verwaltung der Datensatzsperren keinen Aufwand für die Datenbank bedeutet. Falls man z. B. große Mengen von DML-Befehlen als Batch zu verarbeiten hat und gleichzeitig keine weiteren Operationen laufen, lohnt sich die Anforderung einer DML-Sperre im Exclusive-Modus mit dem Befehl:

```
SQL> LOCK TABLE <tab> IN EXCLUSIVE MODE;
```

Oft lassen sich Laufzeiten hiermit um etwa die Hälfte (!) reduzieren. Wie oben bereits erwähnt, gibt es noch den Modus „Row Share“, der für Abfragen mit angekündigtem Änderungswunsch (`SELECT ... FOR UPDATE`) verwendet wird, damit sich zwischen dem Auslesen des aktuellen Datensatzes und der nachfolgenden Änderung keine zwischenzeitlichen Änderungen durch andere Transaktionen ereignen können.

1.2 Software und Dateien

Um die Struktur eines Oracle-Servers zu verstehen, muss man zunächst drei Begriffe voneinander trennen und abgrenzen, nämlich Oracle-Home, Datenbank und Instanz:

1.2.1 Oracle-Home

Dies ist das Installationsverzeichnis, in dem die Oracle-Software liegt. Ein Oracle-Home ist also einfach ein Pfad im Dateisystem, beispielsweise:

- `/u01/app/oracle/product/11.2.0/db_1` auf Unix
- `D:\Oracle\Product\11.2.0\db_1` auf Windows

---

2 Eine Ausnahme hierbei bilden sogenannte „Bitmap-Indizes“. Bei diesem speziellen Indextyp sind die in einem Oracle-Block enthaltenen Bit-Reihen jeweils in sogenannte Bitmap-Segmente unterteilt. Beim Sperren eines Datensatzes wird das komplette zugehörige Bitmap-Segment gesperrt, so dass indirekt u. U. Hunderte anderer Zeilen von der Sperrung betroffen sein können, deren eigentliche Daten ggf. in völlig anderen Tabellenblöcken stehen. Daher sollten auf Tabellen mit Bitmap-Indizes auch möglichst wenige DML-Befehle ausgeführt werden.

Im Allgemeinen kann dieser Pfad bei der Installation der Software frei gewählt werden, sollte aber möglichst bestimmten Konventionen entsprechen (Optimal Flexible Architecture, OFA).

Außerdem hat das Oracle-Home noch einen Namen, der einfach ein Alias-Bezeichner ist und z. B. OraHome11g oder OraClient10g heißen kann. Auch dieser kann bei der Installation frei gewählt werden.

Auf einem Server können durchaus mehrere Oracle-Homes liegen. Das ist in manchen Fällen auch notwendig, wenn z. B. unterschiedliche Editionen, Versionen oder Patch-Stände auf einem Server gefahren werden.

Für manche Plattformen, z. B. Linux, gibt es sowohl 32-Bit- als auch 64-Bit-Versionen der Software. Eine Diskussion der Vorteilhaftigkeit von 64-Bit-Architekturen wird in Kapitel 3.2 gegeben. Ist diese Entscheidung gefallen, sollte grundsätzlich immer die „passende" Software installiert werden, also:

- Auf einem 64-Bit-Betriebssystem sollte immer die 64-Bit-Oracle-Software installiert werden. Auch wenn das Betriebssystem bzw. die CPU 32-Bit-Anwendungen unterstützen, gibt es in vielen Fällen Probleme bei der Installation der 32-Bit-Oracle-Software. Selbst wenn die Installation gelingt, verschenkt man die Vorteile des erweiterten Adressraums.
- Auf einem 32-Bit-Betriebssystem kann naturgemäß nur die 32-Bit-Oracle-Software installiert werden.

Software-Werkzeuge oder Agenten, die direkt auf dem Datenbank-Server laufen, brauchen häufig Zugriff auf einige Oracle-Libraries. Hierbei ist zu beachten, dass es für diese Libraries zwei verschiedene Verzeichnisse gibt. Manchmal wird aus Versehen der falsche Pfad gezogen, was dann zu Linkage-Fehlern auf Betriebssystemebene führt.

- Bei einer 32-Bit-Oracle-Installation liegen die 32-Bit-Libraries im Unterverzeichnis `lib` innerhalb des Oracle-Homes
- Bei einer 64-Bit-Oracle-Installation liegen die 64-Bit-Libraries im Unterverzeichnis `lib`, die 32-Bit-Libraries dagegen im Unterverzeichnis `lib32` innerhalb des Oracle-Homes.

1.2.2 Multi-Home-Umgebungen

Im Rahmen der Software-Installation werden auch eine Datei `oratab` und ein Skript `oraenv` angelegt. Diese oratab-Datei sollte immer eine Liste der lokalen Instanzen und ihrer zugehörigen Oracle-Homes enthalten. Gerade bei mehreren Oracle-Homes auf einem Server hilft dies, schnell die einschlägigen Umgebungsvariablen (ORACLE_SID, ORACLE_HOME, PATH etc.) umzusetzen. Die oratab-Datei liegt im Verzeichnis

- `/etc` auf den meisten Unix- und Linux-Plattformen
- `/var/opt/oracle` auf Solaris

Beim Anlegen einer neuen Datenbank mit dem Database Configuration Assistant wird automatisch ein entsprechender Eintrag in die oratab-Datei geschrieben. Ansonsten sollte dies manuell nachgeholt werden. Ein Umsetzen der Umgebungsvariablen geht nun einfach durch folgenden Aufruf des oraenv-Skripts. Wichtig ist, dass das Skript nicht einfach aufgerufen, sondern „gesourcet" werden muss:

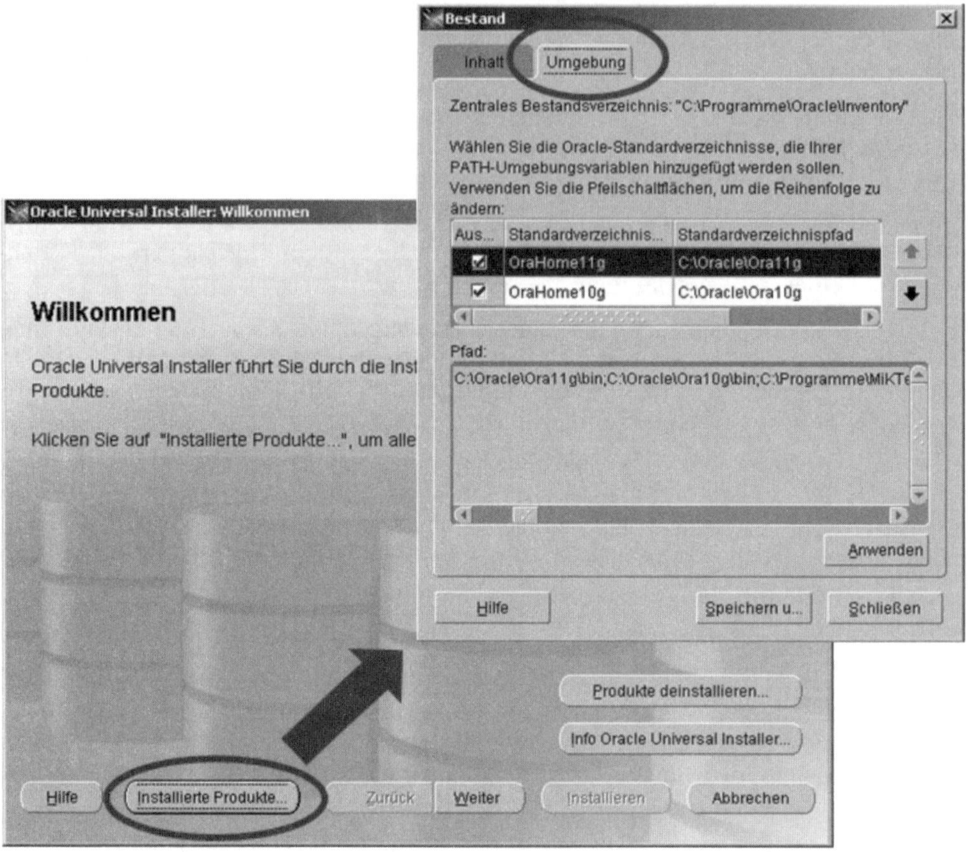

Abbildung 1.1: Umsetzen der Umgebung in MS-Windows

```
$ . oraenv
ORACLE_SID = [] ? ORA11G
The Oracle base for
ORACLE_HOME=/u01/app/oracle/product/11.2.0/db_1 is /u01/app/oracle
```

Das oraenv-Skript wird ebenfalls bei der ersten Software-Installation hinterlegt. Auf Linux z. B. liegt es häufig im Verzeichnis `/usr/local/bin/`.

Auf MS-Windows gibt es leider kein direktes Pendant zu diesem Mechanismus. Hier muss das Umsetzen der Umgebung entweder mit eigenen Skripten erfolgen, oder – etwas umständlich – über den *Oracle Universal Installer*[3] (siehe Abbildung 1.1).

1.2.3 Betriebssystembenutzer und -gruppen

Bei der Installation der Datenbank-Software auf Unix-Systemen wird außerdem nach bestimmten Betriebssystembenutzern sowie verschiedenen Betriebssystemgruppen gefragt. Diese müssen vor der Installation angelegt werden.

---

3 Der Oracle Universal Installer (OUI) findet sich im Windows-Startmenü unter: Programme / Oracle - Oracle-Home-Name / Oracle Installation Products.

- Die *Oracle Inventory-Gruppe*. Diese Gruppe muss es pro Server genau einmal geben. Über die Mitgliedschaft in dieser Gruppe werden die Lese- und Schreibrechte auf den Software-Dateien in allen Oracle-Homes sowie auf dem „Oracle Inventory" geregelt.

  Die Mitgliedschaft in dieser Gruppe ist also wichtig für Software-Installationen, Upgrades und Patches. Bei der erstmaligen Installation einer Datenbank-Software wird der Gruppenname abgefragt und ist damit festgelegt. Der Standardname hierfür ist `oinstall`. In kleineren Umgebungen wird als Name häufig auch `dba` verwendet, um diese Gruppe mit der weiter unten beschriebenen OSDBA-Gruppe gleichzusetzen.

- Die *OSDBA*- und *OSOPER*-Gruppen werden häufig gleichgesetzt und dann beide `dba` (auf Unix- und Linux-Systemen) bzw. `ORA_DBA` (unter Windows) genannt. Es ist aber auch eine Trennung möglich, in diesem Fall lauten die Standardnamen `dba` und `oper` bzw. `ORA_DBA` und `ORA_OPER`.

  Mitgliedschaften in diesen Gruppen sind für Administratoren relevant, da sie eine Anmeldung mit dem SYSDBA- bzw. SYSOPER-Privileg ermöglichen. Diese Privilegien sind nötig, um z. B. eine Instanz rauf- und runterzufahren, eine Wiederherstellung einer beschädigten Datenbank durchzuführen oder eine neue Datenbank zu erstellen. Beispielsweise zum Starten einer Instanz ist eine normale Authentifizierung mittels Datenbankbenutzer und Passwort ja gar nicht möglich, da diese Anmeldedaten in der Datenbank gespeichert sind, die aber gerade erst gestartet werden soll.

  Das SYSOPER-Privileg reicht für die meisten dieser administrativen Arbeiten bereits aus. Die SYSDBA-Rolle ist aber als Einzige in der Lage, die zugrunde liegenden Rechte weiter zu vergeben, also z. B. andere Benutzer mit SYSOPER- oder SYSDBA-Rolle auszustatten. Außerdem darf nur ein Benutzer mit SYSDBA-Rolle eine neue Datenbank erstellen oder ein unvollständiges Recovery (Point-in-Time Recovery) durchführen.

  Bei mehreren Oracle-Homes auf einem Server können optional wiederum unterschiedliche Gruppen verwendet werden, um administrative Rechte auf verschiedenen Oracle-Homes zwischen unterschiedlichen Personen aufzuteilen.

- Die *OSASM*-Gruppe erlaubt ihren Mitgliedern eine Anmeldung an eine ASM-Instanz mit dem SYSASM-Privileg. Dieses Privileg ist für eine ASM-Instanz das Pendant zum SYSDBA-Privileg für eine normale Datenbankinstanz, es erlaubt also das Starten und Stoppen einer ASM-Instanz, das Anlegen von Disk-Gruppen etc.

  In der Datenbankversion 10g gibt es diese Gruppe und das zugehörige Privileg noch nicht. Stattdessen werden ASM-Instanzen der Version 10g mit dem SYSDBA-Privileg administriert. Die Einführung einer separaten Rolle SYSASM mit der Version 11g ist der Erfahrung geschuldet, dass gerade in größeren Unternehmen das Aufsetzen und Verwalten von ASM-Instanzen nicht von Datenbankadministratoren, sondern von Systemadministratoren übernommen wird und ohne eine separate Rolle keine saubere Rechtetrennung zwischen beiden Gruppen möglich ist.

  In Version 11gR1 hat übergangsweise weiterhin auch die SYSDBA-Rolle volle Rechte in einer ASM-Instanz, mit Version 11gR2 ist dies aber nicht mehr der Fall, d. h. ausschließlich Mitglieder der OSASM-Gruppe können z. B. ASM-Instanzen starten und stoppen. Der Standardname für diese Gruppe lautet `asmadmin`.

- Der *Software Owner* ist ein OS-Benutzer und trägt häufig einfach den Namen „oracle". Dieser Benutzer wird Eigentümer aller Dateien im Oracle-Home sowie der

Datenbankdateien aller Datenbanken des betreffenden Oracle-Homes. Unter diesem Benutzer laufen anschließend auch die Prozesse der Oracle-Instanz.

Werden mehrere Oracle-Homes auf einem Server genutzt, wird in der Praxis manchmal ein separater Software Owner pro Oracle-Home verwendet – z. B. ora10g, ora11gr1, ora11gr2 –, um nicht aus Versehen eine Instanz aus dem falschen Oracle-Home heraus zu starten oder einfach um Verantwortlichkeiten zwischen mehreren DBAs besser trennen zu können.

In den Datenbankversionen 10g und 11gR1 können auch die Oracle-Homes für ASM-Software bzw. Oracle Clusterware mit einem eigenen Software Owner installiert werden, standardmäßig werden hier die Benutzernamen `asm` bzw. `crs` verwendet. In Version 11gR2 sind ASM und Clusterware zur sogenannten „Grid Infrastructure" zusammengefasst, der zugehörige Software Owner heißt standardmäßig `grid`.

Um es noch einmal klarzumachen: Wenn diese Trennungen nicht gewünscht oder benötigt sind, kann auch einfach alles mit einem einzigen Benutzer `oracle` und einer einzigen Gruppe `dba` installiert werden.

Entscheidend wichtig sind nun folgende Zusammenhänge bzw. Abhängigkeiten:

- Alle Software Owner (`oracle`, `grid`, `asm`, `crs` etc.) müssen als primäre Betriebssystemgruppe die Oracle Inventory-Gruppe, meistens `oinstall`, haben. Bei Verwendung der Kommandos useradd bzw. usermod wird die primäre Betriebssystemgruppe mit der Option „-g" gesetzt.
- Der Software Owner der Datenbank-Software, z. B. `oracle`, muss außerdem die OSDBA-, OSOPER- und OSASM-Gruppen als sekundäre Gruppen gesetzt haben. Dies entspricht der Option „-G" bei den Kommandos useradd und usermod.
- Im Falle eines RAC-Clusters müssen sowohl Gruppen- und Benutzernamen als auch Gruppen- und Benutzer-IDs über alle Cluster-Knoten identisch sein. Erfolgt die Verwaltung zentral, z. B. über NIS, ist dies automatisch der Fall. Ansonsten muss vorher überprüft werden, welche Namen und vor allem welche IDs noch auf sämtlichen Knoten verfügbar sind.

Bei einer Installation auf Windows gestaltet es sich etwas anders:

- Eine Oracle-Inventory-Gruppe gibt es nicht.
- Es wird kein dedizierter Software Owner benötigt. Die Installation muss mit einem beliebigen Benutzer, der lokale Administratorrechte innehat, durchgeführt werden (ein Domänenadministrator reicht in der Regel nicht aus). Dieser Benutzer ist anschließend auch der Software-Owner und muss somit für nachfolgende Software-Upgrades oder -Patches benutzt werden.
- Die lokale Gruppe `ORA_DBA` wird automatisch während der Installation angelegt und fungiert als OSDBA-Gruppe. Optional kann manuell die Gruppe `ORA_OPER` als OSOPER-Gruppe angelegt werden.

1.3 Die Oracle-Datenbank

In der Praxis wird die Datenbank häufig mit der Oracle-Instanz, die im nächsten Punkt erklärt wird, verwechselt oder einfach synonym gebraucht. Genau genommen handelt es sich bei der Datenbank aber lediglich um den persistenten Teil, also Daten-, Redolog-, Kontrolldateien etc. Diese bilden zunächst einfach eine passive Ansammlung von Dateien.

Ein direkter Zugriff auf diese Dateien ist nicht erlaubt. Erst durch eine Instanz werden die Datenbankdateien „zum Leben erweckt“ und damit zu einem produktiven Oracle-Server.

Eine Datenbank hat einen Namen, der in den Datei-Headern jeweils vermerkt ist, den sogenannten Datenbanknamen. Er wird bei der Erstellung der Datenbank vergeben. Er ist zwar prinzipiell änderbar, dies bedingt allerdings eine Auszeit. In der Praxis ist der Datenbankname in den allermeisten Fällen statisch. Er hat lediglich interne Bedeutung. Für Anwendungen, die auf die Datenbank zugreifen, ist er vollkommen irrelevant.

Unter der Instanz hingegen versteht man die Gesamtheit aller Prozesse sowie den Shared-Memory-Bereich (SGA), die zur Arbeit mit der Datenbank genutzt werden. Eine Instanz wird aus den Executables eines Oracle-Homes heraus gestartet.

Auf einem Server können problemlos mehrere Instanzen aus einem oder mehreren Oracle-Homes gestartet werden und nebeneinander laufen, dies ist auch nicht unüblich. Eine Instanz ist mit einer Datenbank assoziiert und regelt den gesamten lesenden und schreibenden Zugriff auf die Datenbank. In bestimmten Ausnahmefällen kann eine Instanz auch „im Leerlauf“, also ohne Datenbank, sein, z. B. wenn eine Datenbank gerade erst erstellt werden soll.

Im einfachsten Fall (der für nicht geschäftskritische Datenbanken der Normalfall ist) besteht eine 1:1-Beziehung zwischen Instanz und Datenbank. In RAC-Umgebungen ist es aber so, dass mehrere Instanzen, die auf unterschiedlichen Servern laufen, auf dieselbe Datenbank zugreifen. Auch eine Instanz hat einen Namen, den man als Oracle-SID (System Identifier) bezeichnet und der unter allen Instanzen auf einem Server eindeutig sein muss. Auch dieser ist unter Inkaufnahme einer kurzen Auszeit änderbar, in der Praxis aber eher statisch. Für Anwendungen ist er meistens irrelevant, außer wenn die Anwendung direkt auf dem Datenbankserver läuft und eine sogenannte lokale Anmeldung durchführt.

1.4 Die Instanz

Die Instanz ist wie oben beschrieben der einzig wirklich aktive Part in einem Oracle-Server. Nur wenn sie gestartet ist, ist die Datenbank aus Sicht der Anwender verfügbar.

Die Instanz besteht aus Betriebssystemprozessen sowie dem von diesen Prozessen verwendeten Shared-Memory-Bereich. Ein wichtiges Prinzip dabei ist die gemeinsame Verwendung einiger Ressourcen, nämlich der sogenannten Hintergrundprozesse, die diverse allgemeine Verwaltungsaufgaben übernehmen, sowie des Shared-Memory-Bereichs für die Pflege eines gemeinsamen Daten-Caches, SQL-Caches und weiterer Speicherbereiche.

1.4.1 Prozesse

Auf Unix- und Linux-Systemen lassen sich die Prozesse der Instanz leicht durch entsprechende Kommandos auflisten. Dabei kann man sich zunutze machen, dass der Instanzname, die sogenannte Oracle-SID, in jedem Prozessnamen vorkommt.

```
$ ps -ef |grep ORA11G
oracle   12849     1  0 09:17 ?     00:00:03 ora_pmon_ORA11G
oracle   12851     1  0 09:17 ?     00:00:46 ora_vktm_ORA11G
oracle   12855     1  0 09:17 ?     00:00:07 ora_diag_ORA11G
oracle   12857     1  0 09:17 ?     00:00:00 ora_dbrm_ORA11G
oracle   12859     1  0 09:17 ?     00:00:24 ora_vkrm_ORA11G
oracle   12861     1  0 09:17 ?     00:00:01 ora_ping_ORA11G
oracle   12863     1  0 09:17 ?     00:00:01 ora_psp0_ORA11G
oracle   12865     1  0 09:17 ?     00:00:00 ora_acms_ORA11G
oracle   12867     1  0 09:17 ?     00:01:22 ora_dia0_ORA11G
oracle   12869     1  0 09:17 ?     00:00:19 ora_lmon_ORA11G
oracle   12872     1  0 09:17 ?     00:00:01 ora_lmd0_ORA11G
oracle   12874     1  0 09:17 ?     00:00:00 ora_rms0_ORA11G
oracle   12876     1  0 09:17 ?     00:00:04 ora_mman_ORA11G
oracle   12878     1  0 09:17 ?     00:00:04 ora_dbw0_ORA11G
oracle   12880     1  0 09:17 ?     00:00:03 ora_lgwr_ORA11G
oracle   12882     1  0 09:17 ?     00:00:08 ora_ckpt_ORA11G
oracle   12884     1  0 09:17 ?     00:00:06 ora_smon_ORA11G
oracle   12886     1  0 09:17 ?     00:00:00 ora_reco_ORA11G
oracle   12888     1  0 09:17 ?     00:00:06 ora_mmon_ORA11G
oracle   12890     1  0 09:17 ?     00:00:03 ora_mmnl_ORA11G
oracle   12893     1  0 09:17 ?     00:00:00 ora_d000_ORA11G
oracle   12895     1  0 09:17 ?     00:00:00 ora_s000_ORA11G
oracle   13143     1  0 09:18 ?     00:00:00 ora_qmnc_ORA11G
oracle   13151     1  0 09:18 ?     00:00:00 ora_q000_ORA11G
oracle   13153     1  0 09:18 ?     00:00:00 ora_q001_ORA11G
oracle   13169     1  0 09:19 ?     00:00:17 oracleORA11G
(DESCRIPTION=(LOCAL=YES)(ADDRESS=(PROTOCOL=beq)))
oracle   13229     1  0 09:19 ?     00:00:07 ora_cjq0_ORA11G
oracle   13512     1  0 09:23 ?     00:00:00 ora_smco_ORA11G
oracle   22217     1  0 11:51 ?     00:00:00 ora_w000_ORA11G
oracle   23079     1  0 12:05 ?     00:00:00 oracleORA11G
(LOCAL=NO)
oracle   23105 23104  0 12:05 ?     00:00:00 oracleORA11G
(DESCRIPTION=(LOCAL=YES)(ADDRESS=(PROTOCOL=beq)))
oracle   23172     1 11 12:06 ?     00:00:00 ora_j000_ORA11G
```

In diesem Falle lautet die Oracle-SID ORA11G. Jeder dieser Prozesse ist aus Sicht des Betriebssystems eine Instanz der ausführbaren Datei `$ORACLE_HOME/bin/oracle`. Aus Oracle-Sicht gibt es aber eine klare Aufgabenteilung, die sich in der Namensgebung der Prozesse widerspiegelt.

Je nachdem, welche Funktionalitäten genutzt werden, gibt es circa zwei Dutzend oder mehr sogenannte Hintergrundprozesse, die (nahezu) ständig präsent sind und verschiedenste interne Verwaltungsaufgaben erledigen.

In dem obigen Listing tauchen diese unter dem Namen `ora_`*Prozessname*`_ORA11G` auf, z. B. PMON, SMON oder LGWR. Bei ASM-Instanzen heißen die Hintergrundprozesse analog `asm_`*Prozessname*`_+ASM1`. Da diese Hintergrundprozesse einige sehr zentrale Aufgaben innerhalb der Oracle-Instanz übernehmen, gibt Abschnitt 1.18 eine genauere Beschreibung der wichtigsten dieser Prozesse.

Die eigentlichen Serverprozesse, die mit den Oracle-Clients in Verbindung stehen, heißen dagegen `oracleORA11G`. Das nachgestellte Argument in Klammern gibt an, ob es sich um einen lokalen Connect eines direkt auf dem Datenbank-Server laufenden Clients handelt (`LOCAL=YES`) oder um eine Netzwerkverbindung mit einem entfernten Client (`LOCAL=NO`). Letzteres ist der Normalfall, lokale Verbindungen werden in den meisten Fällen nur von Administratoren oder serverseitigen Agentenprogrammen benutzt.

Es gibt also pro angemeldetem Oracle-Client einen Serverprozess, der auch als Benutzerprozess oder Shadow-Prozess bezeichnet wird.[4] In produktiven Systemen redet man also typischerweise über einige Dutzend bis einige Hundert, manchmal auch Tausende Serverprozesse.

Jeder Server- und Hintergrundprozess benutzt für Aufgaben wie Sortierung oder Hashing größerer Datenmengen einen eigenen, privaten Speicherbereich, die sogenannte *PGA (Process Global Area)*.[5] Mit dem Serverparameter `pga_aggregate_target` wird ein instanzweiter Gesamtpool für die PGAs aller Prozesse festgelegt, für Ausnahmefälle – z. B. für einen umfangreichen Indexaufbau – kann einem Prozess auch manuell eine PGA-Größe zugewiesen werden.

Spezialität Windows

Unter Windows sieht die Architektur etwas anders aus. Zum einen findet man im Task-Manager nur einen einzigen Prozess `oracle.exe`, der intern entsprechend viele Threads hat. Aus Gründen der Einfachheit wird aber auch hier von Prozessen geredet. Außerdem muss dieser eine Prozess zunächst über einen Windows-Dienst in eine Art „Leerlauf“ gestartet werden, bevor die Oracle-Instanz gestartet werden kann. Durch diesen Dienst ist sichergestellt, dass die Instanz weiterläuft, wenn sich der Windows-Benutzer abmeldet. Falls das Standard-Werkzeug *Database Configuration Assistant* zur Datenbankerstellung benutzt wird, legt es diesen Dienst dabei automatisch an. Über das Kommandozeilen-Werkzeug `oradim.exe` kann dieser Dienst nachträglich erstellt und konfiguriert werden.

Für die Praxis ist es vor allem wichtig, zum einen den Windows-Dienst auf „Automatisch starten“ und zum anderen mittels `oradim.exe` die Option `-startmode auto` zu setzen, damit beim Starten des Dienstes automatisch auch die Instanz in den OPEN-Status gestartet wird. Beides zusammen bewirkt, dass bei einem Neustarten des Servers die Oracle-Instanz ohne manuelles Eingreifen startet.

1.4.2 Speicherstrukturen

Die sogenannte SGA (Shared Global Area) bildet den gemeinsamen Shared-Memory-Bereich aller zur Instanz gehörenden Prozesse. Zur SGA gehören mehrere Teilbereiche, insbesondere:

Buffer Cache, der für das Caching von Oracle-Blöcken innerhalb einer Instanz zuständig ist. Die interne Verwaltung des Buffer-Caches erfolgt über LRU[6]-Listen. Neben dem Standard-Buffer-Cache kann es weitere Buffer-Caches für Daten aus Tablespaces

4 Genau genommen stimmt dies nur, wenn die Oracle-Instanz im sogenannten Dedicated-Server-Modus läuft. Alternativ dazu gibt es mit dem sogenannten Shared-Server-Modus die Möglichkeit, dass mehrere Clients sich einen Serverprozess teilen. Die Zuteilung der Clients auf Server läuft dann über sogenannte Dispatcher-Prozesse. Diese Architektur wurde in der Vergangenheit häufig bei Hauptspeicherknappheit auf dem Server genutzt, ist heutzutage jedoch sehr unüblich.

5 Im Regelfall sind die Ergebnisse oder Zwischenergebnisse solcher Sortier- und Hash-Operationen für andere Prozesse nicht relevant, daher wird hier nicht in der SGA gepuffert.

6 Least Recently Used

mit alternativen Blockgrößen geben (siehe Abschnitt 1.6). In den meisten Fällen ist dies der dominierende Part der SGA, der auch den Großteil des verfügbaren Hauptspeichers einnimmt.

Shared Pool, der diverse Sub-Pools umfasst. Die beiden wichtigsten sind:

Library Cache, in dem SQL-Befehle mitsamt ihren Ausführungsplänen gecachet werden

Dictionary Cache, in dem Data-Dictionary-Informationen, also Metadaten über Datenbankobjekte gecachet werden, die für das Parsing von SQL-Befehlen benötigt werden. Die Sub-Pools können nicht einzeln dimensioniert werden, vielmehr kann lediglich eine Gesamtgröße des Shared Pools festgelegt werden. Je nach Kontext sind Größen zwischen 150 MB und 1 GB sinnvoll.

Redolog Buffer als Ringpuffer, der zyklisch mit Redolog-Einträgen gefüllt wird. Regelmäßig schreibt einer der Hintergrundprozesse, nämlich der Log-Writer (LGWR), die Inhalte des Redo Log Buffers in die Redolog-Dateien. Sinnvolle Werte liegen zwischen 256 KB und dem höheren einstelligen MB-Bereich.

Java Pool für die Ausführung von sogenannten „Java Stored Procedures“ im Rahmen der instanzeigenen JVM (siehe Abschnitt 1.13.2). Typische Werte liegen zwischen 50 MB und 150 MB. In der Praxis wird die JVM häufig gar nicht benötigt und der Java-Pool ist daher gar nicht vorhanden.

Streams Pool für die Pufferung von Nachrichten im Rahmen der Replikationstechnologie „Oracle Streams“. Auch dieser ist optional und muss somit nicht vorhanden sein, solange nicht Oracle Streams eingesetzt wird.

Large Pool, der u. U. vom Sicherungswerkzeug RMAN verwendet wird. Dabei werden ca. 20 MB je RMAN-Channel benutzt. Details hierzu finden sich in der Dokumentation *Backup and Recovery User's Guide*. Ein wenige MB großer Bereich im Large Pool wird außerdem für die Interprozesskommunikation sogenannter „Parallel Execution Slaves“ verwendet.

Fixed SGA, die allgemeine Zustandsinformationen über Datenbank und Instanz enthält. Die Größe variiert mit unterschiedlichen Datenbankversionen, ist aber nicht beeinflussbar und liegt typischerweise im unteren einstelligen MB-Bereich.

Es gibt unterschiedliche Steuerungsmöglichkeiten für die SGA:

- Alle Komponenten können manuell über Serverparameter dimensioniert werden, z. B. `db_cache_size` für den Buffer Cache.
- Mit dem sogenannten *Automatic Shared Memory Management (ASMM)* kann die Instanz aufgrund von Nutzungs- und Anforderungsstatistiken selbstständig regelmäßig einzelne Teilbereiche der SGA vergrößern oder verkleinern. Dabei wird über den Serverparameter `sga_target` nur eine Gesamtgröße der SGA angegeben. Die Serverparameter für die einzelnen Teilbereiche definieren in diesem Falle Untergrenzen.
- Seit der Datenbankversion 11g kann als weiterer Automatisierungsgrad das *Automatic Memory Management (AMM)* verwendet werden, das SGA und PGA (die privaten Speicherbereiche der Prozesse) automatisch anpasst. Die Gesamtgröße der Instanz wird hierbei über den Serverparameter `memory_target` definiert. Auch hier stellen die restlichen Serverparameter anschließend Untergrenzen dar.

1.4.3 Instanzverwaltung

Die Instanz kann sich in unterschiedlichen Zuständen befinden. Der Normalfall ist dabei der OPEN-Zustand. Dies ist auch die einzige Situation, in der sich normale Benutzer und Anwendungen anmelden können. Beim Instanzstart werden die verschiedenen Zustände der Reihe nach durchlaufen. Auch für einige Administrationsaufgaben muss sich die Instanz in einem bestimmten Status befinden.

NOMOUNT In der ersten Phase, der `NOMOUNT`-Phase, werden die Hintergrundprozesse gestartet und die SGA als Hauptspeicherstruktur angelegt. Wie groß die SGA ist und welche Hintergrundprozesse gestartet werden, ist von der Parametrierung der Instanz abhängig, die in der Parameter- oder Serverparameterdatei vorgenommen wird. In der `NOMOUNT`-Phase läuft die Instanz ohne eine Verbindung zur Datenbank. Wenn bspw. eine Datenbank erst erstellt werden soll, ist dies der Zeitpunkt dafür. Der Zugriff auf einige V$-Views ist bereits möglich.

MOUNT Dies ist die zweite Phase, in der die sogenannten Kontrolldateien geöffnet werden. Durch den Serverparameter `control_files` sind der Instanz die Anzahl und die Lage der Kontrolldateien bekannt. Damit wird die Verbindung der Instanz zur Datenbank hergestellt.

Eigentlich gibt es nur eine einzige Kontrolldatei. Da diese aber sämtliche Informationen über den physikalischen Aufbau der Datenbank enthält und somit sehr kritisch ist, wird sie üblicherweise über Oracle-Mechanismen gespiegelt. Es sollte also immer mehrere Kontrolldateien auf unterschiedlichen Platten geben. In der `MOUNT`-Phase werden diese gespiegelten Dateien geöffnet und miteinander verglichen. Nur wenn alle Spiegel identisch sind, wird die `MOUNT`-Phase erfolgreich beendet, und die Kontrolldateien sind geöffnet. Damit sind sämtliche Verweise auf die Datenbankdateien mit den dazugehörigen Konsistenzinformationen bekannt.

In der `MOUNT`-Phase können z. B. Datenbankdateien verschoben oder umbenannt werden. Bei der Umbenennung werden die neuen Namen in die geöffneten Kontrolldateien eingetragen und ersetzen die alten Einträge. Ebenso muss die Instanz in den `MOUNT`-Status gebracht werden, wenn eine Wiederherstellung der kompletten Datenbank durchgeführt werden muss. Die Konsistenzinformationen aus den Kontrolldateien werden dann für die Bestimmung der Dateien und des Zielpunkts des Recoverys benötigt.

Auch Funktionen wir Archivierungsmodus oder Flashback-Modus der Datenbank können nur in der `MOUNT`-Phase aktiviert oder deaktiviert werden. Dasselbe gilt für die konkrete Ausführung eines Datenbank-Flashbacks, d. h. das Zurückspielen der Datenbank auf einen älteren Zeitpunkt.

OPEN In der `OPEN`-Phase werden Datenbank-Dateien, die in den Kontrolldateien verzeichnet sind, geöffnet, die Konsistenzinformationen werden mit den Informationen in den Datei-Headern verglichen. Stimmen die Informationen überein, sind die geöffneten Dateien für den Betrieb verfügbar. In dieser Phase wird die Notwendigkeit eines Crash Recoverys, z. B. nach einem Stromausfall, erkannt und automatisch durchgeführt. Werden neben den Informationen aus den Redo-Log-Dateien (Online Redolog Files) auch noch Daten aus den archivierten Redo-Log-Dateien benötigt, so wird die `OPEN`-Phase mit einer entsprechenden Fehlermeldung abbrechen. In diesem Fall muss in der `MOUNT`-Phase die Wiederherstellung der Datenbank durchgeführt werden, oder sie muss ohne die beschädigten Dateien geöffnet werden. Diese Punkte werden in Kapitel 8 eingehend behandelt.

1.5 Namen und sonstige Bezeichner

Aus historischen Gründen, aber auch aus Gründen der Flexibilität, haben sowohl eine Datenbank als auch eine Instanz mehrere Namen.

Wichtig ist vor allem, die Namen möglichst konsistent und aussagekräftig zu halten. Es ist z. B. übliche Praxis, zumindest Datenbank- und Instanznamen identisch zu setzen und an der Funktion der Datenbank bzw. am Namen der Anwendung zu orientieren. Für die meisten Anwendungen ist ohnehin nur der TNS-Name (siehe unten) interessant.

Grundsätzlich ist auch eine durchgängige Großschreibung der Namen zu empfehlen. Abgesehen von immer wieder vereinzelt auftretenden Software-Bugs im Zusammenhang mit Kleinbuchstaben in den Datenbank- oder Instanznamen führt dies auch zu einer besseren Lesbarkeit z. B. im Rahmen von Prozessnamen, da der Instanzname sich klarer abhebt.

Die Oracle-SID Dieser Name ist im Kontext von Datenbankadministration sehr wichtig, denn unter diesem Namen ist die Instanz lokal, also auf dem Datenbank-Server, sichtbar und ansprechbar. Beispielsweise ist die Oracle-SID Bestandteil aller Prozessnamen.

Ist die Instanz noch nicht oder nicht mehr über das Netzwerk erreichbar, kann sich der DBA direkt auf dem Server an der Instanz anmelden, wenn die Umgebungsvariable `ORACLE_SID` auf den entsprechenden Wert gesetzt ist. Umgekehrt ergibt sich die Oracle-SID einfach aus dem aktuellen Wert dieser Umgebungsvariablen in dem Moment, da die Instanz gestartet wird.

Ein Ändern der Oracle-SID ist daher immer durch Stoppen der Instanz, Ändern der Umgebungsvariablen und Neustarten der Instanz möglich. Die Länge ist auf 64 Zeichen begrenzt. In der Praxis wird aber häufig eine Maximallänge von acht Zeichen angestrebt, da dies in älteren Datenbankversionen die Obergrenze darstellte. In RAC-Umgebungen wird die letzte Stelle meistens für die Instanznummer (1, 2, 3, ...) benutzt.

Der DB-Name Das ist der Name, der beim Erstellen der Datenbank angegeben wird. Die Instanz, die diese Datenbank erstellt, sowie jede Instanz, die sich später mit dieser Datenbank verbindet, muss den Datenbanknamen als Serverparameter `db_name` angeben. Damit soll verhindert werden, dass aus Versehen mit der falschen Serverparameterdatei gearbeitet wird.

Der DB-Name kann nachträglich über das DBNEWID-Werkzeug[7] geändert werden. Für Endbenutzer und Anwendungen ist der DB-Name nicht relevant.

Die Länge des Datenbanknamens ist auf acht Zeichen begrenzt.

Die Service-Namen Außer durch die Oracle-SID kann die Instanz nach außen hin durch einen oder mehrere Service-Namen ansprechbar sein. Gute Gründe hierfür können sein:

7 Die zugehörige ausführbare Datei heißt `nid` bzw. `nid.exe`.

- Mehrere kleine Anwendungen werden von einer Datenbank bzw. Instanz bedient. In diesem Fall sollte jede Anwendung die Instanz unter ihrem eigenen Service-Namen ansprechen. Dadurch wird es später möglich, Oracle-seitige Performance-Statistiken pro Anwendung zu bekommen oder ein anwendungsspezifisches Tracing durchzuführen.
- Für eine kritische und/oder hochlastige Anwendung stehen zwei oder mehr Instanzen bereit, um eine Ausfallsicherheit mit Failover und/oder Lastverteilung zu realisieren (Clustering, RAC, Replikation). Die bereitstehenden Instanzen werden im Allgemeinen unterschiedliche Oracle-SIDs haben, aber einen gemeinsamen Service-Namen, der in diesem Falle eine Art virtuelle Oracle-SID darstellt.

Service-Namen können mit dem PL/SQL-Paket `DBMS_SERVICE` gesetzt und konfiguriert werden. Ist die Oracle-Clusterware im Einsatz, sollte besser das Kommandozeilen-Werkzeug `srvctl` zur Konfiguration von Service-Namen verwendet werden, da es mehr Flexibilität bietet.

Der TNS-Name Dieser manchmal auch SQLNet-Name oder Oracle Net-Name genannte Bezeichner ist aus Anwendungssicht der wichtigste Name. Er ermöglicht den Zugriff auf die Instanz via Netzwerk, z. B. TCP/IP. Er ist für die Datenbank bzw. Instanz das, was ein Hostname für einen Server ist. Dieser Name ist weder in der Datenbank noch in der Instanz codiert, sondern wird

- entweder vom Client durch die clientseitige Datei

  `<Oracle-Home>/network/admin/tnsnames.ora`

  aufgelöst. Diese Datei entspricht einer `/etc/hosts`-Datei zur Auflösung von Rechnernamen. In diesem Fall kann der Name vom Client frei gewählt werden. Um die Übersicht zu behalten, sollten aber grundsätzlich sprechende und konsistente Namensgebungen verwendet werden.
- oder vom Client an einen Oracle-Namensdienst geschickt (Oracle Internet Directory, OID), der häufig in größeren Umgebungen als zentraler Namensserver eingesetzt wird. Dieser entspricht einem DNS-Server zur Auflösung von Rechnernamen.

In jedem Fall ergeben sich aus der Auflösung des TNS-Namens Hostname und Portnummer, unter denen die Instanz – genau genommen der Listener – ansprechbar ist sowie entweder die Oracle-SID der gewünschten Instanz oder der gewünschte Service-Name. Bei Cluster-Datenbanken ist der TNS-Name die Stelle, an der beispielsweise eine virtuelle IP-Adresse oder eine Liste von Hostnamen und Portnummern im Rahmen von Failover oder Lastverteilung über mehrere Instanzen angegeben wird.

Als weitere Namen, aber mit geringerer Bedeutung, gibt es noch:

den DB-Unique-Namen, der eigentlich zur Instanz gehört, da er durch den Serverparameter `db_unique_name` festgelegt ist. Zwei Instanzen auf demselben Server dürfen nicht denselben DB-Unique-Namen haben. Dieser Name wird vor allem im Rahmen von Oracle Data Guard verwendet sowie für die automatische Benennung von Datenbankdateien im Rahmen von Oracle Managed Files.

die DB-Domäne. Auch dabei handelt es sich streng genommen um eine Instanzeigenschaft, die durch den Serverparameter `db_domain` gesetzt wird. Typische Empfehlungen sind firma.de oder prod.firma.de. In großen Datenbank-Landschaften kann auf diese Weise eine bessere Übersicht bewahrt werden. Sinnvoll, wenn auch nicht zwangsläufig, ist eine Anlehnung an die Internet-Domäne.

den globalen Datenbanknamen, der bei der Benennung von Datenbank-Links, also Schnittstellen für datenbankübergreifende Zugriffe, relevant ist. Er ergibt sich standardmäßig aus der Verkettung von DB-Name und DB-Domäne, also z. B. applxyz.prod.firma.de. Falls z. B. die DB-Domäne nachträglich angepasst wird, kann auch der globale DB-Name durch ein `ALTER DATABASE`-Kommando neu gesetzt werden. Über die Data Dictionary-View `global_name` kann der aktuelle Name abgefragt werden.

den Database-Identifier (DBID), ein numerischer Wert, der bei der Erstellung der Datenbank zufällig generiert wird. Die DBID ist ein eindeutiger Bezeichner für eine Datenbank, auch in Fällen, wo z. B. identische Datenbanknamen verwendet werden. In bestimmten Fällen, z. B. beim zeitlichen Zurücksetzen einer Datenbank mittels Flashback-Befehl oder unvollständigem Recovery, erzwingt die Instanz das Öffnen der Datenbank mit der RESETLOGS-Option, wodurch eine neue DBID vergeben wird. Man spricht von einer neuen „Inkarnation" der Datenbank. Dadurch wird z. B. verhindert, dass diese später noch einmal versehentlich mit Redologs der ehemaligen Inkarnation recovered wird.

Auch das Sicherungswerkzeug RMAN benutzt im Hintergrund die DBID für die Zuordnung der Sicherungsdateien zu einer Datenbank. Die DBID kann wie der DB-Name manuell über das DBNEWID-Werkzeug geändert werden, dies ist aber fast nie notwendig.

1.6 Physikalische Datenbankstruktur

Aus physikalischer Sicht besteht eine Oracle-Datenbank aus einer Reihe von Komponenten. Im Standardfall sind diese Komponenten als Dateien innerhalb eines normalen Dateisystems ausgeführt.

Bei einem RAC, also einem Cluster mit mehreren gleichzeitig aktiven Instanzen, muss dieses Dateisystem ein Shared Filesystem sein, z.V. VxFS oder das von Oracle erhältliche OCFS, das aber nur für Linux und Windows verfügbar ist. Es gibt aber auch die Möglichkeit, anstelle eines Dateisystems den seit der Datenbankversion 10g mitgelieferten Volume-Manager *ASM (Automatic Storage Management)* zu benutzen.

Bei der Benutzung von ASM muss beachtet werden, dass das damit verbundene Verfügbarmachen und Einrichten von Platten aus dem SAN häufig in den Zuständigkeitsbereich von System- oder Storage-Administratoren fällt. Die ASM-Software, die Bestandteil der Datenbank-Software ist,[8] kümmert sich um Spiegelung und Striping dieser Platten, baut also z. B. ein RAID-Array mit entsprechender Ausfallsicherheit auf. Auch die Pfade und Dateinamen der Datenbank-Dateien werden in der Regel automatisch gesetzt und verwaltet, ein manuelles Anpassen der Dateinamen und Pfade ist aber weiterhin möglich.

8 Ab der Datenbankversion 11gR2 ist die ASM-Software Bestandteil der sogenannten Grid Infrastructure, die außerdem noch die Oracle-Clusterware enthält

Vorteile von ASM sind die bessere I/O-Performance im Vergleich zu einem normalen Dateisystem[9] sowie die eingesparten Kosten für ein Shared Storage und Cluster-Dateisystem im RAC-Umfeld. Aber auch außerhalb des RAC-Umfelds bietet ASM durch Funktionen wie Striping, Spiegelung und vor allem das automatische Rebalancing Funktionen, die normalerweise nicht kostenlos zu haben sind.

Andererseits ist ASM eben kein Dateisystem im herkömmlichen Sinne, d. h., es ist nicht so einfach möglich, mit Standardkommandos wie `cp` oder `ls` Dateien zu manipulieren oder mal eben ein Verzeichnis aufzulisten. Bestimmte Aufgaben wie z. B. Sichern oder Verschieben von Datenbank-Dateien sind bei Benutzung von ASM nur noch mit Oracle-eigenen Mitteln (z. B. dem Sicherungswerkzeug RMAN) möglich und nicht mehr über Betriebssystemkommandos.

Zumindest einige Standardkommandos stehen aber im Rahmen der mitgelieferten Kommandokonsole `asmcmd` zur Verfügung.

Eher als Auslaufmodell ist die Benutzung sogenannter Raw-Devices zu sehen. Bei Datenbankversionen vor Oracle 10g war dies aber eine gute Möglichkeit, ohne die Lizenzkosten eines Shared-Dateisystems eine RAC-Datenbank betreiben zu können und/oder Performance-Probleme durch das Caching auf Dateisystemebene zu vermeiden. Aus heutiger Sicht sollten Raw-Devices für die Speicherung von Datenbankdateien nicht mehr verwendet werden.

Eine detailliertere Betrachtung der verschiedenen Storage-Technologien im Datenbank-Umfeld gibt Kapitel 3.3.

Der Einfachheit halber spricht man bei den physikalischen Komponenten einer Datenbank in allen Fällen von Dateien, den sogenannten Datenbankdateien. Folgende Komponenten sind unverzichtbar, gehören also in jedem Fall zu einer Oracle-Datenbank:

Datendateien nehmen die eigentlichen Nutzdaten sowie sämtliche Metadaten auf. Sie determinieren in vielen Fällen den Gesamtspeicherbedarf einer Datenbank (eine Ausnahme bilden Datenbanken mit sehr hoher Datenänderungsrate, wo die archivierten Redologs ebenfalls hohen Platzbedarf haben).

Um die Fragmentierung auf Storage-Ebene gering sowie die Handhabbarkeit auf Betriebssystemebene einfach zu halten, sollte die Anzahl der Datendateien nicht zu groß werden, typischerweise nicht mehr als einige Dutzend bis wenige Hundert. Die maximale Größe einer Datendatei beträgt auf den meisten Plattformen das 2^{22}-Fache der Oracle-Blockgröße, also z. B. 32 GB pro Datei bei einer Oracle-Blockgröße von 8 KB.[10]

Im Rahmen sogenannter BIGFILE-Tablespaces erzwingt die Datenbank sogar eine 1:1-Beziehung zwischen Tablespace und Datendatei, d. h., ein BIGFILE-Tablespace besteht zwingend aus einer einzigen Datendatei. In diesem Fall beträgt die Maximalgröße einer solchen Datendatei und damit des gesamten Tablespace das 2^{32}-Fache der Oracle-Blockgröße, also z. B. 32 TB für Oracle-Blöcke der Größe 8 KB. Da bei so großen Dateien tendenziell Verwaltungsprobleme auf Dateisystemebene entstehen

9 Alle Dateisysteme haben ihren eigenen Cache, der aber für die Oracle-Datenbank eher hinderlich ist, da der Oracle-Kernel seine eigene, auf die Datenbank optimierte Caching-Strategie hat.

10 Plattformbedingte Obergrenzen wie z. B. früher 2 GB pro Datei müssen natürlich ebenfalls beachtet werden, sind bei heute aktuellen Betriebs- und Dateisystemen aber meistens nicht mehr der begrenzende Faktor.

(Stichwort: „Inode Locking"), empfiehlt sich diese Funktion vor allem bei der Benutzung von ASM.

Temporärdateien sind eine Variation der Datendateien. Sie werden für nur temporär anfallende Daten, z. B. Zwischenergebnisse von Sortierungen, verwendet. Sie sind unter Performance-Aspekten optimiert, insbesondere haben sie keine interne Blockstruktur und werden beim Backup nicht berücksichtigt. Standard-Dateiendung ist .tmp.

Redolog-Dateien – genau genommen Online-Redolog-Dateien – bilden das Transaktionsprotokoll einer Datenbank. Sie werden zyklisch beschrieben. Damit eine Sicherung vollgeschriebener Redolog-Dateien möglich ist, muss es daher mindestens zwei von ihnen geben. Häufig verwendet man zwischen drei und fünf Redolog-Dateien (diese können ggf. noch gespiegelt werden, was die nominelle Anzahl entsprechend erhöht). Typische Dateigrößen liegen zwischen 50 MB und 2 GB. Die Standard-Dateiendung in der Praxis ist .log, aber dies verleitet manchmal zu der Fehlinterpretation als textbasierte Protokolldatei mit der Gefahr des unbeabsichtigten Löschens oder Öffnens in einem Editor. Wir empfehlen daher alternativ .rdo als Dateiendung.

Archivierte Redolog-Dateien sind – wie der Name andeutet – im Wesentlichen Archivierungen, in diesem Fall Kopien, vollgeschriebener Online-Redolog-Dateien. Für Datenbanken mit hoher Änderungsrate können diese einen erheblichen Anteil des Gesamtspeicherbedarfs einer Datenbank ausmachen. Diese Dateien fallen nur an, wenn die Datenbank im Archivierungsmodus betrieben wird.

Da diese Dateien für eine Wiederherstellung im Fehlerfall benötigt werden, sollten Produktionsdatenbanken immer im Archivierungsmodus laufen, für Test- und Entwicklungssysteme kann dies eventuell entfallen. Standard-Dateiendung ist .arc. Die archivierten Redologs haben meistens dieselbe Dateigröße wie die Online-Redologs, können aber auch kleiner sein, z. B. wenn für Backup-Zwecke eine vorzeitige Archivierung des Online-Redologs erzwungen wurde.

Die Kontrolldatei enthält Metadaten über die physikalische Struktur und logische Konsistenz der Datenbank sowie backup-relevante Informationen. Sie ist typischerweise wenige MB groß und sollte Oracle-intern einfach oder zweifach gespiegelt sein. Standard-Dateiendung ist .ctl.

Die Serverparameterdatei beinhaltet die gesamte Konfiguration der Oracle-Instanz. Sie ist nur wenige KB groß, liegt standardmäßig im Oracle-Home-Verzeichnis, dort im Unterverzeichnis `dbs` (auf Unix-Systemen) bzw. `database` (unter Windows) und heißt `spfile<Oracle-SID>.ora`. In einer RAC-Umgebung, also bei mehreren Instanzen für eine Datenbank, sollte diese Datei die Parametrierung aller Instanzen enthalten. In einer Cluster- oder RAC-Umgebung sollte die Serverparameterdatei auf ein schwenkbares bzw. Shared Storage verschoben und die Originaldatei entsprechend durch einen Link ersetzt werden.

Die init.ora-Datei wird nur noch selten praktisch verwendet, taucht aber als Begriff und als Synonym für die Serverparameterdatei weiterhin häufig auf. Sie ist historisch der Vorläufer der Serverparameterdatei, enthält also ebenfalls die Konfiguration der Oracle-Instanz. Allerdings wird die init.ora-Datei lokal auf dem Client-Rechner gesucht, der die SQL*Plus-Session ausführt, mit der die Instanz gestartet werden soll. Dies ist bei einer Remote-Administration vieler Datenbanken durch mehrere Administratoren sehr unpraktisch, da entweder jeder seine eigene init.ora-Version lokal vorhalten muss oder das Starten der Instanz nur vom Server-Betriebssystem aus erfolgen kann. Die init.ora-Datei wird heutzutage vor allem in zwei Situationen verwendet:

- Beim initialen Erstellen einer Datenbank. Danach wird sie in eine Serverparameterdatei umgewandelt.
- Zum Troubleshooting in solchen Fällen, wo die Instanz nicht mehr gestartet werden kann. Da ein direktes Editieren der Serverparameterdatei nicht möglich ist, muss man hier den Umweg über die init.ora-Datei gehen, die anschließend wieder in eine Serverparameterdatei verwandelt werden kann.

Die Passwortdatei erlaubt Administratoren eine spezielle Authentifizierung, insbesondere um eine heruntergefahrene Instanz zu starten. Die Dateigröße beträgt wenige KB. Die Datei ist optional. Wenn sie existiert, muss sie im Oracle-Home-Verzeichnis unter folgendem Pfad liegen:

Windows: `<Oracle-Home>\database\pwd<Oracle-SID>.ora`

Unix / Linux: `<Oracle-Home>/dbs/orapw<Oracle-SID>`

Wenn sie nicht vorhanden ist, läuft die Authentifizierung über Gruppenzugehörigkeiten auf Betriebssystemebene. Selbst wenn die Datei vorhanden ist, wird sie nur dann benutzt, wenn auch der Serverparameter `remote_login_passwordfile` entsprechend gesetzt ist, zumeist auf den Wert `exclusive`.

Die Lock-Datei wird in den Datenbankversionen 9i und 10g auf Unix-/Linux-Plattformen beim Starten einer Instanz gesperrt. Dadurch wird das parallele Starten einer zweiten Instanz mit demselben Namen verhindert, solange noch keine Sperren auf den anderen Datenbankdateien gehalten werden. Wenn die Datei nicht existiert, wird sie beim Instanzstart automatisch angelegt. Diese Datei liegt unter dem Pfad:

`<Oracle-Home>/dbs/lk<Oracle-SID>`

In älteren Datenbankversionen wurde diese Aufgabe von der Datei `sgadef<Oracle-SID>.dbf` in demselben Verzeichnis übernommen.

Die Health-Check-Datei enthält Health-Check-Informationen über die Instanz und wird vom OEM-Agenten gepflegt. Diese Informationen dienen der Fehlerdiagnose für den Fall eines Absturzes der Instanz. Die Datei liegt an folgenden Stellen:

Windows: `<Oracle-Home>\database\hc_<Oracle-SID>.dat`

Unix / Linux: `<Oracle-Home>/dbs/hc_<Oracle-SID>.dat`

Für ASM-Instanzen gibt es in demselben Verzeichnis zusätzlich eine weitere Health-Check-Datei mit dem Namen `ab_<Oracle-SID>.dat`.

Einige weitere Komponenten sind optional:

Flashback-Log-Dateien enthalten Abbilder alter Datenbankinhalte und werden für ein schnelles Zurücksetzen der Datenbank auf einen früheren Zeitpunkt mittels `FLASHBACK DATABASE`-Befehl benötigt.

Die Block-Change-Tracking-Datei speichert Informationen darüber, welche Datenbankblöcke seit dem letzten Backup geändert wurden. Die Block-Change-Tracking-Datei kann genutzt werden, um inkrementelle Datenbanksicherungen zu optimieren, indem nicht mehr die gesamten Datenbank-Dateien, sondern nur die tatsächlich geänderten Blöcke gelesen werden müssen. Die Datei ist typischerweise wenige 10 MB groß.

Externe Tabellen werden von manchen Anwendungen, insbesondere im Data-Warehouse-Umfeld, benutzt. Diese bestehen aus einer Tabellendefinition in der Datenbank, die aber auf eine Datei im Dateisystem zeigt, welche die eigentlichen Daten enthält. Solange eine solche externe Tabelle nicht gelesen wird, hat die Instanz auch keinen Zugriff auf die Datei. Wird die Datei gelöscht, gibt es beim nächsten Leseversuch eine Fehlermeldung. Solche Dateien müssen daher auch in einem Backup-Konzept ggf. gesondert berücksichtigt werden.

BFiles werden ebenfalls von manchen Anwendungen benutzt. Dabei handelt es sich um einen Datentyp für Tabellenspalten, mit dem z. B. Dokumente referenziert werden. Im Gegensatz zu den sogenannten LOB-Datentypen, bei denen Dokumente (Text- oder Binärdaten) in der Datenbank, also letztlich in Oracle-Datendateien, gespeichert werden, wird hier lediglich der Pfad gespeichert, das Dokument selbst verbleibt im Dateisystem. Auch in diesem Fall muss ein Backup-Konzept solche BFiles separat berücksichtigen.

Die Datendateien sind je nach Speicherungsart und Betriebssystem aus Blöcken einer bestimmten Größe zusammengesetzt. Die Oracle-Instanz interessiert sich letztlich aber nicht für diese vom Betriebssystem oder Storage-System vorgegebene Blockgröße, sondern definiert ihre eigenen Datenblöcke und damit auch die kleinste per I/O-Zugriff übertragbare Datenmenge.

In jedem Fall sollte es sich um ein Vielfaches der Betriebssystem-Blockgröße sowie um eine glatte Zweierpotenz handeln. Als typische Werte haben sich hier 4 KB und 8 KB eingebürgert. Alle anderen Blockgrößen bringen nur in Ausnahmefällen Vorteile, können aber je nach Kontext auch deutliche Nachteile in Form von Overhead mit sich bringen. Eine Abweichung von den beiden genannten Standardgrößen sollte daher immer eine wohlüberlegte Designentscheidung sein.

Die Standard-Blockgröße wird durch den Serverparameter `db_block_size` vorgegeben, einzelne Tablespaces können alternative Blockgrößen haben (2 KB, 4 KB, 8 KB, 16 KB oder 32 KB). Eine nachträgliche Änderung der Blockgröße ist aber nicht möglich.

Grundsätzlich hat jeder Oracle-Block einen Header mit Verwaltungsinformationen. Je größer die Blöcke, desto geringer der Storage-Overhead durch die Block-Header, desto größer aber auch der I/O-Aufwand, wenn nur kleine Datenmengen gelesen werden sollen. Daher sollten hohe Blockgrößen wie z. B. 32 KB nur für Tablespaces eingesetzt werden, in denen lange Dokumente in Form sogenannter LOB-Daten – Large Objects, also z. B. PDF-Dokumente, Bilder, Audio-Dateien etc. –, gespeichert sind, da hier meistens sowieso große Datenmengen sequenziell gelesen werden.

Eine wichtige und praktisch statische Eigenschaft einer Datenbank ist der Zeichensatz – genauer gesagt das Codierungsschema –, in dem Textdaten abgespeichert werden. Der Zeichensatz wird bei der Erstellung der Datenbank durch die `CHARACTERSET`-Klausel mitgegeben und ist nur in sehr begrenztem Maße später änderbar. Der Trend geht dahin, Unicode als Zeichensatz zu verwenden.

1.7 Logische Datenbankstruktur

Aus logischer Sicht sind die eigentlichen Daten in einer Oracle-Datenbank in sogenannten Tablespaces organisiert. Ein Tablespace ist:

- ein Container für die eigentlichen Datenobjekte, sprich Tabellen oder tabellen-ähnliche Objekte wie Tabellenpartitionen und materialisierte Views sowie Indizes auf diesen Objekten. Diese Objektarten, die die eigentlichen Daten aufnehmen und daher den „raumgreifenden" Teil der Datenbank bilden, werden in der Oracle-Welt als Segmente bezeichnet. Ein Tablespace ist also ein Container für Segmente.
- eine administrative Einheit, da viele wichtige Eigenschaften und Verwaltungsoperationen auf Tablespace-Ebene passieren, z. B. die Blockgröße, der datenbank-übergreifende Transport eines Tablespace, Wiederherstellung auf Tablespace-Ebene oder auch das Setzen von Benutzerquoten.
- eine Abstraktionsebene von der konkreten physikalischen Speicherung. Ein Tablespace besteht physisch aus einer Gruppe von Datendateien, egal ob diese als echte Dateien, als Raw Devices oder in ASM implementiert sind. Für das Erstellen von Segmenten spielt die konkrete Speicherungsart daher keine Rolle.

  Dies ist ein sehr wichtiger Aspekt, da praktisch alle SQL-Skripte dadurch plattformunabhängig sind. Nur bei einer überschaubar kleinen Anzahl von Administrationsaufgaben, nämlich dem Erstellen und Verwalten von Tablespaces und Redologs, sind plattformabhängige Dateisystempfade zu verwenden.

Ein Tablespace-Name ist auf maximal 30 Zeichen beschränkt und sollte sprechend sein. Typische Kategorien sind z. B.:

- Der Name der Anwendung, insbesondere wenn mehrere Anwendungen in derselben Datenbank laufen.
- Daten (Tabellen) vs. Indizes. Dies wird häufig durch die Suffixe `_DATA` bzw. `_INDX` im Tablespace-Namen umgesetzt.
- Ein Tablespace für Verwaltungswerkzeuge und sonstige Tools
- Besonders große Tabellen oder Tabellenpartitionen, die zwecks besserer Handhabung in einen eigenen Tablespace gelegt werden.

Bei der Erstellung einer Tabelle oder eines anderen Segments kann mittels der `TABLESPACE`-Klausel jeweils ein Ziel-Tablespace angegeben werden. Dies ist auch die einzige Möglichkeit, den physischen Speicherort eines Segments festzulegen. Eine Bindung an eine bestimmte Datendatei des Tablespace oder gar an eine Position innerhalb der Datendatei ist nicht möglich.

Dies ist auch der Grund für die oben genannten Kategorien, um beispielsweise die I/O-Last der Datenbank besser steuern zu können oder bei Performance-Problemen einer Anwendung diese von den anderen Anwendungen isolieren zu können. Wird bei der Segmenterstellung kein Ziel-Tablespace explizit angegeben, wird der sogenannte Default-Tablespace des erstellenden Benutzers verwendet.

Es empfiehlt sich grundsätzlich, in die Namen der Datendateien, aus denen der Tablespace besteht, den Tablespace-Namen sowie eine laufende Nummer mit aufzunehmen, also z. B. `/u02/oradata/APPL1/users01.dbf` für eine Datendatei des USERS-Tablespace. Dies ermöglicht dem DBA eine intuitivere Zuordnung zwischen logischer und physischer Datenbankstruktur.

Segmente bilden die eigentlichen Datenobjekte innerhalb einer Oracle-Datenbank. Zu den Segmenten zählen:

- Tabellen und Indizes: Dies sind die mit Abstand häufigsten Segmenttypen.
- Tabellen- und Indexpartitionen und -Subpartitionen: Diese werden in großen Datenbanken, z. B. Data Warehouses, eingesetzt, um sehr große Tabellen und ihre zugehörigen Indizes in kleinere Teile zu unterteilen, z. B. bei Umsatzdaten eine Unterteilung nach Region, Filiale oder Monat/Jahr.
- Materialisierte Views, also Tabellen, deren Inhalt aus anderen Tabellen mithilfe einer SQL-Abfrage abgeleitet ist.
- LOB-Segmente und LOB-Indizes sowie zugehörige Partitionen und Subpartitionen, die zur Speicherung von Bildern, Dokumenten, Audio-Daten oder ähnlichen „Large Objects" in der Datenbank verwendet werden.
- Undo-Segmente (manchmal auch Rollback-Segmente genannt): Diese werden automatisch verwaltet und gepflegt. Bei einer DML-Operation nehmen sie die alten Werte der betroffenen Spalten auf, um:
  - bei einem Abbruch der Transaktion (ROLLBACK) die Änderungen rückgängig machen zu können
  - Lesekonsistenz für Abfragen zu gewährleisten, die ja laut ACID-Paradigma (siehe oben) nur Daten sehen dürfen, die zu Beginn der Abfrage festgeschrieben waren. Änderungen parallel laufender Transaktionen werden durch Rückgriff auf die alten Daten in Undo-Segmenten ausgeblendet.
  - Flashback-Abfragen zu ermöglichen, d. h. Abfragen, bei denen ein expliziter Konsistenzzeitpunkt mitgeteilt wird, z. B. gibt folgende Flashback-Abfrage den Inhalt der Personentabelle vor einer Stunde zurück:

    ```
    SQL> SELECT * FROM personen AS OF TIMESTAMP SYSDATE-1/24;
    ```

  Seit Oracle9i ist die Verwaltung der Undo-Segmente automatisiert. Der DBA braucht nur noch einen dedizierten Undo-Tablespace als Container zu erstellen und zu verwalten. Die alternative Bezeichnung Rollback-Segment bezieht sich streng genommen auf die alten, manuell verwalteten Pendants. In der Praxis werden aber beide Begriffe häufig noch synonym verwendet.

  Für Zugriffe auf das Data Dictionary gibt es ein spezielles Undo-Segment namens SYSTEM im gleichnamigen Tablespace SYSTEM. Da dieses ausschließlich für Transaktionen im Tablespace SYSTEM und damit in der Regel für DDL-Befehle reserviert ist, benötigt man für eine produktive Datenbank weitere Undo-Segmente, die zyklisch beschrieben werden.
- Temporärsegmente: Auch diese haben mehrere Funktionen, sie dienen insbesondere:
  - der Auslagerung von Zwischenergebnissen bei Sortierungen und Hash-Operationen großer Datenmengen, die nicht mehr komplett im Hauptspeicher möglich sind. Diese Operationen treten z. B. beim Aufbau eines Index auf oder wenn in

einer Abfrage große Tabellen gejoint werden oder eine Sortierung angefordert wird (ORDER BY-Klausel).

- der Aufnahme sogenannter temporärer Tabellen. Diese werden von manchen Anwendungen genutzt, um bei komplexen Datenverarbeitungen, z. B. beim Laden eines Data-Warehouse, Zwischenresultate aufzunehmen.

Temporärsegmente müssen in einem eigenen Temporär-Tablespace liegen. Sie werden bei Backups nicht gesichert und erzeugen auch keine Redolog-Daten.

Die View `DBA_SEGMENTS` gibt einen Überblick über alle Segmente.

Alle anderen Datenbankobjekte, die von einer Anwendung genutzt werden, z. B. Views, Constraints, Trigger oder Datenbankprozeduren und -funktionen, enthalten keine eigenen Daten, es handelt sich um Objekte ohne Segment. Ihre Definitionen, sei es die SQL-Abfrage, die eine View definiert, oder der Quellcode einer Prozedur, werden als Metadaten im Tablespace SYSTEM abgespeichert. Die View `DBA_OBJECTS` listet alle Objekte, mit und ohne Segment, auf.

Segmente sind intern aus sogenannten *Extents* zusammengesetzt, wobei ein Extent eine zusammenhängende Folge von Oracle-Blöcken darstellt. Eine typische Extent-Größe ist beispielsweise 1 MB. Da Segmente, z. B. Tabellen, durchaus Größen im Bereich vieler GB erreichen können, also einige Millionen Oracle-Blöcke, werden Extents als Allokationseinheit eingesetzt, um:

- den Verwaltungs-Overhead für das Erweitern von Segmenten zu reduzieren sowie
- eine zu starke Fragmentierung des Segments auf Storage-Ebene zu verhindern.

Reicht beispielsweise der einer Tabelle zugewiesene Speicherplatz nicht mehr aus, wird die Tabelle um ein Extent, also z. B. 1 MB, erweitert. Das ist aus den oben genannten Gründen besser als 128 Einzelerweiterungen um jeweils einen Oracle-Block à 8 KB. Die Dimensionierung der Extents ist daher auch eine Frage der zu erwartenden Tabellengrößen. Bei im Endausbau großen Tabellen machen große Extents bis hin zu 10 MB oder 100 MB Sinn. Bei kleinen oder mittelgroßen Tabellen wäre dies Speicherplatzverschwendung, so dass man hier kleinere Extents bevorzugt.

Die Extent-Größen werden auf Tablespace-Ebene durch die Klauseln `AUTOALLOCATE` bzw. `UNIFORM SIZE` festgelegt, bei der Tabellendefinition selbst braucht darauf nicht mehr eingegangen zu werden. Außerdem macht daher auch eine Separierung sehr großer Tabellen in eigene Tablespaces Sinn.

1.8 Data Dictionary

In einer Datenbank fällt natürlich eine große Zahl von Verwaltungsinformationen an. Manche davon beziehen sich auf die Benutzer- oder Anwendungsobjekte, z. B. Tabellendefinitionen, View-Definitionen, Prozedur-Quellcode etc., andere beschreiben rein interne Merkmale, z. B. Informationen über benutzte Extents oder bestimmte Performance-Daten der Oracle-Instanz.

In einer Oracle-Datenbank werden alle diese Metadaten nicht in irgendeinem speziellen Format abgespeichert, sondern – genau wie die Benutzerdaten auch – in Tabellen verwaltet. Es handelt sich um das sogenannte *Data Dictionary*, das aus einer Vielzahl von Tabellen und Indizes im SYSTEM-Tablespace sowie diversen Views besteht. Dabei unterscheidet man zwischen:

- Metadaten über Datenbankobjekte, dem eigentlichen Data Dictionary

  internes Data Dictionary Die Metadaten werden in Tabellen gespeichert, die dem internen Benutzer SYS gehören und im Tablespace SYSTEM liegen. Die Namen fast aller dieser Tabellen enden mit einem Dollarzeichen, z. B. enthalten `SEG$`, `OBJ$` bzw. `TAB$` Informationen über Segmente, Objekte bzw. Tabellen. Diese Tabellen bezeichnet man als das *interne Data Dictionary*.

  Eine direkte Abfrage dieser Tabellen ist fast nie notwendig und sollte auch vermieden werden, da die Struktur dieser Tabellen nicht offiziell dokumentiert ist und sich in einer neuen Oracle-Version beliebig verändern kann. Aus diesem Grunde ist die direkte Abfrage dieser Tabellen nicht unterstützt.

  Bei DDL-Kommandos, z. B. beim Erstellen einer Tabelle, führt die Oracle-Instanz diverse DML-Kommandos auf diesen Tabellen aus, um die entsprechenden Meta-Informationen einzutragen. Diese internen DML-Kommandos geschehen normalerweise vom Benutzer unbemerkt, bei einem SQL-Tracing können sie sichtbar gemacht werden. Sie werden als *rekursives SQL* bezeichnet. Natürlich sollten niemals explizite Änderungen dieser Tabellen direkt durch einen Benutzer vorgenommen werden, da die Datenbank dadurch zerstört werden kann.

  externes Data Dictionary Der DBA bzw. Administrationstools, aber auch z. B. Installationsprogramme, können auf die Metadaten über Views zugreifen, die das sogenannte *externe Data Dictionary* bilden. Diese Views gehören ebenfalls dem Benutzer SYS und fangen fast alle mit DBA_, ALL_ oder USER_ an. Dabei zeigen DBA-Views stets den gesamten Datenbankinhalt – z. B. zeigt `DBA_TABLES` alle Tabellen –, ALL-Views alle für den abfragenden Benutzer sichtbaren oder benutzbaren Objekte – z. B. `ALL_TABLES` – und USER-Views alle Objekte, die dem abfragenden Benutzer gehören, z. B. `USER_TABLES`.

  Diese Views sind dokumentiert und ihr Gebrauch offiziell unterstützt. Strukturelle Veränderungen in einer neuen Oracle-Version sind trotzdem möglich, aber zumindest dokumentiert. Außerdem sind diese Veränderungen in den allermeisten Fällen abwärtskompatibel, d. h., es kommen meistens nur neue Spalten oder komplett neue Views hinzu.

- Metadaten über die Performance der Instanz

  X$-Tabellen Die Performance-Metadaten werden in sogenannten X$-Tabellen verwaltet. Es handelt sich nicht um echte Tabellen in der Datenbank, sondern um reine Hauptspeicher-Konstrukte. Der Oracle-Kernel – und damit jeder Oracle-Serverprozess – kennt die Namen aller X$-Tabellen und liest bei einer Abfrage entsprechende Informationen direkt aus der SGA aus.

  Genau wie das interne Data Dictionary sind auch die X$-Tabellen nicht dokumentiert, ihre direkte Benutzung ist nicht unterstützt, und ihre Struktur kann sich jederzeit ändern. Außerdem sind die Tabellennamen, Spaltennamen und Inhalte zumeist sehr kryptisch, so dass eine direkte Interpretation schwierig ist.

  V$- und GV$-Views Das Pendant zum externen Data Dictionary bilden die sogenannten V$- und GV$-Views, die Performance-Daten nach außen darstellen. Neben sprechenden Bezeichnern gilt auch hier, dass die Strukturen dokumentiert und Änderungen zumeist abwärtskompatibel sind. Die V$-Views gehören dem Benutzer SYS. Da sie auf den X$-Tabellen aufbauen, zeigen sie Performance-Daten der jeweiligen Instanz.

Für RAC-Umgebungen gibt es ferner die GV$-Views, die eine Zusammenfassung der Daten über alle RAC-Instanzen liefern (das G steht für Global). Wer unbedingt wissen möchte, wie die V$- und GV$-Views definiert sind, wird in der View `V$FIXED_VIEW_DEFINITION` fündig.

1.9 Basis-Tablespaces

Bei der Erstellung einer Datenbank werden einige Basis-Tablespaces erzeugt, die für interne Zwecke oder für allgemeine Aufgaben verwendet werden. Diese sollten für normale Benutzer und Anwendungen tabu sein. Es handelt sich um die Tablespaces:

SYSTEM Wie bereits beschrieben, beinhaltet dieser das Data Dictionary, also alle Objekte des Benutzers SYS und somit alle Metadaten. Er ist daher elementar wichtig für den Betrieb der gesamten Datenbank. Für die Wiederherstellung des SYSTEM-Tablespace gelten einige besondere Verfahrensregeln (siehe dort). Bei Verlust des SYSTEM-Tablespace ist die Datenbank mit normalen Mitteln nicht mehr rettbar.

Typischerweise wird der SYSTEM-Tablespace nicht größer als 500 MB. Sollte er dennoch deutlich größer werden, speichern evtl. normale Benutzer ihre Tabellen in diesem Tablespace. Da dieser Tablespace in Datenbankversionen älter als 10g der einzige Tablespace war, der garantiert in jeder Datenbank existiert, war und ist er Default-Tablespace jedes Benutzers, solange nichts anderes eingestellt wurde. Dies sollte unbedingt vermieden werden, um die Stabilität und Performance der Datenbank nicht zu gefährden.

Auch sind viele Aktionen, z. B. Tablespace-Transport, nicht für den SYSTEM-Tablespace möglich.

SYSAUX Da sich im Laufe der Versionen eine Reihe von erweiterten Funktionen angesammelt hat – z. B. Stored Outlines, der Workspace-Manager, der Log-Miner etc. –, die vom Datenvolumen her eine gewisse Dynamik mit sich bringen, hat Oracle mit der Datenbankversion 10g entschieden, diese aus dem sensiblen SYSTEM-Tablespace in einen eigenen Tablespace auszulagern.

Seit der Version 10g ist dies daher der zweite Tablespace, der garantiert in jeder Datenbank vorhanden ist. Die View `V$SYSAUX_OCCUPANTS` gibt Auskunft darüber, welche Komponenten der Datenbank den SYSAUX-Tablespace benutzen und wie viel Platz jede einzelne Komponente belegt. Die Tablespace-Größe sollte typischerweise zwischen 500 MB und wenigen GB liegen.

Im Rahmen eines Upgrades von älteren Datenbankversionen muss der SYSAUX-Tablespace erstellt werden. Dies muss nach dem Hochfahren der Datenbank mittels `STARTUP UPGRADE`, aber noch vor dem Aufruf des Upgrade-Skripts geschehen. Näheres dazu ist in der Oracle-Dokumentation beschrieben.

Mindestens ein Temporär-Tablespace, z. B. TEMP In einem DBMS fallen immer wieder Sortier- und Hash-Operationen oder damit verwandte Operationen wie Gruppierungen oder Index-Aufbau an. Diese Operationen benötigen u. U. Speicherplatz für Zwischenergebnisse. Bei kleineren Datenmengen wird ein sogenannter Sortierbereich im Hauptspeicher des Oracle-Prozesses benutzt. Werden allerdings größere Mengen Speicherplatz angefordert, so wird automatisch auf Temporärsegmente ausgewichen, d. h., es wird ein spezielles Segment in der Datenbank reserviert, das solche Zwischenergebnisse aufnimmt.

Im Unterschied zu allen anderen Segmenttypen werden Temporärsegmente grundsätzlich implizit angelegt und können nicht explizit angesprochen oder ausgelesen werden (die einzige Ausnahme hierfür sind sogenannte Temporärtabellen, deren Inhalte ebenfalls als Temporärsegmente abgelegt werden). Nach erfolgreicher Durchführung der Sortierung oder Gruppierung werden Temporärsegmente wieder freigegeben; der Inhalt von globalen Temporärtabellen wird je nach Definition nach Transaktions- bzw. Sitzungsende freigegeben.

Temporär-Tablespaces bestehen aus Temporärdateien (Standard-Dateiendung .tmp), die keine interne Formatierung in Form von Oracle-Blöcken aufweisen und daher viel schneller erzeugt werden können. Auch ist keine Extent-Verwaltung erforderlich. Entweder datenbankweit oder auch für einzelne Datenbankbenutzer kann ein Temporär-Tablespace definiert werden. Dies sollte auch unbedingt geschehen, da ansonsten der SYSTEM-Tablespace als Temporär-Tablespace benutzt wird.

Ein Undo-Tablespace, z. B. UNDOTBS, beinhaltet ausschließlich Undo-Segmente, die in Abschnitt 1.7 beschrieben sind. In RAC-Datenbanken wird je ein Undo-Tablespace pro Instanz benötigt, z. B. UNDOTBS1, UNDOTBS2 etc.

1.10 Interne Schemata

Bei der Erstellung einer Datenbank wird außerdem eine Reihe von Standardbenutzern bzw. -schemata angelegt.[11] Auch hier gilt, dass diese für normale Benutzer und Anwendungen tabu sein sollten. Es handelt sich um:

SYS als Eigentümer des Data Dictionaries. Außerdem ist SYS in einer neu erstellten Datenbank der einzige Benutzer mit dem SYSDBA-Privileg, d. h., nur er kann die Instanz starten, stoppen oder ein Recovery durchführen. Insofern ist er auch in Abgrenzung zum unten vorgestellten Benutzer SYSTEM im Rahmen der Datenbankadministration eher für die Außenwirkung zuständig.

Bei einer Anmeldung mit dem Benutzer SYS muss der Zusatz „AS SYSDBA" angegeben werden, also z. B.: sqlplus sys/password as sysdba. Manchmal wird auch anderen Benutzern das SYSDBA-Privileg zugewiesen. In diesem Fall ist die zunächst verwirrende Tatsache zu beachten, dass jede (!) Anmeldung mit dem Zusatz AS SYSDBA stets zu einer Anmeldung als Benutzer SYS führt, d. h., selbst eine Anmeldung mit: sqlplus hinz/kunz as sysdba führt zu einem Login mit dem Benutzer SYS.

Im SYS-Schema sollte nichts explizit erstellt, geändert oder gelöscht werden.

SYSTEM als Standardadministrator. Neben SYS ist er der einzige Benutzer, der in einer neu erstellten Datenbank die Rolle DBA innehat, also im Hinblick auf die Datenbank praktisch omnipotent ist. Im Gegensatz zum Benutzer SYS ist dieser im Rahmen der Administration eher für die Innenwirkung zuständig, also alles, was sich innerhalb einer gestarteten Instanz abspielt.

11 In der Oracle-Datenbank stehen Benutzer und Schemata in einer 1:1-Beziehung, ein Schema bildet einfach die Menge aller Objekte, die dem gleichnamigen Benutzer gehören.

In der Praxis wird dieser generische DBA-Benutzer manchmal gesperrt, und stattdessen werden einzelnen Benutzern mit sprechenden Benutzernamen DBA-Rechte zugewiesen, um z. B. im Rahmen eines Datenbank-Auditings oder Loggings von DBA-Aktionen besser nachvollziehen zu können, wer was getan hat.

Auch im SYSTEM-Schema sollte nichts explizit erstellt, geändert oder gelöscht werden.

OUTLN, der zur Speicherung sogenannter „Stored Outlines" verwendet wird. Stored Outlines können für bestimmte Tuning-Maßnahmen verwendet werden, wenn keine Anpassung der Applikation möglich ist. Da für diesen Benutzer grundsätzlich kein Login notwendig ist, sollte er gesperrt sein. Stored Outlines gelten außerdem seit der Version 11g als Auslaufmodell, daher wird dieser Benutzer in zukünftigen Releases wahrscheinlich verschwinden.

DBSNMP, MGMT_VIEW und SYSMAN, die vom Oracle Enterprise Manager verwendet werden.

XDB als Eigentümer der in der XML DB gespeicherten Daten und Metadaten. Die XML DB ist eine optionale Komponente einer Datenbank, die auf die Speicherung und Verarbeitung von XML-Dokumenten spezialisiert ist.

ANONYMOUS als reiner Login, d. h. ein Benutzer ohne Schema-Objekte. Ist dieser Benutzer freigegeben, erlaubt er den anonymen, d. h. authentifizierungsfreien, Zugriff per HTTP auf in der XML-DB gespeicherte Dokumente. Ist der Benutzer gesperrt, ist auch kein anonymer Zugriff möglich.

DIP (Directory Integration and Provisioning), der ausschließlich im Zusammenhang mit der Enterprise Edition und der Option Label Security benutzt wird.

ORACLE_OCM, ein Schema zur Speicherung von Informationen über die Konfiguration der Datenbank und der Instanz im Rahmen des *Oracle Configuration Managers*. Mit dieser optionalen Komponente können beim Eröffnen eines Service Requests via Metalink entsprechende Informationen sofort an den Oracle-Support übermittelt werden. Solange sie nicht installiert ist, bleibt das Schema leer, ansonsten enthält es einige PL/SQL-Packages und Jobs zum regelmäßigen Sammeln der Daten. Der Benutzer kann in jedem Falle gesperrt bleiben.

XS$NULL, ein rein interner Benutzer, der von der Oracle-Instanz verwendet wird. Eine Anmeldung mit diesem Benutzer ist prinzipiell nicht möglich.

PUBLIC, der keinen echten Benutzer, sondern eine sogenannte Pseudo-Rolle darstellt. PUBLIC wird bei Rechtezuweisungen genutzt, um ein bestimmtes Datenbankprivileg einfach jedermann zu geben oder zu entziehen, z. B.:

```
SQL> GRANT SELECT ON demo.personen TO PUBLIC;
```

Diverse weitere Standardbenutzer können je nach installierten Datenbankkomponenten bzw. Optionen auftauchen. Eine vollständigere Auflistung findet sich z. B. in der Metalink Note 160861.1.

1.11 Die Oracle-Datenbank im Netzwerk

Die Oracle-Datenbank wird über ein Client-Server-Modell angesprochen. Oracle-Clients können im einfachsten Fall die Endbenutzer sein, wenn diese sich direkt, also z. B. über eine Fat-Client-Anwendung, mit der Instanz verbinden. In vielen Fällen ist der Oracle-Client aber selber ein Webserver oder ein Applikationsserver, der seinerseits die Endbenutzer bedient.

Die Client-Server-Architektur der Oracle-Datenbank zeichnet sich im Normalfall dadurch aus, dass ein Client mit einem ihm eigens zugewiesenen Serverprozess auf dem Datenbank-Server kommuniziert, der zur Oracle-Instanz gehört. Dieses Modell wird deshalb auch als Dedicated-Server-Architektur bezeichnet.[12]

Der Client nutzt als Aufrufschnittstelle zum Server das *Oracle Call Interface (OCI)*, entweder direkt oder – in den meisten Fällen – indirekt, z. B. mittels eines JDBC-, ODBC- oder OLE DB-Treibers, eines Perl DBI- oder sonstigen programmatischen Moduls oder auch über die Kommandozeile SQL*Plus. Der Server nutzt als Gegenstück das *Oracle Program Interface* OPI. Im Allgemeinen antwortet der Server auf einen Aufruf aus dem OCI mit einem Aufruf des OPI. Dies erfolgt im Normalfall synchron, d. h., der Client ist blockiert, bis die Antwort des Servers eingetroffen ist.

Die eigentliche Netzwerkkommunikation kann über verschiedene Standardprotokolle erfolgen. In den meisten Fällen wird TCP/IP oder TCP/IP mit SSL verwendet, aber es werden auch IPC, Named Pipes sowie SDP unterstützt. Um vom konkret verwendeten Protokoll abstrahieren zu können, wird TNS, das Transparent Network Substrate, als Kommunikationsschicht über die genannten Protokolle gelegt. TNS gehört also zum Level 5 im Sinne des OSI-Netzwerkmodells. TNS bildet den einheitlichen Unterbau für die Kommunikation zwischen Oracle-Client und Serverprozessen, daher wird es manchmal auch als *Net Foundation Layer* bezeichnet.

Innerhalb von TNS sind u. a. Dienste zur Namensauflösung sowie Sicherheitsfunktionen untergebracht, es ist für den korrekten Aufbau und die Verwaltung von Verbindungen zwischen Client und Server verantwortlich. Die TTC-Schicht (Two Task Common) ist für die Konvertierung von Zeichensätzen und Datenformaten zuständig. Die Schichten TTC und TNS werden meistens einfach zusammengefasst als Oracle Net bezeichnet.

1.12 Sprachen, Gebiete und Zeichensätze

Unter dem Oberbegriff *Globalization Support* sind bei Oracle alle Mechanismen und Möglichkeiten zusammengefasst, die sich mit der Unterstützung von internationalen Anwendungen befassen. Dies betrifft Sprachen, z. B. für Fehlermeldungen, landesspezifische Konventionen wie Dezimal- und Tausendertrennzeichen, Währungssymbole und Formate sowie diverse Zeichensätze.

In früheren Oracle-Versionen wurde hierfür die Bezeichnung *National Language Support* verwendet. Die alte Bezeichnung trifft den Hintergrund der Vorgehensweise, die damals im Fokus stand: In jedem Land sollten die dort verwendete Sprache sowie die für deren Darstellung üblichen Schriftzeichen unterstützt werden, d. h., die Betonung lag auf *National*. Heute ist es jedoch für Unternehmen unerlässlich, sich dem Trend der Globalisierung in der Weltwirtschaft anzuschließen. Daher müssen nicht mehr nur die eigene Sprache und vielleicht die des Nachbarlandes unterstützt werden, sondern zumindest die eines Kontinents – was in Europa bereits eine sehr anspruchsvolle Aufgabe ist – oder sogar der ganzen Welt.

---

12 Im Gegensatz zur Shared-Server-Architektur, bei der von einem sogenannten Dispatcher mehrere Clients jeweils einem einzigen Serverprozess zugewiesen werden. Dieses Modell ist heute aber sehr unüblich.

Somit ist der Name Globalization Support für diese neuen Anforderungen treffend gewählt.[13] Damit diverse Sprachen, Konventionen und Zeichensätze gleichzeitig von verschiedenen Clients einer Instanz genutzt werden können, sind praktisch alle Parameter für den Globalization Support sowohl im Client als auch im Server einstellbar.

Die Serverparameter haben den Sinn, Standardwerte für diejenigen Clients zu setzen, die keinen expliziten Wert setzen. Diese haben jedoch praktisch keine Auswirkungen auf irgendwelche Verbindungen, da durch den nahezu immer verwendeten Parameter `NLS_LANG` auf der Clientseite ebenfalls Standardwerte für die gewählte Sprache gesetzt werden. Daher werden Serverparameter in der Regel nicht benutzt.

1.12.1 Datenbankseitige Einstellungen

Zwei wichtige Parameter auf der Serverseite werden bereits beim Anlegen der Datenbank gesetzt und können dann nur noch unter recht scharfen Bedingungen und mit großem Aufwand geändert werden: der (Standard-)Zeichensatz und der „nationale Zeichensatz" der Datenbank. Diese beiden Zeichensätze bestimmen, wie sämtliche Zeichenketten innerhalb der Datenbank gespeichert werden – und damit auch, welche Zeichen überhaupt gespeichert werden können.

Während der Standard-Zeichensatz sich auf Tabellenspalten vom Typ `CHAR`, `VARCHAR2` oder `CLOB` bezieht, gilt der nationale Zeichensatz für die sogenannten N-Datentypen `NCHAR`, `NVARCHAR2` und `NCLOB`.[14] In 99% aller Fälle spielt ausschließlich der Standard-Zeichensatz eine Rolle, da die meisten Anwendungen – wenn überhaupt – nur minimalen Gebrauch von den N-Datentypen machen.

Falls der Anwendungshersteller dies unterstützt, können einzelne Textspalten einer Tabelle vom Standard- auf den nationalen Zeichensatz umgestellt werden. Im Zuge dieser Umstellung müssen alle Daten der betroffenen Tabellenspalte entsprechend umkodiert werden. Mit einem entsprechenden Befehl der Art

```
SQL> ALTER TABLE personen MODIFY (nachname NVARCHAR2(50));
```

führt die Datenbank diese Umkodierung zwar automatisch durch, sperrt die Tabelle aber für diesen Zeitraum, also unter Umständen für viele Stunden. Außerdem funktioniert dies nicht für LOB-Datentypen. Alternativ kann über das mitgelieferte PL/SQL-Paket DBMS_REDEFINITION derselbe Effekt mit Sperren im Sekunden- oder Minutenbereich erzielt werden.[15]

Für neue Datenbanken empfiehlt es sich eher, von vornherein einen Unicode-Zeichensatz als Standard-Zeichensatz zu benutzen. Dafür kommen die beiden Varianten `UTF8` und `AL32UTF8` infrage. Der erstere ist auf dem Stand der Unicode-Version 3.0 eingefro-

---

13 Trotz der Umbenennung tragen die meisten Parameter nach wie vor das Kürzel NLS im Namen – eine Umbenennung wäre wohl auch zu viel des Guten.

14 Bei den Datentypen CLOB und NCLOB gibt es eine Ausnahme: Wenn der zugrunde liegende Zeichensatz variable Codierungslängen aufweist, also manche Zeichen 1 Byte beanspruchen, andere Zeichen hingegen mehrere Bytes, dann wird intern stattdessen ein Zeichensatz mit fixer Kodierungslänge benutzt (UCS2 bzw. AL16UTF16 seit der Datenbankversion 10g). Der Grund hierfür ist, dass ansonsten eine schnelle Positionierung innerhalb des LOBs, z. B. „Lies ab Zeichen Nr. 1000000", nicht einfach möglich wäre, da nicht bekannt wäre, auf welches Byte gesprungen werden muss.

15 Das PL/SQL-Paket `DBMS_REDEFINITION` leistet eine komplette Reorganisation einer Tabelle, d. h., es wird eine neue Tabelle mit dem entsprechenden Datentyp erstellt und befüllt. Die kurzzeitige Sperre entsteht schließlich durch das namensmäßige Vertauschen der alten und neuen Tabelle.

ren, wohingegen der letztere auch neuere Unicode-Versionen abdeckt. Beide sind eine strikte Obermenge des ASCII-Codes, d. h., ASCII-Zeichen verbrauchen nur 1 Byte. Das ist wichtig, damit die Datenbank nicht gleich doppelt so groß wird.[16]

Der nationale Datenbank-Zeichensatz muss ein Unicode-Zeichensatz sein, entweder `UTF8` mit variabler Kodierungslänge oder `AL16UTF16` mit fixer Kodierungslänge. Da die N-Datentypen wie gesagt selten praktisch genutzt werden, kommt es hier nicht so sehr auf die Einzelentscheidung an. Wichtiger ist es vielmehr, eine konsistente Entscheidung über alle Datenbanken anzustreben. Dies gilt sowohl für den Standard- als auch für den nationalen Zeichensatz. Hintergrund dafür ist neben der besseren Übersicht auch die Option, Daten zwischen Datenbanken auszutauschen. Entsprechende Techniken wie z. B. *Transportable Tablespaces* setzen identische Zeichensätze der beteiligten Datenbanken voraus.

Bestehende Datenbanken sind häufig mit ISO-Zeichensätzen aufgesetzt, z. B. `WE8ISO8859P15`, oder dem Windows-Zeichensatz `WE8MSWIN1252`. Wenn dies nicht mehr ausreicht, weil z. B. ostasiatische Texte gespeichert werden müssen, ist eine nachträgliche Änderung des Zeichensatzes notwendig. Hier sollte zunächst mit dem *Character Set Scanner*[17] eine Auswertung erstellt werden, welche Daten übernommen werden können (das ist häufig bei reinen ASCII-Daten der Fall, meist aber nicht bei Umlauten oder Sonderzeichen), wo eine Konvertierung notwendig ist und wo ggf. sogar Spaltendefinitionen verändert werden müssen.

Zum Beispiel kann es sein, dass bei einem Feld vom Typ `VARCHAR2(50)` ein Eintrag mit ein paar Umlauten im ISO-Zeichensatz genau 50 Byte belegt. Nach einem Wechsel auf Unicode belegen diese Umlaute aber mindestens 2 Byte, so dass der Wert nun plötzlich nicht mehr in das Feld passt. Das Feld muss in diesem Fall entweder erweitert oder – besser – mit Character-Semantik versehen werden, d. h., entgegen dem Standardverhalten wird 50 nicht als maximale Bytelänge, sondern als maximale Zeichenzahl interpretiert. Der neue Datentyp wäre dann `VARCHAR2(50 CHAR)`.

Alle nötigen Konvertierungen und sonstigen Anpassungen können dann entweder im Rahmen einer Auszeit mit der CSALTER-Komponente des Character Set Scanners durchgeführt werden. Oder aber es wird mithilfe von Replikationsmethoden eine zweite, neue Datenbank mit dem neuen Zeichensatz und entsprechend angepassten Datentypen aufgebaut, synchronisiert und schließlich die Anwendung auf die neue Datenbank umgelenkt. Dies bedeutet bei sorgfältiger Vorbereitung meist nur eine Auszeit im Minutenbereich.

Zusammenfassend lässt sich sagen: Es empfiehlt sich heutzutage, `AL32UTF8` als Datenbank-Zeichensatz zu nutzen. Eine nachträgliche Zeichensatz-Änderung ist nur dann einfach, wenn der Ausgangs-Zeichensatz `US7ASCII` ist, was im europäischen Raum praktisch nie der Fall ist. Bei hochverfügbaren, kritischen Anwendungen bzw. Datenbanken ist eine nachträgliche Änderung des Datenbank-Zeichensatzes meistens ein Projekt.

---

16 Mit AL16UTF16 gibt es noch einen weiteren Unicode-Zeichensatz, der aber nicht als Standard-Zeichensatz unterstützt ist, da er keine strikte Obermenge des ASCII-Codes darstellt. Der tiefere Grund dafür ist, dass alle Metadaten der Datenbank, z. B. Tabellennamen, im Standard-Zeichensatz abgespeichert werden, und hier erwartet die Datenbank ASCII-Kompatibilität.

17 Für eine nähere Beschreibung des Character Set Scanners siehe Oracle-Dokumentation *Globalization Support Guide*

1.12.2 Clientseitige Einstellungen

Auch der Client muss bestimmen, mit welchem Zeichensatz er arbeitet. Wird MS-Windows als Client-Plattform verwendet, so ist dies zumindest in Deutschland (und wahrscheinlich auch im restlichen Westeuropa) ebenfalls WE8MSWIN1252. Der Parameter NLS_LANG, mit dem dieser Client-Zeichensatz ausgewählt wird, enthält darüber hinaus je eine Komponente für die Sprache und das Gebiet in der folgenden Form:

```
<Sprache>_<Gebiet>.<Zeichensatz>
```

Ein vollständiges Beispiel lautet:

```
NLS_LANG=GERMAN_GERMANY.WE8MSWIN1252
```

Unter Unix ist NLS_LANG als Umgebungsvariable zu setzen. Bei MS Windows findet sich normalerweise ein entsprechender Eintrag in der Registrierung, der dann als Standardeinstellung benutzt wird:

```
\\HKEY_LOCAL_MACHINE\SOFTWARE\ORACLE\KEY_<HOMENAME>
```

Die drei Komponenten wirken sich wie folgt aus:

- Die Spracheinstellung steuert neben der Sprache für Status- und Fehlermeldungen sowie Tages- und Monatsnamen auch die Sortierreihenfolge (z. B. für Abfragen mit ORDER BY-Klausel). Ob Dateninhalte, z. B. Sonderzeichen, korrekt ausgegeben werden, hat mit der Spracheinstellung aber nichts zu tun. Alle diese Einstellungen können nachträglich einzeln modifiziert werden.
- Durch Angabe des Gebiets werden implizit Einstellungen für das Datumsformat, Dezimal- und Tausender-Trennzeichen und das Währungssymbol vorgenommen. Auch hier gilt, dass jede Einzeleinstellung nachträglich änderbar ist.
- Der Zeichensatz sagt dem Oracle-Kernel, wie die datenbankinterne Kodierung eines Zeichens korrekt in die entsprechende clientseitige Kodierung übersetzt werden muss.

  Zum Beispiel wird das Eurosymbol in einer Datenbank mit WE8ISO8859P15-Zeichensatz durch den Bytewert 164 repräsentiert, in einer Unicode-Datenbank (AL32UTF8) sogar durch die zwei Bytes 32,172. Der Windows-Client mit dem Win-1252-Zeichensatz erwartet aber den Bytewert 128 für ein Euro-Symbol. Genau diese Konvertierung erledigt der Oracle-Kernel, vorausgesetzt der Client teilt ihm seinen Zeichensatz (WE8MSWIN1252 in diesem Fall) korrekt mit.

Die Sprach- und Gebietseinstellung haben also nichts mit der Speicherungsart innerhalb der Datenbank zu tun. Es handelt sich um rein clientseitige Formatierungseinstellungen.

In jedem Fall ist es sehr wichtig, dass der Client-Zeichensatz korrekt eingestellt ist, besonders bei Datenänderungen. Ansonsten werden mit hoher Wahrscheinlichkeit zumindest bei Sonderzeichen die falschen Konvertierungen durchgeführt, d. h., es werden falsche Daten angezeigt.

Ein typisches Symptom dafür ist die Anzeige irgendwelcher merkwürdigen Zeichen anstelle von Umlauten. Bei Datenänderungen werden analog dazu falsche Bytewerte in die Datenbank geschrieben, d. h., die Dateninhalte sind korrupt. Eine Verifizierung der Daten mit demselben Client ist nicht möglich, da die falsche Konvertierung einfach genau zurückgedreht wird, so dass am Client die richtigen Zeichen wieder ankommen. Andere, korrekt eingestellte Clients sehen hingegen lediglich „Datenschrott".

Jeder Client sieht also die Datenbankinhalte unausweichlich durch die „NLS_LANG"-Brille. Passt diese Brille – sprich ist der korrekte Zeichensatz eingestellt –, sieht und schreibt er auch die richtigen Daten. Passt sie nicht, kann man sich darauf nicht verlassen. Die einzige Möglichkeit, diese Brille zu umgehen und die Original-Bytewerte aus der Datenbank zu sehen, ist die SQL-Funktion DUMP. In einer Unicode-Datenbank mit dem Zeichensatz AL32UTF8 muss z. B. der Buchstabe „ü" zwei Bytes – nämlich 194,129 – belegen, wie sich anhand der nachfolgenden Abfrage verifizieren lässt.

```
SQL> COLUMN vorname FORMAT A10
SQL> COLUMN bytewerte FORMAT A40
SQL> SELECT vorname, DUMP(vorname) AS bytewerte
     FROM   personen;

VORNAME    BYTEWERTE
---------- ----------------------------------------
Günter     Typ=1 Len=7: 71,194,129,110,116,101,114
```

Typische Client-Zeichensätze sind WE8MSWIN1252 für ein deutsches Windows sowie WE8PC850 innerhalb einer DOS-Box, z. B. für das Kommandozeilen-Werkzeug SQL*Plus. Bei Unix und Linux ist die Sache etwas komplizierter. Zunächst sollte über das Shell-Kommando locale der aktuell verwendete Zeichensatz abgefragt werden:

```
LANG=en_US.UTF-8
LC_CTYPE="en_US.UTF-8"
LC_NUMERIC="en_US.UTF-8"
LC_TIME="en_US.UTF-8"
LC_COLLATE="en_US.UTF-8"
LC_MONETARY="en_US.UTF-8"
LC_MESSAGES="en_US.UTF-8"
LC_PAPER="en_US.UTF-8"
LC_NAME="en_US.UTF-8"
LC_ADDRESS="en_US.UTF-8"
LC_TELEPHONE="en_US.UTF-8"
LC_MEASUREMENT="en_US.UTF-8"
LC_IDENTIFICATION="en_US.UTF-8"
LC_ALL=
```

Gegebenenfalls kann durch Exportieren der Variablen LC_ALL ein anderer Zeichensatz gesetzt werden, wobei mit locale -a eine Liste der verfügbaren Einstellungen aufgelistet wird. Auch ein evtl. zwischengeschaltetes Terminal-Programm – z. B. PuTTY – muss entsprechend konfiguriert werden. Bei PuTTY geht dies über den Punkt *Window / Translation / Received data assumed to be in which character set*, bei anderen Terminals empfiehlt sich ein Blick in die Dokumentation. Anschließend kann der entsprechende Zeichensatz in der NLS_LANG-Variablen eingestellt werden.

Achtung: Bei den locale-Einstellungen wird z. B. Unicode mit UTF-8 bezeichnet, ISO 8859-15 mit ISO8859-15. In der Oracle-Welt heißen diese Zeichensätze UTF8 (ohne den Bindestrich) bzw. WE8ISO8859P15. Für NLS_LANG müssen natürlich die Oracle-Namen der Zeichensätze verwendet werden!

1.13 Zusammenspiel mit Anwendungen

Eine Anwendung besteht fast nie ausschließlich aus Datenbankbefehlen, sondern ist in einer Programmiersprache wie C#, Java oder Visual Basic geschrieben, in diesem Zusammenhang auch als *Host-Sprache* bezeichnet. Befehle zum Verbindungsaufbau und zur Ausführung von SQL-Kommandos werden an entsprechenden Stellen in den Quellcode der Host-Sprache eingebunden.

Heutzutage ist es Standard, dass Anwendung und Datenbank auf unterschiedlichen Servern laufen. Daher ist die Performance datenbankintensiver Anwendungen auch stark von der Art und Weise abhängig, wie Anwendung und Datenbank miteinander kommunizieren. Ein wesentliches Ziel dabei sollte sein, den Netzwerkverkehr und damit Latenzzeiten möglichst gering zu halten. Leider ist dies durch rein datenbankseitige Maßnahmen nur teilweise zu erreichen. Vielmehr kommt es wesentlich auf die Architektur der Anwendung an.

1.13.1 PL/SQL

Gerade bei der Verarbeitung größerer Datenmengen sollte versucht werden, möglichst viel Verarbeitungslogik innerhalb der Datenbank zu belassen, um unnötige Netzwerk-Roundtrips zu vermeiden. Die Lösung hierfür heißt PL/SQL[18]. Dahinter verbirgt sich eine eigene Programmiersprache, die fest in den Oracle-Kernel integriert ist. PL/SQL kann gewissermaßen als datenbankinterne Host-Sprache angesehen werden. SQL-Kommandos können direkt in PL/SQL-Code eingebettet werden, der Oracle-Kernel fungiert als Prä-Compiler und Laufzeitumgebung für den PL/SQL-Code.

Auf Codierungsebene ist das Zusammenspiel von SQL und PL/SQL in der Tat so gut, dass die Grenzen zwischen SQL-Engine und PL/SQL-Engine bisweilen regelrecht verwischen. Insbesondere die Datentypen und eingebauten Funktionen beider Umgebungen sind nahezu deckungsgleich.

Intern wird aber durchaus unterschieden zwischen der SQL-Engine zur Verarbeitung eigenständiger oder in PL/SQL eingebetteter SQL-Kommandos und der PL/SQL-Engine zur Verarbeitung der prozeduralen Teile. Jede Ausführung eines SQL-Kommandos in einer PL/SQL-Prozedur führt zu einem Kontext-Switch, der ein wenig CPU-Overhead erzeugt. Dies ist aber immer noch deutlich effizienter, als für jeden Verarbeitungsschritt die Daten über das Netzwerk an die Applikation zu schicken.

Insofern ist PL/SQL sehr datenbanknah, verfügt aber über keinerlei grafische Ausgabe und nur sehr begrenzt über Möglichkeiten zur Textausgabe. Es bietet sich daher eine Aufgabenteilung dergestalt an, dass eine „normale" Programmiersprache als Host-Sprache für die Anwendung verwendet wird, aus der heraus SQL-Kommandos ausgeführt und/oder PL/SQL-Codeblöcke aufgerufen werden. Auf diese Weise wird die Datenverarbeitungslogik so weit es geht in PL/SQL formuliert, während der Rest des Quellcodes in einer Drittsprache vorliegt.

Grundsätzlich kann der PL/SQL-Code datenbankseitig – in Form von Prozeduren, Funktionen, Packages und Triggern – oder clientseitig – als sogenannte anonyme PL/SQL-Blöcke – formuliert sein. Für die Wartbarkeit ist jedoch eine zentrale Speicherung in der Datenbank vorteilhaft, und in der Praxis ist dies auch in den allermeisten Fällen so rea-

18 Procedural Language for SQL

lisiert. Die Anwendung ruft in diesem Falle einfach entsprechende PL/SQL-Prozeduren oder Funktionen auf. Die syntaktischen Möglichkeiten, auch im Sinne von Ein- und Ausgabeparametern oder Rückgabewerten, entsprechen weitestgehend denen anderer Programmiersprachen. PL/SQL ist syntaktisch an die Sprachen ADA bzw. Pascal angelehnt.

1.13.2 Java Stored Procedures

Alternativ oder ergänzend zu PL/SQL-Routinen können auch Java-Routinen in der Datenbank definiert werden. Damit dies funktioniert, muss bei der Erstellung der Datenbank mit dem Database Configuration Assistant die Komponente *Oracle JVM* ausgewählt werden. Damit wird tatsächlich eine JVM[19] mit in die Datenbank installiert.

Diese JVM repräsentiert den jeweils aktuellen Versionsstand der Java 2 Platform Standard Edition (J2SE). Beispielsweise verwenden Oracle 11gR1 und 11gR2 die Java-Version 1.5, Oracle 10gR2 die Java-Version 1.4.2. Ebenfalls mit dem Database Configuration Assistant kann die JVM in eine bestehende Datenbank nachinstalliert werden.

Diese Java-Umgebung ist nicht als Ersatz für einen Applikationsserver oder zur Realisierung einer kompletten Java-Anwendung innerhalb der Datenbank gedacht, sondern für die Abbildung von Datenbanklogik, die ansonsten – sprich mit PL/SQL-Mitteln – schwierig darzustellen wäre. Existiert beispielsweise für ein komplexes Problem bereits eine in Java geschriebene Klassenbibliothek, kann dies ein guter Grund für eine Umsetzung mit Java Stored Procedures anstelle von PL/SQL-Routinen sein.

Die Oracle-Datenbank nutzt die JVM teilweise auch für eigene Zwecke, z. B. im Rahmen der sogenannten Multimedia-Komponenten (auch diese Komponenten können beim Erzeugen der Datenbank mittels Database Configuration Assistant ausgewählt werden). Daher gibt es hier auch Abhängigkeiten: Die Installation der Multimedia-Komponenten setzt eine JVM-Installation voraus.

Ein direkter Aufruf einer Java-Routine ist nicht möglich. Stattdessen muss diese zunächst in eine PL/SQL-Funktion oder -Prozedur verpackt werden. Dies hat auch den Vorteil, dass für die aufrufende Anwendung normale PL/SQL-Syntax verwendet werden kann und es transparent bleibt, ob die datenbankseitige Implementierung nun in PL/SQL oder in Java vorliegt.

Der Speicherbedarf der JVM wird durch einen eigenen Teilbereich der SGA gedeckt, den sogenannten *Java Pool*. Über den Serverparameter `java_pool_size` kann die Größe dieses Speicherbereiches gesetzt oder im laufenden Betrieb geändert werden Als Ausgangspunkt sollte der Java Pool auf eine Größe von mindestens 50 MB gesetzt werden.

Außerdem benötigt der Class-Loader der JVM für jede Java-Klasse ca. 8 KB Speicher im Shared Pool (Serverparameter `shared_pool_size`).[20] Da die Java-Laufzeitumgebung alleine etwa 8000 Klassen umfasst, ergibt sich daraus ein zusätzlicher Bedarf von mindestens 100 MB für den Shared Pool. Sowohl Java-Pool als auch Shared-Pool müssen

19 JVM steht für Java Virtual Machine. Dies ist die Laufzeitumgebung für Java-Anwendungen.

20 Bei automatischer SGA-Verwaltung mittels der Serverparameter `sga_target` oder `memory_target` passt die Instanz die Speicherbereiche automatisch an, und die für den Java-Pool und Shared-Pool gesetzten Werte werden lediglich als Untergrenzen behandelt.

bereits entsprechend dimensioniert sein, bevor eine Datenbank mit JVM erzeugt bzw. die JVM in eine bestehende Datenbank nachinstalliert wird.

Bisher stellen Java Stored Procedures – abgesehen von der genannten internen Verwendung durch einige Datenbankkomponenten – eine sehr selten genutzte Funktion der Datenbank dar.

1.13.3 Persistenz-Frameworks

Der konventionelle Weg, wie Anwendungen auf Oracle-Daten zugreifen, besteht im mehr oder weniger direkten Zugriff auf die Oracle-Datenbank mithilfe von Schnittstellen wie OCI, OCCI, JDBC oder ODBC. An bestimmten Stellen werden dabei konkrete SQL-Befehle vom Entwickler in den Applikationsquellcode eingeflochten.

Immer mehr Anwendungen greifen zur Datenspeicherung aber auf sogenannte Persistenz-Frameworks oder -Layer zurück. Ein solches Framework leistet automatisch eine Konvertierung von Objekten der Host-Sprache,[21] z. B. Java, in relationale Daten. Das Framework bildet gewissermaßen den Kitt zwischen der objektorientierten Programmierwelt eines Softwareentwicklers und der relationalen Welt der Datenbank.

Da nicht immer eine direkte 1:1-Zuordnung von Objekten zu Tabellen möglich ist, muss vom Entwickler oder vom Anwendungsarchitekten immerhin noch diese Zuordnung, das sogenannte objektrelationale Mapping, definiert werden. Die eigentliche Generierung von SQL-Befehlen, inklusive z. B. Joins zur Verknüpfung benötigter Tabellen, übernimmt dann das Framework. Dadurch werden die Entwickler zum einen zeitlich entlastet, zum anderen können sich die SQL-Kenntnisse auf ein Minimum beschränken. Nebenbei bleibt die Anwendung auch unabhängig vom SQL-Dialekt der verwendeten Datenbank.

Einschlägige Persistenz-Frameworks sind z. B.:

- Hibernate als Open-Source-Persistenz-Framework für Java bzw. die auf .NET portierte Version NHibernate
- Oracles eigene Frameworks namens BC4J sowie TopLink
- Java Persistence API

Grundsätzlich bestehen auch bei Verwendung von Frameworks zahlreiche Tuning-Optionen, um eventuelle Performance-Probleme der Anwendung zu beseitigen. Allerdings stehen die dafür notwendigen Anforderungen an Detailkenntnisse des jeweiligen Frameworks häufig im Widerspruch zu dem beschriebenen Ziel, die SQL-Kenntnisse auf ein Minimum reduzieren zu können. Ein paar wichtige Tuning-Ansätze seien hier genannt:

- Definition eines sinnvollen objektrelationalen Mappings. Dies kann als die „eigentliche Kunst" bei der Verwendung von Frameworks angesehen werden. Aus Sicht des Entwicklers sind häufig umfangreiche Objekte erstrebenswert, die viele Daten und damit viele Tabellen zusammenknüpfen. Aus Performance-Sicht liegt das Problem dabei in den umfangreichen Join-Operationen, die daraus datenbankseitig bei jedem Objektzugriff generiert werden. Hier kommt es also auf den „richtigen" Kompromiss an.

21 genauer gesagt: von Datenattributen der Objekte der Host-Sprache

- Benutzung von Techniken wie „Lazy Loading“, so dass nur diejenigen Teile eines Objekts geladen werden, die unbedingt benötigt werden. Datenbankseitig übersetzt sich dies in geringere I/O-Last.
- Benutzung eines bestimmten SQL-Dialekts und, damit verknüpft, die Festlegung auf ein verwendetes Datenbanksystem. Im Gegenzug besteht dann zwar keine Datenbankunabhängigkeit mehr, was aber in der Praxis fast nie ein echtes Problem darstellt.
- Genaue Kenntnis der jeweiligen API und der dazugehörigen Implementierung auf Datenbankebene. Zum Beispiel macht es bei Ladeläufen Sinn, die Methode „Insert“ anstelle der Standardmethode „InsertOrUpdate“ zu verwenden, da letztere vor jedem Einfügen erst prüft, ob der Datensatz bereits vorhanden ist.

1.13.4 Caching

Caching ist eines der Grundprinzipien der Oracle-Datenbank. Das Ziel dabei ist immer eine bessere Performance der Datenbank und damit der Anwendung, da bei einer guten Trefferrate im Cache die meistenDatenzugriffe kein I/O verursachen, sondern direkt aus dem Hauptspeicher beantwortet werden können.

Grundlegende Caching-Funktionen sind schon seit den ersten Versionen in der Oracle-Datenbank enthalten, insbesondere das Caching von Oracle-Blöcken (Tabellen, Indizes und andere Segmente) und SQL-Befehlen (SQL-Text und Ausführungsplan).

Mit der Datenbankversion 11g sind verschiedene neue Caching-Möglichkeiten hinzugekommen. Das Motto dahinter lautet ganz einfach: Der schnellste Weg, etwas zu tun, ist: Es gar nicht erst zu tun. In diesem Falle also, eine Abfrage gar nicht erst auszuführen, sondern das Ergebnis aus dem Cache zu holen. Der Charme dieser Möglichkeiten liegt darin, dass sie ohne Eingriff oder mit lediglich geringfügigem Eingriff in den Anwendungsquellcode genutzt werden können.

Serverseitiges Caching

Die Ergebnisse bestimmter Abfragen sowie die Rückgabewerte ausgewählter PL/SQL-Funktionen können gepuffert werden. Beim ersten Aufruf wird die Abfrage oder Funktion normal ausgeführt, die Ergebnisse werden aber zusätzlich in den einen separaten, serverseitigen Cache geladen. Wird dieselbe Abfrage oder derselbe Funktionsaufruf erneut ausgeführt – von demselben oder von einem anderen Client –, fällt datenbankseitig kein Aufwand mehr an, die Ergebnisse werden einfach aus dem Cache geholt.

Mit dem Serverparameter `result_cache_max_size` wird eine Maximalgröße für den Cache festgelegt. Damit der Cache nicht versehentlich von einer Abfrage geflutet wird und alle anderen gepufferten Ergebnisse verloren gehen, steuert der Serverparameter `result_cache_max_result` eine prozentuale Obergrenze für den Speicherbedarf einer einzelnen Ergebnismenge (standardmäßig 5%).

Um diese Caching-Funktionen zu nutzen, muss die betreffende Abfrage mit dem Optimizer-Hint `RESULT_CACHE` [22] ausgestattet werden. Um Funktionsergebnisse zu puffern,

22 Optimizer-Hints sind spezielle Kommentare, die bei Abfragen hinter dem SELECT-Schlüsselwort eingefügt werden. Eine Abfrage, die gecachet werden soll, beginnt also syntaktisch mit:
`SELECT /*+ RESULT_CACHE */ ...`

muss bei der Erstellung der Funktion die Klausel `RESULT_CACHE` verwendet sowie eine Liste von Tabellen angegeben werden, von denen das Funktionsergebnis abhängen kann. Wird eine der Tabellen geändert, invalidiert die Datenbank automatisch alle gepufferten Funktionsergebnisse, so dass beim nächsten Zugriff erneut berechnet werden muss.

Dass diese Liste bei Funktionen manuell angegeben werden muss, liegt daran, dass – im Gegensatz zu Abfragen – innerhalb einer Funktion recht komplexe Dinge ablaufen können, für die eine automatische Abhängigkeitsanalyse nicht möglich ist, z. B. dynamisches SQL. Natürlich sollte die Funktion auch keinerlei Seiteneffekte haben bzw. keine zeit- oder session-spezifischen Daten zurückliefern, z. B. das aktuelle Systemdatum.

Wie man sieht, ist für serverseitiges Caching jeweils eine geringfügige Modifikation des Anwendungsquellcodes notwendig (Einbau des Optimizer-Hints bzw. Neukompilierung der PL/SQL-Funktionen mit der beschriebenen Syntaxklausel). Außerdem muss erst einmal geklärt werden, für welche Abfragen und Funktionen ein Caching überhaupt Sinn macht. Zwei wesentliche Voraussetzungen für einen sinnvollen Einsatz lauten:

- Die Abfragen bzw. Funktionsaufrufe dürfen nicht zu dynamisch sein. Insbesondere die Syntax muss bis auf Leerzeichen identisch sein, um den Cache nutzen können. Wenn jedes Mal andere Werte abgefragt werden oder sogar die Syntax dynamisch generiert wird – wie bei machen Reporting-Anwendungen der Fall –, ist kein Caching möglich.
- Die Häufigkeit von Datenänderungen sollte geringer sein als die von Abfragen. Ansonsten wird durch die Invalidierung nach jeder Datenänderung keine Nutzung des Caches erfolgen. Die Daten sollten also „relativ“ statisch sein, wobei „relativ“ eben meint: in Relation zur Häufigkeit von Datenabfragen.

In einer RAC-Umgebung gilt, dass jede Instanz ihren eigenen Ergebnis-Cache verwaltet. Eine Nutzung der Ergebnisse durch eine andere Instanz ist leider nicht möglich. Die Invalidierung von Ergebnissen funktioniert aber instanzübergreifend, so dass keine inkonsistenten Daten von einer Instanz zurückgeliefert werden, wenn auf einer anderen Instanz die zugrunde liegende Tabelle modifiziert wird.

Clientseitiges Caching

Vorausgesetzt, dass sowohl Server als auch Client mindestens auf dem Versionsstand 11g sind, kann der Oracle-Client Ergebnisse von Abfragen auch lokal puffern. Vor allem für Abfragen auf relativ statische Daten macht das Sinn, da nur die erste Ausführung tatsächlich in der Datenbank läuft. Alle weiteren Ausführungen derselben Abfrage – auch in anderen Sessions – werden gar nicht erst an die Datenbank weitergereicht, sondern von der Client-Software beantwortet.

Wie bei jedem dezentralen Cache stellt sich hier ein Konsistenzproblem. Wenn die zugrunde liegenden Tabellen modifiziert werden, bekommt der Client dies nicht sofort mit, sondern erst nach einem bestimmten Zeitintervall. Standardmäßig fragt der Client die Instanz alle drei Sekunden, ob sich Tabellen geändert haben, die für die client-seitig gepufferten Ergebnisse relevant sind. Das Zeitintervall kann zwar über den Serverparameter `client_result_cache_lag` verändert werden, aber natürlich verbleibt immer eine Rest-Wahrscheinlichkeit, dass ein „veraltetes“ Resultat aus dem Cache des Clients gelesen wird. Hier muss in der konkreten Situation entschieden werden, ob das vertretbar ist.

Die Maximalgröße des Client-Caches wird auf dem jeweiligen Client eingestellt, die Datenbank gibt lediglich über den Serverparameter `client_result_cache_size` einen Default-Wert vor. Allerdings muss dieser Serverparameter überhaupt erst einmal gesetzt und die Instanz neu gestartet werden, um die ganze Funktion zu aktivieren.

Ein kleiner Wermutstropfen: Diese Caching-Funktionen sind allesamt nur in der Oracle Enterprise Edition verfügbar.

Die oben beschriebenen Überlegungen sollten so weit es geht in die Anwendungsentwicklung einfließen. Für laufende Anwendungen sind nachträgliche Anpassungen häufig um ein Vielfaches teurer als eine ausführliche Planung im Vorfeld.

1.14 Security

Eine Security-Betrachtung kann sich nicht nur auf die reine Datenbank beziehen, sondern muss immer auch den Kontext mit einbeziehen, in den die Datenbank eingebettet ist. Als wichtige Punkte sind hier zu nennen:

Das Betriebssystem Wenn sich jemand als `root`-Benutzer, als Eigentümer der Oracle-Software oder auch als Mitglied der OSDBA-Gruppe auf dem Datenbank-Server anmelden kann, hat er auch die Möglichkeit, die Oracle-Datenbank herunterzufahren, die Prozesse zu killen bzw. die Datendateien und damit sämtliche Dateninhalte zu lesen und zu kompromittieren. Daher ist ein Schutz bzw. Auditing auf OS-Ebene unverzichtbar.

Die Hardware Zu einem Sicherheitskonzept gehören auch Überlegungen, wo der Datenbank-Server steht und wer infolge dessen physischen Zugang zur Hardware hat, insbesondere auch zum Storage-System. Im Zeitalter von Gigabyte-USB-Sticks und Virtualisierung muss man sich mit dem Gedanken anfreunden, dass ein kompletter Datenbank-Server inklusive Daten in eine Hosentasche passt.

Das Netzwerk Auch wenn jeden Tag nur ein kleiner Bruchteil aller sensiblen Daten über das Netzwerk geht, bedeutet das doch, dass mithilfe eines Netzwerk-Sniffers nach einigen Wochen oder Monaten fast der gesamte Datenbestand einmal vorbei„paradiert“ und damit sichtbar ist, solange bei der Netzwerkübertragung keine Verschlüsselung aktiviert ist.

Backups Im einfachsten Fall ist ein Backup im Wesentlichen eine Klartextkopie der Daten.[23] Da ja der Sinn eines Backups darin besteht, ohne weitere Informationen eine komplette Wiederherstellung der Daten zu ermöglichen, entspricht ein gestohlenes Sicherungsband einer gestohlenen Datenbank. Die Verschlüsselung von Backup-Daten sowie der physische Schutz der Sicherungsmedien sind daher für ein Datensicherungskonzept von entscheidender Bedeutung.

Die Anwendung Eine große Schwachstelle ist häufig die Anwendung selbst. Meistens benötigt eine Anwendung einen oder wenige Benutzer innerhalb der Datenbank, die Eigentümer der Tabellen sind. Bei manchen Anwendungen müssen sich alle Benutzer mit demselben Oracle-Benutzer anmelden. Das macht eine feingranulare Rechtevergabe unmöglich und erschwert das Auditing.

23 Gegebenenfalls mit Optimierungen wie z. B. Komprimierung

Nicht selten verlangt die Anwendung auch pauschal maximale Rechte in Form der sogenannten DBA-Rolle, obwohl dies gar nicht nötig wäre. Aus Bequemlichkeit wird dieses Vorgehen aber von vielen Softwareentwicklern gewählt. Ein manuelles Abspecken der Rechte scheitert häufig am Verlust des Supports durch den Anwendungshersteller.

Berüchtigt sind schließlich auch in Anwendungen hartkodierte und dadurch nicht änderbare Passwörter für den Datenbank-Login, die mit der Zeit natürlich jedermann bekannt sind.

1.14.1 Authentifizierung

Die Oracle-Datenbank bietet eine Reihe von Authentifizierungsmethoden an. Standardmäßig werden datenbankinterne Benutzer verwendet, mit denen eine Anmeldung anhand des Benutzernamens und des Passwortes möglich ist. Über sogenannte *Profile* können auch Komplexitätsrichtlinien für Passworte gepflegt werden. Mit Version 11g ist dies etwas stärker ins Blickfeld gerückt, da es beim Erstellen einer Datenbank mit dem *Database Configuration Assistant* angeboten wird.

Wenn Benutzer auf vielen Datenbanken Zugriffsrechte haben, besteht verstärkt die Gefahr, dass einfache Passwörter verwendet werden, da ansonsten die Pflege der Anmeldedaten auf den vielen Systemen zu unübersichtlich wird.

In solchen Situationen kann die Verwendung sogenannter Enterprise-User und Global-User Abhilfe schaffen. Hierbei werden Benutzer- und Rechtedaten zentral in einem LDAP-Verzeichnis gespeichert. Voraussetzung hierfür ist die Benutzung des Oracle-eigenen LDAP-Verzeichnisses *Oracle Internet Directory (OID)*. In diesem Zusammenhang ist auch ein kompletter Verzicht auf Passwörter und stattdessen die Verwendung von digitalen Zertifikaten im Rahmen von SSL möglich.

Eine Authentifizierung komplett außerhalb der Oracle-Welt ist ebenfalls möglich, z. B. über eine bereits vorhandene Kerberos-Infrastruktur[24] oder über einen RADIUS[25]-Server. Diese Möglichkeiten werden in der Praxis noch relativ selten genutzt, was teilweise an den Lizenzanforderungen liegen mag (Oracle Enterprise Edition plus Advanced Security Option).

Außerdem ist der Nutzen solch externer Authentifizierungsverfahren vor allem dann gegeben, wenn personalisierte Accounts verwendet werden, d. h., jeder Endbenutzer hat seinen separaten Account in der Datenbank. Viele Anwendungen laufen aber heute über Web- oder Applikationsserver, die ihrerseits die Authentifizierung übernehmen und auf der Backend-Seite alle Datenanfragen mit einem einzigen Datenbank-Account ausführen.

Datenbankadministratoren nutzen häufig zwei weitere Mechanismen zur Anmeldung, nämlich:

24 Mit dem Windows Active Directory steht praktisch in jedem Unternehmen ein Kerberos-Server zur Verfügung.

25 Remote Authentication Dial-In User Service

- die Mitgliedschaft des verwendeten *Betriebssystem*-Benutzers in der sogenannten OSDBA-, OSOPER- oder OSASM-Gruppe.[26] Dies sind Betriebssystemgruppen, die bei der Installation der Datenbank-Software festgelegt werden. In der Praxis wird häufig für alle drei der Gruppenname dba (auf Unix und Linux) bzw. ORA_DBA (unter Windows) verwendet.

  Damit ist ohne Angabe von Benutzername oder Passwort ein Login mit SYSDBA-, SYSOPER- bzw. SYSASM-Privileg möglich, z. B. um die Instanz rauf- und runterzufahren oder um eine beschädigte Datenbank wiederherzustellen:

```
$ sqlplus "/ as sysdba"
```

  (Die doppelten Hochkommata sind seit der Datenbankversion 10g nicht mehr notwendig.) Diese Art der Anmeldung ist normalerweise nur vom Datenbank-Server selbst aus möglich, z. B. mittels SQL*Plus aus einer Kommando-Shell auf dem Datenbank-Server.

  Theoretisch kann mit dem Serverparameter remote_os_authent dasselbe auch für Remote-Zugriff ermöglicht werden. Dies sollte in der Praxis aber unbedingt vermieden werden, da es eine erhebliche Sicherheitslücke darstellt, denn es wird lediglich geprüft, ob auf dem Client die Mitgliedschaft in einer OS-Gruppe mit passendem Namen vorliegt. Datenbankverwalter, die nicht mit den oben beschriebenen Kernaufgaben betraut sind, sondern sich beispielsweise um die Benutzerverwaltung oder das Anlegen von Rollen kümmern, können wie normale Benutzer über die Datenbank oder externe Verfahren authentifiziert werden und benötigen dieses Verfahren nicht.

- die sogenannte Passwortdatei. Dies ist für einen Remote-Zugriff mit den oben beschriebenen Rechten (SYSDBA etc.) sinnvoll. Die Passwortdatei muss zunächst einmal angelegt werden, z. B. wie folgt unter Unix oder Linux:

```
$ orapwd file=$ORACLE_HOME/dbs/orapw<Oracle-SID>
         password=geheim entries=20
```

  Unter Windows muss die Datei stattdessen pwd<Oracle-SID>.ora heißen und in dem Verzeichnis <Oracle-Home>\database liegen. Dann muss die Oracle-Instanz angewiesen werden, diese Datei zu nutzen. Dies geschieht mit dem Serverparameter remote_login_passwordfile, der dazu normalerweise auf den Wert EXCLUSIVE gesetzt wird.[27]

  Mit einer frisch erstellten Passwortdatei ist einzig der Benutzer SYS berechtigt, sich als SYSDBA anzumelden. Über entsprechende Autorisierungskommandos kann der Benutzer SYS diese Rechte weitergegeben.

```
SQL> GRANT SYSOPER TO guenter;
$ sqlplus guenter/passwort@mydb AS SYSOPER
```

  Über die View v$pwfile_users kann überprüft werden, welche Einträge in der Passwortdatei stehen, sprich welche Benutzer diesen Authentifizierungspfad nutzen können.

26 Die OSASM-Gruppe wurde erst mit Version 11g eingeführt. In älteren Releases erfolgt die Verwaltung von ASM (Automatic Storage Management) mit dem SYSDBA-Privileg.

27 Die ebenfalls mögliche Einstellung SHARED bewirkt, dass eine Passwortdatei von mehreren Instanzen unterschiedlicher Datenbanken genutzt werden kann, was in der Praxis aber selten genutzt wird.

1.14.2 Autorisierung

Unabhängig davon, wie ein Benutzer angemeldet ist, entscheidet sich aufgrund der datenbankintern zugewiesenen Rechte, was er innerhalb der Datenbank darf. Zunächst einmal soll klargestellt werden, dass es in der Oracle-Datenbank eine 1:1-Beziehung zwischen einem „Benutzer" und seinem „Schema" gibt. Trotzdem werden beide Begriffe mit gewissen Bedeutungsnuancen verwendet:

- Unter dem *Benutzer* versteht man eher den Account, also den Benutzernamen, ggf. zusammen mit seinem Passwort, seinen Rechten sowie einigen Eigenschaften wie z. B. dem Standard-Tablespace.
- Das *Schema* meint eher die Menge aller Objekte, die diesem Benutzer gehören, also „seine" Tabellen, Indizes, Views etc.

In der Oracle-Datenbank ist es nun zwangsläufig so, dass dem Benutzer X das gleichnamige Schema X zugeordnet ist. Das heißt auch, dass z. B. die Tabellen einer Anwendung nicht einem anderen Benutzer „überantwortet" werden können. Wenn man sich länger in der Oracle-Welt bewegt, geht dieses Prinzip mit der Zeit als Selbstverständlichkeit in Denken und Handeln ein. Im Vergleich mit anderen Datenbanken wie z. B. SQL Server 2005 oder auch mit dem ANSI SQL-Standard, wo Benutzer- und Schemaname voneinander unabhängig sind, ist dies jedoch keineswegs selbstverständlich und erfordert vielleicht etwas Gewöhnung.

Grundsätzlich gilt, dass ein Benutzer sämtliche Rechte auf seinen eigenen Objekten, also innerhalb seines Schemas, hat. Es ist auch nicht möglich, irgendeinen Benutzer in dieser Hinsicht einzuschränken. Auf Objekte anderer Schemata müssen hingegen explizit Rechte zugewiesen werden, z. B. zum Lesen oder Ändern einer bestimmten Tabelle. Alle Rechte werden mit den SQL-Kommandos `GRANT` und `REVOKE` zugeteilt bzw. entzogen, z. B.:

```
SQL> GRANT SELECT ON demo.auftraege TO guenter;
```

Dieses Select-Recht ist ein Beispiel für ein sogenanntes *Objektprivileg*. Darunter versteht man Rechte auf bestimmten, einzelnen Objekten, z. B. zum

- Lesen einer Tabelle oder View
- Einfügen, Ändern oder Löschen auf einer Tabelle oder View
- Selektieren von einer Sequenz[28]
- Ausführen einer PL/SQL-Prozedur oder Funktion
- Lesen oder Schreiben auf ein Verzeichnisobjekt und damit auf ein Verzeichnis im Dateisystem des Servers

Neben den Objektprivilegien gibt es eine große Anzahl von *Systemprivilegien*. Dabei handelt es sich zum Teil um Rechte, die sich nicht auf ein Datenbankobjekt beziehen lassen, z. B. das Systemprivileg `CREATE SESSION`, um – unabhängig von einer erfolgreichen Authentifizierung – überhaupt eine Verbindung aufbauen zu dürfen. Andererseits fallen darunter auch die sogenannten ANY-Privilegien, z. B. `SELECT ANY TABLE`, die ent-

28 Eine Sequenz ist ein mit Namen versehener, fortlaufender Nummernkreis, der von der Datenbank verwaltet wird.

sprechende Objektrechte auf allen Tabellen der Datenbank geben. Gerade diese ANY-Privilegien sind sehr mächtig und daher mit Bedacht zu vergeben.

Es ist häufig bemängelt worden, dass es zwischen der – sehr feingranularen – Rechtvergabe mittels Objektprivilegien und der – sehr groben, pauschalen – Ausstattung mit ANY-Privilegien keinen Mittelweg gibt. Grundsätzlich können zwar beliebige Einzelprivilegien in Form von *Rollen* gebündelt werden, aber dies ist wiederum nicht pauschal für die Objekte eines Schemas möglich. Wenn es also z. B. darum geht, einem Benutzer zu Reporting-Zwecken Leserechte auf alle Tabellen einer Anwendung zu geben, dann ist es sehr umständlich, dies zu administrieren, wenn die Anwendung Hunderte oder Tausende Tabellen hat und bei jedem Release auch noch ein paar neue Tabellen hinzukommen.

Genau an dieser Stelle setzt die *Database Vault*-Option an, die als Zusatz zur Oracle Enterprise Edition lizenziert werden kann.[29] Sie bewirkt – grob gesprochen – zwei wesentliche Veränderungen in Richtung Gewaltenteilung:

- Die ANY-Privilegien werden „entmachtet", d. h., sie gelten nicht mehr pauschal datenbankweit.
- Stattdessen kann die Datenbank in sogenannte *Realms* unterteilt werden. Ein Realm kann nun z. B. ein einzelnes Schema sein. Ein Realm kann aber beispielsweise auch eine Auswahl bestimmter Schemata plus einzelner Tabellen anderer Benutzer sein. Auf dieser Basis werden die ANY-Privilegien weiter benutzt, beziehen sich aber nur noch auf den Realm, der dem jeweiligen Benutzer zugeordnet ist. Ein `SELECT ANY TABLE` gewährt also nun Leserechte auf allen Tabellen im Realm des Benutzers.
- Die Zugriffsmöglichkeiten können in Abhängigkeit von Kontextinformationen, z. B. Benutzername, Name oder IP-Adresse des Clients, Uhrzeit etc., gesteuert werden. Dies wird als *Multi-Factor Authorization* bezeichnet.
- Das Erstellen und Verwalten von Datenbankbenutzern und -profilen wird komplett in eine eigene Rolle isoliert, also von der restlichen Rechteverwaltung separiert.

In jedem Fall können mehrere Rechte zu Rollen zusammengefasst werden, um eine einfachere, schnellere Administration zu ermöglichen.

```
SQL> CREATE ROLE reporting;
SQL> GRANT SELECT ON demo.personen TO reporting;
SQL> GRANT SELECT ON demo.auftraege TO reporting;
SQL> GRANT SELECT ON demo.positionen TO reporting;
SQL> GRANT reporting TO guenter;
```

Eine manchmal irritierende Eigenschaft von Rollen ist aber, dass sie eben *nicht* nur einen reinen Rechtecontainer darstellen, sondern auch pro Benutzer-Session aktiviert oder deaktiviert werden können.

```
$ sqlplus guenter/passwort
SQL> SET ROLE ALL;
SQL> SELECT COUNT(*) FROM demo.auftraege;
```

29 Die Database Vault-Option steht nur im Rahmen der Oracle Enterprise Edition und nur für die Oracle-Versionen 9.2.0.8, 10.2.0.3 und höher sowie für alle 11g-Versionen zur Verfügung.

```
  COUNT(*)
----------
     50000

SQL> SET ROLE ALL EXCEPT reporting;
SQL> SELECT COUNT(*) FROM demo.auftraege;
select count(*) from demo.auftraege
                          *
FEHLER in Zeile 1:
ORA-00942: Tabelle oder View nicht vorhanden
```

Auf den ersten Blick sieht das einfach nach einer zusätzlichen Steuerungsmöglichkeit aus. In der Praxis wird das An- und Ausschalten von Rollen aber eher selten genutzt. Ein Nebeneffekt dieser Möglichkeit ist aber, dass die Datenbank nicht pauschal davon ausgehen kann, dass der Benutzer entsprechende Zugriffsrechte hat. In manchen Fällen, z. B. wenn eine View oder ein PL/SQL-Objekt[30] erstellt werden soll, die auf eine Tabelle zugreift, hängt die Kompilierbarkeit dieses Objekts davon ab, ob Zugriffsrechte auf die Tabelle bestehen.

- Wenn alle benötigten Zugriffsrechte (z. B. auf die Tabelle) als *direkte Rechte*, also ohne den Umweg über eine Rolle, zugewiesen sind, kann das Objekt erstellt werden.[31]
- Wenn mindestens ein Zugriffsrecht als *indirektes Recht*, also über eine Rolle, zugewiesen ist, geht die Oracle-Datenbank vom Worst Case aus, also dass die Rolle deaktiviert sein könnte, und verweigert die Kompilierung. Dabei spielt es keine Rolle, ob die Rolle aktuell aktiviert ist oder nicht. Die einzige Lösung ist in dieser Situation, das Privileg als direktes Recht zuzuweisen. Das wiederum hebelt natürlich den wesentlichen Vorteil des Rollenkonzeptes, nämlich einfachere Administration, aus.

Die wichtigste Rolle für Administratoren ist sicherlich die Rolle DBA, die die meisten ANY-Privilegien beinhaltet und daher – sofern nicht die oben erwähnte Database Vault-Option genutzt wird – nahezu sämtliche Rechte innerhalb der Datenbank überträgt.

Neben den oben beschriebenen Objektprivilegien, die den Zugriff auf Tabellen- oder Spaltenebene regeln, ist es auch möglich, eine Rechtevergabe auf Zeilenebene, also pro Datensatz, einzurichten. Dieses Konzept findet sich in der Oracle-Welt unter verschiedenen Namen, u. a. als *Row-Level Security*, *Fine-Grained Access Control* oder *Virtual Private Database*. Voraussetzung hierfür ist allerdings die Oracle Enterprise Edition, ggf. noch mit der Option „Label Security“.

Unabhängig von Privilegien und Rollen gibt es einige weitere Möglichkeiten, insbesondere den Ressourcenverbrauch bestimmter Benutzer zu beschränken:

- Über sogenannte *Tablespace-Quotas* lässt sich steuern, wie viel Speicherplatz ein Benutzer in einzelnen Tablespaces beanspruchen darf.
- Jedem Benutzer ist außerdem ein *Profil* zugeordnet. Über Profile werden z. B. Obergrenzen für die Anzahl und Dauer der Connections eines Benutzers sowie für CPU- und I/O-Verbrauch pro Session und pro SQL-Befehl gesetzt. Außerdem können Regeln für das Passwort-Management bestimmt werden, z. B. Komplexitätsfunktionen und Lebenszeiten für Passwörter.

---

30 Darunter fallen u. a. Prozeduren, Funktionen, Packages und Trigger.

31 falls nicht weitere Gründe, z. B. syntaktische Fehler, dagegen sprechen

Achtung: Die Ressourcengrenzen werden nur dann beachtet, wenn auch der Serverparameter `resource_limit` aktiviert ist. Für die Passwortregeln ist dies hingegen nicht erforderlich.

- Mittels *Ressourcenplänen* können Ressourcenverbräuche sehr flexibel gesteuert werden. Dabei werden Datenbankbenutzer zunächst sogenannten „Consumer-Gruppen" zugeordnet. Ein Ressourcenplan ordnet nun einer Consumer-Gruppe bestimmte Obergrenzen zu, z. B. bezüglich CPU-Verbrauch, I/O-Verbrauch oder Parallelisierungsgrad von SQL-Befehlen. Diese Zuordnung geschieht im Allgemeinen auf prozentualer Basis.

  Mit dem Serverparameter `resource_manager_plan` wird nun ein bestimmter Ressourcenplan aktiviert. Dadurch kann auch einfach zu bestimmten Tageszeiten zwischen unterschiedlichen Ressourcenplänen umgeschaltet werden. Ein einfaches Beispiel hierfür ist ein Tagesplan, der den OLTP-Betrieb im Rahmen der Anwendungen priorisiert, sowie ein Nachtplan, der technische Benutzer für bestimmte Batchläufe bevorzugt.

1.14.3 Verschlüsselung

Standardmäßig werden weder die in der Datenbank gespeicherten noch die via Netzwerk übertragenen Daten verschlüsselt. Die einzige Ausnahme stellt die Übertragung der Benutzerpasswörter bei der Anmeldung mit Passwortauthentifizierung dar. Aber selbst das Setzen eines Passwortes mit dem Kommando

```
SQL> ALTER USER demo IDENTIFED BY neuespasswort;
```

wird nicht verschlüsselt, so dass jeder Netzwerk-Sniffer das aktualisierte Passwort mitschneiden kann. Natürlich kann man eine Verschlüsselungsfunktion aktivieren. Dabei ist zu unterscheiden zwischen:

Verschlüsselung ruhender Daten Damit sind Daten in Datendateien, Backups, Online- und archivierten Redolog-Dateien gemeint, also der gesamte Storage-Bereich. Eine Verschlüsselung kann entweder durch die Anwendung geschehen, indem z. B. eine Kreditkartennummer nicht einfach in einer Spalte vom Typ NUMBER gespeichert wird, sondern entweder mit applikationseigenen Methoden oder mit einem der mitgelieferten PL/SQL-Packages DBMS_OBFUSCATION_TOOLKIT oder DBMS_CRYPTO (ab der Version 10g) verschlüsselt und dann in einer Spalte vom Typ RAW abgelegt wird. Dies bedingt ggf. eine Anpassung des Anwendungsquellcodes und ist daher – wenn überhaupt – nur bei Eigenentwicklungen einfach realisierbar. Bei paketierten Anwendungen liegt diese Entscheidung beim Hersteller der Anwendung.

Seit der Version 10gR2 gibt es mit der *Transparent Data Encryption (TDE)* eine Technik, um – für die Anwendung transparent – Daten ausgewählter Tabellenspalten verschlüsselt abzulegen, ab Version 11g ist dies auch für ganze Tablespaces möglich. Die gesamte Ver- und Entschlüsselung beim Auslesen oder Ändern von Daten sowie die Schlüsselverwaltung werden vom Oracle-Kernel übernommen.

Der Vorteil liegt auf der Hand: Es ist keinerlei Eingriff in den Anwendungsquellcode oder in das Datenmodell notwendig. In der Tat wird TDE von immer mehr ERP- und sonstigen Anwendungen unterstützt. Allerdings ist für diese Technik auch die Oracle Enterprise Edition plus Advanced Security-Option notwendig.

Verschlüsselung bewegter Daten Damit ist die gesamte Kommunikation zwischen Oracle-Client und Server oder auch (im Rahmen von Datenbank-Links) zwischen zwei Oracle-Servern gemeint. Es stehen verschiedene Algorithmen zur Verfügung, u. a. AES und 3DES. Über Parameter in der Profildatei[32] können sowohl Client als auch Server jeweils festlegen, ob sie eine entsprechende Verschlüsselung der Kommunikation zwingend fordern, anfragen, tolerieren oder ablehnen. Auch hierfür ist die Oracle Enterprise Edition inklusive Advanced Security Option erforderlich.

1.14.4 Auditing

Zunehmend wichtig wird auch die Möglichkeit, aus fachlicher Sicht reproduzieren zu können, welche Daten durch einen Benutzer gelesen oder geändert wurden und auf welchem Wege dies geschehen ist. In diesem Zusammenhang ist oft auch das Stichwort Revisionssicherheit zu hören. Naturgemäß sollte eine Überwachung von Datenzugriffen möglichst lückenlos erfolgen.

Wichtig ist hierbei zunächst eine Klarstellung, dass „lückenlos" nicht unbedingt bedeutet, dass z. B. in einer Online-Shop-Anwendung sämtliche Zugriffe auf Kreditkartendaten in der Datenbank überwacht werden müssen. Zum einen produziert dies mit Sicherheit einen riesigen Datenberg, zum anderen ist es häufig auch gar nicht sinnvoll, da z. B. bei Zugriff durch einen Applikationsserver in der Datenbank meistens nicht mehr zu erkennen ist, wer der Endbenutzer ist und ob dieser fachlich berechtigt ist, diese Daten zu sehen. Normalerweise sollte die Anwendung über eigene Auditing-Möglichkeiten verfügen, und das sollte auch genutzt werden. Ein Auditing innerhalb der Datenbank ist eher für Zugriffe sinnvoll, die an der Anwendung vorbei geschehen, z. B. durch Tools wie SQL*Plus, Toad oder den Enterprise Manager.

Lückenlos sollte jedoch bedeuten, dass ein Datenzugriff wirklich *immer* erkannt wird, egal ob direkt auf die Tabelle oder Spalte mit den kritischen Daten zugegriffen wird oder indirekt über eine View, ein Synonym, eine PL/SQL-Prozedur, einen Trigger, einen datenbankinternen Job[33], über statisches oder dynamisches SQL, über lokalen oder Remote-Zugriff.

Durch das Oracle-eigene Auditing[34] wird dies abgedeckt. Allerdings werden auch alle „normalen" Zugriffe durch die Applikation protokolliert und müssen somit nachträglich ausgefiltert werden. Die Audit-Informationen werden in der überwachten Datenbank selbst oder im Dateisystem des Datenbank-Servers gespeichert, das Ein- und Ausschalten einzelner Audit-Optionen geschieht mit Datenbankmitteln. Jeder Benutzer mit Administratorrechten hat also die volle Kontrolle über das Auditing und über die Audit-Daten. Dies steht natürlich in Konflikt mit einer wichtigen Randbedingung, nämlich der Gewaltenteilung zwischen Datenbankadministrator und Security-Administrator.

Für Datenbanken ab Version 9.2 aufwärts bietet Oracle mit dem *Audit Vault-Server* und den zugehörigen *Collection Agents* eine Infrastruktur an, um zum einen die Audit-Optionen von einem zentralen Server aus zu verwalten und auf die einzelnen Datenbanken

32 In dieser Datei mit dem Namen sqlnet.ora werden globale Einstellungen zur Oracle-Netzwerkkonfiguration gespeichert. Für Details siehe Abschnitt 9.1.2.

33 Die Oracle-Datenbank bietet über die mitgelieferten Packages `DBMS_JOB` und `DBMS_SCHEDULER` (ab Version 10g) gleich zwei interne Jobsteuerungsmechanismen.

34 gesteuert über die Serverparameter `audit_trail` und `audit_sys_operations`, die SQL-Kommandos `AUDIT` und `NOAUDIT` sowie das mitgelieferte PL/SQL-Paket `DBMS_FGA`

auszurollen und zum anderen die gesammelten Audit-Daten an diesen zentralen Server zurückzuschicken, wo sie in einer eingebetteten Oracle-Datenbank abgespeichert werden und für Auswertungen nutzbar sind. Dieser zentralisierte Ansatz macht sicherlich Sinn, ist aber separat lizenzpflichtig und schützt leider nicht vor einer lokalen Manipulation der Audit-Optionen durch privilegierte Benutzer.

Wegen der beschriebenen Mängel der Oracle-eigenen Lösungen macht es ggf. Sinn, auch geeignete Werkzeuge für ein unabhängiges Datenbank-Auditing unter die Lupe zu nehmen. Man kann grob fünf Ansätze unterscheiden, um zu einem unabhängigen Auditing zu gelangen:

Trigger-basierte Lösungen protokollieren Zugriffe mithilfe von Datenbank-Triggern.[35] Hiervon ist eher abzuraten, da Trigger im Transaktionskontext ausgeführt werden, d. h., jedes (Performance-)Problem beim Auditing wird zu einem entsprechenden Problem in der Applikation. Außerdem können Trigger leicht deaktiviert werden, um das Auditing zu untergraben. Auch sind keine Read-Only-Zugriffe sichtbar.

Netzwerk-Sniffer sehen nur Zugriffe über das Netzwerk, jedoch keine lokalen Zugriffe. Dies kann ggf. durch einen zusätzlichen serverseitigen Agenten kompensiert werden. Außerdem muss bei indirekten Zugriffen, z. B. über Views, die View-Definition interpretiert (geparst) werden, um die zugrunde liegenden Tabellen zu ermitteln.

Log Reader sehen keine Read-Only-Zugriffe.

Trace-basierte Lösungen lesen Oracle Trace-Dateien aus. Die Erzeugung dieser Trace-Dateien bedeutet allerdings einen deutlichen Performance-Overhead und kann außerdem einfach durch privilegierte Benutzer deaktiviert werden.

Agentenbasierte Lösungen sind grundsätzlich ein Weg, um eine lückenlose Überwachung zu garantieren. Hier kommt es aber stark auf die konkrete Funktionsweise des Agenten an.

1.14.5 Quick Wins

Bereits mit sehr wenig Aufwand lassen sich einige essenzielle Verbesserungen in der Datenbanksicherheit erreichen. Dazu gehört z. B.:

- Eine maßgeschneiderte Installation, d. h., es sollten nur diejenigen Komponenten installiert werden, die tatsächlich auch benötigt werden. Dies gilt sowohl für die Software-Installation als auch für die Datenbankerstellung. Insbesondere wenn man das Werkzeug Database Configuration Assistant für die Datenbankerstellung verwendet, wird standardmäßig eine Reihe von Funktionen mit installiert, z. B. die Oracle XML-DB, die intern einen FTP- und einen HTTP-Server mitbringt. Je weniger Funktionen installiert sind, desto weniger Schwachstellen hat das System und desto schneller ist auch ein späteres Patching der Datenbank.
- Das Einspielen neuer Patchsets sowie der quartalsweise erscheinenden *Critical Patch Updates (CPUs)*. In den meisten Fällen ist es sicherlich nicht notwendig oder – aufgrund von Wartungsfenster-Restriktionen – gar nicht möglich, diese bereits am Tag

35 Ein Trigger ist ein Stück Prozedurcode, das bei einem bestimmten Ereignis, z. B. beim Schreiben einer Tabelle, ausgeführt wird.

des Erscheinens einzuspielen. Länger als ein paar Monate sollte man jedoch nicht damit warten.

- Die Vermeidung von Standard-Passwörtern. Berüchtigte Beispiele sind hier die beiden hochprivilegierten Datenbankbenutzer SYSTEM mit dem Passwort „manager" sowie SYS mit dem Passwort „change_on_install". Im Internet finden sich umfängliche Listen zu diesem Thema.[36] Manche Tools bieten eine entsprechende Überprüfung in Form von Security-Health-Checks.
- Das Sperren bestimmter Datenbankbenutzer, die ausschließlich wegen ihres Schemas existieren, für die aber niemals ein Login erforderlich ist. Dazu gehört z. B. der Standardbenutzer OUTLN. Auch hierfür gibt es häufig Tool-Unterstützung.
- Die Konfiguration des Oracle-Listeners[37] auf einen Nicht-Standard-Port. Standard-Ports für den Listener sind 1521, 1522 etc. Durch Verwendung einer völlig anderen Port-Nummer wird das Ausleuchten der Oracle-Infrastruktur mithilfe von Port-Scannern erschwert. Eine selten genutzte Möglichkeit ist auch, den Listener mit einem Passwort zu schützen.

1.15 Oracle Database-Editionen

Den Oracle Datenbank-Server gibt es in verschiedenen Ausprägungen, sogenannten Editionen. Welche Edition für einen konkreten Einsatzzweck die sinnvollste ist, bedarf einer sorgfältigen Abwägung. Insbesondere die heute und in absehbarer Zukunft geforderten Funktionalitäten spielen eine Rolle, da sich die Editionen hierbei natürlich unterscheiden.

Auf der anderen Seite der Betrachtung stehen die Kosten, die ebenfalls deutlich unterschiedlich sind. So manche hochstrebenden Anforderungen im Rahmen eines Projektes werden plötzlich zurückgestuft, sobald man beginnt, sich Gedanken über die Lizenzkosten zu machen.

Am umfangreichsten ist die Enterprise Edition, am anderen Ende liegt die Express Edition, dazwischen befinden sich Standard Edition und Standard Edition One. Eine gewisse Sonderrolle spielt die Personal Edition. Im Folgenden werden die Editionen sowie die damit verbundenen Lizenzierungsmodelle etwas genauer vorgestellt:

Die Express Edition – abgekürzt XE – ist eine freie Version der Oracle-Datenbank. Software- und Datenbankinstallation sind deutlich anders und einfacher als bei allen anderen Editionen. Aktuell ist die XE ausschließlich in der Version 10g für Windows und Linux x86 verfügbar. Sie darf auf jedem Rechner installiert werden, nutzt aber maximal 1 GB Hauptspeicher sowie 1 CPU und speichert maximal 4 GB Daten.

Anstatt des Oracle Enterprise Managers gibt es eine einfache webbasierte Verwaltungsoberfläche auf Basis von Oracle Application Express. Echten Support gibt es nicht, stattdessen steht Nutzern ein Online-Forum zur Verfügung.

---

36 Beispielsweise unter `http://www.petefinnigan.com/default/default_password_list.htm`

37 Der Listener ist ein zentraler Prozess, der auf Verbindungsanfragen der Clients horcht und daraufhin Serverprozesse startet.

Die Standard Edition One – abgekürzt SE1 – kann nur für Server mit einer Maximalkapazität von zwei CPU-Sockeln lizenziert werden. Datenbankgröße und Benutzerzahl hingegen sind unbeschränkt.

Die Standard Edition – abgekürzt SE – kann nur für Server mit einer Maximalkapazität von vier CPU-Sockeln lizenziert werden. Im Gegensatz zur SE1 ist hiermit ab Version 10g auch der Aufbau eines RAC (Real Application Clusters) möglich. In diesem Fall darf die Gesamtzahl der CPU-Sockel über alle beteiligten Knoten nicht mehr als vier betragen. Außerdem muss in diesem Fall Oracle ASM (Automatic Storage Management) als Cluster-Dateisystem zur Speicherung der Datenbankdateien verwendet werden. Seit der Version 11g sind sogar Stretch-Cluster unterstützt, also Cluster, bei denen die RAC-Knoten nicht in demselben Raum, sondern z. B. in unterschiedlichen Rechenzentren liegen.

Die Enterprise Edition – abgekürzt EE – unterliegt keinerlei CPU-Begrenzung. Sie enthält außerdem diverse Funktionen über den Umfang der SE hinaus, z. B. Online-Reorganisationen, Flashback-Funktionen, fortgeschrittene Security- und Replikationstechniken etc. Dieser Funktionsumfang wird als „EE Basis" bezeichnet. Zusätzlich gibt es eine Reihe von Optionen sowie Management Packs, die nur im Rahmen der EE verfügbar sind, aber eben zusätzlich zur EE Basis lizenziert werden müssen. Die wichtigsten Optionen sind:

- **Partitioning** Die Möglichkeit, Tabellen und Indizes zu partitionieren, ist insbesondere für sehr große Datenbanken und Data Warehouses interessant. Diese Option gibt es bereits seit Oracle 8.0, seitdem ist sie sukzessive ausgebaut worden.
- **RAC (Real Application Clusters)** zum Aufbau von active/active-Clustern. Zu beachten ist, dass diese Technologie auch in der SE enthalten ist, dort aber eben mit CPU-Begrenzung. Die RAC-Option gibt es unter diesem Namen seit Oracle9i, der Vorgänger dieser Technologie hieß OPS (Oracle Parallel Server).
- **Total Recall** für die automatische, langfristige Archivierung von Datenänderungen. Es können entsprechende Aufbewahrungsfristen angegeben werden. Die technische Implementierung geschieht mithilfe sogenannter „Flashback Data Archives". Diese Option ist ab Version 11g verfügbar.
- **Advanced Security** für transparente Datenverschlüsselung (z. B. AES, 3DES), Backup-Verschlüsselung sowie Netzwerkverschlüsselung (SSL/TLS). Auch die Nutzung externer Authentifizierungsmechanismen über Kerberos- oder Radius-Server sowie über PKI-Infrastrukturen gehört hierzu.
- **Database Vault** führt das Prinzip der Gewaltenteilung in der Oracle-Datenbank ein, d. h., bisher existierende umfassende Rechte, z. B. für DBAs, können damit gezielt eingeschränkt und in mehrere separate Verantwortungsbereiche aufgegliedert werden, die dann unterschiedlichen Personen zugewiesen werden. Diese Option wurde vor dem Hintergrund wachsender Compliance-Anforderungen in der Version 10.2.0.3 eingeführt, nachträglich aber auch für die Version 9.2.0.8 verfügbar gemacht.
- **OLAP und Data Mining** zur Datenanalyse im Rahmen von Data Warehouses und Decision-Support-Systemen.

- **Spatial** zur Speicherung und Verarbeitung räumlicher Daten, zum Beispiel für Geo-Informationssysteme.

  Zu den wichtigsten Management Packs gehören:

  - **Das Diagnostic Pack** enthält verschiedene Werkzeuge zur Performance-Diagnose und -Analyse, insbesondere das sogenannte AWR (Automatic Workload Repository) und darauf aufbauende Auswertungsmechanismen. Dadurch wird eine Historie der Datenbanklast geführt, die wahlweise über den Enterprise-Manager oder über Data Dictionary-Views (z. B. DBA_HIST_*-Views) ausgewertet werden kann. WICHTIG: Auch wenn die Auswertung nicht über den Enterprise Manager erfolgt, ist die Nutzung dieser Funktionen lizenzpflichtig, also z. B. bei einer einfachen Abfrage der einschlägigen Views.
  - **Das Tuning Pack** setzt funktionell und lizenztechnisch auf dem Diagnostic Pack auf und erweitert dieses um eine Infrastruktur für das Tuning einzelner oder mehrerer SQL-Kommandos (sogenannter SQL Tuning Sets).
  - **Das Change Management Pack** enthält Funktionen zum Erstellen von DDL-Skripten aus bestehenden Datenbanken und Schemata („Reverse-Engineering“) sowie zum Vergleichen und Synchronisieren unterschiedlicher Schemata oder Datenbanken – z. B. Produktions-, Test-, Entwicklungs- oder Schulungsumgebungen. Auch können Impaktanalysen durchgeführt werden, um herauszufinden, wie sich das Einspielen einer Änderung auswirken würde.

- **Die Personal Edition** – abgekürzt PE – enthält alle Funktionen der EE sowie sämtlicher EE-Optionen außer der RAC-Option. Sie ist nur für Windows-Plattformen verfügbar und kann nur für einen einzigen Benutzer lizenziert werden. Dadurch eignet sie sich z. B. für die Installation auf einem Arbeitsplatz-PC im Rahmen der Entwicklung von Anwendungen, die anschließend in einer EE zum Einsatz kommen.

Im Umfeld der Enterprise Edition besteht bei einigen Optionen und Management Packs die Möglichkeit einer versehentlichen Verwendung, durch die letztlich ein Lizenzverstoß resultieren kann. Zum Beispiel beim Diagnostics und Tuning Pack wird dieses Problem noch dadurch verschärft, dass die Funktionen auch außerhalb des Enterprise Managers, z. B. durch die Kommandozeilen-Abfrage bestimmter Views mit SQL*Plus oder anderen Tools, genutzt werden können.

Um die Gefahr unbeabsichtigter Lizenzverstöße durch versehentliche Nutzung zu verringern, gibt es seit der Datenbankversion 11gR1 den Serverparameter `control_management_pack_access`, mit dem die Funktionen dieser beiden Packs gesperrt werden können. Für Version 10g gibt es einen in der Metalink-Note 436386.1 beschriebenen Workaround, um die dem Diagnostics Pack zugrunde liegenden Funktionen zu deaktivieren, so dass auch hier kein versehentlicher Lizenzverstoß möglich ist.

Mit der Version 11gR2 sind in Form der Serverparameter `advanced_compression_option_usable` und `enable_option_active_data_guard` weitere Stellschrauben eingeführt worden, die ein bisschen mehr Kontrolle geben. Natürlich sind die Standardeinstellungen aller dieser Parameter so, dass keinerlei Funktionen blockiert werden.

Bei anderen Funktionen entscheidet sich die Verfügbarkeit bei der Software-Installation. Auch hierbei heißt es: aufpassen!

Während bei einer Installation der Standard Edition oder Standard Edition One die Funktionen der Enterprise Edition tatsächlich nicht verfügbar sind, werden bei der Aus-

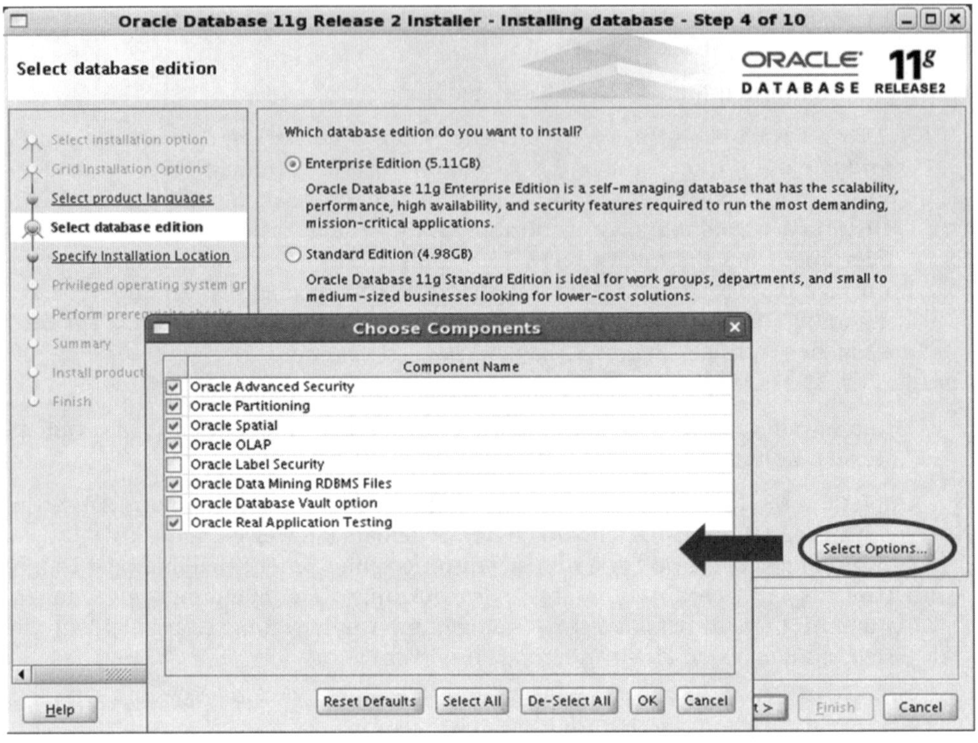

Abbildung 1.2: Auswahl der Custom-Installation im OUI

wahl des Punktes „Enterprise Edition" im Oracle Universal Installer diverse lizenzpflichtige Optionen standardmäßig mitinstalliert und verfügbar gemacht. Die Installation an sich ist dabei noch kein Lizenzverstoß, wohl aber die spätere – wenn auch unbeabsichtigte – Benutzung.

Daher empfiehlt sich die Auswahl der „Custom"-Installation. Diese impliziert eine Enterprise Edition-Installation, bietet aber für einige Optionen die Auswahl, ob diese mitinstalliert werden sollen, beispielsweise für Partitioning, Advanced Security, OLAP und einige weitere (siehe Abbildung 1.2).

1.16 Lizenzierung

Grundsätzlich gibt es für die Datenbankprodukte zwei Lizenzierungsmodi: prozessorbasiert und benutzerbasiert („Named User Plus").

Bei der benutzerbasierten Lizenzierung zählt die Anzahl der Endbenutzer, die direkt oder indirekt die Datenbank nutzen. Gehen also 500 Benutzer über einen Web- oder Applikationsserver an die Datenbank, zählt dies als 500 Endbenutzer, obwohl es technisch gesehen nur einen Oracle-Client, nämlich den Web- bzw. Applikationsserver, gibt.

Wenn die Benutzer nicht so einfach gezählt werden können, z. B. bei Internet-Portalen, muss der prozessorbasierte Ansatz verwendet werden. Auch wenn es relativ viele Benutzer gibt verglichen mit der CPU-Zahl des Datenbank-Servers, lohnt sich häufig die Prozessorlizenzierung.

Hier seien außerdem drei wichtige Quellen genannt, um aktuelle Informationen über lizenztechnische Aspekte sowie Listenpreise zu bekommen:

- Die *Oracle Licensing Information* ist Teil der offiziellen Dokumentation jeder Datenbankversion und enthält genaue Angaben darüber, welche Funktionen aktuell in welcher Edition verfügbar sind, welche Optionen und Management Packs es gibt und worin deren Mehrwert besteht.
- Für eine bestehende Datenbank listet die View `V$OPTION` auf, welche Funktionen verfügbar sind. Anders als der Name der View vermuten lässt, geht es hier aber nicht um die Enterprise Edition-Optionen, sondern um diejenigen Funktionen, die den Unterschied zwischen Enterprise Edition und den anderen Editionen ausmachen. Der Inhalt der View entspricht ungefähr, aber nicht genau, den Punkten, die in der *Oracle Licensing Information* unter „Feature Availability by Edition" aufgelistet sind.
- Mit einem Account im Oracle Partner Network (OPN) ist auch ein Einblick in die offiziellen Preislisten möglich. Die einschlägige URL lautet: http://www.oracle.com/partners/sell/dist_agre/global/auth/pricetools.html

1.17 Andere Oracle-Datenbankprodukte

Neben der bis hierher vorgestellten Datenbank, die offiziell als „Oracle Database" bezeichnet wird, hat Oracle noch weitere Datenbankprodukte im Repertoire, die hier lediglich zum Zwecke der Abgrenzung genannt werden sollen. Sie sind ansonsten nicht Thema dieses Buches:

TimesTen ist eine reine Hauptspeicher-Datenbank und bietet dadurch sehr hohe Durchsatzraten bzw. geringe Zugriffszeiten. Optional kann auch eine Anbindung an eine normale Oracle-Datenbank erfolgen. In diesem Fall arbeitet der TimesTen-Engine als schnelle Frontend-Datenbank, während die herkömmliche Oracle-Datenbank als Backend dient.

Damit der Geschwindigkeitsvorteil der TimesTen-Komponente erhalten bleibt, muss die Synchronisation mit der Backend-Datenbank allerdings asynchron erfolgen, daher gibt es keine Garantie für Transaktionskonsistenz. Für bestimmte Anwendungen, die z. B. einfach nur sehr große Datenmengen in kürzester Zeit wegschreiben müssen, ist dies evtl. eine interessante Option. Die ehemalige gleichnamige Firma TimesTen wurde Mitte 2005 von Oracle übernommen.

Berkeley DB Dabei handelt es sich um die ehemals an der gleichnamigen kalifornischen Universität entwickelte Berkeley DB. Ab 1996 wurde diese durch die Firma Sleepycat Software weiterentwickelt und vertrieben. Anfang 2006 wurde Sleepycat Software von Oracle übernommen.

Berkeley DB gibt es in drei unterschiedlichen Editionen (Berkeley DB, Berkeley DB Java Edition und Berkeley XML DB). Sie dient hauptsächlich als Embedded-Datenbank und wird von diversen Open-Source-Anwendungen benutzt.

Oracle Database Lite ist eine abgespeckte Version der Oracle-Datenbank für mobile Endgeräte. Der Benutzer kann auch im Offline-Modus Änderungen vornehmen. Geht das Endgerät wieder online, wird per Replikation eine Synchronisierung mit einer normalen Oracle-Datenbank vorgenommen, die hier also als Backend auftritt.

Oracle Rdb ist aus dem 1994 von der damaligen Firma DEC übernommenen Rdb Server hervorgegangen. Dabei handelt es sich um eine relationale Datenbank für das Betriebssystem OpenVMS auf den Plattformen VAX, Alpha und IA-64 Itanium. Sie wird noch immer weiterentwickelt.

CODASYL DBMS gehört ebenfalls zu den 1994 von DEC übernommenen Produkten. Dabei handelt es sich um eine nichtrelationale Datenbank für das Betriebssystem OpenVMS auf den Plattformen VAX und Alpha.

1.18 Hintergrundprozesse

Nicht alle Hintergrundprozesse sind in jeder Instanz vorhanden. Teilweise hängt ihre Existenz auch von der verwendeten Datenbankversion ab. Die folgenden Abschnitte geben einen Überblick über die wichtigsten Hintergrundprozesse in der Datenbankversion 11gR2.

1.18.1 Allgemeine Hintergrundprozesse

Diese Prozesse können in jeder Instanz auftreten:

PMON Der Process-Monitor überwacht alle Hintergrund- und Benutzerprozesse. Beim Absturz eines Hintergrundprozesses startet er diesen entweder neu oder, falls es sich um einen kritischen Hintergrundprozess wie z. B. den Log-Writer handelte, beendet er die gesamte Instanz. Beim Absturz eines Benutzerprozesses rollt er dessen offene Transaktionen zurück und gibt Sperren und SGA-Ressourcen frei. Außerdem registriert er die Instanz mit ihren Service-Namen beim Listener.

PSP0 Der Process Spawner übernimmt die Erzeugung und Verwaltung anderer Hintergrundprozesse.

DBWn Die Database-Writer-Prozesse führen regelmäßig sogenannte Checkpoints durch, d. h., sie schreiben die Inhalte modifizierter Datenblöcke vom Cache auf die Platte. Dies geschieht also nicht durch die Benutzerprozesse, die die Daten ändern. Der Grund dafür ist zum einen eine bessere Schreibperformance durch Ausnutzung des Caches, zum anderen eine Entzerrung von Lastspitzen, indem die Daten asynchron im Hintergrund auf die Platte übertragen werden. Je nach Lastsituation startet die Instanz bis zu 35 dieser Prozesse, die mit DBW0-9 und DBWa-z bezeichnet werden.

CKPT Der Checkpoint-Prozess teilt sich mit den DB-Writer-Prozessen die Arbeit, Checkpoints zu schreiben, also den Inhalt veränderter Datenblöcke vom Cache auf die Platte zu schreiben. Der Checkpoint-Prozess übernimmt dabei aber lediglich das Protokollieren des Checkpoints in die Datei-Header.

LGWR Der Log Writer schreibt Transaktionsdaten aus dem Log-Buffer in die Redolog-Dateien. Dies geschieht spätestens, wenn eine Transaktion mit Commit beendet wird, und sichert damit die Wiederherstellbarkeit einer festgeschriebenen Transaktion nach z. B. einem Systemabsturz.

ARCn Die Archiver-Prozesse sichern vom Log Writer vollgeschriebene Redolog-Dateien in eines oder mehrere Verzeichnisse, von wo aus sie auf ein Sicherungsmedium geschrieben werden können, sowie ggf. für Replikationszwecke an eine Standby-Datenbank. Diese Prozesse sind nur vorhanden, wenn sich die Datenbank im ARCHIVELOG-Modus befindet. Bei einem produktiven System sollte dies immer der Fall sein, um eine Wiederherstellbarkeit nach einem Plattenfehler gewährleisten zu können.

SMON Der System-Monitor führt nach einem Absturz der Instanz automatisch das Crash Recovery durch, sobald die Instanz wieder neu gestartet wird. Abgesehen davon hat er eine Reihe von Verwaltungs- und Aufräumaufgaben, z. B. die Beseitigung nicht mehr benutzter Temporärsegmente.

RECO Dieser Prozess ist nicht für das normale Recovery z. B. nach einem Absturz verantwortlich, sondern einzig für ein sogenanntes Distributed Recovery, d. h. das Wiederherstellen von verteilten Transaktionen, bei denen es zu einem Verbindungsabbruch während der Ausführung des 2PC-Protokolls[38] kam.

CJQ0, Jnnn Die Jnnn-Prozesse bilden einen Pool für die Ausführung von Datenbankjobs, die über die beiden datenbankinternen Jobmechanismen DBMS_JOB oder DBMS_SCHEDULER definiert werden. Die Jnnn-Prozesse übernehmen dabei die eigentliche Arbeit, der CJQ0-Prozess koordiniert diesen Prozesspool.

MMON, MMNL, Mnnn Die Manageability-Monitor-Prozesse steuern die automatische Sammlung und Historisierung von Performance-Daten im Rahmen des Automatic Workload Repository (AWR). Der MMNL schreibt Performance-Daten von der SGA in die einschlägigen Tabellen, der MMON koordiniert verschiedene Verwaltungsaufgaben, z. B. Snapshot-Erstellung, die von den Mnnn-Prozessen ausgeführt werden.

QMNn, Qnnn, EMNC Im Rahmen der datenbankeigenen Messaging-Technologie „Advanced Queuing" Übernehmen diese Prozesse die Koordination und die konkrete Nachrichtenübertragung sowie die Benachrichtigung von Nachrichtenempfängern.

MMAN Der Memory-Manager koordiniert bei automatischer SGA-Verwaltung, d. h., wenn der Serverparameter `sga_target` oder `memory_target` gesetzt ist, die Größenanpassungen der einzelnen SGA-Komponenten.

DIAG, DIAn Die Diagnosability Daemons schreiben Diagnose-Dumps beim Crash bestimmter Prozesse und sind außerdem für Themen rund um Hang-Detection und Auflösung von Deadlocks zuständig, d. h., wenn sich zwei oder mehr Client-Prozesse gegenseitig blockieren.

SMCO, Wnnn Der „Space Management Coordinator" übernimmt zusammen mit seinen Slave-Prozessen Aufgaben rund um Speicherallokation und -freigabe.

RVWR Schreibt sogenannte Flashback-Logs, falls die Datenbank im Flashback-Modus betrieben wird. Die Flashback-Logs enthalten Abbilder alter Datenbankinhalte und werden für ein schnelles Zurücksetzen der Datenbank auf einen früheren Zeitpunkt mittels FLASHBACK DATABASE benötigt.

CTWR Schreibt Block-Change-Tracking-Dateien, falls diese Funktionalität aktiviert wurde. Die Block-Change-Tracking-Dateien können genutzt werden, um inkrementelle Datenbanksicherungen zu optimieren, indem nicht mehr die gesamten Datenbankdateien, sondern nur die tatsächlich geänderten Blöcke gelesen werden müssen.

38 Das Two-Phase-Commit-(2PC-)Protokoll übernimmt die Transaktionssteuerung bei verteilten Transaktionen, d. h., wenn innerhalb einer einzigen Transaktion Änderungen auf mehreren Datenbanken durchgeführt werden.

FBDA Dieser Prozess übernimmt die automatische Datenversionierung im Rahmen sogenannter „Flashback Data Archives", falls dies für eine oder mehrere Tabellen konfiguriert wurde. Dabei werden im Rahmen einer DML-Anweisung automatisch die alten Werte der Zeile in das Archiv geschrieben. Dieser Prozess übernimmt auch die Speicherverwaltung des Archivs.

ASMB Falls die Datenbankdateien nicht in einem normalen Dateisystem, sondern in einer Oracle ASM-Instanz gespeichert und verwaltet werden, übernimmt dieser Prozess die Kommunikation zwischen Datenbankinstanz und ASM-Instanz. Wichtig zu wissen ist, dass nicht der gesamte I/O-Verkehr über diesen Prozess läuft, sondern nur die Übertragung von Metadaten, z. B. über Disk-Gruppen. Die eigentlichen I/O-Anforderungen werden weiterhin direkt von den Serverprozessen bzw. DBWR, LGWR etc. durchgeführt.

1.18.2 RAC-spezifische Hintergrundprozesse

Im Rahmen eines Oracle Real Application Clusters (RAC) greifen mehrere Instanzen gleichzeitig auf eine einzige Datenbank zu. Dafür ist zusätzlicher Koordinierungsaufwand notwendig, insbesondere für die instanzübergreifende Verwaltung von Sperren und für die konsistente Pflege der lokalen Cache-Daten. Daher umfasst jede einzelne Instanz neben den oben beschriebenen allgemeinen Hintergrundprozessen ggf. weitere Prozesse:

LMON, LMD0, LMSn, LCKn Der Lock Monitor, Lock Monitor Daemon, Lock Monitor Server und Lock Process übernehmen die globale Sperrverwaltung in einem RAC-System.

PING misst regelmäßig die Netzwerklatenz über den Interconnect, also über das private Netzwerk zwischen den Cluster-Knoten.

PZnn Diese Prozesse tauschen Performance-Daten zwischen den Instanzen aus und implementieren damit, für den DBA transparent, die GV$-Views („Global Performance Views"), die Performance-Statistiken aller Knoten in einem RAC-Cluster zusammenfassen.

1.18.3 ASM-spezifische Hintergrundprozesse

ASM-Instanzen haben für einige Aufgaben dedizierte Prozesse, die von Datenbankinstanzen nicht benötigt werden. Dazu gehören insbesondere:

RBAL, ARBn Koordinator und Slave-Prozesse für das automatische Rebalancing, das beim Einfügen oder Herausnehmen von Platten aus einer ASM-Instanz durchgeführt wird.

GMON Überwacht die Disk-Gruppen der ASM-Instanz.

2 Organisation

Die Motivation für dieses Kapitel ist, unsere Erfahrungen mit diesem Themenkomplex darzustellen, um Ihnen die Möglichkeit zu geben, sich frühzeitig über Kommunikations- und Ausbildungsbedarf bewusst zu werden und somit zum reibungslosen Ablauf eines Datenbankprojekts beizutragen.

Der wichtigste Appell vorneweg: Information und Know-how der beteiligten Personen sind die wichtigsten Kernpunkte in einer funktionierenden IT-Landschaft! Und: Basiswissen über die verwendeten Komponenten sollte über die diversen Gruppen hinweg existieren – der DBA sollte also z. B. wissen, welches SAN[1] im Unternehmen eingesetzt wird und wie es konfiguriert ist, genauso wie der SAN-Administrator wissen sollte, was die besonderen Anforderungen einer Datenbank an das SAN sind.

2.1 Aufgaben eines Datenbankadministrators

Die Einbindung einer Datenbank in den Produktionsbetrieb eines Unternehmens ist heute eine komplexe Aufgabe. Dies hat einerseits den Grund, dass Datenbanken eine zentrale Komponente für unternehmenskritische Anwendungen sind, andererseits greift die Datenbank auf technischer Ebene auf andere Systeme der IT-Infrastruktur zu, die im zentralen Fokus der IT stehen.

Bevor wir uns um das Umfeld des Betriebes einer Datenbank kümmern, wollen wir kurz die Aufgaben eines Datenbankadministrators beschreiben. Das Dokument *„Oracle Database Concepts 11g Release 2"* gibt hier eine gute Übersicht. Demnach gehört zu seinen Aufgaben:

- Installation, Upgrade und Patch der Oracle-Datenbanksoftware
- logisches und physikalisches Datenbankdesign inklusive der Aufnahme der Anforderungen
- Erstellung von Datenbanken
- Entwicklung und Test von Backup- und Recovery-Strategie, Aufsetzen regelmäßiger Backups und Recovery im Fehlerfall
- Konfiguration der Netzwerkumgebung, so dass sich die Clients an die Datenbank verbinden können
- Starten und Stoppen der Datenbank
- Verwaltung des für den Betrieb der Datenbank erforderlichen Speichers
- Verwaltung von Benutzern inklusive Security-Konzepte
- Verwaltung der Datenbankobjekte, wie Tabellen, Indizes und Views
- Monitoring und Tuning der Datenbankperformanz

---

1 Storage Area Network

- Problemanalyse und -behebung mit dem Report an Oracle Support bei kritischen Fehlern
- Evaluierung und Test neuer Datenbankgunktionen

Die meisten der hier aufgeführten Punkte sind unbestritten Aufgaben eines Datenbankadministrators. Bei einigen Punkten ist es jedoch fraglich, ob es sich tatsächlich um die Aufgabe eines Administrators handelt. Dazu gehört vor allen Dingen der Punkt Datenbankdesign. Sicherlich ist der Administrator für das Aufsetzen der Datenbank inklusive aller Tablespaces verantwortlich. Er muss vorgeben, wie das Layout der Datenbank ist, z. B., welche Tablespaces für welche Objekte zur Verfügung gestellt werden.

Es ist jedoch in den Augen der Autoren nicht die Aufgabe eines Administrators, sich um das logische oder physikalische Design einer Anwendung sowie die Verwaltung der Objekte in der Datenbank zu kümmern. Welche Tabellen, Indizes, Views und sonstige zu einer Anwendung gehörenden Objekte in der Datenbank erstellt, gelöscht oder geändert werden müssen, ist Aufgabe eines Datenbankentwicklers bzw. des Anwendungsarchitekten und nicht eines Administratoren. Es versteht sich außerdem, dass der DBA bei der Inbetriebnahme einer Anwendung zugegen ist und vorher geprüft hat, ob die Anforderungen an die Datenbank (z. B. welche Tabelle liegt in welchem Tablespace) erfüllt sind.

Ein weiterer kontroverser Punkt ist die Benutzerverwaltung. Zwar ist es in den meisten Fällen üblich, dass der Datenbankadministrator die Benutzer verwaltet, doch eigentlich müsste es hier eine spezielle Verantwortlichkeit bei einem Sicherheitsbeauftragten geben. In modernen Datenbanken sollte es eine Gewaltenteilung zwischen Sicherheit und Administration geben, so dass es für den Datenbankadministrator nicht einmal mehr möglich ist, auf anwendungsrelevante Daten zuzugreifen. Seine Aufgabe beschränkt sich einzig auf den Betrieb der Datenbank. Auf Strukturen, die zu einer Anwendung gehören, hat er keinen Zugriff.

Wichtig ist der letzte Punkt der Aufzählung. Der Datenbankadministrator sollte in den Unternehmen der Know-how-Träger für alle Fragen rund um die Datenbank sein. Er berät die Entwickler, wenn es um neue Anwendungen geht und er kontrolliert vorhandene Anwendungen auf potenzielle Verbesserungsmöglichkeiten durch neue Oracle-Releases oder Funktionen. Dabei muss er aber immer auch die Kosten betrachten. Es kann zwar ein Vorteil sein, eine neue Funktion, wie z. B. die Partitionierung, für eine Anwendung zu nutzen, da die Partitioning-Option allerdings kostenpflichtig ist, muss er hier Kosten und Nutzen sehr gut abwägen können.

Ein ganz wesentlicher Punkt wird in dieser Aufzählung nicht deutlich und ist doch die, zumindest aus Sicht der „Nichtwissenden", eigentliche Aufgabe eines Administrators: *Er muss dafür sorgen, dass die Datenbank nie ausfällt und immer optimale Performanz liefert.* In den meisten Fällen fällt ein Administrator also nur auf, wenn etwas nicht funktioniert bzw. wenn er, aus Sicht des Managements, seine Aufgabe nicht erfüllt hat. Aus diesem Grund werden wir in diesem Kapitel auch kurz auf das Thema Hochverfügbarkeit eingehen.

2.2 Einbindung in die IT-Infrastruktur

In der Vergangenheit war der Datenbankserver ein gekapseltes System – CPU's, und Festplatten waren im Servergehäuse eingebaut und bedurften außer der eigentlichen Installation keiner gesonderten Betrachtung.

Heute hat die Einbindung der Datenbank in die IT-Infrastruktur organisatorische Folgen, da Zuständigkeiten i. A. pro Infrastrukturkomponente vergeben sind (z. B. für Speicherplatz, Betriebssysteme usw.). Daher sind für eine Komponente wie den Datenbankserver mehrere Personen aus unterschiedlichen Bereichen zuständig. Häufig liegt hier die Ursache für Probleme im Ernstfall, wenn sich z. B. Zuständigkeiten geändert haben und die neuen Verantwortlichen nicht bekannt sind oder noch nichts von ihrer Verantwortung wissen. Oft ist auch Unwissenheit über technische Zusammenhänge zu beklagen.

Der Datenbankserver ist somit ein Konsument von Ressourcen der IT-Infrastruktur, der auf diverse Dienste zugreift, für die meist spezielle Servicegruppen im Unternehmen zuständig sind:

Speicherplatz wird aus dem SAN bereitgestellt. Oft liegt eine komplexe redundante Konfiguration hinter einer bereitgestellten logischen Festplatte.

Netzwerkanbindung erfolgt technisch über zentrale Switches; logisch müssen Netzwerknamen, Adressen usw. bereitgestellt werden.

Hardware-Ressourcen wie CPUs und Hauptspeicher unterliegen oft einem Virtualisierungskonzept.

Betriebssysteme werden in den meisten Fällen von einer dedizierten Administrationsgruppe betreut.

Die Datenbank greift auf alle diese Dienste zu. Es ist sehr gefährlich, diese Dienste als *Black Box* zu betrachten. Je mehr Anforderungen – z. B. bezüglich Performance oder Verfügbarkeit – an ein System gestellt werden, umso mehr sind detaillierte Informationen über die Beschaffenheit der Dienste notwendig. Das kann bedeuten, dass neben der obligatorischen Größe des Speicherplatzes zusätzliche Anforderungen wie I/O-Bandbreite, RAID-Level etc. gestellt werden. Nur so kann dann eine adäquate Performance der Datenbank erreicht werden.

Für *normale* Datenverzeichnisse ist die Infrastruktur meist so großzügig ausgelegt, dass Performanceengpässe keine Rolle spielen. Dies ist wiederum ein Thema für Datenbanken: Hier sind viele Abläufe extrem anfällig gegenüber Laufzeiteinflüssen. Daher ist es extrem wichtig, alle Komponenten bestmöglich aufeinander abzustimmen.

In den allermeisten Fällen ist es schlichtweg egal, welche RAID-Technologie zur Herstellung der Redundanz genutzt wird, da fast alle IO-Operationen gegen einen Cache ausgeführt werden. Allerdings gibt es einige Bereiche innerhalb einer Datenbank, die bei Hochlast einen Cache komplett füllen können, so dass man letztendlich mit der Geschwindigkeit der Disk-Physik arbeitet. Daher ist für Datenbanken die RAID-Technologie nicht egal!

Ein einfaches Beispiel zeigt, wie viele Gruppen beteiligt sein können, wenn es um die Erweiterung einer Datenbank geht:

- Der Fachbereich: Datenbanken existieren in der Regel nicht zum Selbstzweck. Dahinter stecken komplexe Anwendungen, die einen entsprechenden Mehrwert für das Unternehmen generieren, sei es ein Webshop, eine Lagerverwaltung oder das gerne zitierte Telefonbuch. Das bedeutet aber auch, dass die Fachabteilung letztendlich die Erweiterung der Datenbank bezahlen muss – ob direkt über Profit-Center oder indirekt über die Unternehmensbilanz. Daher muss eine entsprechende Erweiterung mit der Fachabteilung abgesprochen werden, und erst wenn diese das „Go“ gibt, kann die Erweiterung erfolgen.
- Storage-Gruppe: Diese Gruppe stellt, in der Regel nach Vorgabe der bereits besprochenen Parameter, entsprechende logische Einheiten zur Verfügung. Je besser diese Gruppe über die anschließende Verwendung Bescheid weiß bzw. je mehr Informationen sie über den Betrieb einer Datenbank hat, desto besser können die logischen Disks aufgebaut werden.
- Betriebssystemgruppe: Nachdem die Disks zur Verfügung stehen, ist es Aufgabe der Betriebssystemgruppe, diese in das Betriebssystem aufzunehmen. Dabei müssen weitere Parameter, wie z. B. Art der Formatierung, Filesystem-Typ oder auch eine eventuelle Nutzung im Cluster-Verbund beachtet werden.
- Datenbankgruppe: Je nachdem, wofür der Platz benötigt wird, kann der Datenbankadministrator jetzt die Erweiterung der Datenbank vornehmen.
- Die Operationsgruppe: Diese Gruppe ist für die Überwachung der Infrastruktur, der Datenbank und der Anwendungen zuständig. Da in ihren Aufgabenbereich auch die Kapazitätsplanung fällt, müssen Änderungen an der Infrastruktur an sie weitergeleitet werden. Ansonsten würden Messwerte wie beispielsweise eine historische Betrachtung der Datenbankgröße nicht beurteilt werden können.
- Backupgruppe: Diese Gruppe muss ebenfalls eingebunden werden, da zum einen eventuell zusätzliche Bereiche gesichert werden müssen, zum anderen aber – und das wird oftmals vergessen – natürlich bekannt gemacht werden muss, dass sich die Datenbank vergrößert hat und dementsprechend mehr Platz auf den Bändern verbraucht wird.

Jetzt wird auch deutlich, was passiert bzw. welche Gruppen betroffen sind, wenn es mal nicht „perfekt“ läuft, wenn es z. B. zu einem Performanceproblem in der Datenbank kommt. Wenn es gut läuft, stellt der Administrator fest, dass es einen Engpass gibt, allerdings ist es wahrscheinlicher, dass der Fachbereich sich beschwert oder die Operations Gruppe feststellt, dass ein Schwellenwert überschritten wird. In jedem Fall wird ein Problem gemeldet, das mehr oder weniger aussagekräftig ist (von „Anwendung geht nicht“ bis „IO-Engpass in Storage xyz“).

In der Praxis werden jetzt Tasksforces mit oft über zehn Teilnehmern aus den verschiedenen Bereichen gebildet, um der Ursache auf den Grund zu gehen. Ein entsprechendes *Fingerzeigen* auf andere ist in dieser Konstellation eher die Regel als die Ausnahme.

Um das zu vermeiden, gibt es zwei Wege:

1. Der Datenbankadministrator kümmert sich selbst um alles – und hat nach kurzer Zeit einen Zusammenbruch.
2. Es wird eine Gruppe aus den unterschiedlichen Bereichen gebildet, die sich als Competence-Center um den Betrieb von Datenbanken kümmert, z. B., diese Gruppe ermittelt, wie Storage, Netzwerk, Betriebssystem, Backup-Verfahren für den Betrieb

von kritischen Datenbanken auszusehen haben. Sie legt entsprechende Regeln fest und hilft beim Wissenstransfer zwischen den einzelnen Gruppen.

In größeren Unternehmen sind solche Gruppen seit vielen Jahren etabliert und helfen, den Betrieb der Datenbanken zu optimieren. Entscheidend für ihre Akzeptanz ist aber auch, dass sie sich regelmäßig weiterbilden und ständig auf der Höhe aller notwendigen Technologien sind.

2.3 Betriebskonzepte

Der Begriff Betriebskonzept wird heute oft im Zusammenhang mit ITIL[2] verwendet. Dabei geht es in unserem Fall des Betriebs von Datenbanken vor allen Dingen um das Thema Service-Operation.

> Service Operation beinhaltet die Koordination und Ausführung der zur Bereitstellung und Management von Services für Anwender und Kunden, innerhalb spezifizierter und vereinbarter Service-Level, erforderlichen Aktivitäten und Prozesse. Service Operation ist auch verantwortlich für den Betrieb der für Bereitstellung und Support erforderlichen Technologie (aus IT Service Management basierend auf ITIL V3, itSMF International).

Generell sollte jedes Unternehmen ein Betriebskonzept für seine Anwendungen sowie der einzelnen Elemente – und damit den Betrieb der Datenbank – haben. Dabei ist es unerheblich, ob dieses Konzept ITIL-konform ist oder aus einer Sammlung von Dokumenten besteht. Allerdings ist es erforderlich, sich mit dem Konzept zu beschäftigen **bevor** man mit der Implementierung anfängt. Dabei geht es jedoch nicht darum eine dogmatische Vorschrift zu erstellen, die in jedem Fall einzuhalten ist, sondern um eine Hilfestellung bzw. Best Practices für die beteiligten Mitarbeiter. Beachten Sie bitte, dass damit nicht nur die jetzigen Mitarbeiter gemeint sind, sondern auch neue Kollegen, die sich in Zukunft um den Betrieb kümmern müssen.

Zu einem Betriebskonzept gehören folgende Punkte:

- Wer ist für den Betrieb zuständig? Dabei sind nicht die Personen gemeint, sondern die Abteilungen, die dafür Sorge zu tragen haben, dass ein störungsfreier Betrieb gewährleistet werden kann. In diese Zuständigkeit fällt auch das Thema Hochverfügbarkeit und Backup und Restore. Es muss festgelegt werden, welche Anforderungen an die Verfügbarkeit gestellt werden, wie bzw. wann geplante Auszeiten möglich und welche Form der Sicherung bzw. der Wiederherstellung notwendig sind. Wichtig ist, dass es einen Schulungsplan für die Mitarbeiter gibt und eine Testumgebung, in der die Hochverfügbarkeit sowie Backup- und Recovery-Konzepte durchgespielt werden können.
- Wie sieht die Überwachung aus? Um einen störungsfreien Betrieb zu gewährleisten, müssen regelmäßig Messwerte aufgenommen werden. Diese Messwerte müssen interpretiert werden können (z. B. durch Schwellenwerte). Darauf aufbauend können dann weitere Maßnahmen für einen störungsfreien Betrieb aufgebaut werden, in dem z. B. frühzeitig neuer Storage bestellt wird, wenn ein Tablespace eine entsprechende Größe überschritten hat. Im ITIL-kontext wird hiermit das *Event Management* bzw. die Reaktion hierauf als *Incident Management* bezeichnet.

2 Information Technology Infrastructure Library

- Was muss bei einem Fehler getan werden? Hier unterscheidet man im ITIL-Sprachgebrauch zwischen *Incident Management* und *Problem Management*. Im realen Betrieb sind diese beiden Punkte schwer voneinander zu trennen, doch oftmals kann genau diese Trennung dabei helfen, Fehler in der Zukunft zu vermeiden.

  Incident Management beschreibt die direkte Reaktion auf einen Request. Dabei ist es zunächst einmal unerheblich, ob es sich um eine Frage des Anwenders, die Überschreitung eines Schwellenwertes oder einen Ausfall des Systems handelt. Im Fehlerfall ist es entscheidend, dass der Service, in diesem Fall also die Datenbank, schnellstmöglich wieder zur Verfügung steht.

  Problem Management beschäftigt sich mit der Ursachenforschung. Bei einem Fehler, der zum Stillstand der Datenbank geführt hat (Incident), geht die Problemlösung oft mit der Wiederherstellung des Services Hand in Hand.

  Wichtig ist, dass Incidents aufgenommen werden und wieder abrufbar sind, denn gerade im Datenbankbetrieb kommt es vor, dass Anwender zunächst eine geringe Beeinträchtigung spüren, „gestern gegen Abend hing mein Rechner kurzzeitig". Eine direkte Reaktion ist in diesem Fall gar nicht erforderlich, aber es sollte für weitere Analysen (*Problem Management*) zur Verfügung stehen.

- Wer darf überhaupt (und wann) auf die Datenbank mit welchen Rechten zugreifen? Es ist immer wieder verwunderlich, mit welcher Naivität die Autorisierung und Authentifizierung in der Datenbank betrachtet werden. Nicht selten wird eine Software unter einem Schema mit DBA-Berechtigung betrieben. Kennworte der kritischen Benutzer SYS und SYSTEM werden nicht regelmäßig geändert, bzw. haben unter Umständen sogar noch die Standardeinstellungen. Aber auch das Thema Auditing spielt in diesem Kontext eine große Rolle.

  Zum Betriebskonzept gehört sicherlich zu wissen, was für Daten in der Datenbank abgelegt werden. Wenn es sich um sensible Daten (z. B. Kreditkarteninformationen) handelt, dann sollte man sich bewusst sein, dass es Regelungen für das Anlegen und Ändern dieser Daten gibt. Außerdem muss unter Umständen jeder Zugriff auf diese Daten protokolliert werden (siehe auch PCIDSS[3]). Im ITIL-Bereich wird dieser Prozess als *Access Management* bezeichnet.

- Wann, wie und durch wen werden Änderungen eingepflegt? Hier muss beachtet werden, dass Änderung ein sehr dehnbarer Begriff ist. Dies kann zum einen ein einfaches Ändern der Berechtigungen für den Zugriff auf Datenbankobjekte sein oder vielleicht auch das Zurücksetzen eines Passwortes. Es kann sich aber auch um den Releasewechsel der Anwendung oder der Datenbank oder gar um den Umstieg auf eine neue Infrastruktur handeln. Damit zeigt sich auch, dass es für diesen Punkt nur eine grobe Richtlinie für den Umgang mit Änderungen geben kann.

  In ITIL gibt es in der Phase der Service Operations den Prozess des *Request Fulfillment*, mit dem Anfragen von Benutzern an die IT-Abteilung bezeichnet werden. Wesentlich komplizierter wird es jedoch im Bereich Service Transition, wenn es um das Thema Change Management geht. Dort wird dann zwischen reaktiven Maßnahmen (z. B. Erstellen eines Indexes, um die Performance einer Anwendung zu verbessern) und produktiven Maßnahmen (z. B. Umstellung auf Oracle Standard Edition auf Linux, um die Kosten zu reduzieren) unterschieden.

3 Payment Card Industry Data Security Standard

Gerade die reaktiven Maßnahmen sollten ihren festen Platz in einem Betriebshandbuch haben. Nicht selten passiert es sonst, dass nach einem Releasewechsel mühevoll erarbeitete Performance-Verbesserungen durch Indizierungen etc. über den Haufen geworfen werden, weil sich keiner die Mühe gemacht hat, diese zu protokollieren und damit diese Änderungen für die Entwicklung transparent zu machen. Werkzeuge, die Strukturänderungen in regelmäßigen Abständen überprüfen (Database Compare, Schema Compare), können hier eine große Hilfe sein.

2.4 Standards

Um den Umfang einzelner Betriebshandbücher möglichst gering zu halten, können Standards im Unternehmen weiterhelfen. Hier werden wiederverwendbare Komponenten gebildet, die bei Bedarf direkt verwendet werden können. In der Regel gibt es hierbei eine Reihe von aufeinander aufbauenden Standard, die teilweise jedoch auch parallel betrieben werden. Beispiel für die Standards ist die Vereinheitlichung des Betriebssystems, inklusive der Version, die Auswahl der Datenbankversion und der verwendeten Optionen und Pakete und der generelle Aufbau der Datenbank mit der Lage der Datendateien und der Namensgebung für die Datenbank und Dateien.

Vorsichtig sollte man jedoch mit dem Standard von Schemanamen oder gar Tabellennamen sein. Dies kann die Flexibilität und damit auch die Wartbarkeit von Datenbanken erheblich einschränken. Als Beispiel sei hier der gern benutzte Prä- oder Postfix bei Datenbankobjekten genannt. Es mag im ersten Moment sinnvoll erscheinen, eine Tabelle mit dem Präfix `tab_` und eine View mit dem Präfix `vw_` zu kennzeichnen. Dieses Vorgehen hat jedoch zwei Nachteile:

1. Sie verschwenden vier Buchstaben bei der Vergabe der Namen von Objekten, und wenn Sie eine Anwendung mit einigen Hundert Tabellen haben, wird die Suche nach einzelnen Objekten erschwert.

2. Views können sehr gut genutzt werden, um Tabellendefinitionen zu erweitern oder neue Informationen zunächst einmal zu verstecken (siehe auch Editioning Views 14.7). Die Flexibilität dieser Vorgehensweise geht hierdurch jedoch verloren.

Wichtig ist es daher, sich zunächst einmal zu überlegen, wo Standards gesetzt werden können und welche Regeln es geben muss, wenn ein solcher Standard geändert werden muss. Das betrifft vor allen Dingen das Thema der Versionen. Oracle bringt z. B. in regelmäßigen Abständen neue CPUs[4] und in unregelmäßigen Abständen Patchsets und Releases auf den Markt. Es ist unmöglich, alle Datenbanken auf dem gleichen Release-Stand zu betreiben. Hier ist es notwendig, sich frühzeitig Gedanken darüber zu machen, welche Datenbank in welcher Form angepasst werden kann, ohne dass die Standardisierung hierunter leidet.

Eine weitere Aufgabe ist es, die Definition von Standards regelmäßig zu überprüfen. In vielen Unternehmen gibt es beispielsweise ein Skript für die Erstellung der Datenbank `CREATE DATABASE`. Dagegen ist zunächst nichts einzuwenden, doch es muss beachtet werden, dass sich in den letzten Jahren viele Änderungen ergeben haben, so dass unter Umständen neue Funktionen nicht genutzt werden. Ein Beispiel hierfür ist die Verwendung der *Locally Managed Tablespaces* oder das *Automatic Segment Space Management*.

4 Critical Patch Update

Auch die Serverparameter für die Datenbank müssen mit jedem Release überprüft werden, da neue Parameter hinzukommen und ältere dafür wegfallen.

Zu guter Letzt muss natürlich auch die Anwendungsentwicklung überprüft bzw. über Änderungen in Kenntnis gesetzt werden. Vor Jahren wurde propagiert, dass alle Schemaobjekte entsprechende Informationen über den Tablespace und die Storage-Klauseln enthalten sollten. Durch die neuen Tablespace-Definitionen sollte jetzt jedoch die Storage-Klausel auf keinen Fall mehr angewendet werden, da sie unter Umständen sogar kontraproduktiv ist.

Für den Aufbau von Oracle-Datenbanken bietet es sich daher an, folgende Regeln einzuhalten. Bitte beachten Sie, dass es sich hier um Vorschläge handelt, die sich in der Praxis bewährt haben und die in der Regel auch in der Oracle-Dokumentation so vorkommen. Trotzdem spricht nichts dagegen, dass Sie Ihre eigenen Regeln aufstellen (solange diese dann auch durchgezogen werden).

- Basisverzeichnis der Oracle-Software (`ORACLE_BASE`): In der Oracle-Literatur bietet sich unter Unix das Verzeichnis `/u01/app/oracle` und unter Windows ein Laufwerk mit dem Unterverzeichnis `/oracle` an.
- Verzeichnis der Oracle-Software (`ORACLE_HOME`): Hier gab es immer wieder kontroverse Diskussionen, ob das Verzeichnis die Oracle-Version enthalten sollte (so wie von Oracle vorgeschlagen) oder nicht. Die Angabe der Version hat den Vorteil, dass man sofort sieht, um welche Version es sich handelt.

  Allerdings hat dies den Nachteil, dass man keine *In-Place*-Upgrades machen konnte. Diese Art des Upgrades lässt der Oracle Installer heute sowieso nicht mehr zu, daher empfehlen wir, die Version im Verzeichnis zu haben. Eine gängige Verzeichnisstruktur ist `$ORACLE_BASE/product/11.2.0/db_1`. Dabei ist zu beachten, dass hinter der Version noch eine Kennzeichnung folgt (in diesem Fall `db_1`). Der Grund hierfür ist, dass man dann weitere Komponenten, wie z. B. den Oracle Grid Control Agent, im entsprechenden Verzeichnis installieren kann.
- Verzeichnis für die Oracle-Datenbankdateien. Je nach Größe der Datenbank sind hier unter Umständen mehrere Verzeichnisse zu wählen. In jedem Fall sollte es sich aber um eigene Filesysteme handeln. Das von Oracle vorgeschlagene Verzeichnis `$ORACLE_BASE/oradata` würden wir daher nicht empfehlen, da es sich oft nicht um ein eigenständiges Filesystem handelt.

  Besser ist es, hierfür eine eigenständige Verzeichnisstruktur unter dem Root-Verzeichnis bzw. ein eigenständiges Laufwerk zu verwenden. Als Unterverzeichnis wird dann zusätzlich der Name der Datenbank gewählt. Ein Verzeichnisbaum für die Datenbank `LAGER` könnte also wie folgt aussehen: `E:\oradata\LAGER` bzw. `/u02/oradata/LAGER`.
- Die Oracle-Dateien. Generell sollte in den Datendateien der Name des entsprechenden Tablespaces enthalten sein. Nach der Oracle-Dokumentation und beim *Oracle Database Configuration Assistant* wird außerdem folgende Endung für Dateien vorgeschlagen:
  - `.dbf`: Datenbankdateien
  - `.tmp`: Datenbankdateien für temporäre Tablespaces
  - `.ctl`: Kontrolldateien

- `.log`: Redolog-Dateien
- `.arc`: archivierte Redolog-Dateien

Bei den Endungen gibt es jedoch zwei kritische Punkte. Zum einen ist in der Standardeinstellung für die archivierten Redolog-Dateien über den Serverparameter `log_archive_format` gar keine Endung vorgesehen.

Viel schwerwiegender ist jedoch die Endung `.log` bei den Redolog-Dateien. Mit dieser Endung werden in der Regel Protokolldateien versehen (was Redolog-Dateien zwar eigentlich auch sind), die aber unkritisch für den Betrieb sind (und das sind Redolog-Dateien gewiss nicht!). Daher sollte überlegt werden, statt der Endung `.log` lieber eine andere Endung, z. B. `.lgo`, zu verwenden. Diese Version findet man teilweise auch in der Oracle-Dokumentation.

Bei der Verwendung von Oracle Managed Files oder wenn die Dateien im ASM[5] abgelegt wurden, entfällt die Notwendigkeit für die Vergabe von Dateinamen.

- Automatische Erweiterung von Datendateien: Die automatische Erweiterung von Datendateien (`AUTOEXTEND`) sollte generell mit Vorsicht benutzt werden. Der von Oracle vorgeschlagene Standard der Erweiterung bis unendlich ist sicherlich für eine produktive Datenbank keine geeignete Methode, da nicht davon auszugehen ist, dass unendlich Speicherplatz zur Verfügung steht.

  Daher empfehlen wir, die automatische Erweiterung gar nicht erst zu verwenden. Der Grund ist, dass dadurch zum einen ein Monitoring auf Datenbankebene erleichtert wird, und zum anderen vermieden wird, dass durch einen fehlerhaften Prozess Datenbankdateien extrem wachsen. Sollten Sie trotzdem die automatische Erweiterung nutzen wollen, so empfehlen wir, hier entsprechende Standards zu definieren. Dies gilt sowohl für die Maximalgröße (z. B. `MAXSIZE 2G`) als auch für die einzelnen Schritte (z.B: `NEXT 100M`).

- Datenbank und Instanzname: In der Regel werden, so es sich nicht um eine Real Application Clusters-Datenbank handelt, Datenbank und Instanz gleich benannt. Die Namen werden wegen der besseren Sichtbarkeit in Verzeichnissen in Großbuchstaben geschrieben. Der Datenbankname (`db_name`) muss eine ASCII-Zeichnenkette mit maximal acht Zeichen sein.

  Im Real-Application-Clusters Umfeld bietet es sich an, dann die einzelnen Instanzen einfach durchzunummerieren. Vorsichtig sollte man bei der Verwendung einer Version im Datenbank- bzw. Instanznamen sein (auch wenn wir uns im Buch nicht immer daran halten). Der Name JA11G2 suggeriert, dass es sich um eine Datenbank der Version 11.2.0 handelt. Das ist derzeit auch richtig, doch was ist bei einem Update auf eine neuere Version? Oft wird der Name der Datenbank dann nicht angepasst und führt dementsprechend zu Missverständnissen.

  Besser ist es, wenn die Datenbank den Namen der zugehörigen Anwendung (z. B. LAGER) erhält. Auch eine Unterscheidung zwischen Test, Qualitätssicherung und Produktion kann hilfreich sein. Allerdings muss natürlich sichergestellt werden, dass die Datenbank `TEST` dann niemals für produktive Zwecke genutzt wird.

5 Automatic Storage Management

Zur Standardisierung gehört heute natürlich auch der Aufbau von entsprechenden Templates in virtuellen Umgebungen (OracleVM oder VMware). In diesem Fall ist es erforderlich, ein Skript zu haben, was nach dem Aufbau einer neuen virtuellen Umgebung die Datenbank und alle zugehörigen Dateien umbenennen kann. Leider wird dieser Schritt derzeit gerne vergessen, und prinzipiell ist es auch möglich, mehrere Datenbanken mit dem gleichen Namen zu betreiben, doch die Verwirrung ist vorprogrammiert und damit die Gefahr eines Fehlers.

2.5 Hochverfügbarkeit

In der globalisierten Welt und dem Internet als Medium für Vertrieb von Waren und Dienstleistungen ist es selbstverständlich geworden, dass Anwendungen 7 x 24 Stunden 365 Tage im Jahr zur Verfügung stehen müssen. Geplante Auszeiten werden praktisch nur noch an Festtagen wie Ostern, Pfingsten oder Weihnachten gewährt, und dann müssen unterschiedliche Wartungsaufgaben, vom Releasewechsel der Anwendung bis zur Aufrüstung des Datenbankservers oder Umstellung des Netzwerkes, durchgeführt werden. *Hochverfügbarkeit* ist daher ein viel strapazierter Begriff, der leider auch oft falsch interpretiert wird.

2.5.1 Was bedeutet hochverfügbar?

Es gibt zwar keine eindeutige Definition für Hochverfügbarkeit bzw. High Availability, aber einige grundlegende Feststellungen sowie eine allgemein akzeptierte Forderung:

> *Ein System ist hochverfügbar, wenn ein unterbrechungsfreier Betrieb einer Anwendung auch im Fehlerfall möglich ist. In der Regel wird dies durch redundante Komponenten erreicht.*

Diese Begriffsklärung wirft drei weitere Fragen auf:

1. Was bedeutet unterbrechungsfrei? Unbestritten ist, dass keine Anwendung bis zum Ende aller Tage unterbrechungsfrei laufen kann. Daher muss es eine gewisse Toleranz für eine ungeplante Auszeit geben. Die Harvard Research Group hat für die Klasse High Availability (AEC-2) festgelegt, dass es eine Verfügbarkeit von 99,999% gibt. Das heißt, das System darf nicht mehr als 5,26 Minuten pro Jahr (!) ungeplant ausfallen.

2. Was bedeutet Fehlerfall? Unter einem Fehler ist jede Störung zu betrachten, die nicht geplant zu einer drastischen Einschränkung des Betriebs führt. Das bedeutet, geplante Auszeiten wegen Wartungsarbeiten beeinträchtigen nicht die Verfügbarkeit.

3. Was ist ein System? Zunächst einmal würde man vermuten, dass es sich hierbei um einen Datenbankserver handelt (immerhin handelt es sich hier um ein Buch über Datenbanken). Wenn man allerdings zugrunde legt, dass es um den unterbrechungsfreien Betrieb einer Anwendung geht, so muss sich das System auf die gesamte Infrastruktur, z. B. Netzwerk, Application- Server, Datenbank Server, etc. beziehen.

Aus diesen Voraussetzungen ergibt sich zwangsläufig, dass der Aufbau eines echten hochverfügbaren Systems eine kostspielige Herausforderung ist. Bei der Bestimmung der Gesamtverfügbarkeit eines Systems ist dann ausschlaggebend, in welchen Bereichen eine parallele und in welchen eine serielle Verfügbarkeit angenommen werden muss.

Unter einer parallelen Verfügbarkeit versteht man, dass, wenn zwei Komponenten parallel zueinander betrieben werden, sich die Gesamtverfügbarkeit verbessert. Dies ist z. B. in redundanten Bauteilen der Fall. Wenn ein Bauteil die Verfügbarkeit von 99% aufweist und es zwei Bauteile gibt, ist die Gesamtverfügbarkeit 99,99%, z. B., die Ausfallwahrscheinlichkeit sinkt von 3,6 Tagen auf 53 Minuten.

Die serielle Verfügbarkeit ist jedoch viel gravierender, da sie in der Praxis immer vorkommt und die Gesamtverfügbarkeit entsprechend abnimmt.

Für eine Anwendung bedeutet dies, dass, wenn Netzwerk, Application-Server und Datenbank jeweils eine Verfügbarkeit von 99,999% haben, also für sich hochverfügbar sind und damit eine Ausfallwahrscheinlichkeit von 5,26 Minuten im Jahr haben, die Gesamtverfügbarkeit „nur noch" bei 99,997% liegt, z. B. ca. 16 Minuten im Jahr. Das mag zwar in der Praxis tolerierbar sein, zeigt aber, je mehr Komponenten miteinander in Verbindung stehen, umso schwieriger wird es, eine hohe Verfügbarkeit zu gewährleisten.

Ein weiterer Aspekt bei der Berechnung sollte nicht vergessen werden: In den meisten Fällen wird bei der Verfügbarkeit ausschließlich die Verfügbarkeit der Hardware, sprich CPU, Memory, Disk, Switches, Router etc., betrachtet. Erwiesenermaßen ist das größte Gefährdungspotenzial jedoch der Anwender. Ein fehlerhafter Befehl oder eine fehlerhafte Anwendung, ob selbst geschriebene Software oder ein Bug in der Datenbank, hat in der Regel weit verheerendere Folgen als ein CPU-Ausfall, und ob man dann über fünf Minuten oder eine Stunde redet, spielt bei der Wiederherstellung dann oftmals keine Rolle mehr.

Der Begriff Hochverfügbarkeit im Betrieb einer Datenbank sollte daher mit Bedacht benutzt werden.

Warum Hochverfügbarkeit?

Diese Frage mutet zunächst einmal etwas merkwürdig an. Natürlich braucht man, wie bereits eingangs erwähnt, eine Hochverfügbarkeit, weil die Anwendung 7 x 24 Stunden 365 Tage im Jahr erreichbar sein muss. Als Erstes fallen einem dann Amazon ein und das Beispiel, dass, wenn die Anwendung mal nicht zur Verfügung stünde, dort sofort immense Verluste entstehen würden. Aber genau dort ist auch der Ansatzpunkt für die Frage: Wie hoch sind die Verluste, die durch einen Ausfall der Anwendung verursacht werden?

Einige wenige Unternehmen können diese Zahlen belegen, in der Regel ist es eher so, dass der Fachbereich einfach vorgibt „wir brauchen eine 7 x 24 Stunden Verfügbarkeit". Aus internem oder externem Druck, „sonst werden wir die IT outsourcen", gibt der Betrieb dann diesen Anforderungen nach und baut Systeme auf, die unter Umständen viel zu teuer bzw. komplex sind, um sie mit adäquaten Mitteln verwalten zu können. Auch das Thema SLA[6] spielt hierbei eine große Rolle. Oftmals gibt es zwar solche Vorgaben, aber es ist nicht näher spezifiziert, was eigentlich eine „Verfügbarkeit" ist. Dies soll sicherlich kein Appell gegen eine hohe Verfügbarkeit sein, doch sollte man, bevor man eine solche Umgebung aufbaut, zunächst einmal abklären, was eigentlich erreicht werden soll – wieder das Schlagwort „Hochverfügbarkeit".

---

6 Service Level Agreement

Ein Beispiel aus der Praxis kann dies verdeutlichen:

Ein Unternehmen, das jahrelang auf Oracle Parallel Server (dem Vorgänger von Real Application Clusters) auf DEC VMS gesetzt hatte, musste infolge einer Umstrukturierung und weil das Know-how im VMS-Bereich nicht gerade üppig war, auf MS-Windows Server wechseln. Natürlich sollte die gleiche Verfügbarkeit wieder hergestellt und dementsprechend ein MS-Windows Cluster aufgebaut werden. Allerdings gab es zu dem Zeitpunkt keine Oracle Parallel Server Version für Windows. Zunächst schien das ein K.O. für die Windows-Umgebung zu sein, und man machte sich Gedanken über eine Alternative im Unix-Umfeld (Aix, Solaris, HP/UX).

Um jetzt zu untersuchen, welche Plattform am besten geeignet wäre, wurde ein namhaftes Consulting-Unternehmen beauftragt, die Fachabteilungen, die von der Umstellung betroffen waren, zu befragen, welche Verfügbarkeit sie bräuchten. Insgesamt liefen auf dem VMS System 17 Anwendungen unterschiedlicher Abteilungen.

Der Berater ging also durch die Abteilung und stellte folgende Fragen:

1. Welche Ausfallzeit darf die Anwendung maximal haben?
2. Wie viel Datenverlust kann toleriert werden?

Die Antwort auf die erste Frage kam wie aus der Pistole geschossen: „Natürlich muss die Anwendung immer zur Verfügung stehen, eine Auszeit ist nicht tolerierbar!" Worauf der Berater dann mit der Bemerkung reagierte: „Okay, das kostet dann ca. 10 Mio Euro. Das ist Ihnen diese Ausfallsicherheit doch sicherlich wert, oder?" Daraufhin wurde in allen (!) Fällen die Verfügbarkeitsanforderung drastisch reduziert, in der Regel auf einen Arbeitstag.

Interessant waren aber die Reaktionen auf die zweite Frage. „Wieso Datenverlust?", kam nicht selten als Antwort bzw. Rückfrage. Den wenigsten Verantwortlichen war bewusst, dass es durchaus zu mehr oder weniger Datenverlust kommen kann.

Aus diesen beiden Fragen ließ sich schnell folgern, dass das Unternehmen jahrelang aufs falsche Pferd gesetzt hatte. Man hatte viel in das Thema Hochverfügbarkeit investiert, ohne dass dies überhaupt erforderlich gewesen wäre. Das Risiko eines Datenverlusts hatte man aber mehr oder weniger bewusst nicht gesehen und auch keine entsprechenden Vorkehrungen getroffen.

Die Lösung in dieser Konstellation war, das neue System wie geplant auf MS-Windows aufzubauen und statt einer Cluster-Lösung besser eine Standby-Lösung – in diesem Falle von Libelle Informatik – einzukaufen. Die Kosten waren dadurch wesentlich geringer, und der Aufwand bei der Administration konnte ebenfalls reduziert werden.

Zurück zur Ursprungsfrage „Warum Hochverfügbarkeit". Man erkennt jetzt, wie wichtig es ist, sich zunächst einmal mit den Fachbereichen zu unterhalten, um dann herauszufinden, was für beide Seiten (Anwender und Administratoren) die geeignete Lösung ist. Erst wenn tatsächlich feststeht, welche Anforderungen vorliegen, kann man sich an die Beantwortung der nächsten Frage machen.

Wie kann eine hohe Verfügbarkeit erreicht werden?

Die Antwort auf diese Frage wird uns an verschiedenen Stellen in diesem Buch noch weiter beschäftigen. Generell ist aber, wie bereits aus dem Zitat ersichtlich, für eine Hochverfügbarkeit eine Redundanz von Komponenten erforderlich. In vielen Bereichen der

IT-Infrastruktur gehören diese Redundanzen seit Langem zum Standard, am häufigsten im Storage-Bereich durch gespiegelte oder zumindest als RAID-5 ausgelegte Plattensysteme, im Netzwerkbereich durch redundante Komponenten, wie Switches und Router. Bei der Kommunikation in die Außenwelt durch unterschiedliche Techniken, wie Telefonkabel und Satellitenverbindungen. Netzteile sind gleich mehrfach vorhanden, und natürlich wird die Stromversorgung durch Batterien gepuffert und durch Generatoren zusätzlich abgesichert.

Auch Applikationsserver sind – oftmals mit dem Vorteil einer besseren Skalierung – vielfach ausgelegt. Doch die Frage ist, wie man mit der Datenbank umgeht? Sicherlich gehören Oracle Real Application Clusters, die unterschiedlichen Data Guard Konfigurationen sowie die Replikation zu den Möglichkeiten, eine höhere Verfügbarkeit zu erreichen.

Zunächst sollte man bei der Betrachtung der Datenbank überlegen, welche Fehler auftreten können. Im Kapitel 8 (Backup und Recovery) werden mögliche Fehlerquellen dargestellt, und natürlich werden wir auch in Kapitel 12 (Hochverfügbarkeit) noch weiter auf dieses Thema eingehen.

Vor allen Dingen dem Backup und Recovery kommt hierbei eine wichtige Rolle zu. Natürlich ist es üblich, ein Backup zu machen, und oftmals weiß man auch genau Bescheid, wie lange ein solches Backup dauert und wie groß es ist. Stellt man aber die Frage, wie lange ein Restore und Recovery dauert, dann stehen auf einmal keine entsprechenden Werte zur Verfügung.

Man bekommt schnell den Eindruck, dass das Backup ein Selbstzweck ist und man es hoffentlich nie braucht. Das sind sicherlich drastische Worte, aber es sei jedem Datenbankadministrator ans Herz gelegt, sich mal zu überlegen, was für Fehler auftreten könnten, wie man sie dann beheben kann und welche Auswirkungen das auf die Verfügbarkeit hat. Bei den Tests sollte man sich dann auch überlegen, was denn wiederhergestellt werden muss. Normalerweise wird gerne ein Full Database Restore als Testbeispiel genommen.

Geht man aber davon aus, dass ein solcher Restore eigentlich nur notwendig ist, wenn das gesamte System ausfällt, sollte man als Test auch das gesamte System, z. B. Betriebssystem und letzten Stand der Oracle-Software, wieder einspielen, bevor die Datenbank wieder hergestellt wird – und zwar auf einem ganz neuen System. Das bedeutet, bei einem solchen Restore müssen die unterschiedlichen Abteilungen (Storage, Betriebssystem, Netzwerk und Datenbank) zusammenarbeiten.

Bleibt noch das Thema der redundanten Datenhaltung. Oracle bietet mit den Real Application Clusters eine gute Lösung, um neben einer Erhöhung der Verfügbarkeit eine Skalierbarkeit zu erreichen. Allerdings wird in diesem Fall die Datenbank selber (bis auf eine Spiegelung im Storage oder ASM) nicht redundant aufgebaut, z. B., ein logischer Fehler in Form eines fehlerhaften Befehls schlägt also durch.

Eine echte redundante Datenhaltung kann nur über eine Replikation (entweder logisch oder als Standby) erfolgen. Die unterschiedlichen Lösungen unterscheiden sich dabei im Wesentlichen hinsichtlich der Nutzbarkeit des Replikats. Während eine *Physical Standby*-Lösung ausschließlich für den – hoffentlich nie eintretenden – Fehlerfall aufgebaut wird, kann bei einer logischen Replikation das Zielsystem voll genutzt werden, z. B. als Reporting-Datenbank oder für eine lokale Autonomie beim Ausfall des Netzwerkes.

Aber genauso vielfältig wie die zur Verfügung stehenden Methoden sind auch die Aufwände für deren Administration. Während eine Physical Standby-Datenbank schnell aufgebaut ist und in der Regel außer einem Monitoring keinen weiteren Aufwand erfolgt, handelt es sich bei einer logischen Replikation um eine eigenständige Datenbank, die separat verwaltet und gesichert – und für sich vielleicht auch wieder hochverfügbar gemacht – werden muss.

Als Fazit bzw. Ausblick auf weitere Kapitel kann daher nur gesagt werden, dass Planung, Konfiguration und Betrieb von hochverfügbaren Systemen eine hochkomplexe Angelegenheit ist. Vor einigen Jahren hat ein Oracle Experte (Carol-Jan Engels) einen interessanten Vortrag mit dem Titel „There is a problem for every solution" gehalten. Um schmerzvolle Erfahrungen mit Systemen, die den Anspruch haben, hochverfügbar zu sein, und im Fehlerfall dann nicht eingesetzt werden können, zu vermeiden, sollte man frühzeitig mit den beteiligten Abteilungen zusammenarbeiten und im Auge behalten, die Komplexität so niedrig wie möglich zu halten.

3 Hardware und Betriebssysteme

Bei der Planung eines neuen Systems steht man häufig vor einer Vielzahl an Auswahlmöglichkeiten im Hinblick auf Hardware und Betriebssystem. In der Tat gibt es keine allgemeingültigen Empfehlungen für diese Thematik, sondern lediglich einige Erfahrungswerte sowie Empfehlungen, welche Fragen im Einzelfall beantwortet werden müssen, um hier zu einer guten Lösung zu gelangen. Ein paar grundsätzliche Überlegungen vorneweg:

- Gerade bei kritischen Anwendungen und Datenbanken empfiehlt es sich, lieber die zweitneueste als die neueste Technologie zu nutzen, um eventuellen Kinderkrankheiten, die es ja nun einmal auch in der IT gibt, aus dem Weg zu gehen. Andererseits sollten auch keine Auslaufmodelle zum Zuge kommen, sonst steht nach kurzer Zeit schon wieder eine aufwendige Migration auf die nachfolgende Technologie an. Hier kommt es also auf den richtigen Kompromiss an.
- Bei allen konkreten Überlegungen zum Thema Hardware- und Plattformauswahl sollte sehr frühzeitig auf eine Oracle-Zertifizierung geachtet werden. Insofern können auch alle Aussagen und Empfehlungen dieses Kapitels nur einen Gesamteindruck wiedergeben. Aufgrund der Dynamik der Materie und der vielen Detailregelungen sollte vor jeder Entscheidung daher immer die aktuelle Zertifizierungsmatrix von Oracle zurate gezogen werden.

  Eine zentrale Anlaufstelle hierfür ist der „Certify"-Bereich auf der My Oracle Support-Seite (siehe Abbildung 3.1). Ergänzend dazu gibt es die sogenannten *Oracle Validated Configurations*, die eine umfangreiche Liste bereits vorgetesteter und validierter Konfigurationen (Hardware, Betriebssystem, Oracle-Version, ggf. mit RAC oder ASM) darstellen.
- Bei allen Überlegungen und Entscheidungen sind natürlich auch die „Total Cost of Ownership" (TCO) zu berücksichtigen, also neben den Hardware-, Lizenz- und sonstigen Anschaffungskosten auch die Betriebskosten. Die Anschaffungskosten sind aufgrund der Vielfalt der Hersteller und Lizenzmodelle in den folgenden Abschnitten nicht weiter berücksichtigt, sollten aber im konkreten Fall frühzeitig betrachtet werden, um sie mit dem verfügbaren Budgetrahmen vergleichen zu können.

  Die Betriebskosten wurden in der Vergangenheit selten angemessen berücksichtigt und meistens auch einer anderen Kostenstelle zugeschlagen. Tatsächlich belaufen sich die Betriebskosten nicht selten auf ein Mehrfaches der Anschaffungskosten, wenn man beispielsweise die Kosten für Strom und Klimaanlage mit berücksichtigt. Diese Überlegungen führten in den letzten Jahren zur Virtualisierung, von der weiter unten ebenfalls die Rede sein wird.

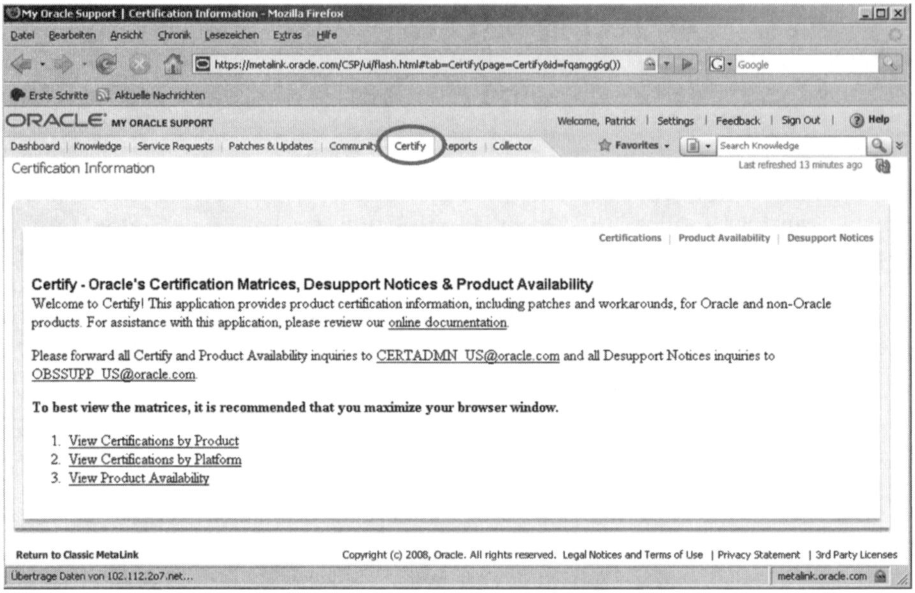

Abbildung 3.1: Certify-Bereich auf der My Oracle Support-Seite

3.1 Plattformen

Der Oracle-Datenbank ist für eine Vielzahl von Plattformen verfügbar. Darunter sind neben MS-Windows auch alle gängigen Unix- und Linux-Derivate. Ohne Anspruch auf Vollständigkeit oder Korrektheit seien hier genannt:

- Suse Linux Enterprise Server in den Versionen 9 und 10
- Redhat Enterprise Linux in den Versionen 4 und 5 sowie der Redhat-Klon „Oracle Enterprise Linux" in den Versionen 4 und 5
- HP-UX 11i, also 11.11, 11.23 oder 11.31, auf Itanium oder PA-RISC. HP-UX 11.0 ist dagegen nicht mehr unterstützt.
- AIX 5L sowie AIX 6.1
- Sun Solaris 8, 9 und 10 auf der SPARC-Plattform. Solaris auf x86-Plattform ist nur noch bis einschließlich Oracle 10gR2 unterstützt.
- HP Tru64 ist nur noch in der Version 5.1b und nur bis einschließlich Oracle 10gR2 unterstützt.
- MS-Windows 2008, 2003, Vista und XP

Auf der Certify-Seite ist jeweils im Detail ausgeführt, welche Datenbankversion auf welcher OS-Version unterstützt ist und ob bzw. welche Patches oder zusätzlichen Packages des Betriebssystems benötigt werden.

Gerade die älteren Versionen eines Betriebssystems sind häufig nicht mehr für das jeweils neueste Oracle-Release zertifiziert und sollten daher für neu aufzusetzende Datenbanken nicht verwendet werden. Auch gibt es Unterschiede zwischen verschiedenen Varianten eines Betriebssystems, z. B. zwischen Linux x86, Linux Itanium oder zSeries-basiertem Linux.

Auch wenn eine Vielzahl von Betriebssystemen formell unterstützt ist, gibt es doch zum Teil deutliche Unterschiede bei den Verfügbarkeiten von Datenbank-Releases, Patch-Releases oder einzelnen Patches für die verschiedenen Plattformen. So stand Oracle 11g beispielweise zuerst für Linux 64-Bit und Linux 32-Bit zur Verfügung, bald darauf auch für MS-Windows, und erst später kamen sukzessive die verschiedenen Unix-Plattformen hinzu. Dieselbe oder zumindest eine sehr ähnliche Erscheinungs-Reihenfolge lässt sich auch bei Patches und Patchsets beobachten.

Anders als noch vor einigen Jahren lassen sich – zumindest außerhalb des Cluster-Betriebs – keine eindeutigen Argumente pro oder kontra MS-Windows bzw. Unix/Linux mehr formulieren. Windows bietet eine stabile Plattform für den Oracle-Datenbankbetrieb, ist 64-Bit-fähig und steht relativ weit vorne in den Release-Zyklen. Dennoch laufen nach Erfahrung der Autoren ca. 75 % aller Oracle-Datenbanken unter Unix/-Linux. Bei Datenbanken im Cluster- bzw. RAC-Betrieb beträgt der Unix-/Linux-Anteil schätzungsweise 95 %.

Bei der Entscheidungsfindung für ein Betriebssystem sollten insbesondere folgende Aspekte genau beachtet werden:

- Gibt es Vorgaben durch die IT-Strategie des eigenen Unternehmens oder Anbieters? Manchmal ist eine bestimmte Plattform als strategische Plattform gesetzt, so dass man hier vor vollendete Tatsachen gesetzt wird.
- Wo gibt es das meiste Know-how im Unternehmen? Wenn es beispielsweise keinerlei Linux-Erfahrung gibt, sollte auch die Oracle-Datenbank ohne triftigen Grund nicht auf Linux laufen.
- Was wird von der Hardware unterstützt bzw. was ist für die Hardware zertifiziert? So ist z. B. ein Solaris x86-Betriebssystem nicht auf jedem x86-basierten Server unterstützt.

3.1.1 Unix und Linux

Da die meisten Oracle-Datenbanken auf Unix- oder Linux-Rechnern laufen, sollen an dieser Stelle einige Details zu Installation und Betrieb in dieser Umgebung gegeben werden. Auf Unix- und Linux-Systemen sind zunächst einige Vorarbeiten zu leisten, bevor mit der Installation der Datenbank-Software begonnen werden kann. Die einzelnen Schritte sind in dem jeweiligen *Installation Guide* der Dokumentation beschrieben, z. B. *Installation Guide 11g Release 2 for Linux*. Dazu gehören insbesondere

- das Einspielen benötigter Betriebssystem-Patches und Software-Packages (z. B. mittels RPM-Installer auf Linux, pkgadd auf Solaris)
- das Setzen einiger OS-Kernel-Parameter, insbesondere zur Konfiguration benötigter Shared Memory- und Semaphoren-Einstellungen.
- die Definition von Swap-Speicher in passender Menge
- das Erstellen bestimmter Betriebssystembenutzer und -gruppen, insbesondere der Eigentümer der Oracle-Software, z. B. `oracle`

- das Erstellen des Basisverzeichnisses für die Software-Installation (Oracle-Base-Verzeichnis)

Für die Software- bzw. Datenbankinstallation sollten auch die beiden folgenden Teile der Oracle-Dokumentation berücksichtigt werden:

- In den Appendix-Kapiteln des *Administrator's Reference for Linux and UNIX* werden einige Eigenheiten der unterschiedlichen Unix-Derivate aufgelistet.
- In den jeweiligen Release Notes, z. B. *Release Notes for Solaris Operating System (SPARC 64-Bit)* sind insbesondere bekannte Probleme im Umfeld von Installation, Konfiguration oder Upgrade der Software beschrieben.

Patchen des Betriebssystems

Auf Unix- und Linux-Plattformen besteht die Datenbank-Software letztlich aus einer Reihe von Libraries, die bei der Installation auf dem jeweiligen Server erstmalig gebunden werden. Bei der Installation eines Oracle-Patches oder -Patchsets werden aktualisierte Libraries eingespielt und automatisch neu gebunden.

Nach dem Einspielen eines Betriebssystem-Upgrades oder -Patches empfiehlt es sich grundsätzlich, eine Neubindung der Libraries manuell anzustoßen. Dazu gibt es das `relink`-Werkzeug im Verzeichnis `$ORACLE_HOME/bin`. Dieses Werkzeug muss als der Software-Owner des betreffenden Oracle-Homes aufgerufen werden. Außerdem müssen die Umgebungsvariable `$ORACLE_HOME` sowie plattformspezifisch Umgebungsvariablen für Library-Pfade zuvor entsprechend gesetzt sein:[1]

Für Oracle-Homes, die Datenbank-Software oder ASM-Software beinhalten, sieht dies z. B. so aus:

```
[root@ora11gr2 ~]# su - oracle

[oracle@ora11gr2 ~]$ echo $ORACLE_HOME
/u01/app/oracle/product/11.2.0/dbhome_1/

[oracle@ora11gr2 ~]$ $ORACLE_HOME/bin/relink all
```

In einem Client-Home würde dieses Verfahren diverse Fehlermeldungen erzeugen, da nur die Client-Komponenten vorhanden sind. Hier muss stattdessen die Option `relink client` verwendet werden.

Für die Oracle-Clusterware schließlich gibt es kein entsprechendes `relink`-Pendant. Hier können lediglich die sogenannten „Client Shared Libraries" neu gebunden werden:

```
[root@ora11gr2 ~]# su - grid

[grid@ora11gr2 ~]$ echo $ORACLE_HOME
/u01/app/grid

[grid@ora11gr2 ~]$ $ORACLE_HOME/bin/genclntsh
```

1 Für plattformspezifische Details siehe auch auf der My Oracle Support-Seite Doc-ID 131321.1.

Shared-Memory-Verwaltung

Jeder Server- oder Hintergrundprozess einer Oracle-Instanz hat seinen eigenen privaten Speicherbereich, die sogenannte PGA (Process Global Area). Außerdem teilen sich alle diese Prozesse einen gemeinsamen Shared-Memory-Bereich, die SGA (Shared Global Area). Nun gibt es auf Unix- und Linux-Systemen zwei Varianten der Shared-Memory-Verwaltung:

- Die System V[2]- oder IPC-Variante benutzt zur Allokation eines Shared-Memory-Segments den Systemaufruf `shmget()`. Dies ist die am weitesten verbreitete Form, Shared-Memory zu benutzen. Dabei wird ein monolithisches Shared-Memory-Segment erzeugt.
- Die POSIX[3]-Variante benutzt stattdessen den Systemaufruf `shm_open()`. Diese Möglichkeit wird bisher eher selten genutzt. Das Shared-Memory-Segment kann dabei aus kleinen einzelnen *Granulen* zusammengesetzt sein.

Bis zur Datenbankversion 10gR2 benutzt Oracle ausschließlich die System V-Technik. Einen einfachen Weg, die SGA auf Betriebssystemebene zu sehen, bietet das Kommandozeilen-Werkzeug `sysresv` im Verzeichnis `$ORACLE_HOME/bin` in Verbindung mit dem Betriebssystemkommando `ipcs`.

Mit `sysresv` kann unter Angabe der Oracle-SID die ID des Shared-Memory-Segments bestimmt werden, `ipcs` liefert die Größe des Segments (Spalte BYTES) und die Anzahl der darauf zugreifenden Prozesse (Spalte NATTCH).

```
[oracle@ora11gr2 ~]$ sysresv -l PS112

IPC Resources for ORACLE_SID "PS112" :
Shared-Memory:
ID              KEY
1179649         0xf01aba2c
Semaphores:
ID              KEY
1015808         0xc525cc68
Oracle Instance alive for sid "PS112"

[oracle@ora11gr2 ~]$ ipcs -m

------ Shared-Memory Segments --------
key        shmid      owner      perms      bytes      nattch
...
0xf01aba2c 1179649    oracle     660        348127232  30
...
```

Seit der Datenbankversion 11g ist es möglich, die Speicherverwaltung vollständig automatisch von der Oracle-Instanz durchführen zu lassen und mit dem Serverparameter `memory_target` nur noch eine Gesamt-Speichergröße anzugeben. Dieses sogenannte *Automatic Memory Management (AMM)* verschiebt insbesondere automatisch Teile des Gesamt-Speicherpools zwischen SGA und PGA.

---

2 System V, ursprünglich ein Unix-Betriebssystem von AT&T, bezeichnet heute eine ganze Familie von Unix-Derivaten, die einige gemeinsame Schnittstellen aufweisen, u. a. die genannte Schnittstelle zur Shared-Memory-Verwaltung.

3 POSIX steht für Portable Operating System Interface, eine standardisierte Schnittstelle zwischen Anwendung und Betriebssystem. Viele Unix-Betriebssysteme, insbesondere AIX, HP-UX und Solaris, sowie einige Linux-Distributionen sind POSIX-konform. Damit bieten Sie unter anderem auch eine Shared-Memory-Verwaltung gemäß POSIX.

Aktiviert man AMM nun in einer Oracle 11g-Datenbank, indem man memory_target auf irgendeinen Wert setzt, z. B. 500M, ergibt sich ein völlig anderes Bild: An der Stelle der SGA taucht nur noch ein „Dummy"-Segment mit einer Größe von 4 KB und ohne angehängte Prozesse auf.

Der Grund hierfür ist, dass es mit der System V-Methode nicht einfach möglich ist, Speicher zwischen dem monolithischen Shared-Memory-Segment und den privaten Speicherbereichen der Prozesse (PGA) zu verschieben. Genau das ist aber ja die Anforderung. Daher wechselt die Oracle-Instanz bei Benutzung von AMM – und nur dann – zu der alternativen Methode, dem POSIX-Shared-Memory-Management.

Dieses erlaubt es, Shared-Memory in kleine Portionen, sogenannte „Granulen", aufzuteilen. Diese Granulen können dann bei Bedarf einzeln dealloziert und in den PGA-Bereich alloziert werden, um Speicher zwischen SGA und PGA zu verschieben. Leider ist das auf diese Weise verwaltete Shared-Memory nicht mittels der üblichen Werkzeuge wie z. B. ipcs sichtbar. Stattdessen wird es über ein virtuelles Dateisystem verwaltet, z. B. /dev/shm unter Linux. Der Shared-Memory-Verbrauch via POSIX entspricht nun einfach der Belegung dieses virtuellen Dateisystems.

```
[oracle@ora11gr2 ~]$ df -k /dev/shm
Filesystem     1K-blocks      Used Available Use% Mounted on
tmpfs             614400    335688    278712  55% /dev/shm
```

Ein Blick in das Verzeichnis /dev/shm offenbart auch die einzelnen Granulen, die je nach Gesamtgröße des Speichers entweder 4 MB oder 16 MB groß sind. Manche haben auch die Größe 0, dieser Speicherbereich ist aktuell gerade der PGA zugeordnet, kann aber jederzeit in die SGA zurückgeholt werden.

```
[oracle@ora11gr2 ~]$ df ls -lah /dev/shm
...
-rw-r-----  1 oracle oinstall 4,0M Jan  5 19:51 ora_PS112_285474827_68
-rw-r-----  1 oracle oinstall 4,0M Jan  5 19:51 ora_PS112_285474827_69
-rw-r-----  1 oracle oinstall    0 Jan  5 19:51 ora_PS112_285474827_7
-rw-r-----  1 oracle oinstall 4,0M Jan  5 19:51 ora_PS112_285474827_70
...
```

Nützliche Werkzeuge für das Troubleshooting sind in diesem Zusammenhang die OS-Kommandos fuser sowie pmap.

fuser listet zu einer Shared-Memory-Granule die darauf zugreifenden Prozesse auf:

```
$ /sbin/fuser -v /dev/shm/ora_PS112_285474827_68

                     USER        PID ACCESS COMMAND
ora_PS112_285474827_68:
                     oracle    22848 ....m oracle
                     oracle    22850 ....m oracle
                     oracle    22854 ....m oracle
...
```

Umgekehrt listet pmap die zu einem Prozess gehörenden Shared-Memory-Granulen auf.

Für den Datenbankadministrator ist es auch wichtig zu wissen, dass vor dem Starten der Oracle-Instanz das zugrunde liegende virtuelle Dateisystem erst einmal passend dimensioniert werden muss. Ausschlaggebend ist hierbei der Wert für memory_max_target, der – wenn er nicht explizit festgelegt wird – standardmäßig den Wert von memory_target übernimmt.

Beim ersten Anlauf bekommt man häufig folgenden Fehler beim Startup der Instanz:

```
SQL> startup
ORA-00845: MEMORY_TARGET not supported on this system
```

Entgegen dem Wortlaut der Fehlermeldung ist die Benutzung von `memory_target` in den meisten Fällen sehr wohl unterstützt.[4] Ein Blick in das Alert-Log gibt genauere Auskunft:

```
[oracle@ora11gr2 trace]$ tail -3 alert_PS112.log
Starting ORACLE instance (normal)
WARNING: You are trying to use the MEMORY_TARGET feature.
This feature requires the /dev/shm file system to be mounted
for at least 2097152000 bytes. /dev/shm is either not
mounted or is mounted with available space less than this
size. Please fix this so that MEMORY_TARGET can work as
expected. Current available is 629145600 and used is 0 bytes.
Ensure that the mount point is /dev/shm for this directory.
memory_target needs larger /dev/shm
```

Die Lösung besteht also darin, das Dateisystem `/dev/shm` zu unmounten und neu zu mounten, wobei über den Mount-Parameter `size` eine höhere Größe spezifiziert wird.

```
[root@ora11gr2 ~]# umount /dev/shm
# Anpassen des Eintrags in /etc/fstab, z. B.:
tmpfs     /dev/shm     tmpfs     size=2048m     0 0
[root@ora11gr2 ~]# mount /dev/shm
```

Enterprise Linux und Unbreakable Linux

Oracle bietet mit *Oracle Enterprise Linux (OEL)* eine eigene Linux-Distribution an, die eng an Redhat Enterprise Linux (RHEL) angelehnt ist. Vom Umfang her entspricht sie der RHEL AS-Version, welche die umfangreichste Version der RHEL-Familie darstellt. Versionssprünge und Updates werden 1:1 nachvollzogen. Die Distribution kann frei von der Oracle-Seite heruntergeladen und eingesetzt werden, der Support ist jedoch kostenpflichtig. Beim Abschluss des Support-Vertrags erhält der Kunde eine CSI-Nummer (Customer Support Identifier). Mit dieser Nummer wird nach der Installation die Registrierung beim *Unbreakable Linux Network (ULN)* durchgeführt und der Update-Service aktiviert.

Die klare Trennung zwischen Distribution (OEL) und Support-Vertrag (ULN) einerseits sowie die Kongruenz von RHEL und OEL andererseits sind entscheidend wichtig, um zu verstehen, dass für einen Umstieg von RHEL auf OEL keine Neuinstallation des Betriebssystems nötig ist. Nach dem Abschluss des Support-Vertrags muss lediglich das Update-Werkzeug `up2date` vom ULN heruntergeladen und auf dem Redhat-System ausgeführt werden. Aus technischer Sicht ändert sich also lediglich der Mechanismus für Software-Updates, die nun nicht mehr vom Redhat Network, sondern vom ULN heruntergeladen werden. Die Installation des Update-Werkzeugs besteht aus folgenden Schritten:

- Installation zweier RPM-Pakete
- Importieren von Oracles GPG-Key. Dies geschieht ebenfalls über ein rpm-Kommando.

4 AMM ist auf Linux, Solaris, MS-Windows, HP-UX und AIX unterstützt.

- Aufruf von `up2date --register` und Durchlaufen des Registrierungs-Wizards

Beginnend mit OEL 5 Update 2 enthält die Distribution außerdem ein RPM-Paket namens `oracle-validated`. In früheren Versionen war dieses Paket ausschließlich über ULN verfügbar. Mit der Installation dieses Pakets werden diverse Voraussetzungen für eine Oracle Server-Installation überprüft und – wenn nötig – automatisch entsprechende Anpassungen vorgenommen. Dabei handelt es sich um:

- Installation weiterer RPM-Pakete
- Überprüfung und Anpassung von Kernel-Parametern gemäß Oracle-Empfehlungen
- Erstellung der einschlägigen Betriebssystembenutzer und -gruppen
- Setzen der OS Benutzer-Limits für den Betriebssystembenutzer gemäß Oracle-Empfehlungen
- Überprüfung und Anpassung der Bootloader-Parameter für den Grub-Bootloader
- Überprüfung und Anpassung von Modulparametern

Geänderte Dateien wie z.B. `/etc/sysctl.conf` werden zuvor gesichert, indem die Endung `.orabackup` angehängt wird. Ein Protokoll aller Aktionen steht in `/etc/sysconfig/oracle-validated/results/orakernel.log` zur Verfügung. Insgesamt stellt die Installation dieses Pakets eine deutliche Zeitersparnis dar, da nahezu alle Voraussetzungen abgedeckt werden. Bei einer nachfolgenden Installation der Oracle Server-Software sollten alle „Pre-Installation Requirements" erfüllt sein.

3.1.2 MS-Windows

Oracle-Installationen unter MS-Windows erfreuen sich sowohl in Entwicklungs- und Test- als auch zunehmend in produktiven Umgebungen großer Beliebtheit. Gerade im Windows-Umfeld finden sich auch viele reine Client-Installationen, die lediglich die Oracle Net-Produkte zur Verbindung auf einen Datenbank-Server, diverse APIs sowie Entwicklungskomponenten umfassen.

Im Folgenden ist aber grundsätzlich von der Server-Variante zur Installation der Datenbank-Software die Rede. Die Software-Installation setzt übrigens nicht voraus, dass eine Server-Version vom MS-Windows installiert ist; auch auf Windows XP oder Windows Vista läuft die Datenbank-Software problemlos.[5] Dies ist insbesondere für Entwicklungs- und Übungsumgebungen auf Desktop-PCs oder Laptops interessant.

Viele spezielle Merkmale der Oracle-Software unter MS-Windows sorgen mittlerweile für eine sehr gute Integration in die Windows-Welt. Hierunter zählen u.a. die Integration der Alert-Informationen in die Windows-Ereignisanzeige, diverse Möglichkeiten zur Nutzung von Windows-Anmeldungen bei der Oracle-Autorisierung, die Verfügbarkeit zahlreicher Werkzeuge und Programmierschnittstellen sowie die schnelle Verfügbarkeit der kompletten Oracle-Software-Palette unter MS-Windows.

Der letzte Punkt ist ausschlaggebend dafür, dass mit MS-Windows wohl die vollständigste Entwicklungsumgebung in a box für Oracle-basierte Systeme gegeben ist.

---

5 Für Oracle 10g auf Windows Vista gibt es allerdings eigene Software-Pakete mit den Release-Ständen 10.2.0.3 und höher. Nur diese dürfen für Windows Vista verwendet werden!

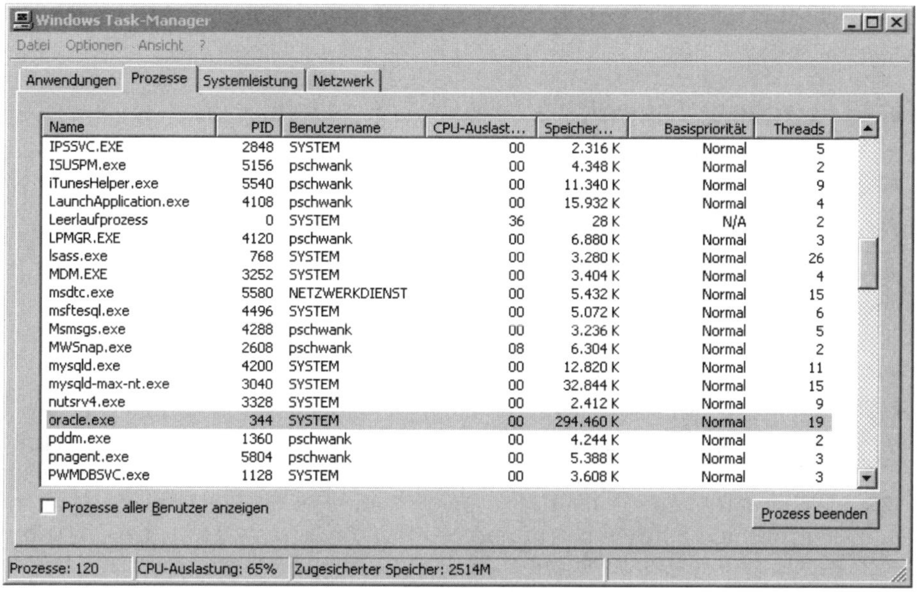

Name	PID	Benutzername	CPU-Auslast...	Speicher...	Basispriorität	Threads
IPSSVC.EXE	2848	SYSTEM	00	2.316 K	Normal	5
ISUSPM.exe	5156	pschwank	00	4.348 K	Normal	2
iTunesHelper.exe	5540	pschwank	00	11.340 K	Normal	9
LaunchApplication.exe	4108	pschwank	00	15.932 K	Normal	4
Leerlaufprozess	0	SYSTEM	36	28 K	N/A	2
LPMGR.EXE	4120	pschwank	00	6.880 K	Normal	3
lsass.exe	768	SYSTEM	00	3.280 K	Normal	26
MDM.EXE	3252	SYSTEM	00	3.404 K	Normal	4
msdtc.exe	5580	NETZWERKDIENST	00	5.432 K	Normal	15
msftesql.exe	4496	SYSTEM	00	5.072 K	Normal	6
Msmsgs.exe	4288	pschwank	00	3.236 K	Normal	5
MWSnap.exe	2608	pschwank	08	6.304 K	Normal	2
mysqld.exe	4200	SYSTEM	00	12.820 K	Normal	11
mysqld-max-nt.exe	3040	SYSTEM	00	32.844 K	Normal	15
nutsrv4.exe	3328	SYSTEM	00	2.412 K	Normal	9
oracle.exe	344	SYSTEM	00	294.460 K	Normal	19
pddm.exe	1360	pschwank	00	4.244 K	Normal	2
pnagent.exe	5804	pschwank	00	5.388 K	Normal	3
PWMDBSVC.exe	1128	SYSTEM	00	3.608 K	Normal	3

Abbildung 3.2: Oracle-Prozess mit Threads unter MS-Windows

Ein grundlegender Unterschied zwischen der Oracle-Implementierung unter MS-Windows und praktisch allen anderen Implementierungen ist die Prozessarchitektur: Anstelle der sonst üblichen Multiprozessvariante wurde die Oracle-Instanz unter MS-Windows mithilfe der Multithreaded-Architektur des Betriebssystems implementiert.

Mit dieser Architektur ist eine Betriebssystemressource wie Shared-Memory für die SGA nicht notwendig, da Speicheranforderungen am Prozess durchgeführt werden und somit automatisch allen Oracle-Threads zur Verfügung stehen. Diese Architektur kann man mit dem Windows Task-Manager nachvollziehen: Die Spalte „Threads" in Abbildung 3.2 ist standardmäßig nicht eingestellt, sie muss erst über den Menüpunkt „Ansicht, Spalten auswählen" aktiviert werden. Neben drei Threads, die grundsätzlich für den Oracle-Prozess gestartet sind, gibt es für jeden Hintergrund- und Server-"Prozess" der Instanz genau einen Thread, im Beispiel sind es insgesamt 19.

Der Oracle-Prozess wird nicht als Anwendung auf der Oberfläche, sondern als Dienst gestartet. Nur so ist die Lauffähigkeit des Oracle-Systems ohne Abhängigkeit von einer Benutzeranmeldung am System möglich.

3.2 Prozessorarchitekturen

Auch die Entscheidung für einen Prozessortyp sollte vorher überdacht werden.

Während transaktionsorientierte Datenbanken (OLTP-Betrieb) durch die höhere Parallelisierung deutlich von Mehrkernprozessoren profitieren können, schrumpft dieser Vorteil bei Data-Warehouse-Systemen (OLAP-Betrieb). Außerdem sind bei Mehrkernprozessoren nicht zwangsläufig auch die I/O-Kanäle der CPU entsprechend mehrfach vorhanden. Da Datenbanken meistens I/O-lastig sind, sind in jedem Fall Prozessoren mit hoher I/O-Performance zu bevorzugen.

Eine Entscheidung 32-Bit versus 64-Bit wird wohl immer häufiger zugunsten der 64-Bit-Variante ausfallen, da 32-Bit-Prozessoren irgendwann der Vergangenheit angehören werden. Trotzdem sollen hier einige Argumente dargelegt werden, die auch verdeutlichen, welche Datenbanken tatsächlich von einer 64-Bit-Architektur profitieren können.

- Datenintensive Anwendungen aus dem OLTP-Bereich können von dem größeren Adressraum profitieren, der insbesondere für das Caching der Daten verwendet wird, um das I/O-Volumen zu reduzieren. Ob dies für eine bestehende Datenbank der Fall ist, kann z. B. mit der Performance-View `V$DB_CACHE_ADVICE` überprüft werden. OLAP-Anwendungen ziehen hieraus meistens weniger Nutzen, da der Schwerpunkt des Datenzugriffs auf Ladeoperationen sowie sogenannten „Full Table Scans“ und Sortier-Operationen liegt, die von einem größeren Daten-Cache nicht profitieren können.
- Rechenintensive Anwendungen schöpfen Mehrwert aus der höheren Registerbreite,[6] da insbesondere komplexe Berechnungen mit hoher Präzision schneller durchgeführt werden können. Indirekt wird dieser Effekt noch dadurch verstärkt, dass viele 64-Bit-Prozessoren einfach aufgrund ihrer Aktualität höhere Taktraten als 32-Bit-Prozessoren aufweisen. Auf Datenbanken bezogen bedeutet dies, dass insbesondere Anwendungen, die komplexe PL/SQL- oder Java-Routinen in der Datenbank benutzen, hiervon profitieren können.
- Betrachtet man eine gesamte Umgebung aus vielen Datenbanken, ist es häufig einfach kostengünstiger, anstelle vieler 32-Bit-Server wenige 64-Bit-Server zu betreiben. Letztere können – mit deutlich mehr Hauptspeicher ausgebaut – jeweils mehrere Datenbankinstanzen schultern. Zusammen mit Virtualisierungslösungen (siehe Abschnitt 3.8) stellt dies eine auch aus wirtschaftlichen Aspekten sehr attraktive Architektur dar.

3.3 Storage für Datenbanken

Heutzutage ist es kein Problem mehr, für kleine dreistellige Beträge Storage-Kapazitäten im Terabyte-Bereich zu bekommen. Stellte die reine Speicherkapazität also das einzige Auswahlkriterium dar, wäre nicht zu verstehen, warum viele Unternehmen für geschäftskritische Datenbanken fünf-, sechs- oder noch höherstellige Beträge in eine Storage-Lösung investieren.

In den folgenden Abschnitten werden Anforderungen an und passende Technologien für eine Storage-Lösung im Datenbankumfeld diskutiert. Es wird sich insbesondere zeigen, dass die reine Speicherkapazität heutzutage eher nebensächlich ist.

3.3.1 Storage-Kriterien

Die Storage-Anforderungen im Datenbankumfeld werden von drei Hauptfaktoren getrieben, die sich aus den geschäftlichen Anforderungen im Rahmen einer Applikation ergeben.

Performance Die angefragten Daten müssen innerhalb bestimmter, definierter Antwortzeiten zur Verfügung stehen. Häufig ist dies in Form von Service-Level-Verein-

6 In einer 64-Bit-CPU sind ja auch alle anderen CPU-Register auf 64 Bit Breite vergrößert.

barungen geregelt, z. B. „95 % aller Anforderungen eines bestimmten Typs müssen in weniger als zwei Sekunden beantwortet werden.“ Da produktive Datenbanken in den meisten Fällen intensives Random-I/O durchführen,[7] kommt es hier primär auf die I/O-Kapazität an, gemessen z. B. in I/O-Operationen pro Sekunde (IOPS).

„Desaster Recovery“ Dabei steht die Frage nach Verfügbarkeit und Ausfallsicherheit im Vordergrund. Geben einzelne Komponenten den Geist auf, z. B. eine oder mehrere Festplatten oder Kabel, darf dies weder die Verfügbarkeit der Daten noch die Performance des gesamten Storage-Systems negativ beeinträchtigen. Es sei darauf hingewiesen, dass Verfügbarkeit sowohl eine Zeit- als auch eine Datendimension hat. In der Praxis muss daher immer ein sinnvoller Kompromiss zwischen tolerierbarem Datenverlust, tolerierbarer Ausfallzeit und Kosten einer geeigneten Storage-Lösung gefunden werden.

„Business Continuity“ Damit ist – im Gegensatz zum Ausfall einer oder weniger Komponenten – der Ausfall z. B. eines kompletten Rechenzentrums gemeint. Der hierbei häufig genutzte Begriff „K-Fall“[8] umfasst allerdings nicht nur häufig zitierte, spektakuläre Ereignisse wie Flugzeugabsturz oder Naturkatastrophen.

In der Praxis überwiegen vielmehr die „kleinen Katastrophen“, vom versehentlichen Betätigen eines Not-Aus-Schalters über den Ausfall der Klimaanlage, Wasser- oder Rauchschäden, Kabeldurchtrennungen durch Baggerarbeiten, Hardwaredefekte durch Spannungsspitzen bis hin zum Umzug eines Rechenzentrums. Auch in solchen Situationen müssen Datenverlust und Ausfallzeiten in definierten Grenzen gehalten werden, damit nicht das Schicksal des gesamten Unternehmens auf dem Spiel steht.

3.3.2 Storage-Technologien

Aus heutiger Sicht kommen vor allem diese vier Speichertypen für den Datenbankbetrieb infrage:

Fibre Channel (FC) Dabei handelt es um SCSI-basierte Platten mit FC-Anschluss. Diese Technologie ist ausgereift und gerade im Rechenzentrumsbetrieb gut etabliert, allerdings auch nicht ganz preisgünstig. Eine FC-Infrastruktur in Form von Glasfasern und FC-Switches wird benötigt. Die I/O-Kapazität liegt bei ca. 200 IOPS pro Festplatte, Speicherkapazitäten im 500-GB-Bereich sind mittlerweile verfügbar. Außerdem sind diese Festplatten für den Serverbetrieb, sprich für den Dauereinsatz, ausgelegt.

Serial Attached SCSI (SAS) Bei dieser, noch relativ neuen, Technologie werden dieselben Festplatten wie bei Fibre Channel verwendet. Lediglich der Anschluss erfolgt stattdessen über einen seriellen SCSI-Controller. Aktuell ist die Marktdurchdringung noch recht gering. In Zukunft könnte dieser Speichertyp aber eine kostengünstige Alternative zu den FC-Platten darstellen, mit denselben hohen I/O-Raten wie im FC-Bereich.

---

7 Vor allem transaktionsorientierte, also OLTP-Systeme führen vorrangig zufällige I/O-Zugriffe aus. In Data-Warehouse- bzw. OLAP-Systemen kann aber auch Sequential I/O, also sequenzielles Lesen und Schreiben, eine bedeutende Rolle spielen.

8 wahlweise für Krisen- oder Katastrophenfall

Serial ATA (S-ATA) Diese Festplatten sind zwar preisgünstiger als die vorgenannten Typen, allerdings nur bedingt für den Datenbankeinsatz geeignet. Zum einen liegt die I/O-Kapazität deutlich niedriger, typischerweise bei etwa 80 IOPS pro Festplatte, zum anderen sind nicht alle Festplatten dieses Typs für den Servereinsatz bzw. Dauerbetrieb ausgelegt. Ein Blick in die technische Dokumentation offenbart häufig erlaubte Betriebszeiten (oder POH = Power-On Hours) von beispielsweise acht Stunden pro Tag.

Bei längeren Nutzungsdauern besteht die Gefahr, dass die Festplatte vorzeitig den Geist aufgibt, sprich die sogenannte MTBF (Mean Time Between Failure) sinkt mit steigender Nutzungsdauer deutlich ab. Aus diesen Gründen sind solche Festplatten häufig zur Speicherung von Archivdaten mit gelegentlichen Zugriffen geeignet, nicht jedoch für den eigentlichen Transaktionsbetrieb. Die Speicherkapazitäten haben bereits die Terabyte-Marke überschritten.

Solid State Drives (SSD) Auch wenn diese Technologie noch relativ wenig Verbreitung gefunden hat, bietet sie doch eine Reihe interessanter Vorteile, insbesondere deutlich höhere Robustheit, Zugriffszeiten unterhalb einer Millisekunde, niedrigen Energieverbrauch und deutlich höhere I/O-Kapazitäten (IOPS).

Dem stehen heutzutage Nachteile bei der Speicherkapazität und – zumindest auf den ersten Blick – beim Preis gegenüber. SSDs sind zwar scheinbar teurer als selbst FC-basierte herkömmliche Festplatten. Diese Betrachtung stimmt aber zumindest bei Flash-basierten SSDs nur für den Preis pro Speicherkapazität, also pro GB. Wie oben erwähnt, ist aber häufig eher die I/O-Kapazität der bestimmende Faktor. Betrachtet man die Anschaffungs- oder auch die Stromkosten pro IOPS, schneiden SSDs meistens besser ab als herkömmliche Festplatten. Dass SSDs dennoch wenig verbreitet sind, liegt auch am Phänomen der begrenzten Wiederbeschreibbarkeit („wear-out"):

Flash-basierte SSDs erlauben heutzutage zwischen einer und fünf Millionen Schreibzyklen pro Block. Dieser Wert hat sich im Laufe der letzten Jahre stetig erhöht. Außerdem sorgen manche SSD-Festplatten automatisch für eine gleichmäßige Verteilung der Schreibzyklen, indem häufig beschriebene Blöcke ggf. intern verschoben werden. Trotzdem ist dies für schreibintensive Systeme wie OLTP-Datenbanken ein wichtiger Aspekt, der bedacht werden sollte, da er die Haltbarkeit der Festplatte einschränkt. Beispielhaft seien hier die sogenannten EFDs (Enterprise Flash Disks) von EMC^2 genannt.

SDRAM-basierte SSDs haben zwar keine Einschränkung bei der Zahl erlaubter Schreibzyklen und außerdem nochmals deutlich bessere Zugriffszeiten, sind aber wiederum um einige Faktoren teurer als Flash-basierte SSDs. Solche Platten werden z. B. von Texas Memory Systems angeboten.

Um den Performance-Anforderungen einer Anwendung Rechnung zu tragen, ist wie gesagt die I/O-Kapazität eine wichtige Kennzahl. Ergibt sich beispielsweise aus Hochrechnungen oder aus Messungen an existierenden Altsystemen ein Bedarf von 5000 IOPS, sollte das Storage-System mindestens 25 FC-Festplatten mit je 200 IOPS umfassen. Ob die daraus resultierende Speicherkapazität, z. B. 10 TB, benötigt wird, ist zweitrangig. Da die Speicherkapazitäten in den letzten 20 Jahren um mehrere Größenordnungen, die I/O-Raten dagegen nur um wenige Faktoren gewachsen sind, ist es sogar ein typisches Phänomen, dass Überkapazitäten im Storage-Bereich entstehen.

Dies ist auch gerade bei Konsolidierungen von Altsystemen zu berücksichtigen, wenn eine Anzahl alter Server auf ein neues System zusammengelegt wird. Die Datenmengen passen anschließend vielleicht auf wenige neue Festplatten. Allzu leicht wird darüber vergessen, dass die I/O-Kapazität einer neuen Festplatte eben nicht diejenige von zehn alten Festplatten ersetzen kann.

Von den Herstellern der Storage-Systeme werden meistens zwei Werte zur I/O-Performance angegeben, nämlich ohne und mit Berücksichtigung des Storage-Caches, letztere typischerweise um einen Faktor 5 bis 10 höher als erstere. Ein solcher Lese- und Schreib-Cache ist in praktisch jedem heutigen Storage-System integriert und bewirkt eine Verbesserung der I/O-Leistungen.

Dennoch sind die herstellerseitigen Angaben kritisch zu betrachten. Die IOPS-Werte für das Lesen aus dem Cache sind meistens Benchmark-Werte, die unter stark optimierten Bedingungen gewonnen sind und mit dem realen Datenbankbetrieb wenig zu tun haben. Realistischer sind die nativen, plattenbasierten IOPS-Werte, die bis zur maximalen Leistung des Storage-Controllers linear mit der Anzahl der Festplatten skalieren. Realistische cache-basierte Werte ergeben sich, indem auf die nativen Werte 10 bis 20 Prozent aufgeschlagen werden.

Ein wichtiger Aspekt beim Storage-Cache ist auch die Möglichkeit einer Cache-Segmentierung. Diese noch relativ neue Technologie trägt der Tatsache Rechnung, dass ein Storage-System im Allgemeinen von mehreren Anwendungen und Datenbanken benutzt wird. Durch Segmentierung des Caches kann eine einzelne Datenbank nicht einfach den kompletten Cache fluten und dadurch die Performance anderer Systeme beeinflussen, die dasselbe Storage-System benutzen.

Allgemein profitieren lesende Zugriffe vom Storage-Cache weniger als schreibende Zugriffe, da die für Cache-Effizienz entscheidende Zugriffslokalität größtenteils bereits vom Buffer-Cache der Oracle-Instanz „abgefangen“ wird. Insofern sollte der größere Teil des Storage-Caches für schreibende Zugriffe konfiguriert werden.

Es versteht sich von selbst, dass der storage-seitige Cache als NVRAM, also nicht-flüchtiger, batteriegestützter Speicher, ausgeführt sein muss, da die Oracle-Instanz davon ausgeht, dass ein vom Storage-System bestätigter Schreibvorgang auch tatsächlich auf den Platten angekommen ist. Bei flüchtigem Cache würde ein Stromausfall zu einem Verlust z. B. von Redolog-Daten führen, so dass eine nachfolgende Wiederherstellung der Datenbank nicht gewährleistet werden könnte. Ein nicht batterie-gestützter Storage-Cache muss daher deaktiviert werden!

Aus demselben Grund muss auch ein Schreib-Cache auf dem lokalen Host-Bus-Adapter deaktiviert werden. Wie dies bewerkstelligt wird, unterscheidet sich allerdings von Hersteller zu Hersteller.

3.3.3 Storage-Anbindung

Praktisch alle Datenbanken, mit denen ein Unternehmen Geld verdient oder die sonstwie für die betrieblichen Prozesse wichtig sind, werden heutzutage an ein zentralisiertes Storage angebunden, also entweder ein SAN oder NAS. Traditionell haben die SAN-Lösungen im Oracle-Umfeld einen besseren Ruf als solche auf NAS-Basis. Dies hat auch einige handfeste Gründe:

- Unabhängig von der konkreten Implementierung, sei es über Glasfaser (FC SAN), IP (iSCSI) oder Ethernet (FCoE), kommt letztlich immer SCSI als Kommunikationsprotokoll zum Einsatz. Das blockorientierte SCSI-Protokoll passt technisch sehr gut zum ebenfalls blockorientierten Zugriff einer Oracle-Instanz auf die Datenbank-Dateien
- Vor allem aber hatten FC SANs über einen langen Zeitraum schlicht höhere Bandbreiten als die jeweils zeitgenössischen Netzwerktechnologien.
- Hinzu kommt die Fülle an Storage-Technologien wie beispielsweise Split-Mirror-, Snapshot- oder Replikationstechniken, die zwar nicht ausschließlich, aber doch überwiegend im SAN-Bereich entstanden sind. Gerade kritische und hochlastige Umgebungen wurden daher häufig an ein SAN angebunden.

In den letzten Jahren hat diese Differenzierung aber an Bedeutung verloren. Zum einen stehen mittlerweile auch in NAS-Umgebungen entsprechende Storage-Technologien zur Verfügung. Zum anderen stehen mit Gigabit- und 10-Gigabit-Ethernet Netzwerkprotokolle zur Verfügung, die den Vergleich mit Glasfaser hinsichtlich Bandbreite nicht zu scheuen brauchen. Dass die Preise im Netzwerkbereich tendenziell schneller fallen als im Glasfaserbereich, leistet weiteren Vorschub für NAS-Lösungen, aber auch für alternative SCSI-basierte Lösungen wie iSCSI und FCoE.

Insgesamt ist die Situation also nicht mehr so klar wie noch vor einigen Jahren. Entsprechend finden sich mittlerweile auch viele Zwitter-Lösungen wie z. B. EMC^2 Celerra, die NetApp FAS-Serie oder Openfiler, die als NAS/SAN-Appliances beide Welten abdecken.

Lokale Festplatten, also DAS (Direct Attached Storage), findet dagegen im Umfeld produktiver Datenbanken nahezu keine Verwendung mehr und soll daher an dieser Stelle auch nicht weiter diskutiert werden.

NAS-basierte Lösungen bestehen in der Praxis meistens aus einem NFS-Server, der ein oder mehrere Dateisysteme exportiert. Wichtig ist, hier zunächst zwischen Single-Instance- und RAC-Datenbanken zu unterscheiden. Bis Anfang 2007 gab es das sogenannte Oracle Storage Compatibility Program (OSCP), in dem NFS-Server und angelehnte Technologien wie Replikation und Snapshotting von Oracle zertifiziert wurden.

Mit der Beendigung des OSCP stellt sich die Situation nun wie folgt dar: Für RAC-Umgebungen gibt es weiterhin eine über die Certify-Seite im My Oracle Support erreichbare Liste zertifizierter NFS-Server. Andere Systeme sind nicht unterstützt (siehe auch Abschnitt 3.6).

Für Single-Instance-Umgebungen reicht ein beliebiger NFS-Server, solange bestimmte Vorgaben für die Mount-Optionen eingehalten werden. Es gibt dabei vor allem plattformbedingt leichte syntaktische Unterschiede. Grundsätzlich ist Folgendes zu beachten:

- Die Optionen `rw`, `hard`, `noac`, `actimeo=0`, `rsize` und `wsize` sind zwingend erforderlich, wobei `rsize` und `wsize` typischerweise auf 32768 eingestellt werden.
- Wenn möglich, sollte NFSv3 über TCP verwendet werden. Dies wird durch die Mount-Optionen `vers=3` und `proto=tcp` (bzw. einfach nur `tcp` unter Linux) erreicht. Prinzipiell sind aber auch NFSv2 sowie UDP als Transportprotokoll erlaubt.
- Windows als NFS-Client ist nicht unterstützt.

- Weitere benötigte Einstellungen sind auf der My Oracle Support-Seite Doc-ID 359515.1 beschrieben.

Direct NFS

Beginnend mit der Datenbankversion 11g kann sich die Oracle-Instanz selbst als direkter NFS-Client verhalten und auf diesem Wege Datenbankdateien auf NFS-Servern lesen und schreiben. Dies bietet einige interessante Vorteile:

- Der integrierte NFS-Client ist nicht an die Funktionsweise eines OS-Kernel-basierten NFS-Clients gebunden, der lediglich in begrenztem Maße, nämlich über die Mount-Optionen, beeinflusst werden kann. Vielmehr können hier einige Oracle-spezifische Optimierungen greifen, insbesondere eine Umgehung des Betriebssystem-Caches.
- Die Oracle-Instanz kann intern ein Multipathing über bis zu vier gleichzeitige Pfade durchführen. So kann auch unabhängig von OS-spezifischen Mechanismen wie NIC-Bonding oder -Teaming und der ansonsten dafür notwendigen Unterstützung durch Switches eine entsprechende Verfügbarkeit und nahezu lineare Durchsatzskalierung erreicht werden.
- Die NFS-Kommunikation wird automatisch von der Oracle-Instanz konfiguriert. Auch spezielle Einstellungen z. B. für RAC-Datenbanken müssen nicht mehr von Hand vorgenommen werden. Insofern ist auch das Risiko hinsichtlich Support und Zertifizierung geringer.
- Auch Oracle-Instanzen auf MS-Windows können auf diese Weise NFS-basiertes Storage nutzen.

Direct NFS wird auf Ebene eines Oracle-Homes eingeschaltet und konfiguriert. Werden mehrere Instanzen aus einem Oracle-Home heraus gestartet, sind also jeweils alle Instanzen betroffen.

Um den Direct NFS-Client zu nutzen, muss die sogenannte *Oracle Disk Manager (ODM)*-Library ausgetauscht werden.[9] Die ODM-Library, die standardmäßig genutzt wird, beherrscht kein Direct NFS. Die Dateinamen und Pfade für die Standard- und die NFS-fähige Library sind betriebssystemspezifisch und in der Oracle-Dokumentation im *Oracle Clusterware Installation Guide* für die jeweilige Plattform beschrieben, z. B.:

- auf Linux: libodm11.so und libnfsodm11.so im Verzeichnis `<Oracle-Home>/lib`.
- auf MS-Windows: oraodm11.dll und oranfsodm11.dll im Verzeichnis `<Oracle-Home>\bin`.

Auf MS-Windows muss die Oracle-Instanz zunächst heruntergefahren werden, dann werden die Libraries getauscht und die Instanz wieder gestartet:

```
C:\> cd %ORACLE_HOME%\bin
C:\Oracle\Ora11g\BIN> copy oraodm11.dll oraodm11.dll.stub
C:\Oracle\Ora11g\BIN> copy /Y oranfsodm11.dll oraodm11.dll
```

Auf Linux und Unix können zwar alternativ bei noch laufender Instanz die Libraries getauscht werden. Trotzdem ist ein Neustart der Instanz nötig, damit die neue ODM-

9 Wer sich mit RMAN-Sicherungen der Oracle-Datenbanken auf Band beschäftigt, kennt wahrscheinlich ein ähnliches Verfahren. Auch dort wird eine Oracle-Library, nämlich die Media-Management-Library (MML), ausgetauscht.

Library auch tatsächlich genutzt wird. Das Tauschen der Libraries geht z. B. für Linux wie folgt:

```
$ cd $ORACLE_HOME/lib
$ cp libodm11.so libodm11.so_stub
$ ln -s libnfsodm11.so libodm11.so
```

Vor einer Direct NFS-Konfiguration sollten die betreffenden NFS-Dateisysteme zunächst ganz normal über das Betriebssystem gemountet werden. Die konkreten Mount-Optionen spielen hierbei keine Rolle, da diese vom Direct NFS ohnehin nicht verwendet werden. Es geht nur darum sicherzustellen, dass das Mounting grundsätzlich funktioniert.

Im Zuge der Konfiguration muss nun vor allem angegeben werden, welche NFS-Dateisysteme von welchen NFS-Servern überhaupt exportiert werden und wo diese gemountet werden sollen. Beim normalen Betriebssystem-NFS wird dies über Einträge in der Datei `/etc/fstab` definiert. Die tatsächlich erfolgten NFS-Mounts sind anschließend in der Datei `/etc/mtab` (bei AIX: `/etc/filesystems`) eingetragen.

Die Oracle-Instanz kann nun wahlweise einfach die Einträge aus der `/etc/mtab` übernehmen oder eine eigene Konfiguration nutzen. Insgesamt wird in folgender Reihenfolge nach Mount-Einträgen gesucht:

1. In der Datei `<Oracle-Home>/dbs/oranfstab`, bei MS-Windows entsprechend mit Backslashes. Unter Windows ist dies auch die einzig mögliche Konfigurationsdatei für Direct NFS.
2. In der Datei `/etc/oranfstab` (für Unix und Linux).
3. In der jeweiligen vom Betriebssystem gepflegten Datei für gemountete Dateisysteme. Bei AIX ist dies die Datei `/etc/filesystems`, auf anderen Unix-Derivaten und Linux die `/etc/mtab`. Hierfür ist keine gesonderte Konfiguration erforderlich, da diese Datei vom Betriebssystem gepflegt wird.

Die Oracle-eigenen Konfigurationsdateien haben ein deutlich anderes Format als die `/etc/fstab`. Sie enthalten pro NFS-Server je einen Block der Form:

```
server: NfsServerName
path: NfsServer-IP-Adresse
[local: OracleServer-IP-Adresse]
... (maximal 4 path-/local-Paare, local jeweils optional)
export: /path/on/nfs/server mount: /path/to/mountpoint
... (beliebig viele export-/mount-Zeilen)
[uid: User-ID]
[gid: Group-ID]
```

Also z. B.:

```
server: openfiler11g
path: 10.10.8.150
path: 10.10.8.151
export: /mnt/vg_nfs/nfsshare mount: /u03/oradata
```

In diesem Fall exportiert der NFS-Server namens `openfiler11g` das Verzeichnis `/mnt/vg_nfs/nfsshare`, das lokal – also auf dem Oracle-Server – unter dem Verzeichnis `/u03/oradata` eingehängt wird. Die beiden Pfadeinträge geben IP-Adressen und damit Netzwerkkarten des NFS-Servers an. Optional kann mit einem `local`-Eintrag auch eine lokale IP-Adresse des Oracle-Servers festgeschrieben werden, von der aus der NFS-Server erreichbar ist. Hierüber wird das Multipathing realisiert. Im obigen Beispiel gibt es also zwei Pfade zum NFS-Server, zwischen denen Lastverteilung und Failover stattfinden.

Um ein „Teaming" zweier Netzwerkkarten des Oracle-Servers zu realisieren, wäre z. B. folgende Konfiguration geeignet (in diesem Beispiel findet keine Lastverteilung statt, da beide Pfade an derselben IP-Adresse des NFS-Server zusammenlaufen):

```
server: openfiler11g
path: 10.10.8.150
local: 10.10.11.47
path: 10.10.8.150
local: 10.10.14.32
export: /mnt/vg_nfs/nfsshare mount: D:\testnfsmount
uid: 101
gid: 101
```

Hier sind auch zwei weitere, optionale und nur unter Windows verfügbare Einträge zu sehen, die festlegen, mit welcher User- und Group-ID sich Oracle beim NFS-Server anmeldet (bei Unix- und Linux-basierten Oracle-Servern werden einfach die User- und Group-ID des Software-Owners genutzt). Lässt man diese Einträge weg, wird für beide der Wert 65534 verwendet, was auf den meisten Systemen dem Benutzer „nobody" und der gleichnamigen Gruppe entspricht. Was der NFS-Server mit diesen Anmeldedaten macht, ist eine andere Frage und wird auf dem NFS-Server über die Exportoptionen `root_squash`, `all_squash`, `anonuid` und `anongid` geregelt.

Bei Oracle auf Windows steht – wie oben gezeigt – als Mount-Pfad ein Windows-Pfad, z. B. `D:\oradata`. Dieses Verzeichnis muss auf dem Datenbank-Server nicht existieren. Wenn es existiert, wird es nicht benutzt. Beim Anlegen z. B. eines Tablespace mit einer Datendatei in diesem Verzeichnis erkennt die Oracle-Instanz automatisch, dass es sich um einen Direct NFS-Pfad handelt, und legt die Datei auf dem NFS-Server an.

Bei mehreren NFS-Servern enthält die Konfigurationsdatei eine entsprechende Anzahl dieser Blöcke, jeweils durch eine Leerzeile getrennt. Auf Oracle-Servern unter MS-Windows ist der Mount-Eintrag entsprechend ein Windows-Pfad.

Bei einer RAC-Datenbank müssen alle Cluster-Knoten mit derselben Konfigurationsdatei versehen sein.

Aufseiten des NFS-Servers müssen natürlich auch einige Voraussetzungen erfüllt sein, damit das alles funktioniert:

- Der NFS-Server muss die NFS-Version 3 unterstützen.
- Bei Linux-basierten NFS-Servern, also z. B. auch Openfiler, gibt es eine Spezialität: Der NFS-Server erwartet standardmäßig, dass der Client sich von einem reservierten Port, also einer Portnummer unterhalb von 1024, aus anmeldet. Ansonsten wird die Verbindung abgewiesen. Für den normalen NFS-Client des Betriebssystems ist dies kein Problem, da dieser als root-Benutzer läuft. Die Oracle-Instanz läuft aber nicht als root, kann daher keinen reservierten Port benutzen und wird somit vom NFS-Server abgewiesen. Dies äußert sich dann in Einträgen wie dem folgenden im Alert-Log der Oracle-Instanz:

  ```
  Direct NFS: NFS3ERR 1 Not owner. path 10.10.8.150 mntport 754 nfsport 2049
  ```

  Leider ist diese Fehlermeldung nicht gerade sprechend. Die Lösung ist eine zusätzliche, nur für Linux-basierte NFS-Server benötigte Exportoption namens `insecure`.

Der Eintrag in der Datei `/etc/exports` auf dem NFS-Server muss also z. B. so aussehen:

```
/mnt/vg_nfs/nfsshare orallgr2(rw,sync,all_squash,anonuid=101,anongid=101,insecure)
```

Als einfache Kontrolle, ob alles funktioniert, bietet sich eine Abfrage der View `V$DNFS_FILES` an:

```
SQL> SELECT * FROM v$dnfs_files;

FILENAME                          FILESIZE       PNUM     SVR_ID
------------------------------ ---------- ---------- ----------
/u03/oradata/testnfs01.dbf        52436992          9          1
/u03/oradata/testnfs02.dbf        31465472          9          1
```

Liefert diese Abfrage keine Zeilen zurück, funktioniert der Direct NFS-Zugriff noch nicht. Im Alert-Log sollten dann entsprechende Fehlermeldungen zu finden sein. In diesem Fall sind dennoch ganz normal Lese- und Schreibzugriffe auf die entsprechenden Tablespaces und Datendateien möglich. Die Oracle-Instanz verwendet einfach weiterhin den NFS-Client des Betriebssystems. Für die Fehlersuche und Analyse muss deshalb auch stets das Oracle Alert-Log zurate gezogen werden.

3.3.4 Storage-Hochverfügbarkeit

Beim Thema Verfügbarkeit und Ausfallsicherheit muss vor allem auf zwei entscheidende Kriterien abgestellt werden:

Recovery Time Objective (RTO) Welche Ausfallzeit ist akzeptabel? Mit der RTO ist die Zeitspanne vom Schadensfall bis zur vollständigen Wiederherstellung gemeint. In der Praxis sind zwischen 0 und mehreren Tagen alle Anforderungen vertreten.

Recovery Point Objective (RPO) Welches Ausmaß an Datenverlust tolerierbar? Auch hier handelt es sich um eine Zeitspanne. Bei einem Schadensfall dürfen maximal Daten aus der RPO-Zeitspanne vor dem Schadensfall verloren gehen. Ein RPO von 0 bedeutet also, dass kein Datenverlust hinnehmbar ist.

Klar ist: Je strenger die Anforderungen an RTO bzw. RPO, desto höher ist der technologische Aufwand zur Realisierung und desto teurer ist eine entsprechende Lösung. Die Grenzfälle RTO = 0 und RPO = 0 sind in der Praxis nicht garantierbar.

An dieser Stelle sollte auch von vornherein an die Auswahl eines geeigneten Dateisystems gedacht werden.[10]. Journaling-Dateisysteme sind mittlerweile Standard und haben den großen Vorteil, dass nach einem Systemabsturz oder Stromausfall keine zeitraubende Überprüfung des gesamten Dateisystems mit oft erfolglosen Reparaturversuchen anfällt.[11] Vielmehr kann jederzeit innerhalb von Sekunden ein konsistenter Zustand wiederhergestellt werden. Beispiele für Journaling-Dateisysteme sind XFS, JFS, ext3/ext4 oder das Veritas File System (VxFS).

Eine der größeren Herausforderungen im Storage-Bereich ist die Vermeidung von Datenkorruptionen auf den Festplatten. Diese können ihren Ursprung in Festplattenfehlern, Controller-Fehlern, Bugs in der Storage-Software oder in der Datenbank-Software haben.

---

10 falls überhaupt ein Dateisystem verwendet wird. Eine gute Alternative zu einem Dateisystem ist die Verwendung von Oracle Automatic Storage Management (ASM), das weiter unten beschrieben wird.

11 Der Zeitaufwand für solche Überprüfungen kann durchaus im Stundenbereich liegen.

Standardmäßig überprüft die Instanz bei jeder Änderung sowie bei jedem Lesen, Sichern oder Wiederherstellen eines Oracle-Blocks eine im Block hinterlegte Prüfsumme. Dadurch können Datenkorruptionen seitens der Oracle-Software größtenteils vermieden werden. Korruptionen, die innerhalb des Storage-Systems entstehen, werden jedoch erst nachträglich, z. B. beim nächsten Lesen des Blockes, erkannt. Eine einfache Behebung ist dann meistens nicht mehr möglich. Durch die zunehmende Komplexität der Storage-Systeme steigt auch die Wahrscheinlichkeit solcher Probleme.

Oracle arbeitet daher im Rahmen der sogenannten HARD[12]-Initiative mit verschiedenen Storage-Herstellern zusammen. Durch eine gemeinsame Festlegung des Prüfsummen-Algorithmus können diese eine Datenvalidierung innerhalb des Storage-Systems durchführen. Somit werden korrupte Daten gar nicht erst auf die Festplatten geschrieben, sondern führen sofort zu einer Fehlermeldung, so dass das Problem zeitnah behoben werden kann.

Diese Technologie findet sich z. B. als NetApp Snap Validator for Oracle oder EMC^2 Double Checksum, aber auch für bestimmte Storage-Systeme von HP, Hitachi, Sun und weiteren Anbietern. Eine genaue Referenzliste findet sich auf den Oracle-Webseiten, erreichbar über jede Suchmaschine z. B. mit den Stichwörtern „Oracle" und „HARD".

Grundsätzlich sollten für produktive und geschäftskritische Datenbanken auch die Storage-Komponenten hochverfügbar ausgelegt sein.

Dazu gehört zunächst einmal, dass fehleranfällige Komponenten wie Festplatten, Lüfter oder Netzteile redundant und „hot-swappable" ausgelegt sind, also bei einem Ausfall ein Ersatzteil automatisch einspringt und das defekte Teil im laufenden Betrieb ausgewechselt werden kann.

Durch Multipathing-Technologien kann ein Ausfall eines Host Bus Adapters (FC- oder iSCSI-HBA), Ports, Kabels oder Switches abgefedert werden. Jeder Datenbank-Server und jedes Storage-Array sollte insofern zumindest mit zwei HBAs (oder einen Dual-Port HBA) ausgestattet sein, wobei die beiden Ports mit unterschiedlichen Switches verbunden werden.

SAME (Stripe and Mirror Everything)

Bei den Festplatten selbst hat sich seit vielen Jahren die RAID[13]-Technologie bewährt. Oracle favorisiert in diesem Zusammenhang für die Datenbankdateien eine Konfiguration namens *SAME (Stripe and Mirror Everything)*:

- Aus Performance-Gründen sollten alle Dateien über viele Festplatten gestripet werden (RAID 0), und zwar mit einer Stripe-Größe von 1 MB. Neben der erhöhten besseren Performance für wahlfreien Zugriff (Random-I/O) wird dadurch auch eine möglichst gleichmäßige Auslastung der Platten-Queues erreicht.

  Gleichzeitig führt die relativ hohe Stripe-Größe von 1 MB dazu, dass sequenzielle Zugriffe, z. B. Full Table Scans, auch die hohen Transferraten der Festplatten ausnutzen und nicht bloß zu vielen einzelnen Random-I/Os im Storage-Array führen. Bei Festplatten mit besonders hohen Transferraten ist auch eine Erhöhung der Stripe-Größe auf wenige MB sinnvoll, um diese besser auszunutzen.

---

12 Hardware Assisted Resilient Data

13 Redundant Array of Independent Disks

Deutlich kleinere Werte sind dagegen i. A. nicht sinnvoll, da das Storage-System dann tendenziell zu viel Zeit mit dem Positionieren der Schreib-/Leseköpfe verbringt, also die Gesamteffizienz wieder schlechter wird. Hat man ein dediziertes Storage-Array für eine einzelne Datenbank zur Verfügung, sollte tatsächlich über alle Platten gestripet werden. In der Praxis nutzt eine Datenbank häufig einige bis wenige Dutzend Platten, über die dann gestripet wird.

- Aus Gründen der Hochverfügbarkeit sollten alle Dateien gespiegelt werden (RAID 1). Dadurch erhöht sich natürlich die Anzahl benötigter Festplatten, bei Einfachspiegelung auf das Doppelte. In den allermeisten Fällen genügt dies, lediglich in Ausnahmefällen extrem kritischer Anwendungen lohnt sich eine Mehrfachspiegelung.

  Es sollte auch bedacht werden, dass eine einfache Plattenspiegelung in einem Storage-Array nicht alle denkbaren Fehlerfälle abdeckt. So werden z. B. Benutzer- oder Anwenderfehler, die zu Datenverlusten führen, einfach mitgespiegelt. Hier sind andere Lösungen, z. B. Standby-Datenbanken (siehe Kapitel 12.5) erforderlich. Auch ein Ausfall des kompletten Storage-Arrays oder andere K-Fall-Szenarien wären fatal. Entsprechende Lösungen mit Desastertoleranz werden weiter unten diskutiert.

- Die Gesamtstrategie lautet: RAID 1+0, nicht RAID 0+1. Also: zuerst spiegeln, dann stripen. Es werden zunächst Spiegelpaare gebildet, anschließend wird aus diesen Spiegelpaaren ein Stripe-Set mit einer Stripe-Größe von 1 MB gebaut. Der entscheidende Vorteil liegt darin, dass ein RAID 1+0-Array auch den gleichzeitigen Ausfall zweier oder mehrerer Festplatten verkraftet, solange diese nicht zufällig zu demselben Spiegelpaar gehören. Die Wahrscheinlichkeit dafür ist relativ gering (invers zur Größe der Stripe-Sets). Bei einem RAID 0+1-Array dagegen ist ein Mehrfachausfall fatal, sobald die betreffenden Festplatten zu demselben Stripe-Set gehören. Bei Einfachspiegelung beträgt die Wahrscheinlichkeit dafür schon 50 %.

Ein solches RAID-Array kann wahlweise mit den Mitteln des Storage-Arrays oder aber mit Oracle-eigenen Mitteln erzeugt werden. Im letzteren Fall präsentiert das Storage-System einfach eine flache Ansammlung von Festplatten, die mithilfe von Oracles *ASM (Automatic Storage Management)* in ein RAID-Array konfiguriert werden. Dies wird in Abschnitt 3.4 genauer beschrieben.

Eine weiteres Quentchen Hochverfügbarkeit kann durch den prophylaktischen Einbau von Reserveplatten („Spare Disk Drives") erreicht werden, die als Hot Standby automatisch einspringen, wenn eine Platte ausfällt, d. h., es findet ein automatisches Remirroring statt, das angeschlagene Spiegelpaar wird also wieder vervollständigt. Der Ausfall eines kompletten Spiegelpaars wird dadurch noch ein wenig unwahrscheinlicher.

Split Mirror-Technologien

Einige Storage-Hersteller bieten sogenannte Split Mirror-Technologien an. Im Datenbankumfeld bietet dies vor allem bei Hochlast-Datenbanken Vorteile, um ohne eine zusätzliche Belastung des Datenbank-Servers

- Sicherungen der Datenbank durchzuführen
- Kopien der Datenbank abzuziehen, aus denen dann beispielsweise Data-Warehouse-, Test- oder Entwicklungsdatenbanken befüllt werden.

Das Verfahren besteht darin, dass entweder eine weitere Spiegelplatte benutzt oder die im Rahmen von RAID 1 ohnehin vorhandene Spiegelplatte hierfür „missbraucht“ wird. Im normalen Betrieb läuft die Spiegelplatte mit synchronem Datenbestand. Anstatt nun wie bei einer herkömmlichen Datenbanksicherung Dateien über das Betriebssystem des Datenbank-Servers zu kopieren, wird die Synchronisierung der Spiegelplatte unterbrochen, der Spiegel wird – wie man sagt – „aufgebrochen“ (Split Mirror).

Die abgetrennten Spiegelplatten werden in das Dateisystem eines anderen Servers gemountet und von dort z. B. auf Band gesichert. Oder es wird ein Recovery durchgeführt, um in einen konsistenten Zustand zu kommen, so dass die Datenbank auf dem zweiten Server geöffnet werden kann, um damit ein Data Warehouse zu pflegen.

Anschließend können die Spiegelplatten wieder an den Originalserver zurückgehängt werden, wo sie vom Storage-System automatisch wieder resynchronisiert werden, sie werden sozusagen wieder neu verspiegelt („Resilvering“).

In diese Kategorie fallen zum Beispiel die sogenannten BCVs (Business Continuance Volumes[14]) von EMC^2, Hitachi ShadowImage oder auch StorageWorks BusinessCopy.

Desastertoleranz

Um sich gegen den Ausfall eines kompletten Storage-Arrays oder gar Rechenzentrums abzusichern, wird häufig eine Storage-basierende Replikation eingesetzt. Dabei werden das gesamte Storage-Array oder einzelne Volumes in einen mehr oder weniger weit entfernten Standby-Standort repliziert. Um den Server nicht zu belasten, läuft diese Replikation rein storage-seitig ab. Entsprechende Technologien finden sich bei den einschlägigen Herstellern z. B. als EMC^2 SRDF, NetApp SyncMirror und MetroCluster, HP StorageWorks XP Continuous Access oder auch HDS TrueCopy.

Grundsätzlich gibt es zwei Replikationsmodi:

Synchrone Replikation bietet die beste Absicherung gegen Datenverlust, außerdem sind die Daten auf der Standby-Seite sofort verfügbar. Damit werden also sehr gute Werte für RPO und RTO[15] erreicht. Allerdings führt dies gerade bei größeren Entfernungen zwischen den beiden Standorten zu höheren Latenzzeiten, hat also einen negativen Einfluss auf die Storage-Performance, da ja jeder Schreibvorgang erst auch von der Standby-Seite bestätigt werden muss, bevor die Bestätigung an das Betriebssystem zurückgegeben werden kann. Aus demselben Grund schlagen Storage-Probleme auf der Standby-Seite auch häufig auf die Primärseite durch.

Asynchrone Replikation liefert leicht schlechtere Werte bei RPO und RTO, dafür ist der Performance-Einfluss auf die Applikation deutlich geringer, in den meisten Fällen ist praktisch keine Beeinflussung des Servers spürbar.

3.4 Oracle Automatic Storage Management

Mit Oracle 10g hat Oracle ein eigenes Dateisystem namens *Automatic Storage Management (ASM)* eingeführt, das unabhängig vom Betriebssystem (Unix, Linux und MS-Win-

14 Im Gegensatz zur Definition von „Business Continuity“ in Abschnitt 3.3.1 verweist der Begriff hier nicht auf K-Fall-Szenarien.

15 Recovery Point Objective und Recovery Time Objective (siehe Abschnitt 3.3.3)

dows) eine optimale Implementierung für den Betrieb von Oracle-Datenbanken darstellen soll. Neben der Möglichkeit der Mehrfachspiegelung werden die Dateisysteme über alle verfügbaren Platten gestripet und entsprechen damit dem von Oracle seit Längerem propagierten SAME-Prinzip (Stripe and Mirror Everything).

Zunächst ein paar Worte zur Historie: Bis zur Datenbankversion 9i wurden für RAC-Datenbanken ausschließlich die Benutzung von Raw Devices oder die Verwendung bestimmter Cluster-Dateisysteme unterstützt, die ihrerseits mit deutlichen Lizenzkosten verbunden waren.

Mit Version 9i hat Oracle dann das Oracle Cluster File System (OCFS) eingeführt (siehe Abschnitt 3.6.2). Dieses ist betriebssystemunabhängig und kann als separates Produkt eingesetzt werden, die Verzeichnisse sind aber z. B. unter MS-Windows als normale Dateisysteme zu erkennen, und somit besteht die Gefahr, dass diese Verzeichnisse durch Unachtsamkeit zerstört und damit die Datenbank korrumpiert wird. Außerdem steht OCFS nur für den Betrieb von Real Application Clusters zur Verfügung.

Mit Version 10g wurde daher ASM als eine unabhängige Storage-Technik geschaffen, die für alle Unix-, Linux- und Windows-basierten Oracle-Datenbanken ab der Datenbankversion 10g zur Verfügung steht und für das Betriebssystem unsichtbar ist.

Wichtig zu wissen ist, dass ASM nicht nur für RAC-Datenbanken, sondern für alle Datenbanken benutzbar ist. Und es gibt einen deutlichen Trend, ASM einfach für alle Datenbanken zu benutzen. Dafür spricht eine Reihe von Gründen:

- ASM bietet eine hervorragende Performance, da es jeden Dateisystem-Cache umgeht und sich somit ausschließlich die Datenbankinstanz um das Caching kümmert.
- Das automatische Rebalancing von ASM sorgt dafür, dass das Hinzufügen oder Entfernen von Platten extrem einfach und ohne weitere Eingriffe vonstatten geht.
- Selbst Migrationen wie beispielsweise ein Umzug auf ein anderes Storage oder einen komplett neuen Storage-Turm lassen sich per ASM-Rebalancing sehr einfach und vor allem ohne Auszeit durchführen, indem einfach sukzessive alte Platten entfernt und neue Platten eingehängt und jedes Mal das Rebelancing abgewartet wird (diese Technik ist in Kapitel 14.3.1 genau beschrieben).
- Da ASM implizit Oracle Managed Files (OMF) benutzt, sind das Erstellen und Verwalten von Tablespaces (Lokation, Größe, Autoextend-Eigenschaften) extrem einfach. Die entsprechenden Syntaxklauseln können wegfallen. Mit sogenannten Bigfile-Tablespace lässt sich sogar eine 1:1-Zuordnung zwischen Tablespaces und Datendateien einrichten.
- Die Kommunikations-Schnittstelle zwischen Storage- und Datenbankadministration kann ebenfalls sehr einfach und klar gehalten werden. Das Storage-Team braucht ausschließlich entsprechende Platten zur Verfügung zu stellen. Je nach Aufgabenverteilung hängt jemand aus dem Storage- oder jemand aus dem Datenbankteam diese Platten in ASM ein. Mehr ist nicht zu tun.
- Seit der Datenbankversion 11.2 können nicht nur Datenbankdateien, sondern auch beliebige weitere Dateien in ASM gespeichert werden, indem man das sogenannte ACFS (ASM Cluster File System) nutzt.

Eine Einschränkung sei hier genannt: Es ist meistens nicht zu empfehlen, hinsichtlich Spiegelung (RAID 1) komplett auf ASM zu setzen. Der Grund dafür ist, dass ein per Plattenturm implementiertes RAID meistens über bessere Alarmierungsfunktionen verfügt, um automatisch den Hersteller zu informieren, der dann gegebenenfalls einen Plattentausch veranlasst, eine neue Spare-Platte einsetzt etc. Verfügt die Hardware über solche Überwachungs- und Alarmierungsfunktionen, sollte ASM-Spiegelung also entweder nicht oder zusätzlich zur Hardware-Spiegelung eingerichtet werden.

Da ASM eine Schnittstelle zum Storage-Bereich darstellt, ist die konkrete Konfiguration teilweise spezifisch für das verwendete Betriebssystem. Diese spezifischen Eigenschaften beziehen sich auf das Bereitstellen der Storage-Devices sowie die Zuordnung dieser Devices zu ASM-Diskgruppen, wofür unter MS-Windows und Linux sogar eigene Werkzeuge existieren. Alle anderen Einstellungen sind plattform-unabhängig. In den folgenden Abschnitten werden die einschlägigen Schritte genauer beschrieben.

3.4.1 ASM-Storage-Devices konfigurieren

Die zu verwendenden Platten sollten zuvor partitioniert werden, wobei pro physischer Platte nicht mehr als eine Partition von der ASM-Instanz genutzt werden sollte. Es wird empfohlen, eine einzige Partition über die gesamte Platte zu erstellen. Diese Partition wird später als ASM-Disk benutzt.

Entscheidende Voraussetzungen für ASM sind:

- die persistente Zuordnung der benutzten physischen Platten zu Device-Namen (auch über einen Reboot des Servers hinweg),
- persistente Zugriffsrechte auf diese Devices (ebenfalls über einen Reboot des Servers hinweg)
- sowie identische Device-Namen über alle Cluster-Knoten.

Auf Unix-Systemen sind diese Anforderungen weniger problematisch zu erfüllen als auf Linux- und MS-Windows-Servern. Für die letzteren beiden gibt es daher eigene Werkzeuge, um dies zu erreichen. In jedem Falle (auch für Unix-Plattformen) empfiehlt sich ein Blick in die jeweilige Dokumentation, in diesem Falle den *Grid Infrastructure Installation Guide* für die jeweilige Plattform.

Für alle Plattformen außer Windows müssen die Zugriffsrechte auf den Devices so gesetzt sein, dass als Eigentümer der Software Owner der Grid Infrastructure (standardmäßig der Benutzer `grid`) gesetzt ist. Die Gruppe muss der OSASM-Gruppe entsprechen (standardmäßig `asmadmin`). Für beide müssen Lese- und Schreibrechte gesetzt sein, ansonsten sollten keinerlei Rechte bestehen, also zum Beispiel:

```
$ chown grid:asmadmin /dev/rhdisk1
$ chmod 660 /dev/rhdisk1
```

Diese Kommandos müssen für Unix-Plattformen auf allen beteiligten Knoten einmalig ausgeführt werden.

Spezialfall Linux

Bei Linux-Systemen ist die Situation etwas schwieriger, da bei jedem Neustart des Servers Eigentümer, Gruppe und Zugriffsrechte wieder zurückgesetzt werden. Hier wird – wie weiter unten beschrieben – entweder mit Standardwerkzeugen wie `udev` oder `devlabel` oder mit dem Oracle-eigenen Werkzeug ASMLib gearbeitet.

Bei ASMLib handelt es sich im Wesentlichen um einen kombinierten Daemon sowie ein Kommandozeilenwerkzeug namens `oracleasm`, das ASM-Platten „stempelt", also mit persistenten, ASM-spezifischen Plattennamen versieht sowie für das Setzen der Permissions und Ownerships beim Systemstart sorgt.

Wir empfehlen, ASMLib zu nutzen, da es einige spezifische Vorteile bietet:

- Es erlaubt die Vergabe sprechender Device-Namen wie beispielsweise `MYORADB DISK05`.
- Mit der Standardeinstellung der ASM-Instanz werden automatisch genau die via ASMLib konfigurierten Platten gescannt. Weitere Platten werden nicht benötigt, der ASM-Serverparameter `asm_diskstring` muss daher nicht gesetzt oder gepflegt werden.
- Das Kommandozeilenwerkzeug `oracleasm` liefert einige nützliche Funktionen, beispielsweise das Auflisten aller für ASM verwendeten Devices oder deren Zuordnung zu physischen Devices.
- Da ASMLib seine Konfiguration zentral im Platten-Header ablegt, ist keine Synchronisation über alle Knoten notwendig. Wird ein neuer Server dem Cluster hinzugefügt oder muss ein Server neu installiert werden, ist es nicht nötig, irgendwelche Konfigurationsdateien anzupassen oder zu übertragen. Vielmehr genügt auf dem neuen Knoten ein einziger Aufruf der Form:

  ```
  $ service oracleasm scandisks
  ```

Die Installation und Benutzung von ASMlib ist in Kapitel 4.2.1 genauer beschrieben.

Spezialfall Windows

Unter Windows müssen die Partitionen vorhanden, dürfen jedoch nicht mit Betriebssystemmitteln formatiert worden sein. Bevor sie als Diskgruppen benutzt werden können, müssen sie mit einem der Werkzeuge *asmtool* (Kommandozeile) oder *asmtoolg* (grafische Oberfläche) vorformatiert werden. Dies wird als „Stamping" bezeichnet.

Die so markierten Partitionen stehen jetzt für das Betriebssystem nicht mehr zur Verfügung. Um sie wieder normal nutzbar zu machen, müssen Sie wiederum das ASM-Tool aufrufen und die Markierungen löschen. Abbildung 3.3 zeigt das grafische ASM-Tool mit der Anzeige der möglichen Partitionen und deren Größe.

Sobald die Partitionen für ASM genutzt werden, haben sie zusätzlich einen *ASM Link Name* (siehe Abbildung 3.4), der sich aus `ORCLDISK`, dem eingegebenen Präfix und einer eindeutigen Nummer zusammensetzt.

3.4.2 ASM-Instanzen erstellen und konfigurieren

Seit der Datenbankversion 11gR2 wird eine ASM-Instanz normalerweise bereits im Rahmen der Grid-Infrastructure-Installation erstellt (siehe Kapitel 4.2.1), es sei denn, man wählt dort als Installationsart den Punkt „Software Only".

In älteren Datenbankversion bietet der Database Configuration Assistant (DBCA) einen Auswahlpunkt zur Erstellung einer ASM-Instanz (siehe Abbildung 3.5).

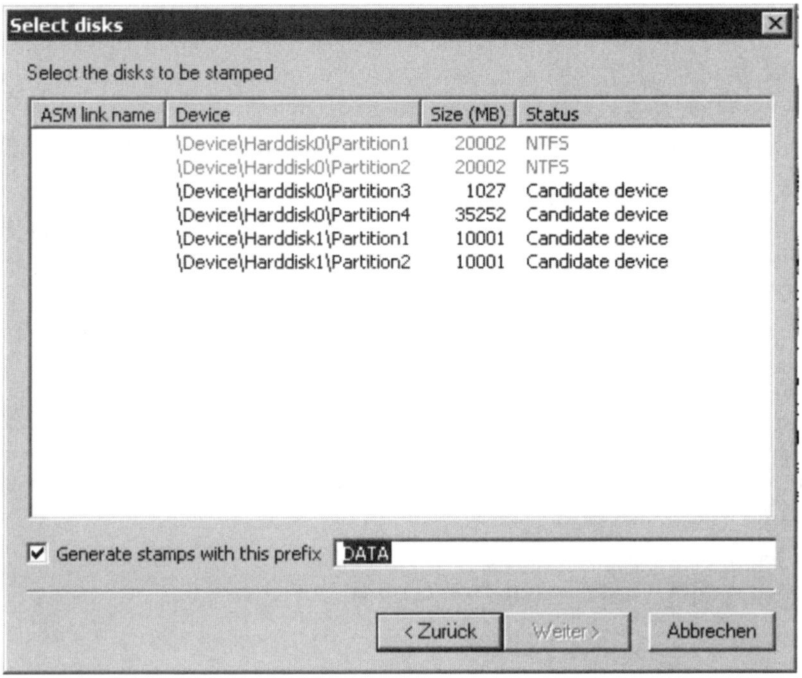

Abbildung 3.3: Stamping der Windows-Partitionen als Vorbereitung für die Nutzung mit ASM

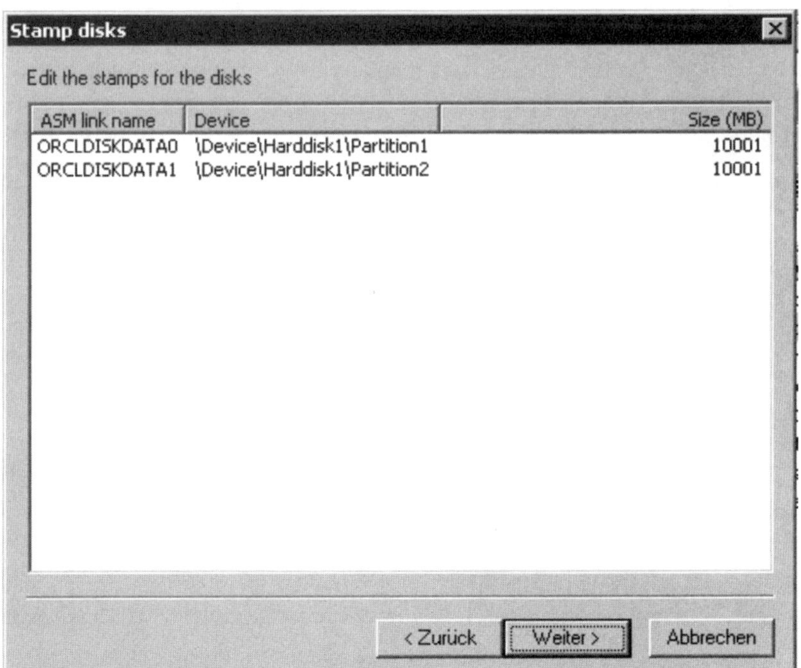

Abbildung 3.4: Für ASM markierte Windows-Partitionen

In den meisten Fällen genügt diese Standardinstallation auch vollauf, da es bei einer ASM-Instanz nichts gibt, was man nicht im Nachhinein einfach umkonfigurieren könnte. Auch gibt es normalerweise keinen Grund, mehrere ASM-Instanzen auf einem Server zu betreiben.

Sollte man dennoch einmal eine ASM-Instanz manuell aufsetzen müssen, seien hier die wichtigsten Serverparameter genannt:

Der einzige unbedingt benötigte Parameter lautet `instance_type`, der auf den Wert `asm` gesetzt sein muss. Dieser Parameter macht den Unterschied zwischen einer normalen Datenbankinstanz und einer ASM-Instanz aus.

Der Standardname für eine ASM-Instanz lautet `+ASM`. Installiert man die Grid Infrastructure 11.2 mit ASM für einen einzelnen Server oder erstellt man mit dem DBCA in älteren Versionen eine ASM-Instanz in einer Umgebung ohne Clusterware, so wird automatisch dieser Instanzname gewählt. In Cluster-Umgebungen mit mehreren Servern werden die ASM-Instanzen dagegen genau wie Datenbankinstanzen in der Art `+ASM1`, `+ASM2` etc. durchnummeriert. In jedem Falle spiegelt dies der Serverparameter `instance_name` der ASM-Instanz wider.

Mit dem Parameter `asm_diskgroups` kann eine Liste von Diskgruppen angegeben werden, die gemountet werden sollen, zum Beispiel:

```
asm_diskgroups='DATA, FRA'
```

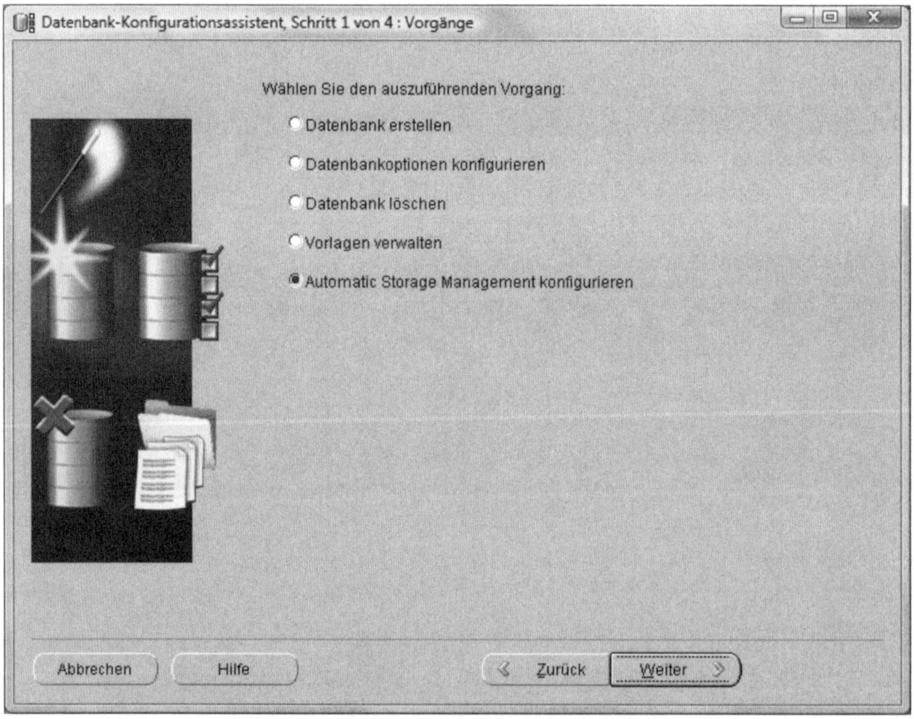

Abbildung 3.5: Erstellung einer ASM-Instanz in Oracle 10gR1, 10gR2 und 11gR1

Normalerweise wird der Parameterwert beim Erstellen bzw. Löschen einer Diskgruppe automatisch angepasst, so dass nicht manuell eingegriffen werden muss.

Gegebenenfalls muss mit dem Parameter `asm_diskstring` eine Liste der zu durchsuchenden Platten-Devices angegeben werden. Dasselbe gilt unter Linux, wenn die ASM-Lib nicht verwendet wird, zum Beispiel:

```
asm_diskstring='/dev/xvdb*,/dev/xvdc*'
```

Arbeitet man unter Windows oder mit ASMLib unter Linux, kann man den Parameter einfach frei lassen. In diesem Fall werden einfach alle Devices durchsucht, die mit ASM-Lib bzw. mit dem Windows-Werkzeug `asmtool` gestempelt wurden. Dies liegt daran, dass in diesem Fall betriebssystemabhängige Standardwerte greifen. Folgende Tabelle zeigt die Standardwerte auf den entsprechenden Plattformen:

Betriebssystem	Standardwert
Solaris	/dev/rdsk/*
Windows	\\.\orcldisk*
Linux	/dev/raw/*
Linux mit ASMLib	/dev/oracleasm/disks/*, ORCL:*
HPUX	/dev/rdsk/*
HP Tru64	/dev/rdisk/*
AIX	/dev/*

Die SGA einer ASM-Instanz wird seit der Version 11gR1 standardmäßig mithilfe des Serverparameters `memory_target` auf ca. 256 MB dimensioniert, was vollkommen ausreichend ist. Für ältere Versionen gelten folgende Empfehlungen für die ASM-Instanz:

```
shared_pool_size=128M
large_pool_size=12M
db_cache_size=64M
processes=25+15*Anzahl zugreifender Datenbankinstanzen
```

Genau wie bei Datenbankinstanzen auch, muss der Parameter `remote_login_passwordfile` gesetzt sein, um eine Remote-Anmeldung mit SYSDBA-Rolle an die ASM-Instanz zu ermöglichen. Da andere Logins ohnehin nicht möglich sind, ist dies bei ASM-Instanzen besonders relevant und für eine Remote-Administration unverzichtbar:

```
remote_login_passwordfile=EXCLUSIVE
```

Achtung: Bei der Datenbankversion 10g ist eine Remote-Anmeldung standardmäßig dennoch nicht möglich. Dies liegt daran, dass eine ASM-Instanz nie geöffnet ist, sondern sich im NOMOUNT- oder MOUNT-Status befindet. Der Listener blockiert in diesem Falle sämtliche Remote-Anmeldungen und kann – wie in Kapitel 9.1.2 beschrieben – nur mit der Klausel `UR=A` überredet werden. Als Administrator einer ASM-Instanz der Version 10g sollte man also einen TNS-Eintrag wie den folgenden benutzen:

```
ASM10G =
  (DESCRIPTION =
    (ADDRESS = (PROTOCOL = TCP)(HOST = ora10g)(PORT = 1521))
    (CONNECT_DATA =
      (SERVICE_NAME = +ASM)
      (UR=A)
    )
  )
```

In der Version 11g ist dies nicht mehr notwendig.

Es gibt übrigens keinen Serverparameter `compatible` für eine ASM-Instanz. Stattdessen werden die Versionskompatibilitäten der ASM-Metadaten sowie der zugreifenden Datenbankinstanzen pro Diskgruppe geregelt. Dies ist in Abschnitt 3.4.3 genauer beschrieben.

3.4.3 ASM-Storage konfigurieren

Ist die ASM-Instanz einmal gestartet, müssen als Nächstes sogenannte Diskgruppen definiert werden. Diese bilden, ähnlich wie Tablespaces, eine Möglichkeit der administrativen Trennung verschiedener Teile des ASM-Storage. Auf die Frage, wie viele und welche Diskgruppen es geben sollte, gibt es keine pauschale Antwort. Allerdings sollte man sich an folgende Richtlinien halten:

- Definitiv sollte es mindestens zwei Diskgruppen geben, nämlich eine für den produktiven Teil der Datenbank, also für Daten- und Temporärdateien sowie die Serverparameterdatei, und eine weitere für alle sicherungsrelavanten Dateien, also Backup-Sets, archivierte Redologdateien und gegebenenfalls Flashback-Logs. Es empfiehlt sich, Online-Redologdateien und Kontrolldateien zu spiegeln und auf beiden Diskgruppen zu halten.

  Die erstere Diskgruppe hat häufig „DATA“ als Namensbestandteil, die letztere „FRA“ (Fast Recovery Area).
- Nutzt man das in Abschnitt 3.5 beschriebene ASM-Cluster-Dateisystem, so empfiehlt sich auch dafür eine eigene Diskgruppe.
- Diskgruppen bilden auch eine Abstraktionsebene für unterschiedliche physische Storage-Implementierungen. Möchte man zum Beispiel alte Daten auf kostengünstigerem Storage unterbringen, so lassen sich, wie in Kapitel 13.6 beschrieben, alte Datengenerationen in dedizierte Tablespaces verschieben, die auf entsprechendem Storage liegen. Die ASM-Diskgruppe leistet hier eine sprechende Zuordnung (z. B. eine Diskgruppe DATAOLD) und vermittelt an der Schnittstelle zwischen Datenbank- und Storage-Administrator.
- Die weiter unten beschriebenen Versionskompatibilitäten werden pro ASM-Diskgruppe eingestellt. Hat man also eine gemischte Umgebung von 10g- und 11g-Datenbanken, die auf eine gemeinsame 11g-ASM-Instanz zugreifen sollen, wobei die 11g-Datenbanken auch von neuen ASM-Features der Version 11g profitieren sollen, benötigt man unterschiedliche Diskgruppen mit jeweils passenden Kompatibilitätseinstellungen.

Die ASM-Diskgruppe spielt aus Datenbanksicht ausschließlich für die Platzierung der Datenbankdateien eine Rolle. Bei der Erstellung einer Tabelle entscheidet also die Wahl des Tablespaces indirekt auch über die Wahl der Diskgruppe und damit über die storage-seitige Platzierung. Tablespaces mit Datendateien in unterschiedlichen ASM-Diskgruppen sollte man vermeiden, da die Übersicht leidet.

Das Erstellen und Verwalten von ASM-Diskgruppen kann je nach Präferenz oder Aufgabenteilung über drei verschiedene Werkzeuge durchgeführt werden. So wird ein DBA, der ASM mitbetreut, womöglich den Weg via SQL*Plus favorisieren, während ein Systemadministrator eher mit den anderen Werkzeugen besser zurechtkommt. In allen drei Fällen sollte der Aufruf als Eigentümer der Grid Infrastructure, also z. B. als Benutzer `grid`, geschehen:

- Mithilfe von SQL*Plus, wobei eine Anmeldung an die ASM-Instanz mit SYSASM-Rolle (SYSDBA-Rolle in der Datenbankversion 10g) notwendig ist:

  ```
  $ sqlplus / as sysasm
  $ sqlplus sys@asm11g as sysasm
  $ sqlplus sys@asm10g as sysdba
  ```

- Mit dem Kommandozeilenwerkzeug `asmcmd`, das wahlweise interaktiv genutzt oder direkt mit einem entsprechenden Kommando aufgerufen werden kann, beispielsweise:

  ```
  $ asmcmd -p
  $ asmcmd ls DATA
  $ asmcmd ls DATA > DATA_contents.txt
  ```

  `asmcmd` führt im Hintergrund eine lokale Anmeldung mit SYSASM- bzw. SYSDBA-Privileg an die ASM-Instanz durch und übersetzt Kommandos, die wie typische Unix-Kommandos aussehen, in SQL-Syntax.

  Eine vollständige Kommandoreferenz findet sich in der Oracle-Dokumentation *Oracle Database Storage Administrator's Guide*. Tabelle 3.1 gibt einen Überblick. `asmcmd` gibt es seit der Version 10gR2, mit der Version 11gR2 wurde sein Funktionsumfang deutlich erweitert, um alle ASM-relevanten Aufgaben auch ohne SQL-Kenntnisse abbilden zu können.

- Mit dem in der Version 11.2 neu eingeführten ASM Configuration Assistant (ASMCA) als grafischem Werkzeug. Die ausführbare Datei `asmca` befindet sich im Unterverzeichnis `bin` des Grid-Infrastructure-Homes. Zur Zeit ist der Funktionsumfang noch etwas eingeschränkt und deckt vor allem Funktionen im Bereich ACFS ab (siehe Abschnitt 3.5).

ASM-Diskgruppen erstellen

Das folgende Kommando erstellt eine ASM-Diskgruppe namens DATA mit Hilfe des einschlägigen SQL-Befehls:

```
$ sqlplus / as sysasm

SQL> CREATE DISKGROUP data
     NORMAL REDUNDANCY
     FAILGROUP data_fg1 DISK 'ORCL:ASMDISK3' NAME data_fg1_disk1
     FAILGROUP data_fg2 DISK 'ORCL:ASMDISK4' NAME data_fg2_disk1
     ATTRIBUTE 'COMPATIBLE.ASM'   = '11.2',
               'COMPATIBLE.RDBMS' = '10.1';
```

Das `asmcmd`-Werkzeug erlaubt dasselbe mit Hilfe des Befehls `mkdg`. Alle notwendigen Angaben müssen in Form einer kleinen XML-Datei mitgegeben werden:

```
create_dg_data.xml:
<dg name="data" redundancy="normal">
  <fg name="data_fg1">
    <dsk string="ORCL:ASMDISK3" name="data_fg1_disk1"/>
  </fg>
  <fg name="data_fg2">
    <dsk string="ORCL:ASMDISK4" name="data_fg2_disk1"/>
  </fg>
  <a name="compatible.asm" value="11.2"/>
```

```
  <a name="compatible.rdbms" value="10.1"/>
</dg>

ASMCMD> mkdg create_dg_data.xml
```

Dateien in ASM	ASM-Instanz	ASM-Diskgruppen	ASM-Templates	Zugriffs-Rechte	ACFS Volumes
cd**	dsget	chdg	chtmpl	chgrp	volcreate
cp*	dsset	chkdg	lstmpl	chmod	voldelete
du**	lsct**	dropdg	mktmpl	chown	voldisable
find**	lsop	iostat	rmtmpl	groups	volenable
ls**	lspwusr	lsattr		grpmod	volinfo
lsof	orapwusr	lsdg**		lsgrp	volresize
mkalias**	shutdown	lsdsk*		lsusr	volset
mkdir**	spbackup	lsod		mkgrp	volstat
pwd**	spcopy	md_backup*		mkusr	
rm**	spget	md_restore*		passwd	
rmalias**	spmove	mkdg		rmgrp	
	spset	mount		rmusr	
	startup	offline			
		online			
		rebal			
		remap*			
		setattr			
		umount			

*: bereits in 11gR1 verfügbar, ** bereits in 10gR2 verfügbar

Tabelle 3.1: Kommandos im asmcmd-Werkzeug

Im ASMCA kann man Diskgruppen nach einem Klick auf den *Create*-Button im Reiter *Disk Groups* erstellen. Abbildung 3.6 zeigt das entsprechende Dialogfenster.

Wenn im ASMCA die Disks nicht angezeigt werden oder man beim Anlegen Fehlermeldungen ähnlich den folgenden erhält:

```
ERROR at line 1:
ORA-15018: diskgroup cannot be created
ORA-15031: disk specification '/dev/xvdc2' matches no disks
ORA-15025: could not open disk '/dev/xvdc2'
ORA-15056: additional error message
```

so kann das unterschiedliche Gründe haben. Häufige Ursachen sind:

- Unter MS-Windows wurden die Devices nicht mit dem Werkzeug `asmtool` oder `asmtoolg` vorformatiert (siehe Abschnitt 3.4.1).
- Unter Linux wurden die Devices nicht via ASMLib erfasst (siehe Abschnitt 3.4.1 sowie Kapitel 4.2.1).
- Unter Unix sind Eigentümer, Gruppe oder Berechtigungen auf den Disk-Devices nicht richtig gesetzt (siehe Abschnitt 3.4.1).
- Der Pfad, unter dem die Devices gesucht werden sollen (Serverparameter `asm_disk_string`), ist gesetzt, zeigt aber auf einen anderen Bereich.

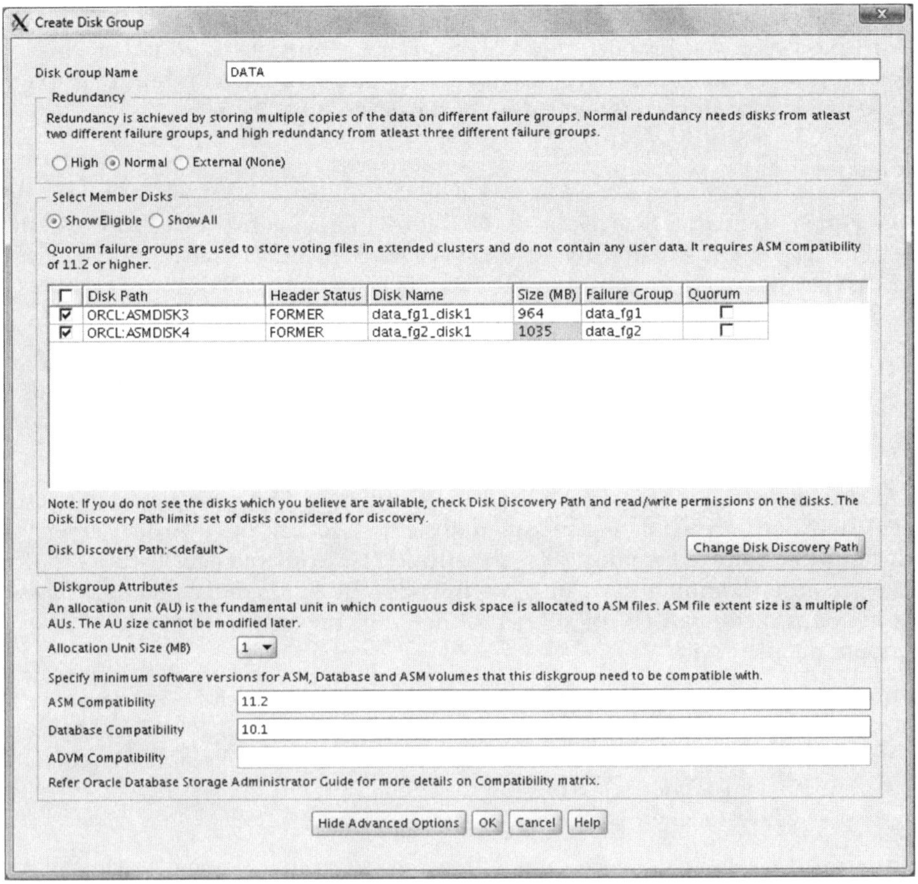

Abbildung 3.6: Erstellen einer ASM-Diskgruppe mit dem ASMCA

In allen drei Beispielen wird dieselbe Diskgruppe DATA erstellt, die aus zwei ASM-Disks besteht. Alle Daten innerhalb dieser Diskgruppe werden einfach gespiegelt (RAID 1). Dies wird durch die Redundanzeinstellung festgelegt:

NORMAL REDUNDANCY ist die Standardeinstellung und bewirkt eine mindestens einfache Spiegelung, d. h., alle Daten werden doppelt gehalten. Insbesondere muss es mindestens zwei sogenannte Failgroups geben (siehe unten). Mit Hilfe von ASM-Templates können aber bestimmte Dateien auch doppelt gespiegelt, also dreifach vorgehalten werden. Dies ist zum Beispiel standardmäßig für die Kontrolldateien der Fall.

HIGH REDUNDANCY erzwingt eine doppelte Spiegelung aller Daten, alle Daten werden also dreifach gespeichert. Es muss daher auch mindestens drei Failgroups geben (siehe unten).

EXTERNAL REDUNDANCY führt keine Spiegelung der Daten durch, jedenfalls nicht durch die ASM-Instanz. In diesem Falle sollten die ASM-Disks also bereits durch das darunterliegende Storage-System gespiegelt sein.

Die Redundanzeinstellung lässt sich nachträglich nicht mehr ändern. Möchte man also beispielsweise nachträglich alle Daten spiegeln, muss man zunächst eine neue Diskgruppe mit der gewünschten Redundanzeinstellung erzeugen und alle ASM-Dateien in diese neue Diskgruppe verschieben (siehe dazu Abschnitt 3.4.6).

Failgroups

Wichtig für eine effektive Spiegelung ist die Information, ob und inwieweit es physikalische Abhängigkeiten zwischen den ASM-Disks gibt. Hängen beispielsweise verschiedene ASM-Disks an demselben SCSI-Controller, sind bei einem Ausfall dieses Controllers alle Disks betroffen. Eine Spiegelung innerhalb dieser Teilgruppe wäre also riskant.

Wegen dieses Umstands kann jeder ASM-Disk eine sogenannte *Failgroup* zugeordnet werden. Disks, deren Ausfall auf die beschriebene Weise korreliert ist, sollten derselben Failgroup angehören. Auf die konkreten Namen der Failgroups (im obigen Beispiel jeweils `data_fg1` und `data_fg2`) kommt es nicht an.

Die ASM-Instanz sorgt nun dafür, dass die im Rahmen der Spiegelung erzeugten Datenkopien stets auf unterschiedlichen Failgroups liegen, damit beim Ausfall einer Platte auch tatsächlich nur eine einzige Kopie betroffen ist. Auf welchen Platten die Daten konkret zu liegen kommen, kann nicht beeinflusst werden. Da die Abbildung von Daten auf Failgroups nicht statisch ist, können ohne Probleme auch mehr als zwei bzw. drei Failgroups definiert sein.

Achtung: Gibt man keine Failgroup an, wird jede ASM-Disk implizit einer eigenen Failgroup zugeordnet, die so heißt wie die Disk selbst. In diesem Fall geht die ASM-Instanz also davon aus, dass es keinerlei Korrelationen zwischen den Disks gibt, also von einem sehr optimistischen Szenario! Man sollte dies genau prüfen und besser entsprechende Failgroup-Angaben machen.

Auch wenn die ASM-Instanz dies nicht erzwingt, so sollten die Failgroups innerhalb einer Diskgruppe doch möglichst gleich groß sein, vor allem wenn man mit der Minimalanzahl von Failgroups arbeitet, da ansonsten die kleinste Failgroup den nutzbaren Speicherplatz determiniert.

Führt die ASM-Instanz keinerlei Spiegelung durch (`EXTERNAL REDUNDANCY`), ist die Angabe einer Failgroup nicht erlaubt und auch nicht sinnvoll.

Jede Failgroup besteht also aus einer oder mehreren ASM-Disks. Diese Disks haben auf jeden Fall einen OS-spezifischen Pfad (im obigen Beispiel ASMLib-Namen, ansonsten Pfade in der Art `/dev/xyz`), der in der Spalte `path` der View `V$ASM_DISK` auftaucht. Ein optional zu vergebender, OS-unabhängiger, sprechender Name (`NAME`-Klausel im SQL-Kommando) kann in derselben View in der Spalte `name` eingesehen werden.

Achtung: Informationen über ASM-Disks und Diskgruppen können über zwei Paare von Views abgefragt werden:

- `V$ASM_DISK` und `V$ASM_DISKGROUP` sind naheliegend und für kleine ASM-Umgebungen (wenige Disks) auch nicht zu beanstanden. Für größere Umgebungen verursachen diese Views aber sehr viel Overhead, da bei jeder Abfrage eine Disk-Discovery durchgeführt wird. Monitoring-Werkzeuge, die regelmäßig ASM-Informationen abgreifen, sollten diese Views daher nicht benutzen. Hat man gerade etwas an einer Diskgruppe geändert, ist ein einmaliger Aufruf dieser Views dagegen sinnvoll, da somit ein „Refresh" durchgeführt wird.

Die Pendants im asmcmd-Werkzeug lauten:

```
ASMCMD> lsdsk --discovery
ASMCMD> lsdg --discovery
```

- V$ASM_DISK_STAT und V$ASM_DISKGROUP_STAT sind gecachete und in diesem Sinne statische Varianten der beiden erstgenannten Views. Für regelmäßige Abfragen, gerade in großen Umgebungen, ist ihre Benutzung dringend zu empfehlen. Änderungen an der Konfiguration spiegeln sich aber erst nach einem Refresh durch Selektion der Views ohne _STAT wieder.

  Das Pendant im asmcmd-Werkzeug lautet:

```
ASMCMD> lsdsk
ASMCMD> lsdg
```

Versions-Kompatibilität

Die Kompatibilität zwischen unterschiedlichen Versionen von ASM-Metadaten, ASM-Instanzen und zugreifenden Datenbank-Instanzen wird seit der Version 11g auf Diskgruppen-Ebene geregelt.[16] Dabei gibt es bis zu drei unterschiedliche Diskgruppen-Attribute, die jeweils eine Versionsnummer aufnehmen:

- Das Attribut COMPATIBLE.ASM gibt an, von welcher Version eine ASM-Instanz, die auf diese Diskgruppe zugreifen möchte, mindestens sein muss. Dadurch beeinflusst sind insbesondere die Verwaltungsdaten der ASM-Instanz. Beispielsweise versteht erst eine ASM-Instanz der Version 11.2 ein ACFS-Dateisystem. Erstellt man eine Diskgruppe mit SQL*Plus oder asmcmd, lautet die Standardeinstellung 10.1. Alle neueren ASM-Fähigkeiten sind also nicht möglich. Bei einer Erstellung mittels ASMCA ist die Standardeinstellung dagegen 11.2. Mögliche Werte liegen zwischen 10.1 und 11.2.
- Mit COMPATIBLE.RDBMS wird festgelegt, welche Datenbankinstanzen auf die ASM-Instanz zugreifen können. Maßgeblich ist dabei nicht die Version der Datenbanksoftware, sondern der Wert des Serverparameters compatible der Datenbankinstanz. Mögliche Werte liegen zwischen 10.1 und 11.2. Mindestwert und Standardwert ist – auch bei einer Erstellung mittels ASMCA – der Wert 10.1. ASM-Instanzen der Version 11g können also standardmäßig von allen 10g- und 11g-Datenbanken genutzt werden.
- COMPATIBLE.ADVM schließlich wird nur im Zusammenhang mit ACFS benötigt (siehe Abschnitt 3.5). Mindestwert und gleichzeitig Standardwert ist 11.2.

Alle drei Versionsnummern bilden eine Einbahnstraße, sprich eine Erhöhung ist möglich, aber niemals ein Zurücksetzen auf einen kleineren Wert.

3.4.4 Rebalancing

Wie oben beschrieben, sorgt die ASM-Instanz automatisch für ein Striping sowie gegebenenfalls eine Spiegelung aller Daten. Beim Hinzufügen, Entfernen, Vergrößern oder

16 Dies ist anders als bei Datenbank-Instanzen selbst, wo der Serverparameter compatible dies steuert. In ASM-Instanzen der Version 10g gibt es keine Kompatibilitäts-Einstellungen, was nicht so sehr ins Gewicht fiel, da ASM ja auch mit der Version 10g erst eingeführt wurde.

Verkleinern einer ASM-Disk müssen nun die Daten neu verteilt werden. Dieser Prozess wird als *Rebalancing* bezeichnet.

Das Rebalancing einer Diskgruppe läuft normalerweise automatisch nach einer der oben genannten „Umbaumaßnahmen" an. Es lässt sich aber auch manuell steuern und insbesondere mit einer Priorität versehen. Außerdem kann man beeinflussen, ob das Rebalancing synchron oder asynchron zur Kommandozeile ablaufen soll. Im ersteren Fall hängt die Kommandozeile, bis das Rebalancing abgeschlossen ist oder mit einer Fehlermeldung abbricht. Im letzteren Fall läuft der Prozess im Hintergrund weiter, wobei der Fortschritt oder eventuelle Abbrüche über eine View kontrolliert werden können.

Selbst wenn man die Session beendet, läuft ein angestoßenes Rebalancing weiter. Dies liegt daran, dass eigene Hintergrundprozesse mit den Namen RBAL bzw. ARBn dafür zuständig ist (siehe Kapitel 1.18.3).

Es ist ein gleichzeitig Rebalancing mehrerer Diskgruppen möglich, aber pro Diskgruppe kann zu jedem Zeitpunkt nur eine Rebalance-Operation stattfinden.

Die folgende Abfrage zeigt, welche Disks bereits in Verwendung sind und welche noch keiner Diskgruppe zugeordnet sind:

```
SQL> SELECT dg.name AS dg_name,
            d.name AS disk_name,
            d.path AS disk_path,
            d.failgroup AS disk_failgroup,
            d.mount_status AS disk_status
     FROM   v$asm_disk d, v$asm_diskgroup dg
     WHERE  d.group_number = dg.group_number(+);

DG_NAME         DISK_NAME       DISK_PATH       DISK_FAILGROUP  DISK_STATUS
--------------- --------------- --------------- --------------- ---------------
                                ORCL:ASMDISK3                   CLOSED
                                ORCL:ASMDISK4                   CLOSED
DATA            DATA_FG1_DISK1  ORCL:ASMDISK1   DATA_FG1        CACHED
DATA            DATA_FG2_DISK1  ORCL:ASMDISK2   DATA_FG2        CACHED
```

Im asmcmd-Werkzeug liefert folgendes Kommando ähnliche Informationen:

```
ASMCMD> lsdsk -p -k --discovery
```

Möchte man eine Disk aus der Diskgruppe DATA entfernen und dafür die beiden noch freien Disks einhängen, kann man dies in einem Schritt tun. Dies ist sogar besser als ein mehrschrittiges Vorgehen, da ansonsten nach jedem Einzelschritt ein Rebalancing stattfindet, während das folgende Kommando nur ein Rebalancing auslöst:

```
SQL> ALTER DISKGROUP data
     ADD FAILGROUP data_fg1 DISK 'ORCL:ASMDISK3' NAME data_fg1_disk3,
                            DISK 'ORCL:ASMDISK4' NAME data_fg1_disk4
     DROP DISK data_fg1_disk1
     REBALANCE POWER 5
     WAIT;
```

Das zugehörige asmcmd-Kommando benötigt wieder eine XML-Datei. Es wird in jedem Falle asynchron ausgeführt:

```
change_dg_data.xml
<chdg name="data" power="5">
```

```
  <drop>
    <dsk name="data_fg1_disk1"/>
  </drop>
  <add><fg name="data_fg1">
    <dsk string="ORCL:ASMDISK3" name="data_fg1_disk3"/>
      <dsk string="ORCL:ASMDISK4" name="data_fg1_disk4"/>
  </fg></add>
</chdg>

ASMCMD> chdg change_dg_data.xml
```

Wie man sieht, werden zwei ASM-Disks eingehängt und der Failgroup DATA_FG1 zugeschlagen, gleichzeitig wird eine der alten Disks aus der Diskgruppe entfernt. Im Vergleich mit der obigen Abfrage sieht man auch, dass bereits eingehängte Disks stets mit ihrem Namen angesprochen werden (Spalte name in der View V$ASM_DISK), während neue Disks, die ja gerade erst mit einem Namen versehen werden, über ihren OS-spezifischen Pfad referenziert werden müssen (Spalte path in V$ASM_DISK).

Die REBALANCE POWER-Klausel ist optional und erlaubt eine Priorisierung der Rebalance-Operation. Der kleinste Wert ist 0 und steht für die niedrigste Priorisierung, sprich die auftretende I/O-Last ist minimal, das Rebalancing dauert aber relativ lange. Der höchstmögliche Wert ist 11 und sorgt für ein schnellstmögliches Rebalancing um den Preis einer deutlichen I/O-Last. Lässt man die Klausel, greift als Standardeinstellung der Wert des Serverparameters asm_power_limit der ASM-Instanz, der selber wiederum den Standardwert 1 hat, was also eine niedrige Priorität darstellt.

Die WAIT-Klausel bestimmt, dass die SQL*Plus-Konsole solange hängt, bis das Rebalancing abgeschlossen ist oder mit einer Fehlermeldung abbricht. Da das durchaus einige Minuten oder sogar Stunden dauern kann, empfiehlt sich meistens die Alternative NOWAIT, was auch dem Standardverhalten entspricht. Dabei erscheint der Kommandoprompt bereits nach wenigen Sekunden wieder, im Hintergrund läuft das Rebalancing aber asynchron weiter.

Hat man das Kommando mit WAIT gestartet, genügt ein Abbruch mit der üblichen Tastenkombination Ctrl-C, um in eine asynchrone Bearbeitung zu wechseln. Das Rebalancing läuft auch in diesem Fall einfach im Hintergrund weiter.

Eine Fortschritts- und Erfolgskontrolle ist mit der View V$ASM_OPERATION bzw. dem Befehl lsop im asmcmd-Werkzeug möglich:

```
SQL> SELECT * FROM v$asm_operation;

GROUP_  OPERA STAT POWER ACTUAL SOFAR EST_WORK EST_RATE   EST_MINUTES  ERROR_CODE
NUMBER
------  ----- ---- ----- ------ ----- -------- --------   -----------  ----------
     1  REBAL RUN      5      5    40      734   730                0

ASMCMD> lsop
Group_Name  Dsk_Num  State  Power
DATA        REBAL    RUN    5
```

Ist die View leer, wurde das Rebalancing bereits erfolgreich abgeschlossen. Ansonsten findet man – leider nur bei der Abfrage via SQL*Plus – in der Spalte est_minutes eine

Schätzung, wie lange es noch dauert oder in der Spalte error_code eine Information über aufgetretene Fehler, beispielsweise:

```
SQL> SELECT * FROM v$asm_operation;

GROUP_  OPERA STAT POWER ACTUAL SOFAR EST_WORK EST_RATE   EST_MINUTES  ERROR_CODE
NUMBER
------  ----- ---- ----- ------ ----- -------- --------   -----------  ----------
     1  REBAL ERRS     5                                               ORA-15041

ASMCMD> lsop
Group_Name  Dsk_Num  State  Power
DATA        REBAL    ERRS   5
```

Bei der synchronen Abarbeitung hängt die SQL*Plus-Kommandozeile im Fehlerfall einfach. Man sollte dann in einer zweiten Session die Fehlernummer abfragen und gegebenenfalls in der Oracle-Dokumentation nachschauen, welcher Fehlermeldung diese entspricht. Leider bekommt man die Fehlernummer nur mittels SQL*Plus geliefert, nicht via asmcmd. Eine typische Fehlermeldung ist die im obigen Beispiel:

```
ORA-15041: diskgroup "DATA" space exhausted
```

Dies kann beim Entfernen einer oder mehrerer Disks auftreten, auch in Kombination mit dem Hinzufügen neuer Disks. Das Entfernen konnte nicht durchgeführt werden, weil anschließend der Speicherplatz der Diskgruppe nicht mehr ausreicht. Wichtig zu wissen ist an dieser Stelle, dass die Operation zwar nicht erfolgreich beendet, aber auch nicht komplett abgebrochen wurde. Man hat nun zwei Möglichkeiten:

- Entweder fügt man der Diskgruppe zunächst weitere Disks hinzu. In diesem Fall wird ein neues Rebalancing gestartet. Anschließend versucht man erneut, die betreffende Disk zu entfernen.
- Oder man bricht das Entfernen der Disk mit dem folgenden Befehl komplett ab:

  ```
  SQL> ALTER DISKGROUP data UNDROP DISKS;
  ```

  Auch dieses Kommando löst erneut ein Rebalancing aus. Leider gibt es dazu kein Pendant im asmcmd-Werkzeug.

Das kombinierte Hinzufügen und Entfernen von Disks kann auch für Storage-Migrationen von Datenbank benutzt werden. Auf dieses Verfahren wird in Kapitel 14.3.1 näher eingegangen.

Ein Rebalancing kann auch jederzeit manuell angestoßen werden. Der einzige Grund hierfür ist aber, auf diese Weise die Priorität einer bereits laufenden Rebalancing-Operation zu ändern:

```
SQL> ALTER DISKGROUP data
     REBALANCE POWER 5
     WAIT;

ASMCMD> rebal --power 5 -w data
```

3.4.5 ASM-Storage nutzen

Eine Datenbankinstanz kann grundsätzlich ASM-Storage für einzelne oder für alle Datenbankdateien nutzen, wobei der Übersichtlichkeit halber Misch-Konstellationen vermieden werden sollten.

Achtung: Nutzt man die Oracle Standard Edition für eine RAC-Datenbank, ist die Verwendung von ASM für alle Datenbankdateien zwingend erforderlich!

Die SQL-Befehle, beispielsweise zum Erstellen eines Tablespaces oder eine Redolog-Datei sehen genauso aus wie sonst auch, wobei aber als Pfad lediglich der Name der betreffenden ASM-Diskgruppe eingetragen. Die konkreten Unterverzeichnisse und Dateinamen werden automatisch ergänzt, beispielsweise:

```
SQL> CREATE TABLESPACE tools
     DATAFILE '+DATA' SIZE 500M;

SQL> SELECT name FROM v$datafile;

NAME
--------------------------------------------------------------------------------
+DATA/prod11g/datafile/tools.303.723221703
...

SQL> ALTER DATABASE
     ADD LOGFILE GROUP 15 ('+DATA','+FRA') SIZE 50M;

SQL> SELECT group#,member FROM v$logfile;

    GROUP# MEMBER
---------- --------------------------------------------------
...
        15 +DATA/prod11g/onlinelog/group_15.305.723222099
        15 +FRA/prod11g/onlinelog/group_15.304.723222101
```

Verwendet man nur je eine Diskgruppe für Daten und Backup-bezogene Dateien, kann man diese auch in den einschlägigen Serverparametern hinterlegen:

```
db_create_file_dest=+DATA
db_create_online_log_dest_1=+DATA
db_create_online_log_dest_2=+FRA
db_recovery_file_dest=+FRA
```

Der Parameter `db_create_file_dest` liefert einen Standardpfad für neue Datendateien und Temporärdateien, so dass die entsprechenden Klauseln bei der Tablespace- oder Datendateiverwaltung komplett wegfallen können, zum Beispiel:

```
SQL> CREATE TABLESPACE tools DATAFILE SIZE 500M;
SQL> SELECT name FROM v$datafile;

NAME
--------------------------------------------------------------------------------
+DATA/prod11g/datafile/tools.303.723224553
...

SQL> ALTER DATABASE
     DATAFILE '+DATA/prod11g/datafile/tools.303.723224553' RESIZE 700m;
```

```
SQL> ALTER TABLESPACE tools ADD DATAFILE '+DATA' SIZE 500M;
```

Noch einfacher geht es mit sogenannten BIGFILE-Tablespaces, bei denen ein Tablespace aus einer einzigen Datendatei bzw. Temporärdatei besteht. Dabei erzwingt die Datenbank eine 1:1-Beziehung zwischen Tablespace und Datendatei, d. h. ein BIGFILE-Tablespace besteht zwingend aus einer einzigen Datendatei. In diesem Fall beträgt die Maximalgröße einer solchen Datendatei und damit des gesamten Tablespaces das 2^{32}-fache der Oracle-Blockgröße, also z. B. 32TB für Oracle-Blöcke der Größe 8KB. Da bei so großen Dateien tendenziell Verwaltungsprobleme auf Dateisystemebene entstehen (Stichwort: „Inode Locking"), empfiehlt sich diese Funktion vor allem bei der Benutzung von ASM:

```
SQL> CREATE BIGFILE TABLESPACE tools DATAFILE SIZE 500M;

SQL> ALTER TABLESPACE tools RESIZE 700M;

SQL> ALTER TABLESPACE tools ADD DATAFILE SIZE 500M;
ALTER TABLESPACE tools ADD DATAFILE SIZE 500M
*
ERROR at line 1:
ORA-32771: cannot add file to bigfile tablespace
```

Achtung: Abgesehen von dieser sehr bequemen Handhabung bringen BIGFILE-Tablespaces aber auch einen deutlichen Nachteil mit sich: Ein Restore bzw. Recovery einer einzelnen beschädigten Datendatei ist nun nicht mehr effizienter als eine entsprechende Operation auf dem gesamten Tablespace. Für die Wiederherstellungszeiten ist es also günstiger, viele kleine Datendateien ansteller einer großen Datendatei zu nutzen. An diesem Umstand ändert sich auch durch die Benutzung von ASM nichts.

Über den Serverparameter `db_recovery_file_dest` werden neben den archivierten Redolog-Dateien auch Flashback-Logs und die Block Change Tracking-Datei auf die betreffende Diskgruppe gelegt. Auch das Sicherungswerkzeug RMAN nutzt dies als Standardlokation für Backups.

Einzig für die Kontrolldateien ist das Verfahren nicht ganz so elegant. Um die Kontrolldateien in ASM abzulegen, muss die Datenbankinstanz mit den obigen Parametern im MOMOUNT-Status gestartet sein. Im Rahmen der Erstellung der Datenbank oder einzelner Kontrolldateien werden nun diese Pfade genutzt, um eine oder mehrere Kontrolldateien anzulegen. Anschließend muss man die konkreten Pfade in den Serverparameter `control_files` eintragen bzw. ergänzen. Erstellt man eine Datenbank mit dem DBCA, kümmert dieser sich darum:

```
SQL> show parameter control_files

NAME             TYPE        VALUE
---------------- ----------- ----------------------------------------------
control_files    string      +DATA/prod11g/controlfile/current.256.722257425
```

3.4.6 Migration auf neue Diskgruppen

Das in Abschnitt 3.4.4 beschriebene Rebalancing lässt sich auch für manche Migrationen nutzen. Kapitel 14.3.1 beschreibt dieses Verfahren genauer. Nicht möglich ist damit aber ein Verschieben in eine andere ASM-Diskgruppe. Zum Glück ist dies auch nicht häufig notwendig. Eine Situation, wo dies passieren kann, ist der Wechsel der Redundanz-Einstellung. So kommt es vor, dass man versehentlich sowohl in der ASM-

Diskgruppe als auch im darunter liegenden Storage-System spiegelt, so dass insgesamt eine vierfache Datenhaltung vorliegt. Um dies abzustellen, muss eine neue Diskgruppe, z. B. ohne Spiegelung, erstellt werden. Anschließend werden alle Dateien in diese neue Diskgruppe verschoben.

Der einfachste Weg hierfür besteht aus einem kombinierten Einsatz von SQL*Plus und RMAN. Im Folgenden wird beispielhaft die Migration einer Datendatei von der Diskgruppe `DATA` in die Diskgruppe `DATANEW` gezeigt. Für die Dauer des Kopierens muss die Datendatei in den Offline-Status gesetzt werden, die Migration erfordert also eine Auszeit.

Für andere Dateiarten (Online Redologs, archivierte Redologs, Kontrolldateien etc.) ist das Verfahren ähnlich und eher einfacher, da keinerlei Auszeit benötigt wird. Beispielsweise werden einfach neue Online-Redolog-Gruppen in der neuen Diskgruppe hinzugefügt, anschließend werden die alten Redolog-Gruppen gelöscht.

Ist die gesamte Datenbank betroffen, lohnt es sich ggf. Methoden wie die in Kapitel 14.6 beschriebenen in Betracht zu ziehen, um die Auszeit gering zu halten.

Zunächst wird die Datendatei Offline gesetzt und auf die neue Diskgruppe kopiert:

```
SQL> ALTER DATABASE DATAFILE
     '+DATA/prod11g/datafile/datats.322.722874945' OFFLINE;

RMAN> COPY DATAFILE '+DATA/prod11g/datafile/datats.322.722874945' TO '+DATANEW';

Starting backup at 28-JUN-10
using target database control file instead of recovery catalog
allocated channel: ORA_DISK_1
channel ORA_DISK_1: SID=50 device type=DISK
channel ORA_DISK_1: starting datafile copy
input datafile file number=00005 name=+DATA/prod11g/datafile/datats.322.722874945
output file name=+DATANEW/prod11g/datafile/datats.256.722875451
tag=TAG20100628T144410 RECID=2 STAMP=722875458
channel ORA_DISK_1: datafile copy complete, elapsed time: 00:00:15
Finished backup at 28-JUN-10
```

In der Ausgabe des RMAN-Kommandos sieht man sowohl den alten als auch den neuen Pfad der Datendatei. Nun muss die Datenbank über die Pfad-Änderung in Kenntnis gesetzt werden:

```
SQL> ALTER DATABASE
     RENAME FILE '+DATA/prod11g/datafile/datats.322.722874945'
     TO '+DATANEW/prod11g/datafile/datats.256.722875451';
```

Damit wird übrigens automatisch auch die ASM-Datei in der alten Lokation gelöscht. Ist das entsprechende Verzeichnis in der ASM-Instanz anschließend leer, wird auch dieses automatisch mit aufgeräumt. Manuelle Aufräumarbeiten sind also nicht notwendig.

In allen folgenden Kommandos wird nur noch der neue Pfad benötigt. Zunächst wird der neue Pfad gegenüber dem RMAN-Katalog bekannt gegeben, anschließend wird die Datendatei wieder Online gesetzt. Zuvor erzwingt ein Oracle ein Recovery, auch wenn dies eigentlich nicht nötig wäre und daher auch sofort erfolgreich abgeschlossen wird:

```
RMAN> SWITCH DATAFILE '+DATANEW/prod11g/datafile/datats.256.722875451' TO COPY;

RMAN> RECOVER DATAFILE '+DATANEW/prod11g/datafile/datats.256.722875451';
```

```
SQL> ALTER DATABASE DATAFILE
     '+DATANEW/prod11g/datafile/datats.256.722875451' ONLINE;
```

3.5 ASM-Cluster-Dateisystem

Im Rahmen der in Version 11gR2 eingeführten Grid Infrastructure wurde das zuvor ausschließlich für Datenbankdateien benutzbare ASM um einen echten Dateisystemtreiber erweitert.

Dadurch steht nun mit ACFS (ASM Cluster File System) auf verschiedenen Plattformen ein echtes Cluster-Dateisystem zur Verfügung, das beispielsweise für Konfigurationsdateien, Log- und Trace-Dateien, extern gespeicherte Daten (BFILEs, externe Tabellen) oder sonstige Anwendungsdateien verwendet werden kann. Neben den Basisfunktionen eines Cluster-Dateisystems sind auch Snapshots für die Erstellung von Point-in-Time-Kopien möglich.

Im Folgenden werden die Erstellung eines ACFS-Dateisystems, die Konfiguration insbesondere mit dem neuen ASM Configuration Assistant sowie Werkzeuge für die laufende Administration beschrieben.

3.5.1 ACFS-Architektur

Eines gleich vorneweg: ACFS ist kein Ersatz oder Nachfolger für ASM, vielmehr stehen beide komplementär zueinander, wie sich weiter unten noch genauer zeigen wird.

Bei ACFS handelt es sich um ein General-Purpose- (also für beliebige Dateien geeignetes) Cluster-Dateisystem, das außerdem die Anfertigung von Read-Only-Snapshots unterstützt. Auch der Weiter-Export von ACFS-Dateisystemen via NFS oder CIFS ist möglich und unterstützt.

Im Gegensatz zu OCFS2 (Oracle Cluster Filesystem 2), das einen eigenen Cluster-Manager namens O2CB mitbringt, nutzt es denselben Cluster-Manager wie ASM bzw. die Datenbank selbst, nämlich die Oracle Clusterware. Dadurch entfallen mögliche Inkonsistenzen, z. B. bei Split-Brain-Situationen, die von beiden Cluster-Managern unterschiedlich gelöst werden könnten. Außerdem steht ACFS für alle Plattformen zur Verfügung, auf denen ASM verfügbar ist. Es bildet also auch aus Kostenaspekten eine sehr interessante und gleichzeitig auf vielen Plattformen einsetzbare Lösung für ein Cluster-Dateisystem.

Wie Abbildung 3.7 zeigt, baut ACFS direkt auf ASM auf, d. h., es „erbt" insbesondere die Funktionen des darunter liegenden ASM wie z. B. Spiegelung, Striping oder automatisches Rebalancing. Konkret sieht dies so aus, dass einer oder mehrere Teile einer ASM-Diskgruppe für Volumes reserviert werden, auf denen später je ein ACFS-Dateisystem erstellt wird.

Zwischen ACFS und ASM befindet sich eine Schicht namens ADVM (ASM Dynamic Volume Manager), die den eigentlichen Dateisystemtreiber bildet und auch für die betriebssystemseitige Bekanntmachung der als Volumes reservierten Teile der ASM-Diskgruppe zuständig ist.

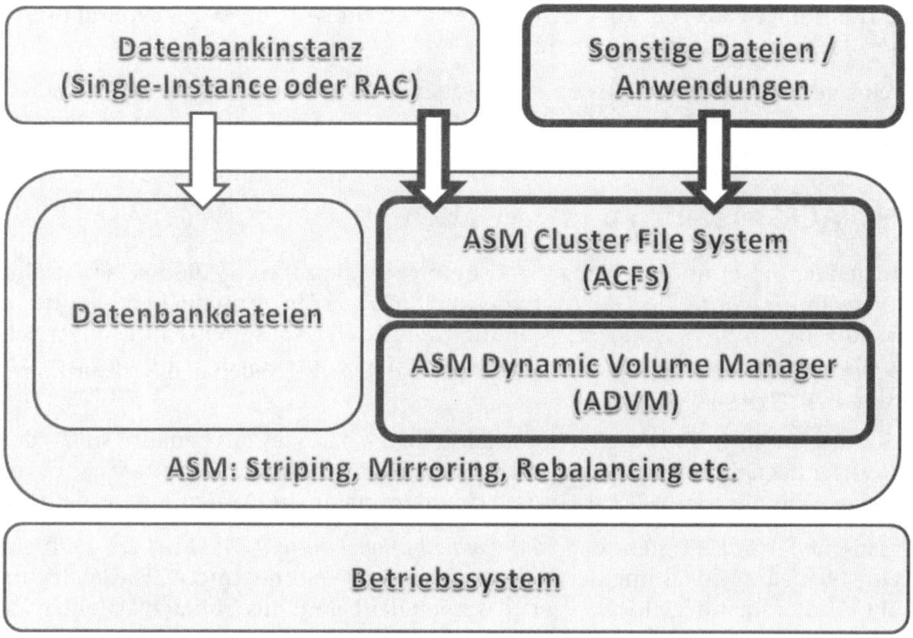

Abbildung 3.7: Architektur von ACFS, fett umrandete Komponenten sind spezifisch für ACFS

3.5.2 ACFS versus ASM

ASM unterstützt seit seiner Einführung ausschließlich die Speicherung von Oracle-Datenbankdateien, also Datendateien, Redologs etc. Hierfür bietet es dank Direct-IO (ungepuffertem IO) eine sehr gute Performance. Im Zusammenspiel mit ACFS ist es nun wichtig zu wissen, dass genau alle Dateien, die für eine direkte ASM-Speicherung unterstützt sind – also die Datenbankdateien –, NICHT (!) für ACFS unterstützt sind. Konkret bedeutet dies also:

- Wenn ACFS benutzt wird, müssen alle Datenbankdateien dennoch direkt in ASM gespeichert werden. Dazu gehören auch RMAN-Backups, Archivelogs, die Serverparameterdatei und – erst seit 11gR2 möglich – die Oracle Cluster Registry (OCR).
- Für alle anderen Dateien darf ACFS verwendet werden, insbesondere für Trace-Dateien und das Alert-Log bzw. für das komplette Automatic Diagnostic Repository (ADR),[17] in Form von BFiles oder externen Tabellen gespeicherte Daten, Anwendungsdateien, Reports, Konfigurationsdateien oder auch für das Oracle Datenbank-Home. Letzteres ist im RAC-Umfeld mit Blick auf Rolling Upgrades aber weniger zu empfehlen.

Erstellt man eine Datenbank mit dem DBCA (Database Configuration Assistant), gibt dieser beim Versuch, die Datenbankdateien in ein ACFS-Dateisystem zu legen, auch eine entsprechende Warnung aus.

17 In diesem Fall setzt man also einfach den Serverparameter `diagnostic_dest` auf ein Verzeichnis innerhalb des ACFS-Dateisystems.

Diese Trennung ist aus Performance-Gründen auch sinnvoll, da ACFS (zumindest in der Version 11.2) kein DirectIO unterstützt.

Das einzige Stück Oracle-Software, das weder von ASM noch von ACFS Gebrauch machen kann, ist das Installationsverzeichnis für die Grid Infrastructure selbst (das Grid Infrastructure Home).

3.5.3 ACFS erstellen und verwalten

Die folgenden Abschnitte stellen zunächst einige Werkzeuge vor, die für die Erstellung und Verwaltung von ACFS-Dateisystemen benutzt werden. Anschließend werden die notwendigen Schritte bis hin zur Erstellung eines ACFS-Dateisystems aufgezeigt. Neben der grafischen Variante (ASMCA) wird stets auch die Benutzung der einschlägigen Kommandozeilenwerkzeuge gezeigt.

Alle Schritte erfolgen – mit wenigen Ausnahmen, die dann jeweils benannt sind – durch den Besitzer des Grid Infrastructure Home (standardmäßig der OS-Benutzer „grid") oder ein anderes Mitglied der OSASM-Gruppe (standardmäßig die OS-Gruppe „asmadmin").

Als grafische Oberfläche steht der *ASM Configuration Assistant (ASMCA)* zur Verfügung, der eine bequeme Verwaltung der ASM-Diskgruppen, Volumes und ACFS-Dateisysteme erlaubt. Als Kommandozeilenwerkzeuge werden das bereits aus früheren Datenbankversionen bekannte `asmcmd` sowie das Werkzeug `acfsutil` verwendet.

ACFS-Volumes erstellen

Ein ACFS-Volume kann nur in einer ACFS-Diskgruppe mit bestimmten Mindestkompatibilitäten erstellt werden.[18] Dabei gelten die folgenden Voraussetzungen:

- `compatible.asm` muss mindestens auf dem Wert 11.2 stehen, d. h., der Versionsstand der zugreifenden ASM-Instanz muss mindenstens die Grid Infrastructure 11.2 sein.
- Auch `compatible.advm` muss mindestens auf dem Wert 11.2 stehen. Diesen Parameter gibt es auch erst seit der Grid Infrastructure 11.2. Er gibt den minimalen Versionsstand des ADVM (ASM Dynamic Volume Managers) an, der die Schnittstelle zwischen ASM und ACFS bildet.
- Für `compatible.rdbms` gilt hingegen keine Mindesteinstellung, d. h., es können auch Datenbanken älterer Versionen auf eine Diskgruppe zugreifen, die ACFS-Volumes enthält.

Erstellt man eine neue Diskgruppe, muss dies also wie folgt aussehen:

```
SQL> CREATE DISKGROUP data
     EXTERNAL REDUNDANCY DISKS '...'
     SET ATTRIBUTE 'compatible.asm'  = '11.2',
                   'compatible.advm' = '11.2';
```

Bereits vorhandene Diskgruppen älterer ASM-Instanzen müssen – nach erfolgreichem Versions-Upgrade der ASM-Instanz – noch angepasst werden:

18 Der Serverparameter `compatible` spielt keine Rolle mehr. Stattdessen werden Kompatibilitätswerte pro Diskgruppe gesetzt.

```
SQL> ALTER DISKGROUP data SET ATTRIBUTE 'compatible.asm'  = '11.2';
SQL> ALTER DISKGROUP data SET ATTRIBUTE 'compatible.advm' = '11.2';
```

Zunächst muss im Rahmen des Freiplatzes einer vorhandenen ASM-Diskgruppe ein Volume erstellt werden. Dabei können mehrere Volumes auf einer Diskgruppe definiert werden, es handelt sich also um eine 1:n-Beziehung.

Abbildung 3.8 zeigt die entsprechende Stelle im ASMCA. Im Reiter *Volumes* können vorhandene Volumes eingesehen und konfiguriert werden. Bei der Erstellung eines neuen Volumes müssen die zugrunde liegende Diskgruppe ausgewählt sowie Name und Größe des Volumes angegeben werden.

Mit SQL*Plus oder mit dem `asmcmd`-Werkzeug lässt sich dasselbe erreichen. Zum Beispiel erzeugt jedes der folgenden Kommandos ein ACFS-Volume namens `myacfsvol` mit der Größe 5 GB in der ASM-Diskgruppe DATA:

```
SQL> ALTER DISKGROUP data ADD VOLUME myacfsvol SIZE 5G;
ASMCMD> volcreate -G DATA -s 5G myacfsvol
```

Das Volume wird im Rahmen der Erstellung auch „enabled", d. h., ADVM blendet eine zugehörige Volume-Datei, die später auch für das Formatieren und Mounten benötigt wird, in das normale Dateisystem ein, z. B. bei Linux unter dem Verzeichnis `/dev/asm`:

```
$ ls -l /dev/asm
brwxrwx--- 1 root asmadmin Sep 12 18:06 myacfsvol-179
```

Die hier vergebene dreistellige Nummer ist über Neustarts hinweg persistent und außerdem konsistent über alle Cluster-Knoten. Dadurch wird ein einfaches automatisches Mounten möglich.

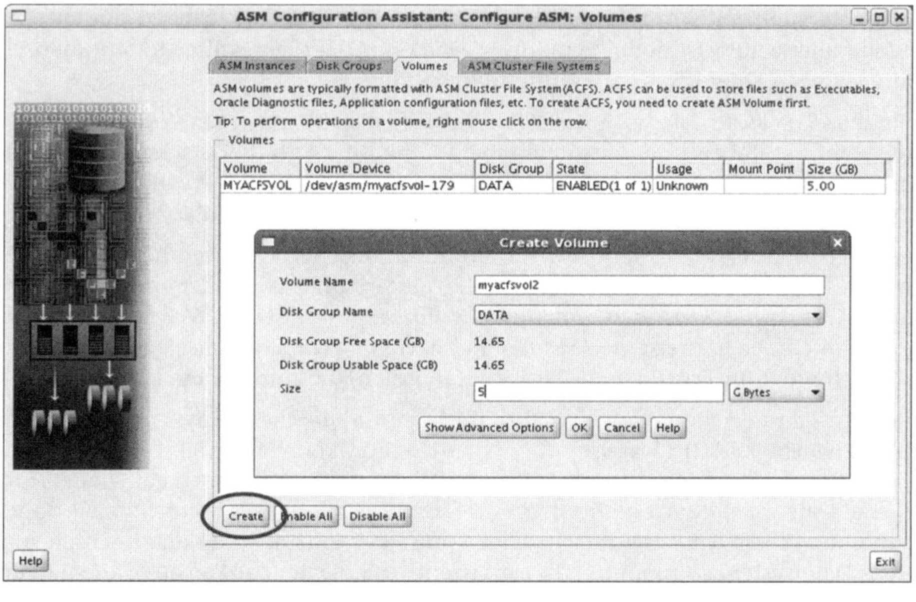

Abbildung 3.8: Erstellen und Verwalten von ACFS-Volumes mit dem ASMCA

Weitere nützliche Kommandos sind:

```
ASMCMD> volstat
ASMCMD> volstat -G DATA
ASMCMD> volinfo -G DATA myacfsvol
ASMCMD> volenable | voldisable -G DATA myacfsvol
```

Damit werden in dieser Reihenfolge

- alle ACFS-Volumes aufgelistet;
- alle ACFS-Volumes der Diskgruppe DATA aufgelistet;
- Informationen zum ACFS-Volume `myacfsvol` in der Diskgruppe DATA geliefert;
- die für das Mounting benötigte Volume-Datei unter `/dev/asm` ein- bzw. ausgeblendet (das Volume wird „enabled“ bzw. „disabled“).

Nach der Erstellung des Volumes kann man dies entweder im ASMCA oder mit den oben genannten Befehlen `volstat` und `volinfo` im `asmcmd`-Werkzeug überprüfen. Oder man nutzt verschiedene V$-Views in der ASM-Instanz. In dieser Situation kommt dafür `V$ASM_VOLUME` infrage, gegebenenfalls im Join mit `V$ASM_DISKGROUP`.

Zwei weitere Views, nämlich `V$ASM_FILESYSTEM` und `V$ASM_ACFSVOLUMES`, klingen zwar ebenfalls vielversprechend, werden aber erst nach dem Erstellen eines Dateisystems und Mounten desselbigen gefüllt.

Wichtig: Das erstellte ACFS-Volume darf nicht weiter partitioniert werden (zum Beispiel mit `fdisk`). Auf die einzelnen Partitionen könnte man auch gar nicht zugreifen, da unter `/dev/asm` nur eine einzige Volume-Datei für das Gesamt-Volume erstellt wird, nicht für jede Partition. Braucht man mehrere Volumes, muss man einfach entsprechend viele Volumes aus einer oder mehreren Diskgruppen erstellen.

ACFS-Dateisysteme erstellen

Ein zuvor erstelltes Volume kann nun mit einem Dateisystem versehen und anschließend auf allen Cluster-Knoten gemountet werden. Außerdem sollte ein automatisches Mounting nach einem Neustart konfiguriert werden.

Im Reiter *ASM Cluster File Systems* des ASMCA lassen sich zum einen vorhandene ACFS-Dateisysteme erstellen und verwalten (siehe Abbildung 3.9). Bei der Erstellung (Abbildung 3.10) muss neben dem zugrunde liegenden ACFS-Volume der zukünftige Mountpoint angegeben werden und ob der Mountpoint „registriert“ werden soll.

Diese Registrierung sorgt nicht nur für ein automatisches Mounten beim Server-Neustart, sondern auch für ein automatisches Mounten auf allen anderen Cluster-Knoten (nach spätestens 30 Sekunden). Der übliche Eintrag in der Datei `/etc/fstab` funktioniert hier nicht, da ja zuerst die ASM-Instanz starten muss. Aus demselben Grunde kann ACFS auch nicht für Dateisysteme verwendet werden, die zum Booten benötigt werden.

Außerdem gibt es neben dem Auswahlpunkt *General Purpose File System*, mit dem einfach ein beliebiges ACFS-Dateisystem erstellt werden kann, noch eine weitere Option *Database Home File System*. Letztere bildet den Spezialfall ab, dass man ein Oracle-Home, also eine Datenbank-Software, in dem ACFS-Dateisystem ablegen möchte. Die Sonderbehandlung dieses Falls ergibt sich daraus, dass die Clusterware darauf achten muss, erst das Dateisystem zu mounten, bevor Listener oder Datenbanken aus diesem Oracle-Home gestartet werden können. Entsprechende Abhängigkeiten werden dann in der Clusterware abgebildet.

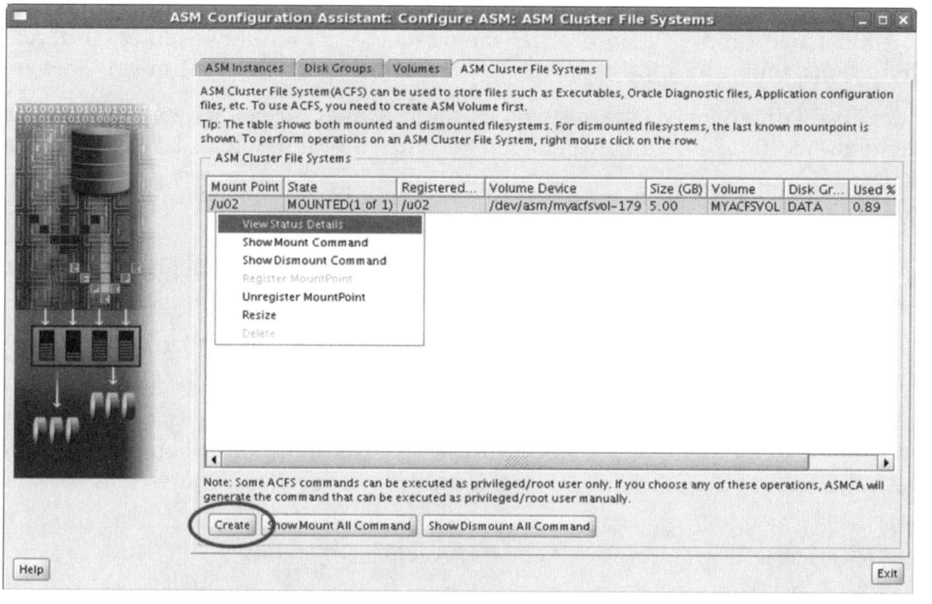

Abbildung 3.9: Übersicht über die ACFS Dateisysteme

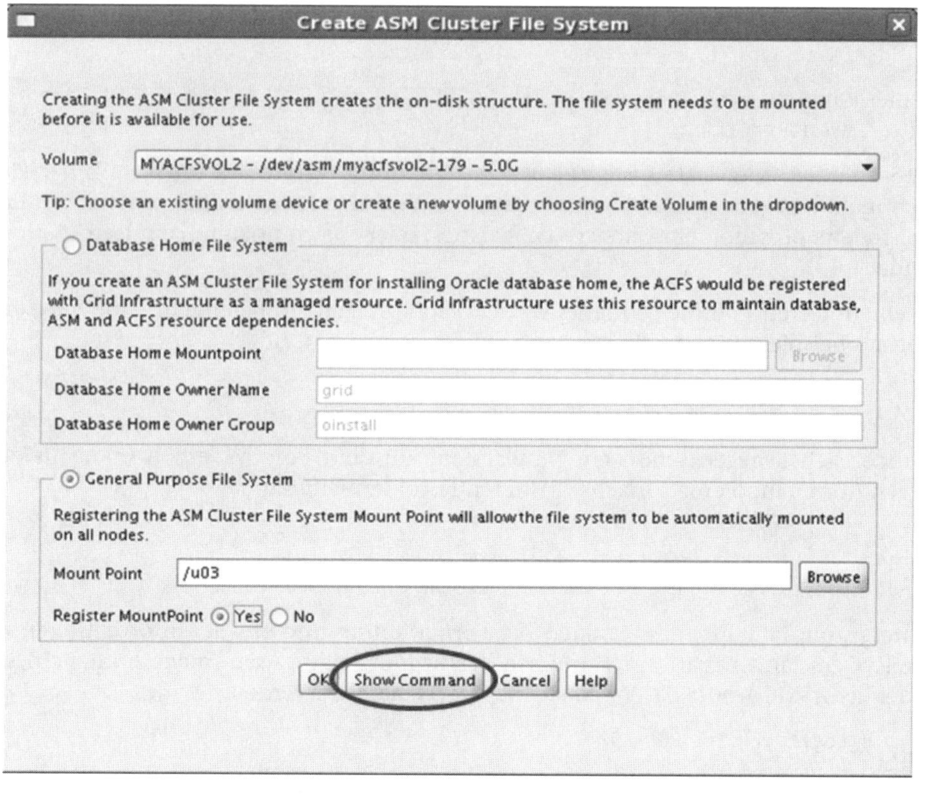

Abbildung 3.10: Erstellen eines neuen Dateisystems

Der Nachteil einer solchen Konfiguration ist allerdings, dass Rolling Upgrade-Verfahren damit nicht mehr möglich sind, daher raten wir von dieser Verwendung eines ACFS-Dateisystems (und ganz allgemein Shared Oracle Homes im Cluster-Umfeld) eher ab.

Bei der Liste vorhandener Dateisysteme fällt auf, dass es für bereits vorhandene Dateisysteme zwei Spalten gibt, die sich auf den Mountpoint für das ACFS-Dateisystem beziehen:

- Unter *Mount Point* wird der aktuelle Mountpoint angegeben.
- Der Eintrag *Registered Mount Point* dagegegen verweist auf denjenigen, der für das automatische Mounting beim Start des Servers benutzt wird.

Bis auf Ausnahmesituationen im Rahmen von Wartungsarbeiten sind in der Praxis beide Pfade identisch.

Die Kommandozeilen-Pendants für die Erstellung des ACFS-Dateisystems sowie das optionale – aber meistens sinnvolle – Registrieren des Mountpoints lassen sich aus dem ASMCA heraus mit dem Button „Show Command“ erzeugen und lauten beispielsweise:

```
$ /sbin/mkfs -t acfs /dev/asm/myacfsvol-179
$ /sbin/acfsutil registry -a -f /dev/asm/myacfsvol-179 /u02
```

Nun sollte das Dateisystem mit normalen Betriebssystemkommandos sichtbar sein, beispielsweise:

```
$ df -k /u02
Filesystem              1K-blocks      Used Available Use% Mounted on
/dev/asm/myacfsvol-179    6291456    102380   6189076   2% /u02
```

Ab hier können auch die Views `V$ASM_FILESYSTEM` und `V$ASM_ACFSVOLUMES` zur Kontrolle verwendet werden.

ACFS-Volumes und -Dateisysteme können dynamisch vergrößert und – falls der Platz noch nicht belegt ist – verkleinert werden. Das Verfahren ist allerdings unterschiedlich, je nachdem, ob schon ein Dateisystem existiert oder es sich noch um ein leeres Volume handelt:

Bei einem leeren Volume genügt einer der beiden folgenden Befehle für eine Vergrößerung auf beispielsweise 8 GB:

```
ASMCMD> volresize -G data -s 8G myacfsvol
SQL> ALTER DISKGROUP DATA RESIZE VOLUME myacfsvol SIZE 8G;
```

Befindet sich dagegen schon ein Dateisystem auf dem Volume, erhält man mit dem obigen Kommando eine zunächst irritierende Fehlermeldung:

```
SQL> ALTER DISKGROUP data RESIZE VOLUME myacfsvol SIZE 8G;
ORA-15032: not all alterations performed
ORA-15476: resize of ACFS volume must use ACFS resize command
```

Hintergrund dafür ist, dass ja auch die Formatierung und Header-Informationen des Dateisystems angepasst werden müssen. Dafür muss stattdessen (nicht zusätzlich) entweder der ASMCA oder das Werkzeug `acfsutil` benutzt werden:

```
$ /sbin/acfsutil size 8G /u02
```

Ein manuelles Mounten und Unmounten des Dateisystems ist durch einen root-Benutzer mit den Standardbefehlen hierfür möglich, wobei – wie bei der Erstellung auch – der neue Dateisystemtyp „acfs" verwendet wird:

```
$ mount -t acfs /dev/asm/myacfsvol-179 /u02
$ umount /u02
```

ACFS-Snapshots

ACFS bietet die Möglichkeit, für jedes Dateisystem bis zu 63 *Read-Only-Snapshots* zu erstellen. Diese werden mithilfe der *Copy on Write*-Technik implementiert, d. h., bei der Erstellung wird nur Metainformation über den Snapshot gespeichert. Erst wenn sich Daten ändern, werden die alten Blockinhalte („Before-Image") zuvor gesichert. Verglichen mit der Oracle-Datenbank funktionieren die Snapshots also wie Flashback-Abfragen.

Um beispielsweise für das unter `/u02` gemountete ACFS-Dateisystem einen Snapshot namens „mysnapshot1" zu erstellen, genügt folgender Befehl:

```
$ /sbin/acfsutil snap create mysnapshot1 /u02
```

Der Inhalt zum Zeitpunkt des Snapshots wird daraufhin unter folgendem Pfad eingeblendet und kann dort zum Beispiel von Backup-Werkzeugen für eine konsistente, statische Ansicht verwendet werden:

```
/u02/.ACFS/snaps/mysnapshot1
```

Neben der View `V$ASM_ACFSSNAPSHOTS` liefert entsprechend auch dieser Befehl eine Auflistung aller Snapshots für den Mountpoint `/u02`:

```
$ ls /u02/.ACFS/snaps
```

Etwas genauere Informationen zu Snapshots, insbesondere über den Speicherplatzverbrauch, erhält man mit einer weiteren Variante des `acfsutil`-Werkzeugs:

```
$ /sbin/acfsutil info fs /u02
/u02
    ACFS Version: 11.2.0.1.0.0
    flags:        MountPoint,Available
    mount time:   Mon Sep 21 15:41:36 2009
    volumes:      1
    total size:   6442450944
    total free:   6337613824
    primary volume: /dev/asm/myacfsvol-179

... lots of stuff ...

number of snapshots:  1
snapshot space usage: 32768
```

Snapshots können in beliebiger Reihenfolge wieder gelöscht werden, wobei Dateien oder Verzeichnisse des Snapshots nicht mehr geöffnet sein dürfen, insbesondere müssen entsprechende Shells geschlossen werden oder in ein anderes Verzeichnis wechseln:

```
$ /sbin/acfsutil snap delete mysnapshot1 /u02
```

Backup von ACFS-Dateisystemen

Für die Sicherung von ACFS-Dateisystemen kommt jede Sicherungssoftware infrage, die Standard-Dateisystem-APIs benutzt, also einfach Read- oder Write-Operationen ausführt.

Die Benutzung anderer Schnittstellen, z. B. VSS (Volume Shadow Copy Service) auf Windows-Rechnern, ist für ACFS nicht unterstützt.

Um eine konsistente Sicherung durchzuführen, bietet sich die Benutzung der ACFS-Snapshots an. Durch ein kleines Integrationsskript ist es einfach möglich, einen ACFS-Snapshot zu erstellen, das Backup von diesem Snapshot durchzuführen und den Snapshot anschließend zu löschen.

Es ist zu hoffen, dass es in Zukunft eine explizite Liste in der Art einer Zertifizierungsmatrix für geeignete Backup-Software geben wird.

3.6 Storage im Cluster-Umfeld

Als Storage-Lösung kommt naturgemäß nur eine SAN- oder NAS-basierte Speicherung infrage. Im High-End-Bereich dominieren SANs. Abgesehen davon kommen NAS-File-Server bei richtiger Konfiguration auf ähnliche Performance-Werte und stellen somit eine interessante, kostengünstige Alternative dar. Hier muss allerdings genau geprüft werden, welche NAS-Server von Oracle unterstützt und zertifiziert sind. Typische Beispiele sind die NetApp FAS-Server, EMC^2 Celerra, IBM N Series oder die Sun StorageTek 5000 Series. Standard-NFS (als Unix-Service) oder Samba-Dienste sind hingegen nicht unterstützt.[19]

Da bei RAC-Datenbanken ein gleichzeitiger Zugriff der beteiligten Instanzen stattfindet, muss die Speicherung der Datenbank-Dateien auf einem cluster-fähigen Dateisystem erfolgen. Bei neuen Installationen fällt die Wahl dabei meistens auf ASM, da es ohnehin Teil der Datenbank-Software ist, also keine zusätzlichen Lizenzkosten anfallen, andererseits auch eine sehr gute Performance und einen hohen technischen Reifegrad hat. ASM ist in Abschnitt 3.4 genauer beschrieben.

Alternativ zu ASM gab und gibt es für Unix und Linux vorrangig das *Veritas Cluster File System (VxFS)* als Teil der *Veritas Storage Foundation for Oracle RAC*[20].

Für Linux-Systeme bietet Oracle außerdem *OCFS2*, die zweite Version des *Oracle Cluster File Systems*. Dabei handelt es sich um ein quelloffenes[21], POSIX-konformes, echtes Cluster-Dateisystem mit Journaling-Funktionen. Im Gegensatz zur Vorgängerversion OCFS ist OCFS2 ein General-Purpose-Dateisystem, es unterstützt also beliebige Anwendungen und Dateien auch außerhalb der Oracle-Datenbank. Entsprechenden Support für OCFS2 bieten sowohl Oracle selbst im Rahmen des Unbreakable Linux Network – aber auch für Kunden mit Redhat Enterprise Linux und Datenbank-Software – als auch Novell für Kunden mit SUSE Linux Enterprise Server.

19 Zu dieser Regel gibt es eine kleine, aber wichtige Ausnahme im Kontext von Voting-Disks, die in Abschnitt 3.6.3 beschrieben ist.

20 ehemals Veritas Database Edition Advanced Cluster (DBAC)

21 Der Quellcode für OCFS2 ist unter der GNU General Public License (GPL) Version 2 verfügbar.

Angesichts der besseren Plattformverfügbarkeit, der eindeutigeren Support-Situation sowie der strategischen Bevorzugung von ACFS dürfte OCFS2 aber langfristig eher ein Auslaufmodell darstellen. Wer dennoch weitere Informationen darüber sucht, findet diese gebündelt auf der Seite:

`http://oss.oracle.com/projects/ocfs2/`

Bis zur Datenbankversion 11gR1 bestand der Vorteil eines echten Cluster-Dateisystems im Gegensatz zu ASM vor allem darin, dass es:

- auch für Zwecke außerhalb der Datenbank benutzt werden kann,
- eine einfachere Dateiverwaltung als ASM bietet,
- die Speicherung zum Beispiel externer Tabellen oder sogenannte BFILEs[22] im RAC-Umfeld ermöglicht.

Hier muss jeweils im Einzelfall entschieden werden, ob diese Vorteile die ggf. zusätzlichen Lizenzkosten aufwiegen. Mit der Datenbankversion 11gR2 hat sich die argumentative Waagschale aber weiter in Richtung ASM verschoben, da dies jetzt mit ACFS auch als General-Purpose-Dateisystem verwendbar ist.

Die Datenbank-Software, also die Oracle-Homes für Datenbank, ASM und Clusterware, sollten möglichst nicht auf einem zentralen Storage liegen, sondern auf lokalen Verzeichnissen. Der Vorteil dabei ist, dass Rolling Upgrades und Patches durchgeführt werden können, ohne dass der gesamte Cluster heruntergefahren werden muss. Nachteilig ist natürlich der höhere Gesamtaufwand solcher Wartungsarbeiten.

Wichtig: Damit Rolling Upgrades und Patches auch für die ASM-Software möglich sind, muss diese jeweils in einem separaten Oracle-Home installiert sein. Eine Speicherung zusammen mit der Datenbank-Software sollte also vermieden werden. Für die Clusterware gilt dasselbe, hier ist ein separates Oracle-Home aber ohnehin zwingend erforderlich.

3.6.1 ASM und ACFS

Mehr und mehr setzt sich Oracles *Automatic Storage Management*, gerade im Cluster-Umfeld, als Storage-Lösung durch. Seit der Version 11gR2 ist es nicht nur zur Speicherung von Datenbankdateien, sondern auch für sonstige Dateien im Umfeld der Oracle-Datenbank oder auch komplett unabhängig von der Oracle-Datenbank einsetzbar.

Diese beiden Techniken sind in den Abschnitten 3.4 und 3.5 im Detail beschrieben. Ihr Einsatz im Cluster-Umfeld sollte in jedem Falle geprüft werden.

Hat es man mit einer RAC-Datenbank auf Basis der Oracle Standard Edition zu tun, ist die Verwendung von ASM, ggf. zusammen mit ACFS, sogar die einzige unterstützte Storage-Variante.

---

22 In beiden Fällen werden in der Datenbank lediglich Zeiger auf eine Datei im Dateisystem gespeichert. Diese Datei enthält die eigentlichen Daten. Für den Benutzer ist es aber nicht ersichtlich, dass die Daten nicht aus der Datenbank kommen, sondern lediglich „durchgereicht“ werden.

3.6.2 Oracle Cluster File System

Das angesprochene OCFS2-Dateisystem wird mittlerweile bei SLES-Distributionen als integrierter Bestandteil ausgeliefert. Für RHEL (und damit auch OEL) finden sich auf den Oracle-Seiten entsprechende RPM-Pakete zum Herunterladen.

Nach der Installation auf allen Cluster-Knoten liegen zwei neue Services – „o2cb" und „ocfs2" – im Verzeichns `/etc/init.d`.

Der o2cb-Dienst konfiguriert und startet die O2CB-Clusterware, die insbesondere Aufgaben wie Distributed Lock Management (DLM) oder Heartbeating übernimmt, um eine Kommunikation der Cluster-Knoten untereinander zu ermöglichen. Der Dienst ocfs2 übernimmt beim Server-Start das Mounten der OCFS2-Partitionen, so dies vorher konfiguriert wurde.

Achtung: Die O2CB-Clusterware hat nichts mit der „Oracle Clusterware" zu tun, die als Basis für Oracle RAC und ASM dient. Es handelt sich vielmehr um eine eigenständige Clusterware, die ausschließlich OCFS2 bedient.

Prinzipiell kann OCFS2 auch als normales Dateisystem (ohne Clustering) verwendet werden. In diesem Fall wird der gesamte O2CB-Stack nicht benötigt, und es kann unmittelbar nach der Installation ein Dateisystem angelegt werden, z. B. auf `/dev/sdb1`. Die Option `-M local` gibt an, dass es sich um ein nicht-geclustertes Dateisystem handelt, so dass auch für weitere Aktionen wie Mounten nicht auf laufende Clusterware getestet wird:

```
$ mkfs.ocfs2 -M local -L "myocfs2" -b 4K -C 128K /dev/sdb1
mkfs.ocfs2 1.2.7
Filesystem label=myocfs2
Block size=4096 (bits=12)
Cluster size=131072 (bits=17)
Volume size=4293525504 (32757 clusters) (1048224 blocks)
2 cluster groups (tail covers 501 clusters, rest cover 32256 clusters)
Journal size=67108864
Initial number of node slots: 1
Creating bitmaps: done
Initializing superblock: done
Writing system files: done
Writing superblock: done
Writing backup superblock: 1 block(s)
Formatting Journals: done
Writing lost+found: done
mkfs.ocfs2 successful

$ mount -t ocfs2 /dev/sdb1 /ocfs

$ df -k /dev/sdb1
Filesystem    1K-blocks      Used Available Use% Mounted on
/dev/sdb1       4192932     71636   4121296   2% /ocfs
```

Der Normalfall wird aber wohl eher die Benutzung als Cluster-Dateisystem sein. Dazu muss zunächst die O2CB-Clusterware ans Laufen gebracht werden. Die folgenden Schritte müssen als root-Benutzer genau in dieser Reihenfolge durchlaufen werden:

1. Initiales Aktivieren der O2CB-Clusterware. Es ist noch keine Cluster-Konfiguration vorhanden, die Fehlermeldung in der letzten Zeile ist daher nicht zu beanstanden.

```
$ /etc/init.d/o2cb online
Mounting configfs filesystem at /sys/kernel/config: OK
Loading module "ocfs2_dlmfs": OK
Mounting ocfs2_dlmfs filesystem at /dlm: OK
Checking O2CB cluster configuration : Failed
```

2. Initiale Konfiguration der O2CB-Clusterware. Hier wird ein Name für den Cluster vergeben (standardmäßig „ocfs2") und festgelegt, ob die Clusterware beim Starten des Servers automatisch mitgestartet wird.

   Wichtig: Eine Standardkonfiguration via `chkconfig` reicht hierfür nicht aus! Es muss zusätzlich im unten stehenden Dialog die Option `Load O2CB driver on boot` ausgewählt werden, ansonsten bleiben nachfolgende Aufrufe der Form `./o2cb start` ohne Effekt!

```
$ /etc/init.d/o2cb configure
Configuring the O2CB driver.

This will configure the on-boot properties of the O2CB driver.
The following questions will determine whether the driver is loaded on
boot.  The current values will be shown in brackets ('[]').  Hitting
<ENTER> without typing an answer will keep that current value.  Ctrl-C
will abort.

Load O2CB driver on boot (y/n) [n]: y
Cluster to start on boot (Enter "none" to clear) [ocfs2]: mycluster
Specify heartbeat dead threshold (>=7) [31]:
Specify network idle timeout in ms (>=5000) [30000]:
Specify network keepalive delay in ms (>=1000) [2000]:
Specify network reconnect delay in ms (>=2000) [2000]:
Writing O2CB configuration: OK
Checking O2CB cluster configuration : Failed
```

3. Definition der Cluster-Knoten. Dies geht am bequemsten über die OCFS2-Konsole (siehe Abbildung 3.11).

```
$ ocfs2console
```

   Alternativ lässt sich dieser Vorgang über das Kommandozeilenwerkzeug `o2cb_ctl` skripten.

   Wichtig ist: Der Knotenname muss mit dem Hostnamen identisch sein (die Domäne kann aber weggelassen werden). Die angegebene IP-Adresse muss einer Netzwerkkarte des Knotens zugeordnet sein. Im Zusammenhang mit RAC empfiehlt sich hier die private Adresse für den Interconnect. Der gewählte TCP-Port muss firewall-technisch zwischen den Knoten freigeschaltet sein.

   Im Hintergrund wird nun die Datei `/etc/ocfs2/cluster.conf` erstellt, die auf allen Knoten identisch sein muss. Diese Datei sollte also entweder manuell oder über den Menüpunkt „Propagate Configuration" in der OCFS2-Konsole verteilt werden.

4. Erstellen eines Cluster-Dateisystems. Dies kann wahlweise über die OCFS2-Konsole oder per Kommandozeile geschehen:

```
$ mkfs.ocfs2 -M cluster -L "myocfs2" -b 4K -C 128K /dev/sdb1 -N 4
```

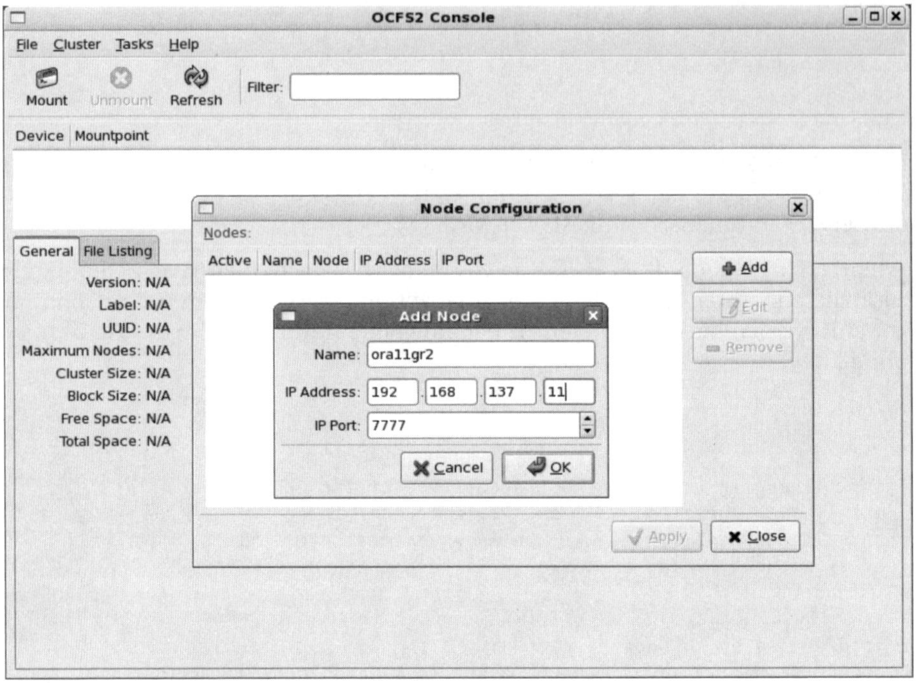

Abbildung 3.11: Definition der Cluster-Knoten mit der OCFS2-Konsole

Hierdurch wird ein Cluster-Dateisystem mit dem Namen `myocfs2` erstellt. Über die Option `-N` wird die Anzahl der Node Slots konfiguriert, d. h. die Anzahl der Cluster-Knoten, die gleichzeitig dieses Dateisystem mounten können. Die Zahl kann nachträglich erhöht, aber nicht verringert werden, wahlweise über die Konsole oder per Kommandozeile `tunefs.ocfs2`. Der Wert sollte nicht unnötig hoch angesetzt werden, da je eine Journal-Datei pro Node Slot benötigt wird und jede Journal-Datei typischerweise zwischen 64 MB und 256 MB Speicherplatz benötigt.

Beim Erstellen eines OCFS2-Dateisystems können mit den Parameteren `-b` und `-C` die Block- und die Cluster-Größe angegeben werden. Für die Blockgröße – die kleinste Speicherungseinheit für Metadaten – empfiehlt sich praktisch immer eine Größe von 4 KB. Für die Cluster-Größe – die kleinste Speicherungseinheit für die eigentlichen Nutzdaten – kann meistens derselbe Wert genommen werden. Für Oracle-Datenbankdateien sollte die Clustergröße aber nicht kleiner sein als die Datenbank-Blockgröße, also z. B. standardmäßig 8 KB, auch etwas größere Werte (16 KB, 32 KB) sind problemlos. Beide Werte können nachträglich nicht geändert werden.

Wie gesagt, handelt es sich bei OCFS2 um ein Journaling-Dateisystem, was den Vorteil einer kürzeren MTTR (Mean Time to Recovery) bietet, aber den Overhead der Journaling-Dateien mit sich bringt. Diese Journaling- und einige weitere interne Dateien werden normalerweise ausgeblendet, können aber mit dem Kommando `debugfs.ocfs2` wie folgt sichtbar gemacht werden (aus Platzgründen sind in dem folgenden Listing einige Zeilen und Spalten abgeschnitten):

```
$ debugfs.ocfs2 -R "ls -l //" /dev/sdb1
        67108864 13-Mar-2009 11:26 journal:0000
        67108864 13-Mar-2009 11:26 journal:0001
        67108864 13-Mar-2009 11:26 journal:0002
        67108864 13-Mar-2009 11:26 journal:0003
```

Eine Übersicht, welche OCFS2-Dateisysteme auf welchen Knoten gemountet sind, erhält man wie folgt:

```
$ mounted.ocfs2 -f
Device       FS     Nodes
/dev/sdb1    ocfs2  ora11gr2

$ mounted.ocfs2 -d
Device       FS     UUID                                  Label
/dev/sdb1    ocfs2  cd3d6581-845e-4397-adcb-f606d20f935e  myocfs2
```

Jeder Knoten meldet sich beim Booten per Heartbeat bei den anderen Knoten. Die O2CB-Clusterware überwacht den Cluster mithilfe dieser Heartbeats und dauerhaften TCP-Verbindungen zwischen den Knoten. Hat ein Knoten zu weniger als der Hälfte aller Knoten, die er über Heartbeats kennt, eine solche Verbindung, zwingt er sich selbst in einen Reboot („I/O-Fencing").

Für den Grenzfall, dass der Knoten mit genau der Hälfte der anderen Knoten verbunden ist, überlebt er, solange er den Knoten mit der kleinsten Knotennummer sieht. Diese Knotennummer wird von der OCFS2-Konsole automatisch vergeben, kann aber manuell durch Anpassen der Datei `/etc/ocfs2/cluster.conf` geändert werden.

Wird OCFS2 im RAC-Umfeld verwendet, empfiehlt es sich – da die RAC-Clusterware einen ähnlichen Fencing-Mechanismus verwendet –, dass RAC- und O2CB-Clusterware denselben Knoten mit der kleinsten Knotennummer verwenden. Ansonsten könnte es – wenn auch mit sehr geringer Wahrscheinlichkeit – zu widersprüchlichen Entscheidungen der beiden Clusterwares kommen, die zu unnötigen Knoten-Reboots führen.

3.6.3 OCR und Voting-Disks

Zwei spezielle „Dateien" werden für eine RAC-Umgebung benötigt und müssen ebenfalls zentral für alle Instanzen sichtbar sein:

Die Oracle Cluster Registry (OCR) enthält die aktuelle, verbindliche Konfiguration des Clusters inklusive aller Datenbanken, Instanzen, Listener, virtuellen IP-Adressen, Services etc.

Die Voting Disk(s) helfen bei der Lösung bestimmter Cluster-Probleme, z. B. sogenannter „Split Brain"-Situationen.

Bis zur Datenbankversion 11gR1 konnten sowohl OCR als auch Voting-Disks nicht in ASM gespeichert werden. Um nicht lediglich dafür doch noch ein teures Cluster-Dateisystem zu benötigen, wurden und werden hier häufig Raw-Devices, NFS oder – auf Linux – OCFS2 zur Speicherung benutzt. Die Version 11gR2 schafft hier Abhilfe, d. h., OCR und Voting Disks können nun ebenfalls in ASM abgelegt werden.

Bei den Voting-Disks stellt sich aber grundsätzlich noch eine weitere Herausforderung: Damit diese ihre Funktion sinnvoll erfüllen können, müssen mindestens drei Voting-Disks an physikalisch unabhängigen Storage-Arrays vorliegen. Häufig sind aber nur zwei

Storage-Arrays vorhanden, z. B. zwei Rechenzentren. Für diesen Fall ist es ab der Clusterware-Version 10.2.0.2 unterstützt, eine dritte Voting-Disk (und nur diese!) auf einem Standard-NFS-Server zu betreiben.

Wichtig: Wenn RAC mit der Oracle Standard Edition benutzt wird, ist eine Speicherung aller Datenbank-Dateien (außer OCR und Voting-Disks) in ASM grundsätzlich die einzige unterstützte Variante! Bis einschließlich Version 11gR1 müssen OCR und Voting-Disks in diesem Fall auf Raw- bzw. Block-Devices gespeichert werden (OCFS ist ebenfalls nicht unterstützt).

3.7 Besonderheiten im Cluster-Umfeld

Im Folgenden werden einige Spezialitäten behandelt, die für eine Oracle RAC-Datenbank zu beachten sind. Bei Oracle RAC handelt es sich um eine active/active-Cluster-Lösung auf Basis einer „Shared All"-Plattenarchitektur. Zwei oder mehr Oracle-Instanzen, die auf unterschiedlichen Knoten laufen, teilen sich eine zentrale Datenbank (siehe auch Kapitel 12.3). Diese Konfiguration ist für die meisten Plattformen freigegeben, hat aber zusätzliche hard- und softwaretechnische Anforderungen im Vergleich zu Single-Instance-Datenbanken.

3.7.1 Netzwerk und Interconnect

Zunächst einmal benötigen die Instanzen eine direkte Kommunikationsmöglichkeit, den sogenannten Interconnect. Dabei muss es sich um ein privates Netzwerk zwischen den beteiligten Knoten handeln. Hierfür wird meistens Gigabit Ethernet verwendet, gelegentlich auch Infiniband. Außerdem gibt es zunehmenden Support für 10-Gb-Ethernet. Da der Interconnect eine hochkritische Komponente darstellt, empfehlen sich zwecks Ausfallsicherheit Techniken zur Zusammenschaltung mehrerer Netzwerk-Ports, also NIC-Bonding oder -Teaming, IPMP, EtherChannel oder IEEE 802.3ad.

Die Verbindung muss (auch in einem 2-Knoten-Cluster) zwingend über einen Switch erfolgen, eine direkte Verbindung mittels Crossover-Kabel ist nicht unterstützt.[23] Für den Interconnect sollte in jedem Fall eine dedizierte Netzwerkkarte benutzt werden, damit die erforderliche Bandbreite garantiert ist.

In einer RAC-Konfiguration enthält also jeder Knoten mindestens zwei Netzwerkkarten: je eine für den Interconnect (Private IP-Adresse) und für die normale Kommunikation mit Clients (Public IP-Adresse). Im Laufe der Installation der Oracle-Clusterware wird jedem Knoten eine weitere, virtuelle IP-Adresse zugewiesen und die Netzwerkkarte mit der Public IP-Adresse gebunden. Gegebenenfalls gibt es noch weitere Netzwerkkarten im Rahmen von NIC-Bonding oder für ein Management-LAN, mit dem Administratoren sich auch bei einer hohen Netzbelastung noch an den Server verbinden können.

Bei der Installation und auch bei späteren Patches der Datenbank-Software wird der Installer auf einem beliebigen Knoten ausgeführt. Dort wird die Software installiert und anschließend per SCP auf die anderen Knoten geschoben. Damit das funktioniert, müssen für die einschlägigen OS-Benutzer (z. B. `oracle` und `grid`) SSH-Logins von jedem

23 Für reine Testszenarien ist natürlich eine Crossover-Verbindung ein gangbarer Weg, und technisch kann der Oracle-Kernel ohnehin nicht zwischen einer direkten und einer geswitchten Verbindung unterscheiden. Aber eine direkte Verbindung wird von Oracle eben nicht unterstützt.

Knoten auf jeden anderen Knoten ohne interaktiven Eingriff möglich sein. Dies wird erreicht, indem vor der Erstinstallation für jeden betreffenden OS-Benutzer folgende Prozedur durchlaufen wird:

1. Zunächst wird ggf. ein Schlüsselpaar (Public Key und Private Key) erzeugt, z. B.:

   ```
   $ ssh-keygen -t rsa
   ```

   Wichtig hierbei ist, dass keine Passphrase benutzt wird, da diese ja einen interaktiven Eingriff beim Login erzwingen würde.

2. Die SSH-Konfiguration inklusive des erzeugten Schlüsselpaars liegt standardmäßig im Verzeichnis `~/.ssh` des Benutzers. Dort findet sich der Public Key in der Datei `id_rsa.pub`. Die Public Keys aller Cluster-Knoten müssen nun in eine einzige Datei namens `authorized_keys` konkateniert werden. Dazu läuft man einfach der Reihe nach durch alle Knoten und hängt den Public Key des jeweiligen Knotens hinten an, z. B. mittels:

   ```
   $ cat id_rsa.pub >> authorized_keys
   ```

   Die Datei `authorized_keys` muss jedes Mal auf den nächsten Cluster-Knoten weitergeschoben werden, z. B. auch mittels SCP.

3. Die so gebildete, vollständige Datei `authorized_keys` muss nun wiederum auf alle Knoten verteilt werden, jeweils in das Verzeichnis `~/.ssh`.

4. Zum Schluss sollte man peinlich genau die Rechte der einzelnen Konfigurationsdateien überprüfen: `authorized_keys`, `known_hosts` und `*.pub` müssen die Rechte-Bitmap 644 haben, alle anderen Dateien die Rechte-Bitmap 600. Ansonsten weigert sich SSH grundsätzlich, entsprechende Authentifizierungen durchzuführen, gibt aber meistens keine sprechenden Fehlermeldungen aus!

5. Nun sollte von einem beliebigen Cluster-Knoten aus der Login auf einen beliebigen anderen Knoten durchgeführt und ggf. jeweils der Host-Schlüssel des Zielknotens akzeptiert werden.

6. Anschließend sollte derselbe Login ohne jeden interaktiven Eingriff (keine Eingabe von Passwort oder Passphrase, keine Bestätigung des Host-Schlüssels) durchgehen:

   ```
   $ ssh oranode2
   ```

3.7.2 Cluster-Software

Grundsätzlich können als Cluster-Software plattformspezifische Lösungen wie Solaris Cluster, HP Serviceguard mit der zugehörigen „Extension for RAC", IBM HACMP oder TruCluster sowie der Veritas Cluster Server als Teil der Veritas Storage Foundation for Oracle RAC verwendet werden. Trotzdem ist in den letzten Jahren ein deutlicher Trend hin zur Verwendung der Oracle-Clusterware zu beobachten. Wesentliche Gründe hierfür sind:

- Die Oracle Clusterware ist in der Datenbank-Software inkludiert, es fallen also keine weiteren Lizenzkosten an.
- Selbst wenn eine anderweitige Cluster-Software bereits lizenziert und installiert ist, muss seit der Datenbankversion 10g die Oracle Clusterware zusätzlich darüber installiert werden. Dadurch erhöht sich die Komplexität der Umgebung deutlich.

- Für RAC-Umgebungen auf Linux oder MS-Windows ist Oracle Clusterware die einzige zertifizierte Lösung.
- Für RAC mit der Oracle Standard Edition ist Oracle Clusterware die einzige unterstützte Variante.

3.7.3 Cluster Verification Utility

Eines der nützlichsten Werkzeuge im Zusammenhang mit Cluster-Installationen ist das *Cluster Verification Utility (CVU)*, das auf dem Installationsmedium der Oracle Clusterware mit ausgeliefert wird, aber auch separat über die Oracle-Webseite heruntergeladen werden kann. Außerdem wird es im Rahmen der Oracle Clusterware mit installiert. Es ist für die Plattformen Linux, Solaris, HP-UX, AIX und MS-Windows verfügbar.

CVU verifiziert die Konfiguration der für den RAC-Betrieb benötigten Infrastruktur, z. B. benötigte Betriebssystem-Packages und Kernel-Parameter, die korrekte SSH-Konfiguration, Zugriff auf Shared Storage etc. Die Überprüfung kann adhoc für eine bestimmte Komponente oder – am Arbeitsablauf einer Installation orientiert – für eine bestimmte Installations- oder Konfigurationsphase passieren.

Technisch gesehen handelt es sich beim CVU um ein Shell-Skript namens `cluvfy` mit einem Java-basierten Back-End. Die Installation und Ausführung des CVU geschieht mit dem Software-Owner der Clusterware-Software, also z. B. dem OS-Benutzer `grid`, `crs` bzw. `oracle`.

Für eine separate Installation muss zunächst ein Installationsverzeichnis angelegt werden, z. B. `~/cvu`. Dieses wird im Folgenden als CV-Home bezeichnet. Die von der Oracle-Seite heruntergeladene Zip-Datei wird einfach dorthin kopiert und ausgepackt. Auf Linux findet sich in einem der Unterverzeichnisse ein RPM-Paket namens `cvuqdisk`, das vor Benutzung des CVU noch installiert werden muss.

Wie gesagt wird im Rahmen einer Clusterware-Installation das CVU mit installiert. In diesem Fall ist das CV-Home mit dem Clusterware-Home identisch. Trotzdem empfiehlt es sich, immer die aktuellste Version von der Oracle-Seite zu benutzen, da auch das CVU ständig weiterentwickelt wird.

Testweise sollte sich das Werkzeug nun wie folgt aufrufen lassen (mit `/u01/app/grid` als Clusterware- bzw. CV-Home):

```
$ /u01/app/grid/bin/cluvfy

USAGE:
cluvfy [-help]
cluvfy stage {-list|-help}
cluvfy stage {-pre|-post} <stage-name> <stage-specific options>  [-verbose]
cluvfy comp  {-list|-help}
cluvfy comp  <component-name> <component-specific options>  [-verbose]
```

Im Folgenden wird eine Übersicht über die wichtigsten Tests im Umfeld von Hardware- und Betriebssystemkonfiguration gegeben. Bei einigen Tests müssen die geplante OSDBA-Gruppe und Oracle Inventory-Gruppe übergeben werden. In den Beispielen lauten diese jeweils `dba` bzw. `oinstall`.

In jedem Fall muss außerdem die Knotenliste als kommaseparierte Liste der Hostnamen der Cluster-Knoten übergeben werden. Um diese Liste nicht jedes Mal eingeben zu müssen, kann alternativ das Schlüsselwort „all“ eingesetzt und über die Umgebungsvariable CV_NODE_ALL die tatsächliche Knotenliste hinterlegt werden.

Optional kann immer die Option `-verbose` ergänzt werden, um mehr Details zu erhalten.

SSH-Konnektivität und Benutzerrechte Damit wird getestet, ob für den angemeldeten Benutzer vom lokalen Knoten aus alle anderen Knoten ohne interaktiven Eingriff per SSH erreichbar sind:

```
$ cluvfy comp admprv -n <Knotenliste> -o user_equiv
  -sshonly
```

Ob außerdem die Benutzerrechte für eine Installation der Clusterware oder Datenbank-Software ausreichen, lässt sich mit folgenden Tests feststellen:

```
$ cluvfy comp admprv -n <Knotenliste> -o crs_inst
  -orainv oinstall
$ cluvfy comp admprv -n <Knotenliste> -o db_inst
  -osdba dba
```

Systemanforderungen Um Kernel-Parameter, Betriebssystem-Packages, OS-Benutzer und Gruppenzugehörigkeiten zu verifizieren, stehen folgende Aufrufe zur Verfügung:

- Für die Installation der Clusterware:

```
$ cluvfy comp sys -n <Knotenliste> -p crs -osdba dba
  -orainv oinstall
```

- Für die Installation der Datenbank-Software:

```
$ cluvfy comp sys -n <Knotenliste> -p crs -osdba dba
  -orainv oinstall
```

Da die Anforderungen je nach Software-Version unterschiedlich sind, muss für die Verifikation älterer Versionen zusätzlich der Parameter „-r“ gesetzt werden.

Diese und einige weitere Komponententests werden von dem Phasentest `hwos`[24] zusammengefasst, der eine abschließende Verifikation nach einer Hardware- und Betriebssysteminstallation durchführt:

```
$ cluvfy stage -post hwos -n <Knotenliste>
```

Ähnliche Tests überprüfen z. B. die Konfiguration vor oder nach der Clusterware-Installation bzw. vor der Installation der Datenbank-Software:

```
$ cluvfy stage -pre crsinst -n <Knotenliste>
  -c <OCR-Lokation> -q <Voting-Disk>
  -osdba dba -orainv oinstall
$ cluvfy stage -post crsinst -n <Knotenliste>
$ cluvfy stage -pre dbinst -n <Knotenliste> -osdba dba
```

Beginnend mit der Datenbankversion 11gR2 können einige der Tests im Falle eines Fehlschlags auch sofort eine Art Reparaturanleitung ausgeben, ein sogenanntes Fixup-Skript. Allerdings ist der Umfang dieser Maßnahmen bisher noch recht begrenzt, konkret werden Fixup-Skripte für die folgenden Konfigurationsaufgaben erzeugt:

---

24 `hwos` steht für Hardware + Operating System

- Erzeugen identischer Benutzer und Gruppen auf allen Cluster-Knoten und Setzen der Gruppenmitgliedschaften
- Setzen der benötigten Kernel-Parameter und Shell-Limits
- Setzen des Run-Levels

Mit der Option `-fixup` wird dies aktiviert, zusätzlich wird mit `-fixupdir` ein Zielverzeichnis für das Fixup-Skript angegeben.

3.8 Virtuelle Umgebungen

Auch wenn das Thema Virtualisierung in der IT insgesamt kein neues Thema ist – auf Betriebssystemen wie z/OS oder AIX ist diese Technologie unter dem Namen Partitionierung schon länger im Einsatz –, stellt es für die x86-basierten Prozessoren und deren Betriebssysteme – vorrangig MS-Windows und Linux – eine neuere Entwicklung dar, die erst 1998 mit der Gründung der Firma VMware richtig in Gang gekommen ist. Seitdem hat die Thematik in vielen Unternehmen Einzug gehalten. Der Einsatz virtueller Infrastrukturen läuft dabei häufig in mehreren Phasen ab:

- Am Anfang steht oder stand die Benutzung von Virtualisierungssoftware für Entwicklungs-, Test- oder Schulungsumgebungen, um hier auf teure Hardware verzichten zu können.
- Mit wachsendem Maß an Erfahrung und Vertrauen in die Technologie werden auch einige produktive Systeme auf virtuelle Umgebungen migriert, insbesondere Altsysteme, Niedriglastsysteme oder unkritische Anwendungen.

  Neben dem Wegfall von Legacy-Hardware steht auch hier der Konsolidierungsaspekt im Vordergrund, d. h., statt einer typischen Serverauslastung von 10 – 20 % laufen auf einer physischen Maschine anschließend mehrere virtuelle Maschinen, die eine deutlich höhere Gesamtauslastung bringen. Da der Stromverbrauch eines ausgelasteten Servers nur wenig höher als derjenige eines unausgelasteten Servers ist, führt dies zu erheblichen Einsparungen bei direkten und indirekten Stromkosten (z. B. Klimaanlage) und Server-Stellfläche.
- Nähert sich die Konsolidierungsphase dem Ende, tritt der Aspekt der Flexibilisierung in den Vordergrund. Ein virtueller Server kann – ggf. mithilfe von Templates – innerhalb von Minuten oder Stunden aufgesetzt und verfügbar gemacht werden, im Gegensatz zu den Tagen oder Wochen, die typischerweise für die Bereitstellung eines physischen Servers ins Land ziehen. Auch Migrationen werden mithilfe von Agilitätstechnologien wie beispielsweise VMwares *vMotion* oder Oracles *Secure Live Migration* wesentlich vereinfacht, geplante Auszeiten und Wartungsfenster können erheblich reduziert werden.

Gerade der letztgenannte Aspekt der Flexibilisierung der IT-Landschaft und Vereinfachung des Systemmanagements ist ein langfristiger und strategischer Vorteil virtualisierter Umgebungen. So wichtig die Kosteneinsparungen durch Serverkonsolidierung auch sind, bringen sie doch vor allem kurzfristig Entlastung. Auf lange Sicht steigen Hardware-Anforderungen, Lizenzmengen und damit IT-Kosten auch mit Virtualisierung proportional zu den Anforderungen. Die Virtualisierung spart gewissermaßen „nur“ einen konstanten Faktor ein, der typischerweise zwischen 5 und 10 liegt.

Im Folgenden werden gezielt die Vor- und Nachteile der Virtualisierung von Datenbanken näher beleuchtet und ein paar Tipps für den Betrieb gegeben.

3.8.1 Die Technik

Bei den verschiedenen Virtualisierungslösungen, die hier näher vorgestellt werden (Oracle VM, VMware vSphere und Citrix XenServer), handelt es sich um sogenannte Hypervisor, die direkt mit der Hardware – CPU, Memory, Disk, Netzwerk – kommunizieren. Bei den Kosten und Funktionen gibt es jedoch erhebliche Unterschiede:

Oracle VM ist kostenfrei und basiert auf dem Xen-Hypervisor, ergänzt durch einen Management-Server, der für die Administration zuständig ist, den *OracleVM Manager*. Wie bei allen Xen-basierten Lösungen ist auch eine Administration per Kommandozeile auf dem physischen Server möglich.

Der Zugriff auf den Management-Server geht ausschließlich über eine Weboberfläche (`http://hostname:8888/OVS`), was der Oracle-Philosophie entspricht, allerdings auch Probleme aufwirft. So kann z. B. auf das Gastbetriebssystem bei der Installation oder dem Start nur per VNC-Client zugegriffen werden. Diese Clients strotzen nicht gerade vor Performanz, und außerdem muss man nach dem Start über die Weboberfläche möglichst schnell den Client aufrufen, um entscheidende Schritte (z. B. BIOS-Zugriff oder Boot in den Single-User-Modus) nicht zu verpassen.

Auch die Vielzahl von notwendigen Accounts (Administrator für Weboberfläche, Agent auf dem Server, Utility-Server) trägt nicht gerade zur Vereinfachung bei. Wegen der zugrunde liegenden Xen-Technologie müssen in den virtuellen Maschinen entweder paravirtualisierte Betriebssysteme laufen – bei MS-Windows keine Option –, oder die physischen CPUs müssen Virtualisierungsunterstützung mitbringen (Intel VT bzw. AMD-V Technologie).

VMware vSphere ist sicherlich die teuerste Lösung. Allerdings bietet VMware auch den sogenannten ESXi-Server an, der kostenfrei ist und für eingebettete virtuelle Systeme verwendet werden kann. Im ESXi ist allerdings keine Management-Infrastruktur vorhanden. Administriert wird über den sogenannten vCenter Server. Dieser wird vorzugsweise über den MS-Windows-basierten sogenannten *vSphere Client* erreicht – alternativ, aber mit abgespecktem Funktionsumfang, auch über eine Weboberfläche.

Es gibt keine eigene Benutzerverwaltung, die Anmeldung am vCenter-Server erfolgt einfach mit einem Windows Active Directory-Konto. Über die Konsolenansicht kann eine VM vom ersten Moment an mitverfolgt werden. Durch die verwendete Vollvirtualisierung können auch auf CPUs ohne Virtualisierungsunterstützung native Betriebssysteme, z. B. MS-Windows, gefahren werden.

Citrix XenServer liegt preislich im Mittelfeld. Wie schon am Namen erkenntlich, handelt es sich wie bei Oracle VM um eine Xen-basierte Technologie, insofern gilt einiges vom oben Gesagten. Für das Management steht neben der Kommandozeile wiederum ein Windows-basierter Client namens *XenCenter* zur Verfügung, der aber nicht auf einen Management-Server zugreift, sondern direkt auf die ihm bekannt gegebenen XenServer und von dort alle Verwaltungsinformationen abzieht. Über den Client ist wiederum ein Zugriff im Textmodus oder per VNC möglich, Letzteres mit den oben beschriebenen Nachteilen.

Virtualisierung von Datenbanken

Natürlich gibt es einen Performance-Unterschied zwischen einem physischen Server und einer virtuellen Maschine. Typischerweise beträgt dieser Virtualisierungs-Overhead zwischen 5 % und 15 %, solange das System sich nicht in einem Grenzlastbereich befindet.

Dennoch muss an das Thema Datenbankvirtualisierung grundsätzlich mit Vorsicht herangegangen werden: Virtualisierung ist vor dem Hintergrund ungenutzter CPU-Kapazitäten entstanden, und in der Tat lassen sich in vielen Fällen durch Virtualisierung ehemals physische Systeme so lange konsolidieren, bis die CPU-Reserven ausgeschöpft sind (mit einem gewissen Puffer natürlich). Bei Datenbanken ist aber meistens die I/O-Kapazität der begrenzende Faktor. Bei einer Konsolidierung von Datenbanken in eine virtuelle Umgebung hinein muss also peinlich darauf geachtet werden, dass die I/O-Kapazitäten des physischen Storage-Systems noch mit den Anforderungen der virtuellen Maschinen mithalten können.

Umgekehrt formuliert, hat es in der Praxis schon viele Fälle gegeben, da ehemals physische Datenbank-Server mit eigenem Storage in eine zentrale, virtuelle Umgebung mit zentralem Storage konsolidiert wurden, CPU-, Memory- und Storage-Kapazitäten ausreichend dimensioniert wurden und die Performance anschließend trotzdem verheerend schlecht war. Anstatt dies sofort auf Unzulänglichkeiten der verwendeten Virtualisierungslösung zu schieben, sollten zunächst eine Analyse und ein Vergleich der I/O-Kapazitäten vor und nach der Konsolidierung vorgenommen werden. Sind die I/O-Kapazitäten nicht ausreichend, befindet sich das System sehr wahrscheinlich in einem Grenzlastbereich, wo durch Wartezustände (Stichwort: Disk Queues) deutliche Performance-Verschlechterungen auftreten.

Ungeachtet dessen, ist es in jedem Falle auch empfehlenswert, für virtuelle Maschinen mit kritischen Datenbanken Untergrenzen für die Zuteilung von CPU- und ggf. auch Memory-Ressourcen festzulegen, sogenannte *Reservations*. Der Grund dafür ist, dass der Hypervisor normalerweise eine Überallokation der physischen Ressourcen zulässt, d. h., die Summe der allen VMs zugewiesenen CPU- und Memory-Ressourcen überschreitet teilweise deutlich die physisch vorhandenen Ressourcen. Man spricht von einem „Overcommitment“. Dieser Effekt ist durchaus gewollt – um physische Ressourcen einzusparen – und meistens auch problemlos, da normalerweise nicht alle VMs gleichzeitig eine Lastspitze haben und der Hypervisor ungenutzte Ressourcen fast beliebig zwischen den VMs verschieben kann.

Problematisch wird es im Falle einer echten Ressourcenknappheit auf dem physischen Server. Hat eine VM keine Reservations für CPU und Memory gesetzt, bekommt sie u. U. extrem wenige CPU-Takte bzw. wird aufgrund der Speicherknappheit in ein starkes Paging des Gastbetriebssystems gezwungen („Ballooning“ bei VMware ESX-Server). Neben den offensichtlichen Performance-Auswirkungen gibt es noch zwei weitere unangenehme Effekte, die insbesondere im Oracle-Umfeld hier auftreten können:

- In Linux-VMs kann es bei starker Speicherknappheit zu einem Absturz der Oracle-Instanz kommen, da diese vom Betriebssystem gekillt wird. Dies geschieht durch den sogenannten OOM-Killer (Out-of-Memory-Killer), einen Prozess, der auf Linux-Systemen im Falle extremer Speicherknappheit anfängt, Benutzerprozesse zu killen und dadurch Speicher freizugeben. Vorzugsweise beseitigt der OOM-Killer einen einzigen Prozess mit hohem Speicherverbrauch. Auf Oracle-Servern ist dies praktisch immer die Oracle-Instanz. In dieser Situation findet sich in der Datei `/var/log/messages` ein Eintrag wie dieser:

```
Sep 1 13:15:28 orallgr2 kernel: Out of Memory: Killed process 13387 (oracle).
```

In diesem Fall sollte unbedingt eine Memory-Reservation gesetzt bzw. ein evtl. vorhandenes Memory-Limit entfernt oder erhöht werden.

- Im RAC-Umfeld überwacht der oprocd-Prozess u. a., ob genügend CPU-Zyklen zur Verfügung stehen, um z. B. Timeouts bei der Clusterware zu verhindern. Entzieht nun der Hypervisor der VM sehr viel CPU-Kapazität, „spürt" der oprocs-Prozess dies und erzwingt ggf. einen Reboot des Cluster-Knotens, also der VM. Auch hier muss durch eine CPU-Reservation gegengesteuert werden, die einen bestimmten Mindesttakt für die virtuellen CPUs vorgibt.

Zeitbegriff in virtuellen Maschinen

Eine Spezialität im Umgang mit virtuellen Systemen ist der Umgang mit zeitbezogenen Daten, insbesondere mit Statistiken und Performance-Metriken, die pro Zeiteinheit gemessen werden. Die meisten Betriebssysteme sind „Tick"-gesteuert, d. h., sie erwarten von der Hardware eine bestimmte Anzahl von Timer-Interrupts („Ticks") pro Sekunde. Die Gastbetriebssysteme in mehrere VMs auf einem physischen Server teilen sich diese Ticks, da der Tick immer nur diejenige VM erreicht, die zum betreffenden Zeitpunkt gerade läuft. Dadurch fehlen einer VM bereits nach kurzer Zeit Ticks, die Uhr innerhalb des Gastbetriebssystems fällt sofort und ständig zurück.

Die Benutzung eines NTP-Servers aus der VM heraus hat sich nicht als gute Lösung herausgestellt, da in Sekundenintervallen synchronisiert werden müsste, was wiederum erheblichen Overhead und Netzwerkverkehr erzeugen würde.

Als Good Practice gilt daher eher, nur die physischen Server per NTP zu synchronisieren. Die VMs können sich am physischen Server orientieren, indem die VMware-Tools bzw. Xen-Tools in der VM installiert werden. Diese protokollieren verlorene Ticks und senden sie an die VMs nach. Sollte auch dies nicht reichen, wird die Uhr in der VM entsprechend vorgedreht. Im Endeffekt bedeutet dies, dass zeitbezogene Messungen auf sehr kurzen Zeitskalen deutlich fehlerbehaftet sind, da gewissermaßen die Skalierung der Zeitachse in der VM unscharf wird. Auf größeren Zeitskalen, typischerweise ab dem Sekundenbereich, sind dagegen durch die oben beschriebenen Korrekturmechanismen entsprechende Messungen möglich.

Eine weitere Spezialität bei VMs ist die Möglichkeit, per Suspend und Resume vorübergehend angehalten zu werden, um zu einem späteren Zeitpunkt weiterzulaufen. Dies wird vor allem im Umfeld von Test- oder Schulungssystemen gerne genutzt. Im produktiven Umfeld sollte man damit sehr zurückhaltend sein, im RAC-Umfeld verbietet es sich praktisch. Der Grund dafür ist, dass von außen betrachtet sich die ganze Aktion wie ein Zeitsprung der VM darstellt.

Eine VM, die Teil eines RAC-Clusters ist, würde nach einem Suspend nicht mehr von den anderen Cluster-Knoten kontaktiert werden können und insofern aus dem Cluster ausgeschlossen („Node Eviction"). Der Rest des Clusters geht davon aus, dass der betroffene Knoten sich via I/O-Fencing selbst vom Storage-System abkoppelt (das ist entscheidend wichtig, da ja keine Kommunikation über den Interconnect mehr möglich ist) und neu startet, um anschließend wieder dem Cluster neu beizutreten.

Genau dies passiert aber nicht, sondern irgendwann erwacht der Knoten durch einen Resume-Befehl und macht weiter, als wäre nichts geschehen. Insbesondere hat er auch nichts von seinem Ausschluss aus dem Cluster mitbekommen und macht einfach mit dem nächsten I/O-Befehl weiter. Auch wenn nun nach wenigen Sekunden der Irrtum aufgeklärt wird, reicht diese kurze Zeitspanne wahrscheinlich aus, um unsinnige Daten auf das Storage zu schreiben und somit Datenkorruptionen zu erzeugen.

3.8.2 Virtualisierung und Service-Level

Ein wichtiges, aber sehr vielschichtiges Ziel besteht darin, mithilfe von Virtualisierungsverfahren eine höhere Verfügbarkeit und bessere Service-Level zu erreichen. Das Thema ist vor allem deshalb so vielschichtig und bisweilen verwirrend, da eigentlich erst eine genaue Definition der Begriffe Verfügbarkeit und Service-Level stattfinden muss. Dazu können u. a. folgende Fragen helfen:

- Wie ist Verfügbarkeit definiert? Welche Arten von Auszeiten sollen reduziert werden? Geht es vorrangig um ungeplante Auszeiten wie den Absturz eines Servers? Oder spielen auch geplante Auszeiten, also Wartungsfenster, eine Rolle? Hier muss auch gefragt werden, ob es sich um Auszeiten des physischen Servers oder einer VM handelt. Da Virtualisierung ja nur Mittel zum Zweck ist, kommt es aus Kunden- und Anwendersicht primär auf die VMs an. Allerdings gibt es hier Abhängigkeiten: So zieht ein Absturz des physischen Servers den Ausfall sämtlicher darauf laufender VMs nach sich.
- Für den Service-Level ist außerdem die Performance einer Anwendung oder Datenbank wichtig. Auch hier kann Virtualisierung helfen, indem Ressourcen sinnvoll zwischen VMs verschoben werden oder eine VM mit hohen Ansprüchen temporär auf einen anderen physischen Server migriert wird. Im Laufe dieses Abschnitts wird auch diskutiert, wie sich dies zu RAC- und Grid-Techniken in der Oracle-Welt verhält.
- Wo bzw. auf welcher Ebene werden Verfügbarkeit und Service-Level gemessen? Beim Ausfall einer physischen oder virtuellen Maschine macht es einen Unterschied, ob die Zeit bis zur Wiederherstellung des Servers, der Datenbank, der Anwendung oder des vereinbarten Service-Levels gemessen wird.

Geplante Auszeiten des Hosts, also z. B. ein Upgrade oder Patch des Hypervisors oder eine Migration auf andere physische Server, lassen sich mit Agilitätstechnologien wie VMware vMotion und Storage vMotion, Citrix XenMotion oder Oracle Secure Live Migration, vermeiden. Der betroffene physische Server wird „evakuiert", d. h., die aktuell darauf befindlichen VMs werden vorübergehend auf einen anderen Rechner umgezogen (bei VMwares Storage vMotion sogar auf ein anderes Storage-System), die physische Plattform wird aktualisiert oder ausgetauscht, und zum Schluss werden die VMs wieder ohne Auszeit zurückmigriert. Da die komplette VM inklusive des Hauptspeicherinhalts migriert wird, ist praktisch keine Performance-Einbuße bemerkbar.

Gegen ungeplante Auszeiten helfen diese Techniken jedoch nur begrenzt weiter: Bei Benutzung eines zentralen Storage kann eine VM beim Absturz eines physischen Servers zwar auf einem anderen Server neu gestartet werden, dies macht z. B. VMware HA. Dabei handelt es sich aber faktisch um ein Cold-Standby. Bis z. B. der ursprüngliche Service-Level einer Oracle-Datenbank wiederhergestellt ist, müssen in der VM nicht nur das Betriebssystem gebootet und die Oracle-Instanz gestartet sein. Auch die Caches, insbesondere der Buffer-Cache und der Shared-Pool der Oracle-Instanz, müssen erst wieder gefüllt sein, bis ein normales Performance-Verhalten erreicht ist. Wird der Service-Level aus Sicht der Anwendung definiert, müssen auch z. B. Reconnect-Zeiten der Anwendung mit berücksichtigt werden.

Ein solches Cold-Standby ist insofern mit einem herkömmlichen active/passive-Cluster vergleichbar, außer dass die Cluster-Knoten virtuelle Systeme darstellen und das Cluster-Management vom Hypervisor realisiert wird. Wie bei jedem Cluster ist auch hier ein zentrales Storage (SAN oder NAS) obligatorisch.

Sowohl ungeplante Auszeiten im physischen und virtuellen Bereich als auch Wartungsfenster für die VMs – z. B. für Upgrades und Patches des Betriebssystems oder der Oracle-Software – lassen sich mit solchen Methoden offenbar nicht vermeiden. Eine Lösung hierfür ist in vielen Fällen Oracle RAC. Da es sich bei RAC um einen active/active-Cluster handelt, gibt es in vielen, wenn auch nicht allen Fällen die Möglichkeit eines *Rolling Upgrade*. Die Cluster-Knoten werden also nacheinander gewartet, zu einem gegebenen Zeitpunkt ist daher jeweils nur ein einziger Knoten nicht verfügbar, der oder die anderen Knoten arbeiten weiter. Der Unterschied zu einem normalen RAC besteht nur darin, dass die Knoten virtuelle statt physische Maschinen sind.

Für einen solchen virtualisierten RAC ist allerdings noch eine wichtige Randbedingung zu beachten: Die beteiligten VMs müssen stets auf verschiedenen physischen Servern laufen, damit nicht der physische Server zum „Single Point of Failure" wird, was den Cluster ad absurdum führte. Bei VMware lässt sich das mithilfe sogenannter *Anti Affinity Rules* erzwingen. Diese Regeln sind notwendig, da der Hypervisor zum Zwecke der Lastverteilung ggf. autonom VMs zwischen physischen Servern verschiebt.

Ein active/active-Cluster setzt immer eine für die jeweilige Applikation spezifische Kommunikation der Cluster-Knoten voraus, bei Oracle z. B. im Rahmen der globalen Cache- und Sperrverwaltung. Daher ist eine solche Lösung grundsätzlich nicht mit den Mitteln des Hypervisors alleine realisierbar.

Daraus folgt ganz grundlegend, dass Virtualisierungstechnik und Oracle RAC weniger in Konkurrenz zueinander stehen als vielmehr komplementäre Lösungen darstellen.

Eine Zwischenlösung bieten Umsetzungen mit einer Hot-Standby-VM. Dabei werden entweder zwei VMs exakt synchron betrieben („Lockstepping"), oder die produktive VM wird in eine Standby-VM repliziert. Da die Synchronisation bzw. Replikation auf VM-Ebene erfolgt, ist insbesondere der gesamte Hauptspeicherinhalt, also auch die Caches der Oracle-Instanz, auf der Standby-Seite jederzeit gefüllt. Wenn die Anwender bzw. die Applikation auf die Standby-Seite schwenken müssen, ist insofern vom ersten Moment an dieselbe Performance verfügbar wie vorher.

Für VMware sind beispielsweise die Stratus ftServer für den Lockstep-Betrieb zertifiziert. VMware selbst bietet außerdem eine Technologie namens „Fault Tolerance", die eine Replikation von VMs leistet. Auch Vizioncores vReplicator dreht sich um diese Thematik, dabei werden allerdings ausschließlich die virtuellen Festplatten, also die .vmdk-Dateien, repliziert. Es ist damit alternativ zu einer u. U. teuren Storage-Replikation zu sehen, schafft aber insofern keinen Hot-Standby.

Zur Sicherstellung der Performance einer Datenbank oder Anwendung ist schließlich die Dynamik virtueller Umgebungen sehr hilfreich. Sind Lastspitzen einer Datenbank bekannt, kann von vornherein eine zeitgesteuerte Live-Migration der virtuellen Maschine eingeplant werden. Ist dieser proaktive Ansatz nicht möglich, gibt es alternativ natürlich die reaktive Methode, beispielsweise VMware DRS (Distributed Resource Scheduling), um bei Lastspitzen entsprechende Live-Migrationen adhoc anzustoßen.

Achtung: Beim Thema Live-Migrationen von Oracle-Datenbanken, insbesondere im RAC-Umfeld, muss genau auf die jeweils aktuelle Support- und Zertifizierungssituation geachtet werden! Solche Migrationen sind bisher ausschließlich für Non-RAC-Datenbanken und auch nur bei Benutzung von Oracle VM (Secure Live Migration) unterstützt.

3.8.3 Support und Zertifizierung

Eine entscheidende Frage auch und gerade beim Einsatz in virtuellen Umgebungen ist natürlich die des Supports. Spätestens bei einer produktiven Datenbank stellt sich die Frage, ob der Betrieb in einer virtuellen Maschine von Oracle formell unterstützt ist. Zur Drucklegung dieses Buches stellt sich die Situation wie folgt dar:

- Die Oracle-Datenbank ist, beginnend mit der Version 10.2.0.3 (für Oracle RAC erst ab 10.2.0.4 bzw. 11.1.0.7), für den Betrieb auf der Oracle-eigenen Virtualisierungsplattform *Oracle VM* zertifiziert. Voraussetzung ist außerdem ein 32-Bit- oder 64-Bit-Linux in der virtuellen Maschine. In diesem Falle ist also voller Support gegeben. Weitere Informationen sowie der jeweils aktuelle Stand hierzu sind auf der My Oracle Support-Seite Doc-ID 464754.1 beschrieben.

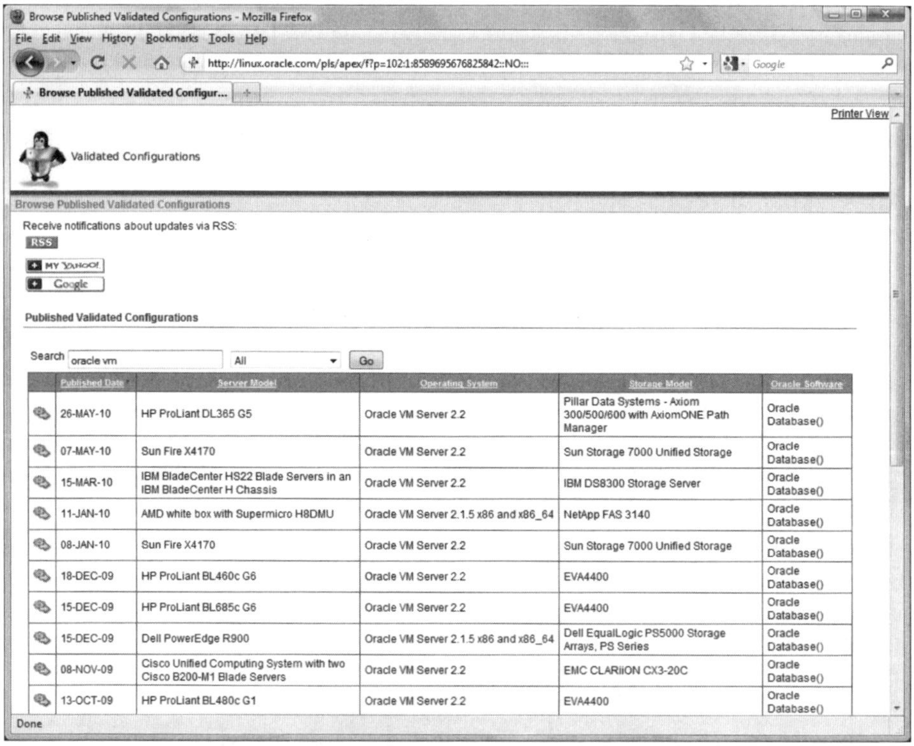

Abbildung 3.12: Liste validierter Konfiguration auf der Oracle-Seite

- Eine Datenbank, die auf einer VMware-basierten virtuellen Maschine betrieben wird, unterstützt der Oracle-Support nur für Probleme, die für das verwendete Gastbetriebssystem als bekanntes Problem gelistet sind. Ansonsten kann der Support verlangen, dass der Kunde das Problem auf einer nicht virtualisierten Umgebung nachstellt. Ist dies nicht möglich, wird an den VMware-Support verwiesen. Der aktuelle Stand hierzu ist auf der My Oracle Support-Seite Doc-ID 249212.1 nachzulesen.
- Die Oracle-eigene Linux-Distribution *Oracle Enterprise Linux* ist auch in einer virtuellen Umgebung auf Basis von VMware vSphere oder Citrix XenServer Enterprise unterstützt. Dies gilt aber nicht pauschal für darauf installierte Oracle-Software. Insofern ist diese Aussage eher wichtig für anderweitige Server, die mit Oracle Enterprise Linux laufen sollen. Details hierzu sind auf der My Oracle Support-Seite Doc-ID 417770.1 ausgeführt.

Die bereits zu Kapitelbeginn erwähnten *Oracle Validated Configurations* stellen auch hier eine gute Hilfe dar, indem bereits getestete und validierte Kombinationen von Hardware, Betriebssystem (in diesem Falle innerhalb einer virtuellen Maschine) und Datenbankversion aufgelistet werden. Abbildung 3.12 zeigt einen Screenshot hierzu.

4 Installation von Datenbankumgebungen

Das Thema „Installation" im Umfeld von ORACLE-Datenbanken wurde durch die stetige Weiterentwicklung und Ergänzung der zur Verfügung stehenden Werkzeuge im Laufe der Zeit wesentlich vereinfacht. Aus „handwerklicher" Sicht stellen Installationen die Beteiligten daher in aller Regel vor keine großen Probleme. Standardinstallationen lassen sich schon mit wenigen Mausklicks und ohne aufwendige Eingaben erledigen.

Durch die mit jedem Release wachsende Zahl der technischen Alternativen und Abhängigkeiten der Produkte untereinander wird die sorgfältige Planung von Installationen jedoch immer wichtiger. Gleichermaßen gilt es, einmal festgelegte Standards auch in größeren Umgebungen mit Dutzenden oder Hunderten von Plattformen effizient und kostensparend umzusetzen. Die Werkzeuge bieten hierzu unterschiedliche Möglichkeiten.

Das vorliegende Kapitel will nicht die existierenden Installationsanleitungen ersetzen, sondern sich vor allem auf die planerischen und strategischen Aspekte von Oracle-Installationen sowie die für produktive Umgebungen wichtigen Aspekte konzentrieren. Nicht jede technische Möglichkeit, sondern in der Praxis bewährte Lösungsansätze und Tipps sollen hier im Vordergrund stehen. Konfiguratorische Details lassen sich darüber hinaus leicht aus der umfangreichen Dokumentation oder aus dem Internet ermitteln.

Gleichwohl sollen hier alle wesentlichen Facetten des Themas zu Wort kommen. Insbesondere werden die folgenden Themenbereiche behandelt:

- Die Prüfung von Installationsvoraussetzungen
- Die Installation der Datenbank-Software sowohl in einfachen als auch in Cluster-Umgebungen
- Die Installation von Patches
- Das Anlegen von Datenbanken
- Die Deinstallation von Software und das Löschen von Datenbanken
- Möglichkeiten der Automatisierung und Optimierung bei der Installation und Deinstallation
- Möglichkeiten der Fehleranalyse

Die in diesem Kapitel behandelte „Installationslandschaft" lässt sich – wie in der folgenden Grafik dargestellt wird – grob in die Installation der Software-Umgebung und den Aufbau der eigentlichen Datenbank gliedern. Die Abschnitte dieses Kapitels orientieren sich an den dargestellten Optionen.

4.1 Allgemeine Grundlagen

Die in Abbildung 4.1 dargestellen Installationsvarianten unterscheiden sich naturgemäß in vielen Details. Einige Themen sind jedoch für jede Installationsart von Bedeutung. Sie werden in den folgenden Abschnitten dargestellt.

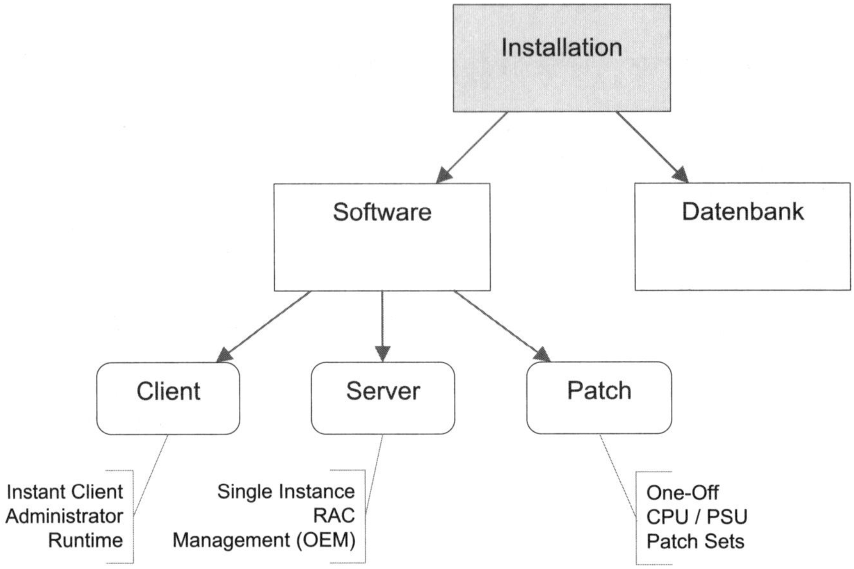

Abbildung 4.1: „Roadmap" der Installationsoptionen

4.1.1 Auswahl und Planung

Die produktive Installation von Oracle-Software ist – trotz aller Verbesserungen bei den Werkzeugen – immer noch ein komplexes Unterfangen, das wohl überlegt und strukturiert durchgeführt werden sollte. Je gewissenhafter die Durchführung sich gestaltet, desto stabiler wird das installierte Produkt später funktionieren und sich in die bestehende IT-Landschaft eingliedern.

Die Arbeiten, die im Zusammenhang mit einer Installation notwendig und empfehlenswert sind, lassen sich stichwortartig wie folgt zusammenfassen:

- Die *Produktauswahl* steht naturgemäß am Anfang des Prozesses. Sie beinhaltet auch die verfügbaren Editionen und Optionen des betreffenden Produktes sowie den geplanten Release-Stand.
- Das infrage kommende *Lizenzmodell* hängt dann von dem gewählten Produktportfolio, der geplanten Hardware sowie dem Applikations- oder Benutzerumfeld ab.
- Die *Zertifizierungsmatrix* hilft uns bei der Auswahl der Plattform und des zugrunde liegenden Betriebssystems.
- Bei manchen Produkten ergeben sich Abhängigkeiten, welche eine *Installationsreihenfolge* zwingend vorschreiben.
- Die vom Hersteller angekündigte *Support-Dauer* kann die Entscheidung für einen Versionsstand maßgeblich beeinflussen.
- Für die ausgewählten Produkte sind *Distributionsmedien* bereitzustellen und durch aktuelle Patchsets zu ergänzen.

- Vor dem Start jeder Installation sollte die *aktuelle Dokumentation* zur Verfügung gestellt[1] werden.

In den folgenden Abschnitten werden wir die oben erwähnten Themen genauer betrachten.

Bekanntlich kommt die Oracle-Datenbank-Software mit unterschiedlichen Editionen und – abhängig davon – diversen Optionen daher. Die Zeiten, in denen Installationen nach dem Gießkannenprinzip mit maximal denkbarer Abdeckung durchgeführt wurden, sind lange vorbei. Werden die geforderten Funktionalitäten stattdessen genau mit den verfügbaren Software-Konfektionierungen abgestimmt, kann sich dies bei den Lizenzkosten deutlich auswirken.

Im Rahmen der Version 11g stehen derzeit fünf Editionen zur Verfügung.[2] Im Wesentlichen unterscheiden sich diese Editionen in der – kostenpflichtigen – Möglichkeit, funktionale Erweiterungen in Form von „Optionen" oder „Management Packs" zu erwerben sowie in der lizenzierbaren Prozessor- oder Benutzerumgebung, die abhängig von dem gewählten Lizenzmodell ist.

Lizenkosten werden alternativ nach folgenden Modellen ermittelt:

„Prozessormodell" – hierbei zählen entweder der Prozessorsockel oder aber die Prozessorkerne. Darüber hinaus gibt es eine „Faktor-Tabelle" (*Oracle Processor Core Factor Table*), die Prozessorkerne mit Faktoren belegt, über welche die Anzahl der letztendlich zu lizensierenden CPUs ermittelt wird. Nachkommastellen werden hierbei grundsätzlich aufgerundet. Es werden stets sämtliche Prozessoren des zugrunde liegenden Servers berechnet.

„Benutzermodell" (*Named User Plus*) – hierbei werden Konten natürlicher oder operativer Benutzer lizenziert, unabhängig davon, wie viele von ihnen die Systeme gleichzeitig nutzen. Bei diesem Modell werden immer auch die minimal pro Prozessor zu lizenzierenden Benutzer festgelegt. Maximal gibt es theoretisch keine Grenzen, doch lässt sich unschwer ermitteln, dass bei großen Benutzerzahlen das Prozessormodell die günstigere Lösung darstellt.

Nach welchen Modellen auch immer lizenziert wird: Testumgebungen unterliegen grundsätzlich den gleichen Regeln wie produktive Systeme. Allerdings bietet OTN[3] freie Lizenzen zu gesonderten Bedingungen an, die für Entwicklungen und zum Prototyping genutzt werden können.[4] Zusätzlich zu den – einmaligen – Lizenzkosten fallen jährliche Gebühren für Software-Updates, Patches und Support an. Der hiermit verbundene Standardsupport, auch „Premier Support" genannt, ist in der Regel für fünf Jahre nach Erscheinen einer Version verfügbar.

Darüber hinausgehende Unterstützung kann anschließend im Rahmen von „Extended Support" für weitere drei Jahre erworben werden. Danach wird ein sogenannter „Sustaining Support" geboten,[5] der so lange gilt, wie Lizenzen gehalten werden, allerdings nur

1 Die Seite `http://docs.oracle.com` bietet alle Handbücher zum Herunterladen an.

2 Eine detaillierte Übersicht findet sich im „Oracle Database Licensing Information" (E10594) sowie in „Oracle Software Investment Guide" (über `http://www.oracle.com/corporate/pricing/sig.pdf`).

3 Oracle Technology Network: `http://technet.oracle.com`

4 `http://www.oracle.com/technology/software/popup-license/standard-license.html`

5 Eine gute Übersicht hierzu bietet "Oracle Lifetime Support Policy": `http://www.oracle.com/support/library/brochure/lifetime-support-technology.pdf`.

noch den Zugriff auf Updates und Patches sicherstellt, die während der vorangehenden beiden Support-Phasen erstellt worden sind. Mit Einschränkungen in den Leistungen kann Sustaining Support auch direkt im Anschluss an Premier Support erworben werden.

Ganz allgemein gilt: Die Lizenzpolitik Oracles unterliegt – in den Details – regelmäßigen Anpassungen. Es ist daher dringend anzuraten, sich mit den jeweils aktuellen Bedingungen auseinanderzusetzen und aktuelle Angebote einzuholen.

Neben dem Erwerb von Lizenzen und dem selbst organisierten Betrieb der Datenbankprodukte stehen seit geraumer Zeit alternative Modelle unter dem Stichwort *software-as-a-service* zur Verfügung. Im Wesentlichen werden hier zwei Vorgehensmodelle unterschieden:

Subscription Service betreibt sowohl die Hardware als auch die Software in einem Oracle-Datencenter.

Applications Service dagegen lässt dem Kunden die Wahl: Betrieb im eigenen Rechenzentrum oder Auslagerung in einen externen Betrieb.

Im Einzelnen stehen – was die Datenbank-Software betrifft – derzeit folgende Editionen zur Verfügung:

Oracle Database Standard Edition One wird vom Marketing her für Arbeitsgruppen und Abteilungen empfohlen. Die zugrunde liegende Hardware darf maximal zwei Prozessorsockel aufweisen. Im Rahmen des Benutzermodells sind mindestens fünf Benutzer zu lizenzieren. Diese Edition kann nicht durch Optionen erweitert werden.

Oracle Database Standard Edition – im Gegensatz zur Standard Edition One berechtigt diese Lizenz – beginnend mit der Version 10g – zum Aufbau einer Cluster-Umgebung (Real Application Cluster [RAC]), sofern Oracle Clusterware als Cluster-Software und Automatic Storage Management (ASM) für die Datenbank-Dateien zum Einsatz kommt. Die genutzte Hardware darf zusammen maximal vier Prozessorsockel aufweisen. Dies gilt auch, wenn Cluster-Installationen vorgenommen werden. Auch hier sind im Rahmen des Benutzermodells mindestens fünf Benutzer zu lizenzieren. Weitergehende Optionen stehen nicht zur Verfügung.

Oracle Database Enterprise Edition enthält sämtliche technischen Merkmale und kann darüber hinaus durch eine Reihe von kostenpflichtigen Optionen und Paketen funktional erweitert werden. Im Gegensatz zu den beiden vorangehenden Editionen zählen hier nicht die Prozessorsockel, sondern die Kerne. Für das Benutzermodell sind mindestens 25 Benutzer pro Prozessorkern zu lizenzieren.

Oracle Database Express Edition steht lizenzfrei zur Verfügung und kann auf jedem Server unabhängig von der Anzahl der Prozessoren eingesetzt werden. Die Edition nutzt allerdings nur eine CPU, maximal 1 GB Memory und speichert bis zu 4 GB Benutzerdaten. Sie ist als leicht zu installierendes Sprungbrett in die Oracle-Welt gedacht. Entsprechende Migrationspfade zu den lizenzpflichtigen Modellen stehen den Benutzern offen. Allerdings ist diese Edition zum Zeitpunkt der Erstellung des Manuskriptes nur in der Version 10g verfügbar.

Zusätzlich „Oracle Technical Support Policies“:
http://www.oracle.com/support/collateral/oracle-technical-support-policies.pdf

Oracle Database Personal Edition enthält alle technischen Merkmale und Optionen der Entprise Edition mit Ausnahme von Real Application Cluster. Die Edition ist auf unterschiedlichen Windows-Plattformen in 32- und 64-Bit-Versionen verfügbar, unterstützt aber maximal nur einen Benutzer.

Wie bereits erwähnt wurde, kann die Enterprise Edition durch eine Reihe kostenpflichtiger Optionen technisch aufgerüstet werden. Es stehen derzeit nicht weniger als 16 unterschiedliche Optionen bereit. Unter ihnen „Active Data Guard" zum Betrieb einer Standby-Datenbank, „Advanced Compression" zur Komprimierung von Benutzerdaten und Sicherungen, „Database Vault" zum Schutz von Applikationsdaten vor internen Zugriffen durch Administratoren, um nur einige zu nennen.

Optionen werden – wie Editionen auch – auf Basis des Prozessor- oder Benutzermodells lizenziert. In der Regel wird die Lizenzierung daher mit den zugrunde liegenden Enterprise Lizenzen gleichgestellt. In manchen Fällen sind auch zusätzliche Grundlizenzen erforderlich, so etwa beim Betrieb eines Standby-Systems, das wie das Primärsystem auch zu lizenzieren ist.

Eine vollständige Übersicht über alle technischen Merkmale, die in den oben genannten Editionen und Optionen zur Verfügung, stehen bietet die Tabelle „Feature Availability for Oracle Database Editions" in *Oracle Database Licensing Information*.

Wie die Optionen sind auch die genannten „Management Packs" nur mit der Enterprise Edition zusammen zu erwerben. Wie der Name nahelegt, erweitern diese Pakete im weitesten Sinne die Möglichkeiten der Verwaltung von Daten und Datenbanken. Sie können grafisch über das Werkzeug „Enterprise Manager" oder direkt über PL/SQL APIs genutzt werden. Folgende sechs Pakete stehen derzeit zur Verfügung:

Change Management Pack bietet Funktionalitäten für Schemaanpassungen in der Datenbank. Unter ihnen Funktionalitäten für die Generierung von Metadaten und deren Vergleich.

Configuration Management Pack hilft bei der Inventarisierung der Hard- und Software-Umgebungen sowie bei der Überwachung von technischen und konfiguratorischen Vorgaben (*compliance*).

Data Masking Pack maskiert vertrauliche Produktivdaten, die für Test- oder Entwicklungssysteme bereitgestellt werden sollen. Es ist unter Version 11g neu hinzugekommen.

Diagnostic Pack bietet Funktionen zu Performance-Diagnose und zum Monitoring. Dieses Paket bietet unter anderem die bereits aus der Version 10g bekannten Funktionalitäten wie „Automatic Workload Repository" (AWR), „Automatic Database Diagnostic Monitor" (ADDM) und „Active Session History" (ASH).

Tuning Pack setzt das erwähnte Diagnostic Pack voraus und bietet zusätzliche Möglichkeiten zur Optimierung von SQL-Code, unter anderem „SQL Tuning Advisor", „SQL Tuning Sets" und „Automatic Plan Evolution".

Provisioning and Patch Automation Pack wird ebenfalls unter Version 11g neu angeboten und unterstützt beim Aufspielen und Patchen von Datenbank-Software-Umgebungen. Das Paket bietet unter anderem Werkzeuge für automatisierte Patch-Verfahren und Cluster-Erweiterungen an.

Sind die Fragen der Software-Ausstattung und der Produktunterstützung geklärt, sollte unbedingt ein Blick auf die aktuellen Zertifizierungslisten geworfen werden, welche die unterstützten Kombinationen aus Produkten, Versionen und Plattformen bieten. Diese stehen über die Website „My Oracle Support“ nach Registrierung und Anmeldung zur Verfügung: Über den Reiter „MORE“ lässt sich „CERTIFICATIONS“ auswählen.

Die angezeigte Seite bietet diverse Suchmöglichkeiten an. Eine gute Zusammenfassung der angebotenen Suchoptionen bietet darüber hinaus das My Oracle Support-Dokument 763087.5. Die Eingabemöglichkeiten hier erscheinen auf den ersten Blick unnötig komplex und wenig ergonomisch. Die Abbildung 4.2 zeigt sinnvolle Parametrierungen für die Suche nach zertifizierten Plattformen für Oracle 11g Release 2. Nach Anklicken von „search“ öffnet sich eine Trefferliste, über die Status-Spalte kann dann eine Detailansicht für die betreffende Plattform angezeigt werden (siehe die Abbildung 4.3), die wiederum Verweise auf Plattform- und Produktanmerkungen bietet.

Sind die gewünschten Installationsplattformen noch nicht in der Zertifizierungsmatrix enthalten, sollte unbedingt die Release-Planung zur Rate gezogen werden. Das My Ora-

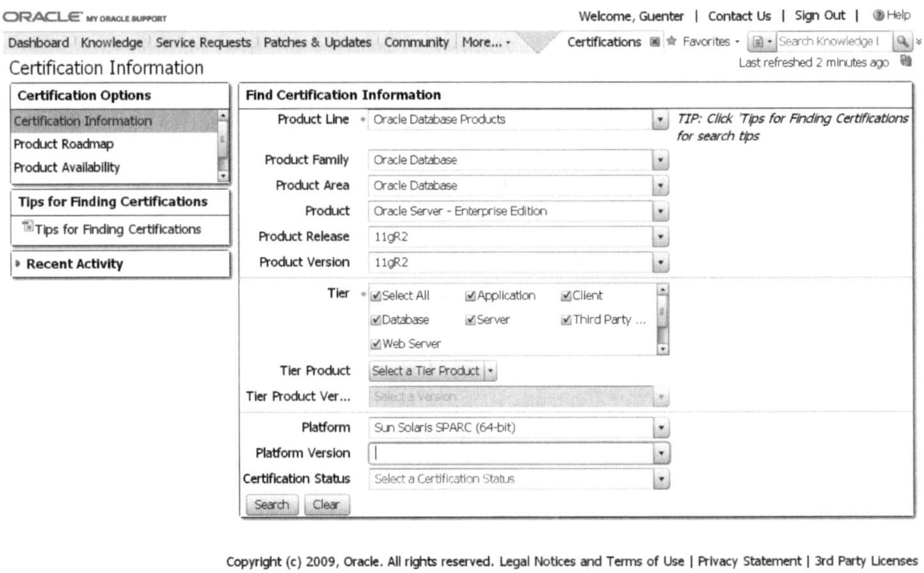

Abbildung 4.2: My Oracle Support: Suche nach zertifizierten Plattformen

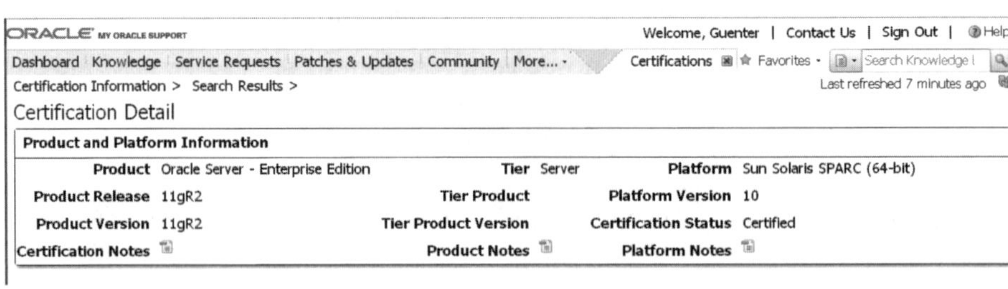

Abbildung 4.3: Zertifizierung Detailansicht

cle Support-Dokument 742060.1 bietet eine Übersicht über geplante Veröffentlichungen für Datenbankversionen und Plattformen an. Die Angaben dort werden in der Regel quartalsweise gemacht und sind – wen wundert es – nicht verbindlich.

Nicht alle Produkte, die für einen Typ von Installation benötigt werden, sind zusammen auf einem Distributionsmedium – CD, DVD oder Download – enthalten. Darüber hinaus entsteht durch die Abhängigkeit der Komponenten untereinander eine vorgegebene Installationsreihenfolge. Wer beispielsweise Datenbanken mit Automatic Storage Management (ASM) betreiben will, muss zunächst

1. „Oracle Database 11g Release 2 Grid Infrastructure" installieren und dann
2. die RDBMS-Software über die Auswahl „ORACLE DATABASE 11G RELEASE 2".

Darüber hinaus sollte auf den Versionsstand der Distributionsmedien geachtet werden, der nicht immer aktuell ist. In der Regel ist es ratsam, zusammen mit einer Software-Installation auch die jeweils neuesten Patchsets und Sicherheits-Patches einzuspielen. Patchsets für ein Basis-Release lassen sich über *My Oracle Support* und dort „Patches & Updates" leicht ermitteln.

Eine Übersicht über verfügbare Sicherheits-Patches bietet *Critical Patch Updates and Security Alerts*[6]. Von dort aus kann das jeweilige Readme-Dokument aufgerufen werden, welches im Abschnitt „Supported Products and Components Affected" eine Liste der betroffenen Produkte und Versionen sowie Verweise zum Download bietet. Alternativ zu Critical Patch Updates können auch „Patch Set Updates" (PSU) eingespielt werden, welche – neben den in den CPUs enthaltenen Sicherheits-Patches – weitere wichtige funktionale Patches enthalten.

PSUs erscheinen im gleichen Rhythmus wie CPUs, nämlich vier Mal pro Jahr – Januar, April, Juli und Oktober. PSU- und CPU-Patches lassen sich nicht beliebig mischen, weil PSU Supersets von CPUs sind. Wer also einmal auf PSU-Patches gesetzt hat, muss weiter bei dieser Form der Aktualisierung bleiben. Eine gute Einführung in die PSU-Thematik bietet das My Oracle Support-Dokument 854428.1.

Kurz gesagt: Ein wichtiger Bestandteil der Installationsplanung ist die Ermittlung der benötigten Installationsmedien und Installationsreihenfolge. Die ist besonders wichtig bei der Installation von RAC-, Dataguard- oder Middleware-Installationen.

Installationen müssen auch verfahrenstechnisch gut vorbereitet werden. Der Blick in die vorliegenden Dokumentationen sollte daher selbstverständlich sein, auch dann, wenn der Universal Installer in der aktuellen Version deutlich komfortabler geworden ist. Darüber hinaus sollte beachtet werden: Bugs gibt es nicht nur bei Software. Genauso leicht schleichen sich Fehler in die Dokumentation ein und konfrontieren Anwender mit ärgerlichen und häufig unnötigen Fehlersituationen. Die genaue Durchsicht der jeweils aktuellen Dokumentation sollte daher auch für „alte Hasen" unverzichtbar sein. Die für Installationen relevante Dokumentation lässt sich in folgende Bereiche gliedern:

Installation Guides werden für einzelne Plattformen herausgegeben – beispielsweise Linux oder Windows – und enthalten detaillierte und ausführliche Informationen zu den Installationsprozessen des Produktes.

6 URL `http://www.oracle.com/technology/deploy/security/alerts.htm`

Quick Installation Guides bieten, wie der Name suggeriert, eine Kurzfassung der Installation Guides und sind wie diese auf einzelne Plattformen ausgerichtet.

Die allgemeine Readme-Datei beschreibt kurz die Komponenten des Produktes, in diesem Falle der Oracle 11g Datenbank, und fasst die jeweiligen Neuerungen zusammen. Das Dokument ist unabhängig von der betreffenden Plattform und gibt darüber hinaus Hinweise auf bekannte Probleme und Bugs.

Release Notes ergänzen die allgemeine Readme-Datei für spezifische Plattformen.

Supplementary Installation Guides beschreiben die Installation von Zusatzprodukten, wie beispielsweise der „Database Examples Installation Guide“.

Upgrade Guides stellen die Verfahren zur Aktualisierung älterer Produktvarianten dar.

Support Status and Alerts for Oracle 11g Release 2 ist ein My Oracle Support-Dokument[7], welches Besonderheiten der Version beschreibt und – falls vorhanden – auf weitere Dokumente für einzelne Plattformen verweist. Darüber hinaus wird hier eine Übersicht über verfügbare Patches gegeben. Es versteht sich, dass diese Art von Dokument auch für ältere Versionen zur Verfügung steht.

Availability and Known Issues sind ebenfalls Support-Dokumente, die jeweils für Basisreleases und Patchsets herausgegeben werden und auf Besonderheiten und neu erkannte Bugs – soweit bekannt – hinweisen. Der vollständige Titel für die hier beschriebenen Basisversion lautet demnach „11.2.0.1 Base Release – Availability and Known Issues“.[8]

Wie bereits erwähnt wurde, ist auf die Aktualität der Dokumentation zu achten. Technet bietet über seinen Dokumentationsindex[9] leichten Zugang zu allen unterstützten Produktdokumentationen und Versionsständen an. Nach Auswahl eines Produktes und einer Version kann über „View Library“ eine Übersicht über den kompletten Stand der Handbücher aufgerufen werden. Auf dieser Seite[10] finden sich ebenfalls Links zu den kürzlich aktualisierten Handbüchern (siehe die Abbildung 4.4).

Die hier referenzierte Seite enthält die letzten Aktualisierungen absteigend nach Datum sortiert. Sie kann auch als RSS-Feed abonniert werden. Die Aktualität jedes Handbuches kann leicht anhand der in der Artikelnummer enthaltenen Revisionsnummer ermittelt werden, die nach jeder Überarbeitung hochgezählt wird: „E10812-03“ bezeichnet beispielsweise die dritte Revision des Dokumentes E10812 mit dem Titel „Oracle Grid Infrastructure Installation Guide“.

Abbildung 4.4: Link zu aktualisierten Handbüchern

7 ID 880782.1

8 My Oracle Support-Dokument 880707.1

9 siehe `http://www.oracle.com/technology/documentation/index.html`

10 Für die Datenbank 11gR2 auf `http://www.oracle.com/pls/db112/homepage`

4.1.2 Version – Basisrelease – Patchset – Patch

Die genaue Abgrenzung der Begriffe „Version", „Basisrelease", „Patchset" und „Patch" ist nicht nur aus theoretischer Sicht von Interesse, sondern hat konkrete Auswirkungen auf die Prozesse und Werkzeuge, die im Rahmen von Installationen beschrieben und genutzt werden müssen.

Version

Eine erste, grobe Einordnung von Oracle-Produkten ist über die verwendete Kurzbezeichnung möglich, die auch ein verkürztes Versionskennzeichen trägt: „Oracle Database 11g Release 2" oder „Oracle Fusion Middleware 11g Release 1". Über diese Bezeichnungen lässt sich neben dem Produkt selbst auch dessen Funktionsumfang bestimmen, da mit jeder Version und jedem Release Funktionsmerkmale ergänzt oder angepasst werden.

Für eine präzise Einordnung ist neben dem Namen jedoch eine fünfstellige Versionsnummer[11] verantwortlich. Die in dieser Publikation beschriebenen technischen Details der Datenbank basieren beispielsweise auf der Version 11.2.0.1.0 derselben. Die Komponenten dieses Versionscodes haben im Einzelnen folgende Bedeutung:

1. Hauptrelease (*major release number*)
2. Wartungsrelease (*maintenance release number*)
3. Application Server Release
4. Komponentenrelease (*component specific release number*)
5. Plattformrelease (*platform specific release number*)

Basisrelease

Jedes Hauptrelease erreicht nach erfolgreich abgeschlossenen Alpha- und Beta-Tests den Produktionsstatus. Der zum Zeitpunkt der Veröffentlichung aktuelle Releasestand wird dann als „Basisrelease" bezeichnet. Auf diesem Release bauen in der Regel nachfolgende Patchsets auf. Basisrelease für die Version 11gR1 war beispielsweise die Version 11.1.0.6.0, für 11gR2 die Version 11.2.0.1.0.

Patch Sets

Wie der Name nahelegt, bestehen Patch Sets aus einem Bündel von Software-Korrekturen. Funktionale Erweiterungen werden im Rahmen von Patch Sets nicht geboten. Da sie keine vollständigen Distributionen darstellen, müssen Patch Sets stets im Kontext einer bereits bestehenden Installation angewendet werden.

Patch Sets werden über eindeutige „Patch Ids" identifiziert und haben Auswirkungen auf die Versionsnummer. Häufig werden Patch Sets auch innerhalb eines Hauptrelease durchgezählt. So ist der Patch Set mit der Nummer „6890831" beispielsweise „Patch Set 1" für Oracle Database 11g Release 1 auf Linux x86-Plattformen. Durch ihn wird die Version „11.1.0.6.0" auf „11.1.0.7.0" angehoben.

---

11 Eine gute Übersicht dieses Themas bietet `http://en.wikipedia.org/wiki/Oracle_Database#History`

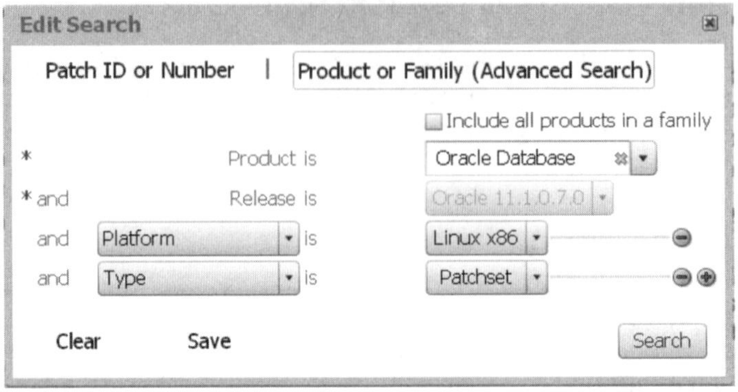

Abbildung 4.5: Patch-Suche in My Oracle Support

Patch Sets werden über die Support-Seiten[12] von Oracle ermittelt. Dort kann unter dem Reiter *Patches & Updates* gezielt nach Patch-Nummern oder Plattformen und Produkten gesucht werden. Abbildung 4.5 zeigt die Abfrage für das vorstehend genannte Beispiel.

Patch Sets werden detailliert in zugeordneten *Patch Set Notes* beschrieben, die insbesondere Auskunft über betroffene Produkte, Versionsnummern und den Installationsprozess geben.

Patches

Patches haben viele Gemeinsamkeiten mit den zuvor beschriebenen Patch Sets: Auch sie werden über Patch-Nummern eindeutig identifiziert, lassen sich über die Support-Seiten lokalisieren und beheben spezifische Software-Fehler. Patches beziehen sich – im Gegensatz zu Patch Sets – jedoch häufig auf einzelne Bugs und enthalten eine oder mehrere Software-Korrekturen zur Behebung des oder der zugeordneten Bugs.

Ferner werden Patches nicht über das Werkzeug „Oracle Universal Installer", sondern über `opatch` installiert und verändern in der Regel nicht die Versionsnummer des Produktes. Rechenschaft darüber, ob sie installiert wurden, lässt sich daher nur aus den Daten des Oracle-Inventory mithilfe des Werkzeugs `opatch` ableiten (siehe hierzu Abschnitt 4.1.3).

Auch Patches werden in einer zugeordneten *Readme*-Datei genau klassifiziert. Das folgende Beispiel zeigt einen Auschnitt aus dieser Datei für Patch 7695070, der den gleichnamigen Bug behebt.

```
======================================================================
Interim Patch for Base Bug: 7695070
======================================================================

Date: Mon Feb  1 01:00:23 2010
----------------------------------------------------------------------
 Platform Patch for              : Linux x86
 Product Patched                 : RDBMS
 Product Version #               : 10.2.0.4.3
```

12 `http://support.oracle.com`

```
  Requires Prerequisite Patch     : 9119284
  Overlays Patch                  : 9119284
  RAC Rolling Installable         : YES
  Online Installable          : NO
  Minimum OPatch Version          : 10.2.0.4.7

Bugs Fixed by this patch:
-------------------------
7695070:CHANGE IN THE TIMEZONE FILE FORMAT
```

Im Gegensatz zu Patch Sets werden Patches häufig nicht pauschal, sondern nur als Reaktion auf eine konkrete Fehlersituation und auf Empfehlung von Oracle Support installiert.

Critical Patch Updates

– In der Kurzform CPU – sind im Grunde auch ein Bündel aus Patches zur Behebung von Software-Fehlern. Im Gegensatz zu Patch Sets und „normalen" Patches beziehen sie sich jedoch ausschließlich auf sicherheitsrelevante Fehler der Software. Sie werden viermal im Jahr, zu genau vorgegebenen Terminen, für alle relevanten Produkte und Plattformen in den Monaten Januar, April, Juli und Oktober veröffentlicht.

Sie werden dementsprechend nach Monat und Jahr benannt, beispielsweise *Critical Patch Update January 2010* oder kurz *CPUJan2010*. Letzten Endes verbergen sich hinter ihnen natürlich auch Patch Sets mit eindeutigen Patch-Nummern. Der konkret im Rahmen eines CPU zu installierende Patch hängt – neben dem Monat und dem Jahr – von dem betreffenden Produkt, seiner Versionsnummer und der zugrunde liegenden Plattform ab.

Der Einstieg in die Welt der jeweils aktuellsten CPUs führt über Oracles *Security Technology Center*[13] und dort über den Link *Critical Patch Update Advisory*. Der Link führt zunächst auf eine CPU-Übersicht, über die das betreffende *Oracle Critical Patch Update Advisory* aufgerufen werden kann. Dieses Dokument listet die betroffenen Produkte und Komponenten auf und verlinkt diese mit dem entsprechenden *Patch Availability Document*, in vollem Wortlaut beispielsweise *Critical Patch Update January 2010 Patch Availability Document for Oracle Products*. Hier findet der Suchende nun endlich in Abschnitt 4, überschrieben mit *Critical Patch Update Availability for Oracle Products* und nach Produktfamilien geordnet, die für ihn relevante Patch-Nummer. Die Abbildung 4.6 zeigt einen kleinen Ausschnitt aus diesem Dokument für den CPU-Patch von Januar 2010 für Datenbanken.

4.9.2 Oracle Database 11.1.0.7

Table 16 describes the patches that are available for Oracle Database 11.1.0.7.

Table 16 Patch Availability for Oracle Database 11.1.0.7

Oracle Database 11.1.0.7	UNIX	Microsoft Windows (32-Bit)
Oracle Database home	CPU Patch 9114072, or PSU Patch 9209238	Bundle Patch 9166858

Abbildung 4.6: Patch Update Availability (Ausschnitt)

13 `http://www.oracle.com/technology/deploy/security/index.html`

Mit dieser Nummer lässt sich der betreffende Patch nun – wie bereits beschrieben – über die Support-Seiten herunterladen. CPUs werden immer über das Werkzeug `opatch` installiert und verändern nicht die betreffenden Versionsnummern. Installationsnachweise sind demnach nur über das Oracle Inventory möglich. CPUs arbeiten kumulativ, d. h., sie müssen – bezogen auf ein Basisrelease – nicht lückenlos eingespielt werden.

Beginnend mit dem CPU für Juli 2007 wurde zur vereinfachten Behandlung von Patch-Konflikten eine neues Patchformat eingeführt.[14] Dieses sogenannte *n-apply* Patchformat gliedert die im CPU enthaltenen Patches in „Moleküle" (*molecule*), wobei jedes Molekül ein in sich geschlossener Patch ist und alle Moleküle eines CPU natürlich in ihrer Gesamtheit konfliktfrei sind. Beim Auftreten von Konflikten mit bereits installierten Patches können CPUs daher auch partiell installiert werden.

Patch Set Updates

– In der Kurzform PSU – wurden mit dem Juli-Patch des Jahres 2009 als Alternative zu den althergebrachten CPUs eingeführt. Sie werden seither zeitglich mit den CPUs veröffentlicht und enthalten im Gegensatz zu diesen – neben den Sicherheits-Patches – zusätzliche funktionale Patches, die von allgemeinem Interesse sind und in unterschiedlichen Umgebungen ausgiebig getestet wurden.

Es werden grundsätzlich keine Patches eingeschlossen, die Neukonfigurationen oder erneute Applikationstests erfordern. Damit will man der – zum Teil berechtigten – Furcht begegnen, nach dem Einspielen von Patches mit überraschenden funktionalen oder laufzeitmäßigen Veränderungen kämpfen zu müssen. Es vesteht sich, dass jedem PSU eine ausführliche Beschreibung in Form einer *Readme*-Datei beigegeben wird.

PSUs werden über das Werkzeug `opatch` installiert. Besonderes Augenmerk ist auf die vom PSU unterstützte `opatch`-Version zu legen, die in der *Readme*-Datei entsprechend ausgewiesen wird. Gegebenenfalls ist hier ein Upgrade des Werkzeugs vor der PSU-Installation notwendig. Die jeweils aktuellste Version dieses Werkzeugs wird zu diesem Zweck unter einem sogenannten *Placeholder Bug* – d. h. der stets gleich bleibenden – Bugnummer „6880880" zum Herunterladen bereitgehalten.

Im Gegensatz zu CPUs werden PSUs über Versionsnummern referenziert, die jeweils an der fünften Stelle hochgezählt werden: „PSU 2" für „Oracle Database 11.1.0.7.0" ist beispielsweise für diverse Plattformen unter der Patch-Nummer „9209238" verfügbar und erhöht die Versionsnummer des Produktes auf „11.1.0.7.2". PSUs, die unter den Versionen 10.2 und 11.1 installiert werden, zeigen diese erweiterte Versionsnummer allerdings nicht in ihrem Banner, beispielsweise beim Aufruf von SQL*Plus. Jedoch wird die Versionsnummer in einem entsprechenden Unterverzeichnis des Home-Verzeichnisses sichtbar, beispielsweise:

```
$ORACLE_HOME/psu/11.1.0.7.2
```

Dieses Verzeichnis enthält darüber hinaus auch alle SQL-Skripte, die zur Installation des betreffenden Patches in den Datenbanken des betreffenden Home-Verzeichnisses ausgeführt werden müssen.

Administratoren müssen sich grundsätzlich entscheiden, ob sie regelmäßige Sicherheits-Patches in Form von CPUs oder PSUs durchführen wollen. Der Wechsel von der

14 Siehe hierzu das My Oracle Support-Dokument 438314.1.

CPU- zu der PSU-Strategie ist jederzeit möglich, der Schwenk zurück dagegen nicht, da PSUs – wie erwähnt – neben den CPUs weitere Einzel-Patches enthalten, die möglicherweise in Konflikt mit neuen CPUs stehen könnten. Dementsprechend wird dieser Schwenk zurück offiziell nicht unterstützt.

PSUs lassen sich genau wie CPUs über das bereits besprochene *Patch Availability Document* lokalisieren.

Recommended Patches

Die vorangehenden Abschnitte haben deutlich gemacht, dass bei der Installation von Patches eine klare Strategie aufseiten der Administratoren gefordert wird. Sicherheits-Patches auf der einen Seite konkurrieren mit Patches, die einzelne Fehler beheben helfen. Während die ersteren durchaus pauschal installiert werden können, erfordern die letzteren eine genaue Analyse der Fehlerumstände.

Um die Entscheidungsfindung in diesem Umfeld etwas zu erleichtern, werden über Oracles Support-Seiten Patch-Empfehlungen ausgesprochen. Über das Dokument *Introduction to Oracle Recommended Patches*[15] sind Übersichten für die Datenbank, Enterprise Manager und Fusion Middleware verlinkt, welche Empfehlungen gegliedert nach Produkten und Versionen zusammenfassen.

4.1.3 Installationsmethoden und Werkzeuge

Installationsarbeiten im Umfeld von Oracle-Systemen beinhalten bei genauer Betrachtung folgende Verfahren:

- Installation von Software über *Oracle Universal Installer*
- Einspielen von Software-Patches mittels *opatch*
- Aufbau von Datenbanken und abhängigen Komponenten, beispielsweise Listenern über verschiedene Konfigurationsassistenten.
- Löschen und Deinstallieren von Komponenten und Software-Verzeichnissen

Oracle bietet unterschiedliche Werkzeuge, um die oben genannten Arbeiten durchzuführen. Für einzelne Werkzeuge stehen darüber hinaus alternative Ausführungsmodi zur Verfügung. Der vorliegende Abschnitt stellt die möglichen Arbeitsweisen im Einzelnen vor.

Oracle Universal Installer

Oracle Universal Installer – kurz OUI – ist ein Java-Client, der gleichermaßen für Software-Installationen und -Upgrades in Form von Patchsets zur Verfügung steht. Neben diesen Bereichen unterstützt er eine Reihe weiterer Aufgaben:[16]

- Prüfung von Installationsvoraussetzungen und – abhängig davon – Generierung von Skripten zur Korrektur von fehlerhaften Einstellungen (Fixup-Skripte)

15 My Oracle Support-Dokument 756388.1

16 Die vollständige Dokumentation des Werkzeugs findet sich in „Oracle Universial Installer and OPatch User's Guide."

- Aufruf von Konfigurationsassistenten in Abhängigkeit von der installierten Software.
- „Klonen" von Installationsverzeichnissen kopiert bestehende Installationen 1:1 in neue Umgebungen.
- Hinzufügen von Nodes in Real Application Cluster-Umgebungen.
- Nachträgliches Hinzufügen oder Entfernen bestehender Software-Installationen durch Verlinken oder „Ent-linken" lokaler Inventory-Daten und das zentrale Repository (Oracle Inventory).

OUI wird aus dem Hauptverzeichnis der Distribution heraus (*Staging*-Verzeichnis) mit `runInstaller` oder – unter Windows – über `setup.exe` aufgerufen. Seine Standardeinstellungen erhält OUI aus der Konfigurationsdatei `oraparam.ini`, die im Unterverzeichnis `install` des Staging-Verzeichnisses liegt. Dort werden u. a. die Vorgaben für Home-Verzeichnisse sowie Swap- und Tempspace-Vorgaben gemacht. Änderungen in dieser Datei sind normalerweise nicht nötig, da einige der Einstellungen, wie beispielsweise die Verzeichnisnamen, auch interaktiv oder über entsprechende Aufrufparameter gesteuert werden können. Der folgende Ausschnitt zeigt den Eingangsbereich mit Vorgaben für *Bootstrap*-Komponenten und Home-Verzeichnisse.

```
[Oracle]
DISTRIBUTION=TRUE
SOURCE=../stage/products.xml
LICENSE_LOCATION=
BOOTSTRAP_COMPS="oracle.swd.oui:11.2.0.1.0,
  oracle.swd.oui.core:11.2.0.1.0,oracle.jdk:1.5.0.17.0"
JRE_SCRATCH_LOC=jdk/jre
JRE_MEMORY_OPTIONS=" -mx150m"
DEFAULT_HOME_LOCATION=product/11.2.0/dbhome
DEFAULT_HOME_NAME=OraDb11g_home
```

OUI protokolliert seine Aktionen im Rahmen des Oracle Inventory, welches im Abschnitt 4.1.4 genauer beschrieben wird.

Für die Arbeit mit OUI stehen unterschiedliche Modi zur Verfügung, die jeweils unterschiedlichen Anforderungen gerecht werden sollen:

- Der **interaktive** Modus leitet den Benutzer über grafische Seiten durch den gesamten Installationsprozess. Er ist gut geeignet für Test- oder Ad-hoc-Installationen, ist aber erheblich zeitaufwendiger als
- der **silent**-Modus, bei dem auf die grafische Anzeige verzichtet und die Eingaben über eine *response*-Datei und Aufrufparameter zugespielt werden. Die *response*-Datei kann dabei über einen Texteditor erstellt oder im Rahmen des interaktiven Modus aufgezeichnet werden. Statische Parameter der *response*-Datei lassen sich dabei durch Aufrufparameter von OUI übersteuern. Der silent-Modus ist damit erste Wahl beim Aufspielen von standardisierten, produktiven Umgebungen.
- Der **kombinierte** Modus (*Supressed-Interactive Mode*) arbeitet einerseits mit *response*-Dateien, erkennt aber ebenso manuelle Eingaben, die im Rahmen eines Dialogs eingeschleust werden.

Die oben beschriebenen Modi werden durch Optionen beim Aufruf von OUI gesteuert. Ein Übersicht über alle verfügbaren Aufrufparameter liefert

```
$ <staging_dir>/runInstaller -help
```

Unter Windows wird entsprechend `setup` aufgerufen. Der interaktive Modus von OUI wird durch Aufruf von `runInstaller` ohne Optionen und Variablen gestartet. Nach einem „Vorspiel“ beginnt der eigentliche Dialog, der in der Version 11g ergonomisch optimiert wurde. Die Abbildung 4.7 zeigt auf der linken Seite die globale Navigation, rechts befinden sich die jeweiligen Dialogschritte. Nach Positionierung des Mauszeigers auf einem Auswahlpunkt erscheint mit kurzer Verzögerung das Hilfesymbol, das bei Zeigerkontakt die entsprechende Online-Hilfe einblendet. Über „more“ lassen sich dann zusätzlich detailliertere Informationen einblenden.

Der für produktive Umgebungen sehr empfehlenswerte *silent*-Modus wird über die Aufrufoption `-silent` erreicht. Dieser Modus kommt gänzlich ohne Benutzerinteraktionen aus. Die zur Installation notwendigen Parameter werden entweder über Aufrufparameter oder über eine *response*-Datei beigesteuert. Variablen der Kommandozeile überschreiben damit Variablen der *response*-Datei. Hierdurch lässt sich leicht eine Flexibilität des Installationsprozessen implementieren.

Für die Erstellung der *response* Datei stehen – wie bereits angedeutet wurde – unterschiedliche Optionen bereit:

- Komfortable Eingabe der Parameter über den interaktiven Modus. Vor dem Start der Installation lässt sich dann eine *response*-Datei abspeichern, wie Abbildung 4.8 zeigt.
- Im `response`-Unterverzeichnis des Staging-Verzeichnisses liegen – abhängig vom Produkt – diverse *response*-Musterdateien. Für Datenbankinstallationen findet sich dort beispielsweise die Datei `db_install.rsp`, welche neben den unterstützten Parametern auch ausführliche Kommentare enthält, welche die Bearbeitung erleichtern. Die folgenden Zeilen enthalten einen Ausschnitt dieser Datei zur Bestimmung der Datenbank-Edition.

```
#-------------------------------------------------------
# Specify the installation edition of the component.
#
# The value should contain only one of these choices.
# EE     : Enterprise Edition
# SE     : Standard Edition
# SEONE  : Standard Edition One
# PE     : Personal Edition (WINDOWS ONLY)
```

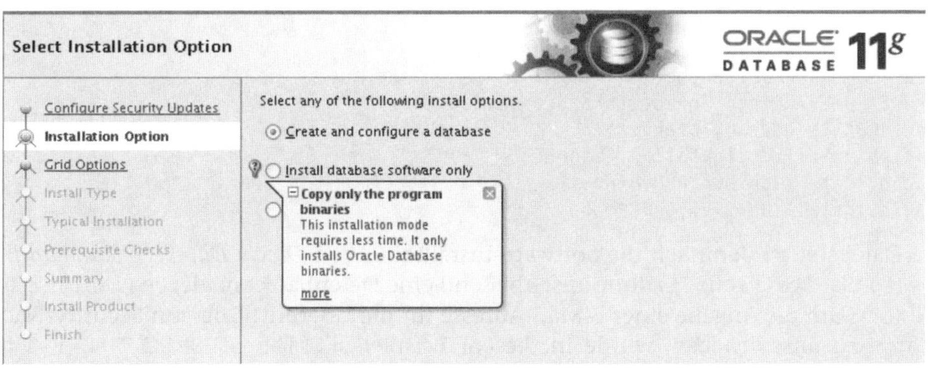

Abbildung 4.7: Oracle Universal Installer interaktiv (Ausschnitt)

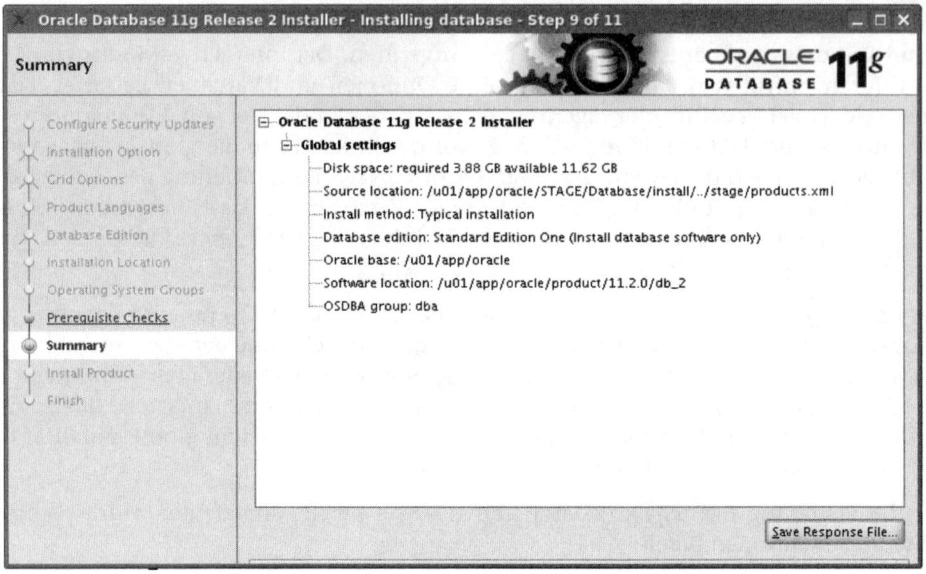

Abbildung 4.8: Speichern der Response-Datei

```
#-------------------------------------------------------------
oracle.install.db.InstallEdition=
```

- Wem die notwendigen Parameter bekannt sind, kann *response*-Dateien natürlich auch manuell erstellen. Die Reihenfolge der Parameter spielt dabei keine Rolle.

Die folgende Datei `SEsw.rsp` wurde mit der interaktiven Methode generiert. Anschließend wurden Kommentare und nicht belegte Parameter entfernt, um eine minimalistische Version zu erzeugen, die sich im Rahmen einer Installation im *silent*-Modus nutzen lässt.

```
oracle.install.responseFileVersion=/oracle/install/
                                    rspfmt_dbinstall_response_schema_v11_2_0
oracle.install.option=INSTALL_DB_SWONLY
DECLINE_SECURITY_UPDATES=TRUE
ORACLE_HOSTNAME=oel.dbc.de
UNIX_GROUP_NAME=oinstall
INVENTORY_LOCATION=/u01/app/oraInventory
SELECTED_LANGUAGES=en,de
ORACLE_HOME=/u01/app/oracle/product/11.2.0/db_2
ORACLE_BASE=/u01/app/oracle
oracle.install.db.InstallEdition=SE
oracle.install.db.DBA_GROUP=dba
oracle.install.db.OPER_GROUP=dba
```

Die Datei steuert demnach die Software-Installation von *Oracle Database Standard Edition* (`InstallEdition=SE`) ohne anschließend eine Datenbank anzulegen (`INSTALL_DB_SWONLY`). Um die Angabe einer E-Mail-Adresse für die Übermittlung von Security-Nachrichten zu unterdrücken, wurde in diesem Beispiel `DECLINE_SECURITY_UPDATES` auf `TRUE` gesetzt. Des Weiteren wird in das Home-Verzeichnis `db_2` installiert, das über OUI auch gleich angelegt wird.

Nun kann der Aufruf der *response*-Datei mit vollständiger Pfadangabe wie folgt aus dem Staging-Verzeichnis durchgeführt werden. Der Aufruf erfolgt unter dem betreffenden Installationsbenutzer, in unserem Falle `oracle`:

```
$ ./runInstaller -silent -responseFile /home/oracle/OraInstall/SEsw.rsp
```

Nach einigen Meldungen, die auf das Konto der Umgebungsprüfung gehen, wird ein Verweis auf die verwendete Log-Datei gegeben, die für jeden Aufruf des Installers mit einer eindeutigen Zeitangabe versehen[17] generiert wird.

```
Starting Oracle Universal Installer...

Checking Temp space: must be greater than 80 MB.   Actual 11902 MB    Passed
Checking swap space: must be greater than 150 MB.   Actual 4031 MB    Passed
Preparing to launch Oracle Universal Installer from
/tmp/OraInstall2010-02-12_04-12-07PM. Please wait ...
You can find the log of this install session at:
 /u01/app/oraInventory/logs/installActions2010-02-12_04-12-07PM.log
```

Zusätzlich wird noch jeweils eine Fehler- und Output-Datei unter dem Namen `oraInstall` und mit identischen Zeitangaben geschrieben. Auf diese Weise wird jeder Installationsprozess mit insgesamt drei Dateien dokumentiert, die nicht nur im Inventory-Verzeichnis, sondern auch unter `$ORACLE_HOME/cfgtoollogs/oui` archiviert sind.

Die weitere Verarbeitung erfolgt nun im Hintergrund! Im Gegensatz zur Vorgängerversion 10 werden keine Punktereihen ausgegeben, welche auf die fortschreitende Programmausführung hinweisen. Wer hier eine fortlaufende Kontrolle wünscht, der kann – unter Unix-Derivaten – über den Befehl `tail -f` die Meldungen der Log-Datei verfolgen. Der Detaillierungsgrad der Meldungen in dieser Datei lässt sich bei Bedarf über den OUI-Kommandoparameter `-logLevel` steuern.

Sobald der erste Teil der Installation durchlaufen wurde, wird die Kontrolle wieder zurückgegeben:

```
The following configuration scripts need to be executed as the "root" user.
 #!/bin/sh
 #Root scripts to run

/u01/app/oracle/product/11.2.0/db_2/root.sh
To execute the configuration scripts:
         1. Open a terminal window
         2. Log in as "root"
         3. Run the scripts
         4. Return to this window and hit "Enter" key to continue

Successfully Setup Software.
```

Nach der Ausführung der Root-Datei ist die Software-Installation beendet. Detaillierte Meldungen zur Kontrolle lassen sich der anfangs erwähnten Log-Datei entnehmen. Eine erfolgreiche Installation wird dort wie folgt ausgewiesen:

```
INFO: Successfully executed the flow in SILENT mode
INFO: Finding the most appropriate exit status for the current application
INFO: Exit Status is 0
INFO: Shutdown Oracle Database 11g Release 2 Installer
```

17 `installActionsyyyy-mm-dd_hh-mm-ss.log`

Die Ausführung der Root-Datei wird in einer eigenen Log-Datei in dem neu installierten Home-Verzeichnis und dort im Verzeichnis `install` protokolliert:

```
/u01/app/oracle/product/11.2.0/db_2/install/
      root_oel.dbc.de_2010-02-12_16-30-58.log
```

Variablen der *response*-Datei lassen sich von der Kommandozeile aus übersteuern. Dadurch können flexible Installationsprozesse implementiert werden, ohne die betreffenden *response*-Dateien nachhaltig zu verändern. Im folgenden Beispiel werden das Home-Verzeichnis und sein Name[18] über Aufrufparameter auf `db_3` und `OHome3` festgelegt:

```
$ ./runInstaller -silent -responseFile /home/oracle/OraInstall/SEsw.rsp
    ORACLE_HOME_NAME="OHome3" ORACLE_HOME="/u01/app/oracle/product/11.2.0/db_3"
```

Eine Liste aller installierten Home-Verzeichnisse mit den ihnen zugeordneten Home-Namen lässt sich zur Kontrolle leicht über das Werkzeug `opatch` generieren:

```
$ $ORACLE_HOME/OPatch/opatch lsinventory -all

--------------------------------------------------------------
List of Oracle Homes:
  Name                         Location
   OraDb11g_home1       /u01/app/oracle/product/11.2.0/db_1
   OraDb11g_home2       /u01/app/oracle/product/11.2.0/db_2
   OHome3               /u01/app/oracle/product/11.2.0/db_3
```

Die Ausgabe von `opatch` wurde im vorangehenden Beispiel gekürzt.

Opatch

Wie Oracle Universal Installer ist auch das Werkzeug `opatch` eine Java-Client-Anwendung. Im Gegensatz zu OUI wird `opatch` jedoch im Rahmen von so genannten Interims-Patches wie Critical Patch Updates, Patch Set Updates oder Einzel-Patches eingesetzt und bietet keine grafische Oberfläche, sondern arbeitet ausschließlich im Zeilenmodus. Im Einzelnen unterstützt das Werkzeug folgende Aktivitäten:

- Installation von Interims-Patches, wie bereits erwähnt wurde
- Ausgabe von Installations-Reports über die Option `lsinventory`
- Konflikterkennung bei Patches
- Zurücksetzen von Interims-Patches (*rollback*)

Wie OUI so bietet auch `opatch` die Möglichkeit zur *silent*-Installation, bei der auf Benutzereingaben verzichtet werden kann. Umfangreiche Eingabeparameter erlauben hier eine detaillierte Steuerung. Das Werkzeug kann sowohl direkt als auch über Perl gestartet werden:

```
$ $ORACLE_HOME/OPatch/opatch [<patch command>] [options]
$ perl $ORACLE_HOME/OPatch/opatch.pl [<patch command>] [options]
```

Über die Option `-h` oder `<patch command> -h` werden vollständige Syntaxhilfen angeboten.

18 Der OUI vergibt für jedes Home-Verzeichnis einen eindeutigen Namen.

`opatch` benötigt für eine vollständige und fehlerfreie Funktionsweise OUI und die über dieses Werkzeug angelegten Metadaten. Die *standalone*-Version hingegen bietet nur eingeschränkte Funktionalität und wird hier nicht näher beschrieben.

Bereits vor der Installation von Interims-Patches kann `opatch` die Voraussetzungen und möglichen Konflikte prüfen. Der folgende Aufruf startet beispielsweise die detaillierte Prüfung der Komponenten des angegebenen Home-Verzeichnisses (`-oh`) im Hinblick auch Konflikte mit den im Verzeichnis `./9209238` liegenden Patches.

```
$ opatch prereq CheckConflictAgainstOHWithDetail
       -oh /u01/app/oracle/product/11.1.0/db_1 -phBaseDir ./9209238
```

Mögliche Konflikte werden dann angezeigt. Die folgende Ausgabe stellt einen Ausschnitt aus dem `opatch`-Report dar. In diesem Beispiel wurde Patch 9209238 bereits installiert. Die Auflösung des „Konfliktes" wird also durch Löschen und Neuinstallation von 9209238 erreicht.

```
Following patches will be rolled back from Oracle Home on application
of the patches in the given list :
9209238

Conflicts/Supersets for each patch are:

Patch : 9209238

        Bug Superset of 9209238
        Super set bugs are:
        7627743,  7652888,  9135679,  7299153,  8242410,
```

Im Prinzip können beim Patchen folgende Konfliktsituationen angezeigt werden:

- **Supersets** Obermengen liegen dann vor, wenn alle Bugs, die im neu zu installierenden Patch behandelt werden, bereits durch vorangehende Patches behoben wurden, der neu zu installierende Set aber zusätzliche Patches enthält. In diesem Fall werden die bereits installierten Patches als Untermenge zurückgerollt. Der neue Patch kann dann fehlerfrei appliziert werden.
- **Subset** Untermengen kehren die oben beschriebene Situation um: Ein zu installierender Patch wurde schon im Kontext von bereits installierten Patches eingespielt und ist daher überflüssing. Durch die Option `-skip_subset` kann dieser Patch beim Installieren ausgeblendet werden.
- **Duplicate** Dopplungen entstehen durch identische Patches. Durch die Option `-skip_duplicate` können diese beim Installieren ausgeblendet werden, d. h., sie werden nicht installiert.
- **File oder Bug Conflict** Die oben dargestellten Szenarien stellen im Grunde keine Konflikte im engeren Sinne dar, denn die Überschneidungen lassen sich durch einfaches Ausblenden oder Zurückrollen der betreffenden Patches leicht lösen. Komplexere Situationen können durch teilweise Überlappungen entstehen, wenn beispielsweise der bereits installierte Patch A Bugs 5, 6 und 7 behandelt und der neu zu installierende Patch B Bugs mit der Nummer 7, 8 und 9. In diesem Falle liegt ein echter Konflikt vor, der nur durch das Zurückrollen der überlappenden Patches gelöst werden kann.

Das Zurückrollen einzelner Patch-Nummern lässt sich wie folgt durchführen:

```
$ opatch rollback -id <Patch_ID>
```

Für die eigentliche Installation von Patches, die aus einer Reihe von „Molekülen“ bestehen, wird opatch in der Regel wie folgt aufgerufen:

```
$ $ORACLE_HOME/OPatch/opatch napply <patch_location> -skip_subset
                                                        -skip_duplicate
```

Der vorstehende Aufruf installiert die im Verzeichnis <patch_loction> liegenden Patches in das Home-Verzeichnis, welches über die Umgebungsvariable $ORACLE_HOME im Hintergrund gesetzt ist. Alternativ kann das gültige Home-Verzeichnis auch über die Kommandooption -oh angegeben werden. Die beiden -skip-Optionen sorgen dafür, dass Untermengen und Duplikate übergangen werden.

Wie andere Werkzeuge so protokolliert auch opatch seine Aktionen für jeden Aufruf unter einem eigenen Verzeichnis unterhalb von $ORACLE_HOME/cfgtoollogs. Neben einer Log-Datei wird dort auch jeweils eine Ausgabedatei geschrieben. Beide Dateien lassen sich über identische Zeitangaben im Dateinamen zuordnen. Darüber hinaus werden opatch-Aktionen in einer fortlaufenden Historien-Datei namens opatch_history.txt erfasst. Das folgende Beispiel zeigt einen Ausschnitt, der bei der Installation von Patch 9209238 in diese Datei geschrieben wurde.

```
Date & Time : Mon Feb 15 16:15:36 CET 2010
Oracle Home : /u01/app/oracle/product/11.1.0/db_1
OPatch Ver. : 11.2.0.1.1
Current Dir : /u01/app/oracle/STAGE/11gR1patch/9209238
Command     : apply
Log File    : /u01/app/oracle/product/11.1.0/db_1/cfgtoollogs/opatch/
              opatch2010-02-15_16-15-35PM.log
```

Der Detaillierungsgrad der Log-Protokolle lässt sich über die Option -loglevel steuern. Die Option akzeptiert folgende Angaben: SEVERE, WARNING, INFO, CONFIG, FINE, FINER und FINEST.

Häufig müssen im Kontext von Patches neben Dateien auch Schemaanpassungen (*schema patching*) innerhalb aller Datenbanken durchgeführt werden, die über das betreffende Home-Verzeichnis betrieben werden. Patches, für die solche Anpassungen erforderlich sind, enthalten in ihrer Steuerdatei patchmd.xml entsprechende Angaben. Das folgende Beispiel zeigt einen entsprechenden Ausschnitt:

```
<proc:Parameter name="script_loc" ofType="string"
   ofDomain="Provisioning" assignment="A$oracle_home/psu/A$cpuname" />
<proc:Parameter name="script" ofType="string" ofDomain="Provisioning"
   assignment="A$sql_script" />
<proc:Parameter name="rollbackscript" ofType="string"
   ofDomain="Provisioning" assignment="A$sql_rollback_script" />
```

opatch kann auch zur Ausführung dieser SQL-Dateien eingesetzt werden. Das folgende Beispiel zeigt einen Aufruf, der sowohl die Software als auch – im Anschluss daran – das Schema-Patching für die Instanz t1 durchführt:

```
$ $ORACLE_HOME/OPatch/opatch napply <patch_location> -skip_subset
  -skip_duplicate -connectString t1:sys:manager -runSql
```

Es versteht sich, dass auch mehrere Instanzen über Komma getrennt in der Connect-Liste aufgenommen werden können. Die Log-Dateien vermerken die SQL-Aktivitäten mit entsprechenden Meldungen, wie beispielsweise der folgenden:

```
Running the "apply" sql script
  "/u01/app/oracle/product/11.1.0/db_1/psu/11.1.0.7.2/catpsu.sql"
  with reference to 'patchmd.xml' file for the patch "9209238"...
```

Alle diejenigen, welche die Phase des Schema-Patching getrennt vom Software-Patch durchführen wollen, können diese über die `util` Option erreichen, wie im Folgenden für Patch 9209238 in Instanz `t2` dargestellt ist.

```
$ ./opatch util applysql -ph <patch_location> -id 9209238 -connectString t2:sys:manager
```

Darüber hinaus bietet `opatch` verschiedene Möglichkeiten, Informationen über installierte Komponenten und deren Patches abzurufen. Hierfür ist das Kommando `lsinventory` zuständig, das entweder alleinstehend oder mit unterschiedlichen Optionen angegeben werden kann:

```
$ opatch lsinventory
$ opatch lsinventory -detail
$ opatch lsinventory -bugs_fixed
$ opatch lsinventory -patch
```

Die nachfolgende Liste zeigt einen Ausschnitt aus dem Resultat der Option `-bugs_fixed`, welche die pro Patch behobenen Bugs auflistet:

```
List of Bugs fixed by Installed Patches:

Bug      Fixed by  Installed at                  Description
         Patch
---      --------  ------------                  -----------
6059178  9209238   Mon Feb 15 16:35:33 CET 2010  CLEANUP RFS FAL PURGE PARTIAL
                                                 SRL LOGIC
6407486  9209238   Mon Feb 15 16:35:33 CET 2010  ORA-600 [KOLE_T2U] USING
                                                 A BLOB TABLE
6452375  9209238   Mon Feb 15 16:35:33 CET 2010  ORA-26687 NO INSTANTIATION SCN
                                                 PROVIDED WHEN DROP CHILD TABLE
6501490  9209238   Mon Feb 15 16:35:33 CET 2010  ASM ORA-600
                                                 [KFDPUTIL_SENDGMONMSG 01]
                                                 DURING DISK  FAILURE TESTING
```

Bei der Option `-patch` hingegen wird die Ausgabe nach Patch-Nummern gruppiert, wie das folgende Beispiel zeigt:

```
----------------------------------------------------------------------
Interim patches (1) :

Patch  9209238      : applied on Mon Feb 15 16:35:33 CET 2010
Unique Patch ID:  12038832
   Created on 7 Jan 2010, 01:42:56 hrs PST8PDT
   Bugs fixed:
     7627743, 7652888, 9135679, 7299153, 8242410, 6059178, 6955744, 7497788,
     7447559, 8702276, 7690421, 7719143, 8251486, 8367827, 8328853, 7630874
```

Database Configuration Assistant

Das Werkzeug Database Configration Assistant (DBCA) ist, anders als der Name suggeriert, nicht nur zum Anlegen von Datenbanken zu gebrauchen. Über DBCA lassen sich vielmehr auch angrenzende Aufgaben komfortabel erledigen:

- Anlegen einer Datenbank (create)
- Löschen einer Datenbank
- Datenbankoptionen konfigurieren
- Erstellen und verwalten von Templates
- Generierung von Skripten zur Erstellung von Datenbanken

Wie die anderen Werkzeuge dieses Kapitels, so ist auch DBCA ein Java-Client, der sowohl interaktiv und grafisch als auch im *silent*-Modus gestartet werden kann. Das Werkzeug kann darüber hinaus auch direkt aus dem Universal Installer heraus aufgerufen werden, wenn dort die Option *Create and configure a Database* ausgewählt wurde, über die sowohl die Software installiert als auch eine Datenbank angelegt wird. Die Abbildung 4.9 zeigt die Einstiegsseite im interaktiven Modus.

DBCA ist ebenfalls in der Lage, mit *response*- und *template*-Dateien zu operieren. Beide Dateitypen sind reine ASCII-Dateien und können dementsprechend mit jedem Editor bearbeitet werden.

Im Unterverzeichnis `response` jeder Distribution befinden sich Muster von *response*-Dateien für Konfigurationsassistenten, unter ihnen auch eine für den DBCA. Die DBCA-

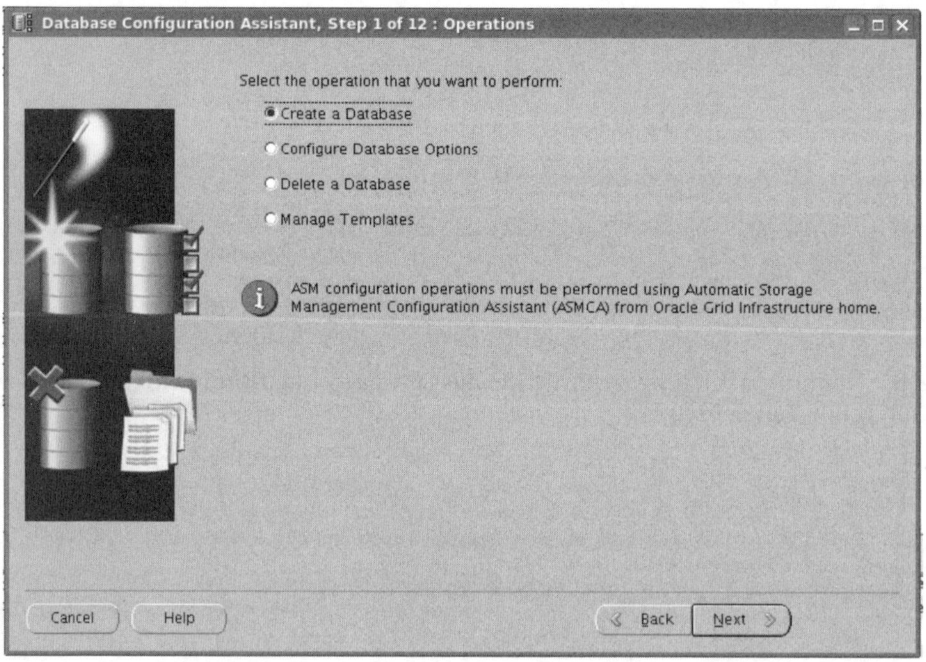

Abbildung 4.9: Database Configuration Assistant: Einstiegsseite

Datei enthält in Unterabschnitten, die den Hauptaktionen des Werkzeugs entsprechen und über eckige Klammern gekennzeichnet sind, `name-value`-Einträge und entsprechende Kommentare, welche die einzelnen Parameter beschreiben. Über *response*-Dateien lassen sich Werte für Eingabeparameter aber auch für Templates beisteuern. Sie finden daher vornehmlich im *silent*-Modus des Werkzeugs Anwendung. Das folgende Beispiel zeigt einen kleinen Ausschnitt aus der Abteilung „create database“:

```
[CREATEDATABASE]

#-----------------------------------------------------------------------
#Name          : GDBNAME
#Datatype      : String
#Description   : Global database name of the database
#Valid values  : <db_name>.<db_domain> - when database domain isn't NULL
#                <db_name>             - when database domain is NULL
#Default value: None
#Mandatory     : Yes
#-----------------------------------------------------------------------
GDBNAME = "orcl11g.dbc.de"
```

Im Gegensatz zu *response*-Dateien sind Templates xml-Dateien. Sie steuern DBCA beim Erstellen und Klonen von Datenbanken und enthalten im wesentlichen folgende Angaben:

- Datenbankoptionen
- Storage-Parameter für Tablespaces und ihren Dateien
- Serverparameter

Einige ihrer Parameter, wie z. B. Werte für Serverparameter, können zusätzlich durch Eingabeparameter oder *response*-Dateien übersteuert werden.

Templates finden sich im Verzeichnis `assistants/dbca/templates` des Oracle-Home-Verzeichnisses. Sie lassen sich in zwei Gruppen unterteilen: *Seed*-Templates, deren Dateien die Erweiterung `dbc` tragen, enthalten – neben den bereits erwähnten Attributen – „fertige“ Datenbanken in Form von Verweisen auf gezippte Dump-Dateien mit der Erweiterung `dfb`. Herkömmliche Templates verzichten auf diese Zip-Dateien und müssen dementsprechend ihre Datenbanken von Grund auf neu anlegen. Letztere sind dadurch flexibler, brauchen aber naturgemäß mehr Zeit für den Aufbau.

Es gibt unterschiedliche Methoden, um Templates anzulegen:

- Durch Kopieren und Editieren einer mitgelieferten Musterdatei
- Durch Abspeichern einer interaktiven DBCA-Sitzung im Rahmen der Auswahl „Create a Database“
- Durch Klonen einer vorhandenen Datenbank mit DBCA über die Auswahl MANAGE TEMPLATES. Dort erstellt STRUCTURE ONLY ein normales Template, wohingegen STRUCTURE AS WELL AS DATA ein *seed*-Template aufbaut.

Im Folgenden soll die Datenbank `db11` ohne Interaktion durch einen Benutzer angelegt werden. Die hierfür vorbereitete *response* Datei `gu1.rsp` enthält allgemeine Vorgaben:

```
[GENERAL]
RESPONSEFILE_VERSION = "11.2.0"
OPERATION_TYPE = "createDatabase"
[CREATEDATABASE]
GDBNAME = "dummy.dbc.de"
SID = "dummy"
TEMPLATENAME =
  "/u01/app/oracle/product/11.2.0/db_1/assistants/dbca/templates/dbconsult.dbt"
SYSPASSWORD = "Manager123"
SYSTEMPASSWORD = "Manager123"
CHARACTERSET = "WE8ISO8859P15"
NATIONALCHARACTERSET= "UTF8"
TOTALMEMORY = "500
```

Über diese wird das Template `dbconsult.dbt` aktiviert, welches die geforderten Datenbankoptionen und Storage-Angaben enthält. Die folgende Liste zeigt einen kleinen Ausschnitt mit den Spezifikationen für die Tablespaces `users`.

```
<DatafileAttributes id="/u01/app/oracle/oradata/{DB_UNIQUE_NAME}/users01.dbf">
         <tablespace>USERS</tablespace>
         <temporary>false</temporary>
         <online>true</online>
         <status>0</status>
         <size unit="MB">5</size>
         <reuse>true</reuse>
         <autoExtend>true</autoExtend>
         <increment unit="KB">1280</increment>
         <maxSize unit="MB">-1</maxSize>
      </DatafileAttributes>
```

Der endgültige Aufruf von DBCA im *silent*-Modus übersteuert schließlich den globalen Datenbanknamen und die SID „dummy" durch „db11". Auf diese Weise wird die flexible Nutzung von Templates und *response*-Dateien möglich.

```
$ dbca -silent -responseFile /u01/app/oracle/product/11.2.0/db_1/
        assistants/dbca/gu1.rsp -gdbName db11.dbc.de -sid db11
```

Der Befehl `dbca -h` gibt eine Liste aller möglichen Aufrufparameter aus.

Der *silent*-Modus gibt durchaus zur Laufzeit knappe Aktionsmeldungen aus, wie der folgende Ausschnitt zeigt, und endet mit einem Hinweis auf die ausführlichen Log-Meldungen:

```
Creating and starting Oracle instance
2% complete
...
12% complete
Creating database files
13% complete
25% complete
Creating data dictionary views
28% complete
...
66% complete
Completing Database Creation
70% complete
...
100% complete
```

```
Look at the log file "/u01/app/oracle/cfgtoollogs/dbca/db11/db11.log"
for further details.
```

Net Configuration Assistant

Das Werkzeug Net Configuration Assistant, kurz NETCA, ist evenfalls ein Java-Client, über den, wie der Name nahelegt, die Netzanbindung von Oracle-Datenbanken konfiguriert werden kann. Die Parameter, welche dieses Werkzeug verwaltet, werden in diversen Konfigurationsdateien mit der Erweiterung `.ora` im Verzeichnis `network/admin` unter dem Home-Verzeichnis gespeichert. Im Einzelnen lassen sich folgende Aufgaben mit diesem Werkzeug durchführen:

- Konfiguration von Listenern durch die Generierung und Anpassungen der Datei `listener.ora`
- Konfiguration von Methoden der Namensauflösung über die Datei `sqlnet.ora`
- Erstellung und Verwaltung von Servicenamen mithilfe der Datei `tnsnames.ora`, über die Datenbanken im Netz erreicht werden können.
- Anbindung von Verzeichnisdiensten über die Datei `ldap.ora` zur Verwaltung von Servicenamen oder von Enterprise-Benutzern.

Das Werkzeug wird über den Befehl `netca`[19] aufgerufen und ist sowohl grafisch als auch im *silent*-Modus nutzbar. Die Abbildung 4.10 zeigt die Einstiegsseite mit der Funktionsübersicht im grafischen Modus.

Abbildung 4.10: Net Configuration Assistant, Einstiegsseite

19 Unter MS-Windows auch über das Oracle-Programm-Menü, KONFIGURATIONS- UND MIGRATIONS-TOOLS – NET-KONFIGURATIONSASSISTENT

Eine vollständige Syntaxübersicht ist mit der Option `-h` abrufbar. Auch hier gibt es die Möglichkeit, Eingabeparameter mithilfe einer *response*-Datei zu definieren. Die Musterdatei `netca.rsp` im `response`-Unterverzeichnis des Distributionsmediums ist mit zahlreichen Kommentaren versehen, welche die Parameter im Einzelnen erklären. Parameter, welche über die Eingabezeile gesetzt werden, übersteuern – ähnlich wie bei DBCA – die Werte der *response*--Datei.

Das folgende Beispiel zeigt eine solche Datei in minimalistischer Ausprägung. Sie steuert die Konfiguration der Listeners mit dem Standardport 1521 und der Schnittstelle für externe Prozeduraufrufe über die Datei `listener.ora` sowie die Generierung der Profildatei `sqlnet.ora` mit den Vorgaben über die Namensauflösung über die Datei `tnsnames.ora` und die Easy-Connect-Methode (siehe Kapitel 9.1.6).

```
[GENERAL]
RESPONSEFILE_VERSION="11.2"
CREATE_TYPE="CUSTOM"
[oracle.net.ca]
INSTALLED_COMPONENTS={"server","net8","javavm"}
INSTALL_TYPE=""typical""
LISTENER_NUMBER=1
LISTENER_NAMES={"LISTENER"}
LISTENER_PROTOCOLS={"TCP;1521"}
LISTENER_START=""LISTENER""
NAMING_METHODS={"TNSNAMES","EZCONNECT"}
NSN_NUMBER=1
NSN_NAMES={"EXTPROC_CONNECTION_DATA"}
NSN_SERVICE={"PLSExtProc"}
NSN_PROTOCOLS={"TCP;HOSTNAME;1521"}
```

Diese Datei namens *netDBC.rsp* kann über den folgenden Aufruf von NETCA genutzt werden:

```
$ netca -silent -responsefile /u01/app/oracle/STAGE/Database/response/netDBC.rsp
```

Das Werkzeug generiert daraufhin knappe Meldungen und gibt abschließend den Return-Code aus:

```
Parsing command line arguments:
    Parameter "silent" = true
    Parameter "responsefile" = /u01/app/oracle/STAGE/Database/response/netDBC.rsp
Done parsing command line arguments.
Oracle Net Services Configuration:
Profile configuration complete.
Oracle Net Listener Startup:
    Running Listener Control:
      /u01/app/oracle/product/11.2.0/db_1/bin/lsnrctl start LISTENER
    Listener Control complete.
    Listener started successfully.
Listener configuration complete.
Oracle Net Services configuration successful. The exit code is 0
```

4.1.4 Oracle Inventory

Oracle Inventory speichert Meta- und Logdaten für alle Installationen, die auf einem System über die Werkzeuge Universal Installer und `opatch` durchgeführt werden, unabhängig davon, in welchem Home-Verzeichnis sie erfolgt sind. Alle Metadaten werden als

XML-Dateien gespeichert, die für die korrekte Funktionsweise der genannten Werkzeuge unabdingbare Voraussetzung sind. Inventory-Daten sollten für jedes System getrennt gehalten werden. In der Regel werden hierfür daher lokale Platten eingesetzt.

Bei genauerer Betrachtung besteht Oracle Inventory aus den folgenden Bereichen:

- Das *zentrale Inventory* enthält globale Installationsdaten für alle Home-Verzeichnisse des betreffenden Systems.
- Das *lokale Inventory* enthält Informationen zu den installierten Komponenten jeweils innerhalb eines Home-Verzeichnisses.

Den Einstieg in das zentrale Inventory bietet die Datei `/etc/oraInst.loc`[20], die bei der ersten Installation auf dem betreffenden Server vom Installer automatisch angelegt wird. Der Installer bietet hierzu einen Dialog an, über den der Benutzer folgende Angaben machen muss:

- *Auswahl des Verzeichnisses*, in das die Inventory-Dateien geschrieben werden. Wurde die Umgebungsvariable `ORACLE_BASE` gesetzt, wird hier `ORACLE_BASE/../oraInventory` vorgeschlagen, ansonsten – ausgehend vom Home-Verzeichnis des installierenden Benutzers – `HOME/oraInventory`. Natürlich sind hier beliebige Angaben möglich, jedoch sollte der ersten Variante in jedem Fall der Vorzug gegeben werden.
- *Auswahl der Gruppe*, welche Schreibrechte in der Verzeichnisstruktur von Oracle Inventory hat und damit de facto Oracle-Installationen auf dem System durchführen kann. Als Vorgabe wird hier die primäre Gruppe des aufrufenden Benutzers eingestellt – in der Regel ist dies `oinstall` –, zur Auswahl stehen darüber hinaus alle weiteren Gruppen des betreffenden Benutzers. In Abschnitt 4.1.5 werden die Besonderheiten der Gruppenwahl näher erläutert.

Dementsprechend kann die Datei `/etc/oraInst.loc` folgenden Inhalt zeigen:

```
inventory_loc=/u01/app/oraInventory
inst_group=oinstall
```

Unterhalb des hier angegebenen Verzeichnisses `oraInventory` befinden sich dann das Verzeichnis `ContentsXML` – mit den XML-Metadaten in Form von Verweisen auf die lokalen Inventory-Bereiche (Datei `inventory.xml`) – und das Verzeichnis `logs` – mit den Log-Dateien aller Installationen dieses Systems. Log-Dateien werden hier für jede Installation eindeutig benannt: beispielsweise:

```
installActions2010-01-16_07-48-00PM.log
```

Für jede Installation werden in diesem Verzeichnis auch Fehlerdateien mit gleichem Zeitstempel und der Erweiterung `.err` geschrieben. Das Format der Dateinamen garantiert dabei eine lückenlose Log-Historie für alle durchgeführte Installationen. Eine Kopie aller Log-Dateien wird darüber hinaus in den betreffenden Oracle-Home-Verzeichnissen und dort unter dem Verzeichnis `cfgtoologs/oui` abgelegt.

Die lokalen Inventory-Daten werden jeweils in den Verzeichnissen

```
$ORACLE_HOME/inventory
```

20 Unter Windows werden entsprechende Registry-Einträge gemacht. Manche Unix-Derivate speichern die Datei auch im Verzeichnis `/var/opt/oracle`.

gespeichert. Hier finden sich alle Details zu den installierten Komponenten und Versionen.

Es versteht sich, dass aufgrund der komplexen Strukturen die manuelle Auswertung dieser Daten nicht empfehlenswert ist. Vielmehr noch verbietet sich die Manipulation derselben, will man nicht die Funktionsweise der Installationswerkzeuge gefährden. In Situationen, in denen eine genaue Übersicht der installierten Komponenten gefordert ist – beispielsweise vor Patch-Aktionen –, bietet das Werkzeug `opatch` wertvolle Hilfe an. Über

```
$ $ORACLE_HOME/OPatch/opatch lsinventory
```

wird eine Übersicht der im aktuellen Home-Verzeichnis installierten Hauptprodukte ausgegeben. Der Zusatz `-all` erweitert die Anzeige auf alle Home-Verzeichnisse des betreffenden Servers. Detaillierte Angaben aller Komponenten mit ihren Versionsnummern liefert:

```
$ $ORACLE_HOME/OPatch/opatch lsinventory -detail
```

Der Befehl liest bei der detaillierten Ausgabe sowohl das zentrale als auch das lokale Inventory. Eine Übersicht über alle Kommandooptionen gibt schließlich

```
$ opatch lsinventory - help
```

aus. Die Ausgabe wurde bereits im Abschnitt 4.1.3 dargestellt.

4.1.5 Benutzer, Gruppen, Verzeichnisse

Neben den in den vorangehenden Abschnitten besprochenen Werkzeugen sind für jede Installation auch die Verzeichnis- und Rechtestrukturen von entscheidender Bedeutung.

Rechtestrukturen werden bekanntlich in Betriebssystemen über Benutzer und deren Gruppenzugehörigkeiten umgesetzt. Für Installationen im Rahmen von Oracle-Produkten benötigen wir *Software-Owner*, in deren Kontext Software-Installationen ausgeführt und privilegierte Gruppen, deren Mitgliedern besondere Rechte für DBA- und Operatoraufgaben zugebilligt werden. Hierzu werden während der Installation „virtuelle Rollen" genutzt, die dann aktuellen Betriebssystemgruppen zugeordnet werden.

Beispielsweise wird in der Abbildung 4.11 der Gruppe `dba2` die Rolle *OSDBA* zugeordnet. Dadurch erhalten Benutzer, die lokal unter dieser Gruppe angemeldet sind, das Recht, sich mit dem Privileg `SYSDBA` ohne Passwort und authentifiziert durch das Betriebssystem bei allen Datenbanken dieses Home-Verzeichnisses anzumelden. Unter Windows ist in jedem Fall auch der Servicename mit anzugeben:

```
$ sqlplus / as sysdba
$ sqlplus /@net_service_name AS SYSDBA
```

Analog berechtigt in diesem Beispiel die Mitgliedschaft in der Gruppe `oper2` zur Nutzung des Privilegs `SYSOPER`.

Die genannten Privilegien können im Prinzip unter Unix beliebigen Gruppen zugeordnet werden, die Einstellungen lassen sich unter Windows-Systemen nicht beeinflussen. Es haben sich im Laufe der Zeit die in der Tabelle 4.1 dargestellten Namen etabliert.

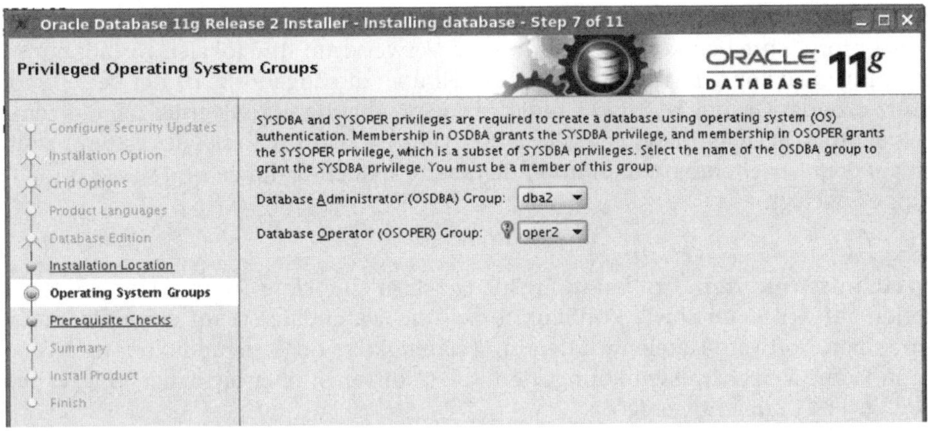

Abbildung 4.11: OUI: Zuordnung der virtuellen Rollen

Virtuelle Gruppe/Privileg	Unix-Gruppe	Windows-Gruppe
OSDBA/sysdba	dba	`ORA_DBA` oder `ORA_<sid>_DBA`
OSOPER/sysoper	oper	`ORA_OPER` oder `ORA_<sid>_OPER`
OSASM/sysasm	asmadmin	

Tabelle 4.1: Gruppen und Privilegien

Bei der Installation unterschiedlicher Oracle-Basisprodukte mit – möglicherweise – unterschiedlichen Versionen kann es durchaus sinnvoll oder sogar notwendig sein, jeweils eigene Benutzer für die Installation vorzusehen.

Dementsprechend ließen sich auch unterschiedliche Gruppen für die `SYSDBA`- und `SYSOPER`-Privilegien einrichten. Unter Unix können die Gruppeneinstellungen auch nachträglich angepasst werden. Hier sind die entsprechenden Variablen der config-Datei im Verzeichnis `\$ORACLE_HOME/rdbms/lib` anzupassen[21] und der Kernel anschließend neu zu linken. Das folgende Listing zeigt einen Ausschnitt aus der Datei `config.c` unter Linux x86 mit den Standardeinstellungen.

```
#define SS_DBA_GRP "dba"
#define SS_OPER_GRP "dba"
#define SS_ASM_GRP ""

char *ss_dba_grp[] = {SS_DBA_GRP, SS_OPER_GRP, SS_ASM_GRP};
```

Nach dem Ändern der `define`-Passagen ist der Kernel auf dieser Plattform wie folgt zu linken:

```
$ make -f ins_rdbms.mk ioracle
```

Es versteht sich, dass die dort angegebenen Gruppen dem Betriebssystem bekannt sein müssen.

21 Siehe hierzu auch die My Oracle Support-Dokument 50507.1

Unabhängig davon müssen alle Software-Owner eines Unix-Servers in das zentrale Oracle Inventory schreiben können, um dort die Verweise auf ihre lokalen Installationsdaten einfügen zu können. Dies wird traditionell über die Zugehörigkeit der betreffenden Benutzer zu der Gruppe `oinstall` und der entsprechenden Privilegisierung des zentralen Inventory-Verzeichnisses geregelt. Das Inventory selbst wird bei der ersten Installation auf dem betreffenden Server unter dem betreffenden Benutzer und seiner primären Gruppe angelegt.

Verzeichnisstrukturen sollten in Ergänzung dazu eine klare Trennung von Software-Dateien auf der einen sowie Konfigurations- und Datendateien auf der anderen Seite vornehmen. Software-Dateien werden in Abhängigkeit von Basisprodukten und Versionen in Home-Verzeichnissen konfiguriert, die traditionell über die Umgebungsvariable `$ORACLE_HOME` erreicht werden.

Auf Rechnern, die unterschiedliche Oracle-Produkte installiert haben, sind daher mehrere Home-Verzeichnisse für die einzelnen Produkte üblich, beispielsweise für die Installation von „Grid Infrastructure" und „Oracle Database 11g". Alle Home-Verzeichnisse eines *Software-Owners* werden darüber hinaus unter einem gemeinsamen Wurzelverzeichnis versammelt, das über die Umgebungsvariable `$ORACLE_BASE` definiert ist. Installationen mit unterschiedlichen Installationsbenutzern haben daher mehrere `$ORACLE_BASE`-Wurzelverzeichnisse.

Es versteht sich, dass die Rechtestrukturen der Verzeichnisse für Konfigurations- und Datendateien sich nach den zugehörigen Software-Benutzern ausrichten müssen. Wurde beispielsweise das Produkt „Oracle Database 11g" unter dem Benutzer `oracle` installiert, sind die Datenverzeichnisse aller Datenbanken, die mit der Software dieses Home-Verzeichnisses operieren, entsprechend unter diesem Benutzer anzulegen.

Das Oracle Inventory-Verzeichnis wird dagegen auf einer Ebene, mit aber separat von den `$ORACLE_BASE`-Verzeichnissen angelegt.

Die vorstehend dargestellten Anforderungen haben schon früh Eingang in den sogenannten OFA-Standard gefunden. Das Akronym „OFA" steht für *Oracle Flexible Architecture*, das sind Empfehlungen für die Strukturierung und Namensgebung von Verzeichnissen und Dateien in Oracle-Umgebungen.[22]

Die Idee für den OFA-Standard wurde bereits Ende der 80er Jahre von Oracle aus den Erfahrungen großer Kundenprojekte geboren, um den Aufwand für die Konfiguration und flexible Verwaltung großer Systeme zu optimieren. Der Standard wurde 1992 publiziert und fand ab 1993 mit der damaligen Datenbankversion 7 Eingang in die entsprechenden Installationswerkzeuge. Ursprünglich für UNIX-Systeme konzipiert, sind manche der Empfehlungen jedoch auch für Installationen unter Windows und anderen Betriebssystemen geeignet.

Im Einzelnen nimmt OFA in den folgenden Bereichen Einfluss auf die Konfiguration:

1. Die Namensgebung von Mount-Points und die Anzahl der Filesysteme
2. Vorgaben für den Aufbau einer geordneten Verzeichnisstruktur
3. Empfehlungen für die Namensgebung von Datenbankdateien

22 Cary V. Millsap, The OFA-Standard – Oracle for Open Systems, 1995

Manche der in diesem Zusammenhang gegebenen Empfehlungen sind durch aktuelle Features wie ASM und Oracle Managed Files überflüssig geworden oder wurden erweitert. Trotz allem bietet der Standard jedoch auch heute noch wertvolle Orientierungshilfen bei der Intallation und Konfiguration von Oracle-Umgebungen.

Mount Points Unter Unix sollten mindestens zwei, besser aber vier oder mehr Mount Points zur Verfügung stehen: einer für die Software-Verzeichnisse, die restlichen für die Datenbank-Dateien, d. h. die Daten-, Redo und Control-Dateien.

Letzteres gilt, sofern diese Datenbank-Dateien in einem mit dem jeweiligen Rechner verbundenen Filesystem angelegt werden. Empfohlen werden Namen, die aus einer frei wählbaren, gleich bleibenden Konstante und einem numerischen Teil bestehen: beispielsweise `/u01`, `/u02` etc. Für große Systeme kann die Anzahl entsprechend erweitert werden.

Die Verzeichnisstruktur Unterhalb der Mount Points wird nun für Software-Verzeichnisse ein Standardverzeichnis namens `/app`, für Datenverzeichnisse `/oradata` angelegt. Wie bereits erwähnt wurde, müssen für jeden *Software-Owner* eigene Basisverzeichnisse eingerichtet werden. Wird unter dem Benutzer `oracle` installiert, bietet sich als Basisverzeichnis (`$ORACLE_BASE`) beispielsweise

```
/u01/app/oracle
```

an. Home-Verzeichnisse werden dann unterhalb der Basisverzeichnisse angelegt und enthalten neben der Konstante `product` die Versionskennung für das Hauptrelease und eine Kurzbezeichnung für das entsprechende Produkt. Das (erste) Home-Verzeichnis für die Datenbank-Software des Haupt-Release 11.2.0, die unter dem Benutzer `oracle` installiert wird, müsste nach dieser Regel

```
$ORACLE_BASE/product/11.2.0/db_1
```

mit anderern Worten

```
/u01/app/oracle/product/11.2.0/db_1
```

heißen. Die Datenverzeichnisse werden dagegen in Abhängigkeit von den Datenbanknamen weiter untergliedert. Für die Dateien der Datenbank mit Namen `PROD` bietet sich demnach für den Mount Point `/u02` an:

```
/u02/oradata/PROD
```

Die Namensgebung orientiert sich – sofern sie nicht automatisiert im Rahmen von ASM oder OMF[23] erfolgt – an den Typen der Datenbankdateien. `<nn>` bezeichnet hier eine fortlaufende Nummerierung:

- Controldateien: `control<nn>.ctl`
- Datendateien: `<tablespace_name><nn>.dbf`
- Online Redolog-Dateien: `redo<group>_<member>.log`. Die Extension `log` ist in diesem Fall durchaus bedenkenswert. Um eine „Verwechselung“ mit herkömmlichen

23 Oracle Managed Files

Log-Dateien im Textformat zu vermeiden, könnte auch hier mit `dbf` oder `rdo` gearbeitet werden.

Die Abbildung 4.12 gibt einen Überblick über eine OFA-konforme Verzeichnisstruktur, wie sie standardmäßig während der Installation aufgebaut wird. Es versteht sich, dass redundante Pfade aus Platzgründen hier nicht vollständig angezeigt werden können.

Die wichtigsten Verzeichnisse lassen sich kurz wie folgt charakterisieren:

oraInventory liegt auf gleicher Ebene wie die Base-Verzeichnisse, da es – als zentrales Repository – für alle Base-Verzeichnisse des Servers zuständig ist.

oracle trägt als Base-Verzeichnis – ebenso wie `/ora2` – den Namen des betreffenden Benutzers und versammelt alle abhängigen Konfigurations-, Log- und Produktverzeichnisse unter sich.

admin enthält Konfigurations-, Audit- und Skriptdateien für alle Datenbanken, die unter dem entsprechenden Home-Verzeichnis des Benutzers laufen.

cfgtoollogs sammelt in eigenen Unterverzeichnissen Log-Dateien der einzelnen Werkzeuge.

diag ist der Einstiegspunkt in das *Automatic Diagnostic Repository*, welches Log-, Trace- und Incident-Dateien aller Produkte des betreffenden Benutzers in jeweils eingenen Unterverzeichnissen versammelt.

flash_recovery_area bzw. fast_recovery_area enthält Dateien, die für die Sicherung und Wiederherstellung der zugeordneten Datenbank nötig sind.

oradata wird hier unter das Base-Verzeichnis gepackt. In vielen Fällen sind jedoch weitere Mountpoints im Format `/u<nn>/oradata` denkbar und empfehlenswert.

product wird untergliedert in Versionen und Produkte und enthält alle Software-Dateien der entsprechenden Produkte.

4.1.6 Installationsvoraussetzungen

Jede Art von Installation stellt umfangreiche Anforderungen an die Hardware- und Software-Umgebung des betreffenden Zielsystems. In dieser Hinsicht stellt auch Oracle keine Ausnahme dar. Die Voraussetzungen für Installationen lassen sich ganz allgemein in zwei Bereiche gliedern:

- Die *Zertifizierungsmatrix* regelt die groben Abhängigkeiten zwischen den Produkten und Betriebssystemumgebungen.
- Die *Installationsvoraussetzungen*, die speziell in diesem Abschnitt besprochen werden, regeln dagegen die konfiguratorischen Details innerhalb zertifizierter Umgebungen.

Die letzteren, für Oracle-Installationen relevanten Voraussetzungen werden detailliert – abhängig vom Produkt und der Betriebssystemumgebung – in den jeweiligen Installationshandbüchern besprochen. Es versteht sich, dass diese Voraussetzungen für eine fehlerfreie Installation und einen robusten Betrieb ernst genommen werden sollten.

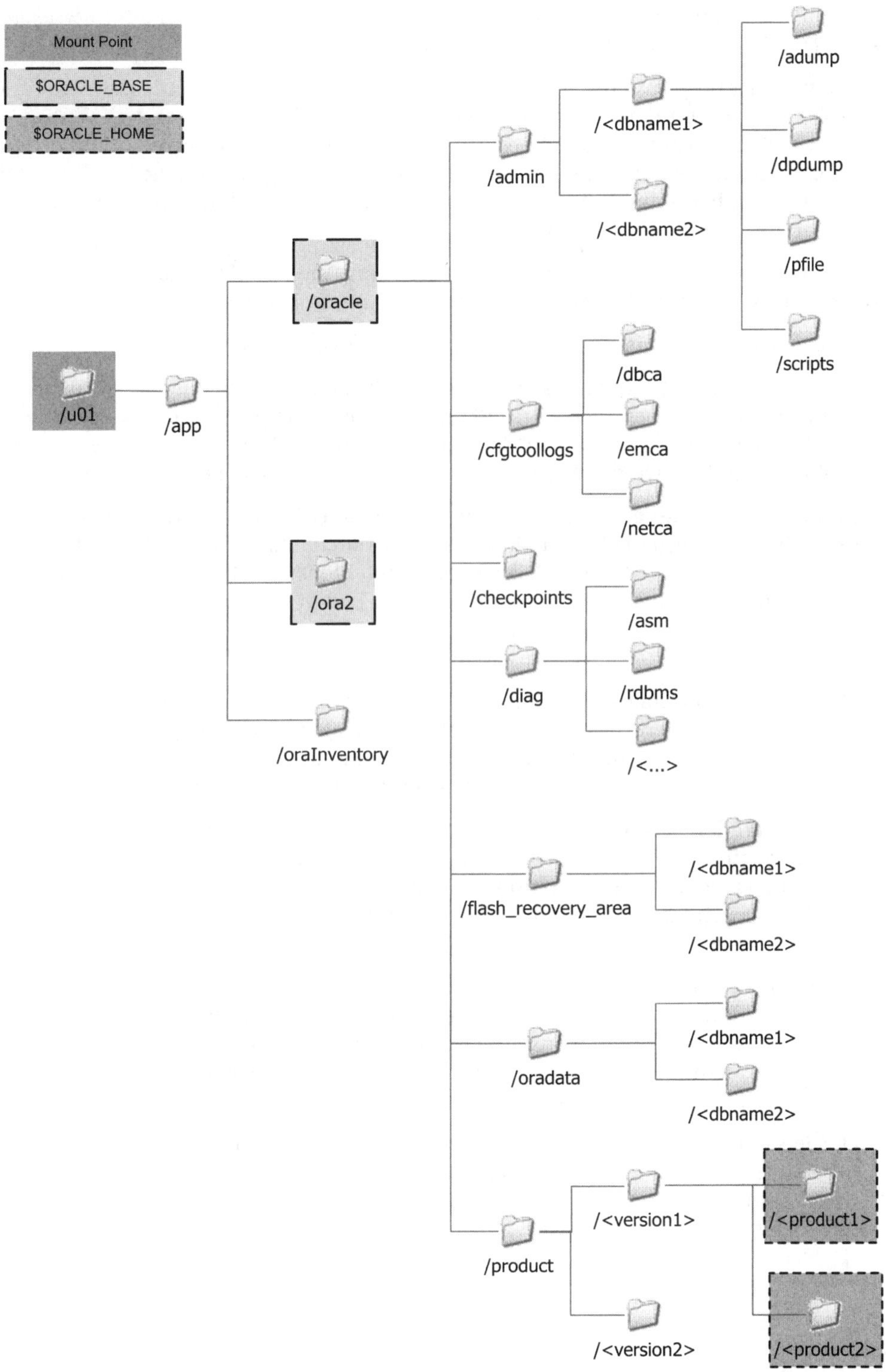

Abbildung 4.12: OFA: Verzeichnisstrukturen

Für Installationen im Linux-Umfeld stehen darüber hinaus im Rahmen des *Unbreakable Linux Network* (ULN) geprüfte Konfigurationen zur Verfügung.[24]

Dies ist vor allem dort interessant, wo die Zusammensetzung von Betriebssystem- und Hardware-Komponenten nicht fest vorgegeben wurde und in Teilen vor der Installation beeinflusst werden kann. In diesem Zusammenhang werden für einzelne Linux-Derivate auch sogenannte *oracle-validated packages* zur Verfügung gestellt, die bei der Installation nicht nur benötigte RPM-Pakete laden und installieren, sondern ebenso Kernel-Parameter und *user limits* anpassen.

Unabhängig davon kommen für die explizite Prüfung und korrekte Erfüllung der Installationsvoraussetzungen prinzipiell folgende Verfahren in Betracht:

- *Halbautomatisierte Prüfungen* über den „Oracle Universal Installer".

  In der Version 11g wurde der Installer grundlegend überarbeitet. Es werden nun nicht nur – wie bisher auch – Installationsvoraussetzungen geprüft, sondern auch auf Wunsch sogenannte „Fixup"-Skripte generiert, die in einem separaten Fenster explizit ausgeführt werden können, bevor der Installationsvorgang fortgesetzt wird.

  Dies mag für Testumgebungen oder im Falle überraschender Korrekturen durchaus sinnvoll sein, sofern die Installation interaktiv durchgeführt wird, ist jedoch in produktiven Umgebungen in der Regel wenig empfehlenswert. Hier sollten alle Voraussetzungen vor der Installation geprüft und bei Bedarf erfüllt werden. Dies ist auch deshalb empfehlenswert, weil häufig unterschiedliche Abteilungen – Betriebssystem, Storage und weitere – für die Umsetzung verantwortlich zeichnen.

  Müssen in produktiven Umgebungen typische Konfigurationsänderungen durchgeführt werden, ist es leicht möglich, interaktiv generierte Fixup-Skripte auf die betreffenden Systeme zu kopieren und dort auszuführen. Es ist jedoch zu beachten, dass die Generierung nicht bei allen Fehlern unterstützt wird.

- *Manuelle Prüfungen* können – wie die nachfolgend genannten automatischen Prüfungen auch – in Ruhe vor dem eigentlichen Installationsvorgang anhand der Anweisungen der Dokumentation durchgeführt werden. Sie sind jedoch in der Regel recht zeitaufwendig, stellen hohe Anforderungen an die Syntaxkenntnisse und sind aus diesen Gründen nicht empfehlenswert.

- *Automatische Prüfungen* dagegen lassen sich über vorgefertigte Prüfskripte schnell und sicher durchführen. Sie generieren umfangreiche und aussagekräftige Analyseberichte, die leicht in den zuständigen Abteilungen verteilt werden können. Notwendige Änderungen an der Konfiguration müssen dann jedoch über eigens erstellte Skripte oder manuell ausgeführt werden.

  Oracle stellt zu diesem Zweck im Rahmen seiner Support-Plattform eine Reihe von Regelsätzen zur Verfügung. Diese sogenannten „Health Check Validation Engines" (HCVE) sind ausnahmslos empfehlenswert und werden in den folgenden Abschnitten vorgestellt.

---

24 `http://www.oracle.com/technology/tech/linux/validated-configurations/index.html` stellt eine Übersicht über die aktuellsten Konfigurationen dar. Eine Komplettliste findet sich unter `http://linux.oracle.com/pls/apex/f?p=102:1:154102308735120`

HCVE-Regelsätze[25] laufen im Kontext des sogenannten „Remote Diagnostic Agent" (RDA)[26], der ebenfalls über die Support-Plattform zur Verfügung gestellt wird.

RDA ist ein Diagnose-Werkzeug, das von der Kommandozeile aus bedient wird und eine Reihe von Paketen enthält, die unterschiedliche Systembereiche untersuchen. Es wurde ursprünglich geschaffen, um Oracle Support im Fehlerfall mit detaillierten Systeminformationen zu versorgen und bei der Analyse von Fehlersituationen zu helfen. RDA verändert grundsätzlich keine Einstellungen und kann bei Bedarf mit Sicherheitsprofilen betrieben werden, welche die Weitergabe sensibler Informationen, wie beispielsweise IP-Adresssen, Domänen und Hostnamen unterbinden.

Das Werkzeug steht für nahezu alle Oracle-Plattformen zur Verfügung und unterstützt Analysen für die wichtigsten Produkte, unter ihnen die Standard- und Enterprise-Editionen der Datenbank, Real Application Cluster und Oracle Application Server. Die von RDA erzeugten Reports sind ideal dazu geeignet, Konfigurationen vor der Installation entsprechend abzugleichen.

Neben den in diesem Zusammenhang wichtigen Merkmalen ist RDA auch gut zur internen Systemdokumentation geeignet.

RDA wird als Patchset im Verbund mit „Oracle Configuration Manager" (OCM) ausgeliefert. Die Installation ist denkbar einfach:

- Entpacken des Archivs in ein beliebiges Verzeichnis.
- Durchführen der initialen Konfiguration
- Ausführen der Diagnose. Über Profile werden die Kontexte und der Diagnoseumfang gesteuert.

Die einzelnen Schritte werden im Folgenden näher erläutert.

Nach dem Entpacken ist das Werkzeug als PERL-Modul oder – unter Unix – als Shell-Skript aufrufbar.[27] Die Installation lässt sich anschließend über `rda.pl -cv` verifizieren. Eine erfolgreiche Installation wird wie folgt bestätigt:

```
Loading the file list ...
Checking the directory '.' ...
Checking the directory 'RDA' ...
Checking the directory 'RDA/Handle' ...
Checking the directory 'RDA/Library' ...
Checking the directory 'RDA/Library/Remote' ...
Checking the directory 'RDA/Local' ...
Checking the directory 'RDA/Object' ...
Checking the directory 'RDA/Operator' ...
Checking the directory 'RDA/Value' ...
Checking the directory 'hcve' ...
Checking the directory 'modules' ...
No issues found
```

25 Einen guten Überblick über bestehende Regelsätze liefert das My Oracle Support-Dokument 250262.1.

26 Eine Einführung und Übersicht findet sich im My Oracle Support-Dokument 314422.1.

27 Unter Windows kommt entsprechend rda.cmd zur Ausführung.

Vor der ersten Analyse ist das Werkzeug über `rda.pl -S` zu konfigurieren.[28] Im Rahmen dieser längeren, interaktiven Konfiguration wird die Textdatei `setup.cfg` erzeugt, die bei Bedarf auch direkt angepasst werden kann. Es versteht sich, dass diese Prozedur nach Abschluss aller Installations- und Konfigurationsarbeiten noch einmal wiederholt werden sollte, um den Umfang der RDA-Analyse an die fertige Umgebung anzupassen.

Bei der Konfiguration wie auch beim Start können und sollten die gewünschten Module angegeben werden, um unnötige Konfigurations- oder Diagnoseschritte zu vermeiden. Für die Konfiguration könnte der Aufruf demnach wie folgt aussehen:

```
$ rda -S OS DB DBA INST
```

Eine Liste aller Module, die zu diesem Zweck zur Verfügung stehen, kann über `rda.pl -L modules` abgerufen werden.

Die Analyse kann danach pauschal über `rda.pl` oder selektiv für vorgegebene Installations- und Problemkontexte mithilfe von Profilen über `rda.pl -p <profilename>` gestartet werden. `rda -L profiles` zeigt eine Liste vorhandener Profile. Eine genaue Beschreibung derselben findet sich im My Oracle Support-Dokument 391983.1. Beispielsweise gibt es die Profile „DB11g“ (Datenbank 11g-Probleme) oder „DB_Perf“ (Performance-Probleme). Jedes Profil besteht aus Modulen, welche die Daten sammeln, und vordefinierten Einstellungen (Settings). `rda -L settings` zeigt die Voreinstellungen. Zusätzlich lassen sich per `rda -x profiles` Details der einzelnen Profile abrufen.

Die Ergebnisse werden schließlich in Form von HTML- und Textdateien in das während der Konfiguration angegebene Ausgabeverzeichnis geschrieben. Alle Ausgabedateien einer RDA-Recherche werden darüber hinaus als Archivdatei gespeichert und können – falls erforderlich – übermittelt werden. Einstiegspunkt für die Betrachtung der Ergebnisse ist die Datei `RDA__start.htm` (siehe Abbildung 4.13).

Aus Sicherheitsgründen können bestimmte Informationen über Filter in den Berichten maskiert angezeigt werden. Sie werden in diesem Fall durch Platzhalter substituiert. Hierzu zählen beispielsweise: Name des Servers, Domänenname, Benutzername, Verzeichnisnamen und IP-Adressen. Die Filter können generell während des Setup oder für bereits generierte Berichte aktiviert werden.

Im Kontext dieses Kapitels sind jedoch die Prüfroutinen für Installationen von Interesse. In den neuesten Versionen ist das Regelwerk von HCVE in die RDA-Umgebung integriert worden. Die verfügbaren Pre- und Post-Installationsprüfungen sind in dem zitierten Support-Dokument aufgelistet.[29] Darüber hinaus lassen sich auch detaillierte Beschreibungen aller Prüfregeln abrufen.

Die HCVE-Prüfung sollte unter dem Benutzer gestartet werden, der auch für die Installation der Oracle-Software vorgesehen ist, in der Regel der Benutzer `oracle`. Sie lässt sich aus dem RDA-Installationsverzeichnis heraus wie folgt initiieren:

```
$ ./rda.pl -dT hcve
```

28 Eine komplette Liste der Optionen wird über `-h` oder `-M` (manual pages) ausgegeben.

29 Zum Zeitpunkt der Erstellung dieses Textes ist der Pre-Install Check 11g Release 2 nur für die Linux-Plattform verfügbar.

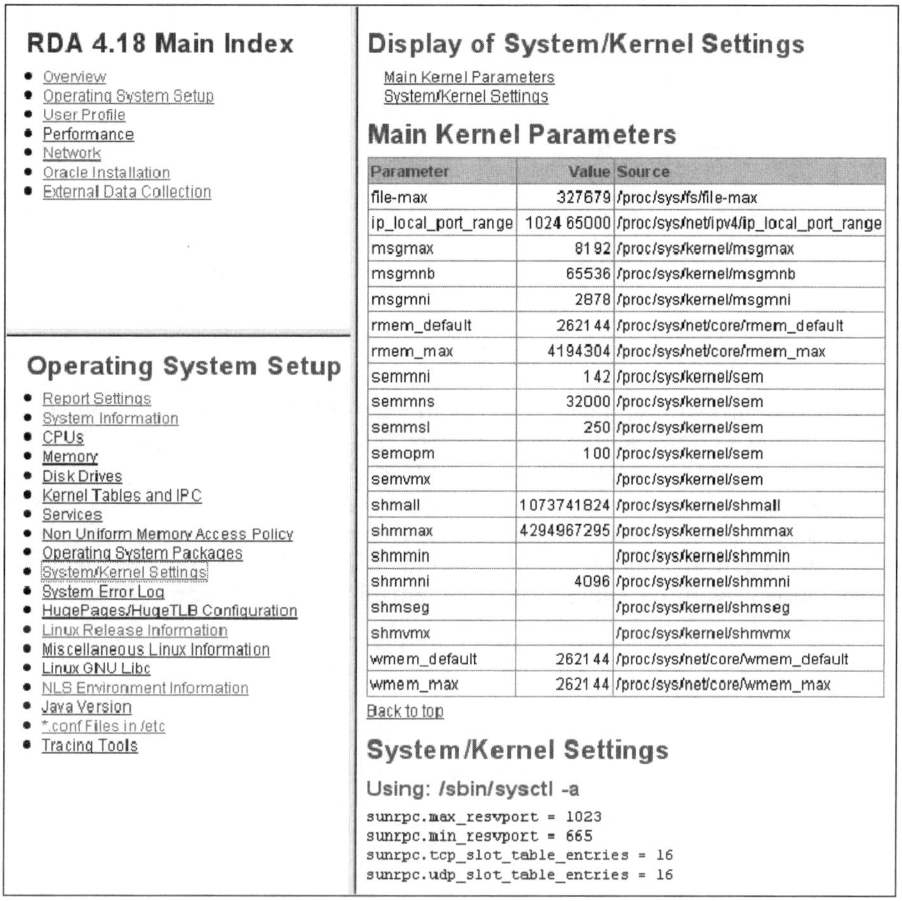

RDA 4.18 Main Index

- Overview
- Operating System Setup
- User Profile
- Performance
- Network
- Oracle Installation
- External Data Collection

Operating System Setup

- Report Settings
- System Information
- CPUs
- Memory
- Disk Drives
- Kernel Tables and IPC
- Services
- Non Uniform Memory Access Policy
- Operating System Packages
- System/Kernel Settings
- System Error Log
- HugePages/HugeTLB Configuration
- Linux Release Information
- Miscellaneous Linux Information
- Linux GNU Libc
- NLS Environment Information
- Java Version
- *.conf Files in /etc
- Tracing Tools

Display of System/Kernel Settings

Main Kernel Parameters
System/Kernel Settings

Main Kernel Parameters

Parameter	Value	Source
file-max	327679	/proc/sys/fs/file-max
ip_local_port_range	1024 65000	/proc/sys/net/ipv4/ip_local_port_range
msgmax	8192	/proc/sys/kernel/msgmax
msgmnb	65536	/proc/sys/kernel/msgmnb
msgmni	2878	/proc/sys/kernel/msgmni
rmem_default	262144	/proc/sys/net/core/rmem_default
rmem_max	4194304	/proc/sys/net/core/rmem_max
semmni	142	/proc/sys/kernel/sem
semmns	32000	/proc/sys/kernel/sem
semmsl	250	/proc/sys/kernel/sem
semopm	100	/proc/sys/kernel/sem
semvmx		/proc/sys/kernel/sem
shmall	1073741824	/proc/sys/kernel/shmall
shmmax	4294967295	/proc/sys/kernel/shmmax
shmmin		/proc/sys/kernel/shmmin
shmmni	4096	/proc/sys/kernel/shmmni
shmseg		/proc/sys/kernel/shmseg
shmvmx		/proc/sys/kernel/shmvmx
wmem_default	262144	/proc/sys/net/core/wmem_default
wmem_max	262144	/proc/sys/net/core/wmem_max

Back to top

System/Kernel Settings

Using: /sbin/sysctl -a

```
sunrpc.max_resvport = 1023
sunrpc.min_resvport = 665
sunrpc.tcp_slot_table_entries = 16
sunrpc.udp_slot_table_entries = 16
```

Abbildung 4.13: RDA-Systemreport mit Navigations- und Detailbereichen

Nach dem Aufruf wird ein Dialog eröffnet, in dessen Verlauf der Anwender den gewünschten Regelsatz auswählen und weitere Angaben zur geplanten Installation machen muss: unter anderem Angaben zu dem geplanten ORACLE_HOME Verzeichnis und dem vorhandenen Java-Verzeichnis. Durch die Option `-d` werden die Resultate der einzelnen Regelprüfungen laufend angezeigt. Am Ende der Analyse wird ein HTML-Report erzeugt und entsprechend ausgewiesen:

```
A00480 EL4 RPMs OK?          SKIPPED NotEL4
A00490 EL5 RPMs OK?          PASSED  EL5rpmsOK
A00530 RHEL4 RPMs OK?        SKIPPED NotRedHat
A00540 RHEL5 RPMs OK?        SKIPPED NotRedHat
A00570 SUSE SLES10 RPMs OK? SKIPPED NotSuSE
A00580 SUSE SLES11 RPMs OK? SKIPPED NotSuSE
Result file: /u01/app/oracle/STAGE/Rda/rda/output/
            RDA_HCVE_A200DB11R2_lnx_res.htm
```

Der generierte Report ist in drei Bereiche aufgeteilt: Eine Zusammenfassung aller Tests, eine Übersicht nur der fehlgeschlagenen Tests sowie detaillierte Angaben zu jedem einzelnen Test mit Hinweisen auf die zugrunde liegenden Regeln (siehe Abbildung 4.14).

Health Check/Validation for "Oracle Database 11g R2 (11.2.0) Preinstall (Linux-x86)"

Tests executed at 16-Jan-2010 09:57:18 UTC
Test Results
Failure Summary
Detailed Results

Test Results

Rule	Name	Result	Value
A00010	OS Certified?	PASSED	Adequate
A00020	User in /etc/passwd?	PASSED	userOK
A00040	Group in /etc/group?	PASSED	GroupOK
A00050	Enter ORACLE_HOME	RECORD	/u01/app/oracle/product/11.2.0/db_1
A00060	ORACLE_HOME Valid?	FAILED	OHnotvalid
A00070	O_H Permissions OK?	FAILED	OHNotExist

Abbildung 4.14: Ausschnitt aus einem HCVE-Report

Wie bereits erwähnt wurde, müssen die gefundenen Fehler in eigener Regie korrigiert werden. Wenn es sich um Reiheninstallationen handelt, bei denen gleiche Hard- und Software-Voraussetzungen vorliegen, kann die Generierung eines Fixup-Skripts auf einer Referenzplattform erwogen werden. Fixup-Skripte werden nach einem fester Muster im Verzeichnis `/tmp/CVU_<version>_<owner>` generiert. Folgende Dateien werden dort vom OUI angelegt und am Ende der Installation auch wieder gelöscht. Wenn eine Wiederverwendung geplant ist, sollten sie vorher entsprechend gesichert werden:

- `runfixup.sh` wird explizit aufgerufen und steuert die Korrektur.
- `fixup.response` enthält die ermittelten Sollwerte.
- `fixup.enable` enthält den Code für die Umsetzung.
- `orarun.log` schließlich protokolliert die Umsetzung.

Die folgende Ausgabe enthält das Protokoll einer Parameterkorrektur über *fixup*:

```
This is the log file for orarun script
Timestamp: 011610205742
Response file being used is :/tmp/CVU_11.2.0.1.0_oracle/fixup.response
Enable file being used is :/tmp/CVU_11.2.0.1.0_oracle/fixup.enable
Setting Kernel Parameters...
file-max in response file:6815744
file-max in /etc/sysctl.conf:327679
file-max for current session:327679
ip_local_port_range in response file:9000 65500
ip_local_port_range in /etc/sysctl.conf:1024 65000
ip_local_port_range for current session:1024 65000
```

4.2 Installation und Deinstallation

Die folgenden Abschnitte beschreiben typische Installationsszenarien, wie sie in Oracle-Umgebungen vorkommen. Der Fokus liegt hier – anders als in dem vorausgehenden Abschnitt 4.1 – nicht auf den Werkzeugen und Grundlagen, sondern auf den Prozessen, welche die Installationsarbeiten steuern. Es versteht sich, dass die Darstellungen dieses Abschnittes auf den vorausgehenden Grundlagen aufbauen.

4.2.1 Grid Infrastructure

Die separate Installation von „Oracle Grid Infrastructure" wurde unter 11g Release 2 neu eingeführt. Grid Infrastructure ist demnach ein eigenständiges Software-Paket, das sowohl für Cluster-Umgebungen (RAC) als auch für Einzelinstanzen verfügbar ist. Abhängig davon besteht es aus folgenden – nach wie vor – eigenständigen Produkten:

- In beiden Umgebungen: *Automatic Storage Management* (ASM) – als Speicheroption für alle Arten von Dateien, unter ihnen auch Datenbankdateien.
- Für Einzelinstanzen: *Oracle Restart* – zum koordinierten Start von abhängigen Software-Komponenten, wie ASM, Listener und Datenbank im Fehlerfall sowie für automatisierte *health checks* dieser Komponenten.
- Für RAC-Umgebungen: *Oracle Clusterware* – zum Betrieb von Servern und Software-Komponenten im Rechnerverbund und zum Erkennen und Beheben von Resourcenausfällen.

Die folgenden Abschnitte konzentrieren sich auf die Installation von Grid Infrastructure im Rahmen von Einzelinstanzen und geben eine kurze Einführung in die Strukturen von ASM. Die RAC-Installation wird dagegen vollständig im Abschnitt 4.2.5 beschrieben.

ASM agiert zunächst – wie auch in den Vorgängerversionen – als *Volume Manager* und stellt als solcher ein Filesystem zur Verfügung, das für die Speicherung verschiedener Arten von Datenbankdateien sowohl im Umfeld von Single-Instance als auch von RAC-Datenbanken geeignet ist. Zu diesen Dateien zählen u. a. Control-, Redo- und Archive-Dateien, Serverparameterdateien, Backupsets und Datafile Copies, Flashback Logs und Change Tracking-Dateien.

ASM Disk-Gruppen wurden zunächst – unter Unix-Systemen – auf der Basis von zeichenorientierten Gerätedateien (*raw device*) angelegt. Ab der Version 11g können hierzu jedoch auch Partitionen und NFS-Dateien genutzt werden.

In dem aktuellen Release wurde ASM noch einmal um wesentliche Merkmale erweitert:

- *Oracle Automatic Storage Management Cluster File System* (ACFS) stellt ein Filesystem für Dateien außerhalb der Datenbank bereit. Dies sind beliebige Executables, Video- und Image-Dateien, aber auch Trace-, Log- und Audit-Dateien der Datenbanken. Oracle-Home-Verzeichnisse sind ebenfalls möglich. ACFS unterstützt dagegen keine Dateitypen, die bereits im „klassischen" ASM möglich sind, d. h. keine Datenbankdateien und darüber hinaus auch keine Dateien von Grid Infrastructure.
- *Oracle ASM Dynamic Volume Manager* (ADVM) ist die Basis, auf der ACFS aufbaut. Der Volume Manager ermöglicht den dynamischen Aufbau sowie die Erweiterung von Volumes, die auf ASM-Diskgruppen aufbauen.

Grid Infrastructure ist in jedem Fall in einem eigenen Home-Verzeichnis zu installieren, optional auch unter einem eigenen Benutzer. Im letzteren Fall ist – wie in Abschnitt 4.1.5 dargelegt wurde – auch ein eigenes Basisverzeichnis einzurichten. Die separate Installation in einem eigenen Home-Verzeichnis sowie die seit der aktuellen Version 11g neu verfügbare „virtuelle" Gruppe OSASM, deren Mitglieder Rechte für das – ebenfalls neue – Systemprivileg SYSASM erhalten, können sehr gut dazu genutzt werden, betriebliche Vorgaben für die getrennte Administration von Storage- und Datenbankumgebungen umzusetzen.

Wird – im einfachsten Fall – Grid Infrastructure und die Datenbanksoftware unter einem gemeinsamen Benutzer installiert und sollen auch darüber hinaus sämtliche Administratorrechte an einer zentralen Gruppe festgemacht werden, genügt es, die virtuellen Gruppen OSOPER, OSDBA für Grid Infrastructure und Datenbanksoftware sowie die ASM-Gruppe OSASM gemeinsam an einer Betriebssystemgruppe, beispielsweise der Gruppe `dba`, festzumachen.

Ist jedoch eine getrennten Vergabe von Administrationsrechten geplant, ist zu beachten, dass die ASM-Instanz einerseits für die Datenbankinstanzen zugänglich sein muss, andererseits die Komponente Oracle Restart beim Wiederanlauf neben dem Listener-Prozess auch die Datenbankinstanzen starten muss. Dies bedeutet, dass die Gruppenzugehörigkeit der betreffenden Software *owner* sorgfältig umgesetzt werden muss.

Im Rahmen unserer Beispielinstallation einer Single-Instance-Umgebung wollen wir folgende Anforderungen im Rahmen von Oracle Grid Infrastructure umsetzen:

- Neben ASM soll Oracle Restart für die Überwachung und den Start des Listeners, der Datenbank und der ASM-Instanz konfiguriert werden. Aus diesem Grund werden wir Grid Infrastructure vor der Installation der Datenbank installieren und konfigurieren.
- Es soll eine strikte operative Rollentrennung für die einzelnen Umgebungen möglich sein, daher wird Grid Infrastructure unter einem eigenen Benutzer mit getrennten Rollen installiert.

Im Einzelnen werden demnach folgende Rollen und Privilegien geplant

Rolle/Privileg	Benutzer/Gruppe	
	Datenbank	*Grid Infrastructure*
OSOPER/SYSOPER	oracle/oper	oragrid/asmoper
OSDBA/SYSDBA	oracle/dba	oragrid/asmdba
OSASM/SYSASM	n.a.	oragrid/asmadmin

Tabelle 4.2: Grid Infrastructure-Rollen

Dementsprechend wird zunächst der Benutzer `oragrid` angelegt. Er wird – zusätzlich zu den oben genannten Gruppen – auch primär Mitglied der Gruppe `oinstall`, unter der das zentrale Inventory aufgebaut ist. Damit Oracle Restart den Start der zukünftigen Datenbank unter dem Privileg `SYSDBA` durchführen kann, ist der Grid-Benutzer auch noch Mitglied der Gruppe `dba`.

```
uid=509(oragrid) gid=501(oinstall) groups=500(dba),501(oinstall)
  ,506(asmdba),507(asmadmin),508(asmoper)
```

Für Grid Infrastructure kann – wie bei anderen Oracle-Produkten auch – die Software-Installation mit oder ohne anschließende Produktkonfiguration durchgeführt werden. Die Variante *Software only* ist zwar auch hier verfügbar, kann jedoch nur für Cluster-Umgebungen genutzt werden. Für die Installation im Rahmen einer Single-Node-Umgebung – wie wir sie in diesem Abschnitt durchführen – kommt daher nur die Installer-Option *Install and Configure Grid Infrastructure for a Standalone Server* in Betracht. Im Rahmen dieser Variante werden entsprechende ASM Disk-Gruppen und eine ASM-Instanz angelegt. Vor dem Start von OUI sind daher noch weitere Vorarbeiten erforderlich. Im Einzelnen sind dies:

- Bereitstellung geeigneter ASM *candidate disks* zur Konfiguration von ASM-Diskgruppen. Hierzu sind ganze Plattenpartitionen und LUNs geeignet, eingeschränkt können auch Logical Volumes oder NFS zum Einsatz kommen. Zur vereinfachten Administration der *candidate disks* steht unter Linux-Systemen die ASMLIB-Schnittstelle zur Verfügung. Über diese Schnittstelle lassen sich persistente Pfade und – auf dieser Basis – die erforderlichen Zugriffsrechte auf den Device-Dateien realisieren. Dies ist die empfohlene Vorgehensweise, wenn ASM für Datenbank-Dateien zum Einsatz kommt. Alternativ können die Platten auch partitioniert und über *Rules*-Dateien die Zugriffsrechte an den Installationsbenutzer angepasst werden.[30]
- In diesem Beispiel wählen wir die ASMLIB-Schnittstelle. Die erforderlichen Pakete sind in den bereits erwähnten Oracle-Validated-Paketen enthalten und damit möglicherweise schon installiert. Andernfalls müssen sie explizit geladen[31] und eingespielt werden. Eine Kontrolle, ob die Pakete installiert wurden oder nicht, kann unter `root` leicht durchgeführt werden. Die folgende Ausgabe zeigt die Paketliste unter *Oracle Enterprise Linux 5*.

```
$ rpm -qa oracleasm*

oracleasm-2.6.18-164.el5-2.0.5-1.el5
oracleasm-support-2.1.3-1.el5
oracleasm-2.6.18-164.el5PAE-2.0.5-1.el5
oracleasm-2.6.18-164.el5debug-2.0.5-1.el5
oracleasm-2.6.18-164.el5xen-2.0.5-1.el5
```

- Wenn ASMLIB installiert ist, muss die Schnittstelle unter dem Benutzer `root` konfiguriert werden.

```
$ service oracleasm configure
```

In dem nun folgenden kleinen Dialog werden u. a. Benutzer und Gruppe abgefragt, unter denen die zu konfigurierende ASM-Platte operieren soll. Wie geplant wird in unserem Beispiel oragrid als *owner* und die OSASM-Gruppe *asmadmin* eingetragen.

```
Default user to own the driver interface [oragrid]:
Default group to own the driver interface [asmadmin]:
Start Oracle ASM library driver on boot (y/n) [y]:
Scan for Oracle ASM disks on boot (y/n) [y]:
Writing Oracle ASM library driver configuration: done
Initializing the Oracle ASMLib driver:                      [  OK  ]
Scanning the system for Oracle ASMLib disks:                [  OK  ]
```

- Im Anschluss an die Konfiguration müssen nun die betreffenden Platten partitioniert werden. In unserem Beispiel ist dies die Platte `/dev/sdc`, die vollständig in einer Partition (`/dev/sdc1`) konfiguriert wird.

```
$ fdisk /dev/sdc -l

Disk /dev/sdc: 3221 MB, 3221225472 bytes
255 heads, 63 sectors/track, 391 cylinders
Units = cylinders of 16065 * 512 = 8225280 bytes
```

30 Details zu dieser Variante finden sich in „Oracle Database Installation Guide“ für das betreffende Linux-System.

31 `http://www.oracle.com/technology/tech/linux/asmlib/index.html`

```
   Device Boot      Start         End      Blocks   Id  System
/dev/sdc1               1         391     3140676   83  Linux
```

- Auf der Basis des Device /dev/sdc1 kann nun eine ASM-Platte angelegt werden:

```
$ service oracleasm createdisk ASDISK1 /dev/sdc1

[root@oel init.d]# ./oracleasm createdisk ASDISK1 /dev/sdc1
Marking disk "ASDISK1" as an ASM disk:                     [  OK  ]
```

Im vorangehenden Beispiel wurde die ASM-Platte mit dem Label „ASDISK1" angelegt. Label-Namen können bis zu einer Länge von 20 Zeichen frei vergeben werden. Das Label sowie die konstante Markierung „ORCLDISK" (*tag*), die durchgehend alle ASM-Platten kennzeichnet, werden in den Header-Bereich der betreffenden Platte geschrieben. Alle ASM-Platten, die über die Schnittstelle ASMLIB verwaltet werden, lassen sich über

```
$ service oracleasm listdisks
```

anzeigen. Im Einklang mit den Konfigurationseinstellungen ist nun auch eine Device-Datei angelegt worden, die Zugriffsrechte für oragrid aufweist:

```
$ ls -l /dev/oracleasm/disks
total 0
brw-rw---- 1 oragrid asmadmin 8, 33 Apr  4 10:18 ASDISK1
```

Damit sind die Vorbereitungen zur Installation und Konfiguration von Grid Infrastructure abgeschlossen.

Nachdem wir die Umgebungsvariablen $ORACLE_BASE auf /u01/app/oragrid und $ORACLE_HOME auf $ORACLE_BASE/product/11.2.0/grid gesetzt haben, können wir bereits den Installer unter dem Benutzer oragrid wie folgt starten:

```
$ <Grid-Staging-Verzeichnis>/.runInstaller
```

Über die Auswahl „Install and Configure Grid Infrastructure for a standalone Server" starten wir den Dialog. Die vorbereiteten ASM-Platten – in unserem Beispiel ASDISK1 – werden nach Anpassung des Suchpfades (*disk discovery path*) angezeigt und können für eine neue Disk-Guppe verwendet werden. Die Abbildung 4.15 zeigt die Konfiguration der Disk-Gruppe DATA mit externer Redundanz, bei der die Spiegelung der Daten dem externen Storage-System überlassen wird.

In den folgenden Schritten werden die Passwörter für die Benutzer sys und asmsnmp[32] der neuen ASM-Instanz eingegeben, die Gruppenzuordnung eingestellt und die Pfade für das Basis- und Home-Verzeichnis festgelegt. Da wir die Umgebungsvariablen bereits im Vorfeld eingestellt und dem Benutzer oragrid die geplanten Gruppen zugewiesen haben, bietet uns der Installer die erwarteten Vorgaben. Bevor nun die eigentliche Installation beginnt, werden die Eingaben auf der „Summary Page" zusammenhängend angezeigt (Abbildung 4.16). Sind weitere Installationen mit gleichen oder ähnlichen Einstellungen geplant, sollte unbedingt von der Sicherung der Vorgaben in Form einer Response-Datei – wie markiert – Gebrauch gemacht werden. Mit dieser Datei lassen sich später *silent*-Installationen steuern, wie bereits im Abschnitt 4.1.3 ausführlich dargestellt wurde.

32 Der Benutzer asmsnmp kann für das Monitoring der ASM-Instanz eingesetzt werden.

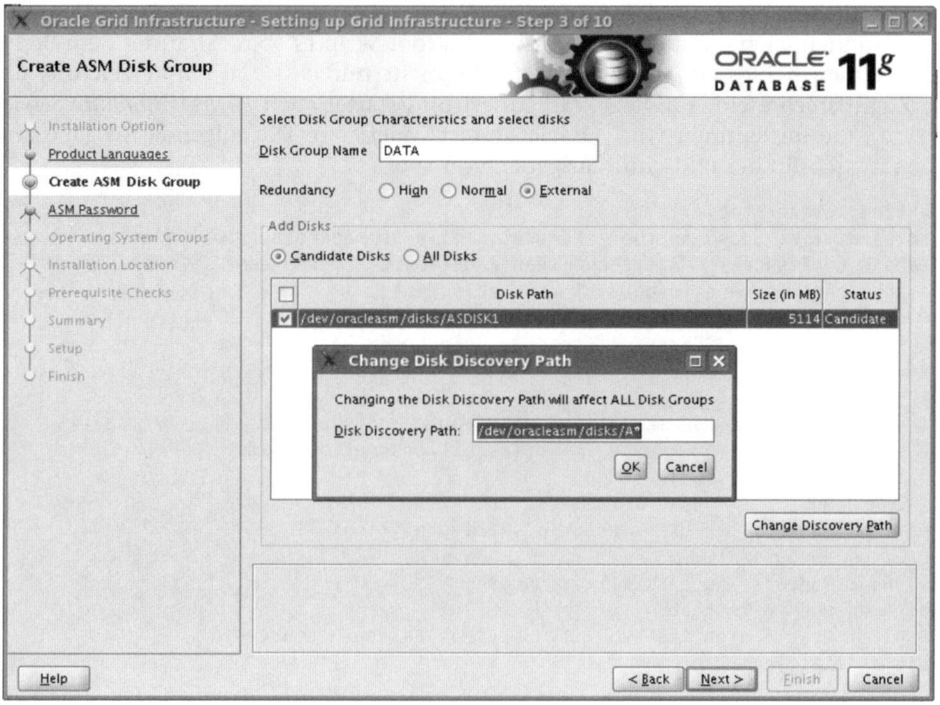

Abbildung 4.15: Konfiguration von ASM-Disk-Grupppen

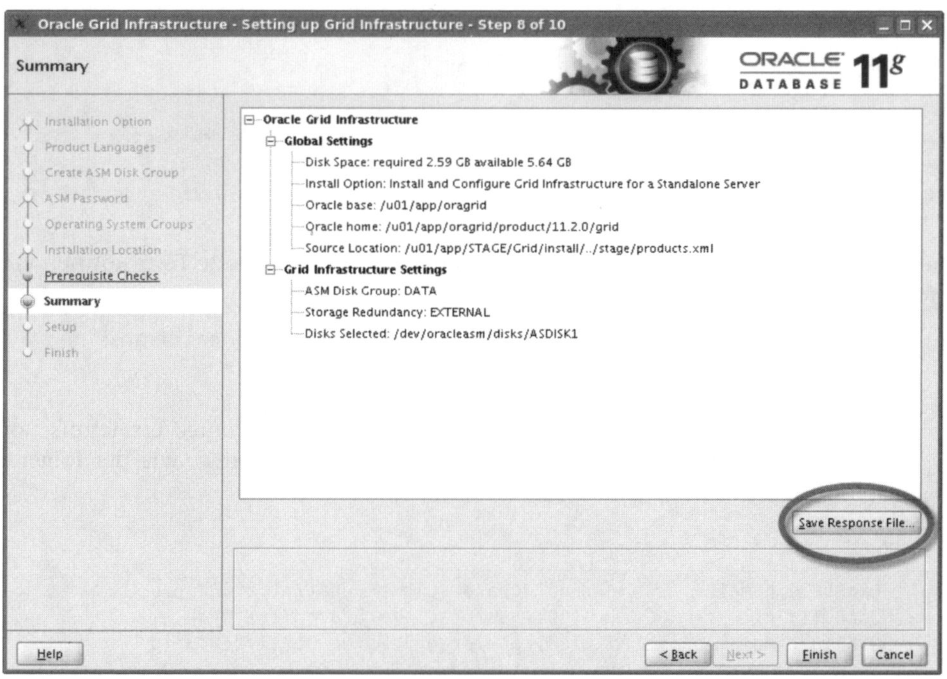

Abbildung 4.16: Summary Page von Grid Infrastructure

Die Installation von „Grid Infrastructure" wird unter Unix-Systemen – wie andere Installationen auch – mit der Ausführung des root-Skriptes `root.sh` unter dem Benutzer `root` abgeschlossen. Dieses Skript stellt nicht nur das *local bin*-Verzeichnis und die Zugriffsrechte ein, sondern konfiguriert und startet auch *High Availability Services* (`ohasd`), die im Rahmen von „Oracle Restart" operieren. Die folgende Ausgabe zeigt einen Ausschnitt der Bildschirmausgaben von `root.sh`:

```
Creating /etc/oratab file...
Entries will be added to the /etc/oratab file as needed by
Database Configuration Assistant when a database is created
Finished running generic part of root.sh script.
Now product-specific root actions will be performed.
2010-04-05 12:11:57: Checking for super user privileges
2010-04-05 12:11:57: User has super user privileges
2010-04-05 12:11:57: Parsing the host name
Using configuration parameter file:/u01/app/oragrid/product/11.2.0/grid/crs
                                   /install/crsconfig_params
Creating trace directory
LOCAL ADD MODE
Creating OCR keys for user 'oragrid', privgrp 'oinstall'..
Operation successful.
CRS-4664: Node oel successfully pinned.
Adding daemon to inittab
CRS-4123: Oracle High Availability Services has been started.
ohasd is starting

oel   2010/04/05 12:13:34   /u01/app/oragrid/product/11.2.0/grid/cdata
                            /oel/backup_20100405_121334.olr
Successfully configured Oracle Grid Infrastructure for a Standalone
  Server

Updating inventory properties for clusterware
Starting Oracle Universal Installer...

Checking swap space: must be greater than 500 MB. Actual 4031 MB Passed
The inventory pointer is located at /etc/oraInst.loc
The inventory is located at /u01/app/oraInventory
'UpdateNodeList' was successful.
```

Die Installation von Grid Infrastructure ist damit beendet. Folgende Tests können eine erfolgreiche Installation bestätigen:

- Die Software-Komponenten und zugehörigen Versionen gibt `opatch` aus:

  ```
  $ $ORACLE_HOME/OPatch/opatch lsinventory -all
  ```

  Die Option `-all` sorgt dafür, dass nicht nur das aktuelle Home-Verzeichnis, sondern auch alle weiteren Oracle-Verzeichnisse angezeigt werden, wie der folgende Ausschnitt zeigt:

  ```
  List of Oracle Homes:
    Name                       Location
     OraDb11g_home1             /u01/app/oracle/product/11.2.0/db_1
     OraDb11g_R1                /u01/app/oracle/product/11.1.0/db_1
     Ora11g_gridinfrahome1      /u01/app/oragrid/product/11.2.0/grid
  ```

```
Installed Top-level Products (1):

Oracle Grid Infrastructure                                  11.2.0.1.0
```

- ASM-Instanz – die neue Instanz wurde mit der `ORACLE_SID` „+ASM" angelegt. Ein entsprechender Eintrag sollte unter Linux/Unix in der Datei `/etc/oratab`[33] gesetzt sein:

  ```
  +ASM:/u01/app/oragrid/product/11.2.0/grid:N
  ```

  Windows-Systeme sollten einen entsprechenden Dienst anzeigen. Für den Fall, dass die ASM-Instanz während der Installation nicht angelegt wurde, kann dies über den „ASM Configuration Assistant" `asmca` nachgeholt werden. Das Werkzeug kann sowohl grafisch und interaktiv als auch im Zeilenmodus oder *silent* ausgeführt werden. Eingabeparameter werden über die Option `-help` ausgegeben.

- Über das Werkzeug `asmcmd` können – bei gestarteter Instanz – die ASM-Disks und Disk-Gruppen für die betreffende Instanz angezeigt werden. `asmcmd` verbindet sich automatisch mit der über `ORACLE_SID` gesetzten ASM-Instanz.

  ```
  $ $ORACLE_HOME/bin/asmcmd lsdsk
  $ $ORACLE_HOME/bin/asmcmd lsdg
  ```

- „Oracle Restart" wird über `crsctl`[34] administriert. Komponenten, die im Rahmen von Restart zur Überwachung und zum Wiederanlauf anstehen, können über `srvctl` verwaltet werden. Das folgende Kommando bestätigt, dass *Restart (high availability service)* automatisch mit dem System gestartet wird.

  ```
  $ crsctl config has
  CRS-4622: Oracle High Availability Services autostart is enabled.
  ```

  Über `srvctl` können dann die konfigurierten Komponenten aufgelistet werden. Es ist wichtig, dass dieses Werkzeug stets aus dem Home-Verzeichnis heraus aufgerufen wird, dessen Komponenten angezeigt werden sollen. Im folgenden Beispiel wird `srvctl` aus dem Grid-Verzeichnis heraus gestartet, um den Status der ASM-Komponenten aufzulisten. Es wurde in diesem Fall kein Listener-Prozess registriert.

  ```
  $ srvctl config asm -a

  ASM home: /u01/app/oragrid/product/11.2.0/grid
  ASM listener was not found
  PRCA-1032 : ASM listener LISTENER does not exist
  Spfile: +DATA/asm/asmparameterfile/registry.253.715528173
  ASM diskgroup discovery string: /dev/oracleasm/disks/*
  ASM is enabled.
  ```

  Die Konfiguration eines Listeners wird nun über das Werkzeug `netca` durchgeführt. Die Registrierung für *Restart* wird dabei automatisch vorgenommen, wie die folgende Abfrage zeigt:

33 Unter manchen Unix-Derivaten: `/var/opt/oracle/oratab`

34 crsctl steht für „Cluster Ready Services Control Utility."

```
$ srvctl config listener

Name: LISTENER
Home: /u01/app/oragrid/product/11.2.0/grid
End points: TCP:1521
```

Die Kontrolle der Konfiguration von Grid Infrastructure ist damit abgeschlossen. Detaillierte Informationen zu den einzelnen Installations- und Konfigurationsschritten sind über verschiedene Handbücher verteilt:

Oracle Database Installation Guide 11g Release 2 for ... – beschreibt als Hauptdokument den Installationsprozess und geht auch detailliert auf Grid Infrastructure im Umfeld von Einzelinstanzen ein.

Oracle Grid Infrastructure Installation Guide 11g Release 2 for ... – stellt die Grundlagen dar und konzentriert sich dann auf die Installation im RAC-Umfeld.

Oracle Database Administrators Guide 11g Release 2 – enthält Konzepte und Details zu „Oracle Restart" sowie eine vollständige Referenz der Werkzeuge.

Oracle Database Storage Administrators Guide 11g Release 2 – ist für alle diejenigen von Interesse, welche die konzeptionellen und administrativen Grundlagen von ASM erkunden wollen.

4.2.2 RDBMS-Software

Die Installation der RDBMS-Software kann entweder mit der Installation einer Datenbank gekoppelt werden oder separat erfolgen. Während die kombinierte Installation für den Aufbau von Testumgebungen durchweg empfehlenswert ist, wird im produktiven Umfeld die Software in der Regel ohne Datenbank installiert, und die Datenbanken des betreffenden Servers werden im Anschluss daran angelegt. In diesem Abschnitt wird daher nur die isolierte Software-Installation beschrieben.

Sind der Server und das betreffende Betriebssystem festgelegt worden, müssen vor jeder Installation weitere Grundsatzentscheidungen getroffen werden:

Software-Owner und -Gruppen – Diese Entscheidung ist für Unix-Systeme relevant. Die Festlegung des *owner* einer Installation hat Auswirkungen auf die OFA-konforme Wahl der Basis- und Home-Verzeichnisse sowie – über die Gruppenmitgliedschaften des betreffenden Benutzers – auf die voreingestellten lokalen Systemprivilegien SYSOPER und SYSDBA, welche an die im Kontext des Benutzers laufenden Datenbanken „vererbt" werden. Sollen auf einem System also unterschiedliche Gruppen von lokalen Administratoren[35] notwendig sein, sind separate Installationen in separaten Verzeichnisbäumen mit jeweils eigenen Benutzern durchzuführen.

Basisverzeichnis – `$ORACLE_BASE` wird für jeden Software-Owner eingerichtet und versammelt alle Oracle-Software-Produkte des betreffenden Benutzers unter sich. Sind mehrere Owner notwendig, gibt es mehrere Basisverzeichnisse.

Home-Verzeichnis – `$ORACLE_HOME` gilt jeweils für ein Produkt mit einem bestimmten Release-Stand und einem Software-Owner. Dies bedeutet im Umkehrschluss, dass

35 Benutzer, die sich „from remote" als SYSDBA und SYSOPER anmelden wollen, werden – sofern dies konfiguriert wurde über eine Passwortdatei authentifiziert.

mehr als ein Home-Verzeichnis notwendig wird, wenn unterschiedliche RDBMS-Release-Stände oder Software-Owner auf einem System erforderlich sind.

Installationsmodus – wie bereits in Abschnitt 4.1.3 beschrieben wurde, stehen unterschiedliche Modi für die Installation zur Verfügung: Der interaktive und grafische Modus, der gemischte Modus mit Response-Dateien sowie der *silent* Modus, der alle Eingaben über Response-Dateien bezieht und völlig ohne Benutzerinteraktion auskommt und damit den größtmöglichen Automatisierungsgrad bietet.

Installationsvoraussetzungen können auf unterschiedliche Weise geprüft und fehlerhafte Vorgaben angepasst werden. Die Möglichkeiten wurden ausführlich in Abschnitt 4.1.6 dargestellt. Hier gilt es, eine für die Umgebung geeignete Methode auszuwählen.

Unsere Beispielinstallation werden wir unter dem Benutzer `oracle` durchführen, der Mitglied in folgenden Gruppen ist:

oinstall wird als primäre Gruppe konfiguriert, damit der Benutzer in das zentrale Repository schreiben kann.

dba wird für das Systemprivileg SYSDBA und

oper für SYSOPER eingerichtet.

asmdba wird benötigt, damit Datenbanken dieses Home-Verzeichnisses ASM-Disk-Gruppen zur Speicherung ihrer Dateien nutzen können. Das Privileg OSDBA des Benutzers, unter dem die Installation von „Grid Infrastructure" erfolgt, muss dementsprechend für die Gruppe `asmdba` konfiguriert werden.

Gemäß den OFA-Regeln legen wir folgendes Basisverzeichnis über die Umgebungsvariable `$ORACLE_BASE` fest:

```
/u01/app/oracle
```

Daraus ergibt sich für das erste Home-Verzeichnis für Datenbank-Software und die Umgebungsvariable `$ORACLE_HOME`

```
/u01/app/oracle/product/11.2.0/db_1
```

Ist der Benutzer angelegt und Mitglied der geplanten Gruppen und sind die Installationsvoraussetzungen geschaffen, kann die interaktive Installation wie folgt gestartet werden:

```
$ <RDBMS-Staging-Verzeichnis>/runInstaller
```

Über die Optionen „Install Database Software only" und „Single Instance Database Installation" können die Produktsprachen und schließlich die Edition[36] ausgewählt werden. Auch hier wird zum Abschluss des Dialogs und vor dem Start des Installationsvorgangs eine Zusammenfassung eingeblendet. Die Vorgaben können an dieser Stelle ebenfalls in eine Response-Datei geschrieben werden und damit für die Steuerung weiterer Installationen zur Verfügung stehen.

Auch bei der Installation von RDBMS-Software ist zum Abschluss das Skript `root.sh` unter dem Benutzer `root` zu starten. Es ist empfehlenswert, dieses Skript nach der Aus-

36 Enterprise Edition, Standard Edition oder Standard Edition One

führung zu sichern, da nachfolgende Installationen in das betreffende Home-Verzeichnis die Datei überschreiben.

Wem die Meldungen des Installers nicht genügen, der kann den Installationsvorgang detailliert über die Log-Dateien des zentralen Inventory nachvollziehen:

```
<inventory_loc>/logs/installActions<timestamp>.log
```

Eine Kopie der Log-Dateien des Installers liegt auch unter:

```
$ORACLE_HOME/cfgtoollogs/oui
```

Die Kontrolle der installierten Produkte und ihrer Versionsnummern ist entweder über den Universal Installer

```
$ORACLE_HOME/oui/bin
```

und dort über „Installed Products..." oder über `opatch` möglich. Die Option `-detail` sorgt hierbei für die umfassendste Darstellung:

```
$ $ORACLE_HOME/OPatch/opatch lsinventory -detail
```

Nach dem Abschluss dieser Basisinstallation sollte das Home-Verzeichnis durch die Installation aktueller Patches auf einen sicheren Stand gebracht werden. Die Installation von Patches wird in Abschnitt 4.2.7 beschrieben.

4.2.3 Datenbank

Eine Datenbank kann – wie bereits erwähnt wurde – entweder zusammen mit der Installation der Software über die Auswahl *„Create and configure a Database"* angelegt werden oder in einem getrennten, nachträglichen Verfahren. Beide Verfahren werden über das Werkzeug „Database Configuration Assistant" (DBCA) gesteuert, das entweder implizit über den Universal Installer oder explizit von der Kommandozeile aus aufgerufen wird. Darüber hinaus kann eine Datenbank auch über Skripte[37], die letztendlich im Kern das Kommando `create database` enthalten oder durch Duplizieren eines bestehenden Systems mithilfe von RMAN aufgebaut werden.

Eignet sich die kombinierte Methode gut für den schnellen und komfortablen Aufbau einer Testumgebung, kommt das eigenständige Verfahren in der Regel überall dort zum Einsatz, wo mehrere Datenbanken im Kontext eines Home-Verzeichnisses erstellt werden müssen. Der explizite Aufruf von DBCA bietet darüber hinaus sehr komfortable Möglichkeiten durch die Nutzung des *silent*-Modus im Zusammenhang mit *response*-Dateien und Datenbank-Templates. Diese Möglichkeiten wurden im Abschnitt 4.1.3 bereits ausführlich dargestellt.

Wie auch immer die Installation im Einzelnen durchgeführt wird, sind auch hier im Vorfeld diverse Entscheidungen zu treffen:

Home-Verzeichnis – Jede Datenbank wird im Kontext eines Home-Verzeichnisses erstellt. Die Software des Home-Verzeichnisses legt damit die Version und den Patch-Stand der betreffenden Datenbank fest.

Globaler Datenbankname – Der globale Datenbankname setzt sich aus dem lokalen Namen und dem Domänennamen zusammen, wie sie in den Systemparametern

37 Skripte lassen sich auch über DBCA generieren.

`db_name` und `db_domain` festgelegt und später über die View `global_name` abgefragt werden können. Zwar ist nur der lokale Name zwingend erforderlich, jedoch sollte auch der Domänenname im Einklang mit der Netzwerkdomäne, in der sich das System befindet, gewählt werden. Eine nachträgliche Änderung des globalen Namens ist zwar möglich, erfordert aber einen Neustart des Systems und den Neuaufbau der Control-Dateien und ist aus diesem Grunde nicht empfehlenswert.

In der Regel sollten globale Datenbanknamen eindeutig definiert werden. Kommen jedoch Standby-Systeme zum Einsatz, deren `db_name`- und `db_domain`-Parameter gleich eingestellt sind, muss über den Systemparameter `db_unique_name` ein eindeutiger Name für jedes betroffene System geschaffen werden.

Oracle System Identifier – Der nach dem Start für jede Datenbank initialisierte *shared memory*-Bereich der SGA mit seinen diversen Hintergrundprozessen wird über den Oracle System Identifier in Gestalt der Umgebungsvariablen `ORACLE_SID` eindeutig identifiziert. In der Regel wird der System Identifier der Instanz so benannt wie der lokale Datenbankname. RAC-Umgebungen, die mehr als eine Instanz pro Datenbank betreiben, stellen in diesem Punkt eine Ausnahme dar.

Speichertypen und -orte – Es stehen zwei unterschiedliche Optionen für die Speicherung der Datenbankdateien zur Verfügung: Oracle Automatic Storage Management (ASM) oder das Dateisystem. Im ersten Fall muss ASM vor dem Anlegen der Datenbank im Rahmen der „Grid Infrastructure" installiert und entsprechende Disk-Gruppen müssen angelegt worden sein. Im zweiten Fall müssen Verzeichnisse für die Speicherung der Dateien angegeben werden.

Traditionell stehen unter Linux- und Unix-Systemen auch *raw devices* für die Speicherung der Datenbankdateien zur Verfügung. Dem Plus an Performance durch die Umgehung des Filesystem Cache und die Nutzung von direktem IO stehen bei dieser Lösung jedoch administrative Nachteile gegenüber. Darüber hinaus werden *raw devices* unter Linux ab der Kernel-Version 2.6 offiziell nicht mehr unterstützt, funktionieren jedoch einwandfrei.[38] Stattdessen lassen sich ab dieser Version Block Devices auch mit direktem IO nutzen. DBCA unterstützt keine *raw devices* als Speicheroption.

Dateispiegelung – Bekanntlich können sowohl Control- als auch Redolog-Dateien über Datenbankeinstellungen gespiegelt werden. Die einfache Spiegelung der Control- und Redolog-Dateien ist in jedem Fall empfehlenswert.

Redolog-Gruppen – Die optimale Größe der Redolog-Dateien und die Anzahl der Gruppen hängt von der Schreiblast der betreffenden Datenbank ab und kann erst im produktiven Betrieb optimiert werden. Die generelle Vorgabe von DBCA, drei Gruppen mit jeweils 50 MB großen Dateien anzulegen, ist in der Regel akzeptabel.

Dateinamen – Die Namensgebung der Dateien kann entweder „manuell" nach Vorgaben des Anwenders erfolgen – wobei DBCA Standardwerte vorgibt – oder aber mithilfe von *„Oracle-managed Files"* (OMF) dem System überlassen werden. OMF entlastet den Administrator, indem es für eine eindeutige Namensgebung von Daten-, Redo- und Control-Dateien sowie RMAN-Sicherungen und Flashback Logs sorgt. OMF wird durch die folgenden Systemparameter eingestellt:

38 Siehe My Oracle Support-Dokumente 279069.1 und 357492.1

```
db_create_file_dest
db_create_online_log_dest_n
db_recovery_file_dest
```

Die folgende Ausgabe zeigt Dateinamen und Pfade einer Datenbank, die den Speichertyp ASM mit OMF kombiniert und ihre Dateien in der Disk-Gruppe `+DATA` ablegt.

```
SQL> SELECT name FROM v$controlfile
     UNION ALL
     SELECT name FROM v$dbfile
     UNION ALL
     SELECT member FROM v$logfile;

NAME
--------------------------------------------------
+DATA/oel11g/controlfile/current.261.716312661
+DATA/oel11g/controlfile/current.260.716312661
+DATA/oel11g/datafile/users.259.716312101
+DATA/oel11g/datafile/undotbs1.258.716312101
+DATA/oel11g/datafile/sysaux.257.716312101
+DATA/oel11g/datafile/system.256.716312099
+DATA/oel11g/onlinelog/group_2.264.716312671
+DATA/oel11g/onlinelog/group_2.265.716312673
+DATA/oel11g/onlinelog/group_1.262.716312667
+DATA/oel11g/onlinelog/group_1.263.716312669
```

Enterprise Manager – DBCA bietet die Möglichkeit, die neu zu erstellende Datenbank entweder bei `EM Grid Control` registrieren zu lassen, sofern der Agent bereits auf dem System konfiguriert wurde, oder aber `EM Database Control` für die lokale Verwaltung zu konfigurieren. Sollte die zentrale Verwaltung `EM Grid Control` zum Einsatz kommen, ist es durchaus empfehlenswert, die Registrierung mit der Erstellung zusammen vornehmen zu lassen. Die exklusive Konfiguration von *EM Database Control* hingegen erfolgt für jede Datenbank und ist in der Regel nicht zu empfehlen. Details zu Installation von Enterprise Manager werden im Abschnitt 4.2.6 dargestellt.

Automatische Wartungs-Tasks sorgen für die Generierung von System- und Objektstatistiken in der Datenbank. In vielen Fällen ist es sinnvoll, die Konfiguration dieser Tasks vornehmen zu lassen. Die in diesem Kontext vorgenommenen Einstellungen können problemlos nachträglich angepasst werden.

Kennwörter – Aus Sicherheitsgründen sollten unbedingt getrennte Kennwörter für die hochprivilegisierten Benutzer `SYS` und `SYSTEM` angegeben werden. Die Komplexität der eingegebenen Vorschläge wird sofort geprüft und bei Bedarf angemahnt. Kennwörter müssen demnach aus mindestens acht Zeichen bestehen sowie mindestens ein Zeichen in Großschreibung, eines in Kleinschreibung und eine Ziffer enthalten.

Recovery-Optionen – Bei Bedarf können die Größe und der Speicherort der „Fast Recovery Area" angegebenen werden. Auf diese Weise lassen sich Dateien, die im Rahmen von Backup- und Recovery-Aktionen benötigt werden, für den schnellen Zugriff auf Platte bereithalten. Es versteht sich, dass diese Option im Einklang mit den jeweiligen Sicherungs- und Wiederanlaufstrategien stehen muss.

Von der Möglichkeit, direkt bei der Erstellung der Datenbank den Archivelog-Modus zu aktivieren, sollte unbedingt Abstand genommen werden. Wann immer das Anlegen fehlschlägt, wird natürlich kein Recovery gemacht, sondern der Prozess erneut gestartet. Der Archivelog-Modus ist dementsprechend erst nach der erfolgreichen Erstellung zu aktivieren.

Benutzerdefinierte Skripte – Die Möglichkeit, direkt im Anschluss an die Erstellung eigene Skripte starten zu lassen, ist sehr interessant, wenn es gilt, für das eigene Umfeld benötigte Datenbankobjekte zu installieren.

Zeichensätze – Jede Datenbank wird mit einem Standard- und einem nationalsprachlichen Zeichensatz angelegt. Zeichenketten werden – abhängig vom Datentyp – nach einem dieser Zeichensätze interpretiert. Die Umstellung von Zeichensätzen in der Datenbank erfordert, bis auf wenige Ausnahmen, die komplette Neuspeicherung der Daten und ist aus diesem Grunde extrem aufwendig.

Die Auswahl des Zeichensatzes sollte daher mit größter Sorgfalt vorgenommen und auf der Grundlage der zu speichernden Daten entschieden werden. Neben regionalen Zeichensätzen wie zum Beispiel dem westeuropäischen „WE8ISO8859P15" stehen auch universelle Unicode-Zeichensätze wie „AL32UTF8" zur Verfügung.

Die Nutzung dieser universellen Zeichensätze bietet Spielraum zur Speicherung aller Sprachzeichen, benötigt aber für nationale Sonderzeichen wie beispielsweise „ä" mehr Platz. Die Anzahl Bytes hängt dabei einerseits vom Zeichen selbst, dann aber auch vom verwendeten Zeichensatz ab. Die verwendeten Skripte müssen also bei der Angabe der Attributlängen diesem Umstand Rechnung tragen. Entsprechende Vorsicht ist daher geboten.

Serverparameter – DBCA bietet die Möglichkeit, Serverparameter der Instanz einzustellen. Die erforderlichen Werte hängen natürlich ganz von den Anforderungen der neuen Datenbank ab. Entsprechend unmöglich ist es, hier allgemeine Empfehlungen auszusprechen. Liegen für die neu zu erstellende Datenbank keine konkreten Erfahrungswerte vor, sollten die vorgeschlagenen Standardwerte übernommen und in einer anschließenden „Tuning-Phase" bei Bedarf angepasst werden.

Create Skript – Der Dialog bietet auch die Möglichkeit, entsprechende Create-Skripte anzulegen. Dies ist durchaus empfehlenswert und sollte auf jeden Fall genutzt werden, um in Falle eines Fehlschlags die Installation erneut aufsetzen zu können.

Zusammenfassung – Am Ende des DBCA-Dialogs besteht die Möglichkeit, die Vorgaben in Form einer HTML-Datei zu speichern. Die Abbildung 4.17 zeigt einen kleinen Ausschnitt.

Zusammenfassung der Datenbankkonfiguration

Globaler Datenbankname:	win11.dbc.de
Datenbankkonfigurationstyp:	Einzelinstanz
SID:	win11
Managementoptionstyp:	None
Speicherungstyp:	Dateisystem
Speicherkonfigurationstyp:	Automatic Memory Management

Abbildung 4.17: DBCA-Zusammenfassung

Sind die Einstellungen vollständig vorbereitet worden, kann die Erstellung der Datenbank gestartet werden. Die Abbildung 4.18 zeigt den entsprechenden Bildschirm im grafischen Modus von DBCA.

Im Hintergrund werden nun im Einzelnen folgende Aktionen durchgeführt:

- Aufbau der Verzeichnisstrukturen für die neue Instanz, insbesondere:
  - Der „Admin"-Baum unter ORACLE_BASE/admin/<db_name>
  - Der „Log"-Baum unter ORACLE_BASE/cfgtoollogs/dbca/<db_name>
  - Die „Fast Recovery Area" für Redo- und Control-Dateien, sofern sie spezifiziert wurde, unter:
    ORACLE_BASE/flash_recovery_area/<db_name>
  - Das Datenverzeichnis, sofern als Speicheroption „Dateisystem" ausgewählt wurde, unter:
    ORACLE_BASE/oradata/<db_name>
- Registrieren der neuen Instanz und Datenbank entweder – unter Unix – durch Eintrag in der lokalen oratab-Datei oder – unter MS-Windows – durch Anlegen eines entsprechenden Dienstes mit dem Werkzeug oradim.exe.
- Setzen der Umgebungsvariablen. Unter MS-Windows werden zusätzlich die Einträge in der Registrierungsdatenbank unter dem Schlüssel des betreffenden Home-Verzeichnisses ergänzt. Das folgende Beispiel zeigt den Schlüssel des Home-Verzeich-

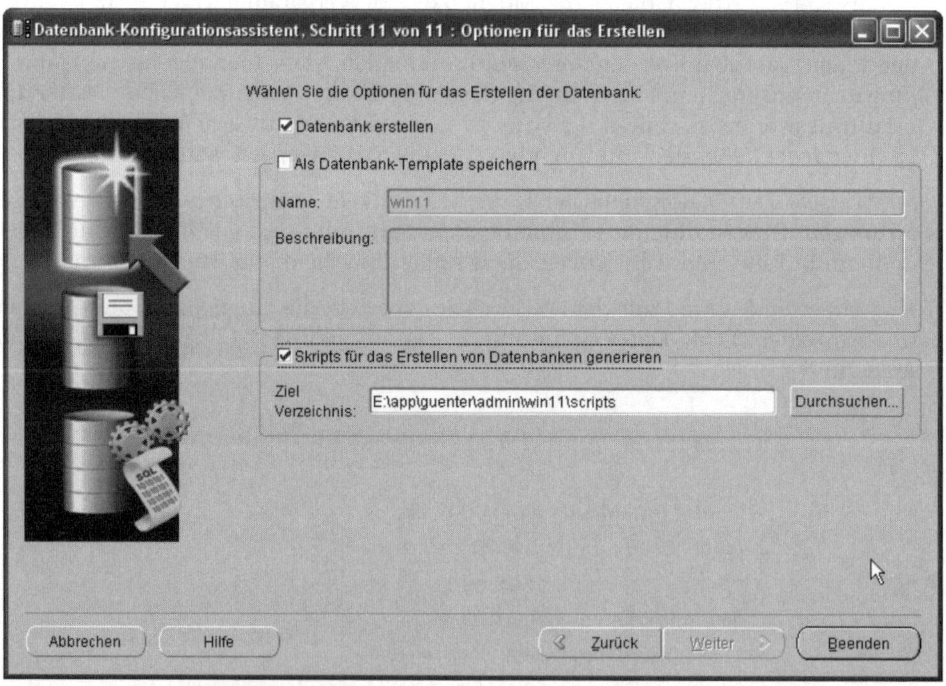

Abbildung 4.18: DBCA-Start

nisses mit dem Namen `OraDb11g_home1`:
`HKEY_LOCAL_MACHINE\SOFTWARE\ORACLE\KEY_OraDb11g_home1`

- Aufbau der Systemparameter- und Kennwortdatei.
- Start der SQL-Befehle zum Erstellen der Datenbank. Im Kern ist dies das Kommando `create database`.
- Sperren von Standardbenutzern in der Datenbank.
- Sofern „Oracle Restart" konfiguriert wurde, übernimmt DBCA die Registrierung der neuen Instanz.

DBCA hinterlässt die neue Datenbank in geöffnetem Zustand. Auch DBCA schreibt detaillierte Log-Dateien, die bei Bedarf im folgenden Verzeichnis kontrolliert werden können:

```
$ORACLE_BASE/cfgtoollogs/dbca/<db_name>
```

Zusätzlich lassen sich auch die Stati der einzelnen Datenbankkomponenten überprüfen:

```
SQL> SELECT comp_id, comp_name, version, status FROM dba_registry
     ORDER BY comp_id;

COMP_ID      COMP_NAME                            VERSION      STATUS
------------ ------------------------------------ ------------ ------------
AMD          OLAP Catalog                         11.2.0.1.0   VALID
APEX         Oracle Application Express           3.2.1.00.10  VALID
APS          OLAP Analytic Workspace              11.2.0.1.0   VALID
CATALOG      Oracle Database Catalog Views        11.2.0.1.0   VALID
CATJAVA      Oracle Database Java Packages        11.2.0.1.0   VALID
CATPROC      Oracle Database Packages and Types   11.2.0.1.0   VALID
CONTEXT      Oracle Text                          11.2.0.1.0   VALID
EM           Oracle Enterprise Manager            11.2.0.1.0   VALID
EXF          Oracle Expression Filter             11.2.0.1.0   VALID
JAVAVM       JServer JAVA Virtual Machine         11.2.0.1.0   VALID
ORDIM        Oracle Multimedia                    11.2.0.1.0   VALID
OWB          OWB                                  11.2.0.1.0   VALID
OWM          Oracle Workspace Manager             11.2.0.1.0   VALID
RUL          Oracle Rules Manager                 11.2.0.1.0   VALID
SDO          Spatial                              11.2.0.1.0   VALID
XDB          Oracle XML Database                  11.2.0.1.0   VALID
XML          Oracle XDK                           11.2.0.1.0   VALID
XOQ          Oracle OLAP API                      11.2.0.1.0   VALID
```

Die Registrierung bei „Oracle Restart" kann mithilfe von `srvctl` leicht überprüft werden. Die folgende Ausgabe zeigt Details der Registrierung für die Datenbank `OEL11g`:

```
$ srvctl config database -d OEL11g -a

Database unique name: OEL11g
Database name: OEL11g
Oracle home: /u01/app/oracle/product/11.2.0/db_1
Oracle user: oragrid
Spfile: +DATA/OEL11g/spfileOEL11g.ora
Domain: dbc
Start options: open
Stop options: immediate
Database role: PRIMARY
```

```
Management policy: AUTOMATIC
Disk Groups: DATA
Services:
Database is enabled
```

Abschließend sollte nicht vergessen werden, die neue Datenbank auf den aktuellen Patch-Stand zu bringen. Dies ist auch dann notwendig, wenn das zugehörige Home-Verzeichnis bereits aktualisiert wurde. Anpassungen für zentrale Datenbankobjekte, die im Rahmen von CPU- oder PSU-Patches notwendig sind, müssen nun durch explizites Starten der jeweiligen SQL-Skripte eingespielt werden. Welches Skript genau gestartet werden muss, ist der jeweiligen Readme-Datei des Patches zu entnehmen. In der Regel wird hierfür folgender Aufruf verwendet, der in diesem Beispiel für ein PSU-Patch erfolgt:

```
$ $ORACLE_HOME/rdbms/admin/catbundle psu apply
```

Sollte der aktuelle Patch-Stand des betreffenden Home-Verzeichnisses nicht bekannt sein, kann dieser über `opatch lsinventory` leicht ermittelt werden. Weitere Details zu diesen Themen finden sich in den Abschnitten 4.2.7 und 4.1.3.

4.2.4 Client-Software

Die Installation der Oracle-Client-Software ermöglicht es einem Server, Verbindungen zu lokalen wie entfernten Oracle-Datenbanken herzustellen und zu verwalten. Die explizite und eigenständige Installation der Client-Software ist immer dann notwendig, wenn:

- der lokale Server keine RDBMS-Software enthält oder
- die lokal installierte RDBMS-Software nicht die geforderte Version oder den geforderten Patch-Stand aufweist.

Die Installation der Client-Software wird in unterschiedlichen Paketierungen angeboten, die alternativ oder parallel in jeweils eigenen Home-Verzeichnissen installiert werden können:

Runtime bietet nur die Treiber und Schnittstellen, die für die Verbindung mit Oracle-Datenbanken notwendig sind, sowie einfache Abfrage- und Entwicklungswerkzeuge wie beispielsweise SQL*Plus und SQL Developer.

Administrator enthält zusätzliche Werkzeuge zur Administration wie beispielsweise *„Net Configuration Assistant“*, *„Oracle Wallet Manager“* und viele mehr.

Instant Client installiert nur die Bibliotheken, welche für die Schnittstellen OCI, OCCI, JDBC oder Pro*C notwendig sind. Dieses Paket erzeugt einen minimalen *footprint* und wurde geschaffen, um selbst entwickelten Anwendungen die Möglichkeit zu geben, Datenbankverbindungen ohne vollwertige Client-Installation und die damit verbundenen Lizenzkosten zu ermöglichen.

Custom erlaubt dem Ausführenden die individuelle Auswahl der zu installierenden Komponenten. Diese Option ist immer dann zu empfehlen, wenn die Anforderungen klar definiert sind.

Die Installation der Client-Software unterscheidet sich in den Grundlagen nicht von anderen Oracle-Software-Installationen: Mit Ausnahme des Instant Clients benötigt das Produkt ein eigenes Home-Verzeichnis, einen Installationsbenutzer mit Schreibrechten im zentralen Inventory und die Ausführung eines *root* Skripts. Da die Installation auch über den Universal Installer ausgeführt wird, können Response-Dateien zum Einsatz kommen, und der *silent*-Modus kann genutzt werden. Wie gewohnt werden alle Aktionen des Universal Installers im zentralen Inventory protokolliert und können dort eingesehen werden:

```
<Inventory_Location>/logs/installActions<timestamp>.log
```

Der Instant Client kann ebenfalls über OUI installiert werden. In diesem Falle wird ein entsprechendes Home-Verzeichnis angelegt und die Installation im zentralen Inventory des Servers unter einem eigenen Home-Namen eingetragen. Dies widerspricht in gewisser Weise der ursprünglichen Idee des minimalen Fußabdrucks. Erfreulicherweise steht eine minimalistische Variante dieser Installation zur Auswahl. Bei dieser Variante werden die Bibliotheken in Form einer Zip- oder – für Unix – RPM-Datei heruntergeladen[39] und entpackt oder über `rpm` entsprechend installiert. Bei dieser Variante stehen darüber hinaus unterschiedliche Pakete zur Auswahl:

Basic unterstützt OCI, OCCI und JDBC

Basic light bietet die gleichen Bibliotheken, aber nur englische Fehlermeldungen und unterstützt nur Unicode, ASCII sowie westeuropäische Zeichensätze.

Diverse optionale Pakete ergänzen die Basis und bieten jeweils zusätzliche Funktionen JDBC, ODBC oder SQL*Plus an.

Die alternative Installation von Instant Client ist denkbar einfach: Die Dateien werden in einem beliebigen Verzeichnis entpackt und die Bibliothekspfade entsprechend angepasst.
Hierzu steht unter Unix die Umgebungsvariable `LD_LIBRARY_PATH` und unter Windows die `PATH`-Variable zur Verfügung. Es versteht sich, dass der betreffende Benutzer Ausführungsrechte in dem jeweiligen Verzeichnis benötigt.

4.2.5 Real Application Clusters

Oracle Real Application Clusters (RAC) bietet die Möglichkeit, Oracle-Datenbanken im Rechnerverbund (*cluster*) zu betreiben. Auf diese Weise lassen sich mehrere Server mit RDBMS-Software und entsprechenden Oracle-Instanzen konfigurieren, die gemeinsam und gleichzeitig auf eine Datenbank zugreifen. Oracle 11gR2 wartet zusätzlich noch mit einer Besonderheit auf, dem „RAC One Node“. Hierbei wird pro Datenbank immer nur eine Instanz betrieben, diese kann aber – last- oder ausfallbedingt – auf vorkonfigurierte Server migrieren.

RAC-Installationen werden aus unterschiedlichen Gründen umgesetzt:

Skalierbarkeit Die Anzahl der Instanzen und der im Rahmen dieser Instanzen operierenden Datenbank-Services kann variiert und dynamisch konfiguriert werden, um flexibel auf Lastverschiebungen reagieren zu können.

Hochverfügbarkeit Wenn ein Server ausfällt und damit die auf ihm betriebene Instanz, können die übrigen Instanzen die Last übernehmen. Applikationen und die in ihrem Kontext abgesetzten Verbindungsanforderungen reagieren ebenfalls transparent auf den Ausfall. Beim Wiederanlauf des Servers sorgt die Überwachungs-

39 `http://www.oracle.com/technology/tech/oci/instantclient/index.html`

software (Clusterware) für den automatischen Start der betreffenden Instanz. Die Ausfallsicherheit im Bereich der Datenbank-Storage hingegen kann mit Mitteln des RAC nicht erreicht werden, sondern muss über entsprechende Plattenspiegelungen zusätzlich konfiguriert werden.

Rolling Upgrade Wenn die Software verteilt installiert ist, können Instanzen einzeln „gepatcht" werden, ohne dass das Gesamtsystem ausfallen muss.

RAC-Installationen erfordern entweder eine Enterprise Edition – und dort zusätzlich eigene Optionen[40] – oder eine Standard Edition. Unter der Standard Edition ist allerdings die Gesamtzahl der im Clusterverbund konfigurierten Prozessorsockel auf vier begrenzt.

Diese kurze Charakteristik macht bereits deutlich: Cluster-Umgebungen sind komplexer als gewöhnliche Datenbankumgebungen. Dementsprechend sind auch die Aufwendungen für die Installation und Betreuung höher. Der vorliegende Abschnitt kann bei Weitem nicht alle Details einer Cluster-Installation besprechen, sondern konzentriert sich auf die konzeptionellen und organisatorischen Zusammenhänge des Themas.

Die eingangs erwähnte kurze Charakteristik kann bereits dazu genutzt werden, Anforderungen und Besonderheiten von Installationen im RAC-Umfeld herauszuarbeiten:

- Zur Überwachung der Server und der in ihrem Kontext operierenden Dienste wird eine „Clusterware" benötigt, die – wie bereits erwähnt wurde – auch für den Wiederanlauf der Komponenten zuständig ist. Auf den meisten Plattformen ist derzeit „Oracle Clusterware" die einzige zertifizierte Clusterware. *My Oracle Support* bietet genaue Übersichten zu allen zertifizierten RAC-Umgebungen und in diesem Zusammenhang zu der jeweils unterstützten Clusterware. Es ist dringend zu empfehlen, diese Listen vor der Installation zu konsultieren.

  Die tragenden Komponenten der Oracle Clusterware sind:

  Oracle Cluster Registry (OCR) speichert Konfigurationsinformationen des Clusters, beispielsweise welche Server beteiligt sind und welche Instanzen auf ihnen konfiguriert wurden.

  Voting Disks werden benötigt, um den Status des Clusters durch wechselseitiges konkurrierendes Schreiben zu ermitteln und im Fehlerfall Dienste herunterzufahren.

  Beide Komponenten müssen redundant mit einem Minimum von drei Kopien angelegt werden. Es versteht sich, dass die Komponenten von allen Servern aus erreichbar sein müssen. Folgende Storage-Optionen sind für die Speicherung von OCR und Voting Disks derzeit geeignet:

  - ASM kann ab Version 11.2 genutzt werden.
  - NFS-Filesysteme auf zertifizierten NAS-Systemen
  - Shared Disk Partitions auf *block* und *raw devices* sind zwar möglich, werden aber von den Werkzeugen OUI und ASMCA nicht unterstützt.

  Technisch ist es durchaus möglich, unterschiedliche Optionen parallel zu nutzen. Organisatorisch dürfte dies wenig empfehlenswert sein.

40 „Oracle RAC" oder „Oracle RAC One Node"

- Die Dateien der Datenbank werden simultan von mehreren Instanzen gelesen und beschrieben und müssen aus diesem Grunde ebenfalls *shared* verfügbar sein. Hierzu zählen im Einzelnen alle Daten-, Redolog- und Control-Dateien sowie die Serverparameter-Datei. Die Speicherung der Datenbank-Dateien kann wie die Clusterware-Dateien auch organisiert werden.
- Die RDBMS-Software wird auf allen Servern benötigt, die eine Oracle-Instanz betreiben. Dementsprechend können jeweils lokale Home-Verzeichnisse in einem lokalen Filesystem angelegt werden, um etwa wechselweise Patches einzuspielen, oder ein zentrales Verzeichnis kann genutzt werden, das von allen Seiten aus im Zugriff sein muss. Die zentrale Variante kann über *ASM Cluster Filesystem* (ACFS) oder NFS auf zertifizierten NAS-Systemen realisiert werden.
- Oracle Clusterware wird zusammen mit ASM unter dem Produktnamen „Oracle Grid Infrastructure" in einem eigenen Home-Verzeichnis installiert. Auch diese Software muss auf allen Cluster-Knoten verfügbar sein, für ihre Speicherung werden jedoch nur lokale und NFS-Filesysteme unterstützt.
- Da separate Instanzen eines Clusters auf identische Daten zugreifen können, müssen die Instanzen synchronisiert werden. Dies geschieht über ein eigenständiges „privates" Netzwerk, das sogenannte *Cluster Interconnect.* Für dieses Netz sind eigene Interface-Karten zu konfigurieren. Diese können auch redundant ausgelegt und über *bonding*-Techniken zusammengefasst werden. Die Benutzerdaten dagegen werden über ein separates „öffentliches" Netz geleitet, das ebenfalls über eigene Interface-Karten verfügen muss.

  Aus dem Gesagten ergibt sich ein Minimum von zwei NIC-Karten pro Cluster-Knoten.

  Damit Applikationen transparent auf die Cluster-Datenbank zugreifen können, unabhängig davon, wie viele und welche Instanzen gerade gestartet wurden, werden virtuelle IP-Adressen und – ab 11gR2 – *Single Client Access Names* (SCAN) eingesetzt. Damit ist es möglich, die betreffende Datenbank unabhängig von der Anzahl und Verfügbarkeit der Instanzen über einen zentralen Namen zu erreichen. Pro Cluster-Datenbank wird demnach eine SCAN im DNS konfiguriert. Die virtuelle IP-Adresse eines Servers dagegen wird im Fehlerfall dynamisch auf einen noch verfügbren Server übertragen.

  In der Summe ergeben sich für die IP-Adressen eines Clusters folgende Anforderungen: Pro Server ist eine private, eine öffentliche und eine virtuelle Adresse zu vergeben. Zusätzlich gibt es den erwähnten SCAN-Namen.

Im Folgenden werden die einzelnen Installationsschritte in der empfohlenen Abfolge skizziert. Diese „Checkliste" kann und will nicht die für die einzelnen Plattformen verfügbaren detaillierten Installationshandbücher ersetzen.

Zertifizierung Abgleich der eingesetzten Hardware, des Betriebssystems und der Storage-Optionen mit der aktuellen Zertifizierungsmatrix.[41] Feststellen, ob die eingesetzten Produkte und Versionen unterstützt werden und die erforderlichen Pakete installiert sind.

41 Siehe hierzu `http://support.oracle.com`, dort unter „Certifications"

Netzwerk Planung und Vorbereitung des Netzwerks: Reservierung von IP-Adressen – *Private IP, Public IP* und *Virtual IP* für alle beteiligten Server. Planung des SCAN-Namens und Reservierung von entsprechenden IP-Adressen.[42]

Software Vorbereitung von Installationsbenutzern für „Grid Infrastructure" und RDBMS-Software. Planung und Einrichtung der Base- und Home-Verzeichnisse sowie Einrichten der Gruppenzugehörigkeit. Die nachfolgenden Tabellen 4.3, 4.4 und 4.5 zeigen eine Beispielkonfiguration, die ASM als Speicheroption nutzt. Es versteht sich, dass die Zahlenangaben variabel sind und den aktuellen Verhältnissen angepasst werden müssen.

Storage Planung und Vorbereitung der eingesetzten Storage-Komponenten und der genutzten Filesysteme. Die Tabelle 4.6 zeigt ein Beispiel, welches ASM vor dem Hintergrund von Openfiler[43]-volumes für alle Speicherkomponenten einsetzt.

Datenbank Planung von Datenbank und Instanzen: Festlegen des Datenbanknamens und der Bezeichner für die Instanzen, wie das Beispiel in Tabelle 4.7 zeigt.

Secure Shell Einrichtung von SSH: Die Server eines Clusters müssen untereinander während der Installation über `ssh` erreichbar sein. Ebenso muss zum sicheren Kopieren `scp` verfügbar sein. Optional und zusätzlich können im Vorfeld die ssh-Verbindungen so konfiguriert werden, dass keine Kennwortabfragen generiert werden (*user equivalence*). Sollte das nicht erfolgt sein, bietet der Installer in der aktuellen Version eine automatische Konfiguration an.

Grid Infrastructure kann nun auf einem der beteiligten Server – in unserem Beispiel `linux01` – unter dem geplanten Benutzer installiert werden (Option „Install and Configure Grid Infrastructure for a Cluster"). Über `ssh` werden die weiteren RAC-Server während der Installation eingebunden.

Da am Ende dieses Installationsprozesses automatisch die „Cluster Verification Utility" (CVU) gestartet wird, sollte auf *allen* beteiligten Linux-Systemen *vor* dem Start der Installation das Paket `cvudisk` installiert werden, damit CVU *shared disks* erkennen kann. Das Paket findet sich im Verzeichnis `rpm` des Distributionsmediums.

ASM Disk-Gruppen bei Bedarf können nun zusätzlich ASM-Diskgruppen mit dem Werkzeug `asmca` für die Datenbank angelegt werden.

Verifizierung Vor der Installation der RAC-Datenbank kann eine explizite Verifizierung der Umgebung durchgeführt werden. Dies ist neuerdings optional, da CVU – wie erwähnt – bereits im Rahmen der Grid-Installation in Aktion tritt. Das Werkzeug findet sich im `bin`-Unterverzeichnis des Home-Verzeichnisses von Grid Infrastruc-

Software	Owner	Primärgruppe	Weitere Gruppen
Grid Infrastructure	oragrid	oinstall	asmadmin, asmdba, asmoper
Oracle RAC	oracle	oinstall	dba, oper, asmdba

Tabelle 4.3: Planung der RAC-Datenbank

42 Zur Konfiguration von SCAN siehe auch: `http://www.oracle-base.com/articles/linux/DnsConfigurationForSCAN.php`.

43 Siehe `www.openfiler.com`. Openfiler ist eine Linux-Distribution zum Einrichten von NAS/SAN-Storage-Komponenten.

Software	ORACLE_BASE/ORACLE_HOME
Grid Infrastructure	/u01/app/grid
	/u01/app/grid/11.2.0/grid
Oracle RAC	/u01/app/oracle
	/u01/app/oracle/product/11.2.0/db_1

Tabelle 4.4: Planung der RAC Home-Verzeichnisse

OS-Gruppe	Beschreibung	Oracle-Privileg	Oracle-Gruppe
oinstall	Inventory owner		
asmadmin	ASM-Administrator	SYSASM	OSASM
dba	DBA	SYSDBA	OSDBA
oper	Datenbank-Operator	SYSOPER	OSOPER

Tabelle 4.5: Gruppen und Funktionen

Komponente	Größe	ASM Volume Group	ASM Redundancy	Openfiler-Volumes
OCR/Voting Disk	2 GB	+CRS	External	rac-crs1
Database Files	32 GB	+DB_DATA1	External	db-data1
	32 GB	+DB_DATA2	External	db-data2
Redo	20 GB	+DB_REDO1	External	racd-redo1
Fast Recovery Area	32 GB	+FRA	External	racdb-fra1

Tabelle 4.6: RAC Storage-Komponenten

Instance-Name	Server/Node	Datenbankname
rac1	linux01	racdb.dbc.de
rac2	linux02	racdb.dbc.de

Tabelle 4.7: RAC-Bezeichner

ture. Die explizite Prüfung kann wie folgt angestoßen werden – in diesem Beispiel für die Server `linux01` und `linux02` inklusive der Generierung von Fixup-Skripten, sofern dies möglich und nötig ist:

```
$ ./cluvfy stage -pre dbinst -fixup -n linux01,linux02 -osdba dba -verbose
```

CVU verfügt noch über eine ganze Reihe zusätzlicher, interessanter Prüfmöglichkeiten:

```
$ ./cluvfy stage -list

        -post hwos    :  post-check for hardware and operating system
        -pre  cfs     :  pre-check for CFS setup
        -post cfs     :  post-check for CFS setup
        -pre  crsinst :  pre-check for CRS installation
        -post crsinst :  post-check for CRS installation
        -pre  hacfg   :  pre-check for HA configuration
        -post hacfg   :  post-check for HA configuration
        -pre  dbinst  :  pre-check for database installation
        -pre  acfscfg  :  pre-check for ACFS Configuration.
```

```
-post acfscfg  :  post-check for ACFS Configuration.
-pre  dbcfg    :  pre-check for database configuration
-pre  nodeadd  :  pre-check for node addition.
-post nodeadd  :  post-check for node addition.
-post nodedel  :  post-check for node deletion.
```

Datenbank-Software installieren Die Installation unter dem hierfür vorgesehenen Benutzer – hier `oracle` – sollte über die Option *„Software only"* von einem der beteiligten Server aus – hier der Server `linux01` – erfolgen. Während der Installation können entsprechende Knoten angegeben werden, auf denen die Software installiert werden soll.

Datenbank anlegen Das Anlegen der Datenbank kann wie gewohnt über den Konfigurationsassistenten `dbca` und dort über die Option *„Create Real Application Clusters Database"* erfolgen. Es stehen zwei unterschiedliche Installationstypen zur Auswahl:

- *„Admin-Managed"* nimmt eine statische Konfiguration der Instanzen auf den beteiligten Servern vor.
- *„Policy-Managed"* legt eine Verteilung der Instanzen nach konkreten Ressourcennutzungen zugrunde.

Status und Kontrolle Zur abschließenden Kontrolle der frisch installierten RAC-Umgebung stehen vor allem die Werkzeuge „Server Control Utility" (`srvctl`) und Oracle Clusterware Control (`crsctl`) mit vielfältigen Parametern zur Verfügung. Sie können von jedem beliebigen Cluster-Server aus aufgerufen werden.

4.2.6 Enterprise Manager

Das Produkt Enterprise Manager hat eine lange und wechselvolle Geschichte hinter sich. Ursprünglich entwickelt als C-Client, dann ab der Version 2 als Java Client-Applikation zur einheitlichen Verwaltung von Oracle-Datenbanken auf unterschiedlichen Plattformen, wird es mittlerweile als universelles Werkzeug zum Monitoring und zur Verwaltung des kompletten IT-Stacks vermarktet.

Mit der Version 10g, die zeitgleich mit der gleichnamigen Version der Datenbank verfügbar war, wurde darüber hinaus ein komplettes Redesign durchgeführt und aus dem Java-Client eine Webapplikation gemacht, die damals noch im Kontext von Oracle Application Server eingespielt und konfiguriert wurde. Zusätzlich gab es fortan zwei Varianten des Produktes. *„Database Control"* konnte zusammen mit der Datenbank und einer „minimalistischen" Version des Application Servers installiert werden und eignete sich dementsprechend für die Verwaltung *eines* Zielsystems.

„Enterprise Manager Grid Control" hingegen konnte als zentrale Instanz für sämtliche Datenbank- und Serversysteme eines Unternehmes eingesetzt werden. Um dieses umfangreiche Leistungsportfolio sicherzustellen, wurde ein System von Erweiterungen bereitgestellt,[44] dessen Komponenten entweder von Oracle oder den jeweiligen Partnern geschaffen wurden. Alle Partnerprodukte werden von Oracle entsprechend zertifiziert. Die Produkte lassen sich in zwei Gruppen gliedern:

---

44 Eine komplette Übersicht über alle verfügbaren Komponenten findet sich unter `http://www.oracle.com/technology/products/oem/extensions/index.html`

System Monitoring Plug-Ins ermöglichen das Monitoring und die Verwaltung externer Produkte, wie zum Beispiel DB2-Datenbanken und EMC Storage-Systeme.

Management Connectors sorgen für den bidirektionalen Austausch von Warnhinweisen (*Alerts*) zwischen Grid Control und externen Help-Desk-Systemen, wie HP OpenView.

Nachdem das erste Release der Datenbank 11g bereits im Jahre 2007 auf den Markt kam und Anfang September 2009 11gR2 veröffentlicht wurde, ließ das entsprechende Release von „Enterprise Manager Grid Control“ lange auf sich warten. Zwar waren die letzten Patch-Sets von Grid Control 10g auch in der Lage, 11g-Datenbanken zu verwalten, unterstützten aber dennoch nicht alle neuen Funktionen. Kunden, welche ein vollständige Funktionsabdeckung wünschten, mussten sich in dieser Zeit mit der Variante „Database Control“ begnügen.

Im April 2010 schließlich wurde „Enterprise Manager Grid Control 11gR1“ veröffentlicht. Erwartungsgemäss werden mit diesem Release nicht nur sämtliche Features der 11g-Datenbank unterstützt, sondern die Applikation ist auch eingebettet in den mittlerweile von Oracle erworbenen WebLogic-Server statt des Oracle-eigenen Produktes Internet Application Server.

In den folgenden Abschnitten wird nun die Installation von „Enterprise Manager Grid Control“ – im folgenden EMGC – unter x86 Linux[45] im Detail beschrieben.

Ganz im Einklang mit der Komplexität und dem Funktionsumfang des Produktes ist auch der Installationsprozess entsprechend umfangreich. Um diesen Prozess besser verstehen zu können, ist es daher sinnvoll, sich kurz die Komponenten des EMGC-Systems vor Augen zu führen:

Oracle Management Service (OMS) ist das operative Herz des gesamten Systems. Als J2EE-Webapplikation wird OMS im Kontext von Oracle WebLogic Server (WLS) bereitgestellt und sorgt für den Datenaustausch mit den Management Agents der Zielsysteme und die Speicherung dieser Daten in der Repository-Datenbank. Darüber hinaus generiert OMS die Bildschirmseiten der grafischen Konsole von EMGC.

Oracle Management Agent ist für die Datensammlung und Administration der Zielsysteme von EMGC verantwortlich. Der Agent muss dementsprechend auf jedem Server installiert werden, dessen Zielsysteme in EMGC integriert werden sollen. Der Prozess kommuniziert dementsprechend mit der Zentralkomponente OMS über gesicherte Verbindungen.

Management Repository speichert sämtliche Daten des gesamten konfigurierten Systems. Hierzu werden die Schemata `SYSMAN` und `SYSMAN_MDS` und drei separate Tablespaces während der Installation in einer bestehenden Oracle-Datenbank angelegt.

Server und Ziele können in beliebiger Zahl verwaltet werden, wobei jeder Server einen Management-Agenten konfiguriert haben muss, der diverse Zielsysteme, wie z. B. Datenbanken, unter sich verwaltet und beobachtet.

Gemessen an der Anzahl Komponenten gibt es natürlicherweise viele Konfigurations- und Installationsvarianten. Die nachfolgende Abbildung 4.19 zeigt eine einfache EMGC-Landschaft, bei der die Hauptkomponenten OMS, WLS sowie die Repository-

45 Zum Zeitpunkt der Erstellung dieses Textes war nur die Portierung auf Linux verfügbar.

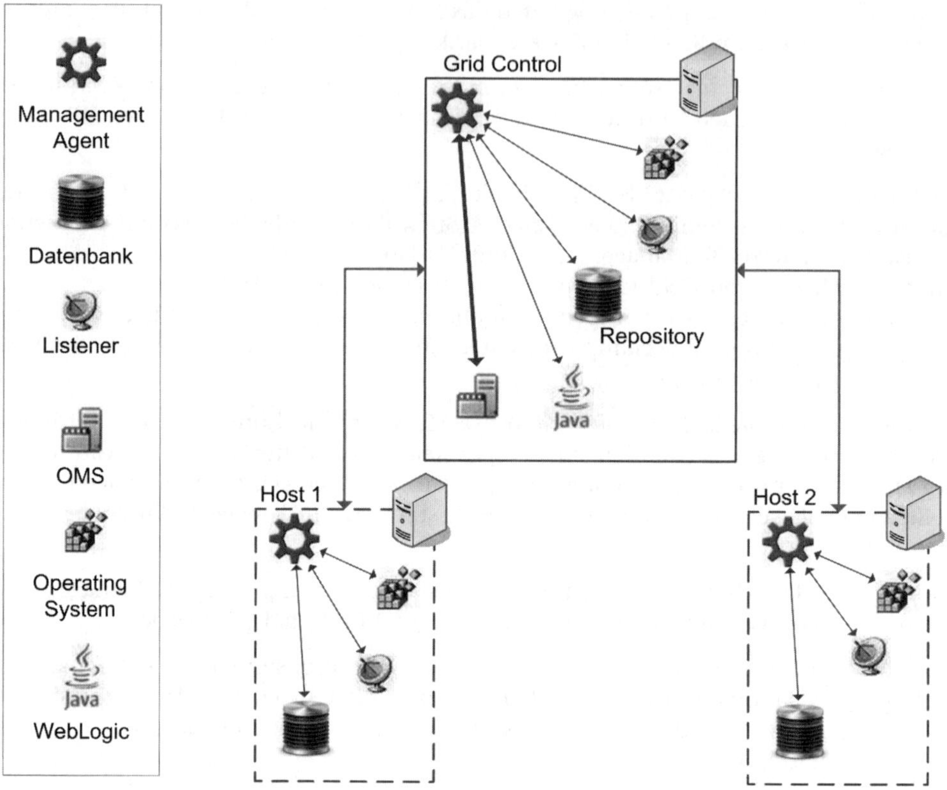

Abbildung 4.19: Enterprise Manager Grid Control Komponenten

Datenbank alle auf einem dedizierten Server konfiguriert wurden. Sowohl die Datenbank als auch Weblogic Server sind ebenso dediziert für EMGC im Einsatz und enthalten keine weiteren Applikationen und Daten. Dargestellt sind darüber hinaus zwei weitere Maschinen, bei denen einzig Oracle-Datenbanken mit entsprechenden Listener-Prozessen in die Verwaltungsumgebung eingebunden wurden.

Wie bei jedem Produkt, so ist auch bei EMGC die Prüfung der Installationsvoraussetzungen sehr wichtig. Durch die Anzahl der Komponenten ergeben sich zusätzliche Abhängigkeiten. Die Tabelle 4.8 fasst die wichtigsten Abhängigkeiten – zum Zeitpunkt der Erstellung dieses Textes – für EMGC 11gR1 zusammen:[46]

In dem folgenden Beispiel werden wir nun die Hauptkomponenten von EMGC auf einem Oracle Enterprise Linux-System installieren. Im Einzelnen besteht die Installation aus drei Produkten, die in getrennten Verfahren über jeweils eigene Datenträger bzw. Distributionen einzuspielen sind:

1. Installation der WebLogic Server-Software, wie in Abschnitt 4.2.6 beschrieben.

46 Siehe auch das My Oracle Support-Dokument 412431.1.

Komponente	Abhängigkeiten
OMS 11gR1	Linux x86- und x64-Plattformen, unter ihnen „Oracle Enterprise Linux“, „Red Hat Enterprise Linux“ und SUSE
Application Server	Weblogic Server 10.3.2 (WLS 11gR1 PS1) Dedizierter Server wird empfohlen
Repository-Datenbank	Oracle RDBMS 10.2.0.4, 11.1.0.7 oder 11.2.0.1 Als Cluster (RAC) oder alleinstehend, Enterprise Edition
Unterstütze Browser	Internet Explorer 7.0, 8.0, Firefox 3.0, 3.5, Safari 4.0 Adobe Flash Player
≥ Version 9.0.115	
Management Agent	11gR1 wie OMS auf Linux x86 und x64 ältere Agenten stehen für weitere Zielsysteme und Komponenten zur Verfügung.
DB Zielsysteme	für Agent 11gR1: RDBMS 9.2.0.8 bis 11.2.0.1
Middleware-Zielsysteme	diverse Middleware-Produkte (siehe Support-Notiz)

Tabelle 4.8: Abhängigkeiten EM Grid Control

2. Installation der Datenbank-Software und Anlegen einer Datenbankinstanz. Details zu diesem Verfahren wurden bereits in den Abschnitten 4.2.2 und 4.2.3 dargestellt und werden hier vorausgesetzt.
3. Installation und Konfiguration der EMGC-Hauptkomponenten wie in dem folgenden Abschnitt 4.2.6 dargestellt.
4. Installation der Agenten auf den zu verwaltenden Systemen.

Zusätzlich zu diesen Schritten sind auf allen zu verwaltenden Zielsystemen entsprechende Management-Agents zu konfigurieren. Der Abschnitt 4.2.6 stellt die möglichen Verfahren im Überblick dar.

WebLogic-Server

Wie bereits erwähnt wurde stellt WebLogic Server die Laufumgebung für den Management Service OMS zur Verfügung. Aus diesem Grunde muss die Installation von WLS vor und getrennt von der OMS-Installation erfolgen. Wie jeder Application-Server so bringt auch WLS eine Fülle von J2EE-Technologien, Web Services und Frameworks mit, entsprechend vielfältig können die Installationsvarianten ausfallen. Es ist daher von entscheidender Bedeutung, WLS über den Installationstyp *„Typical“* mit allen für EMGC erforderlichen Bausteinen aufzusetzen.[47]

Die folgenden Abschnitte skizzieren den Installationsverlauf:

- WLS wird zum Herunterladen in unterschiedlichen Konfektionierungen angeboten. Für unser Vorhaben ist der Typ *„Package Installer“* geeignet, bei dem alle Komponenten bereits mit dem Archiv gebündelt wurden.
- Wir werden alle EMGC-Komponenten unter einem eigenen Benutzer namens `emgrid` installieren. Dieser Benutzer muss explizit angelegt werden. Da er im wei-

47 Ein detailliertes Protokoll des Installationsvorganges findet sich im My Oracle Support-Dokument 1063762.1.

teren Verlauf bei der Installation von OMS und Management Agent in das zentrale Inventory schreiben muss, wird ihm schon jetzt die primäre Gruppe `oinstall` zugewiesen. Ebenso wird das Wurzelverzeichnis für die gesamten EMGC- und WLS-Komponenten festgelegt und entsprechend eingerichtet. In unserem Beispiel legen wir – im Einklang mit den OFA-Vorgaben – das Verzeichnis `/u01/app/emgrid` an. Für den Benutzer müssen keine zusätzlichen Umgebungsvariablen eingerichtet werden.

- Nach dem Entpacken des Archivs unter `emgrid` in ein *Staging* Verzeichnis starten wir die Installation aus diesem Verzeichnis heraus wie folgt:

```
$ ./wls1032_linux32.bin
```

- Wir akzeptieren in der Folge als *Middleware Home* das Verzeichnis `/u01/app/emgrid/Middleware`, wählen als Installationstyp *„Typical"* aus und akzeptieren als *Product Installation Directory* entsprechend `/u01/app/emgrid/Middleware/wlserver_10.3`
- Nach dem *Installation Summary* (siehe Abbildung 4.20) beginnt der eigentliche Installationsprozess, an dessen Ende müssen wir unbedingt die Option QUICKSTART ausschalten, denn die Konfiguration von WLS wird im dritten Schritt bei der Installation von OMS durchgeführt!

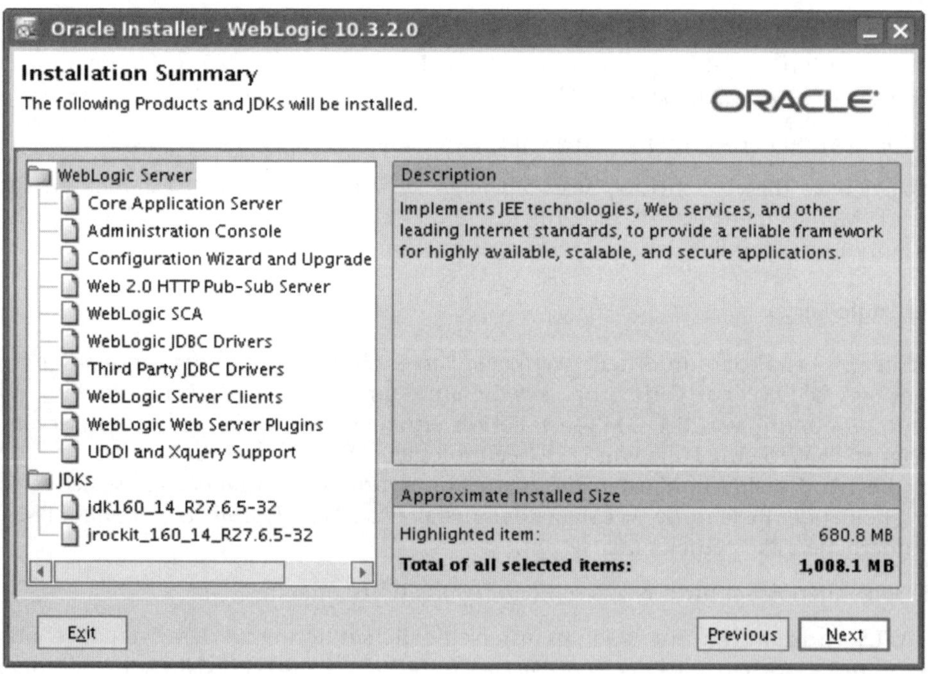

Abbildung 4.20: WebLogic Server

Damit wäre die Standardinstallation von WLS vorerst abgeschlossen. Für den fehlerfreien Betrieb von EMGC ist jedoch der WLS-Patch **WDJ7**[48] zwingend erforderlich, den wir mithilfe des in WLS integrierten *„Smart Update Tools“* leicht einspielen können. Dieses grafische Werkzeug benötigt zum Herunterladen eine gültige Verbindung zu My Oracle Support. Es wird aus dem Home-Verzeichnis von WLS wie folgt gestartet:

```
$ $WLS_HOME/utils/bsu/bsu.sh
```

Nach erfolgreicher Anmeldung kann der Patch über die grafische Oberfläche heruntergeladen und installiert werden (Abbildung 4.21).

Nach dem Einspielen des Patches ist die WLS-Software vollständig installiert. Die komplette Konfiguration des Produktes , wie das Einrichten einer Domäne und das Einspielen der Basisapplikationen, wird – wie gesagt – später durchgeführt.

Datenbank installieren und vorbereiten

Im nächsten Schritt gilt es nun, die Repository-Datenbank einzurichten. In unserem Beispiel ist die Datenbank-Software bereits wie beschrieben in einem separaten Verfahren unter dem Benutzer `oracle` installiert und eine Datenbank eingerichtet worden. Im Prinzip kann jede beliebige Datenbank – sofern sie der Zertifizierung entspricht – für diesen Zweck genutzt werden. Es wird jedoch empfohlen, ein dediziertes Repository einzurichten. Zusätzlich sollten wir vor dem Start der EMGC-Installation die Voraussetzungen für das Repository genau prüfen. Die folgenden Prüfungen sollten durchgeführt werden:

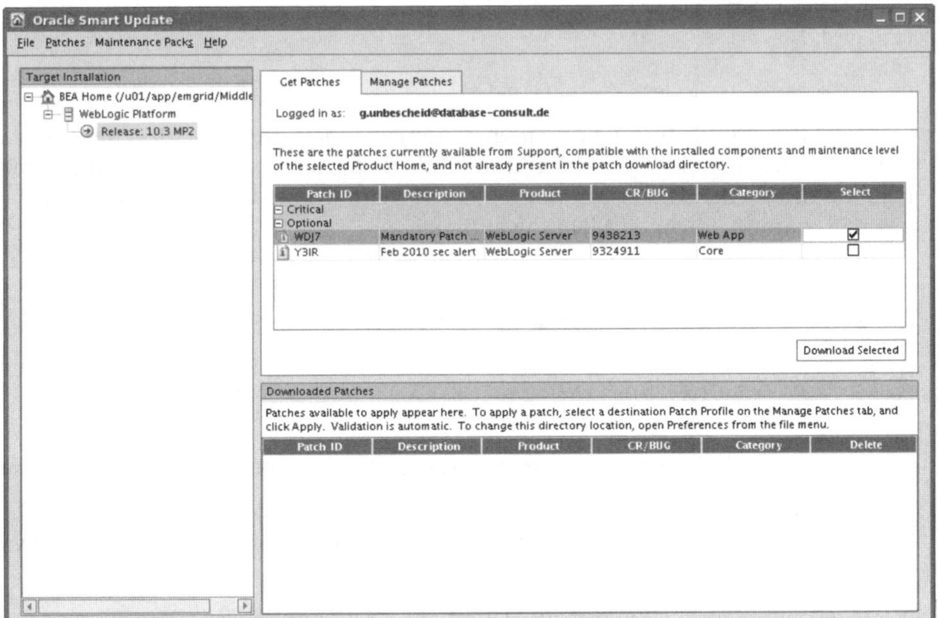

Abbildung 4.21: WLS Patch-Installation

48 Siehe auch My Oracle Support-Dokument 1072763.1.

- Beim Anlegen der Datenbank wird für gewöhnlich das Schema SYSMAN als Repository-Schema für Database Control angelegt. Weder SYSMAN noch das Metadaten-Schema SYSMAN_MDS dürfen in unserer geplanten Repository-Datenbank vorhanden sein. Möglicherweise ist für die betreffende Datenbank auch bereits „Database Control" (DBC) installiert worden. Die Konfiguration von DBC kann im Zweifelsfall leicht wie folgt ermittelt werden:

  ```
  $ export ORACLE_UNQNAME="$ORACLE_SID"
  $ emctl -displayConfig dbcontrol
  EM Configuration issue. /u01/app/oracle/product/11.2.0/db_1/
                          oel.dbc.de_db11 not found.
  ```

  In diesem Beispiel wurde DBC nicht konfiguriert. Andernfalls müssen vor der Installation von EMGC Database Control dekonfiguriert und die Schemata SYSMAN und SYSMAN_MDS gelöscht werden. Hierzu wird das Werkzeug emctl wie folgt eingesetzt, im eingehenden Dialog werden dann Benutzer und Datenbankinformationen abgefragt:

  ```
  $ <ORACLE_HOME>/bin/emca -deconfig dbcontrol db -repos drop

  STARTED EMCA at May 10, 2010 3:35:27 PM
  EM Configuration Assistant, Version 11.2.0.0.2 Production
  Copyright (c) 2003, 2005, Oracle.  All rights reserved.

  Enter the following information:
  Database SID: db11
  Listener port number: 1521
  Password for SYS user:
  Password for SYSMAN user:
  Password for SYSMAN user:
  Do you wish to continue? [yes(Y)/no(N)]: Y
  ```

  Sollte die betreffende Instanz bei einem vorangehenden – fehlgeschlagenen – Installationsversuch von EMGC schon einmal als Repository ausgewählt worden sein, kann im dritten Schritt der Installation, auch wenn die beiden genannten Schemata gelöscht wurden, folgende Meldung auftauchen:

  ```
  RCU-6091:Component name/schema prefix validation failed.
  ```

  In diesem Fall hilft das explizite Löschen der internen Hilfstabelle schema_version_registry:

  ```
  SQL> DELETE schema_version_registry
       WHERE  comp_name='Metadata Services';
  ```

- Als Nächstes sind die Serverparameter zu überprüfen. Die erforderlichen Mindestanforderungen finden sich in der Tabelle 4.9.[49]

- Schließlich ist der Undo Tablespace zu überprüfen. Er sollte eine Mindestgröße von 200 MB aufweisen.

Die Vorbereitungen für die Repository-Datenbank sind damit abgeschlossen.

49 Siehe auch My Oracle Support-Dokument 1073647.1.

Parameter	Wert
compatible	(>=) 10.2.0.1
undo_management	AUTO
remote_login_passwordfile	SHARED (oder) EXCLUSIVE
statistics_level	TYPICAL
timed_statistics	TRUE
workarea_size_policy	AUTO
cluster_database	(nur für RAC) TRUE
max_commit_propagation_delay	(nur für RAC) 0
session_cached_cursors	(>) 200
job_queue_processes	10
open_cursors	(>=) 300
log_buffer	(>=) 10485760
processes	(>=) 500
db_block_size	(>=) 8192

Tabelle 4.9: Grid Repository-Serverparameter

Grid Control installieren

Nachdem WLS installiert und die Repository-Datenbank vorbereitet wurde, kann nun mit der Installation und Konfiguration der EMGC-Kernkomponenten begonnen werden. Da dieser Teil der Installation über den Oracle Universal Installer gestartet wird, ergeben sich daraus die bereits bekannten Rahmenbedingungen:

- Neben dem grafischen und interaktiven Modus steht auch eine *silent*-Variante zur Verfügung.
- Im Unterverzeichnis `response` des Staging-Bereichs stehen verschiedene *response*-Dateien zur Verfügung, die für die automatisierte Installation angepasst und genutzt werden können.

Wir starten unsere Installation nun unter dem bereits eingeführten Benutzer `emgrid`, ohne spezielle Umgebungsvariablen eingerichtet zu haben:

```
$ <emgc-stagingarea>/runInstaller
```

Der einfache Aufruf ohne zusätzliche Parameter führt uns in den interaktiven, grafischen Modus des Installationsprogramms. Die Oberfläche leitet uns in der gewohnten Weise durch den Installationsprozess. Die wichtigsten Auswahlpunkte werden im Folgenden skizziert:

- Da die Distribution bereits notwendige Patches enthält, können wir getrost auf das Herunterladen von Updates während der Installation verzichten und aktivieren *„Skip Software Updates"*.
- *„Install a new Enterprise Manager System"* sorgt im nächsten Schritt dafür, dass nicht nur die Software installiert, sondern das System auch vollständig konfiguriert wird.
- Das Middleware Home-Verzeichnis `/u01/app/emgrid/Middleware` – im folgenden `$MW_HOME` – wurde in unserem Beispiel schon bei der Installation von WLS angelegt und dient nun als Wurzelverzeichnis für die weitere Installation. Neu angeben müssen wir dagegen das Basisverzeichnis für die Instance des Oracle Management

Service OMS, das sämtliche Konfigurationsdateien der Komponente OMS enthält. In unserem Beispiel geben wir dazu folgendes Verzeichnis an:

```
/u01/app/emgrid/Middleware/gc_inst
```

Neben diesem Instance-Verzeichnis, für das wir später die Umgebungsvariable `ORACLE_INSTANCE` einrichten können, entstehen unter `$MW_HOME` weitere Home-Verzeichnisse. Jedes von ihnen enthält Software-Module für die Komponenten von EMGC. Im Einzelnen sind dies:

- `$MW_HOME/agent11g` für die Software des Management Agents
- `$MW_HOME/oms11g` für die Software des Oracle Management Service
- `$MW_HOME/oracle_common` für zentrale Software-Bausteine und
- `$MW_HOME/Oracle_WT` für die Software des Web Tier und weiterer allgemeiner Werkzeuge

Die Abbildung 4.22 zeigt die gesamte Verzeichnisstruktur am Ende der Installation von WLS und EMGC.

- Im Zuge der Installation wird auch ein *WebLogic-Server-Domain* namens `GCDomain` angelegt. In diesem Zusammenhang ist ein Domain die logische Gruppierung einer oder mehrerer Instanzen, d. h. WLS-Prozesse, in deren Kontext eingehende Aufrufe umgesetzt und verarbeitet werden. Jedes WLS Domain besteht aus einem Administrationsserver und kann zusätzlich einen oder mehrere *Managed Server* enthalten. *Node Manager* ist ein optionaler Prozess, der zur Verwaltung von *Managed Servern* eingesetzt werden kann. Die Namen und Kennwörter für die Administratoren werden nun festgelegt (Abbildung 4.23).
- Nachdem die Details zur Verbindung mit der vorbereiteten Repository-Datenbank angegeben wurden, lassen sich noch die Vorgaben für die Pfade und Dateinamen der neu anzulegenden Tablespaces modifizieren.
- Weitere Einstellungen betreffen die Kennwörter für den EMGC-Administrator SYSMAN und die Agent-Registrierung sowie die Portnummern für WLS- und EMGC-Serverprozesse. Für jeden Prozesse wird ein konkreter, aber modifizierbarer Vorschlag

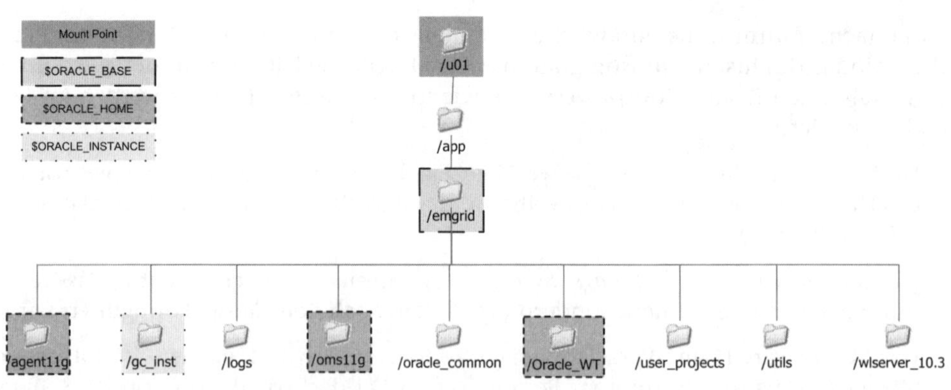

Abbildung 4.22: Verzeichnisstruktur EMGC

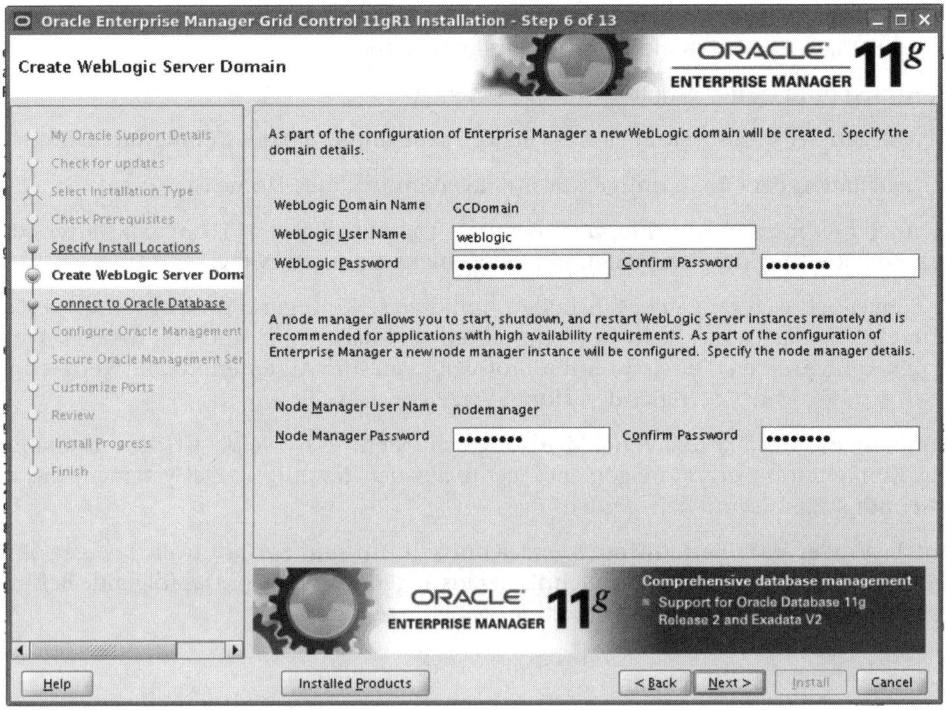

Abbildung 4.23: WLS-Konfiguration

gemacht sowie der empfohlene Nummernbereich angezeigt. Es ist dringend zu empfehlen, die hier gemachten Einstellungen zu protokollieren[50] (Abbildung 4.24).

Component Name	Recommended Port Range	Port
Enterprise Manager Upload Http Port	4889-4898	4889
Enterprise Manager Upload Http SSL Port	1159,4899-4908	4900
Enterprise Manager Central Console Http SSL Port	7799-7809	7799
Node Manager Http SSL Port	7401-7500	7403
Managed Server Http Port	7201-7300	7202
Enterprise Manager Central Console Http Port	7788-7798	7788
Oracle Management Agent Port	3872,1830-1849	3872
Admin Server Http SSL Port	7101-7200	7101
Managed Server Http SSL Port	7301-7400	7301

Abbildung 4.24: EMGC: Liste der Portnummern

50 Die wichtigsten URLs und Portnummern werden auch in der Datei `setupinfo.txt` im `install`-Verzeichnis des Home-Verzeichnisses von OMS protokolliert.

- Nach der obligatorischen Darstellung aller eingegebenen Voreinstellungen kann schließlich der Installationsprozess gestartet werden.

Im Hintergrund laufen nun folgende Aktionen ab

1. Anlegen der spezifizierten Home-Verzeichnisse unterhalb des Middleware-Home
2. Installation der OMS-Konfigurationsdateien im Instance-Home (`gc_inst`)
3. Auch hier müssen wir unter dem Benutzer `root` das Skript `allroot.sh` starten, das in die Root-Skripte von OMS und Management Agent verzweigt.
4. Schließlich werden Patches installiert und diverse Konfigurationsassistenten gestartet, die zunächst das Repository einrichten und dann OMS und den lokalen Agenten konfigurieren. Die Assistenten protokollieren ihre Aktionen in dem Verzeichnis `cfgtoollogs` des betreffenden Home-Verzeichnisses.

Damit ist die Installation von EMGC abgeschlossen. Was bleibt, ist die Installation und Konfiguration der Management Agents auf den jeweiligen Zielsystemen, die im Abschnitt 4.2.6 beschrieben werden.

Eine Liste aller installierten Home-Verzeichnisse kann nun zur Kontrolle wie gewohnt aus einem beliebigen Home-Verzeichnis heraus abgerufen werden. Das folgende Beispiel zeigt einen Ausschnitt der generierten Ausgabe:

```
$ $ORACLE_HOME/OPatch/opatch lsinventory -all

--------------------------------------------------------------------------------
List of Oracle Homes:
 Name                       Location
  OraDb11g_home1             /u01/app/oracle/product/11.2.0/db_1
  Ora11g_gridinfrahome1      /u01/app/oragrid/product/11.2.0/grid
  oms11g1                    /u01/app/emgrid/Middleware/oms11g
  agent11g1                  /u01/app/emgrid/Middleware/agent11g
  common11g1                 /u01/app/emgrid/Middleware/oracle_common
  webtier11g1                /u01/app/emgrid/Middleware/Oracle_WT
```

Zur Anzeige der Installationsdetails ist `opatch` mit den Parametern `lsinventory -detail` aus dem betreffenden Home-Verzeichnis heraus aufzurufen.

In der Regel hinterlässt der Installationsprozess alle Komponenten in gestartetem Zustand und damit voll funktionsfähig. Bei Bedarf kann der Status auch explizit über das Kommando `emctl` abgefragt werden. Es ist zu beachten, dass dieses Kommando aus dem entsprechenden Home-Verzeichnis heraus gestartet wird:
`$ /u01/app/emgrid/Middleware/oms11g/bin/emctl status oms` und
`$ /u01/app/emgrid/Middleware/agent11g/bin/emctl status agent`

Während der Installation wird unter Unix auch das automatische Starten und Stoppen von Grid Control mithilfe des Skriptes `gcstartup` im Verzeichnis `/etc/init.d` konfiguriert. Bei einem lokal konfigurierten Repository sollte darauf geachtet werden, dass sowohl der Listener als auch die Datenbank vor der Ausführung von `gcstartup` verfügbar sind.

Der manuelle Start des Hauptsystems wird in der folgenden Reihenfolge ausgeführt:

1. Setzen der Oracle-Umgebungsvariablen für die Repository-Datenbank mithilfe von `oraenv`

2. Starten des Listener-Prozesses
3. Starten der Instanz und Datenbank
4. Starten von OMS und Web Tier aus dem Home-Verzeichnis von OMS heraus:
   `$ $ORACLE_HOME/bin/emctl start oms`
   Dieser Befehl startet im Hintergrund auch den WebLogic-Server
5. Starten des lokalen Management Agents aus dem Home-Verzeichnis des Agents heraus (!): `$ $ORACLE_HOME/bin/emctl start agent`

Nach dem erfolgreichen Start sollte die grafische Oberfläche über die konfigurierte Portnummer – in unserem Beispiel 7799 – wie folgt aus zertifizierten Browsern heraus erreichbar sein:
`https://<hostname>:7799/em`

Da die Verbindung hier über HTTPS erfolgt, schickt der Server zu seiner Identifizierung ein Zertifikat mit, das während der Installation automatisch generiert wurde. Der Benutzer sollte diesem Zertifikat vertrauen und eine entsprechende Ausnahmeregelung über den Security-Dialog des betreffenden Browsers einrichten.

Management Agents

Da Management-Agenten auf allen Zielsystemen konfiguriert werden müssen, deren Komponenten von EMGC überwacht werden sollen, ist der Aufwand für die Installation direkt proportional zur Anzahl dieser Systeme. Die Planung der gesamten EMGC-Umgebung muss mit größter Sorgfalt und vor dem Hintergrund der bereits zitierten Zertifizierungsmatrix[51] erfolgen.

Ausgehend von der Version der Hauptkomponente – in unserem Beispiel OMS 11gR1 (11.1.0.1) – werden unterschiedliche Versionen von Management-Agenten unterstützt, die ihrerseits wiederum bestimmte Zielkomponenten (*targets*), Betriebssysteme und Erweiterungen unterstützen. Im Rahmen von OMS 11gR1 sind dies lediglich die Management-Agenten der Versionen 10gR4, 10gR5 und 11gR1.

Die Installation von Agenten läuft im Wesentlichen in drei Schritten ab:

1. Die Agenten werden in der erforderlichen Version heruntergeladen.
2. Die Agenten werden – einzeln oder in Bündeln – auf die Zielsysteme verteilt und dort installiert.
3. Einmal installiert, übermitteln die Agenten die Daten der Zielkomponenten, die von ihnen verwaltet werden können. Diese Komponenten sind damit in die EMGC-Verwaltungsoberfläche integriert.

Das Herunterladen der Software sowie die Verteilung der Agenten auf den ausgesuchten Zielsystemen lässt sich komfortabel mithilfe des *„Agent Deployment Wizard"* aus der EMGC-Konsole heraus umsetzen. Über den Tab-Reiter *„Deployments"* und dort über den Bereich *„Agent Installation"* erreichen wir die hierfür nötigen Bildschirmmasken. Es werden in diesem Zusammenhang unterschiedliche Installationstypen angeboten:

Fresh Install führt, wie der Name suggeriert, eine Erstinstallation auf den angegebenen Zielsystemen durch.

51 My Oracle Support-Dokument 412431.1

Clone Agent kopiert 1:1 eine bereits bestehende Installation auf ein oder mehrere Zielsysteme

Add Host to Shared Agent nutzt eine im verteilten NFS-Zugriff erreichbare Agent-Installation für neue Zielsysteme. Für die neuen Systeme werden dementsprechend dedizierte Log-Verzeichnisse angelegt.

Upgrade Agent aktualisiert Agenten der Versionen 10.2.0.4 und 10.2.0.5 auf die aktuelle Version 11.1.0.1.

Wurde die Software heruntergeladen[52] und die Zielsysteme angegeben, „schiebt" der *„Deployment Wizard"* die Dateien auf die entsprechenden Systeme. Er nutzt dazu SSH, dementsprechend muss das Zielsystem konfiguriert worden sein. Unter Windows Systemen ist der SSH-Zugang über CYGWIN sicherzustellen.

Die im Zuge der Installation auf Unix-Systemen notwendigen Root-Aktivitäten werden über `sudo` umgesetzt. Auch in dieser Hinsicht muss das Ziel hinreichend konfiguriert sein. Alternativ kann das Skript `root.sh` nach der Installation auch separat aufgerufen werden. Das Kommando `sudo` wird derzeit im falschen Directory (`/usr/local/bin`) erwartet.

Achtung: leider werden, entgegen anderer Installationen, bei der Ausführung von `root.sh` die Dateien `oraenv`, `coraenv`, `dbhome` im Verzeichnis `/usr/local/bin` einfach überschrieben. Sie sollten also die Dateien vorher sichern, falls Sie Änderungen daran vorgenommen haben.

Ergänzend zu der interaktiven Methode des „Deployment Wizard" stehen alternativ weitere Installationsverfahren zur Verfügung:

Response-Dateien nutzen die – auch in diesem Umfeld – mögliche *silent*-Methode. Hierbei wird die Installation einzeln auf jedem Zielsystem ohne Interaktion gestartet. Zunächst wird die Software vom OMS-System her kopiert, entpackt und auf dem Zielsystem mithilfe der Response-Datei installiert. Wie auch bei anderen Produkten üblich, so finden sich beispielhafte Response-Dateien im Staging-Verzeichnis der Software.

agentDownload Script arbeitet ebenfalls weitgehend ohne Interaktion und wird vom Zielsystem aus gestartet. Das Skript kann über einen Browser oder über `wget` vom OMS-System auf das betreffende Zielsystem geladen und dort dann gestartet werden. Im Gegensatz zur Response-Methode muss die Software nicht explizit auf das Zielsystem geladen werden. Dies erledigt das Skript transparent.

Ausführliche Details zu den genannten Verfahren finden sich in „Grid Control Advanced Installation and Configuration Guide"[53].

Nach der Installation sollten die Agenten gestartet und der Status kontrolliert werden. Vor dem Start sollte die Umgebungsvariable `NLS_LANG` entsprechend gesetzt worden sein:

```
$ <AGENT_HOME>/bin/emctl status agent
$ <AGENT_HOME>/bin/emctl start agent
```

52 Die Software wird standardmäßig im Verzeichnis `sysman/agent_download/<version>` des OMS-Home-Verzeichnisses gespeichert.

53 Dokument E16847

Über das Kommando <AGENT_HOME>/bin/emctl upload kann zusätzlich die unmittelbare Übertragung der Konfigurationsdaten an den Management-Server angestoßen und auf diese Weise die korrekte Funktion des neuen Agenten nachgewiesen werden.

4.2.7 Patches

Das Thema „Patches" ist, wie wir bereits ausführlich in Abschnitt 4.1.2 darstellen konnten, sehr umfangreich und wird, wenn es um die Installation derselben geht, ebenso kontrovers diskutiert und gehandhabt. Das organisatorische Umfeld von Patches kann in zwei unterschiedliche Lager geteilt werden:

- Patches, die zur Behebung funktionaler Fehler in wichtigen Anwendungen notwendig sind, werden in der Regel schnellstmöglich eingespielt. Die Auswirkungen auf die jeweiligen geschäftlichen Abläufe sind in diesem Fall offensichtlich, so dass die mit dem Einspielen verbundenen organisatorischen Aufwände klaglos in Kauf genommen werden müssen. Hinzu kommt in diesem Fall, dass möglicherweise nicht alle Systeme betroffen sind und der Aufwand daher minimiert werden kann.
- „Empfohlene" Patches hingegen, zu denen auch „Critical Patch Updates" und „Patch Set Updates" zählen, greifen in ein zwar sicherheitstechnisch gefährdetes, aber aus Sicht der Anwender gut funktionierendes Gesamtsystem ein. Die Entscheidung, ob eingespielt wird oder nicht, muss auf der einen Seite den organisatorischen Mehraufwand und auf der anderen die mögliche Bedrohung durch nicht behobene Schwachstellen berücksichtigen.

  Darüber hinaus gilt es, die mit dem Einspielen in der Regel verbundenen Systemausfälle den Anwendern entsprechend zu verkaufen. Da Patches im Kontext von Home-Verzeichnissen eingespielt werden und zusätzlich alle im Rahmen dieser Verzeichnisse operierenden Systeme betroffen sind, wächst der Aufwand entsprechend der Anzahl der betroffenen Verzeichnisse. In großen Systemumgebungen bedeutet dies oft wochenlange Arbeit für die terminliche Abstimmung und die Durchführung.

In diesem Abschnitt werden wir uns auf die Installation empfohlener Patches konzentrieren.

Wie bereits erwähnt wurde, veröffentlicht Oracle quartalsweise CPUs und neuerdings auch parallel dazu PSUs. PSUs enthalten zum einen alle Korrekturen des zeitgleich veröffentlichten CPU und darüber hinaus wichtige, aber nicht aus Gründen der Sicherheit relevante Korrekturen. Die Patches werden von Oracle ausgiebig getestet und sollten – erklärtermaßen – keine Auswirkungen auf das Laufzeitverhalten bestehender Anwendungen haben, können als aus dieser Sicht bedenkenlos eingespielt werden. Diese Patches sind kumulativ, bezogen auf ein Basisrelease enthält jeder Patch also rückwirkend sämtliche Korrekturen.

Registrierte Kunden erhalten von Oracle Support Services bei Erscheinen ein Rundschreiben per E-Mail, das einen Link auf die Einstiegsseite[54] enthält. Diese Seite enthält unter anderem eine absteigend sortierte Liste sämtlicher CPU- und PSU-Patches. Über diese Seite erreicht man das *Critical Patch Update Advisory* des betreffenden Patches. Die Entscheidung, ob ein Patch eingespielt wird oder nicht, hängt nun von zwei Kriterien ab:

54 http://www.oracle.com/technology/deploy/security/alerts.htm

1. Ist der Patch für Produkte relevant, die in meiner Umgebung zum Einsatz kommen?
2. Betreffen die behobenen Sicherheitslücken Funktionen, die im Rahmen dieser Produkte in meiner Umgebung genutzt werden?

Die erste Frage lässt sich mithilfe des *Advisory* über die Liste *Supported Products and Components Affected* klären. Zur Beantwortung der zweiten Frage muss die Risikomatrix des betreffenden Patches konsultiert werden, die über den Abschnitt *Patch Availability Table and Risk Matrices* im Appendix des Advisory erreicht wird. Diese Matrix enthält alle behobenen Schwachstellen des Patches in Form eines Indexes zusammen mit weiteren Kriterien, welche das entsprechende Risiko bewerten helfen. Folgenden Kategorien sollte in dieser Übersicht besondere Beachtung geschenkt werden:

Component beschreibt die betroffene Komponente, beispielsweise *Core RDBMS* oder *XML DB*.

Remote Exploit without Auth.? beschreibt die Ausnutzbarkeit ohne Authentifizierung. Es versteht sich, dass ein „Yes" in dieser Spalte schwer wiegt.

Base Score klassifiziert die Schwachstelle in einem Bereich von 0 bis 10, wobei 10 die höchste Bedrohung darstellt.

Last Affected Patch set beschreibt die zuletzt betroffenen Versionen des betreffenden Produktes.

Die Abbildung 4.25 zeigt einen Ausschnitt aus dieser Matrix für den Patch vom April 2010.

Ist auf Basis dieser Informationen eine Entscheidung für den Patch gefallen, gilt es, die entsprechende Patch-Nummer zu ermitteln, über die letzten Endes die Software heruntergeladen werden kann. Über die bereits erwähnte Liste *Supported Products and Components Affected* wird per Link das zugehörige *Patch Availability Document* erreicht.

Dieses Dokument ist – im Gegensatz zu den eingangs erwähnten – nicht öffentlich erreichbar, sondern erfordert eine Anmeldung auf den Seiten von *My Oracle Support.* Darüber hinaus stellt das das My Oracle Support-Dokument 854428.1 mit dem Titel *Patch Set Updates for Oracle Products* den generellen Einstiegspunkt für sämtliche PSUs dar.

Oracle Database Risk Matrix

CVE#	Component	Protocol	Package and/or Privilege Required	Remote Exploit without Auth.?	CVSS VERSION 2.0 RISK (see Risk Matrix Definitions)								Last Affected Patch set (per Supported Release)	Notes
					Base Score	Access Vector	Access Complexity	Authentication	Confidentiality	Integrity	Availability			
CVE-2010-0853 (Oracle Fusion Middleware)	Oracle Internet Directory	LDAP	None	Yes	7.5	Network	Low	None	Partial+	Partial+	Partial+		9.2.0.8, 9.2.0.8 DV	
CVE-2010-0860	Core RDBMS	Oracle Net	Create User	No	7.1	Network	High	Single	Complete	Complete	Complete		9.2.0.8, 9.2.0.8DV, 10.1.0.5, 10.2.0.4, 11.1.0.7	
CVE-2010-0866	JavaVM	Oracle Net	Create Session	No	6.5	Network	Low	Single	Partial+	Partial+	Partial+		11.1.0.7, 11.2.0.1	

Abbildung 4.25: Database Risk Matrix

Beispielhaft wollen wir nun folgende Umgebung patchen:

- Betriebssystem Oracle Enterprise Linux 5
- Grid Infrastructure (stand-alone) Version 11.2.0.1.0, unter Benutzer `oragrid`
  Home-Verzeichnis: `/u01/app/oragrid/product/11.2.0/grid`
- RDBMS Version 11.2.0.1.0 unter Benutzer `oracle`
  Home-Verzeichnis: `/u01/app/oracle/product/11.2.0/db_1`
  Abhängige Datenbank(en): `OEL11g` nutzt ASM als Speicheroption.

Die von einem Home-Verzeichnis abhängigen Datenbanken lassen sich leicht über die Datei `/etc/oratab` oder – unter Windows – über die Registrierungsdatenbank ermitteln.

Aufgrund der Abhängigkeiten der installierten Produkte müssen wir beide Umgebungen patchen und ermitteln aus dem genannten Dokument für die von uns bevorzugten PSU-Patches die Patch-Nummern 9343627 für Grid Infrastructure und 9352237 für die RDBMS-Software. Das Herunterladen der genannten Patches gestaltet sich über die Verknüpfungen im *Availability Document* entsprechend einfach. Nicht vergessen werden sollte allerdings, vor dem Laden das entsprechende Betriebssystem auszuwählen, denn unter einer Patch-Nummer werden bisweilen mehrere Systeme abgedeckt. Alternativ kann die erforderliche Patch-Nummer auch über den Reiter *„Patches & Updates"* von Oracle Support ermittelt werden. In diesem Fall wird vor dem Herunterladen eine Übersicht über die behobenen Schwachstellen präsentiert, wie die Abbildung 4.26 zeigt.

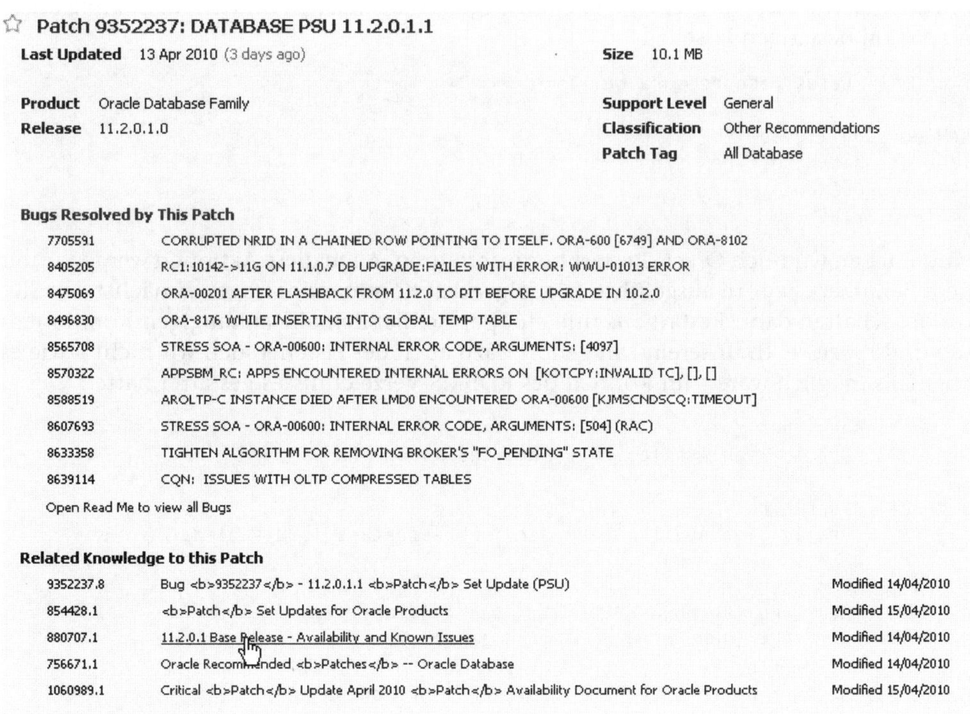

Abbildung 4.26: Patch-Anzeige in „My Oracle Support"

Über dieselbe Seite kann auch die *Readme*-Datei geöffnet werden, die detaillierte Anweisungen für die Installation enthält. Diese Anweisungen sollten in jedem Fall aufmerksam gelesen werden, bevor mit der Installation begonnen wird!

Sind die Details und Abhängigkeiten geklärt, können die Patches jeweils in ein beliebiges Verzeichnis extrahiert werden. Als Nächstes müssen alle Dienste, die über die betroffenen Home-Verzeichnisse arbeiten, gestoppt werden. In unserem Beispiel sind dies die Datenbank `OEL11g`, die ASM-Instanz sowie die Dienste von Oracle Restart. Für diese Aktionen stehen die Werkzeuge `srvctl` und `crsctl` zur Verfügung[55].

Es ist wichtig, dass diese Werkzeuge stets aus dem Kontext und unter dem Benutzer des zu bearbeitenden Home-Verzeichnisses gestartet werden.

Gemäß unserem Beispiel kümmern wir uns zunächst um die Komponenten, unter dem Benutzer `oracle` konfiguriert wurden. Mit dem ersten der folgenden Befehle erhalten wir eine Statusübersicht und geben dabei über die Option `-s` eine beliebige Statusdatei an, mit dem zweiten Befehl stoppen wir dann alle Komponenten des betreffenden Verzeichnisses, in unserem Fall nur die Datenbank `oel11g`:

```
$ srvctl status home -o $ORACLE_HOME -s $HOME/stat_ora
Database oel11g is running on node oel

$ srvctl stop home -o $ORACLE_HOME -s $HOME/stat_ora
```

Wir können nun unter dem Benutzer `oragrid` und aus dem Home-Verzeichnis von „Grid Infrastructure" eine entsprechende Gegenprobe machen und uns den Erfolg unserer Aktion bestätigen lassen:

```
$ crsctl status resource ora.oel11g.db

NAME=ora.oel11g.db
TYPE=ora.database.type
TARGET=OFFLINE
STATE=OFFLINE
```

Nun müssen wir noch Oracle Restart herunterfahren. Auch diese Aktionen werden unter dem Benutzer `oragrid` ausgeführt. Die folgenden Kommandos fragen zunächst den Status ab, schalten dann Restart aus und stoppen schließlich alle abhängigen Komponenten und Prozesse. In unserem Fall gehört dazu auch der Listener, den wir nicht – wie es ebenfalls möglich wäre – im Kontext des RDBMS-Verzeichnisses gestartet hatten.

```
$ crsctl check has
CRS-4638: Oracle High Availability Services is online

$ crsctl disable has
CRS-4621: Oracle High Availability Services autostart is disabled.

$ crsctl stop has
CRS-2791: Starting shutdown of Oracle High Availability
          Services-managed resources on 'oel'
CRS-2673: Attempting to stop 'ora.DATA.dg' on 'oel'
CRS-2673: Attempting to stop 'ora.LISTENER.lsnr' on 'oel'
CRS-2677: Stop of 'ora.DATA.dg' on 'oel' succeeded
CRS-2673: Attempting to stop 'ora.asm' on 'oel'
```

55 Aufgrund von Oracle Restart verwenden wir zum Stoppen der Systeme nicht SQL*Plus.

```
CRS-2677: Stop of 'ora.LISTENER.lsnr' on 'oel' succeeded
CRS-2677: Stop of 'ora.asm' on 'oel' succeeded
CRS-2673: Attempting to stop 'ora.cssd' on 'oel'
CRS-2677: Stop of 'ora.cssd' on 'oel' succeeded
CRS-2673: Attempting to stop 'ora.diskmon' on 'oel'
CRS-2677: Stop of 'ora.diskmon' on 'oel' succeeded
CRS-2793: Shutdown of Oracle High Availability Services-managed
          resources on 'oel' has completed
CRS-4133: Oracle High Availability Services has been stopped.
```

Bevor wir nun mit der Installation des Patches beginnen, sollten wir noch die verwendete `opatch`-Version prüfen und mit den Vorgaben der *Readme*-Datei vergleichen. Es ist keinesfalls selbstverständlich, dass die `opatch`-Version des Home-Verzeichnisses den Anforderungen des Patches genügt. In unserem Beispiel wird die Version 11.2.0.1.0 gefordert, unser Home-Verzeichnis dagegen zeigt eine ältere Variante:

```
$ $ORACLE_HOME/OPatch/opatch version
Invoking OPatch 11.1.0.6.6

OPatch Version: 11.1.0.6.6

OPatch succeeded.
```

Dementsprechend müssen wir die aktuelle Version herunterladen[56] und installieren. Wir wechseln nun in das Patch-Verzeichnis. Wer vor der Installation noch eine Prüfung durchführen will, um festzustellen, ob Konflikte mit bereits installierten Patches vorliegen, kann dies wie folgt tun:

```
$ opatch prereq CheckConflictAgainstOHWithDetail -phBaseDir
                                                  <Patch-Verzeichnis
```

Zur Installation starten wir nun unter dem Benutzer `oragrid` das Werkzeug `opatch` wie folgt:

```
$ opatch apply
```

Es folgen einige Prüfungen und ein kleiner Dialog, der Patch wird schließlich eingespielt, und die betroffenen Komponenten werden neu gelinkt. Weitere Details dieses Prozesses wurden bereits im Abschnitt 4.1.3 ausführlich beschrieben. Der aktuelle Softwarestand kann nach dem Patchen über `opatch lsinventory` abgefragt werden.

Die oben beschriebene Prozedur ist analog für das Home-Verzeichnis der Datenbank, allerdings dort mit Patch 9352237 durchzuführen. Danach sind alle Software-Module auf dem aktuellen Stand. Was bleibt, sind die durch den Patch bedingten Anpassungen an interne Datenbankobjekte. Davon sind alle Datenbanken betroffen, die im Kontext des betreffenden Home-Verzeichnisses operieren, in unserem Beispiel die Datenbank `OEL11g`. Hierzu steht das SQL-Skript `catbundle.sql` zur Verfügung, das im ersten Teil unserer Patch-Aktion bereits in das betreffende Home-Verzeichnis kopiert wurde. Vor dem Start des Skriptes empfiehlt sich eine kurze Kontrolle der internen Datenbankobjekte. Hierzu ist nicht nur die Datenbank, sondern – aufgrund der Abhängigkeiten – auch die ASM-Instanz zu starten. In unserem Beispiel können wir das am besten wie folgt erreichen:

```
$ crsctl enable has
```

56 Siehe hierzu My Oracle Support-Dokument 224346.1 und „Placeholder Bug" 6880880.

```
CRS-4622: Oracle High Availability Services autostart is enabled.
$ crsctl start has
CRS-4123: Oracle High Availability Services has been started.
```

Im Anschluss können folgende Prüfungen durchgeführt werden:

```
$ sqlplus / as sysdba
SQL> SELECT owner, COUNT(*)
     FROM   dba_objects
     WHERE  status <> 'VALID'
     GROUP BY owner;

SQL> SELECT comp_id, version, status
     FROM   dba_registry;

COMP_ID                        VERSION                        STATUS
------------------------------ ------------------------------ ---------
OWM                            11.2.0.1.0                     VALID
CATALOG                        11.2.0.1.0                     VALID
CATPROC                        11.2.0.1.0                     VALID
```

Erst wenn keine ungültigen Objekte vorliegen, sollten wir weiterarbeiten. Im Anschluss an den Patch empfiehlt es sich, sofort neu zu kompilieren und den Objektstatus zu kontrollieren. Schließlich kann der aktuelle Versionsstand über die View dba_registry_history abgefragt werden, wie die folgende Liste zeigt:

```
SQL> @?/rdbms/admin/catbundle.sql psu apply

SQL> @?/rdbms/admin/utlrp

SQL> SELECT namespace, version, bundle_series, comments,
            TO_CHAR(action_time,'DD.MM.YYYY HH24:MI') AS action_time
     FROM   dba_registry_history;

NAMESPACE    VERSION    BUNDL COMMENTS         ACTION_TIME
------------ ---------- ----- ---------------- --------------------
SERVER       11.2.0.1   PSU   PSU 11.2.0.1.1   16.04.2010 18:14
```

PSU-Patches erhöhen zwar, wie die „comments"-Spalte oben zeigt, die Versionsnummer an der fünften Stelle, trotzdem wird diese Nummer nicht in das Banner der Werkzeuge getragen. SQL*Plus beispielsweise bestätigt unsere Anmeldung nach dem erfolgreichen Patchen wie gewohnt:

```
Connected to:
Oracle Database 11g Enterprise Edition Release 11.2.0.1.0 - Production
With the Partitioning, OLAP, Data Mining and Real Application Testing
options
```

Dies sollte uns nicht irritieren. Die Kontrolle der Patch-Aktionen innerhalb der Datenbank kann über die bereits vorgestellte View und zusätzlich über eine Log-Datei erfolgen. In unserem Beispiel ist dies:

```
ORACLE_HOME/cfgtoollogs/catbundle/
  catbundle_PSU_<db_name>_APPLY_<timestamp>.log
```

Es versteht sich, dass CPU- und Einzelpatches entsprechende Log-Dateien mit analogen Namensformaten schreiben.

Damit wäre unsere Patch-Aktion erfolgreich abgeschlossen. Eine Sache müssen wir jedoch im Auge behalten: Jede neue Datenbank, die im Kontext des betreffenden Home-Verzeichnisses angelegt wird, muss intern über das entsprechende SQL-Skript – in unserem Beispiel `catbundle.sql` – an den aktuellen Software-Stand angepasst werden!

4.2.8 Deinstallation von Software

Das Werkzeug „Deinstall" wurde mit dem aktuellen Release 11gR2 neu eingeführt und steht ab sofort – wie der Name nahelegt – für das Löschen von Oracle Software-Installationen zur Verfügung. Über dieses Werkzeug lassen sich im Einzelnen folgende Produkte mit allen von ihnen abhängigen Komponenten komfortabel deinstallieren und löschen:

- Oracle Grid Infrastructure – Cluster- und Einzelumgebungen
- Oracle Real Application Clusters-Datenbanken
- Single-Instance-Datenbanken
- Client-Installationen

Das Dekonfigurieren und Löschen weiterer Produkte, wie beispielsweise *„Enterprise Manager Grid Control"*, wird über jeweils eigene Verfahren abgewickelt, die in den betreffenden Installationshandbüchern beschrieben sind.

Im Gegensatz zu den früher üblichen Verfahren über den Universal Installer, berücksichtigt Deinstall wesentlich zuverlässiger die Abhängigkeiten der unterstützten Produkte.

Deinstall steht über eine separate Distribution zur Verfügung und kann in ein eigenständiges Verzeichnis entpackt und von dort aus auch genutzt werden. Zusätzlich enthalten die Home-Verzeichnisse der oben genannten Produkte das Werkzeug in einem eigenen Unterverzeichnis namens `deinstall`. Beide Varianten können alternativ zum Löschen genutzt werden.

Deinstall ist ein Kommandoskript. Der Benutzer wird entweder durch einen kurzen Dialog geführt, dessen Verlauf alle wesentlichen Parameters, wie Name der Instanzen, Storage-Type etc. abgefragt werden. Alternativ kann der *silent*-Modus zusammen mit einer Parameterdatei genutzt werden. Empfehlenswert ist es, diese Datei im Rahmen eines Check-Laufes generieren zu lassen. Im folgenden Beispiel wird dieser Prüflauf gestartet und die Ausgabe der Parameterdatei in das Verzeichnis `/home/oragrid` geleitet. Die folgende Ausgabe wurde gekürzt, die Dialogfragen sind nicht enthalten:

```
$ <deinstall_stage>/deinstall -home $ORACLE_HOME -checkonly
                              -o /home/oragrid

$ ls -l /home/oragrid/deinstall*

-rw-r--r-- 1 oragrid oinstall 751 May 13 18:28
                                    deinstall_Ora11g_gridinfrahome1.rsp
```

Wird der Parameter `-o` nicht angegeben, generiert `deinstall` die Datei im `response`-Unterverzeichnis. Das Namensformat ist stets gleich:
`deinstall_<OrahomeName>.rsp`

Mit der aktuell generierten Parameterdatei kann dann die Deinstallation ohne Interaktion durchgeführt werden:

```
$ <deinstall_stage>/deinstall -home $ORACLE_HOME -silent
    -paramfile /home/oragrid/deinstall_Ora11g_gridinfrahome1.rsp
```

Das folgende Beispiel zeigt Auszüge aus einer Parameterdatei, die zum Löschen einer RDBMS-Software genutzt wurde. Es ist leicht erkennbar, dass die Parameter entsprechend angepasst werden können:

```
#Copyright (c) 2005, 2009 Oracle Corporation.  All rights reserved.
#Tue Aug 04 08:44:39 CEST 2009
LOCAL_NODE=beta
HOME_TYPE=SIDB
ORACLE_BASE=/u01/app/oracle
CREATION_MODE.11gb2=y
silent=false
ASM_FILES.11gb2=
LOGDIR=/home/oracle/STAGE/deinstall/logs/
...
ORACLE_HOME=/u01/app/oracle/product/11.2.0/dbhome_1
DBCA_LOG.11gb2=/u01/app/oracle/cfgtoollogs/dbca/11gb2
CCR_CONFIG_STATUS=CCR_DEL_HOME
CRS_HOME=false
ASM_LOCAL_SID=
DISK_GROUPS.11gb2=
DB_UNIQUE_NAME_LIST=11gb2
```

Wie dargestellt wurde, löscht `deinstall` Software-Installationen zusammen mit abhängigen Komponenten. Dies können auch Komponenten sein, die sich ausserhalb des betreffenden Verzeichnisbaumes befinden, beispielsweise NET-Konfigurationsdateien, die über die Umgebungsvariable `$TNS_ADMIN` erreicht werden. Soll dagegen nur eine Datenbank gelöscht werden, muss dies – wie auch in älteren Versionen – nach wie vor mit dem *„Database Configuration Assistant“* durchgeführt werden.

4.2.9 Oracle Configuration Manager

Oracle Configuration Manager – kurz OCM – ist im Grunde kein eigenständiges Produkt, welches in freier Entscheidung und in einem eigenständigen Home-Verzeichnis installiert wird. OCM wird vielmehr bei einer Reihe von Oracle-Produkten im Hintergrund in das Unterverzeichnis `ccr` installiert. `ccr` steht dabei für *Customer Configuration Repository*. Zu diesen Produkten zählen u. a.:

- Oracle Datenbank Software
- Oracle Management Agent
- Oracle Management Server (OMS)

OCM wird allerdings nur aktiviert, wenn der Administrator dieses entweder im Rahmen der obligatorischen Sicherheitsabfrage zu Beginn des grafischen Installationsprozesses oder später durch entsprechende Kommandos durchführt. Die Abbildung 4.27 zeigt den entsprechenden Bildschirm, der mit identischem Inhalt, jedoch wechselnden Überschriften bei verschiedenen Installationsprozessen am Anfang eingeblendet wird.

Wie gesagt, ganz gleich wie dieser Dialog abgeschlossen wird, die Software-Dateien dieses Werkzeugs werden installiert. Ob OCM dagegen konfiguriert wurde, kann leicht an der Datei `$ORACLE_HOME/ccr/bin/emCCR` abgelesen werden, die im Zuge der Konfiguration angelegt wird.

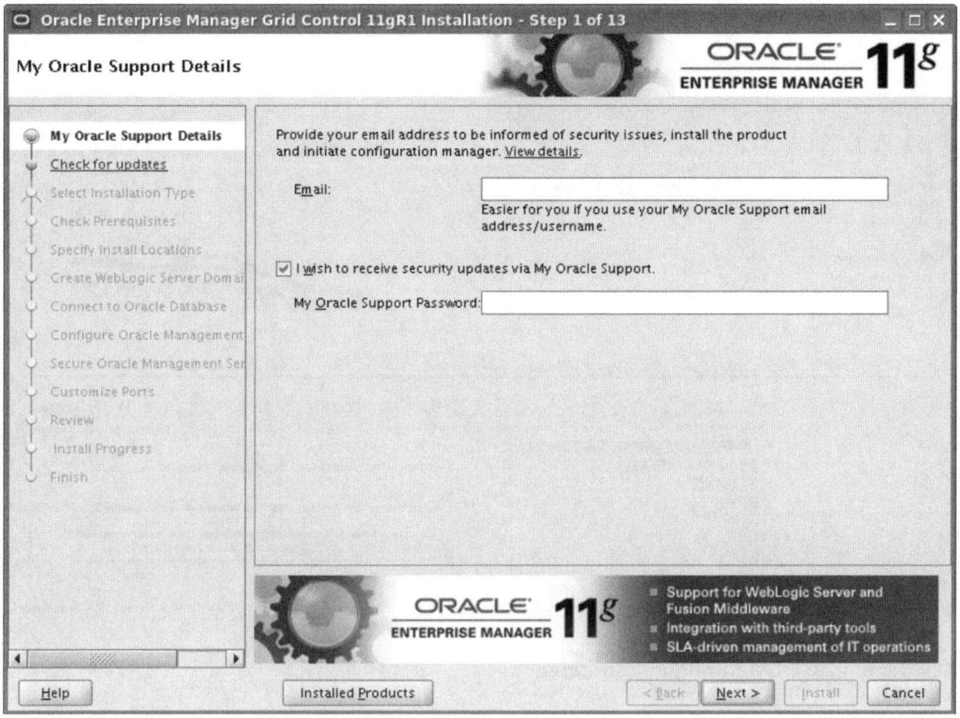

Abbildung 4.27: OCM-Installationsschritt

OCM wurde mit Blick auf die Optimierung der Support-Prozesse bei schwerwiegenden Fehlern oder gravierenden Sicherheitslücken geschaffen. Es sollen für die Kunden jeweils maßgeschneiderte und möglicherweise „proaktive" Empfehlungen möglich werden, indem OCM-Konfigurationsdaten systematisch sammelt und – entweder automatisch einmal täglich oder explizit und manuell – an My Oracle Support übermittelt. Inkrementelle Transferprozesse sollen die Menge der übermittelten Daten so klein wie möglich halten.

My Oracle Support spielt diese Daten dann in ein globales *„Konfigurations-Warehouse"* ein. Der Kunde wiederum kann über die Support-Seiten von Oracle auf seine Daten zugreifen und diese auf vielfältige Art grafisch darstellen und analysieren. Historien bleiben ebenfalls erhalten, *Health Checks* sind möglich. Die folgende Abbildung 4.28 zeigt einen kleinen Ausschnitt aus den umfangreichen Möglichkeiten.

Neben diesen offensichtlichen Vorteilen plagen viele Anwender Zweifel, ob und wenn ja in welchem Umfang Interna an den Hersteller übermittelt werden und welche Auswirkungen die damit in großem Stile möglichen Analysen auf das eigene Geschäft haben könnten. Oracle begegnet diesen Zweifeln, indem die durch OCM implementierten Prozesse in den folgenden Dokumenten offengelegt werden:

- Oracle Configuration Manager – Collection Overview (E12022)
- Oracle Configuration Manager – Security Overview (E12881)

Die Konfiguration und Aktivierung von OCM wird in zwei Schritten durchgeführt:

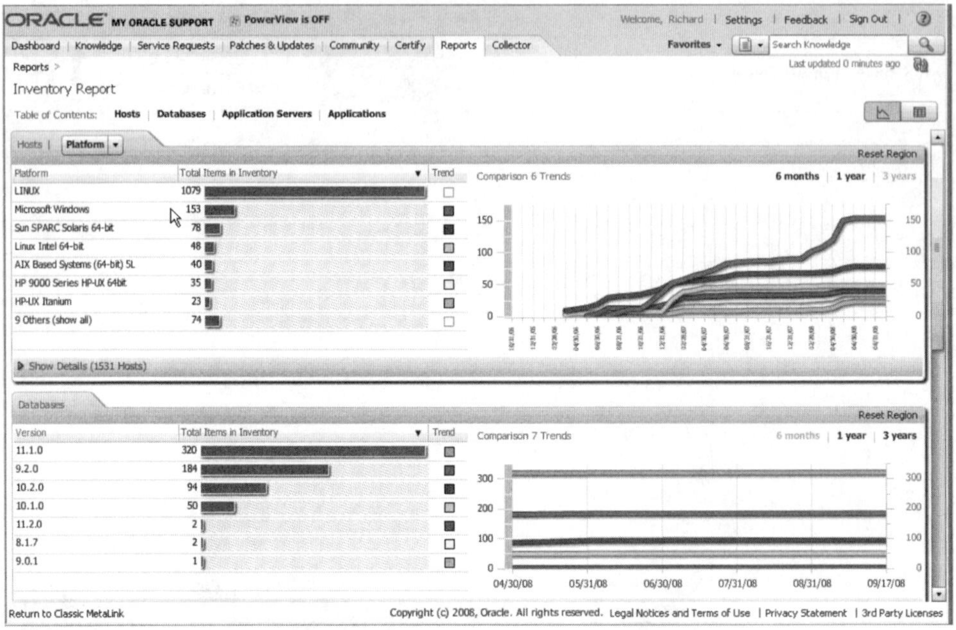

Abbildung 4.28: OCM-Konfigurationsdaten

1. Zunächst wird das Setup-Skript aufgerufen. In unserem Beispiel geschieht dies mit dem Parameter `-d`, um den *offline*-Modus einzustellen. Im Zuge dieser Konfiguration wird u. a. das `admin`-Verzeichnis angelegt, welches die Skripte für die Instrumentierung der Datenbanken enthält.

```
$ $ORACLE_HOME(ccr/bin/setupCCR -d
Visit http://www.oracle.com/support/policies.html for Oracle Technical Support
policies.

** Installing base package **
Deploying core - Version 10.3.1.2.0
Deploying engines - Version 10.2.7.1.0
Deploying metricdata - Version 10.2.4.0.3
Deploying scripts - Version 10.3.1.2.1

Oracle Configuration Manager has been configured in disconnected
mode. If the target ORACLE_HOME is running a database, please refer
to the "Post-installation Database Configuration" section of the
OCM Installation and Administration Guide
(http://www.oracle.com/technology/documentation/ocm.html) to
complete the installation.

View configuration data reports and access valuable configuration best
practices by going to My Oracle Support.
```

2. Die Instrumentierung der Datenbank wird über das Skript `installCCRSQL.sh` angestoßen. Sie muss für jede Datenbank des betreffenden Home-Verzeichnisses ausgeführt werden und legt in einem eigenen Schema (`ORACLE_OCM`) die nötigen Datenbankobjekte an. Zusätzlich wird ein Datenbankjob aufgesetzt, der die Konfigurati-

onsdaten regelmäßig, d. h. einmal täglich, in das Verzeichnis `$ORACLE_HOME/ccr/state` schreibt. Im folgenden Beispiel wird die Datenbank `db11` instrumentiert:

```
$ $ORACLE_HOME/ccr/admin/scripts/installCCRSQL.sh collectconfig -s db11 -r sys

Provide password for the SYSDBA user "sys":
Successfully installed collectconfig in the database with SID=db11.
```

Der Status der Instrumentierung lässt sich wie folgt kontrollieren:

```
$ $ORACLE_HOME/ccr/bin/emCCR status

Oracle Configuration Manager - Release: 10.3.1.2.0 - Production
Copyright (c) 2005, 2009, Oracle and/or its affiliates.
All rights reserved.
------------------------------------------------------------------
Log Directory       /u01/app/oracle/product/11.2.0/db_1/ccr/hosts
                     /oel.dbc.de/log
Collector Mode      Disconnected
To switch to connected mode, please run
/u01/app/oracle/product/11.2.0/db_1/ccr/bin/configCCR
```

Die erste Datensammlung kann dann über `emCCR collect` initiiert und die Daten können bei Bedarf an „My Oracle Support“ übermittelt werden.

5 Management-Werkzeuge

Oracle-Administratoren, die sich noch an Zeiten von Oracle 6 oder die Anfänge von Oracle 7 erinnern, mögen über Werkzeuge für das Management von Oracle-Datenbanken lächeln. Sie waren – und sind – es gewohnt mit SQL*Plus, dem seit dieser Zeit verfügbaren und kaum geänderten Werkzeug, alle Aufgaben der Administration zu erledigen. Mit der Oracle-Version 7.3 tauchte dann zum ersten Mal der Oracle Enterprise Manager auf, der mit einer grafischen Oberfläche nicht nur die Verwaltung der Datenbank vereinfachen sollte, sondern über zusätzliche Module (Packages) weitere Aufgaben des Administrators bzw. des gesamten Rechenzentrumsbetriebs unterstützt. Dazu gehört vornehmlich das *Diagnostic Pack* für das Monitoring von Datenbanken über Agenten und das *Tuning Pack* für die Performance-Optimierung.

Dieses Kapitel gibt einen Einblick in die unterschiedlichen Werkzeuge, deren Aufgaben und Möglichkeiten, aber auch eine kurze Übersicht über alternative bzw. verwandte Tools, deren Verbreitung im Markt unserer Meinung nach eine Erwähnung rechtfertigt.

5.1 SQL*Plus

Wie bereits erwähnt wurde dieses Werkzeug bereits mit der Oracle-Version 5 eingeführt, d. h., feiert 2011 sein 25-jähriges Jubiläum. Es ist schon faszinierend zu sehen, dass es in der Software-Industrie Produkte gibt, die sich über 20 Jahre kaum verändert haben und die dennoch täglich benutzt werden.

Neuen Oracle-Administratoren stellt sich sicherlich die Frage, was man mit einem solchen Tool, das keine grafische Oberfläche und keine Mausunterstützung hat, heute überhaupt noch anfangen kann. Die Antwort ist sehr einfach: SQL*Plus funktioniert immer und überall, d. h. egal ob MS-Windows, die diversen Unix-Derivate oder IBM MVS. Die Syntax ist immer die gleiche, und nur so kann eine Datenbank überhaupt erstellt werden. Alle uns bekannten grafischen Tools setzen voraus, dass eine Datenbank existiert. Zwar kann man per grafischer Unterstützung die Konfiguration der Datenbank vornehmen (siehe den *Database Configuration Assistant* dbca), die eigentliche Erstellung (`CREATE DATABASE`) erfolgt dann aber mit dem SQL*Plus.

All jene, die in der Vergangenheit die Java-Version *iSQL*Plus* verwendet haben, müssen an dieser Stelle „lebe wohl" sagen, da mit der Version 11g diese „Abart" von SQL*Plus verschwunden ist. Als Alternative steht jetzt der SQL Developer zur Verfügung.

SQL*Plus stellt zunächst einmal ein Interface für die Ausführung von DML- und DDL-Befehlen zur Verfügung. Das „Plus" im Namen steht aber für eine ganze Reihe von Erweiterungen, die über den SQL-Befehlsumfang hinausgehen. Fälschlicherweise wird oftmals gesagt, SQL*Plus sei der SQL-Befehlssatz einer Oracle-Datenbank, dem ist jedoch nicht so, Oracle verwendet den ANSI-Befehlssatz mit einigen Veränderungen, die aber nichts mit SQL*Plus zu tun haben.

Umgekehrt ist es aber so, dass es SQL*Plus-Befehle gibt, die auch von anderen Werkzeugen übernommen wurden, so dass sie quasi zum Standard gehören. Allen voran gehört hierzu der Befehl `DESCRIBE`, mit dem man sich die Struktur einer Tabelle ansehen kann.

SQL*Plus bietet aber noch eine ganze Reihe weiterer Funktionen für Formatierungen, Ein- und Ausgabe von Argumenten und interaktiver Generierung von Strukturen. Da es sich um ein Komandozeilenprogramm handelt, ist es hervorragend für jegliche Art von Batch-Verarbeitung geeignet. Im Unix-Bereich wird es gerne im Zusammenhang mit der Shell-Programmierung benutzt, aber auch die Einbettung in Perl oder andere Programmiersprachen ist mittlerweile üblich.

Der gesamte Befehlsumfang würde sicherlich den Rahmen dieses Buches sprengen, dafür gibt es die Oracle-Dokumentation. Exemplarisch möchten wir hier aber einige Tipps weitergeben, die uns in der Vergangenheit sehr im Umgang mit diversen Datenbanken genutzt haben.

5.1.1 Neu in Oracle 11g

Auch in der aktuellen Version 11g gibt es noch neue Funktionen im SQL*Plus. Dazu gehört neben dem `CONNECT AS SYSASM` für die Verwaltung von ASM-Instanzen der Parameter `ERRORLOGGING`, mit dem es möglich ist, alle Fehlermeldungen, die während der Arbeit mit SQL*Plus (z. B. SQL-Befehle oder Ausführung bzw. Kompilierung von PL/SQL) in einer Protokolltabelle (standardmäßig `sperrorlog`) zu speichern. Dies ist speziell bei der Ausführung von umfangreichen Skripten, wie sie ein DBA in der täglichen Arbeit sicherlich reichlich hat, sehr hilfreich.

Mit dem Befehl `SET ERRORLOG ON` wird die Protokollierung eingeschaltet. Alternativ kann durch die Option `TABLE <schema.tabellenname>` auch ein anderer Tabellenname angegeben werden. Existiert die Tabelle noch nicht, wird sie angelegt, ansonsten werden jeweils neue Protokolle angehängt. Mit `SET ERRORLOG TRUNCATE` kann die Tabelle wieder geleert werden.

Beispiel:

```
SQL> SELECT sername, timestamp, message, statement
  2  FROM   sperrorlog;

USERNAME TIMESTAMP                 MESSAGE            STATEMENT
-------- ------------------------- ------------------ ----------------
DEMO     15.10.09 14:55:04,000000  ORA-00942: table   select table_name
                                   or view does not   from asdf
                                   exist
DEMO     15.10.09 14:55:11,000000  SP2-0158: unknown  set table_name
                                   SET option         from user_tables;
                                   "table_name"
```

5.1.2 Formatierung

Wer sich das erste Mal mit SQL*Plus beschäftigt, wird wahrscheinlich erst einmal ratlos vor der Ausgabe stehen. Als Beispiel sei hier die Ausgabe der ersten vier Datensätze der Tabelle `personen` genannt, die so aussieht:

```
SQL> SELECT *
     FROM personen
     WHERE rownum < 5;
```

```
    PERSNR ANRED VORNAME
---------- ----- --------------------------------------------------
NACHNAME                                           GEBURTST
-------------------------------------------------- --------
       591 Frau  Dorothea
Ruskovic                                           29.08.88

       592 Frau  Valencia
Ningsheng                                          10.06.89

       593 Frau  Manuela
Feydt                                              06.02.90


    PERSNR ANRED VORNAME
---------- ----- --------------------------------------------------
NACHNAME                                           GEBURTST
-------------------------------------------------- --------
       594 Herr  Hugo
Netzko                                             02.11.49
```

Diese Ausgabe ist sicherlich nicht dazu angetan, umfangreiche Abfragen auf dem Bildschirm anzeigen zu lassen. Allerdings gibt es im SQL*Plus eine ganze Reihe von Formatierungen, die die Ausgabe vereinfachen. Hier können sicherlich nur einige wenige Erwähnung finden, aber diese erleichtern das Leben ungemein.

- `PROMPT <TEXT>`: Gibt jegliche Art von Text einfach wieder aus
- `SET LINESIZE = n`: Legt die Zeilenbreite fest (Standard 80)
- `SET PAGESIZE = m`: Legt die Anzahl Sätze pro Seite fest (Standard 24)
- `COLUMN <Spaltenname> FORMAT HEADING`: Legt die Ausgabelänge von Textfeldern fest, so dass auch eine mehrzeilige Ausgabe möglich wird. Mit der Option `HEADING` kann die Überschrift der Spalte geändert werden.
- `COLUMN <Spaltenname> FORMAT 999G990D99`: Legt die Ausgabe von Nummernfeldern fest, in diesem Fall auf maximal sechs Stellen vor dem Komma mit 1000er-Trennzeichen (G), und zwei Nachkommastellen (D). Bitte verwenden Sie an dieser Stelle immer „G" und „D" und nicht die deutschen Platzhalter „.,", da Sie sonst Gefahr laufen, dass das Skript in einer amerikanischen Sprachumgebung fehlschlägt.
- `SPOOL <name>` und `SPOLL OFF`: Speichert die Ausgabe in die Datei `<name>` bzw. schaltet die Ausgabeumlenkung wieder aus.
- `SET TRIMSPOOL ON`: Diese Option ist im Zusammenhang mit `SPOOL` und `SET LINESIZE` sehr sinnvoll, um zu verhindern, dass hinter der normalen Ausgabe die Zeilen mit Leerzeichen aufgefüllt werden.

Somit könnte die oben angegebene Ausgabe auch wie folgt aussehen:

```
PROMPT "Die ersten 4 Datensätze der Tabelle Personen"
PROMPT ==========================================
SET LINESIZE 100
SET PAGESIZE 64
SET TRIMSPOOL ON
COLUMN ANREDE FORMAT A10 Heading "Anrede"
COLUMN VORNAME FORMAT a20 HEADING "Vorname"
```

```
COLUMN NACHNAME FORMAT a20 HEADING "Nachname"
COLUMN GEBURTSTAG HEADING "Geboren am"
COLUMN PERSNR FORMAT 999G990D99
SPOOL personen.lst
SELECT *
  FROM personen
 WHERE rownum < 5;
SPOOL OFF

"Die ersten 4 Datensätze der Tabelle Personen"
==============================================

  PERSNR Anrede     Vorname              Nachname             Geboren
-------- ---------- -------------------- -------------------- --------
  591,00 Frau       Dorothea             Ruskovic             29.08.88
  592,00 Frau       Valencia             Ningsheng            10.06.89
  593,00 Frau       Manuela              Feydt                06.02.90
  594,00 Herr       Hugo                 Netzko               02.11.49
```

Wie man sieht, ist diese Ausgabe sicherlich schon lesbarer.

5.1.3 Verwendung von Variablen

Bei der Verwendung von SQL*Plus, aber mittlerweile auch bei anderen Werkzeugen, wie dem Toad von Quest Software, kann man Platzhalter definieren, die vor dem Parsen des SQL-Befehls ersetzt werden. Dies unterscheidet diese Platzhalter von den sogenannten Bindevariablen im PL/SQL, da dort eine Variablensubstitution erst nach dem Parsen erfolgt.

Am einfachsten erfolgt die Ersetzung mit einem kaufmännischen Und (&) zum Beispiel in folgender Form:

```
SELECT *
  FROM personen
 WHERE persnr = &1;
Geben Sie einen Wert für 1 ein: 4711
alt   1: SELECT * FROM PERSONEN WHERE PERSNR = &1
neu   1: SELECT * FROM PERSONEN WHERE PERSNR = 4711

    PERSNR ANRED VORNAME
---------- ----- --------------------------------------------------
NACHNAME                                           GEBURTST
-------------------------------------------------- --------
      4711 Herr  Herbert
Feske                                              10.09.43
```

Jede weitere Ausführung des Befehls erlaubt es, die Variable 1 neu zu füllen. Soll der Inhalt weiterverwendet werden, so kann dies durch die Angabe eines doppelten `&&` erreicht werden. Neben der direkten Eingabe in einem Befehl kann eine Variable auch explizit durch `DEFINE` definiert werden.

```
DEFINE VARIABLE = TEXT

Beispiel:
DEFINE PERSNAME = MEIER
SELECT *
  FROM personen
 WHERE name = "&PERSNAME";
```

Bei beiden Arten wird jedoch ein fest vorgegebener Wert in eine Variable übernommen. Es bleibt die Frage, wie man die Ausgabe eines SELECT-Befehls in eine Variable speichern kann? Ein klassisches Beispiel hierfür ist das Zusammenspiel mit dem bereits erwähnten Befehl SPOOL. In der Regel möchte man im Namen der Datei ein Datum oder/und eine Uhrzeit haben, um diese Datei auch später noch zuordnen zu können. Dies kann über die Option NEW_VALUE des Befehls COLUMN erfolgen. Dabei wird eine Variable über eine selektierte Spalte definiert. Das klingt zwar etwas kompliziert, ist aber ganz einfach zu implementieren. Das obige Beispiel würde sich jetzt wie folgt ändern:

```
COLUMN DATUM NEW_VALUE LOGDATUM -- Definition
SELECT sysdate AS datum FROM DUAL; -- Selektieren des Systemdatums
SPOOL personen_&LOGDATUM..lst -- Angabe des Datums in der Spooldatei.
```

Beim Aufruf der Spooldatei fällt auf, dass hier zwei Punkte nacheinander verwendet werden. Der erste Punkt dient dabei als Abschluss der SQL*Plus-Variablen.

5.1.4 Reporting

Der letzte Punkt betrifft die Möglichkeit, im SQL*Plus auch Kalkulationen vorzunehmen und damit fertige Reports mit Zwischen- und Endergebnissen zu erzeugen. Hierfür gibt es im Wesentlichen zwei Befehle: COMPUTE und BREAK.

Mit COMPUTE wird angegeben, auf welche Spalte man eine bestimmte Kalkulation (z. B. Summe, Anzahl, Durchschnitt) anwenden möchte, mit BREAK wird dann angegeben, wann ein Reset erfolgen soll.

Als Beispiel hierfür dient eine bei DBAs immer wieder verwendete Übersicht über Tablespaces und Datafiles. Der Report liefert die Übersicht der Tablespaces mit den derzeitigen Größen der Dateien, dem belegten und freien Platz sowie der maximalen Größe bei der Verwendung von AUTOEXTEND bei Datendateien.

```
SET FEEDBACK OFF
SET TRIMSPOOL ON
SET ECHO OFF
SET VERIFY OFF
SET LINES 150
SET PAGES 64
SPOOL compute.log
COLUMN tablespace_name FORMAT A20         HEADING 'Tablespacename'
COLUMN file_name       FORMAT a45         HEADING 'Dateiname'
COLUMN totalmb         FORMAT 999G999G999 HEADING 'Total (MB)'
COLUMN usedmb          FORMAT 999G999G999 HEADING 'Benutzt (MB)'
COLUMN percent_used    FORMAT 990D99      HEADING 'Belegt (%)'
COLUMN freemb          FORMAT 999G999G999 HEADING 'Frei (MB)'
COLUMN maxmb           FORMAT 999G999G999 HEADING 'Maximalgroesse (MB)'
COLUMN autoextend                         HEADING 'Autoextend'
BREAK ON report
COMPUTE sum label 'Gesamt = ' OF totalmb usedmb freemb maxmb ON report
```

```
SELECT   d.tablespace_name
        ,d.file_name
        ,d.bytes/1024/1024 totalmb
        ,NVL ((d.bytes - SUM (f.bytes)), d.bytes)/1024/1024 usedmb
        ,NVL ((d.BYTES - SUM (f.bytes)), d.bytes) /
                                    d.bytes * 100 percent_used
        ,NVL (SUM (f.BYTES), 0)/1024/1024 freemb
        ,DECODE (d.maxbytes, 0, d.bytes, d.maxbytes)/1024/1024 maxmb
        ,DECODE (d.autoextensible, 'YES', 'JA', 'NO', 'NEIN')
                                                    autoextend
    FROM dba_free_space f, dba_data_files d
   WHERE f.file_id(+) = d.file_id
GROUP BY d.file_name,
         d.tablespace_name,
         d.bytes,
         maxbytes,
         d.autoextensible
ORDER BY d.tablespace_name,
         d.file_name;
SPOOL OFF

Tablespac Dateiname                Total  Benutzt Belegt Frei Maximalgroe Auto
--------- ----------------------- ------ ------- ------ ---- ----------- ----
DATA      .../data.269.633106557     300       4   1,42   296  33.554.432 JA
DEMOTS    .../demots.271.636038465   500     233  46,69   267         500 JA
DEMOTS    .../demots.272.636046301   100       0   0,06   100      32.768 JA
SYSAUX    .../sysaux.262.633106551   714     595  83,42   118  33.554.432 JA
SYSTEM    .../system.261.633106547   400     318  79,45    82  33.554.432 JA
TRALALA   .../tralala.270.633280581 2.048      0   0,01 2.048       2.048 NEIN
UNDOTS1   .../undots1.264.633106555 1.200  1.200  99,99     0  33.554.432 JA
UNDOTS2   .../undots2.263.633108057  300      27   9,15   273  33.554.432 JA
                                   ------ -----         ------ -----------
Gesamt =                            5.562 2.378          3.183 167.807.476
```

Last but not least ist es aus SQL*Plus heraus einfach möglich, die oben besprochenen Beispiele auch als HTML-Reports zu generieren. Dafür genügt in der Regel der Eintrag `SET MARKUP HTML ON`. Mit diesem Befehl steht die gesamte HTML-Notation in SQL*Plus zur Verfügung, also Textdarstellung (z. B. `STYLE`) genauso wie Referenzierung über `HREF`. Bei der Verwendung einer Spool-Datei muss allerdings darauf geachtet werden, dass die Standardendung `.LST` ist, somit eine HTML-Datei also nicht als solche erkannt wird. Dem kann natürlich durch die explizite Angabe einer Endung entgegengewirkt werden.

5.2 Oracle Enterprise Manager

Wie bereits erwähnt, gibt es den Oracle Enterprise Manager bereits seit der Version 7. Allerdings hat die heutige Version mit der ursprünglichen außer dem Namen nichts mehr zu tun. Während es sich bei der ersten Version um eine klassische Client-Server-Implementierung handelte und die zweite, die mit Oracle 8i erstmals ausgeliefert wurde, in Java geschrieben und somit entsprechend portabel war, handelt es sich bei derzeitigen Version um eine HTML-basierte Lösung mit Adobe Flash für die Aktualisierung von Grafiken.

Neben dem Namen Oracle Enterprise Manager werden immer wieder auch die Begriffe *Grid Control* und *Database Control* verwendet. Der Hintergrund ist, dass Grid Control von Oracle als unternehmensweite Monitoring- und Administrationslösung platziert wird. D. h. neben dem Management der Datenbank kann es auch für die Verwaltung von Application-Servern, Fremddatenbanken, Virtualisierungsumgebungen, Endbenutzern oder speziellen Anwendungen, wie z. B. Oracle E-Business oder Peoplesoft, verwendet werden. Hierfür gibt es im Grid Control entsprechende Plug-Ins bzw. Packages. Generell ist aber die Grundstruktur des Enterprise Managers eine Drei-Schichten-Architektur, bestehend aus Präsentationsschicht, Anwendungsserver und Datenbank.

Der Zugriff erfolgt in jedem Fall über einen Internet Browser, ob von Microsoft oder diversen Drittherstellern (wie z. B. Firefox, Safari etc.). Eine komplette Liste der zertifizierten Browser findet man unter MyOracle Support unter dem Dokument 412431.1. Außerdem wird für einige Darstellungen (speziell im Bereich Datenbank-Performance) Adobe Flash verwendet. Dieses muss, so noch nicht geschehen, zusätzlich installiert werden.

Ein angenehmer Nebeneffekt bei der Verwendung eines Browsers ist, dass man mehrere Reiter (Tabs) öffnen kann bzw. auch sonst über die Browsereinstellungen sehr flexibel in der Darstellung ist. Dazu gehört auch, dass es die Möglichkeit gibt, die Spracheinstellung auf Deutsch zu ändern.

Zugegebenermaßen sieht es sicherlich sehr schön aus, und zunächst einmal scheint es einleuchtend, statt über „Targets" über „Ziele" zu reden, problematisch wird es jedoch, wenn man mal über die Oracle-Dokumentation etwas herausbekommen möchte oder wenn es um Fehler geht, die man dann an Oracle Support weiterleiten möchte. Eine Diskussion über *Hängen-Analyse* oder ein Vergleich zu bekannten Problemen im My Oracle Support wird dann schon schwieriger. Sie sollten also zumindest wissen, wie man in Ihrem Browser zwischen den Sprachen hin und her schaltet.

Vorsicht ist geboten bei der erstmaligen Verwendung von Database oder Grid Control, bei einigen der Funktionen handelt es sich um kostenpflichtige Optionen, wie z. B. Diagnostic und Tuning Pack. Je nachdem, welche Lizenzen Sie besitzen, sollten Sie daher in jedem Fall zunächst im Setup die entsprechenden Optionen ein- bzw. ausschalten (Abbildung 5.1).

5.2.1 Database Control

Database Control bildet die Basis für die grafische Administration einer Oracle-Datenbank. Sie wird standardmäßig über den *Oracle Database Configuration Assistant* mit installiert und läuft in einem eigenen Application Server (siehe Abbildung 5.2).

Nach erfolgreicher Installation sollte sich im Verzeichnis `ORACLE_HOME` ein Unterverzeichnis <hostname_ORACLE_SID> befinden. Dieses dient als Basis für die Konfiguration des Database-Controls. Anschließend können die Prozesse mit `emctl start dbconsole` einfach gestartet werden.

Jetzt kann mit einem Internet-Browser über den Port 1158 auf die Konsole wie in Abbildung 5.4 zugegriffen werden.

Mit dem Database Control können viele administrative Aufgaben, die eine einzelne Datenbank betreffen, durchgeführt werden. Gerade hier liegt aber auch die Einschränkung bei der Verwendung dieses Werkzeugs. Jede Datenbank muss einzeln verwaltet werden, es gibt keine Möglichkeit, Aufgaben auf mehrere Datenbanken gleichzeitig zu

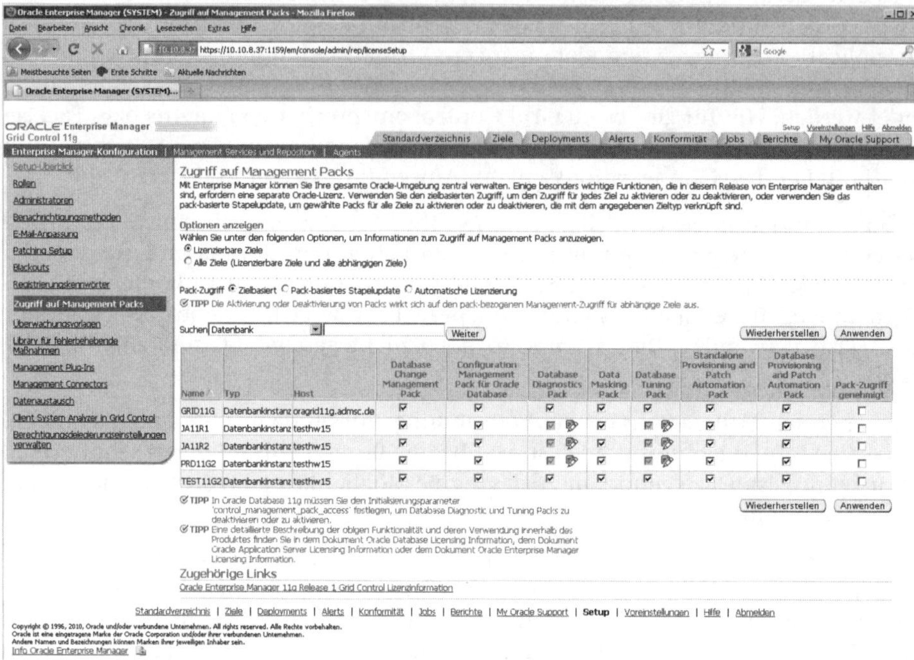

Abbildung 5.1: Zugriff auf Management Packs

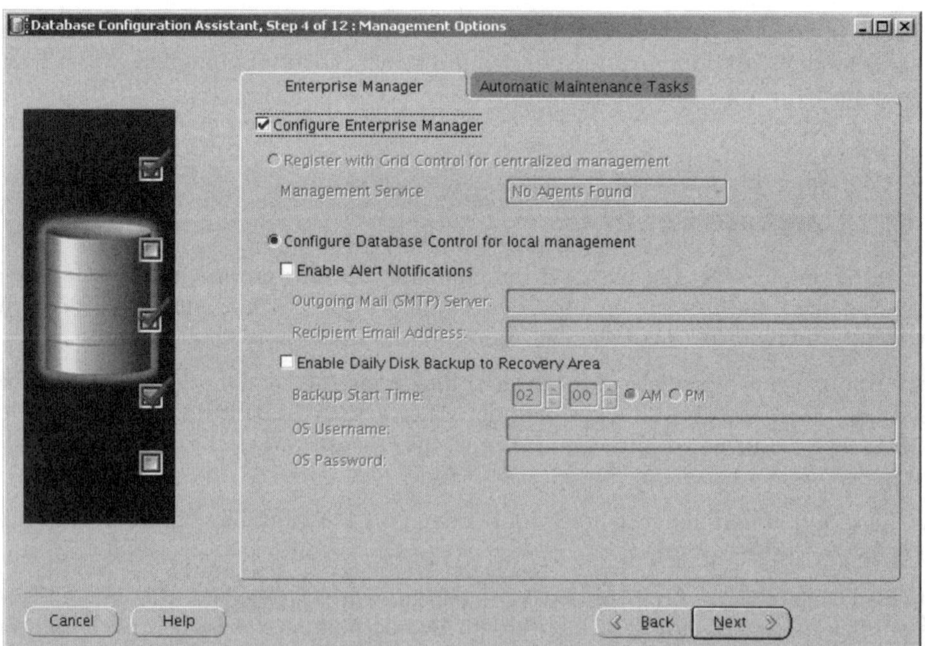

Abbildung 5.2: Installation Database Control

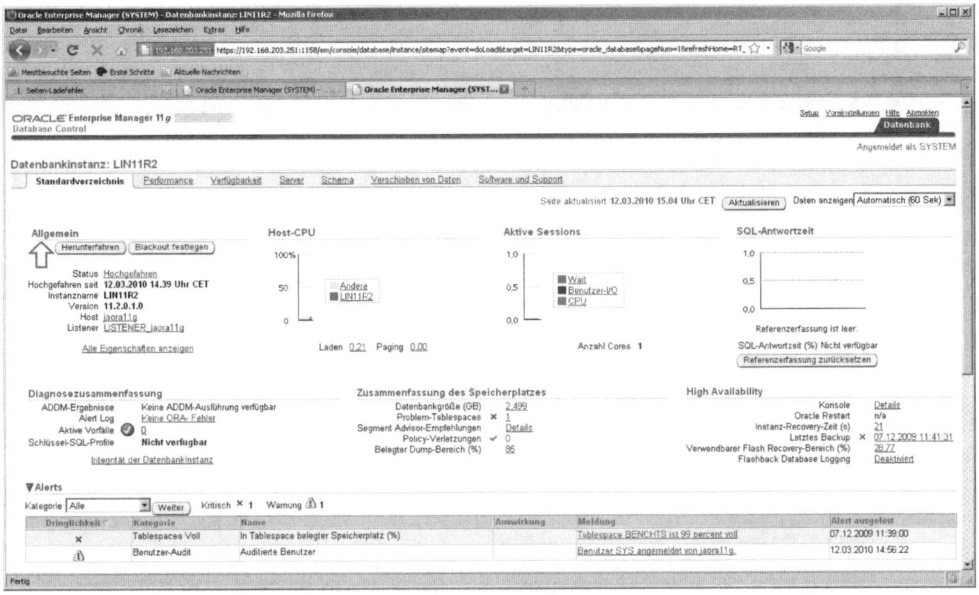

Abbildung 5.3: Database Control

machen oder ein komplexeres Monitoring aufzusetzen. Sehr wohl ist es allerdings möglich, neben den administrativen Aufgaben auch eine Basisüberwachung aufzubauen.

5.2.2 Grid Control

Bei Grid Control handelt es sich, wie bereits erwähnt, um ein Framework für die Administration und das Monitoring unterschiedlicher Komponenten. Es ist nicht Ziel dieses Buches, Grid Control zu beschreiben, bzw. wie man damit die Datenbank administrieren kann. In weiteren Kapiteln werden wir jedoch immer wieder einmal Screenshots des Grid oder Database Controls verwenden.

Die Datenbanken oder andere Komponenten werden über entsprechende Agenten überwacht, die zunächst einmal auf dem Datenbankserver installiert werden müssen und dann im Grid Control als Ziele definiert werden. Die Grid Control Infrastruktur wird gestartet mit dem Befehl `emctl start oms`, die Agenten auf den Servern mit `emctl start agent`.

Im Gegensatz zum Database Control, wo man sich über den Port 1158 direkt an die zu überwachende Datenbank anmeldet, erfolgt die Anmeldung beim Grid Control zunächst auf das Repository. Der Port ist frei definierbar, in der Regel wird über https auf den Port 1159 zugegriffen, also z. B. `https://10.10.8.37:1159/em`.

Nach der Installation wird die lokale Umgebung, d. h. die Repository-Datenbank und der WebLogic-Server, automatisch verwaltet und überwacht. Für das Ausrollen weiterer Agenten muss zunächst einmal die entsprechende Software auf einem Staging-Server oder direkt auf dem Management-Server installiert werden. Da der Management-Server selbst ja bereits überwacht wird, steht die zugehörige Agent Software für ähnliche Systeme (in unserem Fall der Grid Control Agent 11.1.0.1.0 für Linux 32 Bit) bereits für

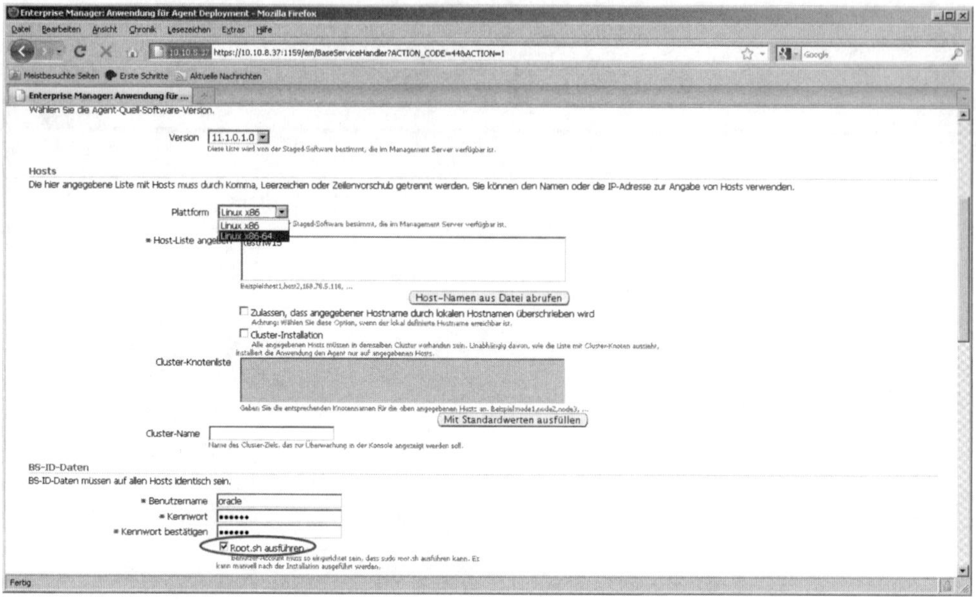

Abbildung 5.4: Installation eines Agenten

die Verteilung zur Verfügung. Weitere Agenten (z. B. für Linux 64 Bit) können über die Oracle Homepage als Zip-Datei heruntergeladen und anschließend in das Verzeichnis `$OMS_HOME/sysman/agent_download` ausgepackt werden.

Die Installation bzw. das Ausrollen der Agenten auf die entsprechenden Systeme erfolgt über den Reiter *Deployments* und dort über den Menüpunkt *Agent installieren* (siehe Abbildung 5.4. Neben der Angabe des Betriebssystembenutzers mit Kennwort und des Ports für die Kommunikation (standardmäßig Port 3872) wird abgefragt, ob das Root-Skript automatisch ausgeführt werden soll. Dieser Punkt ist standardmäßig aktiv, bedeutet aber, dass es auf dem Zielrechner eine SUDO-Konfiguration für die Ausführung von Root-Skripten geben muss. Ist dies nicht der Fall, sollte man den Haken an der Stelle weglassen und das Root-Skript manuell ausführen.

Außerdem muss der Zielpfad für die Installation angegeben werden. Es empfiehlt sich, konform mit der Datenbank z. B. das Verzeichnis `/u01/app/oracle/product/11.1.0/` anzugeben. Unter diesem Verzeichnis wird dann bei der Installation das Home-Verzeichnis `agent11g` angelegt.

Nachdem die obligatorische Frage nach der E-Mail-Adresse für die direkte Kommunikation mit Oracle Support abgefragt wurde, werden anschließend die Installationsvoraussetzungen geprüft und die Software installiert. Danach werden alle „gefundenen" Objekte im Grid Control angezeigt.

Damit ist die Installation des Agenten abgeschlossen, und die Betriebssysteminformationen sowie die Informationen über Listener und den Agenten selbst werden richtig angezeigt. Um die Datenbank zu überwachen, muss diese entsprechend konfiguriert werden. Dafür wird der Benutzer dbsnmp in der Datenbank benutzt. Dieser ist allerdings standardmäßig gesperrt, d. h., bevor die Installation bzw. Konfiguration durchgeführt werden, muss der Benutzer entsperrt werden.

```
SQL> ALTER USER dbsnmp
     ACCOUNT UNLOCK;
```

Als etwas problematischer erwies sich die Einbeziehung von ASM in die Überwachung. Ob es sich hierbei um einen Bug oder ein Feature handelt, konnte bis zur Veröffentlichung des Buches leider nicht endgültig geklärt werden. Hintergrund ist, dass Oracle ASM ab der Version 11g ein eigenes Privileg `sysasm` für die Verwaltung erhält. Der Zugriff über den Agenten wurde jedoch mit einem ORA-15000 abgewiesen. Abhilfe brachte hier die explizite Zuweisung des `sysdba` Privilegs an die ASM-Instanz (mit der entsprechenden Änderung in der Konfiguration).

Gerade bei der Verwendung von Grid Control sollte man sich frühzeitig Gedanken über die Sicherheit und Verantwortlichkeit für die einzelnen Komponenten machen. Dafür gibt es im Bereich *setup* einige Einstellmöglichkeiten. Unter anderem können im Bereich Administratoren Verantwortliche für bestimmte Bereiche definiert werden.

Wie in Abbildung 5.5 zu erkennen, ist der *SYSMAN* der Besitzer des Repositorys und damit, wie auch der *SYSTEM*, ein Super Administrator. Für jede beliebige Aufgabe können weitere Verantwortliche eingerichtet werden, Rollen können zudem helfen, die Gruppen einfacher zu definieren. Im Fall des Administrators *PATRICK* handelt es sich um einen Verantwortlichen für die Datenbanken (Abbildung 5.6).

Aufgrund der freigegebenen Ziele bzw. Aufgaben wird bei der nächsten Anmeldung der Aufbau der Seite unterschiedlich sein. Leider ist so direkt nicht sichtbar, unter welchem Account man sich angemeldet hat, man muss auf den Link *Voreinstellungen* gehen, um nähere Details zu bekommen. Dort kann man bei Bedarf ebenfalls das Kennwort ändern. Ebenfalls auf dieser Seite gibt es unter dem Menüpunkt *Ausführungsplan* die Möglichkeit, E-Mail-Benachrichtigungen je nach Zeit an unterschiedliche Adressen zu

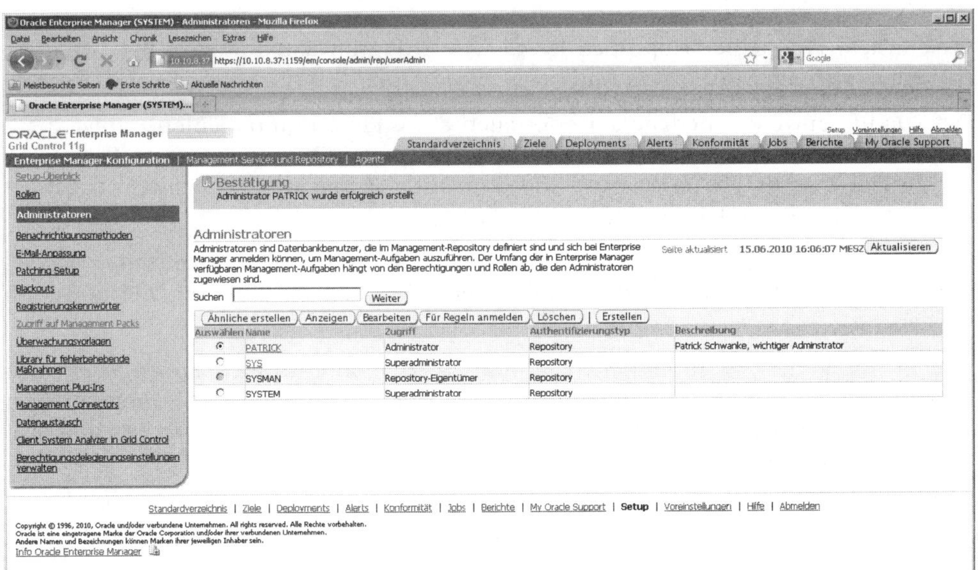

Abbildung 5.5: Administratoren

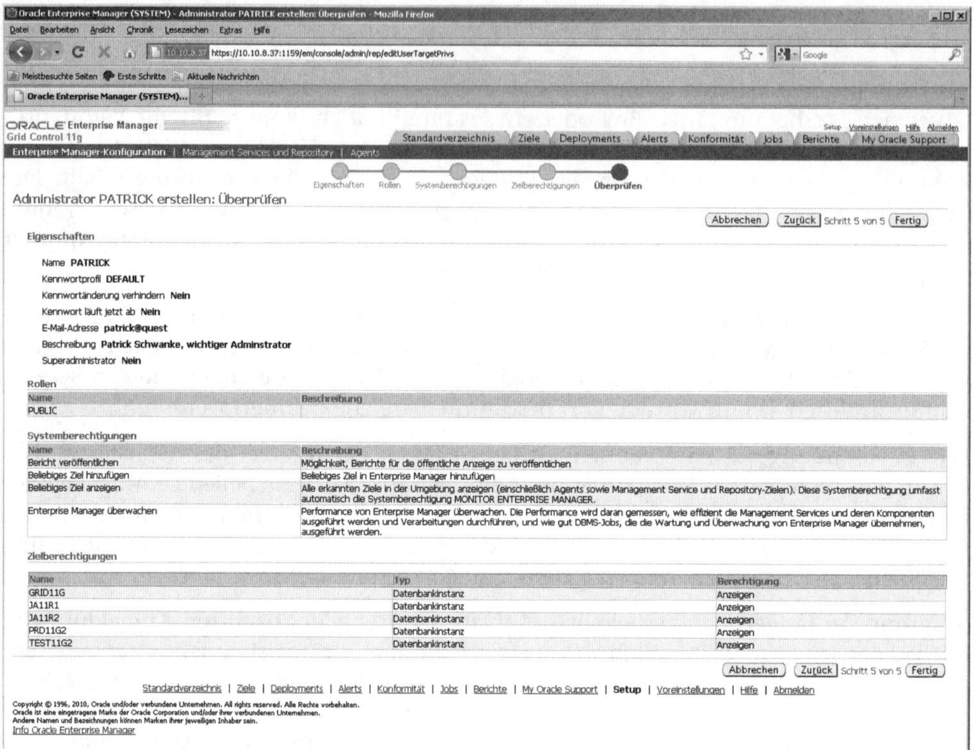

Abbildung 5.6: Datenbankadministrator

verschicken. Ein kleiner Tipp noch für die Änderung im Batch-Modus: Bei `12:00 AM` handelt es sich um Mitternacht und bei `12:00 PM` um Mittag.

Die Zugriffe auf die Datenbanken oder auch auf andere Komponenten erfolgt dann entweder beim Aufruf einer entsprechenden Seite oder über vordefinierte Parameter, die über den Reiter *Voreinstellungen* und dort unter *Bevorzugte Zugangsdaten* abgefragt bzw. geändert werden können (Abbildung 5.7 bzw. 5.8).

Die Funktionen des Database Control finden sich dann im Reiter *Datenbanken* wieder. Allerdings gibt es jetzt noch weitere Funktionen, wie z. B. den Aufbau einer Data-Guard-Umgebung.

Wie in Abbildung 5.9 zu erkennen, können jetzt mehrere Datenbanken oder auch andere Ziele (z. B. virtuelle Server) verwaltet bzw. überwacht werden. Die Übersicht zeigt an, welche Datenbanken derzeit zur Verfügung stehen, wobei es wichtig ist, hier zwischen Datenbank und Agent zu unterscheiden.

In der Spalte Status wird beispielsweise für mehrere Datenbanken ein grüner Pfeil angezeigt, was besagt, dass diese Datenbank hochgefahren ist, bei einer Datenbank (`JA11R2`) zeigt ein roter Pfeil an, dass diese Datenbank heruntergefahren ist. Bei einer weiteren Instanz (`TEST11G2`) wird ein anderes Symbol verwendet, was besagt, dass auf den entsprechenden Agenten derzeit nicht zugegriffen werden kann und somit nicht zu ermitteln ist, ob diese Instanz verfügbar ist oder nicht.

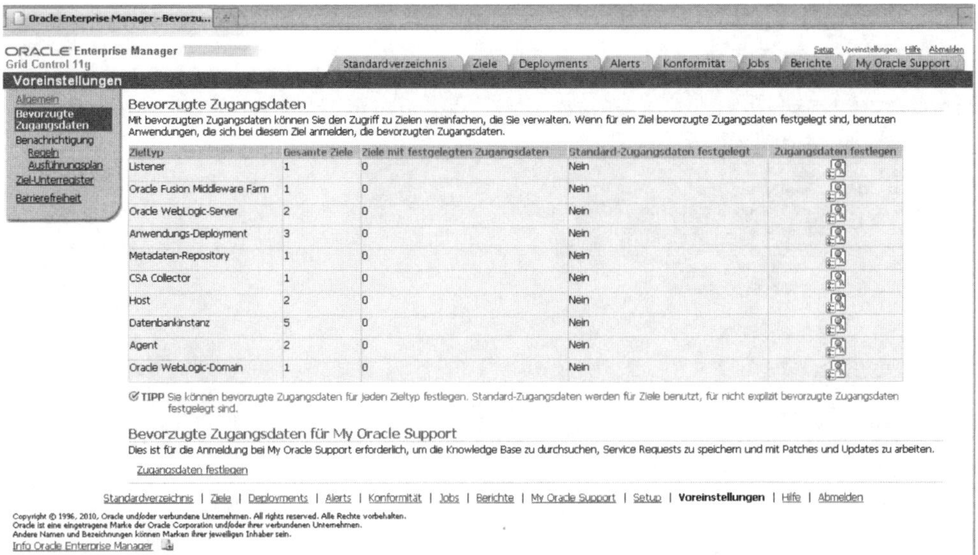

Abbildung 5.7: Bevorzugte Zugangsdaten

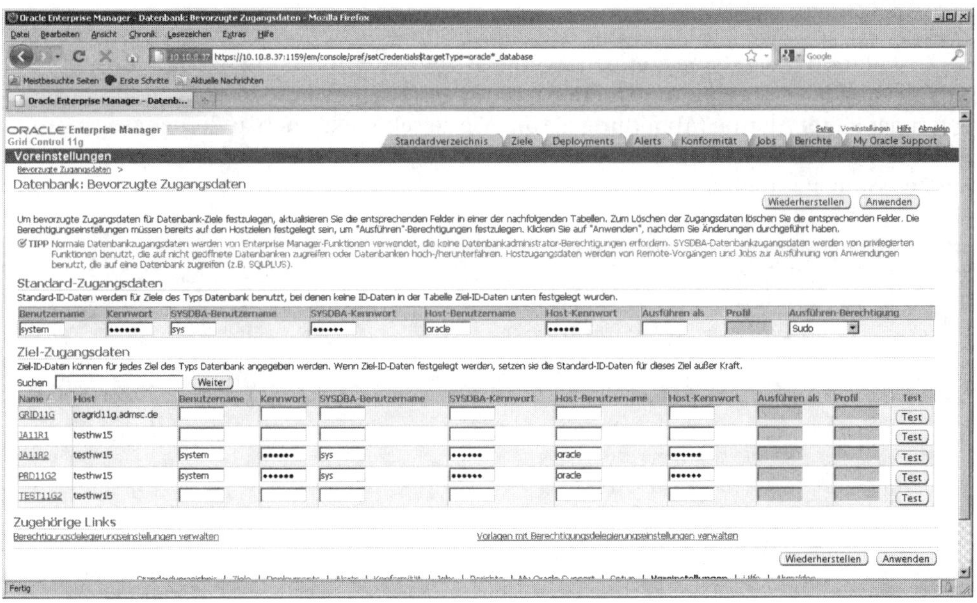

Abbildung 5.8: Zugangsdaten Datenbanken

Seit Grid Control 11g wird ja, wie bereits im Kapitel 4.2.6 beschrieben, ein Weblogic-Server mit installiert. Es versteht sich, dass das Grid Control auch diese Komponente genauso wie die Repository-Datenbank (in diesem Fall `GRID11g`) mit überwacht.

Sicherlich wird Grid Control vor allen Dingen für den Aufbau einer Monitoring-Umgebung eingesetzt. Da die meisten Alarme bereits vorkonfiguriert sind, kann sofort nach

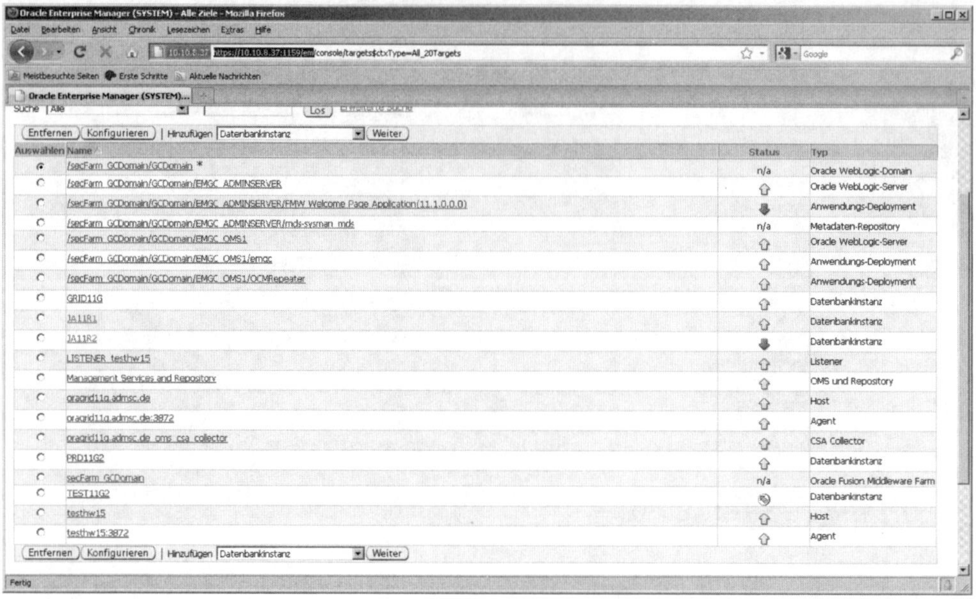

Abbildung 5.9: Grid Control

der Installation des entsprechenden Agenten bzw. der Einbindung in das Repository auf entsprechende Fehlermeldungen oder Warnungen reagiert werden. Eine gute Übersicht liefert der Reiter Alarme (Abbildung 5.10). Wie zu sehen, können außerdem sogenannte Blackouts definiert werden, d. h., die Überwachung eines Zieles wird für einen bestimmten Zeitraum ausgesetzt.

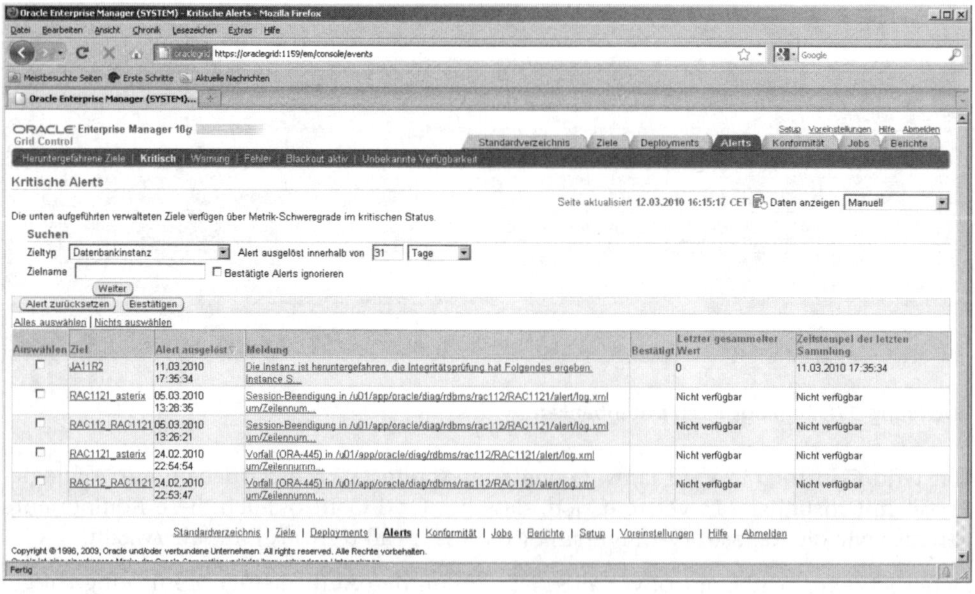

Abbildung 5.10: Alerts

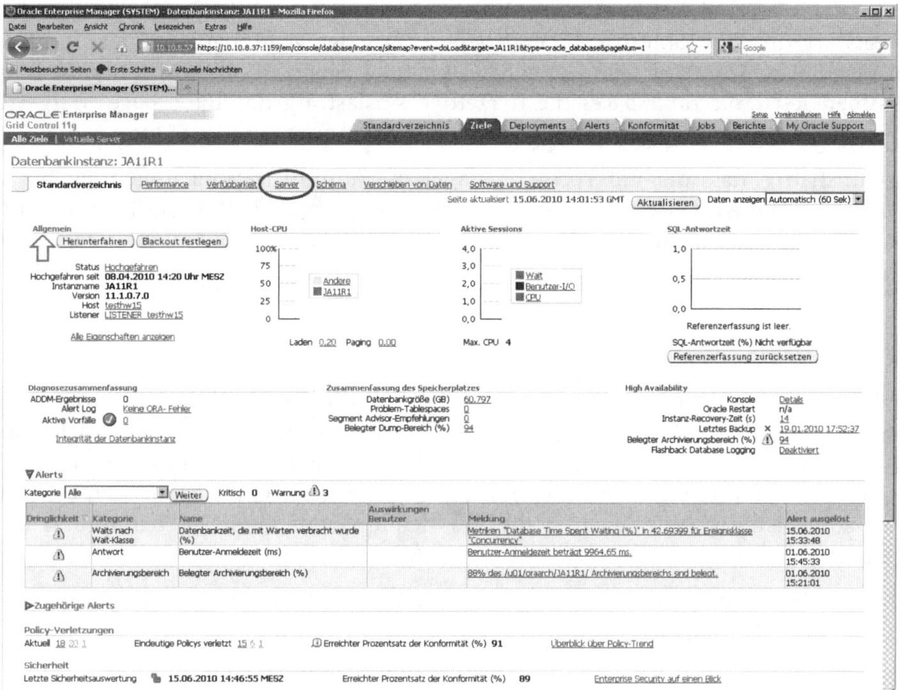

Abbildung 5.11: Datenbankadministration

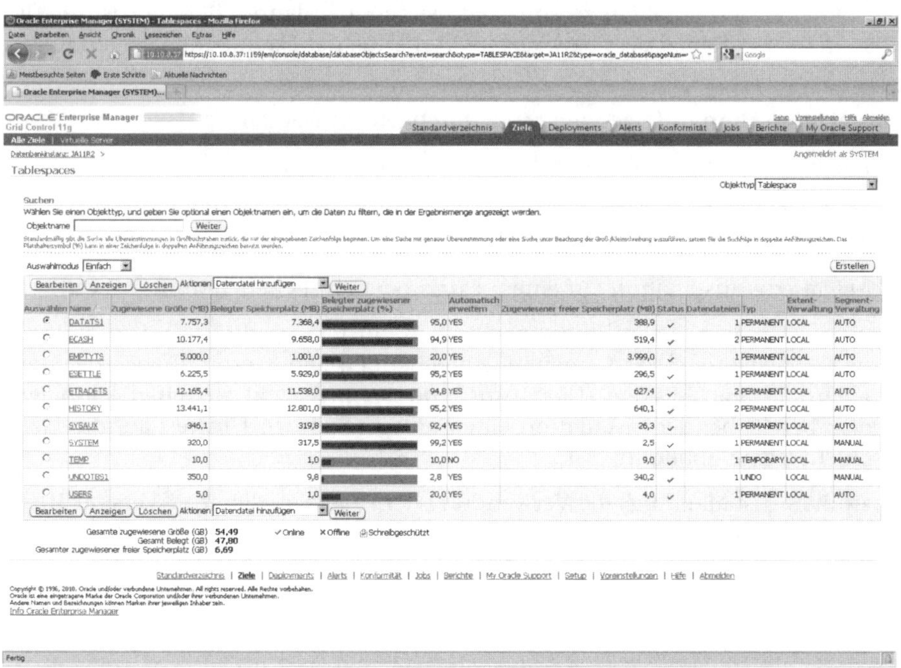

Abbildung 5.12: Tablespaces

Als einfaches Beispiel für die Arbeit mit dem Database oder Grid Control sei hier noch die Verwaltung von Tablespaces beschrieben. Aus der Datenbank-Sicht kommt man über den Reiter *Server* auf den Bereich *Speicherung* (siehe Abbildung 5.11). Dort wird über über den Link *Tablespaces* die derzeitige Auslastung der Tablespaces dargestellt, und es ist möglich, entsprechende Änderungen vorzunehmen (Abbildung 5.12).

Es ist unstrittig, dass der Enterprise Manager die Administrationsumgebung für Oracle-Datenbanken ist. Durch die massive Verwendung von HTML-Links ist es allerdings gerade für Anfänger immer wieder schwer, sich im Database Control oder gerade auch im Grid Control zurechtzufinden.

5.3 Toad

Das *Tool for Oracle Application Development* (kurz Toad) von Quest Software hat sich im Laufe der Jahre ebenfalls zu einem Werkzeug für die Administration von Oracle-Datenbanken entwickelt. Im Gegensatz zum Enterprise Manager handelt es sich hierbei um ein reines MS-Windows-basiertes Werkzeug, das, wie bereits im Namen zu erkennen, neben administrativen Tätigkeiten die Entwicklung von PL/SQL-Programmen unterstützt.

Von Quest Software auch als „Schweizer Taschenmesser" für den Datenbankadministrator bezeichnet, ist es in der Tat ein Werkzeug, das man immer dabeihaben kann, da es sich über die normalen Datenbank-Accounts verbindet, d. h., ein 32-Bit-Instant-Client reicht für die Verbindung zur Datenbank aus. Generell müssen in der Datenbank keine Objekte oder Schemata angelegt werden, es reicht ein normaler DBA-Account, wenn das Werkzeug für administrative Tätigkeiten verwendet werden soll. Alternativ kann in der Datenbank auch ein Benutzer angelegt werden, der dann z. B. eine Historie für das Wachstum in den Tablespaces bzw. das IO-Verhalten der Datenbank Dateien mitprotokolliert.

Die Installation kann in folgenden Modi durchgeführt werden:

- *Full* Installation auf einem einzelnen Arbeitsplatz
- *Server* Installation auf einem zentralen Rechner, der über ein Windows-Share erreichbar ist
- *Terminalserver* Installation auf einem Citrix oder ähnlichen Terminalserver

Generell werden aber die anwenderspezifischen Einstellungen (z. B. Menüpunkte, Auswertungen, Passworte etc.) in einem entsprechenden Benutzerprofil abgespeichert. Da Toad auch auf Oracle-Pakete (Diagnostic und Tuning Pack) zugreifen kann, gibt es außerdem bereits bei der Installation einen entsprechenden Hinweis auf die Lizenzierungspflicht (siehe Abbildung 5.13).

Standardmäßig ist allerdings die Verwendung der Pakete ab der Toad-Version 10 ausgeschaltet, und es gibt auch keinerlei Einschränkung bei der Verwendung des Toad ohne diese Pakete. Über entsprechende Menüpunkte in den Optionen kann aber jede Funktion auch später ein- bzw. ausgeschaltet werden.

Eine zentrale Komponente ist der Database-Browser. Von hier aus kann der Administrator alle weiteren Funktionen beliebig aufrufen. Natürlich ist es auch möglich, direkt in den Editor zu gehen und entweder vordefinierte Abfragen oder neue SQL-Befehle auszuführen.

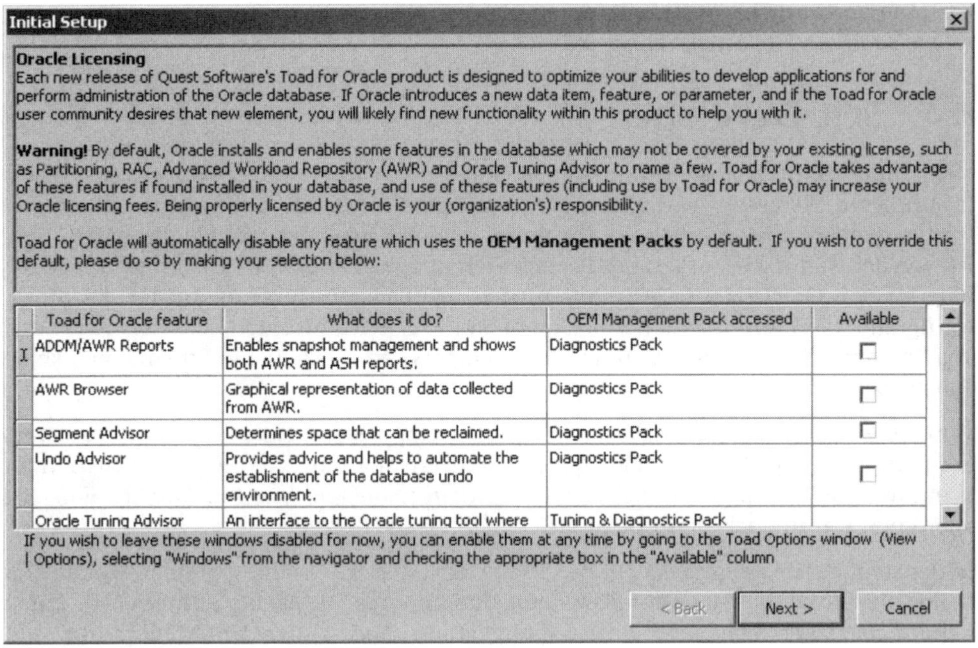

Abbildung 5.13: Zugriff auf Oracle Packages

Ein weiterer Schwerpunkt im Toad ist der Schema-Browser. Auch wenn ein Administrator in der Regel nicht unbedingt die Inhalte von Tabellen kennen muss bzw. auch gar nicht darf, so ist es doch sehr hilfreich, Tabellendefinitionen anzuzeigen bzw. zu erstellen oder aber Vergleiche zwischen Tabellendefinitionen, -inhalten, Schemas oder ganzen Datenbanken durchzuführen.

Die Abbildung 5.14 zeigt exemplarisch den sogenannten *Database-Browser* mit der Information über den Füllgrad in einzelnen Tablespaces.

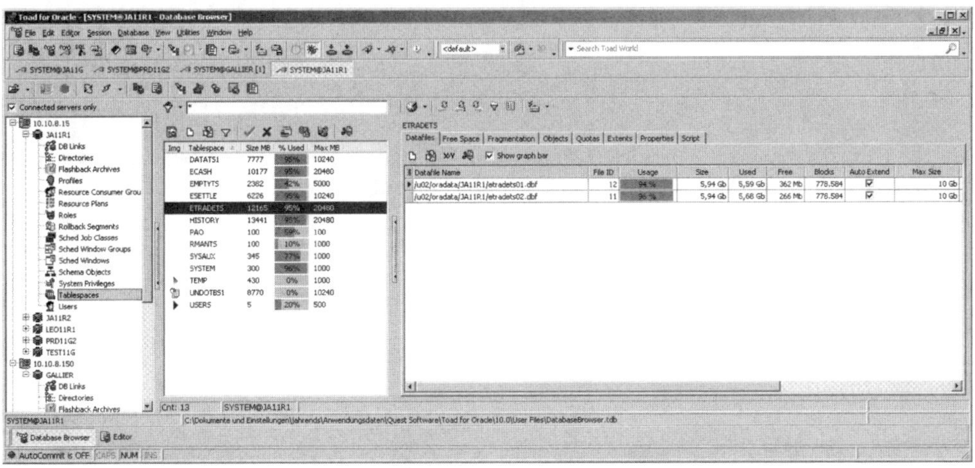

Abbildung 5.14: Toad

Für eine ausführliche Beschreibung empfehlen wir das Buch *Toad für die Datenbank Administration* von Patrick Schwanke.

5.4 SQL Developer

Nicht unerwähnt bleiben soll an dieser Stelle der *SQL Developer* von Oracle. Dieses Java-basierte Werkzeug wird automatisch mit der Oracle 11g-Software installiert und kann außerdem kostenlos auf der Oracle-Seite heruntergeladen werden. Primärer Fokus ist, wie der Name schon sagt, der Bereich Datenbankentwicklung. Über entsprechende Plug-Ins von Oracle, aber auch von Drittherstellern kann die Funktion für das Monitoring und die Administration von Datenbanken erweitert werden. Ebenso wie für den Toad wird für die Verwendung des SQL Developers kein zusätzliches Schema oder keine Tabelle benötigt.

Durch die Verwendung von Java ist der SQL Developer sehr flexibel in der Verwendung, er funktioniert sowohl auf den gängigen Unix-Derivaten mit X-Windows als auch unter Windows. Außerdem gibt es bei Bedarf noch ein *Command Line Interface*, die Frage ist allerdings, warum man dann nicht gleich SQL*Plus verwendet.

In der Standardeinstellung ist, wie bereits erwähnt, die Entwicklung primärer Fokus. Das heißt, die Funktionen sind auf Schemaobjekte und das Debugging konzentriert. Einen Reiter *Tablespaces* sucht man ebenso erfolglos wie *Users*. Unter dem Menüpunkt *Tools* finden sich jedoch Ansätze für die Administration der Datenbank, wie z. B. den *Monitor Sessions* für die Anzeige der derzeitigen Datenbank-Sessions.

Für den Datenbankadministrator reicht der SQL Developer in den meisten Fällen sicherlich nicht aus, allerdings kann er in der Zusammenarbeit mit dem Enterprise Manager sehr hilfreich sein, um z. B. Objektdetails darzustellen, oder einfach nur als komfortabler Editor für Skripte oder die direkte Eingabe von SQL-Befehlen.

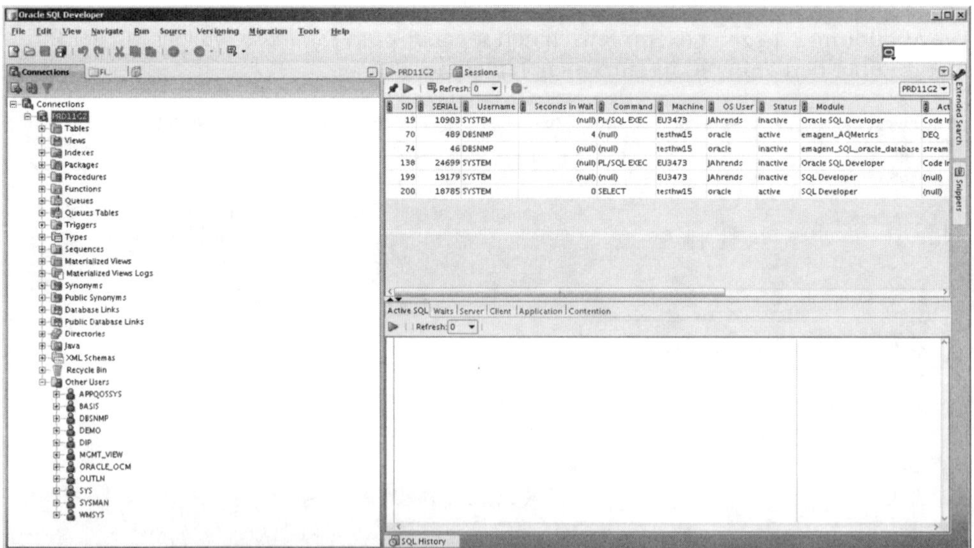

Abbildung 5.15: SQL Developer

In Abbildung 5.15 wird auf der linken Seite der Navigator dargestellt und auf der rechten Seite der *Monitor Sessions*.

5.5 Oracle Application Express

Oracle Application Express (kurz APEX) ist ein webbasiertes Werkzeug für die Erstellung von Anwendungen. Daneben hat es aber auch einige Funktionen für die Administration von Datenbanken. Speziell im Bereich Oracle Express Edition sind diese Funktionen sehr hilfreich bei der Administration, die Benutzung von Oracle Enterprise Manager ist dort oftmals überflüssig, da im Bereich von kleinen Datenbanken viele Funktionen nicht erforderlich sind.

Die Funktionen von APEX gliedern sich in folgende Bereiche:

- *Administration*: hierunter fallen Speicher- und Benutzerverwaltung sowie eine rudimentäre Überwachung der Sessions.

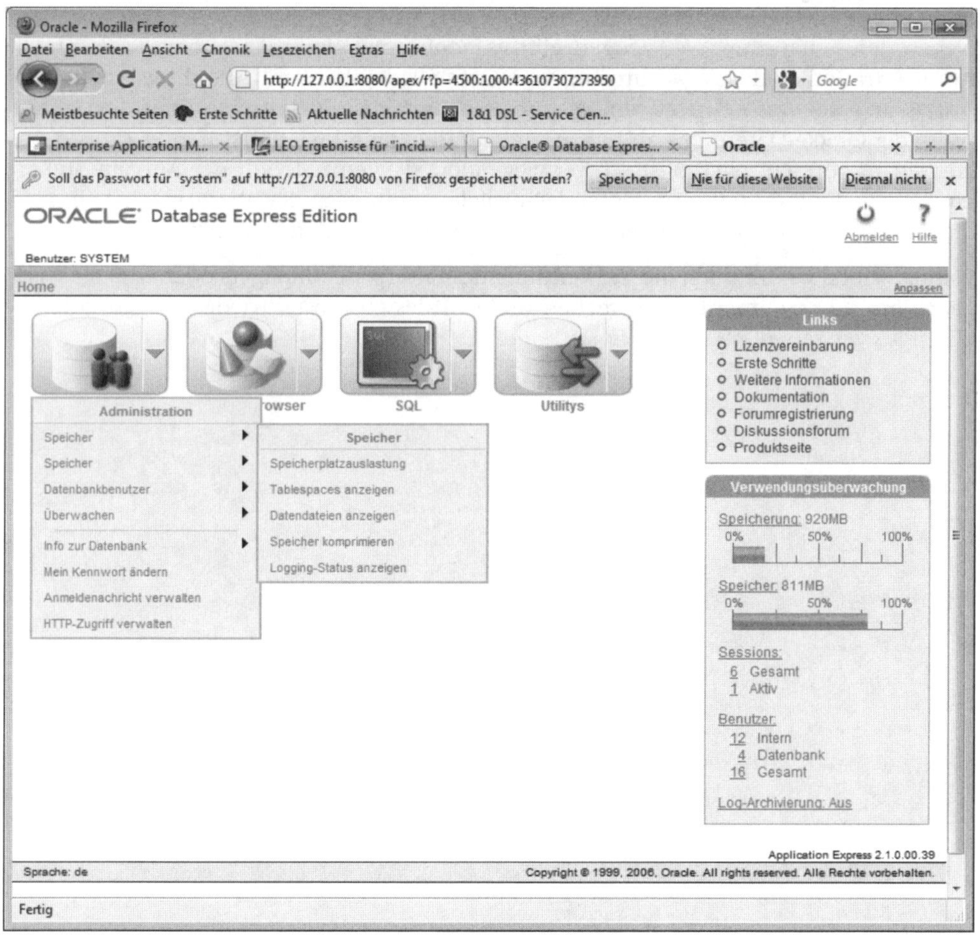

Abbildung 5.16: Application Express

- *Object-Browser*: damit können Objekte erstellt und abgefragt werden.
- *SQL*: jede Art von SQL-Befehlen kann hiermit entweder direkt, über vordefinierte Skripte oder über einen Query-Builder eingegeben und ausgeführt werden.
- *Utilities*: hier verbergen sich Funktionen für das Laden und Endladen von Daten (allerdings nicht über *DataPump* oder *Exp/Imp*) sowie einige Objektberichte.
- *Application Builder*: Diese Funktion ist nur sichtbar, wenn man sich nicht als `SYSTEM` oder `SYS` anmeldet, und kann für die Erstellung einfacher Anwendungen genutzt werden.

Wie in Abbildung 5.16 erkennbar, können alle wichtigen Funktionen zum Betrieb einer Datenbank verwaltet werden. Der auf der rechten Seite sichtbare Bereich *Verwendungsüberwachung* ist standardmäßig nur sichtbar, wenn man sich als `SYSTEM` anmeldet. Über den Link *Anpassen* kann man jedoch entsprechende Anpassungen vornehmen.

5.6 Fazit

Neben den genannten Werkzeugen gibt es noch eine Vielzahl weiterer Tools für die Administration und das Monitoring von Oracle-Datenbanken. Allerdings ist es nach Auffassung der Autoren notwendig, entsprechend viele Kenntnisse über die Arbeitsweise der Oracle-Datenbank zu haben, um auf die grafische Unterstützung zur Not verzichten zu können. Nichts ist schwerwiegender, als wenn Sie vor der Aufgabe stehen, ein Backup der Produktionsdatenbank einspielen zu müssen, Sie aber zunächst einmal – vielleicht vergeblich – versuchen, sich an den Enterprise Manager anzumelden.

Daher werden wir im Buch die Verwendung des Enterprise Managers oder anderer Werkzeuge nur sehr rudimentär besprechen und stattdessen immer wieder auf das gute alte SQL*Plus verweisen.

6 Datenbankobjekte

Die Analyse der Anforderungen und die daran anschließende Entwicklung eines logischen Datenmodells sind bekanntlich systemneutral, d. h. unabhängig vom eingesetzten Datenbanksystem. Anders verhält es sich dagegen bei der Umsetzung des Modells in das physische Datenmodell. Hierbei sind die technischen Möglichkeiten des Zielsystems – in unserem Fall der Oracle-Datenbank – mit den funktionalen und operationalen Anforderungen der betreffenden Anwendung in Einklang zu bringen.

Neben den klassischen Tabellen (auch Heap-Tabellen genannt) steht für die Speicherung von Daten eine Vielzahl von Strukturen zur Verfügung, und auch für die Indizierung gibt es eine Reihe von unterschiedlichen Optionen.

Bevor Sie sich mit deren Verwendung beschäftigen, sollten Sie aber prüfen, welche Oracle Edition bzw. Option Sie auf dem Zielsystem verwenden. So bedingt die Verwendung von Partitionen die Enterprise Edition und zusätzlich die Partitioning-Option, d. h., für kleinere Datenbanken steht der Nutzen dieser Objekttypen unter Umständen in keinem Verhältnis zum Preis für die Software.

Diese Organisationsformen sind im Einzelnen:

- die „klassischen" in Heap-Form organisierten Tabellen, die Daten unsortiert speichern,
- partitionierte Tabellen, die *„logisch"* zusammenhängende Daten in physisch unabhängige Partitionen speichern,
- indexorganisierte Tabellen, deren Daten über B*Baum-Strukturen organisiert sind,
- externe Tabellen, die auf externe, in Dateiform abgelegte Daten zugreifen,
- temporäre Tabellen, die Daten für die Dauer einer Transaktion oder Session speichern,
- im Cluster abgelegte Tabellen, deren Daten in Abhängigkeit von Cluster-Schlüsseln physisch gespeichert werden,
- Objekttabellen, deren Datensätze über Objektbezeichner referenzierbar sind und die die Einbettung von geschachtelten Tabellen (nested tables) erlauben.

Diese Organisationsformen werden mit ihren Besonderheiten in den folgenden Abschnitten im Detail besprochen.

6.1 Datentypen

Alle Datenobjekte, die im Folgenden beschrieben werden, bestehen – bei allen Unterschieden in der physischen Speicherung – logisch gesehen aus beliebig vielen Zeilen mit einer festen Spaltenstruktur. Jede Spalte ist von einem bestimmten Datentyp, wobei in den allermeisten Fällen die eingebauten Oracle-Datentypen verwendet werden, die in diesem Abschnitt kurz beschrieben und untereinander verglichen werden sollen. In der objektrelationalen Welt können weitere, benutzerdefinierte Datentypen Verwendung finden. Davon wird in Abschnitt 6.10 berichtet.

Generell sollten Sie bei der Definition der Datentypen genau darauf achten, welche Art von Daten später gespeichert werden sollen. Dies klingt im Moment vielleicht banal, kann aber bei der Realisierung unvorhergesehene Probleme mit sich bringen. Dabei sollten Sie Folgendes beachten:

1. Durch die Wahl der geeigneten Datentypen können direkt bei der Eingabe von Daten Validierungen vorgenommen werden, ohne dass hierfür extra ein Constraint zum Einsatz kommt (z. B. Datentyp NUMBER validiert, dass nur numerische Werte eingegeben werden).
2. Bei einem „falschen" Datentyp kann es sein, dass Ihnen Informationen verloren gehen. Dies betrifft vor allen Dingen den Datentyp „date" für die Speicherung von Datum und Uhrzeit. Der Typ scheint zunächst für die Speicherung aller datumsbezogenen Werte auszureichen, wenn man sich jedoch in einer globalen Welt vorstellt, dass Daten in unterschiedlichen Ländern eingegeben werden, dann sollte auch die entsprechende Zeitzone mit angegeben werden (z. B. als *TIMESTAMP WITH TIMEZONE*).
3. Die Verwendung eines falschen Datentyps kann dazu führen, dass durch implizite Konvertierungen Indizes nicht genutzt werden können. Dies trifft immer dann zu, wenn ein Feld als Character-Feld definiert wird, aber nur Zahlen enthält. Bei der Abfrage solcher Werte kann man sich die Hochkommata sparen, und Oracle konvertiert die Zeichen automatisch in numerische Werte. Wenn aber bei einem solchen Feld ein Index erzeugt wurde, kann dieser nicht genutzt werden.

6.1.1 Die Standard-Datentypen

Einige Datentypen sind seit vielen Jahren und Versionen in der Oracle-Datenbank enthalten. Die Benutzung dieser Datentypen ist zu empfehlen, wenn nicht starke Argumente dagegen sprechen, da Bugs oder sonstige „Kinderkrankheiten" eher unwahrscheinlich sind und sie außerdem von allen Tools und Schnittstellen verstanden und unterstützt werden. Dazu gehören:

- `VARCHAR2(n [BYTE|CHAR])` für Zeichenketten bis zu 4000 Byte Länge. `VARCHAR2` speichert Strings im Datenbank-Zeichensatz (`CHARACTER SET`-Klausel beim `CREATE DATABASE`-Kommando). Das *„VAR"* steht für variable Länge, d. h., bei der Definition wird die maximale Anzahl Zeichen oder Byte angegeben, bei der Abspeicherung werden jedoch nur die tatsächlich eingegebenen Zeichen genutzt. Somit ist dieser Datentyp am besten für die Speicherung von Zeichenketten wie z. B. Namen, Orte etc. geeignet, solange die Maximallänge nicht überschritten wird.
- `NUMBER(n,d)` zur Speicherung von Zahlen. Die Speicherung erfolgt dabei in einem internen Format, so dass es zunächst einmal unerheblich für die Speicherung ist, ob eine Maximallänge *„n"* angegeben wird oder nicht. Allerdings sollte man bei Fließkommawerten beachten, dass durch entsprechende Operationen die Gesamtlänge der Spalte (maximal 21 Byte) ausgeschöpft werden kann. Daher wird bei der Definition von Flieskommazahlen empfohlen, die Nachkommastellen *„d"* einzuschränken.

```
SQL> CREATE TABLE nummerntest (
        nummer1 NUMBER,
        nummer2 NUMBER(10,2)
     );

SQL> INSERT INTO nummerntest VALUES (1,1);
SQL> INSERT INTO nummerntest VALUES (100,100);
SQL> INSERT INTO nummerntest VALUES (100000,100000);
SQL> INSERT INTO nummerntest VALUES (1/3,1/3);

SQL> SELECT nummer1, vsize(nummer1), nummer2, vsize(nummer2)
     FROM   nummerntest;

   NUMMER1 VSIZE(NUMMER1)    NUMMER2 VSIZE(NUMMER2)
---------- -------------- ---------- --------------
         1              2          1              2
       100              2        100              2
    100000              2     100000              2
,333333333             21        ,33              2
```

- DATE für das Ablegen von Datumswerten mit Zeitstempeln. Die Granularität beschränkt sich hierbei auf Sekunden. Der Platzverbrauch ist konstant 7 Byte. Sollten Sie verteilte Datenbanken in unterschiedlichen Zeitzonen betreiben, ist eine Synchronisation von Zeiten mit dem Datentyp DATE oftmals schwierig. Aus diesem Grund wird seit der Version die Möglichkeit geboten, über den Datentyp TIMESTAMP WITH TIMEZONE die Zeitzone mit einzubinden. Nähere Informationen dazu im Abschnitt 6.1.4.
- RAW(n) für die Speicherung von Binärdaten mit einer Maximallänge von 2000 Byte. Der Speicherbedarf entspricht der Bytegröße der konkreten Bytekette (RAW ist also das Pendant zu VARCHAR2, einen Datentyp VARRAW gibt es nicht).
- CLOB (*Character Large Object*) für die Speicherung von Zeichenketten, die länger als 4000 Byte sind. Die Maximalgröße der abzuspeichernden Objekte ist abhängig von der Größe der Oracle-Blöcke und maximal 128 TByte (2^32 - 1 Oracle-Blöcke). Im Gegensatz zum Datentyp LONG (siehe Abschnitt 6.1.6 „Nicht empfohlene Datentypen") kann eine Tabelle mehrere LOB-Spalten enthalten.

  Für jede LOB-Spalte kann ein eigenes sogenanntes LOB-Segment in einem dedizierten Tablespace angegeben werden. Über die Klausel ENABLE STORAGE IN ROW kann konfiguriert werden, dass LOB-Werte bis ca. 4 KByte Länge in der Tabelle selbst gehalten werden, um das zusätzliche Lesen des LOB-Segments einzusparen. LOBs können über das Package DBMS_LOB abschnittweise geladen und manipuliert werden, die Bytegröße der Abschnitte lässt sich über die CHUNK-Klausel einstellen (ein Vielfaches der Oracle-Blockgröße, maximal 32 KB).
- BLOB (*Binary Large Object*) für die Speicherung von Binärdaten. Ansonsten gelten die gleichen Regeln wie bei CLOB.
- BFILE als Pointer auf eine externe Datei. Diese bilden die Alternative zu den erwähnten LOB-Varianten, wenn die Speicherung nicht in der Datenbank, sondern im Dateisystem erfolgen soll. Die eingebaute SQL-Funktion BFILENAME eine Verknüpfung zwischen einer BFILE-Tabellenspalte und einer Datei her, Dateioperationen sind über das Package DBMS_LOB verfügbar.

6.1.2 Längensemantik für Character-Datentypen

Durch die Globalisierung von Anwendungen, die auf Oracle-Datenbanken zugreifen, ist es immer wichtiger geworden, einen geeigneten Zeichensatz zu wählen. Während mit älteren Oracle-Versionen in Europa in der Regel ein sogenannter *Western-European* (WE8) Zeichensatz mit fester Länge (8 Bit) eingesetzt wurde, werden mit neueren Releases Zeichensätze mit variabler Länge, sogenannte Unicode-Zeichensätze, bevorzugt.

In einem Unicode-Zeichensatz kann ein Zeichen mehrere Byte belegen, was man bei der Definition des Datentypen bedenken sollte. Die Maximallängen von Character-Datentypen werden immer in Byte angegeben, so dass im Falle eines Unicode-Zeichensatzes die tatsächlich nutzbare Datenmenge erheblich geringer sein kann.

Bei der Definition einer Spalte mit Character-Datentyp sollten Sie daher in Zukunft darauf achten, die Länge mit einer Längensemantik anzugeben, d. h. `CHAR(1 CHAR)` statt `CHAR(1)`, da es Ihnen sonst, wie in diesem Beispiel, passieren kann, dass je nach Einstellung Ihrer Datenbank ein Umlaut (im `AL32UTF8`) nicht abgespeichert werden kann, weil es zwei Byte belegt. Zusätzlich kann die Semantik mit dem Parameter `NLS_LENGTH_SEMANTICS` für die gesamte Datenbank oder eine Session eingestellt werden. Diese Variable sollte allerdings nur in Ausnahmefällen genutzt werden.

6.1.3 SecureFiles

SecureFiles ist im Prinzip eine neue Art unstrukturierter Daten, die mit dem Datentyp LOB abgespeichert werden, zu verwalten. Dazu gehören eine spezielle Formatierung der Blöcke, Anpassung des Netzwerkformats für die Übertragung, die Speicherplatzverwaltung, Redolog- und Undo-Formate sowie ein eigenständiges Caching. *SecureFiles* können als alternative Speicherungsmethode für LOB-Datentypen verwendet werden. Folgende Funktionen stehen mit SecureFiles zur Verfügung (allerdings teilweise nur mit zusätzlich lizenzierbaren Optionen):

- Komprimierung
- Verschlüsselung
- Deduplication
- Caching und Prefetching
- Spezielle LOB-Indizierung
- zusätzliche OCI[1]-Funktionen

SecureFiles können nur in Tablespaces benutzt werden, die mit ASSM[2] erstellt wurden.

6.1.4 Weitere Datentypen

Neben den oben beschriebenen Datentypen, die in den meisten Datenbanken Verwendung finden, gibt es eine Reihe weiterer Datentypen für individuelle Anwendungsfälle. Dazu gehören:

1 Oracle Call Interface

2 Automatic Segment Space Management

- `BINARY_FLOAT` und `BINARY_DOUBLE` zur Speicherung von Fließkommazahlen nach dem IEEE 754-Standard. Die Vorteile sind hier die sehr kompakte Speicherung (5 bzw. 9 Byte) sowie die Möglichkeit, arithmetische Operationen extrem schnell direkt mit Maschinenbefehlen durchzuführen. Allerdings können durch die Speicherung der Mantisse als Binärzahl unerwartete Rundungseffekte auftreten.
- `TIMESTAMP(p)` zur Speicherung von Datumswerten mit höherer Genauigkeit. Der Parameter *n* gibt die Anzahl von Nachkommastellen für Sekunden an. Die höchste Genauigkeit ist $p = 9$, d. h. Nanosekunden. Die Standardeinstellung ist sechs Nachkommastellen, also Mikrosekunden.

  Im Gegensatz zu `DATE` braucht man hier nicht mehr mit winzigen Tagesbruchteilen zu arbeiten, um Datumsarithmetik durchzuführen, sondern kann die Sekunden, Minuten etc. direkt angeben. Zusätzlich erlaubt dieser Datentyp, auf unterschiedliche Zeitzonen einzugehen. Hierfür gibt es die zusätzlichen Optionen `WITH TIME ZONE` bzw. `WITH LOCAL TIME ZONE`. Bei „`WITH TIME ZONE`" wird zusätzlich ein Offset zur Weltzeit (UTC = Coordinated Universal Time, früher GMT) abgespeichert.

  Bei der Option „`WITH LOCAL TIME ZONE`" werden die Zeitangaben in die Zeitzone der Datenbank umgewandelt und keine zusätzliche Information über die Zeitzone (Offset) abgespeichert.
- `INTERVAL YEAR TO MONTH` speichert ein Zeitintervall, bei dem ausschließlich die Differenz zwischen zwei Datumsfeldern in Bezug auf Jahr und Monat interessiert.
- `INTERVAL DAY (p) TO SECOND (n)` speichert ein Zeitintervall, bei dem die Differenz zwischen zwei Zeiten interessiert. Für die Präzision der Tagesangabe stehen maximal neun Stellen für die Sekundenbruchteile mit maximal neun Nachkommastellen (also Nanosekunden) zur Verfügung.
- `NVARCHAR2 (n BYTE|CHAR)` für die Speicherung von Zeichenketten mit variabler Länge im alternativen Zeichensatz der Datenbank (*N* steht für National Character Set); ansonsten wie `VARCHAR2`. Dieser Datentyp kann dann benutzt werden, wenn nur ausnahmsweise Multibyte-Zeichen in einer Tabelle gespeichert werden sollen, die gesamte Datenbank aber in einem Singlebyte oder speziellen Multibyte-Zeichensatz aufgebaut wurde. Ansonsten ist der Datentyp `VARCHAR2` vorzuziehen.

6.1.5 Anwendungsspezifische Datentypen

Neben den generellen Datentypen gibt es in der Oracle-Datenbank weitere Typen, die für spezielle Anwendungen genutzt werden können. Als wichtigster Datentyp sei hierbei der XMLTYPE zur Speicherung von XML-Dokumenten genannt. Dabei handelt es sich um einen Datentyp, der entsprechend den Anforderungen der Anwendung unterschiedliche Speicherungen erlaubt.

- Textbasiert in CLOB: in diesem Fall werden die XML-Dokumente als Ganzes in einem CLOB gespeichert. Der Vorteil liegt dabei auf der schnellen Speicherung und Selektion. Allerdings ist es in diesem Fall nicht möglich, direkt auf Teile der Dokumente zuzugreifen. Der Unterschied zur „normalen" CLOB-Speicherung besteht darin, dass eine Validierung, d. h. die Erkennung, dass es sich um ein XML-Dokument handelt, vorgenommen wird.
- Objektorientiert: In diesem Fall wird das XML-Dokument in einzelne Objektstrukturen aufgeteilt, wodurch auf die einzelnen Teile per DML zugegriffen werden kann.

Voraussetzung hierfür ist, dass die Strukur der Dokumente über ein XML-Schema definiert worden ist. Die Speicherung eignet sich also besonders für Dokumente, die oft geändert werden bzw. bei denen auf Teile des Dokumentes zugegriffen werden soll.

- Binär XML: Diese in Oracle 11g neu hinzugekommene Variante ist für XML-Dokumente gedacht, die sich zum einen oft ändern, aber von der Struktur her nicht vordefiniert werden können. Sie ist damit flexibler in der Speicherung als die Objektorientierung, allerdings gestaltet sich der Zugriff auf die einzelnen Teile aufwendiger. Um diesen Nachteil zu kompensieren, ist es möglich, einen speziellen XML-Index auf Dokumentenattribute, Teile oder ganze Dokumente anzulegen.

Die Erstellung einer Tabelle für die Speicherung von XML-Daten kann also wie folgt aussehen:

```
SQL> CREATE TABLE xml_dokumente(
       dokid      NUMBER(10),
       dokname    VARCHAR2(100),
       dokument   XMLTYPE)
     XMLTYPE COLUMN dokument
     STORE AS BINARY XML
     ALLOW NONSCHEMA;
```

In diesem Fall wird die Tabelle mit dem Datentyp XMLTYPE als Binär-XML angelegt, wobei ein Schema (im Gegensatz zur objektorientierten Speicherung) nicht erforderlich ist (`ALLOW NONSCHEMA`).

Weitere Datentypen können für die Speicherung von räumlichen Daten (*Spatial Types*), Mediendaten (*Media Types*) oder sonstigen mehr oder weniger strukturierten Daten (*Any Types*) genutzt werden. Da es sich hierbei um sehr spezielle Anforderungen handelt, werden wir im Buch nicht weiter auf diese Datentypen eingehen und verweisen auf die entsprechenden Oracle-Dokumente.

6.1.6 Nicht empfohlene Datentypen

- `CHAR(n BYTE|CHAR)` für die Speicherung von Zeichenketten mit einer fest definierten Länge von *n* Bytes bzw. Character (maximal 2000 Byte). Diese sollten daher auch nur dann benutzt werden, wenn die Zeichenkettenlänge einer Spalte für die gesamte Lebensdauer der Tabelle garantiert feststeht, z. B. für eine Spalte „`geschlecht = m | f`".

  Werte einer Spalte vom Typ `CHAR(n BYTE)` belegen immer *n* Bytes. Das Einfügen längerer Zeichenketten liefert eine Fehlermeldung, kürzere Zeichenketten werden rechts mit Leerzeichen aufgefüllt. Beim Vergleich mit anderen `CHAR`- oder `NCHAR`-Feldern oder String-Konstanten wird der kürzere der beiden Operanden rechts mit Leerzeichen aufgefüllt und anschließend verglichen. In der Praxis ist daher nur `CHAR(1 CHAR)` zu empfehlen, in allen anderen Fällen sollte stattdessen `VARCHAR2(n CHAR)` benutzt werden.

- `LONG` bzw. `LONG RAW` speichern Zeichenketten bzw. Byteketten bis zu 2 GB Größe. Auch wenn dieser Datentyp immer noch eingesetzt wird, empfiehlt Oracle seit Version 8 (!), dass entsprechende Felder auf den Datentyp `CLOB` bzw. `BLOB` konvertiert werden sollten. Die Verwendung dieser Datentypen birgt somit die Gefahr, dass neuere Funktionen nicht oder nur eingeschränkt genutzt werden können. Dazu gehört z. B. die Online-Reorganisation von Tabellen.

- VARCHAR(n BYTECHAR)|(also ohne den Suffix „2"). Diesen Datentyp gibt es ausschließlich aus Kompatibilitätsgründen und hat keinen Unterschied zu VARCHAR2. Die Benutzung dieser Datentypen wird von Oracle nicht empfohlen, und es kann nicht garantiert werden, dass dieser Datentyp in weiteren Versionen unterstützt wird.
- NCHAR (n BYTE|CHAR) für die Speicherung von Zeichenketten mit fester Länge im alternativen Zeichensatz der Datenbank (*n* steht für National Character Set). Ansonsten gelten die gleichen Vorgaben wie bei CHAR.
- UROWID zur Speicherung von ROWIDs, also physischen Datensatzadressen. Die persistente Speicherung solcher Adressen ist aber gefährlich, da sich im Rahmen eines Neuaufbaus bzw. einer Reorganisation einer Tabelle alle Satzadressen ändern. Auch bei Replikationen zwischen eigenständigen Datenbanken kommt es zu Problemen, da die Satzadressen auf Quell- und Zieldatenbank unterschiedlich sind.

Neben den genannten Datentypen gibt es die Möglichkeit, auch eine ANSI- oder IBM DB2- bzw. SQL/DS-konforme Typendefinition vorzunehmen. Hierbei handelt es sich jedoch nicht um eigene Datentypen, sondern nur um eine alternative Benennung der vorhandenen. So kann z. B. der Datentyp DECIMAL gewählt werden, der dann automatisch in NUMBER umgewandelt wird. Bei der Darstellung dieser Typen wird dann wieder das Oracle-Format verwendet.

6.2 Tabellen

Tabellen sind die Basiseinheit für die Speicherung von Daten in einer Oracle-Datenbank. Die Daten werden in Spalten und Zeilen abgelegt. Definiert wird die Tabelle über einen Namen, der maximal 30 Zeichen groß sein darf und in einem Schema eindeutig sein muss. Wird der Tabellenname mit doppelten Hochkommata maskiert, sind Sonderzeichen bzw. Groß-/Kleinschreibung erlaubt, dies wird jedoch nicht empfohlen.

Die Spalten werden benannt (hier gelten die gleichen Restriktionen wie bei der Tabelle) und mit einem Datentypen versehen (siehe Abschnitt 6.1). Außerdem können Integritätsregeln in Form von Constraints für die gesamte Tabelle oder einzelne Spalten definiert werden. Hierzu gehört z. B., dass ein Feld in der Tabelle eindeutig sein muss (UNIQUE), nicht leer sein (NOT NULL) oder nur einen bestimmten Wertebereich (CHECK) haben darf.

Die maximale Anzahl von Spalten ist auf 1000 begrenzt, es sollte jedoch beachtet werden, dass nur maximal 256 Spalten in einem Block gespeichert werden, für weitere Spalten wird dann eine Verkettung von Blöcken vorgenommen (so genanntes *Row Chaining*). Nur wenn ein entsprechendes Feld eines Satzes gefüllt ist (NOT NULL), belegt es in der Datenbank Speicherplatz.

Ausnahme hierfür sind die in Version 11 eingeführten virtuellen Spalten, die sich aus anderen Spalten über Funktionen (z. B. Verknüpfung zweier Spalten) oder Rechenoperationen (z. B. Spalte * Prozentsatz x) ergeben. Sie werden zwar in der Tabellendefinition angegeben, belegen aber generell keinen Speicherplatz.

Zu einer Tabelle können mit dem Befehl ADD <spalte> Spalten (auch virtuelle) hinzugefügt bzw mit MODIFY <spalte> geändert werden. Neben dem Löschen von Spalten über DROP COLUMN <spalte> gibt es außerdem die Möglichkeit, Spalten als nicht mehr nutzbar zu markieren: SET UNUSED <spalte>. Die so markierten Spalten belegen zwar, wenn sie gefüllt sind, weiterhin Platz in der Datenbank, aber sie werden nicht mehr im Data-Dictionary bzw. beim Befehl SELECT * FROM ... angezeigt.

Zu beachten ist, dass jede Änderung an der Tabellendefinition zu einem Table-Lock führt, d. h., die Anwendung unter Umständen für längere Zeit nicht genutzt werden kann. Gerade aus diesem Grund ist die Markierung von Spalten (SET UNUSED) interessant, da der Lock nur wenige Sekunden dauert und die Anwendung, wenn überhaupt, nur kurzzeitig nicht zur Verfügung steht. Die tatsächliche Lösung der Spalte kann dann zu einem späteren Zeitpunkt z. B. mit dem Befehl ALTER TABLE ... DROP UNUSED COLUMNS CHECKPOINT 1000 erfolgen.

Interessant ist hierbei noch die Option „CHECKPOINT“, die dafür sorgt, dass nach *n* Sätzen (hier 1000) ein Checkpoint gesetzt wird und somit diese Operation nicht als eine atomare Transaktion erfolgt. Dadurch wird gerade bei großen Tabellen vermieden, dass die Operation aufgrund fehlenden Platzes im Undo-Tablespace abgebrochen wird. Aus diesem Grund ist der „SET UNUSED“ mit anschließendem „DROP“ dem „normalen“ Löschen von Spalten vorzuziehen.

Für die Abspeicherung und Referenzierung erhält jeder Datensatz eine eindeutige ROWID (zwölfstellig mit Basis 64), die sich aus dem Datensegment (64^6), der Datendatei eines Tablespace (64^3), des Datenblocks (64^6) und der Satznummer im Block (64^3) zusammensetzt. Außerdem ist es möglich, die Daten bei der Abspeicherung zu verschlüsseln, um missbräuchliche Zugriffe zu verhindern.

Im folgenden Beispiel wird eine Personentabelle als *Heap-organized*, d. h. Standardtabelle, angelegt. Die letzte Spalte name ist eine virtuelle Spalte, die sich aus der Spalte nachname und vorname, durch ein Leerzeichen getrennt, zusammensetzt. Außerdem wird das Ergebnis in Großbuchstaben angezeigt. Die Kreditkartennummer wird zusätzlich verschlüsselt (Option *ENCRYPT*). Um diese Tabelle anzulegen, muss zuvor ein Oracle *Wallet* (für die Verschlüsselung) geöffnet worden sein. Außerdem ist zu beachten, dass diese Funktion nur in der Enterprise Edition und der lizenzpflichtigen Advanced Security Option zur Verfügung steht.

```
SQL> CREATE TABLE personen
     (
      persid        NUMBER(10,0) CONSTRAINT pk_personen PRIMARY KEY
     ,anrede        VARCHAR2 (5 CHAR)
     ,vorname       VARCHAR2 (50 CHAR)
     ,nachname      VARCHAR2 (50 CHAR) NOT NULL
     ,kartennummer NUMBER (16) ENCRYPT
     ,geburtstag  DATE
     ,bild        BLOB
     ,name        VARCHAR2(101 CHAR) AS (UPPER(nachname||' '||vorname))
     )
     TABLESPACE users;
```

6.2.1 Heap-organisierte Tabellen

Heap-organisierte Tabellen sind die „klassischen“ Datenbanktabellen von Oracle-Systemen. Die Datensätze werden in der Reihenfolge ihrer Eingabe in Oracle-Blöcke gespeichert. Jeder Block besteht aus einem Block Header und den bereits eingegebenen Datensätzen.

Bei älteren Datenbanken mit Dictionary Managed Tablespaces oder Manual Segment Space Management werden freie Blöcke über Listen (so genannte *Freelists*) verwaltet. Für einen INSERT wird eine Blockadresse aus dieser Liste gelesen und der Datensatz eingefügt. Ist in einem Block nur noch ein bestimmter Prozentsatz frei (*PCTFREE* standardmäßig 10 %), wird der Block von der Freelist gelöscht, so dass keine weiteren Einfügeoperationen mehr in diesen Block erfolgen. Selbst wenn Datensätze aus dem betreffenden Block gelöscht werden, wird dieser nicht mehr für INSERT-Operationen genutzt, solange er nicht eine weitere Schwelle (*PCTUSED* standardmäßig 40 %) unterschreitet. Erst dann wird der Block wieder auf die Freelist gesetzt, und neue Insert-Operationen sind möglich.

In neueren Datenbanken (ab Version 9i) sollten die Tablespaces jedoch mit dem *Automatic Segment Space Management* (kurz ASSM) angelegt werden. In diesem Fall übernimmt eine Bitstruktur die Verwaltung der freien Blöcke. In dieser Struktur wird ein Block als leer, viertel, halb, dreiviertel oder voll gekennzeichnet, so dass je nach Operation (Einzelsatz oder Bulk Load) entschieden werden kann, ob sich das Einfügen eines Satzes in diesen Block lohnt.

Der Parameter PCTFREE bleibt aber weiterhin erhalten, da dieser abhängig von der Tabelle angibt, wie viel Platz für Änderungen (UPDATES) in einem Block freigehalten werden soll.

Heap-organisierte Tabellen sind gut geeignet für Datenobjekte, die keine besonderen Anforderungen an die Menge der Daten, deren physische Speichersequenz oder deren Indizierung stellen. Heap-Tabellen sind darüber hinaus eine gute Standardlösung für den Fall, dass die genauen Anforderungen an die Speicherung nicht bekannt sind.

Komprimierung

Bei der Abspeicherung von Tabellen mit mehreren Millionen Einträgen kann es sich anbieten, diese zu komprimieren. Im Gegensatz zu der üblichen Komprimierung wie *„winzip"* handelt es sich hierbei um eine so genannte *Block Compression*, d. h., beim Erreichen der Hochwassermarke eines Blocks werden redundante Werte innerhalb des Blockes in einen separaten Bereich geschrieben, und dieser wird von den Datensätzen referenziert.

Während in Oracle9i und 10g diese Funktion nur bei Massendatenoperationen (z. B. `INSERT AS SELECT` oder „Direct Path Loads") zur Verfügung stand, kann bei Oracle 11g die Funktion jederzeit genutzt werden, allerdings ist Voraussetzung, dass die Enterprise Edition eingesetzt wird und die Advanced Compression Option lizenziert wurde.

Im Folgenden wird die Tabelle `positionen` als komprimierte Tabelle angelegt. Diese Tabelle eignet sich für die Komprimierung, da wahrscheinlich immer wieder mehrere Positionen zu einem bestimmten Auftrag eingegeben werden. Die zugehörige Auftragsnummer (`aufid`) könnte somit als redundante Information abgelegt werden.

```
SQL> CREATE TABLE positionen
     (
         aufid        NUMBER(10,0)
        ,posid        NUMBER(10,0)
        ,prodid       NUMBER(10,0)
```

```
        ,menge       NUMBER(10,2)
        ,einzelpreis NUMBER(7,2)
        ,gesamtpreis NUMBER(9,2) AS (menge * einzelpreis)
        ,CONSTRAINT pk_positionen2 PRIMARY KEY (aufid ,posid)
     )
     COMPRESS FOR ALL OPERATIONS;

SQL> SELECT table_name,
            pct_free,
            compression,
            compress_for,
            segment_created
     FROM   user_tables
     WHERE table_name = 'POSITIONEN';

TABLE_NAME        PCT_FREE COMPRESS COMPRESS_FOR       SEG
--------------- ---------- -------- ------------------ ---
POSITIONEN2             10 ENABLED  FOR ALL OPERATIONS YES
```

In diesem Fall wird, wie in der Ausgabe von `USER_TABLES` ersichtlich, die Komprimierung auf alle Operationen (Direct-Path und „normale" DML) angewendet. Wird die Option `FOR ALL OPERATIONS` weggelassen bzw. als Option `FOR DIRECT PATH ONLY` verwendet, dann werden, wie bereits in Oracle9i möglich, nur Ladeoperationen von Massendaten komprimiert. In dem Fall wird außerdem der Parameter PCTFREE auf 0 gesetzt, um eine optimale Füllung der Blöcke zu erreichen. Die Ausgabe von `USER_TABLES` sieht dann wie folgt aus:

```
TABLE_NAME        PCT_FREE COMPRESS COMPRESS_FOR       SEG
--------------- ---------- -------- ------------------ ---
POSITIONEN2              0 ENABLED  DIRECT LOAD ONLY   YES
```

Eine dritte, sehr spezielle Komprimierungsart ist die so genannte *Columnar Compression* (`COMPRESS FOR ARCHIVE LEVEL = n`). Da diese Art der Komprimierung ausschließlich beim Einsatz von Exadata-Datenbanksystemen möglich ist, werden wir in diesem Buch nicht weiter darauf eingehen.

6.2.2 Indexorganisierte Tabellen (IOT)

Index-organisierte Tabellen speichern ihre Daten, sortiert nach dem Primärschlüssel, in Form eines B*-Index-Baumes. Im Gegensatz zu normalen B*-Index-Bäumen enthalten die B*-Bäume von IOT-Tabellen jedoch auch Spalten, die nicht zu dem Tabellenschlüssel gehören. Es ist darüber hinaus möglich, bestimmte Spalten, die nicht zum Schlüssel gehören, „auszulagern", d. h. außerhalb des B*-Baumes in einem separaten Segment, dem sogenannten Überlaufbereich, zu speichern.

Auf diese Weise können die Datensätze in den Blättern des Baumes kurz gehalten und dadurch der Baum kompakter aufgebaut werden. Es lassen sich auch so genannte Sekundärindizes für IOT-Tabellen definieren, um Zugriffe, die nicht über die Primärschlüsselspalten erfolgen, zu optimieren. Diese Sekundärindizes enthalten logische Satzadressen für den Zugriff auf den Index-Baum.

Da Einträge in Index-Bäumen durch INSERT- und UPDATE-Operationen und damit verbundenen Split-Operationen auf den Index-Blättern möglicherweise verschoben werden, können Zugriffe über logische Satzadressen fehlschlagen. In diesen Fällen ist dann eine zusätzliche Scan-Operation über den Primärschlüssel notwendig, um den betreffenden Datensatz zu lesen.

Im folgenden Beispiel wird die indexorganisierte Tabelle `telefone` mit den Schlüsselspalten `persid` und `teltyp` angelegt. Die Spalte `bemerkung` wird dabei, sofern der Schwellenwert von 10 % pro Block und Datensatz überschritten wird, in einen Überlaufbereich ausgelagert, der sich in der Tablespace `tsover` befindet:

```
SQL> CREATE TABLE telefone
     (
        persid    NUMBER(10,0)
       ,teltyp    NUMBER(2,0)
       ,land      NUMBER(5,0) DEFAULT 49
       ,vorwahl   NUMBER(10,0)
       ,nummer    NUMBER(10,0)
       ,bemerkung VARCHAR2(100)
       ,CONSTRAINT pk_telefone PRIMARY KEY (persid, teltyp)
     )
     ORGANIZATION INDEX
     TABLESPACE tsdata
     PCTTHRESHOLD 10 INCLUDING nummer OVERFLOW TABLESPACE tsover;
     /
```

Wie normale Indizes, so lassen sich auch indexorganisierte Tabellen zusätzlich komprimieren. Bei der Komprimierung werden die Spalten des Primärschlüssels in Präfix- und Suffixbereiche aufgeteilt und die wiederholt auftretenden Werte der Präfixe innerhalb eines Blockes unterdrückt. Durch die Komprimierung wird eine Verkürzung der Datensätze in den Blättern des Index-Baumes erreicht, die den Index kompakter und damit für EA-Operationen effizienter machen.

Index-organisierte Tabellen sind sehr gut geeignet für die Umsetzung aller Datenobjekte, die einen großen Teil ihres Informationsgehaltes aus den Schlüsselspalten beziehen. Hierbei schlägt vor allem die Einsparung von Speicherplatz zu Buche, da keine separaten Segmente für Tabellen und Indizes angelegt werden müssen. Mögliche Kandidaten sind z. B.:

- so genannte Intersection-Tabellen, die n:m-Relationen des Datenmodells auflösen
- große Referenztabellen, die nur wenige Spalten enthalten, die nicht zum Schlüssel gehören

6.2.3 Temporäre Tabellen

Der Terminus „temporäre Tabellen" (*temporary tables*) ist etwas irreführend: Was an temporären Tabellen „flüchtig" ist, sind ihre Daten, keineswegs jedoch ihre im Data-Dictionary definierte Struktur. Einmal angelegt sind sie, entsprechende Privilegien vorausgesetzt, für alle Benutzer sichtbar und benutzbar. Die Daten, die sie speichern, werden jedoch am Ende jeder Transaktion oder am Ende der betreffenden Session automatisch gelöscht. Sie sind grundsätzlich, auch nach einer COMMIT-Operation, nur für die aktuelle Session sichtbar.

Ähnlich wie bei Sortieroperationen werden die Daten beim Einfügen zunächst in der PGA des Benutzers gehalten und bei Bedarf in den entsprechenden temporären Tablespace ausgelagert, die Angabe eines Tablespace bei der Erstellung ist daher nicht möglich. Temporäre Tabellen können beliebig indiziert, über Views, auch zusammen mit regulären Tabellen, referenziert und mit Triggern belegt werden.

Zu beachten ist, dass temporäre Tabellen sowohl Undo- als auch Redo-Informationen erzeugen. Zwar wird für das eigentliche DML (INSERT, UPDATE, DELETE) kein Redo-Eintrag benötigt, weil im Fehlerfall (Absturz) die Session zurückgesetzt wird und damit die Tabelle wieder leer ist.

Da es aber möglich ist, auch Transaktionen auf temporäre Tabellen zurückzurollen (*ROLLBACK*), müssen entsprechende Einträge in den Undo-Segmenten eingetragen werden. Da die Undo-Segmente aber nicht zwischen Transaktionen auf reguläre oder temporäre Tabellen unterscheiden können, werden diese Informationen in den Redolog-Dateien gespeichert. Umfangreiche Änderungsoperationen (UPDATE, DELETE) auf temporären Tabellen generieren also durchaus erhebliche Redolog-Volumen.

Im folgenden Beispiel wird die temporäre Tabelle `tmp_umsatz` erzeugt, deren Daten bis zum Ende jeder Session erhalten bleiben sollen.

```
SQL> CREATE GLOBAL TEMPORARY TABLE tmp_umsatz
     (
        persid NUMBER
       ,datum  DATE
       ,umsatz NUMBER
     )
     ON COMMIT PRESERVE ROWS
     /
```

Zum Einfügen und Selektieren von Daten werden herkömmliche SELECT- und INSERT-Befehle benutzt. Im folgenden Beispiel werden Daten aus den Tabellen `auftraege` und `positionen` verdichtet und in der Tabelle `tmp_umsatz` gespeichert.

```
SQL> INSERT INTO tmp_umsatz (persid, datum, umsatz)
     SELECT a.persid
           ,a.aufdatum
           ,sum(p.menge * p.einzelpreis)
     FROM  auftraege a, positionen p
     WHERE a.aufid = p.aufid
     GROUP BY a.persid,
              a.aufdatum;
```

Indizes werden über den `CREATE INDEX`-Befehl, ohne TABLESPACE- und STORAGE-Klausel, erzeugt, setzen allerdings voraus, dass die betreffende Tabelle in allen aktuell angemeldeten Sessions vollständig leer ist.

```
SQL> CREATE INDEX idx_persid ON tmp_umsatz(persid);
CREATE INDEX idx_persid ON tmp_umsatz(persid)
                          *
FEHLER in Zeile 1:
ORA-14452: Versuch, einen Index auf einer schon verwendeten temporären Tabelle
zu erstellen, zu ändern oder zu löschen
```

Temporäre Tabellen sind sehr gut für die Zwischenspeicherung und spätere Konsolidierung von Daten geeignet. Beliebig viele Anwendungen mit gleichen Anforderungen an temporäre Speicherstrukturen können sich jeweils eine temporäre Tabelle teilen, ohne Bezeichner für die Identifizierung der eigenen Daten mitzuführen. Die Daten können dabei intern entstehen und intern weiterverarbeitet oder in einem ersten Schritt von externen Ressourcen geladen und dann intern konsolidiert werden.

Durch das reduzierte Redolog-Volumen können temporäre Tabellen im Kontext großer Datenmengen verwendet werden. Ein weiterer Vorteil ist dadurch gegeben, dass sie ihren Speicherplatz nicht permanent in Form eines eigenen Segmentes anlegen, sondern diesen, beim Vorhandensein von Daten, aus dem Speichervolumen des temporären Tablespace beanspruchen.

Temporäre Tabellen haben seit Oracle9i durch das Aufkommen von externen Tabellen für das Laden externer Daten an Bedeutung verloren, sind hier aber immer noch interessant für die interne Zwischenspeicherung. Parallele Operationen auf temporäre Tabellen sind nicht möglich, und außerdem können temporäre Tabellen nicht partitioniert werden.

6.2.4 Externe Tabellen

Seit der Version 9i ist es möglich, externe, im Dateisystem abgelegte Daten mithilfe von *„externen"* Tabellen so in die Datenbank zu integrieren, dass ihr lesender Zugriff über normale SQL-Befehle durchgeführt werden kann. Ursprünglich wurden sie für den ETL[3]-Vorgang in Data-Warehouse-Systemen konzipiert, um damit das so genannte Staging (d. h. Hochladen der Rohdaten in die Data-Warehouse-Datenbank zur Weiterverarbeitung) zu vereinfachen, und waren ausschließlich lesbar, d. h., DML-Operationen waren nicht möglich.

Mit der Einführung der Data Pumps in Oracle 10g ist es jetzt auch möglich, Daten über diese Schnittstelle in externe Tabellen auszulagern. In der Datenbank können externe Tabellen mithilfe von Funktionen und Ausdrücken beliebig abgefragt, in Views integriert, über Synonyme referenziert oder nach Spalten sortiert werden. Nicht möglich sind jedoch das explizite Löschen bzw. Ändern der Daten (bis auf Bulk-Inserts) sowie die Definition von Indizes oder virtuellen Spalten.

Externe Tabellen werden im Data-Dictionary hinsichtlich ihrer Spaltenstruktur, der Lokation ihrer externen Daten sowie der für das Lesen der Daten notwendigen Formatmaske definiert. Der Zugriff auf die externen Daten erfolgt schließlich über einen in die Datenbank integrierten Treiber. Hierfür stehen zwei unterschiedliche Treiber zur Verfügung: *„ORACLE_LOADER"* und „`ORACLE_DATAPUMP`".

Mit dem *ORACLE_LOADER*-Treiber werden externe Tabellen für den lesenden Zugriff per SELECT-Befehl zur Verfügung gestellt. Hierbei ist es notwendig, ein entsprechendes *„Mapping"* zu definieren, d. h. die Struktur der externen Datei. Mit dem ORACLE_DATAPUMP-Treiber ist es möglich, Daten aus der Datenbank herauszuladen, im DATAPUMP-Format zu speichern und dann in eine andere Datenbank in gleicher Form wieder zu laden. Da das Format bei DATAPUMP vorgegeben ist, entfällt das Mapping für die Spalten.

Bevor mit externen Tabellen gearbeitet wird, muss ein *DIRECTORY* angelegt werden (siehe Abschnitt 6.8). Mit Oracle 11g wird bei der Erstellung einer Datenbank automatisch das Directory `DATA_PUMP_DIR` und das Betriebssystemverzeichnis $ORACLE_BASE/admin/<ORACLE_SID>/dpdump angelegt. Owner des Directorys ist SYS. In den meisten Fällen reicht es danach aus, wenn dem Schema eine entsprechende Berechtigung für das Lesen und/oder Schreiben auf das Directory gegeben wird.

---

3 ETL = Extraction, Transformation, Loading

```
SQL> GRANT READ, WRITE ON DIRECTORY data_pump_dir TO patrick;
```

Für dieses Directory kann jetzt eine entsprechende Tabelle angelegt werden. Im folgenden Beispiel wird die Tabelle `auftraege_ldr` angelegt, die über den ORACLE_LOADER-Treiber (`TYPE ORACLE_LOADER`) eingebunden wird.

```
SQL> CREATE TABLE auftraege_ldr
     (
        aufid     NUMBER (10),
        persid    NUMBER (10),
        aufdatum  DATE
     )
     ORGANIZATION EXTERNAL
     (
        TYPE ORACLE_LOADER
        DEFAULT DIRECTORY data_pump_dir
        ACCESS PARAMETERS
       (RECORDS DELIMITED BY NEWLINE
        BADFILE data_pump_dir:'auftraege_ldr%p.bad'
        LOGFILE data_pump_dir:'auftraege_ldr%p.log'
        FIELDS TERMINATED BY "," OPTIONALLY ENCLOSED BY "'"
        (
           "AUFID"      FLOAT EXTERNAL          NULLIF "AUFID-BLANKS,
           "PERSID"     FLOAT EXTERNAL          NULLIF "PERSID-BLANKS,
           "AUFDATUM"   DATE "dd.mm.yyyy" NULLIF "AUFDATUM-BLANKS )
       )
       LOCATION ('auftraege_ldr.dat')
     )
     PARALLEL 5
     REJECT LIMIT UNLIMITED;
```

In diesem Beispiel wird die externe Tabelle `auftraege_ldr` mit den Spalten `aufid`, `persid` und `aufdatum` angelegt. Die zugrunde liegende Datei wird in der LOCATION-Klausel angegeben. Die Zeilen der Tabelle sollen sich aus den Zeilen dieser Datei ergeben (NEWLINE-Klausel); die Felder sind entsprechend durch Kommata getrennt gespeichert. Die Datei `auftraege_ldr.dat` kann durchaus mehr als die hier angegebenen „Spalten" enthalten, entsprechende, weiterführende Einträge werden ignoriert.

Für den Fall, dass die „Spaltenwerte" der Datei sich nicht im Rahmen der definierten Datentypen und -längen, hier `NUMBER(4)` und `VARCHAR2(10)`, darstellen lassen, wird eine Fehlerdatei (BADFILE-Klausel) geschrieben. In diesem Beispiel wird der Name der Datei mit der Prozessnummer des betreffenden Serverprozesses (Substitutionsvariable `%p`) qualifiziert. Jeder Zugriff wird darüber hinaus in einer Log-Datei (LOGFILE-Klausel) protokolliert. Zugriffe werden über die gewohnte SQL-Syntax generiert, allerdings ist die Angabe von ROWIDs nicht möglich. Die PARALLEL-Klausel sorgt für eine Parallelisierung der Zugriffe, was jedoch nur für große Datenmengen Laufzeitvorteile mit sich bringt.

Sollte die Datei nicht existieren, oder wurde eventuell der Name der Datei falsch geschrieben (hier bitte bei Unix-Systemen auf Groß- und Kleinschreibung achten!), dann erhält man folgende Fehlermeldung:

```
SQL> SELECT * FROM auftraege_ldr;
                   *
FEHLER in Zeile 1:
ORA-29913: Fehler bei der Ausführung von Aufruf ODCIEXTTABLEOPEN
```

```
ORA-29400: Data Cartridge-Fehler
KUP-04040: Datei auftraege_ldr.dat in DATA_PUMP_DIR nicht gefunden
```

Mit der neuen Version des Automatic Storage Managers ist es natürlich auch möglich, ein Verzeichnis im ASM anzugeben. Für die Definition bzw. Benutzung der externen Tabellen ändert sich dabei nichts. Einzig das Directory-Objekt muss entsprechend mit dem vorangestellten „+"-Symbol angelegt werden, z. B. in der Form:

```
SQL> ALTER DISKGROUP DATA ADD DIRECTORY '+RACDATA/C11R2/DATAPUMP/';

SQL> CREATE DIRECTORY data_pump_dir_asm AS '+RACDATA/C11R2/DATAPUMP/';
```

Mit dem ersten Befehl wird das Verzeichnis im ASM angelegt und mit dem zweiten Befehl das entsprechende Directory-Objekt `data_pump_dir_asm`.

Wie bereits erwähnt, ist neben dem Laden von Daten auch das Auslesen von Daten in externe Tabellen möglich. Allerdings geschieht dies nicht mit dem SQL-Befehl „INSERT", sondern über den ORACLE_DATAPUMP-Treiber und den Befehl „`CREATE TABLE ... AS SELECT`". Damit kann, wie beim SQL*Loader, der Zugriff auf externe Werkzeuge vermieden werden und Daten können zwischen unabhängigen Datenbanken ausgetauscht werden.

Im folgenden Beispiel wird eine externe Tabelle `auftraege_dp` mit dem Treiber ORACLE_DATAPUMP angelegt.

```
SQL> CREATE TABLE auftraege_dp
     ORGANIZATION EXTERNAL
     (
        TYPE ORACLE_DATAPUMP
           DEFAULT DIRECTORY data_pump_dir
        ACCESS PARAMETERS
          (LOGFILE data_pump_dir:'auftraege_dp.log')
           LOCATION (data_pump_dir_asm:'auftraege_dp.dmp')
     )
     AS
     SELECT aufid, persid, aufdatum
     FROM   demo.auftraege;
```

Mit dem Befehl `CREATE TABLE ... AS SELECT` werden die externe Tabelle `auftraege_dp` angelegt, und die Daten aus der Datenbanktabelle `demo.auftraege` in die Datei `auftraege_ext.dmp` geschrieben. In diesem Fall liegt die Datei `auftraege_ext.dmp` in einem ASM-Verzeichnis (`data_pump_dir_asm`) und die dazugehörige Log-Datei in einem „normalen" Verzeichnis (`data_pump_dir`).

Egal mit welchem Treiber die Tabelle angelegt wurde, in der anschließenden Selektion der Daten besteht kein Unterschied. Auf beide erstellten Tabellen (`auftraege_ldr` oder `auftraege_dp`) kann mit normalen SELECT-Befehlen zugegriffen werden.

Als Beispiel soll ein Join der externen Tabelle `auftraege_ldr` mit der „normalen" Tabelle `personen` dienen:

```
SQL> SELECT p.nachname
           ,p.vorname
           ,a.aufid
           ,a.aufdatum
     FROM   personen p,
            auftraege_ldr a
```

```
WHERE  p.persid = a.persid
AND    p.nachname = 'Meier';
```

6.2.5 Tabellen Cluster

Hierbei handelt es sich nicht um Hardware-Cluster, sondern um eine spezielle Form der Speicherung von Daten. Daher sollten Sie, wenn Sie sich mit jemandem über „Cluster“ unterhalten, frühzeitig abklären, was damit gemeint ist! In Clustern abgelegte Tabellen speichern Daten in Abhängigkeit von Cluster-Schlüsseln in für diese Cluster-Schlüssel ausgewiesenen Datenblöcken.

Teilen sich mehrere Tabellen einen Cluster-Schlüssel, können sie gemeinsam in einem Cluster angelegt werden. Entsprechend werden Datensätze mit gleichen Cluster-Schlüsseln gemeinschaftlich gespeichert. Man spricht in diesem Zusammenhang auch von einem *„Permanenten Join“*. Die maximale Anzahl von Tabellen in einem Cluster beträgt 32, allerdings ist dies wohl eher ein theoretischer Wert, weil die Wahrscheinlichkeit groß ist, dass die Vorteile des Clusters damit verloren gehen.

Der Zugriff auf die Objekte in einem Cluster ist transparent, d. h., für die Anwendung gibt es keinen Unterschied, ob auf einen Cluster oder eine reguläre Tabelle zugegriffen wird. Allerdings gibt es eine große Anzahl von Beschränkungen bei der Verwendung von Clustern, weshalb sie in realen Systemen eher selten zum Einsatz kommen. So kann eine Tabelle mit den Datentypen LONG, LONG RAW, REF, BLOB, CLOB, BFILE nicht geclustert werden, UDSs[4] und Nested Tables (siehe Abschnitt 6.10.4) sind ebenfalls nicht möglich. Außerdem können Cluster nicht partitioniert oder über Advanced Replication repliziert werden.

Die Zuordnung von Cluster-Schlüsseln zu Datenblöcken und der Zugriff auf diese Sätze wird über zwei unterschiedliche Verfahren, durch Indizierung und Hash-Algorithmen, geregelt. Dementsprechend sprechen wir von Index-Clustern oder Hash-Clustern.

Index-Cluster

Bei Index-Clustern übernimmt ein B*-Index, der so genannte Cluster-Index, die Reservierung einzelner Blöcke für bestimmte Cluster-Schlüssel. Da der Index im Kontext der INSERT-Operationen gefüllt wird, erfolgt die Reservierung der Blöcke in der Reihenfolge, wie die INSERT-Operationen der Cluster-Schlüssel von den Programmen durchgeführt werden. Die Hochwassermarke wird bei leeren Index-Clustern, wie auch bei Heap-Tabellen, synchron zu den INSERT-Operationen verschoben.

Im folgenden Beispiel wird der Index-Cluster `pers_auftraege` mit den Tabellen `personen` und `auftraege` angelegt:

```
SQL> CREATE CLUSTER pers_auftraege (persid NUMBER(10))
     INDEX;

SQL> CREATE INDEX idx_pers_auftraege ON CLUSTER pers_auftraege;

SQL> CREATE TABLE personen
```

4 UDT = User Defined Datatype

```
     (
        persid        NUMBER(10)
       ,anrede        VARCHAR2(5 CHAR)
       ,vorname       VARCHAR2(50 CHAR)
       ,nachname      VARCHAR2(50 CHAR)
       ,geburtstag    DATE
     )
     CLUSTER pers_auftraege (persid);

SQL> CREATE TABLE auftraege
     (
        aufid          NUMBER(10)
       ,persid         NUMBER(10)
       ,aufdatum       DATE
       ,lieferdatum    DATE
       ,aufstatus      CHAR(1 CHAR)
     )
     CLUSTER pers_auftraege (persid);
```

Hash-Cluster

Beim Hash-Cluster ist die Reihenfolge der INSERT-Operationen nicht relevant für die Zuordnung der Datenblöcke zu den Cluster-Schlüsseln. Hier bestimmt eine Hash-Funktion den Block, in dem ein Cluster-Schlüssel zu speichern ist. Die Hash-Funktion gibt in der Regel den Blockversatz relativ zum Beginn des betreffenden Segmentes an. Damit nicht mehrere Cluster-Schlüssel einen Datenblock teilen, muss beim Anlegen eines Hash-Clusters die erwartete maximale Anzahl von Cluster-Schlüsseln möglichst präzise angegeben werden.

Diese Schlüsselanzahl bestimmt direkt die Anzahl der Blöcke, die unterhalb der Hochwassermarke bereitgehalten werden müssen, unabhängig davon, ob Daten eingefügt wurden oder nicht. INSERT-Operationen bewegen daher nur dann die Hochwassermarke, wenn ein Blocküberlauf stattfindet.

Im folgenden Beispiel wird der Hash-Cluster `pers_auftraege` mit den Tabellen `personen` und `auftraege` angelegt. Es werden 1.000 Cluster-Schlüssel erwartet. Entsprechend werden 1.000 Blöcke initialisiert. Die Hash-Funktion arbeitet, spezifiziert durch die HASH IS-Klausel, auf Basis der numerischen Spalte `persid`:

```
SQL> CREATE CLUSTER pers_auftraege (persid NUMBER(10))
     HASHKEYS 1000 HASH IS persid;

SQL> CREATE TABLE personen
     (
        persid        NUMBER(10)
       ,anrede        VARCHAR2(5 CHAR)
       ,vorname       VARCHAR2(50 CHAR)
       ,nachname      VARCHAR2(50 CHAR)
       ,geburtstag    DATE
     )
     CLUSTER pers_auftraege (persid);
```

```
SQL> CREATE TABLE auftraege
     (
        aufid         NUMBER(10)
       ,persid        NUMBER(10)
       ,aufdatum      DATE
       ,lieferdatum   DATE
       ,aufstatus     CHAR(1 CHAR)
     )
     CLUSTER pers_auftraege (persid);
```

Wie man bei einem Vergleich leicht erkennen kann, besteht der einzige Unterschied zwischen den beiden Cluster-Arten in der Klausel *„INDEX"* bzw. *„HASHKEYS ..."*. Ein Löschen des Clusters ist anschließend nur möglich, wenn zunächst die zugehörigen Objekte (in diesem Fall `auftraege` und `personen`) gelöscht werden.

Cluster-Implementierungen sind keine Standardlösungen, sie sollten sorgfältig geplant werden. Generell können sie die folgenden Vorteile bieten:

- „Physische Joins" durch die Speicherung mehrerer Tabellen in einem Cluster, sofern der Cluster-Schlüssel identisch mit dem Join-Schlüssel ist
- Adressierung der Datensätze im Hash-Cluster ohne Vorhandensein eines Indexes
- „sortierte" Speicherung der Datensätze

Diesen Vorteilen steht jedoch eine Reihe von Nachteilen gegenüber:

- Für den Fall, dass nur eine der im Cluster abgelegten Tabellen gelesen wird, kommt es zu einer erhöhten Anzahl an Blockzugriffen.
- Nur partiell gefüllte Hash-Cluster führen ebenfalls zu einer erhöhten Anzahl von Blockzugriffen.
- Ungenügende Füllung von Cluster-Blöcken bei „geringem" Datenvolumen pro Cluster-Schlüssel; umgekehrt Verkettung von Cluster-Blöcken (Überlauf) bei „großem" Datenvolumen pro Cluster-Schlüssel; nicht einschätzbare Wirkungen bei „schwankendem" Datenvolumen pro Cluster-Schlüssel
- Eindeutigkeit kann nur über zusätzliche Indizes sichergestellt werden, die wiederum Speicherplatz kosten.
- Ineffiziente Segmentgrößen bei Hash-Clustern, wenn die Anzahl der Cluster-Schlüssel nicht bekannt ist oder falsch eingeschätzt wurde.
- Die Hash-Funktion kann nur für Gleichheitsoperatoren genutzt werden.

Diese Überlegungen machen deutlich, dass Cluster-Implementierungen nur selten zum Einsatz kommen dürften.

6.3 Indexstrukturen

Indizes sind für relationale Datenbanksysteme aus verschiedenen Gründen unerlässlich: Auf der einen Seite helfen sie – richtig aufgebaut – bei der Optimierung von Zugriffen, auf der anderen Seite können sie eindeutige Wertemengen (als so genannter Unique-Index) garantieren. Für den Datenbankverwalter wie auch den Anwendungsentwickler gruppieren sich unterschiedliche Aufgabenbereiche um die Welt der Indizes:

1. Im Zuge der Datenmodellierung gilt es, geeignete Attribute für die Indizierung auszusuchen.
2. Wird das physikalische Modell aufgesetzt, müssen den Indexkandidaten konkrete Indizes bzw. Indextypen zugewiesen werden.
3. Die Indizes des physikalischen Modells werden dann mit geeigneten Attributen (z. B. Tablespace, *PCTFREE* etc.) angelegt.
4. Im laufenden Betrieb schließlich müssen die Indizes überwacht und bei Bedarf reorganisiert werden. Gleichfalls kann es notwendig sein, konkrete Zugriffspläne einzelner SQL-Befehle zu generieren, hinsichtlich ihrer Indexnutzung zu analysieren und bei Bedarf die Indexstrukturen zu optimieren.

Dieser Abschnitt beschäftigt sich vornehmlich mit Punkt 2 der oben angeführten Aufgabenliste, nämlich der Umsetzung einer Indexanforderung in einen konkreten Index eines bestimmten Indextyps. In den unterschiedlichen Oracle-Editionen steht uns eine Reihe von Indextypen zur Verfügung. Die genaue Kenntnis der einzelnen Indextypen und ihrer Charakteristika ist für eine optimale Implementierung mindestens genauso wichtig wie die Entscheidung darüber, welche Attribute welcher Tabellen in welcher Gruppierung indiziert werden sollen.

6.3.1 Allgemeine Regeln

Indizes lassen sich im Kontext von Tabellen und Clustern anlegen. Vorhandene Indizes werden durch DML-Befehle automatisch verändert, was bei einer großen Zahl von Indizes und entsprechendem DML-Aufkommen messbare Auswirkungen auf die Performanz haben kann. Die Verwaltung der Daten erfolgt in sortierten Listen. Die sortierten Listen der Schlüssel werden dabei auf einzelne Oracle-Blöcke, die so genannten Index-Blätter (*leaf node*) verteilt. Zeiger auf die Endpunkte dieser Index-Blätter werden in einem Index-Baum in so genannten Index-Zweigen (*branch node*) zusammengefasst, die den schnellen Zugriff auf konkrete Schlüsselwerte garantieren.

Die in Abbildung 6.1 gezeigte Struktur wird im Rahmen eines Segments für jeden Index, unabhängig von seinem Typ, aufgebaut. Die Art, in welchem Format und in welcher Sortierung die Daten in den Index-Blättern gespeichert werden, ist dagegen unterschiedlich und hängt von dem verwendeten Indextyp ab. Suchvorgänge in Indizes beginnen bei dem so genannten Wurzelblock (*root block*) und gelangen über die „Zweige" des Index-Baumes zu den „Blättern", über die schließlich die Satzadresse (*rowid*) des gesuchten Schlüsselwertes ermittelt wird. Der Zugriff auf den gewünschten Datensatz erfolgt dann über die ermittelte Adresse. Da die Blätter von Index-Bäumen auch untereinander durch Pointer verbunden sind, lassen sich Bereichszugriffe (*range scans*) ohne erneuten Einstieg über die Wurzel realisieren.

Über die Nutzung von Indizes für konkrete SQL-Zugriffe entscheidet der Optimizer, beeinflusst durch die Syntax des betreffenden SQL-Befehls, vorhandene Statistiken oder konkrete Anweisungen (so genannte Hints). Indizes lassen sich eindeutig (Unique) oder nicht eindeutig (Non-Unique) anlegen. Es können sowohl einzelne Spalten als auch Spaltengruppen indiziert werden. Im letzteren Fall handelt es sich um zusammengesetzte Indizes (Concatenated Index, Composite Index).

Abhängig vom Indextyp liegt die maximale Anzahl von Spalten, die in zusammengesetzten Indizes gruppiert sind, entweder bei 30 (Bitmap-Index) oder 32 (B*Baum). Wich-

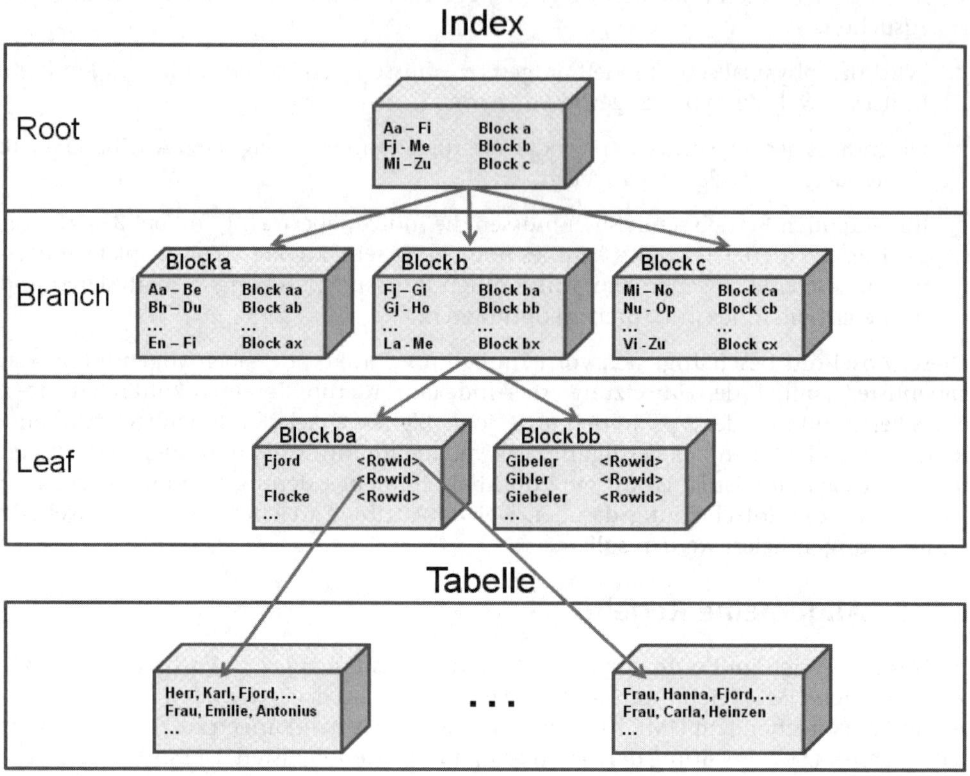

Abbildung 6.1: Indexstruktur

tig ist beim Aufbau von zusammengesetzten Indizes vor allem die Reihenfolge der Spalten, entscheidet sie doch über die Nutzung seitens des Optimizers. Es können beliebige Kombinationen von Indizes auf Tabellen erzeugt werden, allerdings kann eine Spaltenkombination immer nur einmal vorkommen. Folgendes Beispiel soll dies verdeutlichen:

```
SQL> CREATE INDEX idx_name ON personen(vorname, nachname);

Index wurde erstellt.

SQL> CREATE INDEX idx_name2 ON personen(nachname, vorname);

Index wurde erstellt.

SQL> CREATE INDEX idx_name3 ON personen(nachname, vorname, anrede);

Index wurde erstellt.

SQL> CREATE BITMAP INDEX bidx_name ON personen(vorname, nachname);

CREATE BITMAP INDEX bidx_name ON personen(vorname, nachname)
                                                            *
FEHLER in Zeile 1:
ORA-01408: Diese Spaltenliste hat bereits einen Index
```

Prinzipiell können Indizes nur dann vom Optimizer genutzt werden, wenn die betreffende SQL-Anweisung Prädikate enthält, welche die indizierten Spalten referenzieren. Bei zusammengesetzten Indizes heißt dies, dass die Reihenfolge der Spalten bestimmt, bis zu welcher Tiefe der Index genutzt werden kann. Das folgende Beispiel soll dies verdeutlichen:

```
SQL> CREATE INDEX idx_name ON personen(vorname, nachname);

SQL> SELECT *
     FROM   personen
     WHERE  nachname = 'Schwanke';

-------------------------------------
| Id  | Operation          | Name     |
-------------------------------------
|   0 | SELECT STATEMENT   |          |
|   1 |  TABLE ACCESS FULL| PERSONEN |
-------------------------------------

SQL> DROP INDEX idx_name;

SQL> CREATE INDEX idx_name ON personen(nachname, vorname);

SQL> SELECT *
     FROM   personen
     WHERE  nachname = 'Schwanke';

----------------------------------------------------------------------
| Id | Operation          | Name     | Rows| Bytes| Cost(%CPU)| Time     |
----------------------------------------------------------------------
|   0| SELECT STATEMENT  |          |   2 |    72|    3   (0)| 00:00:01|
|   1|  TABLE ACCESS     | PERSONEN |   2 |    72|    3   (0)| 00:00:01|
|    |     BY INDEX ROWID|          |     |      |           |         |
|*  2| INDEX RANGE SCAN  | IDX_NAME |   2 |      |    2   (0)| 00:00:01|
----------------------------------------------------------------------
```

Im ersten Fall kann der Index nicht genutzt werden, da die führende Spalte (`vorname`) in der SQL-Abfrage nicht vorkommt, im zweiten Fall kann der Index für einen so genannten `INDEX RANGE SCAN` genutzt werden, da zumindest der erste Teil des Index (`nachname`) in der Abfrage enthalten ist. Eine Ausnahme dieser Regel bilden Indexspalten, die wenig selektiv sind, z. B. die Anrede. Wie im folgenden Beispiel gezeigt, kann auf den Index (`idx_name`) zugegriffen werden, obwohl die Spalte `anrede` in der Abfrage nicht vorkommt.

```
SQL> CREATE INDEX idx_name ON personen(anrede, nachname, vorname);

SQL> SELECT *
     FROM   personen
     WHERE  nachname = 'Schwanke'
     AND    vorname  = 'Patrick';
```

```
-----------------------------------------------
| Id  | Operation                    | Name     |
-----------------------------------------------
|   0 | SELECT STATEMENT             |          |
|   1 |  TABLE ACCESS BY INDEX ROWID| PERSONEN |
|   2 |   INDEX SKIP SCAN            | IDX_NAME |
-----------------------------------------------
```

Eine weitere Ausnahme ist der sogenannte *INDEX FAST FULL SCAN*, der dann genutzt werden kann, wenn ausschließlich Spalten eines Indizes selektiert werden. In diesem Fall kann sich der Optimizer entscheiden, statt der Tabelle den ganzen Index-Baum zu durchlesen.

```
SQL> SELECT anrede, nachname, vorname
     FROM   personen
     WHERE  vorname  = 'Patrick';

----------------------------------------------------------------------
| Id | Operation        | Name     | Rows | Bytes| Cost(%CPU)| Time     |
----------------------------------------------------------------------
|   0| SELECT STATEMENT |          |     3|    57|    3   (0)| 00:00:01|
|*  1|  INDEX FAST      | IDX_NAME|     3|    57|    3   (0)| 00:00:01|
|    |         FULL SCAN|          |      |      |           |         |
----------------------------------------------------------------------
```

Durch die Einführung von virtuellen Spalten mit der Version 11g ist es auch möglich, auf diese Spalten Indizes anzulegen. Im Gegensatz zu den virtuellen Spalten, die keinen Speicherplatz allokieren, sondern nur als Definition vorhanden sind, gibt es für die Speicherung der zugehörigen Indizes keinen Unterschied zu regulären Indizes. Insofern ist der teilweise benutzte Name „virtueller Index" irreführend.

Die Indexnutzung ist abhängig vom verwendeten Operator. Wie durch den Aufbau ersichtlich, ist es beispielsweise nicht möglich, eine Ungleichheit über den Index zu überprüfen, und des Weiteren ist der gerne benutzte „LIKE"-Operator nur bedingt einsetzbar, da durch den Platzhalter (% oder ?) die Indexbenutzung eingeschränkt ist.

Für die folgende Abfrage kann somit kein Index genutzt werden.

```
SQL> SELECT *
     FROM   personen
     WHERE  nachname LIKE '%hrends'
```

Enthält die SQL-Anweisung mehrere indizierte Prädikate, kann der Optimizer die betreffenden Indizes für den Zugriff mischen (*merge*).

Tabellen sind von der Nutzung von Indizes unabhängig, d. h., es können im laufenden Betrieb Indizes angelegt, gelöscht oder geändert werden, Programme, die auf die Tabellen zugreifen, sind hiervon nicht betroffen. Allerdings kann sich das Laufzeitverhalten drastisch ändern, und unter Umständen wird die Tabelle kurzzeitig gesperrt. Seit Oracle 8i gibt es für den Aufbau von Indizes (`CREATE INDEX`) und die Reorganisation (`ALTER INDEX ... REBUILD`) die Option `ONLINE`. Hierbei wird für die Tabelle ein so genannter *„Row Share Table Lock"* gesetzt, so dass keine weiteren DDL-Operationen möglich sind, die Anwendungen jedoch weiterhin uneingeschränkt genutzt werden können. Allerdings dauert die Erstellung wesentlich länger, da Tabellenänderungen während dieser Zeit mitprotokolliert werden müssen.

Das folgende Beispiel zeigt den Unterschied zwischen der „normalen“ Indexerstellung und der Option „ONLINE“, während auf der Tabelle `personen` gleichzeitig DML-Operationen ausgeführt werden.

```
SQL> CREATE INDEX idx_name ON personen(nachname, vorname);
CREATE INDEX idx_name ON personen(nachname, vorname)
                         *
FEHLER in Zeile 1:
ORA-00054: Ressource belegt und Anforderung mit NOWAIT angegeben oder
Timeout abgelaufen

SQL> CREATE INDEX idx_name ON personen(nachname, vorname) ONLINE;

Index wurde erstellt.
```

Indizes werden als Segmente in Oracle-Datenbanken verwaltet und gespeichert. Als solche lassen sie sich unabhängig von der ihnen zugeordneten Tabelle mit eigenen Attributen und in separaten Tablespaces organisieren. Das gilt auch für die Komprimierung von Indizes, bei denen der gleiche Ansatz wie bei der Komprimierung von Tabellen (siehe Abschnitt 6.2.1) benutzt wird.

Auch wenn heutzutage die IO-Verteilung keine Rolle mehr spielt, da in großen Systemen die Verteilung über Raid sichergestellt wird (z. B. Striping), sollten zumindest für große Tabellen die zugehörigen Indizes in einem separaten Tablespace verwaltet werden, da hierdurch der Reorganisationsaufwand minimiert werden kann.

Invisible Index

Bei der Erstellung von Indizes sollte darauf geachtet werden, dass in der Regel alle Ausführungspläne von SQL-Befehlen, die auf die zugehörige Tabelle zugreifen, ungültig werden. Dies kann ein Vor- oder Nachteil sein. Der Vorteil ist, dass, sollte man in einer Produktionsumgebung eine unperformante Anweisung finden, durch das Anlegen eines Indexes sofort reagiert werden kann. Alle weiteren Abfragen können den Index nutzen und von der (hoffentlich) verbesserten Laufzeit profitieren.

Da es in komplexen Systemen jedoch oftmals schwierig zu erkennen ist, ob jede Abfrage, die auf die Tabelle zugreift, auch von einem neuen Index profitieren wird, gibt es ab Version 11g die Möglichkeit, Indizes als unsichtbar (*invisible*) zu markieren. Dies kann bei der Erstellung eines Indexes oder auch über die Änderung (`ALTER`) geschehen. Über den Parameter `OPTIMIZER_USE_INVISIBLE_INDEXES`, der für eine Session oder die gesamte Instanz gesetzt werden kann, können solche unsichtbaren Indizes dann genutzt werden.

Dieses Vorgehen ist zum einen für Testzwecke sehr gut geeignet. Ein Index kann also angelegt werden, um zu testen, ob eine bestimmte Abfrage tatsächlich davon profitieren kann. Außerdem sind unsichtbare Indizes dann interessant, wenn es um Änderungen geht, die erst ab einer bestimmten Zeit gültig sein sollen. Mit dem Befehl `ALTER INDEX ... VISIBLE` kann dann zu einem späteren Zeitpunkt der Index sicht- und damit nutzbar gemacht werden.

Ungeachtet der Sicht- oder Unsichtbarkeit wird ein Invisible Index bei DML-Operationen mit gepflegt.

6.3.2 B*Baum-Index

B*Indizes sind die „klassischen" Indizes in Oracle-Datenbanken. Im folgenden Beispiel wird ein nicht eindeutiger B*Index mit Namen idx_nachname für die Spalte nachname der Tabelle personen aufgebaut.

```
SQL> CREATE INDEX idx_nachname
     ON     personen (nachname);
```

Für den Aufbau dieses Indexes werden die Spaltenwerte von nachname sortiert. Jeder Nachname wird zusammen mit der ihm zugehörigen Satzadresse (*rowid*) in den Index-Blättern gespeichert. Über den Blättern wird dann der restliche Index-Baum erzeugt. Da die Syntax keine Storage-Klausel enthält, wird das Indexsegment in diesem Fall in den Default-Tablespace des betreffenden Schemabenutzers und dort mit den standardmäßigen Extent-Größen angelegt. B*Indizes enthalten keine NULL-Werte, d. h., Abfragen mit *IS NULL*-Klauseln können diesen Index prinzipiell nicht benutzen.

Im nächsten Beispiel wird ein zusammengesetzter Index mit expliziter Angabe des Tablespace erzeugt, der an erster Stelle den Nachnamen und an zweiter den Vornamen setzt. Die früher üblichen Storage-Klauseln kommen aufgrund der Verwendung von Locally-Managed-Tablespaces nur noch selten zum Einsatz.

```
SQL> CREATE INDEX idx_nachname
     ON     personen (nachname, vorname)
     TABLESPACE ts_index;
```

B*Indizes lassen sich wie folgt charakterisieren:

- Im Gegensatz zu den in Abschnitt 6.3.3 beschriebenen Bitmap-Indexes zeigen sie ein gutes, weil die Gleichzeitigkeit von Transaktionen förderndes Sperrverhalten. Sperren werden hier auf der Basis einzelner Einträge durchgeführt und verursachen dadurch keine unnötigen Wartezustände bei gleichzeitig operierenden Transaktionen.
- Ihr Speicherbedarf ist in der Regel größer als der von Bitmap-Indizes (so es sich nicht um distinkte Werte handelt, für die Bitmapped Indizes ungeeignet sind). Dies führt zu höheren „Kosten" beim Zugriff, da mehr Indexblöcke gelesen werden müssen.
- Durch den höheren Speicherbedarf sind Mischoperationen (*merge*) mit B*Indizes aufwendiger als bei Bitmap-Indizes. Zur Vermeidung unnötiger Mischoperationen kann statt einzelner Indizes ein zusammengesetzter Index angelegt werden.

Aufgrund der oben beschriebenen Charakteristika sind B*Indizes überall dort einsetzbar, wo die folgenden Kriterien zutreffend sind:

- Die betreffenden Spalten werden in Prädikaten referenziert und vom Optimizer als Zugriffspfad akzeptiert.
- Die Spalten werden prinzipiell über DML-Befehle verändert (Sperrverhalten).
- Die Referenzierung der Spalten in den Prädikaten erfolgt in direkter Form, d. h., die Spalten werden dort nicht über Funktionen und Ausdrücke verändert.

Zu Recht sind aus diesen Gründen B*Indizes die Oracle-Indizes, die in den meisten Fällen zum Einsatz kommen können.

6.3.3 Bitmap-Index

Im Gegensatz zu B*Indizes speichern Bitmap-Indizes ihre Schlüssel nicht mit den zugehörigen Satzadressen, sondern in Form von Bitmaps. Zu jedem Spaltenwert der Tabelle enthält der Bitmap-Index eine logische Bitmap. Diese Bitmap enthält in ihrem Kopf eine Start- und Schlussadresse, gefolgt von der eigentlichen Bitmap, bei der jede Bitposition einem Satz der zugeordneten Tabelle entspricht. Enthält der betreffende Datensatz den der Bitmap zugeordneten Spaltenwert, steht das Bit auf 1, ansonsten auf 0.

Die Umrechnung einer Bitposition in eine Satzadresse erfolgt mithilfe der Kopfdaten und eines gedachten Rasters. Das Raster jeder Bitmap einer Tabelle ergibt sich aus der maximalen Anzahl von Datensätzen pro Block. Diese Anzahl wiederum wird beim Aufbau des Bitmap-Indexes aus der minimalen Satzlänge errechnet. Logische Bitmaps werden bei der Speicherung in physische Bitmaps aufgeteilt, wobei maximal zwei physische Bitmaps in einem Oracle-Block Platz finden. Um den Speicherbedarf weiter zu optimieren, werden aufeinanderfolgende Nullen in den Bitmaps komprimiert.

Abbildung 6.2 zeigt den Aufbau einer Bitmap.

Auf die physischen Bitmaps eines Bitmap-Indexes wird über eine Baumstruktur – vergleichbar einem B*Index – zugegriffen.

Im folgenden Beispiel wird der nicht eindeutige Bitmap-Index `bidx_anrede` für die Spalte `anrede` der Tabelle `personen` aufgebaut:

```
SQL> CREATE BITMAP INDEX bidx_anrede
     ON     personen (anrede);
```

Auch dieser Index wird im Default-Tablespace des betreffenden Schemas angelegt. Wie für jeden anderen Index auch, wird für die Sortierung der Spaltenwerte entsprechender Platz im Hauptspeicher zur Verfügung gestellt. Bei neueren Systemen wird dieser, ebenso wie für die „normalen“ Indizes, auf Basis des Parameters `pga_aggregate_target` kalkuliert. Alternativ ist es möglich, eine feste Größe über den Parameter „`create_bitmap_area_size`“ vorzugeben.

Eine weitere Optimierung der Bitmap-Indizes lässt sich über die Festlegung der maximalen Anzahl von Datensätzen pro Oracle-Block erreichen:

```
SQL> ALTER TABLE personen
     MINIMIZE RECORDS_PER_BLOCK;
```

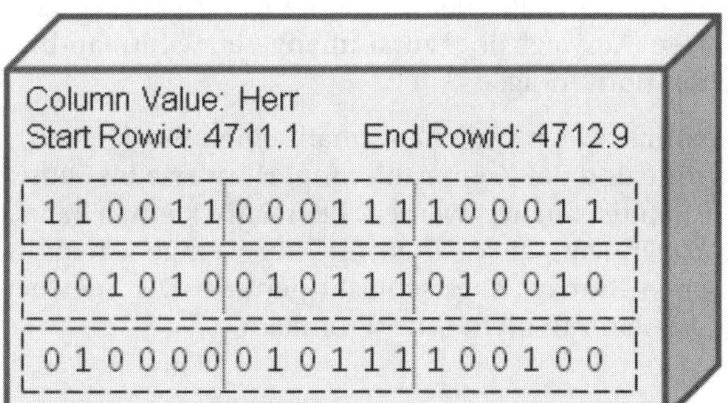

Abbildung 6.2: Bitmap-Index

Dieser Befehl ermittelt für die Tabelle personen den Block mit den meisten Datensätzen und legt diese Anzahl als Status quo fest. Alle weiteren Einfügeoperationen erhalten also diese Anzahl Sätze als Maximalwert für einen Block. Auf diese Weise müssen die Bitmaps nicht auf der Basis der theoretisch maximal möglichen Blockfüllung ermittelt, sondern können auf Basis der konkret vorgefundenen Anzahl von Datensätzen pro Block kalkuliert werden.

Voraussetzung für die Ermittlung ist, dass in der Tabelle bereits Datensätze enthalten sind und die Tabelle noch keinen Bitmap-Index hat.

Im Gegensatz zu B*Indizes werden in Bitmap-Indizes auch *Null*-Werte erfasst, d. h., ein Prädikat mit einer IS NULL-Klausel kann über den Index aufgelöst werden. Bitmap-Indizes können – wie B*Indizes – auch als zusammengesetzte Indizes angelegt werden. Eindeutige Bitmap-Indizes sind nicht erlaubt. Der folgende Zugriffsplan[5] verdeutlicht die Nutzung eines Bitmap-Indexes für den Zugriff auf Nullwerte:

```
SQL> SELECT *
     FROM   personen
     WHERE  anrede IS NULL;

-------------------------------------------------------
| Id  | Operation                      | Name          |
-------------------------------------------------------
|   0 | SELECT STATEMENT               |               |
|   1 |  TABLE ACCESS BY INDEX ROWID   | PERSONEN      |
|   2 |   BITMAP CONVERSION TO ROWIDS|                 |
|   3 |    BITMAP INDEX SINGLE VALUE   | BIDX_ANREDE   |
-------------------------------------------------------
```

Die Operation BITMAP INDEX SINGLE VALUE sucht gezielt die Bitmap für den Wert NULL. Mithilfe von *Bitmap Conversion* wird die Umrechnung in eine Satzadresse vorgenommen, die dann den Zugriff steuert.

Bitmap-Indizes lassen sich zusammenfassend wie folgt charakterisieren:

- Bitmap-Indizes werden extrem kompakt gespeichert. Aufgrund dessen sind die Kosten für Zugriffe auf diese Indizes sehr gering.
- Die Bitmaps einer Tabelle lassen sich – unabhängig davon, ob sie unterschiedliche Werte einer Spalte oder unterschiedliche Spalten repräsentieren – sehr effizient mischen. Auf diese Weise können Prädikate, die über AND oder OR miteinander verknüpft sind oder die über IN- oder BETWEEN-Operatoren verfügen, effizient abgearbeitet werden. Der „Ausweg" über zusammengesetzte Bitmap-Indizes, obwohl möglich, ist nur selten notwendig.
- Da sich nur maximal zwei physische Bitmaps einen Block teilen, können, abhängig von der Blockgröße und der Komprimierung, Hunderte bis Tausende von Datensätzen in einer Bitmap referenziert werden. Bei relativ kleinen Tabellen mit hoher Kardinalität, die pro eindeutigem Spaltenwert nur wenige Datensätze aufweisen, werden die physischen Bitmaps eher schlecht genutzt. Der Speichervorteil gegenüber B*Indizes ist in diesem Fall nicht sehr signifikant.

5 Die hier gezeigten Zugriffspläne wurden mit SQL*Plus und dem Befehl SET AUTOTRACE ON erstellt.

- Bei Änderungen von Spaltenwerten wird bei Bitmap-Index nicht ein Datensatz (Row-Level-Locking), sondern ein sogenanntes Bitmap-Index-Fragment gesperrt, das eine Reihe von Datensätzen enthält. Aus diesem Grund sind Bitmap-Indizes für den OLTP-Betrieb weniger gut geeignet.

Die oben beschriebenen Merkmale verdeutlichen, dass die Nutzung von Bitmap-Indizes sehr große Vorteile, aber auch erhebliche Probleme nach sich ziehen kann! Der Einsatz von Bitmap-Indizes sollte aus diesem Grunde wohl überlegt werden. Optimale Bedingungen für Bitmap-Indizes sind gegeben, wenn:

- die betreffenden Spalten nicht oder nur äußerst selten und dann von streng seriell ablaufenden Transaktionen geändert werden
- die Kardinalität der Spalten eher gering ist
- die Tabellen „viele" Datensätze enthalten
- Zugriffe existieren, deren Prädikate diese Spalten verwenden
- es mehrere Spalten gibt, die per Bitmap indiziert werden können

Bitmap-Indizes dürfen wegen des oben beschriebenen Sperrverhaltens in keinem Fall für Spalten angelegt werden, die gleichzeitig von mehreren Transaktionen verändert werden! Bei massenhaften Insert- oder Update-Operationen kann es in einigen Fällen vorkommen, dass Bitmap-Indizes überproportional schnell wachsen. In solchen Fällen ist entweder eine regelmäßige Neuorganisation oder das Löschen vor und Neuanlegen nach den betreffenden Operationen sinnvoll.

Anzumerken ist noch, dass die Benutzung von Bitmap-Indizes nur in der Oracle Enterprise Edition möglich ist, in der Standard Edition ist die Funktion nicht enthalten.

6.3.4 Bitmap-Join-Index

Bitmap-Join-Indizes sind Bitmap-Indizes, die eine Tabelle in Bezug auf Spaltenwerte anderer Tabellen indizieren. Diese anderen Tabellen sind Tabellen, die über Fremdschlüssel mit der indizierten Tabelle verbunden sind. Auf diese Weise lassen sich Join-Operationen im Index vorbereiten. Für die Join-Operationen sind dementsprechend keine Zugriffe auf die Fremdschlüsseltabellen mehr notwendig; alle WHERE-Klauseln können vielmehr über den betreffenden Bitmap-Join-Index aufgelöst werden. Es handelt sich hierbei um eine Funktion, die ausschließlich in großen Data-Warehouse-Systemen eingesetzt wird.

Ein Beispiel soll dies verdeutlichen: Eine zentrale, partitionierte Faktentabelle namens sales enthält Verkaufszahlen zu Produkten. Die Tabelle sales ist neben den Produkten `products` mit weiteren Dimensionen wie z.B. Datumsangaben `times` verbunden. Eine Abfrage soll die Umsatzzahlen des Produktes „Linen Big Shirt" für das Kalenderjahr 2010 wie folgt ermitteln:

```
SELECT SUM(amount_sold)
  FROM sales s , times t, products p
 WHERE t.time_id        = s.time_id
   AND p.prod_id        = s.prod_id
   AND t.calendar_year  = 2010
   AND p.prod_name      = 'Linen Big Shirt';
```

Ohne Aufbau eines Bitmap-Join-Indexes könnte diese Abfrage wie folgt optimiert werden (für den Fall, dass außer den Primärschlüsseln der Dimensionen keine weiteren Indizes angelegt wurden):

```
Execution Plan
----------------------------------------------------------
0      SELECT STATEMENT Optimizer=CHOOSE (Cost=1160 Card=1 Bytes=84
1   0    SORT (AGGREGATE)
2   1      HASH JOIN (Cost=1160 Card=102 Bytes=8568)
3   2        TABLE ACCESS (FULL) OF 'PRODUCTS' (Cost=65 Card=100 Bytes=3100)
4   2        HASH JOIN (Cost=1095 Card=10163 Bytes=538639)
5   4          TABLE ACCESS (FULL) OF 'TIMES' (Cost=6 Card=15 Bytes=300)
6   4          PARTITION RANGE (ITERATOR)
7   6            TABLE ACCESS (FULL) OF 'SALES' (Cost=1089 Card=1016271
                                                   Bytes=33536943)
```

Der Zugriffsplan zeigt klar, dass neben sales auch die Tabellen times und products zur Auflösung der Join-Operation gelesen werden müssen.

Zur Optimierung dieser Abfrage wird nun ein Bitmap-Join-Index für die Tabelle `sales` angelegt, der die Spalten `prod_name` der Tabelle `products` und `calendar_year` von `times` enthält:

```
CREATE BITMAP INDEX bj_index
  ON    sales (products.prod_name, times.calendar_year)
  FROM  sales,times,products
  WHERE products.prod_id = sales.prod_id
    AND times.time_id = sales.time_id
LOCAL
COMPUTE STATISTICS;
```

Da die Tabelle `sales` partitioniert wurde, muss auch der Bitmap Join-Index lokal partitioniert angelegt werden. Das Syntaxbeispiel zeigt die minimale Syntax ohne explizite Benennung der einzelnen Partitionsnamen. Während des Index-Aufbaus werden sofort Statistiken generiert, damit kann die SQL-Abfrage den neuen Index sofort nutzen.

Durch diesen Index wird der Zugriffsplan der oben angegebenen Abfrage wie folgt geändert:

```
Execution Plan
----------------------------------------------------------
   0      SELECT STATEMENT Optimizer=CHOOSE (Cost=37 Card=1 Bytes=33)
   1    0   SORT (AGGREGATE)
   2    1     PARTITION RANGE (ALL)
   3    2       TABLE ACCESS (BY LOCAL INDEX ROWID) OF 'SALES'
                (Cost=37 Card=1016271 Bytes=33536943)
   4    3         BITMAP CONVERSION (TO ROWIDS)
   5    4           BITMAP-INDEX (SINGLE VALUE) OF 'BJ_INDEX'
```

Der Plan zeigt, dass die Umsatzzahlen für das genannte Produkt nun nur durch Zugriff auf die Tabelle `sales` über den neuen Index generiert werden können. Die Zugriffe auf `products` und `times` sind nicht mehr notwendig, da der Bitmap-Join-Index alle referenzierten Spaltenwerte enthält.

Eine Limitierung von Bitmap-Join-Indizes ist, dass sie nicht als Function-Based-Index aufbebaut werden können.

6.3.5 Function-Based Index

Funktionsbasierte Indizes (*functions-based index*) werden im Kontext von Funktionen oder Ausdrücken angelegt, die sich auf Spalten der betreffenden Tabelle beziehen. Hierbei werden die von der betreffenden Funktion oder dem Ausdruck zurückgegebenen Werte indiziert. Die indizierten Funktionen können sowohl vordefinierte SQL-Funktionen als auch vom Benutzer selbst definierte Funktionen sein.

Das folgende Beispiel erstellt einen zusammengesetzten funktionsbasierten Index `fidx_name` auf der Tabelle `personen` für die SQL-Funktion *UPPER* auf den Spalten `nachname` und `vorname`:

```
SQL> CREATE INDEX fidx_name
     ON     personen (UPPER(nachname),UPPER(vorname));
```

Abfragen, die die SQL-Funktion UPPER auf den Nachnamen bzw. Nachnamen und Vornamen benutzen, können jetzt über den Index zugreifen.

```
SQL> SELECT *
     FROM   personen
     WHERE  UPPER(nachname) = 'MAIER'
     AND    UPPER(vorname) LIKE 'H%';

-------------------------------------------------
| Id  | Operation                   | Name      |
-------------------------------------------------
|   0 | SELECT STATEMENT            |           |
|   1 |  TABLE ACCESS BY INDEX ROWID| PERSONEN  |
|   2 |   INDEX RANGE SCAN          | FIDX_NAME |
-------------------------------------------------
```

Funktionsbasierte Indizes können als B*Index oder Bitmap-Index angelegt werden, als B*Index sind sie auch als *Reverse-Key-Index* definierbar. Neben der Basisinformation in der View `user_indexes` kann die Funktion in einer separaten View mit dem Namen `user_ind_expressions` abgerufen werden.

```
SQL> SELECT *
     FROM   user_ind_expressions
     WHERE  index_name = 'FIDX_NAME';

INDEX_NAME     TABLE_NAME           COLUMN_EXPRESSION  COLUMN_POSITION
-------------- -------------------- ------------------ ---------------
FIDX_NAME      PERSONEN             UPPER("VORNAME")                 2
FIDX_NAME      PERSONEN             UPPER("NACHNAME")                1
```

Da es sich hier nicht um reguläre Spalten handelt, wird die entsprechende Information in der View `user_ind_columns` mit Pseudospalten dargestellt.

```
SQL> SELECT *
     FROM   user_ind_columns
     WHERE  index_name = 'FIDX_NAME';

INDEX_NAME      TABLE_NAME      COLUMN_NAME          COLUMN_POSITION
--------------- --------------- -------------------- ---------------
FIDX_NAME       PERSONEN        SYS_NC00007$                       1
FIDX_NAME       PERSONEN        SYS_NC00008$                       2
```

Funktionale Indizes bieten überall dort Vorteile, wo Funktionen oder Ausdrücke in WHERE-Klauseln Verwendung finden und diese Prädikate genügend Selektivität für Indexzugriffe bieten. Durch die Einführung der virtuellen Spalten mit Oracle 11g sollte man genau überlegen, ob man eine virtuelle Spalte erzeugt und einen regulären Index auf diese anlegt oder ob man direkt einen Index auf eine entsprechende Funktion anlegt. Beide Vorgehensweisen haben ihre Vor- und Nachteile. Wichtig zu wissen ist, dass ein Index auf eine virtuelle Spalte ein funktionaler Index ist. Das bedeutet auch, dass es beispielsweise nicht möglich ist, eine virtuelle Spalte anzulegen, wenn auf der Tabelle schon ein Index existiert, der die gleiche Spaltenfunktion benutzt.

Folgendes Beispiel soll dies verdeutlichen:

```
SQL> CREATE INDEX fidx_name
     ON     personen (UPPER(nachname),UPPER(vorname));

SQL> ALTER TABLE personen
     ADD   unachname AS (UPPER(nachname));
ADD   unachname AS (UPPER(nachname))
      *
FEHLER in Zeile 2:
ORA-54015: Doppelter Spaltenausdruck wurde angegeben
```

oder umgekehrt:

```
SQL> ALTER TABLE personen
     ADD   unachname AS (UPPER(nachname));

SQL> CREATE INDEX fidx_name
     ON     personen (UPPER(nachname),UPPER(vorname));
ON     personen (UPPER(nachname),UPPER(vorname))
                                     *
FEHLER in Zeile 2:
ORA-54018: Eine virtuelle Spalte ist für diesen Ausdruck vorhanden
```

6.3.6 Komprimierung von Indizes

Bei der komprimierten Speicherung von Indizes wird jeder Schlüsselwert in ein Präfix und ein Suffix aufgeteilt. Präfixe, die in der Regel redundant vorkommen, werden pro Indexblatt nur einmal gespeichert; Suffixe verweisen auf die Präfixe ihres Blattes und sind pro Blatt mehrfach vorhanden. Auf diese Weise lässt sich die Speichergröße von Indizes reduzieren, und damit lassen sich die Zugriffe optimieren.

Standardmäßig wird das Präfix bei einem *n*-fach zusammengesetzten, nicht eindeutigen Index aus *n* Spalten gebildet, für eindeutige Indizes aus *n*-1 Spalten. Ein gutes Beispiel für die Komprimierung ist die Tabelle `positionen`, deren Primärschlüssel die Spalten `aufid` und `posid` enthält. Da wir davon ausgehen können, dass es oft mehr als eine Position pro Auftrag gibt, bietet es sich an, diesen Index zu komprimieren.

```
SQL> CREATE UNIQUE INDEX pk_positionen
     ON     positionen (aufid, posid)
     TABLESPACE indexes
     COMPRESS 1
     COMPUTE STATISTICS;

SQL> ALTER TABLE    positionen
     ADD CONSTRAINT pk_positionen
```

```
     PRIMARY KEY    (aufid, posid);
```

Die folgende Abfrage gibt die Eigenschaften des neuen Indexes aus:

```
SQL> SELECT index_name, index_type, compression,
            prefix_length, leaf_blocks, clustering_factor
     FROM   user_indexes
     WHERE index_name = 'PK_POSITIONEN';

INDEX_         INDEX_  COMPRESS  PREFIX_  LEAF_   CLUSTERING_
NAME           TYPE              LENGTH   BLOCKS  FACTOR
-------------  ------  --------  -------  ------  ------------
PK_POSITIONEN  NORMAL  ENABLED         1     371           564
```

Demgegenüber ein unkomprimierter Index:

```
INDEX_         INDEX_  COMPRESS  PREFIX_  LEAF_   CLUSTERING_
NAME           TYPE              LENGTH   BLOCKS  FACTOR
-------------  ------  --------  -------  ------  ------------
PK_POSITIONEN  NORMAL  DISABLED              570          1068
```

Das Präfix wird hier auf der Spalte `aufid` gebildet, im Suffix werden in diesem Fall die Positionen und die *ROWID* gespeichert.

Es versteht sich, dass der Speicherbedarf bei sinkender Komprimierungsrate steigt.

Komprimierte Indizes empfehlen sich überall dort, wo großer Wert auf kompakte Speicherung gelegt wird, Bitmap-Indizes jedoch aufgrund konkurrierender DML-Aktivitäten nicht angebracht sind. Für die Rekonstruktion der Schlüsselwerte aus Präfixen und Suffixen ist ein geringfügiger Anstieg der CPU-Zeiten in Kauf zu nehmen.

6.3.7 Reverse-Key-Index

Ein Reverse Key Index ist eine Spezialform des B*Index, bei dem die Reihenfolge der Bytes im Indexschlüssel umgedreht wird. Als Beispiel sei hier ein nummerischer Wert 30 angenommen, der in zwei Byte abspeichert wird, d. h. als Hexadezimal (c1,1f). Wird hierauf jetzt ein Reverse Key Index angelegt, so würde die Byte Reihenfolge umgedreht, aus (c1,1f) wird jetzt (1f,c1).

```
SQL> CREATE INDEX idx_auftragid
     ON     auftraege(aufid)
     REVERSE;
```

Durch das Vertauschen der Byte-Reihenfolge der Zeichenketten wird eine Konkurrenzsituation (Contention) auf die Indexblätter vermieden, da aufeinanderfolgende Werte (z. B. Auftragsnummern) jetzt in unterschiedliche Indexblätter eingefügt werden (die Zahl 30 erscheint als (1f,c1), die Zahl 31 jedoch als (20,c1). Speziell beim Betrieb eines Real Application Clusters (RAC) kann hierdurch die Eingabe von Daten über unterschiedliche Knoten drastisch beschleunigt werden.

Außerdem wird durch diese Speicherung der Füllgrad der Indexblätter verbessert, d. h. die Schachtelungstiefe minimiert. Wie so oft, gibt es auch hier einen eklatanten Nachteil. Bei *Reverse Key*-Indizierung können keine Range-Scans mehr auf Basis des Indexes durchgeführt werden.

Informationen zu Reverse Key-Indizes enthält die View user_indexes in der Spalte INDEX_TYPE mit dem Wert *NORMAL/REV*. Die indizierten Spalten werden über user_ind_columns ausgewiesen.

6.3.8 Weitere Aspekte der Indexverwaltung

Parallelisierung

Der Aufbau von Indizes kann bei der Enterprise Edition parallelisiert und dadurch beschleunigt werden. In diesem Fall arbeiten mehrere Prozesse daran, die Basistabelle zu lesen und die Schlüsselwerte zu sortieren. Im folgenden Beispiel wird der Index idx_namen mit vierfacher Parallelisierung angelegt:

```
SQL> CREATE INDEX idx_namen
     ON     personen (nachname,vorname)
     PARALLEL 4;
```

Bei dieser Formulierung (PARALLEL 4) handelt es sich um die Kurzform für (PARALLEL DEGREE 4 INSTANCES 1), d.h. die Parallelisierung auf einem Clusterknoten. Bei der Verwendung des Real Application Clusters kann die Parallelisierung mit dem Parameter INSTANCES n auch über mehrere Knoten hinweg erfolgen.

Entsprechende Hintergrundprozesse müssen in diesem Fall vorher vom DBA über die Serverparameter parallel_min_servers und parallel_max_servers konfiguriert worden sein. Die Parallelisierung kann hier sowohl intra- als auch interoperational erfolgen. Dies bedeutet, dass sowohl das Lesen der Tabelle als auch das Sortieren gleichzeitig parallelisiert wird. In unserem Beispiel führt das zur Aktivierung von insgesamt acht Serverprozessen. Die Parallelisierung hat auch Auswirkungen auf die Größe der Segmente, da jeder Serverprozess ein eigenes Extent in der Zieltabelle aufbaut.

Die hier gewählte Parallelisierung ist eine Eigenschaft des Indexes, d. h., sie beeinflusst den Optimizer. Daher sollte, sofern es sich nicht um eine Data-Warehouse-Anwendung handelt, die Parallelisierung anschließend zurückgenommen werden.

```
SQL> SELECT index_name, table_name, degree, instances
     FROM   user_indexes
     WHERE  index_name = 'IDX_NAMEN';

INDEX_NAME      TABLE_NAME      DEGREE   INSTANCES
--------------- --------------- -------- ----------
IDX_NAMEN       PERSONEN        4        1

SQL> ALTER INDEX idx_namen
     NOPARALLEL;

INDEX_NAME      TABLE_NAME      DEGREE   INSTANCES
--------------- --------------- -------- ----------
IDX_NAMEN       PERSONEN        1        1
```

Online-Aufbau

Um die Konsistenz der Index- und Tabellendaten im Mehrbenutzerbetrieb sicherzustellen, wird der Aufbau von Indizes stets von entsprechenden Tabellensperren begleitet. Die Beispiele der vorangehenden Abschnitte fordern aus diesem Grunde stets eine Tabellensperre vom Typ *Share Mode* für die zu indizierende Tabelle an. Dies kann zu unterschiedlichen Reaktionen führen, abhängig davon, welche Transaktionen gleichzeitig auf der betreffenden Tabelle aktiv sind. Bei offenen DML-Operationen, die bereits aktive *Row Exclusive*-Sperren auf Tabellenebene aufgebaut haben, führt dies zu einem Fehler, da beide Sperrmodi nicht miteinander kompatibel sind. Der gleiche Fehler wird generiert, wenn in umgekehrter Reihenfolge zuerst der Indexaufbau durchgeführt wird und in dieser Zeit DML-Befehle auf die Tabelle treffen.

Um im Mehrbenutzerbetrieb parallel ablaufende Transaktionen weniger zu stören, ist für den Indexaufbau eine Online-Klausel verfügbar:

```
SQL> CREATE INDEX idx_aufdatum
     ON     auftraege (aufdatum)
     ONLINE;
```

Hierbei wird die Basistabelle – in unserem Beispiel `auftraege` – nur im *Row Share*-Modus gesperrt. Dieser Modus ist mit den meisten anderen Sperrmodi (*Row Exclusive, Row Share, Share Row Exclusive*) kompatibel. Dies bedeutet, dass der Indexaufbau keine DML-Operationen, die *Row Exclusive*-Sperren aufbauen, behindert. Auch *SELECT FOR UPDATE*-Befehle sind möglich, da sie *Row Share*-Sperren erzeugen. Der einzig inkompatible Sperrmodus ist *Exclusive*.

Um die Änderungen, die während des Indexaufbaus anfallen, zu protokollieren, erzeugt der Befehl automatisch eine Journaltabelle im Schema des Tabelleneigentümers mit Namen `sys_journal_nnnnn`, wobei *nnnnn* ein fünfstelliger, intern generierter, eindeutiger nummerischer Bezeichner ist. Die Journaltabelle enthält im Wesentlichen einen nummerischen Operationscode und die Adresse des veränderten Datensatzes. Bei partitionierten Tabellen kommt noch eine Partitionsnummer hinzu. Diese Tabelle wird im *Share*-Modus gesperrt, mit den DML-Daten zwischenzeitlicher Transaktionen gefüllt und nach dem fertigen Aufbau des Indexes genutzt, um die angefallenen Änderungen diesem anzufügen.

Die ONLINE-Klausel ist für Bitmap- und Cluster-Indizes nicht nutzbar.

6.3.9 Indexreorganisation

Durch häufiges Einfügen und Löschen von Indexschlüsseln kann es notwendig werden, Index-Bäume zu reorganisieren, um ihre Effizienz wiederherzustellen. Nach der reinen Lehre sind B*Bäume zwar ausgewogen und haben überall die gleiche Höhe, da Oracle Schlüsselwerte in Indizes jedoch nur logisch und nicht physisch löscht, kann der äußerlich ausgewogene Index eine „innere" Schieflage erhalten. Um dies zu erkennen, ist eine Indexanalyse durchzuführen. Die Analyse eines Index-Baumes lässt sich am besten über den ANALYZE-Befehl bewerkstelligen:

```
SQL> ANALYZE INDEX idx_name VALIDATE STRUCTURE;
```

Die Klausel `VALIDATE STRUCTURE` prüft die Baumstruktur und füllt die Hilfstabelle `index_stats` mit statistischen Werten. Das folgende Beispiel zeigt den Platzverbrauch sowie die Anzahl und den Umfang von gelöschten Einträgen. Beim Platzverbrauch wird differenziert zwischen der Größe des Segmentes (`blocks`), dem in diesem Segment für den Aufbau des B*Baumes benötigten Platz (`btree_space`) sowie dem innerhalb des Baumes für Einträge verbrauchten Bereich (`used_space`).

```
NAME      HEIGHT  BLOCKS  BR_BLKS  LF_BLKS  DEL_LF_ROWS  BTREE_SPACE  USED_SPACE
--------  ------- ------- -------  -------  -----------  -----------  ----------
IDX_NAME        2      64        1       56          307       455804      377892
```

Indizes mit einem hohen Anteil an gelöschten Schlüsselwerten können durch eine Reorganisation wesentlich kompakter gespeichert werden. Für die Reorganisation von Indizes stehen unterschiedliche Methoden bereit. Im folgenden Beispiel wird der Index `idx_name` über die *REBUILD*-Klausel reorganisiert:

```
SQL> ALTER INDEX idx_name REBUILD;
```

REBUILD baut den Index vollständig neu auf, indem der alte Index als Datenquelle benutzt wird, auf dieser Basis der neue Index erstellt wird und dieser schließlich an die Stelle des alten rückt. Über die *REBUILD*-Klausel ist es ebenfalls möglich, den Index in einen neuen Tablespace zu stellen und seine *STORAGE*-Klausel anzupassen. Die *ONLINE*-Option kann hier ebenfalls verwendet werden und verändert das Sperrverhalten wie im Abschnitt Online-Aufbau beschrieben.

Für die Fälle, in denen der kurzzeitig erhöhte Speicherbedarf und die CPU-Belastung der *REBUILD*-Methode Probleme bereiten, gibt es alternativ die *COALESCE*-Klausel:

```
SQL> ALTER INDEX idx_name COALESCE;
```

COALESCE zieht benachbarte Blätter eines Index-Zweiges zusammen. Auf diese Weise lassen sich gelöschte Schlüsselwerte herausfiltern. Da der Index jedoch nicht vollständig neu aufgebaut wird, kann *COALESCE* keine Storage-Klauseln und Tablespaces ändern.

Kommt es lediglich darauf an, den ungenutzten Speicherplatz eines Indexsegmentes zu reduzieren, kann die *DEALLOCATE*-Klausel helfen:

```
SQL> ALTER INDEX idx_name DEALLOCATE UNUSED;
```

Die *DEALLOCATE*-Klausel bietet keine Reorganisation! Sie lässt lediglich das betreffende Segment bis auf die Hochwassermarke oder einen oberhalb von ihr befindlichen Wert schrumpfen.

Monitoring

Indizes sind nur sinnvoll, wenn sie vom Optimizer genutzt werden können. Um dies festzustellen, lassen sich einerseits die Zugriffspläne einzelner SQL-Befehle generieren, andererseits können Indizes gezielt beobachtet werden. Das Monitoring von Indizes ist ab Version 10g automatisch eingeschaltet. Alternativ kann mit dem Befehl:

```
SQL> ALTER INDEX idx_name MONITORING USAGE;
```

dieses Monitoring auch explizit eingeschaltet werden. Die Nutzung kann über die View `v$object\_usage` angezeigt werden. Man sollte sich hier beim Testen nicht verwirren lassen, es kann einige Stunden dauern, bis die ersten Protokolle in dieser View auftauchen. Das Monitoring kann über die *NOMONITORING*-Klausel wieder ausgeschaltet werden, da der Overhead aber extrem gering ist (die Informationen werden zunächst in entsprechenden Hauptspeicherzählern zwischengespeichert und nur von Zeit zu Zeit ins Data Dictionary geschrieben), sollte generell das Indexmonitoring eingeschaltet bleiben.

6.4 Constraints

Um gewisse Eigenschaften bzw. Beziehungen zwischen Objekten zu garantieren, ist es möglich, diese als Bedingung an das entsprechende Objekt zu hängen. Eine einfache Regel ist, dass z. B. der Nachname einer Person in der Tabelle `personen` nicht leer sein darf (*NOT NULL*) und er eine eindeutige Nummer (*Primärschlüssel*) haben muss. Eine komplexere Regel sieht vor, dass jeder Eintrag in der Tabelle `auftraege` genau einem Kunden zugeordnet sein muss (*Referenzielle Integrität*).

Für die Sicherstellung solcher Constraints stehen unterschiedliche Verfahren zur Verfügung:

- Durch *Trigger*, die automatisch bei jeder DML-Operation auf eine Tabelle ausgelöst werden, können zusätzliche Prüfungen erfolgen bzw. weitere Bedingungen erfüllt werden. Ein Beispiel hierfür ist die Historisierung, d. h., bei jeder DML-Operation wird der alte Datensatz in eine Historientabelle eingefügt und ein neuer Datensatz mit einem neuen Zeitstempel erzeugt.
- *Integritätsregeln*, die direkt auf Spalten oder Objektebene definiert sind und z. B. den zur Verfügung stehenden Wertebereich einschränken. Besonders hervorzuheben ist dabei die Tatsache, dass Constraints nicht programmiert werden müssen. Sie sind deklarativ, d. h., sie werden lediglich im Kontext einer Tabelle definiert.

Sicherlich ist es auch möglich, diese Bedingungen auch in der Anwendung zu hinterlegen, z. B. durch eine Kapselung aller Transaktionen über PL/SQL-Routinen. In diesem Fall kann die Regel jedoch leicht außer Kraft gesetzt werden, indem direkt (z. B. mit dem guten alten SQL*Plus) auf die Daten zugegriffen wird. Die dadurch entstehenden „Karteileichen" sind oftmals schwer zu lokalisieren. Daher sollte, selbst wenn eine solche Logik auf Anwendungsebene existiert, immer auch auf Datenbankebene die Bedingung überprüft werden.

Für die Gesamtheit aller Anwendungen ist es erforderlich, dass bestimmte Bedingungen oder Beziehungen zwischen Objekten garantiert werden, um bestimmte Bedingungen oder Beziehungen zwischen Objekten zu garantieren, *Constraints* sind eine grundlegende Eigenschaft des relationalen Datenbankmodells. Sie dienen dazu, gewisse Basiseigenschaften von Datenbankobjekten zu garantieren, z. B. deren Eindeutigkeit. Besonders hervorzuheben ist dabei die Tatsache, dass Constraints nicht programmiert werden müssen. Sie sind deklarativ, d. h., sie werden lediglich im Kontext einer Tabelle definiert.

Im Folgenden sollen die unterschiedlichen Typen der Integritätsregeln (Integrity Constraints) näher beschrieben werden.

6.4.1 Constraint-Definitionen

Jeder definierte Constraint hat einen Namen. Dieser wird entweder vom Benutzer vorgegeben oder beim Anlegen des Constraints vom Datenbanksystem automatisch vergeben. Die automatisch vergebenen Namen lauten i. A. `sys_cnnnnn`. Es wird empfohlen, eigene Namen für Constraints zu vergeben, da andernfalls Administrationsprozeduren schwer lesbar sind.

Die Definition eines Constraints erfolgt entweder bei der Deklaration der Spalte (Spalten-Constraint) oder als Zusatz zu den Spaltendefinitionen (Tabellen-Constraint). Constraints, die sich lediglich auf eine einzige Spalte beziehen, kann man mit beiden Varianten deklarieren; die Definition als Spalten-Constraint ist oft übersichtlicher. Bezieht sich ein Constraint auf mehrere Spalten, so ist er ausschließlich als Tabellen-Constraint definierbar.

Bei der Implementierung eines Datenmodells empfiehlt es sich, Tabellen- und Constraint-Definitionen in verschiedenen Skripten zu trennen. Bei einer späteren Migration hat man dann alle Werkzeuge zur Verfügung, um die erforderlichen Schritte (in etwa: Tabellen aufsetzen, Daten laden, Constraints anlegen) gezielt und kontrolliert auszuführen.

- **NOT NULL** Der einfachste Constraint-Typ ist der *NOT NULL*-Constraint. Hiermit wird für eine Spalte definiert, dass sie auf jeden Fall mit einem Wert besetzt sein muss bzw. sie keine NULL-Werte enthalten darf. Ein Beispiel hierfür ist der Nachname einer Person in der Tabelle `personen`, da es nicht sehr wahrscheinlich ist, dass man mit einem Eintrag in dieser Tabelle etwas anfangen kann, wenn die Person keinen Nachnamen hat.

```
SQL> CREATE TABLE personen (
     ...
     nachname VARCHAR2(50 CHAR) NOT NULL,
     ...);
```

- **Unique Key** Mit diesem Contraint wird vermieden, dass es zwei identische Einträge für eine oder mehrere Spalten (je nach Definition) gibt. Ein Beispiel hierfür ist die E-Mail-Adresse eines Mitarbeiters. Keine zwei Mitarbeiter dürfen die gleiche E-Mail-Adresse haben, aber es kann Mitarbeiter geben, die keine E-Mail-Adresse haben (*NULL*). Häufig wird beim Unique Key auch über den *„Sekundärschlüssel"* in Abgrenzung zum im Folgenden besprochenen *Primärschlüssel* geredet. Die Überprüfung der Eindeutigkeit erfolgt mithilfe eines Indexes. Falls die Spalte bzw. die Spaltenkombination noch nicht indiziert ist, wird beim Anlegen des Constraints automatisch ein eindeutiger Index angelegt, dessen Name identisch zum Namen des Constraints ist. Mithilfe der *USING INDEX*-Klausel können für den Index Speicheroptionen angegeben werden. Falls die Spaltenkombination bereits indiziert ist, benutzt Oracle den bestehenden Index zur Constraint-Prüfung. Der bestehende Index muss nicht unbedingt eindeutig sein! Auch mit einem nicht eindeutigen Index kann die Prüfung auf Eindeutigkeit performant erfolgen.

```
SQL> ALTER TABLE personen
     ADD CONSTRAINT email_uk UNIQUE (email)
     USING INDEX TABLESPACE indx;
```

- **Primary Key** Dieser Contraint stellt sicher, dass es einen Wert (entweder als einzelne Spalte oder aus mehreren Spalten zusammengesetzt) nur einmal in dieser Tabelle und dass es keinen Eintrag gibt, bei der der Wert leer ist. Der Primärschlüssel ist also nichts weiter als die Verknüpfung von Unique Key und Not Null. Als Einschränkung gilt außerdem, dass es je Tabelle nur einen Primary Key geben darf. Das klassische Beispiel hierfür ist die Identifikationsnummer (Auftragsnummer oder Personalnummer). Bezüglich des Indexes gibt es die gleiche Vorgehensweise wie beim Unique Key.

```
SQL> ALTER TABLE auftraege
     ADD CONSTRAINT auftraege_pk PRIMARY KEY (aufid);
```

- **Check** Mit diesem Contraint ist es möglich, frei definierbare Bedingungen an einen Datensatz zu knüpfen. Die CHECK-Klausel ähnelt der WHERE-Klausel eines SELECT-Befehls, ist aber einigen Einschränkungen unterworfen. Der Gebrauch von Unterabfragen, Sequenzen und einigen SQL-Funktionen ist untersagt. Die CHECK-Klausel bezieht sich also immer auf genau einen Datensatz. Ein typisches Beispiel ist der Wertebereich für die Anrede (Herr, Frau, Firma).

```
SQL> ALTER TABLE personen
     ADD CONSTRAINT anrede_chk
     CHECK (anrede IN ('Herr','Frau','Firma'));
```

- **Foreign Key** Mit Fremdschlüsseln oder *FOREIGN KEY*-Constraints werden relationale Tabellen miteinander verknüpft. Foreign Key-Constraints können eine oder mehrere Spalten enthalten. Sie müssen sich stets auf den Primärschlüssel oder ein beliebiges Unique-Constraint einer übergeordneten „Master"-Tabelle beziehen. Es versteht sich, dass die Anzahl und die Datentypen der referenzierten wie referenzierenden Spalten zusammenpassen müssen.

  Bei DML-Operationen auf der Fremdschlüsseltabelle wird nun immer überprüft, ob der als Fremdschlüssel vorhandene Wert bzw. die Wertekombination als Primärschlüssel vorhanden ist. Im Beispiel heißt das, dass nur dann Positionen angelegt werden können, wenn es einen passenden Auftrag (mit gleicher `aufid`) existiert. Nicht ganz konform zu den allgemeinen Erwartungen ist die Prüfung mehrspaltiger Fremdschlüssel in Verbindung mit NULL-Werten. Sobald eine Spalte eines mehrspaltigen Fremdschlüssels einen NULL-Wert enthält, werden die restlichen Spalten nicht mehr geprüft.

```
SQL> ALTER TABLE positionen
     ADD CONSTRAINT fk_positionen_auftraege
         FOREIGN KEY (aufid)
         REFERENCES auftraege (aufid);
```

  Ein definierter Fremdschlüssel schränkt die DML-Möglichkeiten sowohl auf der Primär- als auch auf der Fremdschlüsselseite ein. Es können nur solche Befehle verarbeitet werden, deren Ergebnis im Sinne der Fremdschlüsselbedingung korrekt ist. Das heißt, dass nach einem Update auf `aufid` in der Fremdschlüsseltabelle `positionen` die neue `aufid` auch als Primärschlüssel in der Tabelle `auftraege` vorkommen muss. Das Gleiche gilt für UPDATE- und DELETE-Befehle auf der Primärschlüsseltabelle.

  Optional zum Standardverhalten kann für DELETE-Befehle auf der Primärschlüsseltabelle eingestellt werden, dass die zugehörigen Fremdschlüsseldatensätze gelöscht werden sollen (*ON DELETE CASCADE*) bzw. dass die Fremdschlüssel auf NULL gesetzt werden sollen (*ON DELETE SET NULL*). Sollen z. B. beim Löschen eines Auftrages alle Auftragspositionen mit gelöscht werden, so lautet obige Fremdschlüsseldefinition wie folgt:

```
SQL> ALTER TABLE positionen
     ADD CONSTRAINT fk_positionen_auftraege
         FOREIGN KEY (aufid)
         REFERENCES auftraege (aufid)
         ON DELETE CASCADE);
```

  Gibt man keine *ON DELETE*-Klausel an, so werden Löschbefehle für Primärschlüsseldatensätze, die noch referenziert werden, nicht zugelassen. Eine manuelle Löschroutine muss also immer bei den Fremdschlüsseldatensätzen anfangen und sich zu den Primärschlüsseln „hocharbeiten".

Ein spezieller Diskussionspunkt beim DML-Verhalten ist das Sperrkonzept für Fremdschlüssel. Die wichtigste Information ist, dass praktisch keine Probleme mit Sperren auftreten, wenn Fremdschlüssel indiziert werden. Das passiert hier, im Gegensatz zu den eindeutigen und Primärschlüsseln, nicht automatisch. Falls kein solcher Index existiert, wird bei einem UPDATE oder DELETE auf der Primärschlüsselseite ein Share Lock auf Tabellenebene bei der Fremdschlüsselseite benötigt. Zwar ist ab Version9i dieser Share Lock nur sehr kurz sichtbar, er ist aber nichtsdestotrotz inkompatibel zum Exclusive Lock auf Datensatzebene. Falls eine große Transaktionslast auf der Fremdschlüsseltabelle existiert, kann es zu längeren Wartezeiten wegen inkompatibler Sperren kommen.

Grundsätzlich sollten Fremdschlüssel indiziert werden. Hiermit werden Probleme mit Sperren verhindert, und es sollten keine UPDATE-Befehle auf die referenzierten Spalten zugelassen werden.

Probleme bereiten auch DDL-Operationen. Während beim DROP TABLE durch die Option CASCADE CONSTRAINTS die Einträge in der Detailtabelle mit gelöscht werden können, ist es notwendig, den Constraint zunächst zu löschen, wenn die Primärtabelle geleert werden soll.

6.4.2 Aus- und Einschalten von Constraints

Für administrative Operationen (z. B. Reorganisationen, Migrationen) ist es oft notwendig, die Prüfung von Constraints für einen gewissen Zeitraum auszuschalten (*DISABLE*) und hinterher wieder einzuschalten. Hierfür stehen unterschiedliche Optionen zur Verfügung:

- **DISABLE (NOVALIDATE)**: hiermit wird ein Constraint ausgeschaltet, und es findet keine weitere Prüfung der Bedingung mehr statt. Für die Indizes des Primär- bzw. Unique Constraints bedeutet dies:
  - Systemgenerierter Index: Der Index wird gelöscht, es sei denn, die Option KEEP INDEX wurde angegeben.
  - Constraint basiert auf bereits existierendem Index: Der Index bleibt bestehen, es sei denn, die Option DROP INDEX wurde angegeben.

  Wenn der Index bestehen bleibt, kann dies unter Umständen bedeuten, dass durch den Index immer noch eine Überprüfung auf Eindeutigkeit (Unique Index) erfolgt.

  ```
  SQL> ALTER TABLE auftraege
       DISABLE CONSTRAINT pk_auftraege
       KEEP INDEX;
  ```

- **DISABLE VALIDATE**: es wird ebenfalls der Constraint ausgeschaltet, und der entsprechende Index wird gelöscht. In diesem Fall sind aber Änderungen auf die Spalten des Constraints nicht möglich. Dies wird dann benötigt, wenn Daten mittels *EXCHANGE PARTITION* in eine Range-partitionierte Tabelle eingefügt werden sollen. Ein vorhandener eindeutiger oder Primärschlüssel wird dann ausgeschaltet, ein eindeutiger Index entfernt, aber die Eigenschaft *VALID* wird behalten.

- **ENABLE (VALIDATE)**: Alle bereits eingefügten und neu hinzukommenden Datensätze werden auf die Einhaltung des Constraints hin überprüft. Wenn existierende Datensätze die Bedingung nicht erfüllen, kann der Constraint nicht aktiviert werden. Die Option VALIDATE ist impliziert, wenn ein Constraint eingeschaltet wird.
- **ENABLE NOVALIDATE**: Bereits in der Tabelle vorhandene Datensätze werden nicht überprüft. Bei jeder folgenden DML-Änderung wird der entsprechende Constraint jedoch benutzt. Diese Option ist oft bei Reorganisationen oder beim Füllen von Data-Warehouse-Tabellen anzutreffen, da man ja weiß, dass die Daten in der ursprünglichen Tabelle die Richtlinien eingehalten hatten. Damit entfällt der bei großen Tabellen oft sehr langwierige Prozess der Überprüfung.

Seit Oracle9i ist außerdem der Übergang von *ENABLE NOVALIDATE* zu *ENABLE VALIDATE* als nicht blockierende Operation implementiert, die auch parallel ausgeführt werden kann. Zum Einschalten von umfangreichen eindeutigen Schlüsseln oder Primärschlüsseln kann idealerweise folgende Kommandofolge verwendet werden:

```
SQL> ALTER TABLE auftraege
     ENABLE NOVALIDATE
     CONSTRAINT pk_auftraege;

SQL> ALTER TABLE auftraege
     PARALLEL 4
     ENABLE VALIDATE
     CONSTRAINT pk_auftraege
     USING INDEX pk_auftraege;
```

Eine elementare Eigenschaft des VALIDATE-Prozesses ist die Möglichkeit, Constraint-Verletzungen in einer Ausnahmetabelle zu speichern. Der Hintergrund hierzu ist, dass man beim Fehlschlagen des *VALIDATE* nicht nur auf eine Fehlermeldung angewiesen sein sollte.

```
ORA-02437: cannot validate (<schema>.<constraint>) - primary key violated
```

Damit weiß man immer noch nicht, welche Datensätze die Bedingung verletzt haben. In solchen Fällen kann man sich alternativ eine Ausnahmetabelle (EXCEPTIONS) generieren, in die dann die Speicherung der fehlerhaften Datensätze über ihre ROWID erfolgt. Das Skript für die Tabelle findet man in der Datei `$ORACLE_HOME/rdbms/admin/utlexcpt.sql`.

```
SQL> CREATE TABLE exceptions(
            row_id ROWID,
            owner VARCHAR2(30),
            table_name VARCHAR2 (30),
            constraint VARCHAR2 (30));

SQL> ALTER TABLE auftraege
     ENABLE VALIDATE
     CONSTRAINT pk_auftraege
     EXCEPTIONS INTO exceptions;
```

Alternativ kann eine beliebige eigene Tabelle verwendet werden; lediglich Spaltennamen und Datentypen müssen identisch zu o. a. Tabelle sein.

Nach dem *VALIDATE* werden alle Datensätze, deren Constraint-Prüfung fehlschlägt, in der Ausnahmetabelle über ihre *ROWID* identifiziert. Da bei doppelten Schlüsseln für eindeutige oder Primärschlüssel nicht entschieden werden kann, welcher der „falsche" ist, werden in solchen Fällen alle (mindestens zwei!) betroffenen Datensätze eingetragen. Natürlich müssen diese Fehler zunächst behoben werden, der Constraint behält zunächst den Status *DISABLE*.

Für die Funktion des *Query Rewrite* gibt es noch zwei zusätzliche Optionen, wenn ein Constraint ausgeschaltet (*DISABLE*) wird. Standardmäßig wird durch das Ausschalten des Constraints auch eine entsprechende Rewrite-Möglichkeit ausgeschaltet (**NORELY**). Mit der Option **RELY** kann festgelegt werden, dass trotz der nicht durchgeführten Constraint-Prüfung sich eine Query darauf verlassen kann, dass die Daten in Ordnung sind.

6.4.3 Verzögerte Constraint-Prüfung

Die Prüfung der Constraints bei DML-Befehlen erfolgt grundsätzlich auf Befehlsebene. Bei INSERT, UPDATE oder DELETE mehrerer Datensätze wird also geduldet, dass es einen nicht Constraint-konformen Zwischenstatus geben kann. Solange am Ende eines einzelnen Befehls alle Constraints erfüllt werden, läuft der Befehl ohne Fehlermeldung durch. Diese Vorgehensweise ist in den meisten Anwendungen gewollt, da hierdurch sichergestellt wird, dass bei einer Verletzung eines Constraints nur der letzte Befehl zurückgesetzt werden muss. Weitere Befehle im Kontext der Transaktion sind nicht betroffen.

Als Beispiel hierfür sei eine Auftragsverarbeitung genannt, bei der ein neuer Auftrag vergeben wird (`INSERT INTO auftraege`) und dann als zweite Aktion die einzelnen Positionen gefüllt werden (`INSERT INTO positionen`). Wenn es beim Einfügen einer Position zu einem Fehler kommt (z. B. die referenzierte Produktnummer existiert nicht in der Tabelle `produkte`), dann wird nur der letzte INSERT abgewiesen, und der Anwender kann seinen Fehler berichtigen.

In Ausnahmefällen kann es aber erforderlich sein, dass zunächst alle Daten eingegeben werden und erst mit der Bestätigung durch *COMMIT* eine Verifizierung durchgeführt wird. Der Nachteil ist allerdings, dass, wenn diese Verifikation fehlschlägt, die gesamte Transaktion zurückgerollt werden muss.

Zum Einsatz kommt diese *Deferred Constraint Checking* genannte Methode z. B. beim Laden von mehreren Tabellen oder großen Datenmengen durch Laderoutinen. Um diese Funktion nutzen zu können, muss ein Constraint zunächst einmal entsprechend gekennzeichnet werden (*DEFERRABLE*). Leider ist es nicht möglich, einen bereits existierenden Constraint entsprechend zu ändern, d. h., die Möglichkeit der verzögerten Prüfung sollte der Administrator bzw. Entwickler von vornherein in seine Überlegungen mit einbeziehen.

```
SQL> ALTER TABLE auftraege
     ADD CONSTRAINT auftraege_personen_fk
     FOREIGN KEY (persnr)
     REFERENCES personen (persid)
     DEFERRABLE
     INITIALLY IMMEDIATE;
```

Mit der zusätzlichen Option `INITIALLY IMMEDIATE` wird festgelegt, dass im Normalfall eine sofortige Constraint-Prüfung erfolgen soll. Mit `INITIALLY DEFERRED` kann das Standardverhalten auf eine Prüfung zum Commit-Zeitpunkt verschoben werden. Über den ALTER SESSION-Befehl ist es anschließend möglich, die Prüfung entsprechend zu verschieben (IMMEDIATE, DEFERRED, DEFAULT).

```
SQL> ALTER SESSION
     SET CONSTRAINTS = DEFERRED;
```

Im Beispiel werden jetzt alle Constraints, die entsprechend mit *DEFERRABLE* angelegt wurden, umgeschaltet, sodass bis zum Ende der Session oder bis zum Zurückschalten auf *IMMEDATE* bzw. *DEFAULT* die Prüfungen erst zum Commit-Zeitpunkt erfolgen.

Mit der verzögerten Constraint-Prüfung hat man nunmehr für viele Situationen ein wirkungsvolles Werkzeug zur Hand, u. a. auch für die Einführung von Constraints in replizierten Umgebungen. Interessant ist nun die Frage, warum man nicht automatisch dazu übergeht, Constraints verzögert zu prüfen. Dabei sind, wie immer, verschiedene Aspekte abzuwägen:

- Falls verzögerte Constraint-Prüfungen oft negativ ausgehen, ist auch der Zusatzaufwand für den Datenbankserver nicht zu unterschätzen. Es entstehen Aufwände im Bereich der Undo-Segmente sowie des Redo-Logs sowohl durch die Transaktion als auch durch das Zurückrollen derselben.
- Generell ist auch die Aufwärtskompatibilität zu älteren Releases wie Oracle 7 erwähnenswert: Ohne verzögerte Constraint-Prüfung verhält sich der Datenbankserver identisch zum alten Release.

6.4.4 Informationen

Die Views `dba_constraints` und `dba_cons_columns` sind zum Monitoring von Constraints vorgesehen.

```
SQL> SELECT owner,
            constraint_name,
            constraint_type,
            table_name,
            search_condition,
            r_owner,
            r_constraint_name,
            delete_rule,
            status,
            deferrable,
            deferred,
            validated
     FROM   user_constraints
     WHERE  table_name  IN ('PERSONEN','AUFTRAEGE');

OWNER    CONSTRAINT_NAME      C TABLE_NAME SEARCH_CONDITION     R_OWNER
-------- -------------------- - ---------- -------------------- ----------
R_CONSTRAINT_NAME    DELETE_RULE STATUS   DEFERRABLE     DEFERRED  VALIDATED
-------------------- ----------- -------- -------------- --------- -------------
DEMO     SYS_C008055          C AUFTRAEGE  "AUFNR" IS NOT NULL
                                 ENABLED  NOT DEFERRABLE IMMEDIATE VALIDATED

DEMO     SYS_C008056          C AUFTRAEGE  "PERSNR" IS NOT NULL
                                 ENABLED  NOT DEFERRABLE IMMEDIATE VALIDATED

DEMO     AUFTRAEGE_PK         P AUFTRAEGE
                                 DISABLED NOT DEFERRABLE IMMEDIATE NOT VALIDATED
```

```
DEMO     AUFTRAEGE_PERSONEN_FK R AUFTRAEGE                    DEMO
PK_PERSONEN        NO ACTION   ENABLED  DEFERRABLE      IMMEDIATE VALIDATED

DEMO     SYS_C008071           C PERSONEN    "NACHNAME" IS NOT NULL
                                 ENABLED  NOT DEFERRABLE IMMEDIATE VALIDATED

DEMO     PK_PERSONEN           P PERSONEN
                                 ENABLED  NOT DEFERRABLE IMMEDIATE VALIDATED

SQL> SELECT owner,
            constraint_name,
            table_name,
            column_name,
            position
     FROM   user_cons_columns
     ORDER  BY table_name,
            constraint_name,
            position;

OWNER    CONSTRAINT_NAME                TABLE_NAME COLUMN_NAME        POSITION
-------- ------------------------------ ---------- ---------------- ----------
DEMO     AUFTRAEGE_PERSONEN_FK          AUFTRAEGE  PERSNR                    1
DEMO     AUFTRAEGE_PK                   AUFTRAEGE  AUFNR                     1
DEMO     SYS_C008055                    AUFTRAEGE  AUFNR
DEMO     SYS_C008056                    AUFTRAEGE  PERSNR
DEMO     PK_PERSONEN                    PERSONEN   PERSID                    1
DEMO     SYS_C008071                    PERSONEN   NACHNAME
DEMO     PK_POSITIONEN                  POSITIONEN AUFID                     1
DEMO     PK_POSITIONEN                  POSITIONEN POSID                     2
DEMO     SYS_C003087                    POSITIONEN AUFID
DEMO     SYS_C003088                    POSITIONEN POSID
DEMO     SYS_C003089                    POSITIONEN PRODID
```

6.5 Views

Eine View ist zunächst einmal eine logische Sicht in Form einer Abfrage auf eine oder mehrere Basisobjekte (*Base Tables*). Ein Basisobjekt kann dabei eine Tabelle oder wiederum eine View sein. Dabei wird unterschieden, ob eine View nur die Definition der Abfrage ist (*Standard-View*) oder ob auch das Ergebnis der Abfrage mit abgespeichert wird (*Materialized View*).

6.5.1 Standard-Views

Bei einer Standard-View handelt es sich um eine gespeicherte Abfrage, die sich auf Basisobjekte bezieht. Diese Abfrage wird im Data-Dictionary abgespeichert und kann über die View `dba_views` respektive `all_views` bzw. `user_views` abgefragt werden. Alle Operationen, die sich auf eine View beziehen (also INSERT, UPDATE, DELETE, SELECT), werden auf die zugrunde liegenden Tabellen durchgereicht.

Eine View hat also immer eine Beziehung zur darunter liegenden Tabelle, diese werden durch die Datenbank automatisch geregelt. Dies bedeutet aber, im Gegensatz zum Index, der nur mit einer Tabelle gemeinsam existieren kann, dass eine View ungültig werden kann, wenn sich an den darunter liegenden Objekten etwas ändert. So ist es

z. B. möglich, eine Tabelle zu löschen, die von einer View referenziert wird. Beim Aufruf der View erhält man dann eine entsprechende Fehlermeldung.

```
SQL> SELECT * FROM personenbilder;
select * from personenbilder
              *
FEHLER in Zeile 1:
ORA-04063: view "DEMO.PERSONENBILDER" enthält Fehler
```

Views erlauben es, gleiche Daten in unterschiedlichen Formaten entsprechend der Nutzung darzustellen. Dafür gibt es unterschiedliche Beispiele:

- Sichtbarkeit von Daten: Über eine View kann ein Sicherheitskonzept aufgebaut werden, so dass Benutzer nur Ausschnitte aus der Gesamttabelle sehen (bestimmte Zeilen oder Spalten werden ausgeblendet).

  ```
  SQL> CREATE VIEW personen
           AS SELECT anrede, vorname, nachname
         FROM personal;
  ```

  In diesem Fall sind Gehaltsinformationen der ursprünglichen `personaltabelle` nicht mehr sichtbar.

- Vereinfachung der Darstellung von komplexen Abfragen. Oft werden Views eingesetzt, um wiederkehrende Abfragen, die mehrere Tabellen miteinander verknüpfen, einfach darzustellen.

  ```
  SQL> CREATE VIEW telefonliste
           AS SELECT
              p.anrede,
              p.vorname,
              p.nachname,
              '('||t.vorwahl||') '||t.nummer AS telefonnummer
         FROM personen p,
              telefone t,
              typen ty
        WHERE p.persid = t.persid
          AND t.teltyp = ty.typid
          AND ty.kurzform = 'PRIVATTEL';
  ```

- Einheitliche Datendarstellung. In diesem Fall können Überschriften für Tabellenspalten oder auch das Format für bestimmte Daten geändert werden.

  ```
  SQL> CREATE VIEW umsatz
       AS SELECT  aufid AS "Auftragsnummer",
                  posid AS "Auftragsposition",
                  prodid AS "Produktnummer",
                  (menge * einzelpreis) AS "Umsatz"
       FROM  positionen;
  ```

- Entkoppeln von Anwendungen und Basistabellen. In einigen Publikationen ist zu lesen, dass man generell nur über eine View auf Tabellen zugreifen sollte, weil hierdurch gewährleistet werden kann, dass, wenn sich die Definition der Tabelle ändert (Hinzufügen von Spalten), die View immer noch einen Zugriff auf den vorherigen Stand ermöglicht.

```
SQL> CREATE VIEW vpersonen
     AS SELECT   persid,
                 anrede,
                 vorname,
                 nachname,
                 geburtstag
     FROM   personen;
```

Sicherlich sind die hier aufgeführten Gründe für die Verwendung von Views durchaus berechtigt. Generell sollte aber beachtet werden, dass durch Views zwar die Komplexität von Abfragen für den Entwickler vereinfacht wird, diese aber dadurch nicht etwa verschwindet. Speziell beim Thema Tuning stellt man hinterher fest, dass man sich diese vermeintliche Vereinfachung teuer erkauft hat. Ein Beispiel aus der Praxis soll dies verdeutlichen.

Zunächst wird eine View `umsatz` erstellt, die generell Kundendaten plus deren Umsatz mit entsprechenden Produkten anzeigt.

```
SQL> CREATE VIEW umsatz
     AS
     SELECT    pe.vorname,
               pe.nachname,
               ad.strasse,
               ad.plz,
               ad.ort,
               te.vorwahl,
               te.nummer,
               au.aufdatum,
               st.kurzbeschreibung,
               po.posid,
               (po.menge * po.einzelpreis) AS umsatz,
               pr.produktname
       FROM    personen pe,
               adressen ad,
               telefone te,
               auftraege au,
               positionen po,
               produkte pr,
               status st
      WHERE        pe.persid = ad.persid
               AND pe.persid = te.persid
               AND pe.persid = au.persid
               AND au.aufid = po.aufid
               AND pr.prodid = po.prodid
               AND st.statusid = au.aufstatus;
```

Ein so genannter Analyst bekommt jetzt die Aufgabe herauszufinden, wie viele unterschiedliche Schuharten es im Unternehmen gibt. Unter Umständen kommt er jetzt auf die Idee, diese in der View `umsatz` zu suchen, also in der Form:

```
SQL> SELECT DISTINCT produktname
     FROM   umsatz
     WHERE  upper(produktname) LIKE '%SCHUH%';
```

Ein Indiz, dass nicht auf die „richtige" Tabelle zugegriffen wurde, ist hier die Verwendung der Option *DISTINCT* beim *SELECT*. Denn es ist klar, dass in der View `umsatz` die unterschiedlichen Schuhsorten mehrfach vorkommen.

Es sollte daher unbedingt angestrebt werden, nur eine einzige View-Schicht über den Basistabellen zu haben. Wiederverwendung von Code ist zwar im Programmierumfeld eine gute Technik, für SQL-Abfragen im beschriebenen Sinne aber völlig ungeeignet.

6.5.2 Datenmanipulation in Views

Wie bereits erwähnt können unter bestimmten Umständen die Daten der Basistabellen über die View geändert werden. Speziell bei der 1:1-Beziehung zwischen View und Tabelle gibt es dabei keinen Unterschied. Etwas problematischer ist dieser Umstand jedoch bei der Verwendung von Views für die Sichtbarkeit von Daten. Wenn die Daten nach bestimmten Kriterien angezeigt werden (WHERE-Bedingung), dann ist es möglich, Datensätze so zu ändern, dass man sie anschließend nicht mehr anzeigen kann. Als Beispiel ist hier die Aufträgetabelle zu nennen, die einem bestimmten Bereich nur die Daten anzeigt, die den Status „Storniert“ haben.

```
SQL> CREATE OR REPLACE VIEW storniert
        AS SELECT aufid,
                  persid,
                  aufdatum,
                  lieferdatum,
                  aufstatus
     FROM auftraege
     WHERE aufstatus = 'S';

SQL> UPDATE storniert
     SET    aufstatus = 'E'
     WHERE  aufid = 100237;
```

Da der Status jetzt den Wert 'E' hat, ist er bei der anschließenden Abfrage nicht mehr sichtbar. Wenn das vermieden werden soll, kann der View eine Check-Option mitgegeben werden.

```
SQL> CREATE OR REPLACE VIEW storniert
        AS SELECT aufid,
                  persid,
                  aufdatum,
                  lieferdatum,
                  aufstatus
     FROM auftraege
     WHERE aufstatus = 'S'
     WITH CHECK OPTION CONSTRAINT storniert_nur_s;

SQL> UPDATE storniert
     SET    aufstatus = 'E'
     WHERE  aufid = 100237;

UPDATE storniert
       *
FEHLER in Zeile 1:
ORA-01402: Verletzung der WHERE-Klausel einer View WITH CHECK OPTION
```

Soll die Änderung der Daten generell verboten werden, kann die View auch mit der Option `WITH READ ONLY` angelegt werden.

Auch Views, die sich auf mehrere Tabellen beziehen (Join Views), können geändert werden. Hierbei ist jedoch die Beziehung zwischen den Tabellen entscheidend. Nur

Detaildatensätze bei einer Primärschlüssel-Fremdschlüsselbeziehung können geändert und unter Umständen auch eingefügt werden. Um zu prüfen, welche Spalten geändert werden dürfen, gibt es die View `dba_updatable_columns` bzw. dessen Pendants.

```
SQL> CREATE OR REPLACE VIEW updateview
         AS SELECT a.persid,
                   p.vorname,
                   p.nachname,
                   a.aufdatum,
                   a.aufstatus
     FROM personen p, auftraege a
     WHERE p.persid = a.persid
     AND a.aufdatum > TO_DATE('01.01.2008','DD.MM.YYYY');

SQL> SELECT owner,
            table_name,
            column_name,
            updatable,
            insertable,
            deletable
     FROM   user_updatable_columns
     WHERE  table_name = 'UPDATEVIEW';

OWNER      TABLE_NAME COLUMN_NAM UPD INS DEL
---------- ---------- ---------- --- --- ---
DEMO       UPDATEVIEW PERSID     YES YES YES
DEMO       UPDATEVIEW ANREDE     NO  NO  NO
DEMO       UPDATEVIEW VORNAME    NO  NO  NO
DEMO       UPDATEVIEW NACHNAME   NO  NO  NO
DEMO       UPDATEVIEW AUFDATUM   YES YES YES
DEMO       UPDATEVIEW AUFSTATUS  YES YES YES

SQL> UPDATE updateview
     SET    aufstatus = 'E'
     WHERE  persid = 100003;

3 Zeilen wurden aktualisiert.

SQL> UPDATE updateview
     SET  anrede = 'Herr'
     WHERE persid = 100003;

SET  anrede = 'Herr'
     *
FEHLER in Zeile 2:
ORA-01779: Kann keine Spalte, die einer Basistabelle zugeordnet wird, verändern
```

Im obigen Beispiel ist es zwar möglich, die Datensätze der Spalten `aufdatum` und `aufstatus` zu ändern, entgegen der Darstellung in der Tabelle `user_updatable_columns` ist es jedoch nicht möglich, Datensätze hinzuzufügen oder zu löschen, da zusätzliche Constraints auf der Tabelle `auftraege` existieren. Um dies zu erlauben, muss die View um die Spalte `aufid` erweitert werden.

Verarbeitung von Views

Eine Alternative zur Vergabe von DML-Rechten auf Views ist der Aufbau einer Business-API, die alle Änderungsoperationen in PL/SQL-Aufrufen kapselt. Vorteilhaft ist, dass auch komplexere Plausibilitätsprüfungen eingebaut werden können. Über autonome Transaktionen ist auch ein Logging kritischer Änderungen möglich. Außerdem ist diese Lösung auch für Views möglich, die „non-updateable" sind, also aus technischen Gründen keine DML-Operationen zulassen. In diesem Fall sollten die Views mit der *WITH READ ONLY*-Klausel definiert werden. Die gesamte Rechtevergabe läuft über *EXECUTE*-Privilegien auf den PL/SQL-Objekten der Business-API.

Die Vorteile der beiden Techniken (transparenter Zugriff über normale DML-Kommandos einerseits und flexiblere Security andererseits) können durch Verwendung so genannter *INSTEAD OF*-Trigger kombiniert werden. Dabei wird die PL/SQL-Logik in einen Trigger integriert, der für die entsprechende Änderungsoperation auslöst. Die Views sollten in diesem Fall mit Check-Option definiert sein (für den Fall, dass ein Trigger versehentlich gelöscht oder deaktiviert wird). Es werden ganz normal DML-Rechte auf der View vergeben.

Die Einschränkung der sichtbaren Datenmenge durch Views ist offenbar nicht allzu flexibel. Hat man es mit dynamischen Einschränkungskriterien zu tun, ist jedes Mal eine Neuerzeugung der View notwendig. Auch steigt die Anzahl der notwendigen Views mit der Anzahl der Benutzer rapide an. Der Administrations- und Pflegeaufwand wird entsprechend hoch. Leistungsfähigere und besser skalierbare Security-Lösungen bieten beispielsweise die Technologien Fine Grained Access (FGA) und Virtual Private Database (VPD), die in Kapitel 11 „Sicherheit" beschrieben werden.

Auch bei einfachen Views wird man aber nicht immer um Tuning-Maßnahmen herumkommen. Ist der Einbau von Optimizer-Hints geplant, sollten diese aber nicht innerhalb der SELECT-Anweisung der View-Definition untergebracht werden, da man dadurch Abfragen negativ beeinflussen könnte, die diese View ebenfalls verwenden, aber andere WHERE-Klauseln haben. Stattdessen ist hier die Benutzung so genannter globaler Hints anzuraten (für Beispiele siehe Kapitel 15.6.3).

View-Definitionen in Skripten

An dieser Stelle sollen noch einige Tipps zum Scripting für Views gegeben werden:

- Bei einfachen Views ist es bequem, in die SELECT-Liste einfach den „*" zu schreiben, um alle Spalten der darunter liegenden Tabelle(n) zu übernehmen. Der * wird aber zur Erzeugungszeit der View in eine konkrete Spaltenliste expandiert. Werden die Basistabellen oder Views später um neue Spalten erweitert, werden diese nicht in die darüber liegende View propagiert. Auch ein Rekompilieren der View hilft hier nicht. Sollen die neuen Spalten mit aufgenommen werden, muss die View neu erzeugt werden: `CREATE OR REPLACE VIEW ... AS SELECT * ...`
- Die Verwendung der FORCE-Klausel (`CREATE FORCE VIEW ...`) sorgt für eine höhere Robustheit in Skripten, da ansonsten die Erzeugung der View fehlschlägt, wenn die darunter liegenden Tabellen bzw. Views noch nicht vorhanden sind. Mit der FORCE-Option wird die View erzeugt und ist ggf. noch ungültig.

6.5.3 Materialized Views

Materialized Views gibt es in zwei Ausprägungen, dem Namen entsprechend handelt es sich zunächst um die physikalische Speicherung des Ergebnisses einer Abfrage in einer Tabelle („Materialisierung"). Bei der zweiten Methode handelt es sich um die Replikation von Objekten oder Teilen davon auf ein anderes System. Diese Technik wurde in früheren Oracle-Releases *„Snapshot-Replikation"* genannt, und aus diesem Grunde gibt es in der Oracle-Datenbank viele Prozeduren und Views für den Aufbau von Materialized Views in zwei Ausprägungen, z. B. `dbms_snapshot` und `dbms_mview`. Replikation von Objekten behandeln wir im Kapitel 12.6, der folgende Bereich der Materialized Views bezieht sich also ausschließlich auf die Speicherung von Abfrageergebnissen in Schemaobjekten.

Die Vorteile einer *normalen* View sind, dass kein Speicherplatz verbraucht wird und die Daten immer aktuell sind, da sie ja zum Zeitpunkt des Aufrufs auf die zugrunde liegenden Tabellen zugreift. Bei großen Datenmengen kann dies jedoch zu erheblichen Performanceproblemen führen. Aus diesem Grund kann es sinnvoll sein, die Ergebnisse abzuspeichern, eben zu *materialisieren*. Zunächst einmal kann man diese Abspeicherung mit einer Excel-Tabelle vergleichen, die ja oft dazu verwendet wird, um Ergebnisse abzuspeichern, um sie dann weiter zu verarbeiten, z. B. als Pivot-Tabelle, Grafik oder für weitere Einschränkungen (Filter oder Sortierungen). Aber gerade diese Analogie mit Excel-Tabellen zeigt auch, wo das Problem liegt: Wenn sich die Daten in den Ursprungstabellen (*Detail Table*) ändern, wird sich die Excel-Tabelle nicht unbedingt anpassen, es kommt also u. U. zu Inkonsistenzen.

Der Entwickler einer Materialized View muss also einen Kompromiss finden zwischen der Aktualität der Daten und der Zeitdauer, die für den Neuaufbau der Materialized View benötigt wird. Aus diesem Grunde wird diese Technik fast ausschließlich in Data-Warehouses genutzt. In diesem Fall handelt es sich in der Regel um eine Datenbank, in die neue Daten nur einmal täglich oder gar nur wöchentlich geladen werden und die dann für Abfragen zur Verfügung steht. Somit muss die Materialized View auch nur einmal pro Tag bzw. pro Woche neu aufgebaut werden und steht als Objekt den Anwendern zur Verfügung. Materialized Views werden in diesem Zusammenhang auch als Summationstabellen (Summary) bezeichnet.

Bei der Aktualisierung der Materialized Views gibt es zwei unterschiedliche Mechanismen:

- Complete oder Full Refresh: In diesem Fall werden alle Daten der Materialized View neu erstellt. Ähnlich einem `TRUNCATE TABLE` wird dabei die Tabelle zunächst geleert und dann wie bei einem „`INSERT INTO TABLE AS SELECT`" wieder gefüllt.
- Fast Refresh: Bei einem Fast Refresh werden nur neue Daten in eine existierende View eingepflegt bzw. Datensätze geändert.

```
SQL> CREATE MATERIALIZED VIEW DEMO.MV_PRODUMSATZ
     TABLESPACE DEMOTS
     BUILD IMMEDIATE
     REFRESH COMPLETE ON DEMAND
     ENABLE QUERY REWRITE
     AS
     SELECT   prod.prodid,
              prod.pgrid,
              prod.produktname,
```

```
         auf.aufdatum,
         sum(pos.menge * pos.einzelpreis) produktumsatz
   FROM  positionen pos, produkte prod, auftraege auf
  WHERE  prod.prodid = pos.prodid
    AND  pos.aufid   = auf.aufid
GROUP BY prod.prodid,
         prod.pgrid,
         prod.produktname,
         auf.aufdatum;
```

Sicherlich erscheint es zunächst einmal sinnvoller, immer ein Fast Refresh durchzuführen, da weniger Datensätze bewegt werden müssen und die Information schneller zur Verfügung steht. Allerdings ist es, genau wie bei einer *normalen* View, nicht immer möglich, ein Update durchzuführen. Für die Update-Fähigkeit der Materialized View müssen mehrere Faktoren gegeben sein. Ab Version Oracle 10g gibt es hierfür einen so genannten Materialized View-Advisor (Package dbms_mview), der genaue Informationen liefert, welche Voraussetzungen für den Fast Refresh einer View erfüllt sein müssen.

Durch die Query-Rewrite-Funktionalität (Klausel `ENABLE QUERY REWRITE`) wird die Existenz einer Materialized View für die Applikation transparent. SQL-Abfragen brauchen nicht angepasst zu werden, stattdessen prüft der Optimizer, ob zur Beantwortung einer Abfrage eine Materialized View herangezogen werden kann.

Weitere Details zum Thema Materialized View finden Sie im Kapitel 12.6.

6.5.4 Objekt-Views

Da der relationale Teil des Oracle-Systems auf der Speicherung von Daten in Tabellen sowie der Darstellung von Teilmengen, Verknüpfungen usw. in Views basiert, ist es nicht verwunderlich, dass es im OR-Bereich ebenfalls Views gibt. Diese sind sehr hilfreich beim Übergang zur objektorientierten Programmierung, da zunächst einmal alle Daten aus den bestehenden relationalen Tabellen übernommen und dann suksessiv auf die „echte" Objektorientierung umgestellt werden können. Einige Erweiterungen des View-Konzepts helfen dabei, auch komplexe Strukturen abzubilden. Natürlich sind auch Objekttabellen und -Views als Basis für Objekt-Views erlaubt. Jeder Datensatz in der View ist jetzt ein Objekt, das wiederum eine Instanz eines Objekttyps ist. Zusätzlich ist es jetzt möglich, objektorientierte Datentypen wie *REFs* oder *VARRAYS* auf diese Views aufzubauen. Natürlich gelten auch für Objekt-Views, dass hierdurch komplexe Abfragen vereinfacht bzw. aus Sicherheitsgründen bestimmte Informationen ausgeblendet werden können.

Ein Beispiel, basierend auf den Objekttypen `person_typ` und `telnummern_typ`, soll den Ansatz der Objekt-Views erklären. Damit eine Objekt-View erstellt werden kann, die auf relationalen Strukturen basiert, werden zunächst die entsprechenden „flachen" Tabellen `personen` und `telefone` benötigt.

```
SQL> CREATE TABLE personen
     (
       persid      NUMBER(10) NOT NULL,
       vorname     VARCHAR2(50 CHAR),
       nachname    VARCHAR2(50 CHAR),
       CONSTRAINT  personen_pk PRIMARY KEY (persid)
     )
     TABLESPACE demots;
```

```
SQL> CREATE TABLE telefone
     (
       persid  NUMBER(5,0),
       vorwahl NUMBER(10),
       rufnr   NUMBER(10),
       CONSTRAINT telefone_ref_personen FOREIGN KEY (persid)
                                        REFERENCES personen,
       CONSTRAINT telefone_pk PRIMARY KEY (rufnr)
     ) TABLESPACE demots;
```

Für die Tabellen sind einige Constraints definiert worden, so dass ein typisches relationales Modell vorliegt. Mit der folgenden Objekt-View-Definition wird dieses Modell nunmehr in die objektrelationale Welt abgebildet:

```
SQL> CREATE OR REPLACE TYPE telnummern_typ AS VARRAY(10) OF VARCHAR2(20);

SQL> CREATE OR REPLACE TYPE person_typ AS OBJECT (
       persid     NUMBER(5,0),
       vorname    VARCHAR2(30 CHAR),
       nachname   VARCHAR2(30 CHAR),
       telnummern telnummern_typ);

SQL> CREATE VIEW ov_personen
     OF person_typ
     WITH OBJECT IDENTIFIER (persid)
     AS
     SELECT persid, vorname, nachname,
            CAST(
               MULTISET(
                  SELECT rufnr
                  FROM   telefone2 t
                  WHERE  t.persid = p.persid)
               AS telnummern_typ)
     FROM personen p;
```

Hierbei ist zunächst zu beachten, dass das *CREATE VIEW*-Kommando den Zusatz `OF <typ>` erhält, mit dem man, wie bei einer Objekttabelle, einen Objekttyp zuordnet. Für Objekt-Views, die auf relationalen Strukturen basieren, muss ein aus einem oder mehreren Werten zusammengesetzter Objekt-Identifier spezifiziert werden. Hier bietet sich ein Primärschlüssel an. Mithilfe der *CAST*- und *MULTISET*-Operatoren können Ergebnisse aus Subselects als Collections in die Objektstruktur eingebunden werden.

Nunmehr können Werte, die z. B. per INSERT in die Basistabellen geflossen sind, aus der Objekt-View gelesen werden. Problematisch ist jedoch die Manipulation der Objekt-View selbst: Der Versuch, einen passend getypten Datensatz in die Objekt-View einzufügen, mündet in einen Fehler, da die künstlichen Schlüsselinformationen für die referenzielle Integrität nicht automatisch erzeugt werden können.

Aus diesem Grund wurde zeitgleich zur Einführung der Objekttechnologie in das Oracle-System der *INSTEAD-OF*-Trigger für Views eingeführt. Dieser hängt ebenso wie die bekannten Tabellen-Trigger an den DML-Operationen, mit dem Unterschied, dass er nicht vor bzw. nach der eigentlichen DML-Operation ausgeführt wird, sondern anstatt der DML-Operation. Ein INSERT-Trigger für die Objekt-View `ov_personen` könnte wie folgt aussehen:

```
SQL> CREATE OR REPLACE TRIGGER ov_personen_insert
     INSTEAD OF INSERT ON ov_personen
     FOR EACH ROW
     BEGIN
        INSERT INTO personen
        VALUES (:NEW.persid, :NEW.vorname, :NEW.nachname);

        FOR v_loop IN 1..:NEW.telnummern.COUNT LOOP
          INSERT INTO telefone
          VALUES (:NEW.persid, :NEW.telnummern(v_loop));
        END LOOP;
     END;
     /
```

Hierbei wird das neu einzufügende Objekt in seine Bestandteile zerlegt und mithilfe von Schleifenstrukturen auf Master- und Detaildatensätze verteilt. Dadurch, dass die unterliegenden flachen Tabellen mit Primär- und Fremdschlüsseln versehen sind, wird automatisch die logische Konsistenz der Daten überwacht.

Mithilfe der Objekt-Views können also relationale Strukturen in die Objektwelt abgebildet werden; mit INSTEAD-OF-Triggern kann diese Abbildung sogar funktional vollständig sein. Somit können z. B. beim Übergang von einem relationalen zu einem objektrelationalen Datenmodell bereits neue Anwendungen erstellt und auf den bestehenden Daten getestet werden. Ein potenzieller Vorteil bei der Verwendung von Objekt-Views in Client-Software ist die Übertragung des gesamten Objekts in einen Netzwerkzyklus anstelle der Übertragung von einzelnen Zeilen oder Zeilenmengen im relationalen Fall. Hierbei handelt es sich sozusagen um eine Weiterentwicklung des Array-Fetch-Modells der Oracle-Client-Software.

Ansonsten sind die INSTEAD-OF-Trigger sicherlich auch interessant für andere Anwendungen, da sie keineswegs auf Objekt-Views eingeschränkt sind. Somit ist es möglich, INSERT-Befehle abzufangen und mit den gelieferten Daten etwas ganz anderes zu tun, sie z. B. in eine Advanced Queue übergeben.

6.5.5 Editioning Views

Mit Version 11g Release 2 wird eine zusätzliche Versionierung von Objekten eingeführt, die so genannte Edition Redefinition. Da es sich hierbei um eine Funktion handelt, die speziell für Migrationen und Upgrades von Anwendungen gedacht ist, werden wir im Kapitel 14.7 näher darauf eingehen.

6.6 Sequences

Zur Vermeidung von Duplikation in Tabellen bietet es sich an, eindeutige Nummern als Primärschlüssel zu definieren. In einfachen Anwendungen wird dies oftmals über spezielle Tabellen sichergestellt, in der die gerade gültige oder als Nächstes verfügbare Nummer eingetragen wird. Jede Anwendung liest jetzt den aktuellen Wert und erhöht ihn um ein bestimmtes Intervall (in der Regel 1). In größeren Datenbanken, auf denen unter Umständen Hunderte oder Tausende Benutzer gleichzeitig zugreifen, führen solche Tabellen schnell zu einem sehr kritischen Engpass.

Für die Oracle-Datenbank gibt es aus diesem Grund als alternative Strukuren die so genannten Sequences. Sie stellen ohne Tabellenzugriff und Locking eindeutige Nummern zur Verfügung. Sequences werden mit folgenden Parametern erstellt:

- `START WITH`: erste generierte Nummer
- `INCREMENT BY`: Nummernabstand (negative Zahl bedeutet hierbei, dass es sich um einen absteigenden Index handelt)
- `MINVALUE`: Minimalwert (z. B. bei *Recycle*)
- `MAXVALUE`: Maximalwert (danach wird bei MIN VALUE weitergemacht)
- `CACHE $n$`: erlaubt der Instanz, *n* Sequence-Nummern zwischenzuspeichern für den schnelleren Zugriff
- `CYCLE`: Wiederverwendung von Nummern, wenn der Maximalwert (*MAXVALUE*) erreicht ist
- `ORDER`: Sicherstellung, dass Sequences auch über mehrere Instanzen hinweg im Real Application Clusters in der richtigen Reihenfolge generiert werden (nur in Ausnahmefällen, z. B. bei der Sicherstellung von Zeitsynchronität erforderlich)

In dem folgenden Beispiel wird eine Sequence mit dem Namen `seq_personen` erstellt, die mit dem Wert 100001 anfängt und nur ungerade (`INCREMENT BY 2`) Nummern generiert. *MINVALUE* und *MAXVALUE* können entfallen, da *NOCYCLE* gesetzt wurde, und für *ORDER* wird die Standardeinstellung (*NOORDER*) verwendet.

```
SQL> CREATE SEQUENCE seq_personen
       START WITH 100001
       INCREMENT BY 2
       NOCYCLE
       CACHE 20;
```

Auch wenn es sich hierbei scheinbar um eine Sequence für die Generierung von Primärschlüsseln der Personentabelle handelt, ist dies nicht sichergestellt, entgegen anderen Datenbanken (z. B. Microsoft SQL-Server) können Anwendungen Sequences beliebig benutzen.

Der Zugriff auf eine Sequence kann entweder direkt mit einem INSERT oder auch über einen SELECT erfolgen. Entgegen der *normalen* SELECT-Anweisung erfolgt hier allerdings tatsächlich eine Änderung, denn der Zugriff auf die Sequence erhöht deren Wert automatisch.

```
SQL> SELECT seq_personen.NEXTVAL
     FROM   dual;
```

Für das obige Beispiel wird beim ersten Aufruf der Wert 100001 und beim nächsten Mal 100003 zurückgegeben. Die generierte Nummer ist dabei nur für die aktuelle Session sichtbar. Durch die Angabe von `CURRVAL` statt `NEXTVAL` kann die aktuelle Session auf den bereits generierten Wert zurückgreifen.

Zu beachten ist, dass bei der Verwendung von Sequences eine ununterbrochene Reihenfolge von Nummern nicht garantiert werden kann, z. B. bei einem Rollback einer Transaktion.

Neu in Oracle 11g ist, dass in PL/SQL der Select-Befehl für die Generierung einer Sequence nicht mehr erforderlich ist. Stattdessen ist es möglich, einer Variablen direkt eine Sequence zuzuweisen:

```
SQL> BEGIN
      ...
        x := seq_personen.NEXTVAL;
      ...
      END;
      /
```

6.7 Synonyme

Ein Synonym, wie der Name schon sagt, ist ein Alias für ein Datenbankobjekt. Dabei kann es sich um eine Tabelle, eine View, eine Materialized View, eine Sequence, ein PL/SQL-Programm, einen Objekttyp oder ein anderes Synonym handeln. Da es sich nur um einen Alias handelt, wird, außer für die Definition, kein Platz verbraucht. Synonyme werden vor allen Dingen für die Vereinfachung von SQL-Befehlen verwendet. Gerade beim Zugriff auf Objekte in anderen Schemas können sie jedoch auch dazu dienen, die ursprüngliche Lage der Objekte zu verstecken.

Bei Synonymen wird zwischen Private und Public unterschieden. Bei einem private Synonym liegt die Synonymdefinition in einem Benutzerschema, der dann die volle Kontrolle über das Synonym hat. Bei einem Public Synonym liegt die Definition im Public Schema, so dass jeder auf dieses Synonym zugreifen kann, ohne einen Schemanamen zu verwenden. Public Synonyme sind für jeden sichtbar.

```
SQL> CREATE PUBLIC SYNONYM produktumsatz
        FOR demo.mv_produktumsatz
      /
```

In diesem Beispiel wird auf Basis der Materialized View `mv_produktumsatz` ein Public Synonym `produktumsatz` angelegt. Jeder kann jetzt ohne die Verwendung einer Schemaspezifikation auf dieses Synonym wie auf eine Tabelle zugreifen. Natürlich werden immer noch die entsprechenden Berechtigungen für das zugrunde liegende Objekt benötigt.

6.8 Directory-Objekte

Oft ist es notwendig, aus der Datenbank heraus auf Dateien auf dem Server zuzugreifen, sei es lesend im Rahmen von Ladeoperationen, sei es schreibend, z. B. um Daten in einem bestimmten Format zu exportieren. Dafür gibt es mittlerweile eine Reihe von Möglichkeiten. Die wichtigsten sind:

- Das mitgelieferte Package `utl_file`, das aus PL/SQL-Routinen heraus lesenden und/oder schreibenden Zugriff in beliebigen Ausgestaltungen erlaubt.
- Der Import und Export von Daten auf dem Datenbank-Server mittels Data Pump
- Die Definition von *„externen Tabellen“* (siehe Abschnitt 6.2.4)
- Das mitgelieferte Package `dbms_file_transfer`, das Dateien über Datenbank-Links hinweg zwischen Datenbankservern kopieren kann (eine Art triviales FTP, wobei der Datenbank-Link als Tunnel verwendet wird).

- Der Zugriff über einen *BFILE-Locator* für Tabellenspalten vom Typ *BFILE* über die eingebaute SQL-Funktion *BFILENAME*.

In allen Fällen geschieht der Zugriff auf das Dateisystem des Datenbankservers durch den Oracle-Serverprozess (nicht zu verwechseln mit einem clientseitigen Dateizugriff durch das Kommandozeilen-Tool SQL*Plus nach einem SPOOL-Kommando).

Prinzipielle Voraussetzung ist daher, dass der Betriebssystembenutzer, unter dem der Serverprozess läuft (`oracle` auf Unix, `Lokales System` unter MS Windows), entsprechende Zugriffsrechte hat. Unter Unix lässt sich dies ggf. durch Kommandos wie `chown`, `chgrp` und `chmod` erreichen.

Unter MS-Windows stößt man zusätzlich auf das Problem, dass das lokale Systemkonto, unter dem der gesamte Oracle-Prozess standardmäßig läuft, keinerlei Zugriffsrechte auf Netzwerkfreigaben hat. Der Zugriff auf Dateien über Freigaben (z. B. `Z:\testdatei.txt` oder als UNC-Pfad `\\server\freigabe\testdatei.txt`) scheitert daher regelmäßig. In diesem Fall müssen der Oracle-Dienst und der TNS-Listener als ein privilegierter Benutzer angemeldet werden.

Kann der Oracle-Serverprozess auf eine Datei prinzipiell zugreifen, sind als zweite Stufe die Zugriffsrechte der Datenbankbenutzer zu regeln. Bei einer neu aufgesetzten Datenbank hat zunächst kein Datenbankbenutzer Zugriffsrechte auf Dateien.

So genannte *Directory-Objekte* repräsentieren einzelne Dateisystemverzeichnisse innerhalb der Datenbank und bilden sowohl bei der Angabe von Dateipfaden als auch bei der Zugriffskontrolle die Schnittstelle zwischen Dateisystem und Datenbankbenutzern. Lese- und Schreibrechte können also nicht pro Datei, sondern nur pauschal für alle Dateien eines Verzeichnisses gewährt werden. Das Erstellen oder Löschen eines Directory-Objekts hat keine Auswirkung auf die Existenz des betreffenden Dateisystemverzeichnisses, es handelt sich nur um einen Pointer.

Für die Erstellung von Directory-Objekten gibt es nur die Systempriviliegien `CREATE` bzw. `DROP ANY DIRECTORY`. Directory-Objekte sind streng genommen keine Schema-Objekte, da sie nicht zum Schema des erzeugenden Benutzers, sondern immer zum Schema SYS gehören. Ihre Namen müssen daher datenbankweit eindeutig sein. Benutzer mit mindestens einem der oben genannten Systemprivilegien haben pauschal Lese- und Schreibrechte auf alle Directory-Objekte.

```
SQL> CREATE OR REPLACE DIRECTORY dat_dir AS '/home/oracle';
```

Der Benutzer, der die externe Tabelle anlegen will, muss als Nächstes in der Datenbank Lese- bzw. Schreibrechte (z. B. für Protokolldateien) auf dieses Objekt erhalten.

```
SQL> GRANT READ ON DIRECTORY dat_dir TO patrick;
SQL> GRANT WRITE ON DIRECTORY dat_dir TO patrick;
```

Die Rechtevergabe bezieht sich stets nur auf das angegebene Verzeichnis, Unterverzeichnisse sind nicht inbegriffen. Beim Zugriff auf eine Datei über einen der oben beschriebenen Wege wird die Datei durch Verzeichnis und Dateiname identifiziert, das Verzeichnis wird dabei nicht direkt, sondern über ein Directory-Objekt mitgegeben, z. B. der Parameter `location` der Funktion `utl_file.fopen` oder der Parameter `DIRECTORY` beim Data-Pump-Export und -Import.

Für die Arbeit mit dem Oracle Loader Interface besteht die Gefahr, dass ein „nichtprivilegierter" Benutzer auf Dateien zugreifen kann. Aus diesem Grund gibt es ab der Version

11g Release 2 ein zusätzliches „EXECUTE“-Privileg für die Objekte in dem Verzeichnis. Nur Benutzer, die das „EXECUTE“-Recht haben, können auf die entsprechenden Dateien zugreifen.

Der Serverparameter `utl_file_dir`, der ebenfalls Zugriffsrechte auf Dateien regelt, sollte nicht mehr verwendet werden, da

- er keine Differenzierung zwischen Datenbanknutzern zulässt,
- für eine Anpassung ein Neustart der Instanz notwendig ist,
- zur Pfadangabe trotzdem ein Directory-Objekt benötigt wird.

Aus Security-Gründen sollte auf jeden Fall vermieden werden, dass `utl_file_dir=*` gesetzt ist, da sonst wahlfreier Dateizugriff für alle Benutzer gegeben ist.

Informationen über Directory-Objekte finden sich in der View `dba_directories`. Über Schreib- und Leserechte gibt die folgende Abfrage Auskunft:

```
SQL> SELECT t.grantee,
            t.privilege,
            d.directory_name,
            d.directory_path
       FROM dba_tab_privs t,
            dba_directories d
      WHERE t.owner = d.owner
        AND t.table_name = d.directory_name
   ORDER BY t.grantee,
            d.directory_name,
            t.privilege;
```

6.9 Serverseitige Programmierung

Anwendungen werden in einer Hostsprache wie z. B. Visual Basic, Java oder C# geschrieben. Um auf die Datenbank zugreifen zu können, wird hierfür eine Schnittstelle benötigt, mit deren Hilfe SQL-Befehle an die Datenbank geschickt werden können. Allerdings ist die direkte Kommunikation über SQL-Befehle sehr aufwendig, und oftmals wäre es auch hilfreicher, wenn die Daten schon auf der Datenbankseite vorbereitet werden können. Die Sprache SQL selbst ist hierfür nur sehr eingeschränkt nutzbar, und aus diesem Grund gibt es heute in jeder relationalen Datenbank eine prozedurale Erweiterung, mit deren Hilfe SQL-Befehle um Schleifen, Bedingungen und vieles mehr erweitert werden können.

6.9.1 PL/SQL

PL/SQL[6] ist eine serverseitige prozedurale Sprache, die sich einfach in SQL integriert lässt. Sie hat zwei Merkmale:

- Sowohl der Precompiler als auch die Laufzeitumgebung für PL/SQL sind fester Bestandteil der Oracle-Server-Software und in den Oracle-Kernel integriert.
- Daraus folgt, dass bei der Ausführung eines SQL-Kommandos aus einer Prozedur heraus kein Overhead durch Netzwerk- oder Interprozesskommunikation auftritt.

6 PL/SQL = Procedural Language for SQL

- Außerdem ist das Zusammenspiel von SQL und PL/SQL auf Codierungsebene verhältnismäßig gut und unkompliziert. Dies reicht so weit, dass die Grenzen zwischen SQL-Engine und PL/SQL-Engine bisweilen regelrecht verwischen. Insbesondere die Datentypen und eingebauten Funktionen beider Umgebungen sind nahezu deckungsgleich. Intern wird aber wie bei jeder anderen Host-Sprache auch konvertiert. Jede Ausführung eines SQL-Kommandos in einer PL/SQL-Prozedur führt zu einem Switch der Engines, der CPU-Overhead erzeugt.

Für die Programmierung in PL/SQL gibt es zwei Arten:

- Ein Subprogramm ist ein PL/SQL-Block, der ähnlich einer View in der Datenbank abgespeichert wird und über einen Namen von einer Anwendung aufgerufen werden kann. Ein Subprogramm kann eine Funktion (Rückgabewert) oder eine Prozedur (kein Rückgabewert) sein. Funktionen und Prozeduren können dabei zu Paketen (Packages) zusammengefasst werden. In der Praxis spricht man oft von Procedure, wenn man die Gesamtheit von Funktion, Prozedur oder Package meint.
- Ein anonymer Block ist ein PL/SQL-Block, der in die Anwendung eingebettet und somit nicht in der Datenbank bekannt ist.

Vorteile der Verwendung von PL/SQL-Subprogrammen sind:

- Bessere Performance, da nicht mehr alle Daten übers Netz zu den Clients geschickt werden, sondern die Daten direkt auf dem Server, wo sie anfallen, verarbeitet werden. Der Client erhält unter Umständen nur noch die Nachricht, dass die Prozedur erfolgreich abgearbeitet wurde.
- Die Integrität von Daten kann auch über komplexe Strukturen gewährleistet werden. Der Aufruf einer Prozedur kann unabhängig vom aufrufenden Programm dafür sorgen, dass mehrere Tabellen gefüllt (z. B. Protokolltabellen), bestimmte Werte automatisch gesetzt (z. B. Datum und Uhrzeit des Eintrags) oder weitere Aktionen ausgelöst werden.
- Die Sicherheit kann erhöht werden, da es möglich ist, sämtliche DML-Aktivitäten zu verstecken und damit z. B. dem unbeabsichtigten Löschen von Daten einen Riegel vorzuschieben.
- Die Wiederverwendung von Prozeduren erhöht die Produktivität, da unterschiedliche Anwendungen in unterschiedlichen Programmiersprachen die gleiche Prozedur aufrufen können und somit diese Programmteile nicht in jeder Sprache wieder neu erstellt werden müssen.

PL/SQL kann als interpretierte Sprache oder als kompiliertes Programm ausgeführt werden. Bei der standardmäßig aktivierten interpretierten Ausführung wird der Quellcode in eine Zwischenschicht, den sogenannten M- oder Bytecode, übersetzt und dann zur Laufzeit der PL/SQL-Engine zur endgültigen Übersetzung übergeben. Diese Zwischenschicht gewährleistet, dass mit PL/SQL betriebssystemunabhängig programmiert werden kann. Die erstellten Programme sind auf jedem beliebigen Rechner, auf dem eine Oracle-Datenbank installiert wurde, ausführbar.

Allerdings ist die Performance solcher Programme schlechter als die von kompilierten Sprachen. Seit Oracle Version9i gibt es daher die Möglichkeit, insbesondere CPU-intensive Routinen mittels „Native Compilation“ zu kompilieren. In älteren Versionen war der Einsatz sehr eingeschränkt, da hierfür ein C-Compiler auf dem Zielsystem notwendig war. Damit war der ursprüngliche Ansatz, dass PL/SQL vom Betriebssystem unabhängig ist, nicht mehr gegeben.

Dem hat Oracle Rechnung getragen, und ab Oracle 11g kann die echte Kompilierung aus dem Kernel ohne zusätzliche Software erfolgen. Generell wird man sich also in Zukunft fragen müssen, ob die Interpretation von PL/SQL überhaupt noch erforderlich ist oder ob nicht standardmäßig eine Kompilierung erfolgen soll. Derzeit gibt es noch einige Fälle, in denen die Interpretation sogar schneller ist als die Verwendung eines kompilierten Codes, in der Praxis macht sich dies jedoch kaum noch bemerkbar, sodass generell empfohlen werden kann, ab Oracle 11g PL/SQL zu kompilieren.

Die Kompilierung oder Interpretation von PL/SQL wird über den Serverparameter `plsql_code_type=[INTERPRETED|NATIVE]` gesteuert. Der Parameter kann systemweit, für eine Sesssion oder bei der Kompilierung eines PL/SQL-Programmteils angegeben werden.

```
SQL> ALTER SYSTEM SET plsql_code_type = NATIVE;
SQL> ALTER PACKAGE ... COMPILE PLSQL_CODE_TYPE=NATIVE;
```

Wie die einzelnen PL/SQL-Programmteile kompiliert wurden, kann mit der View `user_stored_settings` abgefragt werden.

```
SQL> SELECT *
     FROM   user_stored_settings
     WHERE  object_name = 'DEMOPKG'
     AND    param_name  = 'plsql_compiler_flags';

OBJECT_NAME   OBJECT_ID OBJECT_TYPE  PARAM_NAME              PARAM_VALUE
------------ ---------- ------------ ----------------------- -----------------
DEMOPKG           18469 PACKAGE      plsql_compiler_flags    NATIVE,NON_DEBUG
DEMOPKG           18470 PACKAGE BODY plsql_compiler_flags    NATIVE,NON_DEBUG
```

Alle PL/SQL-Objekte können über die View `dba_objects` abgefragt werden `(object_type IN ('FUNCTION','PROCEDURE','PACKAGE','PACKAGE BODY'))`. Der Quelltext ist über `dba_source` verfügbar, die Parameterlisten über `all_arguments`. Komfortabler ist aber die Verwendung geeigneter Tools, z. B. über den Schema-Browser in Quest Toad.

Genau wie bei Views gilt auch für die Erstellung von PL/SQL-Objekten und Triggern, dass alle benötigten Rechte als direkte Rechte vorhanden sein müssen, die indirekte Erlaubnis über eine Rolle genügt nicht.

Wrapping

Der Quellcode eines PL/SQL-Objekts kann geschützt werden, indem man das Objekt verhüllt, neudeutsch *wrappt*. Dies bedeutet, dass der eigentliche Quellcode durch den M-Code ersetzt wird. Auf diese Weise kann eine Anwendung ausgeliefert werden, ohne Einblick in den Quellcode zu gewähren. Auch über die oben genannte View `dba_source` ist der Quellcode nicht mehr einsehbar. Die meisten mitgelieferten Oracle-Packages (`dbms_*`) liegen ausschließlich als M-Code vor.

Es ist nicht möglich, ein PL/SQL-Objekt in die Datenbank einzuspielen und nachträglich ein Wrapping durchzuführen. Stattdessen findet das Wrapping der Objektdefinition innerhalb eines Skripts statt, das anschließend eingespielt wird. Im Unterverzeichnis `bin` innerhalb des Oracle-Homes befindet sich das Tool `wrap` (`wrap.exe` unter MS-Windows), das die eigentliche Konvertierung leistet, z. B.:

```
$ wrap iname=create_procs.sql oname=create_procs_wrapped.sql
SQL> @create_procs_wrapped.sql
```

Aus dem Originalskript `create_procs.sql` wird ein neues Skript erzeugt. Sämtliche CREATE-Kommandos für Funktionen, Prozeduren, Packages, Package Bodies, Typen sowie Typ-Bodies werden in den M-Code übersetzt, alle anderen Kommandos bleiben unverändert. Alleine das Skript `create_procs_wrapped.sql` wird anschließend eingespielt.

Da eine Wiederherstellung des Quellcodes aus dem M-Code nicht möglich ist, muss für Updates stets das Originalskript gepflegt und anschließend für die Auslieferung erneut verhüllt werden.

Einige wichtige Hinweise zum Wrapping sollen an dieser Stelle noch gegeben werden:

- In den PL/SQL-Code eingebettete SQL-Kommandos können trotz Wrapping durch SQL-Tracing der Anwendung (siehe Kapitel 15.4.2) oder durch Inspektion der View `v$sql` sichtbar gemacht werden.
- Das Exportieren und Importieren von verhüllten PL/SQL-Objekten mittels Data Pump oder konventionellem Export/Import (siehe Kapitel 7.7) ist problemlos möglich. Die Objekte bleiben dabei verhüllt.
- Der Quellcode von Triggern kann nicht verhüllt werden. Stattdessen muss eine eigene Prozedur für den Trigger-Quellcode geschrieben und das Wrapping danach durchgeführt werden. Der Trigger ruft anschließend einfach diese Prozedur auf.
- Passwörter oder sonstige Werte, die als Konstanten oder als Default-Werte für Variablen im Quellcode eingebaut sind, werden durch das Wrapping nicht verschlüsselt, sondern tauchen auch im verhüllten Code im Klartext auf! In solchen Fällen sollte das Passwort stattdessen verschlüsselt in einer entsprechend geschützten Datenbanktabelle oder Betriebssystemdatei gespeichert werden. Über die Packages `dbms_obfuscation_toolkit` oder `dbms_crypto` (Letzteres sollte ab der Datenbankversion 10g benutzt werden) stehen verschiedene Ver- und Entschlüsselungsalgorithmen zur Verfügung, u. a. DES, 3DES, AES, MD5 und SHA-1.
- Die Datenbank, in die ein verhülltes Objekt eingespielt wird, muss von derselben oder einer neueren Version sein als die Datenbank, in der das Wrapping stattfand. Das Einspielen in eine ältere Datenbankversion ist nicht möglich.

6.9.2 Java

Neben PL/SQL können auch Java-Prozeduren in der Oracle-Datenbank gespeichert werden. Der Vorteil dieser zweiten Programmiersprache für die Datenbank ist, dass jetzt nicht nur datenbanknahe Programme mit PL/SQL entwickelt werden können, sondern auch komplexe Berechnungen, die in der Regel mit PL/SQL eher unkomfortabel sind. Zwar ist es über PL/SQL möglich, so genannte externe Prozeduren aufzurufen, die auf Betriebssytemebene in C programmiert werden und dann als Library eingebunden werden können.

Dieses Vorgehen hat allerdings einen ähnlichen Nachteil wie die in Oracle9i und 10g benutzte native Kompilierung von PL/SQL. Der Code ist nicht mehr betriebssystemunabhängig, und auch für das Betriebssystem muss ein C-Compiler zur Verfügung stehen.

Für die Benutzung von Java muss die Java Virtual Machine (JVM) sowie eine Reihe von Java Packages installiert sein. Diese gehören für Oracle zwar zum Standardumfang einer Datenbankinstallation, allerdings werden die Module in der Praxis oftmals nicht installiert, da dadurch, speziell bei der Erstellung und beim Upgrade der Datenbank, erheblich Zeit gespart werden kann. Man sollte sich also vorerst überlegen, ob man die Java-Programme tatsächlich in der Datenbank abspeichern möchte oder sie besser auf einem separaten Application-Server benutzt.

Die Oracle JVM ist eine Java-Umgebung um Java-Programme, die im Java Binary-Format oder über eine API zur Verfügung stehen, auszuführen. Die Libraries liegen wie bei PL/SQL als Datenbankobjekte vor. Generell gibt es bei der Verwendung von Java anstelle oder zusätzlich zu PL/SQL außer der Sprache selbst wenig Unterschiede. Die Java-Prozedur kann von SQL-Befehlen als Funktion, PL/SQL Programmen oder anderen Anwendungen aus ausgerufen werden.

Folgende Java-Objekte können in der Datenbank gespeichert werden:

- Java-Source-Dateien, also .java-Dateien
- Java-Class-Dateien, also durch die Oracle JVM interpretierbarer Java-Bytecode
- Java-Resource-Dateien, z. B. mit den Endungen .properties oder .ser

Genau wie bei PL/SQL können die Objekte über die View `dba_objects` ermittelt werden, wobei her die Typen „`JAVA CLASS`", „`JAVA SOURCE`", „`JAVA DATA`" und „`JAVA RESOURCE`" angegeben werden.

Prinzipiell können Java-Objekte über die SQL-Befehle `CREATE-ALTER-DROP` erstellt, verwaltet und gelöscht werden. Es empfiehlt sich jedoch, stattdessen die Kommandozeilenwerkzeuge `loadjava` bzw. `dropjava` zu benutzen, da in diesem Fall entsprechende Verwaltungsinformationen mitgepflegt werden.

Außerdem sollten Java-Source-Dateien stets außerhalb der Datenbank mit `javac` kompiliert und debuggt werden. Anschließend werden mit `loadjava` nur die Class-Dateien geladen. Mit `loadjava` können auch ganze .jar- und .zip-Dateien mit beliebig vielen Klassen- und Resource-Dateien geladen werden.

Sollen dagegen Source- und Class-Dateien in der Datenbank verwaltet werden, sind beide Objekte voneinander abhängig. Das Class-Objekt kann nicht unabhängig geladen werden, sondern muss durch Kompilierung aus dem Source-Objekt hervorgehen (dies geschieht automatisch, wenn das `loadjava`-Tool benutzt wird).

Ein erneutes Laden oder Löschen ist dann nur für das Source-Objekt möglich und führt ggf. zu einer Invalidierung des Class-Objekts (auf diese Weise werden inkonsistente Stände zwischen Source- und Class-Objekt verhindert). Der Versuch, das Class-Objekt direkt zu verändern, führt typischerweise zu der Fehlermeldung:

```
ORA-29537: class or resource cannot be created or dropped directly
```

Resolving

Beim Laden oder aber spätestens bei der Ausführung einer Klasse müssen Referenzen, also Bezugnahmen auf andere Klassen, aufgelöst werden, d. h., referenzierte Klassen müssen eindeutig identifiziert werden können. Normalerweise geschieht dies in Java durch Setzen der Umgebungsvariablen *CLASSPATH*, die angibt, in welchen Verzeichnissen nach den betreffenden Class-Dateien (ggf. in JAR- oder ZIP-Dateien) gesucht werden soll. Für die Oracle JVM, die Klassen ja nicht im Dateisystem, sondern in der Datenbank speichert und verwaltet, gibt es hierfür das so genannte *Resolving*.

Unter Resolving versteht man das Auffinden einer referenzierten Klasse. Das geschieht in der Oracle JVM durch Angabe einer Liste von Schemata, die nach der betreffenden Klasse gesucht werden. Diese Liste wird *„Resolver"* genannt. Der Default-Resolver sucht zunächst im aktuellen Schema (also demjenigen Schema, in das die Klasse geladen wurde) und dann im Schema PUBLIC, wo sämtliche Core-Klassen aus dem SYS-Schema per Synonym zugreifbar sind.

Befinden sich alle Java-Objekte in einem Schema, genügt daher der Default-Resolver. Sind die benötigten Java-Klassen in der Datenbank dagegen über mehrere Schemata verteilt, muss ein entsprechender Resolver angegeben werden. Dieser wird über eine Kommandozeilen-Option des `loadjava`-Tools über den Parameter „`-resolver`" angegeben.

Im Gegensatz zum CLASSPATH, der als Umgebungsvariable global für alle Klassen esetzt wird, hat in der Oracle JVM jede Klasse ihren eigenen Resolver. Dies erlaubt eine sehr feine granulare Steuerung des Resolving-Mechanismus, kann aber auch lästig und fehleranfällig sein, wenn immer wieder derselbe Resolver angegeben werden muss. Der Resolver und auch alle anderen Parameter können daher auch als Default-Optionen in einer Tabelle abgelegt werden.

Wird eine Klasse nicht gefunden, ist das Java-Objekt anschließend zwar vorhanden, aber *invalid*. Um dies bewusst zu verhindern, kann als letztes Argument im Resolver (* -) angegeben werden. In diesem Fall werden ggf. Laufzeitfehler ausgelöst.

Die JVM in der Oracle-Datenbank ist unter anderem dann erforderlich, wenn mit der XML-DB gearbeitet werden soll. Wenn Sie feststellen, dass Sie die JVM nicht nutzen, sollten Sie die entsprechenden Funktionen in der Oracle-Datenbank deinstallieren, da man erheblich Zeit bei jeder Patch-Installation und jedem Upgrade der Datenbank spart.

6.10 Objekttypen und Kollektoren

Seit der Version 8.0 des Oracle-Datenbanksystems steht eine Reihe objektrelationaler Merkmale zur Verfügung. Die Liste dieser Merkmale wurde unter Oracle 8i und Oracle9i stark erweitert, so dass nun eine beachtliche Bandbreite objektorientierter Techniken, inklusive Vererbung und Polymorphie, für Designimplementierungen zur Verfügung stehen. Eine ausführliche Besprechung dieser Merkmale liegt außerhalb der Ziele dieser Publikation. Auf den folgenden Seiten soll jedoch ein kurzer Überblick über die Möglichkeiten gegeben werden, konzeptionelle Vorgaben umzusetzen.

6.10.1 Objekttypen

Objekttypen sind die Grundbausteine der objektorientierten Welt. Sie werden im Kontext von Oracle auch als „benutzerdefinierte Datentypen" (*User-Defined Datatypes*) oder kurz *UDT* bezeichnet. Objekttypen bestehen ihrerseits aus Attributen und Methoden.

Attribute sind entweder skalare Datentypen, wie z. B. NUMBER und VARCHAR2, Referenzen oder andere benutzerdefinierte Datentypen. Methoden (*Member Functions*) sind Prozeduren oder Funktionen, die relevante Abläufe für die Objekte des betreffenden

Typs abbilden. Methoden können in PL/SQL oder Java codiert und als solche in der Datenbank gespeichert werden.

Methoden, die in anderen Sprachen, z. B. C, realisiert wurden, werden dagegen extern gehalten, sind aber über gespeicherte Prozeduren ansprechbar. Neben den vom Benutzer frei definierbaren Methoden gibt es vordefinierte Methoden: Konstruktoren (*Constructor Methods*) dienen dem Anlegen und Ändern von Objekten eines Typs und heißen so wie der Objekttyp selbst.

Objekttypen sind sehr gut geeignet, wieder verwendbare Attributgruppen mit für sie relevanten Prozedurabläufen zu definieren und in unterschiedlichen, relationalen wie objektrelationalen, Schemakontexten einzusetzen.

Im folgenden Beispiel wird der Objekttyp `adresse_typ` angelegt, der aus den Attributen `strasse`, `postfach`, `plz` , `ort` und `land` besteht.

```
SQL> CREATE OR REPLACE TYPE adresse_typ
     AS OBJECT
     (
        strasse    VARCHAR2(50 CHAR)
       ,postfach   VARCHAR2(20 CHAR)
       ,plz        VARCHAR2(20 CHAR)
       ,ort        VARCHAR2(50 CHAR)
       ,land       VARCHAR2(50 CHAR)
     );
```

Einmal definiert, lassen sich Objekttypen als Spaltenobjekte (*column object*) oder Zeilenobjekte (*row object*) verwenden.

6.10.2 Spaltenobjekte

Objekttypen, die als Attribute in anderen Objekttypen oder in relationalen Tabellen verwendet werden, bezeichnet man als Spaltenobjekte. Auf diese Weise lassen sich Objekttypen als „Attributgruppen" beliebig oft einsetzen. Im folgenden Beispiel wird die relationale Tabelle `firma` angelegt, die neben zwei skalaren Attributen den Objekttyp `adresse_typ` verwendet:

```
SQL> CREATE TABLE firma
     (
        firmid      NUMBER(10,0) CONSTRAINT pk_firma PRIMARY KEY
       ,firmname    VARCHAR2(100 CHAR)
       ,anschrift   adresse_typ
     );
```

INSERT-Operationen für diese Tabelle müssen den, mit dem Objekttyp automatisch vordefinierten, Konstruktor `adresse_typ` verwenden:

```
SQL> INSERT INTO firma (firmid, firmname, anschrift)
     VALUES
     (
        1
       ,'Database Consult'
       ,adresse_typ(NULL,NULL,'83676','Jachenau',NULL)
     );
```

Für den Zugriff auf einzelne skalare Attribute des Objekttyps `adresse_typ` ist der Attributname der implementierenden Tabelle und der des Objekttyps anzugeben. Im folgenden Beispiel werden entsprechend nur der Firmenname und Ort selektiert:

```
SQL> SELECT f.firmname
           ,f.anschrift.ort
     FROM   firma f;
```

Die für relationale Begriffe ungewohnte Syntax lässt sich nötigenfalls durch eine View kaschieren:

```
SQL> CREATE VIEW v_firma
     AS
     SELECT f.firmname
           ,f.anschrift.ort ort
     FROM   firma f;

SQL> SELECT firmname, ort
     FROM   v_firma;
```

Bei der Definition der View `v_firma` muss für die Spalte `f.anschrift.ort` zwingend ein Alias angegeben werden, da sonst kein eindeutiger Spaltenname möglich ist.

Spaltenobjekte liegen auch dann vor, wenn Objekttypen in anderen Objekttypen verwendet werden. Im Folgenden wird der Objekttyp `person_typ` angelegt, der unter anderem den Objekttyp `adresse_typ` beinhaltet.

```
SQL> CREATE OR REPLACE TYPE person_typ
     AS OBJECT
     (
        vorname   VARCHAR2(30 CHAR)
       ,nachname  VARCHAR2(30 CHAR)
       ,anschrift adresse_typ
     );
```

6.10.3 Objekttabellen und Zeilenobjekte

Objekttypen, die vollständige Zeilen in Objekttabellen definieren, werden als Zeilenobjekte bezeichnet. Zeilenobjekte lassen sich aus Objekttypen heraus referenzieren. Im folgenden Beispiel wird die Objekttabelle `personen` auf der Basis des Objekttyps `person_typ` angelegt:

```
SQL> CREATE TABLE personen OF person_typ
     OBJECT IDENTIFIER IS SYSTEM GENERATED;
```

Die in Objekttabellen gespeicherten Objekte werden über Objektbezeichner (*object identifier*) referenziert. Standardmäßig legt Oracle, wie in diesem Beispiel (`...IDENTIFIER IS SYSTEM GENERATED...`), eine interne OID-Spalte in der Länge von 16 Byte für die interne Referenzierung der Objekte an. Alternativ lässt sich auch der Primärschlüssel einer Tabelle hierzu einsetzen (`...IDENTIFIER IS PRIMARY KEY...`), der jedoch nicht, wie der generierte Bezeichner, eine globale Eindeutigkeit garantiert und ggf. auch mehr Speicherplatz benötigt.

Auch im Falle der Objekttabellen werden die Attributwerte über Konstruktoren eingefügt:

```
SQL> INSERT INTO personen (vorname, nachname, anschrift)
     VALUES ('Dierk','Lenz',
              adresse_typ('Höhestraße 37',NULL,'51399','Burscheid','Deutschland')
            );
```

Zeilenobjekte lassen sich über ihre Objektbezeichner referenzieren. Im nächsten Beispiel wird zunächst der Objekttyp `auftrag_typ` angelegt, dessen Attribut `auftraggeber` den Objekttyp `person_typ` referenziert:

```
SQL> CREATE OR REPLACE TYPE auftrag_typ AS OBJECT
     (
        aufid          NUMBER(10,0)
       ,datum          DATE
       ,auftraggeber   REF person_typ
       ,kommentar      VARCHAR2(100 CHAR)
     );
```

Im zweiten Schritt wird nun die Objekttabelle `auftraege` auf der Basis des Typs `auftrag_typ` angelegt:

```
SQL> CREATE TABLE auftraege OF auftrag_typ;
```

Damit das Attribut `auftraggeber` der Objekttabelle `auftraege` nicht alle möglichen Tabellenimplementierungen des Objekttyps `person_typ` referenziert, wird der Gültigkeitsbereich dieses Attributes in der Tabelle `auftraege` im folgenden Beispiel auf die Objekte der Objekttabelle `personen` beschränkt. Mit anderen Worten: Das Attribut `auftraggeber` der Tabelle `auftraege` referenziert nur Datensätze aus der Tabelle `personen`:

```
SQL> ALTER TABLE auftraege ADD
            (SCOPE FOR (auftraggeber) IS personen);
```

Durch die Einschränkung des Gültigkeitsbereiches über die SCOPE-Klausel wird auch die interne Speicherung des betreffenden Attributes optimiert! Einschränkungen sollten daher nach Möglichkeit durchgeführt werden.

Für das Einfügen von Personenreferenzen in die neue Tabelle ist der REF-Operator zuständig, der, wie das Beispiel zeigt, über einen eindeutigen (!) Zugriff auf die Tabelle `personen` den Objektbezeichner zuordnet:

```
SQL> INSERT INTO auftraege
     SELECT 12345
           ,sysdate
           ,REF(P)
           ,'Bla bla bla'
     FROM   personen p
     WHERE  p.nachname = 'Lenz'
     AND    p.vorname  = 'Dierk';
```

Beim Selektieren der Auftragsdaten ist die Syntax, dank der Möglichkeit der *impliziten Dereferenzierung*, einfacher. Für diese Dereferenzierung muss auf jeden Fall ein Aliasname angegeben werden:

```
SQL> SELECT a.aufid
           ,a.auftraggeber.nachname
           ,a.auftraggeber.vorname
     FROM   auftraege a;
```

6.10.4 Kollektionen

Kollektionen lassen sich als Behälter für mehrere gleichartige Objekte begreifen. Es stehen zwei unterschiedliche Typen von Kollektionen bereit:

- Varrays sind *geordnete* Kollektionen von Elementen gleichen Datentyps, deren maximale Anzahl bei der Definition festgelegt wird und nicht überschritten werden kann. Einzelne Elemente von Varray-Kollektionen können darüber hinaus nicht beliebig gelöscht und eingefügt werden. Varrays können als Datentypen für Attribute relationaler Tabellen oder für Attribute von Objekttypen verwendet werden.
- Nested Tables sind *ungeordnete* Kollektionen von Elementen gleichen Datentyps, die nicht in ihrer Maximalzahl festgelegt werden und aus nur einem Attribut bestehen. Das Attribut einer geschachtelten Tabelle ist entweder ein skalarer Datentyp oder ein Objekttyp.

Varrays und geschachtelte Tabellen können als Datentypen für Attribute relationaler Tabellen oder für Attribute von Objekttypen verwendet werden.

Im folgenden Beispiel wird das Varray `telnummer_vtyp` angelegt, das die Speicherung von maximal zehn Telefonnummern pro Objektinstanz gestattet. Darauf aufbauend wird dann der Objekttyp `perstel_typ` angelegt. Die Tabelle `personen2` kann jetzt über den neu definierten Typ `perstel_typ` angelegt werden.

```
SQL> CREATE OR REPLACE TYPE telnummer_vtyp
     AS VARRAY(10) OF VARCHAR2(20 CHAR);

SQL> CREATE OR REPLACE TYPE perstel_typ AS OBJECT
     (
        personenangabe person_typ
       ,telefon        telnummer_vtyp);

SQL> CREATE TABLE personen2 OF perstel_typ;
```

Wie bereits beschrieben kann `perstel_typ` dann als Objekttyp weiter verwendet werden. Zum Einfügen von Varray-Attributen stehen ebenfalls vordefinierte Konstruktoren bereit:

```
SQL> INSERT INTO personen2 (personenangabe, telefon)
     VALUES (
         person_typ(
              'Patrick'
             ,'Schwanke'
             ,adresse_typ(
                  'Im Mediapark 4E'
                 ,NULL
                 ,'50670'
                 ,'Köln'
                 ,'Deutschland')
         )
        ,telnummer_vtyp(
              '0221-57774-0'
             ,'0123-4567890')
             );
```

Man sieht, dass die Eingabe und natürlich auch Ausgabe bzw. Änderung von Datensätzen beliebig komplex werden kann.

Im nächsten Beispiel wird der Objekttyp position_typ angelegt, der dann im Folgenden für die geschachtelte Tabelle position_nesttyp benutzt wird.

```
SQL> CREATE OR REPLACE TYPE position_typ
     AS OBJECT
     (
        posid          NUMBER(10,0)
       ,prodid         NUMBER(10,0)
       ,menge          NUMBER(10,2)
       ,einzelpreis    NUMBER(7,2)
     );

SQL> CREATE OR REPLACE TYPE position_nesttyp
     AS TABLE OF position_typ
```

Der tabellarische Objekttyp position_nesttyp kann nun in einen weiteren Objekttyp aufposition_typ integriert werden:

```
SQL> CREATE OR REPLACE TYPE aufposition_typ
     AS OBJECT
     (
        auftragskopf  auftrag_typ
       ,position      position_nesttyp);
```

Schließlich wird dieser Objekttyp dazu benutzt, die endgültige Objekttabelle auftraege_positionen mit der geschachtelten Tabelle positionen_table anzulegen:

```
SQL> CREATE TABLE auftraege_positionen
     OF aufposition_typ
     NESTED TABLE position
     STORE AS positionen_table
     ((
          PRIMARY KEY(NESTED_TABLE_ID,posid))
       ORGANIZATION INDEX COMPRESS)
     RETURN AS LOCATOR;
```

Die Kopplung der Haupttabelle mit der geschachtelten Tabelle wird über die interne Spalte NESTED_TABLE_ID gewährleistet. Für den Fall, dass, wie in diesem Fall, die geschachtelte Tabelle einen Primärschlüssel enthält, kann sie als IOT-Tabelle angelegt und der Index-Baum zusätzlich komprimiert werden. Die Speicherung als Index hat die Sortierung der Daten (*Clustering*) mit der NESTED_TABLE_ID als Präfix zur Folge. Durch die Komprimierung wird die Wiederholung gleicher Werte von NESTED_TABLE_ID unterdrückt und die Tabelle dadurch kompakter. Statt der gesamten Daten wird ferner nur ein Locator für den Zugriff zurückgegeben, was besonders bei geschachtelten Tabellen mit vielen Elementen empfehlenswert ist.

Das Füllen der Objekttabelle auftraege_positionen geschieht in zwei Phasen: Zunächst wird ein Auftragskopfsatz über Konstruktoren mit einer leeren Referenz in die geschachtelte Tabelle eingefügt, und in der zweiten Phase wird mithilfe des TABLE-Ausdrucks die geschachtelte Tabelle für den bereits eingefügten Auftrag (123) mit einem Element gefüllt.

```
SQL> INSERT INTO TABLE
     (
        SELECT a.position
        FROM   auftraege_positionen a
        WHERE  a.auftragskopf.aufid = 123)
```

```
VALUES
(1,4711,5,17.95);
```

6.11 Partitionierte Objekte

Wenn Objekte eine bestimmte Größe überschreiten, leidet sowohl die Performance als auch die Wartung darunter. Aus diesem Grund gibt es über die kostenpflichtige Partitioning-Option die Möglichkeit, große Tabellen oder Indizes nach unterschiedlichen Kriterien (RANGE, HASH, LIST) zu partitionieren und damit jede Partition wieder als eigenständiges Objekt zu verwalten. Für die Anwendung ist diese Aufteilung transparent, und über spezielle Befehle ist es möglich, Tabellen in Partitionen umzuwandeln bzw. Partitionen zu verschieben oder zu löschen. Da diese Funktion vor allen Dingen in großen Datenbanken genutzt wird, erfolgt eine detailierte Beschreibung im entsprechenden Kapitel (13.2).

7 Admin Basics

In diesem Kapitel werden alle grundlegenden Aktivitäten besprochen, die notwendig für den Betrieb einer Oracle-Datenbank sind und daher einen großen Teil der täglichen Arbeit eines Datenbankadministrators ausmachen.

Die in diesem Kapitel verwendeten Werkzeuge sind bei der Originaldokumentation im Handbuch *Oracle Database Utilities* untergebracht. Hinweis hierzu: Dieses Handbuch findet man beim Navigieren über die HTML-Oberfläche der Oracle-Dokumentation überraschenderweise nicht im Bereich *Database Administration*, sondern in *Data Warehousing and Business Intelligence*.

7.1 Einrichten der Arbeitsumgebung

Zum Arbeiten mit der Oracle-Software ist es auf allen Plattformen wichtig, einige Umgebungsvariablen gesetzt zu haben. Unter MS-Windows werden hierzu bei der Installation der Software die benötigten Variablen automatisch in der Registrierung abgelegt; unter Unix passiert dergleichen nicht.

Die beiden folgenden Unterabschnitte beschreiben die zugrunde liegenden Mechanismen unter MS-Windows und Unix. Mit Unix sind hier alle Unix-Derivate inklusive Linux gemeint. In einem weiteren Unterabschnitt werden dann einige empfohlene Variablen beschrieben.

7.1.1 Allgemeines über Umgebungsvariablen

MS-Windows

Für Umgebungsvariablen unter MS-Windows gibt es vier Stellen:

1. die Registrierung,
2. systemweite Umgebungsvariablen,
3. benutzerspezifische Umgebungsvariablen sowie
4. Umgebungsvariablen aus der aktuellen Shell (Kommandozeile oder Eingabeaufforderung).

In dieser Reihenfolge „überschreiben“ sich auch die Variablen, d. h., die Umgebungsvariable hat immer Vorrang vor Registrierungseinträgen.

In der Registrierung werden die Oracle-Einträge unter dem Pfad

```
\\HKEY_LOCAL_MACHINE\SOFTWARE\ORACLE\Key_<HomeName>
```

abgelegt. Hierbei bezeichnet `<HomeName>` den bei der Installation der Oracle-Software vergebenen Namen (ab 11g Release 2 wird dieser Name ausschließlich automatisch vergeben) für das Oracle-Installationsverzeichnis.

An dieser Stelle können vorhandene Einträge geändert oder auch zusätzliche Einträge eingefügt werden – allerdings sollte dies immer mit der entsprechenden Vorsicht geschehen; immerhin kann man in der Registrierung ein System problemlos kaputtkonfigurieren. Hat man mehrere Installationsverzeichnisse, so müssen die Einträge für jede Installation gesetzt werden. Die Programme aus einem bestimmten Oracle-Installationsverzeichnis nutzen automatisch die zugehörigen Registrierungseinträge.

Alternativ kann man auch systemweite oder benutzerspezifische Umgebungsvariablen setzen. Allerdings geht schnell die Übersicht verloren, wenn einige Variablen in der Registrierung, andere als Umgebungsvariablen gesetzt werden. Besonders spannend wird es, wenn Variablen an beiden Stellen mit unterschiedlichen Werten definiert sind.

Falls man mehrere Installationen auf einem System hat, ist es auch wichtig, welche Programme beim Aufruf ohne Pfadangabe zuerst gefunden werden. Dies wird über die Umgebungsvariable `PATH` gesteuert. Die Suchreihenfolge der Oracle-Installationen kann man über den Universal Installer beeinflussen. Auf der ersten Seite des Universal Installers (siehe Abbildung 7.1) klickt man auf „Installierte Produkte".

Auf dem nun erscheinenden Bestandsfenster wählt man den Reiter „Umgebung" und kann dann bestimmen, welche Oracle-Homes in welcher Reihenfolge in die `PATH`-Variable gesetzt werden (s. Abbildung 7.2). Bei Abschluss der Konfiguration sollte „Anwenden" einmal betätigt werden, um die `PATH`-Variable in der Systemeinstellung anzupassen.

Die so gewählte Einstellung ist dann ab sofort für alle neu gestarteten Programme aktiv.[1] Für Programme, die andere Einstellungen benötigen, kann man `.bat`- oder `.cmd`-Skripte verfassen, die die Umgebungsvariablen passend verändern.

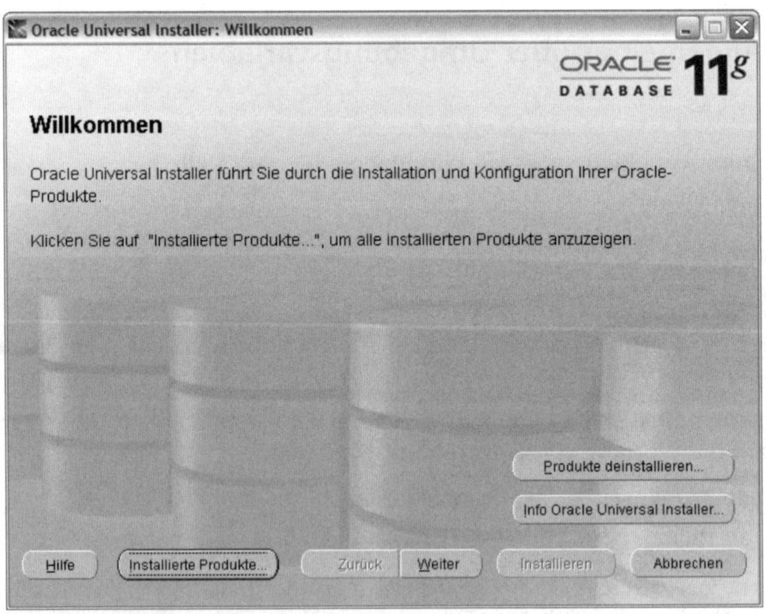

Abbildung 7.1: Universal Installer: Startseite

1 Wichtig: Vor der Änderung gestartete Eingabeaufforderungen spiegeln noch den alten Stand wider!

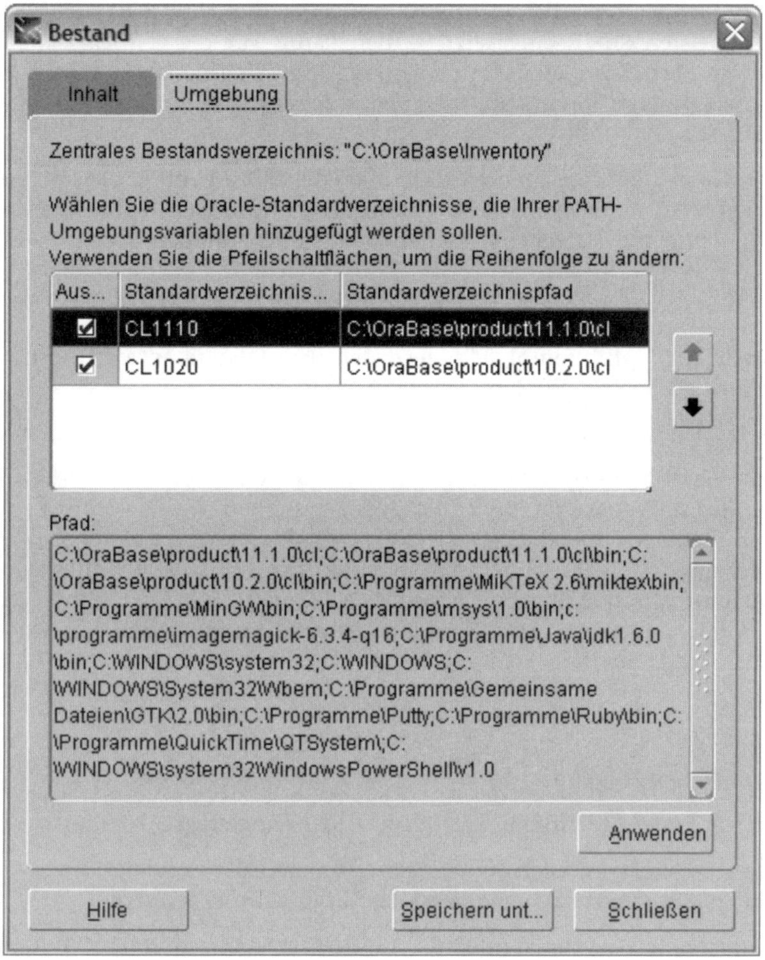

Abbildung 7.2: Universal Installer: Umgebung

Unix

Unter Unix muss man sich um das Setzen der Umgebungsvariablen selbst kümmern. Dabei erhält man Hilfe durch einige mitgelieferte Skripte. Generell ist es empfehlenswert, ein zentrales Skript (z. B. `$ORACLE_HOME/admin/login/profile.sh`) für die Grundeinstellungen zu erzeugen, das von den entsprechenden Profilskripten einzelner Benutzer aufgerufen wird. Je nach Shell und Umgebung heißen die Profilskripte z. B. `.profile`, `.login` oder `.bashrc` und liegen im Home-Verzeichnis.[2]

Zunächst muss natürlich darauf hingewiesen werden, dass Unix diverse Shells bietet, die als Kommandozeileninterpreter zur Verfügung gestellt werden. Bourne-Shell (`sh`) und C-Shell (`csh`) werden kaum noch verwendet; am häufigsten sind heute Korn-Shell (`ksh`) und die Bourne-Again-Shell (`bash`) anzutreffen. Die im Folgenden angegebenen Beispiele laufen mit der Korn-Shell.

2 Durch den Punkt am Anfang des Dateinamens sind die Skripte mit dem ls-Kommando nur dann sichtbar, wenn die Option -a angegeben wird.

Das ORAENV-Skript Eines der wichtigsten mitgelieferten Skripte ist sicherlich `oraenv`, das in den meisten Shells eingesetzt werden kann. Für die C-Shell ist die Variante `coraenv` vorgesehen. Mit diesem Skript werden Umgebungsvariablen für eine bestimmte Instanz passendgesetzt. Somit kann man über dieses Skript zwischen den Instanzen hin und her schalten.

Ein kleiner Tipp: Wenn Sie mehrere Datenbanken auf einem Server betreiben, ist es hilfreich, sofort zu sehen, in welcher „Umgebung" man sich befindet. Es bietet sich daher an, in der `oraenv`-Datei eine zusätzliche Zeile einzutragen:

```
PS1="'${USER}@'hostname'[$ORACLE_SID]% "
export PS1
```

Damit enthält der Unix Prompt (PS1) jetzt den Benutzernamen, den Hostnamen und die Oracle SID, als Beispiel in dieser Form:

```
oracle@testhw15[JA11R2]%
```

Alle vorhandenen Instanzen auf einem System werden in der `oratab`-Datei konfiguriert. Diese liegt im Verzeichnis `/etc`, bei Solaris-Systemen in `/var/opt/oracle`. Neben einigen Kommentaren über die Dateistruktur enthält die `oratab`-Datei pro Instanz eine Zeile, in der der System Identifier, das Oracle-Installationsverzeichnis sowie die Kennung zum automatischen Starten („Y" oder „N") angegeben sind.[3] Hinter jedem Wert steht ein Doppelpunkt („:"). Ein Beispiel für eine ASM-Instanz und eine Datenbankinstanz sieht wie folgt aus:

```
+ASM:/u01/app/oracle/product/11.1.0/asm:N:
O11:/u01/app/oracle/product/11.1.0/db:N:
```

Die Skripte machen Folgendes:

1. Es wird der System-Identifier – die `ORACLE_SID` – abgefragt.
2. Die `oratab`-Datei wird nach der `ORACLE_SID` durchsucht und der Oracle-Home-Pfad (`ORACLE_HOME`) ermittelt. Hierzu wird das Skript `dbhome` genutzt.
3. Die Pfadvariable `$PATH` wird um `$ORACLE_HOME/bin` erweitert. Des Weiteren werden Pfade entfernt, die auf andere Oracle-Homes verweisen.

Ab der Version 11g wird ebenfalls `$ORACLE_BASE` gesetzt. Hierbei macht das Skript sogar eine Ausgabe:

```
The Oracle base for ORACLE_HOME=/u01/app/oracle/product/11.1.0/db
is /u01/app/oracle
```

Das kann problematisch werden, wenn man das Skript im Login-Profil und das Login in einer `ssh`-Umgebung nutzt. Programme wie `scp` funktionieren u. U. nicht mehr, wenn beim Verbinden Ausgaben auf `stdout` erscheinen. Im Login-Skript ist es in solchen Fällen empfehlenswert, die Ausgabe von `oraenv` in eine Logdatei umzuleiten.

Falls man `oraenv` innerhalb eines Skripts aufrufen möchte (z. B. in einem Login oder Batch-Skript), kann die Abfrage der `ORACLE_SID` unterdrückt werden, indem die Variable `ORAENV_ASK` auf den Wert `NO` gesetzt wird. Vor dem Aufruf von `oraenv` muss die Variable `ORACLE_SID` auf den gewünschten Wert gesetzt werden. Nach der Ausführung von `oraenv` sollte die Variable `ORAENV_ASK` mit `unset` wieder gelöscht werden, damit

3 Diese Kennung hat „historischen Bezug", d. h., sie wird aktuell nicht mehr verwendet.

oraenv im weiteren Verlauf wieder *normal* reagiert. Hier ein Beispiel (in Korn-Shell-Syntax):

```
export ORACLE_SID=INST1
export ORAENV_ASK=NO
. oraenv
unset ORAENV_ASK
```

Generell ist zu beachten, dass unter Unix Skripte, die Umgebungsvariablen verändern, mit

```
. <skript>
```

aufgerufen werden müssen, um die Änderungen an die aktuelle Shell zurückzugeben.

Nichtinteraktive Skripte Wiederkehrende Aufgaben lassen sich unter Unix mithilfe einer crontab automatisieren. Hierbei ist zu beachten, dass Skripte, die aus der crontab gestartet werden, keinerlei automatische Login-Skripte durchlaufen (da ja auch kein Login stattfindet). Daher muss das Setzen der Umgebung innerhalb solcher Skripte explizit erfolgen.

Diese Eigenschaft führt oft zu langwieriger Fehlersuche, da z. B. Skripte in der interaktiven Umgebung problemlos laufen, aus der crontab jedoch nicht. Hier ist auch die Unix-Eigenschaft wichtig, dass in der ersten Zeile eines Skripts das ausführende Programm hinter den Zeichen #! angegeben werden kann. Hier sollte man die Shell auswählen, mit der das Skript ausgeführt werden soll:

```
#!/bin/ksh

...
```

Als Erstes sollte dann in einem solchen Skript eine Basisumgebung gesetzt werden, z. B. indem man das allgemeine Oracle-Login-Skript aufruft.

7.1.2 Umgebungsvariablen für Oracle

Die folgenden Einstellungen gelten sowohl für MS-Windows- als auch für Unix-Systeme. Sie sind mit den o. a. Methoden zu setzen.

Lokalisierung und Zeichensätze

Zunächst sollte darauf geachtet werden, dass mit NLS_LANG die richtige Sprach- und Zeichensatzeinstellung gewählt wird. In der MS-Windows-Registrierung wird hier bei der Installation die Sprache der MS-Windows-Installation sowie der MS-Windows-Zeichensatz eingetragen; unter Unix gibt es keine Standardeinstellung (auch nicht in oraenv). Da eine nicht gesetzte NLS_LANG-Variable den Zeichensatz US7ASCII – mit amerikanischer Lokalisierung – auswählt, sollte dies auf keinen Fall vergessen werden.

Generell nimmt NLS_LANG Parameter der Form

```
<Sprache>_<Gebiet>.<Zeichensatz>
```

an. Als Sprache wird häufig Deutsch (German) oder Englisch (American) gewählt. Die Autoren halten z. B. die englischen Fehlermeldungen der Oracle-Software für wesentlich aussagekräftiger als die deutschen. Als Gebiet empfiehlt sich in den meisten Fällen die Einstellung Deutschland (Germany). Der Zeichensatz muss dem im Client verwendeten Zeichensatz entsprechen, i. A. also unter MS-Windows WE8MSWIN1252, unter Linux AL32TUF8.

Die Sprachumgebung kennt jedoch noch mehr Möglichkeiten als die von NLS_LANG definierten Parameter, z. B. das Datumsformat. Dies kann mit der Variablen NLS_DATE_FORMAT in der Umgebung ebenfalls vorgegeben werden, unter Unix z. B. mit:

```
$ export NLS_DATE_FORMAT='dd.mm.yy hh24:mi:ss'
```

Mit einem so eingestellten Datumsformat sieht man grundsätzlich die Uhrzeiten von DATE-Werten. Das hat – nicht nur in administrativen Umgebungen – viele Vorteile.

Neben NLS_DATE_FORMAT gibt es auch NLS_TIMESTAMP_FORMAT als Standardformat für den Datentyp TIMESTAMP. Hier kann an den Sekundenbestandteil noch ein Kürzel für die Sekundenbruchteile angehängt werden (..SSXFF). Für Werte vom Datentyp TIMESTAMP WITH TIME ZONE gibt es schließlich noch das NLS_TIMESTAMP_TZ_FORMAT, das zusätzlich noch das Format TZR für die Angabe der Zeitzoneninformation enthalten sollte. Weitere Details zu Datums- und Zeitformaten enthält der Abschnitt *Format Models* des Handbuchs *Oracle Database SQL Language Reference*.

Bereits an dieser Stelle sei darauf hingewiesen, dass die Gebietseinstellung des Parameters NLS_LANG entscheidenden Einfluss auf einige SQL-Funktionen hat, z. B. bei der Berechnung des Wochentags oder bei der Ausgabe von Zahlenformaten. Für Umgebungen, aus denen Code in die Datenbank eingespielt wird, ist die Einstellung daher auf jeden Fall konsistent zu halten; am besten werden die entsprechenden Parameter in den Skripten zur Codeeinspielung explizit gesetzt.

Pfade In Anlehnung an die PATH-Variable ist es möglich, für das Programm SQL*Plus einen Liste von Suchpfaden für SQL-Skripte mit der Variablen SQLPATH einzustellen. Ist in diesen Pfaden eine Datei login.sql vorhanden, so wird diese als Initialisierungsdatei nach dem Start sowie nach jedem CONNECT von SQL*Plus ausgeführt.

In einer solchen login.sql-Datei können z. B. Werte für die SQL*Plus LINESIZE und PAGESIZE vorgegeben werden, die für die meist verwendete Arbeitsumgebung ein besser lesbares Ausgabebild erzeugt. SQL*Plus geht von der PAGESIZE 14 aus – z. B., nach jeweils 14 Zeilen werden alle Spaltenüberschriften neu ausgegeben. Zumindest bei den meist sehr *breiten* Data Dictionary-Views führt dies zu einer extrem schlecht lesbaren Ausgabe.

Mit der Variablen _EDITOR kann auch der Texteditor vorbesetzt werden, der mit dem aktuellen SQL-Befehl ausgeführt wird, wenn das Kommando EDIT eingegeben wird. Der Inhalt der Datei login.sql könnte also wie folgt aussehen:

```
SQL> SET PAGESIZE 100
SQL> SET LINESIZE 120
SQL> DEFINE _EDITOR=vi
```

Die Variable TNS_ADMIN bestimmt den Suchpfad der Konfigurationsdateien für Oracle Net und übersteuert den Standardwert $ORACLE_HOME/network/admin (unter Unix zusätzlich /etc bzw. /var/opt/oracle unter Solaris). Man kann TNS_ADMIN z. B. einsetzen, um mit einer einzigen Oracle Net-Konfiguration mehrere Installationen zu versorgen oder die Konfigurationsdateien aus dem Installationsverzeichnis *herauszuziehen*.

7.1.3 Passwortlose SYSDBA-Anmeldung

Auf allen Plattformen sind Mechanismen vorhanden, die es ermöglichen, sich ohne Passwort mit der SYSDBA-Rolle anzumelden. Das ist einerseits praktisch, da man das Passwort dann nicht mehr allzu oft eintippen muss, andererseits auch gefährlich, weil man sicher nicht will, dass diese Möglichkeit zu vielen Personen offensteht.

Diese Methode ist auch für automatisierte Skripte empfehlenswert, da man hiermit verhindert, dass wichtige Passwörter – womöglich in Klartext – in Skripten stehen.

Die genannten Methoden gelten für die lokale Anmeldung an eine Datenbankinstanz, d. h., Oracle-Home und Pfade müssen der Datenbankumgenung entsprechen, und Oracle Net wird nicht benutzt, d. h., es werden keine @-Zeichen beim Verbindungsaufbau benutzt, sondern ausschließlich die `ORACLE_SID`.

Die Mechanismen unterscheiden sich auch hier je nach Plattform.

MS-Windows Die passwortlose SYSDBA-Anmeldung unter MS-Windows hat zwei Voraussetzungen:

1. Der angemeldete Benutzer befindet sich in der lokalen Gruppe `ORA_DBA`.
2. Die Oracle Net-Parameterdatei `sqlnet.ora` enthält NTS[4] als Authentifizierungsmethode, d. h. folgenden Eintrag:

   ```
   SQLNET.AUTHENTICATION_SERVICES = (NTS)
   ```

Unix Bei der Installation der Oracle-Software wird die SYSBDA-Gruppe ausgewählt, meist ist dies `dba`. Jeder Betriebssystembenutzer, der Mitglied dieser Gruppe ist, kann sich passwortlos mit SYSDBA-Rechten anmelden. Auch unter Unix ist darauf zu achten, dass die Verbindung lokal und nicht über Oracle Net erfolgt.

7.2 Instanzverwaltung

Zum Thema Instanzverwaltung gehören alle Komponenten, die die Arbeitsfähigkeit und Erreichbarkeit einer Datenbankinstanz sicherstellen. Daher wird hier nicht nur die Datenbankinstanz selbst, sondern auch der Listener und die ASM-Instanz behandelt.

Bei den Werkzeugen zum Starten und Stoppen der einzelnen Komponenten werden einerseits die einschlägig bekannten Werkzeuge behandelt, andererseits auch `srvctl`, das seit einigen Versionen aus dem RAC-Umfeld bekannt ist, nun aber über die Grid Infrastructure auch für Einzelknoten zur Verfügung steht.

7.2.1 Starten und Stoppen des Listeners

Der Listener ist für den Verbindungsaufbau zuständig, wenn der Client nicht auf dem gleichen Rechner läuft wie die Instanz. Startende Datenbank- und ASM-Instanzen registrieren sich automatisch beim Listener, so dass dieser grundsätzlich als erster Oracle-

4 Steht etwas antiquiert für *NT-Security*.

Prozess gestartet werden sollte. Eine genauere Beschreibung der Listener-Funktionen sowie die Konfiguration befinden sich in Kapitel 9.1.

Die Administration des Listeners erfolgt mithilfe des Programms `lsnrctl` (*Listener Control Utility*). Beim Aufruf ohne Parameter startet das Programm und bietet eine eigene Kommandozeile. Einzelne Kommandos können auch direkt hinter den Aufruf des Programms geschrieben werden. In diesem Fall wird lediglich das angegebene Kommando ausgeführt.

Der Start des Listeners erfolgt mit dem Kommando:

```
$ lsnrctl start [ <listener> ]
```

Mit `<listener>` wird der Name des Listeners angegeben. Wird der Name weggelassen, so wird `LISTENER` als Name angenommen. Dieser Name wird bei den meisten Standardkonfigurationen verwendet, sodass man sich hier Tipparbeit sparen kann. Nach Ausführung des Kommandos werden einige Statusinformationen ausgegeben, hier ein Beispiel:

```
LSNRCTL for Linux: Version 11.2.0.1.0 - Production on 21-NOV-2009 09:58:22

Copyright (c) 1991, 2009, Oracle.  All rights reserved.

Starting /u01/app/oracle/product/11.2.0/db/bin/tnslsnr: please wait...

TNSLSNR for Linux: Version 11.2.0.1.0 - Production
Log messages written to /u01/app/oracle/diag/tnslsnr/linux64/listener/alert
                        /log.xml
Listening on: (DESCRIPTION=(ADDRESS=(PROTOCOL=tcp)(HOST=linux64.hl.de)
              (PORT=1521)))

Connecting to (ADDRESS=(PROTOCOL=tcp)(HOST=)(PORT=1521))
STATUS of the LISTENER
------------------------
Alias                     LISTENER
Version                   TNSLSNR for Linux: Version 11.2.0.1.0 - Production
Start Date                21-NOV-2009 09:58:23
Uptime                    0 days 0 hr. 0 min. 0 sec
Trace Level               off
Security                  ON: Local OS Authentication
SNMP                      OFF
Listener Log File         /u01/app/oracle/diag/tnslsnr/linux64/listener/alert
                          /log.xml
Listening Endpoints Summary...
  (DESCRIPTION=(ADDRESS=(PROTOCOL=tcp)(HOST=linux64.hl.de)(PORT=1521)))
The listener supports no services
The command completed successfully
```

Man sieht hier die Verwendung der ADR-Struktur (siehe Abschnitt 7.4) für die Logdatei sowie diverses Parameter. Die zweitletzte Zeile (*The listener supports no services*) ist bei dynamischer Listener-Registrierung zunächst richtig. Nur bei statischer Angabe der Instanzen in der Listener-Parameterdatei sind hier bereits Dienste enthalten. Die automatische dynamische Registrierung kann einige Minuten dauern, wenn der Listener nach den Instanzen gestartet wurde. Den aktuellen Status kann man mit dem Befehl

```
$ lsnrctl status [ <listener> ]
```

abfragen. Das Ergebnis sollte dann ähnlich wie hier aussehen:

```
LSNRCTL for Linux: Version 11.2.0.1.0 - Production on 21-NOV-2009 10:05:19

Copyright (c) 1991, 2009, Oracle.  All rights reserved.

Connecting to (ADDRESS=(PROTOCOL=tcp)(HOST=)(PORT=1521))
STATUS of the LISTENER
------------------------
Alias                     LISTENER
Version                   TNSLSNR for Linux: Version 11.2.0.1.0 - Production
Start Date                21-NOV-2009 09:58:23
Uptime                    0 days 0 hr. 6 min. 56 sec
Trace Level               off
Security                  ON: Local OS Authentication
SNMP                      OFF
Listener Log File         /u01/app/oracle/diag/tnslsnr/linux64/listener/alert
                           /log.xml
Listening Endpoints Summary...
  (DESCRIPTION=(ADDRESS=(PROTOCOL=tcp)(HOST=linux64.hl.de)(PORT=1521)))
Services Summary...
Service "+ASM" has 1 instance(s).
  Instance "+ASM", status READY, has 1 handler(s) for this service...
Service "LAP2.hl.de" has 1 instance(s).
  Instance "LAP2", status READY, has 1 handler(s) for this service...
Service "hltest.hl.de" has 1 instance(s).
  Instance "LAP2", status READY, has 1 handler(s) for this service...
The command completed successfully
```

Das Kommando zum Stoppen des Listener lautet:

```
$ lsnrctl stop [ <listener> ]
```

Eine entsprechende Ausgabe sieht wie folgt aus:

```
LSNRCTL for Linux: Version 11.2.0.1.0 - Production on 21-NOV-2009 10:07:55

Copyright (c) 1991, 2009, Oracle.  All rights reserved.

Connecting to (ADDRESS=(PROTOCOL=tcp)(HOST=)(PORT=1521))
The command completed successfully
```

Die Kommandos zur Administration des Listeners mit `srvctl` lauten:

```
$ srvctl start listener [ -l <listener> ]
$ srvctl stop listener [ -l <listener> ]
$ srvctl status listener [ -l <listener> ]
```

Die Ausgabe der Statusinformationen ist beim `lsnrctl`-Kommando wesentlich umfangreicher. Daher ist zumindest das Kommando `lsnrctl status` als Standard zu empfehlen.

7.2.2 Serverparameter

Die Konfiguration von ASM- und Datenbankinstanzen erfolgt über Serverparameter. Diese werden zunächst für den Instanzstart gesetzt, viele Serverparameter sind aber auch im laufenden Betrieb änderbar. In Versionen vor Oracle9i wurden Serverparameter ausschließlich in `init.ora`-Dateien konfiguriert. Diese Textdateien werden vom Clientprogramm gelesen, das den STARTUP-Befehl für die Instanz ausführt (z. B. SQL*Plus), und dann an den Datenbankserver übermittelt.

Die Möglichkeit, zur Laufzeit Serverparameter zu verändern, führte zu dem Wunsch, diese auch für den nächsten Systemstart zu hinterlegen. Dies ist mit den Serverparameterdateien (*SPFILEs*) möglich. Die folgende Tabelle enthält eine Übersicht der Unterschiede der Dateitypen:

	init.ora	**SPFILE**
Speicherort	Client	Server
Im Cluster	Einzeln	Gemeinsam
Inhalt	Text	Binär
Online änderbar	Nein	Ja

Die Änderung von Parametern erfolgt mit dem Befehl:

```
SQL> ALTER SYSTEM SET <parameter> = <wert>
        [ SCOPE = MEMORY | SPFILE | BOTH ]
        [ SID = '<sid>' | '*' ]
    /
```

Die SCOPE-Klausel erlaubt die Änderung in der laufenden Instanz (MEMORY), in der Serverparameterdatei für den nächsten Instanzstart (SPFILE) oder für beides (BOTH). Im RAC-Fall kann über die SID-Klausel eine bestimmte Instanz oder ein gemeinsamer Parameter für alle Instanzen angegeben werden.

Um einen Parameter aus der Serverparameterdatei wieder auszutragen, kann folgender Befehl verwendet werden:

```
SQL> ALTER SYSTEM RESET <parameter>
        [ SCOPE = SPFILE ]
        [ SID = '<sid>' | '*' ]
    /
```

Hierbei ist die Angabe der SCOPE-Klausel nicht notwendig.

Die aktuellen Werte der Serverparameter können über die Views v$parameter (Wert in der aktuellen Sitzung), v$system_parameter (aktiver Wert in der Instanz) und v$spparameter (Wert in der Serverparameterdatei) abgefragt werden. In SQL*Plus stehen die Kommandos SHOW PARAMETERS und SHOW SPPARAMETERS als einfache Schnittstelle für Abfragen von v$parameter und v$spparameter zur Verfügung. Hierbei kann jeweils ein Teil des gesuchten Parameternamens angegeben werden. Zum Beispiel liefert SHOW PARAMETER optimizer alle Parameter und deren Werte in der aktuellen Sitzung, deren Namen „optimizer" enthalten.

Der Speicherort der Parameterdateien kann beim Starten von Instanzen angegeben werden. Sie werden im Normalfall im Verzeichnis $ORACLE_HOME/dbs bzw. %ORACLE_HOME%\DATABASE (unter MS-Windows) gesucht. Die Suchreihenfolge ist:

1. spfile$ORACLE_SID.ora,
2. spfile.ora,
3. init$ORACLE_SID.ora.

Soll ein anderer Speicherort für die Serverparameterdatei verwendet werden (z. B. in einer ASM-Diskgruppe), so empfiehlt es sich, eine init$ORACLE_SID.ora-Datei mit der einzigen Zeile

```
spfile = +<diskgroup>/<path>/spfileSID.ora
```

anzulegen.

Da die init.ora-Datei eine editierbare Textdatei ist, bildet sie den Startpunkt der Instanzparametrierung. Ein Beispiel befindet sich weiter unten in Abschnitt 7.3. Da alle Parameter Default-Werte besitzen, kann die init.ora-Datei leer sein (was allerdings nicht empfehlenswert ist). Aus ihr kann eine Serverparameterdatei erstellt werden:

```
SQL> CREATE SPFILE [ = '<sp-pfad>' ]
     FROM PFILE [ = '<init-pfad>' ];
```

Werden die Pfade nicht angegeben, so wird der Default-Pfad (wie oben beschrieben) angenommen. Aus einer Serverparameterdatei kann auch wieder eine init.ora-Datei erzeugt werden:

```
SQL> CREATE PFILE [ = '<init-pfad>' ]
     FROM SPFILE [ = '<sp-pfad>' ];
```

Dies benötigt man dann, wenn man die Serverparameterdatei so geändert hat, dass ein Instanzstart nicht mehr möglich ist, z. B. mit falschen Pfadangaben oder nicht erreichbaren Cache-Größen. Nun läuft man in das Problem, dass die Serverparameterdatei nur dann mit ALTER SYSTEM änderbar ist, wenn die Instanz gestartet ist. Ausweg ist hier, zunächst eine init.ora-Datei aus der Serverparameterdatei zu erzeugen, diese zu korrigieren und als Serverparameterdatei wieder zurückzuschreiben. Die Befehle zur Umwandlung der Parameterdateien funktionieren glücklicherweise auch bei nicht gestarteter Instanz!

Beim Anlegen einer Serverparameterdatei als Oracle-Managed File, ist zu beachten, dass die Datei immer in einem Verzeichnis der Form

```
<db_unique_name>/parameterfile
```

abgelegt wird. Ist die Datenbank nicht mindestens im MOUNT-Status, so wird als <db_unique_name> der Wert DB_UNKNOWN angenommen. Um die Datei korrekt abzulegen, empfiehlt sich folgende Vorgehensweise:

1. Start der Instanz mit einer init.ora-Datei und MOUNT- oder OPEN-Option.
2. Erzeugen einer Serverparameterdatei mit:

   ```
   SQL> CREATE SPFILE [ = '<sp-pfad>' ]
        FROM MEMORY;
   ```

   Diese Variante des CREATE SPFILE-Befehls ist ab Oracle 11g verfügbar.

In Tabelle 7.1 werden abschließend einige oft benutzte Serverparameter für Datenbankinstanzen vorgestellt, in Tabelle 7.2 solche für ASM-Instanzen.

Parameter	Vorgeschlagener Wert	Beschreibung
`db_name`	Name der Datenbank	Aussagekräftiger Name, bis zu acht Zeichen lang.
`db_unique_name`	Eindeutiger Name	Wird verwendet, wenn die Daten bank kopiert wird, z. B. zu Testzwecken. `db_name` kann identisch bleiben, `db_unique_name` muss dann unterschiedlich
`db_domain`	Domänenbezeichnung	Bildet mit dem DB-Namen den Standard Servicenamen.
`compatible`	11.2.0	Kompatibilitätsmodus für Datei-Header und Verwendung neuer Funktionen.
`control_files`		Liste der Kontrolldateien. Bei mehreren Dateien spiegelt Oracle den Inhalt.
`db_block_size`	8192	Datenbankblockgröße. Nach `CREATE DATABASE` nicht mehr änderbar. Standardwert 8192; mögliche Werte zwischen 2048 und 32768.
`db_cache_size`	1G oder größer	Größe des Buffer Caches, Hauptbestandteil der SGA.
`shared_pool_size`	400M oder größer	Größe des Shared Pools, weiterer Hauptbestandteil der SGA, meist kleiner als 1G.
`streams_pool_size`	100M	Größe des Streams Pools, wird u. a. für Data Pump benötigt.
`sga_target`	0	Größe der automatisch verwalteten SGA. Wird ein Wert gesetzt, so wird die Größe der SGA-Komponenten zur Laufzeit automatisch verwaltet. In diesem Fall sind die gesetzten Größen der Komponenten als Minima zu verstehen. Die Erfahrung zeigt: Häufig falsch berechnet. 0 bedeutet: aus. Bei Verwendung *unbedingt* Minima für Buffer Cache und Shared Pool setzen!
`sga_max_size`	<n>G	Maximalgröße der SGA. Wenn nicht gesetzt, wird die parametrierte Größe der SGA angenommen. Kann auf einen größeren Wert gesetzt werden, um die Möglichkeit zu haben, die SGA im laufenden Betrieb zu vergrößern.
`pga_aggregate_target`	<n>G	Gesamtgröße aller PGAs. Sollte auf den Wert gesetzt werden, der hierfür im Hauptspeicher reserviert werden kann. Standardwert ist meist viel zu klein!
`memory_target`	0	Ab 11g kann hiermit die Gesamtgröße von SGA und PGA zur komplett automatischen Speicherverwaltung vorgegeben werden. Da bereits die automatische SGA noch häufig zu Problemen führt, wird dies ebenfalls nicht empfohlen.

Tabelle 7.1: Oft benutzte Serverparameter

Parameter	Vorgeschlagener Wert	Beschreibung
undo_management	AUTO	Schaltet automatisches Undo-Management ein.
undo_tablespace	<Undo-TS>	Name des Undo-Tablespace.
db_create_file_dest	<Verzeichnis>	Ablage von Daten- und Temporärdateien
db_create_online_log_dest_<n>	<Verzeichnis>	Bis zu fünf Verzeichnisse für Redolog-Gruppen und Kontrolldateien. Falls nicht gesetzt, wird db_create_file_dest verwendet.
db_recovery_file_dest	<Verzeichnis>	Verzeichnis für die Fast Recovery Area.
db_recovery_file_dest_size	<n>G	Oracle-verwaltete Größe der Fast Recovery Area.
fast_start_mttr_target	600	Mean-Time-To-Recovery-Vorgabe in Sekunden. Steuert die Checkpoint-Aktivität. Erfordert Enterprise Edition.
control_management_pack_access	NONE	Steuert den Zugriff auf Funktionen in Enterprise Manager Packs. Mögliche Werte: NONE, DIAGNOSTIC, DIAGNOSTIC+TUNING. Default-Wert: DIAGNOSTIC+TUNING für Enterprise Edition, NONE sonst. Zugriff auf die Packs erfordert eine kostenpflichtige Lizenz!
audit_file_dest	.../audit[6]	Lage der Auditing-Dateien, die z. B. bei Login als SYSDBA entstehen. *Nicht* Bestandteil von ADR. Unter MS-Windows nicht notwendig, da die Informationen in der Ereignisanzeige landen.
background_dump_dest	.../bdump	Lage der Log- und Trace-Dateien für Hintergrundprozesse. Ab 11g nicht mehr notwendig (ADR).
user_dump_dest	.../udump	Lage der Log- und Trace-Dateien für Benutzerprozesse. Ab 11g nicht mehr notwendig (ADR).
core_dump_dest	.../cdump	Lage der Core Dumps. Ab 11g nicht mehr notwendig (ADR).
instance_type	asm	Definiert den Instanztyp als ASM-Instanz.
asm_diskstring	/dev/oracleasm/disks/*	Suchmaske für ASM-Disks. Die hier angegebene Maske zeigt den Pfad für ASMLIB-Disks unter Linux.

Tabelle 7.1: Fortsetzung

Parameter	Vorgeschlagener Wert	Beschreibung
`asm_power_limit`	1	Gewichtung für Neubalancierung; Werte zwischen 1 und 9. Kleinere Werte bedeuten längere Laufzeiten für Neubalancierung, Priorität liegt auf Stabilität der Anwendung.
`large_pool_size`	12M	Der Large Pool ist für ASM sehr wichtig; 12M reicht für die meisten Fälle aus.

Tabelle 7.2: ASM-Serverparameter

7.2.3 Starten und Stoppen von ASM

ASM-Instanzen können sowohl mit SQL*Plus als auch mit `srvctl` gestartet und gestoppt werden. In SQL*Plus ist eine Anmeldung `AS SYSASM` erforderlich.[5] In SQL*Plus können dann mit den Kommandos `STARTUP` und `SHUTDOWN` ASM-Instanzen gestartet und gestoppt werden. Für das `SHUTDOWN`-Kommando existieren die Optionen `NORMAL`, `IMMEDIATE`, `TRANSACTIONAL` und `ABORT`. Falls DB-Instanzen gestartet sind, die auf ASM-Diskgruppen zugreifen, gibt das `SHUTDOWN`-Kommando mit allen Optionen außer `ABORT` den Fehler

```
ORA-15097: cannot SHUTDOWN ASM instance with connected client
```

zurück. Für SQL-Befehle, die auf der ASM-Instanz ausgeführt werden, gelten die gleichen Regeln wie beim Stoppen von DB-Instanzen. Wird die `ABORT`-Option angegeben, so wird ohne Rücksicht auf laufende Kommandos oder DB-Instanzen die ASM-Instanz beendet.

Für das `srvctl`-Kommando gelten folgende Optionen:

```
$ srvctl start asm [-o <option>] [-f]
$ srvctl stop asm [-o <option>] [-f]
```

Unter `<option>` können die gleichen Optionen wie bei der SQL*Plus-Variante angegeben werden. Die `srvctl`-Variante ist im Allgemeinen etwas sicherer – setzt man z. B. das Kommando

```
$ srvctl stop asm -o abort
```

bei laufender DB-Instanz ein, so erhält man die folgende Antwort:

```
PRCR-1065 : Failed to stop resource ora.asm
CRS-2529: Unable to act on 'ora.asm' because that would require stopping
or relocating 'ora.DATA.dg', but the force option was not specified
```

Hier funktioniert in diesem Fall nur die Kombination der Optionen `-o abort` und `-f`. Ein `SHUTDOWN ABORT` der ASM-Instanz aus SQL*Plus hingegen reißt die DB-Instanz ohne weitere Warnung mit herunter.

Die mit SQL*Plus möglichen Kommandos zum Starten und Stoppen funktionieren ebenfalls im Werkzeug `asmcmd`.

5 In den 10g-Releases ist hier AS SYSDBA notwendig, in 11g können beide Varianten verwendet werden.

6 Dieses und die folgenden Verzeichnisse liegen meist im Administrationsbaum der Instanz, typischerweise `$ORACLE_BASE/admin<DB>`.

7.2.4 Starten und Stoppen von Datenbankinstanzen

Auch das Starten und Stoppen von Datenbankinstanzen ist sowohl mit SQL*Plus als auch mit `srvctl` möglich. Für einen erfolgreichen Start unter SQL*Plus ist Voraussetzung, dass – passend zum Betriebssystem – die Umgebung auf die passende Instanz zeigt, d. h., mindestens die Variablen `ORACLE_SID`, `ORACLE_HOME` und `PATH` müssen richtig gesetzt sein.

Unter MS-Windows ist zusätzliche Voraussetzung, dass der zugehörige Dienst `Oracle Service<SID>` gestartet ist. Ist dies nicht der Fall, so bekommt man folgende – nicht besonders viel sagende – Fehlermeldung:

```
C:\> sqlplus / as sysdba

SQL*Plus: Release 11.2.0.1.0 Production on Sun Jun 13 14:54:11 2010

Copyright (c) 1982, 2010, Oracle.  All rights reserved.
ERROR:
ORA-12560: TNS:protocol adapter error
```

Der Dienst muss in diesem Fall entweder mit dem Dienste-Bildschirm der Systemsteuerung oder mit folgendem Kommando aus einer Eingabeaufforderung gestartet werden:

```
C:\> NET START OracleService<SID>
```

In SQL*Plus wird zum Starten von Instanzen das Kommando `STARTUP` verwendet. Hierzu ist eine Anmeldung mit einer der beiden Rollen `SYSOPER` oder `SYSDBA` notwendig, also z. B. mit:

```
C:\> sqlplus / as sysdba
```

Benutzern, die mit Oracle9i gearbeitet haben, fällt an dieser Stelle positiv auf, dass keine doppelten Anführungszeichen mehr um das `"/ as sysdba"` gesetzt werden müssen.

Ohne weitere Optionen wird, ausgehend davon, dass die Instanz nicht gestartet ist, in SQL*Plus nun ein vollständiger Startvorgang bis hin zum Öffnen der Datenbank durchgeführt:

```
SQL> STARTUP
ORACLE instance started.

Total System Global Area  559575040 bytes
Fixed Size                  2215184 bytes
Variable Size             486540016 bytes
Database Buffers           62914560 bytes
Redo Buffers                7905280 bytes
Database mounted.
Database opened.
```

Nach dem Instanzstart erhält man Informationen über die Gesamtgröße und die Größe der wichtigsten Teilbereiche der SGA; zusätzlich wird der Abschluss der drei Startphasen jeweils mit einer Meldung versehen:

1. *ORACLE instance started.* – Instanz gestartet.
2. *Database mounted.* – Kontrolldatei geöffnet bzw. MOUNT durchgeführt.
3. *Database opened.* – Datenbank geöffnet.

Sollen andere Parameterdateien als die im Standardsuchpfad befindlichen genutzt werden, kann dies mit der Option `PFILE = <Datei>` oder `SPFILE = <Datei>` angegeben werden. Soll lediglich die Instanz gestartet werden, wird die Option `NOMOUNT` angegeben. Soll die Kontrolldatei geöffnen werden, wird stattdessen die Option `MOUNT` verwendet. Die Option `OPEN` zum Öffnen der Datenbank wird implizit verwendet, wenn keine der anderen Optionen gewählt wird.

Die Datenbank kann optional im Modus `RESTRICTED` geöffnet werden. Dann haben ausschließlich die Benutzer, die das Privileg `RESTRICTED SESSION` besitzen, Zugriff auf die Datenbank. Dieser Modus ist z. B. für Wartungsarbeiten interessant, bei denen die Datenbank für einen eingschränkten Benutzerkreis zur Verfügung stehen muss (in dem Fall etwa der oder die Schemaeigentümer), alle anderen aber keinen Zugriff haben sollen. Der `RESTRICTED`-Modus kann durch SQL-Kommandos auch während des laufenden Betriebs an- und abgeschaltet werden; allerdings hat man beim Anschalten das Problem, dass laufende Sitzungen von nichtprivilegierten Benutzern nicht automatisch beendet werden. Das Kommando zum Anschalten des `RESTRICTED`-Modus lautet:

```
SQL> ALTER SYSTEM ENABLE RESTRICTED SESSION;
```

Abgeschaltet wird der Modus mit:

```
SQL> ALTER SYSTEM DISABLE RESTRICTED SESSION;
```

Zum Herunterfahren der Instanz wird das `SHUTDOWN`-Kommando benutzt. Hierbei gibt es die Optionen `NORMAL`, `IMMEDIATE`, `TRANSACTIONAL` und `ABORT`. Im Folgenden ist erklärt, was bei den einzelnen Optionen passiert:

NORMAL Es wird darauf gewartet, dass alle Datenbanksitzungen beendet werden. Neue Logins werden nicht zugelassen. Wenn alle Sitzungen beendet sind, wird ein Checkpoint durchgeführt und die Datenbank *sauber* geschlossen.

IMMEDIATE Diese Variante ist in der Beschreibung ähnlich zur vorigen Variante, allerdings wird nicht auf das Ende aller Sitzungen gewartet, sondern nur auf aktuell laufende Aktionen (Calls). Dann werden alle offenen Transaktionen zurückgerollt, alle Sitzungen beendet und ansonsten wie oben fortgefahren.

ABORT Es werden alle Hintergrundprozesse sofort beendet (*kill*). Beim Wiederanlaufen muss die Datenbank eine Instanzwiederherstellung durchlaufen.

Für den produktiven Betrieb ist die `IMMEDIATE`-Option sicher die meist verwendete. Führt man sie mit SQL*Plus aus, werden die drei Stufen, die beim Starten durchlaufen werden, in umgekehrter Reihenfolge zu Ende gebracht:

```
SQL> SHUTDOWN IMMEDIATE
Database closed.
Database dismounted.
ORACLE instance shut down.
```

Das Schließen der Datenbank beinhaltet den Checkpoint und das Schließen der Daten- und Redolog-Dateien. Der *Dismount* schließt die Kontrolldatei. In der letzten Phase wird die Instanz beendet, d. h. alle Prozesse gestoppt. Mit der `NORMAL`-Option sieht der `SHUTDOWN` genauso aus, kann allerdings viel länger dauern.

Generell ist die Dauer eines sauberen `SHUTDOWN`-Kommandos abhängig von der Anzahl der noch nicht zurückgeschriebenen Datenbankblöcke (*Dirty Blocks*) im Buffer-Cache und der Leistungsfähigkeit des IO-Subsystems. Größere SGAs führen deshalb i. A. zu längeren SHUTDOWN-Zeiten. Die Anzahl der Dirty Blocks kann durch den Serverparameter fast_start_mttr_target (siehe Abschnitt 7.2.2) beeinflusst werden.

7.2.5 Automatischer Start über die Grid Infrastructure

Falls man die Clusterware installiert hat oder – ab 11g Release 2 – die Grid Infrastructure, die für Cluster die Clusterware und für Einzelknoten Restart enthält, gibt es einige zusätzliche Werkzeuge. Hierbei ist das *Server Control Utility* srvctl an erster Stelle zu nennen. Mit diesem Werkzeug werden Listener, ASM- und DB-Instanzen sowie Dienste zunächst definiert und in der *Oracle Cluster Registry* OCR abgelegt. Beim Systemstart werden diese Komponenten dann automatisch in der richtigen Reihenfolge gestartet.

Ein srvctl-Kommando hat grundsätzlich zwei Parameter (*was* soll mit *welcher* Komponente passieren) sowie zusätzliche Optionen. Möchte man sich einen allgemeinen Überblick verschaffen, so gibt man

```
$ srvctl -h
```

ein. Die Liste enthält alle möglichen Parameterkombinationen. Möchte man dann über ein bestimmtes Kommando mehr erfahren, gibt man dieses Kommando mit der Option -h ein, z. B.:

```
$ srvctl add database -h
```

Alle Komponenten können mit srvctl manuell gestartet und gestoppt werden. Es wird empfohlen, grundsätzlich srvctl zu verwenden, wenn die Grid Infrastructure bzw. Clusterware installiert ist, damit die OCR immer den aktuellen Status hält. Ein Instanzstart über srvctl ist allerdings erst dann möglich, wenn die Instanz in der OCR registriert ist. Das geschieht automatisch, wenn die Datenbank mit dem Datenbankkonfigurationsassistenten erstellt wird. Ansonsten ist ein Kommando wie das folgende notwendig:

```
$ srvctl add database -d <DBNAME> -o <ORACLE_HOME>
                      -m <DBDOMAIN> -p <SPFILE> -a "<DISKGROUPS>"
```

<DBNAME> ist hierbei der eindeutige Datenbankname (Serverparameter db_unique_name). <ORACLE_HOME>, <DBDOMAIN> und <SPFILE> sind selbsterklärend. Die Liste der ASM-Diskgruppen <DISKGROUPS> ist für den Fall, dass die Datenbank solche benutzt, sehr wichtig, da die Clusterware dann sicherstellt, dass die ASM-Instanz gestartet und die benötigten Diskgruppen gemountet werden. Möchte man die OCR-Konfiguration für eine Datenbank sehen, gibt man

```
$ srvctl config database -d <DBNAME>
```

ein. Entsprechend wird zum Ändern von Parametern das folgende Kommando genutzt:

```
$ srvctl modify database -d <DBNAME> ...
```

Um eine Datenbank aus der Konfiguration zu löschen – nicht etwa zum Löschen der Datenbank selbst – benutzt man:

```
$ srvctl remove database -d <DBNAME> ...
```

Sehr ähnlich funktioniert die Deklaration weiterer Komponenten wie ASM, Listener und Datenbankdiensten mit srvctl.

7.3 Erzeugen einer Datenbank

Eine Datenbank kann entweder mit dem Datenbankkonfigurationsassistenten DBCA oder manuell bzw. per Skript erzeugt werden. Die DBCA-Variante wurde bereits in Kapitel 4.2.3 vorgestellt. An dieser Stelle soll nun exemplarisch das manuelle Erzeugen einer Datenbank inklusive des Registrierens in der Oracle Cluster Registry OCR vorgestellt werden.

Durch die Verwendung von Oracle-managed Files können die Skripte größtenteils betriebssystemunabhängig entwickelt werden, lediglich in der Parameterdatei werden Pfade explizit angegeben. Für Datenbankdateien wird hier generell die ASM-Diskgruppe +DATA verwendet.

Für den weiteren Verlauf wird angenommen, dass die Arbeitsumgebung wie in Abschnitt 7.1 beschrieben gesetzt ist, d. h., alle Umgebungsvariablen, insbesondere ORACLE_BASE, ORACLE_HOME, ORACLE_SID und die Pfadvariable, sind korrekt.

Falls es sich um eine Datenbank auf einem MS-Windows-Rechner handelt, muss zunächst ein Dienst für die Instanz definiert und der Oracle-Instanz zugeordnet werden. Hierzu wird das Werkzeug ORADIM.EXE verwendet. Um eine Instanz WIN112 zu erzeugen, die mit einer Serverparameterdatei automatisch gestartet wird, muss folgendes Kommando eingegeben werden:

```
C:\> ORADIM -NEW -SID WIN112 -STARTMODE AUTO
           -SRVCSTART system -SYSPWD <sysdbapw> -SPFILE
```

Ein Dienst mit dem Namen OracleServiceWIN112 wurde nun mit automatischem Startmodus erstellt. Dies wurde mit der Option -SRVCSTART system bestimmt. Dass mit dem Start des Dienstes die Oracle-Instanz ebenfalls automatisch gestartet werden soll, wird mit der Option -STARTMODE AUTO bestimmt. Dass dies so ist, kann nun in der Registrierung im Schlüssel HKEY_LOCAL_MACHINE\SOFTWARE\ORACLE\Key_<Home> unter ORA_WIN112_AUTOSTART überprüft werden; hier ist TRUE hinterlegt. Durch die Option -SYSPWD <sysdbapw> wird das Passwort für den Benutzer sys in der Passwortdatei %ORACLE_HOME%\database\PWDWIN112.ORA verschlüsselt abgelegt. Schließlich wird mit der Option -SPFILE der Start über eine Serverparameterdatei bestimmt. Da noch keine Parameterdatei existiert, ist nun der Dienst gestartet, die Instanz aber nicht.

Ab hier kann die Beschreibung sowohl für Unix-Systeme als auch für MS-Windows-Systeme verwendet werden; lediglich die Syntax für Pfadangaben sind anzupassen.

Unter dem Verzeichnis %ORACLE_BASE%\admin\WIN112 sind zunächst die Verzeichnisse adump, create und pfile anzulegen. Im pfile-Verzeichnis wird die Datei initWIN112.ora mit folgendem Inhalt abgelegt:

```
db_name = WIN112
db_domain = hl.de

db_block_size = 8192

db_cache_size = 400M
shared_pool_size = 400M
streams_pool_size = 100M
sga_max_size = 1500M
pga_aggregate_target = 400M
```

```
undo_tablespace = tsundo
undo_management = auto

compatible = 11.2.0

db_create_file_dest = +DATA

fast_start_mttr_target = 600

audit_file_dest = C:\app\administrator\admin\WIN112\adump
```

Die Parameter entsprechen den Empfehlungen in Tabelle 7.1. Die folgenden Befehle können in einer SQL-Skriptdatei `crdbWIN112.sql` abgelegt werden.

```
SPOOL crdbWIN112.log

STARTUP NOMOUNT PFILE = 'C:\app\administrator\admin\WIN112\pfile\initWIN112.ora'

CREATE DATABASE win112
EXTENT MANAGEMENT LOCAL
SET DEFAULT BIGFILE TABLESPACE
USER sys IDENTIFIED BY geheim
USER system IDENTIFIED BY geheim
DATAFILE SIZE 500M
   AUTOEXTEND ON NEXT 100M MAXSIZE UNLIMITED
sysaux DATAFILE SIZE 500M
   AUTOEXTEND ON NEXT 100M MAXSIZE UNLIMITED
DEFAULT TABLESPACE data DATAFILE SIZE 500M
   AUTOEXTEND ON NEXT 100M MAXSIZE UNLIMITED
   SEGMENT SPACE MANAGEMENT AUTO
DEFAULT TEMPORARY TABLESPACE temp TEMPFILE SIZE 500M
   AUTOEXTEND ON NEXT 100M MAXSIZE UNLIMITED
   UNIFORM SIZE 1M
UNDO TABLESPACE tsundo DATAFILE SIZE 500M
   AUTOEXTEND ON NEXT 100M MAXSIZE UNLIMITED
LOGFILE GROUP 1 SIZE 100M,
        GROUP 2 SIZE 100M,
        GROUP 3 SIZE 100M,
        GROUP 4 SIZE 100M
CHARACTER SET AL32UTF8
NATIONAL CHARACTER SET AL16UTF16
SET TIME_ZONE = 'Europe/Berlin'
/

CREATE SPFILE FROM MEMORY
/

@?/rdbms/admin/catalog
@?/rdbms/admin/catproc
```

Das Skript kann mit dem folgenden Kommando ausgeführt werden:

```
$ sqlplus / as sysdba @crdbWIN112
```

Durch den `STARTUP`-Befehl wird die Instanz zunächst mit der vorbereiteten Initialisierungsparameterdatei gestartet. Die Serverparameterdatei wird nach dem Erstellen der Datenbank durch den Befehl `CREATE SPFILE FROM MEMORY` erzeugt. Hier ist die Reihenfolge sehr wichtig: Beim Erstellen der Datenbank wird die Kontrolldatei als OMF-

Datei erzeugt und der Parameter control_files automatisch angepasst. Somit landet dieser erforderliche Parameter ohne manuellen Eingriff in der Serverparameterdatei.

Das CREATE DATABASE-Kommando enthält einige wichtige Optionen, die im Folgenden beschrieben werden:

win112 Der Datenbankname wird hier angegeben. Stimmt er nicht mit dem Parameter db_name überein, so wird das Kommando abgebrochen.

EXTENT MANAGEMENT LOCAL Der system-Tablespace – und somit die gesamte Datenbank – werden Locally-Managed angelegt. Dictionary-Managed Tablespaces sind nicht mehr möglich.

SET DEFAULT BIGFILE TABLESPACE Da ASM auch sehr große Dateien ermöglicht, kann diese Option eine gute Wahl sein. Wenn die Klausel fehlt, sind *Smallfile* Tablespaces der Standard.

USER ... IDENTIFIED BY ... Sowohl für sys als auch für system sollten hier Passwörter fernab des Standards gesetzt werden. Wenn nicht gesetzt, gelten nach wie vor change_on_install und manager.

DATAFILE... Die erste DATAFILE-Klausel gilt für den system-Tablespace. Wie bei allen anderen Dateien ist eine Anfangsgröße sowie ein AUTOEXTEND um jeweils 100 MB ohne Limitierung parametriert.

sysaux DATAFILE Parameter für die Datendatei des sysaux-Tablespaces.

DEFAULT TABLESPACE ... data wird hiermit als Default-Tablespace für alle Benutzer gesetzt, die ohne expliziten Default-Tablespace angelegt werden.

DEFAULT TEMPORARY TABLESPACE ... Für alle Benutzer der Datenbank wird ebenso ein Default-Temporär-Tablespace erzeugt. Dies ist der einzige Tablespace mit UNIFORM-Extents, d. h., alle Extents des Tablespace haben die gleiche Größe.

UNDO TABLESPACE ... Da in der Parameterdatei automatisches Undo-Management eingestellt ist, muss der Undo-Tablespace beim CREATE DATABASE erstellt werden. Der hier angegebene Name muss zum Parameter undo_tablespace passen.

LOGFILE ... Es werden vier Redolog-Gruppen à 100 MB angelegt. Diese Größe ist als Minimum zu betrachten. Datenbanken mit großem Transaktionsaufkommen sollten größere Redologs bekommen (bis zu einige GB).

CHARACTER SET ... AL32UTF8 wird als Datenbankzeichensatz, AL16UTF16 als nationaler Datenbankzeichensatz eingestellt. Beides sind UNICODE-Zeichensätze (in UTF-8- bzw. UTF-16-Kodierung).

SET TIME_ZONE ... Die Zeitzone ist wichtig für den Datentyp TIMESTAMP WITH TIMEZONE. Dieser wird u. a. vom Datenbank-Scheduler genutzt; daher sollte die Zeitzone für die Datenbank unbedingt gesetzt werden.

Nach dem CREATE DATABASE müssen mindestens die beiden Skripte catalog.sql und catproc.sql laufen. Der Start des Skripts wird mit „@" angegeben, das Fragezeichen „?" kann als Kürzel für ORACLE_HOME verwendet werden. Die Schrägstriche „/" als Verzeichnistrennzeichen funktionieren an dieser Stelle auch unter Windows.

Soll eine Datenbank wieder komplett gelöscht werden, so kann hierfür das DROP DATABASE-Kommando verwendet werden. Hierfür ist ein STARTUP MOUNT RESTRICT notwendig. Doch Vorsicht: Alle Datenbankdateien (inklusive der OMF-Unterverzeichnisse) sowie die ADR-Verzeichnisse der Datenbank (siehe folgender Abschnitt 7.4) werden gelöscht!

Die eben angelegte Datenbank wird im Noarchivelog-Modus angelegt. Dies ist für eine „leere" Datenbank sicher auch in Ordnung – aber irgendwann sind wichtige Daten in der Datenbank und diese muss entsprechend abgesichert werden. Daher an dieser Stelle der Hinweis, dass eine produktive Datenbank auf jeden Fall in den Archivelog-Modus geschaltet werden muss. Details hierzu finden sich in Abschnitt 8.4.

Zudem ist es empfehlenswert, von vorneherein einige zusätzliche Informationen in die Redologs schreiben zu lassen. Dies wird als *Supplemental Logging* bezeichnet; Befehle zum Anschalten sind in Abschnitt 8.8.3 beschrieben. Einige Flashback-Technologien, der Log Miner sowie Fremdprodukte wie Quest Shareplex verlassen sich auf diese zusätzlichen Informationen. Oft ist es so, dass man sie in einer kritischen Situation gerne angeschaltet hätte, was aber nachträglich nicht mehr zu korrigieren ist.

Ob der Archivelog-Modus eingeschaltet ist, kann über die Spalte `log_mode` der View `v$database` abgefragt werden. Den Zustand des Supplemental Logging spiegeln die Spalten `supplemental_log_data_min`, `supplemental_log_data_pk`, `supplemental_log_data_ui`, `supplemental_log_data_fk` und `supplemental_log_data_all` wider.

7.4 Die Oracle Database Fault Diagnosability Infrastructure

Die Oracle Database Fault Diagnosability Infrastructure ist eine Reihe einiger seit Oracle 11g vorhandener, integrierter Werkzeuge und Mechanismen zur Behandlung von Fehlern. Die wichtigste Komponente hierbei ist das Automatic Diagnostic Repository (ADR). Zusätzlich gibt es automatische Health Checks und ein Werkzeug zur Administration des ADR.

Das ADR umfasst sowohl eine definierte Struktur für Log- und Tracedateien als auch einige Werkzeuge, mit denen ad hoc oder per Skript auf diese Struktur zugegriffen werden kann. Mit ADR entfallen sämtliche Parameter von Datenbankversionen vor 11g für Datenbank- und ASM-Instanzen, Listener und einige andere Komponenten, die sich mit der Ablage von Log- und Tracedateien befassen.

Generell wird im ADR proaktiv auf Fehlersituation reagiert. Im Gegensatz zum einfachen Sammeln von Logs werden beim Auftauchen eines bestimmten Fehlers automatisch zusätzliche Daten gesammelt, automatische Health Checks ausgeführt und die Fehlerdaten in einem strukturierten System von Problemen und Incidents zugeordnet.

Zum Sichten der ADR-Informationen steht einerseits der Bereich *Support Workbench* des Enterprise Managers zur Verfügung, andererseits das kommandozeilenbasierte Werkzeug `adrci`.

7.4.1 Verzeichnisstruktur

Die ADR-Verzeichnisstruktur wird unterhalb eines ADR-Basisverzeichnisses angelegt. Standard hierfür ist das Verzeichnis `ORACLE_BASE`. Bei Instanzen kann diese Vorgabe durch den Serverparameter `diagnostic_dest` übersteuert werden. Allerdings empfiehlt es sich, die Standardeinstellung zu belassen, da z. B. der Listener diese ebenfalls

Verzeichnisse im ADR-Home	
alert	Alert-Log im XML-Format
cdump	Core Dumps
incident	Informationen über Incident
trace	Server- und Hintergrund-Tracedateien, SQL-Tracedateien
...	Weitere produktspezifische Verzeichnisse

Tabelle 7.3: Verzeichnis im ADR-Home

benutzt. Sind sowohl `ORACLE_BASE` als auch `diagnostic_dest` nicht gesetzt, so wird `$ORACLE_HOME/log` als ADR-Basisverzeichnis gesetzt.

Die ADR-Verzeichnisse werden bei Bedarf automatisch erstellt. Das gilt sowohl für die Initialisierung einer Komponente (erstmaliges Starten eines Listeners, `CREATE DATABASE` usw.) als auch für den Fall, dass die Verzeichnisse – mit Absicht oder aus Versehen – gelöscht wurden.

Jede Instanz einer Komponente bekommt innerhalb der ADR-Basis ein ADR-Home zugewiesen. Komponenten sind z. B. Datenbank (RDBMS), ASM oder Listener. Das ADR-Home hat allgemein die Form

```
diag/<Komponente>/<Produkt-ID>/<Instanz-ID>
```

Im Falle einer Datenbankinstanz ist die Komponente `rdbms`, die Produkt-ID der Datenbankname bzw. der `db_unique_name` und die Instanz-ID die `ORACLE_SID`, also z. B.

```
diag/rdbms/RACDB/RACDB1
```

Eine (Einzelknoten-)ASM-Instanz hat folgendes ADR-Home:

```
diag/asm/+asm/+ASM
```

Ein Listener mit Namen `LISTENER` hingegen:

```
diag/tnslsnr/<hostname>/listener
```

Unter dem jeweiligen ADR-Home befindet sich eine Reihe von Verzeichnissen mit speziellen Aufgaben. Diese sind in Tabelle 7.3 aufgeführt.

Wichtigste Neuerung gegenüber früheren Versionen ist die Speicherung der Alert-Log-Informationen im XML-Format. Hierdurch werden die Informationen wesentlich strukturierter zugreifbar als bisher. Da es viele Werkzeuge gibt, die auf der Struktur des textbasierten Alert-Logs basieren, gibt es diese Datei im Verzeichnis `trace` nach wie vor.

7.4.2 Administration

Der Zugriff auf ADR erfolgt entweder vom Enterpise Manager aus oder über das kommandozeilenbasierte Werkzeug `adrci` (*ADR Command Interface*). Zur Arbeit mit diesem Werkzeug ist kein Oracle-Login notwendig, die Zugriffskontrolle erfolgt auf Ebene der Dateisystemberechtigungen.

Beim Aufruf ohne Parameter wird `adrci` im interaktiven Modus gestartet, mit den Optionen `EXEC` (mit der Übergabe eines oder mehrerer durch Semikolon getrennter Kommandos als Zeichenkette) oder `SCRIPT` (mit der Übergabe einer Datei, in der die auszuführenden Kommandos stehen) im Batch-Modus.

Das wichtigste Kommando im interaktiven Modus ist `HELP`, optional mit einem Kommandonamen, um Details zum Kommando zu erfahren.

Mit dem Befehl `SHOW HOMES` werden alle derzeit gültigen ADR-Homes angezeigt. Einige Befehle arbeiten bereits in diesem Modus, z. B. können mit `SHOW TRACEFILE` alle Tracedateien angezeigt werden. Mit `SHOW TRACE <name>` wird die entsprechende Tracedatei mit dem eingebundenen Editor (`SET EDITOR`) angezeigt.

Um bestimmte Befehle gezielt ausführen zu können, muss zunächst das gewünschte ADR-Home ausgewählt werden. Das kann man entweder mit dem `SET HOME`-Befehl explizit oder implizit, indem man `adrci` aus einem Verzeichnis innerhalb des ADR-Homes aufruft. Diese Art der Steuerung ermöglicht z. B. die Mitnahme eines kompletten ADR-Homes zur weiteren Analyse an anderer Stelle.

Eine einfache Anwendung ist das `SHOW ALERT`-Kommando, mit dessen Hilfe man das Alert-Log in einem Editor angezeigt bekommt. Die 10g-Versionen von `adrci` erwarten zur Anzeige allerdings unter MS-Windows, dass ein Programm namens `VI.EXE` existiert – es wird z. B. das Kopieren von `NOTEPAD.EXE` mit diesem Namen empfohlen. Das Kommando

```
adrci> SHOW ALERT -TAIL -F
```

zeigt das Ende der alert.log-Datei, wobei neue Zeilen im Moment des Entstehens angezeigt werden. Unter Unix kennt man diese Art der Logdateibeobachtung mit dem Befehl `tail -f`, allerdings bietet `adrci` diese Möglichkeit nun auch unter MS-Windows.

Mit dem `PURGE`-Kommando können veraltete Dateien gelöscht werden. Ruft man das Kommando ohne Parameter auf, so werden die Dateien gelöscht, die – je nach Wichtigkeit – der kurz- bzw. langfristigen Policy (`SHORTP_POLICY` bzw. `LONGP_POLICY`) in Stunden entsprechen. Mit `SHOW CONTROL` können diese Werte abgerufen werden, mit `SET CONTROL` werden diese geändert. Zum Aufräumen eines ADR-Homes muss der `PURGE`-Befehl ausgeführt werden. Dies sollte automatisiert erfolgen.

Zu beachten ist, dass die im Verzeichnis `trace` liegenden Textdateien hiervon nicht berücksichtigt werden. Um diese Dateien muss man sich also – wie *früher* generell – selber kümmern und sie von Zeit zu Zeit löschen (und vorher eventuell sichern).

7.4.3 Probleme und Incidents

Bestimmte wichtige Fehler wie ORA-00600, ORA-07445 usw. werden automatisch vom ADR verwaltet. Bei der Behandlung von Fehlern wird zwischen Problemen und Incidents[7] unterschieden. Dabei wird ein Problem durch einen bestimmten Fehler, eventuell mit einem oder zwei Parametern (bei ORA-00600 und ähnlichen Fehlern), charakterisiert. Ein Vorfall ist dann eine bestimmte Fehlersituation zu einem bestimmten Zeitpunkt.

Das ADR führt eine *flood control* durch, d. h., die Tracedateien werden nicht unendlich aufgebläht, wenn sich ein Problem sehr oft wiederholt.

Mit den Befehlen `SHOW PROBLEM` und `SHOW INCIDENT` können die Fehler angezeigt werden, ohne die Tracedateien selbst durchsuchen zu müssen.

---

7 *problem* und *incident* sind die im Rahmen von IT Infrastructure Library (ITIL) an dieser Stelle international gesetzten Begriffe, so dass wir von einer Übersetzung von Incident abgesehen haben.

Auf der Ebene der Incidents steht der *Incident Packaging Service* IPS zur Verfügung. Oracle macht sich hier die Struktur des ADR zu Nutze und ermöglicht, logisch zusammenhängende Informationen aus verschiedenen Log- und Trace-Dateien in ein Paket zu schnüren. IPS steht sowohl in der Support Workbench als auch als Kommando im `adrci` zur Verfügung. Exemplarisch hier die Ausgabe des Befehls `help ips`:

```
adrci> help ips

 HELP IPS [topic]
   Available Topics:
        ADD
        ADD FILE
        ADD NEW INCIDENTS
        CHECK REMOTE KEYS
        COPY IN FILE
        COPY OUT FILE
        CREATE PACKAGE
        DELETE PACKAGE
        FINALIZE PACKAGE
        GENERATE PACKAGE
        GET MANIFEST
        GET METADATA
        GET REMOTE KEYS
        PACK
        REMOVE
        REMOVE FILE
        SET CONFIGURATION
        SHOW CONFIGURATION
        SHOW FILES
        SHOW INCIDENTS
        SHOW PACKAGE
        UNPACK FILE
        UNPACK PACKAGE
        USE REMOTE KEYS
```

Zu den IPS-Kommandos kann weitere Hilfe angefordert werden, z. B. mit dem Befehl `help ips finalize package`:

```
adrci> help ips finalize package

  Usage:  IPS FINALIZE PACKAGE <package_id>

  Purpose: Get a package ready for shipping by automatically including
           correlated contents.

  Arguments:
    <package_id>: ID of package to finalize.

  Example:
    ips finalize package 12
```

Anleitungen zum Generieren von IPS-Paketen bedinden sich im *Administrator's Guide* (graphische Variante mit Support Workbench) bzw. im Handbuch *Utilities* (`adrci`-Variante).

7.4.4 ADR-Ausnahmen und Besonderheiten

Es gibt einige Dateien, von denen man erwarten könnte, dass sie ebenfalls im ADR liegen, dies aber aus unerfindlichen Gründen nicht tun. Dies sind z. B. alle Dateien zur Grid Infrastructure bzw. zu Oracle Restart. Diese liegen im Unterverzeichnis `log` des entsprechenden `ORACLE_HOME`-Verzeichnisses.

Auch externe Audit-Dateien sind nicht Bestandteil des ADR. Nach wie vor wird das Verzeichnis hierfür durch den Serverparameter `audit_file_dest` bestimmt[8] – außer unter MS-Windows, hier wird die Ereignisanzeige genutzt.

Insbesondere bei Client-Installationen tritt oft der Fall auf, dass der Benutzer nicht der Eigentümer der Installation ist. Daher hat er im `ORACLE_BASE` meist keine Schreibberechtigung. Aber auch für Clients entstehen Log- und Trace-Dateien, entweder explizit angefordert oder z. B. bei Problemen mit Oracle-Net-Verbindungen. Unter Windows entsteht dann im Vereichnis `Eigene Dateien` ein Verzeichnisbaum

```
Oracle\oradiag_<benutzer>
```

das als Oracle-Base-Verzeichnis dient. Darunter findet man dann ADR-Zweige wie

```
clients\user_<benutzer>\host_<kennung>
```

welche die ADR-typischen Verzeichnisse enthalten.

7.5 Tablespace-Verwaltung

Tablespaces sind das Bindeglied zwischen Datenbankobjekten und dem Speicherplatz, der auf dem Datenbankrechner zur Verfügung gestellt wird. Sie bekommen einen Namen sowie mindestens eine Datei, deren Größe i. A. spezifiziert wird. Die Dateinamen entsprechen immer den Konventionen des zugrunde liegenden Dateisystems bzw. Speicherkonzepts. Heute sind unter Linux Dateisysteme wie ext3, unter MS-Windows NTFS üblich. Bei verschiedenen Unix-Derivaten tauchen weitere Dateisysteme auf, etwa ZFS bei Solaris 10. Eine Detaildiskussion der einzelnen Dateisysteme ist an dieser Stelle nicht vorgesehen.

Alternativ zu den plattformspezifischen Dateisystemen gibt es seit Oracle 10g die Möglichkeit, ASM (*Automatic Storage Management*) zu nutzen. ASM wird mittlerweile bei vielen Installationen genutzt; es ist nicht nur interessant im Cluster-Betrieb (wo Standard-Dateisysteme nicht genutzt werden können, da sie nicht clusterfähig sind), sondern wird auch beim Einzelknotenbetrieb eingesetzt. Letztendlich ist es jedoch aus Sicht der Tablespace-Verwaltung unerheblich, ob ein plattformspezifisches Dateisystem oder ASM genutzt wird. Lediglich die Konventionen für Pfadangaben unterscheiden sich von Fall zu Fall.

Zu Tablespaces gehörende Dateien werden als Datendateien bzw. Temporärdateien (bei Temporär-Tablespaces) bezeichnet. Sie werden beim Erstellen oder Erweitern der Tablespaces angegeben. Dies passiert entweder explizit unter der Angabe des vollständigen Pfades oder automatisch, wenn der Name weggelassen wird. Der zweite Fall erzeugt dann ein sogenanntes *Oracle-Managed File* (OMF). Mit expliziter Angabe des Dateinamens sieht ein einfaches Kommando zum Anlegen eines Tablespace wie folgt aus:

---

8 Standardwert ist `$ORACLE_HOME/rdbms/audit`.

```
SQL> CREATE TABLESPACE data
     DATAFILE '/u02/app/oracle/data/DB/data01.dbf' SIZE 100M;
```

Die Größe der Datendatei wird mit der SIZE-Klausel angegeben. Mit 11g Release 2 sind die Kürzel K, M, G, T, P und E (für Kilo-, Mega-, Giga-, Tera-, Peta- respektive Exabyte) erlaubt.[9] In der View dba_tablespaces ist nach der Ausführung des Kommandos eine Zeile für den Tablespace data vorhanden; in dba_data_files eine für die Datendatei. Die Größe eines Tablespace lässt sich immer nur in dba_data_files ablesen, was auf den ersten Blick verwirrend sein kann – aber die Größe ist nun einmal eine Eigenschaft der zum Tablespace gehörenden Datei(en). Die Datendatei kann so parametriert werden, dass sie automatisch wächst, wenn entsprechender Platzbedarf da ist. Dies wird durch die AUTOEXTEND-Option gesteuert. Hier ein Beispiel zu abgeschalteter automatischer Erweiterung:

```
SQL> CREATE TABLESPACE data
     DATAFILE '/u02/app/oracle/data/DB/data01.dbf' SIZE 100M
     AUTOEXTEND OFF;
```

Schaltet man die automatische Erweiterung ein, so gibt man zusätzlich an, wie die jeweilige Schrittgröße ist und wie groß die Datei maximal werden soll:

```
SQL> CREATE TABLESPACE data
     DATAFILE '/u02/app/oracle/data/DB/data01.dbf' SIZE 100M
     AUTOEXTEND ON NEXT 10M MAXSIZE 1000M;
```

In dba_data_files ist nun die Spalte autoextensible auf YES gesetzt, zusätzlich enthalten die Spalten maxbytes, maxblocks und increment_by die entsprechenden Werte in Bytes.

Möchte man mit OMF arbeiten, so muss zunächst der Serverparameter db_create_file_dest auf das gewünschte Zielverzeichnis gesetzt werden. Es ist zu beachten, dass das Verzeichnis vorhanden sein muss. Bei Bedarf automatisch angelegt werden zusätzlich die Unterverzeichnisse <db_unique_name>/datafile. Dort wird die Datendatei dann abgelegt. Der Name beginnt mit o1_mf_ und enthält dann zumindest einen Teil des Tablespace-Namens sowie eine Ziffern- und Zahlenkombination, die zufällig bestimmt wird. Hier das Beispiel unter Verwendung von OMF:

```
SQL> ALTER SYSTEM
     SET db_create_file_dest = '/u02/app/oracle/data';

SQL> CREATE TABLESPACE data
     DATAFILE SIZE 100M
     AUTOEXTEND ON NEXT 10M MAXSIZE 1000M;
```

Das Setzen des Parameters db_create_file_dest ist nur einmalig notwendig; der Wert bleibt für zukünftige Daten- und Temporärdateien erhalten. Folgende Ausgabe zeigt die View dba_data_files, wenn der Wert für db_create_file_dest zunächst auf die Diskgruppe +DATA zeigt und dann auf ein Verzeichnis geändert wird:

9 Dabei liegt die maximale Dateigröße bei 128 TB (für die Datendatei eines Bigfile-Tablespaces mit 32 KB Blockgröße). Für die nächsten Versionen ist wahrscheinlich dennoch die Verwendung von Z und Y für Zetta- und Yottabyte zu erwarten.

```
FILE_NAME                                   FILE_ID TABLESPAC      BYTES BLOCKS
------------------------------------------ ------- --------- ---------- ------
STATUS    RELATIVE AUT   MAXBYTES MAX-     INCREM USER_BYTES USER_BLOCKS ONLINE_
          _FNO                    BLOCKS
--------- -------- --- ---------- ---------- ------ ---------- ----------- ----
+DATA/el11/datafile/users.260.721225555          4 USERS        5242880    640
AVAILABLE        4 YES 3,4360E+10 4194302    160    4194304         512 ONLINE

+DATA/el11/datafile/undotbs1.259.721225553       3 UNDOTBS1   115343360  14080
AVAILABLE        3 YES 3,4360E+10 4194302    640  114294784       13952 ONLINE

+DATA/el11/datafile/sysaux.258.721225551         2 SYSAUX     555745280  67840
AVAILABLE        2 YES 3,4360E+10 4194302   1280  554696704       67712 ONLINE

+DATA/el11/datafile/system.257.721225549         1 SYSTEM     713031680  87040
AVAILABLE        1 YES 3,4360E+10 4194302   1280  711983104       86912 SYSTEM

+DATA/el11/datafile/example.266.721225741        5 EXAMPLE    104857600  12800
AVAILABLE        5 YES 3,4360E+10 4194302     80  103809024       12672 ONLINE
/u02/app/oracle/data/EL11/data01.dbf             6 DATA       104857600  12800
AVAILABLE        6 NO           0          0      0  103809024       12672 ONLINE
```

Zur Erweiterung eines Tablespace kann eine weitere Datendatei hinzugefügt werden:

```
SQL> ALTER TABLESPACE <ts>
     ADD DATAFILE <Datei> SIZE <Größe>;
```

Eine leere Datendatei kann mit folgendem Befehl wieder gelöscht werden:

```
SQL> ALTER TABLESPACE <ts>
     DROP DATAFILE [ <Datei> | <DateiID> ];
```

Falls man eine Datendatei löschen möchte, die nicht leer ist, müssen zunächst die störenden Extents entfernt werden. Hierzu kann man sie z. B. zunächst in einen anderen Tablespace verschieben (Tabellen mit `MOVE`, Indizes mit `REBUILD`), um sie nach dem Löschen der Datendatei in den bereinigten Tablespace zurück zu schieben.

Die Belegung der Datendateien durch Datenbankobjekte erfolgt in *Extents*. In frühen Versionen der Oracle-Datenbank war hier praktisch jedes beliebige Muster erlaubt; für jedes einzelne Objekt wurde spezifiziert, wie sich die Größe der Extents in Anhängigkeit von deren Anzahl verändern sollte. Diese Art der Platzverwaltung wird als Dictionary-Managed Tablespace bezeichnet. Solche Tablespaces findet man heute fast ausschließlich in Datenbanken, die bereits über mehrere Versionen migriert, jedoch nie neu aufgebaut wurden. Der Standard der Locally-Managed Tablespaces hat sich heute fast vollständig durchgesetzt. Wird die Datenbank mit der Option `EXTENT MANAGEMENT LOCAL` erstellt, so sind ausschließlich Locally-Managed Tablespaces erlaubt. Für die Belegung der Extents gibt es bei Locally-Managed Tablespaces zwei Alternativen:

- Mit `AUTOALLOCATE` wird die Kalkulation der Extentgrößen vollständig an Oracle abgegeben. Es wird mit kleinen Extents angefangen (fünf Blöcke groß). Werden größere Extents benötigt, so wird jeweils das Achtfache der Vorgängergröße genutzt.
- Mit `UNIFORM SIZE <bytes>` kann eine einheitliche Extentgröße für den kompletten Tablespace vorgegeben werden. Bei Temporär-Tablespaces muss so verfahren werden; für andere Tablespaces bietet sich diese Option nur in Ausnahmefällen an.

Die Erfahrung zeigt, dass Locally-Managed Tablespaces mit automatischer Extentallokierung für praktisch alle Fälle hervorragend funktionieren. Im Gegensatz zu Dictionary-Managed Tablespaces ist es nicht mehr notwendig, die Datenbankobjekte in Größenklassen wie klein, mittel, groß und riesig aufzuteilen und in entsprechenden Tablespaces abzulegen. Auch nach langem Betrieb mit diversen Reorganisationsläufen sehen Locally-Managed Tablespaces sehr kompakt aus – im Gegensatz zum *Schweizer-Käse-Look* der klassischen Dictionary-Managed Tablespaces.

Eine weitere Option, die beim Anlegen des Tablespace bestimmt wird, ist die Methode zur Segmentspeicherallokierung. Hier kann manuell (d. h. unter Verwendung von Freilisten) oder automatisch gewählt werden. Die entsprechende Klausel lautet:

```
SQL> ... SEGMENT SPACE MANAGEMENT [ MANUAL | AUTO ]
```

Hier ist in den meisten Fällen die automatische Segmentspeicherallokierung zu empfehlen. Allerdings gibt es `INSERT`-Muster, bei denen die Datenbankblöcke hiermit nicht optimal gefüllt werden. In solchen Fällen kann alternativ die manuelle Methode getestet werden. Insbesondere im RAC-Umfeld ist jedoch die automatische Methode vorzuziehen.

Standardmäßig sind Tablespaces sogenannte *Smallfile*-Tablespaces. Das bedeutet, dass die Datendateien eines Tablespace eine maximale Größe von 4.194.302 Oracle-Blöcken haben kann, was bei einer Blockgröße von 8 KB einer Dateigröße von 32 GB entspricht. Größere Tablespaces müssen demnach mehr als eine Datendatei haben. Alternativ können Tablespaces als *Bigfile*-Tablespaces angelegt werden. Diese können dann nur noch eine einzige Datei enthalten, allerdings kann diese Datei aus 2^{32} Blöcken bestehen. Dies entspricht 32 TB bei einer Blockgröße von 8 KB. Bei großen Datenbanken vereinfacht dies natürlich das Dateimanagement erheblich; allerdings sollte sichergestellt sein, dass das zugrunde liegende Dateisystem die Dateigröße auch abbilden kann. Erste Wahl ist hier ASM.

Soll der Inhalt eines Tablespace nicht mehr geändert werden, so kann er mit folgendem Befehl auf Read-Only gesetzt werden:

```
SQL> ALTER TABLESPACE <ts> READ ONLY;
```

In der View `dba_tablespaces` wechselt die Spalte `status` dann von `ONLINE` auf `READ ONLY`. Mit dem Read-Only-Status wird einerseits verhindert, dass Objekte im Tablespace sich zukünftig ändern; andererseits ist es äußerst sinnvoll, diesen Status der Datenbank auch bekannt zu machen, wenn in einem Tablespace tatsächlich nur noch „alte" Daten liegen, die nicht mehr geändert werden. Die Datendateien eines solchen Tablespace müssen nach dem Setzen des Read-Only-Modus nur noch einmalig gesichert werden und verkleinern somit die Größe der regelmäßigen Sicherungen. Der Status kann wieder zurückgesetzt werden mit:

```
SQL> ALTER TABLESPACE <ts> READ WRITE;
```

Um einen Tablespace vom aktuellen Datenbankbetrieb komplett zu trennen, kann er mit dem Kommando

```
SQL> ALTER TABLESPACE <ts> OFFLINE
     { [ NORMAL | TEMPORARY | IMMEDIATE ] };
```

offline gesetzt werden. Die Standardoption, `NORMAL` bedeutet, dass zunächst alle geänderten Blöcke, die zu Datendateien des Tablespace gehören, zurückgeschrieben werden und somit keinerlei Wiederherstellungsverfahren beim Zurückbringen in den Online-Status nötig sind. Bei Angabe von TEMPORARY wird zumindest versucht, dies für alle Datendateien zu tun; bei Problemen wird darauf verzichtet. Die Option IMMEDIATE verzichtet generell auf das Zurückschreiben von Blöcken. Bei den letzten beiden Optionen ist demnach mit großer Wahrscheinlichkeit die Wiederherstellung von Datendateien vor dem Online-Setzen notwendig. Das Zurücksetzen in den Online-Status erfolgt mit:

```
SQL> ALTER TABLESPACE <ts> ONLINE;
```

Datendateien haben einen eigenen Online-/Offline-Status, der durchaus von dem des Tablespace unterschiedlich sein kann. Nach einem IO-Fehler beim Zugriff auf eine Datendatei wird die betreffende Datendatei automatisch auf offline gesetzt, der zugehörige Tablespace jedoch nicht. Das Setzen des Status für Datendateien erfolgt mit dem ALTER DATABASE-Kommando:

```
SQL> ALTER DATABASE DATAFILE '<datei>'
     [ ONLINE | OFFLINE { FOR DROP } ];
```

Die Klausel FOR DROP ist notwendig, wenn die Datenbank im Noarchivelog-Modus ist. Um alle Dateien eines Tablespace online oder offline zu setzen, kann folgender Befehl verwendet werden:

```
SQL> ALTER TABLESPACE <ts>
     [ DATAFILE | TEMPFILE ] [ ONLINE | OFFLINE ];
```

7.6 Benutzerverwaltung

7.6.1 Benutzer

Um in einer Oracle-Datenbank arbeiten zu können, muss ein Benutzer angelegt sein. Der Benutzer zusammen mit seinen Objekten (Tabellen usw.) wird auch als *Schema* bezeichnet. Im Normalfall geschieht die Authentifikation des Benutzers über ein Passwort, das beim Anlegen des Benutzers vergeben wird. Seit Oracle 11g wird für Passwörter Groß-/Kleinschreibung unterschieden, es sei denn, der Serverparameter sec_case_sensitive_logon wird auf FALSE gesetzt.

Das Anlegen eines Benutzers erfolgt mit dem CREATE USER-Kommando. Hierbei werden Benutzername und Passwort sowie folgende optionale Parameter festgelegt:

- Mit dem DEFAULT TABLESPACE wird festgelegt, in welchem Tablespace versucht wird, Datenbankobjekte anzulegen, falls im entsprechenden Kommando keine andere Angabe gemacht wird.
- Mithilfe von QUOTA-Klauseln wird festgelegt, wie viel Platz für den Benutzer in Tablespaces zur Verfügung steht.
- Der temporäre Tablespace des Benutzers wird über TEMPORARY TABLESPACE angegeben.
- Über eine PROFILE-Klausel wird ein Benutzerprofil (s.u.) zugeordnet.
- Weitere Optionen werden in Kapitel 11 erläutert.

Ein Beispiel hierzu:

```
SQL> CREATE USER <benutzer>
```

```
IDENTIFIED BY <passwort>
DEFAULT TABLESPACE daten
QUOTA 100M ON daten
TEMPORARY TABLESPACE temp
PROFILE my_profile;
```

Dadurch, dass in vielen Datenbanken Standards für Default und temporäre Tablespaces vorgegeben sind, muss häufig lediglich Benutzername, Passwort und Quota spezifiziert werden. In der View `dba_users` können die Parameter der Datenbankbenutzer eingesehen werden, die zugeteilten Quoten über `dba_ts_quotas`. Zur Änderung einzelner Parameter kann der Befehl `ALTER USER` verwendet werden. Berechtigt zur Änderung von Passwörtern ist jeder Benutzer selbst für sein eigenes Passwort sowie ein DBA (hier ist das Privileg ALTER USER von Bedeutung). Für die Änderung von Passwörtern gibt es verschiedene Verfahren.

- Mit dem `ALTER USER`-Kommando kann aus prinzipiell jeder Umgebung das Passwort geändert werden:

  ```
  ALTER USER <benutzer> IDENTIFIED BY <passwort>;
  ```

  Hierbei ist zu beachten, dass bei der interaktiven Eingabe das neue Passwort auf dem Bildschirm zu sehen ist. Läuft ein Skript ab, so steht das Passwort in Klartext im Skript.

- Mit dem `PASSWORD`-Befehl in SQL*Plus kann das Passwort *verdeckt* eingegeben werden. Es werden sowohl das alte als auch das neue Passwort inklusive Wiederholung abgefragt, sodass Vertipper möglichst ausgeschlossen werden.

  ```
  SQL> PASSWORD <benutzer>
  Changing password for <benutzer>
  Old password:
  New password:
  Retype new password:
  Password changed
  ```

Schließlich kann man Benutzer aus der Datenbank auch wieder entfernen. Das geschieht mit dem Befehl:

```
SQL> DROP USER <benutzer>;
```

Besitzt der Benutzer Datenbankobjekte, so wird eine Fehlermeldung ausgegeben, die die Lösung des Problems bereits enthält:

```
ORA-01922: CASCADE must be specified to drop '<benutzer>'
```

Demnach heißt das Kommando dann:

```
SQL> DROP USER <benutzer> CASCADE;
```

Danach ist der Benutzer aus der Datenbank entfernt.

7.6.2 Benutzerprofile

Jeder Benutzer ist einem Profil zugeordnet. In einem Profil werden einige allgemeine Parameter hinterlegt, die mit dem Benutzerverhalten zu tun haben. Profile werden in Kapitel 11 genauer erläutert; an dieser Stelle folgen lediglich einige Hinweise, deren Nichtbeachtung zu unerwarteten Ergebnissen führen kann.

In jeder Datenbank gibt es mindestens das Profil DEFAULT, das jedem Benutzer zugeordnet wird, wenn nicht ein anderes angegeben wird. Beim Passwortmanagement hat sich das Verhalten der Oracle-Datenbank in den letzten Versionen geändert:

- Ab Oracle 10g Release 2 steht der Wert von `FAILED_LOGIN_ATTEMPTS` im DEFAULT-Profil auf 10 (vorher: UNLIMITED). Das bedeutet: Sobald für einen Benutzer zehnmal das falsche Passwort eingegeben worden ist, wird der Benutzer gesperrt. Nach `PASSWORD_LOCK_TIME` Tagen wird die Sperre automatisch wieder aufgehoben.
- Ab Oracle 11g Release 1 wurde der Wert von `PASSWORD_LIFE_TIME` auf 180 (vorher: UNLIMITED) geändert. Damit läuft jedes Passwort nach 180 Tagen ab.

Falls `FAILED_LOGIN_ATTEMPTS` gesetzt ist, wird der Benutzer nach der entsprechenden Anzahl von Fehleingaben gesperrt, d. h. beim nächsten Anmeldeversuch gibt es die Fehlermeldung:

```
ORA-28000: the account is locked
```

Die für Benutzerdaten zuständige View `dba_users` bekommt dann im Feld `account_status` für den entsprechenden Benutzer den Wert LOCKED (anstelle des „normalen" Werts OPEN). Die Sperre kann – außer durch die automatische Aufhebung nach `PASSWORD_LOCK_TIME` Tagen – durch einen DBA (besser: jemanden mit `ALTER USER`-Privileg) aufgehoben werden, und zwar durch den Befehl:

```
SQL> ALTER USER <benutzer> ACCOUNT UNLOCK;
```

Ist in einem Profil ein Wert für `PASSWORD_LIFE_TIME` vorgegeben, so bekommt der Benutzer nach dieser Zeit bei der Anmeldung den Fehler:

```
ORA-28002: the password will expire within <X> days
```

Hierbei entspricht `<x>` anfangs dem Wert von `PASSWORD_GRACE_TIME` im Profil (Standardwert 7). Der zugehörige `account_status` ist EXPIRED(GRACE). Sobald auch diese Uhr abgelaufen – und das Passwort nicht geändert – ist, gibt es bei der Anmeldung die Fehlermeldung:

```
ORA-28001: the password has expired
```

Erfolgte der Anmeldeversuch in SQL*Plus, so wird umgehend angeboten, ein neues Passwort zu setzen. Andere Clients belassen es zumeist bei der Fehlermeldung. Solange kein neues Passwort gesetzt wurde, hat der Benutzer den Status EXPIRED (Spalte `account_status` der View `dba_users`). Der EXPIRED-Status kann ausschließlich durch Neusetzen des Passworts aufgehoben werden, es gibt keine `UNEXPIRE`-Option des `ALTER USER`-Befehls.

7.7 Exportieren und Importieren

7.7.1 Die klassischen Werkzeuge

Seit vielen Versionen gibt es als Werkzeug zum Exportieren und Importieren von Daten die Werkzeuge Export und Import (`exp` und `imp`). Hiermit sind ein Entladen von Daten und deren Strukturen in einem Oracle-spezifischen Format sowie das Wiedereinladen genau aus diesem Format in diversen Konstellationen möglich:

- Zur Reorganisation von Daten kann der Export nach dem Löschen der in der Datenbank befindlichen Daten wieder importiert werden.
- Das Format der Exportdatei ist plattformunabhängig. Daher kann Export/Import für einen Plattformwechsel genutzt werden.
- Des Weiteren ist das Format aufwärtskompatibel, d. h., Exportdateien älterer Versionen können in neueren Versionen eingespielt werden.[10]

Es ist einerseits so, dass der klassische Export ab Oracle 11g nicht mehr unterstützt wird,[11] andererseits gibt es immer wieder Situationen, in denen er benötigt wird. Nicht zuletzt gab es sogar vom Oracle Support bei Problemen mit Data Pump bereits öfter den Hinweis *„Please use classical export/import!"*.

Zunächst sei zur Arbeitsweise der klassischen Werkzeuge gesagt, dass es sich hier um klassische Client-Server-Werkzeuge handelt, die somit die Exportdateien dort erwarten bzw. erzeugen, wo sie laufen. Das kann Vorteile haben, etwa um aus einer Entwicklungsumgebung Datenstrukturen auf den Entwicklerarbeitsplatz zu sichern, aber auch Nachteile – z. B. ist eine Anmeldung auf dem Datenbankserver selbst unumgänglich, um eine größere Datenmenge optimal, d. h. direkt auf dem Server, zu behandeln. In vielen Umgebungen ist dies nicht gerade selbstverständlich oder gar unerwünscht.

Die Programme werden mit `exp` bzw. `imp` aufgerufen. Zunächst der wichtigste Parameter für beide Programme: `help=y`. Hiermit kann eine Liste aller möglichen Parameter ausgegeben werden. Des Weiteren können beide Werkzeuge entweder im interaktiven Modus oder im Kommandozeilenmodus gestartet werden. Im interaktiven Modus werden alle benötigten Parameter abgefragt, sodass man zur gewünschten Aktion „geführt" wird. Das Problem mit dem interaktiven Modus ist die Nachvollziehbarkeit: Die eingegebenen Parameter werden nicht aufgezeichnet. Daher wird im Allgemeinen der Kommandozeilenmodus präferiert, der z. B. sehr gut in ein Skript verpackt werden kann. Der Kommandozeilenmodus kann ergänzt werden durch eine Parameterdatei (`PARFILE=<parfile>`), in der alle auf der Kommandozeile zur Verfügung stehenden Parameter ebenfalls genutzt werden können. Dies vereinfacht oft die Handhabung, z. B. dadurch, dass die für Listen benötigten Sonderzeichen wie Klammern innerhalb einer Parameterdatei eben nicht durch die Shell des Betriebssystems interpretiert werden. Komplexe Kommandozeilen ohne Parameterdatei können unter Unix etliche Backslashes („\") enthalten, was die Lesbarkeit nicht gerade erhöht.

Sowohl Export als auch Import kennen drei unterschiedliche Arbeitsweisen: vollständig, schemaweise und tabellenweise (`FULL`, `OWNER` und `TABLES`). Die Erklärung erfolgt am besten von „unten" nach „oben":

- Wird tabellenweise exportiert, so gibt man eine Liste der Tabellen an, die exportiert werden sollen. Dabei werden zunächst die Struktur (das CREATE TABLE-Kommando), dann die Daten und schließlich weitere Strukturelemente (etwa Indizes, Trigger usw.) exportiert bzw. importiert. Der Modus wird mit der Option `TABLES=<tablist>` ausgewählt.

10 Dies wurde u. a. mit einem Export einer Tabelle unter Oracle 5.1 für MS-DOS und dem Import in eine 11g-Datenbank unter MS-Windows 2003 erfolgreich getestet!

11 Es ist tatsächlich so, dass lediglich der Export nicht unterstützt wird; der Import wird für den Datentransfer aus älteren Versionen benötigt und vollständig unterstützt.

- Beim schemaweisen Export werden neben allen Tabellen eines Schemas auch alle weiteren Schemaobjekte wie Views, Prozeduren usw. exportiert bzw. importiert. Mit `OWNER=<ownlist>` wird der schemaweise Modus für ein oder mehrere Schemas ausgewählt.
- Wenn vollständig gearbeitet wird, so werden neben allen Schemas auch datenbankweite Objekte behandelt, etwa Tablespaces, public Synonyme, Verzeichnisse usw. Diesen Modus wählt man mit `FULL=Y`.

Die Modi sind nicht miteinander kompatibel. Möchte man einen tabellenweisen Export einer Tabelle aus einem anderen Schema machen, so geht dies nicht etwa mit der Kombination der Parameter `OWNER` und `TABLES`, sondern man gibt beim Parameter `TABLES` die Tabelle in der Schreibweise `<owner>.<table>` an.

Für den Import gilt, dass alle Modi angewendet werden können, unabhängig davon, welcher Modus beim Export gewählt wurde. Vollständig heißt dann lediglich, dass alle in der Exportdatei vorhandenen Objekte importiert werden. Ein kleines Beispiel soll zeigen, wie ein schemaweiser Export eines Schemas A durchgeführt und eine der exportierten Tabellen im Schema B wieder importiert werden kann:

```
$ exp system/oracle FILE=a.dmp OWNER=a

Export: Release 11.2.0.1.0 - Production on Fri Jul 2 15:15:34 2010

Copyright (c) 1982, 2009, Oracle and/or its affiliates.  All rights reserved.

Connected to: Oracle Database~11g Enterprise Edition Release 11.2.0.1.0 -
 64bit Production
With the Partitioning, Automatic Storage Management and Real Application
 Testing options
Export done in AL32UTF8 character set and AL16UTF16 NCHAR character set

About to export specified users ...
. exporting pre-schema procedural objects and actions
. exporting foreign function library names for user A
. exporting PUBLIC type synonyms
. exporting private type synonyms
. exporting object type definitions for user A
About to export A's objects ...
. exporting database links
. exporting sequence numbers
. exporting cluster definitions
. about to export A's tables via Conventional Path ...
. . exporting table                     T1          1 rows exported
. . exporting table                     T2          1 rows exported
. exporting synonyms
. exporting views
. exporting stored procedures
. exporting operators
. exporting referential integrity constraints
. exporting triggers
. exporting indextypes
. exporting bitmap, functional and extensible indexes
. exporting posttables actions
. exporting materialized views
. exporting snapshot logs
```

```
. exporting job queues
. exporting refresh groups and children
. exporting dimensions
. exporting post-schema procedural objects and actions
. exporting statistics
Export terminated successfully without warnings.

$ imp system/oracle FILE=a.dmp FROMUSER=a TOUSER=b TABLES=t2

Import: Release 11.2.0.1.0 - Production on Fri Jul 2 15:16:18 2010

Copyright (c) 1982, 2009, Oracle and/or its affiliates.  All rights reserved.

Connected to: Oracle Database 11g Enterprise Edition Release 11.2.0.1.0 -
 64bit Production
With the Partitioning, Automatic Storage Management and Real Application
 Testing options

Export file created by EXPORT:V11.02.00 via conventional path
import done in AL32UTF8 character set and AL16UTF16 NCHAR character set
. importing A's objects into B
. . importing table                    "T2"          1 rows imported
Import terminated successfully without warnings.
```

Im Export-Teil sieht man, welche Schemaobjekttypen exportiert werden. Unabhängig von der Client-Einstellung sieht man, dass der Export im (Datenbank-)Zeichensatz AL32UTF8 durchgeführt wird. Somit ist sichergestellt, dass zumindest beim Exportieren keine Zeichen durch Konvertierung „verloren gehen".

Beim Import sind verschiedene Dinge zu beachten:

- Da der Export als DBA durchgeführt worden ist (mit dem Benutzer SYSTEM), muss der Import ebenfalls als DBA erfolgen.
- Damit die gewünschte Tabelle (angegeben mit `TABLES=t2`) unter dem richtigen Schema landet, muss das Parameterpaar `FROMUSER/TOUSER` angegeben werden.
- Der Import geht davon aus, dass die zu importierenden Tabellen nicht existieren. Andernfalls wird die Bearbeitung der Tabelle komplett übersprungen. Möchte man in eine bestehende Tabelle importieren, so kann man mit dem Parameter `IGNORE=Y` den Fehler beim CREATE TABLE-Kommando ignorieren. Vorsicht! Sollte die Datenmenge groß sein, so stören beim Import in bestehende Objekte insbesondere bestehende Indizes. Diese sollten vor dem Import gelöscht werden. Ist dies nicht möglich, z. B. weil bereits große Datenmengen in der Tabelle enthalten sind und die Indexerstellung zu aufwendig ist, so sollte auf jeden Fall mit der Option `COMMIT=Y` gearbeitet werden, um Überlaufprobleme bei den Undo-Segmenten zu vermeiden.
- Nach dem Einfügen der Daten in die Zieltabelle erstellt der Import die zugehörigen Indizes. Hierbei ist zu beachten, dass der Importprozess sich genug Hauptspeicher nehmen kann, etwa mit einer ausreichend großen Einstellung des Serverparameters `pga_aggregate_target`. Da ein einzelner Prozess nicht mehr als 5 % des gesamten PGA-Speichers bekommt, kann beim Import durchaus eine zu große Einstellung des Parameters verwendet werden.

Sowohl beim Export als auch beim Import kann die Option `BUFFER=<buffer>` verwendet werden, um den Speicherbereich zum Transfer der Export- bzw. Importdaten in Bytes zu definieren. Hierdurch wird die Arraygröße für die SELECT- bzw. INSERT-Operationen eingestellt. Gerade bei größeren Datenmengen kann dieser Parameter die Laufzeiten sowohl beim Export als auch beim Import drastisch reduzieren. Empfehlenswert sind meist Werte von einigen MB.

Der Parameter COMPRESS sieht vor, dass für die Storage-Klausel von Tabellen und Indizes die aktuelle bestehende Gesamtgröße als INITIAL Extent berechnet wird, um das Objekt beim Importieren möglichst in einem Stück abzulegen. Diese Option ist bei Dictionary-Managed Tablespaces sehr gefährlich, da sie dazu führen kann, dass ein Objekt gar nicht mehr angelegt werden kann. Aber auch bei Locally-Managed Tablespaces sollte man lieber mit COMPRESS=N exportieren.

Die Parameter CONSTRAINTS, INDEXES und TRIGGERS – jeweils mit y oder n zu setzen – geben vor, ob die entsprechenden Objekte behandelt werden sollen. Mit CONSISTENT=Y wird beim Export festgelegt, dass die Daten konsistent zum Startzeitpunkt des Exports ausgelesen werden. Hiermit vermeidet man Probleme wie fehlende Primärschlüssel beim Importieren der Daten.

Es ist möglich, aus einer Exportdatei Skripte für Tabellen und Indizes zu generieren. Hierzu wird die Option INDEXFILE verwendet.[12] Möchte man lediglich für diesen Zweck eine Exportdatei erstellen, so empfiehlt sich der Export mit der Option ROWS=N. Hierbei werden ausschließlich Metadaten exportiert.

7.7.2 Data Pump

Seit Oracle 10g gibt es – parallel zu den klassischen Werkzeugen – Data Pump. Dieses Werkzeug ist komplett neu entwickelt und arbeitet an diversen Stellen komplett anders als die klassischen Werkzeuge. Unter anderem gibt es ein neues Format für die Dump-Dateien. Die wesentlichen Unterschiede zwischen den klassischen Werkzeugen und Data Pump sind:

- Data Pump arbeitet auf dem Server mithilfe von Hintergrundprozessen (pro Job ein Data-Pump-Master-Prozess DMnn und je nach Parallelisierungsgrad unterschiedlich viele Data-Pump-Worker-Prozesse DWnn) der Instanz. Das bedeutet, dass die Dump-Dateien im Unterschied zu den klassischen Varianten auf jeden Fall auf dem Server abgelegt werden bzw. für den Import dort abgelegt sein müssen.
- Die Kommandozeilenschnittstelle arbeitet lediglich als Monitor. Bei Verbindungsunterbrechungen laufen die Worker-Prozesse weiter.
- Zur Generierung von DDL wird eine zu dbms_metadata[13] ähnliche Schnittstelle benutzt.

Um den Umstieg von den klassischen Werkzeugen zu Data Pump zu erleichtern, gibt es ab Oracle 11g Release 2 einen *Legacy Mode*, der die Parameter der klassischen Werzeuge akzeptiert und auf die Data-Pump-Parameter abbildet. Hiermit ist es möglich, bestehende Skripte und Parameterdateien weiter zu verwenden und somit zügig auf Data Pump umzustellen. Da der klassische Export ab Oracle 11g nicht mehr unterstützt wird,

---

12 Die Benennung der Option ist *historisch gewachsen*. Die resultierende Datei enthält neben den Befehlen zur Indexerstellung auch alle Befehle für die Tabellen – allerdings als Kommentar.

13 Das Paket DBMS_METADATA enthält Schnittstellen, mit deren Hilfe man DDL-Skripte für alle möglichen Datenbankobjekte generieren kann.

ist diese Empfehlung wohl auch so bald wie möglich umzusetzen. Nutzt man allerdings nur diesen Modus, so beraubt man sich von vorneherein vieler Möglichkeiten, sehr viel detaillierter zu spezifizieren, was die Werkzeuge tun sollen.

Zur Kommunikation zwischen den Master- und Worker-Prozessen nutzt Data Pump Oracle Streams. Daher sollte der Serverparameter `streams_pool_size` vor der Arbeit mit Data Pump gesetzt sein. Oracle empfiehlt ein Minimum von 10 MB; 100 MB dürften auch für größere Aktivitäten ausreichen. Ist der Parameter nicht explizit gesetzt, so wird er bei der Verwendung der automatischen SGA (`sga_target`) passend gesetzt, andernfalls werden beim ersten Einsatz von Data Pump etwa 10 % des Shared Pools als Größe angenommen und dynamisch vom Buffer-Cache abgezogen. Bei einer Instanz ohne automatische SGA und ohne `streams_pool_size` liefert das `SHOW SGA`-Kommando von SQL*Plus zunächst folgende Ausgabe:

```
Total System Global Area  868548608 bytes
Fixed Size                  2218192 bytes
Variable Size             444598064 bytes
Database Buffers          419430400 bytes
Redo Buffers                2301952 bytes
```

Beim Start eines beliebigen Data-Pump-Jobs ist dann in der Alert-Log-Datei folgende Information zu finden:

```
streams_pool_size defaulting to 41943040.
Trying to get it from Buffer Cache for process 3758.
```

Der erwähnte Prozess (in unserem Fall mit der Nummer 3758) ist dabei der Serverprozess des Data-Pump-Exports oder Imports, nicht etwa der Data-Pump-Master oder -Worker. Obwohl der hier angegebene Wert für `streams_pool_size` exakt 10 % des Buffer-Caches ausmacht, ist die Größe am Shared Pool (*Variable Size*) ausgerichtet. Danach sieht die SGA wie folgt aus:

```
Total System Global Area  868548608 bytes
Fixed Size                  2218192 bytes
Variable Size             486541104 bytes
Database Buffers          377487360 bytes
Redo Buffers                2301952 bytes
```

Der Streams Pool wird also dem Shared Pool zugerechnet, der Buffer-Cache ist tatsächlich geschrumpft. Insbesondere bei Instanzen mit großem Shared Pool ist also ein expliziter Wert für `streams_pool_size` zu empfehlen, da ein verkleinerter Buffer-Cache durchaus zu Performance-Problemen führen kann.

Da Data Pump serverseitig läuft, wird die Lage von Export- und Log-Dateien über Oracle-Verzeichnisse gesteuert. Hier hat man den Vorteil, unabhängig von Syntaxeigenschaften des Server-Betriebssystems, über einen logischen Namen Lage und Berechtigungen der Dateien zu kontrollieren. Gibt man kein Verzeichnis an, so wird als Standard `DATA_PUMP_DIR` verwendet. Dieses Verzeichnis wird mit dem Anlegen der Datenbank erzeugt (bei manuell angelegten Datenbanken in `$ORACLE_HOME/rdbms/log`, bei Datenbanken, die mit dem Datenbankkonfigurationsassistenten DBCA angelegt wurden, in `$ORACLE_BASE/admin/<dbname>/dpdump`). Je nach Benutzer müssen noch Berechtigungen vergeben werden:

```
SQL> GRANT read, write ON DIRECTORY data_pump_dir
     TO <benutzer>;
```

Sollte das Verzeichnis einem nicht gewünschten Verzeichnis im Dateisystem zugeordnet sein, kann man es problemlos löschen und „passend“ neu anlegen. Besser noch legt man ein eigenes Verzeichnis an und vergibt entsprechende Berechtigungen. Die Nutzung eines bestimmten Verzeichnisses gibt man bei Data Pump mit dem Parameter `DIRECTORY` an (für Export- und Log-Dateien) oder explizit bei den einzelnen Dateiparametern in der Form `<parameter>=<verzeichnis>:<datei>`. Data Pump kann problemlos mit ASM-Verzeichnissen für Exportdateien umgehen; Log-Dateien müssen im Dateisystem abgelegt werden.

Es gibt einen sehr wichtigen Parameter für die Kommandozeile von Data Pump: `PARFILE`. Auch bei Data Pump macht es manchmal Sinn, Parameter in einer Datei unterzubringen. Ansonsten gibt es wie bei den klassischen Werkzeugen sowohl die interaktive als auch die kommandozeilenbasierte Arbeitsweise. Auch hier macht das Arbeiten über die Kommandozeile – sprich: Skripte – wesentlich mehr Sinn als die interaktive Eingabe.

Log-Dateien werden mit dem Parameter `LOGFILE` bezeichnet. Wird keine Log-Datei gewünscht, so muss `NOLOGFILE=Y` gesetzt werden.

Die Programmnamen für die Data Pump sind wie bei den klassischen Werkzeugen, ergänzt um die Endung „`dp`“. Auch hier lässt sich mit der Option `HELP=Y` eine Liste der Optionen erzeugen.

Sowohl beim Export als auch beim Import ist der erste Parameter dem Login vorbehalten. Es ist zwar möglich, je nach Betriebssystem mit verschiedenen Anführungszeichen, einen SYSDBA-Login anzugeben, allerdings wird in der Dokumentation explizit davon abgeraten. Der Grund ist, dass Lesekonsistenz unter SYSDBA nicht so funktioniert wie mit normalen Benutzern.

Data-Pump-Export

Ein Data-Pump-Export erzeugt eine oder mehrere Exportdateien (*Dumpfiles*), spezifiziert durch den Parameter `DUMPFILE`. Wie beim klassischen Export ist der Default `expdat.dmp`. Mit `REUSE_DUMPFILES=Y` können Exportdateien überschrieben werden, was ohne diesen Parameter nicht passiert. Ein Export der gesamten Datenbank wird wie beim klassischen Export mit `FULL=Y` durchgeführt. Sollen einzelne Schemas exportiert werden, so werden diese mit `SCHEMAS=<schema_list>` angegeben. Der Standardwert ist das Schema des Benutzers, der an Data Pump angemeldet wird. Eine Liste von Tabellen wird mit `TABLES=<table_list>` exportiert. Hierbei kann jedes einzelne Objekt bei Bedarf mit `<schema>.<tabelle>:<partition>:<subpartition>` bis auf Subpartitionsebene eingeschränkt werden. Mit dem Parameter `TABLESPACES` kann zudem eine Liste von Tablespaces angegeben werden, deren Objekte (inklusive deren abhängige Objekte) exportiert werden sollen. Da oft empfohlen wird, Datenbankobjekte logisch in Tablespaces zu gruppieren (z. B. Applikationsweise), ist dies eine sehr komfortable Möglichkeit, die zugehörigen Daten zu exportieren.

Für den vollständigen Export sowie für den Export von nicht eigenen Schemas wird die Rolle `datapump_exp_full_database` benötigt.[14]

14 Für Oracle 10g: EXP_FULL_DATABASE.

Mit dem Parameter CONTENT wird bestimmt, was exportiert wird. Mit DATA_ONLY werden ausschließlich Daten exportiert, mit METADATA_ONLY Metadaten (CREATE-Befehle). Die Standardeinstellung ist BOTH für beides.

Da der eigentliche Export/Import von Data-Pump-Hintergrundprozessen ausgeführt wird, ist es unerheblich, wenn der expdp- bzw. impdp-Client abstürzt oder beendet wird. Man kann sich später wieder auf einen laufenden Job aufschalten. Das passiert, indem man das gewünschte Werkzeug mit dem Parameter attach=<jobname> aufruft. Dabei ist <jobname> entweder der von Data Pump automatisch oder per Parameter JOB_NAME=<jobname> explizit vergebene Jobname. Dabei landet man im Kommandomodus, in dem man den Job administrieren kann, z. B. durch STOP_JOB oder KILL_JOB beenden bzw. abbrechen. Mit CONTINUE_JOB wird der Logging-Modus fortgeführt.

Sehr nützlich ist bei den Data-Pump-Werkzeugen, dass man mit den Optionen EXCLUDE und INCLUDE genau spezifizieren kann, welche Komponenten exportiert werden sollen und welche nicht. Die Parameter schließen sich gegenseitig aus, können aber mehrfach vorkommen. Hiermit ist z. B. machbar, dass die Datenbank mit FULL=Y exportiert wird, aber das Schema system ausgeschlossen wird:

```
EXCLUDE=SCHEMA:"='SYSTEM'"
```

Gibt man EXCLUDE-Klauseln an, so werden alle Objekte exportiert, außer den angegebenen und deren abhängigen Objekten. Werden INCLUDE-Klauseln angegeben, so werden nur nur die angegebenen Objekte exportiert. Der angegebene Typ kann wie im o. a. Beispiel über eine Namensklausel eingeschränkt werden. Diese wird in doppelten Anführungszeichen angegeben. Die in den EXCLUDE- und INCLUDE-Klauseln möglichen Objekte sind so vielfältig, dass sie nicht als Tabelle in einem Handbuch stehen, sondern in Data Dictionary Views hinterlegt sind. Für die verschiedenen Data-Pump-Level gibt es die Views database_export_objects, schema_export_objects und table_export_objects. In der Spalte object_path ist der im Parameter für Data Pump, in comments die Beschreibung und in named die Eigenschaft, ob eine Namensklausel mitgegeben werden kann, angegeben. Für diese Parameter gibt es sehr viele sinnvolle Anwendungen, etwa das Ausschließen von Statistiken, damit diese auf dem Zielsystem neu berechnet werden.

Mit dem Parameter VERSION kann bestimmt werden, mit welcher Kompatibilität Datenbankobjekte exportiert werden. Standard ist COMPATIBLE, d. h., der Wert des Serverparameters compatible wird verwendet. Mit LATEST wird die Version des Datenbankservers verwendet. Es kann auch eine Version explizit angegeben werden, um den Import in eine frühere Version zu ermöglichen. (Auch wenn 9.2 als Wert erlaubt ist, kann der Export nicht in eine Oracle9i-Datenbank eingespielt werden, da es für diese Version keine Data-Pump-Werkzeuge gibt.) Je nach eingestellter Version wird die Exportdatei in einer bestimmten Version erstellt. Die Versionsnummer und andere interessante Daten, wie z. B. der Zeichensatz der Exportdatei, können nicht ohne Weiteres abgelesen werden. Im PL/SQL API für Data Pump, dbms_datapump, gibt es jedoch ab Oracle 10g Release 2 die Prozedur get_dumpfile_info, die Header-Informationen ausliest und in einer PL/SQL-Tabelle zur Verfügung stellt. Auf der Oracle-Supportseite gibt es im Artikel *„How to Gather the Header Information and the Content of an Export Dumpfile"* (ID 462488.1) eine Beispielprozedur show_dumpfile_info, die die Header-Informationen über dbms_output ausgibt.

Der Parameter CONSISTENT des klassischen Exports ist nicht mehr vorhanden, er wird ersetzt durch die Parameter FLASHBACK_SCN und FLASHBACK_TIME. Hiermit ist es möglich, eine SCN oder einen Zeitpunkt anzugeben, zu dem exportiert werden soll.[15] Die beiden Parameter schließen sich gegenseitig aus. FLASHBACK_TIME erwartet einen Wert vom Typ TIMESTAMP, also meist ein TO_TIMESTAMP-Literal.

Um einen Export zu beschleunigen, gibt es die Möglichkeit, ihn zu parallelisieren. Hierzu wird mit dem Parameter PARALLEL der Parallelisierungsgrad angegeben. Dies führt naturgemäß dazu, dass mehrere Exportdateien entstehen. Hierfür hat man zwei Alternativen:

1. Der Parameter DUMPFILE enthält eine Liste von Exportdateien.
2. Im Dateinamen wird die Substitutionsvariable %U angegeben, die mit einer fortlaufenden Nummer belegt wird.

Die beiden Methoden können auch kombiniert werden. Somit ist es möglich, die Exportdateien auf unterschiedliche Verzeichnisse zu verteilen und somit den Vorgang zu optimieren.

Mit Oracle 11g wurde für Data Pump der Parameter REMAP_DATA eingeführt, mit dem man Werte für einzelne Spalten über eine PL/SQL-Funktion ändern kann. Mit dem Parameter

```
REMAP_DATA=<benutzer>.<tabelle>.<spalte>:<benutzer>.<paket>.<funktion>
```

wird die angegebene Funktion während des Vorgangs für jeden Datensatz auf die angegebene Spalte angewandt. Hiermit ist es z. B. möglich, sensitive Daten zu maskieren. Der Parameter steht sowohl beim Export als auch beim Import zur Verfügung.

Data-Pump-Import

Über die Parameter FULL, SCHEMAS und TABLES kann der vorhandene Export vollständig, schema- oder tabellenweise importiert werden. Für Imports von vollständigen Datenbanken sowie nicht eigenen Schemas wird die Rolle datapump_imp_full_database benötigt.[16]

Der Parameter CONTENT bestimmt, ob nur Daten (DATA_ONLY), Metadaten (METADATA_ONLY) oder beides (BOTH) importiert werden.

Was passieren soll, wenn eine Tabelle bereits existiert, wird mit dem Parameter TABLE_EXISTS_ACTION bestimmt. Der Standardwert ist SKIP, d. h., die Bearbeitung der Tabelle wird übersprungen. Dies entspricht dem Verhalten des klassischen Imports. Alternativ können noch die Werte APPEND (ursprüngliche Daten bleiben erhalten, neue werden eingefügt), TRUNCATE (ursprüngliche Daten werden entfernt, dann die neuen eingefügt) und REPLACE (Tabelle wird mit DROP TABLE gelöscht, neue Tabelle aufgebaut, dann Daten eingefügt) gewählt werden. Falls CONTENT auf DATA_ONLY eingestellt ist, ist der Standardwert für TABLE_EXISTS_ACTION APPEND.

Auch beim Import kann mithilfe des VERSION-Parameters angegeben werden, dass das Werkzeug sich kompatibel zu niedrigeren Versionen verhält.

Als Alternative zur Exportdatei kann eine andere Datenbank direkt als Quelle *angezapft* werden. Hierzu wird ein Datenbank-Link benötigt, der mit den erforderlichen

15 Im Legacy-Modus wird der aktuelle Zeitpunkt bestimmt und als FLASHBACK_TIME verwendet.

16 Für Oracle 10g: IMP_FULL_DATABASE.

Rechten auf der Quelldatenbank *landet*. Der Datenbank-Link wird mit dem Parameter NETWORK_LINK spezifiziert. Auf der Quellseite wird – bei vollständigen und Schema-Exporten – die Rolle datapump_exp_full_database benötigt, auf der Zielseite datapump_imp_full_database. Nun wird der komplette Datentransfer in einem Schritt durchgeführt. Bei großen Datenmengen kann das sowohl für die Laufzeit als auch logistisch Vorteile haben – immerhin wird kein Platz für die Zwischenspeicherung der Daten benötigt.

Zusätzlich zum bereits beim Export beschriebenen Parameter REMAP_DATA werden beim Import die Parameter REMAP_DATAFILE, REMAP_SCHEMA, REMAP_TABLE und REMAP_TABLESPACE unterstützt. Mit REMAP_DATAFILE können Dateinamen für CREATE TABLESPACE, CREATE LIBRARY- und CREATE DIRECTORY-Befehle modifiziert werden. Über REMAP_SCHEMA kann das Zielschema für ein oder mehrere Quellschemas geändert werden. Ebenso können mit REMAP_TABLE Tabellen- bzw. Partitionsnamen angepasst werden. Schließlich kann der Ziel-Tablespace für Datenbankobjekte mit REMAP_TABLESPACE geändert werden. Die Werte für diese Parameter werden grundsätzlich nach der Methode <alter Wert>:<neuer Wert> gebildet.

Über die TRANSFORM-Option können schließlich die physischen Eigenschaften der Datenbankobjekte beim Import modifiziert werden. In Tabelle 7.4 werden die möglichen Parameter aufgelistet.

Auch der Import lässt sich über den PARALLEL-Parameter beschleunigen. Meist ist es sinnvoll, die Parallelisierung des Imports identisch zum Export zu wählen.

Falls Metadaten in der Exportdatei vorhanden sind, kann mit dem Parameter SQLFILE ein SQL-Skript erzeugt werden, das die Befehle zur Erzeugung des Schemas enthält. Diese Option ist immer dann äußerst praktisch, wenn Parameter oder Optionen geändert werden sollen, die nicht über die REMAP-Optionen zugreifbar sind. Ein Beispiel hierzu ist die Änderung der Längensemantik von VARCHAR2- oder CHAR-Spalten.[17] Hier ist allerdings Vorsicht geboten: Die erzeugten Skripte enthalten oft Konstrukte, die SQL*Plus ohne Weiteres nicht lesen kann. Das Problem, dass Befehle wie CREATE TABLE Leerzeilen enthalten, kann dadurch umgangen werden, dass in SQL*Plus der Parameter SQLBLANKLINES auf ON gesetzt wird – ansonsten werden Fehler ausgegeben. Weitere Fehler wie Schrägstriche am Ende der Zeile anstatt in der Folgezeile müssen meist manuell korrigiert werden.

Parameter	Mögliche Werte	Beschreibung
SEGMENT_ATTRIBUTES	Y/N	Ermöglicht das Weglassen sämtlicher Speicherattribute (Tablespace, Storage usw.).
STORAGE	Y/N	Ermöglicht das Weglassen der Storage-Klausel; Tablespace-Klausel bleibt erhalten.
OID	Y/N	Zuteilung neuer OIDs für Objekttabellen.
PCTSPACE	<Zahl>	Modifiziert Größenangaben (für Datendateien, Segmente usw.) um den angegebenen Faktor.

Tabelle 7.4: Parameter zur TRANSFORM-Option

17 Die Umstellung auf CHAR-Semantik wird empfohlen, sobald der Datenbankzeichensatz auf einen Multi-Byte-Zeichensatz wie UNICODE migriert wird.

Eine kleine Abschlussbemerkung zum Thema Data Pump: In vielen Projekten hat sich Data Pump mittlerweile als mächtiges Werkzeug präsentiert, aber leider noch nicht vollständig bewährt. Meist lassen sich Probleme zwar umschiffen, allerdings sollte die Qualitätskurve nach der Einführung mit Oracle 10g deutlich steiler nach oben zeigen, als sie tatsächlich verläuft. Bei ansonsten guten Performance-Erfahrungen macht sich bei großen Datenmengen z. B. oft die Tatsache bemerkbar, dass für den Zugriff auf LOB-Daten kein Array-Interface genutzt wird.[18] Große LOB-Datenbestände müssen daher oft mit anderen Mitteln, wie selbst geschriebenen Programmen, behandelt werden.

Die klare Empfehlung ist: Data Pump verwenden, aber unbedingt testen!

7.7.3 Allgemeine Export-/Import-Empfehlungen

Exports werden von einigen Unternehmen als *Datensicherung* eingesetzt. Hierzu ist anzumerken, dass dies einerseits vollkommen valide ist, andererseits muss klar sein, dass diese Sicherung nur *as is* wieder eingespielt werden kann. Die umfangreichen Möglichkeiten zum Vor- und Zurückspulen, die aus der Kombination von *echten* Sicherungen mit Archivelog-Modus und Flashback-Logs gegeben sind, fallen hier komplett aus. Die Autoren raten deshalb ausdrücklich vom Export als alleiniges Datensicherungsverfahren ab!

Gegen einen Export zusätzlich zur Datensicherung ist jedoch nichts einzuwenden – immerhin müssen hierzu alle Daten gelesen werden, so dass Korruptionen in den Datenblöcken unmittelbar auffallen.

Ein weiterer Hinweis gilt dem Importieren in bestehende Tabellen. Zumindest bei großen Datenmengen ist hierbei zu beachten, dass man dies möglichst ohne bestehende Indizes tun sollte. Importiert man bei bestehenden Indizes, so verlängert sich die benötigte Zeit teilweise dramatisch, da Unmengen von Undo-Informationen entstehen. Um eine solche Operation überhaupt erfolgreich zu Beenden, muss meist mit `COMMIT`s von Teiltransaktionen gearbeitet werden.

7.8 Laden und Transferieren von Daten

Neben den verschiedenen Export- und Importwerkzeugen gibt es den SQL*Loader, um externe Dateien in Text- oder Binärformat in die Datenbank zu laden. Die zu ladenden Dateien sind entweder in einem Format mit festen Längen oder mit Sonderzeichen als Separierungszeichen versehen. Zusätzlich sind Daten im XML-Format erlaubt. In einer Parameterdatei (*Loader Kontrolldatei*, Standarddateiendung `.ctl`) wird beschrieben, wie die Eingabedatei auf die Spalten der Zieltabelle bzw. Zieltabellen gemapped wird.

Über den Aufruf des Programms `sqlldr` wir der SQL*Loader gestartet. Um große Datenmengen schnell zu laden, verfügt der SQL*Loader über einen Direct-Path-Modus sowie einen Parallel-Modus. Syntax für die Kommandozeile sowie die Parameterdatei wird an dieser Stelle nicht diskutiert, sie ist im Oracle Database Utilities User's Guide ausführlich beschrieben. Beispiele zum Umgang mit dem SQL*Loader sind im Verzeichnis `$ORACLE_HOME/rdbms/admin` als `ulcase*.ctl` enthalten; allerdings muss man hierzu die Examples-Installation in eine bestehende Database-Installation gemacht haben.

18 Dieses Verhalten ist bei den klassischen Werkzeugen identisch!

Eine weitere Möglichkeit, Daten außerhalb der Datenbank zu behandeln, sind externe Tabellen. Hier kombiniert man eine Tabellendefinition, bestehend aus Tabellenname, Spaltennamen und Datentypen, mit einer Spezifikation des externen Formats, u. a. Oracle-Verzeichnis und Dateiname. Eine Selektion der externen Tabelle führt dazu, dass die Informationen aus der externen Datei gelesen und als Ergebnis ausgegeben werden. Es gibt hier zwei unterschiedliche Treiber (*Access Driver*) für den Zugriff: `ORACLE_LOADER` und `ORACLE_DATAPUMP`.

Der Treiber `ORACLE_LOADER` entspricht in seinem Verhalten grundsätzlich dem SQL*Loader, d. h. extern erzeugte Dateien können über dieses Verfahren als Ergebnis eines `SELECT`s verarbeitet werden. Mit dem Befehl

```
SQL> INSERT INTO <interne Tabelle>
     SELECT ...
     FROM <externe Tabelle>;
```

können die Daten über reine SQL-Mechanismen in Datenbanktabellen überführt werden. Zusätzlich bietet PL/SQL die Möglichkeit, über sogenannte *Pipelined Functions* die Daten auf dem Weg vom `SELECT` zum `INSERT` zu filtern und zu modifizieren, so dass sich hier auch für komplexe Ladeverfahren interessante Möglichkeiten ergeben.

Das einzige Manko des `ORACLE_LOADER`-Treibers ist das Fehlen einer Möglichkeit zum Entladen von Daten. Diese wird wiederum durch den `ORACLE_DATAPUMP`-Treiber zur Verfügung gestellt, so dass hiermit externe Tabellen sowohl erzeugt als auch gelesen werden können. Zur Erzeugung der externen Tabellen ist ausschließlich der Befehl `CREATE TABLE ... AS SELECT ...` erlaubt, DMLs werden abgewiesen.

Die mit dem `ORACLE_DATAPUMP`-Treiber erzeugten Dateien können in der gleichen oder in einer anderen Datenbank gelesen werden, über einen Data-Pump-Import ist dies nicht möglich. Somit hat der `ORACLE_DATAPUMP`-Treiber zwar den Vorteil auf seiner Seite, auch externe Tabellen erzeugen zu können, das erzeugte Dateiformat ist jedoch ein Oracle-spezifisches Binärformat. Durch die Verwendung der `SELECT`-Syntax sind jedoch weitaus flexiblere Datenkonstruktionen als Eins-zu-Eins-Abbildungen von bestehenden Tabellen möglich.

Eine letzte Möglichkeit, Daten zwischen zwei Oracle-Datenbanken zu transportieren, sind transportable Tablespaces. Hierbei werden die Datendateien der Tablespaces kopiert. Die Metadaten zu den enthaltenen Objekten werden mit Data Pump übertragen.[19] Da oft mehrere Tablespaces transportiert werden, spricht man von einem Tablespace-Set.

Transportable Tablespaces können sehr effizient zum Übertragen großer Datenmengen eingesetzt werden, da hierbei die Neuberechnung von Indizes nicht erforderlich ist. Die benötigte Zeit wird begrenzt durch die zum Kopieren der Datendateien benötigten Zeit. Der Wermutstropfen dieser Methode ist die Tatsache, dass das Tablespace-Set für die Dauer der Aktion auf der Quelldatenbank komplett auf Read-Only gesetzt sein muss.

Folgende Bedingungen gelten für das Transportieren von Tablespaces:

- Zum Exportieren eines Tablespace-Sets benötigt man eine Enterprise Edition. Das Importieren geht mit jeder Edition.

---

19 Die Verwendung der klassischen Export/Import-Werkzeuge ist hierfür nicht mehr unterstützt.

- Die Rolle datapump_exp_full_database wird benötigt.
- Parallelisierung ist nicht erlaubt.
- Wenn beide Datenbanken den Serverparameter compatible auf mindestens 10.0.0 gesetzt haben, können Tablespace-Sets zwischen unterschiedlichen Plattformen transportiert werden. Mögliche Plattformen (inklusive des Endian-Formats) sind in der View v$transportable_platform enthalten.
- Der Datenbankzeichensatz beider Datenbanken muss identisch sein oder der Datenbankzeichensatz der Zieldatenbank muss eine strikte Obermenge des Zeichensatzes der Quelldatenbank sein. Im letzten Fall muss zusätzlich gelten:
  - Die Quelldatenbank muss mindestens Version 10.1.0.3 sein.
  - Die im Tablespace-Set enthaltenen Objekte enthalten keine Spalten mit Char-Längensemantik, oder die maximale Zeichenlänge ist in beiden Zeichensätzen identisch.
  - Die im Tablespace-Set enthaltenen Objekte enthalten keine CLOB-Spalte oder beide Zeichensätze sind Single-Byte oder beide Zeichensätze sind Multi-Byte.
- Die nationalen Datenbankzeichensätze sind entweder identisch oder die im Tablespace-Set enthaltenen Objekte haben keine NVARCHAR2-, NCHAR- oder NCLOB-Spalten (wenn die Quelldatenbank mindestens Version 10.1.0.3 ist).
- Die zu transportierenden Tablespaces müssen auf Read-Only gesetzt sein.
- Die in den angegebenen Tablespaces enthaltenen Objekte dürfen keinen Referenzen auf Objekte außerhalb dieser Tablespaces haben. Im Falle von partitionierten Tabellen müssen alle Partitionen enthalten sein. Der Parameter TRANSPORT_FULL_CHECK gibt an, wie restriktiv dies gehandhabt wird. Beim Wert N ist z. B. erlaubt, dass ein Index einer zu transportierenden Tabelle nicht in den transportierten Tablespaces enthalten ist. Bei Y ist dies nicht erlaubt. Auf keinen Fall ist es erlaubt, einen Index ohne zugehörige Tabelle zu transportieren.
- Die Zieldatenbank darf keinen Tablespace mit gleichem Namen eines zu transportierenden Tablespace enthalten.

Vor dem Transport des Tablespace-Sets sollte mit der Prozedur dbms_tts.transport_set_check geprüft werden, ob die Bedingung der internen Referenzen erfüllt ist. Die Prozedur hat drei Parameter:

TS_LIST Das Tablespace-Set als Liste (durch Kommata getrennt),

INCL_CONSTRAINTS [TRUE | FALSE] gibt an, ob referentielle Constraints geprüft werden sollen, und

FULL_CHECK [TRUE | FALSE] gibt an, ob ein detaillierter Check durchgeführt werden soll.[20]

Nach Ausführung der Prozedur stehen in der View transport_set_violations alle Probleme aufgelistet.

Nun können die Tablespaces auf Read-Only gesetzt und danach exportiert werden:

20 Dieser Parameter wird benötigt bei der Tablespace Point-In-Time-Wiederherstellung, siehe Abschnitt 8.9.

```
$ expdp <Benutzer>/<Passwort> DUMPFILE=tts.dmp TRANSPORT_TABLESPACES=data
```

In der Log-Datei des Exports werden alle benötigten Datendateien aufgelistet. Diese können nun zur Zieldatenbank kopiert werden. Hierfür können Betriebssystemkommandos, der Recovery Manager oder auch das Paket dbms_file_transfer verwendet werden. Mit dem CONVERT-Kommando des Recovery Managers kann bei Bedarf die Konvertierung der Datendateien durchgeführt werden, wenn das Endian-Format der Datenbanken unterschiedlich ist. Die Konvertierung ist sowohl auf der Quell- als auch auf der Zielseite möglich.

Sind die Datendateien kopiert, so kann das Tablespace-Set umgehend auf der Quelldatenbank wieder auf Read-Write gesetzt werden. Auf der Zielseite kann das Tablespace-Set nun mit einem Import *eingeklinkt* werden:

```
$ impdp <Benutzer>/<Passwort> DUMPFILE=tts.dmp
  TRANSPORT_DATAFILES=<Datendatei1>,<Datendatei2>,...
```

Auch auf der Zielseite kann nun – falls gewünscht – das Tablespace-Set auf Read-Write geschaltet werden.

7.9 Regelmäßige Aufgaben

Zur Ausführung regelmäßiger Aufgaben gibt es diverse Möglichkeiten innerhalb der Datenbank. Bereits etwas älter (Oracle 7) ist die Möglichkeit, Datenbankjobs mithilfe des Pakets dbms_job zu erstellen. Mit Oracle 10g wurde ein komplett neuer Scheduler mit einem eigenen Paket zur Administration (dbms_scheduler) eingeführt – und umgehend als von Oracle bevorzugte Lösung propagiert. Allerdings wird auch in den aktuellen Versionen der „alte" Scheduler vollständig unterstützt, u. a. weil Oracle selbst ihn benutzt, z. B. beim automatischen Refresh von materialisierten Views bzw. Refresh-Gruppen.

7.9.1 Klassische Datenbankjobs

Datenbankjobs werden mit dem Paket dbms_job administriert und mit der View dba_jobs (bzw. user_jobs, all_jobs) überwacht. Jobs werden mit der Prozedur dbms_job.submit erstellt. Bei erfolgreicher Erstellung des Jobs wird über die OUT-Variable job die Nummer des neuen Jobs zurückgegeben. Über den Parameter what gibt man einen Prozeduraufruf oder einen anonymen PL/SQL-Block an, der ausgeführt werden soll. Über den Parameter next_date (Datentyp DATE) wird der erste Ausführungszeitpunkt festgelegt. Der jeweils nächste Ausführungszeitpunkt wird mit dem Parameter interval über einen Ausdruck festgelegt, dessen Ergebnis ebenfalls den Datentyp DATE haben muss. Dieser berechnet am Ende der Jobausführung den nächsten Ausführungszeitpunkt, z. B. mit 'SYSDATE + 1' den nächsten Tag.

Da die Berechnung des nächsten Ausführungszeitpunkts am Ende der Jobausführung durchgeführt wird, muss berücksichtigt werden, dass im obigen Beispiel der Ausführungszeitpunkt am nächsten Tag jeweils um die Dauer der Jobausführung nach hinten verschoben wird. Möchte man die Jobausführung regelmäßig um eine bestimmte Tageszeit haben, so kann man das z. B. erreichen durch 'TRUNC(SYSDATE + 1) + 13/24' (dies entspricht täglich 13:00 Uhr).

Will man keine wiederholte Ausführung des Jobs, so lässt man interval leer. Dann „verschwindet" der Job nach erfolgreicher Ausführung aus dem Data Dictionary.

Wichtig bei der Schnittstelle dbms_job ist, dass alle Aktionen wie DML behandelt und nicht automatisch committed werden. Vergisst man das COMMIT, so wird der Job nie loslaufen.

In der View dba_jobs findet man die definierten Jobs wieder. Hier kann man auch sehen, ob der Job bereits gelaufen ist (die letzte Ausführungszeit wird in last_date angezeigt) oder gerade läuft (this_date). Die nächste geplante Ausführungszeit ist unter next_date zu sehen. Unter total_time wird angezeigt, wie lange der Job insgesamt (mit allen Ausführungen) gelaufen ist. Leider fehlt die Anzahl der Ausführungen. Falls der Job auf Fehler gelaufen ist, wird die Anzahl der Fehlversuche in failures hochgezählt. Nach einem Fehler wird ein neuer Startversuch unternommen, zunächst nach zwei Minuten, und bei erneuten Fehlversuchen nach jeweils der doppelten Zeit (vier Minuten, acht Minuten usw.). Nach 16 Fehlversuchen wird der Job als *broken* markiert (broken enthält 'Y'). Broken Jobs werden grundsätzlich nicht ausgeführt.

Über die Prozedur dbms_job.broken kann der broken-Status manuell gesetzt werden. Der Parameter broken erhält den Wert TRUE oder FALSE, je nachdem, ob man den Job auf broken oder nicht broken setzen möchte. Da broken-Jobs ein nächstes Ausführungsdatum am 1. Januar 4000 haben, sollte beim Entfernen des broken-Status ein neues next_date mitgegeben werden (Standard ist das aktuelle Datum).

Wichtig ist, dass ein Job die NLS-Einstellungen der Sitzung erbt, aus der er erzeugt wird. Das ist z. B. dann wichtig, wenn innerhalb eines Jobs mit Datumsfunktionen gerechnet wird, die gebietsabhängig sind. Auch hier gilt die Empfehlung, innerhalb eines PL/SQL-Programms grundsätzlich für eine vollständige Initialisierung aller relevanten Parameter zu sorgen.

7.9.2 Der neue Datenbank-Scheduler

Mit den „klassischen" Datenbankjobs hat man einerseits eine komfortable Möglichkeit, regelmäßige Aufgaben auszuführen, andererseits wirken einige Eigenschaften unausgereift:

- Innerhalb der Datenbank kann man immer nur auf das aktuelle Verhalten der Jobs schauen – eine Historie gibt es nicht.
- Fehlermeldungen usw. muss man aus den Trace-Dateien lesen.
- Die Kalkulation der Ausführungszeiten kann komplex werden.

Diese Probleme soll der neue Scheduler lösen.

Eine zentrale Eigenschaft des neuen Schedulers ist die Modularisierung. Ein Job kann alle Daten selbst enthalten, kann aber auch eine Referenz auf einen Zeitplan (Schedule) und ein Programm beinhalten. Damit sind fein abgestufte Definitionen möglich – allerdings wirkt die PL/SQL-Schnittstelle zum Datenbank-Scheduler auch sehr *aufgeblasen* und erschließt sich nicht auf den ersten Blick. Allein die Tatsache, dass das Paket für klassische Jobs, dbms_job, zehn Prozeduren beinhaltet, dbms_scheduler als Schnittstelle zum neuen Scheduler dagegen 70, ist ein Indiz für diesen Sachverhalt. Dass man praktisch alle verfügbaren Informationen des alten Schedulers über die View dba_jobs abgefragt hat, der neue Scheduler aber nicht weniger als 30 dba_scheduler_*-Views besitzt, ist ein weiteres Indiz. Ein wesentlicher Unterschied bei der Benutzung der Schnittstelle ist, dass verarbeitete Befehle sofort aktiv sind, auch ohne explizites COMMIT.

Zunächst kann für einen Job nicht nur eine Anfangszeit bzw. ein Zeitplan festgelegt werden, sondern es können auch Zeitfenster vorgegeben werden. Bei der Festlegung von Zeitfenstern ist es möglich, laufende Jobs am Ende des Zeitfensters zu beenden, um z. B. Behinderung von anderen Prozessen durch Ressourcenengpässe auszuschließen. Ein Zeitplan wird als *Schedule*, ein Zeitfenster als *Window* bezeichnet. Zeitfenster können zu Zeitfenstergruppen (*Window Groups*) zusammengefasst werden. Zeitpläne und Zeitfenster können mit einem Start- und Endedatum versehen werden. Alle Datumsangaben innerhalb des Datenbank-Schedulers sind als `TIMESTAMP WITH TIME ZONE` ausgelegt. Dies bringt im Vergleich zu `DATE` eine feinere Granularität (Darstellung von Sekundenbruchteilen) sowie die Berücksichtigung von Zeitzonen. Daher ist es sehr empfehlenswert, schon beim Aufsetzen der Datenbank die Standardzeitzone für den Datenbank-Scheduler mit dem Befehl

```
SQL> EXECUTE dbms_scheduler.set_scheduler_attribute
     ('default_timezone', 'Europe/Berlin')
```

zu setzen. Das Prozedurenpaar `set_scheduler_attribute` und `get_scheduler_attribute` (Letzteres mit einem `OUT`-Parameter an zweiter Stelle) dient zur Administration allgemeiner Parameter. Bis auf zwei Parameter haben alle einen undefinierten Standardwert (`NULL`). Hier eine Übersicht der verfügbaren Parameter:

default_timezone dient wie soeben beschrieben der Einstellung der Standardzeitzone des Schedulers. Bei neuen Versionen ist die Zeitzone entsprechend der Datenbankzeitzone gesetzt; bei älteren Versionen (10g) muss zunächst die Zeitzone initial gesetzt werden, bevor der Datenbank-Scheduler genutzt werden kann. Wir empfehlen, nach Aufsetzen der Datenbank die Scheduler-Zeitzone zu überprüfen bzw. korrekt zu setzen.

log_history bestimmt die Zeitspanne, für die Log-Informationen aufgehoben werden, in Tagen. Standardwert ist 30.

max_job_slave_processes setzt eine obere Grenze für Job-Serverprozesse. Es sind Werte zwischen 1 und 999 zugelassen. Ist kein Wert vorhanden, so übernimmt der Serverparameter `job_queue_processes` die Steuerung.

scheduler_disabled ist nicht dokumentiert, bietet aber die effektivste Möglichkeit, den Datenbank-Scheduler auszuschalten, z. B. für Wartungsarbeiten.

email_server (ab 11g Release 2) ist die SMTP-Serveradresse für Serverbenachrichtigungen,

email_sender (ab 11g Release 2) hierzu die E-Mail-Adresse.

event_expiry_time (ab 11g Release 2) setzt die Zeit, nach der Job-Status-Events von der Event-Queue gelöscht werden, in Sekunden. Falls der Wert nicht definiert ist, werden Job-Status-Events nach einem Tag gelöscht.

Zeitpläne

Ein Zeitplan gibt vor, wann Jobs gestartet werden können. Dabei wird durch ein Start- und Endedatum festgelegt, ab wann der Job erstmalig starten kann – hier gilt *ab sofort*, wenn nichts angegeben wird – und ab wann er nicht mehr ausgeführt wird. Mit dem `repeat_interval` wird festgelegt, in welchem Rhythmus der Job gestartet werden kann.

Der Wert zu `repeat_interval` wird als Zeichenkette angegeben, die prinzipiell aus zwei Teilen besteht:

1. Zunächst wird mit `FREQ=<freq>` eine Basisfrequenz angegeben, wobei `<freq>` die Werte YEARLY, MONTHLY, WEEKLY, DAILY, HOURLY, MINUTELY und SECONDLY annehmen kann.
2. Jeweils durch Semikolon getrennt können dann diverse BY-Klauseln die Startzeiten genauer spezifizieren.

Hierzu einige Beispiele:

```
FREQ=HOURLY;BYMINUTE=15
```

Hier wird jede Stunde einmal gestartet, jeweils um 15 Minuten nach der vollen Stunde.

```
FREQ=DAILY;BYHOUR=0,6,12,18;BYMINUTE=0
```

Hier wird täglich gestartet; durch die Liste der BYHOUR-Klausel jeweils um 0:00 Uhr, 6:00 Uhr, 12:00 Uhr und 18:00 Uhr.

Die schier unzähligen Möglichkeiten sollen hier nicht im Detail dargestellt werden; im Handbuch „Oracle Database PL/SQL Packages and Types Reference" sind diese im Abschnitt „Calendaring Syntax" bei der Paketbeschreibung zu `dbms_scheduler` detailliert aufgeführt.

Ein Zeitplan kann nun wie folgt erzeugt werden:

```
SQL> BEGIN
       dbms_scheduler.create_schedule(
         schedule_name => 'sched_5min',
         repeat_interval =>
           'FREQ=HOURLY;BYMINUTE=0,5,10,15,20,25,30,35,40,45,50,55;BYSECOND=0'
       );
     END;
     /
```

Ebenso kann mit der Prozedur

```
SQL> BEGIN
       dbms_scheduler.drop_schedule(
         schedule_name => 'sched_5min',
         force         => FALSE
       );
     END;
     /
```

ein Zeitplan wieder gelöscht werden. Der Zeitplan wird nicht gelöscht, wenn Jobs oder Zeitfenster von ihm abhängig sind, es sei denn, die `force`-Option ist gesetzt. Dann werden abhängige Objekte auf den Status `disabled` gesetzt.

Vorhandene Zeitpläne können über die View `dba_scheduler_schedules` angezeigt werden.

Programme

Mit einem Programm wird definiert, was ein Job eigentlich tun soll. Hier gibt es (festgemacht am Parameter `program_type`) grundsätzlich drei Möglichkeiten:

PLSQL_BLOCK ein anonymer PL/SQL-Block,

STORED_PROCEDURE eine PL/SQL-Prozedur und

EXECUTABLE ein ausführbares Programm außerhalb der Datenbank.

Mit program_name wird das Programm innerhalb des Schedulers benannt, mit program_action wird die Aktion definiert, z. B. durch Angabe des eigentlichen Prozedurnamens.

Weitere Parameter werden durch folgendes Beispiel verdeutlicht:

```
SQL> BEGIN
       dbms_scheduler.create_program(
         program_name        => 'prg_mv_refresh',
         program_type        => 'STORED_PROCEDURE',
         program_action      => 'dbms_mview.refresh',
         number_of_arguments => 1,
         enabled             => FALSE,
         comments            => 'Wraps MV Refresh for Scheduler');
     END;
     /
```

Hier soll ein Programm definiert werden, das den Aufruf zum Refresh von Materialized Views für den Datenbank-Scheduler definiert. Somit wäre man in der Lage, das automatische Refresh vom – intern immer noch verwendeten – alten Scheduler in den neuen zu verlagern. Die Prozedur dbms_refresh.refresh kennt einen Parameter, der als Zeichenkette eine Liste von Materialized Views oder Refresh Groups enthält. Dieser Parameter muss nun noch definiert werden:

```
SQL> BEGIN
       dbms_scheduler.define_program_argument(
         program_name       => 'prg_mv_refresh',
         argument_position  => 1,
         argument_name      => 'LIST',
         argument_type      => 'VARCHAR2');
     END;
     /
```

Das Paket dbms_scheduler enthält auch für Programme und Programmargumente Prozeduren zum Löschen (drop_program und drop_program_argument).

Für Programme steht die View dba_scheduler_programs zur Verfügung, für Programmargumente dba_scheduler_program_args.

Jobs

Mit einem Schedule und einem Programm kann nun ein Job angelegt werden:

```
SQL> BEGIN
       dbms_scheduler.create_job(
         job_name      => 'job_mv1_refresh',
         program_name  => 'prg_mv_refresh',
         schedule_name => 'sched_5min',
         enabled       => FALSE);
     END;
     /
```

Man kann einen Job auch direkt mit den Parametern versehen, die beim Anlegen des Zeitfensters und des Programms angegeben wurden. Die modulare Vorgehensweise empfiehlt sich allerdings – zumindest dann, wenn man eine gewisse Menge an Jobs zu verwalten hat.

Um den Job starten zu können, muss nun noch das bereits definierte Programmargument konkret mit Leben gefüllt werden:

```
SQL> BEGIN
       dbms_scheduler.set_job_argument_value(
         job_name       => 'job_mv1_refresh',
         argument_name  => 'LIST',
         argument_value => 'MV1');
     END;
     /
```

Für die Zuordnung zu den definierten Argumenten kann entweder der Name oder die Position des Arguments in der Liste verwendet werden.

Schließlich müssen das Programm und der Job noch aktiviert werden.

```
SQL> BEGIN
       dbms_scheduler.enable(
         name => 'prg_mv_refresh,job_mv1_refresh');
     END;
     /
```

Auch zum Löschen von Jobs existiert eine Prozedur: `drop_job`.

Allgemeine Informationen über den Job können über die View `dba_scheduler_jobs` abgefragt werden. Spalten für den Zeitplan und die Programmeigenschaften sind nur dann gefüllt, wenn diese Informationen direkt zum Job hinzugefügt wurden; ansonsten sind Referenzen zum Zeitplan bzw. zum Programm angegeben. In der Spalte `state` sieht man, ob der Job im Normalzustand (`SCHEDULED`) ist oder gerade läuft (`RUNNING`). Will man nun Informationen über einzelne Ausführungen, gibt es die Views `dba_scheduler_job_log` und `dba_scheduler_job_run_details`. Insbesondere in letzter View sind detaillierte Angaben zu Startzeitpunkten, Ausführungszeit, Status usw. zu finden. Ist der Status `FAILED`, so ist in `error#` die Oracle-Fehlernummer und in `additional_info` der komplette Fehlerstack zu finden. Dies ist erheblich effizienter als beim klassischen Scheduler, wo man Fehlermeldungen lediglich in den Trace-Dateien finden konnte.

Fenster und Fenstergruppen

Ein Zeitplan hat für die Behandlung eines Jobs lediglich einen Startzeitpunkt zur Verfügung. Möchte man auch einen Endezeitpunkt festlegen, so muss man den Zeitplan mit einem Fenster (*Window*) kombinieren. Hier hat man die Möglichkeit, mit dem Parameter `duration` eine Zeitspanne anzugeben, in der das Fenster geöffnet ist. Der Datentyp von `duration` ist `INTERVAL DAY TO SECOND`. Dieser Datentyp wurde in der Vergangenheit noch nicht oft verwendet – daher empfiehlt es sich, insbesondere bei den Literalen einige Übungen zu machen.[21] Hier einige Beispiele für `INTERVAL`-Literale:

---

21 Auch Oracle selbst hat hier noch Nachholbedarf: Abfragen, die eine Spalte dieses Typs enthalten, können diverse Versionen des SQL Developers nicht verarbeiten; das Problem scheint erst mit Version 2.1.1.64 gelöst zu sein.

```
INTERVAL '0 00:30:00' DAY TO SECOND
INTERVAL '30' MINUTE
INTERVAL '2' HOUR
INTERVAL '01:00:00.12345' HOUR TO SECOND(5)
```

Fenster werden mit der Prozedur create_window erzeugt. Es ist möglich, mehrere Fenster zu einer Fenstergruppe zusammenzufassen; hierzu steht die Prozedur create_window_group zur Verfügung. Fenster bzw. Fenstergruppen können Jobs als Zeitpläne angegeben werden (Parameter schedule_name). Hier ist zu beachten, dass Fenstergruppen nur dann akzeptiert werden, wenn sie mit vorangestelltem SYS. angegeben werden.

Im Normalfall läuft ein Job bis zu seinem normalen Programmende, auch wenn er aus einem Fenster gestartet wird. Soll er beim Schließen des Fensters beendet werden, so muss man das Job-Attribut stop_on_window_close setzen:

```
SQL> BEGIN
       dbms_scheduler.set_attribute(
         name      => 'MYJOB',
         attribute => 'stop_on_window_close',
         value     => TRUE);
     END;
     /
```

In der Dokumentation zur set_attribute-Prozedur sind viele weitere Attribute beschrieben.

Job-Klassen

Die Job-Klasse erlaubt die Definition von Parametern wie *Resource Consumer Group*, Datenbank-Service, *Logging Level* und *Log History*. Die Job-Klasse kann mit der Prozedur create_job_class erzeugt werden; Jobs haben ein Attribut job_class, das entweder beim Erzeugen des Jobs oder später mit set_attribute gesetzt werden kann.

Hier ist anzumerken, dass Datenbank-Services sowohl über das unmittelbare Attribut als auch über eine Resouce Consumer Gruppe zugeordnet werden können. Ist beides definiert, so hat der über die Resource Consumer Gruppe definierte Service Vorrang.

Die Zuordung eines Datenbank-Service über eine Job-Klasse ist der empfohlene Weg, in einer RAC-Umgebung Jobs auf bestimmte Knoten bzw. Instanzen zu lenken.

Externe Jobs

Mit dem Privileg CREATE EXTERNAL JOB lassen sich Scheduler-Jobs – mit job_type EXECUTABLE – anlegen, die Programme auf Systemebene ausführen. Dies können sowohl echte Programme als auch Skripte sein.

Grundsätzlich besteht ab Oracle 11g die Möglichkeit, einem Job Anmeldeinformationen (engl. *credentials*) mitzugeben, so dass zweifelsfrei klar ist, unter welchem Benutzer auf Betriebssystemebene das Programm laufen soll. Hierzu wird die Prozedur dbms_scheduler.create_credential benutzt.

Da einige Eigenschaften des Betriebssystems nicht zu verbergen sind, müssen spezifische Punkte beachtet werden.

Unix/Linux Zunächst muss beachtet werden, dass man innerhalb eines vom Scheduler gestarteten Programms nicht von einer Umgebung ausgehen kann, die einem Login entspricht. Grundsätzlich müssen Skripte mit der üblichen Zeile anfangen, die das zu verwendende Programm beschreibt, also z. B.:

```
#!/bin/bash
```

Danach sollte man sich um das Setzen von benötigten Variablen kümmern, z. B. kann man ein Login-Profil *sourcen*. Eine Grundregel ist, dass man alle Programme, Skripte und Dateien mit voller Pfadangabe bezeichnet. Damit Scheduler-Jobs ausgeführt werden können, muss die Datei $ORACLE_HOME/bin/extjob root gehören und das s-Bit gesetzt haben. In der Datei $ORACLE_HOME/rdbms/admin/externaljob.ora werden Benutzer und Gruppe für den Start der externen Jobs angegeben. Unter Oracle 10g ist dies die einzige Möglichkeit zur Steuerung der Anmeldeinformation; unter Oracle 11g steht zusätzlich dbms_scheduler.create_credential zur Verfügung.

Unter Oracle 11g Release 2 haben wir beobachtet, dass externe Scheduler-Jobs, die unter SYS gestartet werden, im System als root gestartet werden sollen, was aber mit einer Fehlermeldung abgelehnt wird. Will man einen externen Scheduler-Job unter SYS starten, so sollte man also die Anmeldeinformationen gezielt angeben; wie empfehlen aber, den Job unter einem anderen Benutzer zu starten.

MS-Windows Um externe Jobs unter MS-Windows starten zu können, müssen entweder Anmeldeinformationen mitgegeben werden (mit dbms_scheduler.create_credential) oder zunächst der Dienst OracleJobScheduler<SID> auf -Ebene mit Berechtigungsinformationen versorgt und gestartet werden. Der Dienst ist im Ursprungszustand deaktiviert. Um ein Kommandoskript zu starten, ist zu beachten, dass dies mit dem Kommando

```
C:> CMD /C <Skriptname>
```

geschieht. Einen entsprechenden Scheduler-Job startet man als z. B. mit

```
SQL> BEGIN
       dbms_scheduler.create_job(
         job_name => 'EXTDOS',
         job_type => 'EXECUTABLE',
         job_action => 'CMD',
         credential_name => 'ORAJOB',
         number_of_arguments => 2,
         enabled => FALSE,
         auto_drop => FALSE);

       dbms_scheduler.set_job_argument_value('EXTDOS', 1, '/C');

       dbms scheduler.set_job_argument_value('EXTDOS', 2,
         'C:\app\Administrator\admin\prog\myjob.cmd');

       dbms_scheduler.enable('EXTDOS');
     END;
     /
```

Job-Ketten

Mithilfe von Job-Ketten (*Chains*) lassen sich komplexe Abläufe definieren, bei denen die Ergebnisse von einzelnen Schritten die nächsten Schritte auslösen. Hierbei werden die Job-Ketten als übergreifendes Element, Job-Schritte (*Steps*), dazu gehörende Programme sowie entsprechende Regeln (*Rules*) definiert. Anhand eines Beispiels soll die grundsätzliche Funktionsweise erläutert werden. Zunächst wird die Job-Kette selbst definiert:

```
SQL> BEGIN
       dbms_scheduler.create_chain(
         chain_name          => 'CHAIN1',
         rule_set_name       => NULL,
         evaluation_interval => NULL,
         comments            => 'Erst 1, dann 2, ...');
     END;
     /
```

Dann werden die einzelnen Schritte definiert. Den Schritten werden Programme zugeordnet. Für dieses Beispiel werden drei Schritte (STEP1, STEP2 und STEP3) definiert.

```
SQL> BEGIN
       dbms_scheduler.define_chain_step(
         chain_name   => 'CHAIN1',
         step_name    => 'STEP1',
         program_name => 'PROG_CH1_ST1');

       dbms_scheduler.define_chain_step(
         chain_name   => 'CHAIN1',
         step_name    => 'STEP2',
         program_name => 'PROG_CH1_ST2');

       dbms_scheduler.define_chain_step(
         chain_name   => 'CHAIN1',
         step_name    => 'STEP3',
         program_name => 'PROG_CH1_ST3');
     END;
     /
```

Das Programm PROG_CH1_ST1 wird der Prozedur proc_ch1_st1 zugeordnet:

```
SQL> BEGIN
       dbms_scheduler.create_program(
         program_name   => 'PROG_CH1_ST1',
         program_type   => 'STORED_PROCEDURE',
         program_action => 'PROC_CH1_ST1',
         enabled        => TRUE);
     END;
     /
```

Die Prozedur meldet sich in einer Log-Datei. Um erfolgreiche und fehlerhafte Ausführung zu simulieren, wird eine Zufallszahl ermittelt und getestet, ob sie gerade ist. Falls ja, wird ein Fehler erzeugt. Um die zeitlichen Abläufe in den Log-Views besser nachvollziehen zu können, wird vorher noch eine Sekunde gewartet.

```
SQL> CREATE OR REPLACE PROCEDURE proc_ch1_st1
     AS
       fp utl_file.file_type;
       n PLS_INTEGER;
```

```
BEGIN
  fp := utl_file.fopen(location => 'LOGDIR',
                       filename => 'chains.log',
                       open_mode => 'a',
                       max_linesize => 32767);
  n := ROUND(dbms_random.value * 100) + 1;
  utl_file.put_line(file => fp,
                    buffer => 'PROG_CH1_ST1: ' || to_char(n),
                    autoflush => TRUE);
  utl_file.fclose(file => fp);
  dbms_lock.sleep(1);
  IF MOD(n, 2) = 0 THEN
    raise_application_error(-20005, 'So geht das nicht');
  END IF;
END;
/
```

Die anderen beiden Prozeduren erzeugen keine expliziten Fehler und melden sich nur entsprechend in der Log-Datei. Der Einfachheit halber sind diese Prozeduren hier nicht abgedruckt. Wichtiger ist das Regelwerk. Es werden immer alle Regeln zu einer Job-Kette ausgewertet. Alle Regeln, deren Bedingung zutrifft, werden ausgeführt. Somit können parallele Aktionen gestartet werden. Bedingungen sind aufgebaut wie bei der `WHERE`-Klausel; zusätzlich können Sie auf den Ausgang von Schritten Bezug nehmen. Zum Start eines ersten Schrittes wird immer eine Regel benötigt, die immer `TRUE` ergibt:

```
SQL> BEGIN
       dbms_scheduler.define_chain_rule(
         chain_name => 'CHAIN1',
         condition  => 'TRUE',
         action     => 'START STEP1',
         rule_name  => 'RULE1',
         comments   => 'This starts the chain.');
     END;
     /
```

Die nächsten beiden Regeln steuern je nach Ausgang des ersten Schrittes den nächsten Schritt an:

```
SQL> BEGIN
       dbms_scheduler.define_chain_rule(
         chain_name => 'CHAIN1',
         condition  => 'STEP1 SUCCEEDED',
         action     => 'START STEP2',
         rule_name  => 'RULE2',
         comments   => 'This starts STEP2 if STEP1 is successful.');

       dbms_scheduler.define_chain_rule(
         chain_name => 'CHAIN1',
         condition  => 'STEP1 FAILED',
         action     => 'START STEP3',
         rule_name  => 'RULE3',
         comments   => 'This starts STEP3 if STEP1 is not successful.');
     END;
     /
```

Um die Job-Kette korrekt zu beenden, wird mindestens eine Regel benötigt, die als Aktion `END` enthält:

```
SQL> BEGIN
       dbms_scheduler.define_chain_rule(
         chain_name => 'CHAIN1',
         condition  => 'STEP2 SUCCEEDED OR STEP3 SUCCEEDED',
         action     => 'END',
         rule_name  => 'RULE4',
         comments   => 'This ends the chain.');
     END;
     /
```

Ist die Job-Kette in einem Zustand, der keine weiteren Schritte auslöst, und die END-Aktion wurde nicht ausgeführt, so ist die Job-Kette bzw. der dazugehörende Job im Zustand STALLED. Somit kommen wir zur Ausführung einer Job-Kette. Zunächst muss die Job-Kette aktiviert werden:

```
SQL> BEGIN
       dbms_scheduler.enable(name => 'CHAIN1');
     END;
     /
```

Dann kann sie manuell gestartet werden:

```
SQL> BEGIN
       dbms_scheduler.run_chain(
         chain_name  => 'CHAIN1',
         start_steps => NULL,
         job_name    => 'CHAIN1_RUNNER');
     END;
     /
```

Durch die leere Angabe von start_steps wird die Job-Kette ausschließlich durch das Regelwerk gesteuert. Beim Start der Job-Kette wird ein Job erzeugt, dessen Namen man vorgeben kann (aber nicht muss). In den Views dba_scheduler_job_log und dba_scheduler_job_run_detail findet man als job_name den mitgegebenen oder automatisch erzeugten Namem, als job_subname den Namen des Job-Schrittes.

Um die Job-Kette regelmäßig auszuführen, kann schließlich ein Job vom Typ CHAIN hierfür explizit angelegt werden:

```
SQL> BEGIN
       dbms_scheduler.create_job(
         job_name        => 'CHAIN1_JOB',
         job_type        => 'CHAIN',
         job_action      => 'CHAIN1',
         repeat_interval => 'FREQ=MINUTELY;BYSECOND=10',
         enabled         => TRUE);
     END;
     /
```

Ereignisse

Die Steuerung von Scheduler-Jobs kann auch durch das Eintreffen von Ereignissen erfolgen. Hier gibt es wiederum zwei Möglichkeiten:

1. Streams Advanced Queues und
2. – neu mit 11g Release 2 – *File Watcher*, die auf das Eintreffen einer Datei warten.

Da Oracle Streams außerhalb des Fokus dieses Buches steht, wird auf ein Beispiel hierfür verzichtet.

File Watcher nutzen den Scheduler Agenten, um auf Betriebssystemebene zu agieren. Dieser Agent muss unter Unix in einem eigenen Oracle-Home installiert werden (als Teil der Client-Installation!). Unter Windows ist der Scheduler-Agent Teil der Datenbanksoftware. Der entsprechende Dienst muss allerdings noch gestartet werden.

Der Scheduler-Agent kommuniziert mit der Datenbank über die XDB-Schnittstelle, so dass hierfür eine Java- und XDB-Infrastruktur in der Datenbank benötigt wird. Bevor der Scheduler-Agent genutzt werden kann, muss er in der Datenbank registriert werden. Details finden sich im *Administrator's Guide* der Oracle-Dokumentation.

Jobausführung steuern und verhindern

Sowohl klassische Datenbankjobs als auch Scheduler-Jobs werden aus Job-Serverprozessen ausgeführt. Diese sind mit `Jnnn` benannt. Der *Central Job Queue Coordinator* `CJQ0` steuert diese Prozesse. Der Serverparameter `job_queue_processes` steuert die maximale Zahl der gleichzeitig laufenden Job-Serverprozesse. Die Anzahl gleichzeitig laufender Scheduler-Jobs wird ebenfalls durch das Scheduler-Attribut `max_job_slave_processes` limitiert. Der Standardwert hierfür ist `NULL` – damit liegt die Steuerung beim Parameter `job_queue_processes`. Somit gilt: Wenn `job_queue_processes` den Wert 0 und `max_job_slave_processes` `NULL` oder den Wert 0 haben, laufen keinerlei Jobs. Sind beide Werte auf Zahlenwerte größer 0 gesetzt, so wird der klassische Job durch `job_queue_processes`, Scheduler-Jobs werden durch das Minimum von `job_queue_processes` und `max_job_slave_processes` begrenzt. Ist nur `job_queue_processes` auf 0 gesetzt, so limitiert `max_job_slave_processes` die Anzahl gleichzeitig laufender Scheduler-Jobs.[22]

Für Situationen, in denen man keine Jobausführungen haben möchte, sollte man zwei Dinge tun:

1. Den Serverparameter `job_queue_processes` auf 0 und
2. das Scheduler-Attribut `scheduler_disabled` auf TRUE setzen.

Für Instanzen im `RESTRICTED`-Modus werden ebenfalls keine Jobs gestartet, es sei denn, diese haben das Job-Attribut `allow_runs_in_restricted_mode` gesetzt. Hierzu ist es zusätzlich erforderlich, dass der Job-Eigentümer das `RESTRICTED SESSION`-Privileg hat.

Sonstiges

Privilegien Zur Erzeugung von Zeitplänen, Programmen und Jobs im Datenbank-Scheduler wird das Privileg `CREATE JOB` benötigt, für externe Jobs `CREATE EXTERNAL JOB`. Diese Objekte sind demnach auch benutzerspezifisch und werden als Schemaobjekte geführt. Fenster, Fenstergruppen und Job-Klassen sind nicht benutzerspezifisch. Sie werden demnach unter dem Benutzer `SYS` aufgehängt. um diese Objekte zu administrieren, wird das Privileg `MANAGE SCHEDULER` benötigt.

22 In Oracle 11g Release 2 ist dies zwar genau so dokumentiert; allerdings wird durch das Setzen von job_queue_processes auf 0 auch der neue Scheduler deaktiviert.

Generierung von Optimizer-Statistiken Seit Oracle 10g ist die Erstellung der Optimizer-Statistiken automatisiert. Der hierfür neu eingeführte Scheduler-Job wurde ab Oracle 11g durch einen Client der – ebenfalls neuen – Autotask-Infrastruktur ersetzt.

Dieses Thema wird ausführlich in Abschnitt 15.5.2 behandelt.

7.10 My Oracle Support und Oracle Technet

Die Online-Support-Plattform der Firma Oracle heißt seit 2010 *My Oracle Support* und ist unter der Adresse

`https://support.oracle.com`

zu erreichen. Der Vorgänger war *Oracle Metalink*. Die neue Plattform basiert auf Flash-Technologie und setzt daher ein entsprechendes Plug-In voraus.[23] Abbildung 7.3 zeigt die konfigurierbare Einstiegsseite.

Da Support bei Oracle kostenpflichtig ist, muss man sich bei My Oracle Support anmelden. Der Benutzername ist gleich der E-Mail-Adresse. Um einen Account zu erzeugen, benötigt man eine CSI-Nummer[24]. Diese erhält man bei Abschluss eines Supportvertrags mit Oracle.

Wichtig für eventuelle Problemanalysen ist die Suchfunktion auf My Oracle Support, die direkt über ein Eingabefeld oben rechts erreichbar ist. Doch Vorsicht: Voreingestellt ist die Suche in der Knowledge Base. Die Ergebnisse sind oft aussagekräftiger, wenn man mit dem Auswahlknopf direkt vor dem Eingabefeld die Suche auf *All Sources* umstellt.

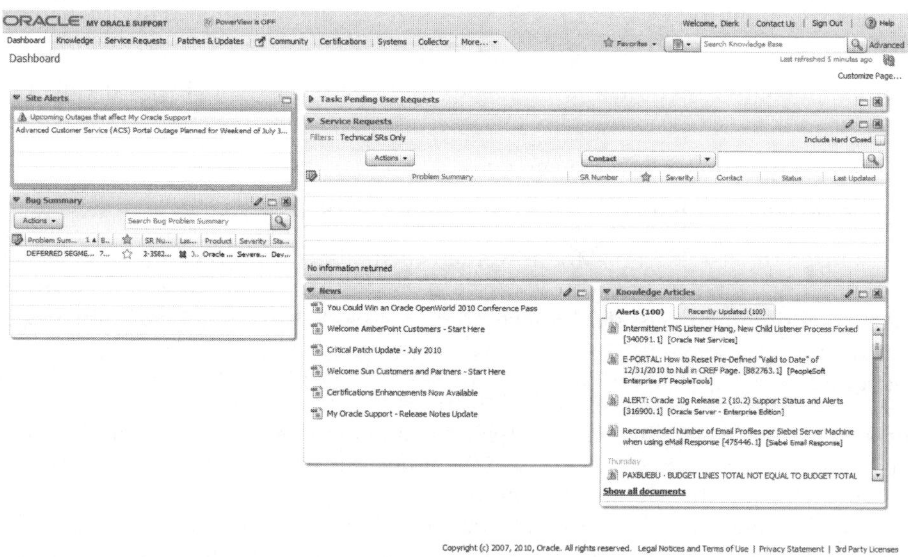

Abbildung 7.3: My Oracle Support Dashboard

23 In manchen Unternehmen stellt das Flash-Plug-In eine große Hürde dar. Hier kann der alternative Link `https://supporthtml.oracle.com` weiterhelfen.

24 Customer Support Identifier

Sämtliche Patches, Patchsets usw. sind über den Bereich *Patches & Updates* erreichbar. Vor einer Neuinstallation empfiehlt sich hier die Suche nach neuen Downloads.

Liest man einen Artikel, den man sich „merken“ möchte, so reicht ein Klick auf den gelben Stern über dem Titel: Damit ist der Artikel als Favorit gekennzeichnet und über das Bedienelement links neben der Sucheingabezeile schnell abrufbar.

Kann man ein Problem nicht selbst lösen, so kann man – einen gültigen Supportvertrag für das entsprechende Produkt vorausgesetzt – einen *Service Request*, kurz: SR, aufmachen. Dies muss in englischer Sprache geschehen. Man sollte sich die Mühe machen, das Problem so genau wie möglich zu beschreiben, damit der irgendwo auf der Welt Dienst tuende Analyst sich ein möglichst genaues Bild machen kann. Die Kommunikation erfolgt meist über E-Mails, Updates im SR oder Telefon.

Es gibt einige Hilfsmittel, die die Zusammenarbeit mit dem Support erleichtern. Hier ist z. B. RDA (*Remote Diagnostic Agent*) zu nennen. Dabei handelt es sich um ein herunterladbares Programmpaket, das Informationen zum Server (Hardware, Betriebssystem, Oracle-Installation und -Konfiguration) sammelt und als ZIP-Archiv zum Hochladen zur Verfügung stellt. Dokument 414966.1 ist der Dokumentationsindex zu RDA.

Bei der Installation von Datenbank-Software wird man u. a. zur Eingabe seiner My Oracle Support-Login-Daten aufgefordert. Dahinter steckt der *Configuration Manager*, der dann regelmäßig Daten an Oracle übermittelt und es Oracle ermöglicht, über Patches und Alerts zeitnah plattformbezogen zu informieren.

Obwohl die Informationen, die man über My Oracle Support bekommt, sehr umfangreich sind, sind zwei Dinge hier nicht zu bekommen: Oracle-Software und Dokumentation. Diese bekommt man über die Technet-Seiten von Oracle:

`http://www.oracle.com/technology/index.html`

Hier bekommt man sämtliche Oracle-Software inklusive der sehr umfangreichen Dokumentation als Download. Die gute Nachricht: Man benötigt keinen Support-Vertrag, sondern lediglich einen kostenfreien Account. Vor dem Download müssen die Lizenzbedingungen bestätigt werden. Selbstverständlich besteht Oracle darauf, dass man einen gültigen Lizenzvertrag besitzt, wenn die Software produktiv eingesetzt werden soll. Über diese Plattform ist man jedoch in der Lage, Software für Tests unproblematisch zur Verfügung zu stellen.

Die Dokumentation kann man online anschauen oder als ZIP-Archiv herunterladen. Entpackt man das Archiv, so ist im Hauptverzeichnis die Datei `index.htm` enthalten, die die gleiche Navigationsoberfläche wie die Online-Dokumentation beinhaltet. Die Handbücher sind fast alle sowohl in HTML-Form als auch als PDF-Dokument verfügbar. Da die Dokumentation sehr umfangreich ist, lohnt sich das Herunterladen des Archivs. Dies sollte allerdings von Zeit zu Zeit wiederholt werden, da nicht nur neue Installationshandbücher (für neue Plattformen) hinzukommen, sondern auch bestehende Handbücher verbessert werden.

8 Backup und Recovery

Trotz existierender Lösungen für die Hochverfügbarkeit Ihrer Datenbank sollten Sie nicht vergessen, dass ein ausgereiftes Backup und ein leicht zu beherrschendes Restore- und Recovery-Konzept elementar für den Betrieb jeder kritischen Datenbank ist. Auch wenn sich die Grundzüge einer Oracle-Datenbank seit der Version 6 nicht mehr geändert haben, sollten Sie die vorhandenen Prozeduren immer wieder einer kritischen Beurteilung unterziehen. Interessanterweise scheint es nicht üblich zu sein, ein Restore auch mal zu testen. Zumindest auf die Frage „Wie lange brauchen Sie für ein vollständiges Restore Ihrer Datenbanken?“ zucken die meisten Datenbankadministratoren mit den Schultern. Die Frage nach der Dauer des Backups kann logischerweise viel einfacher beantwortet werden.

Es gibt Fälle, in denen die Datenbankverantwortlichen einfach mal eine Sicherung aller Platten durchgeführt und danach erwartet haben, dass man diese Sicherung auch wieder einspielen kann. Das kann sogar gut gehen, allerdings können Sie sich nicht darauf verlassen. Und es ist wohl offensichtlich, dass „eventuell können wir die Datenbank wieder herstellen“ sicherlich nicht das geeignete Vorgehen ist. Daher ist die Planung essenziell für den Betrieb jeder Datenbank.

8.1 Planung

Als Ausgangsbasis für die optimale Backup-Strategie können Ihnen vielleicht folgende Fragen weiterhelfen:

1. Muss die Datenbank für die Dauer des Backups zur Verfügung stehen?
2. Welche Fehlerquellen gibt es?
3. Wie viel Datenverlust kann toleriert werden?
4. Wie lange darf die Datenbank ausfallen?

Die erste Frage scheint zunächst einmal am einfachsten zu beantworten zu sein. Wenn Sie einen 7 × 24-Stunden-Betrieb haben, darf die Datenbank für die Sicherung nicht heruntergefahren werden, das einfache „Offline“-Backup reicht also nicht aus. Aber es gibt immer noch eine Reihe von Datenbanken, die nur tagsüber oder für spezielle Prozesse verwendet werden und für die eine Auszeit von mehreren Stunden kein Problem ist. Allerdings sollten Sie, wenn Sie die Frage mit „Nein“ beantworten, daran denken, dass Datenbanken wachsen und sich dadurch die Laufzeit des Backups in der Regel verlängert.

Außerdem müssen Sie bei einem Offline-Backup darauf achten, dass die Prozesse sehr gut aufeinander abgestimmt sind, sprich: Herunterfahren der Datenbank, Backup der Datendateien und wieder Hochfahren der Datenbank müssen überwacht werden, damit ein Fehler im Ablauf nicht dazu führt, dass die Datenbank am nächsten Tag nicht zur Verfügung steht. Unserer Meinung nach ist ein Offline-Backup nur dann notwendig, wenn die Datenbank im „Noarchivelog“-Modus betrieben wird, wie es z. B. bei Entwicklungsdatenbanken der Fall ist. In allen anderen Fällen sollten Sie ein Online-

Backup bevorzugen. Ein ganz entscheidener Punkt ist, dass Sie nie versuchen sollten, eine Datenbank „einfach so", d. h. ohne konkreten Zustand und der zugehörigen Software zu sichern.

Da wir uns jetzt darauf geeinigt haben, dass die Datenbank während des Backups zur Verfügung steht, Frage 1 also mit „Ja" beantwortet haben, geht es darum, sich bewusst zu machen, welche Fehlerquellen es gibt. In der Regel fallen einem zuerst Hardware-Fehler wie ein „Plattencrash" und „Systemausfall" ein. Beide Fehler werden heute in den meisten Systemen über redundante Hardware minimiert, d. h., Raid-Systeme sorgen für die Redundanz bei der Speicherung der Daten auf den Platten, Hochverfügbarkeitssysteme (HA-Lösungen) für die Redundanz beim Serverausfall. Trotzdem werden Sie sich sicherlich nicht ausschließlich darauf verlassen (es kann ja auch ein komplettes Raid-System ausfallen), und damit haben wir die erste Fehlerquelle als Notwendigkeit für ein Backup identifiziert.

Eine weitere – wesentlich häufigere – Fehlerursache sind jedoch logische Fehler. Diese teilen sich in zwei Bereiche: Korruptionen in der Datenbank durch die Oracle-Software und Anwendungs- bzw. Anwenderfehler. Auch wenn Datenkorruptionen nicht als häufig bezeichnet werden sollten, ist es schon gut zu wissen, dass es mit den neueren Oracle-Releases Möglichkeiten gibt, diese schnell und teilweise automatisch zu beheben.

Schwieriger wird die Behebung von Anwendungs- bzw. Anwenderfehlern. Sicherlich sollten umfangreiche Tests und entsprechende Sicherheitsmechanismen dazu führen, dass schwerwiegende Fehler wie z. B. ein „Truncate Table" in einem Produktionssystem gar nicht erst ausgeführt werden können, den berühmten „UPDATE" ohne „WHERE"-Klausel gibt es jedoch immer noch und kann dazu führen, dass eine Datenbank für Stunden lahmgelegt wird.

Um die dritte Frage beantworten zu können, sollte man intensiv mit den Verantwortlichen der Anwendung zusammenarbeiten. Dabei muss zunächst geklärt werden, ob und bis zu welchem Zeitpunkt Daten aus anderen Systemen (erneute Eingabe durch die Mitarbeiter, Auswertung von Log-Informationen aus Applikationsservern etc.) wieder hergestellt werden können. Wenn es keine Möglichkeit gibt, ist zu ermitteln, welche Kosten der Verlust eines einzelnen Datensatzes bedeutet. Auf Basis dieser Informationen kann dann eine geeignete HA- und Backup-Strategie entwickelt werden.

Bei der Beantwortung der Frage, wie lange die Datenbank ausfallen darf, sollten Sie bedenken, dass, bevor Sie die Datenbank wiederherstellen können, Sie zunächst einmal einige Fragen beantworten müssen. Dies sind:

1. Was ist das für ein Fehler (handelt es sich um einen Hardware-Fehler, einen logischen Fehler, einen Bug etc.)?
2. Welche Möglichkeiten der Wiederherstellung gibt es (Umschaltung auf ein anderes System oder Full-, Datafile- oder Block-Level-Recovery etc.)?
3. Welches ist das geeignete Backup-Medium (liegt noch eine Sicherung auf einer Platte, müssten Tapes geladen werden etc.)?
4. Muss ein vollständiges Backup (bis zur letzten getätigten Transaktion) oder ein Point-in-Time Recovery (bis zu einem bestimmten Zeitpunkt) durchgeführt werden?
5. Und zusätzlich beim Point-in-Time Recovery: Zu welcher Zeit (SCN oder Uhrzeit) ist der Fehler passiert?

Erst wenn diese Fragen geklärt sind, kann mit der eigentlichen Wiederherstellung der Datenbank begonnen werden. Bedenken Sie außerdem, dass Sie sich, wenn ein solcher Fehler auftritt, wahrscheinlich in einer ziemlichen Stresssituation befinden. Ein klarer Kopf oder besser noch eine klare Dokumentation und ausreichend Übung sind somit sehr hilfreich. Nehmen Sie sich also im Vorfeld genügend Zeit, ein Dokument mit den möglichen Szenarien zu erstellen und diese dann immer mal wieder zu trainieren. Für einen erfolgreichen DBA sollte es normal sein, dass er ein Testsystem zur Verfügung hat, auf dem er alle Arten von Backup und Recovery testen kann (und natürlich auch viele andere administrative Aufgaben).

8.2 Offline-Backup

Auch wenn wir uns bereits darauf geeinigt haben, dass wir in Produktionsumgebungen ausschließlich Online-Backups verwenden, kann es hin und wieder sinnvoll sein, zumindest zu wissen, wie ein Offline-Backup funktioniert. Klar ist, dass die Datenbank dafür heruntergefahren werden muss. Auch wenn es hier eine ganze Anzahl von „Gerüchten" gibt, sowohl der `SHUTDOWN NORMAL`, `SHUTDOWN TRANSACTIONAL` als auch der `SHUTDOWN IMMEDIATE` eignen sich dafür. Einzig ein `SHUTDOWN ABORT` kann nicht verwendet werden. Sollten Sie also einmal in die Verlegenheit kommen, die Datenbank mit `SHUTDOWN ABORT` herunterfahren zu müssen, sollten Sie die Datenbank anschließend noch einmal, am besten mit `STARTUP RESTRICT` hochfahren, um sie dann ordnungsgemäßg mit einem der anderen „Shutdown"-Befehle zu schließen.

Mit dem Befehl `ALTER SYSTEM SUSPEND` kann alternativ jegliches I/O für eine gewisse Zeit unterbunden werden. Da in diesem Fall die Datenbank nicht geschlossen wird, sondern es sich ausschließlich um ein „Einfrieren" des derzeitigen Zustandes handelt, kann der Modus nur verwendet werden, wenn beispielsweise eine so genannte Split-Mirror-Technik eingesetzt wird. Dabei wird eine Plattenspiegelung aufgetrennt, die dann im zweiten Schritt z. B. für ein Backup verwendet werden kann. Mit dem Befehl `ALTER SYSTEM RESUME` werden die angehaltenen I/O-Operationen wieder zugelassen. Eine direkte Sicherung z. B. über den RMAN ist in diesem Fall nicht möglich, da die notwendigen Header-Informationen nicht ausgelesen werden können. Diese Art der Sicherung eignet sich also nur sehr bedingt.

Wenn Sie die Datenbank geschlossen haben, muss als Nächstes festgestellt werden, was gesichert wird. Da sich Ihre Datenbank von der Struktur her immer wieder ändert, d. h. im Laufe der Zeit neue Datendateien dazukommen oder sich eventuell auch die Lage der Datendateien ändert, sollten Sie auf keinen Fall etwas in der Art „Wir sichern immer diese Verzeichnisse" machen. Das funktioniert zwar bei einer neuen Datenbank, aber durch Erweiterungen, teilweise auch die fehlerhafte Erstellung von Dateien (z. B. ohne kompletten Verzeichniseintrag), kann es passieren, dass Ihnen später – hoffentlich nicht, wenn Sie ein Restore machen müssen – auffällt, dass wichtige Dateien fehlen.

Um festzustellen, welche Dateien zur Datenbank gehören, bieten sich die Kontrolldateien an. Die Datenbank wir im „Mount"-Status hochgefahren (keine Angst, sie ist immer noch geschlossen, es können keine Änderungen vorgenommen werden), und dann werden die zu sichernden Dateien über `v$datafile` und `v$controlfile` gelesen. Die Redolog-Dateien müssen bei einer Offline-Sicherung nicht mit gesichert werden, da sie keine für ein Restore erforderlichen Informationen enthalten. Beim Restore werden entsprechend neue Dateien wieder angelegt. Ebenfalls nicht gesichert werden die Temp-Dateien, da diese jederzeit neu angelegt werden können. Diese Vorgehensweise wird auch bei der Verwendung des Oracle Recovery Managers (RMAN) beim Offline-Backup gewählt.

Regelmäßig gesichert werden sollten außerdem die Serverparameter, zwar kann zur Not auch eine neue Datei angelegt werden, da Sie im Falle eines Datenbankstillstand allerdings wahrscheinlich etwas unter Stress stehen werden, bietet es sich an, mit jeder Sicherung der Datenbank diese Datei (`spfile<SID>.ora`) mitzusichern.

Der Oracle Recovery Manager kann so konfiguriert werden, dass mit dem Befehl „BACKUP DATABASE" automatisch alle relevanten Dateien inklusive der Serverparameter gesichert werden. Mit der Option „BACKUP COPY DATABASE", wird statt eines so genannten Backup-Sets eine einfache Kopie der Datendateien durchgeführt.

Die Offline-Sicherung mit dem RMAN kann wie folgt aussehen:

```
% rman target sys/<PWD>@PRD11G2
Recovery Manager: Release 11.2.0.1.0 - Production on Thu Jan 14 12:35:45 2010

Copyright (c) 1982, 2009, Oracle and/or its affiliates.  All rights reserved.

connected to target database: PRD11G2 (DBID=2136714811, not open)

RMAN> SHUTDOWN IMMEDIATE;

database closed
database dismounted
Oracle instance shut down

RMAN> STARTUP MOUNT;

connected to target database (not started)
Oracle instance started
database mounted

Total System Global Area     392495104 bytes

Fixed Size                     2213696 bytes
Variable Size                163580096 bytes
Database Buffers             218103808 bytes
Redo Buffers                   8597504 bytes

RMAN> BACKUP AS COPY DATABASE;

Starting backup at 14-JAN-10
using target database control file instead of recovery catalog
allocated channel: ORA_DISK_1
channel ORA_DISK_1: SID=63 device type=DISK
channel ORA_DISK_1: starting datafile copy
input datafile file number=00001 name=/u03/oradata/PRD11G2/system01.dbf
output file name=/u04/orabackup/PRD11G2/PRD11G2-2010-01-14-1-2.bck
tag=TAG20100114T123518 RECID=1 STAMP=708266136
channel ORA_DISK_1: datafile copy complete, elapsed time: 00:00:25
channel ORA_DISK_1: starting datafile copy
input datafile file number=00002 name=/u03/oradata/PRD11G2/sysaux01.dbf
output file name=/u04/orabackup/PRD11G2/PRD11G2-2010-01-14-1-3.bck
tag=TAG20100114T123518 RECID=2 STAMP=708266156
channel ORA_DISK_1: datafile copy complete, elapsed time: 00:00:15
```

```
channel ORA_DISK_1: starting datafile copy
input datafile file number=00003 name=/u03/oradata/PRD11G2/undotbs01.dbf
output file name=/u04/orabackup/PRD11G2/PRD11G2-2010-01-14-1-4.bck
tag=TAG20100114T123518 RECID=3 STAMP=708266161
channel ORA_DISK_1: datafile copy complete, elapsed time: 00:00:03
channel ORA_DISK_1: starting datafile copy
input datafile file number=00004 name=/u03/oradata/PRD11G2/users01.dbf
output file name=/u04/orabackup/PRD11G2/PRD11G2-2010-01-14-1-5.bck
tag=TAG20100114T123518 RECID=4 STAMP=708266162
channel ORA_DISK_1: datafile copy complete, elapsed time: 00:00:01
Finished backup at 14-JAN-10

Starting Control File and SPFILE Autobackup at 14-JAN-10
piece handle=/u04/orabackup/PRD11G2/c-2136714811-20100114-00 comment=NONE
Finished Control File and SPFILE Autobackup at 14-JAN-10
```

Mit dem gezeigten Backup können Sie jederzeit eine Offline-Sicherung Ihrer Datenbank machen. Notwendig ist nur, dass der RMAN einmal darüber informiert wird, wohin gesichert werden soll. Im Abschnitt 8.6.1, und dort unter „Channel", werden wir diese Parametrierung näher beschreiben. Wie bereits besprochen, wird jedoch in den allermeisten Fällen ein Online-Backup unumgänglich sein, daher werden wir uns im Weiteren nur noch damit beschäftigen.

8.3 Fast Recovery Area

Bei dem ursprünglich *„Flash Recovery Area"* (kurz FRA) genannten Verzeichnis handelt es sich zunächst einmal um ein Verzeichnis, das zwar nicht direkt zur Datenbank gehört, jedoch von dieser verwaltet wird. Über die beiden Serverparameter `db_recovery_file_dest` und `db_recovery_file_dest_size` werden die Lage und Größe dieses Verzeichnisses der Datenbank bekannt gegeben.

Bereits bei der Erstellung einer Datenbank über den Database Configuration Assistant (*dbca*) wird standardmäßig eine Fast Recovery Area angelegt und mit einer Größe definiert (siehe Abbildung 8.1).

Für die Verfügbarkeit der Datenbank kann dieses Verzeichnis unterschiedliche Daten aufnehmen:

1. Flashback Logs
2. Archivierte Redologs
3. Backups der Datenbank
4. Backups der Kontrolldateien
5. Block-Change-Tracking-Dateien

Aus diesen Informationen kann leicht die Größe des Verzeichnisses und damit der Parameter `db_recovery_file_dest_size` bestimmt werden:

- Anzahl noch nicht gesicherter archivierter Redolog-Dateien
- Anzahl notwendiger Backup-Sets (Retention)
- Flashback-Größe

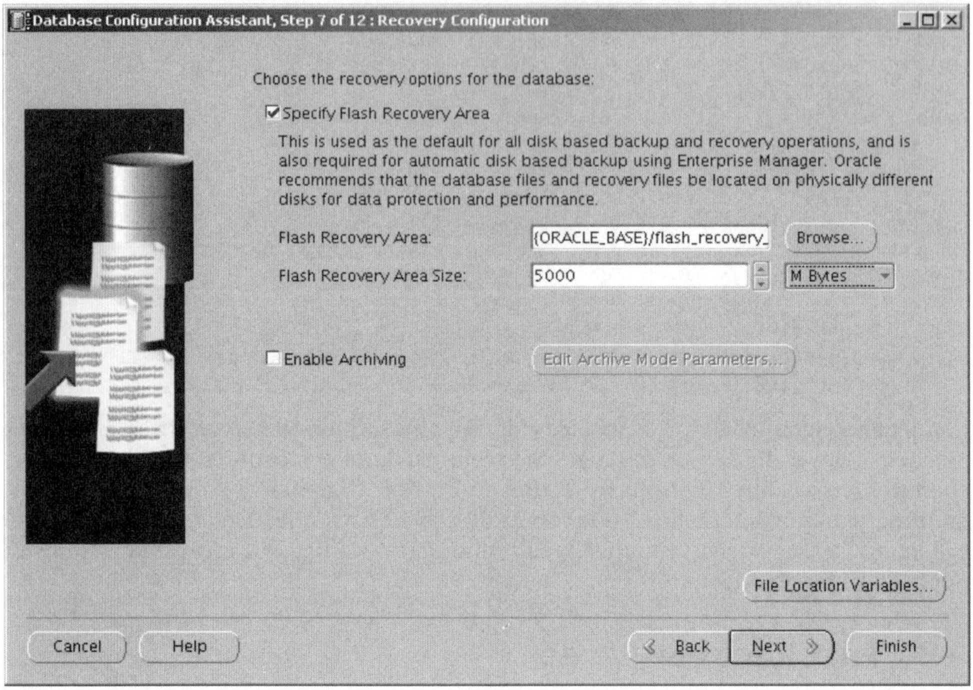

Abbildung 8.1: Fast Recovery Area im DBCA

Für jede der oben genannten Aktionen werden automatisch eigene Unterverzeichnisse generiert. Außerdem wird darunter wiederum ein Verzeichnis des aktuellen Tages angelegt.

Der Vorteil bei der Verwendung der FRA ist, dass es jetzt ein zentrales Verzeichnis für unterschiedliche Backup- und Recovery-Anforderungen gibt. Außerdem verwaltet es sich größtenteils selbst, d. h., wenn die maximale Größe erreicht ist, werden automatisch ältere, nicht mehr benötigte Dateien gelöscht (Spalte `space_reclaimable`).

```
SQL> SELECT name,
            TRUNC(space_limit/1024/1024) mb_space_limit,
            TRUNC(space_used/1024/1024) mb_space_used,
            TRUNC(space_reclaimable/1024/1024) mb_reclaim,
            TRUNC((space_limit-space_used+space_reclaimable)/1024/1024) mb_free
     FROM   v$recovery_file_dest;

NAME                          MB_SPACE_LIMIT MB_SPACE_USED MB_RECLAIM    MB_FREE
----------------------------- -------------- ------------- ---------- ----------
/u01/orabackup/PRD11G2                  2048             5          0       2042
```

Wenn nicht mehr genügend Platz, z. B. für archivierte Redolog-Dateien oder ein Backup, zur Verfügung steht, wird eine Warnung in die Alert-Datei geschrieben, die dann mit entsprechenden Monitoring-Werkzeugen (z. B. Grid Control) ausgewertet werden kann. Als Beispiel folgender Eintrag aus der Alert-Datei:

```
ORA-19815: WARNING: db_recovery_file_dest_size of 2147483648 bytes is
98.62% used, and has 29529088 remaining bytes available.
```

```
************************************************************************
You have following choices to free up space from recovery area:
1. Consider changing RMAN RETENTION POLICY. If you are using Data Guard,
   then consider changing RMAN ARCHIVELOG DELETION POLICY.
2. Back up files to tertiary device such as tape using RMAN
   BACKUP RECOVERY AREA command.
3. Add disk space and increase db_recovery_file_dest_size parameter to
   reflect the new space.
4. Delete unnecessary files using RMAN DELETE command. If an operating
   system command was used to delete files, then use RMAN CROSSCHECK and
   DELETE EXPIRED commands.
************************************************************************
```

Die Größe der Fast Recovery Area kann im laufenden Betrieb angepasst werden. Wenn also temporär mehr Platz benötigt wird, kann der Parameter `db_recovery_file_dest_size` geändert werden:

```
SQL> ALTER SYSTEM SET db_recovery_file_dest_size = 10G;
```

Es ist sicherlich sinnvoll, bestehende Backup-Architekturen zu überdenken und von der Fast Recovery Area Gebrauch zu machen, auch wenn es nicht primär um die *Flashback Database*-Funktion geht.

Wie bereits erwähnt, gibt es die Markierung „Reclaimable Space", die besagt, dass diese Dateien nicht mehr benötigt werden. Die folgende View gibt nähere Auskunft darüber, wofür die Fast Recovery Area genutzt wird:

```
SQL> SELECT * FROM v$recovery_area_usage;

FILE_TYPE          PERCENT_SPACE_USED PERCENT_SPACE_RECLAIMABLE NUMBER_OF_FILES
------------------ ------------------ ------------------------- ---------------
CONTROL FILE                        0                         0               0
REDO LOG                            3                         0               3
ARCHIVED LOG                     9.59                      7.83              17
BACKUP PIECE                       29                     28.81               5
IMAGE COPY                      33.45                         0               4
FLASHBACK LOG                       0                         0               0
FOREIGN ARCHIVED LOG                0                         0               0
```

Wie in diesem Beispiel ersichtlich, können einige archivierte Redolog-Dateien sowie einige Backups gelöscht werden. Der Eintrag „Redo Log" steht für aktive (Online-)Redolog-Dateien, die ebenfalls in der Fast Recovery Area angelegt wurden, aber natürlich nicht gelöscht werden dürfen.

Wenn der Platz jetzt nicht ausreicht, werden von dem Prozess, der gerade läuft (das kann der Archiver, der RMAN oder ein beliebiger Hintergrundprozess sein), entsprechende Dateien, die nicht mehr benötigt werden, gelöscht. In dem obigen Beispiel sieht man, dass es vier Dateien einer Image-Kopie gibt, die nicht gelöscht werden können, während fast alle Backup-Teile (28,91 von 29 Prozent) gelöscht werden können. Der Hintergrund ist, dass die `RETENTION_POLICY` im RMAN standardmäßig auf 1 steht, d. h., nur die letzte Kopie darf nicht gelöscht werden (in diesem Fall ist es die Image Copy). Wenn jetzt ein weiterer Backup angestoßen oder z. B. über den Befehl

```
SQL> ALTER SYSTEM SET db_recovery_file_dest_size = ...;
```

die Größe der Fast Recovery Area verkleinert werden würde, würden automatisch entsprechende Dateien (auch nicht mehr benötigte archivierte Redolog-Dateien) gelöscht.

In der Alert-Datei werden die Löschvorgänge protokolliert:

```
Thread 1 advanced to log sequence 59 (LGWR switch)
  Current log# 2 seq# 59 mem# 0: /u04/oradata/PRD11G2/redo02.log
Deleted Oracle managed file /u04/.../archivelog/2010_01_16/o1_mf_1_32_5o38ffjo_.arc
Deleted Oracle managed file
  /u04/.../backupset/2010_01_16/o1_mf_annnn_TAG20100116T122325_5o38ffon_.bkp
Deleted Oracle managed file
  /u04/.../autobackup/2010_01_16/o1_mf_s_708438206_5o38fh2f_.bkp
Deleted Oracle managed file
  /u04/.../backupset/2010_01_16/o1_mf_nnndf_TAG20100116T125507_5o3b8w9p_.bkp
2010-01-16 14:26:13.384000 +01:00
Archived Log entry 154 added for thread 1 sequence 58 ID 0x7f5d3bc7 dest 1:
2010-01-16 14:26:27.437000 +01:00
```

8.4 Archivelog-Modus

Wie bereits erwähnt, sind die wichtigsten Dateien der Datenbank die Redolog-Dateien, da in diesen alle Transaktionsinformationen hinterlegt sind. Wenn es also um die Verfügbarkeit eines Systems geht, dann ist es die primäre Aufgabe eines Datenbankadministrators, dafür zu sorgen, dass keine abgeschlossenen Transaktionen verloren gehen. Dies wird zunächst über die Spiegelung der Redolog-Dateien geschehen, zusätzlich ist es aber notwendig, jede Redolog-Datei zu sichern.

Mit dieser Sicherung, im Oracle-Umfeld „Archivierung" genannt, lässt sich jede abgeschlossene Transaktion als Roll-forward aus einer Sicherung wieder herstellen. Das gilt sowohl für Sicherungen einer nicht aktiven (offline) als auch einer aktiven (online) Datenbank.

Diese Archivierung der Redolog-Dateien bilden somit die notwendige Grundlage für jede Art der Online-Sicherung. Zwar ist es prinzipiell möglich, diese Archivierung mit eigenen Skripten durchzuführen, aber davon kann nur abgeraten werden, da Oracle bereits seit der Version 6 eine optionale Konfiguration der Archivierung aus der Datenbank heraus unterstützt. Dabei sorgen ein oder mehrere Archivierungsprozesse dafür, dass mit dem Logswitch die beschriebene Redolog-Datei in ein anderes Verzeichnis kopiert wird.

Wenn Sie die Archivierung einschalten, sollten Sie jedoch bedenken, dass dies ein für die Datenbank verpflichtendes Verfahren ist. Soll heißen, wenn die Redolog-Dateien aus irgendeinem Grund nicht archiviert werden können (weil z. B. das Verzeichnis voll ist), lässt die Datenbank keine weiteren Transaktionen mehr zu. Daher ist es immer erforderlich, das Archivverzeichnis mit entsprechenden Mitteln zu überwachen und die archivierten Dateien in regelmäßigen Abständen auf Band zu sichern und zu löschen.

Speziell bei großen Data-Warehouse-Systemen, bei denen während der Ladephase unter Umständen zig Gigabyte an Daten anfallen, wird daher teilweise auf eine Archivierung verzichtet. In diesem Fall stehen die Daten jedoch in den Quellsystemen zur Verfügung, so dass sich die Transaktionen verhältnismäßig einfach wieder herstellen lassen.

Allerdings bleibt dann die Frage ungeklärt, wie das Data-Warehouse-System überhaupt gesichert wird. Bei der Größe solcher Systeme von durchaus etlichen Terabyte dauert die Sicherung viele Stunden, und eine Online-Sicherung ist wiederum nur bei eingeschalteter Archivierung möglich. Ausweg aus dem Dilemma kann sein, dass man Ladeoperationen als „NOLOGGING" ausführt, d. h. gar nicht erst Redolog-Informationen generiert, oder alternativ ein Snapshot- oder Split-Mirror-Verfahren über eine Hardwarespiegelung.

Generell brauchen für die Archivierung derzeit keine weiteren Parameter gesetzt zu werden, da es jeweils Standardverzeichnisse bzw. Namen gibt. Wie immer, sind diese Standards jedoch nicht unbedingt optimal, daher sollten Sie sich vor allen Dingen die Lage der Dateien (Serverparameter `log_archive_dest_n`) näher ansehen. Wie für alle Oracle-Datenbankdateien lautet das Standardverzeichnis `$ORACLE_HOME/dbs` unter Unix bzw. `%ORACLE_HOME%\database` unter Windows. Das ist sicherlich nicht das optimale Verzeichnis!

Sollte der Parameter `db_recovery_file_dest` gesetzt sein, so ist dies auch gleichzeitig das Standardverzeichnis für die Archivierung. Dieses Verzeichnis kann für unterschiedliche Anforderungen (Backup, Flashback-Database, Archivierung) benutzt werden und hat im Gegensatz zu einem „normalen“ Verzeichnis den Vorteil, dass die Größe bzw. Existenz von der Instanz überwacht wird. Um diesen Parameter zu nutzen, muss außerdem der Parameter `db_recovery_file_dest_size` gesetzt werden.

Damit ist es in der Regel, z. B. wenn Sie die Datenbank mit dem „Database Configuration Assistant“ angelegt haben, ganz einfach, die Archivierung zu aktivieren. Dafür muss die Datenbank ordentlich geschlossen und anschließend im „Mount“-Status hochgefahren werden.

```
SQL> SHUTDOWN IMMEDIATE
...
SQL> STARTUP MOUNT
...
SQL> ALTER DATABASE ARCHIVELOG;

Database altered.

SQL> ALTER DATABASE OPEN;

Database altered.

SQL>
```

Jetzt ist die Archivierung aktiv, d. h., bei jedem Logswitch wird eine neue archivierte Redolog-Datei erstellt. Über einen forcierten Logswitch kann überprüft werden, ob entsprechende Dateien geschrieben werden.

```
SQL> ALTER SYSTEM SWITCH LOGFILE;
```

Den derzeitigen Status kann man sich mit dem folgenden Befehl ansehen:

```
SQL> ARCHIVE LOG LIST
Database log mode              Archive Mode
Automatic archival             Enabled
Archive destination            USE_DB_RECOVERY_FILE_DEST
Oldest online log sequence     16
Next log sequence to archive   18
Current log sequence           18
```

Da dieser Befehl nur über SQL*Plus vom SYSDBA benutzt werden kann, gibt es außerdem die Möglichkeit, über die Views `v$instance` und `v$database` den Status abzufragen.

In dieser Konfiguration, d. h. mit der Verwendung von USE_DB_RECOVERY_FILE_DEST, wird eine spezielle Struktur für die Lage der Dateien angelegt. Zunächst wird unterhalb des Basisverzeichnisses (also z. B. /u04/orabackup/fastrecoveryarea) ein Unterverzeichnis mit dem Namen der Instanz angelegt (hier PRD11G2), darunter wiederum wird ein Verzeichnis archivelog angelegt und dann jeden Tag ein entsprechendes Verzeichnis mit dem aktuellen Datum (also z. B. 2010_01_14). Erst darunter befinden sich die archivierten Redolog-Dateien als *Oracle Managed Files* mit den dafür typischen Dateinamen der Form o1_mf_<t>_<s>_<g>_.arc. Dabei steht <t> für den Thread (außer bei Oracle Real Application Clusters lautet die Thread-Nummer immer „1"), <s> für die Log Sequence und <g> für eine generierte achtstellige Zeichenfolge.

Auch wenn der Oracle Recovery Manager in der Lage ist, die Dateien und Verzeichnisse zu verwalten (nicht mehr benötigte Dateien und Verzeichnisse werden beispielsweise automatisch gelöscht), kann es sinnvoll sein, von dieser Struktur abzuweichen und stattdessen ein eigenes Verzeichnis und eine eigene Benennung der Dateien anzugeben. Allerdings entfällt dabei die Möglichkeit, dass der freie Platz von der Oracle-Instanz überwacht wird.

Es gibt eine Reihe von Parametern, mit denen die Archivierung eingestellt werden kann (entgegen früheren Versionen wird dabei nicht mehr zwischen der Enterprise Edition und der Standard Edition unterschieden).

1. log_archive_dest_1..31: Mit diesem Parameter wird angegeben, wohin die Archivierung erfolgen soll. Dabei kann es sich um ein einfaches Verzeichnis („LOCATION=") oder um eine entfernte Instanz („SERVICE=") handeln. Über weitere Optionen kann z. B. festgelegt werden, ob es sich um eine zwingende („MANDATORY") oder optionale („OPTIONAL") Speicherung handelt. Andere – speziell bei entfernten Instanzen nützliche – Optionen geben an, wie oft ein Retry („REOPEN") durchgeführt werden soll. Eine Reihe von weiteren Parametern (speziell auch für Oracle Data Guard) vervollständigt die Möglichkeiten. Hilfreich ist auch der Parameter „COMPRESSION=ENABLE", allerdings sollten Sie beachten, dass Sie dafür im Besitz der *„Advanced Compression Option"* sein müssen.
2. log_archive_dest_state_1..31: Hiermit können die einzelnen Verzeichnisse quasi ein- bzw. ausgeschaltet werden. Mit „ENABLE" wird das Verzeichnis genutzt, „DEFER" gibt an, dass eine Archivierung in das entsprechende Verzeichnis derzeit nicht aktiv ist, und „ALTERNATE" legt fest, dass es sich bei dem Verzeichnis um einen alternativen Speicherort handelt, für den Fall, dass eine Archivierung in ein anderes Verzeichnis fehlschlägt. Der Parameter impliziert das „DEFER".
3. log_archive_format: Dieser Parameter gibt die Bezeichnung der Dateien an. Eine Anzahl von Variablen erhöht hierbei die Flexibilität, dazu gehören:
   - %S bzw. %s: Log-Sequenznummer (mit Nullen achtstellig aufgefüllt bzw. unverändert)
   - %T bzw. %t: Instanz-Thread-Nummer (mit Nullen vierstellig aufgefüllt bzw. unverändert)
   - %r: Resetlogs-ID
   - %a: Activation-ID der Datenbank

Die Variablen `%s`, `%t` und `%r`, optional in der Großbuchstabenvariante, müssen angegeben werden, ansonsten wird die Fehlermeldung „ORA-19905" ausgegeben. Leider wird bei der Eingabe des Parameters über `ALTER SYSTEM SET ...` nicht geprüft, ob eine gültige Syntax benutzt wird. Da der Parameter nicht dynamisch geändert werden kann, merkt man den Fehler oft erst, wenn die Datenbank durchgestartet wird. Empfehlen würden wir auch, die Standardendung `.dbf` auf `.arc` zu ändern.

4. `log_archive_min_succeed_dest` Dieser Parameter gibt an, in wie viele Verzeichnisse archiviert worden sein muss, bevor eine Redolog-Datei als „reusable", also bereit zum Überschreiben, markiert wird.

5. `log_archive_max_processes [1 ... 30]` Dieser Wert (Standard 4) gibt an, wie viele Prozesse maximal für die Archivierung genutzt werden können. Dabei werden die Prozesse dynamisch gestartet und beendet und sind unabhängig von der Anzahl gewählter Destinationen.

Der in älteren Versionen notwendige Parameter `log_archive_start` existiert zwar noch (und steht merkwürdigerweise auf dem Wert „FALSE"), aber er wird nicht mehr benutzt. Außerdem würden wir ab Version 11g empfehlen, die Parameter `log_archive_dest` bzw. `log_archive_duplex_dest` nicht mehr zu benutzen, da sie wesentlich weniger flexibel sind.

Das folgende Beispiel zeigt, wie die Parameter für die Archivierung inklusive der Nutzung von Oracle Data Guard (hier auf die Datenbank `STDBY`) gesetzt sein könnten:

```
SQL> ALTER SYSTEM set log_archive_format='PRD11G2_%t_%s_%r.arc' SCOPE=SPFILE;
SQL> ALTER SYSTEM set log_archive_dest_1='LOCATION=+DGDATA
                                          ALTERNATE=log_archive_dest_3 NOREOPEN';
SQL> ALTER SYSTEM set log_archive_dest_2='SERVICE=STDBY OPTIONAL REOPEN=60';
SQL> ALTER SYSTEM set log_archive_dest_3='LOCATION=/u03/oraarch/PRD11G2/';
SQL> ALTER SYSTEM set log_archive_dest_state_2=DEFER;
SQL> ALTER SYSTEM set log_archive_dest_state_3=ALTERNATE;
SQL> ALTER SYSTEM set log_archive_min_succeed_dest=1;
```

In diesem Fall wird die Archivierung standardmäßig ins ASM in die Diskgruppe `DGDATA` durchgeführt (dabei werden automatisch Oracle Managed Files verwendet). Bei der Verwendung einer alternative Lokation (`ALTERNATE=...`) ist es erforderlich, dass kein *„reopen"* auf der ursprünglichen Lokation durchgeführt wird (`NOREOPEN`), da sonst die alternative Lokation gar nicht angesprochen wird. Eine zweite Archivierung erfolgt über Oracle Net auf den Service `STDBY`, der eine Standby-Datenbank identifiziert. Diese Lokation ist allerdings noch nicht freigeschaltet (*State=Defer*). Die dritte Lokation liegt in einem normalen Betriebssystemverzeichnis. Dieses Verzeichnis wird jedoch nur dann benutzt, wenn die Archivierung ins ASM fehlschlägt.

Ein Zurückschalten von der alternativen auf die originale Lokation wird nicht automatisch durchgeführt (da die originale Lokation ja auf „NOREOPEN" steht), sondern muss über entsprechende Befehle durchgeführt werden:

```
SQL> ALTER SYSTEM set log_archive_dest_state_1=ENABLE;
SQL> ALTER SYSTEM set log_archive_dest_state_3=ALTERNATE;
```

Überprüfen kann man die archivierten Redolog-Dateien über die View `v$archived_log`. Diese View hat eine Vielzahl von Spalten, hier ein kleiner Ausschnitt:

```
SQL> SELECT name, dest_id, thread#,sequence#, is_recovery_dest_file
     FROM   v$archived_log;
```

```
NAME                                     DEST_ID    THREAD#  SEQUENCE# IS_
---------------------------------------- ---------- ---------- ---------- ---
/u04/orabackup/fastrecoveryarea/PRD11G2/          1          1         37 YES
archivelog/2010_01_15/o1_mf_1_37_5o0dbltl_.arc

/u04/orabackup/fastrecoveryarea/PRD11G2/          1          1         38 YES
archivelog/2010_01_15/o1_mf_1_38_5o0dhtwl_.arc

/u04/orabackup/fastrecoveryarea/PRD11G2/          1          1         39 YES
archivelog/2010_01_15/o1_mf_1_39_5o0dhtwj_.arc

/u04/orabackup/fastrecoveryarea/PRD11G2/          1          1         40 YES
archivelog/2010_01_15/o1_mf_1_40_5o0dhtyd_.arc

/u03/oraarch/PRD11G2/PRD11G2_1_41_708262461.arc   3          1         41 NO
/u03/oraarch/PRD11G2/PRD11G2_1_42_708262461.arc   3          1         42 NO
```

Unsere Empfehlung ist, dass man bei aktiver Archivierung mindestens sechs Redolog-Gruppen haben sollte. So kann gewährleistet werden, dass bei einem Fehler in der Archivierung ausreichend Zeit zur Verfügung steht, den Fehler zu beheben, bevor die Datenbank „stehen bleibt". Den Status der Archivierung kann man über die View `v$log` überprüfen.

```
SQL> SELECT group#, sequence#, bytes, archived, status, first_time
     FROM   v$log;

  GROUP#  SEQUENCE#      BYTES ARCHIVED STATUS     FIRST_TIME
-------- ---------- ---------- -------- ---------- -------------------
       1         58   52428800 YES      INACTIVE   15.01.2010 10:54:39
       2         59   52428800 YES      INACTIVE   15.01.2010 10:54:57
       3         57   52428800 YES      INACTIVE   15.01.2010 10:54:39
       4         60   52428800 NO       CURRENT    15.01.2010 10:55:20
       5         55   52428800 YES      INACTIVE   15.01.2010 10:54:37
       6         56   52428800 YES      INACTIVE   15.01.2010 10:54:38
```

Der Wert in der Spalte `ARCHIVED` sollte, wie im Beispiel, für alle Gruppen bis auf die aktuelle (`STATUS=CURRENT`) „YES" sein. Natürlich ist es, speziell bei großen Batchläufen, möglich, dass die Archivierung etwas Zeit benötigt. Kritisch ist, wenn mehr als die Hälfte der Redolog-Dateien nicht archiviert worden ist. Der häufigste Fehler bei der Archivierung ist, dass das Verzeichnis vollläuft. In diesem Fall stehen zwei Lösungswege zur Auswahl:

1. Die am häufigsten verwendete Methode ist, einfach die archivierten Redolog-Dateien zu löschen. Dabei sollten Sie beachten, dass dadurch eine Recovery-Lücke entsteht, d. h., sie sollten anschließend sofort ein neues Backup der Datenbank durchführen. Besser ist es, die Dateien zu sichern und erst dann zu löschen. Allerdings ist das in der Praxis in der Regel nicht machbar, da ja die Anwender nicht arbeiten können.

   Bei der Verwendung des Recovery Managers sollte das Löschen immer über diesen erfolgen, z. B. in der Form:

   ```
   RMAN> DELETE ARCHIVELOG ALL;
   ```

   Damit wird sichergestellt, dass die Informationen über das Löschen auch in den Kontrolldateien bzw. in einem Recovery-Manager-Katalog abgespeichert wird.

2. Als Alternative kann die Lokation jederzeit auf ein anderes Verzeichnis umgestellt werden. Vorteil ist, dass danach in Ruhe ein Backup der Archivdateien durchgeführt werden kann und somit keine Recovery-Lücke entsteht. Allerdings muss natürlich ein entsprechendes Verzeichnis vorhanden sein. Über die bereits erwähnte „ALTERNATE"-Option kann dieses Verzeichnis auch direkt mit eingetragen sein. Zu beachten ist, dass nach der erfolgten Umschaltung und Bereinigung des ursprünglichen Verzeichnisses auch wieder auf die alte Lokation zurückgeschaltet werden sollte.

Wenn Sie die Recovery-File-Destination verwenden, also `LOCATION=USE_DB_RECOVERY_FILE_DEST`, sollten Sie beachten, dass die Größe nicht durch das zugehörige Filesystem, sondern durch den Parameter `db_recovery_file_dest_size` limitiert ist.

8.5 Sicherung und Wiederherstellung

Bei der Wiederherstellung einer Datenbank unterscheidet man zwischen dem Rücksichern der Datenbankdateien und dem Wiederherstellen des Datenbankinhalts.

Beim Rücksichern werden die betroffenen Dateien (Daten-, Kontroll-, Redolog-Dateien) aus einer physikalischen Sicherung heraus an die entsprechende Stelle eingespielt. Die Dauer dieser Aktion ist also ausschließlich von den I/O-Zeiten (Festplatte, Controller, Bandlaufwerk) abhängig.

Bei der Wiederherstellung wird über die Informationen aus den Redolog-Dateien zunächst ein Roll-forward aller Transaktionen durchgeführt. Da in den Redolog-Dateien auch nicht abgeschlossene Transaktionen gespeichert werden, erfolgt danach ein Rollback aller offenen Transaktionen. Die hierzu notwendigen Informationen sind in den Undo-Segmenten vorhanden, die durch den Roll-forward ebenfalls wiederhergestellt worden sind.

Im Folgenden sollen die Schritte dargestellt werden, die im Fehlerfall vom Datenbankadministrator durchzuführen sind. Das Oracle-System bietet vielfältige Möglichkeiten der Wiederherstellung, die in den meisten Fällen alternativ angewendet werden können. In der Regel wird man die Variante wählen, die die kürzeste Ausfallzeit der Datenbank bei größter Fehlertoleranz mit sich bringt. Dazu ist, trotz der sicherlich herrschenden Eile im Fehlerfall, eine genaue Fehleranalyse notwendig, um die geeignete Strategie zur Wiederherstellung festlegen zu können.

Verschiedene Fehlerfälle, die in der Praxis sicherlich auch in Kombination auftreten, werden anschließend mit entsprechenden Lösungen erläutert.

8.5.1 Fehleranalyse

Um das Ziel der schnellstmöglichen Fehlerbehebung zu erreichen, dürfen nur die Komponenten der Datenbank zurückgespielt werden, die auch tatsächlich durch einen Plattenfehler oder einen Anwenderfehler beschädigt worden sind. Dazu bedarf es einer eingehenden Fehleranalyse.

Der Datenbankadministrator wird einen Fehler sehr wahrscheinlich vom Anwender gemeldet bekommen. Die Qualität der Fehlermeldung kann dabei sehr unterschiedlich sein, von „die Datenbank läuft nicht mehr" bis zu einer konkreten Oracle-Fehlermeldung. Aufgabe des DBA ist es nun zu überprüfen, ob die Datenbank noch läuft, ob eventuell „nur“ Probleme mit dem Archivieren aufgetreten sind oder aber tatsächlich eine Beschädigung einer Platte vorliegt. Prinzipiell kann man davon ausgehen, dass bei einem Plattenfehler eine entsprechende Fehlermeldung in der Alert-Datei der Datenbank existiert.

```
Read of datafile '/u03/oradata/PRD11G2/users01.dbf' (fno 4) header
failed with ORA-01210
Hex dump of (file 4, block 1) in trace file
/u01/app/oracle/diag/rdbms/prd11g2/PRD11G2/trace/PRD11G2_ora_738.trc
Corrupt block relative dba: 0x01000001 (file 4, block 1)
Fractured block found during datafile header read
Data in bad block:
 type: 0 format: 0 rdba: 0x00000000
 last change scn: 0x0000.00000000 seq: 0x0 flg: 0x00
 spare1: 0x0 spare2: 0x0 spare3: 0x0
 consistency value in tail: 0x00000000
 check value in block header: 0x0
 block checksum disabled
Rereading datafile 4 header failed with ORA-01210
2010-01-15 12:10:33.707000 +01:00
Checker run found 1 new persistent data failures
```

In diesem Beispiel ist zu erkennen, dass die Datei `/u03/oradata/PRD11G2/users01.dbf` korrupt ist.

Als Nächstes muss herausgefunden werden, warum dieser Fehler aufgetreten ist. Der Ausfall einer Festplatte ist wesentlich leichter zu beheben als die in diesem Fall aufgetretene Korruption einer Datei. In diesem Fall muss zunächst eine eingehende Untersuchung des Filesystems (in dem vielleicht noch andere Datenbankdateien liegen) erfolgen. Erst wenn diese Untersuchung ein Resultat liefert (z. B. Fehler des I/O-Controllers, Festplattenfehler oder logischer Fehler), kann eine entsprechende Lösung erfolgen (z. B. eine neue Festplatte einbauen, Dateien auf ein anderes Filesystem verschieben oder durch Einschränkung von Rechten im Dateisystem dafür sorgen, dass kein Benutzer unbeabsichtigt eine Datenbankdatei zerstören kann).

Wenn die Instanz nicht mehr zur Verfügung steht und eine Platte ausgefallen ist, muss herausgefunden werden, welche Komponenten auf dieser Platte lagen. Sobald die Instanz in den Status MOUNT gestartet werden kann, kann dies über die Views `v$datafile` und `v$tablespace` geschehen.

Ein weiterer Anlass für die Wiederherstellung einer Datenbank kann ein Anwenderfehler oder ein Programmfehler sein. So könnte zum Beispiel versehentlich eine Tabelle gelöscht worden sein. Da es sich hierbei um logische Fehler handelt, ist eine Lösung in diesem Fall komplexer. Für die reine Wiederherstellung der Datenbank werden durch die Flashback-Funktionalität und den LogMiner entsprechende Hilfsmittel bereitgestellt.

8.5.2 Wiederherstellungsstrategie

Ist der Fehler eingekreist, kann eine Wiederherstellungsstrategie festgelegt werden. Dafür sind folgende Punkte zu berücksichtigen:

1. Welche Teile der Datenbank müssen von Band zurückgespeichert werden?
2. Ist von diesen Komponenten der Tablespace SYSTEM oder ein Tablespace mit aktiven Undo-Segmenten betroffen?

3. Sind alle Voraussetzungen für eine vollständige Wiederherstellung gegeben?
4. Soll eine vollständige Wiederherstellung durchgeführt oder muss die Datenbank auf einen früheren Zeitpunkt zurückgesetzt werden?
5. Können Teile der Datenbank auf einen früheren Zeitpunkt zurückgesetzt werden?

Nach der Beantwortung dieser Fragen kann die Wiederherstellung gestartet werden. Verschiedene Fehlerfälle werden im Folgenden behandelt, wobei immer nur der Verlust einzelner Komponenten besprochen wird. Da es in der Praxis häufig zu Kombinationen dieser Fehler kommt, muss die Wiederherstellung auf die Komponente der Datenbank ausgerichtet werden, die die meisten Einschränkungen mit sich bringt. Um die Datenbank möglichst schnell wieder verfügbar zu machen, auch wenn eventuell ein einzelner Tablespace dann noch nicht zugreifbar ist, kann sich auch eine Wiederherstellung in mehreren Schritten anbieten.

Instanzwiederherstellung, Prozess- und Netzwerkfehler

Das Oracle-System besitzt interne Mechanismen, die eine Wiederherstellung einer Datenbank nach Fehlersituationen wie Stromausfall, Netzwerkfehler oder Absturz eines einzelnen Prozesses automatisch bereinigen.

Der Hintergrundprozess *SMON* ist für die Konsistenz der Datenbank insgesamt verantwortlich. Nach einem Systemabsturz, egal ob durch Stromausfall, Fehlbedienung oder Hardware-Fehler bedingt, ist es beim Neustart des Oracle-Systems Aufgabe des SMON, Inkonsistenzen festzustellen und automatisch eine Instanzwiederherstellung durchzuführen. Dazu werden zunächst in der *„Roll-forward-Phase“* alle Transaktionen aus den noch nicht abgeschlossenen Redolog-Dateien nachgefahren. Anschließend wird die Datenbank geöffnet und steht wieder zur Verfügung. Noch offene Transaktionen werden als *„dead“* gekennzeichnet und im Folgenden in der *„Rollback-Phase“* durch den SMON oder einen Benutzerprozess, der auf entsprechende Einträge trifft, zurückgerollt.

In der Alert-Datei stellt sich dieser Vorgang wie folgt dar:

```
ALTER DATABASE OPEN
Beginning crash recovery of 1 threads
 parallel recovery started with 3 processes
Started redo scan
Completed redo scan
 read 142 KB redo, 58 data blocks need recovery
Started redo application at
 Thread 1: logseq 63, block 4890
Recovery of Online Redo Log: Thread 1 Group 3 Seq 63 Reading mem 0
  Mem# 0: /u03/oradata/PRD11G2/redo03.log
Completed redo application of 0.07MB
Completed crash recovery at
 Thread 1: logseq 63, block 5175, scn 1153345
 58 data blocks read, 58 data blocks written, 142 redo k-bytes read
```

Wenn ein Hintergrundprozess (Serverprozess) abgebrochen wird, z. B. durch ein einfaches „`kill -9 PID`“, dann sorgt der PMON dafür, dass offene Transaktionen wieder zurückgerollt und Sperren wieder freigegeben werden. Eine abnormale Beendigung des Vordergrundprozesses (Clientprozess), z. B. durch Ausschalten des PC, kann über die *„Dead Connection Detection“* von Oracle Net oder eine entsprechende Konfiguration des

Netzwerks überwacht werden. In diesem Fall erkennt der Serverprozess selbst, dass der Clientprozess nicht mehr existiert, und beendet sich ordnungsgemäß.

Bei den hier beschriebenen Fehlertypen ist also keine weitere Aktivität des Datenbankadministrators nötig, sondern die Wiederherstellung wird automatisch durchgeführt.

Wiederherstellung von Medienfehlern

Der Begriff Wiederherstellung von Medienfehlern beschreibt die Wiederherstellung von Datenbanken oder einzelnen Dateien nach Beschädigung einer Platte bzw. einer Datenbank-Datei. In diesen Fällen muss oft zunächst ein Hardware-Fehler behoben werden. Dann werden über ein Restore die fehlenden oder fehlerhaften Dateien aus einer Sicherung zurückgelesen. Alternativ kann eine Wiederherstellung auf ein anderes Filesystem bzw. eine andere Festplatte erfolgen. Nachdem die Dateien zurückgespielt worden sind, kann dann die entsprechende Wiederherstellung durchgeführt werden.

Zu diesen Medienfehlern gehören:

- Verlust von Dateien eines Daten-Tablespace oder des SYSAUX-Tablespace

  Der Verlust der Dateien eines Daten-Tablespaces führt nicht zum Absturz der Instanz, jedoch wird ein Anwender, der auf Daten aus diesem Tablespace zugreift, eine Fehlermeldung bekommen, die einen Schreib-/Lesefehler für die Datei anzeigt. Ähnliches gilt für das SYSAUX-Tablespace. Jobs, wie zum Beispiel die automatische Generierung von Statistikinformationen, werden fehlschlagen, und diese Information wird in der Alert-Datei protokolliert.

  Die Wiederherstellung des Tablespace kann im laufenden Betrieb des Oracle-Systems durchgeführt werden. Anwendungen, die auf andere Bereiche der Datenbank zugreifen, können dabei ohne Einschränkung weiterarbeiten. Die Wiederherstellung kann für den kompletten Tablespace oder eine spezifische Datendatei erfolgen.

- Verlust von Dateien eines Index-Tablespace

  Prinzipiell ist es für ein Restore und Recovery unerheblich, ob es sich um Daten oder Indizes handelt. Dennoch kann es u. U. bei einem Index-Tablespace sinnvoller sein, den Tablespace und die Indizes mit den entsprechenden Create-Befehlen neu anzulegen. Dafür müssen natürlich die entsprechenden Skripte vorhanden sein.

- Verlust von Dateien des SYSTEM-Tablespace

  Der Tablespace SYSTEM beinhaltet das Data Dictionary und damit zentrale Informationen, ohne die ein Oracle-System nicht lauffähig ist. Die Instanz ist so nicht mehr nutzbar und wird, so sie noch nicht von einem internen Prozess beendet wurde, durch ein SHUTDOWN ABORT heruntergefahren.

  Nachdem die Datenbank wieder gemountet wurde (`STARTUP MOUNT`), kann eine Wiederherstellung auf Tablespace- oder Datendateiebene durchgeführt werden. Anschließend kann die Datenbank wieder geöffnet werden.

- Verlust von Dateien des Undo-Tablespace

  Dieser Tablespace ist ebenso kritisch wie der SYSTEM-Tablespace. Hinzu kommt, dass Fehler in diesem Tablespace leicht zu einer Korruption der gesamten Datenbank führen können. Nur über die Informationen der Undo-Segmente kann ein fehlerfreies Rollback offener Transaktionen durchgeführt werden.

Prinzipiell gilt für den Undo-Tablespace die gleiche Vorgehensweise wie beim SYSTEM-Tablespace. Da der Tablespace offene Undo-Segmente enthält, ist eine Fehlerbehebung im laufenden System nicht möglich. Die Datenbank muss heruntergefahren und die Wiederherstellung im Mount-Status durchgeführt werden.

- Verlust der Online-Redolog-Dateien

  Der Verlust der Online-Redolog-Dateien ist einer der schlimmsten Fälle. Die Instanz stürzt ab, da der LGWR-Prozess Informationen aus dem Log-Puffer nicht mehr auf Platte schreiben kann. Alle Transaktionen, die in einer aktiven Redolog-Datei protokolliert sind, gehen verloren. Es ist einer der Fälle, die zu einer unvollständigen Wiederherstellung der Datenbank führen.

  Werden lediglich so viele Member aus Redolog-Gruppen verloren, so dass jede Gruppe noch mindestens einen verbleibenden und intakten Member hat, zählt dies nicht unmittelbar als Verlust – die Instanz wird weiter funktionieren, und die Datenbank bleibt konsistent. Erst wenn eine Gruppe vollständig verloren ist, tritt der hier betrachtete schlimmste Fall ein.

  Die Fehlermeldung in der Alert-Datei kann wie folgt aussehen:

```
Errors in file
/u01/app/oracle/diag/rdbms/prd11g2/PRD11G2/trace/PRD11G2_arc0_5352.trc:
ORA-00313: open failed for members of log group 1 of thread 1
ORA-00312: online log 1 thread 1: '/u03/oradata/PRD11G2/redo01.log'
ORA-27037: unable to obtain file status
Linux-x86_64 Error: 2: No such file or directory
Additional information: 3
```

  Zur Vermeidung dieses Falles ist es, wie bei der Vorbereitung der Datenbank beschrieben, unbedingt anzuraten, die Redolog-Dateien entweder mit Oracle-Mitteln (mehrere Member pro Gruppe) oder über das Betriebssystem bzw. den Platten-Controller zu spiegeln.

- Verlust der archivierten Redolog-Dateien

  Der Verlust der archivierten Redolog-Dateien ist zunächst nicht kritisch. Diese werden ja nur für den Fall gebraucht, dass die Datenbank durch Beschädigung einer Komponente wiederhergestellt werden muss. Kritisch würde die Situation, wenn zudem Teile der Datenbank beschädigt würden. Wenn das gesamte Archivverzeichnis betroffen ist, sollte ein entsprechendes Monitoring melden, dass nicht mehr archiviert werden kann (z. B. ein entsprechender Eintrag in der Alert-Datei). Falls nur einzelne Dateien betroffen sind, wird dies unter Umständen gar nicht bemerkt, es sei denn, dass der Recovery Manager für das Backup der Datenbank und archivierten Redolog-Dateien eingesetzt wird. In diesem Fall meldet der RMAN einen entsprechenden Fehler.

```
RMAN-00571: ===========================================================
RMAN-00569: =============== ERROR MESSAGE STACK FOLLOWS ===============
RMAN-00571: ===========================================================
RMAN-03002: failure of backup plus archivelog command at 01/15/2010 14:25:35
RMAN-06059: expected archived log not found, loss of archived log
compromises recoverability
```

```
ORA-19625: error identifying file
/u04/orabackup/fastrecoveryarea/PRD11G2/archivelog/2010_01_15/
 o1_mf_1_14_5o0v60o7_.arc
ORA-27037: unable to obtain file status
Linux-x86_64 Error: 2: No such file or directory
Additional information: 3
```

Sollte zu dem Verlust der archivierten Redolog-Dateien noch eine Beschädigung der Datenbank hinzukommen, kann nur eine unvollständige Wiederherstellung ausgeführt werden, da dann keine ununterbrochene Kette seit der letzten Sicherung mehr verfügbar ist. Wenn das gesamte Archivverzeichnis betroffen ist, sollte die Archivierung auf ein anderes Verzeichnis umgeleitet werden. Außerdem muss sofort eine Sicherung der Datenbank durchgeführt werden.

Anwenderfehler

Anwenderfehler sind aus Sicht der Wiederherstellung sehr problematisch. Bezeichnet wird damit vor allen Dingen das unbeabsichtigte Löschen oder Ändern von Datensätzen bzw. ganzen Tabellen. Je nachdem, ob und wie die Datenbank auf die Wiederherstellung vorbereitet ist, ist ein solcher Fehler schneller oder langsamer zu beheben. Es muss aber immer damit gerechnet werden, dass sich durch diesen Fehler logische Inkonsistenzen ergeben. Als Beispiel sei eine Anwendung genannt, die die Anwendungslogik vollständig in einem Applikationsserver abbildet und daher in der Datenbank auf die Verwendung von Beziehungen zwischen Tabellen (*Foreign Key*) verzichtet (z. B. SAP/R3). Das unbeabsichtigte Leeren einer Tabelle (`TRUNCATE TABLE`) kann nur über eine Rücksicherung der Tabelle wieder hergestellt werden. Dieses Backup ist jedoch nicht zeitaktuell, so dass abhängige Tabellen unter Umständen Einträge haben, die auf nicht mehr existierende Daten dieser Tabelle verweisen. Bei diesem Beispiel wird wieder einmal deutlich, wie wichtig die Verwendung von Constraints ist. In diesem Fall wäre das Leeren einer Tabelle, auf die von anderen Tabellen verwiesen wird, gar nicht erst möglich.

```
SQL> TRUNCATE TABLE personen;
                    *
ERROR at line 1:
ORA-02266: unique/primary keys in table referenced by enabled foreign keys
```

Die Lösung dieses Fehlers hängt im Wesentlichen von der Fehlerursache ab:

- Fehlerhafte Batch-Jobs

  Bei Batch-Jobs (inklusive Spezialfällen von Batch-Jobs wie Datenmodell-Upgrades) kann es zu schwer korrigierbaren Fehlern kommen. Oft weiß man schon im Vorfeld, dass diese Gefahr besteht. Daher empfiehlt es sich, in diesem Fall vorsorglich Exports der betroffenen Tabellen zu machen oder Kopien an anderer Stelle in der Datenbank. In diesem Fall ist eine Rücksicherung sehr einfach durch ein `RENAME` möglich und der alte Zustand schnell wieder hergestellt. Die weiter unten besprochene Flashback-Database-Funktion kann hier ebenfalls weiterhelfen.

- Anwenderfehler DML-Operationen

  Der Zustand von Datensätzen vor DML-Operationen wird im Undo-Tablespace für eine gewisse Zeit in Form der *Before Images* gespeichert, so dass über die Flashback-Table-Funktion der alte Zustand wieder hergestellt werden kann. Sind die Daten nicht mehr im UNDO-Tablespace, kann alternativ der *LogMiner* benutzt werden, um die Daten aus den Redolog-Dateien zu lesen.

- Anwenderfehler `DROP TABLE`

  Ab Oracle 10g wird mit dem Befehl `DROP TABLE` die Tabelle in der Regel nicht gelöscht, sondern umbenannt und landet im *Recyclebin*. Wie beim Papierkorb von MS-Windows steht die Tabelle damit weiterhin zur Verfügung und kann über die Flashback-Table-Funktion wieder hergestellt werden.

- Anwenderfehler `TRUNCATE TABLE`

  Dieser Befehl wird zurzeit nicht über den *Recyclebin* abgesichert, so dass in diesem Fall, genau wie bei einem `DROP TABLE` ohne *Recyclebin*, eine aufwendige Wiederherstellung durchgeführt werden muss. Das kann z. B. eine Tablespace-Point-in-Time-Recovery, ein Flashback-Database oder aber der Export der Tabelle aus einer Klondatenbank sein. Die Verfahren für Flashback-Database und Tablespace-Point-in-Time-Recovery werden später beschrieben.

8.6 Der Recovery Manager

Nachdem Oracle viele Jahre keinerlei Werkzeuge für die Sicherung der Datenbank mitgeliefert hatte, gibt es seit Oracle 8 den Recovery Manager. Mit ihm ist es möglich, alle relevanten Datendateien aus der Sicht der Datenbank heraus zu sichern und wiederherzustellen. Dabei unterstützt er alle möglichen Konfigurationen, z. B. Online- oder Offline-Sicherung, inkrementelle Sicherung, vollständige Wiederherstellung (bis zur letzten Transaktion) sowie unvollständige Wiederherstellung. Bedient wird der Recovery Manager über eine grafische Erweiterung des Enterprise Managers oder über das Kommandozeilenwerkzeug *RMAN*, das sich auch für die Batch-Verarbeitung über die *crontab* unter Unix oder den MS-Windows AT-Befehl eignet.

Der RMAN kann entweder interaktiv oder mit Skripten über die Option `CMDFILE` benutzt werden. Es gibt diverse Befehle für Backup, Recovery, Restore oder auch Reporting und Abgleiche zwischen Datenbank und Recovery-Manager-Katalog. Ursprünglich wurden Kommandos zur Sicherung bzw. Rücksicherung immer in *RUN*-Blöcken zusammengefasst. Auch wenn diese Methode immer noch funktioniert und bei komplexen Skripten (z. B. Rücksicherung der kompletten Datenbank von einem Bandlaufwerk) auch noch erforderlich ist, kann der RMAN durch eine Vorkonfiguration heute wesentlich einfacher genutzt werden. Dafür wird Konfiguration die (z. B. wohin soll gesichert werden, was soll gesichert werden) einmalig in der Kontrolldatei der entsprechenden Datenbank eingetragen. Ist diese Konfiguration einmal eingetragen, reicht ein einfacher Befehl (z.B: `BACKUP DATABASE`), um die Datenbank zu sichern.

Um nicht zwischen SQL- und RMAN-Werkzeug wechseln zu müssen, hat der RMAN einen SQL-Interpreter und beherrscht außerdem die Standardbefehle für die Administration der Datenbank (z. B. `STARTUP` und `SHUTDOWN`).

Die Sicherung erfolgt entweder auf die Festplatte oder über eine Media Management Library (MML[1]) auf ein Bandgerät. Der entscheidende Vorteil des Recovery Mana-

1 MML = Media Management Library, eine Laufzeitbibliothek zur Ansteuerung von Media Management-Werkzeugen, wie Tivoli Storage Manager mit Tivoli Data Protection for Oracle, Legato Networker, Oracle Secure Backup, Quest LiteSpeed Engine for Oracle etc.

gers gegenüber selbst geschriebenen Sicherungsmethoden (Shell-Skripte usw.) ist zum einen die Integration in die Oracle-Datenbank, d. h., es werden alle datenbankrelevanten Informationen direkt aus den Kontrolldateien gelesen, und zum anderen die Schnittstelle zur Sicherungssoftware. Dadurch kann zum Beispiel nach der erfolgreichen Sicherung der archivierten Redolog-Dateien ein automatisches Löschen dieser Dateien veranlasst werden.

Außerdem ermöglicht der Recovery Manager die Online-Sicherung einer Datenbank, ohne die einzelnen Tablespaces in den `BEGIN BACKUP`-Modus setzen zu müssen. Erreicht wird dies durch eine Checksumme für die einzelnen Datenbankblöcke, so dass eine Konsistenz jederzeit gewährleistet ist. Das aufwendige *Full Block Logging*, das gerade in großen Datenbanken für erheblich mehr Redolog-Informationen sorgt, entfällt somit.

8.6.1 Architektur

Die Sicherung und das Wiedereinspielen einer Datenbank oder von Teilen davon geschieht mit dem Befehl `RMAN` und zusätzlichen Parametern. Als Kommandozeile kann dieser Befehl von jedem Client aus gestartet werden, in der Regel wird er jedoch auf dem gleichen System gestartet, auf dem die zu sichernde Datenbank liegt. Alternativ kann natürlich auch *Oracle Database Control* benutzt und die Konfiguration über entsprechende Wizards durchgeführt werden.

In jedem Fall sollte man sich aber mit der Kommandozeile auskennen. Im Fall, dass eine kritische Datenbank einen Fehler hat und zurückgesichert werden muss, kann man nicht unbedingt davon ausgehen, dass man eine schöne grafische Oberfläche zur Verfügung hat. Für die einfache Sicherung genügt die Eingabe:

```
% rman target sys/<PWD>@PRD11G2
RMAN> BACKUP DATABASE PLUS ARCHIVELOG DELETE INPUT;
```

Damit wird die gesamte Datenbank inklusive der angefallenen archivierten Redolog-Dateien in mehreren so genannten Backup-Sets gesichert, und es können beliebige Teile wieder hergestellt werden. Als *Target* (Ziel) wird dabei die Datenbank bezeichnet, von der ein Backup durchgeführt werden soll. Die Anmeldung an die entsprechende Datenbank erfolgt automatisch mit dem Systemprivileg *SYSDBA*. Durch die *DELETE INPUT*-Klausel werden alle archivierten Redolog-Dateien nach der Sicherung automatisch gelöscht.

Die Informationen über zu sichernde Dateien und eine Historie der letzten Sicherungen (z. B. für eine inkrementelle Sicherung) erhält der Recovery Manager aus den Kontrolldateien. Da während des Backups der Datenbank an dieser auch Strukturänderungen durchgeführt werden können (z. B. durch Hinzufügen eines Tablespace oder einer Datendatei), muss sichergestellt werden, dass es einen definierten Zustand zum Sicherungszeitpunkt gibt. Dies erfolgt durch eine Kopie der Kontrolldatei als *Snapshot Controlfile*. Standardmäßig wird diese Datei an folgender Stelle angelegt:

- unter Unix/Linux im Verzeichnis `$ORACLE_HOME/dbs` mit dem Namen `snapcf_<ORACLE_SID>.f`;
- unter MS-Windows im Verzeichnis `%ORACLE_HOME%\database` mit dem Namen `SNCF<ORACLE_SID>.ORA`. angelegt.

Natürlich kann der Name bzw. die Lage jederzeit über einen RMAN-Befehl geändert werden:

```
RMAN> CONFIGURE SNAPSHOT CONTROLFILE NAME TO ...;
```

Zu beachten ist jedoch, dass diese Datei nicht mitgesichert werden soll, d. h., der Snapshot sollte besser nicht im Backup-Verzeichnis liegen. Im schlimmsten Fall kann diese Kontrolldatei auch als Basis für ein Recovery benutzt werden (aber bitte nur im äußersten Notfall).

Sollten archivierte Redolog-Dateien bei einer Sicherung nicht zur Verfügung stehen (siehe auch Abschnitt 8.5.2, dort unter „Medienfehler"), dann wird dies vom Recovery Manager angemerkt, und es muss erst einmal ein Abgleich der Kontrolldateien erfolgen. Dies geschieht mit dem Befehl:

```
RMAN> CROSSCHECK ARCHIVELOG ALL;
```

Um eine Datenbank mit dem Recovery Manager sichern zu können, muss es möglich sein, sich mit dem *SYSDBA*-Privileg an die Datenbank anzumelden. Das bedeutet, dass für Anmeldungen über Oracle Net der Serverparameter `remote_login_passwordfile` auf `exclusive` oder `shared` gesetzt sein muss, und es muss eine Passwortdatei existieren. In der zu sichernden Datenbank wird dann einem Benutzer (z. B. *SYSTEM*) mit dem Befehl `GRANT SYSDBA TO ...` das SYSDBA-Privileg zugewiesen. Damit kann man sich mit dem Recovery Manager an die entsprechende Datenbank anmelden, zum Beispiel mit dem Befehl:

```
% rman TARGET system/manager@PRD11G2
```

Wie auch mit SQL*Plus kann eine lokale Anmeldung auch ohne Angabe von Benutzer und Passwort erfolgen. Wichtig ist, dass die Option `AS SYSDBA` impliziert ist, also nicht extra angegeben werden muss.

Der Recovery Manager ist abwärtskompatibel, d. h., Sie können mit dem Recovery Manager der Version 11g ältere Datenbanken sichern, nicht jedoch mit dem Recovery Manager der Version 10g eine Oracle 11g-Datenbank.

Was wird gesichert?

Mit dem Recovery Manager können verschiedene Objekte einer Datenbank entweder als einzelnes Objekt oder in einem Backup-Set gesichert werden. Je nach Verfahren (Online oder Offline, Full oder Incremental, Datafile-Copy oder Backup-Set) werden damit mehr oder weniger Dateien erstellt, die entweder auf eine andere Platte oder auf ein Bandlaufwerk gesichert werden. In den vielen Unternehmen wird die Datenbank insgesamt gesichert, und zusätzlich werden von Zeit zu Zeit die archivierten Redolog-Dateien und die Kontrolldateien gesichert. Es kann aber auch Szenarien geben, in denen es Sinn macht, Teile der Datenbank zu unterschiedlichen Zeiten zu sichern, also zum Beispiel einen sehr kritischen Tablespace einmal täglich, aber den Rest der Datenbank wöchentlich.

Folgende Dateitypen können mit dem Befehl BACKUP gesichert werden:

- `ARCHIVELOG`: Es werden die archivierten Redolog-Dateien gesichert. Üblich ist hier die Syntax `BACKUP ARCHIVELOG ALL`.
- `BACKUPSET`: Es wird ein bereits gesichertes Backup-Set z. B. auf ein Tape-Laufwerk gesichert.

- CONTROLFILECOPY: Sichert eine Kopie der Kontrolldatei (nicht die Kontrolldatei selbst!).
- CURRENT CONTROLFILE: Mit diesem Befehl wird die tatsächliche Kontrolldatei gesichert.
- DATABASE: Dies ist sicherlich der meist benutzte Befehl zur Sicherung der Datenbank. Mit dem Befehl BACKUP DATABASE PLUS ARCHIVELOG werden die gesamte Datenbank und alle archivierten Redolog-Dateien gesichert.
- DATAFILE: Sichert entsprechende Datendateien.
- RECOVERY AREA bzw. DB_RECOVERY_FILE_DEST: Damit wird der Inhalt der Fast Recovery Area gesichert (z. B. als separate Sicherung auf ein Tape-Laufwerk).
- RECOVERY FILES: Sichert alle Dateien, die für ein Recovery gebraucht werden könnten (Backup-Sets, archivierte Redolog-Dateien, Kontrolldateien, Kopien von Datendateien).
- SPFILE: Sicherung der Serverparameterdatei (spfile).
- TABLESPACE: Sichert entsprechende Tablespaces.

Die hier gezeigten Befehle können auch miteinander kombiniert und erweitert werden. Anstelle der Namen für Datendateien und Tablespaces können auch deren Nummern (aus v$datafile bzw. v$tablespace) angegeben werden.

Sicherungstypen

Der Recovery Manager kennt zwei unterschiedliche Sicherungsverfahren. Zum einen die einfache Kopie der Datendateien, z. B. für den Aufbau einer Standby-Datenbank, und zum anderen den Aufbau von Backup-Sets. Ein Backup-Set stellt sich auf Betriebssystemebene als einzelne Datei dar und enthält meist mehrere Daten- oder Redolog-Dateien. Der Inhalt eines Backup-Sets ist zwar nicht komprimiert, seine Größe ist aber oft viel kleiner als die Gesamtgröße der enthaltenen Dateien. Das kommt daher, dass in Backup-Sets ausschließlich mit Daten-, Index- oder sonstigen wichtigen Strukturen belegte Blöcke gespeichert werden. Leere Blöcke oder Blöcke aus Temporärsegmenten werden nicht gespeichert.

Die Sicherung erfolgt entweder als *Full Backup* oder in verschiedenen Stufen als *inkrementelles Backup*.

Full Backup

Mit einem Full Backup ist in diesem Fall keine Sicherung der gesamten Datenbank gemeint, sondern die Sicherung aller genutzten Blöcke der zu sichernden Einheit (Datei, Tablespace usw.).

Inkrementelles Backup

Beim inkrementellen Backup werden nur die Datenbankblöcke gesichert, die sich seit einem bestimmten Zeitpunkt (z. B. letzte inkrementelle oder letzte volle Sicherung) geändert haben. Damit können die Dauer der Sicherung sowie die notwendigen Kapazitäten (Bandbreite des Netzwerkes oder Anzahl Bänder) minimiert werden. Die inkrementelle Sicherung bezieht sich nur auf Datendateien, nicht jedoch auf Kontroll- oder Redolog-Dateien.

Beim inkrementellen Backup können unterschiedliche Backup-Level aufgebaut werden, um damit den notwendigen Speicherplatz zu minimieren, aber auch, um zum Beispiel bei der Sicherung über ein Netzwerk die Netzwerkressourcen nicht zu sehr zu belasten. Diese inkrementellen Backups können entweder als differenzielle oder als kumulative Backups aufgebaut werden. Differenz bedeutet, dass alle Änderungen seit dem letzten Backup der gleichen Ebene oder einer tieferen Ebene gesichert werden. Kumulative Backups sichern alle geänderten Blöcke seit der letzten Sicherung der nächsthöheren Ebene.

Inkrementelle Backups haben den Vorteil, dass sie am wenigsten Platz beanspruchen, allerdings kann unter Umständen ein Wiedereinspielen der Sicherung recht lange dauern, da alle vorher angefallenen Sicherungen der gleichen Stufe eingespielt werden müssen.

Das folgende Beispiel zeigt den Aufbau eines inkrementellen Backups, das für die meisten größeren Datenbanken ausreichend sein sollte. Am Wochenende wird ein Full-Backup (`INCREMENT LEVEL 0`) und jeden Tag ein kumulatives Backup (`INCREMENT LEVEL 1 CUMULATIVE`) durchgeführt. Mit den zugehörigen archivierten Redolog-Dateien sollte so ein guter Kompromiss zwischen dem verwendeten Platz für das Backup und der Zeitdauer für das Recovery gefunden sein.

Sonntags:

```
RMAN> BACKUP INCREMENTAL LEVEL = 0 DATABASE PLUS ARCHIVELOG;
```

Wochentags:

```
RMAN> BACKUP INCREMENTAL LEVEL = 1 CUMULATIVE DATABASE PLUS ARCHIVELOG;
```

Bei einem Totalverlust der Datenbank oder beim Verlust einer Datendatei benötigt man dann drei unterschiedliche Sicherungen:

1. Full Backup des letzten Sonntags
2. Inkrementelles Backup des letzten Wochentags vor dem Crash
3. Archivierte Redolog-Dateien seit dem letzten Backup

Einen Spezialfall für die inkrementelle Sicherung bilden hier die so genannten „Incrementally Updating Backups". Hierbei werden die seit der letzten Sicherung geänderten Blöcke nicht direkt gesichert, sondern in ein als *Image Copy* bestehendes Backup eingepflegt. Es werden einfach die geänderten Blöcke ausgetauscht. Da diese Methode nur bei physikalischen Kopien der Datenbank und nicht bei so genannten Backup-Sets funktioniert, ist der Einsatz sehr eingeschränkt.

Die Syntax sieht wie folgt aus:

```
RMAN> RUN {
        RECOVER COPY OF DATABASE WITH TAG 'PRD11G2_INC';
        BACKUP INCREMENTAL LEVEL 1 FOR RECOVER OF COPY WITH TAG 'PRD11G2_INC'
         DATABASE;
      }
```

Bei der ersten Ausführung des Befehls wird eine physikalische Kopie der Datendateien erstellt (Image Copy). Der Befehl `RECOVER COPY OF` wird noch nicht genutzt. Die folgende Meldung zeigt die erste Ausführung des Befehls. Es ist zu erkennen, dass zunächst einmal festgestellt wird, dass es keine Kopie der Dateien gibt, und danach wird festgestellt, dass es auch keine inkrementelle Sicherung gibt, die vorgerollt werden könnte.

```
Starting recover at 15-JAN-10
using channel ORA_DISK_1
no copy of datafile 1 found to recover
no copy of datafile 2 found to recover
no copy of datafile 3 found to recover
no copy of datafile 4 found to recover
Finished recover at 15-JAN-10

Starting backup at 15-JAN-10
using channel ORA_DISK_1
no parent backup or copy of datafile 1 found
no parent backup or copy of datafile 2 found
no parent backup or copy of datafile 3 found
no parent backup or copy of datafile 4 found
channel ORA_DISK_1: starting datafile copy
input datafile file number=00002 name=/u03/oradata/PRD11G2/sysaux01.dbf
output file name=/u04/orabackup/fastrecoveryarea/PRD11G2/datafile/
o1_mf_sysaux_5o141fnc_.dbf tag=PRD11G2_INC RECID=15 STAMP=708368203
channel ORA_DISK_1: datafile copy complete, elapsed time: 00:00:15
channel ORA_DISK_1: starting datafile copy
input datafile file number=00003 name=/u03/oradata/PRD11G2/undotbs01.dbf
output file name=/u04/orabackup/fastrecoveryarea/PRD11G2/datafile/
o1_mf_undotbs1_5o141wg6_.dbf tag=PRD11G2_INC RECID=16 STAMP=708368207
channel ORA_DISK_1: datafile copy complete, elapsed time: 00:00:03
channel ORA_DISK_1: starting datafile copy
input datafile file number=00004 name=/u03/oradata/PRD11G2/users01.dbf
output file name=/u04/orabackup/fastrecoveryarea/PRD11G2/datafile/
o1_mf_users_5o141zkl_.dbf tag=PRD11G2_INC RECID=17 STAMP=708368207
channel ORA_DISK_1: datafile copy complete, elapsed time: 00:00:01
channel ORA_DISK_1: starting incremental level 1 datafile backup set
channel ORA_DISK_1: specifying datafile(s) in backup set
including current control file in backup set
including current SPFILE in backup set
channel ORA_DISK_1: starting piece 1 at 15-JAN-10
channel ORA_DISK_1: finished piece 1 at 15-JAN-10
piece handle=/u04/orabackup/fastrecoveryarea/PRD11G2/backupset/2010_01_15/
o1_mf_ncsnl_PRD11G2_INC_5o1421pk_.bkp tag=PRD11G2_INC comment=NONE
channel ORA_DISK_1: backup set complete, elapsed time: 00:00:01
Finished backup at 15-JAN-10
```

Die zweite Ausführung des Befehls erzeugt ein inkrementelles Backup mit den seit der ersten Sicherung geänderten Blöcken. Der Befehl `RECOVER COPY OF` wird immer noch nicht genutzt.

Erst ab dem dritten Mal wird dann ein „Roll-forward" der „Image Copy" mit der vorgehenden inkrementellen Sicherung durchgeführt.

Hier die Meldungen, wenn die gesamte Konfiguration das erste Mal durchgeführt wird.

```
Starting recover at 15-JAN-10
using channel ORA_DISK_1
channel ORA_DISK_1: starting incremental datafile backup set restore
channel ORA_DISK_1: specifying datafile copies to recover
recovering datafile copy file number=00001
```

```
name=/u04/orabackup/fastrecoveryarea/PRD11G2/datafile/o1_mf_system_5o140nrc_.dbf
recovering datafile copy file number=00002
name=/u04/orabackup/fastrecoveryarea/PRD11G2/datafile/o1_mf_sysaux_5o141fnc_.dbf
recovering datafile copy file number=00003
name=/u04/orabackup/fastrecoveryarea/PRD11G2/datafile/o1_mf_undotbs1_5o141wg6_.dbf
recovering datafile copy file number=00004
name=/u04/orabackup/fastrecoveryarea/PRD11G2/datafile/o1_mf_users_5o141zkl_.dbf
channel ORA_DISK_1: reading from backup piece
/u04/orabackup/fastrecoveryarea/PRD11G2/backupset/2010_01_15/
o1_mf_nnnd1_PRD11G2_INC_5o14bv3o_.bkp
channel ORA_DISK_1: piece
handle=/u04/orabackup/fastrecoveryarea/PRD11G2/backupset/2010_01_15/
o1_mf_nnnd1_PRD11G2_INC_5o14bv3o_.bkp tag=PRD11G2_INC
channel ORA_DISK_1: restored backup piece 1
channel ORA_DISK_1: restore complete, elapsed time: 00:00:01
Finished recover at 15-JAN-10

Starting backup at 15-JAN-10
using channel ORA_DISK_1
channel ORA_DISK_1: starting incremental level 1 datafile backup set
channel ORA_DISK_1: specifying datafile(s) in backup set
input datafile file number=00001 name=/u03/oradata/PRD11G2/system01.dbf
input datafile file number=00002 name=/u03/oradata/PRD11G2/sysaux01.dbf
input datafile file number=00003 name=/u03/oradata/PRD11G2/undotbs01.dbf
input datafile file number=00004 name=/u03/oradata/PRD11G2/users01.dbf
channel ORA_DISK_1: starting piece 1 at 15-JAN-10
channel ORA_DISK_1: finished piece 1 at 15-JAN-10
piece handle=
/u04/orabackup/fastrecoveryarea/PRD11G2/backupset/2010_01_15/
o1_mf_nnnd1_PRD11G2_INC_5o14dynn_.bkp tag=PRD11G2_INC comment=NONE
channel ORA_DISK_1: backup set complete, elapsed time: 00:00:03
channel ORA_DISK_1: starting incremental level 1 datafile backup set
channel ORA_DISK_1: specifying datafile(s) in backup set
including current control file in backup set
including current SPFILE in backup set
channel ORA_DISK_1: starting piece 1 at 15-JAN-10
channel ORA_DISK_1: finished piece 1 at 15-JAN-10
piece handle=
/u04/orabackup/fastrecoveryarea/PRD11G2/backupset/2010_01_15/
o1_mf_ncsn1_PRD11G2_INC_5o14f2rt_.bkp tag=PRD11G2_INC comment=NONE
channel ORA_DISK_1: backup set complete, elapsed time: 00:00:01
Finished backup at 15-JAN-10
```

Damit wird für das Rücksichern und Wiederherstellen lediglich die Vollsicherung und die letzte inkrementelle Sicherung benötigt.

Change Tracking

Für die Ermittlung der geänderten Datenbankblöcke ist es in der Regel erforderlich, die gesamte Datenbank zu durchsuchen, da für jeden Block die höchste SCN gesucht und mit der letzten Sicherung verglichen werden muss. Alternativ kann eine Datei erzeugt werden, in der die Liste der geänderten Blöcke gespeichert wird. Eingeschaltet wird Change Tracking mit folgendem Befehl:

```
SQL> ALTER DATABASE ENABLE BLOCK CHANGE TRACKING
     USING FILE '/u04/oradata/PRD11G2/changetracking01.chk';
```

Die Lage der Datei ist frei wählbar, allerdings darf sie nicht im Verzeichnis db_recovery_file_dest liegen. Falls *Oracle Managed Files* benutzt werden (also der Parameter db_recovery_file_dest gesetzt ist), kann das Change Tracking automatisch in das Verzeichnis erfolgen. Die Syntax (USING FILE ...) kann damit entfallen.

Damit wird ein zusätzlicher Prozess[2] gestartet, der die Informationen über geänderte Blöcke in die entsprechende Datei protokolliert. Die Datei hat anfangs eine Größe von 10 MB und erweitert sich bei Bedarf um weitere 10 MB. Laut Oracle ist die Datei typischerweise 1/30.000 der Größe der Datenbank. Die 10 MB sollten daher bis zu einer Datenbankgröße von 300 GB ausreichend sein.

Ausgeschaltet wird das Change Tracking mit dem Befehl:

```
SQL> ALTER DATABASE DISABLE BLOCK CHANGE TRACKING;
```

Überprüfen kann man das Change Tracking mit folgendem Befehl:

```
SQL> SELECT status, filename, bytes
     FROM v$block_change_tracking;

STATUS     FILENAME                                    BYTES
---------- ---------------------------------------- ----------
ENABLED    /u04/oradata/PRD11G2/changetracking01.chk   11599872
```

Backup-Sets

Backup-Sets sind ein Oracle-eigenes Sicherungsformat, das entweder die Sicherung von einer oder mehreren Datenbankdateien oder eine Anzahl archivierter Redolog-Dateien enthält, wobei leere Blöcke nicht mitgesichert werden. Während der Sicherung führt der Recovery Manager damit gleichzeitig eine Überprüfung der Blöcke durch. Eine Komprimierung der Backup-Sets mit Werkzeugen wie ZIP oder COMPRESS ist nicht zu empfehlen. Wenn ein Backup komprimiert werden soll, kann dies über die Option AS COMPRESSED BACKUPSET geschehen. Standardmäßig wird dafür ein *BZIP2* genanntes Verfahren angewendet. Allerdings verlängert sich damit die Dauer des Backups und entscheidend auch des Restores damit erheblich (mehr als die doppelte Zeit).

Über die Oracle Advanced-Compression-Option gibt es weitere Komprimierungsarten[3], die eine gute Komprimierung bei kaum verlängerter Laufzeit ermöglichen. Alternativ kann eine Komrimierung über eine Tape-Library (TSM, Networker, LiteSpeed) erfolgen.

Backup-Sets können aus einer oder mehreren Dateien (Backup-Pieces) bestehen, je nachdem, wie groß die Datenbank ist. Es werden jedoch immer die Datenbank-Dateien und die archivierten Redolog-Dateien in unterschiedlichen Backup-Sets gespeichert.

Welche Informationen in einem Backup-Set enthalten sind, wird in den Kontrolldateien der Datenbank und optional in einem Recovery-Katalog abgelegt. Das impliziert, dass eine komplette Sicherung der Datenbank immer auch eine Sicherung der Kontrolldateien enthalten sollte. Die Wiederherstellung der Kontrolldateien aus einem Backup-Set, die z. B. in einem Desasterfall notwendig ist, ist nur dann möglich, wenn ein Recovery-Katalog vorhanden ist, und auch in diesem Fall nur mit einer recht komplexen Vorgehensweise.

2 Unter Unix: ora_ctwr_<SID>

3 Oracle 11.1: ZLIB, Oracle: 11.2 LOW, MEDIUM, HIGH

Daher bietet es sich an, die Kontrolldateien getrennt zu sichern, so dass sie schnell wieder herstellbar sind. Die effektivste Möglichkeit hierfür ist, über den Parameter `CONTROLFILE AUTOBACKUP ON` diese Funktion generell einzuschalten. Hiermit werden nach jeder Sicherung sowohl die Kontrolldateien als auch die Serverparameterdatei in einer eigenen Einheit gesichert. In diesem Fall entfällt die Sicherung innerhalb des Backup-Sets.

Der Befehl `BACKUP DATABASE PLUS ARCHIVELOG` sichert die Datenbank standardmäßig in einem Backup-Set und die archivierten Redolog-Dateien in zwei weiteren (vor und nach der Datenbanksicherung).

Über eine ganze Reihe von Parametern (z. B. `PARALLELISM`) kann das Backup und ein – hoffentlich nie notwendiges – Recovery weiter beschleunigt werden. Außerdem ist es möglich, nur Teile der Datenbank zu sichern, z. B. mit der Syntax:

```
RMAN> ... NOT BACKED UP SINCE TIME 'SYSDATE - 5';
```

In diesem Fall werden nur die Datenbank- bzw. archivierten Redolog-Dateien gesichert, die seit einer bestimmten Zeit, in diesem Fall seit fünf Tagen, nicht mehr gesichert worden sind.

Die Alternative zum Aufbau von Backup-Sets sind Image Copies, d. h. die ein Eins-zu-eins-Sicherung der physikalischen Dateien.

```
RMAN> BACKUP DATABASE AS COPY;
```

Channel

Die Kommunikation mit einem externen Sicherungswerkzeug, aber auch die Speicherung auf einer anderen Platte erfolgt über so genannte *„Channel“*. Mit dem Channel wird festgelegt, welches Sicherungsmedium („DISK“ oder „TAPE“) angesprochen wird, welches Format die Sicherung haben soll (z. B. das Verzeichnis und der Name des Backup-Sets) und ob eine Parallelisierung über mehrere Kanäle erfolgen soll.

Es ist üblich, diese Parameter einmalig zu konfigurieren und über den RMAN in die Kontrolldateien der zu sichernden Datenbank einzutragen. Damit entfällt die in der Vergangenheit notwendige Syntax über RUN-Skripte.

1. Konfiguration des Standardmediums für das Backup

   Wenn Sie das erste Mal mit dem Recovery Manager arbeiten, sollten Sie einfach den Befehl `BACKUP DATABASE` eingeben. Sie werden feststellen, dass Sie keinen Channel angeben müssen, sondern es wird als Standard ein Channel vom Typ DISK genutzt, und die Sicherung erfolgt je nach Konfiguration in das Standardverzeichnis (bei MS-Windows `%ORACLE_HOME%\database`) oder in die Fast Recovery Area. Mit dem Befehl

   ```
   RMAN> CONFIGURE DEFAULT DEVICE TYPE TO SBT;
   ```

   ändern Sie das Gerät auf den Typ SBT[4], so dass in Zukunft beim gleichen Befehl eine Sicherung auf das Bandgerät erfolgt.

4 SBT steht für *System Backup To Tape*.

2. Konfiguration der Geräte

   Der Befehl

```
RMAN> CONFIGURE DEVICE TYPE DISK PARALLELISM 3;
```

   stellt bei der Verwendung des Gerätes Disk drei Kanäle für die Sicherung zur Verfügung. Damit erfolgt jede Sicherung fortan in drei statt in ein Backup-Set. Genauso kann natürlich auch eine Konfiguration für den Typ SBT erfolgen. Dabei wird allerdings jedem Kanal etwa die gleiche Anzahl Datendateien zugewiesen, was aufgrund der unterschiedlichen Dateigrößen dazu führen kann, dass die Backup-Sets ebenfalls unterschiedlich groß werden.

3. Konfiguration der Channels

   Um noch zusätzliche Möglichkeiten bei der Namensgebung der Backup-Sets oder der Verwendung der Bandgeräte zu haben, kann man die einzelnen Kanäle separat konfigurieren. Mit dem Befehl

```
RMAN> CONFIGURE CHANNEL DEVICE TYPE DISK FORMAT='E:\TEMP\%d_%a_%s_%T_%p.bck';
```

   wird ein neues Format für die Speicherung auf Disk angegeben, dabei können folgende Variablen genutzt werden:

   - %a Aktivierungs-ID der Datenbank
   - %c Nummer eines Backup-Pieces bei Verwendung von Duplex-Backups
   - %d Name der Datenbank
   - %D Tag des Monats
   - %f Absolute Dateinummer (nur bei Image Copy)
   - %F Datenbank-ID (DBID) plus Tag, Monat, Jahr und fortlaufender Nummer
   - %I Datenbank-ID
   - %M Monat
   - %N Name des Tablespace (nur bei Image Copy)
   - %n Name der Datenbank (mit x aufgefüllt auf acht Zeichen)
   - %p Nummer des Backup-Pieces
   - %s Nummer des Backup-Sets
   - %t Zeitstempel des Backup-Sets (4 Byte)
   - %T Datum (Jahr, Monat, Tag im Format YYYYMMDD)
   - %u 8 Zeichen langer Name aus Backup-Set und Zeit
   - %U Zusammengesetztes eindeutiges Format (`%u_%p_%c`)
   - %Y Jahr
   - %% %

Wie auch in den Vorgängerversionen kann die automatische Konfiguration mit dem Befehl `ALLOCATE CHANNEL` im RUN-Block übersteuert werden. Sie hat die gleichen Konfigurationsparameter wie die automatische Konfiguration, eine Parallelisierung erfolgt hier jedoch nicht über den Parameter PARALLEL, sondern es müssen alle Devices getrennt angegeben werden.

```
RMAN> RUN {
          ALLOCATE CHANNEL disk1 DEVICE TYPE DISK;
          ALLOCATE CHANNEL disk2 DEVICE TYPE DISK;
          ALLOCATE CHANNEL disk3 DEVICE TYPE DISK;
          BACKUP DATABASE;
         };
```

Die hier aufgeführten Beispiele können um zusätzliche Kontrollfunktionen erweitert werden. So kann zum Beispiel die maximale Größe eines Backup-Pieces (MAXPIECESIZE) oder die maximale I/O-Bandbreite (RATE) angegeben werden. Weitere Parameter finden Sie in der Dokumentation (*Oracle Database Backup and Recovery Reference*).

Recovery-Katalog

In komplexeren Umgebungen kann es sinnvoll sein, einen oder mehrere Recovery-Kataloge anzulegen, da diese eine einfachere Verwaltung der Sicherungen, einfachere Wiederherstellungen sowie die Speicherung von RMAN-Skripten ermöglichen. Dabei werden alle relevanten Informationen – Lage und Name der Datendateien, Informationen über die archivierten Redolog-Dateien etc. – zusätzlich zu den Informationen in den Kontrolldateien in einem *Repository* abgelegt und regelmäßig mit der zu sichernden Datenbank abgeglichen (siehe auch Abbildung 8.2).

Der Katalog enthält Metadaten über die RMAN-Aktionen für die registrierten Datenbanken. Wenn RMAN sich an dem Katalog anmeldet, holt er sich die notwendigen Informationen ausschließlich daraus. Dazu gehören:

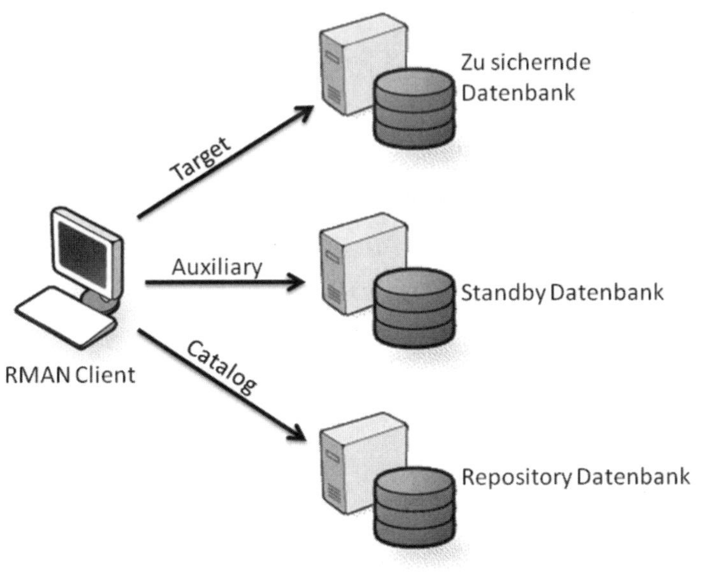

Abbildung 8.2: Recovery Manager RMAN, Architektur

- Die Datenbankstruktur (Tablespaces und Datendateien)
- Archivierte Redolog-Dateien
- Die RMAN-Konfiguration
- Image Copies
- Backup-Sets und Backup-Pieces
- Gespeicherte RMAN-Skripte

Ein Recovery-Katalog ist Voraussetzung, wenn RMAN in einer Data-Guard-Umgebung eingesetzt wird. Dadurch ist es möglich, das Backup von einer sekundären (Standby-) Datenbank durchzuführen und dieses für ein Restore der produktiven Datenbank (oder natürlich einer weiteren Standby-Datenbank) zu nutzen.

Für den Katalog sollte eine eigene Datenbank aufgebaut werden, die dann natürlich ebenfalls gesichert werden muss. Der Benutzer kann beliebig gewählt werden, es sollte jedoch nicht *SYS* oder *SYSTEM* sein, um den Bezug zum Recovery Manager zu bewahren. Oftmals findet man in Beispielen als Schemanamen für den Recovery-Katalog den Namen `RMAN`. Da es hierbei aber leicht zu Verwirrungen zwischen dem Befehl und dem Benutzer kommt, werden wir im Weiteren den Benutzer `RMANCAT` (RMAN-Catalog) als Benutzer wählen.

Da die Größe der Datenbank überschaubar ist (Oracle spricht von ca. 15 MB Daten pro registrierter Datenbank), könnte hier auch eine Oracle Express Edition zum Einsatz kommen, um die Kosten gering zu halten. Wichtig ist, dass die Datenbank auf einem separaten Rechner aufgebaut wird bzw. zumindest nicht auf der gleichen Maschine läuft wie die zu sichernden Datenbanken.

Das folgende Beispiel legt diesen Benutzer mit den erforderlichen Rechten an und erstellt dann den Katalog.

```
SQL> CREATE USER rmancat IDENTIFIED BY rmancat
     TEMPORARY TABLESPACE temp
     DEFAULT   TABLESPACE rmants
     QUOTA     UNLIMITED  ON rmants;

User created.

SQL> GRANT RECOVERY_CATALOG_OWNER TO rmancat;

Grant succeeded.

SQL> exit;

% rman CATALOG rmancat/rmancat@JA11R1
Recovery Manager: Release 11.2.0.1.0 - Production on Sat Jan 16 11:14:02 2010

Copyright (c) 1982, 2009, Oracle and/or its affiliates.  All rights reserved.

connected to recovery catalog database

RMAN> CREATE CATALOG;

recovery catalog created
```

Zu beachten ist bei der Verwendung eines Recovery-Katalogs, dass die Datenbank-ID (DBID) eindeutig sein muss. Diese wird beim Aufbau der Datenbank generiert und ist somit bei allen Kopien, die z. B. für Data-Guard-Datenbanken erstellt werden, identisch. Eine solche Datenbank kann nur mit der `FOR STANDBY`-Option des `DUPLICATE`-Befehls in das Repository eingetragen werden.

Um eine Datenbank über den Recovery-Katalog zu verwalten, ist es somit notwendig, sich sowohl an die zu sichernde Datenbank als auch an das Repository anzumelden. Dabei muss die Datenbank zunächst registriert werden, und von Zeit zu Zeit muss ein Abgleich der tatsächlichen Datenbankstruktur mit der im Recovery-Katalog verwalteten erfolgen (`RESYNC`-Befehl).

Das folgende Beispiel zeigt die Anmeldung sowie die Registrierung der Datenbank. Anschließend wird (überflüssigerweise) ein `RESYNC` durchgeführt.

```
% rman catalog rmancat/rmancat@JA11R1 target sys/manager@PRD11G2

Recovery Manager: Release 11.2.0.1.0 - Production on Sat Jan 16 11:24:13 2010

Copyright (c) 1982, 2009, Oracle and/or its affiliates.  All rights reserved.

connected to target database: PRD11G2 (DBID=2136714811)
connected to recovery catalog database

RMAN> REGISTER DATABASE;

database registered in recovery catalog
starting full resync of recovery catalog
full resync complete

RMAN> RESYNC CATALOG;

starting full resync of recovery catalog
full resync complete
```

Der Recovery-Katalog ändert sich mit der Datenbankversion. Daher kann er mithilfe des `UPGRADE CATALOG`-Befehls angepasst werden. Die Version des Recovery-Katalogs muss immer größer oder gleich der Version der zu sichernden Datenbank sein. Dabei kann er ohne Probleme in einer Datenbank liegen, deren Version wiederum unterschiedlich ist.

Automatische Kontrolldateisicherung

Diese Funktionalität beim Recovery Manager ab Version 9.0 erstellt automatisch eine Sicherung der Kontrolldatei nach jeder Sicherung mit dem Befehl `BACKUP` oder `COPY`. Falls vorhanden, wird das SPFILE dabei automatisch mit gesichert. Die beiden Dateien werden dann in einer eigenen Struktur gesichert. Diese Struktur ist kein Backup-Set.

Standardmäßig ist die automatische Kontrolldateisicherung ausgeschaltet, sie kann aber jederzeit aktiviert werden. Der Vorteil ist, dass jetzt eine Datenbank wieder hergestellt werden kann, wenn weder eine Kontrolldatei noch ein Recovery-Katalog existiert. Dafür ist es notwendig, dass das Backup der Kontrolldatei als Letztes (nachdem die Datenbank und alle archivierten Redolog-Dateien gesichert wurden) erstellt wurde. Da dies über die Option „AUTOBACKUP" gewährleistet wird, empfehlen wir, die automatische Sicherung in jedem Fall zu aktivieren.

Standardmäßg erfolgt die Sicherung in das Verzeichnis `$ORACLE_HOME/dbs` (Unix) bzw. `%ORACLE_HOME%\database` (MS-Windows). Als Name wird dann einzig das Format `%F` verwendet, das sich aus diversen Parametern zusammensetzt. Um diese Datei mit zu sichern, ist es daher sinnvoll, die Lage und den Namen der Kontrolldateisicherung mitzukonfigurieren.

```
RMAN> CONFIGURE CONTROLFILE AUTOBACKUP ON;
RMAN> CONFIGURE CONTROLFILE AUTOBACKUP FORMAT FOR DEVICE TYPE DISK
      TO 'E:\orabackup\%D\ctrl_%F.bck';
RMAN> SHOW CONTROLFILE AUTOBACKUP FORMAT;
```

8.6.2 Sicherung mit RMAN

Um das geeignete Sicherungsverfahren zu wählen, müssen zunächst die Randbedingungen geklärt werden. Diese sind im Folgenden:

- Größe der Datenbank
- Zeitraum der Sicherung
- Größe der Sicherung
- Online- oder Offline-Sicherung
- Recovery-Katalog

Durch diese Parameter wird das Verfahren bestimmt, mit dem die Sicherung durchgeführt werden soll. Im Folgenden werden exemplarisch einige Beispiele beschrieben, wobei nicht darauf eingegangen wird, ob ein Recovery-Katalog benutzt wird, da dies für die eigentliche Sicherung ohne Belang ist. Lediglich der Aufruf des Befehls `rman` erhält dann als Zusatz den Parameter `CATALOG`.

Vollständige Online-Sicherung der Datenbank

Der einfachste Befehl für eine komplette Sicherung der Datenbank ist:

```
RMAN> BACKUP DATABASE PLUS ARCHIVELOG DELETE INPUT;
```

Hierdurch wird automatisch vor und nach der Sicherung ein `ALTER SYSTEM ARCHIVE LOG CURRENT` durchgeführt. Die während der Sicherung angefallenen archivierten Redolog-Dateien werden zum Schluss ebenfalls gesichert. Danach werden alle gesicherten Redolog-Dateien gelöscht (`DELETE INPUT`).

In diesem Fall stehen also keine archivierten Redolog-Dateien mehr auf dem System für eine schnelle Wiederherstellung zur Verfügung. Oftmals ist aber das Archiv-Verzeichnis so eingerichtet, dass es möglich ist, die archivierten Redolog-Dateien für mehrere Tage online zur Verfügung zu halten, was im Bedarfsfall die Wiederherstellung wesentlich beschleunigt, da die Dateien nicht erst von Tape zurückgesichert werden müssen. In einer solchen Konstellation empfiehlt es sich, die Redolog-Dateien ein- oder zweimal zu sichern und nach einigen Tagen über den entsprechenden RMAN-Befehl zu löschen. Oracle bietet dazu folgende Möglichkeiten:

1. `RMAN> CONFIGURE BACKUP OPTIMIZATION ON`

   Mit diesem Parameter stellt der Recovery Manager sicher, dass nur noch die Dateien gesichert werden, die sich seit der letzten Sicherung verändert haben (sofern die `RETENTION_POLICY` auf 1 gesetzt ist).

2. Explizite Angabe der zu archivierenden und zu löschenden Dateien

```
RMAN> BACKUP ARCHIVELOG ALL NOT BACKED UP 2 TIMES;
RMAN> DELETE ARCHIVELOG ALL COMPLETED BEFORE 'SYSDATE - 3';
```

Das folgende Beispiel konfiguriert den Recovery Manager für eine Sicherung auf Festplatte. Die Konfiguration wird nur einmal durchgeführt, da die entsprechenden Informationen in den Kontrolldateien abgelegt werden. Wenn anschließend ein Recovery-Manager-Katalog aufgebaut wird, werden die Informationen automatisch übernommen.

```
RMAN> CONFIGURE CONTROLFILE AUTOBACKUP ON;
RMAN> CONFIGURE CONTROLFILE AUTOBACKUP FORMAT FOR DEVICE TYPE DISK TO
      '/u04/orabackup/%d/%F.bck';
RMAN> CONFIGURE CHANNEL DEVICE TYPE DISK FORMAT
      '/u04/orabackup/%d/%d_%T_%s_%p_%t.bck';
```

Anschließend werden für die Sicherungen auf diese Art nur noch die folgenden drei Befehle verwendet.

```
RMAN> BACKUP DATABASE;
RMAN> BACKUP ARCHIVELOG ALL NOT BACKED UP 2 TIMES;
RMAN> DELETE ARCHIVELOG ALL COMPLETED BEFORE 'SYSDATE - 3'
```

TIPP: Mit dem Befehl `SHOW ALL` wird die Konfiguration des Recovery Managers angezeigt. Mit *Drag and Drop* kann man sich daraus die notwendigen Konfigurationsbefehle erstellen. Einzig der Befehl für die Konfiguration des *Channels* ist hier nicht abgelegt.

Sicherung mit Fast Recovery Area

Die Sicherung in die Fast Recovery Area ist die Standardeinstellung des Recovery Managers, sofern diese konfiguriert ist. Es müssen dann keine weiteren Konfigurationen durchgeführt werden. Wenn mit dem Recovery Manager bereits eine Lokation für die Sicherung eingestellt wurde und stattdessen die Fast Recovery Area benutzt werden soll, so genügt es, die Einstellungen einfach zu löschen (CLEAR), damit erfolgt die Sicherung automatisch in die Fast Recovery Area.

```
RMAN> CONFIGURE CONTROLFILE AUTOBACKUP FORMAT FOR DEVICE TYPE DISK CLEAR;
RMAN> CONFIGURE CHANNEL DEVICE TYPE DISK CLEAR;
```

Der Vorteil der Verwendung der Fast Recovery Area liegt darin, dass sich der DBA jetzt nicht mehr darum kümmern muss, wann bzw. dass entsprechende Dateien gelöscht werden müssen. Er kann ganz einfach diesen Bereich vordefinieren, alles Weitere wird durch die Prozesse selbst geregelt. Somit kann eine bestmögliche Balance zwischen verfügbarem Plattenplatz und schnellstmöglicher Wiederherstellung bei Fehlern erreicht werden.

Offline-Sicherung

Der einzige Unterschied zwischen einer Online- und einer Offline-Sicherung besteht darin, dass bei der Offline-Sicherung die Datenbank geschlossen ist. Dabei ist es bei der Offline-Sicherung egal, ob die Datenbank sich im *Archivelog*- oder *Noarchivelog*-Modus befindet, es werden in jedem Fall die Datenbankdateien, Kontrolldateien und, wenn sie existieren, die archivierten Redolog-Dateien gesichert.

Eine Sicherung der Online-Redolog-Dateien sollte nie durchgeführt werden, da es ansonsten beim Restore (wenn die Redolog-Dateien noch existieren) passieren könnte, dass aktuelle Informationen überschrieben werden. Die Redolog-Dateien werden im Eventuellfall (wenn die gesamte Datenbank zerstört wurde) beim Starten der Instanz automatisch wieder angelegt.

Für eine konsistente Sicherung ist es erforderlich, die Datenbank „sauber" herunterzufahren, d.h. mit `SHUTDOWN NORMAL`, `TRANSACTIONAL` oder `IMMEDIATE`. Einzig ein `SHUTDOWN ABORT` kommt nicht infrage.

Wichtig beim Sichern einer geschlossenen Datenbank ist es, keine Dateien zu vergessen. Verwenden Sie **NIE** eine einfache Kopie von Verzeichnissen oder Filesystemen. Wie bereits erwähnt, kann es passieren, dass aus irgendwelchen Gründen Dateien auf eine andere Lokation geschrieben werden müssen und diese dann beim Sichern vergessen werden.

Aus diesem Grund empfiehlt es sich, die Informationen über zu sichernde Dateien aus den Kontrolldateien zu lesen. Dafür muss die Datenbank in den „Mount"-Status hochgefahren werden. Über die Views `v$datafile`, `v$controlfile` und `v$archived_log` erhält man eine Liste der zu sichernden Dateien. Außerdem sollte man die Serverparameterdatei nicht vergessen.

Beim RMAN sieht das wie folgt aus:

```
RMAN> SHUTDOWN IMMEDIATE
RMAN> STARTUP MOUNT
RMAN> BACKUP DATABASE PLUS ARCHIVELOG;
RMAN> ALTER DATABASE OPEN
```

Wie in dem Beispiel ersichtlich, ist es nicht notwendig, zwischen SQL*Plus und RMAN zu wechseln, da es die einschlägigen Befehle auch im RMAN gibt. Alternativ könnten über die Syntax

```
RMAN> SQL "Ein SQL-Kommando";
```

auch weitere SQL-Befehle aus RMAN heraus ausgeführt werden.

Datenbankkopie

Für kleine Datenbanken oder für den Aufbau einer zweiten identischen Datenbank kann es sinnvoll sein, statt der Backup-Sets direkte Kopien der Datenbank-Dateien zu erstellen. Der Vorteil bei der Verwendung des Recovery Managers anstelle eines normalen Kopierbefehls ist der, dass die Datendateien direkt validiert werden und damit auch ein *„Full Block Logging"* entfallen kann. Dieses findet immer dann automatisch über den *LGWR* statt, wenn Datendateien mit anderen Mitteln online kopiert und die entsprechenden Tablespaces in den dafür erforderlichen *BEGIN BACKUP*-Modus gesetzt werden.

Eine sehr effektive Methode zur Erstellung von Kopien einer kompletten Datenbank ist der Recovery-Manager-Befehl `DUPLICATE`. Damit wird die gesamte Datenbank auf dem Zielsystem aufgebaut, es wird eine neue Datenbank-ID vergeben, und es kann ein neuer Datenbankname benutzt werden. Die Datenbank wird automatisch wiederhergestellt und anschließend mit `RESETLOGS`-Option geöffnet. Als Basis kann dafür entweder die Datenbank selbst oder ein Backup dienen, was dann auf dem Zielsystem verfügbar gemacht werden muss. Eine aktive Datenbank eignet sich gut, wenn die Kopie auf demselben System erstellt wird oder wenn eine ausreichende Netzwerk-Bandbreite zur Verfügung steht. Eine Kopie auf Basis einer RMAN-Sicherung ist zu empfehlen, wenn die Netzwerk-Bandbreite gering ist oder um zu prüfen, ob sich eine Kopie überhaupt einspielen lässt.

In der RMAN-Konfiguration wird die aufzubauende Zieldatenbank „AUXILIARY" genannt, also in etwa Hilfsdatenbank. Um die Datendateien anzulegen, muss die Instanz bereits existieren. Es muss also eine minimale Serverparameterdatei geben, mit der dann die Instanz im NOMOUNT-Status hochgefahren wird. Alle weiteren Einstellungen können prinzipiell auch über den „DUPLICATE"-Befehl mitgegeben werden, allerdings kann es sinnvoller sein, einfach die Parameterdatei zu kopieren und die Änderungen von Hand vorzunehmen.

Da es sich oft um eine Datenbank auf einem entfernten System handelt, muss es außerdem eine Verbindung über Oracle Net geben. Leider reicht hier ein automatisches Discovery über den Oracle Listener nicht aus, da während der Kopierphase die Instanz durchgestartet und damit vom Listener abgemeldet wird. Es ist also eine manuelle Anpassung der Datei `listener.ora` notwendig.

Im Folgenden wird anhand einer lokalen Kopie über eine aktive Datenbank die generelle Vorgehensweise erklärt. Dabei ist darauf zu achten, dass die Quelldatenbank nicht in Mitleidenschaft gezogen wird. Bei der Erstellung einer Kopie auf einem entfernten Rechner ist diese Gefahr geringer, speziell wenn es um die Erstellung der Datenbank-Dateien geht.

Als Quelle dient wieder die Datenbank `PRD11G2`, die Zieldatenbank soll `TEST11G2` heißen. Die Zieldatenbank liegt komplett im Verzeichnis `/u04/oradata/TEST11G2`. Dieses sowie das Verzeichnis für die Auditdaten müssen vorher angelegt werden.

1. `listener.ora` und `tnsnames.ora` werden für die neue Datenbank konfiguriert, und der Listener wird neu gestartet.

```
listener.ora:
LISTENER=
   (DESCRIPTION=
      (ADDRESS_LIST=
         (ADDRESS=(PROTOCOL=tcp)
                  (HOST=testhw15)
                  (PORT=1521))
      ))
SID_LIST_LISTENER=
   (SID_LIST=
      (SID_DESC=
          (SID_NAME=PRD11G2)
          (ORACLE_HOME=/u01/app/oracle/product/11.2.0/dbhome_1)
      )
      (SID_DESC=
          (SID_NAME=TEST11G2)
          (ORACLE_HOME=/u01/app/oracle/product/11.2.0/dbhome_1)
      )
   )

tnsnames.ora:
PRD11G2=
  (DESCRIPTION=
    (ADDRESS=
```

```
        (PROTOCOL=TCP)
        (HOST=10.10.8.15)
        (PORT=1521))
      (CONNECT_DATA=
        (SERVICE_NAME=PRD11G2)))

TEST11G2 =
  (DESCRIPTION=
    (ADDRESS=
      (PROTOCOL=TCP)
      (HOST=10.10.8.15)
      (PORT=1521))
    (CONNECT_DATA=
      (SERVICE_NAME=TEST11G2)))

% lsnrctl stop
% lsnrctl start
```

2. Erstellung einer Serverparameterdatei.

   In diesem Fall wird zunächst aus der Quell-Datenbank eine Textdatei erstellt, die dann mit dem Editor entsprechend angepasst wird. Unter anderem werden alle expliziten Parameter für die PRD11G2 gelöscht und die Verzeichnisse angepasst. Wenn die Datenbank in einem anderen Verzeichnis aufgebaut wurde, kann eine automatische Konvertierung der Dateinamen über den Parameter db_file_name_convert erfolgen. In diesem Fall werden alle Dateien, die vorher im Verzeichnis /u03/oradata/PRD11G2 lagen, automatisch im Verzeichnis /u04/oradata/TEST11G2 angelegt.

   Laut Oracle-Dokumentation soll es reichen, eine minimale Parameterdatei anzulegen (nur mit dem Parameter db_name) und dann bei der Erstellung der Zieldatenbank die Option SPFILE anzugeben, wobei weitere Parameter dann mit der Option SET eventuell angepasst werden können. Da die Syntax schnell sehr komplex wird und in einigen Beispielen bestimmte Parameter nicht entsprechend angepasst wurden, raten wir von dieser Variante ab und erstellen lieber eine etwas umfangreichere Parameterdatei:

```
SQL> CREATE pfile='initTEST11G2.ora' from spfile;

% vi initTEST11G.ora
*.audit_file_dest='/u01/app/oracle/admin/TEST11G2/adump'
*.audit_trail='db'
*.compatible='11.2.0.0.0'
*.control_files='/u04/oradata/TEST11G2/control01.ctl', -
                '/u04/oradata/TEST11G2/control02.ctl'
*.db_block_size=8192
*.db_create_file_dest='/u04/oradata/'
*.db_domain=''
*.db_name='TEST11G2'
*.db_recovery_file_dest='/u04/orabackup/fastrecoveryarea'
*.db_recovery_file_dest_size=5242880000
*.diagnostic_dest='/u01/app/oracle'
*.log_archive_format='TEST11G2_%t_%s_%r.arc'
*.open_cursors=300
*.pga_aggregate_target=131072000
*.processes=150
```

```
*.remote_login_passwordfile='EXCLUSIVE'
*.sga_target=393216000
*.undo_tablespace='UNDOTBS1'
*.db_file_name_convert=('/u03/oradata/PRD11G2/','/u04/oradata/TEST11G2/')
```

3. Jetzt wird die neue Instanz (am besten mit einer neuen Serverparameterdatei) hochgefahren. Dafür wird zunächst die Umgebungsvariable ORACLE_SID entsprechend gesetzt – auf Unix- und Linux-Umgebungen am besten durch das Eintragen der neuen Instanz in die oratab und Aufruf des Befehls . oraenv. Bei Windows-Systemen muss mit dem Befehl oradim zunächst ein neuer Dienst erstellt werden, anschließend erfolgt die Zuweisung der Instanz.

```
% . oraenv
ORACLE_SID = [PRD11G2] ? TEST11G2
% sqlplus / as sysdba
SQL*Plus: Release 11.2.0.1.0 Production on Tue Jan 19 14:07:38 2010

Copyright (c) 1982, 2009, Oracle.  All rights reserved.

Connected to an idle instance.

SQL> CREATE SPFILE FROM PFILE;
SQL> STARTUP NOMOUNT;
```

4. Um über Oracle Net mit dem SYSDBA-Privileg auf die Datenbank zugreifen zu können, muss eine Parameterdatei angelegt werden.

```
% orapwd file=orapwTEST11G2 entries=5 password=manager
```

5. Über RMAN wird jetzt die neue Datenbank angelegt und hochgefahren. Wenn der RMAN auf dem Quellsystem gestartet wird, muss eine ssh-Verbindung ohne Passwortabfrage auf das Zielsystem möglich sein. Ist dies nicht der Fall, muss der RMAN auf dem Zielsystem aufgerufen werden.

```
% rman target sys/manager@PRD11G2 auxiliary sys/manager@TEST11G2

Recovery Manager: Release 11.2.0.1.0 - Production on Tue Jan 19 14:28:34 2010

Copyright (c) 1982, 2009, Oracle and/or its affiliates.  All rights reserved.

connected to target database: PRD11G2 (DBID=2136714811)
connected to auxiliary database: TEST11G2 (not mounted)

RMAN> DUPLICATE TARGET DATABASE TO TEST11G2
      FROM ACTIVE DATABASE;

Starting Duplicate Db at 19-JAN-10
using target database control file instead of recovery catalog

...

contents of Memory Script:
{
   Alter clone database open resetlogs;
}
executing Memory Script
```

```
database opened
Finished Duplicate Db at 19-JAN-10
```

Wenn die Option FROM ACTIVE DATABASE weggelassen wird, erfolgt die Erstellung der Kopie aus einem Backup, das auf dem Zielsystem als Kopie oder Backup-Set zur Verfügung stehen muss.

Die weitere Option FOR STANDBY erstellt eine Datenbankkopie, die anschließend als Standby-Datenbank für eine Oracle Data-Guard-Konfiguration genutzt werden kann.

8.6.3 Wiederherstellung mit RMAN

Sicherlich wird man versuchen, einer Wiederherstellung des produktiven Systems so gut es geht aus dem Weg zu gehen. Trotzdem sollte es in jedem Fall getestet und die generelle Vorgehensweise so in Fleisch und Blut übergegangen sein, dass ein Restore nach einem Desaster in jedem Fall ohne Schwierigkeiten durchgeführt werden kann.

Grundlage der hier vorgestellten Methoden ist, dass die gesicherten Dateien ordnungsgemäß zur Verfügung stehen. Jeder, der meint: „das ist doch klar“, sei darauf hingewiesen, dass heute viele Sicherungen direkt auf Band durchgeführt werden. Das Zurückspielen beispielsweise auf einen anderen Rechner ist aber oftmals gar nicht so einfach. Daher ist unsere Empfehlung, möglichst immer auch eine Plattensicherung zu haben, nicht nur aus Performance-Sicht sinnvoll, sondern auch, um unnötige Komplikationen zu vermeiden.

Wenn also das Sicherungsmedium (ob Tape-Laufwerk oder Disk) einwandfrei zur Verfügung stehen, ist die Wiederherstellung der gesamten Datenbank oder von Teilen davon mit dem Recovery Manager denkbar einfach – auch das sollte Sie dazu bewegen, die Sicherungen über den Recovery Manager durchzuführen.

Generell wird, wie bei jeder Wiederherstellung, zwischen dem Restore (der Rücksicherung der Datendateien) und dem Recovery (dem Vor- und Zurückrollen von Transaktionen) unterschieden. Im Folgenden werden einige Fälle exemplarisch beschrieben.

Wiederherstellung eines Tablespace

Solange es sich nicht um den SYSTEM- oder UNDO-Tablespace handelt, kann die Wiederherstellung im laufenden Betrieb durchgeführt werden (allerdings besteht natürlich die Frage, ob ein Betrieb ohne den zu reparierenden Tablespace noch sinnvoll ist).

```
RMAN> SQL "ALTER TABLESPACE users OFFLINE IMMEDIATE";
RMAN> RESTORE TABLESPACE users;
RMAN> RECOVER TABLESPACE users;
RMAN> SQL "ALTER TABLESPACE users ONLINE";
```

Wiederherstellung einer Datendatei

Auch hier gilt, dass die Wiederherstellung im laufenden Betrieb erfolgen kann, solange es sich nicht um den SYSTEM-Tablespace oder den UNDO-Tablespace handelt. Bei selbst definierten Dateien ist die Vorgehensweise analog zur Wiederherstellung von Tablespaces. Schwieriger wird es, wenn Oracle Managed Files zurückgesichert werden, da die Namensgebung ja von Oracle verwaltet wird. Das bedeutet, dass während der Wiederherstellung der Name der Datei geändert wird.

```
SQL> ALTER DATABASE DATAFILE
     '/u03/oradata/PRD11G2/datafile/o1_mf_prodts_5q06flpx_.dbf' OFFLINE;
RMAN>RESTORE DATAFILE '/u03/oradata/PRD11G2/datafile/o1_mf_prodts_5q06flpx_.dbf';
RMAN>RECOVER DATAFILE '/u03/oradata/PRD11G2/datafile/o1_mf_prodts_5q06nj3o_.dbf';
SQL> ALTER DATABASE DATAFILE
     '/u03/oradata/PRD11G2/datafile/o1_mf_prodts_5q06nj3o_.dbf' ONLINE;
```

Beachten Sie im Beispiel, dass beim Befehl `RESTORE` noch der alte Name, beim `RECOVERY` bzw. wieder Online-Setzen jedoch der neue Name verwendet werden muss. Dies erschwert das Restore einzelner Datafiles bei Oracle Managed Files erheblich. Allerdings ist es auch möglich, statt des Namens der Datei einfach deren Nummer anzugeben. In diesem Fall wäre der alternative Befehl also:

```
SQL>  ALTER DATABASE DATAFILE 5 OFFLINE;
RMAN> RESTORE DATAFILE 5;
RMAN> recover datafile 5;
SQL> SQL "'ALTER DATABASE DATAFILE 5 ONLINE"';
```

Wiederherstellung der Kontrolldateien

Da es in der Regel immer mehr als eine aktive Kontrolldatei geben sollte, kann beim Verlust einer dieser Dateien einfach eine neue Kopie erstellt werden. Schwieriger wird es hingegen, wenn alle Kontrolldateien verloren gehen, in diesem Fall muss ein Restore aus einem Backup erfolgen. Wenn die Datenbank geöffnet ist, kann kein ordnungsgemäßes SHUTDOWN mehr durchgeführt werden, da ja kein Abgleich mit den Kontrolldateien erfolgen kann. Die Fehlermeldungen (z. B. ORA-00210) geben an, dass die erste Kontrolldatei nicht gefunden wurde. Eine Anmeldung mit dem RMAN ist nicht möglich, da diese sich ja die Daten aus den Kontrolldateien lesen möchte.

Es bleibt also nichts übrig, als die Datenbank herunterzufahren (SHUTDOWN ABORT) und ein Restore der Kontrolldatei durchzuführen. Natürlich reicht an dieser Stelle kein einfacher RESTORE-Befehl, da ja die Konfiguration über die zurückzusichernden Dateien in der Regel – so kein Recovery-Katalog existiert – in den Kontrolldateien steht. Die Syntax muss daher um die Klausel „FROM" erweitert werden. Dabei gibt es zwei Möglichkeiten:

1. Wiederherstellung der Kontrolldateien über eine direkte Namenszuweisung
2. Wiederherstellung der Kontrolldateien, indem zunächst das Autobackup-Format für die Kontrolldateien angegeben und dann aus dem Autobackup zurückgesichert wird.

Da die erste Variante in der Regel einfacher ist, werden wir im Folgenden nur diese verwenden.

```
SQL> SHUTDOWN ABORT;
rman target /
RMAN> startup nomount;
RMAN> RESTORE CONTROLFILE FROM '/u04/orabackup/PRD11G2/
       c-2136714811-20100208-02.bck';
...
channel ORA_DISK_1: restoring control file
channel ORA_DISK_1: restore complete, elapsed time: 00:00:01
output file name=/u03/oradata/PRD11G2/control01.ctl
output file name=/u03/oradata/PRD11G2/control02.ctl
RMAN> ALTER DATABASE MOUNT;
RMAN> RECOVER DATABASE;
```

```
channel ORA_DISK_1: SID=192 device type=DISK
Crosschecked 44 objects
Finished implicit crosscheck backup at 08-FEB-10

Starting implicit crosscheck copy at 08-FEB-10
using channel ORA_DISK_1
Crosschecked 6 objects
Finished implicit crosscheck copy at 08-FEB-10

searching for all files in the recovery area
cataloging files...
cataloging done

List of Cataloged Files
=======================
File Name: /u04/orabackup/fastrecoveryarea/PRD11G2/autobackup/2010_02_08/
o1_mf_s_710436075_5q07gvo5_.bkp
File Name: /u04/orabackup/fastrecoveryarea/PRD11G2/autobackup/2010_02_08/
o1_mf_s_710435102_5q06jgnk_.bkp
File Name: /u04/orabackup/fastrecoveryarea/PRD11G2/autobackup/2010_02_08/
o1_mf_s_710434374_5q05spz3_.bkp

using channel ORA_DISK_1

starting media recovery

archived log for thread 1 with sequence 4 is already on disk as file
/u04/orabackup/fastrecoveryarea/PRD11G2/onlinelog/o1_mf_1_5o3jctjj_.log
archived log for thread 1 with sequence 5 is already on disk as file
/u04/orabackup/fastrecoveryarea/PRD11G2/onlinelog/o1_mf_2_5o3jdx7c_.log
archived log for thread 1 with sequence 6 is already on disk as file
/u04/orabackup/fastrecoveryarea/PRD11G2/onlinelog/o1_mf_3_5o3jddy4_.log
archived log file name=/u04/orabackup/fastrecoveryarea/PRD11G2/onlinelog/
o1_mf_1_5o3jctjj_.log thread=1 sequence=4
archived log file name=/u04/orabackup/fastrecoveryarea/PRD11G2/onlinelog/
o1_mf_2_5o3jdx7c_.log thread=1 sequence=5
archived log file name=/u04/orabackup/fastrecoveryarea/PRD11G2/onlinelog/
o1_mf_3_5o3jddy4_.log thread=1 sequence=6
media recovery complete, elapsed time: 00:00:01
Finished recover at 08-FEB-10

RMAN> ALTER DATABASE OPEN RESETLOGS;

database opened
```

Da in diesem Fall die Online-Redolog-Dateien noch vorhanden sind, ist es unerheblich, ob es sich um die aktuellste Version der Kontrolldatei handelt, beim anschließenden Recovery wird automatisch ein „Crosscheck“ durchgeführt, und die notwendigen archivierten Redolog-Dateien werden zur Verfügung gestellt, um bis zur letzten Aktion wiederherstellen zu können. Das Öffnen der Datenbank muss mit der „RESETLOGS“-Klausel erfolgen, d.h., es wird eine neue Inkarnation der Datenbank angelegt.

Wenn es sich um eine ältere Version der Kontrolldatei handelt, dann geht unter Umständen die Nummerierung der Sicherungen verloren. Das bedeutet unter Umständen, dass bei folgenden Sicherungen alte Dateien überschrieben werden bzw. das

Backup nicht durchgeführt werden kann, da Backup-Dateien mit gleichen Namen existieren. Daher empfiehlt es sich, zusätzlich für die Benennung von Backup-Sets den Parameter `%a` anzugeben. Damit wird die neue Inkarnation der Datenbank mit in die Benennung aufgenommen.

Wiederherstellung der gesamten Datenbank

Dieser Fall ist in der Regel derjenige, der scheinbar am besten durchgetestet wurde (wenn überhaupt Tests stattgefunden haben). Dabei werden – optimalerweise im laufenden Betrieb – alle Datendateien inklusive Kontrolldateien und Serverparameterdatei gelöscht. Aber kommt so etwas überhaupt in der Praxis vor?

Zunächst einmal sollte man sich überlegen, wann es zum Verlust der gesamten Datenbank kommen kann. Da in der Regel mit gespiegelten Systemen und einer Verteilung der Datenbankdateien über mehrere Platten gearbeitet wird, taucht unter heutigen Gesichtspunkten ein kompletter Verlust der Datenbank nur dann auf, wenn auch der Rechner nicht mehr zur Verfügung steht. Für die Wiederherstellung bedeutet dies, dass zunächst einmal ein Rechner beschafft werden muss, der den Anforderungen genügt, und als Nächstes ein Restore des Betriebssystems und der Datenbank-Software sowie eventuell einer Media Management Library erfolgen muss.

Sie sollten also, bevor Sie sich mit der Wiederherstellung der Datenbank beschäftigen, erst einmal überlegen, ob alle Maßnahmen getroffen sind, um auch den Server, das Betriebssystem, die Oracle-Software und eventuell weitere Komponenten wiederherzustellen. Ein Test für die Wiederherstellung muss also auch diese Komponenten umfassen. Gerade auch die Datenbank-Software birgt hierbei Risiken, wenn sie nicht regelmäßig gesichert worden ist. Unterschiede in den Patchständen der Oracle-Software und der Datenbank können unkalkulierbare Folgen haben.

Interessant ist hierbei auch die Feststellung, ob auf Disk oder Tape gesichert wurde. Wenn die Datenbank auf Disk gesichert wurde, ist diese natürlich jetzt ebenfalls nicht mehr verfügbar. Das betrifft auch die archivierten Redolog-Dateien. Das zeigt, dass zumindest diese auf ein entferntes System (z. B. eine über NFS angeschlossene Disk oder eine Standby-Datenbank) gesichert worden sein sollten.

Im Falle des Restores ist es daher unter Umständen einfacher, wenn es ein etwas älteres Backup gibt, das zunächst mit auf den neuen Rechner gespielt wird und von dem aus das folgende Restore und Recovery der Datenbank erfolgen. Das kann unter Umständen schneller sein, als das letzte Backup separat von einem Tape-Laufwerk zu lesen.

Um die Datenbank wieder herstellen zu können, wird zunächst einmal temporär eine Serverparameterdatei in lesbarer Form benötigt. Diese enthält nur zwei Einträge:

```
initPRD11G2.ora:

db_name       = PRD11G2
control_files = /tmp/control01.ctl
```

Mit diesen Parametern wird jetzt eine Instanz gestartet und anschließend die originale Parameterdatei wieder hergestellt. Wenn die Sicherungen mit einem „Autobackup" der Kontrolldatei erfolgt sind, kann die Serverparameterdatei einfach aus einer dieser Sicherungen gelesen werden:

```
% rman target /
```

```
RMAN> STARTUP NOMOUNT
RMAN> RESTORE SPFILE FROM '/u04/orabackup/fastrecoveryarea/PRD11G2/autobackup/
                          2010_02_08/o1_mf_s_710434374_5q05spz3_.bkp';
```

Danach wird die Instanz einmal heruntergefahren und mit den ursprünglichen Parametern gestartet, um als Nächstes die Kontrolldateien wieder herzustellen:

```
RMAN> SHUTDOWN
RMAN> STARTUP NOMOUNT
RMAN> RESTORE CONTROLFILE FROM '/u04/orabackup/fastrecoveryarea/PRD11G2/autobackup/
                               2010_02_08/o1_mf_s_710434374_5q05spz3_.bkp';
```

Wenn es Sicherungen gibt, die neuer als die zurückgesicherte Kontrolldatei sind, sollten diese zunächst mit dem Befehl `CATALOG` in die Kontrolldatei eingetragen werden, um diese auf den aktuellen Stand zu bringen:

```
RMAN> CATALOG BACKUPPIECE '/u04/orabackup/PRD11G2/
                          PRD11G2_20100208_710437190_1_149.bck';
RMAN> CATALOG BACKUPPIECE '/u04/orabackup/PRD11G2/
                          PRD11G2_20100208_710437190_1_150.bck';
RMAN> CATALOG BACKUPPIECE '/u04/orabackup/PRD11G2/
                          PRD11G2_20100208_710437190_1_151.bck';
RMAN> CATALOG BACKUPPIECE '/u04/orabackup/PRD11G2/
                          PRD11G2_20100208_710437190_1_152.bck';
```

Jetzt kann die Datenbank auf Basis dieser Kontrolldatei komplett wieder hergestellt werden:

```
RMAN> ALTER DATABASE MOUNT;
RMAN> RESTORE DATABASE;
RMAN> RECOVER DATABASE;
```

Außerdem sollten noch vorhandene archivierte Redolog-Dateien in das entsprechende Verzeichnis kopiert werden. Somit kann die Datenbank bis zur letzten aktiven Redolog-Datei wieder hergestellt werden. Natürlich ist ein Datenverlust aufgetreten, wie viel das ist, hängt in dieser Kombination davon ab, wie oft archiviert worden ist. Ein hilfreicher Parameter ist `archive_lag_target`, der die Zeitdauer in Minuten angibt, nach welcher spätestens eine Archivierung erfolgen soll.

Als Anmerkung sei noch hinzugefügt, dass es nicht mehr notwendig ist, wie noch in der Version 10g, die DBID einzugeben. Über das Lesen der Kontrolldatei wird diese automatisch gesetzt.

Wiederherstellung von Blöcken

Wie bereits beschrieben, ist es seit der Version 9i in der Enterprise Edition möglich, einzelne Blöcke wieder herzustellen. Bei diesem sogenannten *„Block Level Media Recovery"* wird nur der betroffene Block gesperrt, die übrige Datenbank bleibt unangetastet. Dieser Vorgang ist dann sinnvoll, wenn nur wenige Blöcke von der Korruption betroffen sind.

Bei jeder Sicherung mit dem Recovery Manager wird automatisch geprüft, ob es korrupte Blöcke gibt. Beim Vorliegen eines solchen Fehlers gibt der RMAN eine Meldung wie folgt aus:

```
RMAN-03009: failure of backup command on ORA_DISK_1 channel at 02/11/2010 12:12:20
ORA-19566: exceeded limit of 0 corrupt blocks for file /u04/oradata/PRD11G2/datafile/
o1_mf_prodts_5q0dlphc_.dbf continuing other job steps, job failed will not be re-run
...
RMAN-00571: ===========================================================
RMAN-00569: =============== ERROR MESSAGE STACK FOLLOWS ===============
RMAN-00571: ===========================================================

RMAN-03009: failure of backup command on ORA_DISK_1 channel at 02/11/2010 12:12:20
ORA-19566: exceeded limit of 0 corrupt blocks for file /u04/oradata/PRD11G2/datafile/
o1_mf_prodts_5q0dlphc_.dbf
```

Natürlich macht es keinen Sinn, jetzt die Sicherung weiterlaufen zu lassen. Zunächst wird man sich um die Beseitigung des Fehlers kümmern und froh sein, dass noch keine Anwendung davon betroffen ist. Es gilt also, den schnellstmöglichen Weg zu finden, die fehlerhaften Blöcke wiederherzustellen. Dafür muss zunächst einmal ermittelt werden, welche Blöcke tatsächlich fehlerhaft sind. Normalerweise führen Zugriffe auf fehlerhafte Blöcke zu Trace-Dateien, die im *Automatic Diagnostic Repository* (ADR) abgelegt werden. In diesen werden dann die fehlerhaften Blöcke sichtbar:

```
ERROR at line 1:
ORA-01578: ORACLE data block corrupted (file # 5, block # 151)
ORA-01110: data file 5:
'/u04/oradata/PRD11G2/datafile/o1_mf_prodts_5q0dlphc_.dbf'
```

Damit steht fest: Der Block Nummer 151 in der Datenbank-Datei Nummer 5 ist korrupt und muss repariert werden.

Dies geschieht dann mit dem Befehl:

```
RMAN> BLOCKRECOVER DATAFILE 5 BLOCK 151;
```

Alternativ kann man auch den Recovery Manager benutzen, um den korrupten Block zu ermitteln. Dafür eignet sich die Validierung der Datenbank am besten. Die korrupten Blöcke werden damit in die View `v$database_block_corruption` eingetragen.

Für den obigen Fall sieht das so aus:

```
RMAN> VALIDATE DATABASE;
...
File Status Marked Corrupt Empty Blocks Blocks Examined High SCN
---- ------ -------------- ------------ --------------- ----------
5    FAILED 0              12657        12800           4222655
  File Name: /u04/oradata/PRD11G2/datafile/o1_mf_prodts_5q0dlphc_.dbf
  Block Type Blocks Failing Blocks Processed
  ---------- -------------- ----------------
  Data       1              7
  Index      0              0
  Other      0              136

validate found one or more corrupt blocks
See trace file /u01/app/oracle/diag/rdbms/prd11g2/PRD11G2/trace/
PRD11G2_ora_31395.trc for details
```

```
SQL> SELECT *
       FROM v$database_block_corruption;

     FILE#     BLOCK#     BLOCKS CORRUPTION_CHANGE# CORRUPTIO
---------- ---------- ---------- ------------------ ---------
         5        151          1                  0 CHECKSUM
```

Alternativ kann die Validierung auch auf einen bestimmten Tablespace eingeschränkt werden. Über die View `v$backup_corruption` kann jetzt die Information über die fehlerhaften Blöcke gefunden werden. Der Befehl `BLOCKRECOVER` gestaltet sich jetzt einfacher, weil eine Liste der korrupten Blöcke im Data Dictionary existiert.

```
RMAN> BLOCKRECOVER CORRUPTION LIST;

Starting recover at 11-FEB-10
using channel ORA_DISK_1

channel ORA_DISK_1: restoring block(s)
channel ORA_DISK_1: specifying block(s) to restore from backup set
restoring blocks of datafile 00005
channel ORA_DISK_1: reading from backup piece /u04/orabackup/PRD11G2/
PRD11G2_20100208_710437190_1_151.bck
channel ORA_DISK_1: piece handle=/u04/orabackup/PRD11G2/
PRD11G2_20100208_710437190_1_151.bck tag=TAG20100208T154854
channel ORA_DISK_1: restored block(s) from backup piece 1
channel ORA_DISK_1: block restore complete, elapsed time: 00:00:01
```

Dieser Befehl stellt alle fehlerhaften Blöcke wieder her. Für die Wiederherstellung der Blöcke muss eine Komplettsicherung existieren, eine inkrementelle Sicherung reicht nicht aus. Außerdem kann der Header-Block einer Datei über diesen Mechanismus nicht wieder hergestellt werden.

8.6.4 Data Recovery Advisor

Mit dem *Data Recovery Advisor* steht dem DBA ab der Version 11 ein Hilfsmittel zur Verfügung, um Fehler schneller und effektiver beheben zu können, eventuell sogar, bevor ein Anwender etwas gemerkt hat. Beim Aufruf des Advisors wird auf das *Automatic Diagnostic Repository* (ADR) zugegriffen, in dem die Fehler entweder direkt (über einen Eintrag aufgrund eines aufgetretenen Fehlers) oder über eine Validierung (z. B.: `VALIDATE BACKUP`) eingetragen worden sind.

Die Behebung des Fehlers erfolgt in der Regel in drei Schritten:

1. Mit dem RMAN-Befehl `LIST FAILURE` werden zunächst die Fehler angezeigt.
2. Der Befehl `ADVICE FAILURE` gibt Vorschläge über eine mögliche Fehlerbehebung.
3. Mit `REPAIR FAILURE` kann schließlich die eigentliche Fehlerbehebung automatisch durchgeführt werden.

Das folgende Beispiel zeigt, wie der Data Recovery Advisor beim Verlust einer Datendatei eingesetzt werden kann.

```
% rman target /
RMAN> LIST FAILURE;

List of Database Failures
=========================

Failure ID Priority Status Time Detected Summary
---------- -------- ------ ------------- -------
3962       HIGH     OPEN   10-FEB-10     One or more non-system datafiles
                                         are missing
RMAN> advise failure;

List of Database Failures
=========================

Failure ID Priority Status Time Detected Summary
---------- -------- ------ ------------- -------
3962       HIGH     OPEN   10-FEB-10     One or more non-system datafiles
                                         are missing
analyzing automatic repair options; this may take some time
allocated channel: ORA_DISK_1
channel ORA_DISK_1: SID=196 device type=DISK
analyzing automatic repair options complete

Mandatory Manual Actions
========================
no manual actions available

Optional Manual Actions
=======================
1. If file /u03/oradata/PRD11G2/users01.dbf was unintentionally renamed or moved,
restore it

Automated Repair Options
========================
Option Repair Description
------ ------------------
1      Restore and recover datafile 4
  Strategy: The repair includes complete media recovery with no data loss
  Repair script: /u01/app/oracle/diag/rdbms/prd11g2/PRD11G2/hm/reco_1331702524.hm

RMAN> REPAIR FAILURE;

Strategy: The repair includes complete media recovery with no data loss
Repair script: /u01/app/oracle/diag/rdbms/prd11g2/PRD11G2/hm/reco_1331702524.hm

contents of repair script:
   # restore and recover datafile
   sql 'alter database datafile 4 offline';
   restore datafile 4;
   recover datafile 4;
   sql 'alter database datafile 4 online';

Do you really want to execute the above repair (enter YES or NO)? yes
executing repair script

sql statement: alter database datafile 4 offline
```

```
Starting restore at 10-FEB-10
using channel ORA_DISK_1

channel ORA_DISK_1: starting datafile backup set restore
channel ORA_DISK_1: specifying datafile(s) to restore from backup set
channel ORA_DISK_1: restoring datafile 00004 to /u03/oradata/PRD11G2/users01.dbf
channel ORA_DISK_1: reading from backup piece /u04/orabackup/PRD11G2/
PRD11G2_20100208_710441349_1_144.bck
channel ORA_DISK_1: piece handle=/u04/orabackup/PRD11G2/
PRD11G2_20100208_710441349_1_144.bck tag=TAG20100208T171754
channel ORA_DISK_1: restored backup piece 1
channel ORA_DISK_1: restore complete, elapsed time: 00:00:07
Finished restore at 10-FEB-10

Starting recover at 10-FEB-10
using channel ORA_DISK_1

starting media recovery

archived log for thread 1 with sequence 1 is already on disk as file
/u04/orabackup/fastrecoveryarea/PRD11G2/archivelog/2010_02_08/
 o1_mf_1_1_5q0ywnyh_.arc
...
media recovery complete, elapsed time: 00:00:03
Finished recover at 10-FEB-10
sql statement: alter database datafile 4 online
repair failure complete
```

Gerade an diesem Beispiel wird deutlich, wie einfach ein Restore und Recovery mit dem Recovery Manager tatsächlich ist.

8.6.5 Überprüfung von Sicherungen

Eine Backup-Strategie ist immer nur so gut wie die Überprüfung. Neben dem Test, ob sich ein Backup auch tatsächlich für eine Wiederherstellung nutzen lässt, stehen zwei Punkte im Vordergrund:

1. Prüfung, ob die Sicherung erfolgreich in der erwarteten Art und Weise durchgeführt wurde – Stichwort *„Reporting"*.
2. Prüfung, ob die Sicherungsdateien fehlerfrei sind – Stichwort *„Validierung"*.

Reporting

Für das Reporting steht eine Reihe von Befehlen im Recovery Manager, im Grid Control, im Recovery-Manager-Katalog oder einfach als Abfragen auf entsprechende Tabellen (in der Regel in den Kontrolldateien) zur Verfügung.

Die einfachste Form bietet der Befehl `LIST` im RMAN. Dabei können über weitere Parameter sehr detaillierte (aber auch verwirrende) Informationen ausgegeben werden. Mit `LIST BACKUP SUMMARY` kann man einfach eine Liste der durchgeführten Backups anzeigen lassen.

```
RMAN> LIST BACKUP SUMMARY;
List of Backups
===============
Key     TY LV S Device Type Completion  #Pieces #Copies Com-    Tag
                            Time                        pressed
------- -- -- - ----------- ----------- ------- ------- ------- ---
97      B  F  A DISK        16.12.2009  1       1       NO      TAG20091216T170242
                            17:03:06
98      B  F  A SBT_TAPE    16.12.2009  1       1       NO      TAG20091216T170425
                            17:05:09
99      B  F  A DISK        16.12.2009  1       1       NO      TAG20091216T170824
                            17:08:48
100     B  F  A DISK        12.01.2010  1       1       NO      TAG20100112T122254
                            12:48:46
101     B  A  A SBT_TAPE    19.01.2010  1       1       NO      TAG20100119T175151
                            17:52:29
```

Die einzelnen Spalten stehen dabei für:

- `Key`: Ein Schlüsselwert für dieses Backup-Set. Dieser wird als Primärschlüssel im Recovery-Manager-Katalog (falls vorhanden) geführt.
- `TY`: Backup-Typ: `B` steht für Backup und `P` für Proxy Copy.
- `LV`: Backup-Level: Dies ist entweder der Level (`0` oder `1`) bei inkrementellen Backups, `F` bei Full Backups oder `A` beim Backup von archivierten Redolog-Dateien.
- `Device Type`: Hier steht `DISK` für ein Backup auf Platte und `SBT_TAPE` für eine Sicherung auf Band.
- `Completion Time`: Zeitpunkt der Fertigstellung des Backups. Die Darstellung ist abhängig von den Variablen `NLS_LANG` und `NLS_DATE_FORMAT`. Für die oben gewählte Darstellung kann man auf Unix einfach das Kommando: `export NLS_DATE_FORMAT='DD.MM.YYYY HH24:MI:SS'` eingeben.
- `#Pieces`: gibt an, aus wie vielen Teilen (Pieces) das Backup-Set besteht.
- `#Copies`: Anzahl der angefertigten Kopien je Backup-Piece.
- `Compressed`: Gibt an, ob es sich um ein komprimiertes Backup-Set handelt oder nicht.
- `Tag`: Der Name des Backup-Sets. Falls hier ein `*` steht, werden mehrere Tags verwendet.

Mit dem Befehl `LIST BACKUPSET` und einer Nummer kann man sich aus der Übersicht sehr einfach die Detaildaten zu einem Backup-Set herausholen.

```
RMAN> LIST BACKUPSET 81;

List of Backup Sets
===================

BS Key  Size       Device Type Elapsed Time Completion Time
------- ---------- ----------- ------------ -------------------
81      40.33M     DISK        00:00:01     21.01.2010 14:05:12
        BP Key: 81   Status: AVAILABLE  Compressed: NO  Tag: TAG20100121T140511
        Piece Name: /u04/orabackup/PRD11G2/PRD11G2_20100121_1_131.bck
```

```
List of Archived Logs in backup set 81
Thrd Seq     Low SCN    Low Time            Next SCN   Next Time
---- ------- ---------- ------------------- ---------- ---------
1    60      1100889    15.01.2010 10:55:20 1104386    15.01.2010 11:54:13
1    61      1104386    15.01.2010 11:54:13 1104484    15.01.2010 11:54:51
1    62      1104484    15.01.2010 11:54:51 1131690    15.01.2010 12:46:55
```

In diesem Fall sieht man, welche archivierten Redolog-Dateien zu diesem Backup-Set gehören.

Alternativ kann man die Daten natürlich auch mit entsprechenden SQL-Befehlen ermitteln, im Folgenden eine hilfreiche Ausgabe, die zusätzlich zu den bekannten Informationen auch den Status (`COMPLETED` oder `FAILED`) sowie die Dauer ausgibt.

```
SQL> SELECT b.session_key AS "KEY",
            b.status,
            b.start_time,
            b.time_taken_display AS "ELAPSED_TM",
            b.input_type,
            b.output_device_type AS "DEVICE",
            b.input_bytes_display AS "IN_GBYTE",
            b.output_bytes_display AS "OUT_GBYTE",
            b.output_bytes_per_sec_display AS "OUT_PER_SEC"
       FROM V$RMAN_BACKUP_JOB_DETAILS b
      WHERE (b.start_time > (SYSDATE - 60))
   ORDER BY b.start_time;
```

```
KEY STATUS     START_TIME          ELAPSED_TM INPUT_TYPE    DEVICE   IN_GBYTE   OUT_GBYTE  OUT_PER_SEC
--- ---------- ------------------- ---------- ------------- -------- ---------- ---------- -----------
 36 COMPLETED  14.12.2009 14:50:07 00:37:18   DB FULL       DISK         46.95G     10.11G       4.63M
 40 COMPLETED  14.12.2009 16:32:54 00:37:33   DB FULL       DISK         46.70G     10.04G       4.56M
 46 COMPLETED  15.12.2009 11:43:35 00:26:18   DB FULL       DISK         46.76G     46.23G      30.00M
 51 COMPLETED  15.12.2009 12:51:52 00:27:49   DB FULL       SBT_TAPE     54.02G     46.47G      28.51M
 55 COMPLETED  15.12.2009 13:56:59 00:27:50   DB FULL       SBT_TAPE     54.03G     46.48G      28.50M
 60 COMPLETED  16.12.2009 17:58:20 00:01:37   DATAFILE FULL SBT_TAPE      4.88G      4.24G      44.79M
 63 COMPLETED  16.12.2009 18:00:42 00:01:37   DATAFILE FULL DISK          4.25G      4.24G      44.78M
 65 COMPLETED  17.12.2009 09:06:45 00:00:27   DATAFILE FULL DISK       1001.51M   1001.12M      37.08M
 68 COMPLETED  17.12.2009 09:09:16 00:01:37   DATAFILE FULL SBT_TAPE      4.88G      4.24G      44.79M
 73 COMPLETED  14.01.2010 09:51:46 00:33:45   DB FULL       SBT_TAPE     54.18G     50.86G      25.72M
```

Es gibt eine ganze Anzahl interessanter Views mit Informationen über die gerade laufenden bzw. durchgeführten Sicherungen. Die Tabelle `v$backup_async_io` gibt beispielsweise Hinweise auf die Performance von durchgeführten Backups z. B. in den Spalten `short_waits` und `long_waits`.

Eine sehr gute Darstellung bietet der Enterprise Manager unter dem Menü *Verfügbarkeit: Backup-Berichte* (siehe Abbildung 8.3).

Validierung

Mit der Validierung wird geprüft, ob sich eine Sicherung auch tatsächlich für die Wiederherstellung eignet. Der einfachste Fall ist sicherlich, die Sicherung auf einem anderen Rechner wieder einzuspielen. Gerade auch der Einsatz einer Standby-Datenbank über die archivierten Redolog-Dateien eignet sich hervorragend, um zu prüfen, ob es Korruptionen in den Dateien gibt. Wie bereits erwähnt, führt der RMAN bei einem Backup

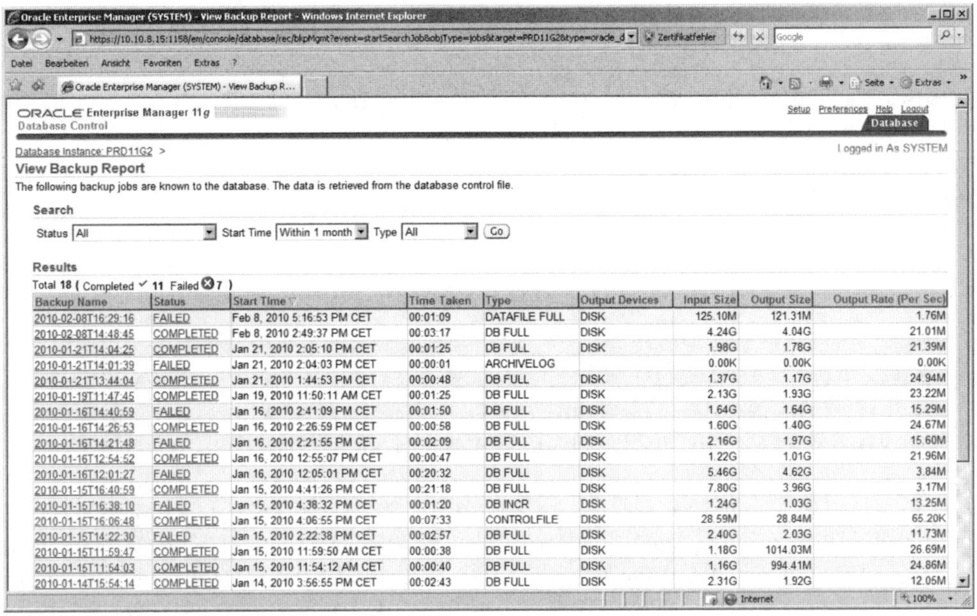

Abbildung 8.3: Backup-Bericht im Oracle Enterprise Manager

automatisch eine Validierung der Datenbankblöcke durch, d. h., es wird geprüft, ob es korrupte Blöcke in der Datenbank gibt.

Sowohl die Datenbank selbst als auch Sicherungen können jederzeit mit dem RMAN überprüft werden. Bei der Syntax wird zwischen `BACKUP VALIDATE` und `VALIDATE` unterschieden. In den meisten Fällen gibt es keine Unterschiede, allerdings erlaubt das Kommando `VALIDATE` mit der Angabe von Blöcken, dass auch Teile einer Datei überprüft werden. Bei `BACKUP VALIDATE` wird hingegen immer die gesamte Datei bzw. Datenbank überprüft.

Hier einige Beispiele:

1. Überprüfung der Datendateien (inklusive Kontrolldatei und Serverparameterdatei):

   ```
   RMAN> BACKUP VALIDATE DATABASE;
   ```

2. Überprüfung der archivierten Redolog-Dateien:

   ```
   RMAN> VALIDATE ARCHIVELOG ALL;
   ```

3. Überprüfung von bestimmten Backup-Sets:

   ```
   RMAN> BACKUP VALIDATE BACKUPSET 100;
   ```

Mit Befehlen der Art `RESTORE ... VALIDATE` kann überprüft werden, wie ein Restore durchgeführt werden würde. Dazu gehört unter anderem:

```
RMAN> RESTORE DATABASE VALIDATE;
Starting restore at 11-FEB-10
using channel ORA_DISK_1

channel ORA_DISK_1: starting validation of datafile backup set
```

```
channel ORA_DISK_1: reading from backup piece /u04/orabackup/PRD11G2/
PRD11G2_20100208_710437190_1_151.bck
channel ORA_DISK_1: piece handle=/u04/orabackup/PRD11G2/
PRD11G2_20100208_710437190_1_151.bck tag=TAG20100208T154854
channel ORA_DISK_1: restored backup piece 1
...

RMAN> RESTORE ARCHIVELOG ALL VALIDATE;

Starting restore at 11-FEB-10
using channel ORA_DISK_1

channel ORA_DISK_1: scanning archived log /u04/orabackup/.../2010_02_08/o1_mf_1_1_5q0ywnyh_.arc
channel ORA_DISK_1: scanning archived log /u04/orabackup/.../2010_02_09/o1_mf_1_2_5q1d7ffr_.arc
channel ORA_DISK_1: scanning archived log /u04/orabackup/.../2010_02_09/o1_mf_1_3_5q2mmtd4_.arc
channel ORA_DISK_1: scanning archived log /u04/orabackup/.../2010_02_09/o1_mf_1_4_5q3m7pv8_.arc
channel ORA_DISK_1: scanning archived log /u04/orabackup/.../2010_02_10/o1_mf_1_5_5q40nj2q_.arc
```

Zwar gibt es bei der Enterprise Edition auch noch eine Möglichkeit, ein Recover zu testen, das so genannte *Trial Recovery*. Dies ist jedoch nur dann möglich, wenn es tatsächlich einen Fehler in einer Datendatei bzw. der gesamten Datenbank gibt. Bei dem Trial Recovery handelt es sich um ein Recovery, dass ausschließlich im Hauptspeicher durchgeführt und anschließend wieder zurückgerollt wird. Ein Versuch, ein Trial Recovery auf eine Datei mit einem korrupten Block auszuführen, scheiterte jedoch mit einem ORA-600-Fehler.

8.6.6 RMAN-Verwaltung

Bei der Planung einer Backup-Strategie sollte das Thema der Aufbewahrungsfristen (*Retention Policies*) nicht vergessen werden. Dabei muss unterschieden werden, ob die Steuerung über den Recovery Manager oder eine Media-Management-Software durchgeführt wird.

Die heute gebräuchlichen Media-Manager sind im Normalfall in der Lage, entsprechende Strategien aufzubauen und auszuführen. Das Problem in der Vergangenheit war nun, dass der Recovery Manager bzw. der Recovery-Manager-Katalog von solchen Aufräumaktionen nichts mitbekam. Bereits seit der Version 9i können diese Fristen im RMAN definiert und überprüft werden. Unterschiedliche Kommandos erlauben dabei eine Synchronisierung des Recovery-Manager-Katalogs mit den tatsächlich zur Verfügung stehenden Backups. Dazu gehören:

1. Synchronisierung der Kataloginformation mit tatsächlich verfügbaren Backups:

```
RMAN> CROSSCHECK BACKUP
using channel ORA_DISK_1
crosschecked backup piece: found to be 'AVAILABLE'
backup piece handle=/u04/orabackup/PRD11G2/c-2136714811-20100114-00
RECID=1 STAMP=708266163
crosschecked backup piece: found to be 'EXPIRED'
backup piece handle=/u01/app/oracle/product/11.2.0/dbhome_1
/dbs/USE_DB_FILE_RECOVERY_DEST RECID=2 STAMP=708278138
crosschecked backup piece: found to be 'AVAILABLE'
backup piece handle=/u04/orabackup/PRD11G2/c-2136714811-20100114-01
RECID=3 STAMP=708278174
crosschecked backup piece: found to be 'EXPIRED'
```

```
backup piece handle=/u01/app/oracle/product/11.2.0/dbhome_1
/dbs/USE_DB_RECOVERY_FILE_DEST RECID=4 STAMP=708278215
crosschecked backup piece: found to be 'AVAILABLE'
```

2. Löschen der nicht mehr benötigten Sicherungen (z. B. von Backup-Sets, Archivelogs etc.):

```
RMAN> DELETE EXPIRED BACKUPSET;

using channel ORA_DISK_1

List of Backup Pieces
BP Key  BS Key  Pc# Cp# Status      Device Type Piece Name
------- ------- --- --- ----------- ----------- ----------
2       2       1   1   EXPIRED     DISK        /u01/app/oracle/product
     /11.2.0/dbhome_1/dbs/USE_DB_FILE_RECOVERY_DEST
4       4       1   1   EXPIRED     DISK        /u01/app/oracle/product
     /11.2.0/dbhome_1/dbs/USE_DB_RECOVERY_FILE_DEST

Do you really want to delete the above objects (enter YES or NO)? y
deleted backup piece
backup piece handle=/u01/app/oracle/product/11.2.0/dbhome_1/dbs/
USE_DB_FILE_RECOVERY_DEST RECID=2 STAMP=708278138
deleted backup piece
backup piece handle=/u01/app/oracle/product/11.2.0/dbhome_1/dbs/
USE_DB_RECOVERY_FILE_DEST RECID=4 STAMP=708278215
Deleted 2 EXPIRED objects
```

Über die Retention Policy wird definiert, wann ein Backup als *Expired* gekennzeichnet wird. Hierfür gibt es unterschiedliche Möglichkeiten der Definition:

- Anzahl Tage, die ein Backup aufbewahrt werden soll:

```
RMAN> CONFIGURE RETENTION POLICY TO RECOVERY WINDOW OF 30 DAYS;
```

- Anzahl Kopien, die aufbewahrt werden sollen:

```
RMAN> CONFIGURE RETENTION POLICY TO REDUNDANCY 3;
```

Bei einer Sicherung kann von dieser Policy abgewichen werden, zum Beispiel um bestimmte Sicherungen für einen längeren Zeitraum – oder sogar für immer – aufzubewahren. Die optionale Angabe `KEEP UNTIL` oder `KEEP FOREVER` mit dem BACKUP-Befehl ermöglicht dies.

Die Angabe `KEEP FOREVER` ist allerdings nur möglich, wenn ein Recovery-Katalog verwendet wird, da die Informationen in den Kontrolldateien über den Serverparameter `controlfile_record_keep_time`[5] nur relativ kurz zur Verfügung stehen.

Natürlich ist es auch möglich, den Recovery Manager über den Oracle Enterprise Manager zu nutzen. Zunächst einmal ist dafür erforderlich, dass man sich als `SYSDBA` an die zu sichernde Datenbank anmeldet. Alle Backup und Recovery relevanten Funktionen sind unter dem Menüpunkt *Verfügbarkeit* zusammengefasst. Wenn Sie die grafische Unterstützung wählen, sollten Sie sich trotzdem immer bewusst sein, dass Sie, falls es tatsächlich einmal zu einem Fehler kommt, nicht unbedingt davon ausgehen können, dass Sie dann eine grafische Oberfläche zur Verfügung haben. Daher sollte Ihnen das Restore und Recovery in jedem Fall auch ohne den Enterprise Manager geläufig sein.

5 Standardmäßig sieben Tage

8.7 Backup der Grid Infrastructure

Während sich das Backup und Recovery einer Real Application Clusters- (RAC-)Datenbank nicht von dem Backup einer Single-Instance-Datenbank unterscheidet, sollte man bei der Verwendung der Grid Infrastructure, die ja speziell im RAC-Umfeld zum Einsatz kommt, eine eigene Backup-Strategie haben.

Eigentlich sind es nur wenige Komponenten, die zu sichern sind, aber ohne diese wird die komplette Umgebung nicht mehr lauffähig sein. Oracle empfiehlt, die Voting-Disk und auch die OCR-Dateien[6] in ASM abzulegen. Die Frage ist daher, ob ASM gesichert werden kann oder wie man alternativ die einzelnen Komponenten sichert.

8.7.1 ASM

Laut Oracle-Dokumentation ist es nicht notwendig, ASM zu sichern, da es sich lediglich um Meta-Informationen handelt. Im Fehlerfall werden die Diskgruppen über das Werkzeug ASMCA[7] oder den Befehl `CREATE DISKGROUP` einfach wieder hergestellt (siehe auch Kapitel 3.4).

Auch die Serverparameterdatei der ASM-Instanz muss nicht zwingend gesichert werden. Sie enthält in der Regel nur wenige Parameter, und der einzig wirklich wichtige ist der Parameter `asm_diskgroups`. Mit dem Befehl `CREATE DISKGROUP` wird die neue Diskgruppe automatisch in den Parameter `asm_diskgroups` eingetragen. Wenn man dennoch ein Abbild der Serverparameterdatei haben möchte, so ist es am einfachsten, sich eine Textdatei davon zu erstellen:

```
% sqlplus / as sysasm
SQL> CREATE pfile='/u02/orabackup/init+ASM.ora' from spfile;
```

Mit diesem Befehl wird im Verzeichnis `/u02/orabackup` die Textversion der ASM-Parameter erstellt.

Sollte jetzt die Diskgruppe, in der sich die Serverparameterdatei befindet, defekt sein oder verloren gehen, wird zunächst eine ASM-Instanz gestartet, dann wird eine neue Diskgruppe angelegt und eine Serverparameterdatei in dieser Diskgruppe erstellt.

```
% sqlplus / as sysasm
SQL> STARTUP pfile='/u02/orabackup/init+ASM.ora';
SQL> CREATE DISKGROUP ASMDG  EXTERNAL REDUNDANCY
     DISK   '/dev/oracleasm/disks/OCR1','/dev/oracleasm/disks/ASM4'
     ATTRIBUTE
     'compatible.asm' = '11.2',
     'compatible.rdbms' = '11.2';

SQL> CREATE spfile='+ASMDG/spfileASM.ora' from pfile='/u02/orabackup/init+ASM.ora';
SQL> SHUTDOWN ABORT;
SQL> STARTUP;
```

Damit steht jetzt in der Diskgruppe `ASMDG` wieder eine Parameterdatei für die ASM Instanz zur Verfügung. Die `ATTRIBUTE`-Klausel ist sehr wichtig, da der Standardwert für die Kompatibilität von ASM bzw. Datenbank 10.1.0 ist.

---

6 OCR = Oracle Cluster Registry, siehe Kapitel 12.3

7 ASM Configuration Assistant

Alternativ kann ein Backup der Serverparameterdatei auch über das Kommandozeilenwerkzeug `asmcmd` erfolgen:

```
% asmcmd
ASMCMD> spbackup +ASMDG/spfileASM.ora /u02/orabackup/spfileASM.ora'
```

Alternativ kann auch der Befehl `spcopy` anstelle `spbackup` verwendet werden. Beim Restore muss dann allerdings darauf geachtet werden, dass es sich hier um das „echte" Backup einer Serverparameterdatei handelt. Dieses muss beim Restore entsprechend mit `spcopy` wieder in das ASM-Verzeichnis zurückgesichert werden.

Zusätzlich können mit dem Befehl `md_backup` die Metadaten einer oder aller Diskgruppen gesichert und entsprechend mit `md_restore` auch wieder hergestellt werden.

```
ASMCMD> md_backup /u02/backup/md_CRSDATA -G CRSDATA
```

Damit wird, wie beschrieben, nicht die Diskgruppe selbst gesichert, sondern ausschließlich die Meta-Information. Im Fehlerfall kann also statt der beschriebenen Variante über das `CREATE DISKGROUP`-Kommando mit `md_restore` auch direkt die Information wieder hergestellt werden.

8.7.2 OCR

Beim Einsatz von Oracle Restart oder Oracle Real Application Clusters sollte außerdem auch die OCR-Information gesichert werden. Zunächst einmal sollte davon ausgegangen werden, dass die OCR-Datei mindestens einmal gespiegelt wird. Falls dies nicht bereits bei der Installation geschehen ist, kann die Spiegelung über das Kommando `ocrconfig` mit der Option `-add` jederzeit nachgezogen werden. Beim RAC ist darauf zu achten, dass nur eine Spiegelung auf ein Shared-Device möglich ist. Außerdem kann dieser Befehl nur vom root-Benutzer ausgeführt werden.

```
% ocrconfig -add +ASMDG
```

In der Datei `/etc/oracle/ocr.loc` kann man nachsehen, wo die OCR-Dateien liegen bzw. ob es eine zusätzliche Spiegelung gibt.

Die OCR-Information wird in regelmäßigen Abständen (Standard alle vier Stunden) gesichert. Das Standardverzeichnis ist das Unterverzeichnis `cdata/<hostname>` im Oracle-Home der Grid-Infrastruktur. Zusätzlich kann jederzeit eine Sicherung mit der Option `-manualbackup` angestoßen werden. Das Backup-Verzeichnis kann mit der Option `-backuploc` geändert werden.

```
% ocrconfig -backuploc /u02/backup
% ocrconfig -manualbackup

asterix  2010/06/16 12:41:03  /u02/backup/backup_20100616_124103.ocr
asterix  2010/06/15 12:06:16  /u01/app/grid/11.2.0/cdata/gallier/backup_20100615_120616.ocr
```

Mit der Option `-showbackup` kann man sich die derzeit verfügbaren Sicherungen ansehen.

Hilfreich ist auch die Option `-export <dateiname>`, um einen Export der OCR-Informationen durchzuführen. Im Fehlerfall lässt sich über einen Import die OCR-Information dann ebenfalls sehr einfach wieder herstellen.

Ein Problem stellt sich, wenn die OCR-Information korrupt ist. In diesem Fall wird sich die Clusterware nicht starten lassen, und damit stehen einige Befehle im OCR nicht zur Verfügung. Sollte sich die ursprüngliche OCR-Konfiguration im ASM befunden haben und diese ebenfalls nicht starten, gibt es die Option, zunächst eine neue Lokation der OCR-Datei außerhalb von ASM anzulegen, dann die ASM-Instanz zu starten, eine neue Diskgruppe anzulegen und die OCR-Datei dahin zu verschieben. Im Falle einer RAC-Datenbank empfiehlt es sich, hierfür ausschließlich einen einzelnen Knoten hochzufahren.

Im folgenden Beispiel wird zunächst ein neues Device für die Benutzung von OCR vorbereitet (mit `dd`) und anschließend angelegt. Hoffentlich existiert ein Backup oder Export der alten OCR-Informationen, denn dann kann diese einfach wieder hergestellt werden. In einem Fall war zwar die OCR-Datei defekt, ein Export konnte aber dennoch gemacht werden – also zuerst versuchen, ob man mit einem Export die alte Information noch sichern kann.

Nachdem die neue OCR-Datei erstellt wurde, muss die alte aus der Konfiguration gelöscht werden. Danach sollte sich die Clusterware starten lassen. Liegt die Serverparameterdatei in der gleichen defekten Diskgruppe, so dass auch die ASM-Instanz sich nicht starten ließ, so muss jetzt zunächst – wie bereits beschrieben – die ASM-Instanz neu aufgebaut werden. Danach kann dann die OCR-Datei wieder in eine Diskgruppe der ASM-Instanz verschoben und die temporäre OCR-Lokation wieder gelöscht werden.

```
% ocrconfig -export /tmp/ocr.dmp
% dd if=/dev/zero of=/dev/oracleasm/disks/CRS4 bs=1M count=120
% ocrconfig -repair -add /dev/oracleasm/disks/CRS4
% ocrconfig -repair -delete +OCRDATA
% ocrconfig -import /tmp/ocr.dmp
% crsctl start res ora.crs -init
% sqlplus / as sysasm
SQL> startup mount pfile= ...
SQL> CREATE DISKGROUP OCRNEW ...
SQL> CREATE spfile='+OCRNEW/initASM.ora' from pfile=...
SQL> SHUTDOWN ABORT
SQL> STARTUP
% ocrconfig -add +OCRNEW
% ocrconfig -delete /dev/oracleasm/disks/CRS4
```

Danach führt man am besten ein Reboot des Knotens aus, um festzustellen, ob alle Ressourcen anschließend automatisch gestartet werden. Ist dies der Fall, können weitere Knoten des Clusterverbundes gestartet werden. Hierbei ist darauf zu achten, dass, falls eine neue Diskgruppe für die OCR-Datei (im Beispiel `OCRNEW`) angelegt wurde, diese in der entsprechenden Datei `/etc/oracle/ocr.loc` auf allen Knoten angepasst werden muss.

8.7.3 Voting Disk

Die letzte zu sichernde Komponente ist die Voting Disk bzw. das Quorum-Device. Diese Datei wird ab Oracle 11g Release 2 automatisch mit jeder Änderung der Konfiguration gesichert. Insofern muss also nur für ein Restore oder für eine Verlagerung der Disk gesorgt werden (z. B. wenn eine Diskgruppe im ASM, die eine Voting Disk enthält, korrupt ist und gelöscht werden soll).

In der Regel ist es nur erforderlich, eine vorhandene Voting Disk zu löschen bzw. in eine andere Diskgruppe zu transferieren (z. B. wenn eine Diskgruppe defekt ist und daher gelöscht werden soll). Zu beachten ist außerdem, dass nur eine Voting Disk im ASM liegen kann und eine Diskgruppe, die eine Voting Disk enthält, nicht gelöscht werden kann. Die Verwaltung der Voting Disk erfolgt über den Befehl `crsctl`.

Änderungen der Voting Disks können nur erfolgen, wenn die Clusterware läuft. Schwierig wird es, wenn die Voting Disk korrupt ist und daher die Clusterware nicht hochgefahren werden kann. Ähnlich wie bereits bei der OCR-Wiederherstellung beschrieben, bietet es sich an, zunächst nur einen Clusterknoten hochzufahren. Auf diesem kann dann die Clusterware im exklusiven Modus gestartet werden. Diese benötigt, anders als die „echte" Cluster-Konfiguration, kein Quorum. Die Voting Disk kann daher im folgenden Schritt gelöscht und neu angelegt werden:

```
% crsctl start crs -excl
% crsctl query css votedisk
## STATE    File Universal Id                  File Name Disk group
-- -----    -----------------                  --------- ---------
 1. OFFLINE  50e77320fd834f8ebfad261b99a69579 (/dev/oracleasm/disks/CRS1) [CRSDATA]
% crsctl delete css votedisk 50e77320fd834f8ebfad261b99a69579
% crsctl add css votedisk +CRSDATA
% crsctl stop crs;
% crsctl start crs;
```

Wie hier ersichtlich, hat die Voting Disk den Status „OFFLINE", steht also nicht mehr zur Verfügung. Zum Löschen wird jetzt die so geannnte FUI (File Universal ID) angegeben. Daher ist die vorherige Abfrage der Konfiguration ganz hilfreich, um diese ID zu bekommen.

Natürlich funktioniert diese Befehlsfolge nur dann, wenn die ASM-Instanz gestartet ist. Ansonsten muss man, wie bereits beim OCR beschrieben, zunächst eine temporäre OCR-Konfiguration aufbauen, dann die ASM-Instanz neu konfigurieren, und nach erfolgtem Start der ASM-Instanz kann endlich die neue Voting Disk angelegt werden.

8.8 Flashback-Technologien

In den letzten Jahren hat das Schlagwort *Flashback* bei Oracle Einzug gehalten. Das Wort hat sicherlich nichts mit Rückblende in Bezug auf alte Techniken zu tun, sondern spricht auf das Gedächtnis einer Oracle-Datenbank an. Prinzipiell ist die Datenbank so aufgebaut, dass es keine Historisierung von Änderungen gibt. Wenn man also wissen möchte, wie ein Tabelleninhalt vor einer Änderung aussah, muss man einen Trigger schreiben, der den alten Inhalt in eine Historientabelle überführt – eine oft eingesetzte Methode, wenn alte Inhalte weiterhin zur Verfügung stehen müssen.

In den Fällen jedoch, in denen es sich um fehlerhafte Anwendungen (UPDATE ohne WHERE-Bedingung) oder fehlerhafte Befehle – beispielsweise das versehentliche Löschen einer Tabelle – handelt, war es in der Vergangenheit oft unumgänglich, ein älteres Backup einzuspielen.

Hierfür hat Oracle eine Reihe von Funktionen implementiert, die dafür sorgen, dass alte Dateninhalte weiterhin genutzt werden können.

8.8.1 Flashback Query

Den Anfang bildet dabei die in Oracle9i eingeführte *Flashback Query*. Quasi als Abfallprodukt des *Automatic Undo Managements* ist es seit dieser Zeit möglich, Abfragen gegen eine Oracle-Datenbank mit einem Datum (Klausel AS OF TIMESTAMP) oder einer SCN (Klausel AS OF SCN) zu versehen.

Eine Abfrage könnte dann wie folgt aussehen:

```
SQL> SELECT *
     FROM   auftraege
     AS OF  TIMESTAMP TO_DATE('11.02.2010 11:00:00','DD.MM.YYYY HH24:MI:SS');
```

In diesem Fall wird die Tabelle orders mit dem Inhalt wiedergegeben, wie er zu einem definierten Zeitpunkt existiert hat. Alternativ kann man den Zeitpunkt natürlich auch vom aktuellen Systemdatum ableiten:

```
SQL> SELECT *
     FROM   auftraege
     AS OF  TIMESTAMP SYSDATE-5/60/24;
```

Die Eingabe der SCN ist hingegen eher selten, da sie ja zunächst ermittelt werden muss.

Wenn es sich um eine Reihe von Abfragen handelt, die sich auf einen bestimmten Zeitpunkt beziehen, kann es sinnvoller sein, die gesamte Session zurückzusetzen.

```
SQL> EXECUTE dbms_flashback.enable_at_time(
        TO_TIMESTAMP('11-02-2010 11:00:00', 'DD-MM-YYYY HH24:MI:SS'));

SQL> SELECT *
     FROM   auftraege;
...

SQL> EXECUTE dbms_flashback.disable;
```

Ursprünglich (mit der Freigabe von Oracle9i) gab es sogar eine Ankündigung, dass man mit Flashback-Abfragen Wochen zurückblicken könnte. Neben einigen Oracle-internen Zählern ist es aber vor allen Dingen die zugrunde liegende Technik, die verhindert, dass der Rückblick-Zeitraum zu groß wird. Die Daten für Flashback Query basieren auf den Undo-Informationen. Die maximal mögliche Zeitspanne wird daher durch die Größe des Undo-Tablespaces und den Serverparameter undo_retention bestimmt. Realistische Zeiten bewegen sich in der Regel also im Bereich einiger weniger Stunden.

Trotzdem ist diese Funktion sicherlich sehr hilfreich, wenn es darum geht, Änderungen, die durch fehlerhafte Upgrades vorkommen, rückgängig zu machen.

8.8.2 Flashback Version Query

Als Fortführung der Flashback Query-Funktion ist es hiermit möglich, sich alle Änderungen zwischen zwei Zeitpunkten anzusehen – solange diese Informationen in den Undo-Segmenten vorhanden sind.

Um z. B. festzustellen, wie sich ein Auftrag in der letzten Stunde geändert hat, könnte man die folgende Abfrage verwenden:

```
SQL> SELECT   *
     FROM     auftraege
     VERSIONS BETWEEN TIMESTAMP sysdate - 1/24 AND sysdate
     WHERE    aufid = 100245;

     AUFID     PERSID AUFDATUM  LIEFERDAT A
---------- ---------- --------- --------- -
    100245     100071 30-AUG-08 12-FEB-10 Z
    100245     100071 30-AUG-08 11-FEB-10 G
    100245     100071 30-AUG-08           B
```

Allerdings fehlt hier die Information, wann diese Änderung durchgeführt wurde. Diese Information kann aber ebenfalls angezeigt werden, da bei der Verwendung der VERSIONS-Klausel weitere Spalten zur Verfügung stehen. Eine Ausgabe inklusive der Information, wann die Änderung ausgeführt wurde, kann so aussehen:

```
SQL> SELECT aufid,
            lieferdatum,
            aufstatus,
            to_char(versions_starttime,'DD.MM.YYYY HH24:MI:SS') starttime,
            to_char(versions_endtime,'DD.MM.YYYY HH24:MI:SS') endtime,
            versions_operation
       FROM auftraege VERSIONS BETWEEN TIMESTAMP SYSDATE - 1 / 24 AND SYSDATE
      WHERE aufid = 100245;

     AUFID LIEFERDAT A STARTTIME           ENDTIME             V
---------- --------- - ------------------- ------------------- -
    100245 12-FEB-10 Z 11.02.2010 16:02:11                     U
    100245 11-FEB-10 G 11.02.2010 15:58:38 11.02.2010 16:02:11 U
    100245           B                     11.02.2010 15:58:38
```

Neben der Angabe eines konkreten Zeitraums ist es auch möglich, einfach sämtliche Änderungen, die in den Undo-Segmenten noch existieren, auszugeben:

```
SQL> SELECT ...
       FROM auftraege VERSIONS BETWEEN TIMESTAMP MINVALUE AND MAXVALUE
     ...
```

8.8.3 Flashback Transaction Query

Neben der Information, wann eine Änderung ausgeführt worden ist, gibt es natürlich eine Reihe von Informationen, die hilfreich sein können, wenn z. B. bestimmte Transaktionen wieder rückgängig gemacht werden. Über die View FLASHBACK_TRANSACTION_QUERY können die Metadaten einer Änderung inklusive des SQL-Befehls für die Zurücknahme – das sogenannte Undo-SQL – angezeigt werden. Im Gegensatz zu den bereits beschriebenen Verfahren wird hier nicht mehr auf die ursprüngliche Tabelle zugegriffen, sondern ausschließlich auf Meta-Informationen. Die Verknüpfung auf die eigentliche Tabelle erfolgt über die Spalten table_name und table_owner.

```
SQL> SELECT start_timestamp,
            logon_user,
            operation,
            table_name,
            table_owner,
            row_id,
            undo_sql
```

```
  FROM flashback_transaction_query
 WHERE table_name = 'TEST1';

START_TIM LOGON_USER OPERATION  TABLE_NAME TABLE_OWNER ROW_ID
UNDO_SQL
--------------------------------------------------------------------------------
11-FEB-10 BENCH1     INSERT     TEST1      BENCH1      AAAErZAAFAADmREAAB
delete from "BENCH1"."TEST1" where ROWID = 'AAAErZAAFAADmREAAB';
11-FEB-10 BENCH1     INSERT     TEST1      BENCH1      AAAErZAAFAADmREAAA
delete from "BENCH1"."TEST1" where ROWID = 'AAAErZAAFAADmREAAA';
11-FEB-10 BENCH1     UPDATE     TEST1      BENCH1      AAAErZAAFAADmREAAB
update "BENCH1"."TEST1" set "VORNAME" = 'Dierk' where ROWID = 'AAAErZAAFAADmREAAB';
11-FEB-10 BENCH1     UNKNOWN    TEST1
11-FEB-10 BENCH1     UPDATE     TEST1      BENCH1      AAAErZAAFAADmREAAB
update "BENCH1"."TEST1" set "NACHNAME" = 'Lenz' where ROWID = 'AAAErZAAFAADmREAAB';
11-FEB-10 BENCH1     UNKNOWN    TEST1
```

Damit ist der erste Schritt getan, um fehlerhafte Transaktionen rückgängig zu machen. Mit der Version 11.2 ist es mittlerweile möglich, auch abhängige Objekte mit zurückzusetzen. Dafür müssen jedoch einige Voraussetzungen geschaffen werden:

1. Die Datenbank muss im Archivelog-Modus betrieben werden.
2. Supplemental Logging auf den Primärschlüssel muss aktiviert werden, um in der View `FLASHBACK_TRANSACTION_QUERY` die Informationen `operation`, `table_owner`, `row_id` und `undo_sql` zu sehen.
3. Supplemental Logging auf den Fremdschlüssel muss ebenfalls aktiviert werden, falls bei einer Flashback-Operation auch abhängige Datensätze zurückgesetzt werden sollen.

Es bietet sich also an, für die vollständige Nutzung von Flashback Transaction Query folgende Einstellungen vorzunehmen (dass in der Datenbank die Archivierung von Redolog-Dateien eingeschaltet ist, setzen wir hierbei voraus):

```
SQL> ALTER DATABASE ADD SUPPLEMENTAL LOG DATA;
SQL> ALTER DATABASE ADD SUPPLEMENTAL LOG DATA (PRIMARY KEY) COLUMNS;
SQL> ALTER DATABASE ADD SUPPLEMENTAL LOG DATA (FOREIGN KEY) COLUMNS;
```

Damit ist es möglich, einzelne Transaktionen gezielt zurückzusetzen. Leider waren die von uns durchgeführten Tests nicht erfolgreich. Trotzdem wollen wir die Vorgehensweise kurz beschreiben. Das Beispiel bezieht sich auf die Tabelle `PERSONEN`, in der fälschlicherweise ein Datensatz gelöscht wurde. Da abhängige Tabellen existieren, bedeutet das, dass weitere Datensätze betroffen sind, z. B. in der Tabelle `ADRESSEN`.

Zunächst einmal müssen die fehlerhaften Transaktionen über die Transaktions-ID (XID) identifiziert werden. Da es sich in diesem Fall nur um eine einzige Transaktion handelt, kann man per Cut-and-Paste einfach die XID eingeben. Ansonsten empfiehlt es sich, eine Zwischentabelle anzulegen. Die Funktion `backout_transaction` aus dem PL/SQL-Package `dbms_flashback` erlaubt es, bis zu 100 Transaktionen gleichzeitig zurückzusetzen. Die Option `dbms_flashback.cascade` gibt an, dass abhängige Datensätze ebenfalls zurückgesetzt werden sollen:

```
SQL> SELECT xid,
            start_scn,
            start_timestamp,
            commit_scn,
```

```
          logon_user,
          operation,
          table_name,
          table_owner,
          undo_sql
     FROM flashback_transaction_query
    WHERE     table_owner = 'DEMO'
          AND table_name = 'PERSONEN'
          AND operation = 'DELETE'
          AND start_timestamp > SYSDATE - 1 / 24;

XID                START_SCN LOGON_USER OPERATION  TABLE_NAME  TABLE_OWNER
UNDO_SQL
-------------------------------------------------------------------------
08001900F9120000    4533610 DEMO       DELETE     PERSONEN    DEMO
insert into "DEMO"."PERSONEN" (...

SQL> BEGIN
        dbms_flashback.transaction_backout (
             numtxns  => 1,
             xids     => sys.xid_array('08001900F9120000'),
             options  => dbms_flashback.CASCADE,
             scnHint  => 0);
     END;
     /
ERROR at line 1:
ORA-55507: Encountered mining error during Flashback Transaction Backout.
function:krvxpsr
ORA-01291: missing logfile
ORA-06512: at "SYS.DBMS_FLASHBACK", line 37
ORA-06512: at "SYS.DBMS_FLASHBACK", line 70
ORA-06512: at line 2
```

Leider ist es nicht gelungen, die Transaktion mit dieser Methode zurückzusetzen (siehe Fehlermeldung).

8.8.4 Flashback Table

Mit der gezeigten Methode ist es möglich, SQL-Befehle zurückzusetzen. Etwas mühsam ist es, wenn es sich um eine fehlerhafte Anweisung handelt, die gleich eine Reihe von Datensätzen oder gar eine ganze Tabelle betrifft. Zwar ist es generell möglich, eine neue Tabelle aufzubauen und diese mittels *Flashback Query* zu füllen, aber da es in der Regel zusätzliche Privilegien, Abhängigkeiten etc. auf den Tabellen gibt, ist dies ein mühsamer und fehleranfälliger Weg.

Als Alternative bietet sich daher an, die alten Datensätze wieder herzustellen. Um die *Flashback Table*-Funktion verwenden zu können, muss neben dem Privileg `FLASHBACK ANY TABLE` das so genannte *Row Movement* für die Tabelle eingeschaltet werden.

Das folgende Beispiel zeigt, wie ein fehlerhaftes UPDATE, bei dem die WHERE-Klausel vergessen wurde, wieder hergestellt werden kann. Dabei wird der Zeitpunkt gesucht, an dem die Änderung durchgeführt wurde. Es muss beachtet werden, dass ja alle Änderungen, d. h. eventuell auch später hinzugefügte Datensätze, die mit dem UPDATE nichts zu tun haben, zurückgenommen werden. Daher kann es bei Master-Detail-Beziehungen passieren, dass die Änderungen nicht zurückgenommen werden können. In diesem Fall muss wieder auf die View FLASHBACK_TRANSACTION_QUERY zurückgegriffen werden.

```
SQL> UPDATE personen
     SET geburtstag = to_date('01.10.1990','DD.MM.YYYY');
SQL> COMMIT;

SQL> ALTER TABLE personen ENABLE ROW MOVEMENT;

SQL> SELECT persid,
            geburtstag,
            versions_startscn,
            TO_CHAR (versions_starttime, 'DD.MM.YYYY HH24:MI:SS') starttime,
            versions_operation
       FROM personen VERSIONS BETWEEN TIMESTAMP SYSDATE - 1 / 24 AND MAXVALUE
      WHERE versions_operation = 'U'
   ORDER BY starttime ASC;

    PERSID GEBURTSTAG VERSIONS_STARTSCN STARTTIME           V
---------- ---------- ----------------- ------------------- -
    100943 01.10.1990           4278868 11.02.2010 18:06:05 U
    100942 01.10.1990           4278868 11.02.2010 18:06:05 U
    100941 01.10.1990           4278868 11.02.2010 18:06:05 U

SQL> FLASHBACK TABLE personen TO SCN 4278867;
```

Die für den Befehl FLASHBACK TABLE benötigte SCN ist um eins niedriger als die der vorherigen Abfrage. Falls es die Zeit erlaubt, sollte man, bevor man den Befehl FLASHBACK TABLE absetzt, mit der Flashback Query-Funktion nachsehen, ob dann die richtigen Daten angezeigt werden.

Der eigentliche Befehl kann unter Umständen Stunden dauern, da ja jeder einzelne Datensatz entsprechend angepasst werden muss. In einem Beispiel dauerte das Flashback Table für eine Tabelle mit ca. 200.000 Datensätzen mehr als zwölf Stunden. In diesem Fall wäre man sicherlich mit einem CTAS[8] schneller gewesen. Andere Fälle, z. B. beim versehentlichen Löschen von Sätzen, sind um ein Vielfaches schneller.

Neben dieser Möglichkeit, eine Tabelle auf einen älteren Stand zurückzusetzen, ist es ebenfalls möglich, eine Tabelle, die versehentlich gelöscht wurde, wieder herzustellen. Allerdings ist der zugrunde liegende Mechanismus ein komplett anderer. Ab der Version 10g wird bei der Ausführung des DROP TABLE-Befehls eine Tabelle nicht mehr gelöscht, sondern nur umbenannt. Oracle spricht in diesem Fall von der *Recycle Bin*, also dem Abfalleimer, aus dem die Tabelle wieder herausgeholt werden kann.

Die Tabelle ist unter einem anderen Namen, der mit BIN$ beginnt, so lange in dem entsprechenden Tablespace vorhanden, wie der Platz nicht für andere Objekte benötigt wird. Es sei denn, die Tabelle wurde mit dem Befehl DROP TABLE tabellenname PURGE gelöscht, oder der Serverparameter recycle_bin steht auf OFF.

Der Befehl

```
SQL> FLASHBACK TABLE <tabellenname> TO BEFORE DROP;
```

8 CTAS = CREATE TABLE ... AS SELECT ... AS OF TIMESTAMP ...

kann also unter den beschriebenen Umständen eine Tabelle nach dem Löschen wieder herstellen. Welche gelöschten Tabellen derzeit noch in der *Recycle Bin* liegen und auf diese Weise wieder hergestellt werden können, kann man sich über die View `RECYCLEBIN` anzeigen lassen.

8.8.5 Flashback Database

Die nächste Stufe der Wiederherstellung alter Daten wird durch die Flashback Database-Option erreicht. Hierdurch kann die gesamte Datenbank auf einen älteren Standpunkt zurückgesetzt werden. Zunächst einmal muss eine so genannte *Fast Recovery Area* (FRA)[9] definiert werden. Dies ist ein Bereich außerhalb der Datenbank, der – wie bereits erwähnt – für die Speicherung unterschiedlicher Daten genutzt werden kann.

Neben den bereits beschriebenen Serverparametern `db_recovery_file_dest` und `db_recovery_file_dest_size` gibt es einen dritten Parameter `db_flashback_retention_target`, der angibt, wie weit in die Vergangenheit ein *Flashback Database* möglich sein soll. Die Angabe erfolgt in Minuten, wobei der Standardwert 1440 lautet und somit einem Tag entspricht.

Um die Flashback Database-Option nutzen zu können, muss die Datenbank, ähnlich wie bei der Aktivierung der Archivierung von Redolog-Dateien, in den Mount-Status gestartet werden. Mit dem Befehl `ALTER DATABASE FLASHBACK ON` wird dann das Flashback Database aktiviert.

Mit dieser Aktivierung wird ein zusätzlicher Prozess gestartet,[10] der bei der ersten Änderung eines Blockes das alte Abbild als Flashback Log in die FRA schreibt. Je nachdem, wie oft sich ein Block ändert und wie der Parameter `db_flashback_retention_target` gesetzt ist, wird dieser Block später von neueren Blockinhalten überschrieben. Bei der Anwendung des `FLASHBACK DATABASE` werden dann zunächst die *alten* Blöcke aus der FRA gelesen und anschließend ein Recovery über die Redolog-Dateien bis zum gewünschten Zeitpunkt durchgeführt.

Das Flashback Database lässt sich sehr gut für Testzwecke im Rahmen von Migrationen und Upgrades nutzen (siehe Kapitel 14.6, dort unter *Applikationstests*). Bei der Nutzung in produktiven Umgebungen muss darauf geachtet werden, dass die FRA natürlich entsprechend groß werden kann bzw. muss, um diese Funktion tatsächlich für die Wiederherstellung der Datenbank zu verwenden. Der Performanceeinfluss ist in der Praxis eher vernachlässigbar, so dass ausschließlich der zusätzliche Plattenplatz von Belang ist.

In diesen Umgebungen ist Flashback Database vor allen Dingen bei Upgrades bzw. größeren Änderungen an der Anwendung interessant. In diesem Fall wird vor der Änderung ein so genannter *Guaranteed Restore Point* gesetzt. Falls es während des Upgrades zu Fehlern kommt, kann die Datenbank einfach auf diesen Punkt zurückgesetzt werden.

```
SQL> SHUTDOWN IMMEDIATE
SQL> STARTUP MOUNT
SQL> ALTER DATABASE FLASHBACK ON;
SQL> CREATE RESTORE POINT vor_der_aenderung GUARANTEE FLASHBACK DATABASE;
SQL> ALTER DATABASE OPEN;
```

---

9 Bis zur Version 11.1 wurde dieser Bereich Flash Recovery Area genannt.

10 Unter Unix und Linux heißt dieser Prozess `ora_rvwr_<SID>`.

```
... Änderungen ...
SQL> SHUTDOWN IMMEDIATE
SQL> STARTUP MOUNT
SQL> FLASHBACK DATABASE TO RESTORE POINT vor_der_aenderung;
SQL> ALTER DATABASE FLASHBACK OFF;
SQL> ALTER DATABASE OPEN RESETLOGS;
```

Mit dem *Flashback Database* gehen alle Änderungen, die zwischenzeitlich gemacht wurden, verloren. Dazu gehören auch Tablespaces, die angelegt wurden.

8.8.6 Flashback Data Archive / Total Recall

Die derzeit höchste Stufe des Flashbacks ist in der Version 11g mit dem *Flashback Data Archive* (offizieller Name Total Recall) erreicht. Hiermit ist es, ähnlich wie bei der eingangs erwähnten manuellen Triggertechnik, möglich, alte Werte beliebig lange in Historientabellen aufzubewahren. Wie beim Flashback Database muss auch hier ein bestimmter Bereich für die Speicherung der Daten angegeben werden. Dabei handelt es sich allerdings ganz einfach um ein Segment in einem Tablespace. Folgender Befehl legt das Archiv an:

```
SQL> CREATE FLASHBACK ARCHIVE meinflash
     TABLESPACE TSFLASH
     QUOTA 1000 M
     RETENTION 1 YEAR;

SQL> GRANT FLASHBACK ARCHIVE ON meinflash TO demo;
```

Die Definition von Flashback Archives ist nur mit dem Privileg `FLASHBACK ARCHIVE ADMINISTER` möglich. Anschließend kann Benutzern das Recht gegeben werden, für ihre Tabellen dieses Archiv zu nutzen.

Jetzt kann der Benutzer `demo` für beliebige Tabellen diesen Bereich für die Speicherung historischer Werte aktivieren.

```
SQL> ALTER TABLE auftraege
     FLASHBACK ARCHIVE meinflash;
SQL> ALTER TABLE positionen
     FLASHBACK ARCHIVE meinflash;
```

Für die Tabellen `auftraege` und `positionen` wurden jetzt in dem Flashback Archive-Bereich partitionierte Tabellen angelegt, die alle Änderungen enthalten. Zwar könnte man auch direkt auf diese Tabellen zugreifen (die Namen findet man unter anderem in der View `all_flashback_archive_tables`, aber der eigentliche Sinn besteht darin, dass jetzt die Flashback Query nicht mehr auf die Größe des Undo-Bereiches limitiert ist und somit die `AS OF`-Klausel auch auf mehrere Tage, Wochen oder Monate erweitert werden kann.

Allerdings gibt es immer noch einige Einschränkungen bei der Verwendung. So können z. B. Tabellen, für die Flashback Archive aktiviert wurde, nicht mittels Online-Redefinition reorganisiert werden. In der Version 11.1 gibt es noch wesentlich gravierendere Einschränkungen, so dass dazu geraten wird, erst mit der Version 11.2 diese Funktion überhaupt zu nutzen.

Da es sich bei *Total Recall* um eine kostenpflichtige Option der Enterprise Edition handelt, werden wir nicht weiter auf die Details eingehen.

8.9 Tablespace-Point-in-Time Recovery

Es muss sicherlich gut abgewogen werden, ob ein Flashback Database oder ein Tablespace-Point-in-Time Recovery (TSPITR) durchgeführt wird. Wenn die Flashback Database-Funktionalität nicht eingeschaltet ist, erübrigt sich natürlich die Diskussion. Ansonsten ist ein Flashback Database sicherlich schneller als ein TSPITR, da in diesem Fall eine zweite (*Auxiliary*-)Datenbank aufgebaut werden muss und erst aus dieser heraus der Tablespace wieder erstellt werden kann. Außerdem muss zunächst überprüft werden, ob es irgendwelche Abhängigkeiten außerhalb des zurückzusetzenden Tablespace gibt (z. B. Indizes, Materialized Views, Partitionen). Des weiteren ist ein TSPITR nicht möglich nach einem `DROP TABLESPACE`-Befehl.

Sinnvoll kann ein TSPITR nach einem `TRUNCATE TABLE` sein, d. h., eine Tabelle wurde versehentlich geleert. Weder über die Flashback Query noch über ein Flashback Table kann diese Aktion rückgängig gemacht werden. Einziger Ausweg ist, die gesamte Datenbank oder eben den betroffenen Tablespace zurückzusetzen.

Zunächst einmal muss herausgefunden werden, wann genau der betreffende Befehl ausgeführt wurde. Wenn das Supplemental Logging aktiviert ist, dann kann der Zeitpunkt aus der Tabelle `flashback_transaction_query` herausgelesen werden. Zwar wird man hier vergeblich nach dem `TRUNCATE`-Kommando suchen. Allerdings kann man den Zeitpunkt herausfinden, wenn man nach dem Benutzer sucht, der den Befehl ausgeführt hat, und nach Update-Operationen auf die Tabellen `TAB$`, `OBJ$` und `SEG$`. In der Ausgabe von `UNDO_SQL` für `TAB$` findet man außerdem einen Hinweis, wie viele Spalten die gelöschte Tabelle hatte (`COLS=...`). Außerdem findet man hier auch einen Hinweis auf die Tablespace-Nummer (`TS#=...`), die mithilfe der View `v$tablespace` in den eigentlichen Tablespace-Namen übersetzt werden kann:

```
SQL> SELECT start_scn,
            start_timestamp,
            logon_user,
            operation,
            table_name,
            undo_sql
       FROM flashback_transaction_query
      WHERE logon_user = 'DEMO'
        AND start_timestamp > SYSDATE - 10/24/60;

 START_SCN START_TIMESTAMP      LOGON_USER OPERATION  TABLE_NAME
 UNDO_SQL
--------------------------------------------------------------------------------------------
   4870770 12-02-2010:12:45:24 DEMO       UPDATE     OBJ$
   update "SYS"."OBJ$" set "OBJ#" = '76057', "DATAOBJ#" = '76057', "TYPE#" = '2' ...

   4870770 12-02-2010:12:45:24 DEMO       UPDATE     SEG$
   update "SYS"."SEG$" set "TYPE#" = '5', "BLOCKS" = '8', "EXTENTS" = '1', "INIEXTS ...

   4870770 12-02-2010:12:45:24 DEMO       UPDATE     TAB$
   update "SYS"."TAB$" set "DATAOBJ#" = '76057', "TS#" = '4', "FILE#" = '4',
   "BLOCK#" = '14234', "BOBJ#" = NULL, "TAB#" = NULL, "COLS" = '5', "CLUCOLS" = NULL, "PC ...

SQL> SELECT name
       FROM v$tablespace
      WHERE ts# = 4;
```

```
NAME
------------------------------
USERS
```

Damit stehen der Zeitpunkt bzw. die SCN für das Recovery sowie der Tablespace fest (in unserem Beispiel lautet die SCN 4870770).

Als Nächstes muss überprüft werden, ob es Abhängigkeiten gibt, die ein TSPITR behindern. Dafür gibt es eine spezielle View namens `TS_PITR_CHECK`.

```
SELECT obj1_owner,
       obj1_name,
       reason
FROM   SYS.ts_pitr_check
WHERE  ts1_name = 'USERS';

OBJ1_OWNER OBJ1_NAME        REASON
---------- ---------------- ----------------------------------------------------
DEMO       MLOG$_PERSONEN   Snapshot logs not allowed in recovery set
DEMO       PERSONEN_INTERIM Snapshots not allowed in recovery set
DEMO       PERSONEN         Master table used for snapshots/replication not allowed
                            in recovery set
```

In diesem Fall gibt es also abhängige Objekte, die einem TSPITR im Wege stehen, es muss also überlegt werden, wie diese Restriktionen überwunden werden können.

Leider werden mit dieser View nicht alle Abhängigkeiten erkannt. So wird beispielsweise nicht geprüft, ob es sich um den Default-Tablespace der Datenbank handelt. Da dieser nicht gelöscht werden kann, solange es keinen neuen Default-Tablespace gibt, würde ein TSPITR auf den Default-Tablespace fehlschlagen. Das Gleiche gilt, wenn es für einzelne Tabellen in dem Tablespace Flashback-Archive gibt, die in einem anderen Tablespace liegen.

Anschließend kann das eigentliche Recovery durchgeführt werden. Dafür steht eine Reihe von Möglichkeiten zur Verfügung, wobei die einfachste natürlich ist, den gesamten Vorgang zu automatisieren. Wichtig ist, eine SCN zu benutzen, die kleiner ist als diejenige, die als `START_SCN` gefunden wurde. In unserem Beispiel lautete die `START_SCN` 4870770, also nehmen wir für das Recovery die SCN 4870769.

Bei diesem automatischen TSPITR wird eine Datenbankkopie mit dem SYSTEM-, SYSAUX-, UNDO- sowie den wiederherzustellenden Tablespaces angelegt. Das Verzeichnis hierfür wird in dem Recovery-Befehl als `AUXILIARY DESTINATION` angegeben.

```
RMAN> RECOVER TABLESPACE USERS
      UNTIL SCN 4870769
      AUXILIARY DESTINATION '/u04/oradata/oraaux';

Starting recover at 12-FEB-10
using target database control file instead of recovery catalog
allocated channel: ORA_DISK_1
channel ORA_DISK_1: SID=136 device type=DISK
RMAN-05026: WARNING: presuming following set of tablespaces applies
to specified point-in-time

List of tablespaces expected to have UNDO segments
Tablespace SYSTEM
Tablespace UNDOTBS1
```

```
Creating automatic instance, with SID='guEv'

initialization parameters used for automatic instance:
db_name=PRD11G2
db_unique_name=guEv_tspitr_PRD11G2
compatible=11.2.0.0.0
db_block_size=8192
db_files=200
sga_target=280M
processes=50
db_create_file_dest=/u04/oradata/oraaux
log_archive_dest_1='location=/u04/oradata/oraaux'
#No auxiliary parameter file used


starting up automatic instance PRD11G2
Oracle instance started

Total System Global Area     292278272 bytes

Fixed Size                     2212736 bytes
Variable Size                100666496 bytes
Database Buffers             184549376 bytes
Redo Buffers                   4849664 bytes
Automatic instance created
Running TRANSPORT_SET_CHECK on recovery set tablespaces
TRANSPORT_SET_CHECK completed successfully

contents of Memory Script:
{
# set requested point in time
set until  scn 4870769;
# restore the controlfile
restore clone controlfile;
# mount the controlfile
sql clone 'alter database mount clone database';
# archive current online log
sql 'alter system archive log current';
# avoid unnecessary autobackups for structural changes during TSPITR
sql 'begin dbms_backup_restore.AutoBackupFlag(FALSE); end;';
}
executing Memory Script
...
sql statement: drop tablespace  USERS including contents keep datafiles

Removing automatic instance
shutting down automatic instance
target database instance not started
Automatic instance removed
auxiliary instance file /u04/oradata/oraaux/PRD11G2/datafile/
o1_mf_temp_5qboqkkc_.tmp deleted
auxiliary instance file /u04/oradata/oraaux/PRD11G2/onlinelog/
o1_mf_3_5qboqhbp_.log deleted
auxiliary instance file /u04/oradata/oraaux/PRD11G2/onlinelog/
o1_mf_2_5qboqggh_.log deleted
auxiliary instance file /u04/oradata/oraaux/PRD11G2/onlinelog/
```

```
o1_mf_1_5qboqfdm_.log deleted
auxiliary instance file /u04/oradata/oraaux/PRD11G2/datafile/
o1_mf_sysaux_5qbolw5k_.dbf deleted
auxiliary instance file /u04/oradata/oraaux/PRD11G2/datafile/
o1_mf_undotbs1_5qbon9b3_.dbf deleted
auxiliary instance file /u04/oradata/oraaux/PRD11G2/datafile/
o1_mf_system_5qbolw7c_.dbf deleted
auxiliary instance file /u04/oradata/oraaux/PRD11G2/controlfile/
o1_mf_5qbolov8_.ctl deleted
RMAN-00571: ===========================================================
RMAN-00569: =============== ERROR MESSAGE STACK FOLLOWS ===============
RMAN-00571: ===========================================================
RMAN-03002: failure of recover command at 02/12/2010 14:28:03
RMAN-03015: error occurred in stored script Memory Script
RMAN-03009: failure of sql command on default channel at 02/12/2010 14:28:02
RMAN-11003: failure during parse/execution of SQL statement:
drop tablespace  USERS including contents keep datafiles
ORA-12919: Can not drop the default permanent tablespace
```

Leider funktioniert in diesem Beispiel das TSPTIR nicht, weil vergessen wurde, zunächst einen anderen Default-Tablespace für die Datenbank zu definieren. Da im gleichen Schritt trotzdem die Interimsdatenbank gelöscht wird, besteht keine Möglichkeit, die weiteren Schritte manuell auszuführen. Es hilft also nichts, zunächst muss der Tablespace wieder in der alten Form hergestellt werden (`RESTORE TABLEPACE USERS` und `RECOVER TABLEPACE USERS`). Nachdem der Default-Tablespace entsprechend umgesetzt wurde, kann dann ein erneuter Versuch gestartet werden.

Mittlerweile ist es sogar möglich, Objekte, die zwischenzeitlich angelegt wurden, zu überspringen, d. h., auch nach dem TSPITR sind sie noch verfügbar. In der Praxis stellt sich dieses Problem jedoch seltener, viel wichtiger ist es zu überlegen, wie die Konsistenz der Daten gewährleistet werden kann. Es wird zwar geprüft, ob es direkte Abhängigkeiten zwischen Objekten gibt (also Master-Detail-Beziehungen über einen Fremdschlüssel), nicht aber, ob es logische Abhängigkeiten oder gar Replikate gibt. In diesem Fall kann durch ein TSPITR ein größeres Konsistenzproblem entstehen.

Alternativ zu dem hier beschriebenen Verfahren kann auch eine manuelle Konfiguration erfolgen. Dabei wird eine eigenständige Datenbank aufgebaut und dann über die Funktion der Transportablen Tablespaces der Tablespace in der Produktion ausgetauscht. Dieses Verfahren bietet sich an, wenn es z. B. eine Data-Guard-Datenbank gibt.

8.10 Log Miner

Mit Oracle8i hat Oracle den Log Miner eingeführt, mit dem die Informationen der Online- und archivierten Redolog-Dateien ausgelesen werden können. Das Werkzeug ist zunächst über eine Reihe von PL/SQL-Prozeduren realisiert und seit Oracle9i durch eine grafische Oberfläche im Enterprise Manager ergänzt worden. Damit besteht jetzt die Möglichkeit, ein Undo oder Redo einer Transaktion nicht nur über die Flashback-Technik, sondern auch über die Redolog-Informationen durchzuführen. Die Quell-Datenbank und die Mining-Datenbank können dabei voneinander getrennt sein.

Der Aufbau des Log Miners basiert auf einem Daten-Repository, das die Struktur der zu analysierenden Datenbank enthält. Notwendig ist dies, um eine Beziehung zwischen den Objekt-IDs und den Objektnamen herzustellen. Es ist zwar theoretisch möglich, auch ohne ein Repository zu arbeiten; da aber dann die Objektnamen fehlen, ist es schwierig, die ermittelte Information auszuwerten.

In der Regel wird man mit einem Online-Data-Dictionary arbeiten, d. h., das Mining findet auf der Quelldatenbank statt, und man nutzt einfach das bestehende Data-Dictionary als Repository. Alternativ – z. B. wenn die Mining-Session auf einer anderen Datenbank ausgeführt werden soll – ist es auch möglich, die Dictionary-Informationen in einer Datei abzuspeichern oder sie in eine zu analysierende Redolog-Datei mit auszugeben.

Hier die Befehle für den Aufbau des Dictionarys im Vergleich:

1. Benutzung des Online-Data-Dictionarys: Hier ist kein separater Aufbau notwendig. Stattdessen wird beim eigentlichen Start der Log Miner-Session (nach Eingabe der zu analysierenden Redolog-Dateien) die entsprechende Option mitgegeben:

```
SQL> BEGIN
       dbms_logmnr.start_logmnr(options => dbms_logmnr.dict_from_online_catalog);
     END;
     /
```

2. Dictionary-Export als Datei (funktioniert nur, wenn das Zielverzeichnis über den Serverparameter `utl_file_dir` freigeschaltet ist):

```
SQL> BEGIN
       dbms_logmnr_d.build(
         dictionary_filename => 'dictionary.ora',
         dictionary_location => '/tmp/',
         options             => dbms_logmnr_d.store_in_flat_file);
     END;
     /
```

3. Dictionary-Export in eine Redolog-Datei (Supplemental Logging muss aktiviert sein):

```
SQL> BEGIN
       dbms_logmnr_d.build(
         options => dbms_logmnr_d.store_in_redo_logs);
     END;
     /
```

Allen drei Konfigurationen ist aber gemeinsam, dass sie nur eine Momentaufnahme des Data-Dictionarys ermöglichen. Das bedeutet speziell beim Zugriff auf archivierte Redolog-Dateien, dass es vorkommen kann, dass es das entsprechende Objekt gar nicht mehr in der Datenbank gibt.

Im Weiteren werden wir uns auf die Variante mit der Verwendung des Online-Dictionarys beschränken.

Zunächst wird der Umfang der Mining-Session festgelegt. Dieser kann als Zeitdauer (Parameter `starttime` und `endtime`) oder als SCN (Parameter `startscn` und `endscn`) festgelegt werden.

Während es in der Version 9i noch notwendig war, mittels Aufrufen der Prozedur `dbms_logmnr.add_logfile` alle infrage kommenden Redolog-Dateien anzugeben, genügt seit der Version 10g die Angabe der Option `dbms_logmnr.continuous_mine`, wodurch der Log Miner die notwendigen Online- und archivierten Redolog-Dateien selbstständig erkennt.

Außerdem können beim Aufbau der Mining-Session weitere Optionen mitgegeben werden, so z. B. dbms_logmnr.committed_data_only, wodurch die erfasste Datenmenge eingeschränkt werden kann. Diese Option hat aber den Nachteil, dass zunächst die Datenmenge erfasst wird und erst anschließend die Einschränkung erfolgt. Daher kann es dennoch leicht zu einem *Out of memory*-Fehler kommen.

Das Ergebnis einer Mining-Session kann über die View v$logmnr_contents angezeigt werden. Wie aus dem Namen ersichtlich, handelt es sich hierbei um eine virtuelle Tabelle, die nur während der Mining-Session existiert. Es ist daher erforderlich, die PL/SQL-Prozedur dbms_logmnr.start_logmnr und die Abfrage auf v$logmnr_contents in der gleichen Oracle-Session auszuführen.

Neben den Informationen über die Transaktion (Zeitpunkt, SCN, Segment-Name) enthält diese View die Spalten sql_redo und sql_undo, womit Transaktionen noch einmal (sql_redo) durchgeführt bzw. zurückgesetzt (sql_undo) werden können. Die Spalte sql_undo ist nur bei DML-Befehlen gefüllt.

Im folgenden Beispiel wird als Ausgangszustand wiederum angenommen, dass fälschlicherweise ein TRUNCATE TABLE ausgeführt worden ist. Wie bereits erwähnt, kommen Flashback-Technologien (bis auf Flashback Database) nicht infrage. Wenn das Supplemental Logging nicht aktiviert war, besteht auch keine Möglichkeit, via FLASHBACK_TRANSACTION_QUERY den Zeitpunkt herauszubekommen, wann der Befehl ausgeführt wurde.

Die einzige Möglichkeit besteht jetzt darin, eine Mining-Session aufzubauen, um den Zeitpunkt bzw. die SCN des Befehls herauszufinden. Da, wie bereits erwähnt, kein Supplemental Logging aktiviert ist, gibt es auch nur die Möglichkeit, auf das Online-Dictionary zuzugreifen.

```
SQL> BEGIN
       dbms_logmnr.start_logmnr(
         starttime => '12.02.2010 16:20:00',
         endtime   => '12.02.2010 16:40:00',
         options   => dbms_logmnr.dict_from_online_catalog
                    + dbms_logmnr.continuous_mine);
     END;
     /

SQL> SELECT scn,
            table_name,
            timestamp,
            operation,
            sql_redo
       FROM v$logmnr_contents
      WHERE UPPER(sql_redo) LIKE '%TRUNCATE TABLE%AUFTRAEGE%';

      SCN TABLE_NAME  TIMESTAMP           OPERATION
  SQL_REDO
 -------- ---------- ------------------ ----------
 ------------------------------------------
  5220866 AUFTRAEGE   12.02.2010 16:32:18 DDL
  TRUNCATE TABLE "DEMO"."AUFTRAEGE" DROP STORAGE;
```

Damit kann die entsprechende SCN exakt bestimmt und – wie bereits beschrieben – für das TSPITR benutzt werden.

Natürlich ist es auch möglich, DML-Befehle über den Log Miner zurückzusetzen (Spalte `sql_undo`). Dies ist vor allen Dingen dann hilfreich, wenn ältere Transaktionen rückgängig gemacht werden sollen, die nicht mehr über die Undo-Segmente zur Verfügung stehen.

8.11 Ältere Techniken

Der Vollständigkeit halber werden hier kurz einige ältere Techniken für das Backup und Recovery vorgestellt.

8.11.1 Offline-Backup ohne RMAN

Das einfachste Verfahren für die Sicherung einer Datenbank ist die Offline-Sicherung. Offline bedeutet, dass während der Sicherung keine Änderungen in der Datenbank möglich sind. Dies wird durch folgenden Befehl erreicht:

```
SQL> SHUTDOWN [NORMAL | IMMEDIATE | TRANSACTIONAL];
```

Nachdem die Instanz heruntergefahren wurde, ist eine Sicherung aller Datenbankdateien im konsistenten Zustand möglich. Zur Offline-Sicherung gehören die Datendateien und Kontrolldateien, nicht jedoch die Redolog-Dateien. Die Dateien der temporären Tablespaces werden ebenfalls nicht gesichert, da sie zum einen keine wichtigen Informationen enthalten und zum anderen im laufenden Betrieb jederzeit wiederhergestellt werden können.

Um eine aktuelle Liste der zu sichernden Dateien zu erhalten, ist es sinnvoll, die Datenbank in den MOUNT-Status hochzufahren und dann die Informationen aus den Kontrolldateien über entsprechende Views abzufragen.

```
SQL> STARTUP MOUNT;
SQL> SET trimspool on;
SQL> SPOOL backuplist.lst;
SQL> SELECT name   FROM v$datafile;
SQL> SELECT member FROM v$logfile;
SQL> SELECT name   FROM v$controlfile;
SQL> SPOOL OFF;
```

Hiermit ist sichergestellt, dass auch bei Strukturänderungen der Datenbank jederzeit alle erforderlichen Dateien gesichert werden. Die eigentliche Sicherung erfolgt dann mit Betriebssystembefehlen, wie `copy` unter MS-Windows oder `tar` bzw. `cpio` bei Unix. Natürlich kann hierfür auch eine spezielle Software wie z. B. Symantec NetBackup oder EMC Networker eingesetzt werden.

Neben der Sicherung der Datenbank-Dateien sollte zusätzlich die Serverparameterdatei regelmäßig gesichert werden. Nach der Sicherung der Datenbank wird die Instanz wieder gestartet.

Der Nachteil dieses einfachen Verfahrens ist, dass die Datenbank für die Dauer der Sicherung nicht zur Verfügung steht. Außerdem wird die gesamte Datenbank gesichert, d. h. auch Dateien, die wenig oder gar nicht gefüllt sind.

Der bereits besprochene Recovery Manager vereinfacht auch die Offline-Sicherung, so dass nur die gefüllten Blöcke weggeschrieben werden. Außerdem ermittelt der Recovery Manager selbstständig die zu sichernden Dateien.

8.11.2 Online-Backup ohne RMAN

Für die physikalische Sicherung muss nun ein Werkzeug verwendet werden, das geöffnete Dateien sichern kann. Die unter Unix verwendeten Werkzeuge wie `cpio`, `tar` oder `dd` bieten diese Möglichkeit, unter MS-Windows liefert Oracle dafür das Werkzeug `ocopy` mit. Während die physikalischen Dateien der Datenbanken gesichert werden, steht die Datenbank nach wie vor uneingeschränkt zur Verfügung. Aus diesem Grund ist der Stand, der gesichert wird, inkonsistent und kann nur mithilfe der Redolog-Dateien im Wiederherstellungsfall in einen konsistenten Zustand gebracht werden.

Es kann während der Sicherung vorkommen, dass ein Block genau zu dem Zeitpunkt geändert wird, an dem er gesichert wird. Aufgrund der unterschiedlichen Blockgrößen von Datenbank- und I/O-Operationen könnte dies zu korrupten Blöcken in der Sicherung führen. Während der RMAN dies automatisch erkennt, muss bei der Verwendung anderer Verfahren sichergestellt werden, dass Blöcke konsistent gesichert werden.

Dies geschieht, indem die Datenbank oder einzelne Tablespaces in den *BACKUP*-Modus gesetzt werden. Mit diesem Befehl wird ein Checkpoint ausgelöst, die Header-Informationen der Dateien (im Speziellen die SCN-Nummer) werden eingefroren, und ein *Full Block Logging* wird eingeschaltet. Letzteres bedeutet, dass ab diesem Zeitpunkt nicht mehr nur die tatsächlichen Änderungen, sondern immer die kompletten geänderten Datenbankblöcke in den Redolog-Dateien gespeichert werden. Als Folge steigt die Menge der Redolog-Dateien, die zur Archivierung anstehen, an.

Sie sollten daher eine Online-Sicherung nicht in Zeitfenster legen, in denen sehr hohe Transaktionslasten auftreten. Leseoperationen sind nicht problematisch. Zudem sollten Tablespaces nur nacheinander und nur, solange die physikalische Sicherung des betreffenden Tablespace läuft, in den Backup-Status gesetzt werden.

Beendet wird der Status für die Sicherung durch das Kommando `ALTER TABLESPACE users END BACKUP`. Durch diesen Befehl werden die Header-Informationen wieder freigegeben, und das Full Block Logging wird ausgeschaltet. Der Status sollte regelmäßig überprüft werden. Dies kann mit folgendem Befehl geschehen:

```
SQL> SELECT * FROM v$backup;

     FILE# STATUS                CHANGE# TIME
---------- ------------------ ---------- -------------------
         1 NOT ACTIVE            5386676 12:02.2010 17:32:11
         2 NOT ACTIVE            5386676 12:02.2010 17:32:11
         3 NOT ACTIVE            5386676 12:02.2010 17:32:11
         4 ACTIVE                5386700 12:02.2010 17:32:23
         5 NOT ACTIVE            5386676 12:02.2010 17:32:11
         6 NOT ACTIVE            5386676 12:02.2010 17:32:11
```

Die Online-Sicherung wird also auf Ebene der Tablespaces durchgeführt. Bei der Online-Sicherung sind die Redolog-Dateien nicht Bestandteil der Sicherung, da diese während des Sicherungsvorganges weiterhin beschrieben werden und auch Wechsel der Redolog-Gruppen auftreten können. Daher ist auch der Archivierungsmodus der Datenbank Voraussetzung für die Online-Sicherung. Die folgenden Schritte sind ein Vorschlag für eine

Vorgehensweise, die eine Kontrolle und die Nachvollziehbarkeit der Sicherung ermöglicht.

```
SQL> SPOOL protokoll.lis
SQL> CONNECT / as sysdba
SQL> ARCHIVE LOG LIST
SQL> SELECT name FROM v$controlfile;
SQL> SELECT * FROM v$log;
SQL> SELECT name FROM v$datafile;
```

Nun sollte eine Schleife über alle Tablespaces laufen, die diese in den BACKUP-Modus setzt, und eine weitere, in der alle Dateien des Tablespaces gesichert werden. Anschließend muss das Ende des Backups für den Tablespace bekannt gegeben werden:

```
SQL> ALTER TABLESPACE users BEGIN BACKUP;
SQL> HOST cp /u03/oradata/PRD11G2/users_01.dbf /u04/orabackup/PRD11G2/users_01.bck
SQL> ALTER TABLESPACE users END BACKUP;
```

Um im Fehlerfall eine Online-Sicherung für die Wiederherstellung verwenden zu können, müssen mindestens alle Redolog-Dateien vom Start der Sicherung bis zu deren Ende vorhanden sein. Gesichert werden ausschließlich die archivierten Redolog-Dateien, da diese nicht mehr geöffnet sind. Um am Ende der Online-Sicherung einen definierten Stand zu haben, der auch auf ein Band abgezogen werden kann, empfiehlt sich am Ende der Sicherung noch ein manuell initiierter Wechsel der Redolog-Gruppen, der eine Archivierung auslöst.

```
SQL> ALTER SYSTEM ARCHIVE LOG CURRENT;
```

Zusätzlich kann in diesem Zuge eine Online-Sicherung der Kontrolldatei erstellt werden. Ratsam ist es auch, sich eine Trace-Datei mit dem passenden `CREATE CONTROLFILE`-Befehl generieren zu lassen.

```
SQL> ALTER SYSTEM SWITCH LOGFILE;
SQL> ALTER DATABASE BACKUP CONTROLFILE TO '/u04/orabackup/PRD11G2/control.bck';
SQL> ALTER DATABASE BACKUP CONTROLFILE TO TRACE;
```

Nun sollte der zu Ende der Sicherung aktuelle Status der Redolog-Dateien als Ende des Protokolls ausgegeben werden.

```
SQL> ARCHIVE LOG LIST
SQL> SPOOL OFF
SQL> EXIT
```

Wichtig ist, dass diese Sicherung nur zusammen mit den während der Sicherung anfallenden Redolog-Informationen eine komplette Datenbanksicherung ergibt.

8.12 Weitere Techniken

Insbesondere Hersteller von Speicherlösungen verwenden zum Teil eigene Verfahren, um eine Datenbank bzw. beliebige Dateien möglichst komfortabel und schnell zu sichern. Das am weitesten verbreitete Verfahren ist hierbei die Business Copy (BC). Dabei wird im Prinzip die Spiegelung (Raid-1) der Plattensysteme aufgehoben und der abgetrennte Spiegelteil über ein beliebiges Werkzeug gesichert. Die Datenbank läuft während dieser Zeit ungespiegelt. Die Firma EMC erlaubt eine solche Kopie (BCV = Business Continuous Volume) nur, wenn mindestens ein dritter Spiegel vorhanden ist.

Ziel dieses Verfahrens ist zunächst einmal die möglichst geringe Beeinflussung der Produktionsdatenbank. Nachteil ist jedoch, dass in jedem Fall nur auf physikalischer Ebene gesichert wird (LUN = Logical Unit), d. h., die unterschiedlichen Datenbereiche einer Oracle-Datenbank (Daten-Tablespace, Temporär-Tablespace, UNDO-Tablespace, Redolog-Dateien, archivierte Redolog-Dateien, tatsächlich gefüllter Platz in der Datenbank) keine Rolle spielen. Das führt in der Regel dazu, dass die gesicherte Datenmenge wesentlich größer ist als erforderlich.

Nach einer erfolgreichen Sicherung kann der Spiegel wieder eingeschaltet werden. Die während der Sicherung in der Produktion angefallenen Änderungen werden in eigenen Log-Dateien protokolliert, so dass nur geänderte Blöcke synchronisiert werden müssen. Aber Vorsicht: Auch hier sind Betriebssystemblöcke und nicht etwa Oracle-Blöcke gemeint.

Für die Sicherung der Oracle-Datenbank bedeutet dieses Verfahren, dass die gesamte Datenbank kurzzeitig in den BACKUP-Modus gesetzt werden muss. Dies geschieht mit dem Befehl `ALTER DATABASE BEGIN BACKUP`. Zusätzlich kann die Datenbank mit dem Befehl `ALTER SYSTEM SUSPEND` in den Suspend-Modus versetzt werden. In diesem Modus werden alle I/O-Operationen der Datenbank verhindert. Der Suspend-Modus ist bei vielen Herstellern die Voraussetzung für das Aufbrechen von Spiegeln.

Nun kann einerseits die Sicherung auf dem abgetrennten Spiegel gestartet werden. Die I/O-Operationen können praktisch gleichzeitig mit `ALTER SYSTEM RESUME` wieder aktiviert werden. Auch der BACKUP-Status der Datenbank kann mit `ALTER DATABASE END BACKUP` wieder aufgehoben werden.

Es sei an dieser Stelle noch mal darauf hingewiesen, dass es sich bei diesem Verfahren um ein generelles Backup-Verfahren handelt, das nicht auf die Eigenarten der Oracle-Datenbank eingeht. Daher sollte geprüft werden, ob eine Sicherung mit dem Recovery Manager nicht effektiver und eventuell sogar schneller ist. Beachten Sie dabei: Es geht nicht nur um die Sicherung der Datenbank, sondern insbesondere um eine möglichst schnelle Wiederherstellung. Und dazu gehört zum Beispiel, dass im Fehlerfall eventuell nur ein Tablespace zurückgesichert werden muss. Bei einer Business Copy und der bei großen Datenbanken üblichen RAID-10-Verteilung der Daten müssen Sie mit großer Wahrscheinlichkeit die gesamte Datenbank zurücksichern.

Eine Rücksicherung der Datenbank aus einer Business Copy ist dabei eventuell noch schneller als die Rücksicherung einer Datendatei aus einer Recovery-Manager-Sicherung. Die anschließende Wiederherstellung der Datenbank über die archivierten Redolog-Dateien kann aber ein Vielfaches an Zeit dauern, je nachdem, ob Sie die gesamte Datenbank oder nur einen Tablespace wiederherstellen müssen.

Zu beachten ist außerdem, dass der Recovery Manager immer eine Verifizierung der Oracle-Blöcke durchführt, d. h., es kann während der Sicherung erkannt werden, ob sich in der Datenbank korrupte Blöcke befinden. Bei einer Eins-zu-eins-Kopie über einen Spiegel ist dies hingegen nicht möglich und muss manuell (z. B. über das Werkzeug `dbverify`) durchgeführt werden.

9 Schnittstellen zur Datenbank

Dieses Kapitel widmet sich dem Thema, wie der Rest der Welt von der Datenbank Gebrauch machen und auf diese zugreifen kann. Bei einem derart zentralen Stück Infrastruktur, wie eine Datenbank es darstellt, ist dies ein entsprechend umfangreiches Thema, bei dem es zudem mit jeder Datenbankversion Neuerungen und Erweiterungen gibt. In der Praxis gibt es Datenbanken, die weltweit und über Dutzende oder gar Hunderte verschiedener Schnittstellen angezapft werden.

Um hier einen Einstieg zu finden, wird im Folgenden zunächst die gemeinsame Kommunikationsbasis erklärt – das Oracle Net. Außerdem zeigen wir verschiedene Möglichkeiten auf, Clients anzubinden.

Dieselbe Oracle Net-Basis wird aber auch genutzt, wenn Oracle-Datenbanken untereinander verbunden werden müssen oder wenn Daten mit Fremdsystemen ausgetauscht werden sollen. In diesen Fällen verhält sich einfach eine Oracle-Datenbank als Client einer anderen Datenbank.

Außer der reinen Kommunikationsinfrastruktur gibt es noch eine Reihe von Werkzeugen und Techniken, um Anwendungen gezielt zu unterstützen. Hierunter fallen Fähigkeiten wie Connection-Pooling, aber auch ODBC-, JDBC- oder .NET-Konnektoren für die Oracle-Datenbank. Die Oracle-Datenbank kann sogar selbst als Applikationsserver für einfache Webanwendungen genutzt werden, das sogenannte Application Express (Apex).

In bestimmten Fällen hat es sogar Sinn, die Datenbank außerdem als Datei-Server zu benutzen, z. B. für XML-Daten oder für sonstige Anwendungsdateien, die von einer Speicherung in der Datenbank ebenfalls profitieren können.

9.1 Oracle Net

Oracle Net ist eine Software-Schicht, die für den transparenten Zugriff von praktisch beliebigen Clients auf Oracle-Datenbanken sorgt. Es gibt verschiedene Varianten der Oracle Net-Implementierung:

- als installierter Oracle-Client,
- bei Java-Anwendungen oder Applets als Emulation eines solchen Clients mithilfe des JDBC Thin-Treibers (siehe Abschnitt 9.5.1) oder
- als eine Sammlung von dynamischen Laufzeitbibliotheken namens *Instant Client*.

Nur ein direkter Client der Oracle-Datenbank benötigt tatsächlich eine dieser Oracle Net-Implementierungen. In einer Drei-Schichten-Architektur hingegen taucht Oracle Net auf dem Client-Rechner überhaupt nicht mehr auf. Stattdessen kommt es hierbei auf dem Applikationsserver (in der mittleren Schicht) zum Einsatz.

Die umfassende Darstellung der Oracle Net-Architektur ist sehr umfangreich und abstrakt. Der hier gewählte Ansatz zur Darstellung von Oracle Net ist pragmatischer Natur: Die Beschreibung der Architektur, der Oracle Net-Komponenten sowie ihrer

Konfiguration wird ineinander verschachtelt vorgenommen, so dass die wichtigen Zusammenhänge deutlich werden. Auf eine vollständige Architekturbeschreibung wird daher verzichtet.

9.1.1 Architektur

Die allgemeine Diskussion von Anwendungsarchitekturen, insbesondere Client-Server- und Drei-Schichten-Architektur, soll hier nicht besprochen werden, da sie heutzutage als allgemein bekannt vorausgesetzt werden kann und auch den Rahmen dieses Buches sprengen würde. Vielmehr betrachten wir im Folgenden das Zusammenspiel zwischen der Oracle-Datenbank und dem – aus Sicht der Datenbank nächstgelegenen – Stück Software bzw. Hardware, das am anderen Ende der Netzwerkverbindung sichtbar ist und gemeinhin *Oracle-Client* genannt wird.

In den meisten Fällen wurde bzw. wird auf der Client-Maschine eine Oracle Software-Installation durchgeführt. Hierbei werden die jeweils passenden Schnittstellen für die geplanten Anwendungen ausgewählt, z. B.:

- OCI und OCCI für Anwendungen, die mit C bzw. C++ programmiert wurden
- ODBC für die „traditionelle" MS-kompatible Schnittstelle
- Oracle Provider for OLE DB und Oracle Data Provider for .NET für modernere MS-konforme Programme
- Oracle Objects for OLE als Oracle-Alternative auf der MS-Plattform
- JDBC OCI für Java-Programme

Die meisten Schnittstellen haben als Gemeinsamkeit, dass Oracle Net als Basis für Verbindungen zum Oracle Server dient und im Rahmen des Oracle-Clients installiert und konfiguriert sein muss. Thin JDBC ist die eine Ausnahme im Java-Umfeld, die als Komponente z. B. in Applets enthalten ist und somit auf Rechnern laufen kann und muss, die keine Oracle-Client-Installation besitzen.

Lokale Verbindungen

Der einfachste Fall einer Verbindung an eine Oracle-Datenbank ist eine sogenannte *lokale Verbindung*. Diese Verbindungsmethode ist aber ausschließlich vom Datenbankserver selbst aus möglich, indem die Umgebungsvariable `ORACLE_SID` gesetzt und anschließend eine Verbindung aufgebaut wird, z. B.:

```
$ ORACLE_SID=PS11
$ export ORACLE_SID
$ sqlplus system/password

SQL*Plus: Release 11.2.0.1.0 Production on Wed Apr 21 13:12:19 2010

Copyright (c) 1982, 2009, Oracle.  All rights reserved.

Connected to:
Oracle Database 11g Enterprise Edition Release 11.2.0.1.0 - 64bit Production
With the Partitioning, Real Application Clusters, Automatic Storage Management
and Real Application Testing options

SQL>
```

Wegen der Notwendigkeit eines Betriebssystem-Logins auf den Datenbankserver ist diese Verbindungsmethode vor allem für DBAs interessant; für Anwendungen hingegen spielt sie praktisch keine Rolle, es sei denn, es handelte sich um eine Anwendung, die direkt auf dem Datenbankserver läuft und dies auch voraussetzt.

Es wird zwar Oracle Net benutzt (was ja bei einer Datenbankinstallation ohnehin vorhanden ist), jedoch braucht kein Listener gestartet und kein Service definiert zu sein. Vielmehr wird die Verbindung zwischen Client und Server per IPC[1] aufgebaut. Oracle spricht in diesem Zusammenhang vom sogenannten *Bequeath-Protokoll* bzw. vom *Bequeath-Adapter*.

Zwei wichtige Hinweise hierzu:

- Die oben gezeigte Anmeldung mit Angabe des Passwortes im Klartext sollte aus Sicherheitsgründen vermieden werden. Selbst wenn niemand zuschaut, wird der Aufruf – und mit ihm das Passwort – in History-Dateien der jeweiligen Betriebssystem-Shell, beispielsweise in der Datei `bash_history` des OS-Benutzers, gespeichert. Gibt man stattdessen nur den Benutzernamen an, wird das Passwort interaktiv und ohne Bildschirmecho angefordert und insofern auch nicht in den History-Dateien der Shell abgelegt.
- Um die Umgebungsvariable `ORACLE_SID` und auch andere in diesem Kontext relevante Variablen wie `ORACLE_HOME` oder `PATH` korrekt und ohne Umstände zu setzen, empfiehlt sich die Nutzung des `oraenv`-Werkzeugs, so wie es in Kapitel 1.2.2 beschrieben ist. Dies gilt auch, wenn nur ein einziges Oracle-Home vorliegt.

Instanz- und Service-Namen

Wie in Kapitel 1.5 beschrieben, besitzt jede Oracle-Instanz einen Namen – die Oracle-SID –, der sie zumindest auf einem Rechner eindeutig identifiziert. In älteren Oracle-Versionen (Oracle 8 und älter) wurde der Instanzname als einziges Kriterium genutzt, um eine bestimmte Instanz zu adressieren. Dies hat sich jedoch aus diversen Gründen als unpraktisch herausgestellt: So musste man z. B. in RAC-Umgebungen früherer Oracle Net-Versionen die Instanzen identisch benennen, da man zwar eine Liste von Netzwerkadressen – etwa für Load-Balancing-Zwecke – angeben konnte, aber nur einen einzigen Wert für die Oracle-SID. Ein Cluster, in dem alle Instanzen gleich heißen, ist jedoch für den Administrator nicht gerade einfach zu verwalten.

Aus diesem Grunde wird zunächst etwas näher auf die sogenannten Service-Namen eingegangen. Services innerhalb der Datenbank sind ein dynamisches und daher äußerst flexibles Konzept, um den Verbindungsaufbau zu einer Instanz zu gestalten und – gerade bei Datenbanken, die von mehreren Anwendungen geteilt werden – spezifische Performance-Daten zu erhalten. So kann eine Reihe von Performance-Informationen der Datenbank nach Service gruppiert abgefragt werden, zum Beispiel über Views wie `V$SERVICE_EVENT`, `V$SERVICE_STATS` oder `V$SERVICE_METRIC`.

In jedem Falle gibt es zwei vordefinierte „Pseudo-Services" namens:

SYS$USERS für alle Sessions, die sich an keinen Service angemeldet haben, weil sie entweder lokale Sessions sind (und damit direkt an die per Umgebungsvariable `ORACLE_SID` angegebene Instanz verbunden) oder für die Anmeldung einen TNS-

1 Inter Process Communication

Eintrag benutzen, der keinen Service-Namen, sondern eine konkrete Oracle-SID angibt.

SYS$BACKGROUND für alle Hintergrundprozesse der Instanz, also DBWR, LGWR, CKPT etc.

Außerdem verfügt jede Instanz – wenn nichts anderes gesetzt ist – über einen Standard-Service, der sich in der Form

<DB-Unique-Name>.<DB-Domäne>

aus dem DB-Unique-Name und der DB-Domäne zusammensetzt (siehe Kapitel 1.5).

Historisch bedingt gibt es mittlerweile drei Möglichkeiten zur Definition und Verwaltung von Service-Namen:

- Das PL/SQL-Package DBMS_SERVICE
- Das Kommandozeilenwerkzeug srvctl
- Der Serverparameter service_names

Verwaltung mit DBMS_SERVICE

Für Nicht-RAC-Datenbanken liefert das PL/SQL-Package DBMS_SERVICE die größte Flexibilität. Zunächst muss man sich allerdings daran gewöhnen, dass ein Service innerhalb des Moduls gleich zwei Namen hat: den „Dienstnamen", der lediglich innerhalb der DBMS_SERVICE-Infrastruktur verwendet wird, und den „Netzwerknamen", der im Zusammenhang mit Oracle Net verwendet wird und insofern der nach außen hin sichtbare Service-Name ist.

Dabei hat der Dienstname eine Maximallänge von 64 Zeichen, der Netzwerkname bis zu 512 Zeichen. Es hat sich in der Praxis bewährt, falls es irgendwie möglich ist, beide Namen identisch zu lassen (und bitte immer mit Domäne!). Der Netzwerkname ist zwar der einzige Name, der nach außen hin wirkt. Im Zusammenhang mit DBMS_SERVICE kommt er aber lediglich beim Anlegen eines Service vor, wo er dem Service-Namen zugeordnet wird:

```
SQL> BEGIN
       DBMS_SERVICE.CREATE_SERVICE (
         service_name => 'PS112.MYCOMPANY.DE'
        ,network_name => 'PS112.MYCOMPANY.DE'
       );
     END;
     /
```

Damit steht der Service jedoch noch nicht zur Verfügung. Erst durch das Starten des Service kann auf ihn zugegriffen werden:

```
SQL> BEGIN
       DBMS_SERVICE.START_SERVICE (
         service_name => 'PS112.MYCOMPANY.DE'
        ,instance_name => 'SID1'
       );
     END;
     /
```

Die Angabe von instance_name ist optional und ermöglicht es, den Service in einer bestimmten Instanz eines RAC-Clusters zu starten. Dies eröffnet später die Möglichkeit, bestimmte Verbindungen gezielt auf einzelne bzw. Gruppen von RAC-Instanzen zu leiten. In RAC-Umgebungen sollte aber ohnehin eher die Verwaltung mittels srvctl benutzt werden.

Mit der Prozedur STOP_SERVICE (mit gleichen Parametern wie beim Start) können Services wieder gestoppt werden.

Auf der aktuellen Instanz (bei einer RAC-Datenbank diejenige, auf der man angemeldet ist) können mit dem Aufruf

```
SQL> BEGIN
       DBMS_SERVICE.DISCONNECT_SESSION (
         service_name => 'NEWSERVICE.HOME.COM'
       );
     END;
     /
```

alle zu einem Service gehörenden Sessions beendet werden. Einen Überblick, welche Sessions hiervon betroffen sein werden, ermöglicht die View V$SESSION durch Inspektion der Spalte service_name.

Zu guter Letzt können Services mittels DELETE_SERVICE wieder gelöscht werden.

Gespeichert werden die Service-Informationen im Data Dictionary der Datenbank. Dadurch sind alle Einstellungen auch über einen Instanz-Neustart hinweg persistent. Natürlich gibt es auch einige für die Verwaltung der Services hilfreiche Views:

- DBA_SERVICES und V$SERVICES bieten einen Überblick über alle vorhandenen Services. Beide Views zeigen den Dienstnamen in der Spalte name, den Netzwerknamen in der Spalte network_name.
- V$ACTIVE_SERVICES verrät, welche Services zurzeit aktiv sind.

Verwaltung mit srvctl

Für RAC-Datenbanken sollte man dem Kommandozeilenwerkzeug srvctl den Vorzug geben. Es ist aber grundsätzlich immer benutzbar, wenn die Grid Infrastructure (bzw. Oracle Clusterware in älteren Datenbankversionen) installiert und die Datenbank dort registriert ist, also auch in Oracle Restart- oder RAC One Node-Umgebungen. Damit können auch RAC-spezifische Zusatzinformationen gegeben werden, beispielsweise welche Instanzen für den Service verfügbar und welche Instanzen präferiert sind.

Um einen neuen Service myservice zu definieren, der auf vier Instanzen verfügbar ist, aber vorzugsweise von den ersten beiden Instanzen gestellt werden soll, bietet sich beispielsweise folgende Kommdozeile an:

```
$ srvctl add service -d mydb -s myservice -r mydb1,mydb2 -a mydb3,mydb4
```

In diesem Fall werden die Services als Bestandteil der Cluster-Konfiguration gepflegt und somit in der OCR (Oracle Cluster Registry) abgelegt. Die Cluster-Infrastruktur sorgt für eine regelmäßige Abgleichung mit den oben beschriebenen datenbankbasierten Service-Informationen via DBMS_SERVICE-Paket.

Eine Abfrage der aktuellen Service-Konfiguration und des jeweiligen Service-Status ist ebenfalls über die Kommandozeile möglich:

```
$ srvctl status service -d mydb
```

Verwaltung mit service_names

Mit dem Serverparameter `service_names` kann man eine explizite Liste von Service-Namen angeben, unter denen die betreffende Instanz erreichbar ist. Für RAC-Datenbanken sollte diese Variante nicht benutzt werden. Aber auch für Nicht-RAC-Datenbanken ist es besser, stattdessen die `DBMS_SERVICE`-Methode zu verwenden, da sie weniger fehleranfällig ist. Die Liste ist nämlich zwar im laufenden Betrieb änderbar, Vorsicht ist aber durch die Tatsache geboten, dass immer die komplette Liste der aktiven Services geändert wird. Durch den Befehl

```
SQL> ALTER SYSTEM
     SET service_names = 'NEWSERVICE.HOME.COM' SCOPE = MEMORY;
```

wird also der Service `NEWSERVICE.HOME.COM` nicht etwa zusätzlich aktiviert, sondern *anstelle* der zuvor aktiven Liste der Services.

Diese Methode sollte auch nicht mit den anderen Methoden gemischt werden, da die Services hier überhaupt nicht in der Datenbank selbst abgespeichert und verwaltet werden, sondern Bestandteil der Instanzkonfiguration, also der Serverparameterdatei, sind.

Oracle Net-Protokollarchitektur

Die Client-Server-Architektur der Oracle-Datenbank zeichnet sich im Normalfall dadurch aus, dass ein Programm beliebiger Art (der Client) mit einem ihm eigens zugewiesenen Prozess (dem sogenannten *Dedicated Server-Prozess*) des Oracle-Servers kommuniziert, der zur entsprechenden Oracle-Instanz gehört.

Dieses Modell wird deshalb – im Gegensatz zur Shared-Server-Architektur, die weiter unten behandelt wird – auch als *Dedicated-Server-Architektur* bezeichnet. Abbildung 9.1 zeigt das entsprechende OSI-Schichtenmodell.

Der Client nutzt als Aufrufschnittstelle zum Server das *Oracle Call Interface (OCI)*; der Server nutzt das Pendant *Oracle Program Interface (OPI)*. Im Allgemeinen antwortet der Server auf einen Aufruf aus dem OCI mit einem Aufruf des OPI. Dies erfolgt im Normalfall synchron, d. h., der Client ist blockiert, bis die Antwort des Servers eingetroffen ist.

Das, was gemeinhin als *Oracle Net* bezeichnet wird, erstreckt sich über drei Schichten des OSI-Modells:

- Die TTC-Schicht (Two Task Common) ist für die Datenkonvertierung im Falle unterschiedlicher Zeichensätze oder Datumsformate auf Client und Server zuständig.
- TNS (Transparent Network Substrate) ist die Hauptkomponente von Oracle Net und für den korrekten Aufbau und die Verwaltung von Verbindungen zwischen Client und Server verantwortlich. TNS wird manchmal auch als *Oracle Net Foundation Layer* bezeichnet. Innerhalb von TNS sind u. a. Dienste zur Namensauflösung sowie Sicherheitsfunktionen untergebracht.
- Der *Oracle Protocol Support* schließlich ist ein schmales Bindeglied zwischen dem eigentlichen Oracle Net und den verschiedenen Protokollen der Transport- bzw.

Netzwerkschicht, die Oracle Net unterstützt. Im Einzelnen sind dies TCP/IP, TCP/IP mit SSL, Named Pipes und SDP.[2]

Oracle Net ist also insbesondere kein Netzwerkprotokoll, sondern eine Gruppe von Protokollen, die auf allgemein gängige Netzwerk- und Transportprotokolle aufsetzt!

Streng genommen ist Abbildung 9.1 nicht vollständig. Zwei Variationen bzw. Erweiterungen seien hier genannt:

- Im Rahmen der XML DB (siehe Abschnitt 9.6) werden auf dem Presentation Layer auch HTTP und FTP implementiert, um XML- oder andere Dokumente über diese Protokolle in die Datenbank zu speichern bzw. auszulesen.
- In der Thin JDBC-Schnittstelle (siehe Abschnitt 9.5.1), beispielsweise beim Zugriff von Java-Applets auf eine Oracle-Datenbank, sind alle Oracle Net-Schichten in Java implementiert:
  - An die Stelle von TNS tritt das sogenannte *JavaNet.*
  - Das Pendant zu TTC nennt sich *JavaTTC.*
  - In der Applikationsschicht befinden sich der JDBC Thin Driver bzw. die entsprechenden Java-Applets oder -Applikationen.

  Als Transport- und Netzwerkprotokoll wird ausschließlich die Kombination TCP/IP unterstützt.

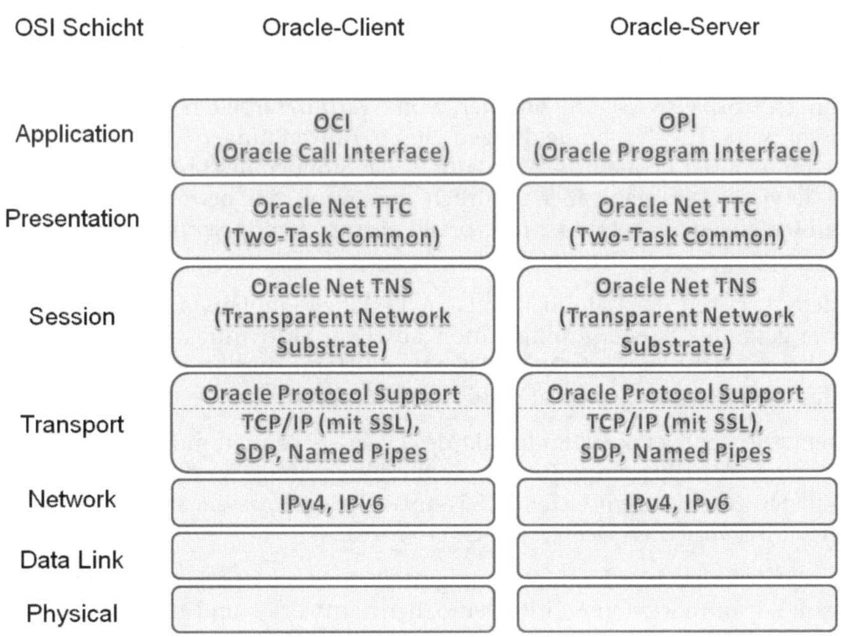

Abbildung 9.1: ISO/OSI-7-Schichten-Modell für Oracle Net

2 TCP/IP steht für Transport Control Protocol/Internet Protocol und bildet heutzutage das Standardprotokoll für das Internet sowie die allermeisten Firmen- und sonstigen lokalen Netzwerke.
SSL (Secure Sockets Layer) ermöglicht eine verschlüsselte Übertragung.
SDP (Sockets Direct Protocol) ist ein Transportprotokoll speziell für Infiniband-Netzwerke.

Verbindungsaufbau und Oracle Listener

Eine zentrale Aufgabe des TNS ist der Verbindungsaufbau. Da diese Phase zwingend notwendig für eine Verbindung zwischen Client und Server ist, soll deren Funktionsweise hier genauer beschrieben werden.

Auf der Serverseite ist der sogenannte *Listener* für den Verbindungsaufbau zuständig. Dies ist ein eigenständiger, insbesondere von jeglicher Oracle-Instanz unabhängiger Prozess, der die Aufgabe hat, auf mindestens einem Netzwerk-Endpunkt zu „horchen". Mit Netzwerk-Endpunkt ist im Falle von TCP/IP ein Port einer Schnittstelle bzw. IP-Adresse gemeint.

Die Beziehung zwischen Instanzen und Listenern ist eine oft diskutierte Frage. Grundsätzlich sind fast alle denkbaren Konstellationen möglich, z. B.:

- Jede Instanz hat ein eigenes Oracle-Home und einen eigenen Listener.
- Jede Instanz hat ein eigenes Oracle-Home; es gibt aber nur einen einzigen Listener.
- Es gibt mehrere Oracle-Homes mit unterschiedlich vielen Instanzen und einem Listener pro Oracle-Home.
- Es gibt ein Oracle-Home mit vielen Instanzen und einem Listener.

Man sollte aber die Randbedingung beachten, für jedes Oracle-Home immer einen Listener der passenden Datenbankversion zu nutzen, auf keinen Fall einen Listener einer älteren Datenbankversion. Ein Listener neuerer Version funktioniert häufig, aber nicht immer.

Eine weitere Randbedingung kann der Bedarf nach administrativer Trennung sein. So kann es beispielsweise im Rahmen von Wartungsarbeiten an einer Datenbank gewünscht sein, alle Neuanmeldungen durch Anwendungen oder sonstige Clients zu unterbinden. Der bequemste Weg dafür ist das Stoppen des Listeners oder des betreffenden Services. Dies geht aber natürlich nur, wenn der betreffende Listener keine weiteren Instanzen abdeckt oder im Vorfeld entsprechende Services definiert, die von den Anwendungen auch benutzt werden.

Außerdem ist es seit der Datenbankversion 11gR2 zu empfehlen, in einer RAC-Umgebung die gesamte Listener-Konfiguration aus dem Grid Infrastructure-Home heraus vorzunehmen, nicht aus dem Oracle-Datenbank-Home. Insbesondere die sogenannten SCAN-Listener lassen sich nur auf diese Weise konfigurieren.

Ein Client, der den Netzwerk-Endpunkt des Listeners kennen muss, wendet sich unter Angabe seiner Kontaktdaten mit einer Verbindungsanfrage an den Listener. Wenn alle Kontaktdaten zu einer dem Listener bekannten Instanz passen, startet der Listener bei eben dieser Instanz einen Dedicated-Server-Prozess.

Im Normalfall wird die Verbindungsanfrage des Clients an den Serverprozess übergeben, so dass dieser im nächsten Schritt dem Client antwortet und die Verbindung somit bereits aufgebaut ist. Diese vom Listener bevorzugte Methode wird auch als *Direct Hand-Off* bezeichnet.

Alternativ hierzu ist auch ein *Redirect* möglich, bei dem der Listener die Kontaktdaten des von ihm aufgebauten Serverprozesses an den Client übergibt. Hierbei ist die Verbindung zwischen Client und Serverprozess erst einen Schritt später aufgebaut. Diese Methode wird standardmäßig nur bei älteren Datenbankversionen (bis einschließlich

8i) angewendet, und auch dann nur, wenn die Datenbank auf MS-Windows läuft oder die Shared-Server-Architektur benutzt wird.

Wichtig zu wissen ist in jedem Fall, dass der Listener nach diesem initialen Verbindungsaufbau außen vor ist. Sämtliche weitere Kommunikation zwischen Client und Server läuft unabhängig vom Listener. Stattdessen kommunizieren Client und Dedicated-Server-Prozess unabhängig weiter. Nach dem Direct Hand-Off horcht der Server-Prozess auf demselben Port wie der Listener, während nach einem Redirect der Serverprozess vom Listener dynamisch einen anderen Port zugewiesen bekam. Dies hat auch zwei wichtige Konsequenzen:

- Ein Ausfall des Listeners beeinträchtigt nicht bestehende Verbindungen, macht aber den Aufbau neuer Verbindungen unmöglich.
- Im Falle einer Firewall zwischen Client und Server genügt es bei aktuellen Datenbankversionen, einzig den Listener-Port (Standard-Port ist 1521) statisch freizuschalten. Sowohl Listener als auch Serverprozesse horchen auf diesem Port. Nur bei Datenbanken bis zur Version 8i muss ggf. eine SQL*Net-kompatible Firewall eingesetzt werden, um die dynamisch zugewiesenen Ports auch dynamisch öffnen bzw. schließen zu können (siehe hierzu auch Abschnitt 9.1.5).

9.1.2 Konfiguration

Sowohl client- als auch serverseitig müssen bestimmte Einstellungen vorgenommen werden. Dies kann wahlweise manuell oder mit zwei grafischen Werkzeugen geschehen. In jedem Falle werden alle Einstellungen in einer Handvoll Konfigurationsdateien gespeichert.

Im Normalfall befinden sich alle Oracle Net-Konfigurationsdateien im Unterverzeichnis `network/admin` des Oracle-Homes (Server-Home auf dem Datenbankserver bzw. Client-Home auf dem Oracle-Client). Falls man die Konfiguration für verschiedene Installationen getrennt durchführen möchte, z. B. weil man in verschiedenen Umgebungen arbeitet, kann man dies so belassen.

Oft wird aber eine Speicherung an einer zentralen Stelle gewünscht, die nicht unter dem Oracle-Home liegt. Diese zentrale Stelle kann beispielsweise ein Unterverzeichnis `network/admin` im Oracle-Basisverzeichnis (Umgebungsvariable `ORACLE_BASE`) sein. Dies hat zwei Vorteile:

- Bei mehreren Oracle-Homes muss die Konfiguration nur einmal durchgeführt werden; redundante Speicherorte werden somit vermieden.
- Beim Löschen eines Installationsverzeichnisses zum Beispiel im Rahmen eines Out of Place-Upgrades gehen keine Konfigurationsdaten verloren.

Damit die Oracle-Software (Client und Server) in einem anderen als dem Standardverzeichnis nach Oracle Net-Konfigurationsdateien sucht, muss die Umgebungsvariable `TNS_ADMIN` auf das gewünschte Verzeichnis gesetzt werden. Unter Windows kann `TNS_ADMIN` alternativ auch als Registry-Variable unter dem Schlüssel

```
HKEY_LOCAL_MACHINE\SOFTWARE\ORACLE\KEY_<Oracle-Home-Name>
```

definiert werden.

Unter Unix kann man alternativ auch mit Symbolic-Links arbeiten. Da es hier und dort Werkzeuge (oder Versionen von Werkzeugen) gibt, die auf `TNS_ADMIN` nicht reagieren, ist diese Möglichkeit auch in Betracht zu ziehen.

Falls `TNS_ADMIN` gesetzt ist, die Konfigurationsdateien dort aber nicht vorhanden sind, werden sie dennoch im Standardverzeichnis unterhalb des Oracle-Homes gesucht.

Im Folgenden werden immer wieder die drei Haupt-Konfigurationsdateien für Oracle Net vorkommen, die hier zunächst kurz vorgestellt werden sollen:

Die Listener-Datei `listener.ora` ist ausschließlich auf dem Server relevant. Sie legt den Namen des Listeners, die Adresse, auf der er horcht, sowie die ihm bekannten Instanzen fest.

Der Listener kann zwar unabhängig von der statischen Konfigurationsdatei auch von einer Oracle-Instanz selbst dynamisch über ihr Dasein sowie ihre jeweiligen Service-Namen informiert werden, allerdings nur solange die Instanz läuft. Um also z. B. eine gestoppte Instanz über das Netzwerk zu starten, muss sie in der listener.ora-Datei eingetragen sein.

Die lokale Namensdatei `tnsnames.ora` liegt auf dem Client und enthält für den Fall, dass eine lokale Namensauflösung konfiguriert ist, die dafür notwendigen Informationen. Sie ist vergleichbar einer `/etc/hosts`-Datei zur Auflösung von Namen in Adressdaten.

Die Profildatei `sqlnet.ora` ist sowohl auf dem Client als auch auf dem Server relevant. Sie enthält verschiedene allgemeine Einstellungen und Schalter, insbesondere wird hier auch festgelegt, auf welche Art und Weise TNS-Namen aufgelöst werden.

Manuelle Basiskonfiguration

Die Konfiguration wird meist beim Server begonnen. Hier wird mindestens ein Listener konfiguriert. Hierzu wird auf jeden Fall die Datei `listener.ora` benötigt, oft außerdem die `sqlnet.ora`.

Die serverseitige Datei `sqlnet.ora` enthält im Falle eines MS Windows-Servers oftmals die Zeile:

```
SQLNET.AUTHENTICATION_SERVICES = (NTS)
```

Dies hat zwar nichts mit der eigentlichen Netzwerkkonfiguration zu tun; falls der Eintrag nicht da ist, kann jedoch die lokale Anmeldung `AS SYSDBA` ohne Passwort (für Mitglieder der Windows-Gruppe `ORA_DBA`) nicht genutzt werden.

Als Beispielprotokoll verwenden wir das Protokoll TCP/IP, da dies bei den meisten Installationen verwendet wird. Eine einfache Listener-Konfiguration in der Datei `listener.ora` sieht wie folgt aus:

```
LISTENER =
  (DESCRIPTION =
    (ADDRESS = (PROTOCOL = TCP)(HOST = ora11gr2)(PORT = 1521))
  )
ADR_BASE_LISTENER = /u01/app/oracle
```

Der Parameter `LISTENER` enthält zunächst einen Protokoll-Endpunkt, auf dem der Listener horcht. Im Beispiel wird der Standardport 1521 für Oracle Net verwendet; es kann aber auch ein beliebiger freier Port eingetragen werden. Aus Sicherheitsgründen ist dies sogar zu empfehlen, um es einem potenziellen Eindringling nicht allzu einfach zu machen, auf eine vorhandene Oracle-Datenbank rückzuschließen. Dennoch werden wir in diesem Buch den Standardport sowie benachbarte Port-Nummern nutzen, um einen schnelle Wiedererkennung zu gewährleisten.

Entscheidend wichtig – gerade auch für komplexere Umgebungen – ist das Verständnis, dass beide definierten Parameter den Namen des Listeners (in diesem Falle `LISTENER`) enthalten. Parameter für einen weiteren Listener namens `LISTENER11G` würde man in der gleichen Datei hinterlegen; dies wären dann zum Beispiel zusätzliche Einträge der Form:

```
LISTENER11G =
  (DESCRIPTION =
    (ADDRESS = (PROTOCOL = TCP)(HOST = ora11gr2)(PORT = 1522))
  )

DIAG_ADR_ENABLED_LISTENER11G = off
LOG_DIRECTORY_LISTENER11G = /u01/app/oracle/product/11.2.0/dbhome_1/network/log
LOG_FILE_LISTENER11G = listener11g.log
```

Während beim ersten Listener die Log-Daten innerhalb des ADR (Automatic Diagnostic Repository, siehe Kapitel 7.4) abgelegt werden, was seit der Datenbankversion 11g möglich, empfohlen und die Standardeinstellung ist, werden beim zweiten Listener Pfad und Dateiname für eine Logdatei explizit festgelegt. Bei Datenbanken bis einschließlich zur Version 10g ist dies die einzige Möglichkeit.

Im Übrigen verbirgt sich hinter dem Hostnamen (in diesem Fall `ora11gr2`) eine Netzwerkschnittstelle bzw. IP-Adresse. Die Zuordnung von IP-Adressen zu Netzwerkschnittstellen erfolgt ja entweder statisch (durch Konfiguration des Servers) oder dynamisch mittels DHCP[3]. An dieser Stelle sei dringend empfohlen, Rechner mit Serverfunktionen wie Instanzen, Listenern oder Connection-Managern ausschließlich mit statischen IP-Adressen zu konfigurieren. Die Änderung einer IP-Adresse kann für solche Serverdienste enorm viel Ärger bereiten, was oft genug heißt, dass die Dienste für eine mehr oder weniger lange Zeit nicht zur Verfügung stehen.

Sobald die Konfiguration vorhanden ist, kann man mit dem Listener-Control-Werkzeug LSNRCTL und dem Kommando START den Listener starten:

```
$ lsnrctl start

LSNRCTL for Linux: Version 11.2.0.1.0 - Production on 13-MAR-2010 20:33:41

Copyright (c) 1991, 2009, Oracle.  All rights reserved.

Starting /u01/app/oracle/product/11.2.0/dbhome_1/bin/tnslsnr: please wait...

TNSLSNR for Linux: Version 11.2.0.1.0 - Production
System parameter file is /u01/app/oracle/product/11.2.0/dbhome_1/network
                         /admin/listener.ora
Log messages written to /u01/app/oracle/diag/tnslsnr/ora11gr2/listener/alert/log.xml
Listening on: (DESCRIPTION=(ADDRESS=(PROTOCOL=tcp)(HOST=ora11gr2)(PORT=1521)))
```

3 Dynamic Host Configuration Protocol

```
Connecting to (DESCRIPTION=(ADDRESS=(PROTOCOL=TCP)(HOST=ora11gr2)(PORT=1521)))
STATUS of the LISTENER
------------------------
Alias                     LISTENER
Version                   TNSLSNR for Linux: Version 11.2.0.1.0 - Production
Start Date                13-MAR-2010 20:33:41
Uptime                    0 days 0 hr. 0 min. 0 sec
Trace Level               off
Security                  ON: Local OS Authentication
SNMP                      OFF
Listener Parameter File   /u01/app/oracle/product/11.2.0/dbhome_1/network
                          /admin/listener.ora
Listener Log File         /u01/app/oracle/diag/tnslsnr/ora11gr2/listener/alert/log.xml
Listening Endpoints Summary...
  (DESCRIPTION=(ADDRESS=(PROTOCOL=tcp)(HOST=ora11gr2)(PORT=1521)))
The listener supports no services
The command completed successfully
```

Das Listener-Control-Werkzeug kann entweder auf der Kommandozeile mit allen Parametern für einen Befehl bestückt (wie im o. a. Beispiel) oder als interaktives Werkzeug benutzt werden. Für den letzten Fall ruft man es einfach ohne weitere Parameter auf.

An der Rückmeldung des Listener-Control-Werkzeugs sind verschiedene Dinge abzulesen:

- Mit der Angabe „System parameter file“ bzw. weiter unten „Listener Parameter File“ bestätigt der Listener die verwendete Konfigurationsdatei, die sich entweder aus dem Oracle-Home oder aus der Umgebungsvariablen `TNS_ADMIN` ergibt.
- Die konfigurierte Log-Datei wird ebenfalls bestätigt (Ausgabe „Log messages written to“ bzw. weiter unten „Listener Log File“).
- Die „Listening Endpoints Summary“ bestätigt die konfigurierten IP-Adressen und Ports, auf denen der Listener horchen soll.
- Ansonsten kann man mit dem Listener noch nichts tun: „The listener supports no services.“

In diesem Zustand würde daher jeder Versuch, einen Verbindungsaufbau über diesen Listener anzufordern, in folgender Fehlermeldung enden:

```
ORA-12514: TNS: Listener kann in Connect-Deskriptor angegebenen Service
aktuell nicht auflösen
```

Erst nach dem automatischen Anmelden einer Instanz beim Listener ist diese auch erreichbar. Dieser Vorgang wird als Service-Registrierung (*service registration*) bezeichnet. Eine Instanz versucht die automatische Anmeldung grundsätzlich an der Standard-Netzwerkschnittstelle auf dem Port 1521. Läuft der Listener auf einer anderen Schnittstelle oder einem anderen Port, so muss der Serverparameter `local_listener` der Instanz auf die entsprechende Listener-Adresse verweisen:

```
SQL> ALTER SYSTEM
     SET local_listener='(ADDRESS=(PROTOCOL=TCP)(HOST=ora11gr2)(PORT=1521))';
SQL> ALTER SYSTEM REGISTER;
```

Alternativ kann als Wert für den Parameter `local_listener` ein Alias in Form eines TNS-Namens gesetzt werden, der in der lokalen Datei `tnsnames.ora` auf dem Datenbankserver in eine Adresse bzw. Adressliste übersetzt wird:

```
SQL> ALTER SYSTEM SET local_listener='LISTENER.LOCAL';
```

Die tnsnames.ora muss in diesem Fall also einen entsprechenden Eintrag enthalten:

```
LISTENER.LOCAL=
  (ADDRESS_LIST=
    (ADDRESS=(PROTOCOL=TCP)(HOST=orallgr2)(PORT=1521))
  )
```

Fragt man nun nach der Anmeldung der Instanz beim Listener mit dem Listener-Control-Werkzeug den aktuellen Status ab, sieht die Ausgabe etwa wie folgt aus:

```
$ lsnrctl status
...
Services Summary...
Service "PS112.mycompany.de" has 1 instance(s).
  Instance "PS1121", status READY, has 1 handler(s) for this service...
...
```

Bei der Anmeldung am Listener hinterlässt die Instanz sowohl ihren Instanznamen (PS1121) als auch ihren Service-Namen (PS112.mycompany.de). Die Rollen dieser beiden Namen wurden in Abschnitt 9.1.1 genauer besprochen.

Nun kann man zur Konfiguration des Clients übergehen. Beim Client sollten die beiden Dateien sqlnet.ora und tnsnames.ora konfiguriert werden.

Die Datei sqlnet.ora sollte zur lokalen Namensauflösung zumindest diese beiden Einträge erhalten:

```
NAMES.DIRECTORY_PATH = (TNSNAMES)
NAMES.DEFAULT_DOMAIN = mycompany.de
```

Hiermit wird zunächst festgelegt, dass die Auflösung von TNS-Namen in einer lokalen tnsnames.ora-Datei erfolgt. TNS-Namen haben allgemein die Form <TNS-Name>.<Domäne> und bekommen eine Zieladresse (die einem Listener entsprechen muss) sowie einen Service-Namen zugewiesen. Mit dem zweiten Eintrag wird nun einfach ein Standardwert für die Domäne festgelegt, so dass beim späteren Verbindungsaufbau anstelle von <TNS-Name>.<Domäne> die Angabe von <TNS-Name> genügt, falls <Domäne> diesem Standardwert entspricht.

Die Datei tnsnames.ora muss nun TNS-Einträge wie beispielsweise den folgenden enthalten:

```
PS112.mycompany.de =
  (DESCRIPTION =
    (ADDRESS_LIST =
      (ADDRESS = (PROTOCOL = TCP)(HOST = orallgr2)(PORT = 1521))
    )
    (CONNECT_DATA =
      (SERVICE_NAME = PS112.mycompany.de)
    )
  )
```

Hiermit wird dem TNS-Namen PS112.mycompany.de sowohl eine Adresse (nämlich die gleiche, die als Listener-Endpunkt definiert ist) als auch ein Service-Name zugeordnet. Der TNS-Name und der Service-Name der Instanz sind im Übrigen nicht zwangsläufig identisch; für beide können durchaus auch unterschiedliche Namen gewählt werden.

In der Praxis werden jedoch häufig beide konsistent aus dem Datenbanknamen und der Datenbankdomäne zusammengesetzt.

Basiskonfiguration mit dem NETCA

Alternativ zur manuellen Konfiguration kann man den Net-Konfigurationsassistenten (NETCA) verwenden, um eine Basiskonfiguration zu erstellen. Der Assistent wird auch automatisch im Rahmen der Software-Installation aufgerufen, um einen Listener bzw. einen TNS-Namen sowie die Methoden zur TNS-Namensauflösung zu konfigurieren.

Der hier gezeigte Durchlauf des Net-Konfigurationsassistenten stammt nicht aus der Installation, sondern ist ein manueller Aufruf. Daher ist auf der ersten Seite die Konfigurationsauswahl zu sehen; während der Installation sind die entsprechenden Schritte vorgegeben. Der Aufruf selbst erfolgt unter MS-Windows aus dem Startmenü heraus oder alternativ – für alle Plattformen inklusive MS-Windows – mit dem Aufruf `netca` auf der Kommandozeile.

Wurde der `netca` aus einem Datenbank-Home aufgerufen, obwohl auch eine Grid-Infrastructure-Installation als Basis für RAC-Datenbanken vorliegt, erscheint im ersten Schritt eine entsprechende Warnung mit der Empfehlung, den `netca` als Eigentümer der Grid Infrastructure (typischerweise der OS-Benutzer `grid`) aus dem Grid Infrastructure Home heraus zu starten.

Ansonsten wurde im Einstiegsbildschirm (Abbildung 9.2) bereits der Punkt *Listener-Konfiguration* ausgewählt. Zum Bestätigen der Fenster wird im Verlauf der Sitzung jeweils die Schaltfläche *Weiter* angeklickt.

Im nächsten Schritt muss – wenn noch kein Listener konfiguriert ist – mit dem Punkt *Hinzufügen* die einzig mögliche Option übernommen werden. Gibt es bereits konfigurierte Listener, können diese auch umbenannt, umkonfiguriert oder gelöscht werden (siehe Abbildung 9.3).

Der folgende Schritt verlangt die Angabe eines neuen Listener-Namens (Abbildung 9.4) bzw. die Auswahl eines vorhandenen Listener-Namens.

Im nächsten Fenster (Abbildung 9.5) können die Protokolle des Listeners ausgewählt werden, wobei in den meisten Fällen TCP die einzige Wahl bleibt.

Schließlich wird noch ein Port für den Listener ausgewählt (Abbildung 9.6). Der Standardport 1521 ist hierbei voreingestellt.

Für die Basiskonfiguration reicht ein einziger Listener auf jeden Fall aus, daher kann im nächsten Schritt die Frage nach der Konfiguration weiterer Listener verneint werden. Damit ist die Listener-Konfiguration abgeschlossen.

Mit dem nächsten Schritt (Abbildung 9.7) werden Benennungsmethoden, genauer gesagt: Methoden zur Auflösung von TNS-Namen, ausgewählt. Dieser Part sollte sowohl auf dem Datenbankserver als auch auf einem Client durchgeführt werden.

Um TNS-Namen in einer lokalen `tnsnames.ora`-Datei auflösen zu können, muss mindestens der Punkt *Lokale Benennung* ausgewählt werden (Abbildung 9.8). Zusätzliche Methoden können ebenfalls ausgewählt werden.

Damit ist dieser Schritt abgeschlossen.

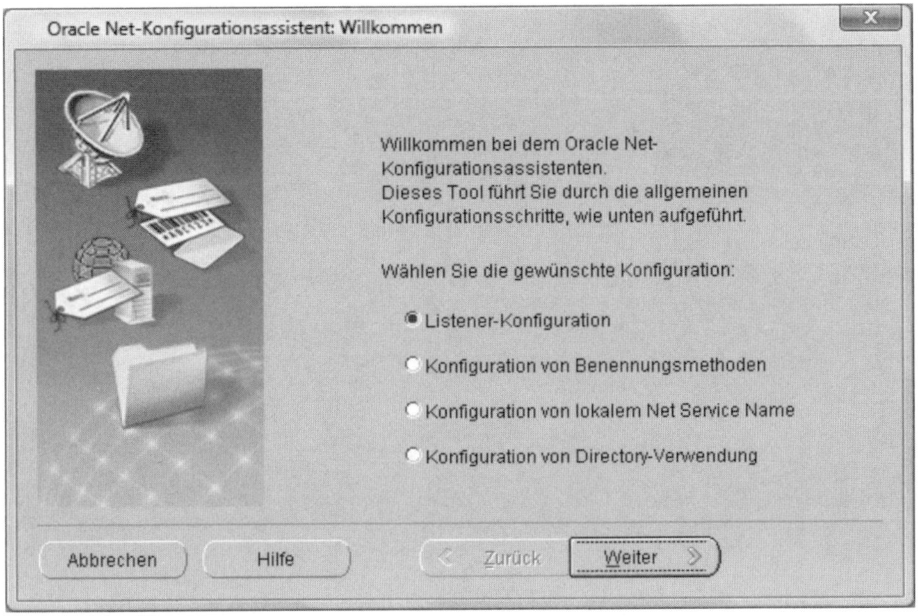

Abbildung 9.2: Net Configuration Assistant, Einstiegsbildschirm

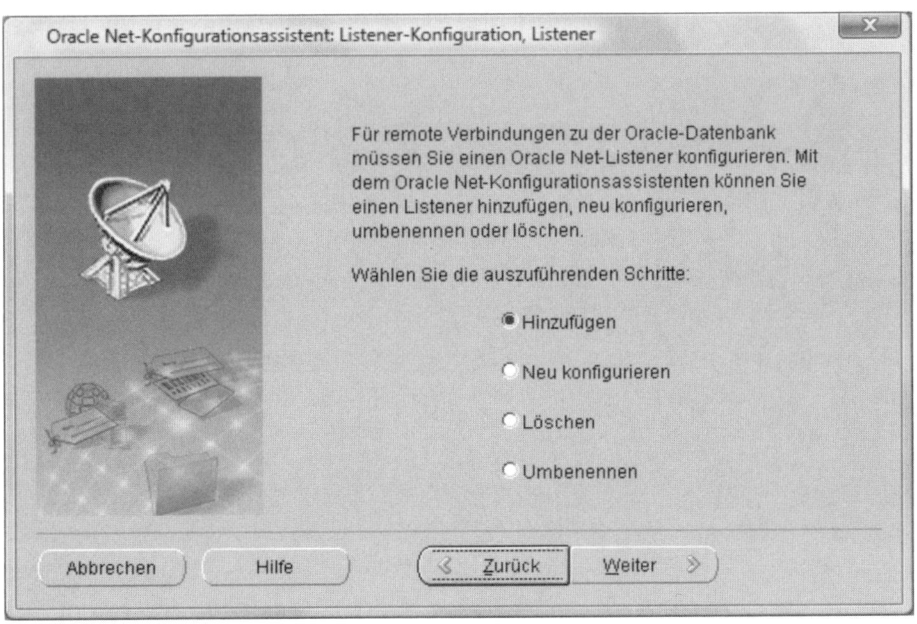

Abbildung 9.3: Hinzufügen, Konfigurieren oder Löschen eines Listeners

Abbildung 9.4: Benennen des neuen Listeners

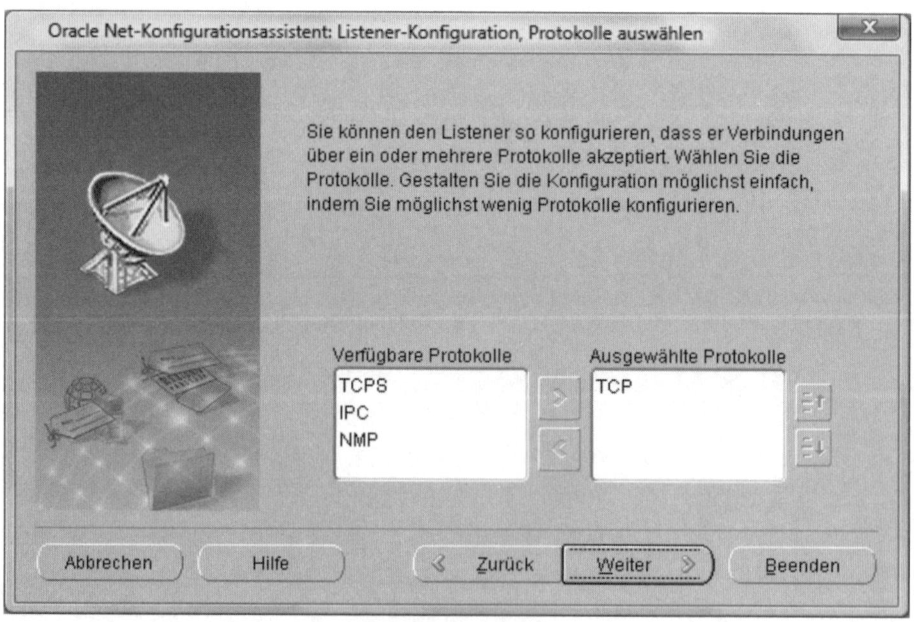

Abbildung 9.5: Protokolle für den Listener auswählen

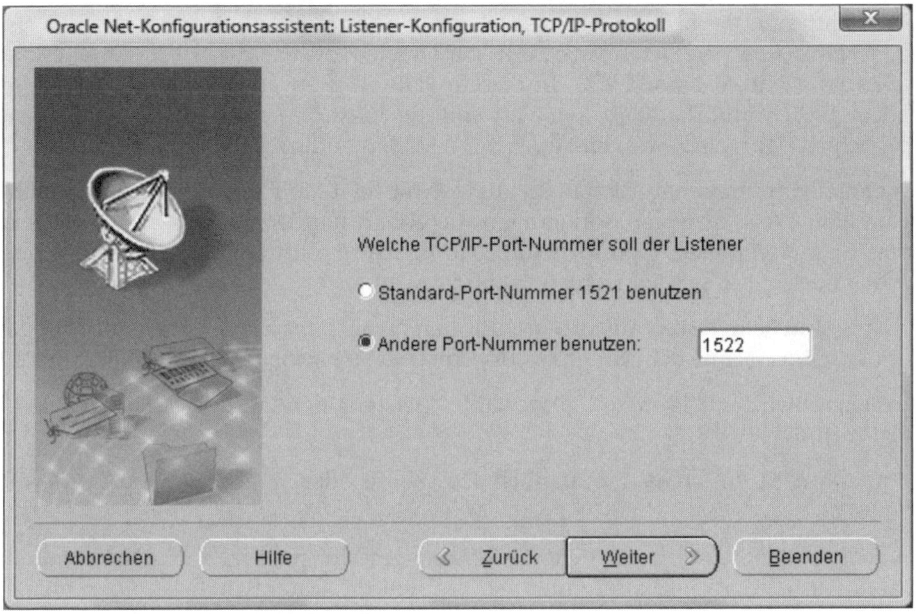

Abbildung 9.6: Listener-Port auswählen

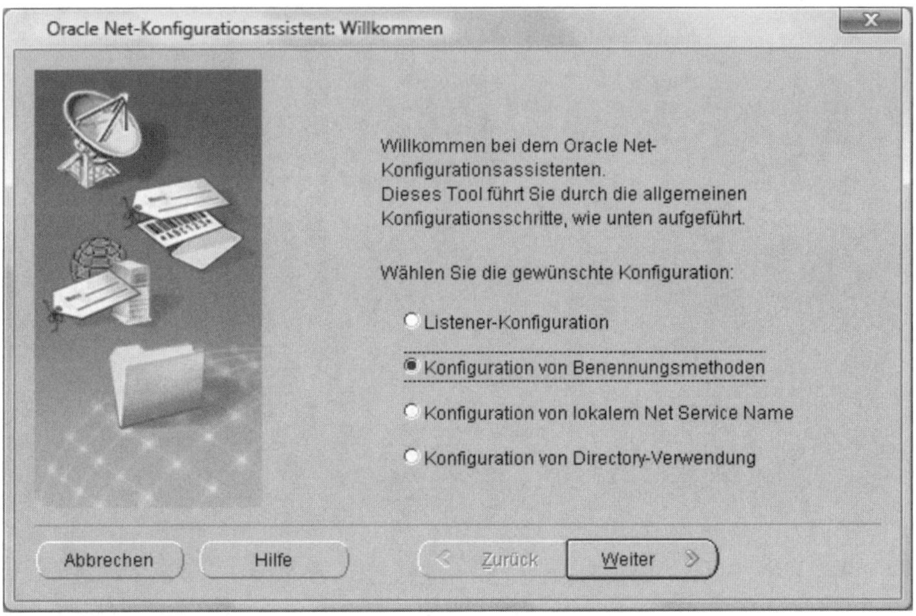

Abbildung 9.7: Konfiguration von Methoden zur TNS-Namensauflösung

Abschließend sollte mindestens ein TNS-Name konfiguriert werden. Obwohl dieser Schritt auf einem Datenbankserver nicht zwingend notwendig ist, empfiehlt es sich doch, damit man die bisher gemachten Eingaben testen kann. Außerdem verhält sich bei der Benutzung von Datenbank-Links der Oracle-Server selbst als Client eines anderen Servers (siehe Abschnitt 9.3). In diesem Falle müssen entsprechende TNS-Namen auf dem Server auflösbar sein. Bei Verwendung lokaler `tnsnames.ora`-Dateien muss dieser Schritt dann also zwingend auch auf dem Server durchgeführt werden.

In der Praxis wird man natürlich nicht auf jedem Client die TNS-Namen aller Datenbanken auf diese Weise erzeugen, sondern eine bereits vorhandene `tnsnames.ora`-Datei auf andere Clients verteilen. Dennoch soll hier stellvertretend einmal der entsprechende Durchlauf des `netca` gezeigt werden (Abbildung 9.9).

Auch hier sind beim ersten Aufruf alle Optionen bis auf *Hinzufügen* ausgegraut. Zunächst muss der Service-Name der Datenbank bzw. Instanz angegeben werden (Abbildung 9.10).

Als Nächstes wird das Protokoll ausgewählt. Meistens handelt es sich um TCP (Abbildung 9.11).

Im Falle von TCP/IP fehlen nun noch Hostname oder IP-Adresse und Port (Abbildung 9.12).

Im nächsten Schritt kann der neue TNS-Name getestet werden. Hat man erst unmittelbar zuvor den Listener konfiguriert, so hat sich die Datenbank evtl. noch nicht bei diesem registriert. In diesem Fall kann der Test einfach weggelassen werden.

Abschließend wird der TNS-Name selbst noch benannt. Oft ist es sinnvoll, diesen Namen identisch zum Service-Namen der Datenbank zu wählen (Abbildung 9.13).

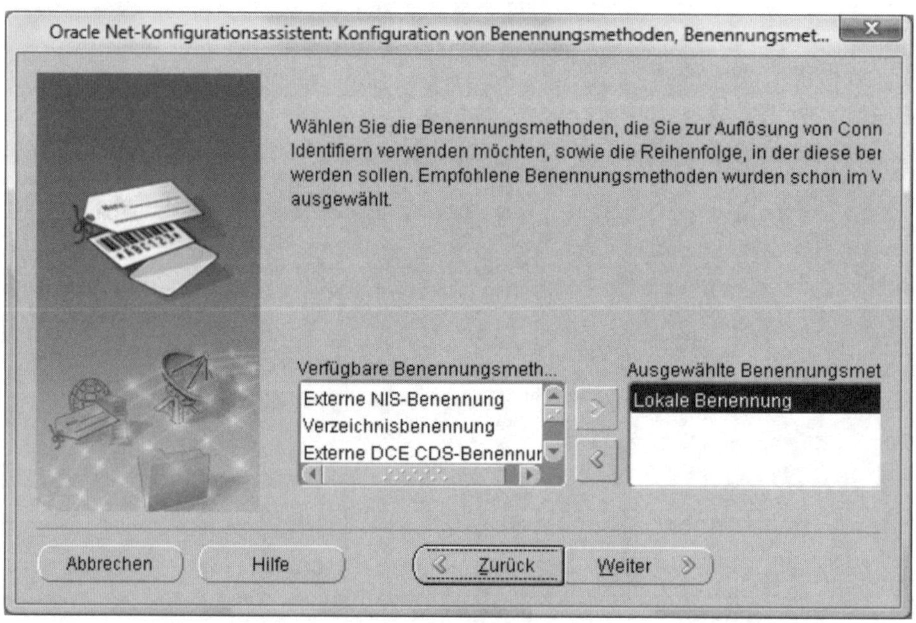

Abbildung 9.8: Auswahl von Methoden zur TNS-Namensauflösung

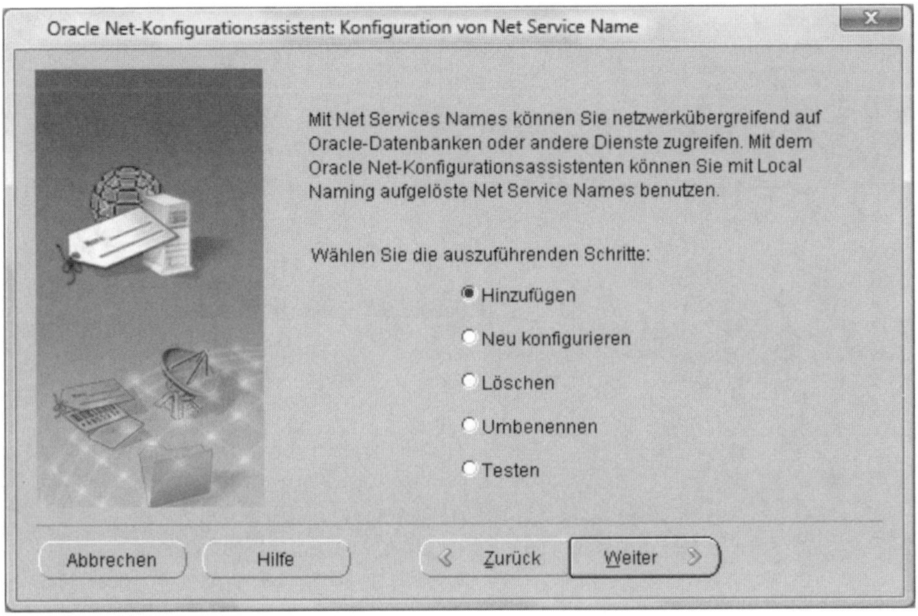

Abbildung 9.9: Konfiguration von TNS-Namen

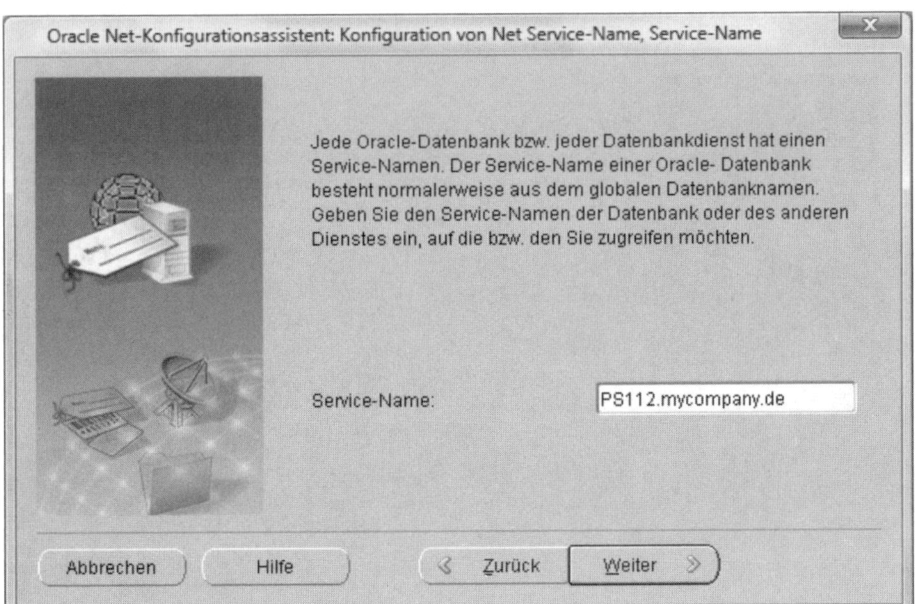

Abbildung 9.10: Angabe des Service-Namens

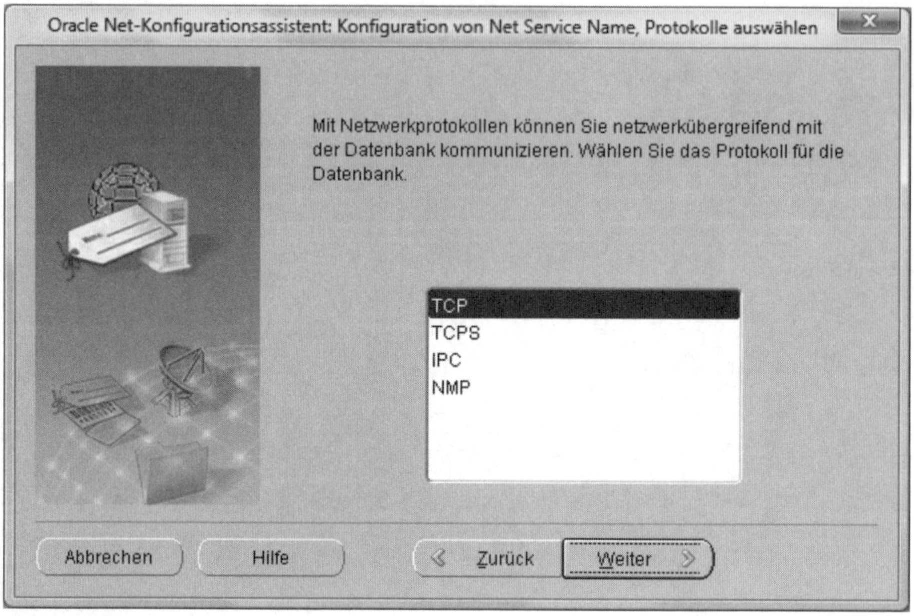

Abbildung 9.11: Auswahl des Protokolls

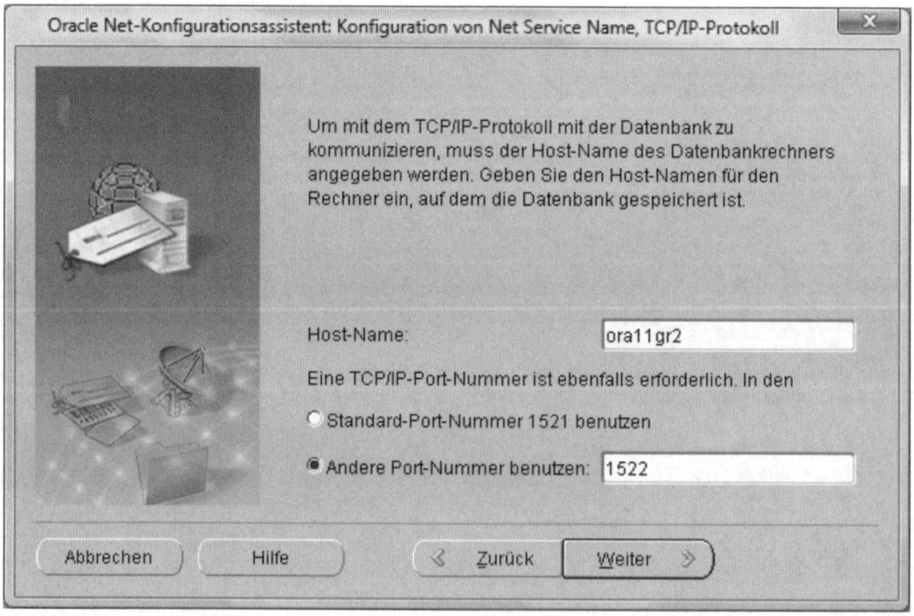

Abbildung 9.12: Auswahl von Host-Name und Port

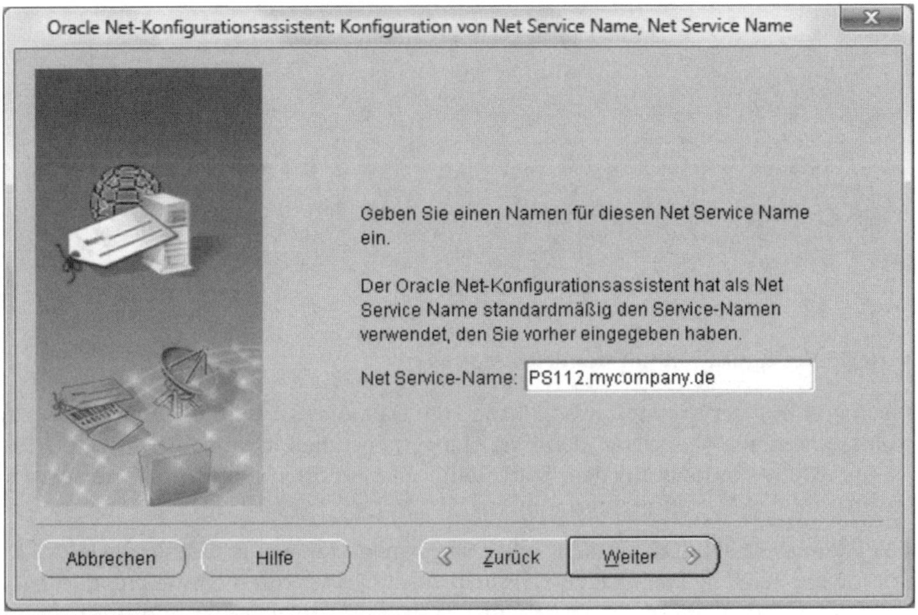

Abbildung 9.13: Vergabe des TNS-Namens

Damit ist die Konfiguration abgeschlossen, und der `netca` kann nach einigen weiteren Klicks beendet werden. Das Resultat der Konfiguration ist jeweils eine Datei `listener.ora`, `sqlnet.ora` und `tnsnames.ora` mit folgenden Inhalten:

```
# listener.ora Network Configuration File:
/u01/app/oracle/product/11.2.0/dbhome_1/network/admin/listener.ora
# Generated by Oracle configuration tools.

LISTENER11G =
  (DESCRIPTION_LIST =
    (DESCRIPTION =
      (ADDRESS = (PROTOCOL = TCP)(HOST = ora11gr2)(PORT = 1522))
    )
  )
ADR_BASE_LISTENER11G = /u01/app/oracle
```

Die Datei hat einige Ähnlichkeit mit der im Rahmen der manuellen Basiskonfiguration angegebenen `listener.ora`.

```
# sqlnet.ora Network Configuration File:
/u01/app/oracle/product/11.2.0/dbhome_1/network/admin/sqlnet.ora
# Generated by Oracle configuration tools.

NAMES.DIRECTORY_PATH= (TNSNAMES)
ADR_BASE = /u01/app/oracle
```

Wie man sieht, sind in der Datei `sqlnet.ora` lediglich die Benennungsmethoden konfiguriert. Es fehlt die Angabe der Standarddomäne.

Die Datei `tnsnames.ora` ist wiederum genau nach Vorgabe konfiguriert:

```
# tnsnames.ora Network Configuration File:
/u01/app/oracle/product/11.2.0/dbhome_1/network/admin/tnsnames.ora
```

```
# Generated by Oracle configuration tools.

PS112.MYCOMPANY.DE =
  (DESCRIPTION =
    (ADDRESS_LIST =
      (ADDRESS = (PROTOCOL = TCP)(HOST = ora11gr2)(PORT = 1522))
    )
    (CONNECT_DATA =
      (SERVICE_NAME = PS112.mycompany.de)
    )
  )
```

Erweiterte Konfiguration mit dem Net-Manager

Zur Aufbereitung der Konfiguration können die Dateien entweder manuell ergänzt oder mit einem weiteren Werkzeug, dem *Net Manager*, bearbeitet werden. Dieses Werkzeug kann unter MS Windows aus dem Startmenü oder auf allen Plattformen mit dem Programmnamen `netmgr` aufgerufen werden.

Der Net Manager hat auf der linken Seite einen Navigationsbaum, der für die lokale Konfiguration die Bereiche *Profil*, *Dienstbenennung* und *Listener* (für die Dateien `sqlnet.ora`, `tnsnames.ora` sowie `listener.ora`) enthält. In der Kopfzeile wird grundsätzlich das aktuelle Konfigurationsverzeichnis angegeben, mit dem der Net Manager gerade arbeitet. Hierdurch lässt sich leichter kontrollieren, dass gerade die richtige Konfiguration bearbeitet wird.

Durch einen Klick auf *Profil* gelangt man in den Bereich zur Konfiguration der Datei `sqlnet.ora`. Die Auswahlliste oben auf dem Bildschirm sollte auf *Namensgebung* eingestellt werden. Anschließend kann die Standarddomäne eingegeben, und es können ggf. weitere Methoden zur TNS-Namensauflösung ausgewählt werden (siehe Abbildung 9.14).

Ein Klick auf den bereits konfigurierten Listener `LISTENER11G` führt in den Bereich zur Konfiguration des Listeners. Wählt man in der oberen Auswahlliste beispielsweise *Listening-Adressen* aus, können weitere Netzwerk-Endpunkte, z. B. zusätzliche IP-Adressen anderer Netzwerkkarten, hinzugefügt werden.

Um die Änderungen zu speichern, wählt man im Menü *Datei* den Punkt *Netzwerkkonfiguration speichern* aus.

Nach dem Speichern der Konfiguration kann man die Anpassungen der Parameter in den Dateien `listener.ora` und `sqlnet.ora` nachvollziehen.

Nach einigem Ausprobieren der beiden Werkzeuge `netca` und Net Manager stellt sich schnell heraus, dass der Net Manager bei Weitem mehr Möglichkeiten als der Konfigurationsassistent bietet. Daher empfehlen wir grundsätzlich, den Net Manager einzusetzen. Auch einfachste Konfigurationen sind mit dem `netca` nicht wesentlich schneller aufgebaut.

Zusammenspiel Listener und Instanzen

Die weiter oben aufgeführte Basiskonfiguration für den Listener enthält keine explizite Liste der Instanzen, da diese sich nach dem Start automatisch beim Listener anmelden.

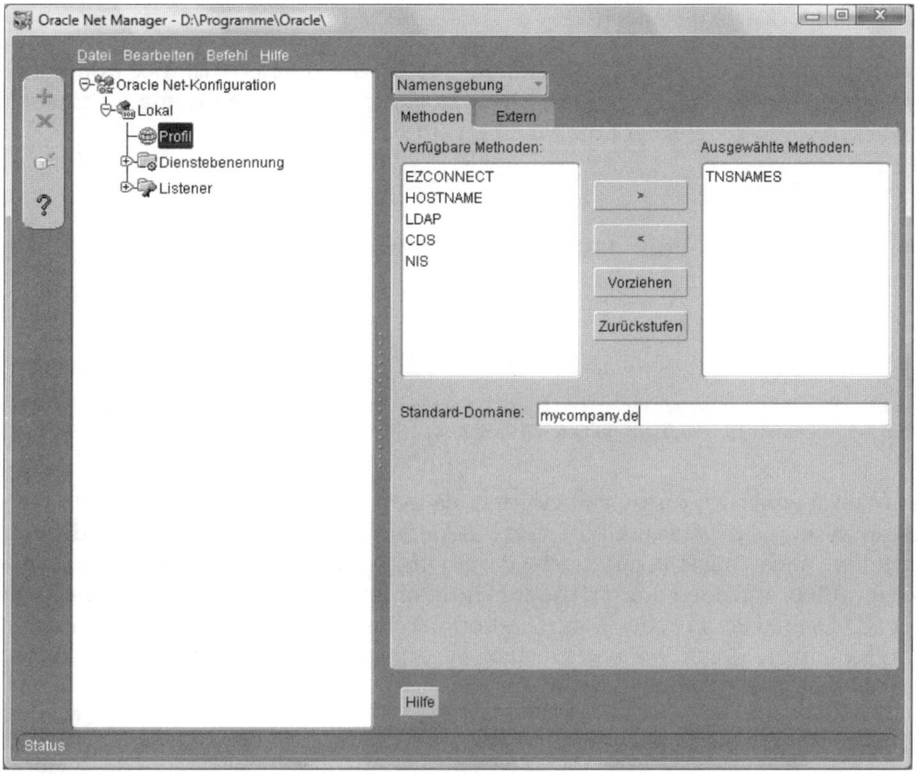

Abbildung 9.14: Der Net Manager

Diese Art der Konfiguration hat z. B. den Vorteil, dass gewisse Instanz-Statusinformationen an den Listener weitergegeben werden können.

Ein Nachteil ist allerdings, dass, wenn die Instanz gestoppt wird, sie sich auch beim Listener abmeldet. Dadurch ist zwar ein Stoppen der Instanz via Oracle Net möglich, nicht aber das Wiederanstarten danach. Für das Wiederanstarten muss man sich vielmehr auf dem Betriebssystem des Servers anmelden und von dort aus, also lokal, die Oracle-Instanz starten, die sich dann wiederum beim Listener anmeldet.

Um dies zu vermeiden und die Instanz – unabhängig von ihrem aktuellen Status – dauerhaft und explizit beim Listener zu registrieren, muss die Datei `listener.ora` zusätzlich zu den bereits bekannten Parametern eine SID-Liste enthalten, z. B. so:

```
SID_LIST_LISTENER11G =
  (SID_LIST =
    (SID_DESC =
      (SID_NAME = PS1121)
      (ORACLE_HOME = /u01/app/oracle/product/11.2.0/dbhome_1)
    )
    (SID_DESC =
      (SID_NAME = PS1122)
      (ORACLE_HOME = /u01/app/oracle/product/11.2.0/dbhome_1)
    )
  )
```

Zugriff auf blockierte Instanzen

Sobald eine Instanz in den RESTRICTED SESSION-Modus gesetzt ist, der insbesondere für Wartungsarbeiten häufig genutzt wird, verweigert – wenn die Instanz nicht per SID-Liste bekannt ist – bereits der Listener eine Verbindung mit der Fehlermeldung:

```
ORA-12526: TNS: Listener: alle entsprechenden Instanzen befinden sich
           im Restricted-Modus
```

Auch in der Statusausgabe des Listener Control-Werkzeugs kann der RESTRICTED-Modus nachvollzogen werden:

```
$ lsnrctl status
...
Services Summary...
Service "PS112.mycompany.de" has 1 instance(s).
  Instance "PS1121", status RESTRICTED, has 1 handler(s) for this service...
...
```

Dies ist zwar zunächst positiv zu bewerten, da man hiermit den Zugriff auf den Datenbankserver aus dem Netzwerk komplett blockieren kann; allerdings erhalten diese Fehlermeldung auch Oracle-Benutzer, die das Privileg RESTRICTED SESSION besitzen, sich also eigentlich anmelden dürfen. Die am Ende von Abschnitt 9.1.2 beschriebene Angabe einer SID-Liste in der Listener-Konfiguration hat hier einen weiteren, für Administratoren angenehmen Effekt: Wenn die Instanz per SID-Liste dem Listener bekannt gemacht wurde, erhält man nämlich das gewünschte Verhalten, dass genau diejenigen Benutzer sich anmelden dürfen (lokal oder via Oracle Net), die das RESTRICTED SESSION-Privileg haben.

Dasselbe gilt auch für die Anmeldung an ASM-Instanzen, die immer im MOUNT-Status befindlich sind. Bei ASM-Instanzen der Version 10g blockiert der Listener in diesem Falle jede Oracle Net-Verbindung an die ASM-Instanz.

Führt man mit dem oben beschriebenen Parameter für die SID-Liste einen Neustart des Listeners oder das Kommando RELOAD aus, so ändert sich die Statusausgabe wie folgt:

```
...
Services Summary...
Service "PS112.mycompany.de" has 2 instance(s).
  Instance "PS1121", status UNKNOWN, has 1 handler(s) for this service...
  Instance "PS1121", status RESTRICTED, has 1 handler(s) for this service...
...
```

Der Listener führt hier also intern eine weitere Instanz des Service, die grundsätzlich den Status UNKNOWN hat. Mit dieser Konfiguration sind Verbindungen an die Instanz möglich, auch wenn diese sich im RESTRICTED SESSION-Modus befindet oder heruntergefahren ist.

Eine weitere Möglichkeit, sich via Oracle Net an eine Instanz im RESTRICTED-Modus oder an eine ASM-Instanz der Version 10g anzumelden, die aber eher als Workaround zu sehen ist, besteht im Hinzufügen einer speziellen Klausel UR=A zum verwendeten TNS-Eintrag. In diesem Falle übersteuert also der Client mit seinem TNS-Eintrag die Blockadehaltung des Listeners, z. B.:

```
PS112.MYCOMPANY.DE =
  (DESCRIPTION =
    (ADDRESS_LIST =
```

```
    (ADDRESS = (PROTOCOL = TCP)(HOST = orallgr2)(PORT = 1522))
  )
  (CONNECT_DATA =
    (SERVICE_NAME = PS112.mycompany.de)
    (UR=A)
  )
)
```

9.1.3 Verbindungsmodi

Die Oracle-Datenbank bietet die Wahl zwischen zwei Verbindungsmodi, die als *Dedicated Server* und *Shared Server* bezeichnet werden. Beide werden in den folgenden Abschnitten beschrieben, wobei der Schwerpunkt auf der Dedicated-Server-Methode liegt, da sie heute nahezu ausschließlich eingesetzt wird.

Die Diskussion, ob Dedicated oder Shared Server eingesetzt werden sollen, wurde in der Vergangenheit recht häufig geführt. Dabei war allerdings schon bei älteren Datenbankversionen die Erfahrung, dass man so lange Dedicated Server betreiben sollte, wie sich damit keine Probleme zeigen.

Moderne Rechner haben mit großen Prozesszahlen keine besonderen Schwierigkeiten. Auch das Starten und Beenden von Prozessen ist nicht mehr so aufwendig für das System. Vorgeschaltete Applikationsserver bündeln ggf. mehrere Client-Connections in einem Connection-Pool. Durch diese Entwicklungen ist die Benutzung von Shared Servern mittlerweile nicht mehr notwendig.

Ein weiterer Grund spricht dafür, ein funktionierendes Dedicated-Server-System nicht umzukonfigurieren: Wenn die Ressourcen für den Betrieb von Dedicated Servern ausreichend sind, so ist dieser immer schneller als der Betrieb von Shared Servern, da die Datenübertragung mithilfe von Queues sowie die Prozesswechsel von Dispatcher zu Shared Server und zurück eingespart werden.

Sind doch Gründe für die Einführung von Shared Servern vorhanden (also eine extrem große Zahl von Prozessen und/oder sehr häufiges Starten und Beenden von Datenbank-Sessions), so muss unbedingt die Auslastung der Shared Server und Dispatcher beobachtet werden, da die Queue-Mechanismen schnell zum Engpass werden können. Außerdem sind für diesen Verbindungsmodus vor allem kurze Befehle mit kleinen Ergebnismengen optimal. Lange und lang laufende Befehle sowie die Übertragung großer Ergebnismengen sind eher ungeeignet.

Ein weiterer Grund für die Einführung einer Shared-Server-Konfiguration war oft eine Firewall zwischen den Clients und dem Server: In älteren Datenbankversionen war eine entsprechende Dispatcher-Konfiguration ein gangbarer Weg, um die TCP/IP-Ports für die Client-Server-Kommunikation exakt festzulegen und somit statische Firewall-Regeln hinterlegen zu können. Wie in Abschnitt 9.1.5 ausgeführt, fällt aber auch dieses Argument bei allen neueren Datenbankversionen weg.

Für DBA-Aufgaben wie Starten und Stoppen der Instanz können Shared Server überhaupt nicht eingesetzt werden:

```
SQL> SHUTDOWN
ORA-00106: cannot startup/shutdown database when connected to a dispatcher
```

Grundsätzlich können beide Methoden gemischt werden. Dabei sollte man beachten:

- Eine Oracle-Instanz stellt standardmäßig ausschließlich Dedicated Server zur Verfügung. Shared Server müssen zunächst via Serverparameter explizit konfiguriert werden.
- Wenn Shared Server konfiguriert sind, werden sie vom Listener verwendet, wann immer nichts anderes explizit angewiesen wird.

Daher empfiehlt es sich beim Einsatz von Shared Servern, zusätzliche Oracle TNS-Namen zu konfigurieren, die explizit einen Dedicated Server anfordern, z. B.

```
PS112.MYCOMPANY.DE =
  (DESCRIPTION =
    (ADDRESS_LIST =
      (ADDRESS = (PROTOCOL = TCP)(HOST = ora11gr2)(PORT = 1522))
    )
    (CONNECT_DATA =
      (SERVER = DEDICATED)
      (SERVICE_NAME = PS112.mycompany.de)
    )
  )
```

Ein solcher Eintrag kann dann sowohl für DBAs als auch für Batches, Reports usw. genutzt werden.

Falls alle Clients ausnahmslos Dedicated-Server-Verbindungen erhalten sollen, egal ob Shared Server konfiguriert sind oder nicht, kann in der serverseitigen Datei `sqlnet.ora` der Parameter

```
USE_DEDICATED_SERVER = ON
```

gesetzt werden.

Dedicated-Server-Betrieb

Der mit Abstand am häufigsten benutzte Verbindungsmodus ist die Eins-zu-eins-Beziehung zwischen Clients – genauer gesagt: Sessions – und Serverprozessen. Diese Variante wird auch als Dedicated-Server-Methode bezeichnet.

Abbildung 9.15 zeigt die beteiligten Komponenten, also clientseitig die Client-Prozesse sowie datenbankseitig die Dedicated-Server-Prozesse und die SGA als Teile der Oracle-Instanz. Dieser Verbindungsmodus ist immer möglich und erfordert auch keine weitere Konfiguration. Die Dedicated-Server-Prozesse werden im Rahmen des Verbindungsaufbaus vom Listener gestartet. Sie sind auf Unix- und Linux-Umgebungen einfach als Betriebssystemprozesse mit dem Namen `oracle`<Oracle-SID> implementiert, unter MS-Windows hingegen als Threads des einen Oracle-Prozesses.

So zeigt folgendes Listing zwei Dedicated-Server-Prozesse der Instanz mit der Oracle-SID `ORA11G`.

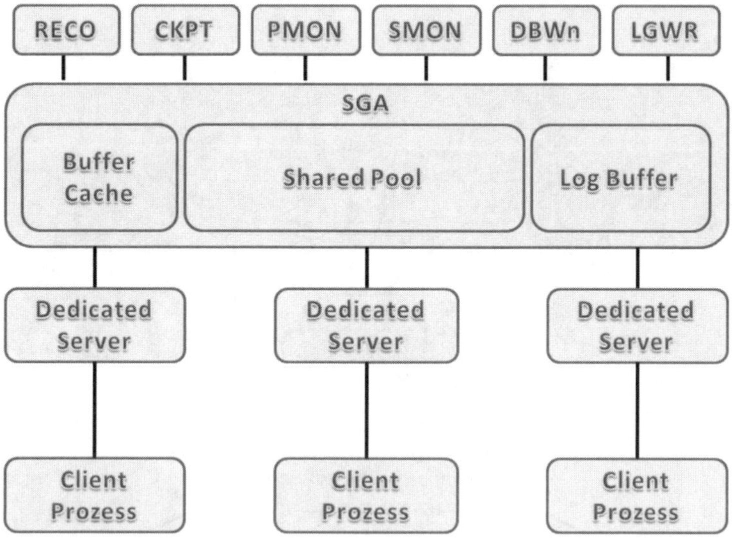

Abbildung 9.15: Architektur beim Dedicated-Server-Verbindungsmodus

```
$ ps -ef |grep ORA11G
...
oracle   13169     1  0 09:19 ?     00:00:17 oracleORA11G
(DESCRIPTION=(LOCAL=YES)(ADDRESS=(PROTOCOL=beq)))
oracle   23079     1  0 12:05 ?     00:00:00 oracleORA11G (LOCAL=NO)
...
```

Shared-Server-Betrieb

Die Alternative zum Dedicated-Server-Modus bildet der *Shared-Server*-Modus, bei dem die Clients beim Session-Beginn einem sogenannten *Dispatcher* fest zugeordnet werden. Ein Dispatcher kann mehrere Clients bedienen und bleibt während des Bestehens einer Sitzung fester Ansprechpartner dieser Clients.

Über Queue-Mechanismen verteilt der Dispatcher die Anfragen der Clients an die Shared-Server-Prozesse, deren Zuordnung zu Clients bzw. zu einer Sitzung immer nur für die Dauer der Bearbeitung eines einzelnen Aufrufs bestehen bleibt.

Abbildung 9.16 zeigt die Architektur, zu derem Verständnis noch folgende Anmerkungen wichtig sind:

- Die Zuordnung zwischen Client und Shared Server ist lose und dauert genauso lange wie die Abarbeitung eines einzelnen Aufrufs. Der nächste Aufruf kann also bereits von einem anderen Shared Server bearbeitet werden. Diese Arbeitsverteilung betrifft nicht nur SQL-Kommandos, sondern sogar die einzelnen Execute- und Fetch-Phasen zur Abarbeitung eines einzelnen SQL-Kommandos.

  Daher wandern im Falle von Shared-Server-Sessions einige Informationen, die bei Dedicated-Server-Sessions in der PGA des Prozesses gespeichert werden, in die SGA; dies sind z. B. Cursor-Informationen und Arbeitsbereiche (Sortier- und Hash-Bereich). Daraus folgt, dass ein bisweilen vorgebrachtes Argument für Shared-Server-

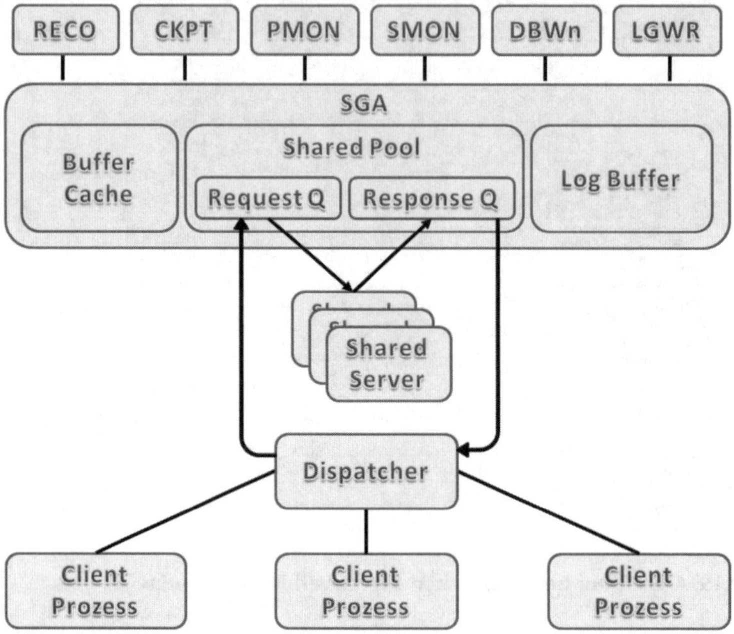

Abbildung 9.16: Architektur beim Shared-Server-Verbindungsmodus

Architekturen, nämlich die Einsparung großer Mengen von Hauptspeicher für Prozesse, nicht wirklich gilt. Die SGA muss bei der Benutzung von Shared Servern im Allgemeinen um den entsprechenden Betrag vergrößert werden.

- Ein einzelner Aufruf kann z. B. die Execute-Phase eines komplexen SQL-Befehls sein, der unter Umständen mehrere Minuten dauert. In diesem Fall ist der Shared Server für die komplette Zeit an diese Session gebunden, d. h., für die anderen Sessions steht der Shared-Server-Prozess während dieser Zeit nicht zur Verfügung.

Shared-Server-Prozesse werden mit `S000`, `S001` etc. bezeichnet, haben also allgemein die Bezeichnung `Snnn`. Dispatcher werden analog als `Dnnn` durchnummeriert.

Bei den Queues handelt es sich um genau eine *Request Queue*, in der die Dispatcher alle Anfragen zur Bearbeitung durch die Shared-Server-Prozesse hinterlegen. Die Abarbeitung erfolgt durch einen beliebigen freien Shared-Server-Prozess, der die Antwort für den Client in einer *Response Queue*, die dem Dispatcher fest zugeordnet ist, hinterlegt. Jeder Dispatcher verfügt über eine eigene Response Queue. Hiermit werden Wartezustände bei der Verteilung der Antworten vermieden.

Shared Server werden nicht über Oracle Net, sondern über Serverparameter der Oracle-Instanz konfiguriert. Die einfachste Möglichkeit besteht darin, den Serverparameter `shared_servers` auf einen vom Standardwert 0 verschiedenen Wert zu setzen: Dies bestimmt die initiale und minimale Anzahl der Shared-Server-Prozesse.

Für eine genauere Steuerung gibt es drei Möglichkeiten:

- Möchte man keine Obergrenze für die Anzahl der Shared Server erzwingen, lässt man den Serverparameter `max_shared_servers` einfach ungesetzt. Damit kann die

Oracle-Instanz praktisch beliebig viele Shared Server starten. Allerdings wird dabei immer mindestens 1/8 der maximalen Anzahl von Prozessen (Serverparameter `processes`) für Dedicated-Server-Prozesse freigehalten.

- Um die Anzahl der Shared Server zu begrenzen, setzt man den Serverparameter `max_shared_servers` auf einen entsprechenden Wert, der größer als `shared_servers` sein muss.
- Möchte man die Anzahl der Shared Server auf die durch `shared_servers` gegebene Mindestzahl fixieren, setzt man `max_shared_servers` einfach auf einen Wert, der kleiner oder gleich `shared_servers` ist.

Die Anzahl der benötigten Shared Server für ein bestimmtes System ergibt sich praktisch automatisch aus dem Verhalten des Systems. Als erste Schätzung kann 1/10 der erwarteten Sessions angenommen werden. Falls die Systemlast viele langlaufende SQL-Kommandos enthält, kann die Zahl der benötigten Shared Server größer sein; falls nur kurze OCI-Aufrufe getätigt werden, kann sich auch eine kleinere Zahl ergeben. Der Serverparameter `shared_servers` sollte auf jeden Fall so gewählt werden, dass nur in Ausnahmefällen zusätzliche Shared-Server-Prozesse gestartet werden.

Bei den Dispatchern ist die Bestimmung der benötigten Anzahl etwas schwieriger, insbesondere weil Oracle bei Bedarf nicht automatisch Dispatcher nachstartet – hier ist der DBA gefordert, sich aus einigen V$-Views Informationen über die Auslastung der Dispatcher zu beschaffen. Die Dispatcher werden über den Serverparameter `dispatchers` konfiguriert.

Falls – wie oben angegeben – `shared_servers` gesetzt wird, um Shared Server zu aktivieren, wird damit implizit

```
dispatchers = '(PROTOCOL=TCP)'
```

gesetzt und genau ein Dispatcher gestartet. Möchte man mehr als einen Dispatcher gestartet haben, geht das z. B. mittels:

```
dispatchers = '(PROTOCOL=TCP)(DISPATCHERS=3)'
```

Für die Dispatcher können mehrere Parameterwerte angegeben werden. Dies wird z. B. benötigt, wenn man für jeden Dispatcher einen eigenen Port angeben möchte, um somit Kontrolle über die verwendeten Ports zu bekommen. Die Parametrierungen der einzelnen Dispatcher werden als in einfache Hochkommata gefasste, kommaseparierte Liste angegeben:

```
SQL> ALTER SYSTEM
     SET dispatchers='(ADDRESS=(PROTOCOL=TCP)(HOST=ora11gr2)(PORT=1523))'
                    ,'(ADDRESS=(PROTOCOL=TCP)(HOST=ora11gr2)(PORT=1524))';
```

Mit der gleichen Methode können auch unterschiedliche IP-Adressen angegeben werden. In unserem Beispiel sind die Ports 1523 und 1524 mit Dispatchern belegt. Das kann über das `services`-Kommando des Listener Control Utilitys überprüft werden, wobei jeder Dispatcher mit Prozessnummer und Port aufgeführt wird:

```
C:\> lsnrctl services listener11g
...
Anmeldung bei (DESCRIPTION=(ADDRESS=(PROTOCOL=TCP)(HOST=ora11gr2)(PORT=1522)))
Services Übersicht...
Dienst "ps11" hat 1 Instance(s).
  Instance "ps11", Status READY, hat 3 Handler für diesen Dienst...
```

```
    Handler:
      "DEDICATED" festgelegt:4 abgelehnt:0 Status:ready
         LOCAL SERVER
      "D000" eingerichtet:0 abgewiesen:0 aktuell:0 max:1022 Status:ready
         DISPATCHER <machine: orallgr2, pid: 9304>
         (ADDRESS=(PROTOCOL=tcp)(HOST=orallgr2)(PORT=1523))
      "D001" eingerichtet:0 abgewiesen:0 aktuell:0 max:1022 Status:ready
         DISPATCHER <machine: orallgr2, pid: 9572>
         (ADDRESS=(PROTOCOL=tcp)(HOST=orallgr2)(PORT=1524))
Der Befehl wurde erfolgreich ausgeführt.
```

Sollten die Dispatcher im Listener nicht aufgeführt sein, so kann dieser auch keine Verbindungen im Shared-Server-Modus aufbauen. Meist liegt die Ursache darin, dass der Listener nicht auf der erwarteten Adresse horcht, sodass zunächst der Serverparameter `local_listener` gesetzt werden muss.

Die Konfiguration des oder der Dispatcher lässt sich über die View `V$DISPATCHER_CONFIG` überprüfen. Hierbei gibt es für jeden Dispatcher-Eintrag eine Zeile, die über die Spalte `conf_indx` eindeutig identifiziert werden kann. Dies ist wichtig, wenn man die Konfiguration eines Eintrags bzw. eines einzelnen Dispatchers ändern möchte. Durch die Verwendung der Option `(INDEX=n)` wird das Kommando der Konfiguration zugeordnet, bei der `conf_indx` den Wert `n` enthält.

Sind Shared Server eingerichtet, so können in der Regel ohne weitere Änderungen auf dem Client Verbindungen an diese aufgebaut werden. Hat der Listener beim Verbindungsaufbau die Wahl zwischen Dedicated und Shared Server, so wird er grundsätzlich Shared-Server-Verbindungen aufbauen.

Mit dem Parameter `shared_server_sessions` kann eine maximale Anzahl von Shared-Server-Sessions bestimmt werden; jede weitere bekommt bei der Anmeldung den Fehler:

```
ORA-00018: maximum number of sessions exceeded
```

Zur Überprüfung, ob eine Verbindung tatsächlich im Shared-Server-Modus läuft, kann die Spalte `server` der View `V$SESSION` herangezogen werden. Etwas mehr Informationen, insbesondere über den benutzten Dispatcher, liefert folgende Abfrage:

```
SQL> SELECT s.username, s.program, s.server,
            d.name AS disp_name, d.network, sh.name AS server_name
     FROM v$session s, v$circuit c, v$dispatcher d, v$shared_server sh
     WHERE s.type <> 'BACKGROUND'
     AND   s.saddr = c.saddr (+)
     AND   c.dispatcher = d.paddr (+)
     AND   c.server = sh.paddr (+);

USERNAME PROGRAM     SERVER    DISP NETWORK                                  SERVER_NAME
-------- ----------- --------- ---- ---------------------------------------- -----------
SYSTEM   sqlplus.exe SHARED    D001 (ADDRESS=(PROTOCOL=tcp)(HOST=orallgr2)  S000
                                    (PORT=1524))

DEMO     sqlplus.exe DEDICATED
DEMO     sqlplus.exe NONE      D001 (ADDRESS=(PROTOCOL=tcp)(HOST=orallgr2)
                                    (PORT=1524))
```

Hier ist der Benutzer `SYSTEM` mit einer SQL*Plus-Session als Shared Server angemeldet. Die Namen des Dispatchers und des Shared Servers können abgelesen werden. Außerdem ist der Benutzer `DEMO` jeweils einmal mit einem Dedicated Server und einem Shared

Server angemeldet. Der Wert `NONE` in der Spalte `server` bedeutet, dass dieser Session gerade kein Shared Server zugeordnet ist, also in diesem Moment kein OCI-Aufruf ausgeführt wurde. Alle Shared-Server-Sessions nutzen den Dispatcher `D001`, der auf dem Port 1524 horcht.

9.1.4 Failover und Lastverteilung

Speziell für Hochverfügbarkeitsumgebungen ist es oftmals notwendig, dass die Clients beim Ausfall einer Instanz automatisch auf eine andere Ersatzinstanz umschalten können. Dabei kann es sich um eine andere Instanz einer RAC-Datenbank handeln oder auch um eine Standby-Datenbank im Rahmen einer Data-Guard-Konfiguration.

Bei RAC-Datenbanken ist es außerdem erstrebenswert, eine Lastverteilung zwischen den beteiligten Instanzen vorzunehmen, um eine gute Skalierbarkeit gewährleisten zu können.

Diese beiden Anforderungen können auf sehr ähnliche Weise mit Oracle Net-Techniken abgedeckt werden. Dazu sei zunächst noch einmal ein einfacher TNS-Eintrag aufgezeigt:

```
PS112.mycompany.de =
  (DESCRIPTION =
    (ADDRESS_LIST =
      (ADDRESS = (PROTOCOL = TCP)(HOST = myhost)(PORT = 1521))
    )
    (CONNECT_DATA =
      (SERVICE_NAME = PS112.mycompany.de)
    )
  )
```

Die hierin enthaltene Klausel `ADDRESS_LIST` deutet bereits die Möglichkeit an, mehrere Adressen anzugeben, z. B. so:

```
PS112.mycompany.de =
  (DESCRIPTION =
    (ADDRESS_LIST =
      (LOAD_BALANCE = ON)
      (FAILOVER = ON)
      (ADDRESS = (PROTOCOL = TCP)(HOST = myhost1)(PORT = 1521))
      (ADDRESS = (PROTOCOL = TCP)(HOST = myhost2)(PORT = 1521))
    )
    (CONNECT_DATA =
      (SERVICE_NAME = PS112.mycompany.de)
    )
  )
```

Mit den Parametern `LOAD_BALANCE` und `FAILOVER` kann dem Client mitgeteilt werden, wie er mit den verschiedenen Adressen umgehen soll:

LOAD_BALANCE Der Client soll beim Verbindungsaufbau zufällig eine der beiden Adressen auswählen und für die Verbindung nutzen.

FAILOVER Falls der Verbindungsaufbau mit der ersten ausgewählten Adresse scheitert, soll eine andere Adresse ausgewählt werden usw.

Wichtig zu wissen ist, dass auf diese Weise:

- ein Failover einzig für den initialen Verbindungsaufbau erreicht wird. Stürzt eine Instanz anschließend ab, erhält die Anwendung eine Fehlermeldung und muss die letzte Transaktion noch einmal versuchen;
- lediglich eine Gleichverteilung der Anzahl der Connections zwischen Clients und Listener erreicht wird. Das bedeutet noch lange nicht, dass auch die Datenbanklast gleichverteilt ist.

Um diese beiden Lücken zu schließen, muss das oben beschriebene, sogenannte client-basierte Failover und Load-Balancing um zwei weitere Konzepte ergänzt werden. Während die erste Lücke teilweise mithilfe von *Transparent Application Failover (TAF)* geschlossen wird, lautet die Lösung für die zweite Lücke *Connection Load Balancing*. Diese beiden Techniken werden im Folgenden beschrieben.

Transparent Application Failover

Sowohl im Umfeld von RAC-Datenbanken als auch bei Data-Guard-Konfigurationen mit einer oder mehreren Standby-Datenbanken ermöglicht das sogenannte *Transparent Application Failover (TAF)* in manchen Situationen ein für den Client transparentes Failover von einer Instanz auf eine andere Instanz.

Hierfür werden keine weiteren serverseitigen Maßnahmen benötigt. Lediglich der vom Client benutzte TNS-Eintrag muss um eine Klausel `FAILOVER_MODE` ergänzt werden, wobei eine solche Anpassung aber nicht mithilfe der grafischen Werkzeuge `netca` oder Net Manager möglich ist, sondern manuell durchgeführt werden muss, also beispielsweise:

```
PS112.mycompany.de =
  (DESCRIPTION =
    (ADDRESS_LIST =
      (LOAD_BALANCE = ON)
      (FAILOVER = ON)
      (ADDRESS = (PROTOCOL = TCP)(HOST = myhost1)(PORT = 1521))
      (ADDRESS = (PROTOCOL = TCP)(HOST = myhost2)(PORT = 1521))
    )
    (CONNECT_DATA =
      (SERVICE_NAME = PS112.mycompany.de)
      (FAILOVER_MODE = (TYPE = select)(METHOD = basic)(RETRIES = 20)(DELAY = 5))
    )
  )
```

In diesem Fall wird die Session beim Absturz einer Instanz auf dem anderen Knoten neu geöffnet. Lief gerade eine Abfrage, wird diese erneut gestartet und bei der nächsten Fetch-Operation mit den noch nicht zurückgegebenen Zeilen fortgefahren.

Die einzelnen Bestandteile der `FAILOVER_MODE`-Klausel seien hier kurz erläutert:

TYPE Durch Angabe von `SELECT` können laufende Abfragen weitergeführt werden, zum Preis eines geringen Overheads bei Abfragen. Alternativ kann hier der Wert `SESSION` stehen, wodurch lediglich eine neue Session aufgebaut wird, jedoch kein Failover einer laufenden Abfrage stattfindet.

METHOD Während mit `BASIC` erst bei Bedarf, also beim konkreten Failover, eine Session auf der anderen Instanz startet, wird mit `PRECONNECT` bereits prophylaktisch eine entsprechende Ersatz-Session aufgebaut.

RETRIES beschreibt, wie viele Verbindungsversuche im Rahmen eines Failovers durchgeführt werden sollen.

DELAY setzt die Anzahl Sekunden zwischen den Verbindungsversuchen.

Achtung: Aktive Transaktionen einer Session werden auch bei Benutzung von TAF zurückgerollt und der Client mittels einer entsprechenden Fehlermeldung zu einem expliziten ROLLBACK-Kommando gezwungen. Auch wenn die Session gerade einen PL/SQL-Block ausgeführt hat, kann TAF den aktuellen Session-Zustand nicht immer rekonstruieren.

Informationen über die TAF-Fähigkeit bestehender Sessions bzw. darüber, ob bereits ein Failover stattgefunden hat, liefern die Spalten `failover_type`, `failover_method` und `failed_over` der View `V$SESSION`.

Connection Load Balancing

Bei RAC-Datenbanken (nicht aber für Standby-Datenbanken im Data-Guard-Umfeld) ermöglicht das *Connection Load Balancing* eine gleichmäßigere Verteilung der Datenbanklast über die Instanzen. Dies ist so implementiert, dass bei einem Verbindungsaufbau, egal bei welchem Listener der Client landet, dieser Listener erst einmal prüft, welche Instanz aktuell die geringste Auslastung hat und den Client an diese Instanz verweist.

Der Vorteil ist, dass dieser Verweis für den Client komplett transparent ist. Verschiebt sich anschließend das Lastprofil der Datenbank, beispielsweise weil sich von einer bestimmten Instanz viele Sessions abmelden, ist aber keine nachträgliche „Migration" bestehender Sessions auf die nun unterbeschäftigte Instanz möglich. Es bleibt also bei einer einmaligen Entscheidung, wobei diese auf besseren Rohdaten beruht als ohne Connection Load Balancing.

Damit dies funktioniert, muss jede Instanz der RAC-Datenbank mithilfe des Serverparameters `remote_listener` die Listener aller anderen Instanzen auflisten und sich auf diese Weise bei allen für die Datenbank zuständigen Listenern registrieren. Die Auflistung sollte zunächst in der `tnsnames.ora`-Datei auf dem Datenbankserver eingetragen werden:

```
REMOTE_LISTENER_PS112 =
  (ADDRESS_LIST =
    (ADDRESS = (PROTOCOL = TCP)(HOST = myhost1)(PORT = 1521))
    (ADDRESS = (PROTOCOL = TCP)(HOST = myhost2)(PORT = 1521))
  )
```

Anschließend wird einfach der vergebene Oracle Net-Name referenziert:

```
SQL> ALTER SYSTEM SET remote_listener='REMOTE_LISTENER_PS112';
```

Alternativ kann man auch direkt den `ADDRESS_LIST`-Ausdruck als Wert des Serverparameters `remote_listener` einsetzen, was aber tendenziell etwas unübersichtlich wird.

Durch diese Konfiguration registriert der PMON-Prozess die Instanz bei allen aufgeführten Listenern und überträgt regelmäßig Daten über die aktuelle Auslastung der Instanz. Der Listener entscheidet aufgrund der gerade aktuellen Lastinformationen, an welche Instanz er einen neuen Client-Prozess verbindet. Der Listener nutzt hierfür die Redirect-Methode, um dem Client die Verbindungsdaten des gestarteten Serverprozesses mitzuteilen (siehe Abschnitt 9.1.1).

9.1.5 Firewalls

Die korrekte Konfiguration von Firewalls in einer Oracle-Umgebung ist heutzutage in den meisten Fällen einfach durch Öffnen der Listener-Ports möglich, also z. B. Port 1521 für Oracle Net-Verbindungen sowie ggf. weitere Ports für die Protokollserver der XML DB (siehe Abschnitt 9.6). Wie in Abschnitt 9.1.1 erläutert wurde, wird für die meisten Client-Server-Verbindungen der Port 1521 sowohl vom Listener als auch von den eigentlichen Serverprozessen genutzt. Diese Methode wird als „Direct Hand-Off" bezeichnet und erlaubt eine sehr einfache Firewall-Konfiguration.

Nur wenn die ältere Methode „Redirect" verwendet wird, erhält der Client im Rahmen des Verbindungsaufbaus ein sogenanntes Redirect-Paket, das ihm die Port-Nummer mitteilt, auf dem der vom Listener neu gestartete Serverprozess horcht. In diesem Fall muss die Firewall dieses spezielle Paket in der Netzwerkkommunikation erkennen und den mitgeteilten Port dynamisch öffnen. Solche Firewalls werden als „SQL*Net-Compliant Firewalls" bezeichnet. Dieses Verfahren wird aber heutzutage nur noch für alte Datenbanken (bis einschließlich der Version 8i) benötigt, und auch dann nur, wenn die Datenbank auf MS-Windows läuft oder die Shared-Server-Architektur benutzt wird.

Formell findet auch bei einer Anmeldung an eine RAC-Datenbank jedes Mal ein „Redirect" statt, sofern der Listener die Lastverteilung zwischen den Instanzen steuert. In diesem Fall wird der Client an die Instanz mit der geringsten Auslastung verwiesen. Dabei wird aber kein dynamischer Port übergeben, sondern der Redirect erfolgt ggf. an eine andere Instanz, sprich IP-Adresse, mit ihrem jeweiligen Listener-Port. Dies ist also ebenfalls kein Problem für Firewalls.

9.1.6 Alternative Methoden zur Namensauflösung

Bisher haben wir implizit die meistgenutzte Methode zur Auflösung von TNS-Namen genutzt: die `tnsnames.ora`-Datei, die sich auf dem jeweiligen Client bzw. Server befindet. Wie so häufig ist aber nicht eine Lösung für alle Situationen geeignet, und so gibt es hier weitere Möglichkeiten.

Was die Skalierbarkeit angeht, steht die Verwendung der `tnsnames.ora`-Datei im Mittelfeld. Für eine höhere Skalierbarkeit kann man zu einer zentralen Verwaltung der TNS-Namen wechseln. In diesem Fall werden die Oracle Net-Konfigurationsdaten in einem LDAP-Server wie dem *Oracle Internet Directory (OID)* oder alternativ dem MS-Windows Active Directory gespeichert.

Am unteren Ende der Skalierbarkeitsskala, dafür aber mit minimalem Verwaltungsaufwand in kleinen Umgebungen, befindet sich die *Easy Connect*-Methode.[4]

Easy Connect

Easy Connect ist insbesondere für Java-Applets und -Applikationen interessant, die den sogenannten Thin JDBC-Treiber für die Anmeldung an eine Oracle-Datenbank verwenden (siehe Abschnitt 9.5.1). Das Konzept dieses Treibers setzt voraus, dass keinerlei

4 Die Easy Connect-Methode ist insbesondere seit der Datenbankversion 10g der Nachfolger der früheren Hostnaming-Methode. Obwohl die Hostnaming-Methode weiterhin zur Verfügung steht und auch von den Konfigurationswerkzeugen netca und Net Manager angeboten wird, sollte sie daher nicht mehr benutzt werden. Funktionell stellt sie einen Spezialfall der Easy Connect-Methode dar.

Installation oder Konfiguration eines Oracle-Clients auf dem entsprechenden Rechner stattgefunden hat. Es werden daher keine weiteren Konfigurationsdateien benötigt, sondern alle notwendigen Informationen direkt im Connect-String angegeben:

```
SQL> CONNECT username/passwort@//hostname:port/service_name:connect_type/instance_name
```

Alle Angaben außer dem Benutzernamen, Passwort und dem Host-Namen sind optional. Die letzten beiden Teile (`connect_type` und `instance_name`) sind erst ab der Client-Version 11g möglich (die Datenbankversion spielt keine Rolle). Während `instance_name` bei RAC-Datenbanken die explizite Verbindung an eine bestimmte Instanz ermöglicht, gibt `connect_type` an, ob eine Verbindung mit

dedicated einem Dedicated-Server-Prozess verlangt wird (der Normalfall),

shared ein Shared Server benötigt wird (siehe Abschnitt 9.1.3) oder

pooled ein sogenannter Pooled Server angefordert wird (siehe Abschnitt 9.5.4).

Der Doppel-Schrägstrich vor dem Host-Namen wird nur im Rahmen von JDBC-Anmeldungen aus syntaktischen Gründen benötigt, ansonsten ist er optional. Beispiele für die Benutzung der Easy Connect-Methode sind:

```
$ sqlplus system/passwort@ora11gr2:1522/PS112.mycompany.de/PS1121
$ sqlplus sys/passwort@ora11gr2:1522/PS112.mycompany.de/PS1121 AS SYSDBA
$ tnsping ora11gr2:1522/PS112.mycompany.de/PS1121
```

Die Easy Connect-Methode kann verwendet werden, wenn in der Datei `sqlnet.ora` die Methode `EZCONNECT` zur Namensauflösung eingetragen wurde, also beispielsweise:

```
NAMES.DIRECTORY_PATH = (TNSNAMES, EZCONNECT)
```

LDAP-Verzeichnisdienst

Die Auflösung von TNS-Namen durch einen zentralen LDAP-Verzeichnisdienst bietet sich in größeren Umgebungen an. Hierzu ist es erforderlich, entweder einen *Oracle Internet Directory (OID)*-Server aufzusetzen oder ein vorhandenes MS-Windows Active Directory auf einem Windows Domänen-Controller zu nutzen.

Das Oracle Internet Directory ist Bestandteil der Identity-Management-Komponente der Oracle Fusion Middleware. Da es sich hierbei um ein separates Produkt handelt, das nicht im Rahmen der Datenbank-Software zur Verfügung gestellt wird, wird die Installation und Konfiguration des OID-Servers an dieser Stelle nicht im Detail behandelt.

Um einen Client für die Verwendung der LDAP-Benennung zu konfigurieren, muss diese Methode zunächst mit dem `netca` eingerichtet werden. Hierfür wählt man auf dem ersten Bildschirm den Punkt *Konfiguration von Directory-Verwendung* aus (siehe Abbildung 9.17).

Auf der nächsten Seite kann ausgewählt werden, welcher Typ von Verzeichnisdienst benutzt werden soll: Oracle Internet Directory oder MS-Windows Active Directory. Wir gehen hier von einem Oracle Internet Directory aus (Abbildung 9.18).

Weiterhin muss angegeben werden, auf welchem Rechner und unter welchen Ports der Verzeichnisdienst erreichbar ist (Abbildung 9.19).

In einem weiteren Fenster kann dann ein DN (Distinguished Name) angegeben werden, der bestimmt, an welcher Stelle im LDAP-Verzeichnis die Oracle-bezogenen Daten – also

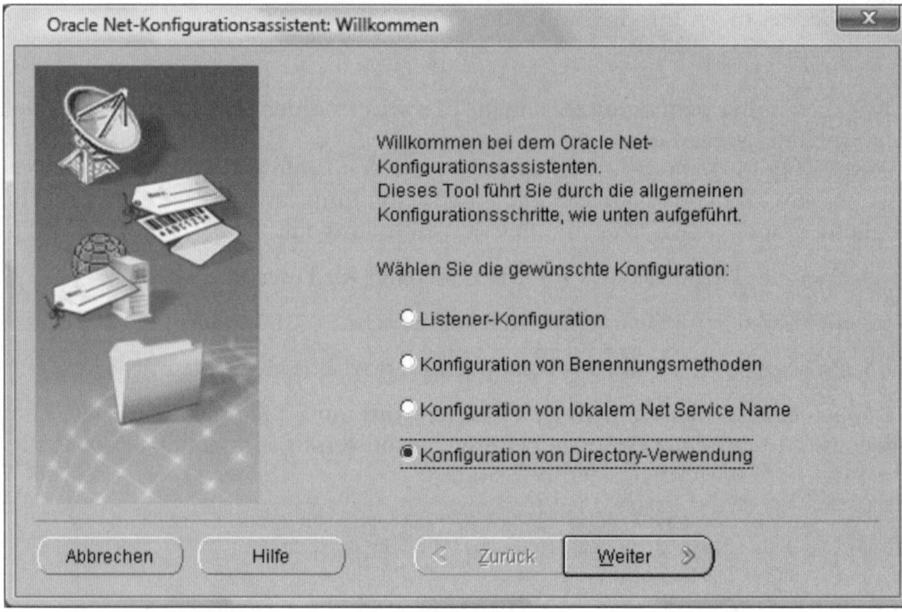

Abbildung 9.17: Grundkonfiguration LDAP-Benennung

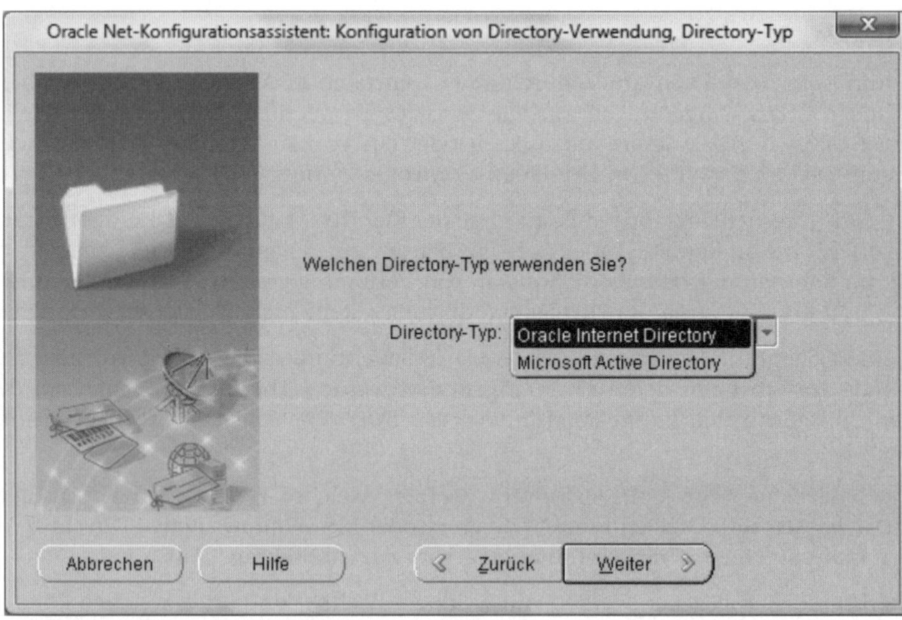

Abbildung 9.18: Auswahl des LDAP-Verzeichnistyps

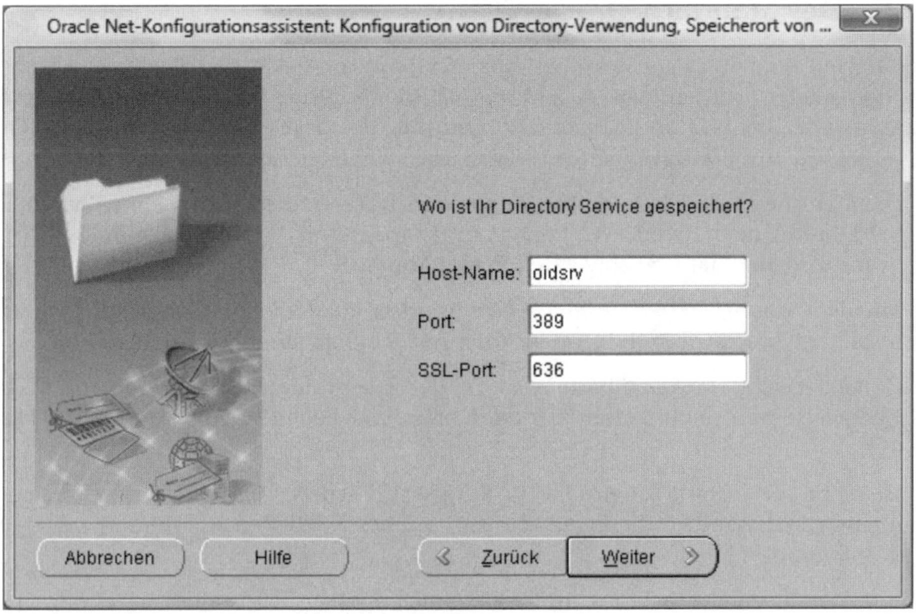

Abbildung 9.19: Host und Ports des Verzeichnisdienstes

insbesondere die Einträge zur TNS-Namensauflösung – abgelegt sind. Diese Stelle heißt *Oracle Context* und wurde bei der Konfiguration des OID festgelegt.

Die Konfigurationsergebnisse werden in einer Datei `ldap.ora` abgelegt, die sich in demselben Verzeichnis wie alle anderen Oracle Net-Konfigurationsdateien befindet. Der Inhalt einer solchen Datei sieht etwa wie folgt aus:

```
# ldap.ora Network Configuration File:
/u01/app/oracle/product/11.2.0/dbhome_1/network/admin/ldap.ora
# Generated by Oracle configuration tools.

DIRECTORY_SERVERS= (oidsrv:389:636)
DIRECTORY_SERVER_TYPE = OID
DEFAULT_ADMIN_CONTEXT="o=mycompany,c=DE"
```

9.2 Client-Konnektivität

Ob ein Client-Rechner überhaupt mit einem Oracle-Client ausgestattet werden muss, hängt davon ab, ob eine direkte Verbindung an eine Oracle-Datenbank erfolgt (Zwei-Schichten-Architektur) oder der Client sich lediglich an einem Web- oder Applikationsserver anmeldet (Drei-Schichten-Architektur), der seinerseits die Oracle-Verbindung herstellt. In letzterem Fall braucht auch nur dieser mit einem Oracle-Client ausgestattet zu werden.

Die folgenden Abschnitte geben einen Überblick über Installation und Konfiguration eines Oracle-Clients.

9.2.1 Der Standard-Oracle-Client

Die Oracle-Client-Software kann als separates Software-Paket von der Oracle-Website heruntergeladen werden. Mit Ausnahme des in Abschnitt 9.2.2 vorgestellten Standalone Instant Clients läuft die Installation mithilfe des Oracle Universal Installers (OUI) ab, wobei vier Installationstypen zur Verfügung stehen (siehe Abbildung 9.20):

- Die Optionen *Administrator* und *Runtime* installieren neben den eigentlichen Client-Libraries auch diverse Werkzeuge, unter anderem SQL*Plus, den SQL Developer, `netca` und Net Manager sowie den Wallet Manager.
- Mit dem Auswahlpunkt *Instant Client* werden ausschließlich die Client-Libraries installiert. Dies wird im folgenden Abschnitt 9.2.2 genauer beschrieben.
- *Custom* erlaubt eine detaillierte Auswahl der zu installierenden Komponenten, beispielsweise wenn man gezielt nur die Libraries sowie eine ODBC-Anbindung benötigt.

Wenn nicht die Instant-Client-Option ausgewählt wurde, stehen nach erfolgreicher Installation insbesondere die in Abschnitt 9.1.2 beschriebenen Assistenten zur Oracle Net-Konfiguration bereit.

Weitere Details zur Installation und zum Oracle Universal Installer im Allgemeinen, beispielsweise die Möglichkeit von *Silent Installations*, sind in Kapitel 4.1.3 beschrieben.

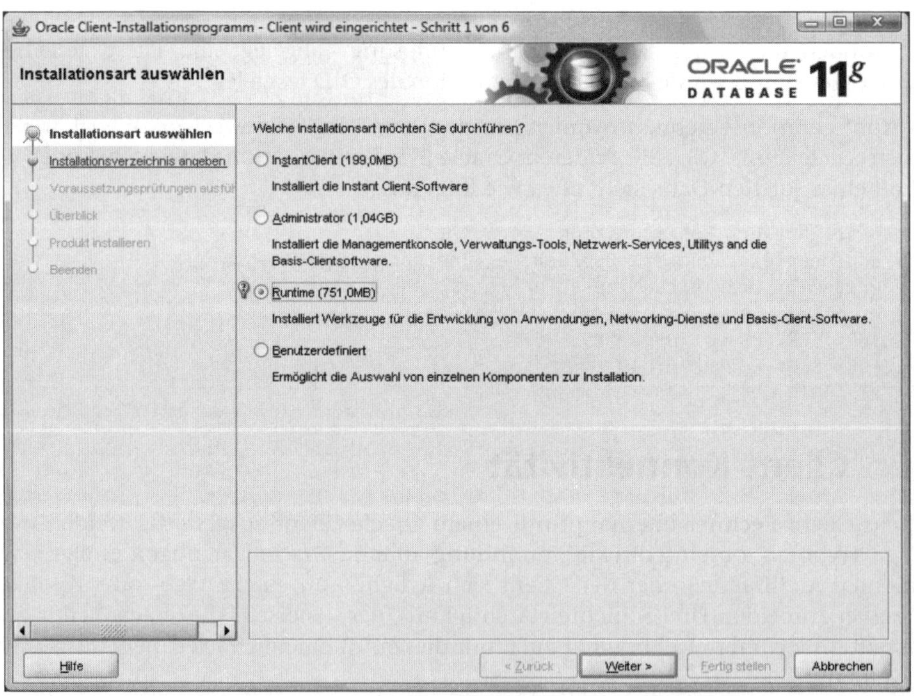

Abbildung 9.20: Installationstypen für den Oracle-Client

9.2.2 Instant Clients

Seit der Datenbankversion 10g gibt es mit den *Instant Clients* sehr schlanke Client-Installationen für diverse Plattformen, die lediglich die benötigten Libraries, jedoch keinerlei Administratorwerkzeuge wie beispielsweise SQL*Plus, SQL Developer oder den `netca` installieren (es gibt allerdings auch eine Ausführung, in der zumindest SQL*Plus enthalten ist).

Diese werden in ein beliebiges Verzeichnis installiert bzw. ausgepackt und über die einschlägigen Umgebungsvariablen erreichbar gemacht:

- `PATH` bei MS-Windows
- `LIBPATH` auf AIX
- `LD_LIBRARY_PATH` für alle anderen Unix-Derivate sowie Linux

Etwas verwirrend ist am Anfang, dass es nicht einen, sondern gleich drei (!) verschiedene Instant Clients gibt, die zudem mit unterschiedlichen Installationswegen und teilweise unabhängiger Dokumentation daherkommen:

OUI-basierter Instant Client: Der normale Client Universal Installer (OUI) bietet bei der Auswahl des Installationstyps unter anderem die Option „Instant Client" an. Wie bei einer normalen Client-Installation wird ein Oracle-Home angelegt. Der Platzbedarf liegt bei ca. 200 MB.

OUI-basierter Instant Client Light: Nach der Installation des OUI-basierten Instant Clients kann dieser in einen *Instant Client Light* umgewandelt werden.[5] Es gelten dieselben Randbedingungen, aber es werden nur bestimmte Zeichensätze (sowohl client- als auch serverseitig) unterstützt, insbesondere der Windows-Standard-Zeichensatz `WE8MSWIN1252` sowie die Unicode-Zeichensätze `UTF8`, `AL32UTF8` und `AL16UTF16`.[6] Der Vorteil liegt im geringeren Hauptspeicherbedarf, da eine der verwendeten Libraries deutlich kleiner ausfällt.

Standalone Instant Client: Unabhängig vom Universal Installer steht auf den Oracle-Seiten ein als ZIP-Datei verpackter Instant Client samt passenden Installationsanleitungen zum Herunterladen zur Verfügung. Dieser kommt ohne OUI aus. Der Platzbedarf liegt in der Basisversion bei einigen 10 MB, kann aber auch deutlich höher sein, je nachdem, welche Zusatzpakete installiert werden. Da kein Oracle-Home angelegt wird, kommen manche Anwendungen oder Werkzeuge, die beispielsweise in der Windows-Registry nach einem Oracle-Home suchen, hiermit nicht zurecht.

Um die Installation möglichst schlank zu halten, nutzt keiner der drei Instant Clients das Oracle-Inventory, d. h., die Installation wird weder in einem vorhandenen Oracle-Inventory eingetragen noch wird dieses ggf. erzeugt. Dies bedeutet aber auch, dass der normale Patch- und Upgrade-Prozess für Instant Clients nicht möglich ist. Stattdessen muss eine neue Client-Version entweder parallel in ein neues Oracle-Home bzw. Verzeichnis installiert werden. Oder aber man nutzt das alte Verzeichnis, das in diesem Falle vorher geleert werden muss.

---

5 Dies ist erst seit der Datenbankversion 10gR2 möglich.

6 Die komplette Liste der vom Instant Client Light unterstützten client- und serverseitigen Zeichensätze ist in der Oracle-Dokumentation „Oracle Database Client Installation Guide" aufgeführt.

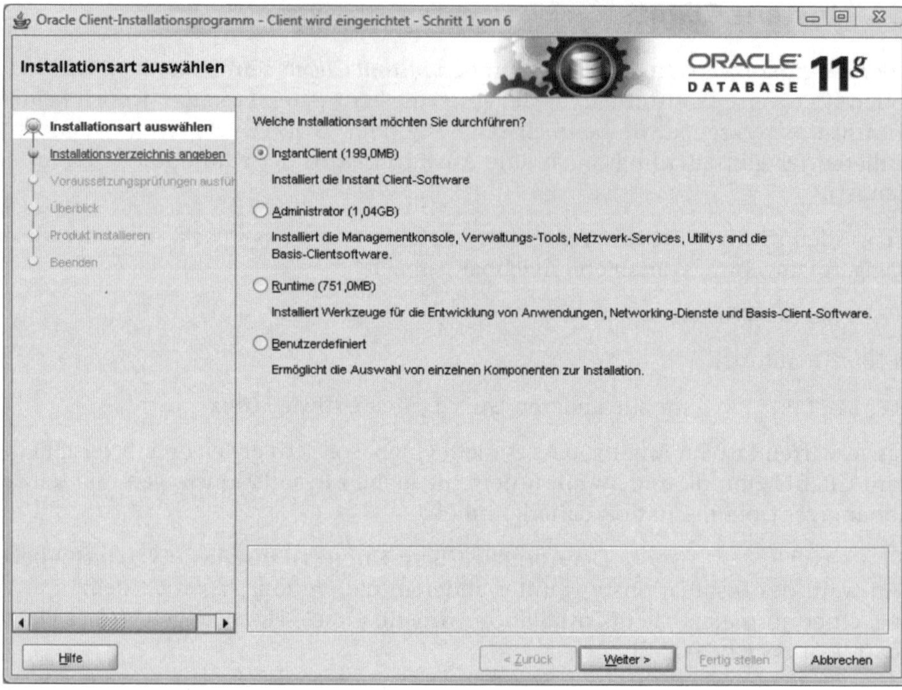

Abbildung 9.21: Installation des OUI-basierten Instant Clients

OUI-basierte Instant Clients

Wie gesagt bietet der normale Client-Installer eine Installation als Instant Client an (siehe Abbildung 9.21). Die weiteren Schritte des Installations-Wizards sind selbsterklärend.

Ein solcher Instant Client kann nun – um den Hauptspeicherbedarf zu minimieren – in einen Instant Client Light umgewandelt werden, indem die Datei `libociei.so` im Oracle-Home des Instant Clients ersetzt wird durch die Datei `libociicus.so` im Unterzeichnis `light` des Oracle-Homes. Die Dateiendungen variieren naturgemäß mit der Plattform, auf MS-Windows haben die beiden Dateien sogar leicht veränderte Namen, nämlich `oraocieil1.dll` bzw. `oraociicus11.dll`.

Für den Datenbankzugriff können die Clients wahlweise die Easy Connect-Methode oder eine lokale `tnsnames.ora`-Datei nutzen. In letzterem Fall müssen die TNS-Einträge manuell geschrieben oder aus irgendeiner bestehenden Datei kopiert werden. Da es im Oracle-Home des Instant Clients auch keine Standardlokation für die `sqlnet.ora` und `tnsnames.ora` gibt, ist die Benutzung der Umgebungsvariablen `TNS_ADMIN` zwingend, mit der ein entsprechendes Verzeichnis angegeben wird.

Stand-alone Instant Client

Der Instant Client kann als ZIP-Archiv von der Oracle-Website heruntergeladen werden; die Größe des Basispakets beträgt je nach Plattform einige 10 MB. Nach dem Auspacken in ein Verzeichnis (z. B. `C:\Oracle\InstantClient`) sollten Umgebungsvariablen für den Client gesetzt werden. Das Beispiel für MS-Windows kann folgendermaßen aussehen:

```
C:\> SET PATH=C:\oracle\InstantClient;%PATH%
C:\> SET TNS_ADMIN=C:\oracle\InstantClient
C:\> SET SQLPATH=C:\oracle\InstantClient
C:\> SET NLS_LANG=<entsprechend Client-NLS-Umgebung>
```

In das durch TNS_ADMIN angegebene Verzeichnis sollten auch die zu benutzenden Dateien tnsnames.ora sowie sqlnet.ora gelegt werden.

Mit dem Basispaket des Stand-alone Instant Clients sind bereits OCI-, OCCI- sowie JDBC-OCI-Anwendungen ausführbar. Zusätzlich zu diesem Basispaket sind diverse Zusatzpakete für weitere Anwendungstypen erhältlich, z. B. unter MS-Windows für JDBC, ODBC sowie SQL*Plus inklusive ausführbarem Programm.

9.2.3 Abgestürzte Clients

Eine Herausforderung im Client-Server-Umfeld sind Clients, die plötzlich von der Bildfläche verschwinden, sei es, dass sie:

- durch einen Betriebssystemfehler abgestürzt sind,
- vom Benutzer hart ausgeschaltet wurden (ohne Herunterfahren des Betriebssystems) oder
- innerhalb einer virtuellen Maschine liefen, die in einen Suspend- oder Pause-Modus versetzt wurde.

Problematisch ist hierbei, dass der Server zunächst nichts von dieser Situation bemerkt – für ihn unterscheidet sich die Situation nicht von einer weiterhin verbundenen Session, die momentan einfach keine SQL-Befehle absetzt.

Normalerweise ist hierfür das Protokoll selbst verantwortlich. Hierzu ist zu bemerken, dass TCP/IP eine entsprechende Funktion hat: das sogenannte „Keep-Alive“. Allerdings ist der Timeout für Keep-Alive bei vielen Systemen so hoch gesetzt, dass die Anwendung keinen Sinn macht. Bei manchen MS Windows-Versionen ist Keep-Alive sogar deaktiviert.

An dieser Stelle übernimmt die Oracle Net-Funktion *Dead Connection Detection*: Diese ist serverbasiert und sendet in konfigurierbaren Zeitintervallen jeweils ein Testpaket zum Client, wenn dieser inaktiv ist. Antwortet der Client nicht, so wird die Session beendet, der PMON-Prozess der Oracle-Instanz rollt ggf. offene Transaktionen zurück und gibt die entsprechenden Ressourcen frei. Dies passiert auch, wenn die Session gerade noch ein lang laufendes SQL-Kommando ausführt.

Dead Connection Detection wird mithilfe des Parameters SQLNET.EXPIRE_TIME in der sqlnet.ora-Datei des Servers aktiviert (auf dem Client ist keine Anpassung notwendig). Der angegebene Wert bestimmt den Timeout in Minuten. Die Einstellung

```
SQLNET.EXPIRE_TIME = 10
```

würde demnach alle zehn Minuten eine Kommunikation mit dem Client auslösen, um zu prüfen, ob dieser noch anwesend ist.

Einige wichtige Anmerkungen seien an dieser Stelle noch gegeben:

- Nachdem ein entsprechender Timeout in der `sqlnet.ora` eingetragen wurde, müssen die Oracle-Instanz und der Listener einmal durchgestartet werden.
- Der angegebene Timeout wird in der Praxis dadurch verlängert, dass zuvor noch entsprechende TCP-Timeouts greifen. Diese können je nach Plattform und Implementierung sehr unterschiedlich sein, sodass manchmal nur Ausprobieren hilft. Zum Beispiel kann man versuchen, den Oracle-Timeout auf eine Minute bzw. fünf Minuten zu setzen. Misst man nun die tatsächlichen Timeouts, sollten sich diese um ca. vier Minuten unterscheiden, und man hat somit eine gute Schätzung für den zeitlichen Overhead durch die TCP-Timeouts.
- Bei den meisten heutigen Betriebssystemen räumt nach einem Prozessabsturz oder einem Prozess-Kill durch den Systemadministrator das Betriebssystem selber auf und schließt insbesondere ordentlich die Netzwerkverbindung. Für solche Situationen wird die Dead Connection Detection also nicht benötigt und greift auch nicht.

9.3 Konnektivität zwischen Oracle-Datenbanken

Ein Datenbank-Link ist die Beschreibung des Zugriffsweges von einer gegebenen Datenbank auf eine andere Datenbank. Ein Datenbank-Link besteht aus folgenden Komponenten:

- Einem eindeutigen Namen, der entweder beliebig gewählt werden kann oder aber dem globalen Datenbanknamen der referenzierten Datenbank entsprechen muss. Der Serverparameter `global_names=true` schaltet hierbei die freie Namensgebung aus, der Name des Datenbank-Links muss dann dem globalen Datenbanknamen entsprechen.

  Der globale Datenbankname setzt sich standardmäßig aus dem Datenbanknamen und der Datenbankdomäne – getrennt durch einen Punkt – zusammen, kann aber jederzeit mit folgendem Befehl geändert werden:

  ```
  SQL> ALTER DATABASE RENAME GLOBAL_NAME TO mydb.mydomain;
  ```

- Optional einem Benutzernamen und Kennwort, die für die Anmeldung auf der Gegenseite verwendet werden sollen. Gibt man diese an, werden diese Anmeldedaten bei jeder Benutzung des Datenbank-Links zur Authentifizierung verwendet. Gibt man sie nicht an, werden bei jeder Benutzung des Datenbank-Links die lokalen Anmeldedaten verwendet. Dies macht also nur Sinn, wenn auf der anderen Datenbank derselbe Benutzer mit demselben Passwort existiert und man diesen auch verwenden möchte.
- Einem TNS-Namen für die Oracle Net-Verbindung zur Ferndatenbank. Dieser TNS-Name muss vom Datenbankserver aus auflösbar seien (Test mittels `tnsping`) und auf die gewünschte Ferndatenbank verweisen.

Datenbank-Links können auf verschiedenen Ebenen definiert werden:

- Private Links: Sie werden im Kontext eines Schemas und dort in einem separaten Namensbereich definiert und müssen in Bezug auf andere Links des gleichen Schemas eindeutig sein. Sie können darüber hinaus nur vom Schemabenutzer selbst referenziert werden.

- Public Links: Sie werden für alle Benutzer angelegt und müssen in Bezug auf andere Public Links eindeutig sein. Ein Vorteil von Public Links ist, dass bei globaler Namensgebung (`global_names=true`) fehlende Adressangaben in privaten Links durch die gleichnamigen Public Links ergänzt werden können, da die Datenbank bei jeder Benutzung eines Link-Namens erst einen privaten Link des entsprechenden Namens versucht und anschließend einen gleichnamigen Public-Link. Damit lässt sich eine Modularisierung der Speicherung von Datenbankadressen erreichen, die in der Praxis sehr vorteilhaft ist.
- Globale Links: Sie verbinden die lokale Datenbank mit allen anderen in einem Netzwerk definierten Datenbanken. Globale Links werden nicht wie andere Links im Data Dictionary der erstellenden Datenbank, sondern in einem Directory Server angelegt. Sie enthalten keine expliziten Benutzernamen, sondern benutzen den Namen des aufrufenden Benutzers mit seinem aktuellen Kennwort für die Anmeldung.

Um also einen Public Datenbank-Link auf die Datenbank `MYDB` zu erstellen, die unter dem gleichnamigen TNS-Namen erreichbar ist,[7] genügt folgendes Kommando (die anschließende Abfrage gibt alle Tabellennamen des äquivalenten Benutzers auf der Zieldatenbank aus):

```
SQL> CREATE PUBLIC DATABASE LINK mydb USING 'MYDB';
SQL> SELECT table_name FROM user_tables@mydb;
```

Stattdessen kann auch ein Public Datenbank-Link erstellt werden, der sich in der Zieldatenbank immer mit dem gleichen Benutzer anmeldet. Das bedeutet: Egal welcher Benutzer auf der Quelldatenbank die Abfrage aufruft, das Ergebnis ist immer gleich, da er die Tabellennamen des Benutzers `DEMO` abfragt:

```
SQL> CREATE PUBLIC DATABASE LINK mydb_demo
     CONNECT TO demo IDENTIFIED BY demo USING 'MYDB';
SQL> SELECT table_name FROM user_tables@mydb_demo;
```

Obwohl es nun bereits einen Public Link namens `MYDB` auf die Datenbank mit dem TNS-Namen `MYDB` gibt, kann jeder Benutzer einen Private Link mit gleichem Namen auf dieselbe Datenbank oder eine andere Datenbank erstellen:

```
SQL> CREATE DATABASE LINK mydb_demo
     CONNECT TO demo IDENTIFIED BY demo USING 'ANDEREDB';
SQL> SELECT table_name FROM user_tables@mydb_demo;
```

Da private Links Vorrang bei der SQL-Ausführung haben, greift dieser Benutzer in diesem Fall immer auf „seine" Zieldatenbank `ANDEREDB` und den Benutzer `DEMO` zu, während alle anderen auf die Datenbank `MYDB` und ihren äquivalenten Benutzer zugreifen.

An diesem Beispiel erkennt man auch, dass derartige Konstellationen schwer durchschaubar werden können.

Empfehlung: Setzen Sie für die Instanzen den Serverparameter `global_names=true`. Damit kann zwar immer noch jeder Benutzer seine eigenen Links erstellen (ggf. mit eigenen Anmeldedaten), sofern er die Berechtigung dafür hat. Gleiche Link-Namen für

---

7 An dieser Stelle sei explizit darauf hingewiesen, dass es weder notwendig noch ausreichend ist, dass die Zieldatenbank vom Client aus unter diesem TNS-Namen erreichbar ist. Vielmehr muss sie von dem Datenbankserver aus erreichbar sein, wo der Datenbank-Link definiert wird. Dieser verhält sich gegenüber der Zieldatenbank als Oracle-Client.

unterschiedliche Datenbanken oder unterschiedliche Link-Namen für dieselbe Datenbank werden so aber verhindert.

Nachdem ein entsprechender Datenbank-Link auf die Zieldatenbank angelegt worden ist, können die entsprechenden Tabellen mit der oben gezeigten Syntax wie lokale Tabellen angesprochen werden.

Durch den Einsatz von Synonymen können diese Tabellen dann sogar in jede Anwendung eingebaut werden, ohne dass die Anwendung von der physischen Verteilung der Tabellen Kenntnis haben muss:

```
SQL> CREATE SYNONYM kunden FOR kunden@mydb;
SQL> SELECT nachname FROM kunden;
```

Gerade dieses Beispiel ist interessant für die Migration von Anwendungen, da das Synonym jederzeit geändert und somit die Kundentabelle von einer Datenbank auf eine andere Datenbank verschoben werden kann, ohne dass die Anwendung dies merkt.

9.3.1 Verteilte Transaktionen

Mithilfe von Datenbank-Links können in einer einzigen Transaktion Daten auf mehr als einer Datenbank abgefragt und manipuliert werden. Gerade wenn eine Anwendung ihre Daten über mehrere Datenbanken verteilt hält oder eine Middleware verschiedene Anwendungen koordiniert, sind solche *verteilten Transaktionen* an der Tagesordnung. Dies führt natürlich sofort zu der Frage, wie die Datenbank transaktionstechnisch damit umgeht, sprich wie die in Kapitel 1.1.1 beschriebenen Eigenschaften – das ACID-Paradigma – in diesem Kontext zugesichert werden können.

Während Konsistenz, Integrität und Dauerhaftigkeit weiterhin von jeder Datenbank einzeln sichergestellt werden können, müssen für die Sicherstellung der Atomizität spezielle Vorkehrungen getroffen werden.

Ein Standardverfahren zur Sicherstellung der Atomizität in verteilten Systemen – und darum handelt es sich bei einer den an einer verteilten Transaktionen beteiligten Datenbanken – bildet das sogenannte *Two Phase Commit (2PC)*-Protokoll.

Dieses Verfahren wird auch von der Oracle-Datenbank benutzt. Dabei garantiert ein im Oracle-Kern verankerter Mechanismus die Datenkonsistenz. Dieser Mechanismus wird nur benutzt, wenn auch tatsächlich eine verteilte Transaktion vorliegt. Entscheidendes Merkmal für das Vorhandensein einer verteilten Transaktion sind DML-Operationen in mehr als einer Datenbank im Kontext einer einzigen Transaktion, also z. B.:

```
SQL> INSERT INTO personen (persid, anrede, vorname, nachname)
     VALUES (1100001, 'Herr', 'Patrick', 'Schwanke');
SQL> INSERT INTO personen@mydb (persid, anrede, vorname, nachname)
     VALUES (1100001, 'Herr', 'Patrick', 'Schwanke');
SQL> COMMIT;
```

In diesem Beispiel wird zunächst in der lokalen Datenbank und dann in einer anderen Datenbank ein Datensatz eingetragen und anschließend durch den Befehl COMMIT festgeschrieben. Es muss gewährleistet werden, dass mit dem COMMIT der Eintrag in beiden Datenbanken vorgenommen oder, falls das aus irgendeinem Grunde nicht möglich ist, auf beiden Datenbanken zurückgesetzt wird.

Two-Phase-Commit-Protokoll

Bevor wir erklären, wie die beteiligten Datenbanken eine solche verteilte Transaktion verarbeiten, müssen wir zunächst einige Begriffe definieren:

- Im Rahmen verteilter Transaktionen werden die beteiligten Datenbanken häufig auch als „Knoten" bezeichnet.
- Der Knoten, auf dem sich der Anwender angemeldet hat, wird als Primärtransaktionsknoten oder als *globaler Koordinator* bezeichnet. Dies ist also diejenige Datenbank, auf der die SQL-Kommandos abgesetzt werden, aus denen die verteilte Transaktion besteht und die diese Transaktion somit „initiiert".
- Die *Commit Point Site* wird über den Serverparameter `commit_point_strength` ermittelt. Der an der Transaktion beteiligte Knoten mit dem höchsten Wert dieses numerischen Parameters wird zur *Commit Point Site* auserkoren.[8] Der Standardwert ist 1 und sollte – zumindest in Umgebungen, in denen erwartungsgemäß verteilte Transaktionen auftreten werden – so angepasst werden, dass der Knoten mit der größten Transaktionslast die höchste Nummer erhält. In der Regel ist dies der Koordinator.
- Die gesamte verteilte Transaktion wird oft auch als *globale Transaktion* bezeichnet. Der „Anteil" davon, der auf einem bestimmten Knoten ausgeführt wird, heißt auch *lokale Transaktion* oder *Subtransaktion* dieses Knotens.

Die zwei Phasen des Two-Phase-Commit-Protokolls werden von der Oracle-Datenbank nun wie folgt umgesetzt:

Prepare-Phase Der globale Koordinator veranlasst alle beteiligten Knoten mit Ausnahme der Commit Point Site, in den Vorbereitungszustand (Prepare) zu gehen. Die betreffenden Transaktionsteile schreiben daraufhin wie bei einem normalen Commit ihre Transaktionsdaten in die Redolog-Dateien und garantieren ferner, die Transaktionskontrolle nur im Einklang mit dem globalen Koordinator durchzuführen.

Die erfolgreiche Ausführung dieser Vorbereitung wird dem Koordinator mit dem Flag *Prepared* zurückgemeldet. Wenn auf einem der beteiligten Knoten nur Daten gelesen wurden, meldet dieser ein Flag *Read-only* an den Koordinator. Dieser Knoten nimmt dann an der zweiten Phase nicht mehr teil.

Commit-Phase Der globale Koordinator wertet die Antworten der beteiligten Knoten aus. Wenn er von allen das *Prepared*- oder das *Read-only*-Flag zurückerhalten hat, wird die *Commit Point Site* angewiesen, die Transaktion zu beenden (*Commit*).

Nachdem diese die Meldung „Transaction completed" zurückgegeben hat, werden alle anderen Knoten ebenfalls angewiesen, die Transaktion zu beenden. Waren alle Transaktionsteile erfolgreich, wird die Gesamttransaktion beendet und aus den entsprechenden virtuellen Tabellen gelöscht.

Die Commit Point Site entscheidet also effektiv über das Schicksal der verteilten Transaktion. Sie ist als einzige nicht an der Prepare-Phase beteiligt, aber wenn ihr Anteil an der verteilten Transaktion committet wird, erzwingt der globale Koordinator, dass auch

8 Sollten mehrere Datenbanken denselben höchsten Wert besitzen, wählt der globale Koordinator eine dieser Datenbanken aus.

alle anderen Knoten und damit die gesamte verteilte Transaktion ein COMMIT durchführen. Entsprechendes gilt für ein Zurückrollen der Transaktion.

Fehler bei verteilten Transaktionen

Der oben beschriebene Fall stellt die in den meisten Fällen vorkommende Ausführung eines Commits dar. Natürlich kann es in solchen Umgebungen, gerade wenn die Latenzzeit im Netzwerk sehr hoch ist, zu Fehlern während der Ausführung des Two Phase Commits kommen. Im Folgenden werden die einzelnen Aktionen beschrieben, die das System oder der Administrator durchführen müssen, wenn es zu einem solchen Fehler kommt.

- Fehler in der Prepare-Phase:
  - Schließt eine der beteiligten Datenbanken die Prepare-Phase nicht erfolgreich ab (z. B. weil die Redolog-Datei nicht geschrieben werden kann), gibt der globale Koordinator die Anweisung zum Rollback der verteilten Transaktion. Hier ist also für den Administrator nichts zu tun.
- Fehler in der Commit-Phase:
  - Schlägt das Commit auf dem ersten Knoten (Commit Point Site) fehl, veranlasst der globale Koordinator für alle Knoten ein Rollback. Auch hier braucht der Administrator nicht einzugreifen.
  - Schlägt der Commit auf einem anderen Knoten fehl, z. B. durch einen Netzwerkausfall, dann bleiben die lokalen Transaktionen in einem zweifelhaften Zustand (*In-doubt*), bis sich dieser Knoten wieder meldet und der RECO-Hintergrundprozess die Subtransaktion beendet. Während dieser Zeit sind die Daten auf dem betroffenen Knoten weder les- noch schreibbar.

    In diesem Fall gibt es einen Eintrag in der View `DBA_2PC_PENDING`. Über die lokale oder globale Transaktions-ID (Spalten `LOCAL_TRAN_ID` bzw. `GLOBAL_TRAN_ID`) kann die Transaktion jetzt zurückgerollt oder festgeschrieben werden, zum Beispiel so:

    ```
    SQL> ROLLBACK FORCE '<Transaktionsid>'   -- Zurückrollen
    SQL> COMMIT FORCE '<Transaktionsid>'     -- Festschreiben
    ```

    Anschließend wird der Eintrag in der Regel aus der Tabelle gelöscht und die Transaktion ist damit abgeschlossen.
  - In seltenen Fällen kann es vorkommen, dass eine Transaktion selbst mit der gerade beschriebenen Methode nicht ordnungsgemäß abgeschlossen werden kann, nämlich wenn die Spalte `MIXED` in der View `DBA_2PC_PENDING` auf den Wert `YES` gesetzt ist. Solche Einträge können dann nur mithilfe der PL/SQL-Prozedur `DBMS_TRANSACTION.PURGE_MIXED` behoben werden.

    Ähnliches gilt, wenn eine Datenbank in einer verteilten Transaktion neu aufgebaut werden muss (Incomplete Recovery). Da in diesem Fall die Transaktion nicht mehr ausgeführt werden kann, müssen Sie die entsprechenden Einträge manuell löschen. Dies geschieht mit der Prozedur `DBMS_TRANSACTION.PURGE_LOST_DB_ENTRY`.

Ein solcher Eingriff in ein operatives System sollte aber die Ausnahme bleiben. In den meisten Fällen wird der RECO-Prozess die entsprechende Transaktion nach einer gewissen Zeit auflösen können. Daher sollten Sie versuchen, solche Eingriffe zu vermeiden, bzw. sie nur dann vornehmen, wenn zum Beispiel eine Datenbank zurückgesichert werden muss und aus diesem Grunde keine Transaktionsinformation mehr zur Verfügung steht.

9.4 Konnektivität zu Non-Oracle-Datenbanken

Gerade im Umfeld von Datawarehouse-Prozessen müssen häufig auch Daten aus Fremdsystemen beim Ladeprozess berücksichtigt werden. Dabei gibt es grundsätzlich zwei Vorgehensweisen:

- Export/Import: Jobgesteuert werden die Daten aus dem Fremdsystem in ein einfach zu verarbeitendes Austauschformat überführt. Meistens handelt es sich dabei um CSV(Comma Separated Vector)-Dateien oder Varianten hiervon. Diese können anschließend mit dem SQL*Loader in die Oracle-Datenbank geladen oder als externe Tabelle behandelt werden.
- Laden über ein sogenanntes „Database Gateway"[9]: Dabei wird eine Fremddatenbank via Datenbank-Link angesprochen. Im Gegensatz zu einem normalen Datenbank-Link, der ja auf eine andere Oracle-Datenbank zeigt (siehe Abschnitt 9.3), verbindet man sich hierbei per Datenbank-Link an einen „Gateway-Listener", der seinerseits einen „Heterogeneous Services-Agenten" (HS-Agent) startet, der schließlich die Verbindung mit der Fremddatenbank herstellt und die Daten durchreicht.

  Für einige Datenbanken wie beispielsweise SQL Server, Sybase, Informix oder auch Teradata gibt es dedizierte Gateways. Zusätzlich gibt es ein generisches ODBC-Gateway für den Zugriff auf weitere Datenbanksysteme, solange ein entsprechender ODBC-Treiber verfügbar ist, beispielsweise auf Access, Informix, MySQL oder sogar Excel-Sheets.

9.4.1 Database Gateways

Um eine Verbindung zu einer Fremddatenbank via Datenbank-Link aufzunehmen, muss das entsprechende Database-Gateway oder das generische ODBC-Gateway installiert werden. Dabei spielt es grundsätzlich keine Rolle, ob die Gateway-Software auf dem Oracle-Server, auf dem Server der Fremddatenbank oder auf einem dritten Server installiert wird. Entscheidend ist lediglich, dass

- der Oracle-Server das Gateway, genauer gesagt: den im weiteren Verlauf darauf gestarteten Gateway-Listener, via Oracle Net-Protokoll erreichen kann und
- der auf dem Gateway laufende HS-Agent sich von dort an die Fremddatenbank verbinden kann. Nur wenn dies nicht via Netzwerk möglich ist, muss das Gateway zwingend auf dem Server der Fremddatenbank installiert werden.

Abbildung 9.22 gibt einen Überblick der Architektur. Sollen große Datenmengen übertragen werden, bietet es sich zwecks Reduktion des Netzwerkverkehrs an, das Gateway entweder auf dem Oracle-Server oder auf dem Server der Fremddatenbank zu instal-

9 Bis Oracle 10g lief diese Technologie unter dem Namen „Transparent Gateway"

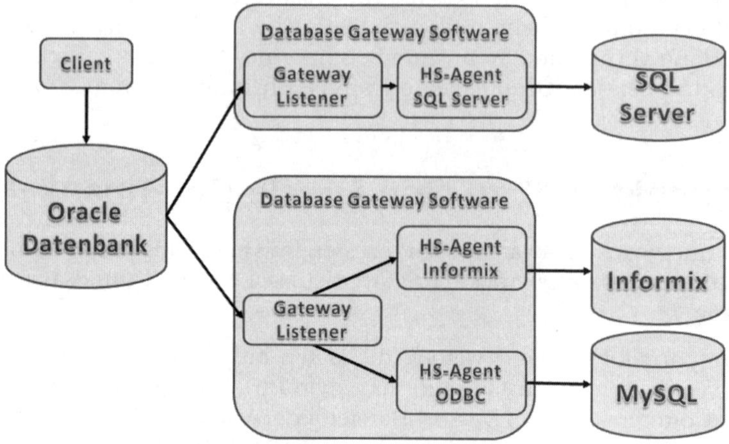

Abbildung 9.22: Architektur-Überblick Datenbank-Gateways

lieren, nicht auf einem Drittrechner. Typischerweise muss auf dem Gateway-Rechner auch ein Client der Fremddatenbank installiert werden, damit die Konnektivität möglich wird.

Bei einer nachträglichen Installation der Gateways auf dem Oracle-Server sollte unbedingt in ein separates Oracle-Home installiert werden, nicht in das Server-Home mit der Datenbanksoftware.[10]

Wie Abbildung 9.23 zeigt, kann bei der Installation der Gateway-Software ausgewählt werden, für welche Datenbanktypen Gateways benötigt werden. Im weiteren Verlauf des Installations-Wizards werden zwar Verbindungsdaten zu entsprechenden Fremddatenbanken abgefragt, was eine 1:1-Beziehung zwischen Gateway und Fremddatenbank suggeriert. Diese Daten dienen aber ausschließlich zur Befüllung einer Beispiel-Parameterdatei. Aus den Beschreibungen weiter unten wird klar werden, dass ein Gateway beliebig viele unterschiedliche Fremddatenbanken anbinden kann, indem entsprechend viele Parameterdateien manuell angelegt werden.

Nach der Installation der Gateway-Software sind nun eine Handvoll Konfigurationsschritte durchzuführen, um die Datenkette von der Oracle-Datenbank über den Gateway-Listener und HS-Agenten bis zur Fremddatenbank aufzubauen:

1. Zunächst sollte grundsätzlich die Konnektivität vom Gateway-Rechner zur Fremddatenbank getestet werden, ggf. nach Installation der Client-Software für die Fremddatenbank. Für den Fall eines ODBC-Zugriffs ist der Gateway-Rechner zwingend ein Windows-System, auf dem eine entsprechende System-DSN angelegt werden muss.
2. Eine Parameterdatei zur Konfiguration des HS-Agenten muss aufgebaut werden.

10 Eine Installation der Gateways in das Datenbankserver-Home ist zwar grundsätzlich möglich und auch unterstützt, aber nur, wenn Datenbank- und Gateway-Software denselben Release-Stand (inklusive Patch-Level) haben. Bei einer nachträglichen Installation der Gateways ist dies meistens nicht möglich.

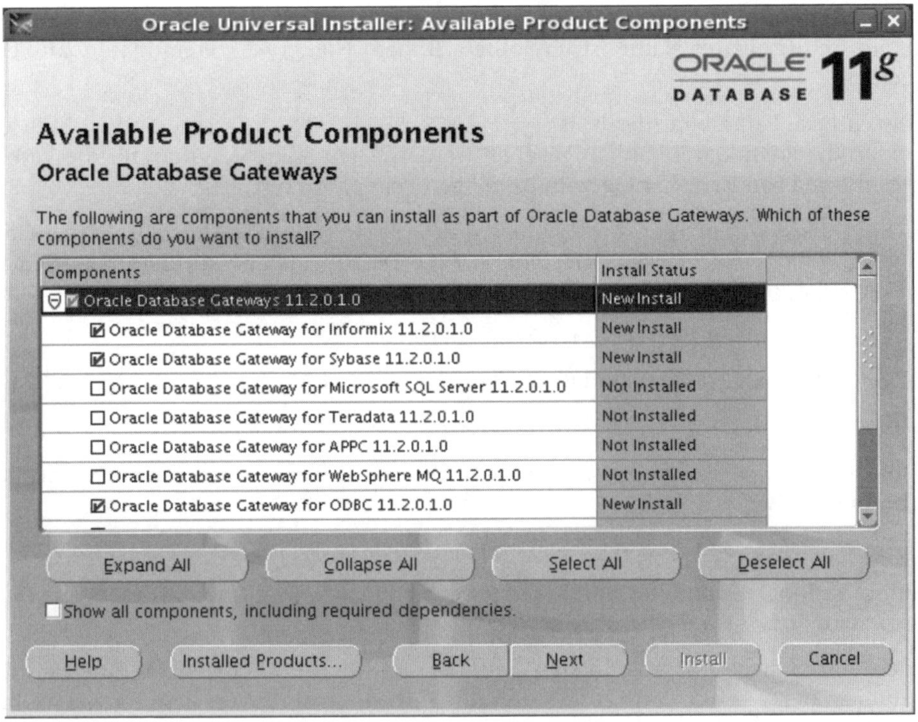

Abbildung 9.23: Installation der Gateway-Software für einige Datenbanktypen

3. Der Gateway-Listener muss konfiguriert und aus dem Gateway-Home heraus gestartet werden.
4. Auf dem Oracle-Datenbankserver muss ein TNS-Eintrag für die Verbindung an den HS-Agenten verfügbar gemacht, sprich: bei Verwendung einer lokalen `tnsnames.ora`-Datei in diese eingetragen werden.
5. In der Oracle-Datenbank muss ein Datenbank-Link definiert werden, der diesen TNS-Eintrag nutzt.

Konfiguration des HS-Agenten

Der HS-Agent wird über eine sogenannte Parameterdatei konfiguriert.[11] Diese liegt je nach Gateway-Typ in einem entsprechenden Unterverzeichnis des Gateway-Homes, zum Beispiel im Unterverzeichnis

- `dg4msql/admin` für das SQL Server-Gateway,
- `dg4sybs/admin` für das Sybase-Gateway,
- `dg4tera/admin` für das Teradata-Gateway,
- `hs/admin` für das ODBC-Gateway.

11 Auch wenn hier eine Analogie zur Parameterdatei bzw. Serverparameterdatei einer Oracle-Instanz vorzuliegen scheint, gibt es doch keinen wirklichen Zusammenhang zwischen diesen beiden Arten von Parameterdateien.

Der Dateiname muss init<SID>.ora lauten, wobei <SID> die sogenannte Gateway-SID, ein frei wählbarer Name ist. Er sollte z. B. dem Namen der Fremddatenbank entsprechen.

Der wichtigste Parameter hierfür ist HS_FDS_CONNECT_INFO, mit dem die Verbindungsdaten an die Fremddatenbank angegeben werden. Die konkrete Syntax für die Verbindungsinformation ist abhängig vom jeweiligen Datenbanktyp, z. B.:

- <Host-Name>/<Service-Name>/<Database-Name> im Falle des SQL Server-Gateways, wobei ein leerer Service-Name für die Default-Instanz auf dem betreffenden Host steht, also z. B.:

  ```
  HS_FDS_CONNECT_INFO=myhost/mysqlserver1/mydb
  ```

- Der ODBC DSN-Name beim ODBC-Gateway, also z. B.:

  ```
  HS_FDS_CONNECT_INFO=system_dsn_name
  ```

- <Host-Name>:<Port>/<Server-Name>/<Database-Name> beim Informix-Gateway, beispielsweise:

  ```
  HS_FDS_CONNECT_INFO=myhost:3900/myserver/mydb
  ```

Weitere, optionale Parameter sind in der jeweiligen Oracle-Dokumentation (*Oracle Database Gateway User's Guide*) beschrieben.

In den einschlägigen Verzeichnissen befindet sich immer auch jeweils eine Beispiel-Parameterdatei, die mit den im Rahmen der Software-Installation abgefragten Verbindungsdaten befüllt ist.

Konfiguration des Gateway-Listeners

Als Nächstes muss aus dem Gateway-Home heraus ein Listener gestartet werden, der aber – anders als der normale Oracle-Listener – nicht einen Oracle-Serverprozess, sondern den passenden HS-Agenten startet.

Diese HS-Agenten liegen allesamt im Unterverzeichnis bin des Gateway-Homes und heißen beispielweise

- dg4msql im Falle des SQL Server-Gateways oder
- dg4odbc im Falle des ODBC-Gateways.

Ein passender Eintrag in der listener.ora-Datei des Gateway-Homes (oder in einer zentralen listener.ora-Datei für den Fall, dass die Umgebungsvariable TNS_ADMIN gesetzt ist) sieht also so aus:

```
LISTENERGW =
  (DESCRIPTION_LIST =
    (DESCRIPTION =
      (ADDRESS = (PROTOCOL = TCP)(HOST = gatewayserver)(PORT = 1523))
    )
  )
```

```
SID_LIST_LISTENERGW=
  (SID_LIST=
      (SID_DESC=
         (SID_NAME=mymssqlgw)
         (ORACLE_HOME=D:\Programme\Oracle\Ora11gGW)
         (PROGRAM=dg4msql)
      )
      (SID_DESC=
         (SID_NAME=myodbcgw)
         (ORACLE_HOME=D:\Programme\Oracle\Ora11gGW)
         (PROGRAM=dg4odbc)
      )
  )
```

Entscheidend sind jeweils die drei Klauseln `ORACLE_HOME`, `PROGRAM` und `SID_NAME`:

ORACLE_HOME meint das Gateway-Home.

PROGRAM beschreibt den zu startenden HS-Agenten und ist konkret der Name der entsprechenden ausführbaren Datei im `bin`-Unterverzeichnis des Gateway-Homes. Wie diese im Einzelfall heißt, ist der jeweiligen Oracle-Dokumentation zu entnehmen. Es sind nur diejenigen Agenten vorhanden, die bei der Installation der Gateway-Software ausgewählt wurden.

SID_NAME ist die oben besprochene Gateway-SID, anhand derer die Parameterdatei mit den Verbindungsdaten für den HS-Agenten gefunden wird. Diese SID kommt auch im nächsten Schritt bei der Definition des Oracle-seitigen TNS-Namens vor und schlägt somit namensmäßig die Brücke zwischen dem Oracle-Server und der jeweiligen Fremddatenbank.

Im obigen Beispiel wird also ein Gateway-Listener konfiguriert, der für eine SQL Server-Datenbank sowie eine weitere, per ODBC erreichbare Datenbank, Verbindungen aufbaut.

Die Verbindungsdaten und ggf. weitere Parameter zum SQL Server sind in der Parameterdatei `initmymssqlgw.ora` im Unterverzeichnis `bin` des Gateway-Homes gespeichert.

Der DSN-Name und optional weitere Konfigurationen für die ODBC-Datenquelle sind in der Parameterdatei `initmyodbcgw.ora` in demselben Verzeichnis abgelegt.

Anhand der Pfade des Gateway-Homes sieht man, dass in diesem Fall die Gateway-Software wegen der Notwendigkeit eines SQL Server-Clients bzw. von ODBC-Datenquellen auf einem Windows-Rechner installiert wurde.

Anschließend wird der Gateway-Listener gestartet:

```
$ lsnrctl start LISTENERGW
```

Konfiguration des TNS-Eintrags

Jetzt werden auf dem Oracle-Server die Verbindungsinformation zum Gateway-Listener sowie der Name der anzusprechenden Fremddatenbank verfügbar gemacht. Dies geschieht genau wie bei einer Oracle-Datenbank durch einen TNS-Eintrag, im Regelfall in der `tnsnames.ora`-Datei auf dem Oracle-Server, aber natürlich könnte dieser Eintrag auch selbst wiederum in einem zentralen LDAP-Verzeichnis (Oracle Internet Directory, siehe Abschnitt 9.1.6) stehen.

Von einem normalen TNS-Eintrag unterscheidet er sich syntaktisch einzig durch die Klausel `HS=OK`[12]. Außerdem muss eine SID angegeben werden (die sonst übliche alternative Angabe eines Service-Namens ist nicht möglich), die der oben vergebenen Gateway-SID entspricht und somit die konkrete Fremddatenbank addressiert. In Fortsetzung zu den obigen Beispielen würden passende TNS-Einträge beispielsweise so aussehen:

```
MYMSSQL =
  (DESCRIPTION =
    (ADDRESS_LIST =
      (ADDRESS = (PROTOCOL = TCP)(HOST = gatewayserver)(PORT = 1523))
    )
    (CONNECT_DATA =
      (SID = mymssqlgw)
    )
    (HS = OK)
  )

MYODBC =
  (DESCRIPTION =
    (ADDRESS_LIST =
      (ADDRESS = (PROTOCOL = TCP)(HOST = gatewayserver)(PORT = 1523))
    )
    (CONNECT_DATA =
      (SID = myodbcgw)
    )
    (HS = OK)
  )
```

Der Eintrag `MYMSSQL` stellt die Verbindung zum SQL Server her, der Eintrag `MYODBC` die Verbindung zu der ODBC-Datenquelle. An dieser Stelle kann man auch durchaus schon vom Oracle-Server aus mittels `tnsping` die Erreichbarkeit des Gateway-Listeners prüfen:

```
C:\> tnsping MYMSSQL

TNS Ping Utility for 32-bit Windows: Version 11.1.0.6.0 -
 Production on 13-MRZ-2010 10:51:23

Copyright (c) 1997, 2007, Oracle.  All rights reserved.

Parameterdateien benutzt:
D:\Programme\Oracle\sqlnet.ora

Adapter TNSNAMES zur Auflösung des Alias benutzt
Attempting to contact (DESCRIPTION = (ADDRESS_LIST = (ADDRESS = (PROTOCOL = TCP)
(HOST = gatewayserver)(PORT = 1523))) (CONNECT_DATA = (SID = mymssqlgw)) (HS = OK))
OK (0 ms)
```

Aufbau des Datenbank-Links

Zuletzt wird ein ganz normaler Datenbank-Link definiert, wobei als TNS-Name einer der eben beschriebenen TNS-Einträge Verwendung findet. Als Login müssen Benutzername und Passwort der Fremddatenbank angegeben werden.

---

12 Das HS steht für „Heterogeneous Services", den übergreifenden Namen für die Technologie der spezifischen Database-Gateways sowie des generischen ODBC-Gateways.

Ein häufiger Fallstrick sei hier genannt: Da Oracle automatisch alle Teile eines SQL-Kommandos, die nicht in doppelten Hochkommata eingeschlossen sind, in Großschreibung umwandelt, würden bei einfacher Angabe des Benutzernamens und Passworts auch diese in Großschreibung an die Fremddatenbank übertragen. Für viele andere Datenbanken kommt es aber – gerade bei der Authentifizierung – sehr wohl auf Groß- und Kleinschreibung an, manche Datenbanken konvertieren auch pauschal alles in Kleinschreibung.

Kennt man sich mit dem Fremddatenbanksystem nicht so genau aus, hilft manchmal nur ausprobieren, wobei man Benutzernamen und Passwort beim Anlegen des Datenbank-Links jeweils in doppelte Hochkommata setzen sollte, um Gewissheit zu haben, welche Authentifizierungsdaten an die Fremddatenbank geschickt werden, also z. B.:

```
SQL> CREATE DATABASE LINK mymssql
     CONNECT TO "sa" IDENTIFIED BY "passwort" USING 'MYMSSQL';
```

Wird für die Fremddatenbank kein Passwort benötigt, z. B. wenn wie bei der Standardeinstellung für SQL Server 2000 das sa-Passwort leer ist, so lässt man die Klausel `IDENTIFIED BY` einfach weg, also z. B.:

```
SQL> CREATE DATABASE LINK mymssql
     CONNECT TO "sa" USING 'MYMSSQL';
```

Ein einfacher Test der Konnektivität kann durch folgende Abfrage geschehen, wobei ausgenutzt wird, dass jedes Gateway auch ein sogenanntes Data Dictionary-Mapping durchführt, d. h., die Metadaten der jeweiligen Fremddatenbank standardisiert mit den Namen der einschlägigen Oracle-Views nach außen präsentiert, z. B. `ALL_TABLES` für alle zugreifbaren Tabellen:

```
SQL> SELECT table_name FROM all_tables@mymssql
     WHERE ROWNUM < 5;
```

Fallstricke bei der Konfiguration

Da beim Zugriff via Database Gateways eine Reihe von Komponenten involviert sind, gibt es natürlich auch verschiedene Fehlermöglichkeiten. Anhand der folgenden Beispiele, die die häufigsten Fußangeln abdecken, soll eine kleine Hilfe gegeben werden, um diagnostizieren zu können, an welcher Stelle der Datenkette es jeweils scheitert:

Der einfachste Fall ist dieser:

```
SQL> SELECT table_name FROM dba_tables@mymssql;
SELECT table_name FROM dba_tables@mymssql
                                  *
FEHLER in Zeile 1:
ORA-12154: TNS: Angegebener Connect Identifier konnte nicht aufgelöst werden
```

Bei der Definition des Datenbank-Links wird nicht überprüft, ob der angegebene TNS-Name überhaupt existiert. Diese Fehlermeldung weist darauf hin, dass der für den Datenbank-Link verwendete TNS-Name auf dem Oracle-Server nicht aufgelöst werden kann. Ein `tnsping`-Test sollte hier weitere Klarheit verschaffen.

Es sei nochmals betont, dass der TNS-Name vom Oracle-Server aus auflösbar und erreichbar sein muss, nicht vom Client aus. In diesem Fall hat das Problem insbesondere noch gar nichts mit den Gateways zu tun.

Erhält man stattdessen eine Fehlermeldung wie diese:

```
SQL> SELECT table_name FROM dba_tables@mymssql;
SELECT table_name FROM dba_tables@mymssql
                                  *
FEHLER in Zeile 1:
ORA-28545: Von Net8 bei der Verbindung zu einem Agenten diagnostizierter Fehler
Unable to retrieve text of NETWORK/NCR message 65535
ORA-02063: vorherige 2 lines von MYMSSQL
```

so ist vermutlich der Gateway-Listener nicht gestartet bzw. nicht erreichbar oder aber es fehlt in der `listener.ora` der passende Eintrag für die angeforderte Gateway-SID. Ein `tnsping`-Test sollte Klarheit bringen:

Schlägt das `tnsping` fehl, so ist der Listener nicht gestartet bzw. nicht erreichbar.

Verläuft es hingegen erfolgreich, sollte man kontrollieren, ob der Gateway-Listener die angeforderte Gateway-SID auch kennt. Zum Beispiel ist im folgenden Beispiel nur der Eintrag für die SID `myodbcgw` vorhanden, nicht aber derjenige für die angeforderte SID `mymssqlgw`:

```
C:\> lsnrctl status LISTENERGW
...
Zusammenfassung Listening-Endpunkte...
  (DESCRIPTION=(ADDRESS=(PROTOCOL=tcp)(HOST=gatewayserver)(PORT=1523)))
Services Übersicht...
Dienst "myodbcgw" hat 1 Instance(s).
  Instance "myodbcgw", Status UNKNOWN, hat 1 Handler für diesen Dienst...
Der Befehl wurde erfolgreich ausgeführt.
```

Eine weitere Problemursache ist eine fehlende Parameterdatei für den HS-Agenten. In diesem Fall erhält man etwa folgende Rückmeldung:

```
SQL> SELECT table_name FROM dba_tables@mymssql;
SELECT table_name FROM dba_tables@mymssql
                                  *
FEHLER in Zeile 1:
ORA-28513: Interner Fehler bei heterogenem Remote Agent
ORA-02063: vorherige line von MYMSSQL
```

In diesem Fall ist also zu kontrollieren, ob in dem entsprechenden Verzeichnis die Parameterdatei mit dem Namen `init<SID>.ora` existiert.

Funktioniert der Zugriff noch immer nicht, erhält man eventuell eine Fehlermeldung ähnlich der folgenden:

```
SQL> SELECT table_name FROM dba_tables@mymssql;
SELECT table_name FROM dba_tables@mymssql
                                  *
FEHLER in Zeile 1:
ORA-28500: Verbindung von ORACLE zu Fremdsystem gab diese Nachricht zurück:
[Oracle][ODBC SQL Server Driver][SQL Server]Die von der Anmeldung angeforderte
'mydatabase'-Datenbank kann nicht geöffnet werden. Fehler bei der Anmeldung.
[Oracle][ODBC SQL Server Driver]Ungültiges Attribut für die Verbindungszeichenfolge
ORA-02063: vorherige 2 lines von MYMSSQL
```

In diesem Fall ist die Fehlermeldung bereits einigermaßen sprechend. Das Problem liegt in diesem Falle bei der Verbindungsinformation innerhalb der Parameterdatei. Die konkrete Syntax hängt wie gesagt vom jeweiligen Datenbanksystem ab und ist in der Oracle-

Dokumentation beschrieben. In diesem Beispiel wurde bei der Verbindungsinformation die Datenbank mydatabase in der SQL Server-Instanz angegeben, die aber nicht existiert oder mit dem im Datenbank-Link verwendeten SQL Server-Login nicht zugänglich ist.

Damit kommen wir auch schon zum letzten Stolperstein, den Anmeldedaten an die Fremddatenbank. Wenn alles andere stimmt und es lediglich an der Authentifizierung scheitert, erhält man eine Fehlermeldung wie diese:

```
SQL> SELECT table_name FROM dba_tables@mymssql;
SELECT table_name FROM dba_tables@mymssql
                                  *
FEHLER in Zeile 1:
ORA-01017: Benutzername/Kennwort ungültig; Anmeldung abgelehnt
[Oracle][ODBC SQL Server Driver][SQL Server]Fehler bei der Anmeldung für den
    Benutzer 'sa'.
[Oracle][ODBC SQL Server Driver]Ungültiges Attribut für die Verbindungszeichenfolge
ORA-02063: vorherige 2 lines von MYMSSQL
```

9.5 Anwendungsunterstützung

In den folgenden Abschnitten geben wir einige Informationen, wie der Datenbankzugriff durch verschiedene Arten von Anwendungen vorbereitet werden kann.

Dabei wird jeweils gezeigt, wie die entsprechende Infrastruktur – sei es die Installation von Client-Komponenten oder eine serverseitige Konfiguration – durchzuführen ist und wie man die Funktionsfähigkeit testen kann, ggf. auch mit einem kurzen Dummy-Programm oder Connector. In keinem Falle werden programmatische Funktionen behandelt, da dies nicht das Thema dieses Buches ist.

9.5.1 Zugriff aus Java und JDBC

Für den Zugriff aus Java-Anwendungen heraus auf die Oracle-Datenbank stehen gleich mehrere JDBC-Treiber[13] zur Verfügung, die sowohl mit der Client- als auch mit der Datenbank-Software ausgeliefert werden und für unterschiedliche Szenarien optimiert sind, wie im Folgenden genauer beschrieben wird. Von diesen vier Treibern sind aber nur zwei für den Zugriff externer Java-Anwendungen relevant, die anderen beiden „Internal“-Treiber beschäftigen sich mit dem internen Zugriff von Java Stored Procedures (also innerhalb der Datenbank gespeicherten Java-Codes) auf die Datenbank.

Der JDBC Thin-Treiber ist komplett in Java geschrieben und daher plattformunabhängig. Er benötigt keinerlei sonstige Oracle-Installation, insbesondere basiert er nicht auf OCI oder Oracle Net. Dieser Treiber kann für alle Arten von Java-Clients, also Java-Applikationen und auch Java-Applets, benutzt werden (in letzterem Fall wird der Treiber einfach in das Applet heruntergeladen).

Die Kommunikation mit dem Datenbank-Listener läuft via Java-Sockets über TCP/IP (optional mit SSL), andere Protokolle sind nicht möglich. Für Applets ist die Benutzung dieses Treibers die einzig mögliche Option.

13 JDBC (Java Database Connectivity) ist die Standardschnittstelle für Datenbankzugriffe aus Java heraus. Ein Treiber ist die konkrete Implementierung dieser Schnittstelle für ein bestimmtes Datenbanksystem, in diesem Falle für die Oracle-Datenbank.

Der JDBC OCI-Treiber benötigt eine vorhandene Standard- oder Instant-Client-Installation und übersetzt JDBC-Aufrufe in OCI-Aufrufe. Er liegt als Shared Library vor, ist somit plattformspezifisch und kann daher ausschließlich in Applikationen, nicht jedoch in Applets verwendet werden (ein Herunterladen in das Applet ist offenbar nicht möglich).

Außerdem bietet er Unterstützung für einige spezielle OCI-Features wie beispielsweise Connection-Pooling oder TAF (Transparent Application Failover).

Der JDBC Server-Side Internal-Treiber (auch KPRB-Treiber genannt) läuft gar nicht auf dem Client, sondern in der Datenbank selbst. Er bietet die beste Performance für Java Stored Procedures, die auf die Datenbank zugreifen müssen. Bei Benutzung dieses Treibers findet keinerlei Netzwerkkommunikation statt, sondern lediglich Prozeduraufrufe, da alle beteiligten Komponenten (Oracle-Server, SQL-Engine, JVM und JDBC-Treiber) in demselben Prozess und Adressraum liegen.

Der Funktionsumfang ist identisch mit dem des JDBC OCI-Treibers. Zu beachten ist, dass aufgrund der Architektur nur die vorhandene Connection (die sogenannte Default-Connection) genutzt werden kann. Weitere Verbindungen an dieselbe oder an andere Datenbanken sind mit diesem Treiber prinzipiell nicht möglich.

Der JDBC Server-Side Thin-Treiber ist im Hinblick auf den Funktionsumfang mit dem Thin-Treiber identisch, aber ebenfalls nur für die Benutzung in Java Stored Procedures ausgelegt. Auch dieser Treiber läuft also nicht auf dem Client, sondern direkt in der Datenbank und bietet daher die beste Performance beim Zugriff auf die betreffende Datenbank.

Im Gegensatz zum Server-Side Internal-Treiber sind aber auch Connects an andere Datenbanken möglich. Dieser Treiber ist interessant, wenn die betreffende Datenbank als Middle-Tier agiert und per Java Stored Procedures auf Daten von anderen Datenbanken zugreifen muss.

Bezüglich JDK- und JDBC-Versionsunterstützung gilt:

- Oracle 10gR2: Die beiden clientseitigen Treiber unterstützen die JDK-Versionen 1.2, 1.3 und 1.4 und damit die JDBC-Version 3.0. Die beiden serverseitigen Treiber unterstützen genau den JDK-Stand 1.4.1.
- Oracle 11gR1 und 11gR2: Die beiden clientseitigen Treiber unterstützen die JDK-Versionen 1.5 und 1.6 und damit die JDBC-Version 4.0. Die beiden serverseitigen Treiber unterstützen genau den JDK-Stand 1.5.

Abbildung 9.24 zeigt die komplette Architektur des JDBC-Zugriffs auf die Oracle-Datenbank.

Einige Entscheidungshilfen für die Wahl des richtigen Treibers sollen hier ebenfalls gegeben werden:

- Für Applets muss der Thin-Treiber verwendet werden.
- Für Netzwerke, die nicht auf TCP/IP (optional mit SSL) basieren, kommt ausschließlich der OCI-Treiber infrage. Dies ist heute aber praktisch nie mehr der Fall.
- Für Client-Applikationen muss abgewägt werden:
  - Der Thin-Treiber bietet die beste Performance und Plattformunabhängigkeit und kann sowohl für Applikationen als auch für Applets verwendet werden.

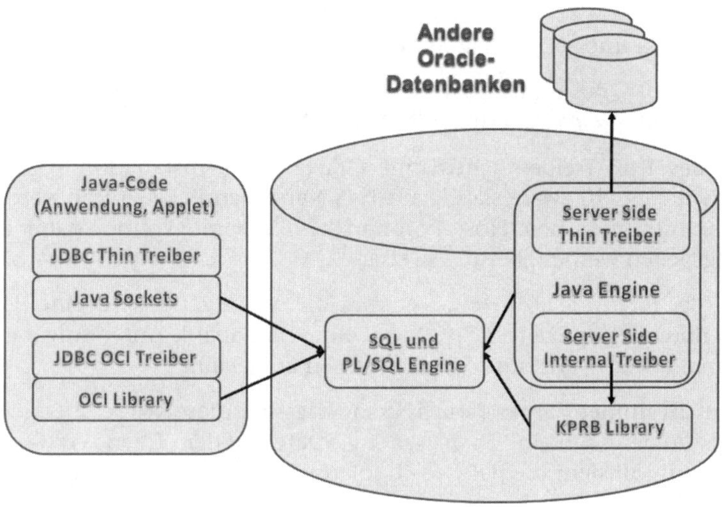

Abbildung 9.24: Architektur-Überblick Oracle-Datenbank und JDBC

  - Einige Funktionen werden vom Thin-Treiber nicht oder erst in höheren Datenbankversionen unterstützt, insbesondere Transparent Application Failover (TAF), Connection Pooling oder clientseitiges Result-Caching. Hierfür ist zwingend der OCI-Treiber erforderlich. Genauere Angaben hierzu finden sich in der Oracle-Dokumentation *Oracle Database JDBC Developer's Guide*.

- Läuft der Java-Code auf Server-Seite (also in Java Stored Procedures) und ist kein Zugriff auf weitere Sessions oder andere Datenbanken nötig, sollte der Server-Side Internal-Treiber verwendet werden, da er hierfür die beste Performance bietet. Es muss aber abgeschätzt werden, ob die Beschränkung auf eine einzige Datenbank-Session auf Dauer haltbar ist.
- Läuft der Java-Code auf Server-Seite, benötigt aber auch Zugriffe auf andere Datenbanken und/oder andere Sessions, sollte der Server-Side Thin-Treiber benutzt werden.

Verbindungsaufbau via JDBC

Der Aufbau einer JDBC-Connection bildet eine Schnittstelle zwischen Administration und Entwicklung, da hier Besonderheiten der jeweiligen Datenbank bzw. des verwendeten JDBC-Treibers zu berücksichtigen sind. Daher soll dieses Thema nur so weit behandelt werden, dass der DBA weiß, was er den Entwicklern an die Hand geben muss, insbesondere also die Verbindungsinformation, die selber vom jeweils verwendeten JDBC-Treiber abhängt.

Diese sogenannte JDBC-URL hat folgende Struktur:

- Bei der Verwendung des OCI-Treibers kann direkt ein vom Client auflösbarer TNS-Name angegeben werden. Ob der Name auflösbar ist, sollte vorher mittels `tnsping` getestet werden. Entsprechende JDBC-URLs sehen wie folgt aus:
  - `jdbc:oracle:oci:@mytnsname`: Nutzt den angegebenen TNS-Namen.

  - `jdbc:oracle:oci:myuser/mypassword@mytnsname`: Nutzt den angegebenen TNS-Namen und setzt einen Standardbenutzer und Passwort.
  - `jdbc:oracle:oci:@`: Baut eine lokale Verbindung an eine Datenbank auf, wobei der *Bequeath-Adapter* genutzt wird (siehe Abschnitt 9.1.1).
- Im Falle des Thin-Treibers wird keine Oracle Client-Installation vorausgesetzt, es kann also auch nicht zwangsläufig auf TNS-Namen zurückgegriffen werden. Die einschlägigen Informationen (Host, Port und Service-Name) können daher direkt in der URL mitgegeben werden, beispielsweise:
  - Mit `jdbc:oracle:thin:@//myhost:1521/myservice` wird eine Thin-Treiber-Verbindung (impliziert TCP/IP) an eine Datenbank unter Angabe von Host-Namen, Listener-Port und Service-Namen aufgebaut.
  - Um nicht immer vorhandene TNS-Einträge auf diese Weise übersetzen zu müssen, kann dennoch eine `tnsnames.ora`-Datei auf dem Client verwendet werden. In diesem Fall sieht die JDBC-URL so aus: `jdbc:oracle:thin:@mytnsname`.

    Damit dies funktioniert, muss zuvor das Verzeichnis mitgeteilt werden, in dem die `tnsnames.ora` liegt, z. B.:

    ```
    System.setProperty("oracle.net.tns_admin", "C:\Oracle");
    ```
- Der Server-Side Internal Treiber verbindet immer an die eigene Session und nutzt dafür wahlweise eine der beiden folgenden Dummy-URLs:
  - `jdbc:oracle:kprb`
  - `jdbc:default:connection`

Ein simpler Code-Block zum Herstellen und Testen der Konnektivität sieht wie nun folgt aus:

```
import java.sql.*;
import oracle.jdbc.*;
import oracle.jdbc.pool.OracleDataSource;

class JdbcTest {
  public static void main(String args[]) {
    OracleDataSource ods = new OracleDataSource();
    ods.setURL("jdbc:oracle:oci:@mytnsname");
    ods.setUser("myuser");         // Datenbank-Benutzer
    ods.setPassword("mypassword"); // Passwort
    Connection conn = ods.getConnection();
    Statement stmt = conn.createStatement();
    ResultSet rset = stmt.executeQuery("SELECT 'Hello World' FROM dual");
    while (rset.next())
      System.out.println(rset.getString(1));
    rset.close();
    stmt.close();
    conn.close();
  }
}
```

Weitergehende Programmbeispiele wie das Absetzen von SQL-Abfragen und die Verarbeitung der Ergebnismengen sind dagegen durch die JDBC-Schnittstelle standardisiert und gehören daher eindeutig in den Bereich Java-Entwicklung.

9.5.2 Zugriff via ODBC, OLE DB und .NET

Anwendungen können natürlich auch mittels bestimmter Standard-Schnittstellen wie ODBC, OLE DB oder über einen .NET Data Provider auf die Oracle-Datenbank zugreifen. Da diese Technologien praktisch ausschließlich in der Windows-Welt eine Rolle spielen, geht es hierbei um eine entsprechende Installation der Oracle Client-Software für Windows.

Neben einem entsprechenden Windows-Betriebssystem (32 Bit oder 64 Bit) wird das Microsoft .NET Framework auf dem Client benötigt, am besten in der Version 2.0 (es gibt aber teilweise auch noch Unterstützung für .NET Framework 1.x). Die entscheidenden Client-Komponenten

- Oracle ODBC-Treiber,
- Oracle Provider for OLE DB und
- Oracle Data Provider for .NET

müssen nun bei der Installation des Oracle-Clients berücksichtigt werden, also im Falle eines Stand-alone-Instant-Clients (Abschnitt 9.2.2) durch die entsprechenden Zusatzpakete, bei einer OUI-basierten Installation durch Auswahl der entsprechenden Komponenten (siehe Abbildung 9.25).

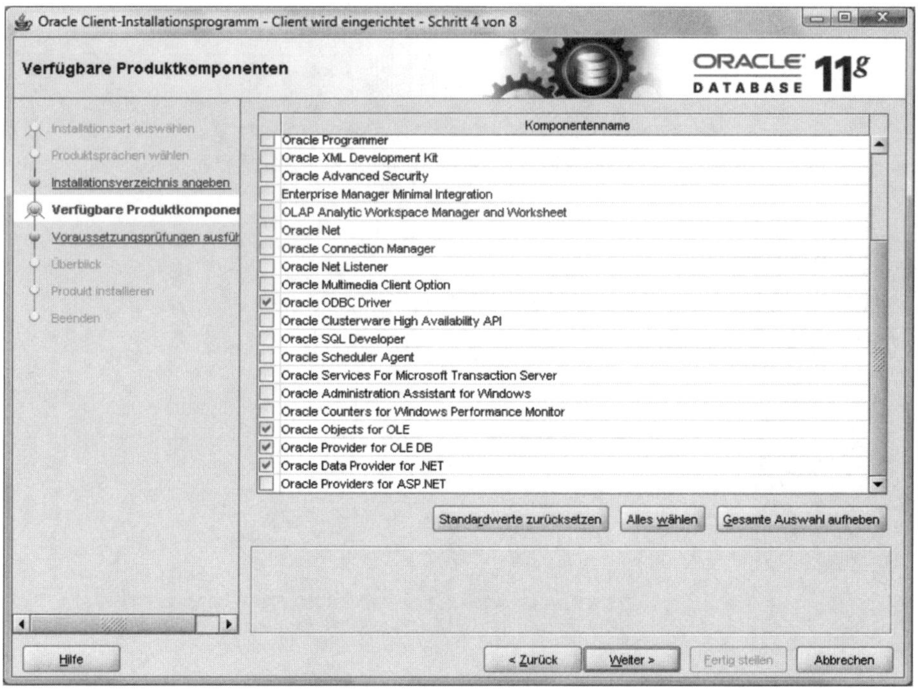

Abbildung 9.25: Installation der Oracle ODBC-, OLE DB- und .NET-Provider

9.5.3 Webanwendungen mit Oracle APEX

Seit der Datenbankversion 9.2 bietet Oracle mit dem sogenannten *Application Express (Apex)* eine Entwicklungs- und Laufzeitumgebung für Webanwendungen innerhalb der Datenbank. Apex läuft auf allen Datenbank-Editionen und kann somit immer genutzt werden.

Mit dem Database Configuration Assistant kann sowohl eine neue Datenbank inklusive Apex aufgebaut als auch eine bestehende Datenbank um Apex ergänzt werden (siehe Abbildung 9.26).

Dabei werden je nach Apex-Version drei Benutzer bzw. Schemata in der Datenbank erzeugt. Die eigentlichen Apex-Tabellen und sonstigen Metadaten liegen in einem Schema, das bis zur Datenbankversion 11.1 den Namen `FLOWS_xxyyzz` trägt, wobei der Suffix die dreistellige Apex-Versionsnummer darstellt, z. B. `FLOWS_030100` für die Apex-Version 3.1. Seit der Apex-Version 3.2 – ausgeliefert mit der Datenbankversion 11.2 – heißt der Benutzer `APEX_xxyyzz`, was etwas nahe liegender ist. Außerdem gibt es noch die Benutzer `FLOWS_FILES` und `APEX_PUBLIC_USER`.

Nach der Installation sind einige Konfigurationsschritte erforderlich, um Apex verfügbar zu machen. Dazu ist wichtig zu wissen, dass Apex

- als Web-Server auf dem HTTP-Protokollserver der XML DB aufsetzt (siehe Abschnitt 9.6.2);

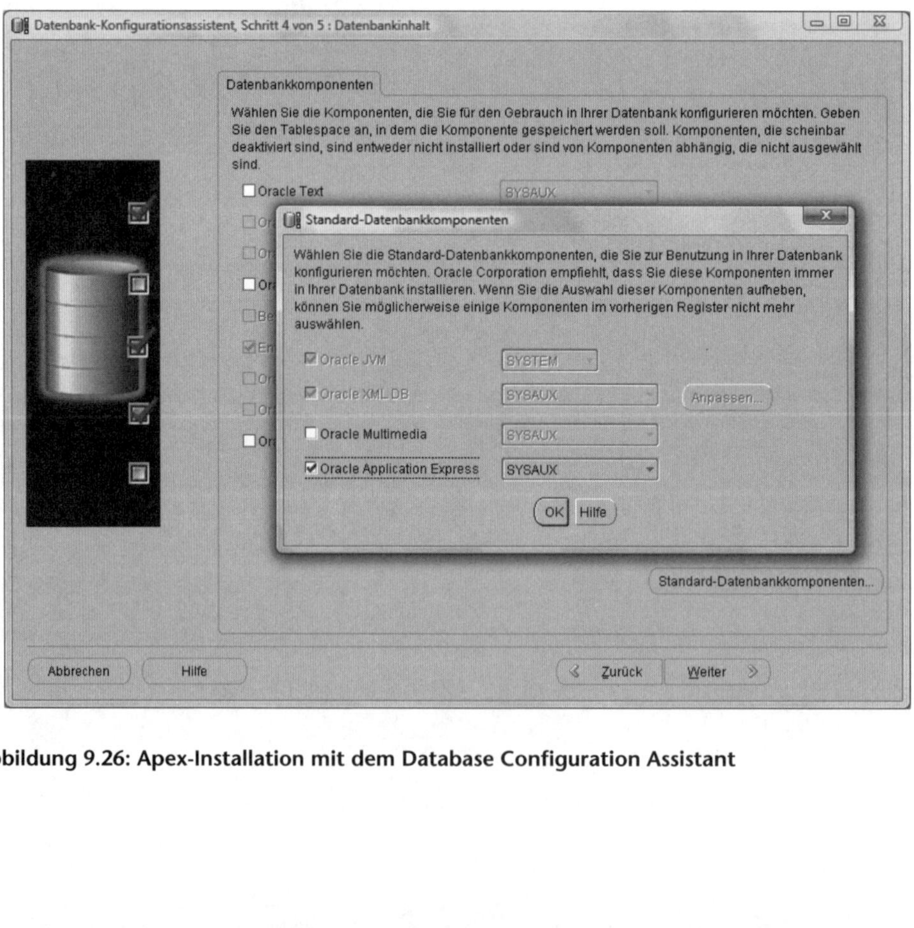

Abbildung 9.26: Apex-Installation mit dem Database Configuration Assistant

- über eine eigene, von der Datenbank unabhängige, Benutzerverwaltung verfügt. Insbesondere gibt es unmittelbar nach der Installation einen einzigen administrativen Apex-Benutzer namens ADMIN.

1. Zunächst muss das sogenannte *Embedded PL/SQL Gateway* konfiguriert werden. Hierfür ist das Skript apxconf.sql zuständig, zu finden im Unterverzeichnis apex des Oracle-Homes. Das Skript gibt zunächst den Port aus, der aktuell für den HTTP-Protokollserver der XML DB benutzt wird (bzw. den Standard-Port 8080, wenn noch kein Port konfiguriert ist). Anschließend werden das Passwort für den ADMIN-Benutzer sowie der zu verwendende Port abgefragt.

```
SQL> @?/apex/apxconf.sql

      PORT
----------
      8080

Enter values below for the XDB HTTP listener port and the password for the
Application Express ADMIN user.

Default values are in brackets [ ].
Press Enter to accept the default value.

Enter a password for the ADMIN user              []
Enter a port for the XDB HTTP listener [      8080] 8080
...changing HTTP Port

PL/SQL-Prozedur erfolgreich abgeschlossen.

PL/SQL-Prozedur erfolgreich abgeschlossen.

Session wurde geändert.

...changing password for ADMIN

PL/SQL-Prozedur erfolgreich abgeschlossen.

Transaktion mit COMMIT abgeschlossen.
```

2. Außerdem muss der Datenbankbenutzer ANONYMOUS freigeschaltet werden. Damit wird ein anonymer HTTP-Zugriff ohne Datenbank-Login ermöglicht, da Apex ja wie gesagt eine eigene Benutzerverwaltung hat (siehe auch hierfür Abschnitt 9.6.2).

   ```
   SQL> ALTER USER ANONYMOUS ACCOUNT UNLOCK;
   ```

   Manchmal ist der Benutzer zusätzlich noch im EXPIRED-Status. Hier sollte man auf jeden Fall testen, dass ein Datenbank-Login mit dem Benutzer ANONYMOUS funktioniert.

Anschließend ist bereits eine Anmeldung als Apex-Administrator möglich. Dazu ruft man mit einem Web-Browser die folgende Adresse auf, wobei der Name des Datenbankservers sowie der oben konfigurierte HTTP-Port einzusetzen sind:

```
http://<datenbank-server>:<port>/apex/apex_admin
```

Nun sollte eine Anmeldemaske wie in Abbildung 9.27 erscheinen.

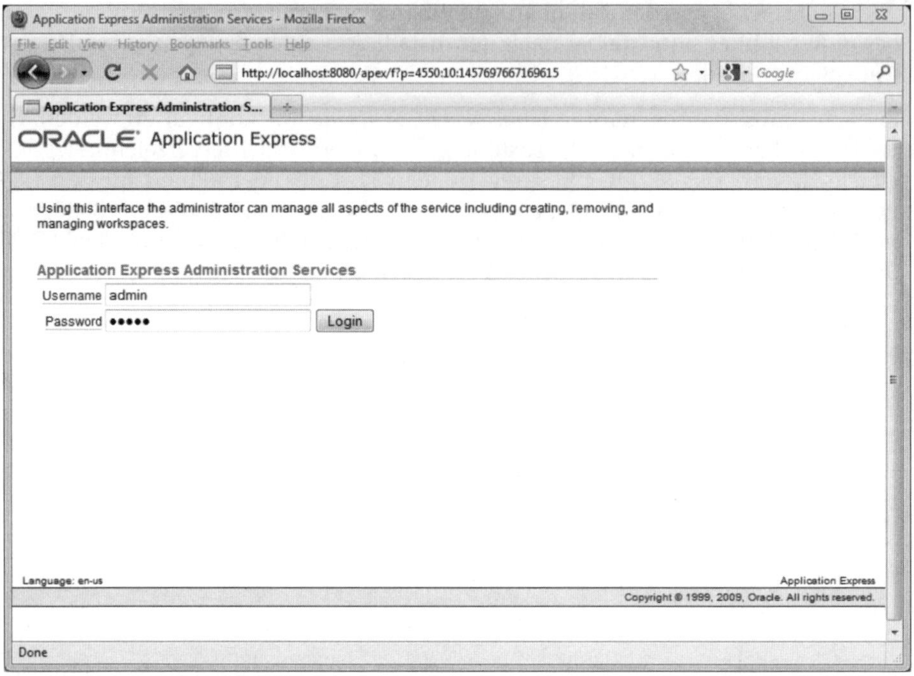

Abbildung 9.27: Anmeldung als Apex-Administrator

Nach der Anmeldung wird eine Änderung des Passworts erzwungen, anschließend muss man sich mit dem neuen Passwort noch einmal anmelden. Jetzt sollte die Administrationsoberfläche in Abbildung 9.28 erscheinen.

Bevor man weitermacht, müssen noch zwei Serverparameter angepasst werden:

- Der Parameter `shared_servers` sollte auf einen Wert von mindestens 5 gesetzt werden. Hintergrund ist, dass der APEX zugrunde liegende HTTP-Protokollserver mit Shared-Server-Prozessen in der Datenbank abgebildet wird. Der angegebene Wert 5 ist ein guter Startwert für gleichzeitig zugreifende Benutzerzahlen im kleinen zweistelligen Bereich. Ansonsten sollte man von vornherein höhere Werte nehmen.
- Der Parameter `job_queue_processes` muss ebenfalls gesetzt werden, beispielsweise auf 20.

Innerhalb der Apex-Umgebung können nun Apex-Benutzer sowie Arbeitsbereiche (*Workspaces*) erstellt werden, innerhalb denen einzelne Benutzer entwickeln bzw. arbeiten können.

Beide Aspekte werden nach einem Klick auf „Manage Workspaces“ dargestellt und verwaltet. Zur Erstellung von Workspaces klickt man zunächst auf „Create Workspace“, anschließend lassen sich Benutzer unter „Manage Developers and Users“ erstellen.

Anschließend können sich die Benutzer nach Aufruf der Webadresse

```
http://<datenbank-server>:<port>/apex
```

mit ihren Benutzerdaten sowie dem zu verwendenden Workspace anmelden.

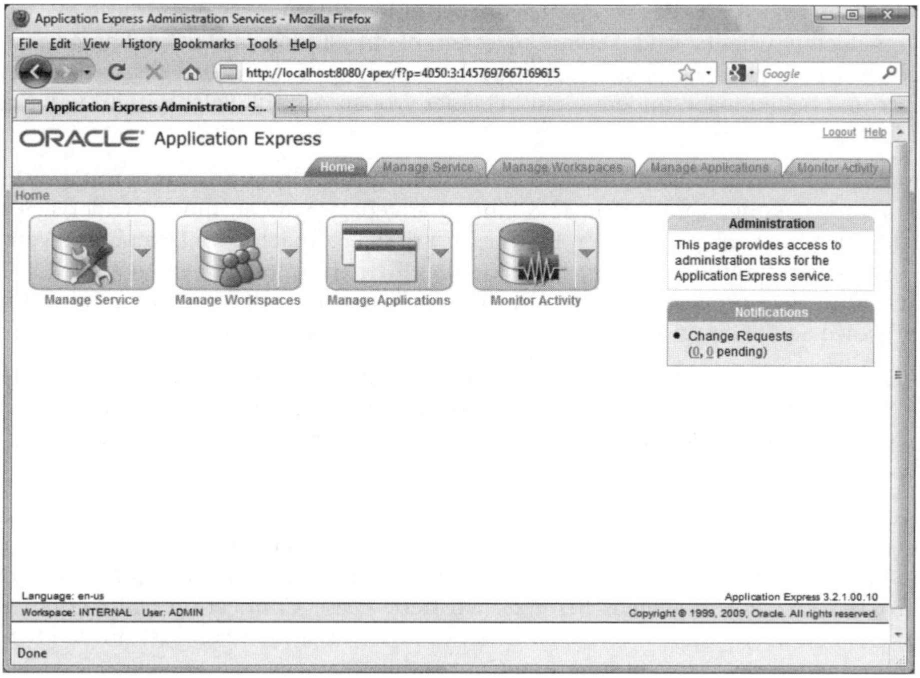

Abbildung 9.28: Apex-Administrationsoberfläche

9.5.4 Connection Pooling

Wie in Abschnitt 9.1.3 beschrieben, nutzen die meisten heutigen Anwendungen den Dedicated-Server-Modus zur Verbindung an die Oracle-Datenbank. Der Shared-Server-Modus dagegen führt nur ein Nischendasein.

Eine ganz andere Frage ist es natürlich, wie sich die Anwendung bzw. der Web- oder Applikationsserver mit der Datenbank verbindet. Häufig findet hier bereits ein Connection-Pooling statt. Wenn z. B. bei zustandslosen Anwendungsobjekten jeweils nur kurze Aktionen auf der Datenbank ausgeführt werden, lohnt es sich aufgrund des Oracle-seitigen Verwaltungsaufwands nicht, dafür jedes Mal eine neue Verbindung und Session zu öffnen und anschließend wieder zu schließen.

Database Resident Connection Pooling (DRCP)

Ist ein solches Connection-Pooling seitens der Anwendung nicht eingerichtet oder nicht möglich, kann dies seit der Datenbankversion 11g auch die Oracle-Datenbank übernehmen. Diese Technik wird als *Database Resident Connection Pooling* bezeichnet und stellt einen weiteren Verbindungsmodus dar – den sogenannten *Pooled-Server-Modus* –, der aber technisch gesehen auf dem Dedicated-Server-Modus aufbaut.

Immer unter der Annahme, dass die Anwendung nicht selber bereits ein Connection-Pooling durchführt, ist dieser Modus gut geeignet beispielsweise für Webanwendungen mit häufigen Datenbank-Connections, wobei jeweils kurze Aktionen ausgeführt werden.

Wichtig zu wissen ist, dass es weiterhin bei einer Eins-zu-eins-Zuordnung zwischen angemeldeten Clients und Server-Prozessen bleibt (anders als beim Shared-Server-Modus). Die Pooled Server sind daher auch weder Nachfolger noch Ersatz der Shared Server und helfen insbesondere nicht bei einer großen Anzahl gleichzeitig(!) verbundener Clients.

Das gesamte Verfahren ist für die Clients bzw. die Applikation transparent mit der einen Ausnahme, dass der verwendete TNS-Eintrag angepasst werden muss. Meldet sich der Client mit einem entsprechenden Eintrag an, erhält er zunächst via Listener die Verbindung an einen internen *Connection Broker*, der einen „Handoff" an einen Pooled Server durchführt. Im Normalfall existiert dieser Pooled Server bereits. Nur wenn alle laufenden Pooled Server belegt sind, wird ein neuer Pooled Server gestartet.

Meldet sich der Client wieder ab, bleibt der Pooled-Server-Prozess dennoch bestehen. Die Session existiert also weiter, aber zeitweise ohne aktive Connection, und zwar so lange, bis derselbe oder ein anderer Client vom Connection Broker wieder diesem Pooled Server zugewiesen wird.

Da der Session-Kontext spezifisch für den angemeldeten Benutzer ist (z. B. können unterschiedliche Benutzer Tabellen mit demselben Namen besitzen), wird der Connection-Pool logisch in *Connection Classes* unterteilt, wobei standardmäßig eine Connection Class pro angemeldetem Benutzer existiert. Diese Connection Class erhält den Namen <Benutzername>`.SHARED`. Eine Session, die initial für einen bestimmten Benutzer geöffnet wurde, verbleibt in dessen Connection Class.

DRCP einrichten

Zunächst muss der Connection-Pool aktiviert werden.[14] Das Aktivieren und Deaktivieren erfolgt nach einer Anmeldung mit SYSDBA-Rolle einfach durch folgende Kommandos:

```
SQL> exec DBMS_CONNECTION_POOL.START_POOL;
SQL> exec DBMS_CONNECTION_POOL.STOP_POOL;
```

Der Status des Connection-Pools bleibt auch über einen Neustart der Instanz hinweg erhalten. Außerdem sind alle Einstellungen zum Connection-Pool datenbankweit gültig, auf einer RAC-Datenbank genügt also die Konfiguration auf irgendeiner RAC-Instanz.

Anschließend müssen die Clients einen entsprechend angepassten TNS-Eintrag zur Anmeldung an die Datenbank nutzen:

- Bei einer Anmeldung mittels lokaler `tnsnames.ora` oder bei einem zentralen TNS-Eintrag via LDAP-Verzeichnisdienst ist die Klausel `SERVER=POOLED` entscheidend:

```
PS112POOLED.mycompany.de =
  (DESCRIPTION =
    (ADDRESS_LIST =
      (ADDRESS = (PROTOCOL = TCP)(HOST = ora11gr2)(PORT = 1521))
    )
```

14 Die Infrastruktur sieht grundsätzlich die Möglichkeit mehrerer Connection-Pools vor. Mindestens bis zur Datenbankversion 11.2.0.1 gibt es aber lediglich einen Default-Connection-Pool mit dem Namen `SYS_DEFAULT_CONNECTION_POOL`.

```
    (CONNECT_DATA =
      (SERVICE_NAME = PS112.mycompany.de)
      (SERVER = POOLED)
    )
  )
```

- Bei der Easy Connect-Methode, z. B. wenn die Anwendung den JDBC Thin-Treiber nutzt, muss der – normalerweise optionale – Server-Typ auf `POOLED` gesetzt werden. Der Connect-String sieht also beispielsweise so aus:

```
ora11gr2:1521/PS112.mycompany.de:POOLED
```

Erhält man bei einem Verbindungsversuch mit einem Pooled Server die Fehlermeldung

```
ORA-12520: TNS: Listener konnte keinen verfügbaren Handler für
angeforderten Server-Typ finden
```

dann ist wahrscheinlich der Connection-Pool noch nicht gestartet.

DRCP administrieren

Um den aktuellen Status des Connection-Pools abzufragen, liest man einfach die View `DBA_CPOOL_INFO` aus:

```
SQL> SELECT * FROM dba_cpool_info;

CONNECTION_POOL
--------------------------------------------------------------------------
STATUS                MINSIZE    MAXSIZE    INCRSIZE SESSION_CACHED_CURSORS
---------------- ---------- ---------- ---------- ----------------------
INACTIVITY_TIMEOUT MAX_THINK_TIME MAX_USE_SESSION MAX_LIFETIME_SESSION
------------------ -------------- --------------- --------------------
SYS_DEFAULT_CONNECTION_POOL
ACTIVE                      4         40          2                     20
               300            120          500000                86400
```

Neben dem Status selbst finden sich hier einige Parameter, insbesondere:

- `minsize` ist die minimale Anzahl von Dedicated-Server-Prozessen im Connection-Pool.
- Sind alle Prozesse belegt, wird bei Bedarf eine Gruppe von `incrsize` neuen Prozessen gestartet, bis zur maximalen Anzahl `maxsize`.
- Führt ein Client, der einem Pooled Server zugeordnet ist, für die Dauer von `max_think_time` Sekunden keinerlei Aktivität durch, wird die Client-Verbindung automatisch beendet, und der Serverprozess fällt an den Connection-Pool zurück.
- Nach `inactivity_timeout` Sekunden ohne einen zugeordneten Client wird ein Prozess beendet, spätestens aber nach `max_lifetime_session` Sekunden oder nach `max_use_session` Benutzungen.

Mit den Prozeduren `CONFIGURE_POOL` und `ALTER_PARAM` des PL/SQL-Packages `DBMS_CONNECTION_POOL` können diese Parameter verändert werden. Insbesondere sollte man beachten, dass in der Standardeinstellung eine Client-Connection bereits nach zwei Minuten Inaktivität beendet wird (Parameter `max_think_time`).

Leider ist über die Standard-View V$SESSION eine Pooled-Server-Session nicht als solche zu erkennen, sondern erscheint als Dedicated Server. In der Datenbankversion 11gR1 gibt es auch keine andere View hierfür. Erst mit der Version 11gR2 liefert die View V$CPOOL_CONN_INFO die gewünschten Informationen.

Schließlich gibt es noch einige Nutzungsstatistiken, die abgerufen werden können:

- Nutzungsstatistiken für den gesamten Connection-Pool finden sich in V$CPOOL_STATS.
- Entsprechende Statistiken pro Connection Class liefert V$CPOOL_CC_STATS, wobei die View V$CPOOL_CC_INFO auflistet, welche Connection Classes es aktuell gibt.

9.6 Zugriff auf semistrukturierte Daten (XML)

XML-Daten und XML-Dokumente können auf mehrere Weisen in der Datenbank gespeichert und verarbeitet werden. Dies kann manuell durch den Benutzer eingerichtet werden, indem sogenannte XMLTYPE-Tabellen oder Spalten mit XMLTYPE-Datentyp zur Speicherung solcher Dokumente definiert werden.

Alternativ steht ein vorgefertigtes Repository zur Aufnahme von XML-Dokumenten zur Verfügung, das nach außen hin wie ein Dateisystem präsentiert werden kann (zugreifbar beispielweise über FTP oder Windows Explorer). Intern ist das Repository über Tabellen und Indizes in einem eigenen Schema XDB realisiert. Der Zugriff auf dieses Repository ist über diverse Schnittstellen möglich:

- Via FTP, HTTP und WebDAV[15]. Hierbei kommen die sogenannten XML DB-Protokollserver zum Einsatz, der Listener horcht in diesem Falle zusätzlich auf den entsprechenden Ports für diese Protokolle. Vorteil dabei ist, dass Benutzer z. B. per FTP-Client oder Windows-Explorer auf die Daten und Dokumente zugreifen können, ohne irgendeine spezielle Client-Software installieren zu müssen.
    - Eine weitere Zugriffsmöglichkeit gehört eigentlich nicht hierhin, ist aber speziell für DBAs manchmal ganz angenehm. Im Rahmen dieses Zugriffs kann nämlich auch auf die ASM-Dateien einer ASM-basierten Datenbank zugegriffen werden;
- Programmatisch im Rahmen von PL/SQL-Logik durch das PL/SQL-Package DBMS_XDB;
- Programmatisch im Rahmen von Java-Code durch die Unterstützung von XMLTYPE-Tabellen und XMLTYPE-Spalten im Rahmen der Oracle JDBC-Treiber;
- Im Rahmen von SQL-Abfragen durch die Views RESOURCE_VIEW und PATH_VIEW im XDB-Schema sowie diverse XML-Funktionen, Operatoren und Transformationen.

9.6.1 Installation der XML DB

Bei der Erzeugung einer Datenbank mit dem Database Configuration Assistant (DBCA) kann die Installation der XML DB unter dem Punkt „Standard-Datenbankkomponenten" ausgewählt werden. Die Voreinstellung (Speicherung im Tablespace SYSAUX) ist aber nur eingeschränkt zu empfehlen. Wenn absehbar ist, dass nicht nur geringfügige

15 WebDAV ist technisch gesehen eine Erweiterung des HTTP-Protokolls.

Datenmengen abgespeichert werden sollen, ist ein eigener Tablespace für das XML-DB-Repository anzuraten.

Ob die XML-DB überhaupt in der Datenbank installiert ist, kann am einfachsten durch folgende Abfrage festgestellt werden:

```
SQL> SELECT comp_id,comp_name,version,status
     FROM   dba_registry
     WHERE  comp_name='Oracle XML Database';

COMP_ID  COMP_NAME            VERSION    STATUS
-------- -------------------- ---------- --------
XDB      Oracle XML Database  11.2.0.1.0 VALID
```

Eine Nachinstallation der XML-DB ist wahlweise ebenfalls mit dem DBCA möglich, indem im ersten Schritt der Punkt „Datenbankoptionen konfigurieren" ausgewählt und später unter „Standard-Datenbankkomponenten" das entsprechende Häkchen gesetzt und ein Tablespace ausgewählt werden. Alternativ und meistens schneller lässt sich eine manuelle Nachinstallation anstoßen.

```
$ sqlplus / as sysdba
SQL> @?/rdbms/admin/catqm.sql <XDB-Passwort> <XDB-Tablespace> <XDB-Temp-Tablespace>
SQL> @?/rdbms/admin/catxdbj.sql -- Falls die JVM ebenfalls installiert ist
```

Anschließend muss der Serverparameter `dispatchers` um den Eintrag

```
(PROTOCOL=TCP)(SERVICE=<Oracle-SID>XDB)
```

ergänzt werden. Für den Fall, dass der Parameter zuvor leer war, also:

```
SQL> ALTER SYSTEM SET dispatchers='(PROTOCOL=TCP)(SERVICE=<Oracle-SID>XDB)';
```

Analog läuft die manuelle Deinstallation einer XML DB:

```
$ sqlplus / as sysdba
SQL> ALTER SYSTEM RESET dispatchers SCOPE=SPFILE SIDd='*';
SQL> @?/rdbms/admin/catnoqm.sql
```

Grundsätzlich gilt für die XML DB – wie für alle Datenbankkomponenten –, dass man sie nur installieren sollte, wenn absehbar ist, dass sie tatsächlich benötigt werden, da sich ansonsten insbesondere Upgrade- und Patch-Zeiten und die damit verbundenen Auszeiten deutlich erhöhen.

Bei der Installation werden zwei Benutzer angelegt (`XDB` und `ANONYMOUS`). Beide Accounts sind zunächst gesperrt. Der Benutzer `XDB` ist der Besitzer des Repositorys und sollte auch gesperrt bleiben. Der Benutzer `ANONYMOUS` hat überhaupt keine Objekte. Er kann zum Zwecke eines anonymen HTTP-Zugriffs auf gespeicherte Dokumente entsperrt werden.

9.6.2 Zugriff mit Standardprotokollen

Der Zugriff auf die in der XML DB abgelegten Dokumente ist neben dem Weg über programmatische APIs (PL/SQL, Java, C etc.) auch über Standardprotokolle (FTP und HTTP) sowie aus WebDAV-Clients wie beispielsweise dem Windows Explorer heraus möglich. Der Zugriff geschieht dabei über TCP/IP-Ports auf dem Datenbankserver. Diese Ports werden durch den normalen Datenbank-Listener abgehört. Ein gestarteter Listener ist daher Voraussetzung für die Benutzung der Protokollserver.

Einrichten der Protokoll-Server

Per Default sind weder HTTP- noch FTP-Zugriff aktiviert. Um die beiden Ports initial festzulegen, bieten sich z. B. folgende Aufrufe an:

```
SQL> EXEC dbms_xdb.setftpport(2100)
SQL> EXEC dbms_xdb.sethttpport(8080)
```

Der Effekt lässt sich wahlweise über eine SQL-Abfrage oder anhand des Listener-Status kontrollieren:

```
SQL> SELECT dbms_xdb.getftpport, dbms_xdb.gethttpport
     FROM   dual;

GETFTPPORT GETHTTPPORT
---------- -----------
      2100        8080

$ lsnrctl status
...
Listening Endpoints Summary...
  (DESCRIPTION=(ADDRESS=(PROTOCOL=tcp)(HOST=10.10.8.151)(PORT=1521)))
  (DESCRIPTION=(ADDRESS=(PROTOCOL=tcp)(HOST=10.10.8.161)(PORT=1521)))
  (DESCRIPTION=(ADDRESS=(PROTOCOL=tcp)(HOST=asterix)(PORT=2100))
  (Presentation=FTP)(Session=RAW))
  (DESCRIPTION=(ADDRESS=(PROTOCOL=tcp)(HOST=asterix)(PORT=8080))
  (Presentation=HTTP)(Session=RAW))
Services Summary...
Service "RAC112" has 1 instance(s).
  Instance "RAC1121", status READY, has 1 handler(s) for this service...
Service "RAC112XDB" has 1 instance(s).
  Instance "RAC1121", status READY, has 1 handler(s) for this service...
...
```

Die beiden Listener-Endpunkte mit dem Argument `Presentation` geben die aktuellen Ports an. Bei einer Connect-Anforderung über einen dieser Ports wird durch den Listener eine Verbindung zur Datenbank im Shared-Server-Modus aufgebaut. Die Anmeldung geschieht dabei über den Service-Namen RAC112XDB. Als Anmeldeinformationen muss ein normaler Oracle-Benutzer mit seinem Passwort angegeben werden.

Da hier wie gesagt im Hintergrund der Shared-Server-Modus zur Anmeldung benutzt wird (es könnten sich ja potenziell sehr viele Clients dauerhaft anmelden, ohne dass diese ständig Dokumente abgreifen oder bearbeiten), ist nun auch verständlich, warum – wie oben erwähnt – der Serverparameter `dispatchers` gesetzt sein muss.

FTP-Zugriff

Der FTP-Zugriff auf die XML-DB kann über jeden beliebigen FTP-Client erfolgen, z. B. von einer Linux-Shell aus auf einen Datenbankserver namens „asterix“:

```
$ ftp asterix 2100
Connected to asterix.
220- asterix
Unauthorised use of this FTP server is prohibited and may be subject
to civil and criminal prosecution.
220 asterix FTP Server (Oracle XML DB/Oracle Database) ready.
530  Please login with USER and PASS.
```

```
Name (asterix:oracle): system      <-- Datenbankbenutzer
331 pass required for SYSTEM
Password:                          <-- Datenbankpasswort
230 SYSTEM logged in
Remote system type is Unix.
ftp> ls /
227 Entering Passive Mode (10,10,8,151,199,12)
150 ASCII Data Connection
drw-r--r--   2 SYS      oracle         0 SEP 30 15:45 images
drw-r--r--   2 SYS      oracle         0 SEP 30 14:32 public
drw-r--r--   2 SYS      oracle         0 SEP 30 14:36 sys
-rw-r--r--   1 SYS      oracle         0 FEB 13 14:02 xdbconfig.xml
226 ASCII Transfer Complete
ftp> quit
221 QUIT Goodbye.
```

Es stehen also alle üblichen FTP-Kommandos (get, put, mkdir etc.) zur Verfügung.

HTTP-Zugriff

Über die URL *http://asterix:8080* ist der lesende Zugriff aus einem Webbrowser heraus möglich. Abbildung 9.29 zeigt das Ergebnis nach einer erfolgreichen Authentifizierung mit einem Datenbankbenutzer.

Es kann auch ein anonymer HTTP-Zugriff (ohne Login) erlaubt werden. Dazu muss man in der Datenbank den im Rahmen der XML DB-Installation angelegten Benutzer `ANONYMOUS` zu entsperren:

```
SQL> ALTER USER anonymous ACCOUNT UNLOCK;
```

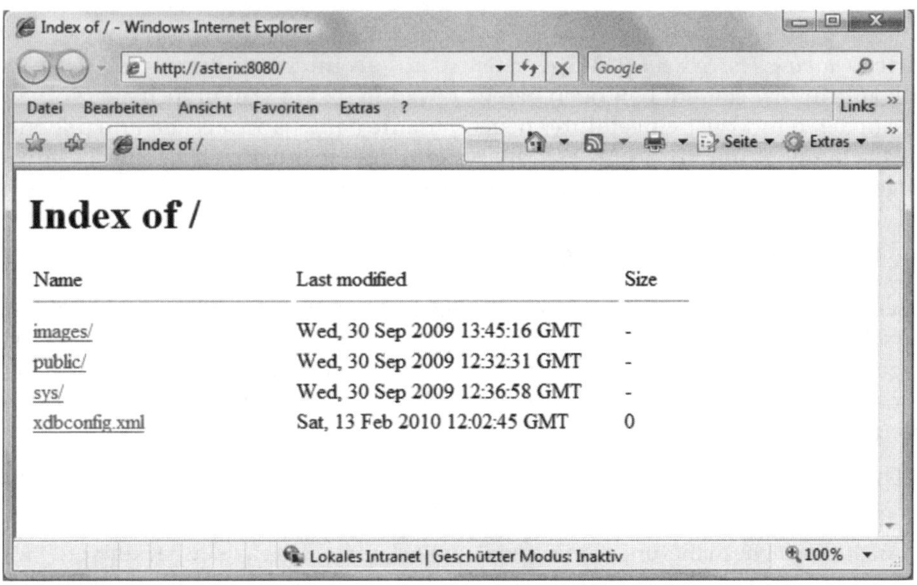

Abbildung 9.29: Zugriff auf die XML DB via Webbrowser

Zugriff via Windows Explorer

MS-Windows unterstützt ab den Versionen 2000 und XP laut Windows-Dokumentation auch eine Einbindung von WebDAV-Datenquellen im Windows Explorer und damit auch in Dateiauswahl-Dialogen. Dort wird die gesamte XML-DB als Verzeichnis dargestellt, als sogenannter *Web-Folder*.

Leider ist dies dem Autor jedenfalls unter Windows Vista 64 Bit nicht gelungen.

9.7 Zugriff auf beliebige Daten und Dateien

Beginnend mit der Datenbankversion 11gR2 gibt es die Möglichkeit, beliebige Dateien direkt – und unter bestimmten Bedingungen transparent für die Anwendungen – innerhalb der Datenbank abzulegen.

Auf den ersten Blick kann man sich natürlich fragen, weshalb dies überhaupt erstrebenswert sein sollte. Tatsächlich wird diese Möglichkeit aber schon länger genutzt, beispielsweise indem Dokumente oder Medieninhalte in Form von CLOB- und BLOB-Feldern in Tabellen abgelegt werden. Hierbei muss die Anwendung allerdings „wissen", dass die Dateien eben dergestalt in der Datenbank liegen oder auch – beim Datentyp BFILE – als Pointer in der Datenbank, der doch wieder auf eine Datei im Dateisystem verweist.

Daher bietet Oracle zum einen als Teil der Fusion-Middleware-Plattform eine Lösung namens *Oracle Content Management* an, die – unter dem sehr breiten Oberbegriff „Content Management" – Speicherung, Verwaltung und Zugriff auf verschiedenste Dateninhalte anbietet.[16] Diese Produktreihe soll hier nicht weiter betrachtet werden, da sie nicht mehr unmittelbar zur Datenbank-Software gehört, sondern diese lediglich als Backend benutzt und ohnehin den Rahmen dieses Buches sprengen würde.

Stattdessen möchten wir im Folgenden das mit der Datenbankversion 11gR2 eingeführte *Database File System (DBFS)* vorstellen, das als integraler Bestandteil der Datenbank auftritt. Es setzt auf den oben bereits erwähnten LOB-Datentypen auf, vornehmlich auf deren in 11gR1 eingeführter neuer Variante namens *SecureFiles*, und präsentiert sich nach außen hin als normales Dateisystem, dessen Inhalte aber – für die Anwendungen transparent – in der Datenbank abgelegt werden.

9.7.1 Database File System (DBFS)

Außer dem Argument, dass dies in ähnlicher Form mit LOB-Daten schon länger gemacht wird (wenn auch nicht transparent für die Anwendungen), gibt es noch einige weitere Argumente, die zeigen, dass auch Anwendungen, die ausschließlich auf „normale Dateien" zugreifen, von einer Backend-Speicherung dieser Dateien in der Datenbank profitieren können:

- Durch Data Guard lassen sich Hochverfügbarkeit und Disaster Recovery mittels Datenbanktechniken auch auf anwendungsrelevante Dateien übertragen.
- Auch sämtliche Sicherungsverfahren (Hot Backups, differenzielle Backups etc.) sowie Recovery-Fähigkeiten des RMAN-Werkzeugs vererben sich auf Anwendungsdateien,

16 Das heutige „Oracle Content Management" ist als gemeinsamer Nachfolger des ehemaligen „CM SDK" und der sogenannten „Oracle Files" zu sehen, wobei Ersteres selber den Nachfolger des „Oracle Internet File Systems (iFS)" darstellt und Letzteres Teil der Oracle Collaboration Suite war.

die in der Datenbank gespeichert sind. Insbesondere wird dadurch ein zwischen Datenbankinhalten und Anwendungsdateien konsistentes Backup- und Recovery-Konzept möglich. Mit RMAN-Kloning lässt sich auf diese Weise eine Kopie der Dateninhalte inklusive aller relevanten Anwendungsdateien anfertigen.

- Durch die Speicherung der Dateien als SecureFile-LOBs lassen sich deren Features wie Komprimierung, Deduplizierung und Verschlüsselung nutzen, um Speicherplatz einzusparen bzw. sensible Daten zu schützen. Auch bei einer solchermaßen „indirekten“ Nutzung dieser Möglichkeiten via DBFS sind aber die entsprechenden Lizenzvoraussetzungen zu beachten.
- Basiert die Datenbank auf ASM, übertragen sich auch dessen Storage-Funktionen, insbesondere Spiegelung, Striping und automatisches Rebalancing auf die gespeicherten Dateien.
- Bei versehentlichen Änderungen an den Dateien kann man das Dateisystem zu einem historischen Zeitpunkt mounten, um wieder an die Originaldaten zu kommen. Manchmal ist dies schneller als der Zugriff auf Backups. Im Hintergrund werden dabei Flashback-Abfragen in der Datenbank genutzt.

Wie man sieht, lassen sich einige dieser Vorteile auch durch ein entsprechend gut ausgestattetes Storage-System erreichen. In dieser Hinsicht kann man also von einer Alternative zu einem teuren Storage-System sprechen.

Architektur

Bei DBFS handelt es sich um die Implementierung eines typischen Dateisystems mithilfe einer Oracle-Datenbank.

DBFS grenzt sich insofern auch architektonisch von dem in den Kapiteln 3.4 und 3.5 beschriebenen ASM und ACFS oder gar dem Vorläufer OCFS ab, bei denen es sich in allen Fällen um Dateisysteme handelt, die ohne eine Datenbank implementiert sind. ASM und OCFS dienen ausschließlich der Speicherung von Datenbankdateien.

Zwischen ACFS und DBFS gibt es ein paar Überlappungen hinsichtlich der Vorteile. Während ACFS die Spiegelungs-, Striping- und Rebalancing-Fähigkeiten von ASM erbt, profitiert DBFS zusätzlich von Datenbanktechniken wie RMAN, Data Guard oder Flashback-Funktionen. Andererseits bilden ASM, ACFS und OCFS jeweils echte Cluster-Dateisysteme, wohingegen DBFS eher den Charakter eines verteilten Dateisystem à la NFS hat.

In diesem Sinne benutzt DBFS die Oracle-Datenbank als Filer. Ein entsprechendes Dateisystem wird als *DBFS Content Store* bezeichnet und ist im Wesentlichen durch eine Tabelle (ggf. mit Partitionierung) abgebildet, die neben diversen Verwaltungsspalten auch eine BLOB-Spalte zur Aufnahme der eigentlichen Dateien beinhaltet. Dateien und Verzeichnisse werden also als Zeilen in dieser Tabelle gespeichert. Dateioperationen wie beispielsweise „create“, „open“, „write“ etc. sind als PL/SQL-Routinen des Package `DBMS_DBFS_CONTENT` implementiert.

Die gesamte Architektur ist grundsätzlich erweiterbar in dem Sinne, dass eigene oder paketierte Data Store-Implementierungen ergänzt werden können (*User Defined Stores*). Im Folgenden wird aber nur eine der beiden von Oracle mitgelieferten Implementierungen betrachtet, der sogenannte *Secure File Store (SFS)*, der – wie der Name schon sagt – gerade die erwähnte Dateiverwaltung mithilfe von SecureFile-LOBs umsetzt. Das

Erstellen eines solchen Data Stores und Dateisystems geschieht über das PL/SQL-Package `DBMS_DBFS_SFS`.

Mit der anderen mitgelieferten Implementierung namens *Hierarchical Store (HS)* können zum einen seltener genutzte Inhalte auf Tape gespeichert werden – wobei im Hintergrund die Tape-Anbindung mithilfe der RMAN Media Management Library genutzt wird (siehe Kapitel 8.6) –, zum anderen lässt sich damit Cloud-Storage nutzen, insbesondere eine Speicherung in Amazon S3. Ein solcher Data Store wird mit dem PL/SQL-Package `DBMS_DBFS_HS` erstellt.

Für den clientseitigen Zugriff auf die Dateien ist die sogenannte *DBFS Client API* zuständig, die in drei Ausprägungen genutzt werden kann:

- Direkte, programmatische Aufrufe der DBFS-Client-API in Form des PL/SQL-Packages `DBMS_DBFS_CONTENT`: Diese Zugriffsart ist zwar für die Anwendungen nicht transparent, dafür aber von jedem beliebigen Rechner und Werkzeug aus möglich, mit dem SQL-Befehle ausgeführt werden können.
- Über das Kommandozeilenwerkzeug `dbfs_client`, das in der Server- und Client-Installation der Version 11.2 enthalten ist, auf der DBFS-Client-API basiert und bestimmte typische Dateisystemkommandos wie `ls` oder `cp` emuliert. Wer sich im ASM-Umfeld mit dem Werkzeug `asmcmd` auskennt, wird sich daran erinnert fühlen, wobei aber hier kein interaktiver Modus verfügbar ist. Die Möglichkeiten sind recht eingeschränkt, und der Zugriff ist auch nicht transparent.
- Über das sogenannte *Mount Interface* ist ein transparenter Zugriff möglich, indem das DBFS-Dateisystem unter einem Mountpoint in die Verzeichnishierarchie des Clients eingehängt wird. Dies funktioniert aber – Stand 11.2.0.1 – nur für Linux-Clients, wobei leider auch kein Weiter-Export via NFS oder Samba unterstützt ist, um Clients anderer Plattformen den Zugriff zu ermöglichen.

Erstellen eines Dateisystems

Zunächst sollte man ggf. einen separaten Tablespace für die Speicherung des DBFS-Dateisystems erstellen. Außerdem muss der Datenbankbenutzer, der das Dateisystem erstellen wird, mindestens die Rechte `CREATE SESSION`, `RESOURCE` und `CREATE VIEW` besitzen. Außerdem benötigt er die Rolle `DBFS_ROLE`, die Execute- und Select-Rechte auf den einschlägigen PL/SQL-Objekten und Tabellen bzw. Views bündelt.

Achtung: Die pauschale Zuweisung der DBA-Rolle genügt hierfür nicht! Auch sollten DBA-Benutzer wie beispielsweise SYS oder SYSTEM nicht für die Erstellung von DBFS-Dateisystemen genutzt werden, da der Ersteller automatisch zum Owner des Dateisystems wird und der spätere Dateizugriff durch Clients ausschließlich nach einer Authentifizierung als Owner möglich ist. Der Hintergrund dafür ist, dass es – zumindest mit dem initialen Release 11.2.0.1 – leider nicht möglich ist, Rechte auf einem DBFS-Dateisystem mittels GRANT-Kommandos weiterzugeben. Stattdessen muss sich jeder zugreifende Client mit dem Owner des Dateisystems anmelden.

Nach einer Anmeldung mit dem zukünftigen Dateisystem-Owner erfolgt die Erstellung des Dateisystems (also intern das Anlegen der entsprechenden Tabelle) im einfachsten Fall durch Aufruf des Skripts `dbfs_create_filesystem.sql` im Unterverzeichnis `rdbms/admin` des Oracle-Homes, wobei als Argumente der Tablespace-Name (hier „ts_dbfs“) und der Name des Dateisystems (hier „myapp_fs“ mitgegeben werden:

```
SQL> @dbfs_create_filesystem.sql ts_dbfs myapp_fs
```

Achtung: Mit dieser Methode wird die einschlägige Tabelle als partitionierte Tabelle angelegt, die eine SecureFile BLOB-Spalte enthält, wobei weder Komprimierung noch Deduplizierung oder Verschlüsselung benutzt werden. Hat man die Partitioning-Option nicht lizenziert, sollte man stattdessen die im Folgenden gezeigte Alternative verwenden, um das Dateisysten in einer nicht partitionierten Tabelle zu speichern.

Auch wenn man die Dateiinhalte komprimieren, deduplizieren oder verschlüsseln möchte, geht dies mit der folgenden Variante, wobei entsprechende Schlüsselwörter als weitere Parameter übergeben werden:

```
SQL> @dbfs_create_filesystem_advanced.sql ts_dbfs myapp_fs
         <compress-high | compress-medium  | nocompress>
         <deduplicate | nodeduplicate>
         <encrypt | noencrypt>
         <non-partition | partition | partition-by-itemname
                        | partition-by-guid | partition-by-path>
```

Hier ist entsprechend vorher zu prüfen, ob die Advanced-Compression- bzw. Advanced-Security-Option lizenziert ist.

Ein weiteres, technisches Argument gegen eine Partitionierung der Dateisystem-Tabelle kann ein häufiges Umbenennen von Dateien sein. Da eine Hash-Partitionierung nach dem Dateinamen erfolgt, ändert sich bei einer Umbenennung meistens die Partition, so dass die komplette Datei physisch bewegt werden muss. Auch kann es zu Speicherplatz-Engpässen kommen, wenn die betreffende Partition voll ist, obwohl die anderen Partitionen noch Platz frei haben.

Das Pendant zum Löschen eines Dateisystems lautet:

```
SQL> @dbfs_drop_filesystem.sql myapp_fs
```

Clientseitiger Zugriff

Für den clientseitigen Zugriff muss in jedem Falle zunächst die Oracle Client 11.2-Software installiert werden (die 11.2 Datenbank-Software enthält wie immer auch die Client-Komponenten).

Befindet man sich auf einem Linux-Client und soll das DBFS-Dateisystem unter einem Mountpoint eingehängt werden, sind drei weitere Schritte notwendig:

1. Das RPM-Paket `kernel-devel` der jeweiligen Linux-Distribution muss installiert werden.
2. Die Software *FUSE (Filesystem in Userspace)* muss installiert werden. Dabei handelt es sich nicht um eine Oracle-Software, sondern um ein Sourceforge-Projekt, das die Implementierung eines Dateisystemtreibers außerhalb des Linux-Kernels darstellt. Nach der Installation ist daher kein root-Zugriff mehr notwendig. Die Installationsschritte sowie die jeweils zu verwendende FUSE-Version ist in der Oracle-Dokumentation *SecureFiles and Large Objects Developer's Guide* beschrieben.
3. Eine OS-Gruppe `fuse` muss erstellt werden. Der OS-User, der das DBFS-Dateisystem einhängen soll, muss Mitglied dieser Gruppe sein, also beispielsweise der Benutzer `oracle`.

Auch wenn man das Dateisystem mounten möchte, empfiehlt sich zunächst ein Ad-hoc-Test mit dem Kommandozeilenwerkzeug `dbfs_client`. Hier sind einige Beispiele, wobei der Benutzer „myapp“ als Datenbankbenutzer und Owner des DBFS-Dateisystems angenommen wird.

```
$ dbfs_client myapp@ps112 --command ls -l -a dbfs:/myapp_fs
Password:
drwxr-xr-x    root        root     0    Apr 09 22:26   .sfs

$ dbfs_client myapp@ps112 --command mkdir dbfs:/myapp_fs/mydir
Password:

$ dbfs_client myapp@ps112 --command cp -R /tmp/myfile dbfs:/myapp_fs/mydir
Password:
/tmp/myfile -> dbfs:/myapp_fs/mydir/myfile

$ dbfs_client myapp@ps112 --command ls -l -a dbfs:/myapp_fs/mydir
Password:
-rw-r--r--    oracle   oinstall     9    Apr 09 22:29   dbfs:/myapp_fs/mydir/myfile

$ dbfs_client myapp@ps112 --command rm -R dbfs:/myapp_fs/mydir
Password:
Entering directory: dbfs:/myapp_fs/mydir
Unlinking file dbfs:/myapp_fs/mydir/myfile
Removing directory dbfs:/myapp_fs/mydir

$ dbfs_client myapp@ps112 --command -h
```

Der erste Befehl listet den bisherigen Inhalt des DBFS-Dateisystems namens „myapp_fs“ auf. Unmittelbar nach dem Anlegen wird das Dateisystem ausschließlich ein verstecktes Verzeichnis enthalten. Anschließend wird ein Verzeichnis „mydir“ erstellt und mit der Datei `/tmp/myfile` beladen. Der Befehl `cp` ist also in der Lage, Dateien zwischen einem DBFS-Dateisystem und dem Rest der Welt hin und her zu kopieren. Damit lassen sich insbesondere Initialbefüllungen des DBFS durchführen. Nach einer erneuten Auflistung wird das zu Testzwecken angelegte Verzeichnis wieder gelöscht. Der letzte Befehl gibt eine Hilfe zu den möglichen Kommandos aus.

Wie man sieht, muss das Passwort jedes Mal aufs Neue interaktiv eingegeben werden. Dies lässt sich abstellen, indem ein sogenanntes *Wallet* angelegt und zur Authentifizierung benutzt wird. Möchte man das Dateisystem später beim Neustart des Rechners automatisch mounten lassen, ist diese Authentifizierung via Wallet ohnehin zwingend.

Das Wallet wird folgendermaßen angelegt und mit den Authentifizierungsdaten versehen:

```
$ mkstore -wrl /my/wallet/dir -create
$ mkstore -wrl /my/wallet/dir -createCredential ps112 myapp password
```

Anschließend müssen in der Datei `sqlnet.ora` auf dem Client noch folgende zwei Zeilen eingefügt werden, um das Wallet bekannt zu machen:

```
WALLET_LOCATION=(SOURCE=(METHOD=FILE)(METHOD_DATA=(DIRECTORY=/my/wallet/dir)))
SQLNET.WALLET_OVERRIDE=TRUE
```

Nach diesen Vorbereitungen können die obigen Kommandos wie folgt abgewandelt werden:

```
$ dbfs_client /@ps112 --command ls -l -a dbfs:/myapp_fs
```

Das eigentliche Mounten des Dateisystems geht nun mit einem dieser Kommandos:

```
$ dbfs_client myapp@ps112 /mnt/dbfs
$ dbfs_client -o wallet /@ps112 /mnt/dbfs
```

Unter dem angegebenen Pfad werden nun alle DBFS-Dateisysteme eingehängt, die dem Benutzer „myapp" gehören, wobei für jedes Dateisystem ein entsprechendes Unterverzeichnis dargestellt wird. Die erste Variante eignet sich für einen schnellen Test, hat aber den Nachteil, dass die Kommandozeile hängt, bis das Dateisystem wieder ausgehängt wird. Die zweite Variante behebt diese Unannehmlichkeit, benötigt aber das oben beschriebene Wallet.

Das Aushängen des Dateisystems geht einfach so:

```
$ fusermount -u /mnt/dbfs
```

Um den Mount-Vorgang beim Systemstart zu automatisieren, sind jetzt noch zwei Schritte ausstehend: Zum einen muss man – als Benutzer root – den folgenden Symbolic-Link erstellen:

```
$ ln -s <Oracle-Home>/bin/dbfs_client /sbin/mount.dbfs
```

Anschließend trägt man die folgende Zeile in die Datei /etc/fstab ein:

```
/sbin/mount.dbfs#/@ps112 /mnt/dbfs fuse rw,user,noauto 0 0
```

Danach sollte bereits ein erfolgreiches mount /mnt/dbfs möglich sein.

Administration

Informationen über vorhandene Data Stores und Dateisysteme sucht man zunächst vergeblich unter den üblichen DBA-Views. Die Abfrage dieser Daten ist stattdessen über sogenannte Tabellenfunktionen implementiert, beispielsweise:

```
SQL> SELECT store_name, store_mount, mount_properties
     FROM   TABLE(dbms_dbfs_content.listMounts);

STORE_NAME           STORE_MOUNT
-------------------- --------------------
MOUNT_PROPERTIES(PROPNAME, PROPVALUE, TYPECODE)
-------------------------------------------------------------------------------------
FS_MYAPP_FS          myapp_fs
DBMS_DBFS_CONTENT_PROPERTIES_T(DBMS_DBFS_CONTENT_PROPERTY_T('principal', NULL, 9),
                               DBMS_DBFS_CONTENT_PROPERTY_T('owner', NULL, 9),
                               DBMS_DBFS_CONTENT_PROPERTY_T('acl', NULL, 9),
                               DBMS_DBFS_CONTENT_PROPERTY_T('asof', NULL, 187),
                               DBMS_DBFS_CONTENT_PROPERTY_T('read_only', '0', 2))

SQL> SELECT store_name, schema_name, table_name
     FROM   TABLE(dbms_dbfs_sfs.listFilesystems);

STORE_NAME           SCHEMA_NAME     TABLE_NAME
-------------------- --------------- ------------------------------
FS_MYAPP_FS          MYAPP           T_MYAPP_FS

SQL> SELECT store_name, provider_pkg, provider_version, store_features
     FROM   TABLE(dbms_dbfs_content.listStores);
```

```
STORE_NAME           PROVIDER_PKG          PROVIDER_VERSION   STORE_FEATURES
-------------------- --------------------- ------------------ --------------
FS_MYAPP_FS          "DBMS_DBFS_SFS"       0.5.0                    12714135
```

Die letzte Abfrage liefert u. a. einen Wert für die sogenannten Store-Features. Dieser Wert gibt – binär kodiert – Auskunft darüber, welche Funktionen und Features die jeweilige Data-Store-Implementierung liefert. Eine detaillierte Aufschlüsselung liefert die folgende Abfrage, am Beispiel des Secure File Store (SFS) in der Version 11.2.0.1:

```
SQL> SELECT *
     FROM   TABLE(dbms_dbfs_content.decodeFeatures(
                dbms_dbfs_content.getFeaturesByName('FS_MYAPP_FS'))
            );

FEATURE_NAME         FEATURE_MASK FEATURE_STATE
-------------------- ------------ -------------
folders                         1 YES
foiat                           2 YES
nowait                          4 YES
acls                            8 NO
links                          16 YES
link_deref                     32 NO
references                     64 NO
locking                       128 YES
lock_hierarchy                256 NO
lock_convert                  512 NO
versioning                   1024 NO
version_path                 2048 NO
soft_deletes                 4096 NO
hashing                      8192 NO
hash_lookup                 16384 NO
filtering                   32768 NO
searching                   65536 NO
asof                       131072 YES
provider_props             262144 NO
snapshots                  524288 NO
dot_snapshot              1048576 NO
clones                    2097152 NO
locator                   4194304 YES
content_id                8388608 YES
lazy_path                16777216 NO
```

Im Detail sind die einzelnen Features in der Oracle-Dokumentation *SecureFiles and Large Objects Developer's Guide 11.2* beschrieben. Im Folgenden soll nur noch näher auf das Feature „asof" eingegangen werden. Dahinter verbirgt sich die Möglichkeit, das Dateisystem so einzuhängen, dass ein historischer Zustand widergespiegelt wird, z. B. der Inhalt vor einer halben Stunde.[17] Dies kann für eine Wiederherstellung nach einem Benutzerfehler wie z. B. einer versehentlichen Löschung oder dem Überschreiben einer Datei interessant sein.

17 Da diese Funktionalität im Hintergrund mittels Flashback-Abfragen auf der Datenbank implementiert ist (siehe hierzu auch Kapitel 8.8.1), vererben sich hier auch die entsprechenden Restriktionen, insbesondere ist der maximale Rückblickzeitraum durch den Serverparameter undo_retention gegeben, der typischerweise in der Größenordnung von Stunden oder wenigen Tagen liegt.

Diese Fähigkeit wird vielleicht in den folgenden Releases noch ausgebaut werden. Aktuell scheint es nur möglich zu sein, das aktuelle Dateisystem auszuhängen und anschließend mit dem historischen Zustand read-only wieder einzuhängen. Beispielsweise wird mit den folgenden Kommandos das Dateisystem mit seinen Inhalten vor einer halben Stunde verfügbar gemacht:

```
$ fusermount -u /mnt/dbfs
$ sqlplus myapp/myapp@ps112

SQL> BEGIN
       DBMS_DBFS_CONTENT.UNMOUNTSTORE (
         store_name => 'FS_MYAPP_FS'
        ,store_mount => 'myapp_fs');
     END;
     /

PL/SQL procedure successfully completed.

SQL> BEGIN
       DBMS_DBFS_CONTENT.MOUNTSTORE (
         store_name => 'FS_MYAPP_FS'
        ,store_mount => 'myapp_fs'
        ,owner => 'MYAPP'
        ,asof => SYSTIMESTAMP - NUMTODSINTERVAL(30,'MINUTE'));
     END;
     /

PL/SQL procedure successfully completed.

SQL> quit

$ dbfs_client -o wallet /@ps112 /mnt/dbfs
```

10 Globalization Support

Unter *Globalization Support* versteht die Oracle-Datenbank eine Gruppe von Mechanismen und Einstellungen, die sich mit der Unterstützung von internationalen Anwendungen befassen. Dies betrifft insbesondere Themen wie:

- Sprachen für Fehlermeldungen und sonstige Rückmeldungen,
- landesspezifische Konventionen wie Dezimal- und Tausender-Trennzeichen, Währungssymbole, Datums- und Zeitformate sowie
- Zeichensätze, insbesondere die für die Speicherung bzw. Darstellung verwendeten Kodierungen sowie die jeweiligen Konvertierungen untereinander.

In älteren Oracle-Versionen wurde hierfür die Bezeichnung *National Language Support* verwendet. Die alte Bezeichnung trifft den Hintergrund der Vorgehensweise, die damals im Fokus stand: In jedem Land sollten die dort verwendete Sprache sowie die für deren Darstellung üblichen Schriftzeichen unterstützt werden, d. h., die Betonung lag auf *National*.

Heute ist es jedoch für Unternehmen unerlässlich, sich dem Trend der Globalisierung in der Weltwirtschaft anzuschließen. Daher müssen nicht mehr nur die eigene Sprache und vielleicht die des Nachbarlandes unterstützt werden, sondern zumindest die eines Kontinents – was in Europa bereits eine sehr anspruchsvolle Aufgabe ist – oder sogar der ganzen Welt. Somit ist der Name Globalization Support für diese neuen Anforderungen treffend gewählt.[1]

Damit diverse Sprachen, Konventionen und Zeichensätze gleichzeitig von verschiedenen Clients einer Instanz genutzt werden können, sind praktisch alle Parameter für den Globalization Support sowohl im Client als auch im Server einstellbar. Die Serverparameter haben den Sinn, Standardwerte für die Clients zu setzen, die keinen expliziten Wert setzen. Diese haben jedoch praktisch keine Auswirkungen auf irgendwelche Verbindungen, da durch den meist immer verwendeten Parameter `NLS_LANG` auf der Clientseite ebenfalls Standardwerte für die gewählte Sprache gesetzt werden. Daher kommen Serverparameter in der Regel nicht zur Geltung.

Zwei Parameter auf der Serverseite werden bereits beim Anlegen der Datenbank gesetzt und können dann nur noch unter recht scharfen Bedingungen oder mit großem Aufwand geändert werden:

- der *Datenbankzeichensatz*, auch Standard-Datenbankzeichensatz genannt, und
- der *nationale Datenbankzeichensatz*.

Diese beiden Zeichensätze bestimmen, wie sämtliche Zeichenketten innerhalb der Datenbank gespeichert werden – und damit natürlich auch, welche Zeichen überhaupt gespeichert werden können.

1 Trotz der Umbenennung tragen die meisten Parameter nach wie vor das Kürzel NLS im Namen.

Auf der Clientseite wird für jede Sitzung der passende Zeichensatz eingestellt. Oracle Net ist dafür zuständig, die Zeichen für die Client-Server-Kommunikation zu konvertieren, falls Client und Server nicht die gleichen Zeichensätze benutzen.

10.1 Grundeinstellung

Zunächst bestimmt man beim Anlegen der Datenbank mindestens den Datenbankzeichensatz sowie optional den nationalen Datenbankzeichensatz. Dies erfolgt innerhalb des `CREATE DATABASE`-Befehls mit den folgenden Klauseln:

```
SQL> CREATE DATABASE mydb
     ...
     CHARACTER SET WE8MSWIN1252
     NATIONAL CHARACTER SET UTF8
     ...;
```

In diesem Beispiel werden als Datenbankzeichensatz der westeuropäische MS-Windows-Zeichensatz mit der Codepage 1252, als nationaler Datenbankzeichensatz der Unicode-Zeichensatz UTF8 verwendet. In einer so erzeugten Datenbank benutzen

- alle CHAR-Datentypen (wie `CHAR`, `VARCHAR2` und `CLOB`) den Standard-Zeichensatz, hier also `WE8MSWIN1252`,
- alle NCHAR-Datentypen (wie `NCHAR`, `NVARCHAR2` und `NCLOB`) den nationalen Zeichensatz, in diesem Falle also `UTF8`.

Bei der Auswahl der Zeichensätze ist darauf zu achten, dass alle Zeichen, die man in den entsprechenden Feldern der Datenbank speichern möchte, darin enthalten sind.

Im zweiten Schritt muss der Client nur noch bestimmen, mit welchem Zeichensatz er arbeitet. Wird MS-Windows als Client verwendet, so ist dies zumindest in Deutschland (und wahrscheinlich auch im restlichen Westeuropa) ebenfalls `WE8MSWIN1252`. Die Umgebungsvariable `NLS_LANG`, mit der der Client-Zeichensatz angegeben wird, enthält zusätzlich zum eigentlichen Zeichensatz je eine Komponente für die Sprache und das Gebiet in der folgenden Form:

```
<Sprache>_<Gebiet>.<Zeichensatz>
```

Ein vollständiges Beispiel dafür ist:

```
NLS_LANG = GERMAN_GERMANY.WE8MSWIN1252
```

Während `NLS_LANG` unter Unix und Linux als Umgebungsvariable gesetzt werden muss, wird beim Einsatz von MS-Windows meistens nicht ein entsprechender Registry-Wert benutzt. Der einschlägige Pfad hierfür lautet:

```
\\HKEY_LOCAL_MACHINE\SOFTWARE\ORACLE\KEY_<Oracle-Home-Name>
```

10.2 Sprachen und landesspezifische Konventionen

10.2.1 Sprache, Gebiet und Datumsformat

Die Auswahl von Sprache und Gebiet via `NLS_LANG`-Variable ist sicher eine komfortable Möglichkeit, den Anwender einer Oracle-basierten Anwendung zu unterstützen. Gerade diese Auswahlmöglichkeit kann jedoch zu einiger Verwirrung bei der Ausführung von

Anwendungen führen. Als Beispiel soll hier die Ausgabe zu folgendem SQL-Befehl dienen:

```
SQL> SELECT TO_DATE('01.03.2010', 'DD.MM.YYYY') AS datum FROM DUAL;
```

Mit der Einstellung `AMERICAN_AMERICA.WE8MSWIN1252` sieht die Ausgabe wie folgt aus:

```
DATUM
---------
01-MAR-10
```

Folgendes Ergebnis erhält man mit `GERMAN_GERMANY.WE8MSWIN1252`:

```
DATUM
--------
01.03.10
```

Eine weitere Variante ist `GERMAN_AMERICA.WE8MSWIN1252`:

```
DATUM
---------
01-MRZ-10
```

An den Ausgaben sieht man, dass offensichtlich die Einstellungen für Sprache und Gebiet Auswirkungen auf andere Parameter haben, etwa das Datumsformat (`DD-MON-RR`[2] für das Gebiet Amerika, `DD.MM.RR` für Deutschland) und die Datumssprache (entsprechend der Sprache).

An dieser Stelle sei erwähnt, dass Werte vom Datentyp `DATE` intern in einem Binärformat abgelegt werden, das vom Darstellungsformat unabhängig ist. Daher ist z. B. sichergestellt, dass Jahreszahlen grundsätzlich vierstellig gespeichert werden. Das Datumsformat ist lediglich zur Ein- und Ausgabe von `DATE`-Werten da. Bei der Ausgabe wird grundsätzlich die SQL-Funktion `TO_CHAR` mit der auf Sitzungsebene aktiven Formatmaske durchlaufen, bei der Eingabe von Werten entsprechend die SQL-Funktion `TO_DATE`.

Eine Zusammenfassung aller NLS-Parameter und deren für die aktuelle Sitzung gültigen Werte liefert die View `NLS_SESSION_PARAMETERS`. Hier folgt beispielhaft eine Auflistung aller NLS-bezogenen Parameter in einer Session, die mit der NLS_LANG-Einstellung `GERMAN_GERMANY.WE8MSWIN1252` gestartet wurde:

```
SQL> SELECT * FROM nls_session_parameters;

PARAMETER                  VALUE
-------------------------- ------------------------------
NLS_LANGUAGE               GERMAN
NLS_TERRITORY              GERMANY
NLS_CURRENCY
NLS_ISO_CURRENCY           GERMANY
NLS_NUMERIC_CHARACTERS     ,.
NLS_CALENDAR               GREGORIAN
```

2 Das RR-Format ist ein zweistelliges Jahreszahlformat, bei dem das Jahrhundert etwas intelligenter gesetzt wird als beim YY-Format. Letzteres nimmt als Jahrhundert grundsätzlich das aktuelle Jahrhundert an. Beim RR-Format wird das vorangegangene Jahrhundert angenommen, wenn man sich in der ersten Hälfte eines Jahrhunderts befindet und eine Zahl größer oder gleich 50 als Jahreszahl eingibt. Bei der Eingabe von 98 im Jahr 2005 wird also 1998 angenommen anstelle von 2098 beim YY-Format. Analog wird in der zweiten Hälfte eines Jahrhunderts das Folgejahrhundert angenommen, wenn man eine Zahl kleiner als 50 eingibt.

```
NLS_DATE_FORMAT              DD.MM.RR
NLS_DATE_LANGUAGE            GERMAN
NLS_SORT                     GERMAN
NLS_TIME_FORMAT              HH24:MI:SSXFF
NLS_TIMESTAMP_FORMAT         DD.MM.RR HH24:MI:SSXFF
NLS_TIME_TZ_FORMAT           HH24:MI:SSXFF TZR
NLS_TIMESTAMP_TZ_FORMAT      DD.MM.RR HH24:MI:SSXFF TZR
NLS_DUAL_CURRENCY
NLS_COMP                     BINARY
NLS_LENGTH_SEMANTICS         BYTE
NLS_NCHAR_CONV_EXCP          FALSE
```

Auffällig ist, dass man nicht NLS_LANG, sondern zwei seiner Komponenten, die Sprache und das Gebiet, als NLS_LANGUAGE und NLS_TERRITORY wiederfindet. Diese beiden Parameter unterscheiden sich von den anderen dadurch, dass sie als Session- oder Serverparameter modifizierbar sind, als Umgebungsvariable jedoch nicht.

Alle anderen Parameter können überall vorgegeben werden: als Serverparameter, als Umgebungsvariable und über einen ALTER SESSION-Befehl auf Session-Ebene. Ist keine der Varianten vorgegeben, so zieht die jeweilige Standardeinstellung, die in den allermeisten Fällen der amerikanischen Variante entspricht.

Ebenfalls auffällig ist, dass der eingestellte Client-Zeichensatz nicht in der Liste vorkommt. Auch die folgende Abfrage ist nicht in der Lage, diesen zu ermitteln:

```
SQL> SELECT SYS_CONTEXT('USERENV','LANGUAGE') AS my_nls_lang
     FROM   dual;

MY_NLS_LANG
------------------------------
GERMAN_GERMANY.AL32UTF8
```

Das Ergebnis ist eine Zeichenkette, deren Format dem NLS_LANG-Parameter entspricht, die jedoch als dritte Komponente den Datenbankzeichensatz (und nicht den Client-Zeichensatz) enthält. Erst ab der Datenbankversion 11g kann der Client-Zeichensatz mithilfe der View V$SESSION_CONNECT_INFO abgefragt werden:

```
SQL> SELECT s.sid, s.serial#, s.username, s.program, sc.client_charset
     FROM   v$session s, v$session_connect_info sc
     WHERE  s.sid = sc.sid
     AND    s.serial# = sc.serial#;

  SID    SERIAL# USERNAME     PROGRAM              CLIENT_CHARSET
----- ---------- ------------ -------------------- --------------
   19       7934 SYSTEM       Toad.exe             UTF16
   30      12999 SYSTEM       sqlplus.exe          WE8MSWIN1252
  112      13602 FOGMON       JDBC Thin Client     Unknown
  114       7102 DEMO         sqlplus.exe          WE8PC850
```

Wie man sieht, funktioniert dies bei allen Clients, die direkt oder indirekt die OCI-Schnittstelle benutzen. Für Clients, die sich mittels Thin JDBC anmelden, wird auch hier lediglich der Wert „Unknown“ angezeigt.

Weitere wichtige NLS-Parameter sind NLS_DATE_FORMAT und NLS_DATE_LANGUAGE. Sie bestimmen das Standardformat für die Ein- und Ausgabe von Werten vom Datentyp DATE. Im o.a. Beispiel wurde das Format abhängig von der Gebietseinstellung verändert. Sowohl das Format als auch die Sprache können innerhalb der Sitzung bzw. über Umgebungsvariablen verändert werden:

```
SQL> SELECT TO_DATE('01.03.2010', 'DD.MM.YYYY') datum FROM dual;

DATUM
---------
01-MAR-10

SQL> ALTER SESSION SET nls_date_format = 'DD.MM.YYYY HH24:MI:SS';

Session altered.

SQL> SELECT TO_DATE('01.03.2010', 'DD.MM.YYYY') datum FROM dual;

DATUM
-------------------
01.03.2010 00:00:00

SQL> SELECT sysdate FROM dual;

SYSDATE
-------------------
30.01.2010 20:49:31
```

Möchte man das zuletzt verwendete Datumsformat inklusive Uhrzeit als Standard einstellen, kann man den Parameter `NLS_DATE_FORMAT` als Umgebungsvariable setzen:

```
$ NLS_DATE_FORMAT="DD.MM.YYYY HH24:MI:SS"
$ export NLS_DATE_FORMAT
```

Unter MS-Windows ist ein entsprechender Wert in der Registrierung zu setzen.

Beim Oracle-Datums- und Uhrzeitformat gibt es viele mögliche Einstellungen, u. a. für ausgeschriebene oder abgekürzte Tages- und Monatsbezeichnungen. Hierzu ist die Einstellung `NLS_DATE_LANGUAGE` wichtig:

```
SQL> SELECT TO_CHAR(SYSDATE, 'Day') FROM dual;

TO_CHAR(SYSDATE,'DAY')
------------------------------------
Friday

SQL> ALTER SESSION SET NLS_DATE_LANGUAGE = 'Spanish';

Session altered.

SQL> SELECT TO_CHAR(SYSDATE, 'Day') FROM dual;

TO_CHAR(SYSDATE,'DAY')
------------------------------------
Viernes
```

Eine weitere Einstellung bezüglich des Datums ist `NLS_CALENDAR`. Für viele ist die Verwendung des gregorianischen Kalenders selbstverständlich – andere Kulturen verwenden jedoch auch andere Kalender. Momentan werden die Kalender Japanese Imperial, ROC Official (Republic of China), Thai Buddha, Persian, Arabic Hijrah und English Hijrah unterstützt. Die Darstellung setzt meist einen bestimmten Zeichensatz voraus.

10.2.2 Zeitzonen, Zeitstempel und Intervalle

Eine Erweiterung des DATE-Datentyps ist TIMEZONE. Dieser enthält zusätzlich zu den Sekunden deren Bruchteile sowie optional Zeitzoneninformationen.

Mit den Zeitzonen verhält es sich wie mit den Zeichensätzen: Sowohl die Datenbank als auch jede Sitzung haben eine Zeitzone eingestellt, und wenn man nichts weiter unternimmt, stellt die Oracle-Software entsprechende Standardwerte ein. Diese werden dann entsprechend den Einstellungen des jeweiligen Betriebssystems übernommen.

Die möglichen Werte für Zeitzonen sind:

- Offsets von der Coordinated Universal Time (UTC, entspricht Greenwich Mean Time)
- Ortsangaben, die implizit die Zeitzone enthalten (wie z. B. Europe/Berlin)
- Abkürzungen für Standardzeiten bzw. Sommerzeiten (wie CET oder CEST)

Die Datenbankzeitzone wird beim Erstellen der Datenbank eingestellt, entweder auf einen vom Betriebssystem ausgelesenen Wert oder den Wert, der mit der SET TIME_ZONE-Klausel des CREATE DATABASE-Befehls angegeben wird.

Nachträglich kann die Datenbankzeitzone mit einem ALTER DATABASE-Befehl geändert werden, es sei denn, in der Datenbank existieren bereits Tabellen mit Spalten vom Datentyp TIMESTAMP WITH LOCAL TIME ZONE. Oracle empfiehlt, die Datenbankzeitzone für alle Datenbanken auf UTC zu normieren, damit beim Datenaustausch zwischen den Systemen keine zeitaufwendigen Konvertierungen stattfinden. Die Datenbankzeitzone kann mit der SQL-Funktion DBTIMEZONE abgefragt werden.

Die Einstellung der Zeitzone auf Sitzungsebene erfolgt entweder über die Umgebungsvariable ORA_SDTZ oder auf Session-Ebene:

```
SQL> ALTER SESSION SET TIME_ZONE = 'CET';
```

Zur Abfrage der Session-Zeitzone gibt es ebenfalls eine SQL-Funktion, nämlich SESSION-TIMEZONE.

Sommerzeiten (engl. *Daylight Savings Time*) werden von Oracle automatisch behandelt.

Gültige Werte für Zeitzonen sind über die View V$TIMEZONE_NAMES abfragbar. Der Inhalt dieser View entspricht der Zeitzonendatei, die Oracle gerade verwendet. Es werden grundsätzlich zwei Zeitzonendateien ausgeliefert:

- $ORACLE_HOME/oracore/zoneinfo/timezlrg.dat ist die umfassendere der beiden Dateien.
- $ORACLE_HOME/oracore/zoneinfo/timezone.dat enthält etwa die Hälfte der Einträge der ersten Datei – laut Oracle die am häufigsten genutzten Zeitzonen. Allerdings ist z. B. die Zeitzone *Europe/Berlin* nicht enthalten.

Standardmäßig wird die große Datei benutzt. Will man die andere Datei benutzen, so muss vor dem Start der Instanz die Umgebungsvariable ORA_TZFILE gesetzt werden:

```
$ ORA_TZFILE=$ORACLE_HOME/oracore/zoneinfo/timezone.dat
$ export ORA_TZFILE
```

Es besteht jedoch aus Sicht der Autoren keinerlei Veranlassung zur Verwendung der kleinen Datei.

Nachdem nun die Zeitzonen definiert sind, kann der Datentyp für Zeitstempel, TIMESTAMP, behandelt werden. Zunächst einmal enthält er zusätzlich zu den in DATE vorhandenen Feldern Sekundenbruchteile mit 0 bis 9 Stellen Genauigkeit (Standardwert ist 6). Die Genauigkeit für Sekundenbruchteile kann bei der Deklaration in Klammern angegeben werden, z. B. TIMESTAMP(3) für eine Genauigkeit bis auf Millisekunden.

Der Datentyp TIMESTAMP existiert weiterhin in drei Varianten:

- Für TIMESTAMP wird keine Zeitzoneninformation im Datensatz gespeichert.
- Dasselbe gilt für TIMESTAMP WITH LOCAL TIME ZONE, wobei in diesem Fall die gespeicherten Werte auf die Datenbankzeitzone normiert werden, d. h., bei der Ein- und Ausgabe von Werten wird zwischen Sitzungs- und Datenbankzeitzone konvertiert, falls diese unterschiedlich sind.
- Für TIMESTAMP WITH TIME ZONE wird die Zeitzoneninformation im Datensatz abgelegt.

Auch TIMESTAMP-Werte werden wie DATE-Werte in einem internen Binärformat gespeichert; daher sind ebenfalls Formatmasken für die Ein- und Ausgabe von Werten zuständig. Für die beiden ersten Typen ist die Variable NLS_TIMESTAMP_FORMAT, für den letzten Typ die Variable NLS_TIMESTAMP_TZ_FORMAT zuständig.

Zusätzlich zu den Formatelementen des DATE-Datentyps wird die Sekundenangabe (typischerweise SS) ergänzt um XFF[n]. Dabei steht das X für das Dezimaltrennzeichen zwischen Sekunden und Bruchteilen (und entspricht damit in etwa dem D-Formatelement bei den NUMBER-Formaten). Das FF steht für die eigentlichen Bruchteile und übernimmt die Anzahl Stellen vom Datentyp. Optional kann die Stellenzahl zwischen 1 und 9 auch explizit gewählt werden.

Zeitzonen werden im Format entweder über die Felder TZH und TZM (als Stunden und Minuten Differenz von UTC), die Regionsbezeichnung TZR (z. B. Europe/Berlin) bzw. die Standardabkürzung der Zeitzone inklusive Sommerzeitinformation TZD (z. B. CET bzw. CEST) dargestellt.

Für international genutzte Anwendungen haben die beiden TIMESTAMP-Datentypen mit Zeitzonenberücksichtigung große Vorteile gegenüber DATE, da durch die Mitbetrachtung der Zeitzone die Zeitunterschiede zwischen den verschiedenen Benutzern der Anwendungen keine Fehler mehr verursachen können. Die Auswahl des konkreten Datentyps (LOCAL oder nicht) ist davon abhängig zu machen, ob die explizite Information über die ursprüngliche Zeitzone später eine Rolle spielen kann oder nicht.

Die zusätzlichen Datentypen zur Darstellung von Intervallen INTERVAL YEAR TO MONTH und INTERVAL DAY TO SECOND unterstützen die TIMESTAMP-Datentypen, sodass Berechnungen hiermit einfach möglich sind. Die bekannten Funktionen für die DATE-Arithmetik (wie z. B. ADD_MONTHS) sollten für TIMESTAMP-Berechnungen nicht verwendet werden, da diese eine implizite Typkonvertierung zu DATE durchführen und somit sowohl die Sekundenbruchteile als auch die Zeitzoneninformation verlieren.

10.2.3 Sortierreihenfolgen

Die Einstellung der Sortierreihenfolge wird über den Parameter NLS_SORT gesteuert, dessen Standardwert BINARY ist. Wird die Sprache (NLS_LANGUAGE) auf GERMAN gesetzt, so gilt diese Einstellung zunächst auch für NLS_SORT. Allerdings gibt es insgesamt vier deutsche Sortierreihenfolgen für Oracle:

- GERMAN,
- GERMAN_DIN,
- XGERMAN und
- XGERMAN_DIN.

Alle basieren auf der Norm DIN 5007, unterscheiden sich jedoch in der Behandlung von Groß- und Kleinschrift, den Umlauten gegenüber AE, OE und UE sowie des „ß". Zur Einstellung der gewünschten Sortierreihenfolge sollte man die Möglichkeiten ausprobieren und die gewünschte Variante auswählen. Nähere Informationen hierzu finden sich auch im My Oracle Support-Dokument 130318.1 („How Sorting with NLS_SORT=GERMAN Works").

Wichtig im Zusammenhang mit Sortierreihenfolgen ist, dass Indizes auf CHAR-Datentypen grundsätzlich binär sortiert sind. Damit ist es (unabhängig von allen anderen Optimierungskriterien) grundsätzlich nicht möglich, eine ORDER BY-Abfrage durch einen Standardindex auf dem Sortierfeld zu unterstützen, sobald NLS_SORT auf einem von BINARY verschiedenen Wert steht.

Das Problem kann dadurch umgangen werden, dass ein funktionsbasierter Index mit der SQL-Funktion NLSSORT aufgebaut wird, z. B.:

```
SQL> CREATE INDEX personen_nachname_xgerman_din
     ON personen (NLSSORT(nachname, 'NLS_SORT = XGERMAN_DIN'));
```

Dieser Index kann zur indexunterstützten Sortierung wiederum verwendet werden.

10.2.4 Weitere NLS-Parameter

Der Parameter NLS_NUMERIC_CHARACTERS bestimmt, welche Zeichen als Dezimal- und Tausendertrennzeichen bei der Formatierung von NUMBER-Werten benutzt werden. Hiermit wird hauptsächlich dem Umstand Rechnung getragen, dass im Englischen der Punkt als Dezimal- und das Komma als Tausendertrennzeichen verwendet wird; im Deutschen ist es genau umgekehrt. Die Voreinstellung ist abhängig von der Wahl des Gebiets.

Dieser Parameter kann bei einigen Anwendungen, die auf die Oracle-Datenbank zugreifen, Ursache für Fehler sein. Da der Parameter über die Standardsprache (NLS_LANGUAGE) entsprechend gesetzt wird, kann es daher vorkommen, dass Fehlermeldungen, wie z. B. „ORA-01722: ungültige Zahl", von der Anwendung geliefert werden. In der Regel ist dies auf eine fehlerhafte Kodierung zurückzuführen, bei der Punkt und Komma explizit gesetzt wurden.

Für Währungen können die Parameter NLS_CURRENCY und NLS_ISO_CURRENCY verwendet werden, wobei NLS_CURRENCY das Währungssymbol (etwa das Euro- oder das Dollarzeichen) enthält und NLS_ISO_CURRENCY die Bezeichnung des ISO-Währungssymbols (also AMERICAN oder GERMAN). Bei der Verwendung des Formatelements L wird dann das Währungssymbol, mit dem Formatelement C die ISO-Abkürzung der Währung (USD, EUR usw.) ausgegeben.

Aus der Zeit der Euroumstellung ist ein weiterer Parameter, NLS_DUAL_CURRENCY, vorhanden, mit dem ein zweites Währungssymbol definiert werden kann. Dieser ist aktuell nicht mehr dokumentiert, aber nach wie vor vorhanden.

10.3 Zeichensätze

Die Auswahl der Zeichensätze für eine Datenbank ist keine triviale Aufgabe. Im Gegensatz zum englischsprachigen Raum ist es jedoch unerlässlich, einen passenden Zeichensatz auszuwählen – da der Standardwert für den Datenbankzeichensatz US7ASCII ist und somit z. B. keine Umlaute enthält.

Es wird im Übrigen dringend von dem Trick abgeraten, die Datenbank mit US7ASCII zu betreiben und alle Clients ebenfalls mit der Einstellung US7ASCII zu fahren. Damit führt Oracle Net keinerlei Konvertierung durch – und es ist somit möglich, z. B. mit MS-Windows-Clients zu arbeiten und alle üblichen Umlaute und Sonderzeichen in die Datenbank hinein und sogar wieder heraus zu bekommen. Allerdings fehlt der Datenbank damit auch jegliches Wissen über diese Umlaute, und das bedeutet, dass weder richtige Sortierreihenfolgen noch spätere Integration von anderen Clients oder Umstellungen auf andere Zeichensätze möglich sind.

Die Auswahl der Zeichensätze sollte im Falle einer Umgebung mit mehreren Datenbanken besonders gut überlegt sein. Die Möglichkeit, Daten zwischen verschiedenen Datenbanken mithilfe von transportablen Tablespaces auszutauschen, wird seit mehreren Versionen unterstützt und funktioniert ab der Datenbankversion 10g sogar bei Datenbanken mit verschiedenen Betriebssystemplattformen (siehe hierzu Kapitel 13.4.1).

Allerdings müssen dafür sowohl die Standard- als auch nationaler Zeichensatz von Quell- und Zieldatenbank übereinstimmen – bzw. der Zeichensatz der Zieldatenbank muss eine strikte Obermenge des jeweiligen Zeichensatzes der Quelldatenbank sein. Die letzte Einschränkung deckt jedoch fast ausschließlich Fälle ab, in denen die Quelldatenbank mit US7ASCII betrieben wird, das eine strikte Teilmenge von fast allen Single-Byte-Zeichensätzen ist.

Ein Zeichensatz X wird als strikte Obermenge eines anderen Zeichensatzes Y bezeichnet, wenn alle Zeichen aus Y in X enthalten sind und für alle Zeichen aus Y gilt, dass ihre Binärdarstellung (hierfür wird auch der Begriff *Code Point* verwendet) in X und Y identisch ist. Y wird dann auch als strikte Teilmenge bezeichnet.

Eine gute Übersicht über alle hier besprochenen Zeichensätze findet sich im Internet unter der URL http://en.wikipedia.org/wiki/Character_encoding.

Für die weiter unten besprochenen Unicode-Zeichensätze empfiehlt sich ebenfalls die URL http://www.unicode.org.

10.3.1 Single-Byte-Zeichensätze

Übliche Single-Byte-Zeichensätze für deutsche Installationen sind WE8ISO8859P15[3] und WE8MSWIN1252. Bei einer neu einzurichtenden Datenbank mit Single-Byte-Zeichensatz

3 Der früher übliche WE8ISO8859P1 wird hingegen so gut wie nicht mehr verwendet, da er kein Euro-Symbol enthält.

sollte man WE8MSWIN1252 den Vorzug geben, falls größtenteils mit MS-Windows-Clients gearbeitet wird.

Nach der Einrichtung der Datenbankzeichensätze ist die richtige Einstellung des Client-Zeichensatzes letztendlich bei jedem Programmaufruf zu überprüfen. Hierzu folgende Beispiele:

- Ein deutsches MS Windows verwendet auf der grafischen Oberfläche den oben genannten Zeichensatz WE8MSWIN1252. Innerhalb einer DOS-Box verwendet es WE8PC850. Daher arbeiten grafische Werkzeuge häufig mit dem ersten, die SQL*Plus-Kommandozeile hingegen mit dem zweiten Zeichensatz.
- Lädt man Daten mit dem SQL*Loader in die Datenbank, so sollte man den Zeichensatz mit NLS_LANG auswählen, der die zu ladenden Daten beschreibt. Je nachdem, wo die Daten herkommen, hat dieser Zeichensatz nichts mit dem Zeichensatz des Clients zu tun.
- Beim Export/Import von Daten werden Meldungen über Zeichensätze angezeigt, z. B. wie folgende:

```
Exportieren in WE8MSWIN1252-Zeichensatz und AL16UTF16-NCHAR-Zeichensatz durchgeführt
Server verwendet Zeichensatz AL32UTF8 (Zeichensatzkonvertierung möglich)
```

  Gerade die Anmerkung „Zeichensatzkonvertierung möglich“ könnte zu dem Schluss verleiten, dass die Daten vom Datenbankzeichensatz AL32UTF8 in den eingestellten Clientzeichensatz WE8MSWIN1252 konvertiert werden – allerdings bezieht sich dies lediglich auf Data-Dictionary-Informationen wie Tabellennamen usw. In früheren Export-Versionen wurde tatsächlich konvertiert, was oft zum Verlust von Umlauten, Sonderzeichen usw. führte. Seit Oracle9i konvertiert ein Export jedoch (glücklicherweise) nicht mehr, sondern belässt alle Zeichenketten im Zeichensatz der Datenbank.

10.3.2 Multi-Byte-Zeichensätze, insbesondere Unicode

Multi-Byte-Zeichensätze werden in dem Moment erforderlich, wo es nicht mehr ausreicht, alle Zeichen zu erfassen, die in einem Land, einer Region oder einem Teilkontinent verwendet werden. Diese Art der Abbildung von Regionen oder sprachlich verwandten Ländern wird beispielsweise durch das Konzept der ISO-Zeichensätze abgebildet.

Es existieren u. a. spezielle Multi-Byte-Zeichensätze für Sprachen, die eine große Anzahl von Schriftzeichen benötigen, wie Chinesisch oder Japanisch. Diese spielen in Europa jedoch keine große Rolle, da diese Zeichensätze unsere ASCII-Zeichen i. A. nicht enthalten und erst recht keine Umlaute.

Interessanter sind da die Unicode-Zeichensätze, bei denen versucht wird, alle benötigten Schriftzeichen für internationale Anwendungen, also auch für alle Sprachen, in einem Zeichensatz zusammenzufassen. Hierbei gibt es unterschiedliche Kodierungsschemata (*Encodings*) und Versionen, da nach und nach immer mehr Sprachen und Zeichen integriert werden. An dieser Stelle sollte sofort klar sein, dass Single-Byte-Zeichensätze hierfür nicht geeignet sind und selbst 16-Bit-Zeichensätze nicht ausreichen.

Das meist genutzte Kodierungsschema wird mit UTF-8 bezeichnet und ist variabel lang: Zeichen werden mit einer Länge von einem bis vier Bytes kodiert. Dabei entsprechen die 1-Byte-Zeichen den ASCII-Zeichen. Umlaute werden z. B. bereits mit 2 Bytes dargestellt.

Seit Oracle 10g sind neben UTF-8 auch die Unicode-Kodierungen UCS-2 und UTF-16 wichtig. UCS-2 ist eine 2-Byte-Kodierung. UTF-16 ist eine strikte Obermenge von UCS-2 neueren Datums (Unicode Version 3.2) und lässt zusätzlich 4-Byte-Darstellungen zu, insbesondere für Sonderzeichen, die bei UCS-2 nicht enthalten sind. UTF-16 wird z. B. von neueren MS-Windows-Versionen sowie von Java-Umgebungen genutzt.

Als Datenbankzeichensatz unterstützt Oracle 10g zwei UTF-8-Kodierungen: `UTF8` und `AL32UTF8`. Der Unterschied zwischen den beiden Zeichensätzen ist, dass mit `UTF8` die UTF-8-Kodierung der Unicode-Version 3.0 unterstützt wird: Dies ist im Übrigen seit der Version Oracle 8i unverändert. `AL32UTF8` hingegen unterstützt in jedem Oracle-Release die jeweils neueste Unicode-Version:

- für Oracle 10gR1: Unicode-Version 3.2,
- für Oracle 10gR2: Unicode-Version 4.0,
- für Oracle 11gR1 und 11gR2: Unicode-Version 5.0.

Für hostbasierte Umgebungen wird mit `UTFE` zusätzlich eine UTF-EBCDIC-Kodierung unterstützt.

Die Unterstützung für nationale Zeichensätze unterscheidet sich von der für Datenbankzeichensätze: Hier werden ausschließlich die Zeichensätze `UTF8` (wie oben) und `AL16UTF16` akzeptiert. Letzterer entspricht der UTF-16-Kodierung und unterstützt jeweils dieselben Unicode-Versionen wie `AL32UTF8`.

Besonderheiten in diesem Zusammenhang weisen die Oracle-Datentypen `CLOB` und `NCLOB` auf:

- Sobald der Datenbankzeichensatz ein Multi-Byte-Zeichensatz ist, werden `CLOB`-Werte immer in UCS-2 kodiert, unabhängig davon, welcher Zeichensatz für die Datenbank gewählt wurde.
- `NCLOB`-Werte werden grundsätzlich (unabhängig vom Datenbankzeichensatz und vom nationalen Datenbankzeichensatz) in UTF-16 kodiert.

Generell bedeutet die Verwendung von Unicode als Datenbankzeichensatz, dass die Darstellung von Zeichenketten tendenziell verlängert wird. Die tatsächliche Verlängerung variiert zumindest bei der Verwendung der UTF-8-Kodierung: Je mehr Umlaute und Sonderzeichen verwendet werden, desto länger wird die Darstellung. Bei UCS-2- und UTF-16-Kodierungen verdoppelt sich der benötigte Speicherplatz gegenüber der Single-Byte-Darstellung.

Längensemantik

Bei der Arbeit mit Multi-Byte-Zeichensätzen stellt sich eine Frage, die bei Single-Byte-Zeichensätzen nicht auftaucht:

Was ist mit `VARCHAR2(n)` gemeint?

Die Standardantwort überrascht ein bisschen: Es ist gemeint, dass die Darstellung einer Zeichenkette die Länge von *n* Bytes nicht überschreiten darf, und nicht etwa, dass *n* Zeichen als Länge der Zeichenkette nicht überschritten werden dürfen.

Beim Übergang von einem Single-Byte-Zeichensatz auf Unicode sind daher Probleme vorprogrammiert: Lässt man die Tabellendefinitionen so, wie sie sind, passen eventuell in ein Feld nicht mehr alle Zeichen hinein, die vorher enthalten waren.

Zur Lösung des Problems kann die Längensemantik von dem Standardwert `BYTE` (was der obigen Beschreibung entspricht) auf `CHAR` umgeschaltet werden. Dies geschieht entweder durch die Angabe der gewünschten Semantik in der Spaltendefinition (z. B. `VARCHAR2(30 CHAR)`) oder durch Änderung des NLS-Parameters `NLS_LENGTH_SEMANTICS` (als Session- oder Serverparameter) auf einen der Werte `BYTE` oder `CHAR`.

Für die meisten Anwendungen macht die `CHAR`-Längensemantik mehr Sinn als `BYTE`. Daher ist es empfehlenswert, den Parameter `NLS_LENGTH_SEMANTICS` mit dem Wert `CHAR` als Standardparameter aufzunehmen – und dies nicht nur für Datenbanken mit Multi-Byte-Zeichensätzen, sondern auch bei Single-Byte-Zeichensätzen. Allerdings sollte dies nicht bereits für die Erstellung der Datenbank gesetzt werden, da das Data-Dictionary ohnehin immer in `BYTE`-Semantik erstellt wird und es außerdem einige Bugs in diesem Zusammenhang (Erstellung der Datenbank mit `CHAR`-Semantik) gibt.

Bei Spalten, die auf dem nationalen Zeichensatz basieren (`NCHAR` usw.), gilt unabhängig von der Einstellung des Parameters `NLS_LENGTH_SEMANTICS` immer die `CHAR`-Semantik.

Weiterhin gilt die Einschränkung, dass die Maximallängen für Zeichenketten in Bytes festgelegt sind (2000 Bytes für `CHAR/NCHAR`, 4000 Bytes für `VARCHAR2/NVARCHAR2`) und auch bei `CHAR`-Semantik nicht überschritten werden können. Dies bedeutet, dass bei der Definition von z. B. `VARCHAR2(4000 CHAR)` je nach verwendetem Zeichensatz und den enthaltenen Zeichen die maximal mögliche Zeichenzahl kleiner als 4000 ist.

Programmierung

Die Behandlung von speziellen Zeichen erfordert oft die Benutzung von speziellen Funktionen. Ein Beispiel wurde mit der Funktion `NLSSORT`, mit der landesspezifische Sortierreihenfolgen abgebildet werden können, weiter oben bereits angegeben.

Die SQL-Funktionen `LOWER`, `UPPER` und `INITCAP` sind jeweils in einer weiteren Version `NLS_LOWER`, `NLS_UPPER` und `NLS_INITCAP` vorhanden. In den NLS-Versionen werden landesspezifische Konventionen berücksichtigt, wie folgendes Beispiel zeigt:

```
SQL> SELECT NLS_UPPER('Fußball', 'NLS_SORT=German')
     FROM dual;

NLS_UPP
-------
FUßBALL

SQL> SELECT NLS_UPPER('Fußball', 'NLS_SORT=XGerman')
     FROM dual;

NLS_UPPE
--------
FUSSBALL
```

Die Originalversionen der Funktionen kennen solche Feinheiten nicht und manipulieren Zeichenketten immer nur Zeichen für Zeichen, wobei die Ergebniszeichenkette immer genauso lang ist wie der Ausgangswert.

Mit der Funktion `CONVERT` können Zeichenketten in einen anderen Zeichensatz konvertiert werden. Der Quellzeichensatz ist normalerweise der Datenbankzeichensatz; allerdings können mit dieser Funktion unter Angabe des Quellzeichensatzes auch „falsche Daten“ korrigiert werden. Diese können entstehen, wenn Clients mit falscher `NLS_LANG`-Einstellung Daten in die Datenbank schreiben.

10.3.3 Migration von Zeichensätzen

Oft stellt sich bei einer Datenbankmigration (z. B. auf eine neue Version) die Frage, ob der Zeichensatz geändert werden soll. Aber auch ohne eine solche Migration stellt sich manchmal die Frage nach einem anderen Datenbankzeichensatz, z. B. wenn die Anforderung zur Darstellung von speziellen Zeichen auftaucht. Man muss unterscheiden, ob diese Migration mit der bestehenden Datenbank (In-Place-Migration) oder durch einen Neuaufbau der Datenbank inklusive Ent- und Beladen der Daten, z. B. mittels Export und Import, erfolgen muss.

Diesem Thema ist ein eigenes Kapitel 14.5 gewidmet, in dem beide Varianten genauer beschrieben sind.

11 Sicherheit

11.1 Einführung

Das funktionale Umfeld, in dem Datenbanksysteme zum Einsatz kommen, ist in den letzten Jahren dramatisch erweitert worden. Vorbei sind die Zeiten, in denen einzig und allein Client-Anwendungen durch direkte Connect-Operationen auf relationale Daten zugriffen. Drei- und mehrschichtige Architekturen erfordern heute auch dann sichere Authentifizierungen und Autorisierungen der Anwender, wenn diese nicht als Benutzer in der Datenbank registriert wurden. Gleichermaßen fordern Anwender, die mit einer Vielzahl von Systemen arbeiten müssen, eine zentrale, sichere Identifizierung für den Zugriff auf alle Systeme.

Einhergehend mit dieser Entwicklung wurden neue, erweiterte Anforderungen an die Sicherheitsmerkmale von Datenbanksystemen gestellt. Vor diesem Hintergrund wurden auch die Sicherheitsmerkmale der Oracle-Datenbank durch neue Funktionalitäten ergänzt, sodass dem Datenbankverwalter nun eine breite Palette erprobter Techniken für die sichere Konfiguration seiner Systeme zur Verfügung steht.

Das Thema Sicherheit im Kontext von Datenbanken wird jedoch nicht durch den Einsatz einzelner *Features* erledigt, sondern lebt erst durch die konzertierte Planung, Konfiguration und kontinuierliche Überwachung der relevanten Systeme. In vielen Fällen wird dem Thema Sicherheit immer noch zu wenig Aufmerksamkeit geschenkt. Sicherheit kostet Zeit und Geld für die Planung und Implementierung, Geld für Hard- und Software, Zeit und Geld für die Ausbildung der Beteiligten. Wir sollten uns hüten, Sicherheit nur als Synonym für Datenverschlüsselung zu handeln, um das unerlaubte Abhören, Lesen und Modifizieren von Daten während der Übertragung über ein Netzwerk zu verhindern. Sicherheit hat viele wichtige Seiten!

Eine angemessene Benutzerplanung und Authentifizierung, Strategien bei der Wahl und Verwaltung von Passwörtern, die bewusste und maßvolle Zuteilung von Privilegien sowie die Beobachtung des Systems sind mindestens ebenso wichtig für eine sichere Datenbankumgebung wie die oben genannte Verschlüsselung. Es sollte daher in jedem Projekt von Anfang an auch für diese Aspekte genügend Zeit eingeplant werden. Der große Nachteil einer ungenügenden Sicherheitsplanung ist leider der, dass die Sicherheitslücken oftmals über Jahre nicht bemerkt werden, ganz im Gegensatz zu einer unvollständigen Planung von Funktionen, die jedem Anwender sofort ins Auge springt, weil er bestimmte Aktionen nicht ausführen kann.

Die Literatur ist voll von Definitionen zum Begriff „Datenbanksicherheit". Eine dieser Definitionen soll dieses Kapitel einleiten:

> Datenbanksicherheit besteht aus einem Korpus von Maßnahmen, Verfahrensweisen (Policy) und Mechanismen, welche die Geheimhaltung, Integrität und Verfügbarkeit von Daten sicherstellen und mögliche interne und externe Angriffe, ob bösartiger oder zufälliger Art, abwehren sollen.[1]

1 Castano et al., Database Security, Seite IX.

Diese Definition macht bereits deutlich, dass Sicherheit im Allgemeinen und Datenbanksicherheit im Besonderen nicht nur aus einem Katalog von technischen Features besteht, sondern in ein breites organisatorisches Umfeld eingebettet ist. Sicherheit beginnt mit der Bereitschaft der Unternehmensleitung und der betreffenden Abteilungen, in die notwendigen Maßnahmen zu investieren, geht dann über rein „physikalische" Maßnahmen, die regeln, wer wann Zugang zur Hardware der betreffenden Datenbank haben darf, bis hin zur „logischen" Lösung der Problemstellungen über die zur Verfügung stehende Software.

Sicherheit im Bereich der Datenbank geht dabei in vielen Aspekten über die Anforderungen der zugrunde liegenden Betriebssysteme hinaus. Ist für das Betriebssystem die Datei die kleinste Einheit, in deren Kontext Zugriffe definiert werden können, muss die Datenbanksoftware die Zugriffe auf wesentlich feinere Art regeln. Jede Datenbankdatei enthält bekanntlich eine beliebige Anzahl von Objekten, deren Zugriff einzeln zu legitimieren ist.

Innerhalb der Objekte muss es ferner möglich sein, den Zugriff für einzelne Tupel oder Attribute zu bestimmen. Schließlich werden dynamisch Ergebnistabellen generiert, die ebenfalls Sicherheitsanforderungen genügen können.

Die Risiken, die entstehen, wenn das Thema Sicherheit nicht in der notwendigen Form Berücksichtigung findet, sind vielfältig:

- Verletzung der Geheimhaltungspflicht (*Privacy*) durch unberechtigten Zugriff auf Daten
- Verletzung der Integrität durch unerlaubtes Modifizieren von Daten
- Verletzung der Geheimhaltung durch unerlaubte Schlussfolgerungen. Die Fehlermeldung „`ORA-00001: Verstoß gegen Eindeutigkeit ...`" lässt beispielsweise den Schluss zu, dass ein Datensatz mit dem angegebenen Schlüssel bereits existiert, auch wenn er vom Benutzer nicht gelesen werden kann.
- Verletzung der Geheimhaltung durch das Aggregieren von Daten. Das Lesen einzelner Sätze einer Tabelle mag beispielsweise erlaubt sein, aber die Bildung von maximalen Werten oder Durchschnittswerten über die gesamte Tabelle kann eine Verletzung der Geheimhaltung bedeuten.
- Daten können auch über verdeckte Kanäle (*Covert Disclosure*) an Unbefugte gelangen. (Einem Benutzer A wird das Recht gegeben, Tabelle `T1` zu lesen, Benutzer B dagegen nicht. Benutzer A darf darüber hinaus eigene Tabellen erzeugen. Er kann nun die Daten der Tabelle `T1` in eine eigene Tabelle einfügen und Benutzer B ein Leserecht an dieser Tabelle einräumen.)

Das folgende Kapitel soll daher eine Anleitung zur Planung und Konfiguration einer sicheren Datenbankumgebung liefern. Dabei ist vor allem auch wichtig, dass Datenbanksicherheit auch das hardware- und softwaretechnische Umfeld betrachten muss. Das bedeutet konkret: Datenbanksicherheit ist nur dann möglich, wenn auch das umgebende Betriebssystem und die Netzwerkumgebung entsprechend abgesichert werden. Darüber hinaus gilt es, in dem Kräftedreieck aus Kosten, Sicherheitsanforderungen und Performance eine Lösung zu finden, die der entsprechenden Anwendungsumgebung und dem zur Verfügung stehenden Budget gerecht wird.

Nicht jede Lösung erfordert die höchste Sicherheitsstufe, aber umgekehrt darf Sicherheit auch nicht dem – konfiguratorischen – Zufall überlassen werden.

Die folgenden Meilensteine können beispielsweise das Projekt Datenbanksicherheit markieren:

Identifizierung: Sensible Daten können nur dann geschützt werden, wenn zugreifende und ändernde Benutzer eindeutig identifiziert und aufgrund der Identifizierung sicher authentifiziert werden können. Dies wird durch eine gute Benutzerplanung erreicht.

Privilegierung: Die eindeutige Identifizierung der Benutzer gibt den Weg für ihre Privilegierung frei, durch die nur solche Daten sichtbar und modifizierbar sind, die für den betreffenden Benutzer freigegeben sind (*Least Privilege-Prinzip*).

Systemüberwachung: Sicherheitstechnik ist wertlos, wenn sie nicht überwacht wird. Es ist daher wichtig, sensible Bereiche auch mit Mitteln des Auditings zu kontrollieren und die entstehenden Zugriffsprotokolle auch auszuwerten!

Verschlüsselung: Unzureichend geplante Sicherheitssysteme können leicht durch „Maskerade" (*Masquerading* oder *Spoofing*) geknackt werden, indem Externe die Identität registrierter Benutzer annehmen und dadurch – scheinbar legal – Informationen einsehen können. Um Maskerade zu verhindern oder zumindest zu erschweren, ist nicht nur eine starke Authentifizierung notwendig, sondern ebenso die durch Verschlüsselung geschützte Übertragung der Daten über die vorhandenen Kommunikationswege. In besonders sensiblen Fällen kann es auch notwendig werden, Daten innerhalb der Datenbank zu verschlüsseln, um sie der Interpretation von Benutzern, die das Privileg `SELECT ANY` haben, zu entziehen.

Dem Verwalter stehen dabei aus Sicht der Datenbank folgende Instrumente zur Verfügung:

- Identifizierung und Authentifizierung: Die Authentifizierung von Benutzern kann über die Datenbank – mit oder ohne Passwort – erfolgen oder über externe Instanzen, wie z. B. LDAP-Directory Services, Kerberos und verwandte Verfahren. Datenbankbenutzer können dabei wahlweise individuell oder als „Gruppenbenutzer" konfiguriert werden.
- Für die Privilegierung der Benutzer stehen System- und Objektprivilegien zur Verfügung. Über Rollen lassen sich diese Privilegien bündeln und den Benutzern zuordnen. Für besondere Anforderungen kann die Aktivierung der Rollen an Passwörter gebunden oder über definierte und gesicherte Packages ausgeführt werden, um zu verhindern, dass Benutzer eigenmächtig Privilegien in nicht freigegebenen Kontexten nutzen. Rollen lassen sich auch zentralisiert – als Enterprise Roles – im Rahmen von Oracle Internet Directory definieren und steuern dann die Aktivierung der Datenbankrollen in konkreten Zielsystemen.

  Dort, wo die objektbezogene Privilegierung nicht ausreicht, lässt sich eine zeilen- und spaltenspezifische Freigabe von Daten konfigurieren. Hierzu stehen die Techniken *Virtual Private Database* und *Label Security* zur Verfügung.
- Besonders sensible Daten können in der Datenbank verschlüsselt werden. Unter dem Stichwort *Transparent Data Encryption* können nicht nur einzelne Spalten, sondern mittlerweile auch ganze Tablespaces verschlüsselt werden.

  Darüber hinaus können Daten auch während der Übertragung im Netz über Parameter im Kontext von Oracle NET verschlüsselt werden.

- Schließlich ermöglichen vielfältige Auditing-Funktionen eine maßgeschneiderte Überwachung der Zugriffe.

Die vorstehend skizzierten Strategien und Maßnahmen machen bereits eines deutlich: Die Planung und Implementierung sicherer Oracle-Umgebungen erfordern ein in hohem Maße koordiniertes Vorgehen, um die Fülle von möglichen Einzelmaßnahmen zu einem sichereren und für die betreffende Anwendung sinnvollen Ganzen zusammenzubringen.

Auf der einen Seite ist Sicherheit für jedes Projekt und jede Anwendung individuell zu planen und zu konfigurieren, auf der anderen gibt es jedoch eine Reihe von allgemeinen konfiguratorischen Aktionen, die der Administrator unabhängig von einzelnen Anwendungen im Kontext der Datenbank durchführen sollte, um die Grundlage für eine sichere Umgebung zu schaffen.

Die Tatsache, dass Sicherheit individuell zu planen ist, sollte uns jedoch nicht dazu verleiten, das Rad jedes Mal neu erfinden zu wollen. In den letzten Jahren sind zu diesem Thema einige öffentlich zugängliche Studien und Checklisten entstanden, die unsere Arbeit als Leitfaden sehr gut begleiten können. In diesem Zusammenhang sind vor allem folgende Dokumente zu nennen:

Security Technical Information Guides – kurz STIG – wurden von der *Defense Information System Agency* (DISA) für das *Department of Defense* herausgegeben, um die Einhaltung von Sicherheitsstandards in Systemen kontrollieren zu können. Unter diesen Richtlinien gibt es auch die *Oracle 11 Database Security Checklist*[2], die zum öffentlichen Download bereitsteht. Die Richtlinien werden – in jeweils eigenen Dokumenten – unterteilt in solche, die für das betreffende Home-Verzeichnis gelten, und solche, die für jede Datenbank zur Anwendung kommen. Jede Richtlinie beschreibt eine mögliche Schwachstelle (*Vulnerability Discussion*), gibt explizite Abfragen zur Überprüfung (*Checks*) und schließlich empfohlene Gegenmaßnahmen (*Fixes*).

CIS Oracle Benchmark wird vom *Center for Internet Security* (CIS) zur Verfügung gestellt und kann ebenfalls kostenfrei heruntergeladen werden.[3] Das Dokument fasst Erkenntnisse unterschiedlicher Quellen zusammen und leitet daraus empfohlene Einstellungen und Arbeitsprozesse für die sichere Installation und den Betrieb von Oracle 11g-Systemen ab.

Unterteilt in insgesamt 13 Themenbereiche – unter ihnen beispielsweise „Oracle Parameter Settings" und „Auditing Policy and Procedures" – werden in tabellarischer Form Empfehlungen ausgesprochen, Begründungen hierfür gegeben (*rationale*), Maßnahmen zur Mängelbeseitigung aufgelistet (*remediation*) und entsprechende Prüfmöglichkeiten (*audit*) gegeben. Die Abbildung 11.1 zeigt einen Ausschnitt aus dem Bereich „Parameter Settings".

Darüber hinaus hat Oracle in einem Dokument mit dem Namen *Project Lockdown – A phased approach to securing your database infrastructure*[4] die wichtigsten Forderungen von einigen dieser Standards in ein Stufenmodell unterschiedlicher zeitlicher Anforderun-

2 Siehe hierzu `http://iase.disa.mil/stigs/checklist/index.html`

3 Siehe hierzu `http://cisecurity.org/en-us/?`

4 Siehe hierzu `http://www.oracle.com/technology/pub/articles/project_lockdown/project-lockdown.pdf`.

4. Oracle Parameter Settings

Item #	Configuration Item	Action / Recommended Parameters	Rationale/Remediation	Windows	Unix	Level & Score Status
4.01	init.ora	`_trace_files_public= FALSE`	**Rationale:** Prevents users from having the ability to read trace files which may contain sensitive information about the running Oracle instance. This is an internal Oracle parameter. Do NOT use it unless instructed to do so by Oracle Support. **Remediation:** `Set _trace_files_public= FALSE` Note: Default is `FALSE`. **Audit:** `grep -i _trace_files_public init.ora`	√	√	1 S
4.02	init.ora	`global_names= TRUE`	**Rationale:** This parameter ensures that Oracle will check that the name of a database link is the same as that of the remote database. Default is `TRUE`. **Remediation:** Set `global_names= TRUE` in `init.ora` **Audit:** `grep -i global_names init.ora`	√	√	1 S

Abbildung 11.1: Ausschnitt aus dem CIS Oracle Benchmark

gen überführt, das dabei helfen soll, angehenden Administratoren die Arbeit zu erleichtern. Auch wenn einige der dort zugrunde gelegten Zeitvorgaben mehr als optimistisch sind, stellt das Dokument doch eine Hilfe für alle diejenigen dar, denen die Durchsicht der STIG- und CIS-Empfehlungen zu aufwendig erscheint.

Die genannten Dokumente erleichtern die Arbeit enorm, entbinden uns aber nicht von der Pflicht, aus der Menge der Vorgaben gültige Standards für *unsere* Applikationen zu benennen. Es versteht sich, dass die letztendlich ausgesuchten Standards ihre Wirksamkeit nur dann entfalten können, wenn sie auch entsprechend implementiert und kontinuiertlich überwacht werden. Mit anderen Worten: Wir benötigen effiziente Möglichkeiten, die Konformität unserer Umgebungen durch regelmäßige, automatisierte Kontrollen sicherzustellen. Zu diesem Zweck gibt es eine Reihe von Prüfwerkzeugen (*Vulnerability Assessment Tools*), die diese Arbeit für uns erledigen und die Verletzbarkeit unserer Systeme bewerten.

Zusammenfassend können wir aus dieser Sicht den gesamten Prozess der Absicherung der Datenbank in die folgenden Phasen unterteilen:

1. Verstehen der *Bedrohungszenarien* und ihrer *Relevanz* für die *eigenen Gesamtsysteme*. In diesen Systemen stellen Datenbanken möglicherweise nur *einen* Baustein dar. Darüber hinaus kommunizieren Gesamtsysteme, d. h., Daten „wandern".
2. Sichtung allgemein anerkannter Standards zur Konfiguration und Kontrolle.
3. Auf Basis der vorangehenden Schritte Konzeption eigener *Security Policies*. Dabei kann es durchaus legitim sein, Anwendungen auf Basis ihrer Daten unterschiedlichen „Schutzklassen" zuzuteilen. Jede Schutzklasse hat dann ihre eigenen Vorgaben.
4. Implementierung einer Referenzinstallation und -konfiguration.
5. Implementierung automatisierter Prüfungen zur Kontrolle der Standards.

In den folgenden Abschnitten werden wir die wichtigsten Maßnahmen und Techniken zum Aufbau sicherer Oracle-Systeme vorstellen. Es versteht sich, dass diese Maßnahmen für rundum sichere Systeme im Umfeld von Netzwerken und Betriebssystemen zu ergänzen sind.

11.2 Grundlegende Maßnahmen

Wie bereits erwähnt gibt es einige Maßnahmen, die der Administrator unabhängig von den die Datenbank nutzenden Anwendungen pauschal aus Gründen der Sicherheit durchführen sollte.

11.2.1 Maßgeschneiderte Installation

Bei der Installation der Software sollten nur die Komponenten aufgespielt werden, die im Rahmen des betreffenden `Home`-Verzeichnisses auch tatsächlich benötigt werden. Hier bietet die *CUSTOM*-Auswahl des Universal Installers die entsprechenden Möglichkeiten. Das Gleiche gilt auch für die Installation und Konfiguration der einzelnen Datenbanken. Viele Optionen, wie z. B. Intermedia oder Spatial, legen in eigenen Schemata Objekte in der Datenbank ab.

Die jeweiligen Schemabenutzer werden mit Standardpasswörtern angelegt, sind in der Regel hoch privilegiert und stellen – wenn sie nicht genutzt und dementsprechend konfiguriert werden – ein beträchtliches Risiko für die Sicherheit der Datenbank dar. Diese Situation hat sich neuerdings ein wenig dadurch entschärft, dass beim Anlegen neuer Datenbanken diese Benutzer zunächst gesperrt werden.

In vielen Fällen ist es jedoch trotzdem die bessere Strategie, Komponenten, die nicht benötigt werden, erst gar nicht aufzuspielen.

In Umgebungen mit Dutzenden von Home-Verzeichnissen und entsprechend vielen Datenbanken, von denen viele unterschiedliche Anforderungen haben, ist es oft gar nicht leicht, in dieser Frage einen guten Kompromiss zu finden. Hier steht die Forderung nach einer einheitlichen Installationsumgebung der Forderung nach maßgeschneiderten Installationen manchmal im Wege. In solchen Fällen kann der Kompromiss so aussehen, dass zwei oder drei Referenzinstallationen abrufbar sind.

In Kapitel 4 wurde bereits ausführlich dargestellt, wie Software-, aber auch Datenbankinstallationen mithilfe von Templates und Response-Dateien optimiert und standardisiert werden können.

11.2.2 Patches

Software ist niemals vollständig und für alle Zeiten sicher. Dies gilt auch für Oracle-Datenbanken.

Das Thema Patches wurde bereits ausführlich in den Kapiteln 4.1.2 und 4.2.7 behandelt. An dieser Stelle sollen daher nur kurz die wichtigsten Fakten zusammengefasst werden. Details lassen sich in dem genannten Abschnitt nachlesen.

Patches werden aus unterschiedlichen Gründen bereitgestellt:

- Zur Behebung funktionalen *Fehlverhaltens*. Hierbei sind Patches für einzelne Fehler denkbar (*one-off patches*), aber auch ganze Patch-Sets, die eine Reihe unterschiedlicher Fehler beheben sollen. In der Regel werden solche Patches nur dann eingespielt, wenn in den betreffenden Systemen die benannten Fehler auch tatsächlich auftreten.

- Zur Behebung von relevanten *Sicherheitslücken*. Diese Patches sind von allgemeinem Interesse, werden in regelmäßigen Abständen bereitgestellt und sollten zur aktuellen Absicherung der Systeme möglichst bald nach der Veröffentlichung eingespielt werden.

  Seit dem Jahr 2005 veröffentlicht Oracle im Internet vierteljährlich sogenannte *Critical Patch Updates*, die relevante Sicherheitsprobleme der Software beheben. Die Veröffentlichung findet jeweils am ersten Dienstag nach dem 15. der Monate Januar, April, Juli und Oktober statt. Den klassischen Sicherheitspatches (CPU) wurden in jüngster Zeit PSUs (*Patch Set Updates*) zur Seite gestellt, welche die Fixes des zeitgleichen CPU enthalten sowie wichtige Fehlerkorrekturen, die von allgemeinem Interesse sein sollten. Systeme werden entweder über CPUs oder PSUs abgesichert. Ein Wechsel von der CPU- zur PSU-Strategie ist jederzeit möglich, nicht aber umgekehrt.

Es gehört zu einem schlüssigen und glaubwürdigen Sicherheitskonzept, das Thema Patches fest in die Betriebsroutinen zu integrieren. Wer den pauschalen Aufwand der vierteljährlichen Aktualisierungen scheut, den die CPU- und PSU-Veröffentlichungen vorgeben, sollte zumindest klare Regeln in seinem Konzept formulieren, um Entscheidungen in diesem Bereich möglichst einfach durchführen zu können.

11.2.3 Passwörter und Standardpasswörter

Zur Authentifizierung von Benutzern, die mit der Datenbank arbeiten, steht eine Reihe von unterschiedlichen Verfahren zur Verfügung, die wir im Detail noch in den Abschnitten 11.5.1 bis 11.5.6 behandeln werden. Zu den in diesem Abschnitt behandelten grundlegenden Maßnahmen gehört jedoch die Konfiguration der Passwort-Verfifizierung, wie sie die Datenbank für alle die Benutzer vornimmt, die in ihrem Kontext – und nicht extern – authentifiziert werden.

Für die interne Authentifizierung von Datenbankbenutzern ist es notwendig, das betreffende Passwort im Data Dictionary zu speichern. Dies geschieht keinesfalls im Klartext und auch nicht in „verschlüsselter" Form, denn verschlüsselte Daten können bekanntlich auch entschlüsselt werden, und auf diesem Wege könnten Passwörter kompromittiert werden. Vielmehr werden Passwörter in „gehashter" Form gespeichert.

Über Hash-Algorithmen veränderte Zeichenketten können derzeit nicht „entschlüsselt" werden, aber identische Zeichenketten erzeugen andererseits im Kontext identischer Algorithmen immer identische Hash-Werte. Auf diese Weise lässt sich die korrekte Eingabe der Passwörter verifizieren und der betreffende Benutzer authentifizieren.

Oracle 11g wartet nun mit zwei wesentlichen Neuerungen in diesem Kontext auf:

- Erkennung von Groß- und Kleinschreibung
- Stärkere Hash-Algorithmen für besseren Passwort-Schutz.

Case-sensitive Passwörter Bis einschließlich der Version 10g wurde bei der Verifizierung von Passwörtern nicht zwischen Groß- und Kleinschreibung unterschieden. Dies hat sich mit der Version 11g grundlegend geändert. Zusätzlich können nun auch bestimmte Sonderzeichen[5] und Zeichen, die mit mehr als einem Byte gespeichert werden, zum Einsatz kommen. Durch die hiermit verbundene Erweiterung des verfügbaren Zeichensatzes erhöht sich gleichzeitig auch die Zahl möglicher Passwort-Varianten und damit die Passwortsicherheit nachhaltig.

Stärkere Hash-Algorithmen Vor diesem Hintergrund müssen nun auch wirksamere Hash-Algorithmen bei der Speicherung der Passwörter eingesetzt werden. Statt wie bisher Passwörter zusammen mit dem Benutzernamen über einen 64-Bit-DES-Algorithmus zu „hashen", wird in der Version 11g der wesenlich stärkere, über einen 160-Bit-Schlüssel operierende SHA-1 Algorithmus verwendet.

Darüber hinaus wird durch Nutzung eines *Salt*[6] verhindert, dass identische Passwörter identische Hash-Werte erzeugen. Auf diese Weise lassen sich sogenannte *Dictionary-Attacken* erschweren, bei denen vorgenerierte Passwort-Hashes mit den im Data Dictionary gespeicherten Werten verglichen werden. Damit ein Vergleich der Passwörter bei der Anmeldung möglich ist, wird das originale *Salt* dem gehashten Passwort angehängt und wird im Zuge des Anmeldungsdialogs an den Client übermittelt. Dieser kann dann die auf seiner Seite eingegebene Zeichenkette mit diesem String „verhashen" und an die Datenbank zur Authentifizierung übermitteln.

Die Grundkonfiguration im Umgang mit Passwörtern wird über einen neuen Serverparameter kontrolliert und eingestellt:

```
SQL> SELECT name, value, isdefault
     FROM   v$parameter
     WHERE  name = 'sec_case_sensitive_logon';

NAME                     VALUE ISDEFAULT
------------------------ ----- ---------
sec_case_sensitive_logon TRUE  TRUE
```

Gemäß dieser Voreinstellung kann nun ein neuer Benutzer minimalistisch wie folgt angelegt werden:

```
SQL> CREATE USER test IDENTIFIED BY Test123;
SQL> GRANT CONNECT TO test;
```

Der Verbindungsaufbau erfolgt auf die gewohnte Weise, nur eben unter Beachtung der Groß- und Kleinschreibung bei der Angabe des Passwortes, nicht aber des Benutzernamens:

```
SQL> CONNECT test/test123
ERROR:
ORA-01017: invalid username/password; logon denied

SQL> CONNECT TEST/Test123
Connected.
```

Die View `DBA_USERS` wurde an die neue Funktionalität angepasst und zeigt nun – erfreulicherweise – nicht mehr die gehashten Passwörter:

```
SQL> SELECT username, password_versions, password
```

5 Eine Liste erlaubter Zeichen findet sich in Abschnitt 11.5.2.

6 Eine zufällig generierte Zeichenkette, die vor der Verhashung dem Passwort angehängt wird.

```
     FROM   dba_users
     WHERE  username = 'TEST';

USERNAME PASSWORD_VERSIONS PASSWORD
-------- ----------------- --------
TEST       10G 11G
```

Dafür offenbart uns allerdings ein tieferer Blick in die Basistabelle der View die entsprechenden Hashwerte:

```
SQL> SELECT name, password, spare4
     FROM   sys.user$
     WHERE  name = 'TEST';

NAME PASSWORD         SPARE4
---- ---------------- --------------------------------------------------------------
TEST 7C029A1EC393C725 S:9101F14BED0B49229C2EBE37D44C3AC8816E48401747BA175BDA336C2076
```

Wie bereits durch das Attribut PASSWORD_VERSIONS der View angedeutet wurde, existieren für unseren neuen Benutzer, der wie dargestellt in der Version 11g angelegt wurde, Passwörter des alten *und* des neuen Stils. Dies verwundert zunächst, wenn wir an den oben dargestellten Serverparameter denken, ermöglicht aber auf der anderen Seite die problemlose Kommunikation über Versionsgrenzen hinweg.

Wenn wir strikt nur nach den neuen Algorithmen arbeiten wollen, müssen wir dies in der Datei sqlnet.ora wie folgt deklarieren:

```
SQLNET.ALLOWED_LOGON_VERSION=11
```

Nach einem Neustart des Listeners wird nun ein neu angelegter Datenbankbenutzer mit seinem Passwort wie folgt ausgewiesen:

```
USERNAME PASSWORD_VERSIONS PASSWORD
-------- ----------------- --------
TEST2    11G

NAME  PASSWORD SPARE4
----- -------- --------------------------------------------------------------
TEST2          S:2C82285188D0AFB59E21C52B5DFE64D7545DCBFCA7B065DDEED4021EB6D8
```

Trotz dieser verschärften Einstellungen ist es nach wie vor möglich, über einen 10g-Client das 11g-System zu erreichen, sofern der Client OCI-basierte Treiber benutzt.[7] Wie das folgende Beispiel zeigt, bleibt hier die Sensibilität gegenüber der Groß- und Kleinschreibung erhalten:

```
SQL*Plus: Release 10.2.0.4.0 - Production on Do Jul 22 21:20:03 2010

Copyright (c) 1982, 2007, Oracle.  All Rights Reserved.

SQL> CONNECT test3/TesT123@11g
Connect durchgeführt.
SQL> DISCONNECT
Verbindung zu Oracle Database 11g Enterprise Edition Release 11.2.0.1.0 - Production
With the Partitioning, OLAP, Data Mining and Real Application Testing options beendet
```

7 OCI = Oracle Call Interface. Dies trifft für folgende Clients zu: SQL*Plus, ODBC, Oracle .NET, Oracle Forms. Ältere Treiberversionen werden nicht unterstützt. Gleichfalls führt der Connect über die Hostname-Methode zu einem Fehler.

```
SQL> CONNECT test3/test123@11g
ERROR:
ORA-01017: invalid username/password; logon denied
```

Benutzer, deren Passwörter nach einer Migration von 10g noch nicht geändert wurden, werden mit password_versions 10g ausgewiesen. Die Änderung solcher Passwörter unter 11g führt dann zu einer entsprechenden „Migration" der Hashwerte, entweder nach 10g oder – falls die Restriktion in der Datei sqlnet.ora konfiguriert wurde – zu 11g.

Case-sensitive Passwörter werden nun auch in den Passwortdateien für die exklusive Anmeldung als SYSOPER oder SYSDBA unterstützt. Details hierzu finden sich in Abschnitt 11.5.6.

Nach wie vor gibt es die Möglichkeit, Passwörter in gehashter Form über die values-Klausel direkt in das Data Dictionary zu „kopieren". Im Gegensatz zu älteren Versionen ist dies allerdings nur noch für Benutzer möglich, die das select-Privileg auf der Tabelle user$ besitzen. Im folgenden Beispiel wird der Benutzer namens TEST3 mit identischem Passwort wie TEST2 angelegt:

```
SQL> CREATE USER test3
     IDENTIFIED BY VALUES
     'S:2C82285188D0AFB59E21C52B5DFE64D7545DCBFCA7B065DDEED4021EB6D8';
```

Es versteht sich, dass durch diese Methode das Passwort des Benutzers in der 11g-Version gespeichert wird. Diese Methode sollte allerdings nur in Ausnahmefällen und zu Testzwecken zum Einsatz kommen.

Standardpasswörter Standardpasswörter sind auf jeden Fall zu vermeiden. Dies gilt nicht nur für die hochrangigen Benutzer SYS und SYSTEM und die Optionsbenutzer, sondern auch für die – möglicherweise – zahlreichen Benutzer, die durch Skripte und Tools nach der eigentlichen Installation angelegt werden und die in vielen Fällen mit sehr üppigen Privilegien ausgestattet sind.

Pete Finnigan hat sich zusammen mit einige Kollegen die Mühe gemacht, diese Benutzer und ihre Standardkennwörter auf seiner Website[8] zu veröffentlichen. Seine Liste weist zum Zeitpunkt der Drucklegung dieses Buches knapp 600 Einträge auf! Die dort aufgelisteten Hash-Werte der Passwörter beziehen sich noch auf den bis 10g gebräuchlichen Algorithmus, was den Gebrauchswert dieser Liste jedoch nicht wirklich einschränkt, da – wie wir gesehen haben – laut Voreinstellung in der Version 11g die alten sowie die neuen Algorithmen verwendet werden.

Neuerdings gibt es allerdigs eine weitere und komfortablere Möglichkeit, Benutzer mit Standard-Passwörtern zu lokalisieren, wie das folgende Beispiel zeigt:

```
SQL> SELECT u.username , u.account_status
     FROM   dba_users_with_defpwd p, dba_users u
     WHERE  p.username = u.username
     AND    u.account_status = 'OPEN';
```

Der Datenbank-Konfigurationsassistent bietet bereits bei der Erstellung die Möglichkeit, unterschiedlichen Systembenutzern – die Auswahl ist abhängig von den gewählten

8 Die URL lautet: http://www.petefinnigan.com/default/default_password_list.htm

Installationsoptionen – eigene Kennwörter zuzuteilen (Abbildung 11.2). In produktiven Systemen sollten unbedingt unterschiedliche Kennwörter verwendet werden.

Darüber hinaus werden zum Ende der Installation einige der Accounts für Optionen, wie z. B. `LBACSYS` für die Label Security, gesperrt. Dies ist sicherlich sehr sinnvoll. Trotz allem bleiben hohe Risiken, weil einige Benutzer erst nachträglich über Installationsskripte von externen Werkzeugen, wie z. B. SQL Navigator, angelegt werden oder aber Optionsbenutzer nach der Installation wieder aktiviert und durch ihr kompromittierendes Kennwort zum Risiko werden können. Neben Benutzern legen Werkzeuge auch Rollen an, die kritische Privilegien enthalten können. Es ist daher dringend zu empfehlen, produktive Systeme nach diesen Standardbenutzern und neuen Rollen zu durchforsten. Im Einzelnen ist folgendes Vorgehen ratsam:

- Feststellen, welche Standardbenutzer installiert wurden.
- Wenn diese Benutzer noch mit dem Standardkennwort versehen sind, sollte dieses sofort über den Befehl `alter user` geändert werden.
- Für alle Accounts, deren Objekte zwar benötigt werden, die jedoch kein direktes Connect erfordern, ist das Privileg `create session` über den Befehl `revoke` zu entziehen. Hierbei ist zu beachten, dass dieses Privileg durchaus redundant vergeben worden sein kann, etwa über eine oder mehrere Rollen oder auch als direktes Systemprivileg. Abschnitt 11.7 dieses Kapitels beschreibt die hierfür wichtigen Informationsquellen.

  Aus diesem Grunde ist es in vielen Fällen ratsamer, den betreffenden Benutzer zu sperren:
  ```
  ALTER USER testuser ACCOUNT LOCK;
  ```
  Der Benutzer bleibt dabei mit allen seinen Objekten erhalten, kann sich aber nicht mehr selbst anmelden.

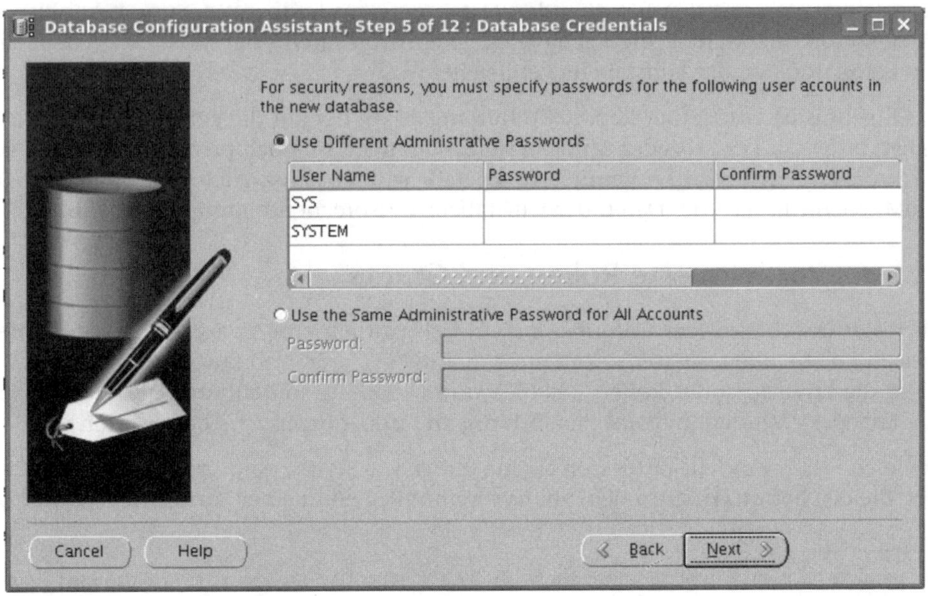

Abbildung 11.2: Passwort-Konfiguration im DBCA

```
USER ist "ORAPROBE"
SQL> start osp_exec
********************************************
*                                          *
*  Welcome to the Oracle Security Probe    *
*                                          *
********************************************

Connectstring (destination database): test10
Password of oraprobe?:
Connect durchgef³hrt.
Oracle accounts with default passwords
=====================================

Username: SCOTT
Password: TIGER
-------------------------------------------------
WARNING! The password of SCOTT is a default password. It is well known to
hackers

Additional information:
This is a training account. It should not be available in a production
environment.


Username: OUTLN
Password: OUTLN
Status: EXPIRED & LOCKED
-------------------------------------------------
WARNING! The password of OUTLN is a default password. It is well known to
hackers

Additional information:
Often neglected, the OUTLN account has EXECUTE ANY PROCEDURE permission. On 81
it can become admin by using dbms_repcat_admin.


Username: WMSYS
Password: WMSYS
Status: EXPIRED & LOCKED
-------------------------------------------------
WARNING! The password of WMSYS is a default password. It is well known to
hackers
```

Abbildung 11.3: Passwort-Test über „OraProbe"

- Accounts, deren Objekte überhaupt nicht benötigt werden, sollten vollständig gelöscht werden: `DROP USER <username> CASCADE;`

Über die bereits erwähnte Webseite von Pete Finnigan lässt sich auch ein kleines Werkzeug laden, mit dem Datenbanken auf Standardbenutzer und ihre unveränderten Passwörter hin untersucht werden können. Dieses Werkzeug (*OraProbe*) besteht aus einer Hilfstabelle mit den betreffenden Daten der Standardbenutzer und einer kleinen PL/SQL-Prozedur, welche die „gehashten" Kennwortdaten[9] der View `dba_users` mit den Standarddaten der Hilfstabelle vergleicht.

Das Ergebnis ist ein kleiner Report (Abbildung 11.3), der auf die gefundenen Schwachstellen hinweist. Die Prozedur untersucht jedoch nicht, ob hoch privilegierte Rollen von Werkzeugen bereits dritten Benutzern zugeteilt wurden. Zusätzlich besteht leider auch die Möglichkeit, dass die Daten der Hilfstabelle entsprechend manipuliert wurden.

11.2.4 Vordefinierte Rollen und Grants

Nach der Installation der Datenbank steht bekanntlich eine ganze Reihe von vordefinierten Rollen, allen voran die Rollen `CONNECT`, `RESOURCE` und `DBA`, zur Verfügung. Vor allem die Privilegien der Rollen `CONNECT` und `RESOURCE` sollten vom DBA geprüft und ggf. angepasst werden, bevor sie leichtfertig an Endbenutzer vergeben werden.

In vielen Fällen werden stattdessen eigene Rollen – z. B. `<firmenname>_connect` – angelegt, die den Benutzern grundlegende Systemprivilegien in einer Form zuteilen, die kon-

---

9 Passwörter für Benutzer oder Rollen werden in den Metadaten des Data Dictionarys nicht verschlüsselt, sondern „gehasht" gespeichert. Gehashte Zeichenketten lassen sich – im Gegensatz zu verschlüsselten Daten – nicht in den Originalwert zurückführen. Wohl aber ergibt jede Zeichenkette immer wieder einen identischen Hashwert. Auf diese Weise funktioniert der Mechanismus der Authentifizierung.

form zu den jeweiligen Sicherheitsrichtlinien ist. Alle Einzelheiten zur Arbeit mit Rollen finden sich in Abschnitt 11.7.3.

Gleichfalls sollten Grants, die im Kontext von Tabellen, Views oder Prozeduren an `PUBLIC` vergeben wurden, bekannt sein und überprüft werden. Die durch die Installation vergebenen Grants für die Pakete `utl_smtp`, `utl_tcp`, `utl_http` und `utl_file` sollten auf jeden Fall zurückgenommen werden. Grundsätzlich gilt auch hier, dass Privilegien nur für die Benutzer erteilt werden, die mit den Rechten legitim arbeiten müssen.

Ein häufiges Problem stellen in diesem Zusammenhang Anwendungen dar, die nicht speziell für Oracle-Systeme entwickelt wurden und aus diesem Grunde nicht immer differenziert mit Privilegien umgehen – mit anderen Worten, Zugriffsfehler dadurch eliminieren, dass sie höchstprivilegierte Rechte voraussetzen. Hier kann es notwendig werden, derartige Anwendungen in separaten Instanzen zu isolieren, wo sie den geringsten möglichen Schaden anrichten können. Auf jeden Fall ist es ratsam, bei den eingehenden Tests nicht nur funktionale, sondern auch sicherheitstechnische Anforderungen gebührend zu berücksichtigen.

11.3 Sichern der Datenübertragung

Vorbei sind die Zeiten, da Benutzer direkt auf den Server-Maschinen ihre Datenbankverbindungen aufgenommen haben. In der Regel werden Sessions „from remote", sei es aus Client-Applikationen heraus oder über einen Applikationsserver, initiiert. In diesen Fällen werden die Daten über mehr oder weniger sichere Netzwerke transportiert. Wenn auch der eigentliche Authentifizierungsprozess, d. h. die Übermittlung des Benutzerkennwortes in verschlüsselter Form und damit hinreichend sicher, erfolgt, ist es trotzdem aus unterschiedlichen Gründen sinnvoll, zusätzlich in die Netzwerksicherheit zu investieren:

- Werkzeuge zum „Schnüffeln" in Netzwerken (*Network Sniffer*) können leicht aus dem Internet besorgt und problemlos installiert werden.
- Der komplette Datenverkehr außerhalb der Authentifizierung läuft unverschlüsselt ab. Damit können alle SQL-Befehle und die zurückfließenden Antworten im Klartext abgefangen und ausgewertet werden.
- Bei dem Datenverkehr können auch Kennwörter unverschlüsselt gesendet werden, wenn beispielsweise Rollen, die über Passwörter geschützt sind, mit dem Befehl `set role` aktiviert werden. Es versteht sich, dass Passwörter im Rahmen regulärer Anmeldungen verschlüsselt übertragen werden.

Neben der Verschlüsselung des Datenstromes, der sicherstellt, dass Pakete von Unbefugten nicht gelesen werden können, sollten auch Modifikationen dieser Daten während der Übertragung vereitelt werden. Letzteres lässt sich durch den Einsatz von kryptografischen Hash-Funktionen erreichen, welche Prüfsummen der übermittelten Datenpakete vergleichen und im Falle einer Modifikation entsprechende Meldungen ausgeben.

Schließlich ist es wichtig, die für die Datenbankverbindung notwendigen Prozesse – hier vor allem den Listener-Prozess – und die NET-Konfigurationsdateien vor unerwünschten Modifikationen zu schützen. Die folgenden Abschnitte beschreiben die hierfür notwendigen Schritte.

11.3.1 Konfiguration des Listener-Prozesses

Der Listener-Prozess wird bekanntlich benötigt, um eingehende Verbindungsanforderungen an Datenbanken entgegenzunehmen, zu verarbeiten und dafür zu sorgen, dass die Kommunikation des Clients mit der geforderten Datenbank hergestellt werden kann. Die benutzten Authentifizierungsmechanismen sorgen letzten Endes dafür, ob die gewünschte Verbindung erfolgreich aufgebaut werden kann.

Bis zur Version 9i war es dringend zu empfehlen, das Herunterfahren und Neuladen des Listener-Prozesses mithilfe des Befehls `lsnrctl` über ein Passwort zu schützen. Dies war vor allem auch deshalb ratsam, weil Listener-Prozesse grundsätzlich auch from remote administriert werden können. Hierzu sins lediglich das Programm `lsnrctl` und eine jeweils lokale `listener.ora`-Datei nötig, die einen Eintrag mit entsprechender `host`-Spezifikation für den betreffenden Listener auf der remoten Maschine enthält. Mit diesen Mitteln lassen sich dann alle `lsnrctl`-Befehle außer dem `start`-Befehl absetzen!

Ab der Version 10g wird der Listener-Prozess mit Mitteln des jeweiligen Betriebssystems geschützt. Das bedeutet: Der Listener kann nur von dem Betriebssystembenutzer gestoppt oder neu konfiguriert werden, der ihn auch gestartet hat; und das auch nur auf dem Rechner, auf dem der betreffende Listener gestartet wurde. Diese Default-Einstellung kann über den Befehl `lsnrctl stat` leicht kontrolliert werden.

```
Security ON: Local OS Authentication
```

Wird in dieser Konfiguration versucht, den Listener über einen dritten Benutzer zu stoppen, erscheint die folgende Fehlermeldung:

```
LSNRCTL> stop
Connecting to
(DESCRIPTON=(ADDRESS=(PROTOCOL=TCP)(HOST=NandaDevi)(PORT=1529)))
TNS-01190: The user is not authorized to execute the requested listener command
```

Überall dort, wo ein anderer Benutzer legitim das Stoppen oder Neuladen des Listeners ausführen oder die Administration auch from remote möglich sein soll, kann für den Listener ein Passwort konfiguriert werden. Dieses Feature wurde zwar mit dem Release 11gR2 eingestellt, ist allerdings im Augenblick noch einsetzbar.

Die Konfiguration kann über das Werkzeug Oracle Net Manager – Aufruf über `netmgr` – oder, vielleicht einfacher, direkt mithilfe des Befehls `lsnrctl` (*Listener Control*) erfolgen. Für die erstmalige Passwortkonfiguration eines Listeners mit Namen `listener2` sind beispielsweise die folgenden Kommandos erforderlich:

```
LSNRCTL> set current_listener listener2
Current Listener is listener2
LSNRCTL> change_password
Old password: <return>
New password:
Reenter new password:
Connecting to
(DESCRIPTION=(ADDRESS=(PROTOCOL=TCP)(HOST=NandaDevi)(PORT=1529)))
Password changed for listener2
The command completed successfully
LSNRCTL> save_config
Connecting to
(DESCRIPTION=(ADDRESS=(PROTOCOL=TCP)(HOST=NandaDevi)(PORT=1529)))
Saved listener2 configuration parameters.
```

```
Listener Parameter File /app/oracle/product/10gR1/network/admin/listener.ora
Old Parameter File /app/oracle/product/10gR1/network/admin/listener.bak
The command completed successfully
```

Nach dem Anlegen – und natürlich auch dem Ändern – des Passwortes über `change_password` muss die neue Einstellung mit `save_config` in die Konfigurationsdatei `listener.ora` übernommen werden. Diese Datei speichert das Kennwort in „gehashter“ Form. `lsnrctl` fügt darüber hinaus – anders als `netmgr` – entsprechende Kommentare hinzu:

```
#----ADDED BY TNSLSNR 11-JUL-2010 21:58:30---
PASSWORDS_LISTENER2 = (B86693A9CB9FB57D)
#--------------------------------------------
```

Zur Kontrolle der Einstellungen zeigt `lsnrctl stat` anschließend folgendes Bild (Ausschnitt):

```
Security                  ON: Password or Local OS Authentication
```

Es ist auf jeden Fall davon abzuraten, das Passwort direkt in die Datei `listener.ora` zu schreiben, weil es in diesem Fall unverschlüsselt erscheint und damit leicht kompromittierbar ist.

Der Benutzer, unter dem der Listener gestartet wurde, lässt sich – unter Unix – leicht ermitteln:

```
$ ps -ef | grep <listener_name>

oracle 8512 1 0 Aug11 ? 00:00:00 /app/oracle/product/10gR1/bin/tnslsnr listener2
```

In diesem Beispiel läuft der Prozess unter dem Oracle-Installations-Account `oracle`. Folglich müssen Dritte, die den Listener `listener2` stoppen oder neu konfigurieren wollen, das eingestellte Passwort nutzen:

```
LSNRCTL> set current_listener listener2
Current Listener is listener2
LSNRCTL> set password <return>
Password: <kein Echo>
The command completed successfully
LSNRCTL> stop listener2
Connecting to
(DESCRIPTION=(ADDRESS=(PROTOCOL=TCP)(HOST=NandaDevi)(PORT=1529)))
The command completed successfully
```

Die Online-Modifikation sämtlicher Listener-Parameter kann und sollte vollständig über den Parameter
`ADMIN_RESTRICTIONS_<listenername> = on`
unterbunden werden. Der Parameter bewirkt, dass keine set-Befehle von `lsnrctl` akzeptiert werden. Die Änderung der Listener-Parameter kann jedoch immer noch durch Modifikation der Parameterdatei `listener.ora` und anschließendes Neuladen über den Befehl `reload` des Listeners erfolgen. Der gewährte Schutz ist also nur von begrenzter Natur.

Auch für den Listener gilt, dass die sicher eingestellte Konfiguration kontrolliert werden sollte. Hierzu reicht es aus, das Logging einzuschalten – und auch zu sichten –, um die abgesetzten Befehle und damit eventuelle Attacken leichter erkennen zu können. Die folgenden Befehle sind hierzu notwendig. Auf die Eingabe des Passwortes kann – wie oben dargelegt – im Standardfall verzichtet werden:

```
LSNRCTL> set current_listener <listener name>
LSNRCTL> set password
Password: <enter listener password>
LSNRCTL> set log_directory <oracle_home path>/network/log
LSNRCTL> set log_file <sid name>.log
LSNRCTL> set log_status on
LSNRCTL> save_config
```

Das Log- wie auch das Konfigurationsverzeichnis sollten gut geschützt werden. Mit anderen Worten: Lese- und Schreibrechte sollten nur für den Oracle-Installationsbenutzer vergeben werden.

Alle nicht benötigten Services, die explizit in der `listener.ora`-Datei konfiguriert oder über Kopieraktionen leichtfertig übernommen wurden, sollten gelöscht werden. Per Default findet sich dort häufig ein Eintrag (`KEY`) für externe Prozeduraufrufe, der nur gerechtfertigt ist, wenn – beispielsweise über die Intermedia-Option – tatsächlich mit externen Programmaufrufen gearbeitet wird. Der folgende Absatz zeigt einen Ausschnitt aus einer Standardkonfiguration:

```
# listener.ora Network Configuration File:
    /u01/app/oracle/product/11.2.0/db_1/network/admin/listener.ora
# Generated by Oracle configuration tools.

LISTENER =
  (DESCRIPTION_LIST =
    (DESCRIPTION =
      (ADDRESS = (PROTOCOL = IPC)(KEY = EXTPROC1521))
      (ADDRESS = (PROTOCOL = TCP)(HOST = oel.dbc.de)(PORT = 1521))
    )
  )
```

Es versteht sich, dass wir mit externen Prozeduraufrufen sehr bewusst umgehen müssen. Wird ein Eintrag dieser Art von den Anwendungen gefordert, müssen wir die entsprechenden Scheduler-Jobs und -Programme der vom Listener bedienten Datenbanken genau unter die Lupe nehmen.

Folgende Regeln sind in diesem Zusammenhang wichtig:

- In der Version 11g können externe Jobs explizit mit *Credentials* angelegt werden, die dafür sorgen, dass die externen Aktionen unter einem vorgegebenen Betriebssystembenutzer ablaufen.

  Hierzu ist zunächst eine Kennung unter einem eindeutigen Namen anzulegen. Die Kennung ist ein eigenständiges Schemaobjekt:

  ```
  SQL> EXEC DBMS_SCHEDULER.CREATE_CREDENTIAL('DBC_CREDENTIAL', 'guenter', 'geheim');
  ```

  Definierte Kennungen können über die View `dba_scheduler_credentials`[10] angezeigt werden. Diese Kennung kann dann beim Anlegen eines Jobs verwendet werden, sofern sie entweder dem Anwender gehört oder ihm ein entsprechendes Privileg (`execute`) per `grant` erteilt wurde:

10 Es existieren wie üblich auch entsprechende USER- und ALL-Varianten.

```
SQL> BEGIN
       DBMS_SCHEDULER.CREATE_JOB(
        job_name => 'MKDIR_JOB',
        job_type => 'EXECUTABLE',
        number_of_arguments => 3,
        job_action => '\windows\system32\cmd.exe',
        auto_drop => FALSE,
        credential_name => 'DBC_CREDENTIAL');

       DBMS_SCHEDULER.SET_JOB_ARGUMENT_VALUE('mkdir_job',1,'/c');
       DBMS_SCHEDULER.SET_JOB_ARGUMENT_VALUE('mkdir_job',2,'mkdir');
       DBMS_SCHEDULER.SET_JOB_ARGUMENT_VALUE('mkdir_job',3,'\temp\extjob_test_dir');
       DBMS_SCHEDULER.ENABLE('MKDIR_JOB');
     END;
     /
```

- Externe Scheduler-Jobs und -Programme, die unter dem Benutzer `SYS` ohne *Credentials* angelegt wurden, laufen stets unter dem Software-Owner und der Gruppe des zugehörigen Home-Verzeichnisses. In vielen Fällen dürfte dies der Benutzer `oracle` sein.
- Externe Jobs für alle anderen Benutzer laufen – sofern keine *Credentials* mitgegeben wurden – unter dem Benutzer und der Gruppe, die in der Datei
  `$ORACLE_HOME/rdbms/admin/externaljob.ora`
  angegeben wurden. Der folgende Absatz enthält einen Ausschnitt dieser Datei mit den unveränderten Standardeinstellungen:

```
# This configuration file is used by dbms_scheduler when executing external
# (operating system) jobs. It contains the user and group to run external
# jobs as. It must only be writable by the owner and must be owned by root.
# If extjob is not setuid then the only allowable run_user
# is the user Oracle runs as and the only allowable run_group is the group
# Oracle runs as.

run_user = nobody
run_group = nobody
```

Es versteht sich, dass der Inhalt dieser Datei entsprechend sensibel ist und vor unberechtigten Zugriffen geschützt werden muss. Dementsprechend sind die Berechtigungen dieser sowie der Datei `extjob` – über die das externe Programm letztendlich ausgeführt wird – einzuschränken. Der folgende Abschnitt zeigt die Standardeinstellungen:

```
$ ls -l externaljob.ora
-rw-r----- 1 root oinstall 1534 Dec 21  2005 externaljob.ora

$ ls -l $ORACLE_HOME/bin/extjob
-rwsr-x--- 1 root oinstall 1076051 Jan 16  2010 /u01/app/oracle/product
    /11.2.0/db_1/bin/extjob
```

Werden externe Jobs grundsätzlich nicht genutzt, können der Owner und die Rechte von `extjob` weiter eingeschränkt werden, beispielsweise:

```
$ chown oracle:oinstall extjob
$ chmod 0700 extjob
```

- Unter Windows laufen alle externen Jobs, die nicht SYS gehören und keine *Credentials* aufweisen, unter dem Benutzer, der für den „OracleJobScheduler" Windows Service konfiguriert wurde.

Zusätzlich können dem Listener IP-Adressen übergeben werden, denen er vertrauen oder nicht vertrauen darf. Diese Option ist vor allem dort von Interesse, wo die Anzahl der zulässigen IP-Adressen bekannt bzw. überschaubar ist und auch keine zu große Dynamik aufweist – idealerweise bei Betrieb eines Applikationsservers, über den alle Verbindungsanforderungen an die Datenbank abgesetzt werden. Diese Option ist zwar nicht völlig „wasserfest", da IP-Adressen bekanntlich gefälscht werden können (*Spoofing*), setzt den Schwierigkeitsgrad für potenzielle Eindringlinge jedoch ein ganzes Stück nach oben. Die Konfiguration erfolgt über die Profile-Datei sqlnet.ora und kann dort entweder per Editor oder mithilfe des Net-Manager-Werkzeugs vorgenommen werden. Die Parameter erlauben das Aktivieren oder Deaktivieren der Prüfung sowie die konkrete Einstellung der Adressen oder Hostnamen. Es werden keine Wildcards akzeptiert:

```
TCP.VALIDNODE_CHECKING = YES
TCP.INVITED_NODES = (192.168.33.120, MyServer)
```

Über den Parameter TCP.EXCLUDED_NODES lassen sich entsprechende Schwarzlisten konfigurieren.

Des Weiteren kann überlegt werden, den Standard-Listenerport 1521 sowie die häufig genutzten Ports 1522 bis 1540, die gerne von Hackern für Portscans genutzt werden, zu meiden und stattdessen eine weniger bekannte „Port-Nische" zu nutzen. Diese Maßnahme erhöht den Aufwand für die genannten Portscans erheblich und verbessert auf diese Weise den Schutz.

11.3.2 Verschlüsselung und Integrität

Um die Daten während der Übertragung vor unerlaubtem Lesen und vor unberechtigten Veränderungen zu schützen, d. h., die Geheimhaltung (*Data Privacy*) und Integrität zu garantieren, ist es notwendig, Algorithmen für die Verschlüsselung sowie für die Generierung von Prüfsummen zu konfigurieren. Dies ist sowohl für Clients möglich, die über Oracle Net Services mit der Datenbank kommunizieren, als auch für solche, die über JDBC-Treiber ihre Verbindungen aufbauen.

Das Prozedere, das in beiden Umgebungen durchlaufen wird, ist im Wesentlichen identisch: Client und Server stimmen sich über die von ihnen unterstützten Algorithmen und ihre Bereitschaft zu verschlüsseln ab, generieren Zufallszahlen, tauschen über das Diffie-Hellmann-Verfahren ihre Session-Keys aus und nutzen das Oracle Login-Protokoll.

Die Verschlüsselung und Integrität wird – im Kontext von Oracle Net Services – über die Profildatei sqlnet.ora gesteuert. Beide Verfahren können unabhängig voneinander konfiguriert werden, wenn sie auch in der Regel im Verbund eingesetzt werden, um einen umfassenden Schutz zu garantieren. Die Konfiguration kann direkt durch Editieren der Datei sqlnet.ora oder – komfortabler – mithilfe des Net Managers und dort über PROFIL – ORACLE ADVANCED SECURITY sowie die Tab-Reiter INTEGRITÄT und VERSCHLÜSSELUNG konfiguriert werden. Es werden die Einstellungen für Client und Server jeweils getrennt konfiguriert. Für beide Parteien lässt sich, neben den unterstützten

Algorithmen, auch das Verhalten in Bezug auf Verschlüsselung und Integritätsprüfung getrennt angeben:

- zurückgewiesen (*rejected*) – weist die Anforderung zurück. Sollte die Gegenseite auf der Anforderung bestehen, kann die Verbindung nicht aufgebaut werden.
- akzeptiert (*accepted*) – erklärt die Bereitschaft für den Fall, dass die Gegenseite die Verschlüsselung anfordert (*requested*) oder obligatorisch voraussetzt (*required*).
- angefordert (*requested*) – verschlüsselt oder prüft die Integrität, es sei denn, die Gegenseite weist die Anforderung zurück (*rejected*).
- obligatorisch (*required*) – besteht auf der Verschlüsselung bzw. Integritätsprüfung. Wenn die Gegenseite hierzu nicht bereit ist, wird die Verbindung abgelehnt.

Bei den Einstellungen ist darauf zu achten, dass die Verhaltensweisen eindeutig genug konfiguriert werden. Wählt man „akzeptiert“ und die Gegenseite „akzeptiert“ ebenfalls, kann eine Verbindung aufgebaut werden, jedoch ohne Verschlüsselung und Integritätsprüfung!

Schließlich ist auch noch ein Startwert (*Crypto Seed*) vorhanden, d. h. eine beliebige alphanumerische Zeichenfolge, die als Grundlage für die Generierung einer Zufallszahl genommen wird, über welche dann die Session-Keys erzeugt werden. Die Abbildung 11.4 zeigt den entsprechenden Ausschnitt aus dem Net Manager.

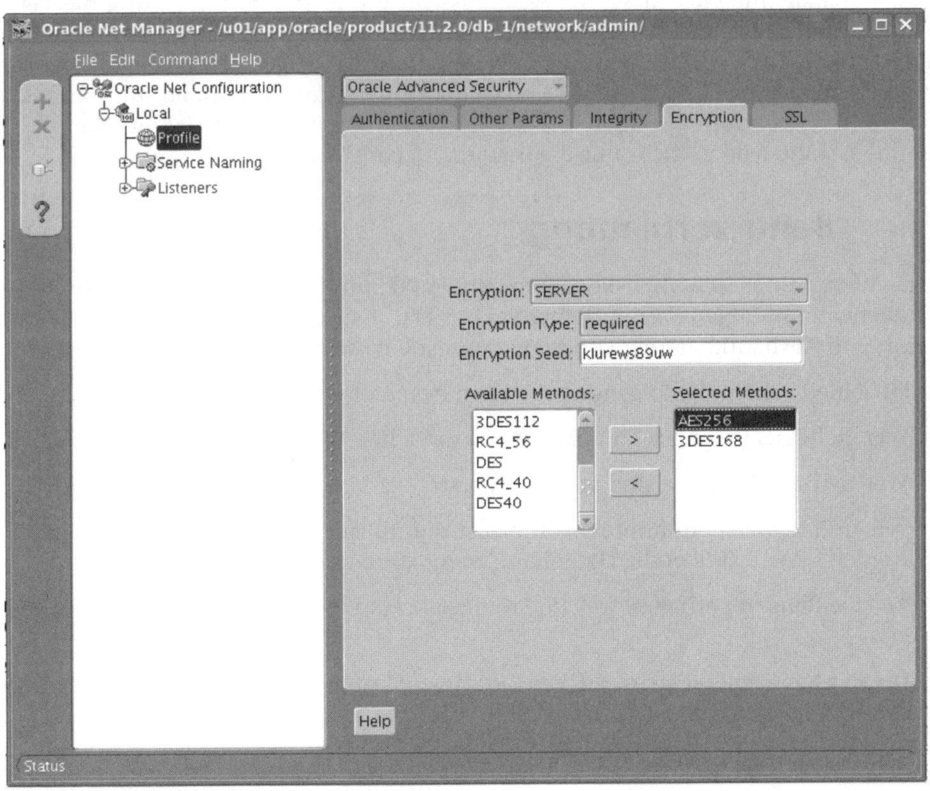

Abbildung 11.4: Network Encryption im Net Manager

Die entsprechende sqlnet.ora-Datei enthält beispielsweise die folgenden Einträge:

```
SQLNET.CRYPTO_SEED = jfkdjfks4384kjfkds
SQLNET.ENCRYPTION_SERVER = required
SQLNET.ENCRYPTION_CLIENT = accepted
SQLNET.ENCRYPTION_TYPES_CLIENT= (3DES168, RC4_128)
SQLNET.ENCRYPTION_TYPES_SERVER= (3DES168)
SQLNET.CRYPTO_CHECKSUM_CLIENT = requested
SQLNET.CRYPTO_CHECKSUM_SERVER = required
SQLNET.CRYPTO_CHECKSUM_TYPES_SERVER= (SHA1)
SQLNET.CRYPTO_CHECKSUM_TYPES_CLIENT= (SHA1)
```

Es versteht sich, dass auf der Client-Seite nur die client-spezifischen Parameter gesetzt werden müssen. Eine Verbindung zwischen Client und Server kommt nach der Aktivierung immer dann zustande, wenn die konfigurierten Verhaltensweisen kompatibel sind und für den Fall, dass verschlüsselt wird bzw. die Prüfsummen gebildet werden, gemeinsame Algorithmen auf beiden Seiten gefunden werden. In unserem Beispiel wären das `3DES168` und `SHA1`.

Kommt es zu keiner Übereinkunft der Algorithmen oder der Verhaltensweisen – eine Seite verweigert möglicherweise die Verschlüsselung –, kommt es zu folgender Fehlermeldung, und die Verbindung wird nicht aufgebaut:

```
ORA-12660: Encryption or crypto-checksumming parameters incompatible
```

Es ist durchaus möglich, dass die Verschlüsselung und Integritätsprüfung die Performance negativ beeinflusst. Dies hängt von vielen Faktoren, u. a. von den gewählten Algorithmen, ab. So sind die Triple-DES-Verfahren im Allgemeinen langsamer, dafür aber sicherer als die einfachen DES-Verfahren. Genaue Zahlen können nur durch individuelle Tests gewonnen werden. Bei der Entscheidung, welche Verfahren zum Einsatz kommen, sollte jedoch nicht nur die Performance im Vordergrund stehen!

11.4 Benutzerplanung

Beim Aufbau eines Sicherheitskonzeptes ist die Planung und Konfiguration von Datenbankbenutzern ein ganz wesentlicher Faktor. Erst über die vertrauenswürdige Identifikation und Authentifizierung von Benutzern ist eine sichere Autorisierung möglich.

Im Einzelnen sollten die folgenden Kriterien beachtet werden:

1. Wer greift aus welchem Kontext bzw. aus welcher Applikation auf die Systeme zu?
2. Welche Datenbereiche sind schützenswert?
3. Wie und in welchem Kontext soll die Authentifizierung der Benutzer durchgeführt werden? Wer soll über die Datenbank, wer extern authentifiziert werden?
4. Welche Benutzer erhalten welche Privilegien, und wie werden die Privilegien vergeben?
5. Über welche Benutzer wird die Verwaltung der Datenbank realisiert, und wie werden die Administratoren authentifiziert?

Folgende Zusammenhänge sind hierbei zu beachten:

- Privilegien, die den Zugriff auf Objekte regeln, können nur im Kontext von Datenbankbenutzern vergeben werden. Dies bedeutet, dass alle physischen Benutzer, die sich über *einen* Datenbankbenutzer an der Datenbank anmelden – ohne zusätzliche konfiguratorische Schritte – mit identischen Privilegien arbeiten und auch von Auditing-Verfahren als ein Benutzer erkannt werden.

- Um den besonderen Anforderungen von webbasierten Anwendungen gerecht zu werden, wurden schon in der Version 9i sogenannte *Shared Schemas* bereitgestellt, bei denen die Authentifizierung und Autorisierung über Verzeichnisdienste gesteuert werden.[11] Die Zuteilung der Privilegien wird dort mithilfe von Enterprise Roles geregelt, die ihrerseits mit globalen Datenbankrollen korrespondieren. Auf diese Weise können sich beliebig viele physische Benutzer ein Datenbankschema teilen, trotzdem erhält jeder dieser Benutzer nur die Privilegien, die seiner geschäftlichen Funktion angemessen sind.
- Ebenfalls mit Blick auf Webanwendungen wurden *Secure Application Roles* geschaffen, die nicht pauschal aktiv sind, sondern nur über autorisierte Pakete zugeschaltet werden können. Auf diese Weise lassen sich ebenfalls unterschiedliche Privilegienprofile wechselweise in einem Schemakontext realisieren.
- Schließlich gibt es noch das Verfahren *Proxy Authentication*, bei dem ein Benutzer im Namen anderer für zentralisierte Login-Verfahren genutzt werden kann. Datenbankbenutzer A kann also als Datenbankbenutzer B agieren – sofern er über spezielle `grant`-Befehle dazu autorisiert wurde – und erhält ganz oder teilweise dessen Privilegien. Auch dieses Verfahren ist vornehmlich für Webanwendungen interessant, die einen zentralen Benutzer für die Verbindungsanforderungen aus dem Middle-Tier heraus nutzen und trotzdem individuelle Privilegien vergeben wollen.

  Neben den `grant` Befehlen, die – wie dargestellt – anfordernde Benutzer explizit für Proxy-Verfahren autorisieren, kann der betreffende Zielbenutzer – in unserem Beispiel Benutzer B – auch pauschal einen Verzeichnisdienst autorisieren. In diesem Fall entscheidet dann beispielsweise Oracle Internet Directory darüber, welche Benutzer über Proxies als Benutzer B agieren dürfen.
- Benutzer, die mit ihren eigenen Objekten arbeiten, haben grundsätzlich alle möglichen Rechte in Bezug auf diese Objekte und können diese Rechte nach eigenem Gutdünken an Dritte weitergeben.[12] Aus diesem Grund wird in der Regel das Schema, das die Objekte der betreffenden Applikation enthält, nicht für Connects genutzt, die „Zugriffsarbeit wird vielmehr über entsprechende „Funktionsbenutzer" oder ebensolche Rollen realisiert, denen maßgeschneiderte Privilegien zugeteilt wurden.
- Zugriffskontrollen (*Auditing*) können ebenfalls nur im Kontext von Datenbankbenutzern und in ihrem Kontext gesetzten Client-Identifiern durchgeführt werden. Teilen sich also mehrere physische Benutzer ein Schema, so sind sie aus Sicht des Auditings nicht differenzierbar, es sei denn, die Applikation sorgt dafür, dass bei der Anmeldung eindeutige Client-Identifier gesetzt werden.

Je mehr physische Benutzer sich also einen Datenbankbenutzer „teilen", sprich sich unter diesem Benutzer bei der Datenbank anmelden, desto undurchsichtiger wird für den Administrator die Vermeidung von destruktiven Operationen und die Zuordnung dieser Operationen zu bestimmten Personen oder Personenkreisen – Ausnahme sind

11 Siehe hierzu den Abschnitt 11.6.5.

12 Dies wird als „Discretionary Access Control" bezeichnet. Ein alternatives Modell, das über Labels arbeitet, steht mit dem sogenannten Mandatory Access Control zur Verfügung. Zu Labels siehe den Abschnitt 11.9.

hier die oben erwähnten *Shared Schemas, Secure Application Roles* oder *Proxy Authentication.* Arbeiten alle Benutzer in dem Schema des Eigentümers der Objekte, wird jede Zugriffsverwaltung ad absurdum geführt, weil im Prinzip alle Aktionen für alle erlaubt sind. Zugriffsbeschränkungen, die nur in der jeweiligen Anwendung nicht aber – auch oder nur – in der Datenbank realisiert werden, lassen sich bekanntlich sehr leicht unterlaufen, denn das Werkzeug SQL*Plus ist in wenigen Minuten auf jedem PC installiert, und damit ist dem direkten Zugriff auf die Daten Tür und Tor geöffnet.

Aus diesen Gründen sollte auf jeden Fall für jede bekannte, physische Person, welche *direkt* mit der Datenbank arbeitet und sensible Datenbereiche nutzt, entweder ein eigener Datenbankbenutzer erzeugt oder ein schlüssiges Konzept für die individuelle Privilegienzuteilung über zentralisierte, extern authentifizierte Benutzer vorgelegt werden.

Gibt es Benutzerkreise, d. h. Gruppen von Personen, welche die gleichen Zugriffsrechte in der Datenbank benötigen, so lässt sich die Administration der notwendigen Privilegien über geeignete Rollen sehr leicht realisieren. Die Festlegung, welche *Objekt*privilegien welchen Rollen zuzuteilen sind, ist eindeutig Aufgabe der betreffenden Applikationsentwickler. Die Zuordnung von *System*privilegien dagegen kann auch von Administratoren durchgeführt werden. Eine vorbildlich geplante Anwendung hingegen wartet mit einem Rollenkonzept auf, das beide Komponenten enthält. Diese einfachen Regeln werden leider immer dort verletzt, wo eine Anwendung für unterschiedliche Datenbanksysteme tauglich sein soll, die über unterschiedliche technische Möglichkeiten verfügen.

Aus Sicht der Applikation ist es wichtig, dass sensible Daten nur eindeutig authentifizierten, individuellen Benutzern zugänglich gemacht werden. Hierfür stehen Passwörter, Zertifikate oder biometrische Verfahren zur Verfügung. Aus Sicht der Datenbank ist die eindeutige Identifizierung ausschlaggebend für eine individuelle Privilegierung. Hierbei kann jeder natürlichen Person ein Datenbankbenutzer zugeordnet werden, es können aber auch – wie bereits erwähnt – „zentrale" Applikationsbenutzer eingerichtet werden, über die Gruppen von Personen authentifiziert werden können und die trotzdem eine individuelle Privilegierung Einzelner sicherstellen.

Für die Authentifizierung Einzelner stehen aus Sicht der Datenbank unterschiedliche Wege offen:

- Das für die Authentifizierung notwendige Passwort wird direkt in der Datenbank gespeichert. Die Authentifizierung findet demnach in der Datenbank statt. In diesem Verfahren sind individuelle Datenbankbenutzer nötig.
- Die Datenbank speichert selbst kein Passwort und „vertraut" externen Verfahren oder Instanzen. Hiermit lassen sich auch Single-Sign-on-Prozesse realisieren. Es stehen in diesem Zusammenhang unterschiedliche Verfahren zur Verfügung, die in den folgenden Abschnitten unter den Rubriken „externe" und „globale" Authentifizierung noch genauer behandelt werden:
  - Das Betriebssystem authentifiziert die Benutzer, Oracle ordnet diesen Benutzern automatisch interne Benutzer zu und verzichtet auf die Eingabe eines Passwort (externe Authentifizierung). In einer erweiterten, aber gefährlichen Variante ist es sogar möglich, externen Rechnern und deren Betriebssystemen zu vertrauen und deren Benutzer ohne zusätzliche Authentifizierung zuzulassen.

- Die Anmeldung nutzt das SSL-Protokoll für die direkte Anmeldung an die Datenbank. Der im Zertifikat des Wallets des Benutzers ausgewiesene *Distinguished Name* steuert die Zuordnung zu einem Datenbankbenutzer.
- LDAP-Verzeichnisse, wie z. B. das *Oracle Internet Directory*, authentifizieren und autorisieren den Benutzer. Für die Authentifizierung können Passwörter oder Zertifikate im Rahmen des SSL-Protokolls genutzt werden. Die Zuordnung dieser Benutzer zu konkreten Datenbankbenutzern kann flexibel, z. B. über *Shared Schemas*, oder exklusiv über den per Zertifikat ausgewiesenen *Distinguished Name* des Benutzers erfolgen.
- Dienste wie Kerberos und RADIUS authentifizieren die Benutzer und geben die erfolgreiche Authentifizierung an die Datenbank weiter. Kerberos-Benutzer können dabei 1:1 mit Datenbankbenutzern verbunden oder über Verzeichnisdienste einem *Shared Schema* oder Proxy-Benutzer aufgeschaltet werden.

Die Möglichkeiten der externen Authentifizierung sind, wie diese kurze Übersicht bereits deutlich macht, dermaßen komplex, dass deren detaillierte Darstellung die Intentionen dieses Buches bei Weitem übersteigen würde. Aus diesem Grunde konzentrieren wir uns in diesem Kapitel auf die am häufigsten eingesetzten Verfahren.

Die zweite Lösung, nämlich der Verzicht auf ein eigenes Datenbankpasswort, ist in der Regel für die Benutzer vorteilhafter, weil einfacher, setzt aber ein absolut sicheres System zur Authentifizierung außerhalb der Datenbank voraus. Für den DBA kann dagegen die genaue Ermittlung der Privilegien für einzelne Benutzer komplexer werden, wenn diese über externe Verfahren wie z. B. Enterprise Roles zugewiesen werden.

Zusätzlich zu der Authentifizierung der Applikationsbenutzer muss auch die Authentifizierung der DBAs konfiguriert werden. Natürlich können alle DBA-Aufgaben pauschal über die Benutzer `SYS` oder `SYSTEM` abgewickelt werden. Bei großen Umgebungen, die mehrere Personen in der Rolle des DBA beschäftigen, ist in der Regel die Schaffung individueller DBA-Benutzer zu empfehlen, um die Verantwortlichkeiten klarer zu regeln. Darüber hinaus kann dies auch durch entsprechende gesetzliche Auflagen notwendig werden. Diese Benutzer können dann auch ganz gezielte Verwaltungsrechte zur Erfüllung ihrer spezifischen Aufgaben erhalten. Vor diesem Hintergrund ist beispielsweise ein Sicherheitsadministrator denkbar und auch über entsprechende Systemprivilegien konfigurierbar.

11.5 Interne Benutzerverwaltung

Der Zugriff auf Oracle-Datenbanken erfolgt stets in Form von Sitzungen (*Sessions*). Sitzungen wiederum laufen im Kontext von Benutzern (*Usern*) ab, die vorher in der Datenbank angelegt werden müssen. Über Authentifizierungsmechanismen, die letztendlich einer Sitzung einen Benutzer zuordnen, ist das Datenbanksystem in der Lage, die Autorisierung, d. h. die Zuordnung definierter Privilegien, durchzuführen.[13]

Je differenzierter die Benutzerstrukturen in der Datenbank oder in externen Diensten aufgebaut werden, desto differenzierter lassen sich Identitäten feststellen und über diese notwendige Privilegienmuster ableiten und initialisieren. Der Zugriff über Pauschal- oder Gruppenbenutzer erfordert – sofern eine exakte Privilegierung überhaupt

13 Beim Einsatz von Verzeichnisdiensten kann die Autorisierung auch extern erfolgen. Siehe hierzu den Abschnitt 11.6.

gewünscht wird – die Identifizierung der Benutzer über jede der zugreifenden Anwendungen und ist aus diesem Grunde entsprechend aufwendig in der Programmierung und im Testen.

In diesem Zusammenhang kümmert sich die interne Benutzerverwaltung um die Planung und Verwaltung von Benutzern innerhalb der Datenbank. Für das Anlegen von Benutzern ist das Privileg `CREATE USER` erforderlich, das standardmäßig über die DBA-Rolle vergeben wird.

11.5.1 Möglichkeiten der Authentifizierung

Beim Anlegen eines Benutzers in der Datenbank muss bereits eine geeignete Authentifizierungsmethode festgelegt wrden. Es stehen unterschiedliche Methoden der Authentifizierung für die Identifikation von Kommunikationspartnern zur Verfügung:

- Bei der *internen Authentifizierung* wird der betreffende Benutzer mit einem Passwort angelegt, das in der Datenbank gespeichert wird und aus diesem Grunde auch über die Datenbank verifiziert werden kann.
- Die *externe Authentifizierung* verzichtet auf die Speicherung eines Passwortes in der Datenbank. Zur Verifizierung der Identität müssen aus diesem Grunde externe Quellen, z. B. das Betriebssystem, herangezogen werden.
- Die *globale Authentifizierung* speichert ebenfalls kein Passwort in der Datenbank. Die Identifikation erfolgt in diesem Falle über externe, in der Regel zentrale oder zentral autorisierte Quellen wie digitale Zertifikate und Verzeichnisdienste. Für die globale Identifizierung kann ein gültiger X.509-Name oder ein Leerstring angegeben werden. Im letzten Fall erfolgt die Zuordnung eines externen zu dem entsprechenden internen Benutzer über Enterprise-User-Definitionen des Verzeichnisdienstes (beispielsweise Internet Directory).
- Bei der *Proxy-Authentifizierung* sind unterschiedliche Modelle realisierbar:
  - Die Mittelschicht authentifiziert die Clients. Sie selbst authentifiziert sich gegenüber der Datenbank über ihren „zentralen“ Benutzer und leitet die von ihr identifizierten Clients an die betreffenden Datenbankbenutzer weiter. Alternativ können auch Client-Zertifikate zur Bestimmung des Zielbenutzers übermittelt werden.
  - Die Mittelschicht authentifiziert Clients nicht selbstständig, sondern leitet Name und Passwort an die Datenbank zur Authentifizierung weiter.

  In beiden oben genannten Fällen müssen die betreffenden Benutzer der Datenbank bekannt, d. h., dort angelegt worden sein (`create user`).

  Eine abgewandelte Form der Proxy-Authentifizierung (*Application User Proxy Authentication*) übergibt lediglich die Identitätsdaten an die Datenbank, die diese dann in Form von Client-Identifiern den betreffenden Sessions übergibt. In diesem Fall ist es nicht erforderlich, die betreffenden Benutzer in der Datenbank anzulegen und zu verwalten.

Die einzelnen Verfahren werden in den folgenden Abschnitten detailliert besprochen.

11.5.2 Interne Authentifizierung

Die interne Authentifizierung stellt die „klassische" und am einfachsten zu implementierende Authentifizierungsmethode dar: Benutzer werden hierbei mit ihnen zugeordneten Passwörtern in der Datenbank angelegt. Bei der Anmeldung an die Datenbank wird der Benutzername zusammen mit dem verschlüsselten Passwort an den Datenbankserver übermittelt und dort mit den Einträgen des Data Dictionarys verglichen. Da Passwörter in „gehashter" Form im Data Dictionary gespeichert werden, erfolgt ihr Vergleich entsprechend in „gehashter" Form. In Abschnitt 11.2.3 wurde bereits dargestellt, wie sich die Verfahren in Version 11g geändert haben.

Jeder Kommunikationspartner, der einen Benutzernamen mit dem ihm zugeordneten Passwort reproduzieren kann, hat aus diesen Gründen Zugang zur Datenbank mit den Privilegien, die dem entsprechenden Benutzer zugeordnet wurden. Aus diesem Grunde wird das Verfahren auch als „schwache" Authentifizierung bezeichnet. Die interne Authentifizierung ist zweifelsfrei die einfachste Methode, hat jedoch auch eine Reihe gravierender Nachteile:

- „Schwache" oder schriftlich fixierte Passwörter können leicht erraten oder reproduziert werden.
- Benutzername und Passwort müssen explizit – entweder interaktiv oder, schlimmer noch, hart kodiert – angegeben werden. Dies führt – vor allem, wenn mit einer Vielzahl von Datenbanken gearbeitet wird – zur Auswahl von primitiven Passwörtern, die der Einfachheit halber auf allen Systemen identisch sind.
- Benutzer müssen auf jeder Datenbank separat angelegt und verwaltet werden, was bei einer großen Benutzerzahl zu einer entsprechenden administrativen Belastung führen kann.

Im folgenden Beispiel wird der Benutzer `guenter` mit dem Passwort `unbescheid` definiert:

```
SQL> CREATE USER guenter
     IDENTIFIED BY unbescheid
     PASSWORD EXPIRE;
```

Die folgenden Regeln gelten für die Benennung von Benutzern und Passwörtern:

- Maximale Länge 30 Byte (!). Abhängig vom Zeichensatz der Datenbank können dies jedoch weniger als 30 Zeichen sein.
- Benutzernamen sind niemals case-sensitive, auch dann nicht, wenn sie in doppelten Hochkommas eingegeben werden.
- Passwörter sind – wie bereits ausführlich dargestellt wurde – ab der Version 11g case-sensitive.
- Benutzernamen und Passwörter können aus allen alphanumerischen Zeichen des betreffenden Zeichensatzes der Datenbank bestehen, müssen aber mit einem Buchstaben beginnen. Zusätzlich sind erlaubt (_), ($) und (#). Von der Verwendung der letzten beiden Zeichen wird jedoch ausdrücklich abgeraten.
- Sowohl Benutzernamen als auch Passwörter dürfen keine reservierten Wörter sein.

Um Probleme beim Wechsel von Zeichensätzen oder Migrationen von Schemata zu vermeiden, wird dringend empfohlen, die Bezeichner für Benutzer und Kennwörter aus dem Vorrat von ASCII-Zeichen zu wählen.

Die PASSWORD-Klausel bewirkt, dass der betreffende Benutzer bei seiner ersten Anmeldung zur Eingabe eines neuen Passwortes aufgefordert wird. Auf diese Weise lassen sich vom Datenbankverwalter einfach zu erinnernde Erstlingspasswörter vergeben, die der Endbenutzer entsprechend differenzieren muss.

Die Auswahl von Passwörtern ist sorgfältig zu überlegen. Ein leicht zu erratendes Passwort ist bekanntlich wertlos. Aus diesem Grunde ist es durchaus sinnvoll, entsprechende Standards für die Wahl von Passwörtern festzulegen und den Benutzern zu empfehlen. Die grundlegende Anforderung an Passwörter ist so einfach wie schwierig: Sie sollten schwer zu erraten, aber für den betreffenden Benutzer leicht zu behalten sein. Eine Empfehlung für die Erzeugung eines solchen Passwortes könnte z. B. lauten:

- Es sind zwei Wörter auszuwählen und nach bestimmten Regeln zu kombinieren, z. B. durch „Mischen" der Wörter auf Buchstabenebene:
- Erstes Wort: „Haus"
- Zweites Wort: „1234"
- Daraus resultierendes Passwort: „h1a2u3s4"

Passwörter sollten darüber hinaus in regelmäßigen Abständen geändert und nicht niedergeschrieben werden.

Der oben abgebildete Befehl legt lediglich den Benutzer an, er vergibt noch keine Privilegien! Die Anmeldung an die Datenbank ist aus diesem Grunde zu diesem Zeitpunkt noch gar nicht möglich.

Informationen über Benutzer können mithilfe der Views dba_users, all_users oder user_users abgefragt werden. Ab der Versiuon 11g wird die Darstellung der gehashten Form des Passwortes in der View dba_users unterdrückt.

```
SQL> SELECT username, user_id, password
     FROM   dba_users
     WHERE  username = 'GUENTER';

USERNAME  USER_ID      PASSWORD
--------- ------------ ---------------------------------------
GUENTER             31
```

Die Änderung des vergebenen Passwortes ist jederzeit, sowohl für den DBA als auch den betreffenden Benutzer, über den Befehl ALTER USER möglich:

```
SQL> ALTER USER guenter IDENTIFIED BY neues_passwort;
```

Im Gegensatz zum DBA darf ein normaler Benutzer diesen Befehl nur zur Änderung seines eigenen Passworts nutzen.

11.5.3 Externe Authentifizierung

Extern authentifizierte Benutzer werden ohne Passwort in der Datenbank angelegt. Dementsprechend können sie nicht mit Mitteln der Datenbank identifiziert werden. Die Authentifizierung der Benutzer und die Verwaltung von Passwörtern erfolgen vielmehr mit aus Sicht der Datenbank fremden Mitteln, eben extern. Die Datenbank startet lediglich auf Anforderung eine Session mit dem Benutzer, der ihr von der externen Quelle „übergeben" wird. Dadurch ist es möglich, den Connect an die Datenbank ohne Angabe eines Benutzernamens und eines Passwortes wie im folgenden Beispiel durchzuführen:

```
sqlplus /@test11
```

Wie oben bereits erwähnt wurde, gibt es sehr unterschiedliche Verfahren für die externe Authentifizierung, die sich nicht nur technologisch erheblich unterscheiden. Sie werden daher im Folgenden getrennt voneinander behandelt.

Nutzung des Betriebssystems

Die erste Möglichkeit besteht in der Nutzung des Betriebssystems. Hierbei wird ein vom Betriebssystem authentifizierter Benutzer mit einem bestimmten Benutzer der ausgewählten Datenbank verbunden. Die Regeln dieser Zuordnung werden über den statischen Serverparameter `os_authent_prefix` festgeschrieben, der mit dem Wert `OPS$` vorbelegt ist.

Im folgenden Beispiel wird der Benutzer `johannes` mit externer Authentifizierung in der Datenbank angelegt:

```
SQL> CREATE USER ops$johannes IDENTIFIED EXTERNALLY;
```

In diesem Fall würde der Betriebssystembenutzer `johannes` ohne Angabe eines Passwortes mit dem Benutzer `ops$johannes` der Datenbank verbunden. Der Benutzer `johannes` hätte – da für ihn kein Passwort hinterlegt ist – auch keinerlei Möglichkeit, sich anderweitig zu authentifizieren. `os_authent_prefix` kann genauso gut mit einer „leeren" Zeichenkette (' ') vorbelegt werden, wodurch eine Zuordnung identischer Benutzernamen möglich wird.

Die externe Authentifizierung über das Betriebssystem ist standardmäßig nur für lokale Verbindungen zulässig. Sollen auf diese Weise auch entfernte Verbindungen zur Datenbank aufgebaut werden, ist zusätzlich der Serverparameter `remote_os_authent` auf `true` zu setzen. Die Datenbank vertraut in diesem Fall den von den Clients übermittelten Benutzernamen ohne weiteres und führt die Verbindung an die Datenbank durch.

Es versteht sich, dass diese Einstellungen extrem gefährlich und daher nur in Ausnahmefällen zu empfehlen sind. Für die entfernte Einwahl ohne Angabe von Passwörtern stehen andere, wesentlich sicherere Verfahren zur Verfügung, wie z. B. die Nutzung von Verzeichnisdiensten[14] und Authentifizierungsservern.

Die dargestellte Methode mutet etwas antiquiert an, hat jedoch auch heutzutage noch einige Vorteile:

- Die Benutzer müssen sich keine zusätzlichen Passwörter für ihre Datenbankverbindungen merken und können sich sicher authentifizieren für den Fall, dass sie *direkt* auf dem Datenbankserver arbeiten.
- Batch-Programme, die sehr häufig direkt auf dem Server zur Ausführung gebracht werden, kommen ohne hart kodierte Passwortanweisungen aus.

14 Siehe hierzu die ausführliche Besprechung in Abschnitt 11.6.

Das Verfahren hat jedoch auch Nachteile:

- Die Einwahl von entfernten Clients (remote Login) ist in der Regel extrem unsicher und sollte auf jeden Fall vermieden werden.
- Jeder externe Benutzer kann immer nur mit einem speziellen internen Benutzer verbunden werden.

Unter den Windows-Betriebssystemen werden Authentifizierungen – transparent für den Benutzer – über eigene Authentifizierungsprotokolle durchgeführt.[15] Die Nutzung dieser Protokolle muss jedoch in der Datei `sqlnet.ora` entsprechend vorbereitet werden:

```
SQLNET.AUTHENTICATION_SERVICES = (NTS)
```

Das Fehlen dieses Parameters beschert dem Benutzer den folgenden Fehler:

```
ORA-01004: default username feature not supported; logon denied
```

Für einen fehlerfreien Verbindungsaufbau unter Windows ist es gleichermaßen notwendig, dass der Benutzername in der Datenbank aus dem Domänennamen, einem umgekehrten Schrägstrich und dem eigentlichen Benutzernamen zusammengesetzt wird: Aus dem Benutzer `johannes` des Betriessystems wird daher auf dem Computer bzw. unter der Windows-Domäne `RECHNER1` der Benutzer `rechner1\johannes` für den Fall, dass der Parameter `os_authent_prefix` mit „''" belegt wurde. Für das Anlegen von extern authentifizierten Oracle-Benutzern empfiehlt sich das Werkzeug *ORACLE ADMINISTRATION ASSISTANT FOR WINDOWS*. Die Abbildung 11.5 zeigt einen Ausschnitt dieses Werkzeugs.

Es ist natürlich auch möglich, einen Benutzer mit intern gespeichertem Passwort zu definieren und sich trotzdem ohne Passwort über die oben beschriebenen Mechanis-

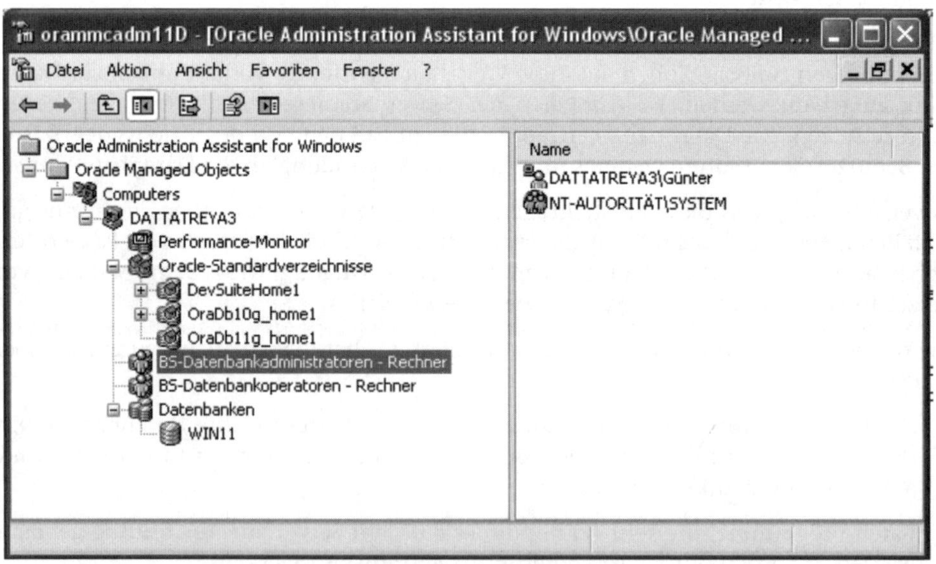

Abbildung 11.5: Administrations-Assistent für Windows

15 Dies ist ab Windows 2000 standardmäßig Kerberos.

men bei der Datenbank anzumelden. Im Unterschied zu externen Benutzern kann ein solcher Benutzer auch – falls das Passwort bekannt ist – von beliebigen Betriebssystembenutzern angewählt werden.

Nutzung von externen Authentifizierungsservern

Für sichere, zentralisierte Authentifizierungen im Client-Server-Umfeld kann darüber hinaus eine Reihe weiterer, etablierter Produkte und Verfahren für die Authentifizierung von Datenbankbenutzern eingesetzt werden. Dies können auf der einen Seite Authentifizierungsdienste wie Kerberos und RADIUS sein, die durch so genannte SmartCards ergänzt werden können, auf der anderen Seite ebenso biometrische Verfahren, bei denen Fingerabdrücke oder Netzhautmuster interpretiert werden.

Die Nutzung dieser Dienste ist vor allem dort interessant, wo sie bereits in Kontexten außerhalb von Oracle eingesetzt werden und entsprechende administrative Erfahrungen vorliegen. Sie ermöglichen die Authentifizierung nach dem Single-Sign-on-Prinzip, bei dem sich Benutzer einmal anmelden und dann verschiedene Dienste, unter ihnen auch Datenbanken, ohne erneute Authentifizierung nutzen können. Zusätzlich kann bei diesen Verfahren auch die Verschlüsselung der Daten erfolgen.

Die konfiguratorische Einbindung dieser externen Umgebungen in die Oracle-Welt wird über Oracle Net und dort vor allem über die Datei `sqlnet.ora`[16] konfiguriert. Eine detaillierte Besprechung aller einzelnen Methoden würde den Rahmen dieses Buches sprengen. Sie findet sich vielmehr in der Oracle-Dokumentation, dort vor allem unter dem Thema Advanced Security. An dieser Stelle soll vielmehr stellvertretend die Einbindung von Kerberos-Authentifizierungen dargestellt werden. Auf diese Weise lässt sich sehr einfach die in Active Directory-Verzeichnisdiensten gespeicherte Benutzer-Datenbasis von Windows-Netzwerken für Oracle Datenbanken nutzen.

Kerberos-Authentifizierung Kerberos ist ein verteilter Authentifizierungsdienst für offene Computernetze, der Identitäten verifiziert und für die Nutzung von vorgegebenen Services qualifiziert. Kerberos verwendet zur Authentifizierung sogenannte *Tickets*. Um einen Dienst, den Kerberos unterstützt, nutzen zu können, muss sich der betreffende Client zunächst beim Kerberos-Server anmelden (Schritt 1 der Abbildung 11.6). Auf Windows-Systemen ist diese Kerberos-Anmeldung implizit an die Windows-Anmeldung gekoppelt. Auf Unix-Systemen erfolgt sie explizit über ein Hilfsprogramm (`okinit`).

Nach erfolgreicher Anmeldung – in der Regel über Eingabe eines Passworts – erhält der Benutzer vom Kerberos-Server ein sogenanntes *Ticket Granting Ticket* (TGT), also eine Art von Generalvollmacht, die an seine Identität gebunden ist. Mit dieser Generalvollmacht kann der Client ohne erneute Eingabe seines Passworts weitere Tickets für spezifische Dienste, z. B. Datenbanken, anfordern (Schritt 2). Der Server prüft schließlich dieses Dienst-Ticket und gewährt dem Client im Erfolgsfall Zugang zu dem betreffenden Dienst (Schritt 3). Handelt es sich bei dem Service um eine Datenbank, wird in diesem Modell der Client mit einem extern authentifizierten Datenbankbenutzer verbunden, dessen Name identisch mit seinem *Principal Name* ist: Beispielsweise wird der Benut-

16 Hier vor allem über den Parameter `SQLNET.AUTHENTICATION_SERVICES`.

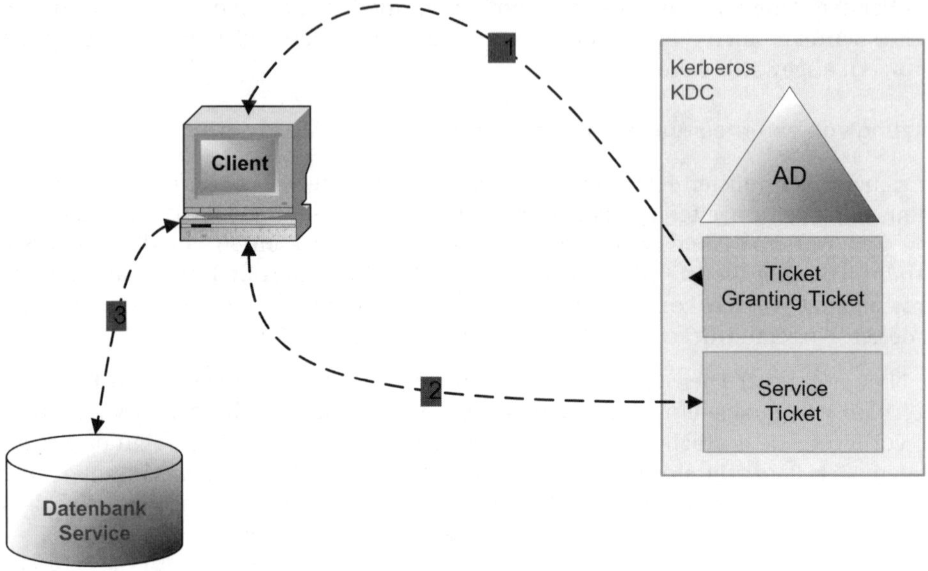

Abbildung 11.6: Kerberos-Architektur

zer `testuser` mit dem *Principal Name* `testuser@dbc.de` mit dem Datenbankbenutzer `testuser@dbc.de` verbunden.

Zusätzlich zur Authentifizierung von Identitäten können über Kerberos auch Session Keys ausgehandelt werden, die für die Verschlüsselung des Datenverkehrs sorgen.

Damit Benutzer, die sich mit einem Zielsystem verbinden möchten, entsprechende Service-Tickets anfordern und der Datenbank präsentieren können, müssen im Active Directory *Kerberos Principal User* angelegt und diesen *Service Principals* zugeordnet werden. Das Ganze ergibt dann den sogenannten *Kerberos Principal*, der in der Form

```
service/principalUser@realm
```

geschrieben und strukturiert wird. Die entsprechende Zieldatenbank spezifiziert dann in ihren NET-Konfigurationsdateien, welchen Kerberos-Servicenamen sie unterstützt, und kann dies mit dem Service-Ticket, das der Benutzer beim Verbindungsaufbau präsentiert, abgleichen und ihm bei Erfolg Zugang gewähren.

Während die `realm`-Komponente sich in der Regel nach dem Domänennamen des Netzwerks richtet, können die Namen für Services und Principal User im Prinzip frei gewählt werden, sofern sie mit den Einstellungen der NET-Dateien übereinstimmen. Es empfiehlt sich jedoch, ein Regelwerk für die Vergabe der Namen zu vereinbaren. Das folgende Verfahren hat sich in vielen Fällen bewährt:

- Für jeden Server, dessen Datenbanken über die Kerberos-Authentifizierung erreicht werden sollen, wird ein eigener Principal User angelegt, der den Namen des Servers trägt.
- Da die Datenbanken – wie erwähnt – ihre Kerberos-„Identität" in den NET-Konfigurationsdateien festschreiben und diese für jedes Home-Verzeichnis vergeben werden und darüber hinaus jeder Oracle-Client ebensolche Dateien konfiguriert hat, mit

denen er sein Service-Ticket anfordert, ist es empfehlenswert, pauschal einen Servicenamen für alle Systeme einzurichten, beispielsweise `oracle`.

Demnach könnte der Kerberos Principal für die Systeme auf dem Server `testserver01` der Domäne `dbc.de` folgendermaßen angelegt werden:
`oracle/testserver01@DBC.DE`

Im Einzelnen ist Folgendes auszuführen:

- Auf dem AD-Server: Anlegen der Kerberos Principal User alias Hostnamen mithilfe der GUI „Active Directory Users and Computers" (`<cmd> dsa.msc`). Für unser Beispiel bedeutet dies:

  ```
  [General tab]
  First name: testserver01
  Display name: testserver01
  Password: <beliebiges Kennwort>
  [Account tab:]
  User logon name: testserver01@DBC.DE
  User logon name (pre-Windows 2000): DBC\testserver01
  ```

  Bei den Optionen muss *„Use DES encryption types for this account"* ausgewählt werden!

- Im nächsten Schritt lässt sich nun der Service Principal dem Benutzer zuordnen. Hierzu wird auf Windows-Systemen das Kommando `ktpass` benutzt, das gleichzeitig noch ein `keyfile` für den betreffenden Server/Principal User erstellt (`-out`-Klausel). Dieses *keyfile* enthält den symmetrischen Schlüssel für den betreffenden Kerberos Principal und muss im Anschluss sicher auf den Zielserver kopiert werden. Auf Großschreibung der Domäne ist zu achten! Für unser Beispiel bedeutet dies:

  ```
  $ ktpass -princ oracle/testserver01@DBC.DE -mapuser testserver01
           -pass password123 -DesOnly
           -crypto des-cbc-crc -ptype KRB5_NT_PRINCIPAL -kvno 1
           -out C:\Users\keytab.testserver01
  ```

Die Ausführung kann über den Befehl `setspn` oder direkt über die grafische Oberfläche von AD kontrolliert werden:

```
$ setspn -L testserver01

Registered ServicePrincipalNames for
CN=testserver01,CN=Users,DC=dbc,DC=de:
oracle/testserver01
```

Der Inhalt des *keyfile* kann nach dem Kopieren auf dem Datenbankserver mithilfe des Kommandos `oklist` kontrolliert und angezeigt werden:

```
$ oklist -k -t /<pfad>/<keyfile>

Kerberos Utilities for Solaris: Version 10.2.0.1.0 - Production on 30-APR-2010 11:42:37
Copyright (c) 1996, 2004 Oracle. All rights reserved.

Service Key Table:
/u01/app/oracle/product/1020/network/krb5/keytab.testserver01

Ver     Timestamp                   Principal
 1   01-Jan-1970 01:00:00 oracle/testserver01@DBC.DE
```

Nachdem alle Einträge in AD durchgeführt wurden, müssen nun sowohl die Oracle-Client- als auch die Server-Umgebungen so konfiguriert werden, dass sie die neuen Kerberos Principals für ihre Authentifizierung nutzen können.

Arbeiten auf den Clients Damit Oracle-Clients die Authentifizierung über Kerberos nutzen können, muss im Rahmen des Clients die Advanced-Security-Option installiert worden sein. Dies kann wie folgt überprüft werden:

```
$ $ORACLE_HOME/OPatch/opatch lsinventory -detail | grep "Advanced Security"
```

Bei allen Zielsystemen muss die Enterprise Edition, ebenfalls mit der Advanced-Security-Option installiert und lizenziert worden sein.

Die Kerberos-Konfiguration auf allen Oracle-*Client*-Maschinen betrifft drei Bereiche:

1. Anpassung/Erweiterung der Host-Datei, sodass das *Kerberos Key Distribution Center* (KDC) und der AD-Verzeichnisdienst erreicht werden können.
2. Aufbau der Kerberos-Konfigurationsdatei, z. B. `krb5.conf`, mit Verbindungsinformationen zum KDC.
   In unserem Beispiel unter `$ORACLE_HOME/network/krb`
3. Erweiterung der Dateien *sqlnet.ora*

Der Hostname, der für den AD-Server in der Kerberos-Konfigurationsdatei angegeben wird, ist in der `hosts`-Datei entsprechend mit und ohne Domäne einzutragen, beispielsweise: `192.168.45.33 adnet.dbc.de adnet`

Kerberos-Konfigurationsdatei: Es hat sich bewährt, diese Datei in einem eigenen Verzeichnis – `krb5` – unter `$ORACLE_HOME/network` anzulegen. Die Datei enthält Verbindungs- und Domäneninformationen. Der Adresse des kdc-Rechners muss über die `hosts` Datei auflösbar sein. Über die `realm`-Klausel müssen der Client- und der Verzeichnisdienst nicht in der gleichen Domäne liegen.

```
[libdefaults]
  default_realm = DBC.DE
  clockskew = 10000
[realms]
  DBC.DE = {
   kdc = adnet.dbc.de
 }
[domain_realm]
  .dbc.de = DBC.DE
  dbc.de = DBC.DE
```

Über die Datei `sqlnet.ora` hat der Client Zugang zu den Kerberos-Diensten, über die entsprechende Service-Tickets angefordert werden.

```
# sqlnet.ora Network Configuration File:
/opt/oracle/client/network/admin/sqlnet.ora
# Generated by Oracle configuration tools.
NAMES.DIRECTORY_PATH= (TNSNAMES)
SQLNET.AUTHENTICATION_SERVICES = (kerberos5)
SQLNET.KERBEROS5_CONF = /u01/oracle/1020client/network/krb5/krb5.conf
SQLNET.KERBEROS5_CC_NAME = /opt/oracle/1020client/network/krb5/krbcache
SQLNET.KERBEROS5_CONF_MIT = true
SQLNET.AUTHENTICATION_KERBEROS5_SERVICE = oracle
```

Die Parameter werden im Folgenden einzeln erläutert.

- SQLNET.AUTHENTICATION_SERVICES: Listet die gewünschten Authentifizierungsmethode(n) des Netzwerks auf.
- SQLNET.KERBEROS5_CONF: Pfad und Name der Kerberos-Konfigurationsdatei.
- SQLNET.KERBEROS5_CONF_MIT: Nutzt das neue MIT Konfigurationsformat (true).
- SQLNET.KERBEROS5_CC_NAME: Pfad und Name der Cache-Datei. Enthält die Credentials.
- SQLNET.AUTHENTICATION_KERBEROS5_SERVICE: Gibt den Servicenamen vor, für den ein Serviceticket angefordert wird.

Server-Konfiguration für Kerberos Die Kerberos Konfiguration auf allen Oracle-Datenbankmaschinen ist ähnlich wie bei den Clients organisiert, mit einigen zusätzlichen Parametern bei der Datei sqlnet.ora.

Auch hier haben wir drei Bereiche:

1. Anpassung/Erweiterung der Host-Datei, sodass KDC und AD erreicht werden können – analog zum Client.
2. Aufbau der Kerberos-Konfigurationsdatei, z. B. krb5.conf, mit Verbindungsinformationen zum Kerberos Key Center (KDC), analog zum Client.
3. Erweiterung der Daten sqlnet.ora wie im folgenden Abschnitt beschrieben.

Die Datei enthält – im Gegensatz zum Client – zusätzlich die vom Key Center generierte Schlüsseldatei, die über den Parameter SQLNET.KERBEROS5_KEYTAB konfiguriert wird:

```
NAMES.DIRECTORY_PATH= (TNSNAMES)
SQLNET.AUTHENTICATION_SERVICES = (beq, kerberos5)
SQLNET.KERBEROS5_KEYTAB = /u01/app/oracle/product/1020/network/krb5/keytab.testserver01
SQLNET.KERBEROS5_CONF = /u01/app/oracle/product/1020/network/krb5/krb5.conf
SQLNET.KERBEROS5_CC_NAME = /u01/app/oracle/product/1020/network/krb5/krbcache
SQLNET.KERBEROS5_CONF_MIT = true
SQLNET.AUTHENTICATION_KERBEROS5_SERVICE = oracle
```

Optional kann die Datei sqlnet.ora – sowohl auf dem Client als auch auf dem Server – mit Logging- und Trace-Parametern versehen werden, um im Fehlerfall ausführliche Meldungen zu generieren:

```
# Server: Tracing Logging nur im Bedarfsfall
TRACE_LEVEL_SERVER = SUPPORT
TRACE_FILE_SERVER = NETserver.ora
TRACE_DIRECTORY_SERVER = /u01/app/oracle/product/1020/network/network/trace
TRACE_TIMESTAMP_SERVER = TRUE

# Client: Tracing Logging nur im Bedarfsfall
TRACE_LEVEL_CLIENT=16
TRACE_DIRECTORY_CLIENT=/u01/oracle/1020client/network/network/trace
TRACE_UNIQUE_CLIENT=on
TRACE_FILE_CLIENT=kerb_client
# Okinit: Tracing
TRACE_LEVEL_OKINIT=16
TRACE_DIRECTORY_OKINIT=/u01/oracle/1020client/network/network/trace
TRACE_FILE_OKINIT=kerb_okinit
```

Zum Testen der neuen Kerberos-Anbindung kann nun beispielsweise folgender Benutzer im Active Directory angelegt werden:

```
Username/DN CN=testuser,CN=Users,DC=dbc,DC=de
Logon Name testuser@dbc.de
msDS-PrincipalName DBC\testuser
userPrincipalName testuser@dbc.de
```

Damit sich `testuser` an der Datenbank anmelden kann ist, ist dort folgender Benutzer anzulegen:

```
SQL> CREATE USER "TESTUSER@DBC.DE" IDENTIFIED EXTERNALLY;

SQL> GRANT connect, resource TO "TESTUSER@DBC.DE";
```

Wegen des Sonderzeichens „@" ist die Namensangabe auf jeden Fall in doppelte Hochkommas einzuschließen.

Nun kann ein erster Connect-Test durchgeführt werden. Von einem Unix-System aus, auf dem der Oracle-Client wie beschrieben installiert wurde, wird wie folgt vorgegangen (bei Windows-Systemen sollte das TGT bereits durch die Anmeldung vorliegen):

- Kerberos-Anmeldung und Erhalt des „Ticket Granting Ticket" (TGT)

```
$ okinit testuser
Kerberos Utilities for Solaris: Version 10.2.0.1.0 - Production on 03-MAY
     -2010 16:57:49
Copyright (c) 1996, 2004 Oracle. All rights reserved.

Password for testuser@DBC.DE:
```

- Explizite Prüfung des TGT über `oklist` daselbst:

```
Kerberos Utilities for Solaris: Version 10.2.0.1.0 - Production on 03-MAY
     -2010 16:59:46
Copyright (c) 1996, 2004 Oracle. All rights reserved.

Ticket cache: /opt/oracle/1020client/network/krb5/krbcache
Default principal: testuser@DBC.DE

   Valid Starting            Expires             Principal
03-May-2010 16:58:04 04-May-2010 00:57:49
krbtgt/DBC.DE@DBC.DE
```

- Mit diesem TGT kann nun die Verbindung zum Zielsystem wie folgt angefordert werden:
  `sqlplus /@zieldb`

Nach dem erfolgreichen `connect` kann der Benutzer im Sql*Plus nun wie gewohnt über `show user` geprüft werden.

Die Konfigurationsdateien müssen nun auf allen beteiligten Client- und Server-Rechnern verteilt werden.

11.5.4 Globale Authentifizierung

Bei der globalen Authentifizierung werden Benutzer über digitale Zertifikate oder über Kennwörter identifiziert. Zentrale Verzeichnisdienste regeln auf dieser Basis die Anmeldung an autorisierte Datenbanken und können darüber hinaus auch entsprechende Privilegien in Form von Enterprise-Rollen an den Benutzer übertragen. Die Verschlüsselung der Daten kann hierbei ebenfalls durchgeführt werden. Auf diese Weise lässt sich auch das oben beschriebene Single-Sign-on-Prinzip implementieren. Verzeichnisdienste und die mir ihrer Hilfe mögliche globale Authentifizierung werden ausführlich im Abschnitt 11.6 besprochen.

11.5.5 Proxy-Authentifizierung

Der Einsatz einer sogenannten Mittelschicht (Middle-Tier), z. B. beim Einsatz von Applikationsservern, stellt besondere Anforderungen an die Authentifizierung von Benutzern in der Datenbank, sofern diese überhaupt gewünscht wird. Es stehen unterschiedliche Modelle und Technologien zur Verfügung, um die Authentifizierung im 3-Schicht-Betrieb sicherzustellen.

1. Im einfachsten Fall stellt der Applikationsserver eine zentrale Verbindung zu der betreffenden Datenbank her. Die Authentifizierung zwischen Applikationsserver und Datenbank erfolgt über ein Kennwort, das explizit und hart codiert im Kontext der Anwendung auf dem Applikationsserver verankert werden muss. Auf diese Weise stehen jedem Benutzer prinzipiell alle Privilegien des zentralen Datenbankbenutzers zur Verfügung. Individuelle, einschränkende Privilegienzuteilungen an einzelne Benutzer müssen über den jeweiligen Applikationscode geregelt werden. Hinzu kommt, dass Kennwortänderungen aufseiten der Datenbank Codeanpassungen der Applikation nach sich ziehen.

   Es versteht sich, dass diese Art der Authentifizierung wegen der erwähnten Nachteile nur in Ausnahmefällen zu empfehlen ist, z. B. dort, wo die Authentifizierung individueller Clients gegenüber der Datenbank nicht gefordert wird. Darüber hinaus wird diese Methode in strengem Sinne nicht unter dem Terminus *Proxy Authentication* gehandelt.

2. In einem zweiten Modell wird der Client von der Mittelschicht über eine beliebige Methode authentifiziert. Die Mittelschicht authentifiziert sich gegenüber der Datenbank – hart codiert oder über geeignete kennwortlose Verfahren – über einen zentralen Applikationsbenutzer, trägt jedoch die Identität des betreffenden Endbenutzers über entsprechende Client-Identifier in die Datenbank hinein. Die Privilegierung des Benutzers kann dann – abhängig von dem gesetzten Client-Identifier – über eine Startprozedur erfolgen, die entsprechende Application Roles[17] aktiviert.

   Die Frage, welche Rollen für welche Benutzer zu aktivieren sind, kann entweder über die Applikation selbst oder über „Dummy"-Benutzer innerhalb der Datenbank erfolgen. Diese Dummy-Benutzer sind in der Datenbank ohne das Privileg `create session`, jedoch mit den für sie wichtigen *Application Roles* angelegt. Diese Benutzer dienen demnach nur als „Repository" für die Aktivierung der Rollen über die betreffende Applikation.

   Die zugeteilten Rollen können von den Benutzern selbst jedoch niemals direkt aktiviert werden, weil die zur Aktivierung vorgesehene Prozedur im Schema des Applika-

17 Application Roles werden in Abschnitt 11.7.3 besprochen.

tionsbenutzers liegt. Der zugewiesene Client-Identifier erlaubt darüber hinaus auch die Nutzung von Auditing-Verfahren und ist über die Funktion `sys_context` jederzeit innerhalb von SQL-Anweisungen abrufbar.

Der Vorteil dieser Methode gegenüber der oben erwähnten ersten besteht in der individuellen Privilegierung von Endbenutzern und in der zentralen Verwaltung der Privilegien innerhalb der Datenbank. Die folgenden Codezeilen skizzieren die für dieses Modell mögliche Syntax in Ausschnitten. Es handelt sich dabei keinesfalls um eine fertige und ausführbare Prozedur. Einige der hier genutzten Konstrukte werden im Detail erst in den nachfolgenden Abschnitten behandelt.

```
Security-Kontext für Applikations-DEMO
-- Einrichten von Secure Application Roles für Benutzerprofile ENDUSER und ADMIN
-- Die Rollen werden geschaltet über das Schema APPUSER
SQL> CREATE ROLE demo_admin IDENTIFIED USING appuser.appstart;
SQL> CREATE ROLE demo_enduser IDENTIFIED USING appuser.appstart;
-- Kontrolle der angelegten Application Roles
SQL> SELECT role, schema, package
     FROM   dba_application_roles
     WHERE  schema = 'APPUSER';
-- Einrichten des Schema-Owners (enthält alle Datenbankobjekte)
SQL> CREATE USER appowner IDENTIFIED BY ownpwd;
-- zuteilen der Owner-Privilegien, z. B.
SQL> GRANT CONNECT, RESOURCE TO ownpwd;
-- Aufbau der Objekte und ..
-- Zuteilung der Objektprivilegien an die Application Roles
-- GRANT select, update ON tabelle1 TO demo_enduser;
-- Einrichten der Endbenutzer, kein connect vorgesehen
SQL> CREATE USER u4711 IDENTIFIED EXTERNALLY;
-- Zuteilung der Application Roles an die Benutzer
-- keine weiteren Systemprivilegien
SQL> GRANT demo_enduser TO u4711;
-- Application Roles sollen keine Default Rollen sein:
SQL> ALTER USER u4711 DEFAULT ROLE NONE;
-- ### Einrichten des separaten zentralen "Proxy"-Benutzers,
-- der von der Mittelschicht angewählt wird und die Rollen aktiviert
SQL> CREATE USER appuser IDENTIFIED BY apppwd;
-- Grant von minimalen Privilegien, z. B.
SQL> GRANT CREATE SESSION TO appuser;
-- Anlegen eines Startpaketes für Appuser, z. B. über separaten DBA-user
-- dadurch braucht APPUSER keine entsprechenden Systemprivilegien
-- die Mittelschicht übergibt den authentifizierten Endbenutzer
-- ... der vorgestellte Code enthält nur Fragmente!
SQL> CREATE OR REPLACE PROCEDURE appuser.appstart (
        client_in IN v$session.client_identifier%TYPE
     )
     AUTHID CURRENT_USER
        IF sys_context('userenv', 'ip_address') IN ..... THEN
        -- ... um schliesslich die gegranteten Rollen zu ermitteln
          FOR rec_role in (SELECT granted_role FROM dba_role_privs
                           WHERE granted_role IN (
                                 SELECT role
                                 FROM   dba_application_roles
                                 WHERE  schema = USER )
                           AND  grantee = client_id_in)
          LOOP
```

```
        -- hier einen kommaseparierten String aufbauen
        END LOOP;
        -- ... diesen String schliesslich zum Aktivieren nutzen
        DBMS_SESSION.SET_ROLE (lv_rolestring);
      END IF;
      DBMS_SESSION.set_identifier (cliend_in);
    EXCEPTION
      WHEN .....
    END appstart;
    /

-- Der gesetzte Client-Identifier kann dann beliebig im SQL-Kontext genutzt werden
SQL> SELECT *
     FROM   my_view
     WHERE  benutzer = SYS_CONTEXT('userenv', 'client_identifier');
```

Ein drittes mögliches Modell arbeitet mit der Proxy-Authentifizierung im eigentlichen Sinne. Hierbei wird ebenfalls ein Applikationsbenutzer angelegt, der selbst nur minimale Privilegien erhält und über den sich der Applikationsserver einwählt. Die Authentifizierung dieses Benutzers in der Datenbank kann über ein Passwort oder über ein Zertifikat per SSL erfolgen:

```
SQL> CREATE USER application1 IDENTIFIED BY ......;
SQL> GRANT .... TO applikation1;
```

Die für die Anwendung nötigen Endbenutzer sind ebenfalls in der Datenbank angelegt worden und haben die für ihre Aufgaben nötigen Datenbankrollen erhalten. Für den Fall, dass sie außerhalb der Anwendung keine separaten Aktivitäten durchführen sollen, kann ihnen das Privileg `create session` vorenthalten werden:

```
SQL> CREATE USER client1 IDENTIFIED .....;
SQL> GRANT rolle1,rolle2 TO client1;
```

Im nächsten Schritt erhält nun der Anwendungsbenutzer das Recht, `client1` für den Sitzungsaufbau als Proxy zu nutzen:

```
SQL> ALTER USER client1
     GRANT CONNECT THROUGH applikation1 WITH ROLE rolle2;
```

Zusätzlich wird in diesem Beispiel für `client1`, wenn er über den Applikationsbenutzer `applikation1` mit der Datenbank verbunden wird, nur die Rolle `rolle2` aktiviert. Die Mittelschicht ist nun in der Lage, die Session von `applikation1` im Namen und mit den Privilegien von `client1` zu nutzen. Im angegebenen Beispiel wird die Session ohne weitere Authentifizierung im Namen von `client1` eröffnet. Alternativ sind jedoch Varianten denkbar, bei denen der Applikationsbenutzer zum Verbindungsaufbau im Namen des Clients zusätzliche Authentifizierungsmethoden einsetzen muss:

```
-- (a) Passwort von CLIENT1 muss mit angegeben werden
SQL> ALTER USER client1 GRANT CONNECT THROUGH applikation1
     AUTHENTICATED USING PASSWORD;
-- (b) Zertifikat von CLIENT1 muss geliefert werden
SQL> ALTER USER client1 GRANT CONNECT THROUGH applikation1
     AUTHENTICATED USING CERTIFICATE;
-- (c) Distinguished Name von CLIENT1 muss mit angegeben werden
SQL> ALTER USER client1 GRANT CONNECT THROUGH applikation1
     AUTHENTICATED USING DISTINGUISHED NAME;
```

Proxy-Einstellungen dieser Art lassen sich über die View dba_proxies abfragen:

```
SQL> SELECT proxy, client, authentication, authorization_constraint, role
     FROM   dba_proxies;

PROXY         CLIENT  AUTHENTICATION AUTHORIZATION_CONSTRAINT ROLE
------------- ------- -------------- ------------------------ ----------------
APPLICATION1  CLIENT1 NO             PROXY MAY ACTIVATE ROLE  CONNECT
```

Die Vorteile der Proxy-Authentifizierung liegen vor allem darin, dass über eine physische Verbindung unterschiedliche Sessions im Namen und mit den Privilegien bekannter Datenbankbenutzer aufgebaut werden können. JDBC nutzt dazu den OCI Connection-Pool, der in der Lage ist, sogenannte Lightweight Sessions zu initialisieren, indem bereits initiierte physische Verbindungen zu der Datenbank für unterschiedliche Sessions genutzt werden.

Aber auch außerhalb der JDBC-Welt können Proxies sinnvoll zum Einsatz kommen, und zwar immer dann, wenn ein Benutzer sich mit einem „fremden" Schema verbinden muss, ohne das entsprechende Passwort kennen zu dürfen. Dies kann – temporär eingerichtet – für Serviceaufgaben interessant sein, wenn die Administratoren nicht über entsprechende ANY-Privilegien[18] verfügen dürfen.

Im folgenden Beispiel erhält der personalisierte Service-Benutzer service_gu das Recht, sich unter dem zentralen Serviceschema adm anzumelden. Mit der Anmeldung wird für ihn die Rolle servrole1 aktiviert, die zuvor dem Benutzer adm zugeteilt wurde und eingeschränkte, für service_gu angemessene System- und Objektprivilegien enthält. Da service_gu nach seiner erfolgreichen Anmeldung als adm agiert, kann über die zugeteilte Rolle niemals der Zugriff auf adm-eigene Objekte verhindert werden.

```
-- Proxy Privileg vergeben
SQL> ALTER USER service_gu GRANT CONNECT THROUGH adm WITH ROLE servroll;

-- nun kann der Connect erfolgen
SQL> CONNECT service_gu[adm]/gupwd
Connected

-- der Benutzer kann zurückverfolgt werden
SQL> SELECT user, SYS_CONTEXT('userenv','proxy_user') proxy FROM dual;

USER     PROXY
-------- --------
ADM      SERVICE_GU
```

11.5.6 Authentifizierung von Datenbankadministratoren

Für die Authentifizierung von Administratoren, welche die Datenbank starten oder herunterfahren, Backup- und Recovery-Operationen durchführen, Parameterdateien erzeugen oder den Datenbankmodus ändern müssen, stehen zwei alternative Verfahren zur Verfügung: die Authentifizierung über das Betriebssystem oder über eine Passwortdatei.Die Autorisierung erfolgt in diesem Fall über die Systemprivilegien SYSDBA und SYSOPER. Die folgende Tabelle zeigt, welche Operationen die beiden Privilegien im Einzelnen zulassen:

18 Beispielsweise INSERT ANY TABLE. Objektprivilegien werden in Abschnitt 11.7.2 ausführlich behandelt.

Systemprivileg	Erlaubte Operationen/Befehle
SYSDBA	STARTUP, SHUTDOWN, CREATE/ALTER DATABASE, Zeichensatz anpassen, CREATE SPFILE, archivelog, Recovery, Restricted Session Privilege
SYSOPER	STARTUP, SHUTDOWN, CREATE SPFILE, ALTER DATABASE, OPEN/MOUNT/BACKUP, archivelog, Recovery, Restricted Session Privilege

Tabelle 11.1: SYSOPER und SYSDBA

Datenbankverwalter, die nicht mit den oben beschriebenen Kernaufgaben betraut sind, sondern sich beispielsweise um die Benutzerverwaltung oder das Anlegen von Rollen kümmern, können wie normale Benutzer über die Datenbank oder externe Verfahren authentifiziert werden und benötigen nicht die in den vorangehenden Abschnitten beschriebenen Verfahren.

Die Authentifizierung über das Betriebssystem

Bei der Authentifizierung über das Betriebssystem wird die Zugehörigkeit des Betriebssystembenutzers zu entsprechend vordefinierten Betriebssystemgruppen – OSDBA und OSOPER – herangezogen.[19]

Die Zugehörigkeit zu der Gruppe OSDBA erlaubt dem Betreffenden den Connect mit dem Privileg SYSDBA, die Zugehörigkeit zu der Gruppe OSOPER erlaubt den Connect als SYSOPER, wie das folgende Beispiel zeigt.

```
sqlplus /nolog
SQL> CONNECT / AS SYSDBA
```

Die Authentifizierung von Administratoren über Gruppenzugehörigkeiten ist nur für lokale Zugriffe empfehlenswert. In allen anderen Fällen sollte von einer entsprechend konfigurierten Passwortdatei – wie im folgenden Abschnitt beschrieben – Gebrauch gemacht werden.

Wird mit lokalen Gruppenzugehörigkeiten gearbeitet, werden das Passwort, aber auch der Benutzer bei Anforderungen von SYSOPER oder SYSDBA-Privilegien grundsätzlich nicht validiert, wie das folgende Beispiel zeigt. dba1 ist hier ein Benutzer, dem das Privileg SYSOPER zugeteilt wurde und der das Passwort dba1 hat. Der aufrufende Betriebssystembenutzer ist hier guenter, der der Gruppe dba angehört, die für die virtuellen Rollen OSOPER und OSDBA konfiguriert wurde:

```
$ id
uid=501(guenter) gid=502(guenter) groups=500(dba),502(guenter)

$ sqlplus /nolog

SQL*Plus: Release 11.2.0.1.0 Production on Sun Jul 25 14:41:36 2010
Copyright (c) 1982, 2009, Oracle.  All rights reserved.

SQL> CONNECT dba1/xxx
ERROR:
ORA-01017: invalid username/password; logon denied
```

19 Siehe hierzu auch die ausführliche Darstellung in Kapitel 4.1.5.

```
SQL> CONNECT dba1/dba1
Connected.
SQL> CONNECT dba1/xxx as sysdba
Connected.

SQL> SELECT * FROM v$pwfile_users;

USERNAME                       SYSDB SYSOP SYSAS
------------------------------ ----- ----- -----
SYS                            TRUE  TRUE  FALSE
DBA1                           FALSE TRUE  FALSE

REM Folgender Benutzer existiert gar nicht:
SQL> CONNECT blupp/bla as sysdba
Connected.
SQL> show user
USER is "SYS"
```

Die Authentifizierung über eine Passwortdatei

Bei der Authentifizierung über eine Passwortdatei spielt die Gruppenzugehörigkeit des betreffenden Betriebssystembenutzers keine Rolle.Die Identität wird vielmehr über eine separate, mit dem Werkzeug `orapwd` erstellte Datei verifiziert. Im folgenden Beispiel wird diese Datei für die Instanz `T1` erzeugt. Das Passwort für den Datenbankbenutzer `SYS` wird auf den Wert `geheim` gesetzt, der Dateiname `orapwT1` und der Pfad sind unter Unix für diesen Instanznamen obligatorisch. Die Datei wird für 20 Einträge, d. h. Benutzer, vorbereitet:

```
$ orapwd file=$ORACLE_HOME/dbs/orapwT1 password=geheim entries=20 force=n
```

Unter Windows muss die Datei `pwd<sid>.ora` heißen und unter dem Verzeichnis `%ORACLE_HOME%\database` liegen.

Auch in diesem Kontext lassen sich die ab Version 11g verfügbaren case-sensitiven Passwörter nutzen. Der Parameter `ignorecase=y` etabliert dagegen das alte Verhalten, also ohne auf Groß- und Kleinschreibung.

Für die Nutzung von Passwortdateien sind – über den Serverparameter `remote_login_passwordfile` – zwei unterschiedliche Verfahren konfigurierbar:

1. Der Wert `exclusive` reserviert die Passwortdatei für jeweils eine Instanz. Beliebigen Benutzern können in diesem Fall die Privilegien `SYSOPER` und `SYSDBA` zugeteilt werden. In unserem Beispiel erhält der Benutzer scott das `SYSOPER`-Privileg. Über die `AS`-Klausel kann er anschließend beim Verbindungsaufbau diese zusätzlichen Privilegien aktivieren. Die Datenbank identifiziert ihn in diesem Fall als `public` und nicht als `scott`. Entsprechend würde er – für den Fall, dass er das `SYSDBA`- Privileg erhalten hätte – als `SYS` authentifiziert.

   ```
   SQL> GRANT SYSOPER TO scott;
   ...
   SQL> CONNECT scott/tiger AS SYSOPER
   ```

2. Der Wert `shared` öffnet die Passwortdatei für mehrere Datenbanken. Die Datei speichert in diesem Fall jedoch nur Passwörter für den Benutzer `SYS`.

Privilegien, die über Oracle-Passwortdateien verwaltet werden, lassen sich über die View `v$pwfile_users` auflisten.

11.5.7 Benutzerverwaltung

Zur Benutzerverwaltung gehört mehr als das Festlegen des Benutzernamens und der geplanten Authentifizierungsmethode. Die wichtigsten Aufgaben werden in den folgenden Abschnitten besprochen.

Tablespaces und Quoten

Jedem Benutzer, der in der Datenbank definiert wird, lassen sich die folgenden Standardwerte zuteilen:

- `DEFAULT TABLESPACE` gibt den Tablespace an, der für die Speicherung der Objekte des betreffenden Benutzers standardmäßig genutzt wird, sofern diese nicht über eine explizite `TABLESPACE`-Klausel angelegt werden. Für Default Tablespaces sind auf jeden Fall Quoten notwendig!
- Die `Quota`-Klausel erteilt Benutzern Speicherquoten in bestimmten Tablespaces. Speicherquoten benötigt ein Benutzer zum Aufbau eigener Tabellen, Cluster oder Indizes. Es ist auf alle Fälle darauf zu achten, dass Benutzer in ihrem Default Tablespace entsprechende Quoten haben, sofern sie überhaupt zum Speichern von Objekten autorisiert werden sollen.
- `TEMPORARY TABLESPACE` teilt dem Benutzer einen Tablespace für die Speicherung temporärer Daten zu. Temporäre Daten sind zum einen zwischengespeicherte Sortierungen, wie sie beispielsweise für `ORDER BY`- oder `DISTINCT`-Klauseln benötigt werden, wenn der Sortierbereich im Speicher zu klein ist, zum anderen aber auch temporäre Tabellen und temporäre `CLOBs`.

Seit der Version 9i kann ein sogenannter *Default Temporary Tablespace* definiert werden, der automatisch jedem Benutzer als *Temporary Tablespace* zugewiesen wird.

Im folgenden Beispiel wird dem Benutzer `guenter` der Standard-Tablespace `users` mit einer Quote von 100 MB zugeteilt. Zusätzlich erhält er für den Tablespace `indexes` eine unbegrenzte Quote. Seine temporären Daten landen in `tempts`:

```
SQL> ALTER USER guenter DEFAULT TABLESPACE users
     TEMPORARY TABLESPACE tempts
     QUOTA 100M ON users QUOTA UNLIMITED ON indexes;
```

Die Klauseln können auch schon bei dem Befehl `CREATE USER` angegeben werden. Für die Speicherung temporärer Daten sind grundsätzlich keine Quoten erforderlich.

Benutzer und ihnen erteilte Quoten werden über die View `dba_ts_quotas` aufgelistet. Die View gibt darüber hinaus auch Auskunft über die Speicherbelegung der Benutzer in den einzelnen Tablespaces.

Sperren und Löschen von Benutzern

Benutzer können vom Administrator gesperrt werden. Die Sperre verwehrt dem Benutzer die Verbindung zur Datenbank, ohne seine Objekte und erteilten Privilegien zu zerstören. Andere Benutzer können weiterhin auf die Objekte des Gesperrten zugreifen, sofern sie die notwendigen Privilegien dazu haben. Das Sperren von Benutzern wird gerne verwendet, um Schemata, die Datenbankobjekte enthalten, vor dem direkten Zugriff zu schützen.

```
SQL> ALTER USER scott ACCOUNT LOCK;
```

Die Sperre kann vom Administrator jederzeit durch die `UNLOCK`-Klausel aufgehoben werden.

Das Löschen von Benutzern erfolgt über den Befehl `DROP USER`. Hat der Benutzer eigene Objekte angelegt, ist zusätzlich die `CASCADE`-Klausel anzugeben. Die Löschung erfolgt ohne Rückfrage!

```
SQL> DROP USER guenter CASCADE;
```

11.6 Internet Directory, LDAP und SSL

Das Volumen der Daten, die in relationalen Datenbanken gespeichert werden, ist in den letzten Jahren drastisch angestiegen. Mit dem größeren Datenvolumen sind auch die Anforderungen an die Datensicherheit und den Zugriffsschutz gewachsen. Immer mehr Benutzer benötigen heute für die Durchführung ihrer täglichen Arbeit Zugriff auf ein oder – in den meisten Fällen – mehrere relationale Systeme.

Die herkömmliche Authentifizierung durch die Eingabe von Benutzernamen und ihnen zugeordneten Kennwörtern führt bei der Menge der Systeme zu schwachen, leicht zu erratenden Kennwörtern, die eine sichere Datenhaltung ad absurdum führen. Darüber hinaus müssen die Benutzer einzeln in den betreffenden Datenbanken eingerichtet werden.

Noch schlechter steht es um das Thema Sicherheit, wenn „Gruppenbenutzer" angelegt werden, die eine Maximalmenge der erforderlichen Privilegien erhalten. Über diese Gruppenbenutzer werden dann sämtliche Verbindungen einzelner Anwendungen abgewickelt. Individuelle Privilegien müssen in diesen Fällen mühsam in den Modulen der betreffenden Anwendungen programmiert werden. Sie können auf diese Weise leicht durch eine direkte Verbindung zur Datenbank umgangen werden. Zusätzlich besteht die Gefahr, dass die Daten während der Übertragung über Netzleitungen von Dritten abgehört und verändert werden.

Um in Szenarien, wie sie oben beschrieben wurden, eine starke Authentifizierung und individuelle Privilegierung der Benutzer sowie eine sichere Übertragung der Daten zu gewährleisten, ohne dabei die Abläufe an der Oberfläche der Anwendung zu komplizieren, ist Folgendes notwendig:

- Eine zentrale, datenbankübergreifende Verwaltung von Benutzern (*Enterprise User)* und ihnen zugeteilten Privilegien (*Enterprise Roles)* in Bezug auf definierte Zielsysteme
- Die Authentifizierung jedes Benutzers über diese zentrale Instanz (*Single Sign-on*)
- Nach der Authentifizierung: die privilegierte Nutzung der Zielsysteme ohne erneute Eingabe eines Kennwortes
- Die freie Verknüpfung von zentral authentifizierten Benutzern mit bestimmten Datenbankschemata der betreffenden Zielsysteme

- Bei der Übertragung: die Sicherung der Daten durch geeignete Verschlüsselungsalgorithmen (*Encryption*)

Das vorliegende Kapitel zeigt Lösungsmöglichkeiten für die Erfüllung dieser Forderungen.

11.6.1 Die Möglichkeiten im Überblick

Die oben genannten Forderungen sind mittlerweile auch im Kontext von Oracle- Datenbanken realisierbar. Für ihre Umsetzung stehen die folgenden „Bausteine" zur Verfügung:

- Verzeichnisdienste (*Directories*) stellen standardisierte Speicherstrukturen für die zentrale Erfassung von Benutzern, Rollen und Datenbanken u.v.a. zur Verfügung.
- Standardisierte Zugriffsprotokolle – wie z. B. LDAP[20] – regeln den Zugriff auf diese Verzeichnisdienste. Am Markt sind unterschiedliche LDAP-Server verfügbar. Einer von ihnen ist *Oracle Internet Directory* (OID), das die Verzeichnisdaten gemäß den standardisierten Verzeichnisstrukturen in einer Oracle-Datenbank speichert.
- Digitale Zertifikate speichern Identitäten und ihnen zugeordnete Schlüssel. Identitäten in digitalen Zertifikaten werden über sogenannte Distinguished Names eindeutig bezeichnet, z. B.
  `cn=guenter, o=databaseconsult, c=de.`
  Digitale Zertifikate können in Containern, sogenannten *Wallets*, gespeichert werden. Wallets lassen sich über Kennwörter öffnen und authentifizieren, und über diesen Weg deren Benutzer für den Zugriff auf Datenbanken oder andere Ressourcen.
- Protokolle für die Verschlüsselung, Authentifizierung und Integritätsprüfung – wie z. B. *SSL*[21] – regeln den sicheren Verbindungsaufbau und die Verschlüsselung der Daten bei der Übertragung über das Netz.
- *Globale Benutzer* können in jeder Oracle-Datenbank angelegt werden und beziehen sich auf jeweils eine per Zertifikat oder Passwort ausgewiesene Identität.
- *„Offene" Benutzer* (*Shared Schemas*) lassen sich in jeder Oracle-Datenbank anlegen und müssen über Verzeichnisdienste einer oder mehreren zertifizierten Identitäten, d. h. Benutzern (*Enterprise User*), zugeordnet werden.
- *Enterprise-Rollen* werden in Verzeichnisdiensten definiert und dort ebenfalls Identitäten (Enterprise User) zugeordnet. Sie werden darüber hinaus mit globalen Rollen, die in der Zieldatenbank angelegt werden müssen, verknüpft.
- Dienstbenennungen (*Net Service Names*) können – statt in der lokalen Datei *tnsnames.ora* – über Verzeichnisdienste verwaltet und beim Aufbau einer Datenbanksitzung von dort abgerufen werden.

---

20 LDAP steht für Lightweight Directory Access Protocol.

21 SSL steht für Secure Sockets Layer. Das Protokoll sorgt für die Authentifizierung, Verschlüsselung und Integritätsprüfung einer TCP/IP-Verbindung.

Die oben aufgezählten „Bausteine" lassen sich technisch in unterschiedlichen Nutzungsvarianten kombinieren, von denen nur die wichtigsten in diesem Zusammenhang besprochen werden können:

Variante 1: Auflösung von Dienstbenennungen Bei dieser Variante werden lediglich die Service-Namen für den Verbindungsaufbau zu den Zieldatenbanken über einen Verzeichnisdienst – z. B. Oracle Internet Directory – bereitgestellt. Die Authentifizierung und Autorisierung der Benutzer erfolgt auf herkömmliche Art direkt in der Datenbank. Auf die Verschlüsselung der Daten während der Übertragung wird verzichtet. Für diese Konfiguration werden die folgenden Bausteine benötigt:

- LDAP-Server
- Verzeichnisdienst (OID) mit entsprechenden Einträgen zur Namensauflösung

Variante 2: Authentifizierung globaler Benutzer In diesem Modell erfolgt die Authentifizierung der Benutzer über standardisierte digitale Zertifikate. Ein über das betreffende Zertifikat identifizierter Benutzer wird genau einem globalen Benutzer in einer Zieldatenbank zugeordnet. Die Zuordnung erfolgt über die Identität der Namen (*Distinguished Name*). Da die Verbindung zur Datenbank über SSL aufgebaut wird, ist auf diesem Wege auch die Verschlüsselung der Daten möglich. Der Benutzer kann sich – bei geöffnetem Zertifikat – ohne Kennwort bei dem Zielsystem anmelden.

Diese Konfiguration setzt die folgenden Bausteine voraus:

- Gültige digitale Zertifikate für den betreffenden Benutzer und die Zieldatenbank
- Globale Datenbankbenutzer, deren Distinguished Names mit denen der geöffneten Zertifikate der Clients identisch sind
- Konfiguration des Clients und des Datenbank-Listeners, um den Verbindungsaufbau über SSL zu ermöglichen

Variante 3: Enterprise-Benutzer und Enterprise-Rollen Im Unterschied zur Variante 2 wird in diesem Modell die Zuordnung der Benutzer zu bestimmten Datenbankschemata über einen Verzeichnisdienst geregelt. Im Kontext des Verzeichnisdienstes werden Enterprise-Benutzer und – ihnen zugeordnet – Enterprise-Rollen definiert. Den Enterprise-Rollen werden – ebenfalls über den Verzeichnisdienst – globale Rollen der Zieldatenbanken zugeordnet.

Enterprise-Rollen erhalten ihre Privilegien ausschließlich über diese globalen Rollen, die in den Zieldatenbanken mit den notwendigen Privilegien definiert werden. Hier werden ebenfalls globale Benutzer ohne explizite Distinguished Names angelegt. Auch die Zuordnung der globalen Rollen zu den Benutzern erfolgt nicht in den Zieldatenbanken, sondern nur über den Verzeichnisdienst. Aufgrund dieser „Offenheit" der globalen Benutzer ist es möglich, ihnen mehr als einen Enterprise-Benutzer zuzuordnen, daher der Begriff *Shared Schema*.

Da auch die Zuordnung der Privilegien über den Verzeichnisdienst geregelt wird, können unterschiedliche Enterprise-Benutzer mit jeweils unterschiedlichen Privilegien ein Datenbankschema nutzen. Die Zuordnung der Benutzer zu den Datenbanken und Rollen kann in diesem Szenario auch über ein *Identity Domain* geregelt werden. Hier kann der Administrator durch eine Zuweisung alle in der Domain enthaltenen Datenbanken für einen Enterprise-Benutzer öffnen. Die Abbildung 11.7 illustriert diesen Sachverhalt.

Die Authentifizierung der Benutzer erfolgt in diesem Modell über Kennwörter, die für den Enterprise-Benutzer im Verzeichnisdienst gespeichert werden, oder Zertifikate. Alternativ lassen sich auch Kerberos-Benutzer, deren Ticket über die Zieldatenbank verifiziert wurde, über den Verzeichnisdienst auf ein *shared schema* „umleiten".

Der Verbindungsaufbau vom Verzeichnisdienst zur Datenbank erfolgt über Oracle Net oder – bei der Nutzung von Zertifikaten – über SSL. Im letzteren Fall werden auch die Verschlüsselung der Daten und die Integritätsprüfung durchgeführt.

Im Einzelnen werden für die dritte Variante die folgenden Bausteine benötigt:

- Verzeichnisdienst mit entsprechenden Einträgen für Enterprise-Benutzer und Enterprise-Rollen.
- Bei Nutzung von SSL: gültige digitale Zertifikate für den betreffenden Benutzer und die Zieldatenbank.
- Globale Datenbankbenutzer ohne Angabe eines Distinguished Names sowie globale Rollen in den Zielsystemen, welche die entsprechenden Privilegien enthalten
- Bei Nutzung von SSL: Konfiguration des Clients und des Datenbank-Listeners, um den Verbindungsaufbau über SSL zu ermöglichen
- Konfiguration des Servers zur Kommunikation mit dem LDAP-Server und dem Verzeichnisdienst, um die Zuordnung der Benutzer zu den Schemata vornehmen zu können

Natürlich lassen sich die vorangehenden Modelle auch mischen: Auf diese Weise können nicht nur Enterprise-Benutzer, sondern auch Dienstbenennungen über Verzeichnisdienste interpretiert werden. Die zur technischen Umsetzung dieser Modelle notwendigen Konfigurationsmaßnahmen werden in den Abschnitten 11.6.3 bis 11.6.5 im Einzelnen erläutert.

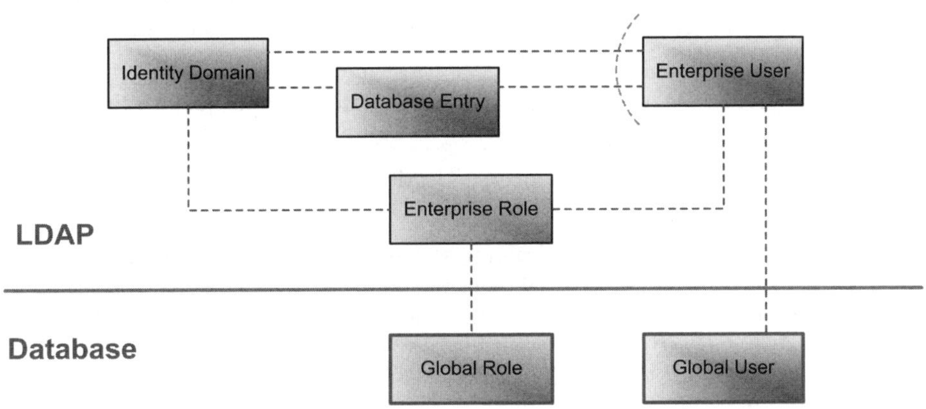

Abbildung 11.7: Beziehungen zwischen Enterprise-Objekten und globalen Objekten

11.6.2 Grundlegende Standards und Begriffe

Bei der Beschreibung der oben dargestellten Variante wurden Standards erwähnt, die in dem vorliegenden Abschnitt eingehender erläutert werden sollen.

Verzeichnisdienste Verzeichnisdienste (*Directories*) sind spezialisierte Datenbanken, die Informationen über Personen, Rechner, Privilegien und vieles mehr enthalten können. Wir sprechen deshalb von spezialisierten Datenbanken, weil Zugriffe auf ihre Daten – im Gegensatz zu denen auf „herkömmliche“ Datenbanken – durch besondere Merkmale charakterisiert werden:

- Die Informationen werden im Wesentlichen gelesen, nur selten geändert.
- Es gibt eine hohe Anzahl paralleler Client-Zugriffe, jeder Client ist nur schwach aktiv.
- Jeder Client fordert nur geringe Datenmengen – z. B. eine E-Mail-Adresse – an.

Verzeichnisdienste können beliebig im Netzwerk repliziert oder verteilt werden. Die Replikation und Verteilung der Daten ist transparent für die zugreifenden Clients.

Der Aufbau von Verzeichnisdiensten wird über den X.500-Standard geregelt. Informationen werden nach diesem Standard hierarchisch in Form von Einträgen (*Entries*) im Kontext eines Verzeichnisinformationsbaumes (*Directory Information Tree*) abgelegt. Jeder Eintrag wird dabei über ein oder mehrere Attribute näher beschrieben. Einträge mit identischen Attributtypen werden in Objektklassen zusammengefasst. Objektklassen selbst sind in Super- und Subklassen gegliedert. Subklassen erben – wie üblich – die Attribute ihrer Superklassen. Attribute können obligatorisch oder optional sein.

Die Objektklasse `organisationalPerson` beispielsweise wird aus der Klasse `person` abgeleitet. Sie hat die obligatorischen Attribute `sn` (surname) und `cn` (common name) sowie eine Reihe weiterer optionaler Attribute wie z. B. `userpassword`, `telephonenumber` und `title`. Es ließe sich für diese Objektklasse ein entsprechender Eintrag mit den Attributwerten `cn=unbescheid` und `sn=guenter` definieren. Da die Person `unbescheid` in der deutschen Firma `databaseconsult` arbeitet, wird ihr Eintrag hierarchisch unter dem Objekt der Klasse `organization` mit dem Attributwert `o=databaseconsult` angelegt.

Das Objekt `o=databaseconsult` liegt seinerseits unter dem Objekt `c=de` vom Type `country`.

Die Identifizierung jedes Verzeichniseintrages ist dementsprechend auf unterschiedliche Weise möglich:

1. Innerhalb einer Ebene eines Unterbaumes über den „relativen eindeutigen“ Namen (*Relative Distinguished Name – RDN*). Der RDN enthält dabei alle Attributtypen und ihnen zugeordnete Werte, die im Rahmen der betreffenden Objektklasse intern als markant (*distinguished*) definiert wurden. Im oben genannten Beispiel lautet der RDN `cn=unbescheid`, obwohl die Objektklasse zwei obligatorische Attributtypen – `cn` und `sn` – enthält.
2. Innerhalb des gesamten Verzeichnisbaumes über einen global eindeutigen Namen (Distinguished Name – DN), der die RDNs aller übergeordneten Einträge zur Identi-

fizierung mitführt. Im oben genannten Beispiel lautet der DN dementsprechend:
`cn=unbescheid, o=databaseconsult, c=de`

Neben den hier dargestellten Benutzerattributen enthalten Objektklassen eine Reihe von weiteren, operationalen Attributen, wie z. B. Zeitstempel, die für administrative Operationen des Verzeichnisses benötigt werden.

Neue Objektklassen und Attributtypen lassen sich im Rahmen des oben dargestellten Modells beliebig anlegen, wodurch Verzeichnisdienste einen großen Teil ihrer Flexibilität und Dynamik erhalten. Der X.500-Standard definiert allerdings einen allgemein gültigen Satz aus Attributtypen und Objektklassen, um die internationale Nutzung der Dienste sicherzustellen.

Die Erweiterung der Attributtypen ist auf der anderen Seite überall dort sinnvoll, wo Hersteller spezifische Informationen für die Funktionalität ihrer Produkte in dem betreffenden Verzeichnis speichern wollen. Das Verzeichnisschema (*Directory Schema*) enthält dementsprechend alle Metainformationen zu Objektklassen, Attributtypen, Datenformaten (Syntax) und Vergleichsregeln (*Matching Rules*) eines Verzeichnisses. Auch Oracle hat im Rahmen von Oracle Internet Directory zusätzliche Objektklassen und Attributtypen definiert, so z. B. die Objektklasse `orclDBServer` zur Verwaltung von Oracle-Datenbanken.

Oracle Internet Directory

Architektur Oracle Internet Directory implementiert die im vorangehenden Abschnitt beschriebenen Verzeichnisdienste. Es besteht im Einzelnen aus einer Reihe unterschiedlicher Komponenten, die gemeinsam auf einem Rechner oder verteilt installiert und verwaltet werden können.

- LDAP-Server

  Der LDAP-Server nimmt Anfragen an den Verzeichnisdienst entgegen und leitet sie an die betreffende Datenbank weiter. LDAP-Server werden als Instanz gestartet. Jede LDAP-Instanz besteht aus einem Dispatcher- bzw. Listener-Prozess, der auf eine konfigurierbare Portnummer, z. B. 386 oder 639, „horcht", und einem oder mehreren Serverprozessen, welche die Verbindung zur Verzeichnisdatenbank über Threads aufbauen. Die Anzahl der Serverprozesse sowie der Threads ist ebenfalls konfigurierbar. Es lassen sich ein oder mehrere LDAP-Instanzen auf einem Server starten. Die Datenbank mit den Verzeichnisdaten kann sowohl lokal als auch entfernt konfiguriert werden.

- Directory Replication-Server

  Der Directory Replication-Server sorgt für die Replikation der Verzeichnisdaten.

- Verzeichnisdatenbank

  Die Verzeichnisdatenbank speichert die Verzeichnisdaten. Aus Gründen der Konformität mit dem LDAP-Standard der Version 3 muss diese Datenbank mit dem UTF8-Zeichensatz angelegt werden. Die Kommunikation zwischen den LDAP-Instanzen und der Verzeichnisdatenbank erfolgt über Oracle-Netzdienste (Oracle Net Services). Die Datenbank muss darüber hinaus die für die Verwaltung der Verzeichnisdaten notwendigen Schemaobjekte enthalten, die im Zuge der Installation angelegt werden.

- OID-Monitor

  Der Monitorprozess wird zum Starten und Stoppen sowie zur Beobachtung (Monitoring) der LDAP-Instanzen benötigt. Er wird über Befehle angesprochen, welche die OID Control Utility generiert.

- OID Control Utility

  OID Control Utility ist ein Werkzeug zum Starten, Stoppen und Konfigurieren von LDAP-Servern. Die für die Konfiguration notwendigen Parameter – z. B. die Anzahl der LDAP-Serverprozesse – werden innerhalb der Verzeichnisdatenbank in sogenannten *Configuration Set Entries* oder *Configsets* gespeichert. Beim Start einer LDAP-Instanz über die Control Utility wird der gewünschte Configset referenziert.

- Anwendungen und Konfektionierung

  Die Produktfamilie *„Oracle Fusion Middleware 11g Release 1"* enthält das Produkt *„Oracle Identity Management"*. Das Produkt enthält zwei Komponenten, die in diesem Zusammenhang von Interesse sind: *„Oracle Virtual Directory"* (OVD), auf das wir später eingehen werden, und *„Oracle Internet Directory"* (OID).

  „Oracle Weblogic Server" ist seit Neuestem als Applikationsserver ein weiteres Produkt der Middleware-Familie. Im Kontext dieses Servers laufen einige der zur Administration der Umgebung empfohlenen Werkzeuge: *„Enterprise Manager Fusion Middleware Control"* und *„Oracle Directory Services Manager"*, über den sowohl OVD als auch OID konfiguriert werden können.

Die Abbildung 11.8 zeigt einige der oben beschriebenen Komponenten.

Installation und Konfiguration Die Installation und Konfiguration der gesamten Identity-Management-Umgebung ist recht komplex und kann hier nur in Stichworten skizziert werden.[22]

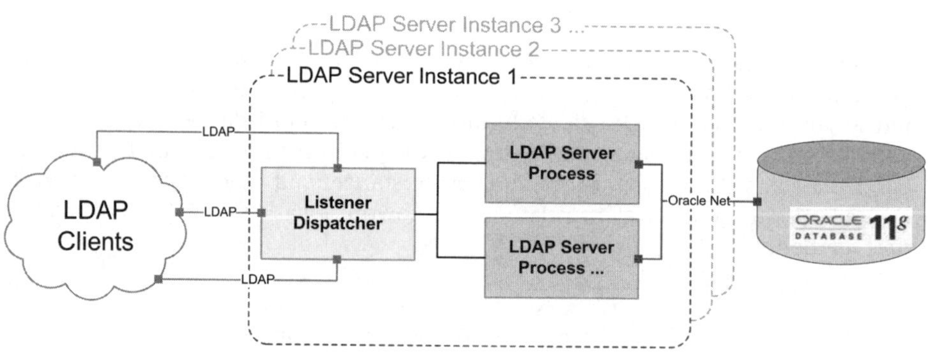

Abbildung 11.8: Architektur Oracle Internet Directory

22 Siehe hierzu „Oracle Fusion Middleware Installation Guide for Oracle Identity Management"

Serverplanung Die in den vorangehenden Abschnitten beschriebenen Komponenten – Repository-Datenbank, OID, der Applikationsserver mit seinen deployten Anwendungen – können alle gemeinsam auf einem Server installiert und betrieben werden. Dies ist für Testumgebungen, aber auch für bescheidene produktive System durchaus empfehlenswert. Die Architektur der Produkte erlaubt aber auf der anderen Seite eine beinahe beliebige Verteilung und Redundanz der Komponenten. Dies ist insbesondere dann notwendig, wenn eine entsprechende Ausfallsicherheit gefordet wird. In solchen Fällen lassen sich: Repository-Datenbank per LDAP replizieren, OID-Instanzen redundant konfigurieren und Application-Server-Instanzen in Clustern bereitstellen.

Vorprüfungen Wie bereits in Kapitel 4 beschrieben wurde, müssen die Installationsvoraussetzungen eingehend und gründlich geprüft werden. Für Details sei auf dieses Kapitel verwiesen. Über die Support-Seiten kann eine eigene Zertifizierungsmatrix geladen werden (*Oracle Fusion Middleware 11gR1 certification matrix*).

Datenbank-Software Als Nächstes muss die Datenbank-Software zusammen mit den aktuellen Patch Sets für das geplante Repository installiert werden. Auch hier wird auf das Kapitel 4 verwiesen.

Repository-Datenbank Alsdann wird eine „leere" Datenbank für das OID-Repository wie gewohnt angelegt. Wie bereits erwähnt wurde, ist auf den Zeichensatz zu achten (UTF-8).

Weblogic-Basisinstallation Der Weblogic Server dient wie gesagt als Laufumgebung für die Verwaltungswerkzeuge. Die in diesem Zusammenhang notwendige Basisinstallation wird im Handbuch genau beschrieben: *Oracle Fusion Middleware Installation Guide for Oracle WebLogic Server.*

OID Installation Für die Installation von OID und abhängigen Komponenten werden unterschiedliche Installationsoptionen angeboten. Bei einer Erstinstallation ist es in der Regel am einfachsten, die Option *„Installing and Configuring Oracle Internet Directory with Oracle Directory Services Manager and Fusion Middleware Control in a New WebLogic Administration Domain"* auszuwählen, die detailliert in *„Oracle Fusion Middleware Installation Guide for Oracle Identity Management"* beschrieben ist. Im Rahmen dieser Option werden folgende Komponenten installiert:

- WebLogic Administration Server zur Verwaltung der neuen WLS-Domäne. (Dies setzt voraus, dass die Weblogic-Software bereits – wie beschrieben – installiert wurde.)
- Oracle Internet Directory
- Oracle Directory Services Manager – das Verwaltungwerkzeug für OID
- Fusion Middleware Control – als eine Komponente des Enterprise Managers zur Konfiguration sowohl von OID als auch des Weblogic Servers
- Aufbau des Repository – im Rahmen der bereits im Vorfeld angelegten Datenbank

Die oben beschriebene Installation hinterlässt eine lauffähige OID-Umgebung, die nun für den Einsatz von Enterprise-Usern konfiguriert werden muss.

Verzeichnisdaten werden – wie bereits erwähnt – in Baumstrukturen in Form von Entries angelegt. Um Oracle-spezifische Daten, wie z. B. Benutzer- und Datenbanknamen, in Verzeichnissen zu speichern, sind spezifische Objektklassen, Attribute und Regeln notwendig, die als Metadaten in der betreffenden Datenbank gespeichert und zusammenfassend als das Oracle-Schema bezeichnet werden.

Während der standardmäßigen Installationsprozedur wird dieses Oracle-Schema in der Zieldatenbank bereits aufgebaut. Für manuelle Neu- oder Nachinstallationen dieses Schemas steht das Werkzeug *Net Configuration Assistant* zur Verfügung.Mithilfe der im Oracle-Schema enthaltenen Objektklassen und Attribute können dann über *Oracle Contexts* individuelle Verzeichnisdaten zu Benutzern, Datenbank- und Dienstnamen eingetragen werden.

Ein Oracle-Kontext ist demnach ein administrativer Kontext, der an einem Punkt innerhalb des Verzeichnisbaumes die Speicherung von Oracle-spezifischen Einträgen erlaubt und über den Client-Anwendungen Verzeichnisdaten suchen und abrufen können. Es sind durchaus mehrere Oracle-Kontexte pro Verzeichnisdatenbank möglich. Oracle-Kontexte werden – wie auch Oracle-Schemata – über das Werkzeug Net Configuration Assistant initiiert und können je nach Inhalt über unterschiedliche Werkzeuge verwaltet werden. Einzelheiten hierzu finden sich in den Abschnitten 11.6.3 bis 11.6.5.

Jede Oracle-Datenbank, die als Repository fungiert und Verzeichnisdaten enthält, wird demnach durch die folgenden Merkmale charakterisiert:

- Sie enthält im Datenbankschema `ods` Tabellen, Pakete und Sequenzen zur Speicherung von Metadaten und Benutzerdaten.
- Sie enthält Oracle-spezifische Objektklassen und Attribute (Metadaten) in Form eines Oracle-Schemas, das in den Tabellen des Datenbankschemas `ods` gespeichert wird.
- Sie enthält einen oder mehrere Oracle-Kontexte, in denen benutzerspezifische Daten – ebenfalls in den Tabellen von `ods` – gespeichert und von Client-Anwendungen abgerufen werden.

Digitale Zertifikate und SSL Digitale Zertifikate identifizieren Entitäten. Entitäten im Kontext von Oracle können z. B. globale Benutzer, Datenbanken oder Verzeichnisadministratoren sein. Digitale Zertifikate funktionieren vor dem Hintergrund der Public-Key-Kryptografie. Bei diesem Paradigma werden zwei verschiedene Schlüssel – ein öffentlicher (*public*) und ein privater – verwendet.

Die Schlüssel werden so generiert, dass die Ableitung des öffentlichen Schlüssels aus dem privaten und umgekehrt mit vertretbarem Rechenaufwand nur schwer möglich ist und es keine Schlüssel gibt, die auf mehr als ein Schlüsselpaar verweisen. Beide Schlüssel können zur Verschlüsselung verwendet werden, die Entschlüsselung kann jedoch nur mit dem jeweils anderen Schlüssel des Paares erfolgen. Eine mit einem öffentlichen Schlüssel verschlüsselte Botschaft kann daher nur mit dem entsprechenden privaten Schlüssel entschlüsselt werden und umgekehrt. Wie die Namen bereits nahe legen, verbleibt der private Schlüssel in den „Händen" des Benutzers, der öffentliche kann entsprechend verteilt werden.

Diese enge Koppelung der beiden Schlüssel eines Schlüsselpaares hat weitreichende Konsequenzen – nicht nur für die Verschlüsselung von Botschaften, sondern auch für die Authentifizierung ihrer Besitzer: Gelingt die Entschlüsselung einer Botschaft – z. B. mithilfe eines öffentlichen Schlüssels –, kann sich der Empfänger sicher sein, den für den privaten Schlüssel passenden Gegenschlüssel verwendet und damit auch die Authentizität der Botschaft nachgewiesen zu haben.

Die Authentizität der Botschaft ist immer dann gegeben, wenn sich der Empfänger über die Zuordnung eines öffentlichen Schlüssels zu einer Entität absolut sicher sein kann. Diese Zuordnung eines öffentlichen Schlüssels zu einer Entität wird in Form eines digitalen Zertifikates beglaubigt, das von einer Zertifizierungsstelle (*Certificate Authority*, CA) „unterschrieben" ist. Die Unterschrift erfolgt in elektronischer Form durch den privaten Schlüssel der CA. Das Anwendungsprogramm kann dieses beglaubigte Zertifikat mithilfe des öffentlichen Schlüssels der unterzeichneten CA „auspacken". Die öffentlichen Schlüssel von vertrauenswürdigen CAs sind in Form von sogenannten *Trust Points* der betreffenden Anwendung bekannt zu machen, d. h., diese müssen entsprechend installiert werden.

Der Standard X.509 legt den genauen Aufbau von digitalen Zertifikaten fest. Zertifikate enthalten neben dem Distinguished Name der betreffenden Entität und dem öffentlichen Schlüssel auch noch eine Seriennummer, ein Verfallsdatum sowie Informationen über die ausstellende CA.

Alle identifizierenden Daten einer Entität – das Schlüsselpaar, das Zertifikat sowie vertrauenswürdige Trust Points – werden in Form eines sogenannten *Wallets* gespeichert. Nach dem Öffnen eines Wallets, das über ein Passwort geschützt ist, stehen diese identifizierenden Daten zur Verfügung und können von Anwendungen im Zusammenspiel mit einem Verzeichnisdienst für die Authentifizierung und Autorisierung genutzt werden.

Oracle stellt mit dem Oracle Wallet Manager ein Werkzeug zum Generieren von Zertifikatsanforderungen und Verwalten von Wallets zur Verfügung. Zertifikatsanforderungen können hier exportiert und – nach der Bearbeitung durch eine vertrauenswürdige Zertifizierungsstelle – als fertiges Zertifikat wieder importiert werden. Benutzern, die – vornehmlich zu Testzwecken oder für den produktiven Einsatz – eine eigene Zertifizierungsstelle betreiben möchten, stehen neben kommerziellen Produkten die Kryptografie-Bibliotheken und Werkzeuge des OpenSSL-Projektes[23] kostenfrei zur Verfügung.

Für die sichere Kommunikation über Netzverbindungen ist neben der oben beschriebenen Identifizierung des Kommunikationspartners auch die Verschlüsselung und Integritätssicherung der übermittelten Daten wichtig.*Secure Sockets Layer* (SSL) ist ein Protokoll zur sicheren Kommunikation über Netzverbindungen. SSL sorgt beim Verbindungsaufbau dafür, dass

- Zertifikate ausgetauscht,
- Verschlüsselungsalgorithmen ausgehandelt
- und Integritätsprüfungen durchgeführt werden.

Für die Verschlüsselung benutzt SSL herkömmliche symmetrische Algorithmen, wie z. B. DES oder RC4, die Integritätsprüfung wird mithilfe von Hash-Algorithmen, wie z. B. MD5 oder SHA, durchgeführt.

23 Informationen und Downloads finden sich unter der Internet-Adresse `www.openssl.org`.

11.6.3 Modell 1: Auflösung von Dienstbenennungen

Die Nutzung von Verzeichnisdiensten im Kontext von Oracle-Datenbanken ist in vielfältiger Hinsicht möglich. In unserem ersten Nutzungsmodell werden die Dienstbenennungen von Oracle Net statt über die lokale Datei `tnsnames.ora` nun über den Verzeichnisdienst aufgelöst.

Hierzu sind neben den im Abschnitt 11.6.2 beschriebenen Schritten zur Installation und Konfiguration die folgenden Arbeiten notwendig:

- Planung und Definition von Dienstbenennungen im Kontext des Verzeichnisdienstes
- Konfiguration des Clients

Planung und Definition von Dienstbenennungen

Einträge in Verzeichnisdiensten erfolgen – wie bereits im Abschnitt 11.6 dargelegt wurde – auf der Basis von Objektklassen im Kontext von Verzeichnisbäumen. Um die in unserem Beispiel geforderten Dienstbenennungen für Oracle Net in Oracle Internet Directory zu platzieren, benötigen wir daher:

- Objektklassen, die in der Lage sind, die spezifischen Informationen von Oracle-Dienstbenennungen zu repräsentieren
- Einen Wurzelpunkt im Kontext einer Verzeichnishierarchie, unter dem ein Oracle-Kontext aufgebaut werden kann
- Konkrete Einträge unter diesem Wurzelpunkt auf der Basis der oben erwähnten Objektklassen, welche die von uns benötigten Dienstbenennungen speichern.

In diesem Beispiel gehen wir davon aus, dass die spezifischen Objektklassen (Oracle-Schema) bereits im Rahmen der Installationsprozedur oder nachträglich über den Oracle Internet Configuration Assistant (*oidca*) aufgebaut wurden. Die nötigen Objektklassen sind also bereits vorhanden.

Das Vorhandensein eines Oracle-Kontexts sowie seine versionsspezifische Verträglichkeit lassen sich ebenfalls über `oidca` im Voraus überprüfen. Das folgende Beispiel prüft den Kontext `dc=dbconsult,dc=de` erfolgreich:

```
$ oidca mode=CREATECTX -silent oidhost=myServer nonsslport=3060 dc=orcladmin pwd
    =kennwort contextdn="dc=dbconsult,dc=de"
Oracle Context ist aktuell.
```

Die Konfiguration der Dienstbenennungen über den Verzeichnisdienst kann über den Enterprise Manager oder den Net Manager vorgenommen werden. In beiden Fällen ist dem Client, von dem aus das Werkzeug aufgerufen werden soll, beizubringen, auf welchem Server sich der betreffende Verzeichnisdienst befindet und in welchem Bereich der dortigen Baumstruktur der Oracle Context angelegt wurde, der die Einträge aufnehmen soll. Diese Grundkonfiguration kann über den Net Configuration Assistant generiert werden, der die Datei `ldap.ora` erzeugt, die im Verzeichnis `$ORACLE_HOME/network/admin` abgelegt wird.

```
# ldap.ora Network Configuration File: H:\Oracle\Client11\network\admin\ldap.ora
# Generated by Oracle configuration tools.
DIRECTORY_SERVERS= (myServer:3060:3130)
```

```
DEFAULT_ADMIN_CONTEXT = "dc=dbconsult,dc=de"
DIRECTORY_SERVER_TYPE = OID
```

Die oben abgebildete `ldap.ora`-Datei hat den Port 3060 für normale und den Port 3130 für SSL-Verbindungen des OID-Verzeichnisdienstes auf myServer konfiguriert. Der administrative Kontext – unter dem standardmäßig Einträge erstellt und gesucht werden – ist `dc=dbconsult,dc=de`.

Nachdem diese Voreinstellungen abgeschlossen sind, kann nun der Net Manager aufgerufen werden. Im linken Auswahlmenü wird ab sofort der Eintrag *„Verzeichnis"* angezeigt, über den Dienstbenennungen und Aliasnamen für Dienstbenennungen erzeugt oder modifiziert werden können. *Dienstbenennungen* spezifizieren den kompletten Kontext für die Verbindung – wie aus der Syntax der Datei `tnsnames.ora` hinlänglich bekannt sein dürfte –, *Aliasnamen* dagegen verweisen auf Dienstbenennungen, die im gleichen oder in fremden administrativen Kontexten angelegt wurden.

Beim erstmaligen Aufklappen des Verzeichnisbaumes muss sich der Benutzer zunächst beim Verzeichnisdienst authentifizieren. Standardmäßig kann hierzu der LDAP-Benutzer `cn=orcladmin` oder ein beliebiger anderer genutzt werden. Wichtig ist nur, dass der betreffende für die Verwaltung von Dienstbenennungen privilegiert wurde und in dem konkreten administrativen Kontext – hier `dc=dbconsult,dc=de` – bekannt ist. Die Abbildung 11.9 zeigt Dienstbenennungen und Aliasnamen.

Vorhandene Dienstnamen können – ebenfalls über Oracle Net Manager – aus einer lokalen Datei `tnsnames.ora` in das Verzeichnis importiert werden. Hierzu wird über die Menüleiste BEFEHL – DIRECTORY – NET SERVICE NAMES EXPORTIEREN aufgerufen. Im anschließenden Dialog lassen sich die Dienstnamen und die administrativen Kontexte auswählen.

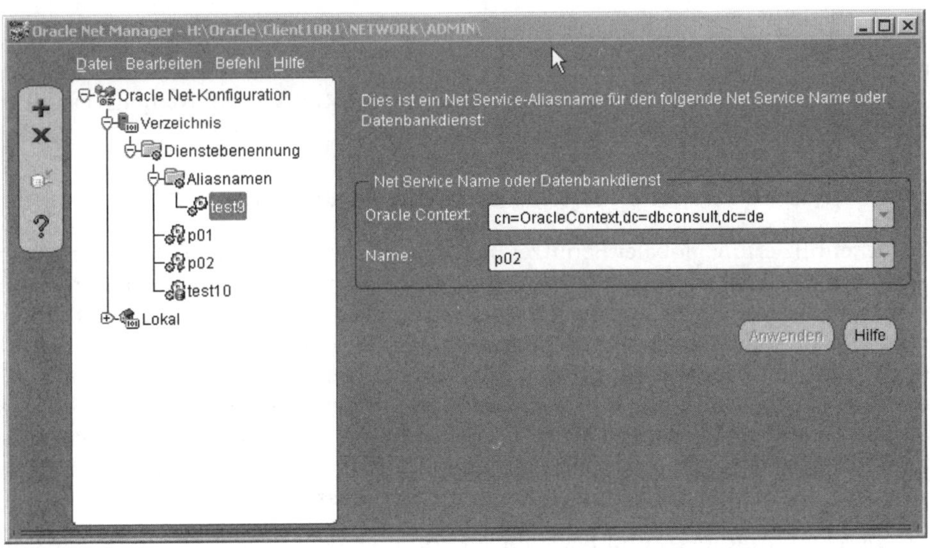

Abbildung 11.9: Net Manager im Kontext von LDAP

Konfiguration des Clients

Die Konfiguration von Clients ist im Anschluss recht einfach durchzuführen. Hierzu sind die folgenden Aktionen durchzuführen:

1. Konfiguration der Methode für die Auflösung von Dienstnamen
2. Konfiguration des vorbereiteten Verzeichnisdienstes in Form der Portnummern, des Servernamens und des Diensttyps über die Datei `ldap.ora`

Alle genannten Aktionen lassen sich über Werkzeuge erledigen. Punkt 1, die Methode der Namensauflösung, wird im Netzprofil des Clients mithilfe des Werkzeugs Oracle Net Manager definiert und in der Datei `sqlnet.ora` gespeichert. Das folgende Beispiel zeigt den relevanten Ausschnitt aus dieser Datei. LDAP, das heißt der Verzeichnisdienst, wird hier als erste Wahl der Namensauflösung festgeschrieben. Für den Fall, dass eine Auflösung über LDAP nicht erfolgreich sein sollte, kann die lokale Datei `tnsnames.ora` herangezogen werden:

```
names.directory_path = (LDAP, TNSNAMES)
```

Für die Konfiguration des Punktes 2 ist – wie bereits erwähnt – ein anderes Werkzeug, der Oracle Net Configuration Assistant, zuständig. Die Datei `ldap.ora` kann natürlich auch von Hand editiert werden.

Der Verbindungsaufbau von Clientseite kann nun erfolgreich in der gewohnten Syntax durchgeführt werden:

```
sqlplus scott/tiger@test9
```

Der Dienst- bzw. Aliasname `test9` wird für den Zugriff auf den Verzeichnisdienst aufgrund des zugrunde liegenden administrativen Kontexts umgewandelt in:

```
cn=test9,cn=OracleContext,dc=dbconsult,dc=de
```

Die Namensauflösung über Verzeichnisdienste ist – wegen des erforderlichen Zugriffs auf den LDAP-Server – geringfügig aufwendiger als die über die lokale Datei `tnsnames.ora`. Dem stehen jedoch die Vorteile der zentralisierten Namensverwaltung gegenüber.

11.6.4 Modell 2: Authentifizierung globaler Benutzer

Die Authentifizierung globaler Benutzer bietet Anwendern die Möglichkeit, Verbindungen zu entfernten Datenbanken ohne Angabe von Passwörtern aufzubauen. Der Anwender wird dabei mit dem globalen Datenbankbenutzer der Zieldatenbank verbunden, dessen global eindeutiger Name (*Distinguished Name*) identisch ist mit dem des geöffneten Wallets auf der Seite des betreffenden Clients. Verzeichnisdienste werden in diesem Modell nicht benötigt, wohl aber der Verbindungsaufbau über das SSL-Protokoll zwischen Client und Datenbank. Die SSL-Verbindung sorgt auch für die Verschlüsselung und Integritätsprüfung der übermittelten Datenpakete. Im Einzelnen sind für die Umsetzung dieses Modells die folgenden Konfigurationsschritte notwendig:

1. Generieren, Anfordern und Beglaubigen von digitalen Zertifikaten für Clients und Datenbanken
2. Anlegen der erforderlichen globalen Benutzer in den betreffenden Zieldatenbanken
3. Konfiguration des Listener-Prozesses der Datenbank für den Verbindungsaufbau über das SSL-Protokoll

4. Bereitstellen von Dienstnamen für die Herstellung der SSL-Verbindungen
5. Konfiguration des Clients für den Verbindungsaufbau über SSL

Diese Konfigurationsschritte werden im Folgenden detailliert erläutert.

Anlegen von Zertifikaten

Die Grundlagen von Zertifikaten wurden bereits im Abschnitt „Digitale Zertifikate und SSL" besprochen. In unserem Beispiel wird zunächst mithilfe des Werkzeugs Oracle Wallet Manager über die Menüpunkte `WALLET` und `NEU` eine voll spezifizierte Zertifikatsanforderung für folgende Identität erstellt:
`DN: CN=Guenter,CN=dbconsult`

Bei der Generierung ist ferner ein entsprechendes Passwort anzugeben und eine Schlüssellänge auszuwählen. Die Anforderung wird im vorgeschlagenen Standardverzeichnis oder anderweitig gespeichert und dann über die Menüpunkte VORGÄNGE und ZERTIFIKATSANFORDERUNG EXPORTIEREN in eine Datei geschrieben. Diese Exportdatei muss nun an eine vertrauenswürdige Zertifizierungsstelle übermittelt werden.

Wie bereits erwähnt wurde, lässt sich für Testzwecke eine eigene Zertifizierungsstelle mithilfe von `openSSL` anlegen. Von der betreffenden Zertifizierungsstelle erhält der Anwender das beglaubigte Zertifikat in Form einer Datei zurück. Nach dem Öffnen der Zertifikatsanforderung im Oracle Wallet Manager ist diese Datei dann über die Menüpunkte VORGÄNGE und BENUTZERZERTIFIKAT IMPORTIEREN einzulesen.

Das Importieren kann dann entweder durch Einlesen der gelieferten Datei oder über Cut und Paste durchgeführt werden. Die Zertifikatsanforderung erhält dadurch den Status bereit und mutiert zu einem beglaubigten Zertifikat, sofern die ausstellende Zertifizierungsstelle mit ihrem Zertifikat als „vertrauenswürdig" im Oracle Wallet Manager aufgenommen wurde. Der *Distinguished Name*, den das Zertifikat beglaubigt hat, erscheint auf der rechten Seite des Wallet-Manager-Fensters unter „Betreff" – in unserem Beispiel `CN=Guenter,CN=dbconsult` (Abbildung 11.10.)

Die Zertifikate vertrauenswürdiger Zertifizierungsstellen erscheinen unter dem Verzeichnispunkt GESCHÜTZTE ZERTIFIKATE. Zusätzliche *Trust Points* lassen sich über die Menüpunkte VORGÄNGE und GESCHÜTZTES ZERTIFIKAT IMPORTIEREN anfügen. Zertifikate und ihnen anhängende Informationen werden in Form eines Wallets in dem angegebenen Verzeichnis gespeichert, unabhängig davon, wie der Distinguished Name angegeben wurde. Zertifikate für unterschiedliche Identitäten auf einem Client sind daher in unterschiedlichen Verzeichnissen abzulegen.Für erfolgreich geöffnete Wallets existiert zusätzlich in demselben Verzeichnis die Datei `cwallet.sso`.

In gleicher Weise werden Zertifikate für die erforderlichen Datenbanken generiert. Der Distinguished Name der Datenbank kann dabei dem verwendeten Servicenamen entsprechen.

Definition globaler Benutzer

Im nächsten Schritt sind entsprechend den Zertifikaten globale Benutzer in den betreffenden Datenbanken zu definieren. Beim Anlegen der Benutzer ist darauf zu achten, dass die global eindeutigen Namen beider Identitäten einschließlich der Groß- und Kleinschreibung genau übereinstimmen. In unserem Beispiel wird der Datenbankbe-

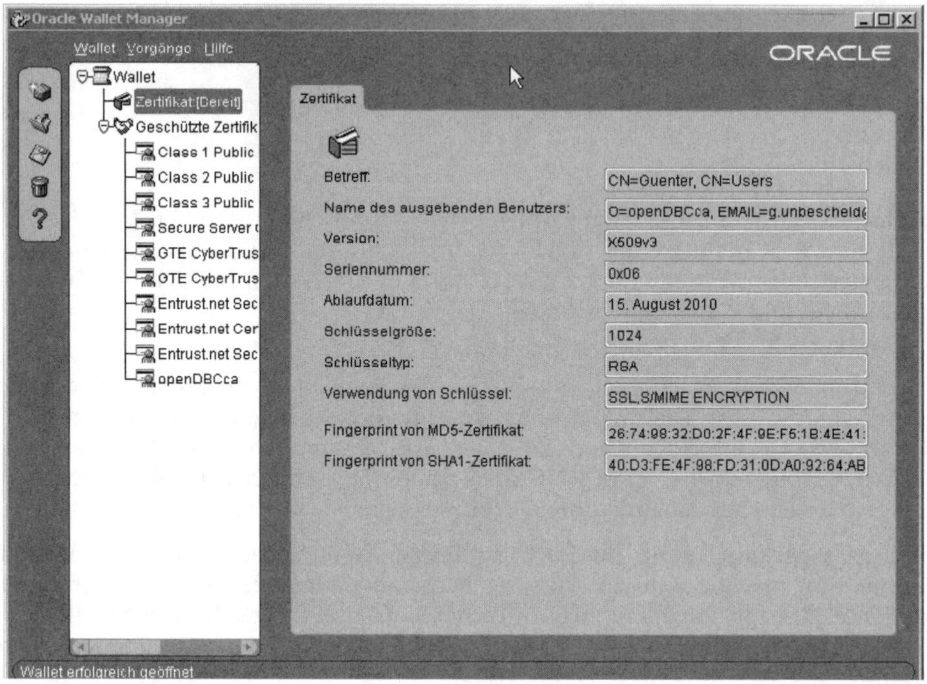

Abbildung 11.10: Zertifikaterstellung mit Oracle Wallet Manager

nutzer GUENTER mit einem dem Zertifikat entsprechenden Distinguished Name in der Datenbank erzeugt:

```
SQL> CREATE USER guenter
     PROFILE default
     IDENTIFIED GLOBALLY AS 'CN=Guenter, CN=dbconsult'
     DEFAULT TABLESPACE users
     TEMPORARY TABLESPACE temp ACCOUNT UNLOCK;
```

Da der Benutzer ohne Passwort angelegt wird, ist ein normaler Connect von vornherein nicht möglich. Verbindungen mit diesem Benutzer können nur über eine SSL-Verbindung aufgebaut werden. Den Anforderungen entsprechende Privilegien sind dem Benutzer danach über geeignete GRANT-Befehle zu erteilen.

Datenbank-Listener konfigurieren

Bevor eine SSL-Verbindung zur Datenbank hergestellt werden kann, ist der Listener-Prozess entsprechend zu konfigurieren oder ein separater Listener-Prozess zu starten. Diese Aufgabe ist mithilfe des Werkzeugs Oracle Net Manager zu erledigen. Im Kontext des Listeners sind die folgenden Einstellungen durchzuführen:

- Anlegen einer neuen Listener-Adresse für das TCPS-Protokoll (TCP/IP mit SSL), das für die SSL-Verbindung erforderlich ist. In diesem Zusammenhang ist auch die Angabe einer Portnummer notwendig – die Nummer 2484 wurde für diese Zwecke von Oracle offiziell reserviert und wird aus diesem Grunde hier empfohlen.

- Konfiguration des Verzeichnisses, in dem das Datenbankzertifikat gespeichert wurde: Diese Einstellungen werden über den Verzeichnispunkt PROFIL des Net Managers und dort über die Kontextauswahl ORACLE ADVANCED SECURITY und die Karteikarte SSL vorgenommen. Nach Auswahl der Option SERVER ist das entsprechende Verzeichnis anzugeben. Es ist darauf zu achten, dass an diesem Ort nicht nur das Wallet installiert wurde, sondern dass für dieses nach dem Öffnen im Oracle Wallet Manager die Option „Automatische Anmeldung“ aktiviert wurde, damit das Zertifikat für andere Anwendungen – hier den Listener – nutzbar ist.
- Am gleichen Ort sind auch die vom Server unterstützten kryptografischen Algorithmen (*Cipher Suite*) und die SSL-Version auszuwählen.

Die Abbildung 11.11 zeigt den entsprechenden Ausschnitt.

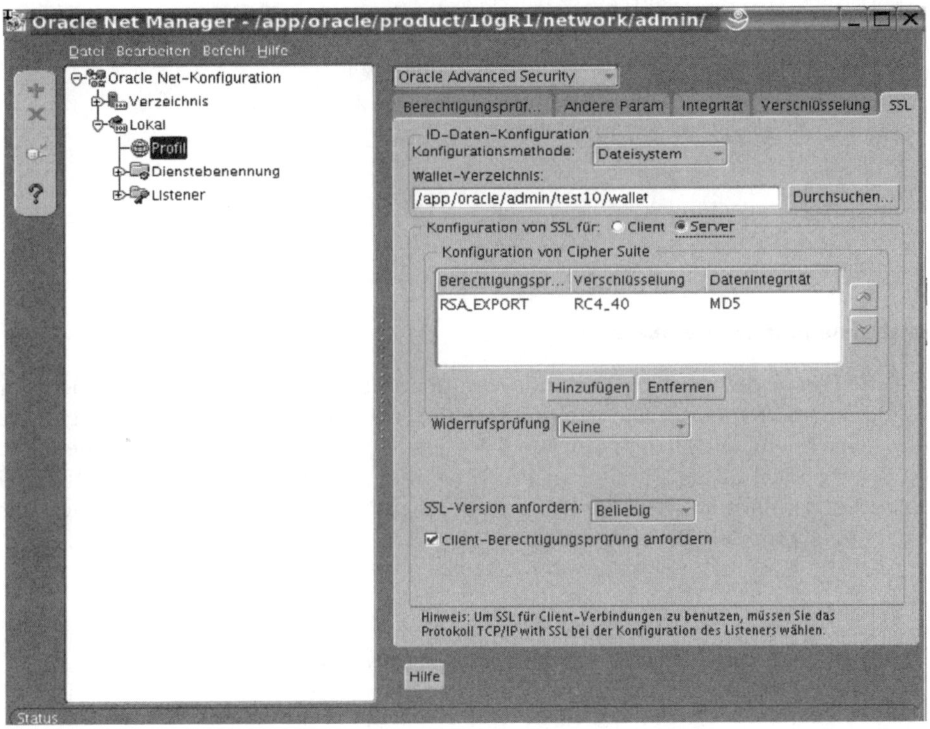

Abbildung 11.11: SSL-Konfiguration des Listener

Die Konfiguration wird vom Oracle Net Manager in den Dateien `listener.ora` und `sqlnet.ora` gespeichert. Die nachfolgenden Listen zeigen die relevanten Ausschnitte:

```
# listener.ora Network Configuration File: /app/oracle/product/11gR2/network/
    admin/listener.ora
# Generated by Oracle configuration tools.
LISTENER =
 (DESCRIPTION_LIST =
   (DESCRIPTION =
    (ADDRESS = (PROTOCOL = TCP)(HOST = myServer)(PORT = 1525))
   )
```

```
  (DESCRIPTION =
   (ADDRESS = (PROTOCOL = TCPS)(HOST = myServer)(PORT = 2484))
  )
 )

SSL_CLIENT_AUTHENTICATION = FALSE
WALLET_LOCATION =
 (SOURCE =
  (METHOD = FILE)
  (METHOD_DATA =
    (DIRECTORY = /app/oracle/admin/test10/wallet)
  )
```

Hier entsprechend die Datei `sqlnet.ora`:

```
SQLNET.AUTHENTICATION_SERVICES= (BEQ, TCPS)
SSL_VERSION = 0
NAMES.DIRECTORY_PATH= (TNSNAMES)
SSL_CLIENT_AUTHENTICATION = TRUE
WALLET_LOCATION =
  (SOURCE =
   (METHOD = FILE)
   (METHOD_DATA =
    (DIRECTORY = /app/oracle/admin/test10/wallet)
   )
  )
```

Dienstnamen für SSL definieren

Es versteht sich, dass für den Verbindungsaufbau über SSL wegen der speziellen Portnummer ein vorhandener Dienstname modifiziert oder ein eigener aufgebaut werden muss. Je nachdem, wie Dienstnamen auf den jeweiligen Clients aufgelöst werden, kann dieser Name lokal in der Datei `tnsnames.ora` oder zentral im Kontext eines Verzeichnisdienstes definiert werden. Das folgende Beispiel zeigt einen Ausschnitt der Datei `tnsnames.ora` für den Dienstnamen `test10ssl`:

```
TEST10SSL =
 (DESCRIPTION =
  (ADDRESS_LIST =
    (ADDRESS = (PROTOCOL = TCPS)(HOST = myServer)(PORT = 2484))
  )
  (CONNECT_DATA =
    (SERVICE_NAME = test10.nandadevi.dc)
  )
 )
```

Wallet für Client konfigurieren

Neben dem Dienstnamen müssen für den Verbindungsaufbau des Clients das Verzeichnis des Wallets, die unterstützten kryptografischen Algorithmen und die SSL Version angegeben werden. Die Einstellungen erfolgen wiederum über den Oracle Net Manager – wie bereits erwähnt –, mit dem Unterschied, dass hier als Kontext die Option CLIENT aktiviert wird. Alle Angaben werden im Netzprofil in der Datei `sqlnet.ora` gespeichert, die hier in Auszügen abgedruckt ist:

```
WALLET_LOCATION =
  (SOURCE =
   (METHOD = FILE)
   (METHOD_DATA =
    (DIRECTORY = C:\oracle\wallets)
   )
  )
SSL_CIPHER_SUITES= (SSL_RSA_EXPORT_WITH_RC4_40_MD5)
SSL_SERVER_DN_MATCH = No
SSL_CLIENT_AUTHENTICATION = TRUE
SSL_VERSION = 3.0
NAMES.DIRECTORY_PATH= (TNSNAMES)
```

Bevor nun der erste Verbindungstest durchgeführt wird, sollte noch einmal überprüft werden, ob die Zertifikate auf dem Client und dem Server für die automatische Anmeldung konfiguriert wurden. Das zeigt das Häkchen bei AUTOMATISCHE ANMELDUNG im Menü des Wallet Managers. Ein weiterer Blick sollte auf die SSL-Versionen (Parameter `SSL_VERSION`) und den kryptografischen Algorithmus (Parameter `SSL_CIPHER_SUITES`) geworfen werden. Hier müssen auf beiden Seiten der Verbindung identische Einstellungen vorliegen. Bei der Komplexität der Konfiguration und der Vielzahl der zu verwendenden Werkzeuge können sich hier sehr leicht Fehler einschleichen. Die Fehlermeldungen, die beim Connect ausgeworfen werden, sind leider nicht immer so prägnant, dass die Ursache des Problems sofort ersichtlich wird.

Schließlich kann der Verbindungstest erfolgen:

```
sqlplus /@test10ssl
```

Die Verbindung sollte nun zu dem globalen Benutzer `guenter` der Zieldatenbank hergestellt werden, dessen global eindeutiger Name mit dem Distinguished Name des verfügbaren Zertifikats übereinstimmt. Zur Kontrolle lässt sich in der betreffenden Session folgende Abfrage starten:

```
SQL> SELECT global_name, user,
     SYS_CONTEXT('userenv','external_name') AS external_user
     FROM   global_name;

GLOBAL_NAME          USER       EXTERNAL_USER
-------------------- ---------- ------------------------------
TEST10.NANDADEVI.DC  GUENTER    cn=Guenter,cn=Users
```

11.6.5 Modell 3: Enterprise-Benutzer und Enterprise-Rollen

In diesem dritten Nutzungsmodell wird die feste Bindung eines globalen Datenbankbenutzers an ein Zertifikat, die im Abschnitt 11.6.4 beschrieben wurde, aufgebrochen. Enterprise-Benutzer werden im Verzeichnisdienst definiert und korrespondieren mit globalen Benutzern, die ohne Zuordnung eines Distinguished Names in der Datenbank angelegt werden.

Die Zuordnung von Enterprise-Benutzern und ihren Identitäten zu den Benutzern vorgegebener Datenbanken erfolgt ausschließlich über einen Verzeichnisdienst. Auf diese Weise lassen sich mehrere Enterprise-Benutzer an einen Datenbankbenutzer binden, daher der Begriff *Shared Schema*. Da möglicherweise nicht alle Identitäten, die ein Shared Schema benutzen, die gleichen Privilegien erhalten dürfen, lassen sich Rollen ebenso über Verzeichnisdienste zuteilen: In der Datenbank definierte globale

Rollen mit ihren Privilegien werden sogenannten Enterprise-Rollen zugeordnet, die im Kontext des Verzeichnisdienstes ohne Angabe von Privilegien angelegt wurden. Über den Verzeichnisdienst werden dann die Enterprise-Rollen den Enterprise-Benutzern im Kontext bestimmter Zieldatenbanken zugeordnet.

Die Authentifizierung der Enterprise-Benutzer kann über Zertifikate oder Passwörter erfolgen. Im letzten Fall werden die Passwörter zentral im Verzeichnisdienst verwaltet, die Benutzer melden sich unter ihrem Enterprise-Namen und Passwort bei einer Zieldatenbank an, diese überprüft die Identität mithilfe des Verzeichnisdienstes und verbindet den Betreffenden mit dem für ihn konfigurierten globalen Schema der Datenbank. Auf diese Weise lassen sich Passwörter zentral verwalten.

Für dieses Modell sind die folgenden Komponenten notwendig:

- Funktionsfähiger Verzeichnisdienst/LDAP-Dienst (OID, AD oder OVD mit Durchgriff auf einen der beiden vorstehenden Dienste)
- Registrierung der Zieldatenbanken bei dem Verzeichnisdienst
- Datenbanken mit globalen Benutzern und – möglicherweise – globalen Rollen
- Konfiguration der Enterprise-Benutzer im Verzeichnisdienst

Zur Implementierung dieses Modells sind dementsprechend die folgenden Arbeiten durchzuführen:

1. Grundinstallation des Verzeichnisdienstes mit dem Aufbau des Oracle-Schemas und des Oracle-Kontextes – wie bereits beschrieben. Optional kann ein *Identity Management Realm* angelegt werden.
2. Konfiguration der Directory-Anbindung und Registrierung der betreffenden Datenbanken bei dem Verzeichnisdienst
3. Anlegen von globalen Benutzern und Rollen in den Zieldatenbanken
4. Anlegen von Enterprise-Benutzern und -Rollen in dem Verzeichnisdienst
5. Zuordnung der Enterprise-Benutzer und -Rollen zu den globalen Rollen der Datenbanken

Diese Aufgaben sollen nun – sofern dies nicht schon in vorangehenden Abschnitten geschehen ist – im Detail besprochen werden:

Anlegen eines Identity Management Realms

Unter einem Identity Management Realm versteht man einen Teil des gesamten DIT-Baumes eines Verzeichnisses, der Identitäten und mit ihnen verbundene Richtlinien administrativ zusammenfasst. Auf diese Weise lassen sich unterschiedliche Benutzerpopulationen und für sie verantwortliche Administratoren konfiguratorisch festlegen. Bereits während der Installation wird standardmäßig das Realm *„Default Company"* angelegt. Es liegt nahe, diese Konfiguration für eigene Belange zu ändern oder zu erweitern.

Die Konfiguration eines Realms besteht letzten Endes aus Verzeichnispunkten für Benutzer und Gruppen. Beim Anlegen eines Realms wird unter seinem jeweiligen Wurzelpunkt – in unserem Fall `dc=Dcintern, dc=de` – ein eigener Oracle Context angelegt, der von Oracle-Produkten und Applikationen für interne Informationen genutzt wird.

Die Verwaltung von Realms war unter Version 10g mithilfe der *„Oracle Delegated Administration Services 10g (10.1.4.3.0)"* und der hier integrierten *„Self Service Console"* möglich. Diese Option wird immer noch unterstützt, erfordert aber die Installation der alten Oracle Application Server-Umgebung und ist aus diesem Grunde nicht empfehlenswert. Besser ist in diesem Fall die Nutzung des neuen Kommandos `oidrealm`.

Registrierung der Datenbanken

Die Registrierung der Datenbanken erfolgt über das Werkzeug *Oracle Database Configuration Assistant* (DBCA). Damit dies gelingt, ist vorher über den Net Configuration Assistant unter der Option „Konfiguration von Directory-Verwendung" oder manuell die Datei `ldap.ora` zu generieren, die auch den Pfad zu dem betreffenden Identity Management Realm oder administrativen Kontext enthält – in unserem Beispiel `dc=dbconsult,dc=de`. Der folgende Abschnitt zeigt `ldap.ora`:

```
DIRECTORY_SERVERS= (Nandadevi:3060:3130)
DEFAULT_ADMIN_CONTEXT = "dc=dbconsult,dc=de"
DIRECTORY_SERVER_TYPE = OID
```

Nun kann der *Configuration Assistant* aufgerufen werden. Über die Option DATENBANKOPTIONEN KONFIGURIEREN wird die betreffende Datenbank ausgewählt und im vierten Schritt schließlich die Authentifizierung bei dem Verzeichnisdienst – mit vollem Distinguished Name – vorgenommen sowie das Passwort für das Datenbank-Wallet angegeben (Abbildung 11.12).

Im Einzelnen wird bei der Registrierung Folgendes ausgeführt:

- Im Verzeichnisdienst wird unter dem in der Datei `ldap.ora` angegebenen administrativen Kontext und dort unter dem obligatorischen Oracle Context die Datenbank

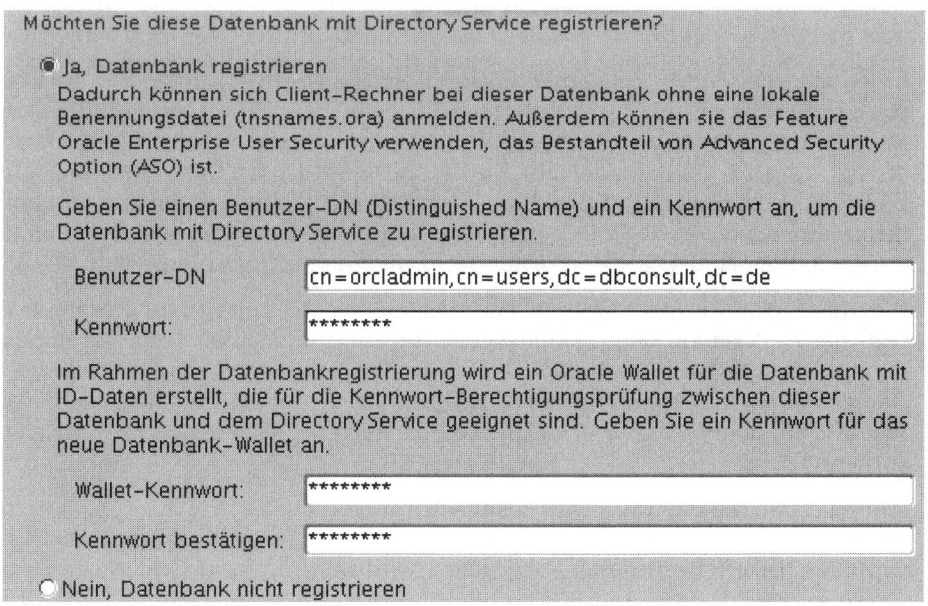

Abbildung 11.12: Database Configuration Assistant zur Registrierung der Datenbank

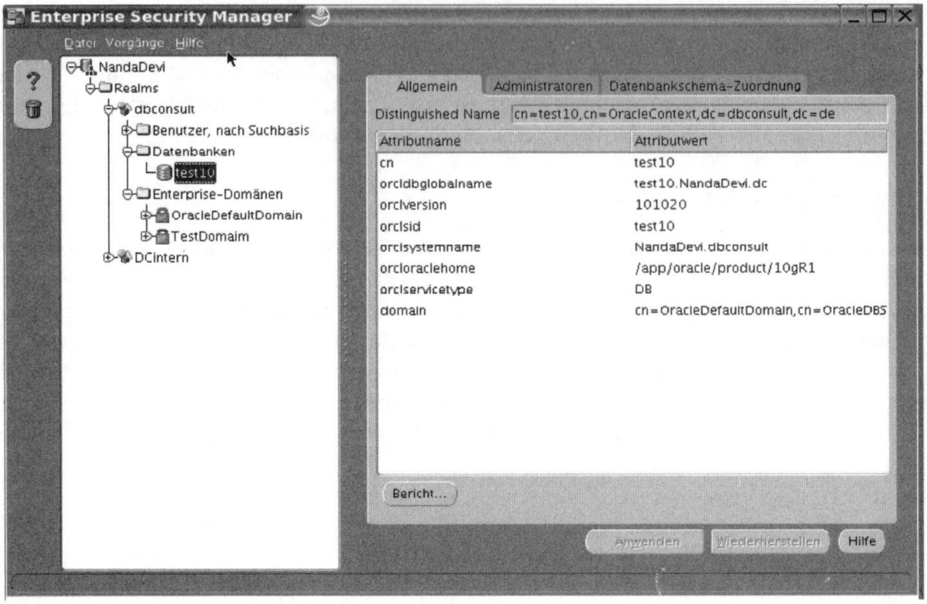

Abbildung 11.13: Enterprise Security Manager

mit dem ihr zugeordneten Unterbaum eingetragen. Die Datenbank mit dem Namen (`db_unique_name` von `v$database`) `test10` wird demnach im administrativen Kontext `dc=dbconsult,dc=de` mit dem folgenden Distinguished Name erfasst: `cn=test10, cn=OracleContext, dc=dbconsult, dc=de`.
Der neue Eintrag kann über das Administrationswerkzeug Oracle Directory Manager oder das *Werkzeug Enterprise Security Manager*[24] (Abbildung 11.13) verifiziert werden.

- Innerhalb jedes *Realms* können Enterprise Domains angelegt werden, die der Gruppierung von Datenbanken und Enterprise-Rollen dienen. Bereits beim Anlegen eines *Realm* wird ein Standard Enterprise Domain mit Namen `OracleDefaultDomain` erzeugt. Diesem Standard-Domain wird die neu registrierte Datenbank zugeschlagen. Der Administrator hat natürlich die Möglichkeit, weitere Domains innerhalb des realm anzulegen und die Datenbank dorthin zu transferieren – Datenbanken müssen immer eindeutig einem *Enterprise Domain* zugeteilt werden.
- Innerhalb jedes Realms lässt sich der Standard für die Berechtigungsprüfung der registrierten Datenbanken gegenüber dem Verzeichnisdienst festlegen. Der Standard für die Berechtigungsprüfung lautet password, was bedeutet, dass sich registrierte Datenbanken per Default mittels Passwörtern beim Verzeichnisdienst anmelden müssen. Alternativ können sich Datenbanken auch per SSL beim Verzeichnisdienst authentifizieren.

Während der Registrierung wird demnach für jede Datenbank auch ein internes Passwort generiert. Dieses Passwort darf nicht verwechselt werden mit dem Passwort, das bei der Registrierung angegeben wird und nur zum Öffnen des Daten-

24 ESM ist ein Java-Client-Programm, das im Rahmen der Client-Installation zur Verfügung steht. Der Programmstart erfolgt über `esm`.

bank-Wallets geeignet ist. Das interne Passwort der Datenbank hingegen wird einerseits im Verzeichnisdienst in „gehashter“ Form, andererseits im Datenbank-Wallet gespeichert.In Abhängigkeit von der für das betreffende Realm festgelegten Authentifizierungsmethode wird der Serverparameter `ldap_directory_access` vorbelegt. In unserem Beispiel wurde für das realm `dbconsult` der Standard belassen (Abbildung 11.14). Dementsprechend wird generiert:

```
ldap_directory_access=password
```

Der Parameter kann dynamisch über den Befehl `alter system` verändert werden. Ein Neustart der Instanz ist also nicht erforderlich. Der Parameter kann auch sehr sinnvoll verwendet werden, um den Zugriff auf den Verzeichnisdienst – vorübergehend oder dauerhaft – zu unterbinden:

```
SQL> ALTER SYSTEM SET ldap_directory_access=none SCOPE=BOTH;
```

- Wie bereits erwähnt wurde, wird auch ein Datenbank-Wallet generiert. Dieses Wallet enthält neben dem Passwort der Datenbank auch deren Distinguished Name, wie er im Verzeichnisdienst eingetragen wurde. Das Wallet enthält jedoch kein Zertifikat der Datenbank. Dieses muss – für den Fall, dass eine Authentifizierung über SSL gewünscht ist – nachträglich bei einer vertrauenswürdigen CA beantragt und importiert werden. Dieses Verfahren wird hier nicht im Detail beschrieben.

Das Wallet wird – unter Unix – im Administrationsverzeichnis der betreffenden Datenbank und dort in dem Unterverzeichnis `wallet` abgelegt:
`$ORACLE_BASE/admin/$ORACLE_SID/wallet`
Über den Oracle Wallet Manager, der über den Befehl `owm` aufgerufen wird, lässt sich das generierte Wallet öffnen. Bei der Passwortabfrage ist das Passwort, das im Dialog des Configuration Assistants ausgewählt wurde, anzugeben. Die Abbildung 11.15 zeigt

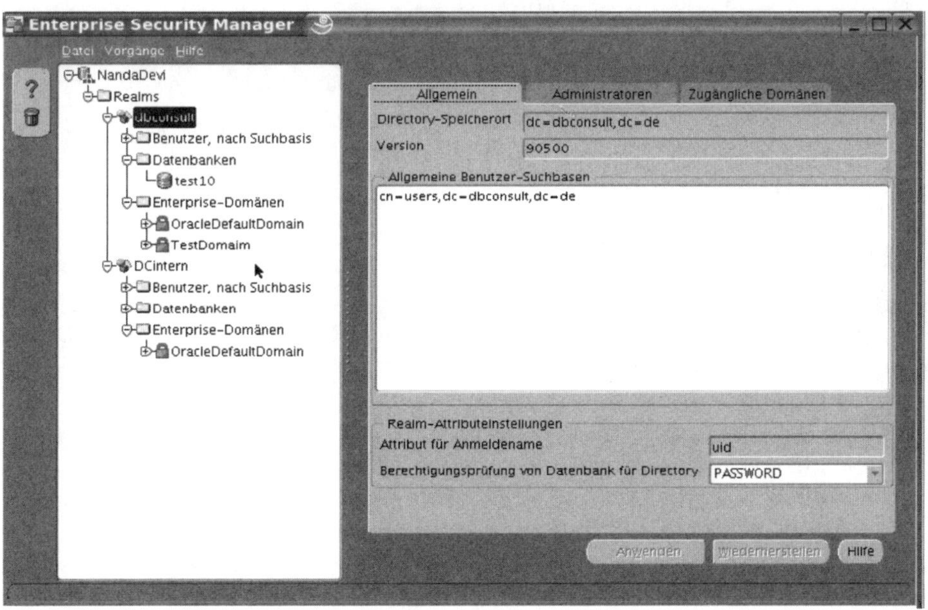

Abbildung 11.14: Enterprise Security Manager

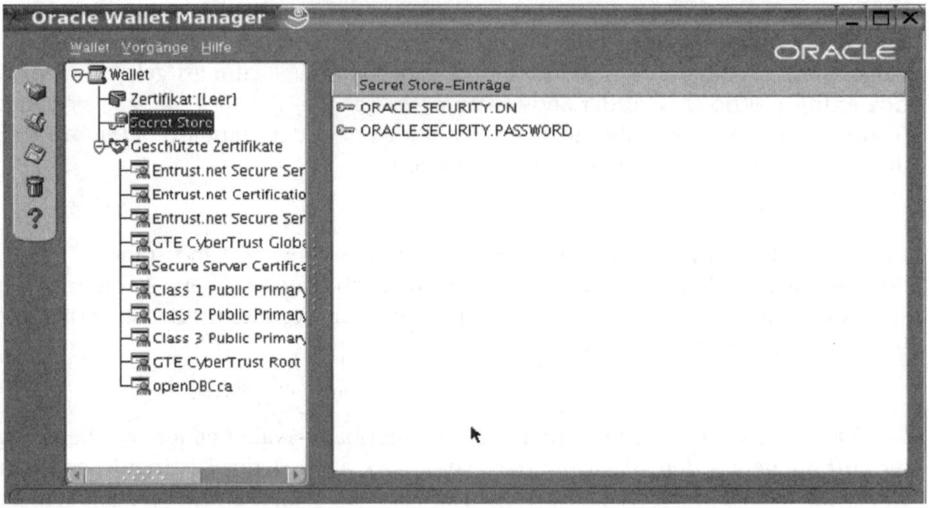

Abbildung 11.15: Wallet Manager mit DB Passwort

den Zustand nach der erfolgreichen Registrierung: Das Zertifikat ist leer, und im Bereich Secret Store erscheinen die Abschnitte Distinguished Name (`ORACLE.SECURITY.DN`) und Password (`ORACLE.SECURITY.PASSWORD`), die der Wallet Manager nicht im Detail anzeigt.

Über das Zeilenkommando `mkstore` können diese Bereiche auch inhaltlich ausgegeben werden. Es versteht sich, dass hierzu auch das Passwort für das Wallet erfolgreich angegeben werden muss:

```
$ mkstore -wrl /app/oracle/admin/test10/wallet -viewEntry ORACLE.SECURITY.DN
Kennwort eingeben
ORACLE.SECURITY.DN = cn=test10,cn=OracleContext,dc=dbconsult,dc=de

$ mkstore -wrl /app/oracle/admin/test10/wallet -viewEntry ORACLE.SECURITY.PASSWORD
Kennwort eingeben
ORACLE.SECURITY.PASSWORD = /X7WRKF8
```

Globale Benutzer und globale Rollen

Globale Benutzer, die von unterschiedlichen digitalen Identitäten benutzt werden sollen (*Shared Schema*), dürfen selbst keine Distinguished Names enthalten. Dementsprechend wird beispielsweise der „offene" globale Benutzer `jedermann` mit leerer `AS`-Klausel wie folgt aufgebaut:

```
SQL> CREATE USER jedermann PROFILE DEFAULT
     IDENTIFIED GLOBALLY AS ''
     DEFAULT TABLESPACE users
     TEMPORARY TABLESPACE temp;
```

Da jedermann von unterschiedlichen Identitäten mit möglicherweise unterschiedlichen Anforderungen an die erforderlichen Privilegien genutzt werden kann, wird ihm lediglich das Privileg `CREATE SESSION` zugewiesen:

```
SQL> GRANT CREATE SESSION TO jedermann;
```

Im nächsten Schritt sind für jedes erforderliche Privilegienbündel, das für die Nutzung der globalen Benutzer notwendig ist, entsprechende globale Rollen anzulegen. Das Beispiel zeigt die Syntax für die globale Rolle `r_global1`:

```
SQL> CREATE ROLE r_global1 IDENTIFIED GLOBALLY;
```

Es versteht sich, dass diesen Rollen über `GRANT`-Befehle die notwendigen Privilegien zuzuweisen sind. Im Gegensatz zu „normalen" Rollen werden sie jedoch nicht mit Datenbankbenutzern verbunden.

Globale Benutzer und globale Rollen sind in allen Zieldatenbanken aufzubauen, die über Enterprise-Benutzer des Verzeichnisdienstes versorgt werden sollen.

Enterprise-Benutzer und Enterprise-Rollen

Im nächsten Schritt sind nun Enterprise-Benutzer und -Rollen anzulegen und ihnen entsprechende globale Benutzer und Rollen zuzuweisen.Diese Arbeitsschritte können vollständig über das bereits erwähnte Werkzeug Enterprise Security Manager ausgeführt werden. Das Anlegen von Benutzern lässt sich alternativ auch über den Enterprise Manager (Database Control) erledigen (Abbildung 11.16).

Die weiteren Arbeitsschritte können nur über das oben erwähnte Client-Werkzeug ausgeführt werden. Es empfiehlt sich hierbei das folgende Vorgehen:

- Datenbankschema-Zuordnung: Hierbei werden Enterprise-Benutzern eines *realm* globale Benutzer – *Shared Schema* – von registrierten Datenbanken zugeordnet. Die Zuordnung kann individuell für einzelne Datenbanken oder pauschal für Enterprise-Domänen erfolgen. Im letzteren Fall gilt die Zuweisung für sämtliche Datenbanken, die in der betreffenden Domäne konfiguriert wurden. Zusätzlich lässt sich die Auswahl der Enterprise-Benutzer individuell, d. h. auf Basis eines einzelnen Eintrags, oder für einen ganzen Zweig des Verzeichnisbaumes durchführen. Die Konfigurationsmöglichkeiten sind also recht vielfältig.

  Die Abbildung 11.17 zeigt einen Ausschnitt aus dem Client-Werkzeug Enterprise Security Manager. Es wird dort für alle Datenbanken, die in der Domäne `OracleDefaultDomain` des Realms `dbconsult` konfiguriert wurden, festgelegt, dass der Enterprise-Benutzer `johannes` mit dem globalen Benutzer `jedermann` verbunden wird. Der Benutzer muss natürlich auf allen Datenbanken vorhanden sein. Des Weiteren

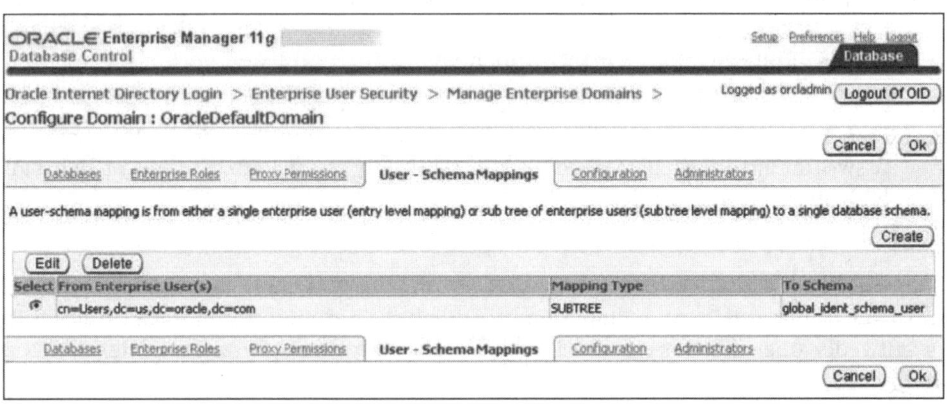

Abbildung 11.16: EM Database Control

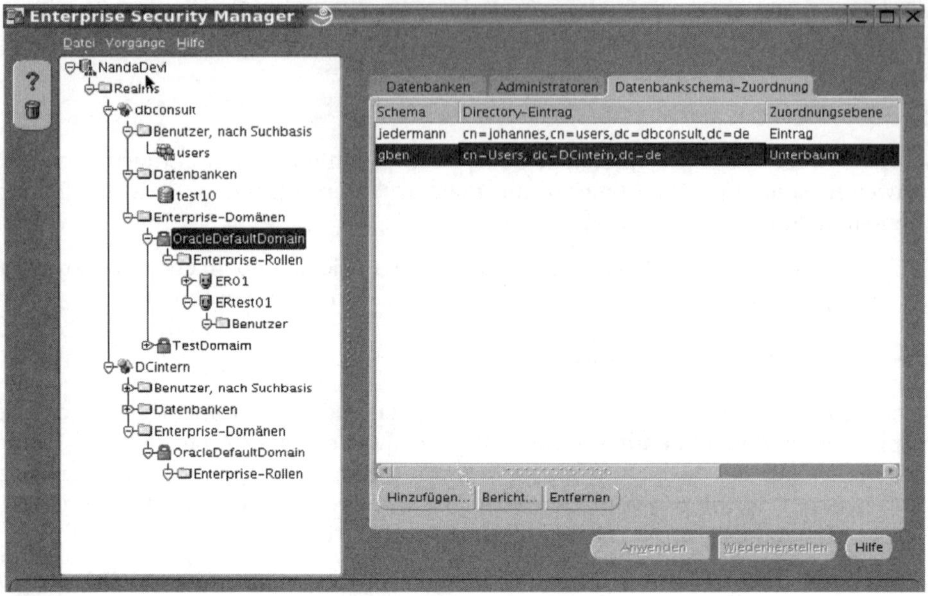

Abbildung 11.17: ESM Enterprise Security User

werden alle Enterprise-Benutzer, die in dem Unterbaum
`cn=Users,dc=DBintern, dc=de`
angelegt wurden, mit dem globalen Benutzer `gben` verbunden.

- Zuordnung von globalen Rollen zu Enterprise-Rollen: Nach Auswahl der betreffenden Enterprise-Rolle wird über den Tab-Reiter GLOBALE DATENBANKROLLEN über den Knopf HINZUFÜGEN eine Zieldatenbank ausgewählt und nach der Authentifizierung eine Liste gültiger globaler Rollen angezeigt. Hier können eine oder mehrere Rollen ausgewählt und zugeordnet werden, wie die Abbildung 11.18 zeigt. Die vorgenommenen Änderungen werden erst dann dauerhaft gespeichert, wenn der Knopf ANWENDEN betätigt wurde.
- Zuordnung von Enterprise-Rollen zu Enterprise-Benutzern: Nach Auswahl einer Enterprise-Rolle lassen sich über den Tab-Reiter BENUTZER und den Knopf HINZUFÜGEN Enterprise-Benutzer oder Gruppen auswählen, denen die entsprechende Enterprise-Rolle zugeteilt wird. Gruppen wie Benutzer müssen vorher – wie besprochen – angelegt worden sein.

Mit diesen Einstellungen wäre die Beispielkonfiguration von Enterprise-Benutzern, die über Passwörter authentifiziert werden, komplett. Ein erster Verbindungsversuch kann wie folgt unternommen werden:

```
$ sqlplus johannes/testpw@test10
```

In diesem Beispiel wird zunächst eine Verbindung zur Zieldatenbank über den Aliasnamen `test10` hergestellt. Wie dieser Name aufgelöst wird, hängt von der Konfiguration ab: entweder über die Datei `tnsnames.ora` oder über einen Verzeichnisdienst, wie in Abschnitt 11.6.3 besprochen.

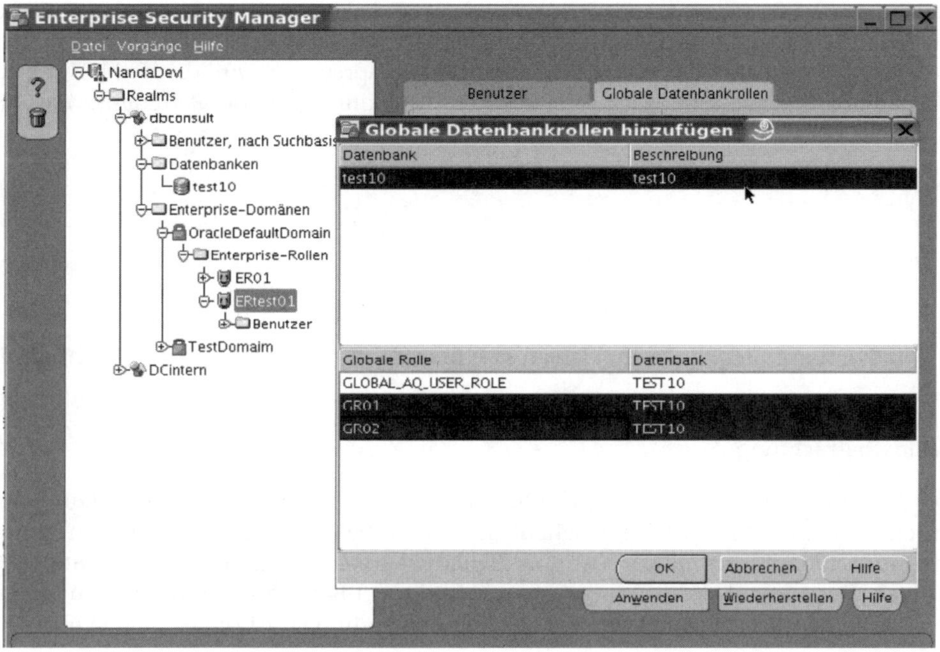

Abbildung 11.18: ESM Globale Rollen

In der Zieldatenbank wird zunächst eine lokale Authentifizierung versucht. Gelingt diese, d. h., gibt es den lokalen Benutzer `johannes` und ist das Passwort `gültig`, wird entsprechend verbunden. In unserem Beispiel existiert jedoch kein Datenbankbenutzer `johannes`. Aus diesem Grunde wird der Serverparameter `ldap_directory_access` geprüft, der in unserem Fall die Verbindung zum Verzeichnisdienst über die Passwort-Authentifizierung vorsieht.

Die Datenbank nimmt daher mithilfe der Datei `ldap.ora` Verbindung über den dort angegebenen SSL-Port zum Verzeichnisdienst auf und authentifiziert sich dort mit Hilfe des Passwortes, das sie aus ihrem Wallet liest. Damit die Verbindung klappt, ist es wichtig, dass über den konfigurierten SSL-Port Verbindungen ohne Berechtigungsprüfung akzeptiert werden. Diese Verbindungen erfordern keine Zertifikate, sondern nutzen lediglich die Möglichkeiten der Verschlüsselung von SSL. Sollte es während des Verbindungsaufbaus zu folgendem Fehler kommen

```
ERROR:
ORA-28030: Server ist beim Zugriff auf LDAP-Verzeichnisdienst auf Probleme gestoßen
```

sind auf jeden Fall die Portnummer und die Instanzen des Verzeichnisdienstes zu überprüfen. Die Prüfung erfolgt über das Werkzeug Fusion Middleware Control. Dort werden diverse Konfigurationsgruppen aufgelistet. Für die genutzte SSL-Portnummer muss auf jeden Fall für SSL-BERECHTIGUNGSPRÜFUNG `KEINE SSL-BERECHTIGUNGSPRÜFUNG` ausgewählt worden sein. Dies ist der Fall, wenn die standardmäßigen Voreinstellungen ohne Modifikationen benutzt werden.

Kann die Verbindung zum Verzeichnisdienst jedoch erfolgreich aufgebaut werden, wird der Benutzer des Connect-Strings – in unserem Beispiel `johannes` – im angegebenen administrativen Kontext lokalisiert und über das Passwort authentifiziert. Der zugeordnete globale Benutzer wird ermittelt sowie die globalen Rollen, die über die zugeteilten Enterprise-Rollen aktiviert werden müssen. Dementsprechend wird die Verbindung zur Zieldatenbank hergestellt. Nach erfolgreicher Anmeldung kann der Betreffende das ihm zugeteilte Schema sowie sein externe Herkunft wie folgt verifizieren:

```
SQL> SELECT user, sys_context('userenv','external_name') extern
     FROM   dual;

USER           EXTERN
-------------- ------------------------------------------------
JEDERMANN      cn=johannes,cn=users,dc=dbconsult,dc=de
```

Die aktivierten Datenbankrollen lassen sich über die View `session_roles` leicht ermitteln.

Schlussbetrachtung

Die Authentifizierung von Enterprise-Benutzern über Passwörter und die Nutzung von Enterprise-Rollen bieten gute Möglichkeiten, eine beliebig große Anzahl von Benutzern funktionsgerecht im Kontext von Zieldatenbanken zu authentifizieren und autorisieren. Der laufende Verwaltungsaufwand in diesem Bereich kann mit diesem Modell langfristig deutlich reduziert werden. Für die Anwendungen ist dieses Modell ebenfalls transparent.

Durch die Einbindung des Verzeichnisdienstes wird die Grundkonfiguration allerdings zunächst einmal komplex, vor allem dann, wenn die gesamte Infrastruktur in Form des Oracle Identity Managements noch eingerichtet und trainiert werden muss. Die – verwirrende – Anzahl der beteiligten Werkzeuge – *Directory Manager, Net Configuration Assistant, Network Manager, Database Configuration Assistant, Enterprise Security Manager, Wallet Manager* – tragen nicht gerade dazu bei, den Einarbeitungsaufwand zu minimieren. Der DBA muss darüber hinaus, bei der individuellen Prüfung von Benutzern und deren Privilegien, nicht nur die lokalen Datenbank-Views, sondern ebenso die Anzeigen des Verzeichnisdienstes berücksichtigen!

Trotz alledem bieten Verzeichnisdienste für Oracle-Datenbanken sehr elegante Möglichkeiten der zentralisierten Benutzer- und Privilegienverwaltung. Für den Fall, dass neben der zentralisierten Benutzerverwaltung auch noch die Zertifizierung von Clients und Servern sowie die Verschlüsselung des Datenverkehrs gefordert wird, können Enterprise-Benutzer auch im Kontext von SSL konfiguriert werden. Bei diesem Modell sind für alle Beteiligten, d. h. Endbenutzer und Datenbanken, gültige Zertifikate zu installieren. Dieses Modell wird hier jedoch aus Platzgründen nicht besprochen.

11.6.6 Verwaltung von Oracle Internet Directory

In den vorangehenden Abschnitten haben wir uns auf die Grundlagen von Verzeichnisdiensten sowie die Möglichkeiten der Authentifizierung und Autorisierung von Clients konzentriert. In der Praxis kommt zu den hier dargestellten Aufgabenbereichen jedoch eine Reihe weiterer, nicht minder bedeutsamer, hinzu, die hier aus Platzgründen jedoch nur stichwortartig erwähnt werden können:

- Konfiguration gesicherter Zugriffe auf das Verzeichnis über SSL-Verbindungen und Installation eines Wallets für den Dienst

- Anlegen von Benutzern für die Verwaltung bestimmter Bereiche des Verzeichnisses, z. B. zum Registrieren von Datenbanken oder Dienstnamen
- Vergabe von Lese- und Schreibrechten auf Bereichen des Verzeichnisbaumes
- Replikation von Verzeichnisdiensten, um die Verfügbarkeit zu erhöhen
- Aufbau von Namensbereichen (Naming Context) und Aufteilung der Verzeichnisdaten über mehrere LDAP-Server
- Synchronisation mit Metadirectories
- Konfiguration einer Audit-Log-Verwaltung
- Tuning des LDAP-Servers durch den Start mehrerer LDAP-Instanzen und -Prozesse

11.7 Privilegien und Rollen

Unabhängig davon, wie wir Benutzer authentifizieren, ob intern in der Datenbank oder extern über Verzeichnisdienste, letztlich werden die Privilegien für den Zugriff in der betreffenden Datenbank selbst definiert. Hierzu stehen uns Systemprivilegien, Objektprivilegien und Rollen zur Verfügung. Die Privilegien können dabei entweder einem Benutzer – einzeln oder in Form von Rollen – direkt zugeordnet oder ohne jede Zuordnung in Form von Rollen zusammengefasst werden. Im letzteren Fall muss die Kopplung von Benutzern und Rollen über externe Mechanismen, wie z. B. Verzeichnisdienste, wie in den vorangehenden Abschnitten beschrieben erfolgen.

11.7.1 Systemprivilegien

Durch Systemprivilegien wird festgelegt, welche Aktionen ein Benutzer innerhalb einer Oracle-Datenbank durchführen darf. Daher stimmt der Name der Systemprivilegien in den meisten Fällen mit den privilegierten SQL-Befehlen überein. Die Liste der Systemprivilegien ist sehr umfangreich. Sie enthält mittlerweile über 100 unterschiedliche Privilegien. Das hat zur Folge, dass die Datenbankrechte jedes einzelnen Benutzers exakt an seine Aufgaben angepasst werden können. Im Abschnitt 11.7.3 wird erläutert, wie Rollen dazu benutzt werden können, die Administration der Systemprivilegien zu vereinfachen, indem diese gruppiert und als Ganzes an Benutzer vergeben werden.

Die Tabelle 11.2 enthält eine kleine Auswahl weniger Systemprivilegien, gruppiert nach Bereichen oder Objekttypen, die sie betreffen. Eine vollständige Liste findet sich in der Oracle-Dokumentation SQL Reference und dort im Kontext des `grant`-Befehls. Unter den Privilegien finden sich auch einige `any`-Typen, wie z. B.: `drop any table`.
Die Wirkung dieser Privilegien hängt von dem Serverparameter `o7_dictionary_accessibility` ab. Der Standardwert `false` macht das jeweilige Privileg ungültig für das `SYS`-Schema. In unserem Beispiel können Tabellen also in allen Schemata mit Ausnahmen von `SYS` gelöscht werden. Bei Einstellung auf `true` gilt diese Einschränkung nicht!

Jeder Benutzer, der sich an die Datenbank anmeldet, muss das Privileg `CREATE SESSION` besitzen. Der Entzug dieses Privilegs kann andererseits dazu genutzt werden, bestimmten Benutzern die Anmeldung nicht zu ermöglichen. Ein eleganterer Weg ist hierzu freilich das Sperren des Benutzers. Benutzer, in deren Schema lediglich Objekte gespeichert

Bereich	Privileg	Berechtigung zu ...
Analysieren	ANALYZE ANY	Analysieren sämtlicher Tabellen, Indizes und Cluster in der Datenbank
Auditing	AUDIT ANY	Audit auf allen Datenbankobjekten
Benutzer	CREATE USER	Erstellen von Benutzern
	BECOME ANY USER	Ein anderer Benutzer werden (für FULL-Imports benötigt)
SYSTEM	ALTER SYSTEM	ALTER SYSTEM-Befehle ausführen
	AUDIT SYSTEM	AUDIT-Befehl ausführen
Datenbank-Links	CREATE DATABASE LINK	Datenbank-Links im eigenen Schema anlegen
	CREATE PUBLIC DATABASE LINK	Public-Datenbank-Links anlegen
	DROP PUBLIC DATABASE LINK	Public-Datenbank-Links löschen
Directories	CREATE ANY DIRECTORY	Datenbank-Verzeichnis anlegen
	DROP ANY DIRECTORY	Verzeichnis löschen
Indizes	CREATE ANY INDEX	Indizes in beliebigem Schema auf beliebiger Tabelle anlegen
Anwendung	QUERY REWRITE	Query Rewrite für materialisierte Views, die Tabellen im eigenen Schema betreffen, oder Aufbau von entsprechenden Funktionsindizes (*function-based* Index)
Outlines	CREATE ANY OUTLINE	Public Outlines erzeugen
Privilegien	GRANT ANY PRIVILEGE	Systemprivilegien erteilen
	GRANT ANY OBJECT PRIVILEGE	Privilegien für jedes Objekt erteilen
Prozeduren	CREATE PROCEDURE	Prozeduren, Funktionen und Pakete im eigenen Schema erstellen
Tabellen	CREATE TABLE	Tabellen (und für eigene Tabellen Indizes) im eigenen Schema anlegen
Tablespaces	CREATE TABLESPACE	Tablespaces anlegen

Tabelle 11.2: Systemprivilegien – Beispiele

werden, die über separate Benutzer abgefragt und verändert werden, erhalten konsequenterweise kein CREATE SESSION.

Für alle Objekttypen, die zu Schemata gehören können, gibt es jeweils ein CREATE-Privileg, das dem Benutzer die Erstellung von Objekten dieses Typs im eigenen Schema ermöglicht. Soll ein Benutzer Objekte in beliebigen Schemata erstellen können, so muss das entsprechende CREATE ANY-Privileg zugewiesen werden. Da die Verwaltung von Objekten standardmäßig nur dem Besitzer gestattet ist, gibt es zusätzlich zum CREATE ANY-Privileg noch weitere Privilegien, wie z. B. ALTER ANY oder DROP ANY, die eine datenbankweite Administration der Objekte eines bestimmten Typs ermöglichen.

Die Zuweisung von Systemprivilegien an Benutzer erfolgt mit dem GRANT-Befehl. Eine Zuweisung kann mit der Klausel WITH ADMIN OPTION erfolgen, sodass der Empfänger der Systemprivilegien diese an andere Benutzer weitergeben kann. Der Pseudobenutzer PUBLIC steht für alle Benutzer in der gesamten Datenbank.

Sowohl die Systemprivilegien als auch die Benutzernamen können als Liste angegeben werden.

```
SQL> GRANT CREATE SESSION TO guenter, johannes, dierk;
SQL> GRANT CREATE TABLE, CREATE VIEW TO patrick WITH ADMIN OPTION;
SQL> GRANT ALTER SESSION TO PUBLIC;
```

Zugewiesene Systemprivilegien können mit dem `REVOKE`-Befehl wieder rückgängig gemacht werden. Mit dem folgenden `REVOKE`-Befehl wird dem Benutzer `dierk` das Privileg `CREATE TABLE` entzogen:

```
SQL> REVOKE CREATE SESSION FROM dierk;
```

Systemprivilegien, die Benutzern oder Rollen zugewiesen wurden, können über die View `dba_sys_privs` abgefragt werden.

11.7.2 Objektprivilegien

Während die Systemprivilegien die erlaubten Kommandos und Aktionen eines Benutzers festlegen, regeln Objektprivilegien den Zugriff auf die Objekte innerhalb der Datenbank, also auf Tabellen, Views, Prozeduren usw. Viele Benutzer von Oracle-Datenbanken, zumeist Anwender von Oracle-basierten Software-Lösungen, besitzen vergleichsweise wenige Systemprivilegien, eventuell sogar nur das Privileg `CREATE SESSION`, dafür aber umso mehr Objektprivilegien. Über Objektprivilegien werden den Benutzern die Teile der Datenbank zur Verfügung gestellt, die sie nicht selbst besitzen, aber für ihre Anwendung benötigen. Dabei regeln Objektprivilegien nicht nur ob, sondern auch, in welcher Art und Weise auf die Datenbankobjekte zugegriffen werden kann.

Das meistverwendete Privileg ist das `SELECT`-Privileg, das für Tabellen, Cluster, Views, Sequenzen und Snapshots vergeben werden kann. Für Objekte, die auch mit DML-Operationen bearbeitet werden können, also Tabellen, Cluster und – zumindest teilweise – Views und Snapshots, gibt es zusätzlich die Objektprivilegien `INSERT`, `UPDATE` und `DELETE`.

Bei Tabellen gibt es zusätzlich zu den genannten die Privilegien `INDEX` und `REFERENCES`, die es erlauben, für die Tabelle Indizes bzw. Fremdschlüsseldefinitionen anzulegen.

Für praktisch alle Objekte kann das `ALTER`-Privileg zugewiesen werden, das die Veränderung des Objekts (z. B. Spalte hinzufügen für eine Tabelle oder Übersetzen einer Prozedur) erlaubt.

Die Objektprivilegien `INSERT`, `UPDATE` und `REFERENCES` können auch auf Spaltenebene vergeben werden.

Ein spezielles Privileg ist für aufrufbare PL/SQL-Objekte, also Prozeduren, Funktionen und Pakete, verfügbar: Mit dem `EXECUTE`-Privileg kann der Aufruf der Objekte gestattet werden. Bei Paketen gilt dies immer für das gesamte Objekt; einzelne Prozeduren oder Funktionen aus dem Paket können nicht zugewiesen werden. Der Zugriff auf Trigger muss nicht explizit gestattet werden, da Trigger implizit mit einem DML-Zugriff auf ein Objekt ausgeführt werden. Die Ausführungsberechtigung für den Trigger ist somit im entsprechenden DML-Recht enthalten.

Wenn die zugewiesenen Rechte vom Empfänger an andere Benutzer weitergegeben werden sollen, muss der `GRANT`-Befehl die Klausel `WITH GRANT OPTION` enthalten.

Einige Beispiele verdeutlichen den GRANT-Befehl:

```
SQL> GRANT SELECT ON emp TO patrick WITH GRANT OPTION;
SQL> GRANT INSERT (empno, ename, deptno, mgr, hiredate) ON emp TO dierk;
SQL> GRANT ALL ON dept TO PUBLIC;
SQL> GRANT EXECUTE ON hire_employee TO dierk, johannes, guenter;
SQL> GRANT SELECT, UPDATE (comm) ON emp TO guenter;
```

Man beachte, dass sowohl die Objektprivilegien als auch die Benutzer im GRANT-Befehl als Liste angegeben werden können, die Objekte selbst jedoch nicht. Einmal zugewiesene Objektprivilegien können mit einem REVOKE-Befehl wieder entzogen werden:

```
SQL> REVOKE ALL ON dept FROM PUBLIC;
SQL> REVOKE UPDATE (comm) ON emp FROM guenter;
```

Ein Sonderfall bei Objektprivilegien ist das kaskadierende REVOKE. Nach den folgenden Befehlen:

```
-- User1:
SQL> GRANT SELECT ON user1.emp TO user2 WITH GRANT OPTION;
-- User2:
SQL> GRANT SELECT ON user1.emp TO user3;
-- User1:
SQL> REVOKE SELECT ON user1.emp FROM user2;
```

kann user3 nicht auf die Tabelle user1.emp zugreifen. Das Kommando

```
-- User3:
SQL> SELECT * FROM user1.emp;
```

führt zu einer Fehlermeldung. Das bedeutet, dass bei Objektprivilegien im Data Dictionary mitgeführt wird, von wem diese zugewiesen worden sind. Falls diesem Benutzer die Grundlage für seinen Befehl entzogen wird, so werden alle abhängigen Zuweisungen aufgehoben.

Das kaskadierende REVOKE gilt im Übrigen nicht für Systemprivilegien, also die Klausel WITH ADMIN OPTION.

Objektprivilegien, die einer Rolle oder einem Benutzer zugewiesen wurden, können über die View dba_tab_privs abgefragt werden.

11.7.3 Rollen

Mit den in den vorhergehenden Abschnitten genannten Möglichkeiten der Systemprivilegien und des Zugriffsschutzes lassen sich viele Aspekte der Sicherheit lösen. Allerdings kann der erforderliche Administrationsaufwand für den DBA bereits bei kleinen und mittleren Datenbanken problematisch werden. Sobald einige Dutzend Tabellen und Benutzer zu verwalten sind, sind bei einer gründlichen Sicherheitsverwaltung Hunderte oder Tausende von GRANT-Befehlen abzusetzen. Das Hinzufügen einer Tabelle oder eines Benutzers bedeutet ebenfalls umfangreiche Aktionen, die meist durch Skripte realisiert werden. Diese wiederum sind selbst bei guter Dokumentation nach relativ kurzer Zeit nicht mehr lesbar; bei Änderungen am Datenmodell entsteht somit ein immens hoher Pflegeaufwand.

Das von Oracle bereits mit dem Release 7.0 des RDBMS eingeführte Rollenkonzept ermöglicht eine drastische Reduzierung des Wartungsaufwands für die Privilegienvergabe in produktiven Umgebungen. Zusätzlich sind durch die dynamischen Eigenschaften von Rollen viele spezielle Probleme lösbar, die sich z. B. durch unterschiedliche Vergabe von Möglichkeiten zur Selektion oder Manipulation von Daten in unterschiedlichen Anwendungsumgebungen ergeben.

In einer Rolle können verschiedene Privilegien zusammengefasst und später als Einheit vergeben werden. Eine Rolle kann System- und Objektprivilegien sowie weitere Rollen enthalten, sie wird ansonsten (z. B. bezüglich der Zuweisung an Benutzer) wie ein Systemprivileg behandelt.

Vordefinierte Rollen

In einer Oracle-Datenbank gibt es nach der Installation bestimmte vordefinierte Rollen, welche die Zuweisung standardisierter Privilegiengruppen vereinfachen sollen. Die Tabelle 11.3 stellt die wichtigsten dieser Rollen und ihrer Privilegien vor.

Beim `GRANT` der Rollen `RESOURCE` und `DBA` wird gleichzeitig das Systemprivileg `UNLIMITED TABLESPACE`, bei der Rolle `DBA` mit der Klausel `WITH ADMIN OPTION` zugewiesen. Diese Zuweisung erfolgt nicht als Bestandteil der Rolle, sondern als direktes Systemprivileg. In den meisten Fällen empfiehlt es sich, dies nicht bestehen zu lassen, sondern mit expliziten Quoten für einzelne Tablespaces zu arbeiten.

Beim Aufsetzen eines Datenbanksystems erweisen sich die Rollen `CONNECT`, `RESOURCE` und `DBA` als praktisch, da man sofort ohne eigenes Sicherheitskonzept Benutzer privilegieren kann. Dabei passt die Rolle `CONNECT` für Anwendungsbenutzer und Entwickler, `RESOURCE` für fortgeschrittene Entwickler und `DBA` für Administratoren. In den meisten Fällen ist es jedoch empfehlenswert, eigene Rollen für spezielle Benutzerprofile zu erstellen. Für Entwickler gibt es z. B. oft die Anforderung, zusätzlich zu den `CONNECT`- und `RESOURCE`-Privilegien Public-Synonyme verwalten zu können, um Datenbankobjekte transparent zur Verfügung zu stellen. Hier empfiehlt es sich, eine eigene Rolle zu erstellen. Es wird entschieden davon abgeraten, die vordefinierten Rollen zu verändern, da die Änderungen bei einem eventuellen Neuaufsetzen des Systems, z. B. durch eine Export-/Import-Migration auf ein anderes Betriebssystem, verloren gehen oder Werkzeuge nicht mehr erwartungsgemäß arbeiten können.

Rolle	Privileg
`CONNECT`	`ALTER SESSION, CREATE CLUSTER, CREATE DATABASE LINK, CREATE SEQUENCE, CREATE SESSION, CREATE SYNONYM, CREATE TABLE, CREATE VIEW`
`RESOURCE`	`CREATE CLUSTER, CREATE PROCEDURE, CREATE SEQUENCE, CREATE TABLE, CREATE TRIGGER`
`DBA`	alle Systemprivilegien `WITH ADMIN OPTION`
`DELETE_CATALOG_ROLE`	Löschen von Audit-Informationen
`SELECT_CATALOG_ROLE`	`SELECT`-Privilegien für die Objekte des Data Dictionarys
`EXECUTE_CATALOG_ROLE`	`EXECUTE`-Privilegien für die `DBMS`-Pakete von `SYS`

Tabelle 11.3: Vordefinierte Rollen

Rollen anlegen und zuweisen

Eine Rolle wird erstellt durch den Befehl CREATE ROLE:

```
SQL> CREATE ROLE entwickler;
```

Der Ersteller der Rolle benötigt das Privileg CREATE ROLE. Nach der Erstellung besitzt der betreffende Benutzer die Rolle WITH ADMIN OPTION, d. h., er kann sie weiteren Benutzern zuweisen. Die Rolle verhält sich bezüglich GRANT und REVOKE wie ein Systemprivileg, d. h., sie kann wie folgt anderen Benutzern zugewiesen werden:

```
SQL> GRANT entwickler TO dierk, guenter, johannes;
```

Weiterhin können Rollen wiederum Rollen enthalten:

```
SQL> GRANT CONNECT TO entwickler;
```

Mit diesem Befehl wird die Rolle CONNECT Bestandteil der Rolle entwickler. Diese Rolle kann aber auch um Systemprivilegien erweitert werden:

```
SQL> GRANT CREATE PUBLIC SYNONYM, DROP PUBLIC SYNONYM,
           CREATE PUBLIC DATABASE LINK, DROP PUBLIC DATABASE LINK
     TO entwickler;
```

Benutzer, die im Besitz der Rolle entwickler sind, können ab dem nächsten Verbindungsaufbau die neuen Systemprivilegien nutzen. Ebenso ist eine Erweiterung um Objektprivilegien möglich:

```
SQL> GRANT select ON sys.dba_usrs TO entwickler;
```

Rollen können über die View dba_roles selektiert werden, den Rollen zugewiesene Privilegien entsprechend über dba_tab_privs und dba_sys_privs.

Dynamisches Aktivieren von Rollen

Wird die Rolle einem anderen Benutzer zugewiesen, so heißt das nicht, dass die enthaltenen Privilegien für diesen Benutzer grundsätzlich aktiv sind. Eine Eigenschaft von Rollen ist, dass sie dynamisch aktiviert und deaktiviert werden können. Hierzu gibt es den Befehl SET ROLE:

```
SQL> SET ROLE entwickler;
SQL> SET ROLE CONNECT, entwickler;
SQL> SET ROLE ALL;
SQL> SET ROLE ALL EXCEPT CONNECT;
SQL> SET ROLE NONE;
```

Der Befehl SET ROLE hat den Effekt, dass die explizit angegebenen Rollen aktiviert werden. Vorher aktivierte Rollen bleiben nicht aktiv, es sei denn, dass sie ebenfalls explizit genannt sind.

Sollen zugeteilte Rollen bereits beim Anmelden eines Benutzers aktiviert werden, so müssen diese als dessen Standardrollen – wie im folgenden Beispiel dargestellt – definiert werden.

```
SQL> ALTER USER uwe DEFAULT ROLE ALL; /* Standardeinstellung */
SQL> ALTER USER dierk DEFAULT ROLE CONNECT;
SQL> ALTER USER guenter DEFAULT ROLE NONE;
```

Falls das Systemprivileg CREATE SESSION dem Benutzer mittels einer Rolle zugewiesen wurde, so muss diese Rolle für den Benutzer als Standardrolle definiert sein. Andernfalls kann der Benutzer sich nicht an das System anmelden.

Der einzelne Benutzer sieht über die View user_role_privs die ihm zugeteilten Rollen und über session_roles seine aktiven Rollen.session_privs zeigt alle aktiven Privilegien eines Benutzers.

Passwörter für Rollen

Zusätzlich zu den genannten Eigenschaften kann das Aktivieren einer Rolle mit einem Passwort geschützt werden. Damit kann verhindert werden, dass ein Benutzer mit jeder beliebigen Anwendung auf die in der Rolle enthaltenen Privilegien zugreift, wenn z. B. nur eine Anwendung selbst das Passwort zum Aktivieren der Rolle kennt.

```
SQL> CREATE ROLE spezial IDENTIFIED BY keinerweiss;
SQL> ALTER ROLE entwickler IDENTIFIED BY keinerkennt;
SQL> ALTER ROLE rolle51 NOT IDENTIFIED;
```

Sobald ein Passwort für eine Rolle definiert ist, muss dies beim SET ROLE-Kommando angegeben werden:

```
SQL> SET ROLE CONNECT,
              spezial IDENTIFIED BY keinerweiss,
              entwickler IDENTIFIED BY keinerkennt;
```

Für den Erfolg des SET ROLE-Kommandos muss sowohl die Rolle zugewiesen als auch das Passwort korrekt angegeben sein. Sind solche SET ROLE-Kommandos z. B. versteckt in Anwendungen kodiert, so können an bestimmten Stellen in der Anwendung Privilegien aktiviert werden, die ansonsten dem jeweiligen Benutzer vorenthalten bleiben. Es versteht sich, dass die im Anwendungscode hart codierten Passwörter ein ernst zu nehmendes Risiko für die Wartung und die Sicherheit darstellen.

Werden Rollen, die über Passwörter geschützt sind, als Standardrollen vergeben, entfällt selbstverständlich die Angabe des Passwortes bei der Anmeldung des Benutzers. Zusätzlich ist zu bemerken, dass die Übermittlung der Passwörter zur Aktivierung der Rollen nicht verschlüsselt wird, wie dies beispielsweise mit Passwörtern beim Anmelden an die Datenbank geschieht. Aus diesem Grunde sind Passwörter im Kontext von Rollen nur dann übertragungstechnisch sicher, wenn die Datenpakete für die Netzübertragung entsprechend verschlüsselt werden.

Secure Application Roles

Eine wesentlich elegantere Methode, Rollen in spezifischen, für den Benutzer nicht nachvollziehbaren oder nicht kontrollierbaren Kontexten sicher zu aktivieren, stellen die sogenannten *Secure Application Roles* dar. Diese Rollen werden so angelegt, dass eine namentlich genannte PL/SQL-Programmeinheit für ihre Aktivierung verantwortlich zeichnet. Innerhalb dieser Prozedur lassen sich dann sinnvolle Plausibilitäten einbauen, bevor die genannte Rolle aktiviert wird. Es versteht sich, dass die genannte Programmeinheit weder im Schema des Begünstigten liegen noch der Betreffende Ausführungsrechte für diese Programmeinheit haben sollte. Gleichfalls sollte die Rolle nicht als Default-Rolle an die Begünstigten vergeben werden. In der Regel wird ein separates Schema – beispielsweise ein Applikationsbenutzer – geschaffen, in dessen Kontext die entsprechende Programmeinheit angelegt wird.

Im folgenden Beispiel wird die Rolle demo_enduser angelegt, die über die Programmeinheit app des Schemas appuser aktiviert werden soll. Für das Anlegen der Rolle ist es nicht notwendig, dass die Programmeinheit und der Benutzer bereits existieren:

```
SQL> CREATE ROLE demo_enduser IDENTIFIED USING appuser.app;
```

Existierende Application Roles können über die View dba_application_roles selektiert werden.

Zur Aktivierung der neuen Rolle ist nun im Schema appuser die Prozedur – oder das Paket – app anzulegen. Die Aktivierung erfolgt dann letztendlich über den Aufruf der set_role-Prozedur des Paketes DBMS_SESSION. Damit dies gelingt, muss die Prozedur app als Invokers-Right-Code deklariert worden sein. Gleichzeitig stehen alle möglichen Mechanismen zur Verfügung, vor der Aktivierung diverse Plausibilitätsprüfungen durchzuführen.

Darüber hinaus kann die Prozedur auch „gewrapped" werden, um die Logik der Plausibilitätsprüfungen zu verschleiern. Schließlich sollte der Applikationsbenutzer – in unserem Beispiel appuser – durch starke Authentifizierungsmaßnahmen zusätzlich vor Missbrauch geschützt werden. Das folgende Codebeispiel zeigt Fragmente einer möglichen Aktivierungsprozedur:

```
SQL> CREATE OR REPLACE PROCEDURE app (user_in IN VARCHAR2)
     AUTHID CURRENT_USER
     IS
       -- hier z. B. IP-Adresse des Application Servers, der sich einwählt
       lv_valid_ip CONSTANT VARCHAR2 (50) := '192.168.25.113';
       -- Hostname des App-Server Rechners
       lv_valid_host CONSTANT VARCHAR2 (50) := 'myserver';
       -- Externer Name bei einer Authentifizierung über Enterprise-Benutzer
       lv_valid_external CONSTANT VARCHAR2 (50)
          := 'cn=guenter,cn=users,dc=dbconsult,dc=de';
     BEGIN
       -- .. je mehr kombiniert wird, desto sicherer
       IF SYS_CONTEXT ('userenv', 'ip_address') = lv_valid_ip
        AND SYS_CONTEXT ('userenv', 'host') = lv_valid_host
        AND SYS_CONTEXT ('userenv', 'external_name') = lv_valid_external
       THEN
         -- Rolle aktivieren
         DBMS_SESSION.set_role ('DEMO_ENDUSER');
         -- Client-Identifier für authentifizierten Benutzer
         DBMS_SESSION.set_identifier (user_in);
         -- ... und Schema auf den Owner schalten spart Synonyme
         EXECUTE IMMEDIATE ('alter session set current_schema = APP_OWNER');
         -- ggf. weitere Einstellungen: Client-Identifier/Client Info etc.
       END IF;
     EXCEPTION
       WHEN OTHERS
        THEN
         -- hier entsprechende Routinen
         RAISE;
     END app;
     /
```

Um die Logik der oben dargestellten Prozedur weitergehend zu schützen, bietet es sich an, den Code zu „wrappen". Im Gegensatz zu älteren Versionen ist diese Funktion seit der Version 10g dahingehend verbessert worden, dass nun sämtliche Zeichenketten in unleserlicher Form auftauchen und damit Rückschlüsse auf den Programmablauf nicht mehr möglich sind.

Um die Prozedur `app` zu „wrappen“, wird im ersten Schritt der Code in eine Datei geschrieben – in unserem Beispiel die Datei `app.sql`. Auf der Kommandozeile kann dann das Hilfsprogramm wrap in folgender Form aufgerufen werden:

```
$ wrap iname=app.sql

PL/SQL Wrapper: Release 11.2.0.1.0- Production on Mon Jul 26 10:24:51 2010
Copyright (c) 1993, 2009, Oracle.  All rights reserved.

Processing app.sql to app.plb
```

Die neue Datei `app.plb` enthält den „gewrappten“ Code. Ein Blick auf den Inhalt zeigt keinerlei interpretierbare Zeichenketten, wie der folgende Ausschnitt aus der Datei `app.plb` zeigt:

```
abcd
7
31d 223
abmdzXjvd7hFJQbws1ew0M8o9rQwg/DxzPYVfI4C/mgPUprlymWkSnkGhDxxF2fr8Rr8Qebq
ahsRpHmNzZq7yU1Z31JrqHkp0rmtxHjMUkZ6X0dWoQ73J8MrWg72l8Mh40UFdFQnYKyEicUC
JVS1Lsr1pqY/0LCfl9Ssuvfd00ktd0Chx0ZnjL9VRgf7RpD4SJjHErG5M40Q/y60tQKIlYNx
```

Globale Rollen

Globale Rollen wurden bereits in Abschnitt 11.6.5 im Zusammenhang mit Enterprise-Rollen erwähnt. Sie sind bekanntlich die in den Zieldatenbanken verankerten Gegenspieler der Enterprise-Rollen.

Globale Rollen werden über die Klausel `IDENTIFIED GLOBALLY` wie folgt angelegt:

```
SQL> CREATE ROLE grole_demo IDENTIFIED GLOBALLY;
```

Existierende globale Rollen lassen sich über die View `dba_roles` ermitteln:

```
SQL> SELECT role
     FROM   dba_roles
     WHERE  password_required = 'GLOBAL';
```

Objekt- und Systemprivilegien oder normale Rollen werden globalen Rollen wie gewohnt über `grant`-Befehle zugeteilt bzw. über `revoke` wieder entzogen. Im Gegensatz zu normalen Rollen lassen sich globale Rollen selbst jedoch nicht an Benutzer oder andere Rollen granten:

```
SQL> GRANT grole_demo TO scott;
grant grole_demo to scott
*
FEHLER in Zeile 1:
ORA-28021: Globale Rollen koennen nicht erteilt werden
```

Die Nutzung globaler Rollen kann demnach nur im Kontext von Enterprise-Rollen des Verzeichnisdienstes erfolgen.

Externe Rollen

Externe Rollen werden – ähnlich wie globale Rollen – über externe Instanzen den Benutzern zugeteilt. Die externe Instanz ist bei externen Rollen jedoch nicht der Verzeichnisdienst, sondern das Betriebssystem oder die DCE[25]-Umgebung. Im folgenden Beispiel wird die externe Rolle `ext_role` angelegt:

```
SQL> CREATE ROLE ext_role IDENTIFIED EXTERNALLY;
```

Existierende externe Rollen lassen sich über die View `dba_roles` selektieren:

```
SQL> SELECT role
     FROM   dba_roles
     WHERE  password_required = 'EXTERNAL';
```

Externe Rollen können zwar Benutzern oder anderen Rollen zugeteilt werden, sind aber nur dann wirksam, wenn der Betreffende die Rolle als Default-Rolle zugeteilt bekommen hat. Das explizite Aktivieren dieser Rollen über den `set role`-Befehl produziert hingegen die folgende Fehlermeldung:

```
SQL> SET ROLE ext_role;
set role ext_role
*
FEHLER in Zeile 1:
ORA-01989: Rolle 'EXT_ROLE' ist nicht vom Betriebssystem autorisiert
```

Externe Rollen werden in der Regel dort eingesetzt, wo die Rollenzuteilung einzig und allein über das Betriebssystem geregelt und keine Rollen-Grants im Kontext von Datenbankbenutzern durchgeführt werden. Auf diese Weise kann ein Betriebssystembenutzer immer mit den gleichen externen Rollen arbeiten, unabhängig davon, unter welchem Datenbankbenutzer er sich anmeldet.

Rollenverwaltung über das Betriebssystem

Die Zuweisung von Rollen an einzelne Benutzer, die im Normalfall über datenbankinterne Mechanismen behandelt wird, kann alternativ dem Betriebssystem überlassen werden. Dabei geht die Kontrolle über Rollenprivilegien komplett für alle Benutzer der Datenbank auf das Betriebssystem über, die Zuweisungen innerhalb der Datenbank haben keinerlei Bedeutung mehr. Eine Alternative stellt die in Abschnitt 11.6.5 beschriebene Zuweisung von Rollen über Verzeichnisdienste dar.

Die Verwaltung und Zuteilung von Rollen wird im Falle der Verwaltung über das Betriebssystem über Gruppen oder ähnliche Mechanismen abgebildet (Unix und Windows NT: Gruppen, VMS: Process Rights Identifier). Ein Datenbankbenutzer besitzt die Rolle `rolle` in der Instanz `prod`, falls er Mitglied der Gruppe `ora_prod_rolle` ist. Der Name der Gruppe kann zusätzlich das Postfix `_d` enthalten, um anzuzeigen, dass die Rolle als Default-Rolle zu betrachten ist. Wenn das Postfix `_a` enthalten ist, steht die Rolle `WITH ADMIN OPTION` zur Verfügung. Das Postfix `_da` kombiniert diese beiden Eigenschaften.

Die Eigenschaft `WITH ADMIN OPTION` hat die Auswirkung, dass der jeweilige Benutzer die Rolle anderen Benutzern zuweisen darf. Die Zuweisungen, die der Benutzer vor-

25 DCE = Distributed Computing Environment, eine Middleware zwischen verteilten Applikationen und dem Betriebssystem, die diverse Netzwerkdienste, u. a. auch Sicherheitsdienste, bereitstellt

nimmt, beziehen sich allerdings auf die Oracle-interne Verwaltung von Rollen, d.h., die Zuweisungen sind erst dann gültig, wenn die Rollenverwaltung nicht mehr über das Betriebssystem vorgenommen wird.

Über den Serverparameter os_roles wird die Rollenverwaltung über das Betriebssystem eingeschaltet.

Empfehlungen für die Nutzung von Rollen

Beim Design einer Rollenstruktur für eine Datenbank kann die Eigenschaft von Rollen, selbst wieder Rollen enthalten zu können, ausgenutzt werden. Dabei ist anzuraten, dass die Rollenhierarchie nicht mehr als zwei oder drei Ebenen umfassen sollte, da jede aktive Rolle einige Bytes in der sogenannten *Program Global Area (PGA)* benötigt. Die Forderung wird andererseits dadurch begründet, dass der Sicherheitsscheck in der Parse-Phase von SQL-Befehlen länger dauert, je mehr Rollen aktiviert sind.

Es lässt sich eine systemweite Grenze aktivieren, welche die Anzahl der gleichzeitig aktiven Rollen pro Sitzung einschränkt, wobei die Unterrollen in einer Hierarchie mitzählen. Die Grenze wird vom Serverparameter max_enabled_roles vorgegeben, dessen Standardwert 150 beträgt.

Beim Anlegen von Rollen ist zu beachten, dass der anlegende Benutzer die neue Rolle automatisch mit Administratorrechten und als Default-Rolle zugeteilt bekommt. Hier hilft es, die Default-Rollen dieser Benutzer auf die für ihre Funktionen notwendigen einzuschränken.

Ganz allgemein sollte darüber hinaus gelten: Benutzer erhalten nur die Rollen als Default-Rollen zugeteilt, die ihnen Rechte zuteilen, die für sie in allen möglichen Umgebungen automatisch gelten sollten. Rechte, die nur in speziellen Anwendungen zur Geltung kommen dürfen, werden stets über Rollen erteilt, die explizit – über Passwörter oder externe Komponenten – zu aktivieren sind. Auf diese Weise kann der Betreffende die anhängenden Rechte nicht – ohne nur schwer – in „offenen" Umgebungen, wie z.B. SQL*Plus, nutzen. Default-Rollen können über den alter user-Befehl eingestellt werden. Im folgenden Beispiel wird für den Benutzer scott nur die connect-Rolle als Default konfiguriert:

```
SQL> ALTER USER scott DEFAULT ROLE connect;
```

Über die View dba_role_privs ist die Kontrolle über die Rollen möglich, die dem Betreffenden direkt zugeteilt wurden. Jedoch ist hier Vorsicht geboten: Alle Rollen, die über die direkt zugeteilten Rollen für den Betreffenden aktiv sind, erschienen bei dieser Abfrage nicht!

```
SQL> SELECT granted_role, default_role
     FROM   dba_role_privs
     WHERE  grantee = 'SCOTT';
```

Für die Gestaltung von Rollen wird empfohlen, System- und Objektprivilegien in unterschiedlichen Rollen zusammenzufassen. Die Rollen, die Systemprivilegien enthalten, beschreiben dann jeweils den Benutzertyp (z.B. anwender, entwickler, administrator), Rollen mit Objektprivilegien die bereitgestellten Anwendungen (z.B. buchhaltung, personal, lager).

Bei einer komplexen Anwendungsstruktur kann es sinnvoll sein, die Anwendungsrollen in zwei Ebenen zu definieren. In der unteren Ebene sind dann jeweils Rollen definiert, die alle notwendigen Objektprivilegien zur Nutzung unterschiedlicher Anwendungsbereiche enthalten. In der Ebene darüber können dann Anwendungsprofile für verschiedene Benutzertypen erstellt werden, die aus den Rollen für einzelne Anwendungsbereiche zusammengesetzt sind.

Rollen für Administratoren

In der Standardrolle DBA sind alle Systemprivilegien mit WITH ADMIN OPTION enthalten. Falls ein Benutzer über diese Rolle verfügt, kann er die gesamte Datenbank in sämtlichen Aspekten administrieren. Gerade in größeren Teams ist dies jedoch nicht immer wünschenswert: Häufig ergibt sich eine Aufteilung der Administrationsaufgaben unter verschiedenen Personen, die dann Teilbereiche der Datenbank, etwa das Sicherheitssystem oder den physikalischen Datenbankaufbau, administrieren sollen. Eine Rolle für den physikalischen Datenbankaufbau kann etwa wie folgt definiert werden:

```
SQL> CREATE ROLE ts_dba_role;
SQL> GRANT  CREATE TABLESPACE, ALTER TABLESPACE, MANAGE TABLESPACE
            TO ts_dba_role;
```

Diese Rolle kann nun z. B. einem Datenbankbenutzer zugeteilt werden, der sich in Absprache mit der Betriebssystemadministration um die Verwaltung des Festplattenspeicherplatzes für die Datenbank kümmert. Da das Privileg DROP TABLESPACE fehlt, kann dieser Administrator nicht destruktiv arbeiten.

Auf diese Weise lassen sich auch andere Verwaltungsbereiche über Rollen definieren, wie etwas ein Security-Administrator.

11.8 Virtual Private Database

11.8.1 Einführung

Das Konzept Virtual Private Database – kurz VPD – ist auch unter dem Namen *Fine-Grained Access Control* bekannt geworden. Es wurde bereits unter der Version 8 eingeführt und in den folgenden Releases funktional erweitert. VPD steht im Rahmen der Enterprise Edition von Oracle zur Verfügung und ermöglicht die automatische Generierung von where-Klauseln für ausgesuchte Tabellen. Auf diese Weise lassen sich komplexe Konzepte des Zugriffsschutzes transparent und unabhängig von der jeweiligen Anwendung realisieren.

Der Grundgedanke dieses Konzeptes ist – immer noch – recht einfach und bestechend: Um die für die Generierung der where-Klausel wichtigen, individuellen Parameter – wie z. B. die Abteilungsnummer oder den Einsatzort – zu speichern, kann ein spezifischer Anwendungskontext (Application Context) aufgebaut werden.

Dieser Anwendungskontext muss innerhalb der Datenbank einen eindeutigen Namen haben und kann mit beliebigen Attributen und ihnen zugeordneten Werten belegt werden. Beim Anlegen des Kontextes wird gleichzeitig eine Programmeinheit definiert, die autorisiert ist, die Attribute und Attributwerte des betreffenden Kontextes zu definieren. Zusätzlich werden Funktionen benötigt, welche die Where-Klauseln für Tabellen, Views oder Synonyme generieren. Hierzu können die Funktionen die genannten Attributwerte eines Applikationskontextes nutzen.

Damit VPD wirksam wird, benötigen wir darüber hinaus Richtlinien (*Policies*), welche die zu schützenden Tabellen, Views oder Synonyme mit den erwähnten Funktionen verbinden. Diese Richtlinien lassen sich darüber hinaus explizit mit bestimmten DML-Operationen – z. B. SELECT oder DELETE – verknüpfen. VPD sorgt letzten Endes dafür, dass der originale SQL-Befehl im Rahmen der zutreffenden Richtlinie durch die generierte Where-Klausel erweitert und der Zugriff entsprechend gefiltert wird. VPD kann in diesem Sinne auch salopp als „Automatische Where-Klausel-Generierung" beschrieben werden.

Die beschriebene Generierung der `Where`-Klauseln ist natürlich auch ohne Applikationskontexte möglich. Gleichwohl stellen diese eine elegante und performante Möglichkeit dar, individuelle Attributwerte im Rahmen einer Session zu propagieren.

Die Möglichkeiten, Applikationskontexte zu setzen, wurden in den letzten Versionen beträchtlich erweitert. Mittlerweile lassen sich zwei grundlegende Typen von Kontexten unterscheiden:

- *Lokale Kontexte* gelten jeweils im Rahmen einer Session und werden damit – umgekehrt formuliert – für jede Session neu initialisiert. Lokale Kontexte werden im Kontext der UGS gespeichert. Sie sind vor allem dort interessant, wo individuelle Benutzer mit jeweils eigenen Sessions arbeiten. Für die Initialisierung der Werte stehen – neben den erwähnten PL/SQL-Programmeinheiten – die folgenden alternativen Methoden zur Verfügung:

  Die *globale* Initialisierung nutzt LDAP und einen Verzeichnisdienst, um Attributwerte, die im Kontext von Enterprise-Benutzern angelegt wurden, beim Connect des betreffenden Benutzers zu aktivieren.

  Die *externe* Initialisierung kann Attribute über die OCI-Schnittstelle setzen.

- *Globale Kontexte* werden im Kontext der SGA gespeichert und können dementsprechend von unterschiedlichen Sessions aus immer wieder genutzt werden. Sie sind vor allem dort interessant, wo eine große Anzahl von Endbenutzern sich über Applikationsserver mit einem zentralen Datenbankbenutzer verbindet. In diesem Modell werden die Sessions des zentralen Benutzers vom Applikationsserver wechselweise für unterschiedliche Endbenutzer aktiviert.

  Globale Applikationskontexte erlauben es dann, individuelle Attributwerte an Client-Identifier zu koppeln. Wenn der Applikationsserver bei Datenbankanforderungen die aktuelle Kennung des jeweiligen Endbenutzers in Form eines Client-Identifiers aktiviert, werden die für diese Kennung relevanten Attributwerte bereitgestellt, ohne dass der gesamte Kontext jedes Mal initialisiert werden muss. Seit der Version 11g sind globale Kontexte auch über RAC-Instanzen hinweg nutzbar.

  Globale Kontexte dürfen nicht mit der oben besprochenen globalen Initialisierung lokaler Kontexte verwechselt werden.

Anfänglich konnte an jede Basistabelle pro DML-Operation nur eine einzige Richtlinie gekoppelt werden, daher war es schwierig, für unterschiedliche Anwendungen, die identische Basisobjekte mit gleichen Operationen bearbeiteten, spezifische, sich gegenseitig ausschließende Richtlinien zu implementieren.

Aus diesem Grund wurden die Konzepte von Richtlinien seither deutlich ausgeweitet. Richtlinien für Objekte können mittlerweile über Richtliniengruppen (*Policy Groups*) gruppiert werden. Für jedes Objekt, definiert über seinen Schema- und Objektnamen, können beliebig viele Richtliniengruppen mit eindeutigen Namen angelegt werden. Für unterschiedliche Objekte können demnach durchaus gleichnamige Richtliniengruppen existieren. Richtlinien für einzelne Objekte können dann im Kontext dieser Gruppen aufgebaut werden.

Richtlinien, die nicht explizit einer Gruppe zugeteilt wurden, werden der Standardgruppe `SYS_DEFAULT` untergeordnet und sind dementsprechend stets aktiv. Für alle anderen Richtliniengruppen lässt sich jeweils ein „treibender" Kontext (*Driving Application Context*) definieren, über den die Richtlinien der betreffenden Gruppe aktiviert werden können. Auf diese Weise lassen sich für ein Datenbankobjekt unterschiedliche Sicherheitsrichtlinien definieren, die – abhängig von der zugreifenden Applikation – eingeschaltet werden können. Richtliniengruppen, deren treibender Kontext nicht festgelegt wurde, sind mit ihren Richtlinien stets aktiv.

Mittlerweile ist es ebenfalls möglich, die VPD-Richtlinien in Abhängigkeit von Spalten zu definieren. Auf diese Weise wird die Richtlinie erst wirksam, wenn eine definierte Spalte selektiert wird, oder sie sorgt dafür, dass die Werte der betreffenden Spalte nur im vorgegebenen Kontext angezeigt und ansonsten mit null-Werten ausgegeben werden (*Column Masking*).

11.8.2 Aufbau einer VPD-Umgebung

Das folgende umfangreiche Beispiel soll das im vorangehenden Abschnitt dargestellte Konzept erläutern.

Ermittlung der Anforderungen

Wie überall anders, so sind auch beim Aufbau einer VPD-Umgebung eine genaue Ermittlung der Anforderungen und ein aus diesen Anforderungen abgeleitetes Feinkonzept unerlässlich. Für unser Beispiel sollen die folgenden Anforderungen gelten:

Gegeben sind die Tabellen `auftraege` und `mitarbeiter` im Schema `scott`. Beide Tabellen werden von Mitarbeitern unterschiedlicher Firmen – hier `FA` und `FB` – genutzt. Jede Firma nutzt jeweils zwei unterschiedliche Anwendungen: eine Serviceanwendung (`SE`) für Reklamationen und eine Verkaufsanwendung (`VE`) für Abverkäufe. Jede Firma soll jedoch nur ihre eigenen Daten sehen. Darüber hinaus soll auch jede Anwendung nur die für sie relevanten Daten lesen und bearbeiten und dies auch in Abhängigkeit von dem angemeldeten Benutzer.

Für Zugriffe auf die Tabelle auftraege gilt im Einzelnen:

- Jeder Benutzer sieht nur die Daten seiner Firma.
- Zusätzlich gilt: Jede Anwendung sieht und bearbeitet nur die in ihrem Kontext anfallenden Aufträge.
- Ferner gilt: Für den Verkauf sollen Manager alle Aufträge bearbeiten dürfen, die von ihnen selbst oder von Mitarbeitern ihrer Abteilung aufgenommen wurden. Die einfachen Mitarbeiter dagegen haben nur Zugriff auf ihre eigenen Aufträge. Diese Unterscheidung gilt nicht für den Service. Dort können alle Benutzer alle Serviceaufträge lesen, die ihnen im Rahmen der ersten beiden Bedingungen zugänglich sind.

Für Zugriffe auf die Tabelle mitarbeiter gilt im Einzelnen:

- Alle Mitarbeiter haben lesenden Zugriff auf sämtliche Mitarbeiter ihrer Firma – mit Ausnahme der Spalte `gehalt`.
- Die Spalte `gehalt` steht lesend und schreibend nur Managern zur Verfügung und auch ihnen nur im Kontext ihrer eigenen Abteilung. Für normale Mitarbeiter werden beim Lesen dieser Spalte nur die eigenen Daten angezeigt.

Darüber hinaus sollen die folgenden allgemeinen Rahmenbedingungen für unsere Testumgebung gelten:

- Die Authentifizierung der Benutzer erfolgt in der Datenbank über individuelle Datenbankbenutzer, die benannt sind nach der eindeutigen Personalnummer der betreffenden Person.

Feinkonzept

Aus den oben genannten Anforderungen lässt sich das folgende technische Implementierungskonzept ableiten:

- Die für VPD notwendigen Programmeinheiten sollen im Schema `scott_sec` angelegt werden.
- Da wir mit individuellen Datenbank-Sessions arbeiten, nutzen wir einen lokalen Anwendungskontext. Er soll unter dem Namen `scott_con` angelegt und über das Paket `sec_init` im Schema `scott_sec` befüllt werden.
- Das Attribut mit Namen `app` soll innerhalb dieses Kontextes den Namen der Anwendung, das Attribut `pos` die Position des Mitarbeiters, das Attribut `fir` die Firma und `abt` die Abteilung speichern.
- Der Kontext `scott_con` soll über einen Logon-Trigger für die einzelnen Benutzer befüllt werden.

VPD-Implementierung

Die Benutzer `scott` und `scott_sec` werden wie gewohnt angelegt. `Scott` wird über die Rollen `connect` und `resource` privilegiert. Für das Anlegen der Objekte von `scott_sec` ergeben sich zwei unterschiedliche Möglichkeiten:

- Die Objekte werden von einem hochprivilegierten Benutzer – zum Beispiel `system` – für `scott_sec` angelegt. `Scott_sec` benötigt in diesem Fall keine expliziten Systemprivilegien. Die notwendigen Objektprivilegien sind identisch mit denen, die im folgenden Abschnitt genannt werden.
- `Scott_sec` legt die notwendigen Objekte direkt an und benötigt in diesem Fall folgende Systemprivilegien: `create session`, `create procedure`, `create any context`, `exempt access policy`. Darüber hinaus sind folgende Objektprivilegien notwendig: `select` auf die Tabelle `mitarbeiter` von `scott`, `execute` für das Paket `dbms_rls` von `sys`.

Die Testtabellen werden nun im Schema `scott` angelegt. Das Beispiel zeigt den *rudimentären* Code, in der Praxis würden ggf. zusätzliche Trigger und Constraints benötigt:

```
SQL> CREATE TABLE scott.auftraege (
       a_nr VARCHAR2(10) NOT NULL, -- Auftragsnummer
       a_datum DATE NOT NULL, -- Auftragsdatum
```

```
    a_kunde VARCHAR2(10) NOT NULL, -- Kundennummer
    a_mitarb VARCHAR2(10) NOT NULL, -- Personalnummer des Mitarbeiters
    a_abt VARCHAR2(10) NOT NULL, -- Abteilung des Mitarbeiters
    kontext VARCHAR2(2) NOT NULL, -- Kuerzel der Anwendung
    firma VARCHAR2(20) NOT NULL, -- Name der anlegenden Firma
    CONSTRAINT auf_pk PRIMARY KEY(a_nr),
    CONSTRAINT kont_chk CHECK (kontext IN ('SE','VE')) -- SErvice und VErkauf
  );
```

Beim Anlegen eines Auftrages sorgen Trigger für das Befüllen der Personal- und Abteilungsnummer des bearbeitenden Mitarbeiters. Alle Endbenutzer bekommen die für sie nötigen Grundprivilegien – `select`, `insert`, `update` oder `delete` – für diese Tabelle über entsprechende Rollen.

Die Tabelle `mitarbeiter` wird wie folgt angelegt:

```
SQL> CREATE TABLE scott.mitarbeiter(
     m_mitarb VARCHAR2(10) NOT NULL, -- Personalnr des Mitarbeiters
     m_abt VARCHAR2(10) NOT NULL, -- Abteilung
     m_vorname VARCHAR2(50),
     m_nachname VARCHAR2(100),
     m_position VARCHAR2(100),
     m_gehalt NUMBER(6),
     firma VARCHAR2(20),
     CONSTRAINT mit_pk PRIMARY KEY(m_mitarb));
```

Für die Tabelle wird ein direktes select-Privileg an den Benutzer `scott_sec` vergeben, damit dieser die Daten beim Initialisieren des Applikationskontextes lesen kann.

Im nächsten Schritt kann nun der geplante Applikationskontext angelegt werden:

```
SQL> CREATE CONTEXT scott_con USING scott_sec.sec_init;
```

Beim Anlegen des Kontexts ist es nicht erforderlich, dass die angegebenen Programmeinheit – hier `sec_init` – bereits existiert. Sie kann nachträglich wie folgt aufgebaut werden:

```
SQL> CREATE OR REPLACE PACKAGE scott_sec.sec_init
    AS
      lc_service CONSTANT VARCHAR2 (2) := 'SE';
      lc_verkauf CONSTANT VARCHAR2 (2) := 'VE';
      lc_manager CONSTANT VARCHAR2 (50) := 'Manager';
      lc_verkaeufer CONSTANT VARCHAR2 (50) := 'Verkäufer';
    PROCEDURE init (user_in VARCHAR2, application_in VARCHAR2);
    END;
    /

SQL> CREATE OR REPLACE PACKAGE BODY scott_sec.sec_init
    IS
      PROCEDURE init (user_in VARCHAR2, application_in VARCHAR2)
      IS
       lv_position scott.mitarbeiter.m_position%TYPE;
       lv_abt scott.mitarbeiter.m_abt%TYPE;
       lv_firma scott.mitarbeiter.firma%TYPE;
      BEGIN
       -- Userdaten ermitteln ACHTUNG: ohne VPD
       SELECT m.m_position, m.m_abt, m.firma
       INTO lv_position, lv_abt, lv_firma
```

```
    FROM scott.mitarbeiter m
    WHERE m.m_mitarb = user_in;
    -- VOR dem Setzen des Kontexts noch Plausis einbauen!
    -- Attributwerte für Position, Abteilung und Firma setzen
    DBMS_SESSION.set_context ('SCOTT_CON', 'POS', lv_position);
    DBMS_SESSION.set_context ('SCOTT_CON', 'ABT', lv_abt);
    DBMS_SESSION.set_context ('SCOTT_CON', 'FIR', lv_firma);
    DBMS_SESSION.set_context ('SCOTT_CON', 'APP', application_in);
    --
    -- hier noch entsprechendes Exception-Handling hinzufügen
   EXCEPTION
    WHEN OTHERS
     THEN
     raise_application_error (-20001, SQLERRM (SQLCODE));
   END init;
--
END;
/
```

Da die Tabelle `mitarbeiter` des Schemas `scott`, die im Rumpf dieses Paketes gelesen wird, selbst auch über VPD geschützt wird, ist es für eine fehlerfreie Funktion dieses Paketes unbedingt erforderlich, dem Benutzer `sec_init` das Systemprivileg `exempt access policy` zu geben. Ansonsten würde er nur einen Ausschnitt von `mitarbeiter` sehen und möglicherweise keine korrekte Initialisierung des Kontextes vornehmen können. Darüber hinaus versteht es sich, dass vor dem Setzen der Kontextattribute geeignete Prüfungen durchgeführt werden – z. B. Maschinen- oder Programmnamen oder IP-Adressen mithilfe der `sys_context`-Funktion.

Nun werden die Funktionen angelegt, die für die Generierung der `where`-Klauseln zuständig sind. Um eine bessere Übersicht zu haben, unerwünschte Nebeneffekte auszuschließen und eine bessere Kombinierbarkeit zu erreichen, ist es empfehlenswert, pro Funktion immer nur ein Prädikat zu generieren. Dadurch, dass für jedes Objekt mehrere Policies definiert werden können, lassen sich Funktionen den Anforderungen entsprechend kombinieren.

```
SQL> CREATE OR REPLACE FUNCTION scott_sec.aw_basic_function (
       owner VARCHAR2,
       objname VARCHAR2
       )
       RETURN VARCHAR2
     IS
      BEGIN
        -- Filtern nach Firma
        RETURN ' firma = SYS_CONTEXT(''SCOTT_CON'',''FIR'')';
      END;
     /

SQL> CREATE OR REPLACE FUNCTION scott_sec.aw_basic2_function (
        owner VARCHAR2,
        objname VARCHAR2
        )
      RETURN VARCHAR2
     IS
       BEGIN
       -- Filtern nach Anwendung
         RETURN ' kontext = SYS_CONTEXT(''SCOTT_CON'',''APP'')';
```

```
      END;
    /

SQL> CREATE OR REPLACE FUNCTION scott_sec.aw_sal_function (
      owner VARCHAR2,
      objname VARCHAR2
     )
     RETURN VARCHAR2
    IS
     BEGIN
       -- Filtern nach Position oder User - je nach Position
       IF SYS_CONTEXT ('SCOTT_CON', 'POS') = 'Manager'
       THEN
         RETURN ' m_abt = SYS_CONTEXT(''SCOTT_CON'',''ABT'')';
       ELSIF SYS_CONTEXT ('SCOTT_CON', 'POS') = 'Verkäufer'
       THEN
        RETURN ' m_mitarb = user';
       ELSE
        RETURN ' 1 = 2';
      END IF;
    END;
    /
```

Gemäß dem oben dargelegten Feinkonzept können diese Funktionen nun über Richtlinien mit Datenbankobjekten verbunden werden. Die Tabelle `mitarbeiter` erhält demnach zwei – immer aktive – Standardfilter, einen für die Firma des Benutzers und einen für den Fall, dass die Gehaltsspalte selektiert wird. Standardfilter werden stets über die Richtliniengruppe `sys_default` angelegt:

```
SQL> BEGIN
      DBMS_RLS.add_grouped_policy(
        object_schema => 'SCOTT',
        object_name => 'MITARBEITER',
        policy_group => 'SYS_DEFAULT',
        policy_name => 'FIR_FILTER',
        function_schema => 'SCOTT_SEC',
        policy_function => 'AW_BASIC_FUNCTION'
      );

      DBMS_RLS.add_grouped_policy(
        object_schema => 'SCOTT',
        object_name => 'MITARBEITER',
        policy_group => 'SYS_DEFAULT',
        policy_name => 'GEH_FILTER',
        function_schema => 'SCOTT_SEC',
        policy_function => 'AW_SAL_FUNCTION',
        sec_relevant_cols => 'M_GEHALT'
      );
    END;
    /
```

Da in dem vorangehenden Beispiel keine expliziten Angaben zum Befehlstyp gemacht wurden, gelten die Richtlinien gleichermaßen für `select`-, `insert`-, `update`- und `delete`-Befehle.

Für `auftraege` gelten ebenfalls zwei Standardfilter: der Firmen- und der Applikationsfilter, die mit dem folgenden Code aktiviert werden:

```
SQL> BEGIN
       DBMS_RLS.add_grouped_policy(
         object_schema => 'SCOTT',
         object_name => 'AUFTRAEGE',
         policy_group => 'SYS_DEFAULT',
         policy_name => 'FIR_FILTER',
         function_schema => 'SCOTT_SEC',
         policy_function => 'AW_BASIC_FUNCTION'
       );

      DBMS_RLS.add_grouped_policy(
         object_schema => 'SCOTT',
         object_name => 'AUFTRAEGE',
         policy_group => 'SYS_DEFAULT',
         policy_name => 'APP_FILTER',
         function_schema => 'SCOTT_SEC',
         policy_function => 'AW_BASIC2_FUNCTION'
      );
     END;
     /
```

Nach den Standardrichtlinien werden im Folgenden die Richtlinien angelegt, die exklusiv für die einzelnen Applikationen – SE und VE – gelten sollen. Hier wurden im Feinkonzept nur explizite Regeln für VE vereinbart. Diese zusätzlichen, sich gegenseitig ausschließenden Richtlinien werden über jeweils eigene Richtliniengruppen gesteuert, die wechselweise zu den Standardrichtlinien zugeschaltet werden können.

In einem ersten Schritt ist zunächst einmal festzulegen, dass das Attribut app des Kontextes scott_con für die Tabelle auftraege verantwortlich für das Zuschalten zusätzlicher Richtlinien ist:

```
SQL> BEGIN
       DBMS_RLS.add_policy_context
         object_schema => 'SCOTT',
         object_name => 'AUFTRAEGE',
         namespace => 'SCOTT_CON',
         attribute => 'APP'
       );
     END;
     /
```

Im Anschluss daran können nun Richtliniengruppen angelegt werden, die den gleichen Namen wie die möglichen Werte des Attributs app von scott_con – nämlich VE und SE – haben:

```
SQL> BEGIN
       DBMS_RLS.create_policy_group(
         object_schema => 'SCOTT',
         object_name => 'AUFTRAEGE',
         policy_group => 'VE'
       );

       DBMS_RLS.create_policy_group(
         object_schema => 'SCOTT',
         object_name => 'AUFTRAEGE',
         policy_group => 'SE'
       );
```

```
END;
/
```

Nun benötigen wir noch Funktionen, welche die where-Klauseln für die zusätzlichen Filter der Tabelle auftraege generieren. Für die VE-Applikation bedeutet dies nach der Feinspezifikation:

```
SQL> CREATE OR REPLACE FUNCTION scott_sec.aw_ve_function (
       owner VARCHAR2,
       objname VARCHAR2
      )
      RETURN VARCHAR2
     IS
     BEGIN
       -- Filtern nach Position oder User - je nach Position
       IF SYS_CONTEXT ('SCOTT_CON', 'POS') = 'Manager'
       THEN
        RETURN ' a_abt = SYS_CONTEXT(''SCOTT_CON'',''ABT'')';
       ELSIF SYS_CONTEXT ('SCOTT_CON', 'POS') = 'Verkäufer'
       THEN
        RETURN ' a_mitarb = user';
       ELSE
        RETURN ' 1 = 2';
       END IF;
     END;
     /
```

Da die SE-Applikation für die Tabelle auftraege keine besonderen Regeln benötigt, generiert die Funktion eine nicht filternde Dummy-Klausel 1 = 1:

```
SQL> CREATE OR REPLACE FUNCTION scott_sec.aw_se_function (
       owner VARCHAR2,
       objname VARCHAR2
       )
       RETURN VARCHAR2
     IS
     BEGIN
        RETURN ' 1 = 1';
     END;
     /
```

Nun müssen die Tabelle auftraege, die neuen Richtliniengruppen und Funktionen über Richtlinien verbunden werden:

```
SQL> BEGIN
       DBMS_RLS.add_grouped_policy(
         object_schema => 'SCOTT',
         object_name => 'AUFTRAEGE',
         policy_group => 'VE',
         policy_name => 'VE_FILTER',
         function_schema => 'SCOTT_SEC',
         policy_function => 'AW_VE_FUNCTION'
       );

       DBMS_RLS.add_grouped_policy(
         object_schema => 'SCOTT',
         object_name => 'AUFTRAEGE',
         policy_group => 'SE',
```

```
    policy_name => 'SE_FILTER',
    function_schema => 'SCOTT_SEC',
    policy_function => 'AW_SE_FUNCTION'
  );
END;
/
```

Zum Schluss muss noch dafür gesorgt werden, dass die Initialisierung des Kontextes automatisch ausgeführt wird. In unserem Feinkonzept wurde hierfür ein Logon-Trigger vorgesehen. Im Kernbereich dieses Triggers werden die jeweiligen Richtlinien dann wie folgt aktiviert:

```
...
scott_sec.sec_init.init (
  user_in => USER,
  application_in => lv_application
);
...
```

Bei der Implementierung dieses Triggers ist zu beachten, dass die Plausibilitätsprüfungen innerhalb des aufgerufenen Paketes `sec_init` stark genug sind, um den jeweiligen Benutzer auf die richtige Anwendung zu lenken und Missbrauch auszuschließen. Darüber hinaus dürfen die Endbenutzer keinerlei Ausführungsprivilegien für das Initialisierungspaket – hier `sec_init` – haben! Diese Privilegien sind nur für den Benutzer notwendig, der den Logon-Trigger anlegt und in dessen Schema er gespeichert wird. Aus diesem Grunde wird der Logon-Trigger direkt im Schema `scott_sec` angelegt, um keine gefährdenden `execute`-Privilegien nach außen vergeben zu müssen. Damit auch `scott_sec` kein `create any` trigger-Privileg benötigt – was für das Anlegen von Logon-Triggern nötig wäre –, wird der Trigger von `system` für `scott_sec` aufgebaut:

```
SQL> CREATE TRIGGER scott_sec.set_vpd ...;
```

Ist der Kontext initialisiert, werden alle relevanten Richtlinien und die mit ihnen verbundenen `Where`-Klauseln für Zugriffe auf die Tabellen über `AND`-Verknüpfungen bereitgestellt.

Für das Anlegen und Verwalten von Richtlinien und Anwendungskontexten steht alternativ auch ein Java-Client-Werkzeug, der Oracle Policy Manager, zur Verfügung. Das Werkzeug wird im Rahmen einer Client-Installation bereitgestellt und kann wie folgt aufgerufen werden:

```
$ oemapp opm
```

Ebenso kann der Enterprise Manager genutzt werden.

Es versteht sich, dass die Funktionen und Pakete, die für die Richtlinien benötigt werden, nicht über dieses Werkzeug aufgebaut werden können. In der Regel empfiehlt sich das Werkzeug weniger zum Aufbau als vielmehr zur Verwaltung von VPD-Umgebungen, um beispielsweise bestehende Richtlinien zu aktivieren oder deaktivieren.

Die Abbildung 11.19 zeigt die in unserem Beispiel angelegte VPD-Konfiguration in Ausschnitten aus der Sicht von OPM.

Die Abbildung 11.20 fasst noch einmal die komplexen Beziehungen aller beschriebenen VPD-Objekte zusammen.

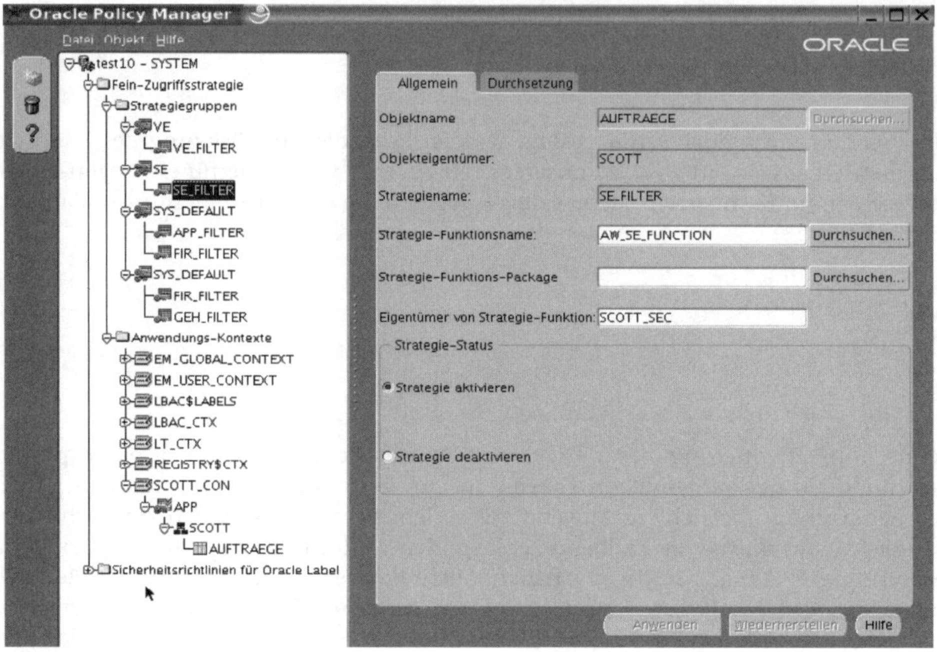

Abbildung 11.19: Oracle Policy Manager

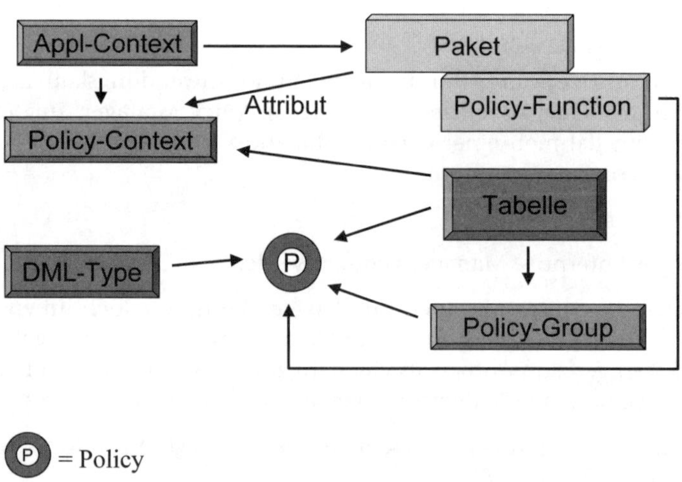

Abbildung 11.20: Virtual Private Database

Richtlinien: Typen und Caching

Die Funktionen, die für die Generierung von Prädikaten verantwortlich sind, werden standardmäßig bei jeder *parse-* oder *execute*-Phase eines zugehörigen SQL-Befehls zur Ausführung gebracht. Diese Strategie ist überall dort notwendig und sinnvoll, wo die Möglichkeit besteht, dass sich die für die Generierung nötigen Attributwerte sehr häufig ändern und daraus unterschiedliche `Where`-Klauseln resultieren.

Diese Strategie kann aber unnötig Ressourcen kosten, wenn die Ergebnisse der VPD-Funktionen eher statischen Charakter haben. Aus diesem Grunde wurden bereits in der Version 9 unterschiedliche Richtlinientypen eingeführt, die in der Version noch erweitert wurden. Ziel dieser Typen ist es, die Dynamik der VPD-Funktionen genau konfigurieren zu können.

Die Richtlinientypen werden beim Anlegen einer Richtlinie definiert über
`dbms_rls.add_policy` oder `dbms_rls.add_grouped_policy`.
Dort gibt es den Integer-Parameter `policy_type`. Der boolesche Parameter
`static_policy` wird nur noch aus Gründen der Rückwärtskompatibilität unterstützt und nur ausgewertet, falls `policy_type` auf dem Standardwert `null` belassen wurde. Die Angaben zu `policy_type` werden über die in der folgenden Übersicht angegebenen Konstanten definiert. Derzeit werden die folgenden Typen unterstützt:

- *Dynamic* (`dbms_rls.DYNAMIC`) – Standardwert. Die VPD-Funktion wird bei jedem parse oder execute ausgeführt.
- *Static* (`dbms_rls.STATIC`) – die VPD-Funktion wird einmalig ausgeführt und das resultierende Prädikat – zentral für alle Sessions – in der SGA gespeichert.
- *Shared Static* (`dbms_rls.SHARED_STATIC`) – wie `static`, nur kann die Funktion von mehreren Objekten genutzt werden.
- *Shared Static* (`dbms_rls.SHARED_STATIC`) – VPD-Funktionen, die für mehrere Objekte zum Einsatz kommen, werden nur einmalig ausgeführt.
- *Context Sensitive* (`dbms_rls.CONTEXT_SENSITIVE`) – nutzt das Caching von VPD-Funktionen, bis ein Applikationskontext verändert wird.
- *Shared Context Sensitive* (`dbms_rls.SHARED_CONTEXT_SENSITIVE`) – wie Context Sensitive, nur können VPD-Funktionen von mehreren Objekten genutzt werden.

Views und Privilegien

Das oben dargestellte VPD-Konzept wird wegen der umschaltbaren Kontexte auch Partitioned Fine Grain Access Control genannt. Für Informationen zu den oben angelegten Objekten stehen verschiedene DDViews zur Verfügung: `dba_context`, `dba_policies`, `dba_policy_contexts` und `dba_policy_groups`, `v$vpd_policy`, `dba_global_context`, `v$context`, `v$globalcontext`.

Über das Systemprivileg `EXEMPT ACCESS POLICY` lässt sich VPD pauschal für einen Benutzer deaktivieren, sodass für den Betreffenden keine `where`-Klauseln generiert werden!

Die oben geschilderten Beispiele funktionieren nur auf der Basis individueller Sessions. Beim Einsatz von Applikationsservern, in deren Kontext unterschiedliche Anwendungsbenutzer über einen Datenbankbenutzer eine Session aufbauen, werden verfeinerte

Konzepte benötigt. Diese „globalen" Anwendungskontexte existieren. Die Darstellung dieser Möglichkeiten sprengt jedoch den Rahmen dieser Abhandlung.

Tracing von VPD

Werden VPD-Funktionen und Richtlinien nicht sehr sorgfältig geplant und umgesetzt, kann es oft zu unerwarteten und schwer zu diagnostizierenden Fehlern kommen. Für die Fehlersuche kann es hilfreich sein, die betreffende VPD-Funktion isoliert über einen SQL-Befehl abzufragen, etwa in der Form:

```
SQL> SELECT vpd_function(......) FROM DUAL;
```

Für eine eingehendere Analyse dagegen sei an dieser Stelle kurz der Event `10730` erwähnt, der über die folgende Syntax innerhalb einer Session aktiviert werden kann:

```
SQL> ALTER SESSION SET EVENTS '10730 trace name context forever, level 12';
```

Der Event listet dann in einer Trace-Datei, die im Verzeichnis `user_dump_dest` gespeichert wird, die im Rahmen von VPD ergänzten Prädikate. Das folgende Beispiel enthält einen Ausschnitt aus einer solchermaßen generierten Trace-Datei. Auslöser war der SQL-Befehl

```
SELECT * FROM scott.auftraege;
-------------------------------------------------------------
Logon user : P10
Table/View : SCOTT.AUFTRAEGE
Policy name : APP_FILTER
Policy function: SCOTT_SEC.AW_BASIC2_FUNCTION
RLS view :
SELECT
"A_NR","A_DATUM","A_KUNDE","A_MITARB","A_ABT","KONTEXT","FIRMA"
FROM "SCOTT"."AUFTRAEGE" "AUFTRAEGE"
WHERE ( kontext = SYS_CONTEXT('SCOTT_CON','APP'))
-------------------------------------------------------------
Logon user : P10
Table/View : SCOTT.AUFTRAEGE
Policy name : FIR_FILTER
Policy function: SCOTT_SEC.AW_BASIC_FUNCTION
RLS view :
SELECT "A_NR","A_DATUM","A_KUNDE","A_MITARB","A_ABT","KONTEXT","FIRMA" FROM
"SCOTT"."AUFTRAEGE" "AUFTRAEGE" WHERE ( firma = SYS_CONTEXT('SCOTT_CON','FIR'))
-------------------------------------------------------------
Logon user : P10
Table/View : SCOTT.AUFTRAEGE
Policy name : VE_FILTER
Policy function: SCOTT_SEC.AW_VE_FUNCTION
RLS view :
SELECT "A_NR","A_DATUM","A_KUNDE","A_MITARB","A_ABT","KONTEXT","FIRMA" FROM
"SCOTT"."AUFTRAEGE" "AUFTRAEGE" WHERE ( a_abt = SYS_CONTEXT('SCOTT_CON','ABT'))
```

11.9 Labels

11.9.1 Überblick

In den vorangehenden Abschnitten wurde gezeigt, wie mithilfe von Privilegien Zugriffe auf Tabellen und Views für bestimmte Benutzer freigeschaltet werden können. Diese

Objektprivilegien können entweder direkt vom Besitzer des betreffenden Objektes oder durch einen von diesem Besitzer explizit privilegierten Dritten vergeben werden. Mittlerweile gibt es auch das Systemprivileg `grant any object privilege`, das dem Begünstigten die Zuteilung von Objektprivilegien an Dritte erlaubt!

Bei Zugriffen über *Labels* dagegen entscheiden nicht die vergebenen Objektprivilegien alleine darüber, ob ein Benutzer eine bestimmte Tabelle und deren Daten abfragen und verändern darf. Label-Systeme erfordern darüber hinaus die Übereinstimmung des jeweiligen Benutzer- oder Session-Labels mit den Daten-Labeln, die jedem Datensatz zugeordnet sind. Anders ausgedrückt: Jeder Benutzer kann nur die Daten sehen, deren Label mit dem ihm zugeordneten Label kompatibel sind.

Labels werden von Administratoren zentral im Rahmen von Richtlinien (*Policies*) für jede Datenbank konfiguriert. Einmal angelegt, können sie auf der einen Seite Sessions (*Session Label*) und auf der anderen Seite Tabellenzeilen (*Row Label*) zugeordnet werden. Nur wenn der Label eines Benutzers oder einer Session mit dem Label einer Tabellenzeile vereinbar ist und entsprechende Objektprivilegien vorliegen, kann der Zugriff erfolgen.

Label-Systeme werden aufgrund dieses „übergreifenden" Kriteriums auch MAC-Systeme (*Mandatory Access Control*) genannt, weil der Eigentümer alleine nicht über den Zugriff entscheiden kann. Im Gegensatz zu MAC-Systemen steht bei DAC-Systemen (*Discretionary Access Control*) der jeweilige Besitzer im Mittelpunkt, indem er eigenmächtig die Zugriffe per `Grant`-Befehl vergeben kann.

Für die meisten Tabellenobjekte genügen DAC-Zugriffskriterien. DAC-Privilegien können dort, wo es die Sicherheit der Daten erfordert, durch MAC-Label ergänzt werden. Typische MAC-Objekte sind in der Regel solche, bei denen die Entscheidung darüber, wer zugreifen darf, nicht dem Besitzer des betreffenden Objektes alleine anvertraut werden darf.

Objekte, bei denen die Privilegierung auf Zeilenebene nicht über bestimmte vorgegebene Spaltenwerte – Benutzer X sieht alle Daten von Abteilung 10 – oder feststehende Unterabfragen geregelt werden kann, sondern über komplexe, nicht standardisierbare Mechanismen entschieden wird, sind ebenfalls für den Einsatz von Labels prädestiniert.

Ein großer Vorteil des Label-Systems ist darüber hinaus, dass es nicht pauschal konfiguriert werden muss, sondern individuell für einzelne Tabellenobjekte im Rahmen von Richtlinien zuschaltbar ist. Neben `Select`-Operationen können auch `Insert`-, `Update`- und `Delete`- Befehle das Label-System nutzen.

Anfänglich erforderte der Einsatz des Label-Systems im Kontext von Oracle-Datenbanken auf der einen Seite ein speziell zertifiziertes Betriebssystem (B-Level) und auf der anderen Seite eine für dieses System zertifizierte Version von Trusted Oracle. Labels sind seit der Version 9i nun auch ohne B-Betriebssystem und ohne entsprechende trusted-Version der Datenbank zu realisieren. *Oracle Label Security* (OLS) baut intern auf dem VPD-Konzept auf, das bereits beschrieben wurde.

Für den Aufbau und die Verwaltung von Label-Systemen stehen einige Pakete mit entsprechenden Prozeduren und Funktionen zur Verfügung. Darüber hinaus lassen sich die wichtigsten Aufgaben auch über die grafische Oberfläche des Oracle Policy Managers und des Enterprise Manager realisieren.

11.9.2 Die Grundlagen

Ein Label-System im Rahmen einer Oracle-Datenbank aufzubauen bedeutet im Einzelnen:

1. Richtlinien (*Policies*) anzulegen, die vorgeben, in welchem operativen Kontext Label-Operationen prinzipiell zur Anwendung kommen sollen. Der Kontext von Richtlinien wird über Optionen festgelegt. Mögliche Optionen sind (auszugsweise):
   - `READ_CONTROL` – Aktiviert die Richtlinien für alle Abfragen, auch für implizite Abfragen im Kontext von `Update`-, `Insert`- und `Delete`-Befehlen.
   - `WRITE_CONTROL` – Aktiviert die Richtlinien für `Insert`-, `Update`- und `Delete`-Operationen.
   - `ALL_CONTROL` – Aktiviert die Richtlinien in jedem möglichen Kontext.

   Neben den Optionen spezifiziert jede Richtlinie auch den Namen der Label- Spalte. Label-Spalten enthalten die Daten-Labels und werden für alle Tabellen angelegt, die im Rahmen des Label-Systems verwaltet werden.
2. Sind Richtlinien spezifiziert, müssen im Kontext dieser Richtlinien die Komponenten geplant und definiert werden, aus denen letztendlich die Labels zusammengesetzt werden können. Die Planung der Label-Komponenten wie auch der Labels selbst erfordert große Sorgfalt und orientiert sich an den spezifischen Sicherheitsbedürfnissen der betreffenden Datenbank. Jeder Label kann sich prinzipiell aus ein bis drei unterschiedlichen Komponenten zusammensetzen:
   - *Level*: Jeder Label muss aus einer Level-Komponente bestehen. Levels sind hierarchisch organisiert und ermöglichen dadurch eine Klassifizierung der zugeordneten Daten hinsichtlich ihrer Sensibilität. Beispielsweise lassen sich die Level *u* (unbedenklich), *g* (geheim) und *sg* (streng geheim) definieren. Die hierarchische Ordnung wird über numerische Angaben erreicht. Je höher der numerische Wert, desto sensibler der Level.
   - *Compartment*: Compartments erlauben zusätzlich die Unterteilung der Daten in operationale Bereiche. Beispielsweise lassen sich die Compartments `vk` (Verkauf) oder `mk` (Marketing) anlegen. Jeder Label kann ein oder mehrere Compartments enthalten.
   - *Group*: Auch Gruppen sind für Labels optional. Sie lassen sich wie Level hierarchisch definieren, können aber, im Gegensatz zu diesen, jedem Label mehrfach zugewiesen werden. Über Gruppen können beispielsweise Organisationsbereiche implementiert werden: `rw` (westliche Region) oder `rs` (Region Süd). Die hierarchische Staffelung kann durch eine jeder Gruppe zuzuweisende Parent Group zum Ausdruck gebracht werden.
3. Aus den einzeln definierten Label-Komponenten können schließlich gültige Daten-Labels zusammengesetzt werden: `g:vk,mk:rs` steht beispielsweise für den Level geheim mit den Compartments Verkauf und Marketing sowie der Gruppe Region Süd, wobei die Komponenten über Doppelpunkt voneinander getrennt werden. Ein weiterer gültiger Label könnte sein: `sg` für „streng geheim“, Compartments und Gruppen sind hier – als optionale Komponenten – nicht zugewiesen worden. Jedem Label wird bei seiner Erstellung entweder explizit oder implizit ein numerischer

Bezeichner (*Tag*) zugewiesen. Dieser Bezeichner ist es, der intern in der Label-Spalte der einzelnen Benutzertabellen gespeichert wird.

4. Die Richtlinien, in deren Kontext die Labels definiert wurden, müssen im nächsten Schritt einzelnen Tabellen, Prozeduren oder ganzen Schemata zugewiesen werden. Die Optionen der Richtlinien, die den operativen Kontext festlegen – z. B. `WRITE_CONTROL` –, werden entweder implizit auf die Objekte übertragen oder können dort nochmals alternativ spezifiziert werden. Darüber hinaus lassen sich bei der Zuweisung auch Label-Funktionen angeben, die individuell kodiert für die automatisierte Generierung von Labels bei insert-Operationen zuständig sein können. Es lassen sich hier ebenfalls Prädikate spezifizieren, die zusätzlich zu den Labels die Zugriffe steuern können.

5. Damit Benutzer auf die im Rahmen des Label-Systems verwalteten Tabellen Zugriff erhalten können, müssen jedem Benutzer entweder sogenannte Benutzer- Labels (*User Label, Session Label*) oder einzelne Levels, Compartments oder Groups zugewiesen werden. Im letzteren Fall werden für jeden Benutzer folgende Autorisierungen festgelegt:

    - Der maximale Level, den der Betreffende lesen und schreiben darf. Wird ein Benutzer beispielsweise für den Level `g` (geheim) freigegeben, darf er alle hierarchisch tieferen Levels lesen, allerdings nur bis zu seinem minimalen Level schreiben.
    - Sein Default-Level schließlich gibt den Level an, unter dem er standardmäßig operiert.
    - Der Default Row Level schließlich ist der Level, der beim Einfügen von Datensätzen übertragen wird, sofern für die Tabelle keine Label-Funktion angegeben wurde.
    - Gleichermaßen werden dem Benutzer Compartments und Gruppen zugeordnet, für die er Berechtigungen erhalten soll. Für jede der beiden letztgenannten Komponenten kann separat angegeben werden, ob der Benutzer Schreibrechte erhält und ob die genannte Komponente Bestandteil seines standardmäßigen Session-Labels (Default) sowie Daten-Labels (Row) wird.

Ein Beispiel soll den vorangehenden Abschnitt verdeutlichen. Dem Benutzer `scott` werden der minimale Level `g` und der maximale Level sg zugewiesen. Er erhält darüber hinaus den Default-Level `g` und auch den Row-Level `g`. Ihm werden das Compartment `mk` (Marketing) zugeteilt und die Gruppe `rs` (Region Süd). Auf beiden Komponenten erhält er Schreibrechte, und beide werden auch Bestandteil seiner Session- und Row-Labels.

Meldet sich `scott` im Folgenden an der Datenbank an, arbeitet er unter dem Level `g`, dem Compartment `mk` und der Gruppe `rs` als Session-Label `(g:mk:rs)`. Er kann mit diesen Einstellungen alle Datensätze lesen, die maximal den Level `g` in ihrem Row-Label haben, mindestens die Gruppe `rs` oder keine Gruppe sowie ausschließlich das Compartment `mk` oder kein Compartment haben. Daten, die andere oder zusätzliche Compartments enthalten, stehen `scott` nicht zum Lesen zur Verfügung!

Da er maximal für den Level `sg` autorisiert wurde, kann Scott im laufenden Betrieb seinen Session-Label ändern, z. B. in `sg:mk:rs`. Damit hat er Zugriff auf weitere Daten. Wenn er Daten einfügt, gibt er diesen – sofern er die Einstellungen seiner

Session nicht ändert – seinen Default-Row-Label g:mk:rs mit. Zusätzlich darf er alle die Datensätze ändern, die mindestens seinem minimalen Level g entsprechen, die mindestens die Gruppe rs sowie maximal das Compartment mk enthalten.

6. Neben den Label-Komponenten können den Benutzern zusätzlich noch spezielle Systemprivilegien zugeteilt werden, die den Betreffenden erlauben, sich über bestimmte Label-Autorisierungen hinwegzusetzen. Die folgende Tabelle enthält einige Beispiele:

   - WRITEUP – Gestattet die Veränderung der Level-Komponente von Row-Labeln bis zum maximalen Level des ausführenden Benutzers
   - WRITEDOWN – Gestattet die Veränderung der Level-Komponente von Row-Labeln bis zum minimalen Level des ausführenden Benutzers
   - READ – Gibt dem Betreffenden volles Leserecht auf alle Daten der betreffenden Richtlinie

   Die wenigen Beispiele zeigen bereits, wie mächtig diese Systemprivilegien ausfallen. Es ist daher dringend anzuraten, sie nur in Ausnahmefällen zu vergeben, beispielsweise an Administratoren, die einen vollständigen Export von Label- Daten durchführen müssen (READ).

11.9.3 Konfiguration eines Label-Systems

Im Folgenden wird der Aufbau eines Label-Systems unter Verwendung der Beispiele des vorangehenden Abschnittes im Einzelnen durchgeführt. Alle Arbeitsschritte sind über den Oracle Policy Manager grafisch und interaktiv durchführbar, gleichwohl werden in unserem Beispiel entsprechende Prozeduraufrufe benutzt, die für den Aufbau umfangreicher Label-Umgebungen unverzichtbar sind.

Im ersten Schritt ist bekanntlich eine Richtlinie zu definieren. Die Richtlinie soll in unserem Beispiel den Namen test_policy erhalten. Der Name der – für Row-Labels notwendigen – verdeckten Spalte soll labtest_col sein. Dieser Spaltenname muss unter allen angelegten Richtlinien eindeutig sein. Die Richtlinie soll darüber hinaus sämtliche Label-Optionen aktivieren (all_control).

```
SQL> BEGIN
       sa_sysdba.create_policy(
         policy_name => 'TEST_POLICY',
         column_name => 'LABTEST_COL',
         default_options => 'ALL_CONTROL'
       );
     END;
     /
```

Erstellte Richtlinien können über die View dba_sa_policies selektiert werden:

```
POLICY_NAME               COLUMN_NAME            STATUS
------------------------- ---------------------- --------
TEST_POLICY               LABTEST_COL            ENABLED

POLICY_OPTIONS
-----------------------------------------------------------------
READ_CONTROL, INSERT_CONTROL, UPDATE_CONTROL, DELETE_CONTROL,
LABEL_DEFAULT, LABEL_UPDATE, CHECK_CONTROL
```

Die Spalte Status ENABLED verdeutlicht bereits, dass Richtlinien im Kontext von Tabellen auch „ausgeschaltet" werden können. Es versteht sich, dass Zugriffe in diesem Fall ohne die Kontrollen des Label-Systems erfolgen.

Im Rahmen dieser Richtlinien werden nun die Label-Komponenten einzeln definiert.

```
SQL> BEGIN
       sa_components.create_level(
         policy_name => 'TEST_POLICY',
         level_num => 5,
         short_name => 'G',
         long_name => 'geheim'
       );

       sa_components.create_level(
         policy_name => 'TEST_POLICY',
         level_num => 10,
         short_name => 'SG',
         long_name => 'streng geheim'
       );
     END;
     /
```

Das vorangehende Beispiel zeigt den Aufbau der Levels g und sg. Die numerischen Angaben (Parameter level_num) werden für die hierarchische Gruppierung benötigt. Der Kurzname dient der Anzeige über entsprechende Funktionen oder über den Policy Manager, die Langform hat rein dokumentarischen Charakter. Die View dba_sa_levels gibt alle vorhandenen Levels mit den ihnen zugeordneten Richtlinien aus.

Compartments und Gruppen werden analog angelegt:

```
SQL> BEGIN
       sa_components.create_compartment(
         policy_name => 'TEST_POLICY',
         comp_num => 10,
         short_name => 'MK',
         long_name => 'Marketing'
       );

       sa_components.create_compartment(
         policy_name => 'TEST_POLICY',
         comp_num => 20,
         short_name => 'VK',
         long_name => 'Verkauf'
       );
     END;
     /
```

Für Gruppen steht eine entsprechende Prozedur create_group zur Verfügung, bei der über den zusätzlichen Parameter parent_name eine Master-Gruppe angegeben werden kann. Die Parameter policy_name bzw. group_name haben in beiden Fällen keine hierarchisierende Funktion.

Die Views dba_sa_groups und dba_sa_compartments geben die vorhandenen Komponenten aus.

Sind alle Komponenten angelegt, lassen sich die Daten-Label definieren:

```
SQL> BEGIN
       sa_label_admin.create_label(
         policy_name => 'TEST_POLICY',
         label_tag => 101010,
         label_value => 'G:MK:RS');
         sa_label_admin.create_label(
         policy_name => 'TEST_POLICY',
         label_tag => 201010,
         label_value => 'SG:MK:RS'
       );
     END;
     /
```

Die numerischen Bezeichner der Labels (`label_tag`) werden in der Label-Spalte der Tabellen gespeichert und nicht etwa die entsprechenden Kurznamen `sg:mk_rs` usw. Sie können explizit vergeben werden oder werden – wenn dies nicht geschieht – implizit generiert. Es ist in jedem Fall empfehlenswert, Label-Bezeichner nach einem bestimmten Konzept explizit vorzuschreiben. In unserem Beispiel wurden jeweils zwei Ziffern für jede Komponente vergeben: `10` für den Level `g`, `20` für `sg` usw. Nur bei einem solchen Vorgehen ist es möglich, die Daten nach dem Sensibilisierungsgrad zu gruppieren oder gar zu partitionieren.

Angelegte Labels können über die View `dba_sa_labels` selektiert werden. Im nächsten Schritt ist nun die Richtlinie `test_policy` mit Tabellen oder Schemata zu verknüpfen. Das folgende Beispiel zeigt die Verknüpfung mit der Tabelle `emp` von `scott`:

```
SQL> BEGIN
       sa_policy_admin.apply_table_policy(
         policy_name => 'TEST_POLICY',
         schema_name => 'SCOTT',
         table_name => 'EMP'
       );
     END;
     /
```

Im Zuge dieser Verknüpfung wird die in der Richtlinie angegebene Spalte `labtest_col` für die Tabelle `emp` angelegt. Zusätzlich kann die Hide-Option gesetzt werden, die bewirkt, dass die Labelspalte `labtest_col` nicht sichtbar ist. Allerdings enthält die Label-Spalte in unserem Beispiel für vorhandene Datensätze noch keine Label-Angaben. Entsprechend sind abschließend die Altdaten von `emp` explizit mit einem Label zu versehen. Hierzu steht die Funktion `char_to_label` zur Verfügung, die den alphanumerischen Wert eines Labels in die nummerische Entsprechung umsetzt. In unserem Beispiel werden die Angestellten der Abteilung `20` mit dem Label `g:mk:rs` versehen.

```
SQL> UPDATE scott.emp
     SET    labtest_col = CHAR_TO_LABEL('TEST_POLICY', 'G:MK:RS')
     WHERE  deptno = 20;
```

Wie bereits erwähnt, speichert die Label-Spalte nur nummerische Daten:

```
SQL> SELECT empno, labtest_cal
     FROM   scott.emp
     WHERE  deptno = 20;
```

```
EMPNO      LABTEST_COL
---------- -----------
7369       101010
7566       101010
7788       101010
7876       101010
7902       101010
```

Nicht vergessen werden darf die Autorisierung der einzelnen Benutzer. Die Prozeduren erlauben dabei sowohl die Angabe einzelner Komponenten als auch die Spezifikation über fertige Labels. In den folgenden Beispielen wird der Benutzer `Scott` über die einzelnen Label-Komponenten autorisiert.

```
SQL> BEGIN
       sa_user_admin.set_levels(
         policy_name => 'TEST_POLICY',
         user_name => 'SCOTT',
         max_level => 'SG',
         min_level => 'G',
         def_level => 'G',
         row_level => 'G'
       );
     END;
     /
```

Zunächst werden für `Scott` die Hierarchiestufen (Level) bestimmt, in deren Kontext er Operationen ausführen darf. `min_level` gibt dabei die unterste Hierarchiestufe für Schreiboperationen an, `max_level` analog die höchste Stufe für Schreib- und Leseoperationen. `def_level` gibt die Stufe an, auf der sich der Benutzer nach dem Connect bewegt. `row_level` setzt den Standard für `INSERT`-Operationen.

Auf ähnliche Weise werden im Folgenden die Compartments und die Gruppen für `scott` vorgegeben:

```
SQL> BEGIN
       sa_user_admin.set_compartments(
         policy_name => 'TEST_POLICY',
         user_name => 'SCOTT',
         read_comps => 'MK',
         write_comps => 'MK',
         def_comps => 'MK',
         row_comps => 'MK'
       );
     END;
     /

SQL> BEGIN
       sa_user_admin.set_groups(
         policy_name => 'TEST_POLICY',
         user_name => 'SCOTT',
         read_groups => 'RS',
         write_groups => null,
         def_groups => 'RS',
         row_groups => 'RS'
       );
     END;
     /
```

Über die in den vorangehenden Beispielen gemachten Angaben werden entsprechende Labels generiert, die für die Zugriffe von `scott` relevant sind. Die Abbildung 11.21 zeigt diese generierten Labels.

In wenigen, wohl begründeten Fällen kann es notwendig sein, einem Benutzer spezielle Privilegien im Rahmen des Label-Systems zu erteilen. Im folgenden Beispiel erhält `scott` das `WRITEUP`-Privileg, mit dem ihm erlaubt wird, die Level-Komponente eines Daten-Labels bis zu seinem eigenen, maximalen Level – in unserem Beispiel `sg` – zu erhöhen.

```
SQL> BEGIN
       sa_user_admin.set_user_privs(
         policy_name => 'TEST_POLICY',
         user_name => 'SCOTT',
         privileges => 'WRITEUP'
       );
     END;
     /
```

Die erteilten Label-Komponenten und Privilegien lassen sich auch für den Endbenutzer über die Views `all_sa_users` und `all_sa_user_labels` abfragen. Ist die Label- Spalte der betreffenden Tabelle offen gelegt, können darüber hinaus die Daten-Labels direkt abgefragt werden:

```
SQL> SELECT empno, deptno, LABEL_TO_CHAR(labtest_col) label
     FROM   emp;
```

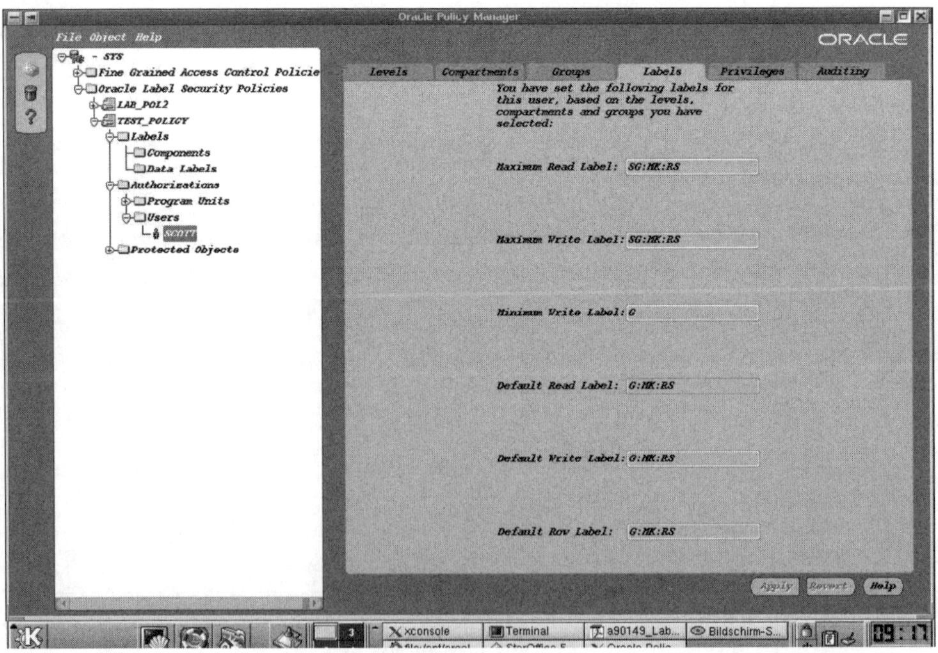

Abbildung 11.21: Benutzer-Label

```
EMPNO      DEPTNO     LABEL
---------- ---------- ----------
      7369         20 G:MK:RS
      7876         20 G:MK:RS
```

Im vorangehenden Beispiel sieht der Benutzer `scott` nur die Daten mit dem Label `g:mk:rs`, weil sein Standard-Session-Label auf `g:mk:rs` eingestellt wurde. Der Benutzer kann dieses Session-Label allerdings im Rahmen der ihm zugeteilten Privilegien über die Prozedur `sa_session.set_label` abändern und erhält – je nachdem, wie die Daten-Labels vergeben sind – andere Treffermengen.

```
SQL> SET SERVEROUTPUT ON
SQL> DECLARE
       dum VARCHAR2(100);
     BEGIN
       -- entweder über den alphanumerischen Label
       sa_session.set_label('TEST_POLICY', 'SG:MK:RS');
       -- oder alternativ nummerisch
       -- sa_utl.set_label('TEST_POLICY', 201010);
       -- zur Kontrolle den aktuellen Session-Label noch einmal ausgeben
       dum := sa_session.label('TEST_POLICY');
       dbms_output.put_line(dum);
     END;
     /
```

Neben Tabellen und Benutzern können auch Programmeinheiten mit Label-Privilegien versehen werden. Auf diese Weise lassen sich außergewöhnliche Zugriffe über geprüfte Programmeinheiten realisieren. Im folgenden Beispiel wird der Funktion `zaehl_test`, welche die Anzahl der Datensätze in einer Tabelle mit Namen Test ausgibt, das `READ`-Privileg zugeteilt. Dieses Privileg erlaubt der Funktion das vollständige Lesen der Tabelle Test, unabhängig von den eingestellten Label-Privilegien des aufrufenden Benutzers. Die Label-Privilegien von Programmeinheiten werden aus verständlichen Gründen mit jeder Kompilierung zurückgenommen und müssen entsprechend neu zugeteilt werden.

```
SQL> BEGIN
       sa_user_admin.set_prog_privs(
         policy_name => 'TEST_POLICY',
         schema_name => 'BLA',
         program_unit_name => 'ZAEHL_TEST',
         privileges => 'READ'
       );
       END;
       /
```

11.10 Profile

Benutzern, die in der Datenbank definiert wurden, lassen sich Benutzerprofile zuordnen. Benutzerprofile haben zwei Aufgaben: erstens die Einschränkung von Ressourcen und des Weiteren die Möglichkeit des Managements von Passwörtern.

Jedem Benutzer wird durch den Befehl `CREATE USER` automatisch ein Standardprofil zugewiesen. Dieses Profil mit dem Namen `DEFAULT` setzt zunächst alle Begrenzungen auf `UNLIMITED` bzw. schaltet alle Parameter für das Passwortmanagement aus. Es kann aber jederzeit durch einen Administrator mit Grenzen versehen werden. In der Regel wird das Standardprofil jedoch nicht angepasst, sondern es werden für bestimmte Benutzergruppen eigene Profile angelegt, die diesen dann zugeordnet werden. Dabei ist zu beachten, dass dem Benutzer automatisch das Standardprofil zugewiesen wird, wenn ein Profil gelöscht wird.

11.10.1 Management von Ressourcen

Mit den Ressourcenparametern sind grobe Grenzen für die CPU-Benutzung oder das EA-Verhalten einstellbar, des Weiteren können Beschränkungen hinsichtlich Anzahl gleichzeitiger Sessions und die maximale idle-Zeit eingestellt werden. In der Praxis haben sich einige dieser Parameter als nützlich erwiesen, während andere, wie zum Beispiel `PRIVATE_SGA`, so gut wie nie eingesetzt werden.

```
SQL> ALTER SYSTEM SET resource_limit = TRUE;
```

In diesem Beispiel wird zunächst die Ressourcenlimitierung aktiviert. Dies kann entweder über den o. g. Befehl `ALTER SYSTEM` geschehen oder über den Serverparameter `resource_limit = true`. Damit werden mit dem Anmelden einer Session die Parameter überwacht. Im Folgenden werden die einzelnen Parameter beschrieben:

- `session_per_user` – Maximale Anzahl Sessions, die unter einem Benutzernamen in der Datenbank angemeldet sein dürfen.
- `cpu_per_session` – Maximale CPU-Zeit pro Session. Wird während der Ausführung eines Befehls diese Limitierung überschritten, wird er mit einer Fehlermeldung abgebrochen. Da kaum jemand erfassen kann, wie viel CPU-Verbrauch eine Session sinnvollerweise haben soll, wird dieser Wert selten gesetzt.
- `cpu_per_call` – Hier werden statt der gesamten Session einzelne Calls (`PARSE`, `EXECUTE`, `FETCH`) gemessen werden. Das macht oft Sinn, wenn auf einem sehr ausgelasteten OLTP-System gelegentliche Abfragen durchgeführt werden, da diese bei Erreichen des Limits abgebrochen werden. Somit kann mit dem Befehl `ALTER USER` einem Benutzer für den Tagesbetrieb ein Profil mit einem niedrigen Wert und bei Nachtbetrieb mit großem oder unlimitiertem Wert zugewiesen werden.
- `logical_reads_per_session` – Maximale Anzahl Datenblöcke, die während einer Session gelesen werden dürfen. Da die Menge der Datenbankblöcke, die für die Dauer einer Verbindung gelesen werden, nur schwer fassbar ist, wird dieser Wert selten gesetzt.
- `logical_reads_per_call` – Maximalzahl gelesener Blöcke pro Call. Ebenso wie der Parameter `cpu_per_call` kann dieser Wert sinnvoll in Hochlastsystemen sein, um bestimmte Abfragen abzublocken. Leider wird die Abfrage zunächst aber gestartet und erst mit der Erreichung der Grenze abgebrochen.
- `idle_time` – Maximale Zeit ohne Datenbankaktivität der Session in Minuten. Wenn der Benutzer eine Zeit lang (im Beispiel unten 30 Minuten) keine Eingabe vornimmt, wird die Session als beendet gekennzeichnet. Ein Abmelden des Prozesses erfolgt jedoch erst mit der nächsten Eingabe des Benutzers, sodass hier der erzieherische Effekt im Vordergrund steht.
- `connect_time` – Maximale Verbindungszeit einer Session in Minuten. Der Einsatz dieses Parameters dürfte nur in besonderen Fällen sinnvoll sein.
- `private_sga` – Maximaler Verbrauch im Shared Pool der SGA für die Session.

- composite_limit – Maximaler Gesamtfaktor des Ressourcenverbrauchs einer Session. Damit werden sowohl CPU-Zeit als auch lesende Zugriffe gemessen und entsprechend gewichtet. Mit dem Befehl ALTER RESOURCE COST kann die Gewichtung eingestellt werden.

Im folgenden Beispiel wird ein Profil mit dem Namen p_verwaltung erstellt. Dann wird für das composite_limit die Gewichtung eingestellt.

Danach können die Benutzer das Profil über den Befehl ALTER USER zugewiesen bekommen, oder neue Benutzer können wie im Beispiel direkt das neue Profil erhalten.

```
SQL> CREATE PROFILE p_verwaltung LIMIT
     SESSIONS_PER_USER 2
     CPU_PER_SESSION unlimited
     CPU_PER_CALL 6000
     LOGICAL_READS_PER_SESSION unlimited
     LOGICAL_READS_PER_CALL 100
     IDLE_TIME 30
     CONNECT_TIME 480
     COMPOSITE_LIMIT 20000;

SQL> ALTER RESOURCE COST
     CPU_PERS_SESSION 1
     LOGICAL_READS_PER_SESSION 50;

SQL> CREATE USER heyo
     IDENTIFIED BY heyo
     DEFAULT TABLESPACE USERS
     PROFILE p_verwaltung;

SQL> GRANT CONNECT, RESOURCE TO heyo;
```

11.10.2 Passwortmanagement

Neben der Limitierung von Ressourcen ist ein weiteres Thema der Profile die Überwachung von Kennwörtern. Damit existiert die Möglichkeit, ähnlich wie auf Betriebssystemebene, Vorgaben bezüglich der Passwörter zu machen. Im Gegensatz zu den Ressourcen müssen diese Parameter nicht erst über den ALTER SYSTEM-Befehl oder einen Serverparameter aktiviert werden, sondern sind immer aktiv.

- failed_login_attempts – Maximale Fehlversuche bei der Eingabe des Passwortes, bevor der betreffende Benutzer gesperrt wird. Dieser Parameter sollte nicht mit dem – in der Version 11g neu eingeführten – Serverparameter sec_max_failed_login_attempts verwechselt werden, der die maximale Anzahl Fehlversuche pauschal, d. h. nicht bezogen auf einen existieren Benutzer, beschränkt. Schon ab dem dritten Fehlversuch werden exponentiell steigende Wartezeiten generiert, die schließlich nach der Maximalzahl zum Abbruch des Verbindungsversuchs führen. Mit diesem Parameter lassen sich sogenannte *Brute Force Attacks* erschweren, bei denen mögliche Passwörter für Connect-Versuche eingesetzt werden.
- password_lock_time – Anzahl Tage, die ein Benutzerkonto nach der automatischen Sperrung durch Fehlversuche gesperrt bleibt. Der Default ist nur 1 Tag!

- password_lifetime – Gültigkeitsdauer für ein Passwort. Vorher wird der Benutzer eine Zeit lang (password_grace_time) aufgefordert, ein neues Kennwort einzugeben.
- password_reuse_time und password_reuse_max – bestimmen im Verbund die Wiederverwendung ein Passworts nach einer vorgegebenen Anzahl Tagen und einer Anzahl zwischenzeitlich verwendeter anderer Passwörter.
- password_grace_time – Übergangsperiode, in der zur Eingabe eines neuen Passwortes aufgefordert wird. Dieser Parameter ist nur in Verbindung mit password_life_time sinnvoll.
- password_verify_function – Funktion zur Komplexitätsprüfung eingegebener Passwörter.

  Hierzu wird im Verzeichnis $ORACLE_HOME/rdbms/admin das Skript utlpwdmg.sql mitgelierfert. Das Skript wurde für die Version 11g erweitert und bietet nun eine neue Funktion namens verify_function_11G, die im Rahmen der Ausführung mit dem Standardprofil verknüpft wird. Es versteht sich, dass die – alte wie neue – Passwort-Funktion *vor* der „Verhashung" des Passwortes greift.

  Folgende Prüfungen werden von der neuen Funktion vorgenommen

  - Maximale Länge acht Stellen
  - Benutzername ungleich Passwort
  - Benutzername mit den Ziffern 1 bis 100 ungleich Passwort
  - Passwort ungleich umgedrehter Benutzername
  - Passwort ungleich einiger einfacher Worte wie „computer1", „welcome1" und dergleichen
  - Passwort muss mindestens einen Buchstaben und eine Zahl enthalten.
  - Es muss im Vergleich mit dem vorangehenden mindestens drei unterschiedliche Zeichen aufweisen.

  Die Funktion stellt eine gute Grundlage dar und sollte auf jeden Fall für eigene Belange modifiziert und erweitert werden. Gerade der Bereich „einfacher" Worte bedarf einer Erweiterung um Begriffe, die in der betreffenden Branche leicht und gerne zum Einsatz kommen.

  Es versteht sich, dass die Einstellungen hier mit Bedacht und Blick auf die eingesetzten Anwendungen gemacht werden müssen. Nur selten lässt sich eine globale Funktion finden, die allen Passwortbelangen gerecht werden kann.

```
SQL> ALTER PROFILE p_verwaltung LIMIT
     PASSWORD_LIFE_TIME 60
     PASSWORD_GRACE_TIME 5
     PASSWORD_REUSE_TIME 180
     PASSWORD_REUSE_MAX UNLIMITED
     FAILED_LOGIN_ATTEMPTS 3
     PASSWORD_LOCK_TIME 7
     PASSWORD_VERIFY_FUNCTION dbc_pwdfunc;
```

In dem vorangehenden Beispiel wird zunächst die Funktion dbc_pwdfunc dem Profil p_verwaltung zusammen mit anderen Passwortmechanismen zugewiesen.

Für alle Profile gilt, dass sie nur zu Beginn einer Session ausgewertet werden und somit anschließende Änderungen keine Auswirkungen auf bestehende Verbindungen haben.

Eine Übersicht über die vorhandenen Profile und Einstellungen gibt die View `dba_profiles`. In der View `dba_users` kann überprüft werden, welche Benutzer welches Profil verwenden.

11.11 Management von Ressourcen mit dem Resource Manager

11.11.1 Überblick

Seit der Version 8i der Oracle-Datenbank gibt es den Database Resource Manager, mit dessen Hilfe es möglich ist, bestimmte System- und Datenbankressourcen einzelnen Benutzern sinnvoll zuzuteilen. Dadurch, dass die Zuteilung der Ressourcen über interne Mechanismen der Datenbank und nicht allein über das Betriebssystem durchgeführt werden kann, ergeben sich zusätzliche und verfeinerte Möglichkeiten für den Datenbankverwalter. Im Einzelnen lassen sich die folgenden Ressourcen hinsichtlich ihrer maximalen Nutzung vorgeben:

- Zuteilung von maximalen CPU-Ressourcen
- Begrenzung des Parallelisierungsgrades für Datenbankoperationen
- Begrenzung der Anzahl gleichzeitig aktiver Datenbanksitzungen
- Vorgaben für die Nutzung von Speicherplatz in Rollback-Segmenten (undo pool)

Der Database Resource Manager ergänzt derzeit noch die im vorangehenden Abschnitt besprochenen Profile und geht im Funktionsumfang weit über diese hinaus. Die bewusste Aufteilung von Ressourcen ist überall dort sinnvoll, wo eine Vielzahl von Benutzern und Anwendungen mit unterschiedlichen Anforderungen untereinander um die Nutzung von CPU-Zyklen, Rollback-Segmenten und Parallel-Serverprozessen konkurrieren.

Ab der Version 11g ist es auch möglich, Instanzen voneinander abzugrenzen, indem die Anzahl maximaler CPU-Kerne für jede Instanz festgelegt werden kann (*cpu caging*).

Der Database Resource Manager operiert im Kontext der folgenden „Bausteine“:

- Konsumentengruppen (*Consumer Groups*) – gruppieren Benutzer und deren Sessions.
- Ressourcenpläne (*Resource Plans*) – enthalten allgemeine Regeln zur Nutzung von Ressourcen
- Direktiven (*plan directive*) – verknüpfen Konsumentengruppen mit Ressourcenplänen und erweitern das Regelwerk durch Regeln für maximale Ressourcennutzungen für bestimmte Gruppen.

Für die Einstellung der Vorgaben können entweder die API-Prozeduren der PL/SQL-Pakete
`dbms_resource_manager` und
`dbms_resource_manager_privs`
oder die grafische Oberfläche des Enterprise Managers genutzt werden. Zum Aufbau komplexer Umgebungen ist auf jeden Fall die Nutzung des PL/SQL-API zu empfeh-

len. Kleinere Verwaltungsarbeiten können dagegen komfortabel über die Oberfläche des Enterprise Managers erledigt werden.

Die folgenden Arbeitsschritte sind zum Aufbau eines Ressourcenmanagements notwendig:

Zunächst müssen analog zu den gegebenen Prioritäten Konsumentengruppen angelegt werden. Diesen Konsumentengruppen sind dann einzelne Benutzer oder Rollen zuzuweisen. Gleichzeitig werden Ressourcenpläne angelegt. Die Konsumentengruppen und die Ressourcenpläne werden anschließend über sogenannte Direktiven miteinander verknüpft. Die Direktiven bestimmen hierbei die konkreten Vorgaben für die Nutzung der oben aufgelisteten Ressourcentypen.

Es können unterschiedliche Pläne mit unterschiedlichen Anforderungen erstellt werden. Jeder Plan kann hierarchisch aufgebaut sein, d. h., er kann aus einem oder mehreren Unterplänen bestehen. Die Vorgaben der Ressourcenpläne werden allerdings erst dann wirksam, wenn der betreffende Plan aktiviert wurde. Zu einem bestimmten Zeitpunkt lässt sich immer nur *ein* Plan aktivieren, die Umschaltung auf einen alternativen Plan kann allerdings dynamisch, möglicherweise über eine Zeitsteuerung, erfolgen.

Einmal aktiviert, regelt der Plan die maximale Nutzung von Ressourcen auf der Basis der Konsumentengruppen. Benutzer, welche die Vorgaben ihrer Gruppe über Gebühr beanspruchen, können dabei dynamisch im laufenden Betrieb einer alternativen Konsumentengruppe mit möglicherweise geringeren Prioritäten zugewiesen werden.

Im folgenden Abschnitt wird dieses Konzept anhand eines konkreten Beispiels erläutert.

11.11.2 Der Aufbau einer Beispielumgebung

Vorgaben

Wir administrieren die fiktive Datenbank mit dem globalen Namen `versand.ganzbillig.de`. Diese Datenbank wird sowohl von OLTP-Transaktionen als auch von Batch-Programmen genutzt. Gleichzeitig testen zwei Entwicklungsteams ihre Anwendungen in separaten Schemata. In der Vergangenheit gab es immer wieder Beschwerden darüber, dass OLTP-Transaktionen, die Kundenbestellungen verwalten, aufgrund von Batch-Programmen oder Testläufen des Entwicklungsteams nicht genügend CPU-Ressourcen für die effiziente Auftragsbearbeitung zur Verfügung standen. Dies wollen wir mithilfe des Resource Managers optimieren.

Die folgenden Regeln sollen aus diesem Grund auf Wunsch der Geschäftsleitung implementiert werden: Allen OLTP-Transaktionen sollen während der Geschäftszeiten zwischen 8 und 19 Uhr mindestens 80 % der CPU-Zeiten gesichert zur Verfügung stehen. Die restlichen 20 % sollen im Verhältnis 60 : 40 an die Entwicklungsteams `team_a` und `team_b` aufgeteilt werden. Batch-Programmen sollen während dieser Zeit nur die ungenutzten CPU-Ressourcen zufallen. Während der Nacht dagegen erhalten Batch-Programme 90 % der CPU, für die Entwicklungsteams stehen die restlichen 10 %, wieder im Verhältnis 60 : 40, zur Verfügung. OLTP-Transaktionen dagegen werden in dieser Zeit nur mit ungenutzten CPU-Zyklen abgespeist.

Diese Anforderungen lassen sich wie folgt tabellarisch darstellen, wobei die „Schichtung" der oben beschriebenen Vorgaben über unterschiedliche Planungsebenen (*level*) erreicht wird. (Tabellen 11.4 und 11.5)

Gruppe	CPU-Level 1	CPU-Level 2	CPU-Level 3
OLTP-Transaktionen	80	0	0
team_a	0	60	0
team_b	0	40	0
Batch-Programme	0	0	100

Tabelle 11.4: Resource Manager: Tagesplan

Gruppe	CPU-Level 1	CPU-Level 2	CPU-Level 3
OLTP-Transaktionen	0	0	100
team_a	0	60	0
team_b	0	40	0
Batch-Programme	90	0	0

Tabelle 11.5: Resource Manager: Nachtplan

Zusätzlich zu diesen CPU-Anforderungen sollen auch weitere Vorgaben hinsichtlich des Parallelisierungsgrades und der Nutzung der Rollback-Segmente implementiert werden. Für die Entwickler soll darüber hinaus sichergestellt werden, dass nicht mehr als zehn aktive Sitzungen pro Team während des Tages existieren. Für den Fall, dass Sitzungen von Entwicklern mehr als 300 Sekunden aktiv sind, sollen sie in die Gruppe der Batch-Programme zurückgestuft werden.

Privilegien erteilen

Benutzer, welche die oben beschriebene Umgebung aufbauen und verwalten wollen, benötigen das Systemprivileg `ADMINISTER RESOURCE MANAGER`. Dieses Privileg ist bereits in der vordefinierten Rolle `DBA` enthalten, kann aber auch explizit mit dem folgenden Prozeduraufruf vergeben werden:

```
SQL> BEGIN
       dbms_resource_manager_privs.grant_system_privilege(
         grantee_name => 'GUENTER',
         privilege_name => 'ADMINISTER_RESOURCE_MANAGER',
         admin_option => FALSE
       );
     END;
     /
```

Im Gegensatz zu den meisten anderen Systemprivilegien kann `ADMINISTER RESOURCE MANAGER` nur in dieser Form und nicht über einen `GRANT`-Befehl zugeteilt werden. Es ist keinesfalls notwendig und auch nicht wirksam, den betreffenden Benutzern die Execute-Rechte für das Paket `dbms_resource_manager` zuzuteilen.

Im vorangehenden Beispiel erhält der Benutzer `guenter` die Privilegien zur Arbeit mit dem Resource Manager. Er darf diese Privilegien allerdings nicht an Dritte weitergeben (`admin_option => false`).

Erteilte Privilegien können über die View `dba_rsrc_manager_system_privs` abgefragt werden.

Pending Area anlegen

Einfache Ressourcenpläne, die sich nur auf die Zuteilung von CPU-Zeiten auf bis zu acht Ebenen beschränken, lassen sich vollständig über die Prozedur `create_simple_plan` des Paketes `dbms_resource_manager` zusammen mit ihren Konsumentengruppen und Direktiven anlegen. Für komplexere Umgebungen, so wie in unserem Beispiel vorgesehen, sind unterschiedliche Prozeduraufrufe notwendig, die alle im Kontext eines Arbeitsbereiches (*Pending Area*) ablaufen müssen. Dieser Arbeitsbereich kann separat validiert und muss schließlich – nachdem alle Aufrufe abgesetzt werden konnten – explizit übermittelt werden, um die Änderungen festzuschreiben. Der folgende Aufruf initiiert diesen Arbeitsbereich:

```
SQL> BEGIN
       dbms_resource_manager.create_pending_area;
     END;
     /
```

Eine Validierung kann über die Prozedur `validate_pendig_area`, das Löschen über `clear_pending_area` erreicht werden, was einem Rollback gleichkommt. Sind alle Aufrufe durchgeführt worden, wird der Arbeitsbereich mit `submit_pending_area` aktiviert.

Konsumentengruppen und Ressourcenpläne anlegen

Nachdem der Arbeitsbereich initialisiert wurde, können als Nächstes die notwendigen Konsumentengruppen angelegt werden. Im folgenden Beispiel geschieht dies für die im Abschnitt Vorgaben geplanten Gruppen. Jeder Gruppe wird eine entsprechende Kommentarzeile beigefügt:

```
SQL> BEGIN
       dbms_resource_manager.create_consumer_group(
         consumer_group => 'OLTP',
         comment => 'Gruppe für OLTP-Anwendungen');
       dbms_resource_manager.create_consumer_group (
         consumer_group => 'Batch',
         comment => 'Gruppe für Batch-Anwendungen');
       dbms_resource_manager.create_consumer_group (
         consumer_group => 'Team_A',
         comment => 'Gruppe für Entwicklungsteam A');
       dbms_resource_manager.create_consumer_group (
         consumer_group => 'Team_B',
         comment => 'Gruppe für Entwicklungsteam B');
     END;
     /
```

`create_consumer_group` bietet noch den Parameter `mgmt_mth`, der die Methode der Verteilung von CPU-Ressourcen festlegt und den veralteten Parameter `cpu_mth` ersetzt. Derzeit werden hier folgende Werte unterstützt

- `ROUND-ROBIN` – nutzt das „Reihum"-Verfahren für die Sessions
- `RUN-TO-COMPLETION` – bevorzugt lang laufende Transaktionen

Ähnlich lassen sich die geplanten Ressourcenpläne anlegen:

```
SQL> BEGIN
       dbms_resource_manager.create_plan(
         plan => 'Tagesplan',
         comment => 'Plan für die Tageszeit von 8 bis 19 Uhr'
       );
       dbms_resource_manager.create_plan(
         plan => 'Nachtplan',
         comment => 'Plan für die Nacht von 19 bis 8 Uhr'
       );
     END;
     /
```

Auch hier lassen sich über zusätzliche Parameter die Methoden für die Zuteilung der verschiedenen Ressourcenbereiche (CPU, Anzahl der aktiven Sessions, Parallelisierung und Nutzung der Warteschlange) regeln.

Ressourcenpläne und Konsumentengruppen können über die Views `dba_rsrc_consumer_groups` und `dba_rsrc_plans` ausgegeben werden.

Grenzwerte vorgeben

Nachdem nun die Konsumentengruppen und die Ressourcenpläne angelegt wurden, können die erforderlichen Grenzwerte definiert werden, die für bestimmte Gruppen in bestimmten Plänen gelten sollen.

```
SQL> BEGIN
       dbms_resource_manager.create_plan_directive(
         plan => 'Tagesplan',
         group_or_subplan => 'OLTP',
         comment => 'OLTP-Ressourcen während des Tages',
         cpu_p1 => 80,
         parallel_degree_limit_p1 => 4,
         undo_pool => 500000
       );
     END;
     /
```

Im vorangehenden Beispiel wird festgeschrieben, dass alle aktiven Sitzungen der Gruppe `oltp` im Rahmen des Planes Tagesplan zusammen maximal 80 % der CPUZeit und für jede parallelisiert ausgeführte Operation maximal vier Serverprozesse verbrauchen dürfen. Der Speicherplatz aller in dieser Gruppe aktiven Sitzungen darf in den Rollback-Segmenten (`undo pool`) 500.000 KByte nicht überschreiten. Die Gruppe `oltp` ist die einzige Gruppe der ersten Schicht. Die verbleibenden oder nicht genutzten Ressourcen, für den Fall, dass OLTP keine aktiven Sitzungen vorzuweisen hat, werden der nächstfolgenden Schicht, in diesem Falle der Schicht 2, zugeführt. Auf diese Weise erhält die zweite Schicht in unserem Beispiel mindestens 20 %.

Im folgenden Beispiel werden dementsprechend die Ressourcen für die Gruppe `team_a` zugeteilt. Gemäß der im Abschnitt Vorgaben vorgegebenen Planung darf diese Gruppe von den mindestens verbleibenden 20 % CPU-Zeit der ersten Schicht maximal 60 % nutzen. Nicht genutzte CPU-Zeit geht auch hier an die nächstfolgende und nicht etwa an andere Gruppen derselben Schicht. Zusätzlich wird festgelegt, dass jede Sitzung dieser Gruppe maximal 300 Sekunden CPU-Zeit verbrauchen darf, bevor sie auf die Gruppe batch heruntergestuft wird. Die Herunterstufung kann auch schon dann erfolgen, wenn die Statistiken eine entsprechend lange Laufzeit erwarten (`switch_estimate => true`).

```
SQL> BEGIN
       dbms_resource_manager.create_plan_directive(
         plan => 'Tagesplan'
         group_or_subplan => 'Team_A',
         comment => 'Ressourcen für Entwicklungsteam A während des Tages',
         cpu_p1 => 0,
         cpu_p2 => 60,
         active_sess_pool_p1 => 10,
         switch_time => 300,
         switch_group => 'Batch',
         switch_estimate => TRUE,
         parallel_degree_limit_p1 => 4,
         undo_pool => 500000
       );
     END;
     /
```

Dementsprechend werden alle geplanten Direktiven angelegt. Es ist darauf zu achten, dass jeder Plan auch Direktiven für die vordefinierte Gruppe `other_groups` enthält, damit Benutzern, deren Gruppen nicht explizit in den betreffenden Plan miteingeschlossen wurden, restliche CPU-Zeiten zugeteilt werden können. In unserem Beispiel erhält diese Gruppe in der vierten Schicht alle verbleibenden CPU-Ressourcen.

```
SQL> BEGIN
       dbms_resource_manager.create_plan_directive (
         plan => 'Tagesplan',
         group_or_subplan => 'Team_B',
         comment => 'Ressourcen für Entwicklungsteam B während des Tages',
         cpu_p1 => 0,
         cpu_p2 => 40,
         active_sess_pool_p1 => 10,
         switch_time => 300,
         switch_group => 'Batch',
         switch_estimate => TRUE,
         parallel_degree_limit_p1 => 4,
         undo_pool => 500000
         );
       dbms_resource_manager.create_plan_directive (
         plan => 'Tagesplan',
         group_or_subplan => 'Batch',
         comment => 'Ressourcen für Batch-Verarbeitung während des Tages',
         cpu_p1 => 0,
         cpu_p2 => 0,
         cpu_p3 => 100
         );
       dbms_resource_manager.create_plan_directive (
         plan => 'Tagesplan',
         group_or_subplan => 'OTHER_GROUPS',
         comment => 'Diese Gruppe muss aufgeführt werden',
         cpu_p1 => 0,
         cpu_p2 => 0,
         cpu_p3 => 0,
         cpu_p4 => 100
       );
       -- Nachtzeit
       dbms_resource_manager.create_plan_directive (
         plan => 'Nachtplan',
```

```
    group_or_subplan => 'OLTP',
    comment => 'Ressourcen für OLTP-Verarbeitung während der Nacht'cpu_p1 => 0,
    cpu_p2 => 0,
    cpu_p3 => 100
    );
  dbms_resource_manager.create_plan_directive (
    plan => 'Nachtplan',
    group_or_subplan => 'Team_A',
    comment => 'Ressourcen für Entwicklungsteam A während der Nacht',
    cpu_p1 => 0,
    cpu_p2 => 60,
    active_sess_pool_p1 => 10
    );
  dbms_resource_manager.create_plan_directive (
    plan => 'Nachtplan',
    group_or_subplan => 'Team_B',
    comment => 'Ressourcen für Entwicklungsteam B während der Nacht',
    cpu_p1 => 0,
    cpu_p2 => 40,
    active_sess_pool_p1 => 10
    );
  dbms_resource_manager.create_plan_directive (
    plan => 'Nachtplan',
    group_or_subplan => 'Batch',
    comment => 'Ressourcen für Batch-Programme während der Nacht',
    cpu_p1 => 90
    );
  dbms_resource_manager.create_plan_directive (
    plan => 'Nachtplan',
    group_or_subplan => 'OTHER_GROUPS',
    comment => 'Diese Gruppe muss aufgeführt werden',
    cpu_p1 => 0,
    cpu_p2 => 0,
    cpu_p3 => 0,
    cpu_p4 => 100
    );
END;
  /
```

Pläne und Direktiven stellt die View `dba_rsrc_plan_directives` dar.

Zum Schluss darf nicht vergessen werden, die durchgeführten Aktionen aus dem Arbeitsbereich heraus zu übertragen:

```
SQL> BEGIN
       dbms_resource_manager.submit_pending_area;
     END;
     /
```

Konsumentengruppen und Benutzer

Nachdem nun die Pläne mit Leben gefüllt wurden, müssen die Konsumentengruppen auf die Benutzer verteilt und für jeden Benutzer eine Standardgruppe definiert werden, in deren Kontext er nach dem Connect operiert. Im Einzelnen ist hierzu jedem Benutzer das Privileg zum Umschalten auf eine oder mehrere Gruppen zu erteilen, dann kann eine dieser Gruppen zur Standardgruppe gemacht werden. Die Grant-Option – falls gesetzt – ermöglich es dem Betreffenden, dieses Recht weiterzugeben:

```
SQL> BEGIN
       dbms_resource_manager_privs.grant_switch_consumer_group (
         grantee_name => 'SCOTT',
         consumer_group => 'OLTP',
         grant_option => FALSE);
       dbms_resource_manager.set_initial_consumer_group(
         user => 'SCOTT',
         consumer_group => 'OLTP');
     END;
     /

     BEGIN
       dbms_resource_manager_privs.grant_switch_consumer_group (
         grantee_name => 'DEV_A',
         consumer_group => 'Team_A',
         grant_option => FALSE);
       dbms_resource_manager_privs.grant_switch_consumer_group (
         grantee_name => 'DEV_A',
         consumer_group => 'BATCH',
         grant_option => FALSE);
       dbms_resource_manager.set_initial_consumer_group(
         user => 'DEV_A'
         consumer_group => 'Team_A');
     END;
     /
```

Im vorangehenden Beispiel wird der Benutzer dev_a den Konsumentengruppen team_a und batch zugeteilt. Seine Standardgruppe wird team_a, auf batch wird er umgesetzt, falls – wie oben beschrieben – seine CPU-Zeiten zu hoch liegen.

Die Prozeduraufrufe dieses Abschnittes lassen sich im Übrigen direkt, ohne Initialisierung eines Arbeitsbereiches, durchführen.

Die View dba_rsrc_consumer_group_privs gibt Auskunft über die erteilten Privilegien.

Pläne aktivieren

Nun sind alle Pläne und Gruppen wie geplant angelegt worden. Die Überprüfung der angegebenen Grenzwerte erfolgt jedoch erst dann, wenn ein Plan aktiviert wird. Diese Aktivierung kann entweder über den Serverparameter resource_manager_plan oder dynamisch über den Befehl ALTER SYSTEM erfolgen. Im folgenden Beispiel wird der Plan „Tagesplan" aktiviert:

```
SQL> ALTER SYSTEM SET resource_manager_plan = 'TAGESPLAN';
```

Die in unserem Beispiel geforderte Umschaltung um 19 Uhr lässt sich leicht mit Hilfe eines Datenbankjobs und der Prozedur dbms_resource_manager.switch_plan erreichen.

v$rsrc_plan gibt den jeweils aktiven Plan und seine Unterpläne aus.

11.11.3 Monitoring

Im laufenden Betrieb lassen sich Statistiken über die tatsächliche Verteilung der CPU-Zeiten über die View v$rsrc_consumer_group abrufen:

```
SQL> SELECT name, active_sessions, consumed_cpu_time
     FROM   v$rsrc_consumer_group;

NAME         ACTIVE_SESSIONS CONSUMED_CPU_TIME
------------ --------------- -----------------
TEAM_A                     1             11091
TEAM_B                     0                 0
BATCH                      1            106606
OTHER_GROUPS               0              1002
OLTP                       2            283984
```

Der hohe CPU-Anteil der Gruppe `batch` in diesem Beispiel wurde dadurch verursacht, dass die Sitzung der Gruppe `team_a` erst später startete.

11.12 Verschlüsselung

Das Thema „Verschlüsselung" in diesem Abschnitt bezieht sich auf die Verschlüsselung der Benutzerdaten, die in den Dateien der Tablespaces auf Platte gespeichert werden.

Das Thema wurde bereits unter Oracle 8i eingeführt. Damals wurde das Thema über spezielle PL/SQL-Paketaufrufe implementiert, die zur Ver- und Entschlüsselung ausgewählter Spalten eingesetzt werden konnten.

Beginnend mit der Version 10g wurde *Transparent Data Encryption* (TDE) – zunächst auf Spaltenebene – eingeführt, wobei die Datenbank die Verschlüsselung der Daten übernimmt. Die Daten werden dabei vor dem Schreiben auf Platte ver- und beim Lesen entsprechend entschlüsselt. Der Prozess findet in der SQL-Schicht des Kernel und transparent für die Applikationen statt. Auf diese Weise bleiben die Daten in der SGA, im Undo- und Redo-Bereich verschlüsselt. Sicherungen, die mit diesen Daten operieren, übernehmen demnach ebenso den verschlüsselten Zustand.

In der Version 11g wurde schließlich die pauschale Verschlüsselung ganzer Tablespaces eingeführt.

Verschlüsselung kann aufgrund ihrer Transparenz nicht gegen unberechtigte, aber privilegierte Zugriffe schützen. Das heißt, Verschlüsselung kann immer nur eine *zusätzliche* Maßnahme im Rahmen eines Zugriffskonzeptes darstellen.

Die TDE-Verschlüsselung baut auf einer zweischichtigen Architektur auf: ein Master-Schlüssel und ein oder mehrere Tabellen- oder Tablespace-Schlüssel steuern den transparenten Prozess. Der Master-Schlüssel wird dabei extern, in einem Wallet oder *Hardware Security Module* (HSM) abgelegt, die Tabellen- bzw. Tablespace-Schlüssel werden – mit diesem Master-Schlüssel verschlüsselt – in der Datenbank gespeichert. Jede Datenbank hat einen spezifischen Master-Schlüssel. RAC-Instanzen können sich seit der Version 11g einen Master-Schlüssel teilen. Seit Oracle 11g Release 2 kann ein Master-Key sowohl für die Tablespace- als auch die Spaltenverschlüsselung genutzt werden Es versteht sich, dass dieser Schlüssel als Erstes zu generieren ist, bevor irgendwelche Daten verschlüsselt werden.

Bei der Verschlüsselung auf der Ebene von Tablespaces werden *sämtliche* enthaltenen Daten verschlüsselt. Aus diesem Grunde werden hier – im Gegensatz zur Verschlüsselung einzelner Spalten – Indexzugriffe jeglicher Art unterstützt. Diese Art der Verschlüsselung ist nur für neue Tablespaces verfügbar, bestehende Daten müssen bei Bedarf migriert werden.

Im Gegensatz hierzu wird bei der Verschlüsselung einzelner Spalten die Nutzung von Indizes eingeschränkt: Die Indexnutzung ist hier nur möglich bei B*-Typen für Einzelspalten und für Gleichheitsoperatoren. Wird mehr als eine Spalte indiziert, müssen alle mit der *„no salt"*-Option verschlüsselt werden, wodurch gleiche Werte immer gleiche Hashes erzeugen, was die Daten leichter kompromittierbar macht.

Weitere Besonderheiten sind bei der Spaltenverschlüsselung zu beachten:

- Weil jede Tabelle ihre eigenen Schlüssel generiert, lassen sich *Foreign Key Constraints* nicht realisieren – es sei denn, wir verwenden die Tablespace-Verschlüsselung, die – wie dargestellt – mit einem Schlüssel auskommt.
- Für verschlüsselte Spalten wächst der Speicherbedarf: Pro Spalte rechnen wir mit 20 Bytes für die Prüfsumme, 16 Bytes, wenn ein *Salt* benutzt wird, schließlich wird auf 16 Bytes aufgefüllt (*padding*). Diese Daten können wir nur per Blockdump nachvollziehen, weil sowohl die Statistikdaten als auch Funktionen wie `vsize` oder `dump` die Verschlüsselung „unterdrücken" und bereinigte Werte ausgeben. Auch hier schlägt sich die Tablespace-Verschlüsselung besser, die keinen Overhead generiert.

Im Folgenden werden wir die Konfiguration von TDE zusammenfassend darstellen:

- Als Erstes müssen wir die Erstellung des Wallets für den Master-Schlüssel vorbereiten. Hierzu wird die Datei `sqlnet.ora` um folgenden Eintrag erweitert:

```
ENCRYPTION_WALLET_LOCATION = (
  SOURCE = (METHOD = FILE)
     (METHOD_DATA = (DIRECTORY = /oracle/dbsid/admin/wallet)))
```

  Mit `ENCRYPTION_WALLET_LOCATION` wird ein Verzeichnis speziell für das TDE-Wallet angegeben.

- Ist das Verzeichnis vorbereitet, können wir das Wallet und den Master-Schlüssel generieren:

```
SQL> ALTER SYSTEM SET ENCRYPTION KEY IDENTIFIED BY "PassWord123";
```

  Das Passwort muss in doppelten Hochkommas eingeschlossen werden, sonst erhalten wir eine Fehlermeldung! Es wird zum Öffnen des Wallets benötigt und stellt keineswegs den Master-Schlüssel dar!

  Gemäß den Angaben in der Datei `sqlnet.ora` ist nun die Wallet-Datei erstellt worden:

```
ls -l
-rw-r--r-- 1 oracle dba 1573 Jul 26 21:17 ewallet.p12
```

  Die Dateierweiterung „`p12`" zeigt, dass die Wallet-Datei nach dem Standard *PKCS#12* angelegt wurde. Das Wallet ist nach dem Anlegen bereits automatisch geöffnet worden.

- Wir können nun die erste Tabelle anlegen und die Spalten kontrollieren:

```
SQL> CREATE TABLE employee (
       first_name VARCHAR2(128),
       last_name VARCHAR2(128),
       empID NUMBER ENCRYPT NO SALT,
       salary NUMBER(6) ENCRYPT salt
     );
```

```
SQL> DESC employee
Name                                    Null?    Type
--------------------------------------- -------- ----------------------------
 FIRST_NAME                                       VARCHAR2(128)
 LAST_NAME                                        VARCHAR2(128)
 EMPID                                            NUMBER ENCRYPT
 SALARY                                           NUMBER(6) ENCRYPT

SQL> SELECT *
     FROM dba_encrypted_columns
     WHERE owner = 'TEST';

OWNER  TABLE_NAME COLUMN_NAME ENCRYPTION_ALG    SALT INTEGRITY_ALG
------ ---------- ----------- ----------------- ---- -------------
TEST   EMPLOYEE   EMPID       AES 192 bits key NO   SHA-1
TEST   EMPLOYEE   SALARY      AES 192 bits key YES  SHA-1
```

- Die Daten werden nun wie gewohnt per `insert` eingefügt.
- Bei der Verschlüsselung von Tablespaces gehen wir analog vor: Das Kommando `create tablespace` wird mit der `encrypt`-Klausel angereichert. Wenn der Tablespace angelegt wurde, erstellen wird die Tabellen *normal*, d. h. ohne `encrypt` Klausel bei den Spalten!

11.13 Auditing

Auditing ersetzt kein Sicherheitskonzept, sondern baut im Gegenteil auf einer soliden Benutzer- und Privilegienplanung auf, um in vorgegebenen Bereichen Zugriffsprotokolle zu erstellen, die bei Bedarf dabei helfen:

- Anomalien im Bereich sensibler Daten nachzuvollziehen und/oder
- mögliche Schwachstellen des Zugriffskonzeptes aufzudecken.

Auditing zu konfigurieren ist eines, mindestens ebenso wichtig ist jedoch die regelmäßige, automatisierte Auswertung der Audit-Daten, um die vorstehend aufgeführten Ziele erreichen zu können, sowie die klar definierte Archivierung und Löschung derselben. In vielen Fällen wird die Frage, ob Auditing zum Einsatz kommt oder nicht, durch die gesetzlichen Rahmenbedingungen klar entschieden.

Die Datenbanktechnik bietet uns auch hier weitreichende und vielschichtige Lösungsmöglichkeiten, alleine wir müssen sie in ausreichender und angemessener Form umsetzen.

Mit Auditing können drei Bereiche, nämlich Objekte, Kommandos und Privilegien, überwacht werden, und damit ist es möglich, von fehlerhaften Anmeldungen bis zu Abfragen auf bestimmte Tabellen oder sogar nur bestimmte Spalten alle Informationen zu protokollieren. Auditing kostet auf der anderen Seite Speicherplatz und – für die Generierung – auch CPU-Zeit. Wir müssen daher im Kontext von Anforderungen und technischen Möglichkeiten einen guten Kompromiss finden.

Beginnend mit der Version 11g wird bei Anlegen einer Datenbank – per Skript oder über den „Database Configuration Assistant" – Auditing standardmäßig mit einigen Optionen eingeschaltet sowie das Standard-Benutzerprofil mit Einstellungen zu Passwortmanagement ergänzt. Verantwortlich hierfür ist das Skript `secconf.sql`, das sich im Unterverzeichnis rdbms/admin jedes Home-Verzeichnisses befindet. An gleichem Ort finden sich ebenfalls die Skripte undoaud.sql und undopwd.sql, welche die Einstellungen wieder rückgängig machen können. Bei neuen Datenbanken sollten diese neuen Standards unbedingt geprüft und – wenn auch nicht ausgeschaltet – so doch an die eigenen Vorgaben angepasst werden.

11.13.1 Zwanghaftes Auditing

Das Starten und Stoppen von Instanzen und Datenbanken sowie die Authentifizierung von Benutzern der Rollen sysdba und sysoper gehören zu den Operationen, die ohne Ausnahme immer protokolliert werden. Neben der bekannten ALERT-Datei steht zu diesem Zweck das Unterverzeichnis $ORACLE_HOME/rdbms/audit zur Verfügung.[26] Die Audit-Einträge werden dort in eine einzelne Datei mit Namen ora_<pid>_<thread>.aud geschrieben, wobei <pid> für die Prozessnummer des betreffenden Serverprozesses steht. Das oben genannte Audit-Verzeichnis kann über den Serverparameter audit_file_dest angepasst werden.

Das folgende Fragment enthält einen Ausschnitt aus einer solchen Audit-Datei:

```
Unix process pid: 5162, image: oracle@oel.dbc.de

Mon Jul 26 10:02:31 2010 +02:00
LENGTH : '163'
ACTION :[7] 'CONNECT'
DATABASE USER:[3] 'SYS'
PRIVILEGE :[6] 'SYSDBA'
CLIENT USER:[0] ''
CLIENT TERMINAL:[11] 'DATTATREYA3'
STATUS:[1] '0'
DBID:[10] '1244342159'
```

Für das Auditing von weiteren Aktionen, die unter dem Benutzer SYS oder den Rollen sysoper oder sysdba ablaufen, steht der Serverparameter audit_sys_operations zur Verfügung, der wie folgt aktiviert werden kann:

```
SQL> ALTER SYSTEM SET audit_sys_operations=TRUE SCOPE=SPFILE;
```

Für diesen Parameter ist – aus Sicherheitsgründen – ein Neustart der Instanz erforderlich. In der Folge werden dann *alle* Aktionen, die über SQL- oder PL/SQL-Befehle ausgeführt werden, in dem oben genannten Audit-Verzeichnis und dort in eigenen Dateien protokolliert. Das folgende Beispiel zeigt einen kleinen Ausschnitt einer solchen Datei:

```
Mon Aug 9 14:54:04 2010
ACTION : 'select to_char(taddr) from sys.v_$session
         where audsid = userenv('SESSIONID')'
DATABASE USER: 'SYS'
PRIVILEGE : SYSDBA
CLIENT USER: Administrator
CLIENT TERMINAL:
STATUS: 0
```

26 Unter Windows werden Audit-Sätze dieser Art in das Event-Log geschrieben.

11.13.2 Aktivieren von Auditing

Zur Nutzung des Auditings sind – mit Ausnahme der im vorangehenden Abschnitt genannten Fälle – zwei Schritte notwendig:Erstens muss der DBA über den Serverparameter `audit_trail` die Datenbank für das Auditing vorbereiten, zweitens muss konfiguriert werden, welche Aktionen oder Statements im Rahmen des Auditings protokolliert werden sollen.

Bei neu erstellten Datenbanken wird das Auditing bereits – wie dargestellt – eingestellt sein, für ältere oder migrierte Systeme muss für den ersten Schritt ein Neustart der Instanz durchgeführt werden, der zweite Schritt kann dagegen im laufenden Betrieb unternommen werden.

Der Parameter `audit_trail` kann die folgenden Werte haben:

- `none` – schaltet das Auditing aus.
- `os` – speichert die Audit-Protokolle über das Betriebssystem.
- `db` – speichert die Protokolle in der Datenbank, dort in der SYS-Tabelle `aud$`.
- `db, extended` – speichert in der Datenbank wie `db`, legt aber zusätzlich noch die genutzten SQL-Befehle sowie die Werte der darin enthaltenen Bindevariablen in den Spalten `SQLBIND` und `SQLTEXT` der Tabelle `aud$` ab. Für diese zusätzlichen Protokolle existieren separate `FGA`*-Tabellen.
- `xml` – protokolliert im xml-Format über Dateien des Betriebssystems.
- `xml, extended` – wie `xml` nur werden hier analog zu `db, extended` SQL-Informationen in den xml-Dateien protokolliert.

Die Konfiguration dessen, was protokolliert werden soll (Optionen), erfolgt dann mit dem Befehl:

```
SQL> AUDIT <KOMMANDO | PRIVILEG | OPERATION> <OPTIONEN>
```

Als Optionen gelten:

```
.. BY SESSION / BY ACCESS
.. WHENEVER SUCCESSFUL / WHENEVER NOT SUCCESSFUL
```

Ausgeschaltet werden kann das Auditing, wenn es nicht über die Änderung des Serverparameters `audit_trail` erfolgt, über den Befehl:

```
SQL> NOAUDIT <KOMMANDO | PRIVILEG | OPERATION | ALL> <OPTIONEN>
```

Beim Auditing auf Betriebssystemebene (`audit_trail=os`) gibt es Unterschiede zwischen MS Windows und anderen (z. B. Unix oder VMS). Bei Unix gibt es den Serverparameter `audit_file_dest`, der angibt, in welches Verzeichnis die Audit-Dateien geschrieben werden sollen (standardmäßig ist dies das Verzeichnis `$ORACLE_HOME/rdbms/audit`). Das Verzeichnis sollte also überwacht werden, da es stark anwachsen kann.

Bei MS Windows gibt es diesen Parameter nicht, sondern alle Audit-Informationen werden an die Ereignisanzeige übergeben und sind über das Anwendungsprotokoll einsehbar.

Das Auditing in der Datenbank legt – wie dargestellt – alle Informationen im Schema `SYS` in der Tabelle `aud$` ab. Diese Tabelle wird bei der Erstellung der Datenbank angelegt und gehört zum internen Data Dictionary. Es versteht sich, dass diese Tabelle bei umfangreichen Audit-Protokollen einer besonderen Pflege bedarf.

Beginnend mit der Version 11g stellt Oracle nun das Paket `dbms_audit_mgmt` bereit, das für *alle* Audit-Varianten sehr nützliche Routinen anbietet. Die folgende Aufstellung enthält einige Beispiele

- Übertragen der internen Audit-Tabellen[27] in einen anderen Tabelspace (SYSAUX)

```
SQL> BEGIN
       DBMS_AUDIT_MGMT.SET_AUDIT_TRAIL_LOCATION(
         AUDIT_TRAIL_TYPE => DBMS_AUDIT_MGMT.AUDIT_TRAIL_AUD_STD,
         AUDIT_TRAIL_LOCATION_VALUE => 'SYSAUX'
       );
     END;
     /
```

  Folgende Typen werden hierbei unterstützt:

  - `AUDIT_TRAIL_AUD_STD`: `AUD$`-Tabelle.
  - `AUDIT_TRAIL_FGA_STD`: Fine-grained Audit Trail-Tabelle, `FGA_LOG$`.
  - `AUDIT_TRAIL_DB_STD`: Beide oben genannten Bereiche
  - `AUDIT_TRAIL_OS`: OS-Auditing
  - `AUDIT_TRAIL_XML`: OS-Auditing
  - `AUDIT_TRAIL_OS`: OS-Auditing
  - `AUDIT_TRAIL_FILES`: OS-Auditing + XML-Auditing
  - `AUDIT_TRAIL_ALL`: Alle Typen

- Setzen der Maximalgrößen

```
SQL> -- Set the Maximum size of OS audit files to 20,000Kb.
SQL> BEGIN
       DBMS_AUDIT_MGMT.set_audit_trail_property(
         audit_trail_type           => DBMS_AUDIT_MGMT.AUDIT_TRAIL_OS,
         audit_trail_property       => DBMS_AUDIT_MGMT.OS_FILE_MAX_SIZE,
         audit_trail_property_value => 20000);
     END;
     /
```

- Setzen des maximalen Alters von Dateien

```
SQL> -- Set the Maximum age of XML audit files to 20 days.
SQL> BEGIN
       DBMS_AUDIT_MGMT.set_audit_trail_property(
         audit_trail_type           => DBMS_AUDIT_MGMT.AUDIT_TRAIL_XML,
         audit_trail_property       => DBMS_AUDIT_MGMT.OS_FILE_MAX_AGE,
         audit_trail_property_value => 20);
     END;
     /
```

27 Neben `AUD$` sind dies die FGA-Tabellen für das SQL-Auditing.

- Initialisierung der Infrastruktur: Periodisches Löschen der Protokolle durch Vorgabe eines Zeitstempels (hier 5 Tage) und einer Zeitsteuerung (hier alle 12 Stunden)

```
SQL> BEGIN
       DBMS_AUDIT_MGMT.init_cleanup(
         audit_trail_type         => DBMS_AUDIT_MGMT.AUDIT_TRAIL_ALL,
         default_cleanup_interval => 12 /* hours */);
     END;
     /

SQL> BEGIN
       DBMS_AUDIT_MGMT.set_last_archive_timestamp(
         audit_trail_type  => DBMS_AUDIT_MGMT.AUDIT_TRAIL_AUD_STD,
         last_archive_time => SYSTIMESTAMP-5);
     END;
     /
```

Die Aktivitäten und Basiseinstellungen dieses Paketes sind über vier Views (DBA_AUDIT_MGMT*) abrufbar.

11.13.3 Kommando-Auditing

Das Kommando-Auditing befasst sich mit der Überwachung einzelner Kommandos oder Kommandogruppen, die zu einem bestimmten Bereich der Datenbank gehören. Hiermit kann z. B. überprüft werden, ob eine Einschränkung von Benutzern auf eine PL/SQL-Schnittstelle eingehalten wird. Die Protokollierung von Kommandooperationen im Administrationsbereich (ALTER SYSTEM) kann für die Rekonstruktion von Problemsituationen interessant sein.

Der einfachste Fall für ein Kommando-Auditing ist der Befehl:
`AUDIT SESSION;`

Damit wird jeder Login und jeder Logout an der Datenbank mitprotokolliert. Da dies für eine große Datenbank bzw. eine umfangreiche Anzahl von Benutzern unübersichtlich wird, wird in vielen Fällen ein Schemaname mitgegeben.
`AUDIT SESSION BY gerd, anna;`

Dieser Befehl schränkt die Protokollierung auf die Benutzer gerd und anna ein. Das folgende Beispiel zeigt die Ausgabe der View dba_audit_trail.

```
SQL> SELECT os_username, username, terminal, timestamp, action_name, returncode
     FROM   dba_audit_trail;

OS_USERNAM USERNAME   TERMINAL   TIMESTAM ACTION_NAME  RETURNCODE
---------- ---------- ---------- -------- ------------ ----------
jahrends   GERD       HLLAP33    10.09.09 LOGON              1017
jahrends   ANNA       HLLAP33    10.09.09 LOGOFF                0
jahrends   GERD       HLLAP33    10.09.09 LOGON                 0
```

Der RETURNCODE 1017 gibt die Oracle-Fehlermeldung an, sie kann über oerr ora 1017 oder in der Dokumentation nachgelesen werden. In diesem Fall handelt es sich um den Fehler:
`invalid username/password; logon denied.`

Neben den hier dargestellten Spalten ist noch die Spalte comment_text interessant, da hier die Netzwerkkonfiguration abgespeichert wird.

Insgesamt gibt es 177 mögliche Kommando-Auditing-Befehle, angefangen beim UN-KNOWN bis zum ALTER OPERATOR, sodass hiermit alle möglichen DDL-Befehle überwacht werden können. Eine komplette Liste kann in der View audit_actions nachgesehen werden.

Die Abfrage der *eingestellten* Audit-Funktionen erfolgt über die View: dba_stmt_audit_opts.

11.13.4 Privilegien-Auditing

Mit dem Kommando-Auditing steht die Objektart im Vordergrund, z. B. werden mit dem Befehl AUDIT TABLE alle DDL-Befehle bezüglich der Erstellung, Änderung oder Löschung einer Tabelle überwacht. Beim Privilegien-Auditing kann hingegen eine einzelne Operation, für die z. B. das Privileg CREATE ANY TABLE notwendig ist, gezielt überwacht werden.

Da eine Überschneidung zwischen dem Kommando-Auditing und dem Privilegien-Auditing besteht, existieren zwar zwei Views, dba_priv_audit_opts und dba_stmt_audit_opts, der Inhalt ist jedoch identisch.

Mit der Tabelle system_privilege_map können die möglichen Audit-Optionen abgefragtŽwerden.

11.13.5 Objekt-Auditing

Während Kommando- und Privilegien-Auditing die generelle Nutzung von Befehlen und Rechten ohne Objektbezug überwachen, ist mit dem Objekt-Auditing die gezielte Überwachung bestimmter Objekte möglich. Damit können Zugriffe auf bestimmte Objekte oder DML-Operationen überwacht werden. Über die weitere Einschränkung BY <user> und BY ACCESS ist es möglich, die anfallende Menge an Informationen einzuschränken.

Mit dem Befehl AUDIT INSERT, UPDATE, DELETE ON demo.kunden ist es möglich, die Verwendung von DML-Operationen zu überwachen.

```
SQL> SELECT terminal, username, timestamp#, owner, action_name, returncode
     FROM   dba_audit_trail;

TERMINAL USERNAME TIMESTAM OWNER  ACTION_NAME RETURNCODE
-------- -------- -------- ------ ----------- ----------
HLLAP33  ANNA     11.09.09 DEMO   INSERT            2004
HLLAP33  GERD     11.09.09 DEMO   UPDATE               0
```

Die Fehlermeldung ORA-02004 security violation im Falle einer insert-Operation des Benutzers anna ist ein spezieller Eintrag in die Audit-Trail-Tabelle, der Benutzer bekommt die Meldung
ORA-00942: Table or view does not exist
zurückgeliefert.

Die eingestellten Objektüberwachungen können mit der View dba_obj_audit_opts überprüft werden.

11.13.6 Fine-Grain-Auditing

Das generelle Auditing von Objekten kann unter Umständen zu aufwendig bzw. zu unübersichtlich sein. Als Beispiel sei eine Kundentabelle genannt, die natürlich alle relevanten Informationen des Kunden enthält, vielleicht aber auch seine Liquidität. Diese darf – und so ist es in der Anwendung auch implementiert – nur von bestimmten Personen eingesehen und geändert werden. Genutzt wird die Tabelle natürlich von sehr vielen Anwendungen. Hier ist es also nur interessant zu protokollieren, welche Zugriffe auf die Spalte `liquiditaet` erfolgten.Für diesen Zugriff gibt es ein Datenbankpaket `dbms_fga`, mit dem es möglich ist, eine Spalte oder eine Bedingung mitanzugeben.

```
SQL> BEGIN
       dbms_fga.add_policy(
         object_schema => 'DEMO',
         object_name => 'KUNDEN2',
         policy_name => 'CHECK_LIQ',
         audit_condition => 'LIQUIDITAET > 400000',
         audit_column => 'LIQUIDITAET'
       );
     END;
     /

SQL> SELECT timestamp#, dbuid, osuid, obj$schema, obj$name, policyname, sqltext
     FROM   sys.fga_log$;

TIMESTAM DBUID  OBJ$SCHEMA OBJ$NAME POLICYNAME SQLTEXT
-------- ------ ---------- -------- ---------- --------------------
11.09.09 DEMO   DEMO       KUNDEN2  CHECK_LIQ select * from kunden2
11.09.09 DEMO   DEMO       KUNDEN2  CHECK_LIQ select nachname, vorname from
                                               kunden2 where liquiditaet = 100000
```

Die Information kann dann über die Tabelle `sys.fga_log$` abgefragt werden. Diese mit der Version 9i eingeführte Variante des Auditings ermöglicht ein viel gezielteres Überwachen von Statements inklusive Abfragen. Ab der Version 10g ist diese Art des Auditings für alle DML-Befehle zulässig.

Mit weiteren Prozeduren des Packages `dbms_fga` kann das Auditing an- oder ausgeschaltet bzw. gelöscht werden.

11.13.7 Audit-Trigger

Neben den beschriebenen Verfahren des Auditings darf die Verwendung von Triggern zur Überwachung nicht vergessen werden. Durch den Einbau eines Triggers auf eine Tabelle kann zum Beispiel jede DML-Operation in einer anderen Tabelle mit Datum, Uhrzeit, Benutzer und anderen Informationen festgehalten werden.

Im Folgenden werden alle alten Werte der Tabelle `kunden` mit dem Benutzer und dem Systemdatum festgehalten.

```
SQL> CREATE TABLE audit_kunden (
       kdnr NUMBER (10) NOT NULL,
       anrede_alt VARCHAR2 (5),
       vorname_alt VARCHAR2 (50),
       nachname_alt VARCHAR2 (50),
```

```
        adresse_alt VARCHAR2 (50),
        ort_alt VARCHAR2 (50),
        plz_alt NUMBER (6),
        telefon_alt VARCHAR2 (20),
        benutzer VARCHAR2(10),
        systemdatum DATE);

SQL> CREATE OR REPLACE TRIGGER audit_kunden
     AFTER INSERT OR DELETE OR UPDATE ON kunden
     FOR EACH ROW
     BEGIN
       INSERT INTO audit_kunden
       VALUES (
         :new.kdnr, :old.anrede, :old.vorname, :old.nachname,
         :old.adresse, :old.ort, :old.plz, :old.telefon, user, sysdate
       );
     END;
     /
```

Dies ist sicher ein einfaches Beispiel, erlaubt es aber, alle relevanten Informationen in einer eigenen separaten Tabelle abzulegen. Es ist jedoch nicht möglich, in dieser Form auf SELECT-Anweisungen zu reagieren.

11.13.8 Empfehlungen

Die beim Auditing zur Verfügung stehenden Optionen erlauben die Beobachtung der Datenbankaktivität in verschiedenen Stufen. Die Granularität der Beobachtungen sollte sich dabei an den Anforderungen ausrichten: Generell sollten sie – sofern es die gesetzlichen Rahmenbedingungen zulassen – mit sehr allgemeinen Optionen beginnen, sodass der Einfluss auf die Performance gering bleibt und wenig Platz verwendet wird. Erst wenn konkrete Verdachtsmomente für einen unbefugten Zugang zum System vorliegen, sollten aufwendigere Optionen eingeschaltet werden.

Im Datenbankkonzept sollte zunächst eine Strategie zum Auditing festgelegt werden, die dann konkret in eine Audit-Konfiguration umgesetzt wird. Die Strategie sollte auch Maßnahmen festlegen, wie bei der Entdeckung von nicht zulässigen Zugriffen verfahren werden soll.

In vielen Unternehmen wird es außerdem notwendig sein, Audit-Konzepte mit Unternehmensgremien wie z. B. dem Betriebsrat abzustimmen. Besonders dann, wenn nicht nur versuchte Eingriffe ins System oder nicht gestattete Operationen, sondern auch die tägliche Arbeit eines Anwenders nachvollzogen werden können, kann es zu Konflikten mit den Betriebsvereinbarungen kommen.

Für Umgebungen, die Auditing intensiv in vielen Systemen nutzen müssen, empfiehlt sich die Konfiguration von *Audit Vault*. Bei dieser Lösung werden Audit-Daten verschiedener Systeme in einem zentralen Repository zusammengeführt. Zahlreiche vorkonfigurierte Berichte erleichtern darüber hinaus die Auswertung. Audit Vault werden wir hier nicht detaillierter darstellen.

11.14 Automatisierte Prüfungen (Compliance)

Die Abschnitte dieses Kapitels haben es sicherlich deutlich vor Augen geführt: Die Anforderungen an ein Sicherheitskonzept sind hoch und erstrecken sich in unzähligen Details auf unterschiedlichen Ebenen produktiver Datenbankumgebungen.

Auf der anderen Seite befinden sich Systeme in einem kontinuierlichen Prozess fortwährender Veränderungen: Neue Schwachstellen werden entdeckt und verändern damit das Bedrohungspotenzial, neue Versionen bieten neue Funktionalitäten, die von neuen Anwendungen genutzt werden, die Daten selbst wachsen täglich und wecken stets neue Begehrlichkeiten.

Um Umgebungen dauerhaft sicher betreiben zu können, müssen wir unser Sicherheitskonzept nicht nur beständig an neue Herausforderungen anpassen, sondern wir müssen unsere Konfigurationen beständig kontrolliern und auf Konformität mit den von uns geforderten Konzepten prüfen.

Es versteht sich, dass diese Überprüfung in keiner Weise manuell erfolgen kann, sondern automatisiert ablaufen muss. In diesem Umfeld bietet sich eine ganze Reihe von Werkzeugen an (*Vulnerability Assessment*), die sich weltweit bewährt haben und uns im Kontext von Oracle-Systemen unterstützen. Die detaillierte Darstellung dieser Werkzeuge würde allerdings den Rahmen dieses Kapitels sprengen.

Abschließend möchten wir stattdessen kurz auf die Möglichkeiten des „Enterprise Managers" eingehen, der unter dem Stichwort *Compliance* entsprechende Prüfroutinen anbietet. Im Rahmen von *Policy Groups* und *Policies* lassen sich Systeme auf ihre Konformität hin überprüfen. Neben den vorgefertigten Regeln, die sich an den eingangs erwähnten Standards orientieren, können wir auch unsere eigenen Vorgaben implementieren. Verletzungen dieser Regeln werden über Enterprise Manager angezeigt. Details zu den Policies sind im *„Oracle Enterprise Manager Policy Reference Manual"* ausführlich dokumentiert.

12 Hochverfügbarkeit

Wie bereits in Kapitel 2.5 beschrieben, sollte mit dem Begriff Hochverfügbarkeit sehr vorsichtig umgegangen werden. Schnell wird davon geredet, eine Datenbank sei hochverfügbar oder muss hochverfügbar aufgebaut werden; wenn man sich dann jedoch die Anwendung detailliert ansieht, so kommt man schnell zu dem Schluss, dass es im Wesentlichen nicht um die Verfügbarkeit der Datenbank, sondern um die Sicherheit der Daten geht.

Basierend auf der Feststellung, dass eine hohe Verfügbarkeit nur durch Redundanzen erreicht werden kann, ist dieses Kapitel so aufgebaut, dass wir auf die unterschiedlichen Level der Redundanz eingehen. Angefangen bei der Hardware, z. B. Raid-Systeme bis hin zum Thema Replikation.

Eine gute Hilfestellung beim Aufbau einer hochverfügbaren Datenbank bietet der so genannte *Maximum Availability Architecture (MAA) Advisor* im Oracle Enterprise Manager.

Wie in Abbildung 12.1 zu erkennen, wird zunächst von einem Backup sowie der zugehörigen Aktivierung des Archivelog-Modus ausgegangen. Für unterschiedliche Ausfalltypen (Computerfehler, menschliche Fehler, Datenbeschädigungen) stehen dann entsprechende weitere Optionen zur Verfügung, die in diesem Kapitel behandelt werden.

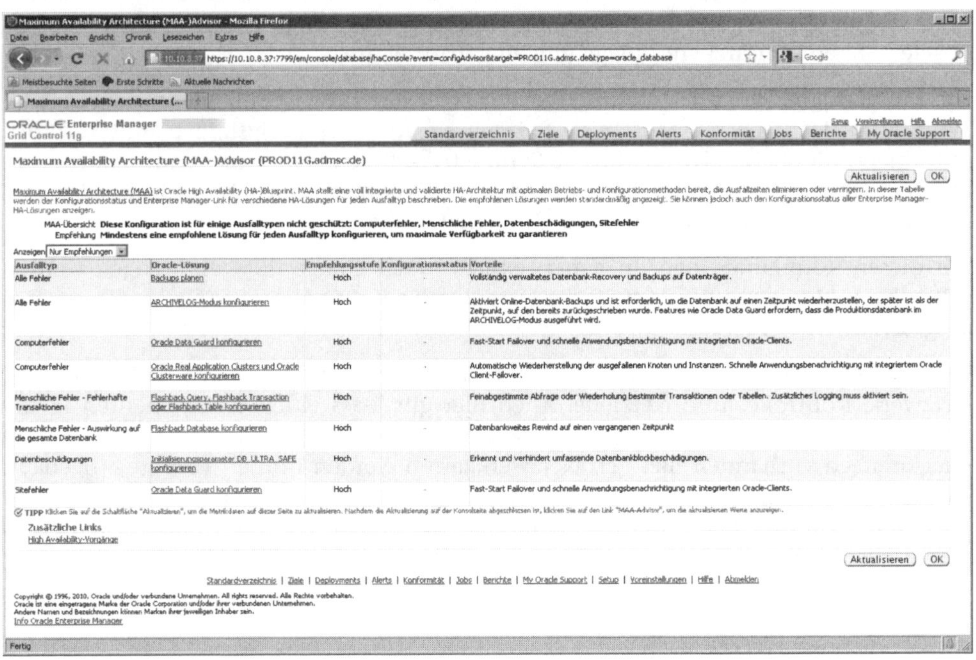

Abbildung 12.1: Maximum Availability Architecture Advisor

12.1 Redundante Hardware

Es gibt heute wohl kaum eine produktive Datenbank, die nicht auf gespiegelten Platten betrieben wird. Diese erste grundlegende Anforderung entsteht aus der Tatsache, dass Festplatten meist die niedrigste MTBF[1] haben. Wenn dann noch hinzukommt, dass die Datenbank in einem SAN[2] gemeinsam mit anderen Anwendungen betrieben wird, dann muss man davon ausgehen, dass es mehr oder weniger regelmäßig zu Plattenfehlern kommt.

Daraus folgt, dass es zwingend erforderlich ist, alle Oracle-Komponenten – also Software, Datenbanken, Backups etc. – auf Raid[3]-Systemen zu betreiben. Oracle empfiehlt, wie bereits in Kapitel 3.3.4 besprochen, für die Datenbank eine S.A.M.E.[4]-Konfigation zu verwenden. Aus Kostengründen werden jedoch oft auch Raid-5-Systeme eingesetzt. In diesem Fall wird mit einer Parität gearbeitet, d. h., es werden Gruppen von Datenblöcken gebildet, die dann über einen Paritätsblock abgesichert werden. Für ein Raid-5-System werden mindestens drei Platten benötigt, die Nutzkapazität ergibt sich dann aus der Formel:

$$\text{Nutzkapazität} = (\text{Anzahl Festplatten} - 1) \times (\text{Kapazität der kleinsten Festplatte})$$

Für die Oracle-Software sowie Backups sind diese Konfigurationen durchaus ausreichend, für die Datenbank selbst sollte darauf verzichtet werden, da speziell die Schreiboperationen darunter leiden.

Über das Oracle-eigene Storage Management (ASM) kann natürlich auch auf ein Raid-System verzichtet verwenden. In der Praxis ist uns jedoch kein Fall bekannt, wo auf eine Hardwarespiegelung verzichtet wurde. Allerdings gibt es einige Fälle, in denen über das Oracle ASM eine zusätzliche Spiegelung aufgebaut wurde.

Um die Verfügbarkeit der Festplatten weiter zu erhöhen, wird aufbauend auf die Raid-Systeme in der nächsten Stufe eine Spiegelung von Storage-Systemen durchgeführt. EMC bietet hier beispielsweise für die Symmetrix-Modelle ein so genanntes SRDF[5] an, mit dem eine Spiegelung der Platten über große Distanzen möglich ist. Andere Hersteller, wie IBM, Sun und Hitachi, bieten ähnliche Lösungen.

Mit diesen Konfigurationen, in denen explizit auch Oracle ASM einbezogen werden sollte, kann die Gefahr des Ausfalls der Datenbank aufgrund von Festplattenfehlern fast ausgeschlossen werden.

Unberührt bleiben davon allerdings Fehler im Server. Dazu gehören CPU, Memory, Netzwerk, Kontroller und Netzteile. Auch hier gilt, dass einige Komponenten in der Praxis bereits redundant ausgelegt sind: So sind Netzteile in größeren Systemen doppelt oder dreifach vorhanden. Bei den Netzwerkkarten werden immer mehrere eingebaut, da außerdem unterschiedliche Netzwerktopologien betreut werden (z. B. Admin-Netz, User-Netz). Und auch die Disk-Kontroller sind meist zwangsläufig durch die bereits beschriebene Storage-Topologie mehrfach ausgelegt.

---

1 Mean Time Between Failure

2 Storage Area Network

3 Redundant Array of Independent Disks

4 Stripe and Mirror Everything

5 Symmetrix Remote Data Facility

Beim Hauptspeicher werden zunächst einmal RAM-Module verwendet, die mit einer Fehlererkennung (Parity) oder einer Fehlerkorrektur (ECC[6]) ausgestattet sind. In unterschiedlichen Konfigurationen kann damit zumindest die Wahrscheinlichkeit einer Korruption von Daten aufgrund von Memory-Fehlern mimimiert werden.

Komponenten wie die CPU und komplette Memory-Module werden nur selten redundant ausgelegt. Eine Ausnahme bilden moderne Systeme von NEC bzw. Stratus, bei denen der komplette Server redundant ausgelegt ist. Im Gegensatz zu Hardware-Clustern arbeiten in diesem Fall die Rechner in einem so genannten Lockstep-Modus, d. h., jede Operation wird auf zwei identischen Rechnern gleichzeitig ausgeführt. Fällt dann ein Server aus, merkt die Anwendung dies überhaupt nicht.

12.2 Cluster-Systeme

Um die Verfügbarkeit von Datenbanken mit überschaubaren Mitteln zu erhöhen, bieten unterschiedliche Hardware- oder Betriebssystem- Hersteller als Option so genannte Cluster-Systeme an. Im Gegensatz zum gerade beschriebenen Lockstep-Modus werden hier zwei unabhängige Rechner in einem Cluster-Verbund gekoppelt, mit der Zielsetzung, dass bei Ausfall eines Rechners der andere Rechner die Anwendungen übernimmt. Dabei wird toleriert, dass es während des Umschaltens zu einer gewissen Auszeit für die Anwendung kommt.

Beim Betrieb von Cluster-Systemen gibt es eine ganze Anzahl von Kategorieren – z. B. Active-Passive, Active-Active, Hot Standby, Cold Standby. Diese richten sich oft nach der betriebenen Software. Die einfachste Form eines Clusters wäre der Verbund von zwei Rechnern über ein externes Storage (z. B. über USB-Platte): Der eine Rechner arbeitet, und wenn er ausfällt, wird die USB-Platte an den anderen Rechner angeschlossen und dieser Rechner dann hochgefahren. Die Anwendung und alle Daten liegen auf der externen Festplatte, so dass der neue Rechner auch ein entsprechendes Crash-Recovery durchführen kann. In der Praxis wird diese Version wohl selten zum Einsatz kommen, weil sie höchst fehleranfällig ist und unter Umständen eine lange Auszeit bedingt (z. B. muss die Person gefunden werden, die dann den USB-Stecker umsteckt).

Erforderlich für den praktischen Betrieb eines Clusters ist eine entsprechende Software, der so genannte Cluster Manager. Microsoft bietet für die MS-Windows Server den so genannten *Microsoft Cluster Service* (MSCS). Andere Hersteller im Linux- und Unix-Bereich bieten entweder eigene Lösungen (z. B. IBM HACMP[7]) oder mehr oder weniger generische Lösungen (VCS[8]) an. Oftmals werden für diese Lösungen auch die Schlagworte *Desaster Recovery* oder *Business Continuity* verwendet.

Mit der Grid Infrastructure bietet Oracle eine eigenständige Cluster-Manager-Lösung an. Diese Software, die aus dem Zusammenschluss der ASM-Software und der OCR[9] bzw. Clusterware entstanden ist und mit der Version 11gR2 erstmals zur Verfügung steht, ermöglicht den Aufbau von Cluster-Systemen auf diversen verfügbaren Plattformen, insbesondere Windows, Linux und Unix.

6 Error Correction Code

7 High Availability Cluster Multi-Processing

8 Veritas Cluster Server

9 Oracle Cluster Ready Services

Jeder Cluster Manager hat folgende Aufgaben:

- Erkennen, dass ein zum Cluster gehöriger Server nicht mehr zur Verfügung steht. Dies geschieht oft durch einen entsprechenden Heartbeat, d. h., die Systeme senden in regelmäßigen Abständen Pakete und erwarten eine Antwort.
- Erkennen und Lösen eines *Split Brains* bzw. einer Amnesie. Als Split Brain wird die Situation bezeichnet, bei der alle beteiligten Server davon ausgehen, dass die anderen zum Cluster gehörenden Knoten nicht mehr zur Verfügung stehen.

  Im einfachen Fall bedeutet dies, dass zwei Knoten gegenseitig einen Heartbeat senden, aber keine Antwort bekommen. Der Grund hierfür ist so trivial wie gefährlich: Der Cluster Interconnect, d. h. das Netzwerk, über das die Server sich austauschen, steht nicht zur Verfügung. Da beide Systeme jetzt davon ausgehen, alleiniger „Überlebender" im Cluster zu sein, schreiben sie ihre Daten ohne entsprechendes Locking bzw. konfigurieren entsprechende virtuelle IP-Adressen für sich. Die Gefahr einer Korruption der Anwendung bzw. Datenbank ist hier sehr groß.

  Um eine Amnesie handelt es sich, wenn zunächst ein Knoten ausfällt, der verbleibende alleine weiterarbeitet und später heruntergefahren wird. Wenn anschließend zuerst der ausgefallene Knoten gestartet wird, hat er unter Umständen einen anderen Zustand als der letztgültige und könnte eventuell Daten schreiben bzw. die IP-Adressen so herstellen, wie sie beim Fehler existierten.

  Um ein Split Brain und eine Amnesie zu vermeiden, wird eine zusätzliche Sicherungsebene eingeführt, die so genannte *Voting Disk* bzw. das *Quorum*. Jeder Knoten bekommt generell eine Stimme. Wenn es zu einem Split Brain kommt, wird versucht, die zusätzliche Stimme des Quorums zu erhalten. Derjenige Knoten, der diese Stimme bekommt (und damit die Mehrheit der Stimmen), überlebt. Der andere Knoten wird durch einen harten Stopp (also ohne Synchronisation) heruntergefahren.
- Eine Konfigurationsdatei für die zu schwenkenden Anwendungen. In dieser Datei bzw. diesem Verzeichnis wird angegeben, welche Anwendungen geschwenkt werden sollen und wie mit den Filesystemen bzw. IP-Adressen zu verfahren ist.

Der Vorteil einer Cluster-Lösung gegenüber den oben beschriebenen redundanten Systemen besteht darin, dass alle beteiligten Systeme aktiv genutzt werden können. In der Praxis bedeutet dass, das auf dem einem Knoten eine Datenbank betrieben werden kann und der andere als Anwendungsserver fungiert. Im Falle eines Fehlers werden dann alle Komponenten auf einem Rechner betrieben.

Hier liegt aber auch die Herausforderung beim Betrieb: Es muss sichergestellt werden, dass auf beiden Systemen genügend Ressourcen zur Verfügung stehen, um beim Ausfall eines Systems weiterarbeiten zu können. Damit schwächt sich der Vorteil der aktiven Nutzung schon wieder etwas ab, dies kann aber kompensiert werden, indem man Cluster mit mehr als zwei Systemen aufbaut oder indem man einen Knoten für Anwendungen nutzt, die unkritisch sind, d. h. im Fehlerfall einfach heruntergefahren werden können. Dazu gehören Test- bzw. Vorproduktionsdatenbanken, aber teilweise auch Reporting-Datenbanken.

Ein kritisches Element in den Cluster-Systemen stellt die Umschaltung der Filesysteme dar. Beim Schwenk der Anwendung müssen unter Umständen zunächst die Filesysteme auf dem neuen System bekannt gemacht werden. Da man davon ausgehen muss, dass die Umschaltung nicht „freiwillig", sondern durch den Crash eines Servers verursacht wurde, muss beachtet werden, dass vor dem neuen Mounten der Filesysteme zunächst ein Filesystem-Check durchgeführt wird. Dieser Check kann aber bei großen Systemen einige Minuten oder gar Stunden dauern. In diesem Fall steht also die Anwendung entsprechend lange nicht zur Verfügung.

Daher an dieser Stelle der Hinweis: Wenn Sie einen Schwenk im Cluster testen wollen, dann stellen Sie sicher, dass dies unter Last geschieht (eventuell durch einen Benchmark-Test) und ein Knoten hart gestoppt wird, beispielsweise indem man den Stecker zieht.

12.3 Real Application Clusters

Die von Oracle präferierte Lösung für den Aufbau einer hochverfügbaren Umgebung heißt Real Application Clusters oder kurz RAC. Bei Real Application Clusters handelt es sich um ein Shared-Disk-System, bei dem eine einzelne Datenbank zum Einsatz kommt. Auf diese wird dann mit mehreren Instanzen zugegriffen. Neben der Redundanz des Servers wird zusätzlich eine Leistungsverbesserung erreicht, da die Anwender und Anwendungen auf mehrere Server verteilt werden können. Oracle propagiert RAC daher auch als skalierbare Plattform über die Rechnergrenzen hinaus.

Allerdings sollte man sich, bevor man in die Planung einer solchen Konfiguration einsteigt, überlegen, welche Kosten damit verbunden sind. Zum einen gibt es einige Vorgaben für die Rechner, aber auch entsprechende Lizenzkosten für die Oracle-Software sind zu beachten. Für kleinere Systeme mit maximal vier CPU-Sockeln im gesamten RAC kann auch eine Oracle Standard Edition zum Einsatz kommen, da diese die RAC-Option bereits enthält. Hier entfallen also zusätzliche Lizenzgebühren.

12.3.1 Anforderungen an RAC

Bevor wir auf die Details der derzeitigen RAC-Implementierung eingehen, hier einige Forderungen und wie sie durch RAC unterstützt werden:

1. Die Verfügbarkeit der Datenbank soll auch dann gegeben sein, wenn ein Server ausfällt. Dabei soll es keine Downtime geben.

   Diese Forderung ist mit „Geburt“ des RAC-Vorgängers *Oracle Parallel Servers* (OPS) in der Version 6.2 erfüllt worden. Beim Ausfall eines Knotens kann auf einem weiteren Knoten nach einer kurzen Synchronisierungsphase weitergearbeitet werden.

2. Die beteiligten Knoten sollen gleichberechtigt arbeiten, d. h., die Clients können sich beliebig auf die Knoten anmelden.

   Dies wurde ebenfalls bereits mit dem OPS erfüllt und mit dem *Transparent Application Failover* (TAF) in Version 8i verbessert. Seit dieser Version kann dem Client mitgeteilt werden, dass es ein Failover gibt, so dass im Fehlerfall ein automatischer Schwenk auf einen anderen Knoten erfolgt. Clients, die nicht vom Knotenausfall betroffen sind, merken nicht, dass etwas passiert ist.

3. Für die Anwendung soll sich der Cluster als ein einiges System darstellen, d. h., eine Umstellung auf einen Cluster soll für die Anwendung transparent sein.

   Hier kommt erstmals mit der Version 9i der Real Application Cluster ins Spiel. Seit dieser Zeit gibt es eine gemeinsame Verwaltung des Hauptspeichers über den Interconnect, so dass Daten, die in einem Knoten zur Verfügung gestellt werden müssen, nicht mehr, wie in den Vorgängerversionen, zunächst auf die Platte geschrieben werden, sondern direkt über den Interconnect zwischen den Knoten hin und her geschickt werden.

4. Die Last wird automatisch auf die Knoten verteilt.

   Mit Version 9.2 wurde das *Server Load Balancing* eingeführt. Über eine spezielle Listener-Konfiguration kann jetzt ein Client, der sich an einen beliebigen Rechner anmeldet, automatisch an einen anderen, weniger belasteten Knoten weitergeleitet werden.

5. Der Client merkt nicht mehr, dass ein Knoten ausgefallen ist.

   Dies wurde durch die Einführung von virtuellen IP-Adressen in Version 10g erreicht. Hierdurch wird vermieden, dass es beim Ausfall eines Knotens zu einem Wartezustand aufgrund von Netzwerk-Timeouts kommt.

6. Es können dynamisch weitere Knoten zum Cluster hinzugefügt oder weggenommen werden.

   Mit Version 11gR2 wurden die *SCAN*[10]-Adressen eingeführt. Jetzt kennt der Client nur noch eine Netzwerkadresse und muss bei der Hinzunahme weiterer Knoten in den Verbund nicht mehr neu konfiguriert werden.

7. Der gesamte Cluster basiert auf einer einzigen Infrastruktur.

   Mit Version 11gR2 wurde die so genannte *Grid Infrastructure* als Basis für den Cluster-Betrieb eingeführt. Diese Komponente ist unabhängig von der Datenbank und enthält neben den Cluster-Komponenten auch das Oracle *Automatic Storage Management* (ASM) sowie das Oracle *ASM Cluster Filesystem* (ACFS). Außerdem können alle Cluster-Dateien (z. B: Voting Disk) im ASM gespeichert werden.

Man erkennt an dieser Stelle die Komplexität eines Cluster-Betriebs, und sicherlich gibt es auch noch einige weitere Forderungen an zukünftige Releases, z. B. einen Clusterverbund aus unterschiedlichen Betriebssystemen zu bilden.

12.3.2 RAC-Architektur

Die aufgestellten Forderungen münden in der folgenden Architektur. Abbildung 12.2 zeigt den schematischen Aufbau innerhalb der Knoten und die notwendigen Komponenten, die in der aktuellen Oracle-Version zum Einsatz kommen.

Die Abbildung 12.3 zeigt die Architektur am Beispiel eines Zwei-Knoten-RAC. Wie zu erkennen ist, benötigt jeder Server mindestens zwei Netzwerk-Interfaces (NIC), wobei einer exklusiv als Interconnect für den Cluster Manager reserviert ist. In der Praxis werden oft jedoch mindestens drei NIC benutzt, wobei als drittes ein Admin-Netzwerk für Backup, aber eventuell auch für iSCSI-Konfigurationen zum Einsatz kommt. Zu befürworten ist außerdem eine doppelte Auslegung des Interconnects. Zum einen kann durch eine Bündelung eine größere Bandbreite erzielt werden, und außerdem wird eine höhere Verfügbarkeit erreicht. Zwingend ist es, dass der Interconnect eine Bandbreite von 1 Gb/s oder höher besitzt und die Systeme über einen Switch verbunden sind.

10 Single Client Access Name

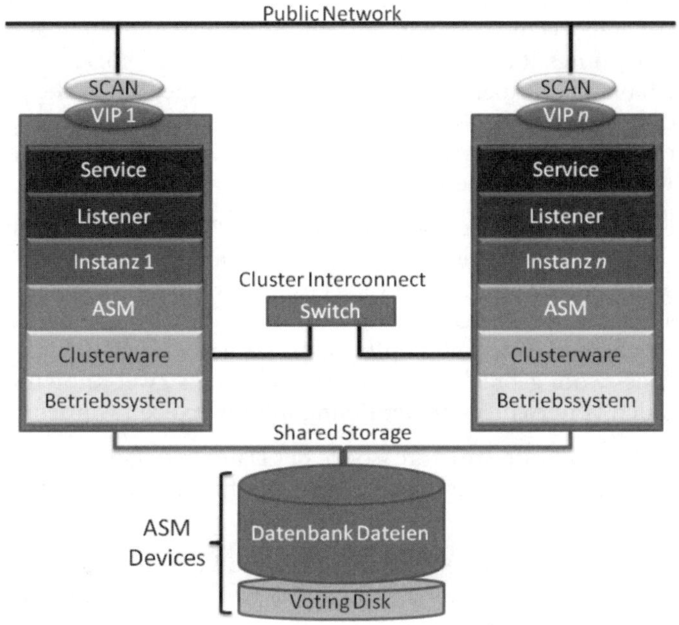

Abbildung 12.2: RAC, genereller Aufbau

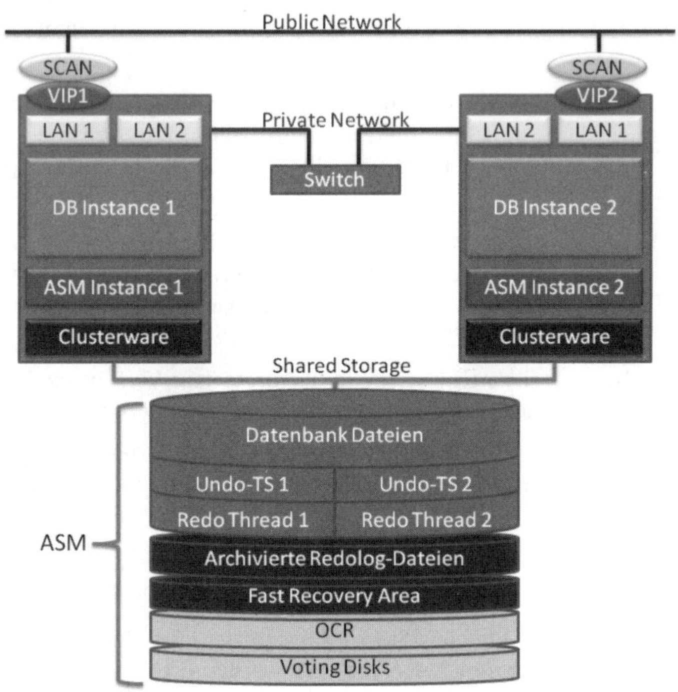

Abbildung 12.3: RAC-Architektur

Wie bereits erwähnt, handelt es sich beim RAC um eine Shared-Disk-Konfiguration. Das heißt, alle beteiligten Rechner greifen auf eine gemeinsame Datenbank zu. Jede Instanz hat dabei allerdings ihre eigenen Redolog-Dateien (Redolog-Thread) sowie einen eigenen Undo-Tablespace. Aber dennoch müssen auch diese Bereiche für alle Knoten zugreifbar und änderbar sein. Gleiches gilt für die archivierten Redolog-Dateien. Der Grund hierfür ist, dass ein eventuell notwendiges Recovery nur von einem Knoten durchgeführt wird. Das heißt, dieser Knoten muss Zugriff auf alle Ressourcen haben.

Die Anzahl der Knoten liegt zwischen 1 und 100. Wobei das so genannte *RAC One Node* eine spezielle Konfiguration ist, bei der im normalen Betrieb genau ein Knoten auf die Datenbank zugreift und nur im Falle eines Schwenks auf einen anderen Knoten kurzzeitig zwei Instanzen aufgebaut werden, um einen unterbrechungsfreien Betrieb zu gewährleisten (siehe dazu auch Abschnitt 12.4). Daher können wir uns im Folgenden auf das Beispiel des wohl gebräuchlichsten Formates eines Zwei-Knoten-RAC beschränken, ohne dass sich Unterschiede in der Konfiguration ergeben würden.

Die Installation der Grid Infrastructure- sowie der Datenbank-Software wurde bereits in den Kapiteln 4.2.1 und 4.2.2 beschrieben. Daher beschränken wir uns im Folgenden auf den Aufbau der Datenbank.

Zunächst einmal muss sichergestellt werden, dass die Voraussetzungen für den Aufbau der Datenbank erfüllt sind. Hier noch einmal eine kurze Zusammenfassung:

- Alle Server haben ausreichend Hauptspeicher (min. 1,5 GB) und Swap Space.
- Alle Server sollten exakt identische Betriebssystemversionen inklusive der letzten Patches haben. Zwar können theoretisch gewisse Unterschiede toleriert werden. Da ein RAC per se schon sehr komplex ist, sollte man das aber vermeiden. Diese Toleranz von Unterschieden ist jedoch hilfreich, wenn es um das Thema Rolling-Upgrades geht.
- Alle Server haben gleichberechtigten Zugriff auf das Storage-System. Ob es sich dabei um ein SAN oder Direct NFS handelt, ist unerheblich. Ein „normales" NFS oder ein NAS darf nicht gewählt werden, da hier ein einzelner Rechner das Storage Management übernimmt.
- Alle Server haben mindestens zwei NICs, wovon einer mit 1 Gb/s Bandbreite über einen Switch als privater Interconnect konfiguriert, d. h. nicht im Public LAN verfügbar ist. Für jeden Rechner ist hierfür eine private und eine öffentliche (public) IP-Adresse vergeben.
- Je Rechner steht zusätzlich eine virtuelle IP-Adresse zur Verfügung. Diese wird beim Ausfall eines Knotens auf einen anderen Rechner geschwenkt.
- Im Cluster stehen zusätzlich weitere IP-Adressen – standardmäßig drei, egal wie viele Knoten den Rechnerverbund bilden – für als so genannte SCAN-Adressen zur Verfügung.
- Auf allen Servern wurde die gleiche Grid-Infastructure-Software installiert und konfiguriert. Dadurch wurden drei Voting Disks sowie zwei OCR-Dateien angelegt.

  Da die Voting Disks im Oracle ASM nicht sichtbar sind, kann eine Konfiguration bzw. Änderung nur über den Befehl `crsctl` erfolgen. Um sich anzeigen zu lassen, wo die Voting Disks liegen, hilft der folgende Befehl:

  ```
  % crsctl query css votedisk
  ```

```
## STATE    File Universal Id                File Name Disk group
-- -----    -----------------                --------- ---------
 1. ONLINE  669dbe15ee3f4fd3bf29f863c4c235bd (/dev/oracleasm/disks/CRS1) [CRSDATA]
 2. ONLINE  780a264bd22f4f7abfc47d675d25d249 (/dev/oracleasm/disks/CRS2) [CRSDATA]
 3. ONLINE  a19de90f09fa4f5ebf140843ab7ff1b6 (/dev/oracleasm/disks/CRS3) [CRSDATA]
```

Auch wenn es so aussieht, als ob es sich um dedizierte Devices handeln würde, sind dies doch nur Verweise auf die entsprechende ASM Diskgroups.

- Auf allen Servern wurde die gleiche Oracle-Datenbank-Software installiert. Die Empfehlung ist, bei der Standardkonfiguration mit wenigen Knoten die Software auf jeden einzelnen Knoten einzuspielen, da dadurch die Möglichkeit eines Rolling-Upgrades genutzt werden kann. Wenn ein Verbund aus vielen Knoten besteht, können auch Gruppen gebildet werden, die jeweils über eine gemeinsame Oracle-Software-Installation verfügen. Diese muss dann ebenfalls auf Shared Disks, z. B. im ACFS[11], liegen.

Bevor mit der Konfiguration der Datenbank begonnen werden kann, sollte in jedem Fall noch einmal die *Cluster Verification* durchlaufen werden. Da wir die Clusterware sowie die Datenbanksoftware als bereits installiert voraussetzen, ist der folgende Befehl für den Check, ob wir die Datenbank aufbauen können, erforderlich:

```
% cluvfy stage -pre dbcfg -n all -d /u01/app/oracle/product/11.2.0/dbhome_1
  -fixup -fixupdir /tmp

Performing pre-checks for database configuration

Checking node reachability...
Node reachability check passed from node "asterix"

Checking user equivalence...
User equivalence check passed for user "oracle"

Checking node connectivity...

Checking hosts config file...

Verification of the hosts config file successful

Node connectivity passed for subnet "10.10.8.0" with node(s) asterix,obelix
TCP connectivity check passed for subnet "10.10.8.0"

Node connectivity passed for subnet "192.168.203.0" with node(s) asterix,obelix
TCP connectivity check passed for subnet "192.168.203.0"

Interfaces found on subnet "10.10.8.0" that are likely candidates for VIP are:
asterix eth0:10.10.8.151 eth0:10.10.8.161 eth0:10.10.8.150
obelix eth0:10.10.8.152 eth0:10.10.8.162
Interfaces found on subnet "192.168.203.0" that are likely candidates for a
private interconnect are:
asterix eth1:192.168.203.151
obelix eth1:192.168.203.152
```

11 ASM Cluster File System

```
...

Checking CRS integrity...

CRS integrity check passed

Checking node application existence...

Checking existence of VIP node application (required)
Check passed.

Checking existence of ONS node application (optional)
Check passed.

Checking existence of GSD node application (optional)
Check ignored.

Checking existence of EONS node application (optional)
Check passed.

Checking existence of NETWORK node application (optional)
Check passed.

Checking time zone consistency...
Time zone consistency check passed.

Pre-check for database configuration was successful.
```

Mit diesem Befehl wird beispielhaft auf allen Knoten (Option `-n all`) die komplette Installation noch einmal überprüft. Mit der Option `-d` wird hier das Verzeichnis für die Datenbank-Software, also das Oracle-Home, angegeben. Der zusätzliche Parameter `-fixup` mit einem optional angegebenen Verzeichnis (`-fixupdir`) erstellt Skripte für die Behebung noch fehlender Voraussetzungen.

Die Konfiguration einer Oracle-Datenbank im RAC sollte zunächst über den Oracle *Database Configuration Assistant* (DBCA) erfolgen. Der Vorteil ist, dass einige Überprüfungen bereits im Vorfeld stattfinden (z. B. ob die Grid Infrastructure installiert wurde). Auch die Konfiguration des ASM kann so durchgeführt werden.

Bei der Erstellung der Datenbank wird zunächst eine ganz normale Single-Instance-Datenbank aufgebaut. Dann werden für die weiteren Knoten die Undo-Tablespaces sowie jeweils ein Thread an Redolog-Dateien erstellt.

Beim Aufruf des DBCA sollte zunächst die Abfrage erscheinen, ob eine Real-Application-Clusters-Datenbank oder eine Single-Instance-Datenbank aufgebaut werden soll. Erscheint diese Meldung nicht, ist in der vorhergehenden Konfiguration der Grid Infrastructure etwas schiefgegangen und man sollte dementsprechend nachsehen, ob die Voraussetzungen für die Konfiguration einer RAC-Datenbank erfüllt sind.

Die weitere Konfiguration ist ähnlich wie bei einer Single-Instance-Datenbank, mit der Ausnahme, dass zwischen einer *Policy-Managed-* oder einer *Admin-Managed*-Konfiguration unterschieden werden kann. Mit der klassischen Form (Admin Managed) werden der Datenbankname, das Präfix für alle Instanzen und die Knoten, auf denen Instanzen angelegt werden sollen, explizit angegeben. Die Policy-Managed-Konfiguration eignet sich für eine dynamische Vergrößerung oder Verkleinerung eines Clusters. Hier werden keine einzelnen Knoten, sondern ein Serverpool angegeben. Ansonsten unterscheidet sich die Erstellung der Datenbank nicht.

Wie in Abbildung 12.4 zu erkennen, werden je Instanz jetzt nur noch zwei Redolog-Gruppen erstellt.

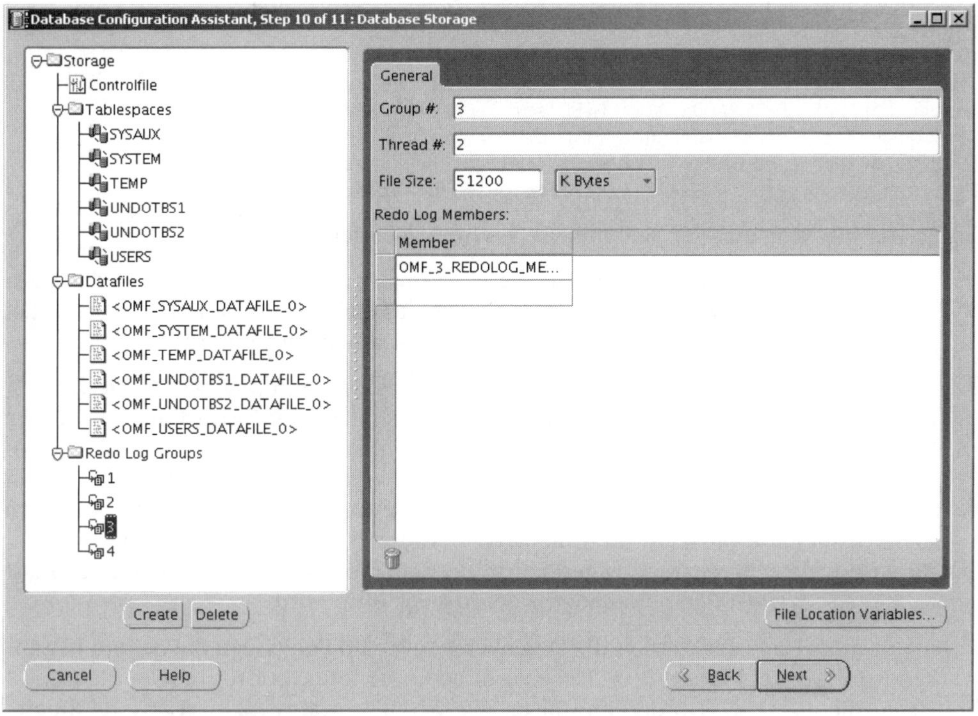

Abbildung 12.4: Database Configuration Assistant

Um zu kontrollieren, wie die Datenbank aufgebaut wird, empfiehlt es sich, ein Skript für die Erstellung zu generieren. Das folgende Skript erstellt eine Datenbank mit dem Namen `GALLIER` auf den beiden Servern `asterix` und `obelix`. Wenn die Variable `ORACLE_BASE` gesetzt ist, befindet es sich dort im Unterverzeichnis `admin/GALLIER/scripts` und heißt `GALLIER.sql`. Es wird von dem Shell-Skript `GALLIER.sh` im gleichen Verzeichnis aufgerufen. Dieses erzeugt zusätzlich noch einige Verzeichnisse und legt die Umgebungsvariable `ORACLE_SID` fest.

```
set verify off
ACCEPT sysPassword CHAR PROMPT 'Enter new password for SYS: ' HIDE
ACCEPT systemPassword CHAR PROMPT 'Enter new password for SYSTEM: ' HIDE
ACCEPT dbsnmpPassword CHAR PROMPT 'Enter new password for DBSNMP: ' HIDE
ACCEPT asmSysPassword CHAR PROMPT 'Enter ASM SYS user password: ' HIDE
host /u01/app/oracle/product/11.2.0/dbhome_1/bin/orapwd
     file=/u01/app/oracle/product/11.2.0/dbhome_1/dbs/orapwGALLIER1 force=y
host /u01/app/grid/11.2.0/bin/setasmgidwrap
     o=/u01/app/oracle/product/11.2.0/dbhome_1/bin/oracle
host /u01/app/oracle/product/11.2.0/dbhome_1/bin/srvctl
     add database -d GALLIER -o /u01/app/oracle/product/11.2.0/dbhome_1
     -p +RACDATA/GALLIER/spfileGALLIER.ora -n GALLIER -a RACDATA,SHAREFS
```

```
host /u01/app/oracle/product/11.2.0/dbhome_1/bin/srvctl add instance -d GALLIER
     -i GALLIER1 -n asterix
host /u01/app/oracle/product/11.2.0/dbhome_1/bin/srvctl add instance -d GALLIER
     -i GALLIER2 -n obelix
host /u01/app/oracle/product/11.2.0/dbhome_1/bin/srvctl disable database -d GALLIER
@/u01/app/oracle/admin/GALLIER/scripts/CreateDB.sql
@/u01/app/oracle/admin/GALLIER/scripts/CreateDBFiles.sql
@/u01/app/oracle/admin/GALLIER/scripts/CreateDBCatalog.sql
@/u01/app/oracle/admin/GALLIER/scripts/emRepository.sql
@/u01/app/oracle/admin/GALLIER/scripts/CreateClustDBViews.sql
host echo "SPFILE='+RACDATA/GALLIER/spfileGALLIER.ora'"
     > /u01/app/oracle/product/11.2.0/dbhome_1/dbs/initGALLIER1.ora
@/u01/app/oracle/admin/GALLIER/scripts/lockAccount.sql
@/u01/app/oracle/admin/GALLIER/scripts/postDBCreation.sql
```

Einige der hier aufgeführten Befehle werden im Folgenden kurz erklärt:

- `orapwd`: Mit diesem Befehl wird die Datei `orapwGALLIER` angelegt, in der das Passwort für den SYSDBA abgespeichert wird. Dieser Befehl muss auf allen Knoten ausgeführt werden, da jeweils eine eigene Passwort-Datei angelegt wird.
- `setasmgidwrap`: Dieser Befehl ändert die Betriebssystemgruppe des Oracle Kernels (z. B. `dba`) auf die Gruppe vom ASM (z. B. `asmdba`). Bei einer Erstinstallation ist dies kein Problem, wenn allerdings weitere RAC-Datenbanken mit dem gleichen Oracle-Home aufgebaut werden, sollte beachtet werden, dass zum Ändern der Gruppe alle Instanzen heruntergefahren werden müssen. Für weitere RAC-Datenbanken sollte dieser Befehl also besser auskommentiert werden. Es ist ja davon auszugehen, dass die Gruppe jetzt bereits richtig gesetzt ist. Bei der Erstinstallation ist auch hier darauf zu achten, dass der Befehl auf allen Knoten ausgeführt wird.
- `srvctl`: Als Nächstes werden die Datenbank sowie im Folgenden die beiden Instanzen beim Cluster Manager (OCR) bekannt gemacht. Die Option `disable database` ist an dieser Stelle erforderlich, da ja, wie bereits erwähnt, zunächst eine Single-Instance-Datenbank aufgebaut wird und erst zum Schluss, in diesem Fall im Skript `postDBCreation.sql`, die endgültige RAC-Konfiguration vorgenommen wird (mit der Option `enable database`).
- Die folgenden SQL-Skripte unterscheiden sich kaum von einer Single-Instance-Installation. Mit `CreateDB.sql` wird das `CREATE DATABASE` ausgeführt, anschließend werden weitere Tablespaces mit `CreateDBFiles.sql` angelegt, z. B. auch der zweite Undo-Tablespace. Danach werden das externe Data Dictionary (`CreateDBCatalog.sql`) sowie das Enterprise Manager Repository (`emRepository.sql`) aufgebaut. Den Abschluss bildet das Skript mit den RAC-Erweiterungen des externen Data Dictionarys (`CreateClustDBViews.sql`).
- Da die Serverparameter im ASM verwaltet werden sollten, um eine einheitliche Sicht auf die RAC-Konfiguration zu haben, wird als Nächstes auf jedem Server eine eigene Parameterdatei mit dem Namen `initGALLIER1.ora` bzw. `initGALLIER2.ora` angelegt. Als einziger Eintrag findet sich hier ein Verweis auf die eigentliche Serverparameterdatei, die im ASM in der Diskgruppe `+RACDATA` liegt und dort den Namen `spfileGALLIER.ora` hat.
- Aus Sicherheitsgründen werden danach alle Accounts außer SYS und SYSTEM gesperrt (`lockAccount.sql`).

- In dem SQL-Skript postDBCreation.sql wird zunächst der Redolog-Thread für die zweite Instanz erstellt und, wie bereits erwähnt, die RAC-Funktionalität eingeschaltet. Als Letztes kann in dem Skript noch der Enterprise Manager konfiguriert werden.

Damit ist die RAC-Datenbank erfolgreich aufgebaut, und die beiden Instanzen sollten hochgefahren sein. Die meisten Änderungen können anschließend im laufenden Betrieb erfolgen, so z. B. die Hinzunahme von Tablespaces oder das Ändern von Parametern (so sie keinen Restart der Instanz oder der gesamten Datenbank erfordern).

Wenn allerdings die Archivierung, die für den produktiven Betrieb der Datenbank unerlässlich ist, eingeschaltet werden soll, müssen alle Instanzen heruntergefahren werden. Während bei der Single-Instance-Datenbank das SQL*Plus-Werkzeug verwendet wird, sollte bei einer RAC-Datenbank besser der Befehl srvctl genutzt werden.

Im folgenden Beispiel werden zunächst alle Instanzen (d. h. die gesamte Datenbank) heruntergefahren, anschließend wird eine einzelne Instanz im Mount-Status gestartet und die Archivierung eingeschaltet, danach wird die Instanz wieder heruntergefahren und die gesamte RAC-Datenbank gestartet.

```
% srvctl stop database -d GALLIER
% srvctl start instance -d GALLIER -i GALLIER1 -o mount

% sqlplus / as sysdba << EOF
ALTER DATABASE ARCHIVELOG;
EOF

% srvctl stop database -d GALLIER
% srvctl start database -d GALLIER
```

Zwar wäre es auch möglich, statt einer einzelnen Instanz die gesamte Datenbank, d. h. alle Instanzen in den Mount-Status hochzufahren, allerdings ist uns kein Grund bekannt, wo das Sinn machen könnte. Das anschließende Herunterfahren der gesamten Datenbank ist zwar nicht notwendig, aber die einfachste Methode.

Ein wichtiger Punkt bei der Erstellung einer RAC-Datenbank ist, möglichst viele Parameter identisch zu halten. Zwar ist es durchaus möglich, unterschiedliche Parameter für z. B. den Memory-Bedarf zu definieren, aber mit jedem unterschiedlichen Parameter steigt die Komplexität der Verwaltung.

12.3.3 RAC-Serverparameter

Auch wenn es theoretisch immer noch die Möglichkeit gibt, mit den alten Parameterdateien (init.ora) zu arbeiten, können wir nur dringend davon abraten. Wie in dem Beispiel bei der Erstellung der Datenbank gezeigt, sollte für jede Instanz eine init<SID>.ora-Datei erzeugt werden, die lediglich auf eine gemeinsame Serverparameterdatei verweist. Nur so kann gewährleistet werden, dass alle Parameter zentral verwaltet und über den Befehl ALTER SYSTEM auch im laufenden Betrieb geändert werden können.

Einige Parameter werden am Beispiel einer RAC-Datenbank mit dem Namen RAC112 beschrieben. Die hier dargestellte textuelle Version der Serverparameterdatei wurde mit dem Befehl

```
SQL> CREATE PFILE='/tmp/initRAC112.ora' FROM SPFILE;
```

erzeugt:

```
RAC1122.__db_cache_size=41943040
RAC1121.__db_cache_size=58720256
RAC1121.__java_pool_size=4194304
RAC1122.__java_pool_size=4194304
RAC1121.__large_pool_size=4194304
RAC1122.__large_pool_size=4194304
RAC1121.__oracle_base='/u01/app/oracle'#ORACLE_BASE set from environment
RAC1122.__oracle_base='/u01/app/oracle'#ORACLE_BASE set from environment
RAC1122.__pga_aggregate_target=184549376
RAC1121.__pga_aggregate_target=209715200
RAC1122.__sga_target=331350016
RAC1121.__sga_target=306184192
RAC1121.__shared_io_pool_size=0
RAC1122.__shared_io_pool_size=0
RAC1122.__shared_pool_size=268435456
RAC1121.__shared_pool_size=226492416
RAC1121.__streams_pool_size=0
RAC1122.__streams_pool_size=0
*.audit_file_dest='/u01/app/oracle/admin/RAC112/adump'
*.cluster_database=true
*.compatible='11.2.0.0.0'
*.control_files='+RACDATA/RAC112/CONTROLFILE/current.267.698948665'
*.db_block_size=8192
*.db_create_file_dest='+RACDATA'
*.db_name='RAC112'
*.db_recovery_file_dest='+RACDATA'
*.db_recovery_file_dest_size=10737418240
*.diagnostic_dest='/u01/app/oracle'
RAC1121.instance_number=1
RAC1122.instance_number=2
*.memory_target=513802240
*.open_cursors=300
*.processes=100
*.remote_listener='gallier:1521'
*.remote_login_passwordfile='exclusive'
RAC1121.thread=1
RAC1122.thread=2
RAC1121.undo_tablespace='UNDOTBS1'
RAC1122.undo_tablespace='UNDOTBS2'
```

Die ersten Einträge unterscheiden zwischen den beiden Instanzen `RAC1121` und `RAC1122`. Die Parameter beginnen mit zwei Unterstrichen und werden von Oracle dynamisch geändert. Bis auf den Parameter `oracle_base` leiten sich alle anderen Parameter vom `memory_target` ab und werden je nach Auslastung der Systeme geändert. Dass diese überhaupt in den Serverparameterdateien eingetragen werden, liegt darin begründet, dass nach einem Neustart der Instanz der letzte Zustand sofort wieder zur Verfügung stehen soll.

Die weiteren Parameter sind für beide Instanzen identisch. Für einige (wie z. B. `compatible`) ist das zwingend erforderlich, für andere, wie z. B. `memory_target`, könnten sicherlich auch unterschiedliche Parameter eingetragen werden.

Folgende Parameter müssen auf allen Instanzen identisch sein:

```
ACTIVE_INSTANCE_COUNT
```

```
ARCHIVE_LAG_TARGET
COMPATIBLE
CLUSTER_DATABASE
CLUSTER_DATABASE_INSTANCE
CONTROL_FILES
DB_BLOCK_SIZE
DB_DOMAIN
DB_FILES
DB_NAME
DB_RECOVERY_FILE_DEST
DB_RECOVERY_FILE_DEST_SIZE
DB_UNIQUE_NAME
INSTANCE_TYPE (RDBMS or ASM)
PARALLEL_EXECUTION_MESSAGE_SIZE
REMOTE_LOGIN_PASSWORDFILE
UNDO_MANAGEMENT
```

Hingegen müssen die Parameter `instance_number`, `thread` und `undo_tablespace` auf jeden Fall unterschiedlich gesetzt sein.

Den Parameter `service_names` sucht man in diesem Beispiel vergeblich, da Oracle (und natürlich auch die Autoren) empfehlen, Services im RAC-Umfeld ausschließlich über das `srvctl`-Werkzeug zu verwalten und damit in die OCR-Datei einzutragen.

Zu empfehlen ist ein gemeinsames Verzeichnis für die Speicherung von Log- und Trace-Dateien. Mit der Version 11gR2 steht hierfür das ASM Cluster Filesystem (ACFS) zur Verfügung. Über den Parameter `diagnostic_dest` kann jetzt das Automatic Diagnostic Repository für den gesamten Cluster konsolidiert werden. Gleiches gilt übrigens auch für die Log- und Trace-Dateien der ASM-Instanz, auch dort gibt es den Parameter `diagnostic_dest`.

Im obigen Fall kann der Parameter mit folgendem Befehl entsprechend gesetzt werden:

```
SQL> ALTER SYSTEM SET diagnostic_dest='/u02/oracle' scope=both sid='*';
```

Jetzt ist die RAC-Datenbank für den produktiven Betrieb konfiguriert. Als Nächstes gilt es, den Anwendern einen entsprechenden Zugriff auf die einzelnen Instanzen zu gewähren. Dazu gehört die bereits im Kapitel 9.1.4 vorgestellte Konfiguration von Oracle Net sowie die Definition von Services.

12.3.4 Services

Services sind speziell beim Betrieb von RAC-Datenbanken mit mehr als zwei Instanzen sehr wichtig, aber auch bei nur zwei Instanzen können sie helfen, die Last auf den Knoten besser zu kontrollieren.

Zunächst einmal wird über den Service erreicht, dass ein Client sich nicht mehr über den Instanznamen an einen dedizierten Knoten anmeldet, sondern über den Service auf eine Reihe von möglichen Knoten verbunden werden kann. Durch ein explizites Starten bzw. Stoppen von Services können somit auch Zugriffe von bestimmten Clients erlaubt bzw. verboten werden. Damit kann z. B. erreicht werden, dass bei hoher Datenbanklast Anwendungen, die nicht wichtig sind, zunächst einmal nicht mehr zugelassen werden.

Außerdem kann über das Stoppen von Services generell erreicht werden, dass Anwendungen nicht auf die Datenbank zugreifen können, der Administrator aber für Wartungsarbeiten immer noch auf die einzelnen Instanzen zugreifen kann.

Ein wesentlicher Faktor für große Umgebungen mit mehreren Knoten ist aber, dass man primäre und sekundäre Instanzen aufbauen kann. So kann z. B. in einem RAC-Verbund mit vier Knoten

- eine Anwendung A auf drei Knoten (mit einem vierten Knoten als Failover),
- eine weitere Anwendung B nur auf einem Knoten mit einem weiteren als Failover und
- eine dritte Anwendung C tatsächlich nur auf einem Knoten ohne Failover

betrieben werden. Diese Flexibilität ist, gemeinsam mit der Einführung der SCAN-Adressen in der Version 11gR2, ein großer Vorteil beim Aufbau von RAC-Umgebungen. Das hier beschriebene Beispiel würde mit den Befehlen wie folgt aussehen:

```
% srvctl add service -d RAC112 -s PRODUKTION -r RAC1121,RAC1122,RAC1123 -a
    RAC1124 -P BASIC
% srvctl add service -d RAC112 -s REPORTING  -r RAC1124 -a RAC1123
% srvctl add service -d RAC112 -s MARKETING  -r RAC1124
% srvctl start service -d RAC112 -s PRODUKTION
% srvctl start service -d RAC112 -s REPORTING
% srvctl start service d RAC112 -s MARKETING
```

Die Option `-r` ist eine Liste von so genannten *preferred instances*, d. h., auf diesen Instanzen wird der Service standardmäßig laufen. Die Option `-a` gibt dagegen an, dass es sich hierbei um eine zusätzlich verfügbare Instanz (*available*) handelt. Der Parameter `-P` gibt den Failover-Modus (hier `BASIC`) an. Eine ganze Reihe von weiteren Parametern kann für unterschiedliche Anforderungen gewählt werden.

Eine Übersicht über alle Services erhält man mit folgendem Befehl:

```
% srvctl status service -d RAC112 -v
Service MARKETING is running on instance(s) RAC1124
Service PRODUKTION is running on instance(s) RAC1121,RAC1122,RAC1123
Service REPORTING is not running.
Service VERWALTUNG is not running.
```

Prinzipiell kann der Name eines Services beliebig lang sein, die Gesamtgröße aller Services kann allerdings nicht länger als 4000 Byte werden.

Über den Oracle Resource Manager kann die Benutzung der Services bzw. auch deren Ressourcenbedarf überwacht werden.

12.4 RAC One Node

In der Datenbankversion 11.2 ist im Rahmen der Grid Infrastructure auch eine Variation der RAC-Technologie eingeführt worden, das so genannte *RAC One Node*. Es handelt sich um dieselbe Infrastruktur wie bei einem normalen RAC, aber mit dem entscheidenden Unterschied, dass nur eine einzige Instanz aktiv ist.

Auch wenn sich dies im ersten Moment wie ein Widerspruch zu der ursprünglichen RAC-Konzeption als Active/Active-Cluster anhört, füllt es doch auf den zweiten Blick genau die Lücke aus, die bisher zwischen nicht geclusterten Systemen und RAC-Clustern bestand. Eine einfacher Active/Passive-Cluster musste in früheren Datenbankversionen stets mit Betriebssystemmitteln – also beispielsweise Microsoft Cluster Services, IBM HACMP oder Sun-Cluster – realisiert werden.

Genau in diese Bresche springt RAC One Node. Es liefert einen Active/Passive-Cluster, der wie andere Betriebssystem-Cluster auch als „Warm Standby" bezeichnet werden kann, d. h., im Falle einer ungeplanten Auszeit läuft der passive Server bereits, allerdings muss dort erst noch die Oracle-Instanz gestartet werden.

Eine Besonderheit und gewissermaßen ein Bonbon von RAC One Node ist aber, dass ein geplantes Schwenken, wie es häufig für Wartungsarbeiten durchgeführt wird, mit deutlich geringerer Auszeit abläuft. In diesem Falle kann nämlich für einen Übergangszeitraum ein echter 2-Knoten-RAC betrieben werden. Neue Anmeldungen werden nur auf die neue Instanz geleitet. Nach einem einstellbaren Timeout, spätestens aber nach einer halben Stunde, werden alle Verbindungen gegen die alte Instanz beendet. Diese können sich aber unmittelbar neu anmelden, da die neue Instanz ja bereits läuft.

Dieses Verfahren wird als *OMotion* bezeichnet. Der Name erinnert natürlich stark an den Begriff VMotion aus dem VMware-Umfeld. Es handelt sich auch durchaus um einen ähnlichen Effekt: So wie bei VMotion eine virtuelle Maschine für die Clients transparent auf einen anderen physischen Server verschoben wird, schwenkt OMotion eine Datenbankinstanz – für die Clients weitgehend transparent – auf einen anderen Server. Im Hintergrund wird dabei die RAC-Infrastruktur genutzt.

Ist ein Patch für die Datenbank-Software in seiner zugehörigen Readme-Datei als *„RAC Rolling Installable"* ausgewiesen (siehe Kapitel 4.1.2), so kann ein Schwenk mittels OMotion auch für eine Installation des Patches genutzt werden. Dabei werden nacheinander alle Knoten gepatcht, wobei der aktive Knoten zunächst via OMotion zu einem passiven Knoten gemacht wird.

Die Skalierbarkeit einer RAC-Datenbank ist bei RAC One Node nicht gegeben, da ja immer nur eine einzige Datenbankinstanz Verbindungen entgegennimmt.[12]

Technisch besteht RAC One Node aus einer Reihe von Shell-Skripten. Dazu gehört unter anderem ein Initialisierungsskript, das eine normale Datenbank in eine RAC One Node-Datenbank umwandelt. Natürlich gibt es auch ein Upgrade-Skript, das eine RAC One Node-Datenbank zu einer vollwertigen RAC-Datenbank macht, für den Fall, dass man die Skalierungsfähigkeiten des RAC benötigt. In beiden Fällen sind aber ein Durchstarten der Instanz und damit eine geringe Auszeit notwendig.

Während RAC One Node ab dem ersten Patchset, also 11.2.0.2, alle Plattformen unterstützen soll, für die auch RAC verfügbar ist, ist in dem initialen Release 11.2.0.1 ausschließlich Linux unterstützt.

12.4.1 Einrichten einer RAC One Node-Datenbank

Da RAC One Node technisch gesehen ein Spezialfall von RAC ist und dessen Infrastruktur nutzt, ist die erste Voraussetzung die Installation der Grid Infrastructure 11gR2 sowie der Datenbank-Software 11gR2 in der Ausprägung als Enterprise Edition mit RAC-Option auf den betreffenden Knoten. Diese Schritte sind in Kapitel 4.2 beschrieben. Bei der Datenbank-Software sollte wie immer die Installationsart *Software Only* gewählt werden, um vor der Erstellung der Datenbank gegebenenfalls noch Patches und Patchsets installieren zu können.

12 Bei einem OMotion-Ereignis laufen zwar zwei Instanzen gleichzeitg, aber nur die neue Instanz kann neue Verbindungen entgegennehmen.

In dem initialen Release 11.2.0.1 muss nun das Patch 9004119 in das Datenbank-Home installiert werden. Erst dieses Patch liefert die einschlägigen Shell-Skripte zur Konfiguration von RAC One Node und ist daher zwingend erforderlich. Es kann aber ohne Beeinträchtigung bereits laufender Datenbanken installiert werden, da es wie gesagt nur einige Skripte nachliefert. Dieses Verfahren dürfte mit zukünftigen Patchsets vermutlich überflüssig werden.

Anschließend erstellt man mithilfe des Database Configuration Assistants (DBCA) eine RAC-Datenbank, wobei als Konfigurationstyp „Admin-Managed" ausgewählt werden muss. Die Alternative einer „Policy-Managed"-Datenbank ist für RAC One Node nicht unterstützt. Bei der Knotenliste darf nur ein Knoten ausgewählt werden, nämlich der, auf dem die Instanz initial laufen soll. Damit wird die Datenbank nun erst einmal als normale RAC-Datenbank erstellt, aber mit nur einer Instanz auf einem Knoten.

Die Umwandlung in eine RAC One Node-Datenbank leistet nun ein Shell-Skript namens `raconeinit`, das interaktiv die zu konvertierende Datenbank sowie die passiven Knoten abfragt. Im folgenden Beispiel wird die Datenbank `RON112`, die als einzige Datenbank auf dem Server `asterix` läuft, in eine RAC One Node-Datenbank konvertiert, für die ein passiver Knoten mit dem Namen `obelix` zur Verfügung steht.

```
$ $ORACLE_HOME/bin/raconeinit

Candidate Databases on this cluster:

 #       Database          RAC One Node     Fix Required
===      ========          ============     ============
[1]       RON112                NO              N/A

Enter the database to initialize [1]: 1


Database RON112 is now running on server asterix

Candidate servers that may be used for this DB:  obelix

Enter the names of additional candidate servers where this DB may run
(space delimited): obelix

Please wait, this may take a few minutes to finish.......

Database configuration modified.
```

Im Zuge dieser Konfiguration wird die Instanz neu gestartet und umbenannt. Dabei werden ein Unterstrich sowie eine laufende Nummer an den Datenbanknamen angehängt, in diesem Falle also `RON112_1` auf dem Server `asterix`. Nach einem OMotion auf den Server `obelix` würde dort eine Instanz `RON112_2` laufen. Die entsprechende Serverparameterdatei und Passwortdatei sowie oratab-Einträge werden automatisch auf dem Knoten ergänzt.

Eine einfache Kontrolle, welche RAC One Node-Datenbanken auf welchen Knoten aktiv laufen bzw. passiv laufen können, liefert das Skript `raconestatus`. Unabhängig davon, auf welchem Knoten dieses Skript aufgerufen wird, liefert es stets eine Auflistung aller RAC One Node-Datenbanken innerhalb des eigenen Clusters:

```
$ $ORACLE_HOME/bin/raconestatus
```

```
RAC One Node databases on this cluster:

  Database UP Fix Required    Current Server          Candidate Server Names
  ======== == ============ ======================  ==============================
    RON112  Y       N                     asterix                  asterix obelix

Available Free Servers:
```

12.4.2 OMotion

Damit *OMotion* wirklich mit minimaler Auszeit für die Clients funktioniert, sollten diese vom so genannten *Transparent Application Failover* Gebrauch machen (siehe Kapitel 9.1.4), also zur Datenbankanmeldung einen TNS-Eintrag wie den folgenden verwenden:

```
RON112 =
  (DESCRIPTION =
    (LOAD_BALANCE=on)
    (FAILOVER=on)
    (ADDRESS_LIST =
      (ADDRESS = (PROTOCOL = TCP)(HOST = asterix)(PORT = 1521))
        (ADDRESS = (PROTOCOL = TCP)(HOST = obelix)(PORT = 1521))
      )
    (CONNECT_DATA =
      (SERVICE_NAME = RON112)
        (FAILOVER_MODE=
        (TYPE=select)
        (METHOD=basic))
    )
  )
```

Noch besser ist die Verwendung von SCAN-Listenern anstelle einer Adressliste mit expliziten Host-Namen wie im obigen Beispiel.

Möchte man nun zu Wartungszwecken die Instanz vom Server `asterix` auf den Server `obelix` verschieben, so geht das wie folgt:

```
$ $ORACLE_HOME/bin/Omotion

RAC One Node databases on this cluster:

 #       Database                    Server                     Fix Required
===      ========       ==============================          ============
[1]        RON112                                asterix             N

Enter number of the database to migrate [1]: 1

Specify maximum time in minutes for migration to complete (max 30) [30]: 1

RON112 Database is administrator managed .
RON112 database is running in RON112 server pool.
Current Running instance: RON112_1

Current Active Server       : asterix
```

```
Available Target Server(s) :
 #           Server            Available
===    =================      =========
[1]                obelix          Y

Enter number of the target node [1]: 1

Omotion Started...
Starting target instance on obelix...
Migrating sessions...
Stopping source instance on asterix...
Timeout exceeded, aborting instance...
Omotion Completed...

=== Current Status ===
Database RON112 is running on node obelix
```

Im Hintergrund läuft während des OMotion Folgendes ab:

1. Eine zweite Instanz wird auf dem Zielknoten (hier `obelix`) gestartet.
2. Alle Services werden auf die neue Instanz umgebogen. Dadurch landen neue Anmelde-Versuche automatisch auf der neuen Instanz.
3. Die aktuelle Instanz wird mit dem Befehl `SHUTDOWN TRANSACTIONAL` beendet. Angemeldete Clients haben also etwas Zeit, ihre aktuelle Transaktion zu beenden.
4. OMotion wartet gemäß dem angegebenen Timeout.[13] Wenn der Timeout erreicht ist, wird die alte Instanz mittels `SHUTDOWN ABORT` beendet. Sessions mit offenen Transaktionen bekommen beim nächsten SQL-Kommando die Fehlermeldung

   ```
   ORA-25402: Transaktion muss rückgängig gemacht werden
   ```

   und müssen ein Rollback ausführen, bevor sie fortsetzen können. Dank TAF ist die Session nach dem Rollback auf der neuen Instanz angemeldet.
5. Schließlich sind alle Sessions auf der neuen Instanz angemeldet und das OMotion somit beendet.

Die zu schwenkende Datenbank sowie der Timeout in Minuten können auch direkt über die Kommandozeile mitgegeben werden:

```
$ $ORACLE_HOME/bin/Omotion -d RON112 -m 1
```

12.4.3 Von RAC One Node nach RAC

Eine RAC One Node-Datenbank kann in eine echte RAC-Datenbank umgewandelt werden, um zusätzlich in den Genuss der Skalierbarkeit zu kommen.

Achtung: Während der Konvertierung wird die Datenbank kurzzeitig komplett heruntergefahren. Es tritt also für die Clients eine kurze Auszeit auf. Außerdem liegt nach der Konvertierung eine echte RAC-Datenbank vor, allerdings nur mit einem einzigen Knoten. Weitere Knoten und damit Instanzen müssen mithilfe des *Database Configuration Assistants* (DBCA) hinzugefügt werden.

---

13 Timeout mindestens eine Minute, maximal 30 Minuten

Etwas verwirrend ist auch, dass die echten RAC-Instanzen zwar ebenfalls durchnummeriert sind, anders als bei RAC One Node aber zwischen dem Datenbanknamen und der Instanznummer aber kein Unterstrich auftritt. Die RAC One Node-Instanz `RON112_1` wird also zur RAC-Instanz `RON1121` etc.

Die entscheidende Rolle bei der Konvertierung spielt das Skript `racone2rac`. Ein Aufruf sieht zum Beispiel so aus:

```
$ $ORACLE_HOME/bin/racone2rac

Candidate Databases on this cluster:

 #       Database          RACOne Node    Fix Required
===      ========          ===========    ============
[1]       RON112              YES              N

Enter the database to convert to one node RAC database [1]: 1


You are converting RON112 to single instance Oracle RAC database running on aste

Do you want to Continue? [Y]es or [N]o? Y

Please wait, this may take a few minutes to finish.........
Database configuration modified.

Run dbca to add as much instances as you want to this database.
```

Damit liegt nun eine echte RAC-Datenbank vor, wie bereits erwähnt jedoch mit nur einem Knoten. Weitere Knoten müssen explizit hinzugefügt werden.

12.5 Data Guard

Die Oracle RAC-Datenbank bietet in Verbindung mit einer Plattenspiegelung (Raid) einen hohen Schutz gegen Hardware-Fehler. Im Falle eines entsprechenden Fehlers (z. B. CPU-Ausfall, kompletter Rechnerabsturz) kann die Anwendung ohne Auszeit weiter betrieben werden. Anwender, die auf dem fehlerhaften Rechner angemeldet werden, können mittels Transparent Application Failover automatisch neu verbunden werden und merken im Idealfall nicht einmal, dass etwas passiert ist.

Keinen Schutz bietet die RAC-Datenbank allerdings gegenüber Anwendungs- bzw. Anwenderfehlern. Ein fehlerhafter Befehl, wie z. B. `DROP TABLESPACE`, führt unweigerlich zum Stillstand der gesamten Datenbank, der nur über das Wiedereinspielen einer Sicherung zu beheben ist.

Zwar können die unterschiedlichen Flashback-Technologien (in diesem Fall das Data Guard) die Auszeit minimieren, aber je nach Fehler und Größe der Datenbank kann die Dauer bis zur Wiederherstellung dennoch Stunden betragen. Als Schutz vor derartigen Fehlern oder auch bei so genannten Desaster-Recovery-Konfigurationen, wo der Ausfall eines kompletten Rechenzentrums überbrückt werden muss, bietet Oracle seit vielen Jahren die Standby-Datenbank an.

Wie bereits in Kapitel 8 beschrieben, kann man eine Oracle-Datenbank, die im so genannten *Archivelog-Modus* betrieben wird, jederzeit im laufenden Betrieb sichern und aus der Sicherung mit dem Recovery der entsprechenden archivierten Redolog-Dateien auch auf jeden beliebigen Zeitpunkt wieder herstellen.

Diese Möglichkeit macht sich die Standby-Datenbank zu nutze. Dabei wird aus dem Backup der produktiven Datenbank eine zweite Datenbank (*Standby*) aufgebaut, und diese wird über die Redolog-Informationen ständig abgeglichen. Diese Funktion steht schon seit der Version 6 zur Verfügung, wurde damals aber nur über Oracle Consulting Services angeboten, eine offizielle Funktion gibt es seit Version 7.3. Mit den folgenden Releases wurde die Funktionalität erweitert, und mit der Version 8.1.7 kam zum ersten Mal eine grafische Oberfläche für die Administration und Überwachung hinzu.

Oracle Data Guard steht nur in der Enterprise Edition zur Verfügung und wird dort durch den sogenannten *Data Guard Broker* unterstützt und kann über den Oracle Enterprise Manager konfiguriert und überwacht werden. Ausgangsbasis für den Aufbau einer Standby-Datenbank ist jedoch immer eine physikalische Kopie einer Datenbank. Dies ist notwendig, da die Informationen für das Zielsystem aus den Redolog-Dateien gelesen werden. Bei der Verwendung der Oracle Standard Edition bieten daher einige Software-Hersteller (z. B. Libelle Informatik) sowie Consulting-Unternehmen Lösungen für den Aufbau der Standby-Datenbank inklusive Administration und Überwachung an.

Oracle fasst heute diverse unterschiedliche Konfigurationen unter dem Begriff *Data Guard* zusammen. Dazu gehören:

Physical Standby: Dies ist die ursprüngliche Form der Standby-Datenbank, d. h., die Datenbank befindet sich im permanten Recovery-Modus und kann nicht aktiv genutzt werden. Allerdings ist es möglich, das Recovery zu stoppen und dann die Datenbank im Read-only-Modus zu öffen bzw. anschließend wieder in den Recovery-Modus zurückzuversetzen.

Für die Hochverfügbarkeit ist diese Konfiguration am einfachsten und wird daher oft für Desaster Recovery eingesetzt. Über Parameter kann unter anderem eingestellt werden, wie schnell die Daten synchronisiert werden sollen (also z. B. direkt über den Logwriter oder erst bei einem Logswitch) und ob die Informationen auf dem Zielsystem sofort eingefügt werden sollen oder ob die Datenbank bewusst „nachläuft“, z. B. um bei Anwenderfehlern auf einen älteren Zustand zurückgreifen zu können.

Logical Standby: Mit der Version 9i wurde diese zweite Art der Standby-Datenbank eingeführt. Dabei wird jetzt nicht mehr ein physikalisches Recovery, sondern ein so genanntes SQL-Apply durchgeführt, d. h., aus den Informationen der Redolog-Dateien werden wieder SQL-Befehle generiert, die dann auf der Standby-Datenbank ausgeführt werden. Damit kann die Hochverfügbarkeit mit einer gleichzeitigen Nutzung der Standby-Datenbank kombiniert werden.

Active Data Guard: Seit Oracle 11g gibt es eine zusätzliche, allerdings kostenpflichtige Option, die es erlaubt, die Physical Standby-Datenbank zum Lesen zu öffnen, während gleichzeitig ein Recovery erfolgt. Damit kann die Standby-Datenbank, wenn auch nur zum Lesen, aktiv genutzt werden.

Für den Betrieb einer Data-Guard-Konfiguration werden in der Regel mindestens zwei Systeme verwendet, eine primäre Datenbank (Produktion) und ein oder mehrere sekundäre Datenbanken (Standby). Diese müssen vom gleichen Hersteller sein bzw. das gleiche Betriebssystem haben. Eine Ausnahme bildet die *No-Data-Loss*-Konfiguration, an der mindestens drei Systeme beteiligt sind.

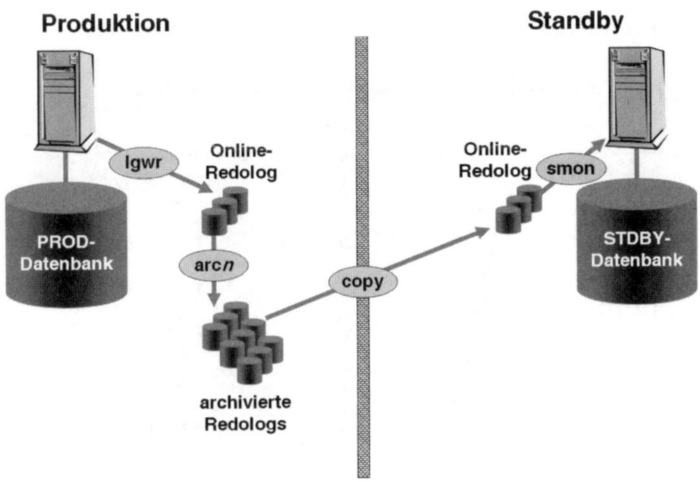

Abbildung 12.5: Einfacher Aufbau einer Physical-Standby-Datenbank

Die Hardware-Ausstattung kann je nach Aufgabe durchaus unterschiedlich sein. Beim Betrieb als Hochverfügbarkeitslösung sollten die Systeme aber identisch ausgestattet sein, um beim Umschalten nicht in Performance-Probleme zu laufen. Der Umschaltvorgang kann zwei Ursachen haben:

Failover: Das primäre System fällt mit einem Fehler aus.

Switchover (auch *Graceful Switch* genannt): Die Rollen der Systeme werden getauscht, z. B. für Wartungsarbeiten an der Hardware, aber auch, wenn nach einem Failover wieder auf das ursprüngliche System zurückgeschaltet werden soll, weil z. B. dieses System leistungsfähiger ist oder das Rechenzentrum eine bessere Infrastruktur hat.

Da die Daten aus den Redolog-Informationen gelesen werden, sollte es keine Anwendung geben, die Daten mit der Option „`NOLOGGING`“ einpflegt. Dies kann mit dem Befehl `ALTER DATABASE FORCE LOGGING` sichergestellt werden. Das bedeutet aber auch, dass sich unter Umständen die Laufzeit von Batch-Prozessen, die bisher mit der Option „`NOLOGGING`“ ausgeführt wurden, erheblich verlängern kann und zusätzliche archivierte Redolog-Dateien anfallen. Bevor also diese Option eingeschaltet wird, muss geprüft werden, welche Prozesse davon betroffen sind.

12.5.1 Physical Standby

Unter der Physical-Standby-Datenbank versteht man eine Zieldatenbank, die die Transaktionen aus den Redolog-Dateien über ein Database Recovery einspielt. Daher steht diese Datenbank im Normalfall nicht für den direkten Zugriff zur Verfügung.

Abbildung 12.5 zeigt den einfachen Aufbau einer Standby-Datenbank. Dabei werden die auf dem Produktionssystem archivierten Redolog-Dateien per Copy-Befehl (ftp oder Ähnliches) auf die Standby-Seite übertragen und dort über den `RECOVER`-Befehl eingelesen. Diese Funktionsweise ist mit jeder Oracle-Version möglich und ohne großen Aufwand einsetzbar. Allerdings sollte in einem Produktionsumfeld das Ganze so vorberei-

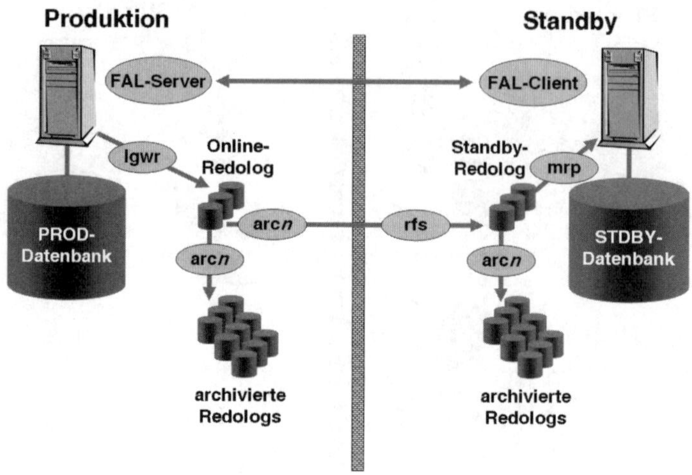

Abbildung 12.6: Physical-Standby-Datenbank mit Data Guard

tet sein, dass ein Neuaufbau der Standby-Datenbank und die Übertragung der Redolog-Dateien per Skript bzw. automatisch erfolgt.

Einziges Problem in dieser Konstellation ist, dass Änderungen an der physischen Struktur der Datenbank (neue Tablespaces oder Datendateien) nicht mit übertragen werden. Außerdem besteht die Gefahr, dass fehlerhaft übertragene Dateien nicht früh genug erkannt werden und das Recovery daher nicht ordnungsgemäß durchgeführt werden kann.

Daher empfiehlt es sich, entweder eine geeignete Lösung einzukaufen oder beim Einsatz der Oracle Enterprise Edition den Oracle Data Guard Broker, wie in Abbildung 12.6 dargestellt, zu nutzen.

In diesem Fall wird zunächst einmal der Transport der archivierten Redolog-Dateien von einem Archivierungsprozess (arc*n*) initiiert. Auf der Gegenseite werden die Dateien dann vom *Remote File Server* (rfs) entgegengenommen. Diese Dateien werden als Standby-Redolog-Dateien bezeichnet und vom *Managed Recovery Process* (mrp) eingespielt. Nach dem Recovery der Dateien können sie als archivierte Redolog-Dateien auf dem Standby-System gespeichert werden.

Die gesamte Funktionalität wird von einem *Fetch-Archive-Log-Server* (FAL-Server) und *Fetch-Archive-Log-Client* (FAL-Client) überwacht, so dass bei fehlenden oder fehlerhaft übertragenen Redolog-Dateien automatisch eine Rückmeldung an das Produktionssystem erfolgt und die Daten nochmals geschickt werden.

Konfiguration mit dem Enterprise Manager

Die Physical-Data-Guard-Konfiguration kann sehr einfach über den Oracle Enterprise Manager aufgebaut werden. Voraussetzung dafür ist, dass beide Systeme sowie die primäre Datenbank im Grid Control erreichbar sind (d. h. es wurden entsprechende Agenten installiert). Außerdem muss die Datenbank im Archivelog-Modus gestartet und das „FORCE LOGGING“ sollte aktiviert worden sein.

Unter „Ziele“ wählt man jetzt die primäre Datenbank aus und unter dem Reiter „Verfügbarkeit“ dann den Link „Standby-Datenbank hinzufügen“. Alternativ kann dieser Link auch über „High Availability-Konsole“ oder „Maximum Availability Architecture (MAA)-Advisor“ ausgewählt werden.

Im folgenden Beispiel wird für die primäre Datenbank `PROD11G` auf dem Rechner `majestix` eine Physical-Standby-Datenbank `STBY11G` auf dem Rechner `gutemine` angelegt. Dabei ist es erforderlich, sich bei der primären Datenbank als `SYSDBA` und nicht als normaler Administrator anzumelden.

Bei der Konfiguration wird zunächst die Art der Standby-Datenbank ausgewählt. Dabei kann, wie in Abbildung 12.7 sichtbar, auf eine vorhandene Konfiguration aufgesetzt oder eine manuelle Konfiguration, z. B. durch die Erstellung eines Backups, unterstützt werden.

Wenn, wie im Beispiel, eine Physical-Standby-Datenbank aufgebaut werden soll, wird in den folgenden Schritten die notwendige Konfiguration für das Backup bzw. den Aufbau der sekundären Datenbank abgefragt (siehe Abbildung 12.8).

Da in diesem Fall die primäre Datenbank in einer ASM-Instanz liegt, bietet der Oracle Enterprise Manager für die sekundäre Datenbank nur diese Option zur Speicherung an. Entweder muss also bereits vorher eine entsprechende Diskgruppe auf der Standby-Seite angelegt worden sein, oder die komplette Konfiguration muss manuell erfolgen.

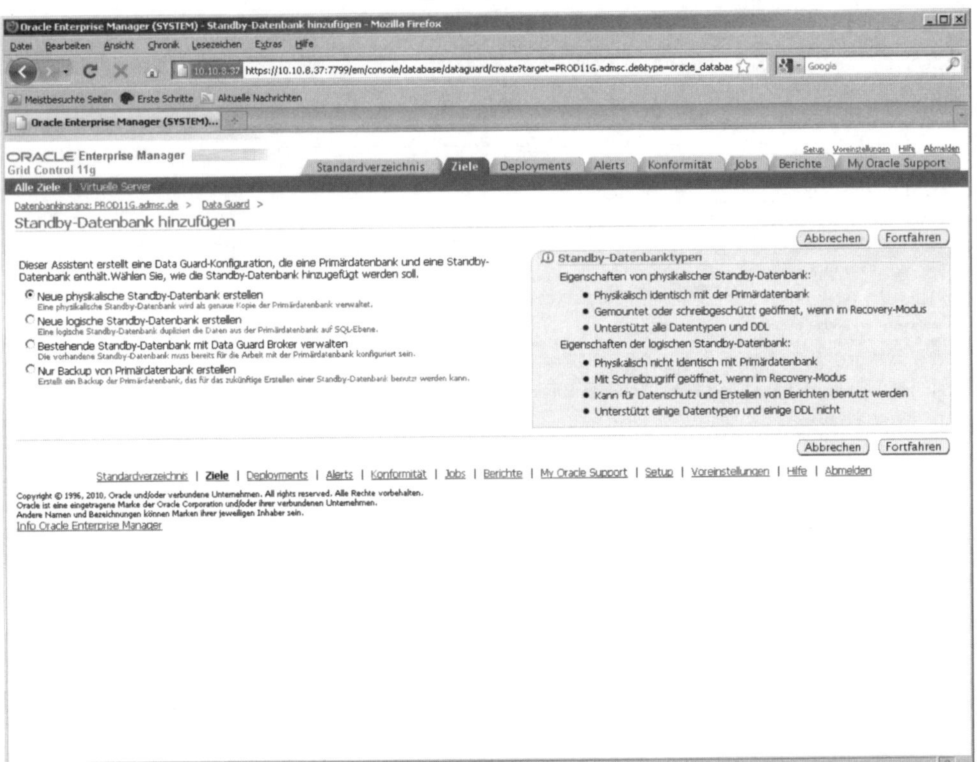

Abbildung 12.7: Konfiguration einer Physical-Standby-Datenbank im Enterprise Manager

Hiervon möchten wir allerdings abraten, da es dann Probleme beim Hinzufügen von Tablespaces geben kann.

Auch im Hinblick auf das Thema dieses Kapitels („Hochverfügbarkeit") empfehlen wir, die Konfiguration von primärer und sekundärer Datenbank möglichst identisch vorzunehmen. Daher verwenden wir auf der Standby-Datenbank die gleiche Konfiguration mit ASM und der Diskgruppe DATA (wie in Abbildung 12.9 zu erkennen).

Da auf beiden Systemen die Grid Infrastructure, als Voraussetzung für ASM, installiert worden ist, können wir außerdem Oracle Restart aktivieren und benötigen letztendlich noch einen eindeutigen Namen (Serverparameter `db_unique_name`) für die Standby-Datenbank, in diesem Fall `STBY11G` (siehe Abbildung 12.10). Dieser Name ist nicht gleichzusetzen zur Oracle-SID, die im Beispiel auf beiden Systemen identisch, nämlich `PROD11G`, lautet.

Nach erfolgter Konfiguration erhält man eine Zusammenfassung, und die Erstellung wird als Enterprise Manager Job gestartet.

Mit der High-Availability-Konsole wird anschließend die Data-Guard-Umgebung überwacht. In der erweiterten Ansicht kann man das Redolog-Aufkommen sowie die gesamte Verfügbarkeit in grafischer Form anzeigen lassen (Abbildung 12.11).

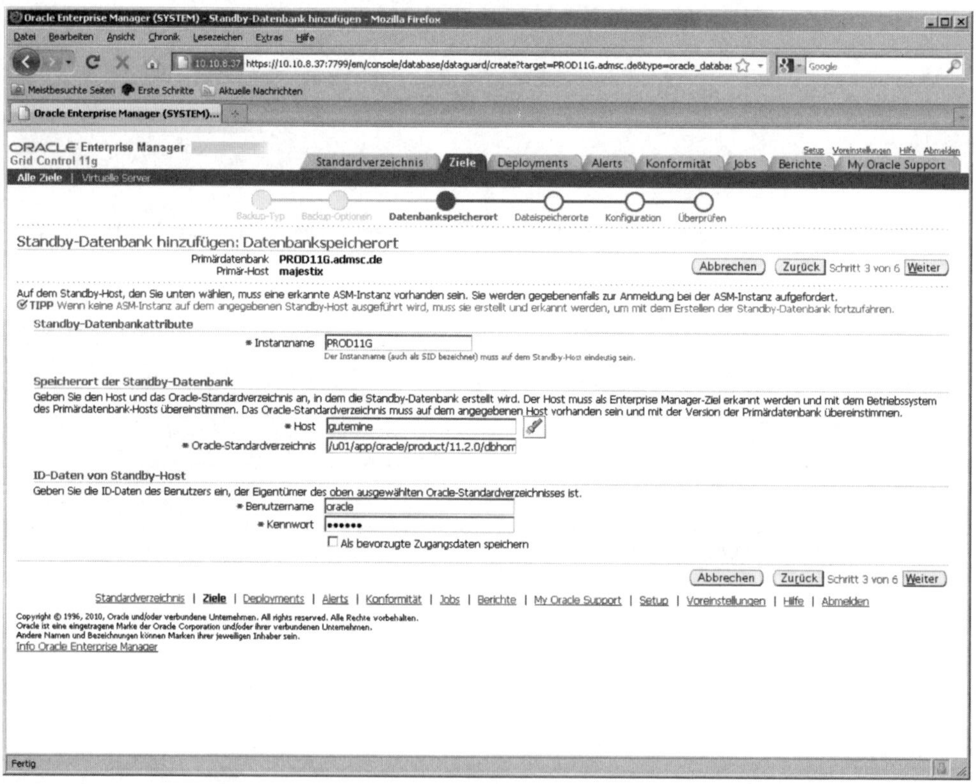

Abbildung 12.8: Physical-Standby-Datenbank, sekundäre Datenbank

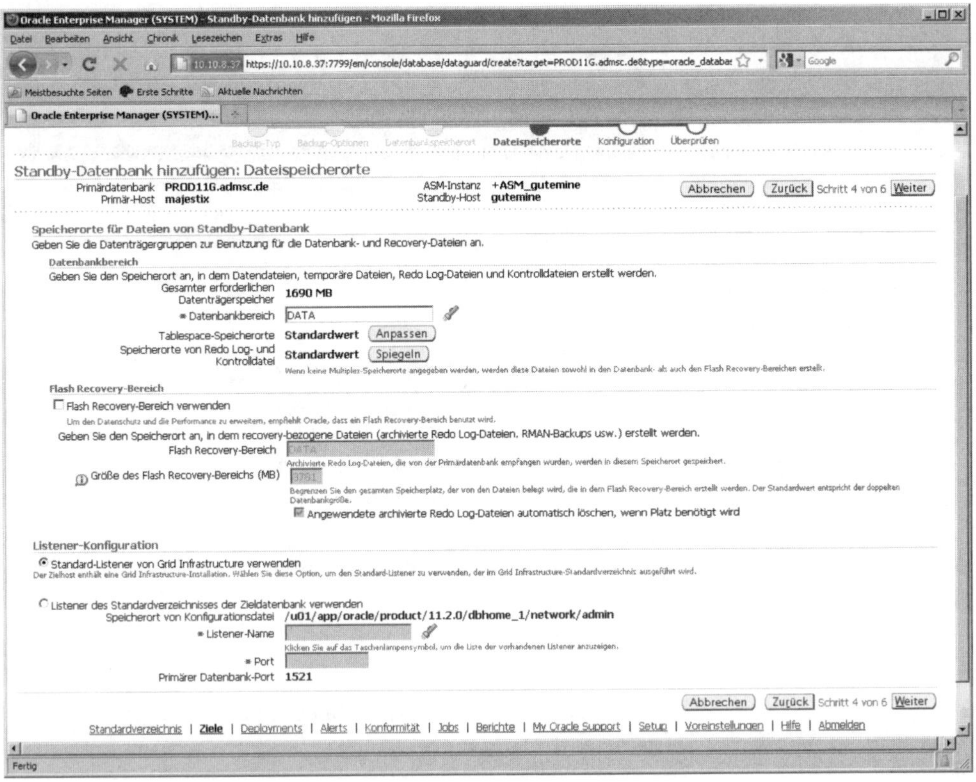

Abbildung 12.9: Physical Standby mit ASM-Diskgruppe

Um zu prüfen, ob die Konfiguration auch wirklich funktioniert, empfiehlt es sich, von Zeit zu Zeit ein Switchover durchzuführen. Am einfachsten ist dies wiederum mit dem Enterprise Manager. Im Fenster „Verfügbarkeit" gibt es nach der erfolgreichen Installation einer Standby-Datenbank jetzt einige weitere Links, unter anderem „Setup und Verwalten".

Beschreibung der Konfiguration

Am Beispiel der durchgeführten Konfiguration sollen an dieser Stelle noch einmal die Einzelheiten hervorgehoben werden.

Zunächst werden die für die Data-Guard-Konfiguration notwendigen Serverparameter in der Produktionsdatenbank (hier `PROD11G`) gesetzt.

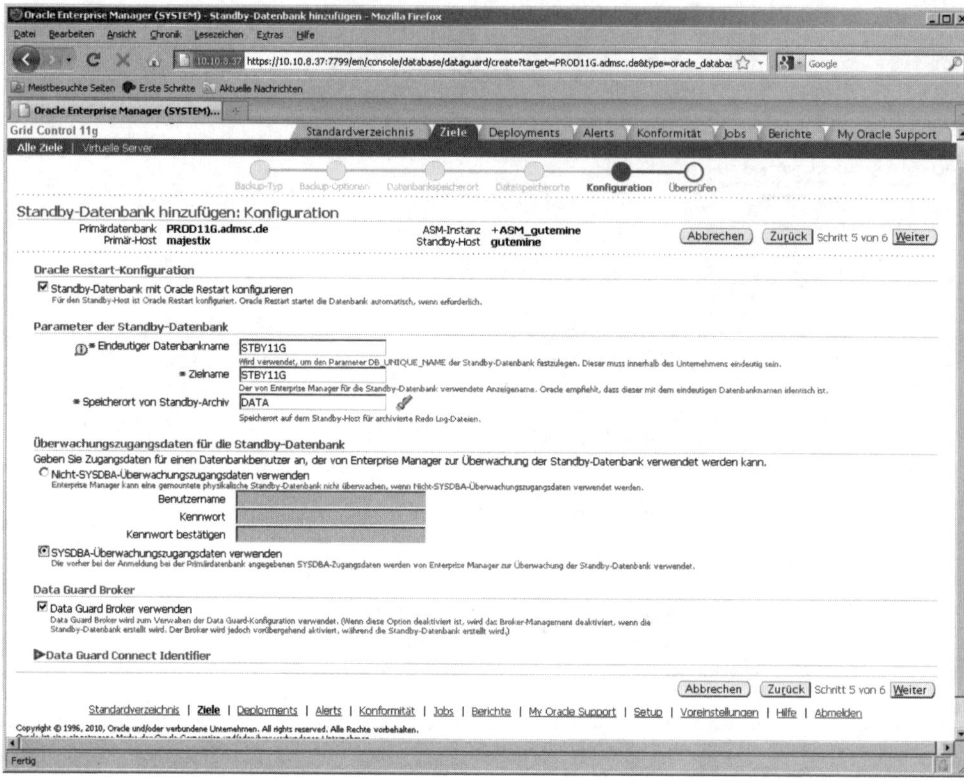

Abbildung 12.10: Physical Standby und Oracle Restart

```
*.db_name='PROD11G'
*.dg_broker_config_file1='+DATA/dr1PROD11G.dat'
*.dg_broker_config_file2='+DATA/dr2PROD11G.dat'
*.dg_broker_start=TRUE
*.log_archive_config='dg_config=(PROD11G,STBY11G)'
*.log_archive_dest_1='location=USE_DB_RECOVERY_FILE_DEST',
                           'valid_for=(ALL_LOGFILES, ALL_ROLES)'
*.log_archive_dest_2='service="(DESCRIPTION=(ADDRESS=(PROTOCOL=tcp)
                           (HOST=gutemine)(PORT=1521))
                           (CONNECT_DATA=(SERVICE_NAME=STBY11G.admsc.de)
                           (SERVER=DEDICATED)))"','LGWR ASYNC NOAFFIRM
                           delay=0 optional compression=disable
                           max_failure=0 max_connections=1 reopen=300
                           db_unique_name="STBY11G" net_timeout=30',
                           'valid_for=(all_logfiles,primary_role)'
*.log_archive_dest_state_2='ENABLE'
*.log_archive_format='PROD11G_%t_%s_%r.arc'
*.log_archive_min_succeed_dest=1
*.standby_file_management='AUTO'
```

Während die Parameter `log_archive_dest_1` sowie `log_archive_format` bereits für die Aktivierung der Archivierung genutzt wurden, sind alle weiteren Parameter spezielle Einstellungen für die Standby-Datenbank.

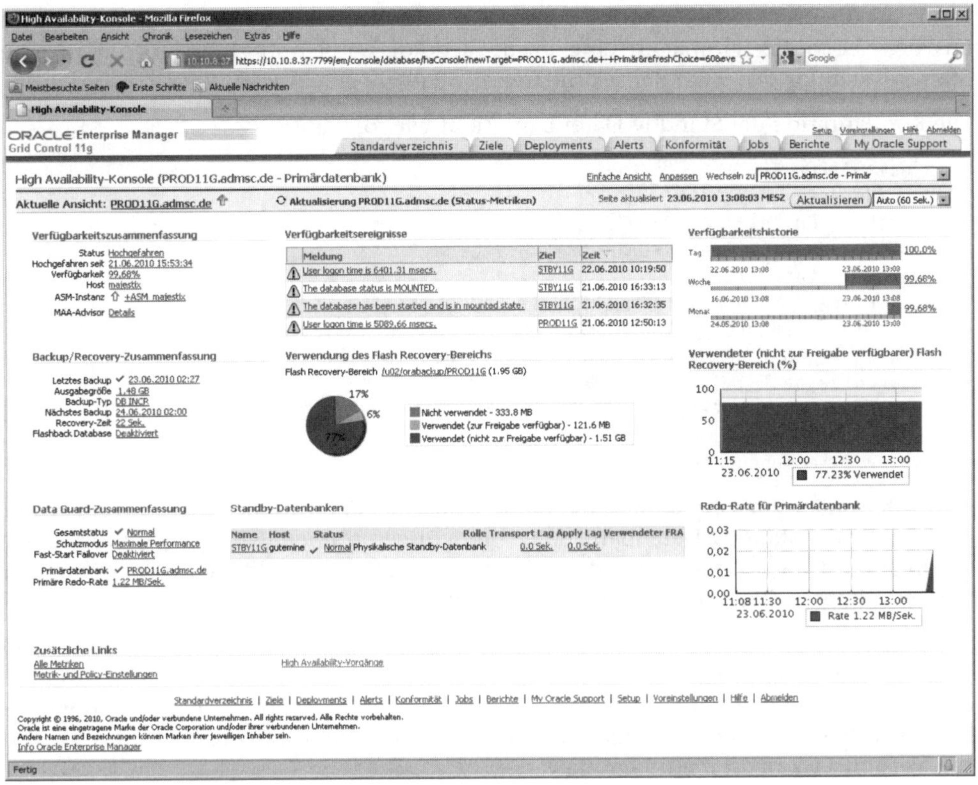

Abbildung 12.11: High-Availability-Konsole

Zunächst gibt es aus Sicherheitsgründen zwei Konfigurationsdateien für den Data Guard Broker (`dg_broker_config_file1` und `dg_broker_config_file2`), und die entsprechenden Prozesse werden mit dem Parameter `dg_broker_start` automatisch gestartet.

Der wichtigste Parameter ist `log_archive_dest_2`. In ihm wird zunächst festgelegt, wohin archiviert werden soll: über Oracle Net auf den Rechner `gutemine` in die Datenbank mit dem Servicenamen `STBY11G.admsc.de` hat. Außerdem wird die Art der Übertragung – über den Logwriter (`LGWR`) im asynchronen Modus (`ASYNC`) – festgelegt. Die Option `NOAFFIRM` sagt aus, dass die Übertragung quittiert wird, bevor die Daten auf der sekundären Datenbank in die Standby-Redolog-Dateien eingetragen wurden (`AFFIRM` würde bedeuten, dass eine Quittung erfolgt, nachdem die Daten eingetragen wurden). Eine weitere Option ist `valid_for`, die angibt, für welche Redolog-Dateien (Online oder Standby) diese Option gilt und in welcher Rolle sich die entsprechende Datenbank (hier `primary_role`) befindet. Aktiviert wird diese Destination über den Parameter `log_archive_dest_state_2`.

Der Parameter `standby_file_management` gibt an, dass neue Datendateien automatisch auf der Sekundärseite angelegt werden. Da keine weiteren Parameter angegeben wurden, werden sie im gleichen Verzeichnis angelegt wie auf dem Primärsystem. Über den Parameter `db_file_name_convert` bzw. `log_file_name_convert` könnte auch eine abweichende Verzeichnisstruktur (z. B. eine andere Diskgruppe) angegeben werden.

Damit ist die primäre Datenbank konfiguriert, und die Redolog-Information wird jetzt aus dem Logbuffer einmal in eine lokale Redolog-Datei und zum anderen in eine Standby-Redolog-Datei auf der sekundären Datenbank geschrieben.

Die Konfiguration der Standby-Datenbank sieht wie folgt aus:

```
*.db_name='PROD11G'
*.db_unique_name='STBY11G'
*.dg_broker_config_file1='+DATA/dr1STBY11G.dat'
*.dg_broker_config_file2='+DATA/dr2STBY11G.dat'
*.dg_broker_start=true
*.fal_server='(DESCRIPTION=(ADDRESS=(PROTOCOL=tcp)(HOST=majestix)(PORT=1521))
            (CONNECT_DATA=(SERVICE_NAME=PROD11G.admsc.de)(SERVER=DEDICATED)))'
*.log_archive_config='dg_config=(STBY11G,PROD11G)'
*.log_archive_dest_1='LOCATION=+DATA'
*.log_archive_format='PROD11G_%t_%s_%r.arc'
*.log_archive_min_succeed_dest=1
*.standby_file_management='auto'
```

Im Unterschied zur primären Datenbank wird hier der Parameter db_unique_name gesetzt, der der Standby-Datenbank einen eindeutigen Namen (STBY11G) zuweist. Standardmäßig ist db_unique_name identisch mit db_name, daher brauchte der Parameter auf der primären Datenbank nicht gesetzt zu werden.

Der Parameter fal_server gibt an, wie über Oracle Net auf die Primärdatenbank zugegriffen werden kann. Bei der Erstellung über den Oracle Enterprise Manager werden einige Parameter ignoriert, da die Konfiguration bzw. ein Failover oder Switchover in der Regel ebenfalls über den Enterprise Manager erfolgt (der Parameter fal_client wird seit Version 11.2 nicht mehr benötigt).

Nach einem Switch werden die geänderten Parameter entsprechend eingetragen bzw. geändert. Auf dem Rechner majestix, auf dem jetzt die Standby-Datenbank läuft, sind jetzt folgende Parameter aktiv:

```
*.fal_server='(DESCRIPTION=(ADDRESS=(PROTOCOL=tcp)(HOST=gutemine)(PORT=1521))
            (CONNECT_DATA=(SERVICE_NAME=STBY11G.admsc.de)(SERVER=DEDICATED)))'
*.log_archive_dest_2=''
*.log_archive_dest_state_2='ENABLE'
```

Zu erkennen ist, dass hier jetzt der Parameter fal_server gesetzt wurde (auf den neuen primären Rechner gutemine verweisend), und der Parameter log_archive_dest_2 wurde gelöscht bzw. ist leer. Es ist ersichtlich, dass der Parameter fal_server gesetzt werden muss, und bei einem erneuten Umschalten bleibt dieser auch weiterhin bestehen. Nicht ersichtlich ist es jedoch, warum der Parameter log_archive_dest_2 geleert wurde. Der vorher gültige Eintrag bezieht sich aufgrund der Option valid_for auf den Betrieb als primäre Datenbank, d. h., er wird im Standby-Betrieb nicht benutzt.

Auf dem neuen primären Server gutemine wird hingegen der Parameter log_archive_dest_2 mit den entsprechenden Optionen gesetzt.

```
*.log_archive_dest_2='service="(DESCRIPTION=(ADDRESS=(PROTOCOL=tcp)
                     (HOST=majestix)(PORT=1521))
                     (CONNECT_DATA=(SERVICE_NAME=PROD11G.admsc.de)
                     (SERVER=DEDICATED)))"','LGWR ASYNC NOAFFIRM
                      delay=0 optional compression=disable
```

```
max_failure=0 max_connections=1 reopen=300
db_unique_name="PROD11G" net_timeout=30',
'valid_for=(all_logfiles,primary_role)'
```

Die Konfiguration von Data Guard mit dem Enterprise Manager erfolgt immer über den Data Guard Broker. Neben der Benutzung im Enterprise Manager kann dieser auch über die Kommandozeile (`dgmgrl`) mit einigen Optionen aufgerufen werden. Vorsicht ist geboten, wenn Sie eine bestehende Standby-Konfiguration haben und diese in Zukunft über den Enterprise Manager verwalten möchten. Der Data Guard Broker übersteuert alle manuellen Änderungen, wie z. B. die Umschaltung des Protection-Modes. Skripte, die Sie vielleicht vorher benutzt haben, könnten in Zukunft nicht mehr funktionieren.

Die Konfiguration des Data Guard Brokers ist relativ einfach (zumal wenn man vorher die Data-Guard-Datenbank schon erstellt hat). Im folgenden Beispiel wird die bereits erstellte Standby Datenbank für den Broker konfiguriert. Der Name der Konfigurationsdatei ist „`PROD11G.admsc.de`". Der Aufruf erfolgt auf dem primären Datenbankserver im Kontext der Datenbank, aber natürlich kann der Data Guard Broker auch über Oracle Net aufgerufen werden.

```
dgmgrl /
DGMGRL for Linux: Version 11.2.0.1.0 - 64bit Production

Copyright (c) 2000, 2009, Oracle. All rights reserved.

Welcome to DGMGRL, type "help" for information.
Connected.
DGMGRL>  show configuration

Configuration - PROD11G.admsc.de

  Protection Mode: MaxPerformance
  Databases:
    PROD11G - Primary database
    STBY11G - Physical standby database

Fast-Start Failover: DISABLED

Configuration Status:
SUCCESS
```

Bei der Vergabe der Namen sollte darauf geachtet werden, dass die Standardeingabe (ohne Hochkommata) in Kleinbuchstaben erfolgt. Da wir empfehlen, für Namen der Datenbanken Großbuchstaben zu verwenden, müssen die entsprechenden Einträge maskiert werden.

Ein Switchover kann jetzt einfach über den Data Guard Broker erfolgen:

```
DGMGRL> switchover to "STBY11G";
```

Manuelle Standby-Konfiguration

Die Konfiguration von Data Guard mit dem Enterprise Manager ist sehr komfortabel und funktioniert in den meisten Fällen problemlos. Dennoch wollen wir im Folgenden beschreiben, wie eine Standby-Konfiguration auch ohne Enterprise Manager aufgebaut und vielleicht erst zu einem späteren Zeitpunkt dahin überführt werden kann.

Die Ausgangslage ist identisch zu der bereits beschriebenen Konfiguration: Auf dem primären Rechner majestix wird die Datenbank PROD11G im ASM betrieben und soll auf den sekundären Rechner gutemine ebenfalls im ASM mit gleichem Instanznamen als Physical-Standby-Datenbank erstellt werden.

Um die Parametrierung anzupassen, empfiehlt es sich, eine Textversion (init.ora) der Serverparameter zu machen und dort die Änderungen vorzunehmen. Anschließend wird aus dieser wieder eine Serverparameterdatei erstellt.

```
SQL> CREATE PFILE='/tmp/initPROD11G.ora' FROM SPFILE;

*.db_name='PROD11G'
*.db_recovery_file_dest='/u02/orabackup/PROD11G'
*.db_unique_name=PROD11G
*.log_archive_dest_1='location=USE_DB_RECOVERY_FILE_DEST
                             VALID_FOR=(ALL_LOGFILES, ALL_ROLES)
                             DB_UNIQUE_NAME=PROD11G'
*.log_archive_dest_2='service=STBY11G VALID_FOR=(ONLINE_LOGFILES,PRIMARY_ROLE)
                            LGWR ASYNC NOAFFIRM DELAY=0 DB_UNIQUE_NAME=STBY11G'
*.standby_file_management = AUTO
*.log_archive_dest_state_2='DEFER'
*.fal_server=STBY11G

SQL> CREATE SPFILE='+DATA' FROM PFILE='/tmp/initPROD11G.ora';
```

Wie bereits beschrieben, müssen nur log_archive_dest_1 und log_archive_dest_2 angepasst werden. Im Gegensatz zur Konfiguration mit dem Enterprise Manager haben wir die Datenbanken in der serverseitigen tnsnames.ora-Datei konfiguriert und können daher bei log_archive_dest_2 direkt auf den TNS-Eintrag „STBY11G“ verweisen. Außerdem haben wir hier aus Gründen der Vereinheitlichung explizit den db_unique_name gesetzt. Der Parameter log_archive_dest_state_2 steht zunächst auf DEFER, da die zweite Lokation noch nicht existiert.

Damit sind auf der primären Datenbank alle erforderlichen Änderungen durchgeführt, und die Datenbank kann mit den neuen Parametern durchgestartet werden.

Zwar ist es auch möglich, auf dem Sekundärsystem mit einer minimalen Parameterdatei zu arbeiten und die „richtige“ Datei während der Duplizierung der Datenbank zu übertragen, allerdings ist es von der Syntax her etwas umständlicher. Daher kopieren wir einfach diese Parameterdatei auf das Zielsystem (am besten wieder ins Verzeichnis /tmp) und editieren dort die notwendigen Parameter.

```
*.db_name='PROD11G'
*.db_recovery_file_dest='/u02/orabackup/PROD11G'
*.db_recovery_file_dest_size=5242880000
*.db_unique_name=STBY11G
*.log_archive_dest_1='location=USE_DB_RECOVERY_FILE_DEST
                             VALID_FOR=(ALL_LOGFILES, ALL_ROLES)
                             DB_UNIQUE_NAME=STBY11G'
*.log_archive_dest_2='service=PROD11G
                            VALID_FOR=(ONLINE_LOGFILES,PRIMARY_ROLE)
                            LGWR ASYNC NOAFFIRM DELAY=0 DB_UNIQUE_NAME=STBY11G'
*.fal_server=PROD11G
*.standby_file_management = AUTO
*.log_archive_dest_state_2='DEFER'
```

Mit diesen Parametern kann jetzt auf dem Sekundärsystem die Datenbank im NOMOUNT-Status hochgefahren werden.

```
SQL> CREATE SPFILE FROM PFILE='/tmp/initPROD11G.ora';
SQL> STARTUP NOMOUNT;
```

Der nächste Schritt ist die Erstellung der Datenbank auf dem Zielsystem. Hierfür bietet sich der RMAN mit der Befehl DUPLICATE an. Seit Version 11 gibt es eine Reihe von Erweiterungen für die Duplizierung, dazu gehören:

1. Duplizierung über ein bereits bestehendes Backup mit Anmeldung an der Quelldatenbank und an der zu erstellenden Datenbank („Auxiliary-Datenbank")
2. Duplizierung über ein bereits bestehendes Backup ohne Anmeldung an die Quelldatenbank
3. Duplizierung über einen direkten Transfer der Daten ohne Zwischenspeicherung, mit Anmeldung an die Quell- und Zieldatenbank

Für dieses Beispiel verwenden wir die dritte Option, den direkten Transfer der Daten. Dafür melden wir uns auf dem sekundären Rechner an die Quelldatenbank (`target`) und Zieldatenbank (`auxiliary`) an und führen den Befehl für die Duplizierung der Datenbank aus. Die Anmeldung an die Auxiliary Datenbank kann nur über Oracle Net und mit dem SYSDBA Privileg erfolgen. Daher muss ggf. vorher noch mit dem Befehl `orapwd` eine Passwortdatei angelegt werden.

```
% orapwd file=$ORACLE_HOME/dbs/orapwPROD11G password=manager

% rman target sys/manager@PROD11G auxiliary sys/manager@STBY11G

Recovery Manager: Release 11.2.0.1.0 - Production on Thu Jun 24 15:31:04 2010

Copyright (c) 1982, 2009, Oracle and/or its affiliates.  All rights reserved.

connected to target database: PROD11G (DBID=4220953292)
connected to auxiliary database: PROD11G (not mounted)


RMAN> DUPLICATE TARGET DATABASE FOR STANDBY FROM ACTIVE DATABASE;
```

Mit diesem Befehl wird allerdings im ersten Schritt eine Passwortdatei übertragen. Beim Aufruf des Recovery Managers auf dem Zielsystem stellt dies kein Problem dar; wenn allerdings die Duplizierung vom primären Rechner aus durchgeführt werden soll, bricht der Prozess ab. Die Fehlermeldung `ORA-17627` bzw. `ORA-01017` zeigt, dass es scheinbar ein Problem mit dem Login gibt.

Als Nächstes werden die Kontrolldateien übertragen, und danach wird die Instanz einmal geschlossen und wieder gestartet. Hier ist darauf zu achten, dass die Instanz im Oracle Listener eingetragen ist, da ansonsten nach der Übertragung der Kontrolldatei der Prozess wiederum abbricht. Wichtig ist an dieser Stelle außerdem, dass der Service-Name entsprechend eingetragen wurde (in diesem Fall mit dem Namen des primären Systems `PROD11G`) da ansonsten als Service-Name der Parameter `db_unique_name` verwendet wird, was in unserem Fall `STBY11G` ist.

Wenn diese Hürden erfolgreich gemeistert wurden, werden anschließend die Datendateien übertragen, und die Standby-Konfiguration ist so weit fertig. Allerdings ist zu beachten, dass mit dem Recovery Manager keine temporären Dateien übertragen werden. Jetzt kann die Standby-Datenbank in den Managed-Recovery-Modus gesetzt und auf dem primären System die zweite Log-Destination eingeschaltet werden.

Standby-Datenbank:

```
SQL> ALTER DATABASE RECOVER MANAGED STANDBY DATABASE DISCONNECT FROM SESSION;
```

Primäre Datenbank:

```
SQL> ALTER SYSTEM SET log_archive_dest_state_2 = 'ENABLE';
```

Eine einfache Kontrolle, ob die Standby-Datenbank richtig gepflegt wird, kann durch einige Logswitches sowie die Abfrage der View `v$log` erfolgen.

Primäre Datenbank:

```
SQL> ALTER SYSTEM SWITCH LOGFILE;
SQL> SELECT group#, sequence#, archived, status, first_change#
     FROM   v$log
     ORDER  BY sequence#;
    GROUP#  SEQUENCE# ARC STATUS           FIRST_CHANGE#
---------- ---------- --- ---------------- -------------
         3         74 YES INACTIVE                846723
         1         75 YES INACTIVE                846849
         2         76 NO  CURRENT                 846876
```

Standby-Datenbank:

```
SQL> SELECT group#, sequence#, archived, status, first_change#
     FROM   v$log
     ORDER  BY sequence#;
    GROUP#  SEQUENCE# ARC STATUS           FIRST_CHANGE#
---------- ---------- --- ---------------- -------------
         3         74 YES CLEARING                846723
         1         75 YES CLEARING                846849
         2         76 YES CLEARING_CURRENT        846876
```

Wenn ohne den Data Guard Broker gearbeitet wird, sollte man sich die Reihenfolge für einen Switch genau überlegen und entsprechende Skripte konfigurieren, die die wesentlichen Aufgaben zusammenfassen.

```
% sqlplus "sys/manager@PROD11G as sysdba"
SQL> ALTER DATABASE COMMIT TO SWITCHOVER TO PHYSICAL STANDBY;
SQL> SHUTDOWN IMMEDIATE;
SQL> STARTUP MOUNT;
SQL> EXIT;

% sqlplus "sys/manager@STBY11G as sysdba"
SQL> ALTER DATABASE COMMIT TO SWITCHOVER TO PRIMARY;
SQL> SHUTDOWN IMMEDIATE;
SQL> STARTUP;

% sqlplus "sys/manager@PROD11G as sysdba"
SQL> ALTER DATABASE RECOVER MANAGED STANDBY DATABASE DISCONNECT FROM SESSION;
```

Es empfiehlt sich, die Datenbanken dem Data Guard Broker bekannt zu machen, da damit eine einfachere Administration, ein Failover oder Switchover erfolgen kann.

Zunächst einmal muss der Data-Guard-Broker-Prozess für die Datenbank aktiviert werden. Dies geschieht über den Parameter dg_broker_start=TRUE (auf beiden Datenbanken). Standardmäßig werden dabei zwei Broker-Dateien im Unterverzeichnis dbs des Oracle-Homes angelegt. Sinnvoller ist es, über die Parameter dg_broker_config_file1 und dg_broker_config_file2 alternative Dateipfade (z. B. im ASM) anzugeben.

```
SQL> ALTER SYSTEM SET dg_broker_config_file1='+DATA/dr1STBY11G.dat';
SQL> ALTER SYSTEM SET dg_broker_config_file2='+DATA/dr2STBY11G.dat';
SQL> ALTER SYSTEM SET dg_broker_start=TRUE;
```

Danach kann die Konfiguration über die Befehlszeile dgmgrl erfolgen.

```
dgmgrl /
DGMGRL for Linux: Version 11.2.0.1.0 - 64bit Production

Copyright (c) 2000, 2009, Oracle. All rights reserved.

Welcome to DGMGRL, type "help" for information.
Connected.
DGMGRL>  CREATE CONFIGURATION 'PROD11GDG'
         AS PRIMARY DATABASE IS 'PROD11G'
         CONNECT IDENTIFIER IS PROD11G;

Configuration "PROD11GDG" created with primary database "PROD11G"

DGMGRL> ADD DATABASE 'STBY11G' AS
        CONNECT IDENTIFIER IS STBY11G
        MAINTAINED AS PHYSICAL;
Database "STBY11G" added

DGMGRL> ENABLE CONFIGURATION;
Enabled.
```

Wenn die Agenten im Enterprise Manager entsprechend eingerichtet sind, können weitere Operationen wieder über die entsprechenden Links durchgeführt werden. Aber auch über die Kommandozeile können weitere Abfragen oder Änderungen erfolgen. Empfehlenswert ist die Abfrage nach dem Status der Datenbanken:

```
DGMGRL>  show database verbose "PROD11G"

Database - PROD11G

  Role:              PRIMARY
  Intended State:    TRANSPORT-ON
  Instance(s):
    PROD11G

  Properties:
    DGConnectIdentifier              = 'prod11g'
    ObserverConnectIdentifier        = ''
    LogXptMode                       = 'ASYNC'
    DelayMins                        = '0'
    Binding                          = 'optional'
    MaxFailure                       = '0'
    MaxConnections                   = '1'
    ReopenSecs                       = '300'
    NetTimeout                       = '30'
```

```
RedoCompression                 = 'DISABLE'
LogShipping                     = 'ON'
PreferredApplyInstance          = ''
ApplyInstanceTimeout            = '0'
ApplyParallel                   = 'AUTO'
StandbyFileManagement           = 'AUTO'
ArchiveLagTarget                = '0'
LogArchiveMaxProcesses          = '4'
LogArchiveMinSucceedDest        = '1'
DbFileNameConvert               = ''
LogFileNameConvert              = ''
FastStartFailoverTarget         = ''
StatusReport                    = '(monitor)'
InconsistentProperties          = '(monitor)'
InconsistentLogXptProps         = '(monitor)'
SendQEntries                    = '(monitor)'
LogXptStatus                    = '(monitor)'
RecvQEntries                    = '(monitor)'
HostName                        = 'majestix.admsc.de'
SidName                         = 'PROD11G'
StaticConnectIdentifier = '(DESCRIPTION=(ADDRESS=(PROTOCOL=tcp)
                           (HOST=majestix.admsc.de)(PORT=1521))
                           (CONNECT_DATA=
                           (SERVICE_NAME=PROD11G_DGMGRL.admsc.de)
                           (INSTANCE_NAME=PROD11G)(SERVER=DEDICATED)))'
StandbyArchiveLocation          = 'USE_DB_RECOVERY_FILE_DEST'
AlternateLocation               = ''
LogArchiveTrace                 = '0'
LogArchiveFormat                = 'PROD11G_%t_%s_%r.arc'
TopWaitEvents                   = '(monitor)'
```

Natürlich kann die gleiche Abfrage auch für die Standby-Datenbank ausgeführt werden.

Protection Mode

Eine Standby-Datenbank kann in unterschiedlichen Modi (Protection Mode) betrieben werden.

Wie im Enterprise Manager (Abbildung 12.12) zu erkennen, gibt es drei Modi:

Maximum Protection = Maximaler Schutz: das bedeutet, dass auf keinen Fall Daten verloren gehen dürfen (*„No-Data-Loss“*). Jede Redolog-Information wird synchron auf die Standby-Datenbank übertragen, erst dann wird die Transaktion als „Commited“ bestätigt. Ist das nicht möglich, wird die Produkionsdatenbank heruntergefahren. In der Praxis bedeutet dies, dass mindestens zwei Standby-Datenbanken vorhanden sein müssen, da sonst die Gefahr von Produktionsstillständen zu groß ist. Die Performance leidet darunter, dass die Redolog-Information synchron übertragen wird.

Maximum Availability = Maximale Verfügbarkeit: Auch in diesem Modus erfolgt ein synchroner Redolog-Transfer, d. h., jede Transaktion wird erst als Commited gekennzeichnet, wenn die Daten auf mindestens einer Standby-Datenbank angekommen sind. Im Unterschied zum maximalen Schutz wird bei Fehlern im Transfer allerdings nicht die Datenbank heruntergefahren, sondern automatisch in den asynchronen Transfer-Modus umgeschaltet. Damit bleibt die Produktion aktiv, die Performance leidet aber im normalen Betrieb.

Maximum Performance = Maximale Performance: Dies ist die niedrigste Verfügbarkeitsstufe, die sich wiederum in zwei weitere Einstellungen einteilen lässt:

- Asynchroner Log-Transport, bei dem die Informationen der Redolog-Dateien so schnell wie möglich transferiert werden, allerdings durch einen entkoppelten Prozess, so dass die Produktionsdatenbank weniger belastet ist.
- Transport der archivierten Redolog-Dateien, bei dem die archivierten Redolog-Dateien auf das Zielsystem kopiert und dort über den Recovery-Mechanismus eingelesen werden. Dies entspricht der klassischen Standby-Methode. Im Fehlerfall kann hier eine nicht unerhebliche Transaktionsmenge verloren gehen, je nachdem, wie groß die Redolog-Dateien sind bzw. wie oft ein Logswitch und damit eine Archivierung erfolgt. Speziell in diesem Modus ist es sinnvoll, den Parameter `archive_lag_target` zu setzen.

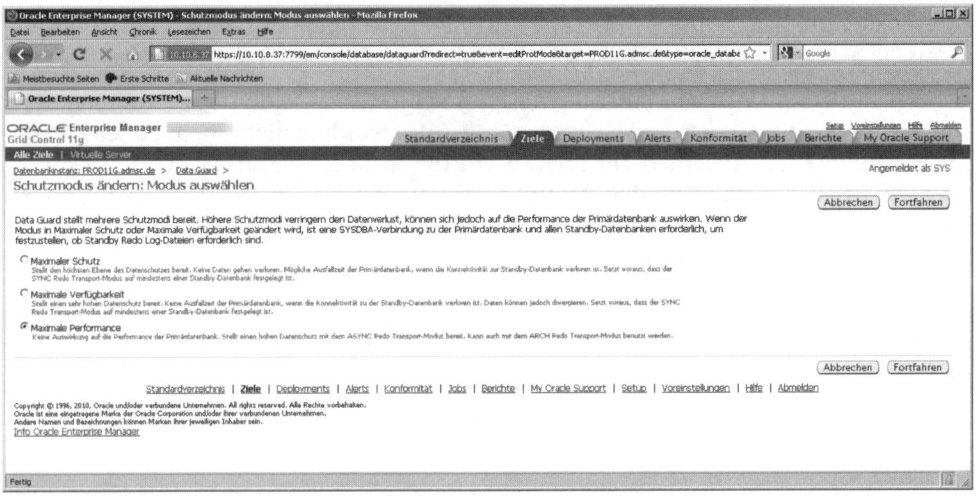

Abbildung 12.12: Protection Mode

Als guter Kompromiss hat sich die maximale Performance mit asynchronem Log-Transport erwiesen, da sich die Belastung für die Produktion in Grenzen hält und die Verfügbarkeit des Gesamtsystems in der Regel ausreichend ist.

Für alle Modi, bis auf die Übertragung der archivierten Redolog-Dateien, gilt, dass es zusätzlich zu den „normalen" Redolog-Dateien auf dem Standby-System so genannte Standby-Redolog-Dateien geben muss, in denen die Transaktionsinformationen aus dem Primärsystem gespeichert werden. Diese Redolog-Dateien sind unabhängig von denen des Primärsystems, müssen aber mindestens deren Größe und Anzahl haben.

Für die über den Enterprise Manager aufgebaute Konfiguration wurden vier Standby-Redolog-Dateien angelegt.

```
SQL> SELECT group#, type, member
     FROM   v$logfile;
```

```
    GROUP# TYPE    MEMBER
---------- ------- ------------------------------------------------------------
         1 ONLINE  +DATA/prod11g/onlinelog/group_1.257.722257427
         2 ONLINE  +DATA/prod11g/onlinelog/group_2.258.722257429
         3 ONLINE  +DATA/prod11g/onlinelog/group_3.259.722257433
         4 STANDBY +DATA/prod11g/onlinelog/group_4.266.722276517
         5 STANDBY +DATA/prod11g/onlinelog/group_5.267.722276521
         6 STANDBY +DATA/prod11g/onlinelog/group_6.268.722276523
         7 STANDBY +DATA/prod11g/onlinelog/group_7.269.722276527
```

Die Syntax für das Anlegen der Dateien entspricht im Wesentlichen der für normale Redolog-Dateien, mit der zusätzlichen Klausel `STANDBY`. Mit folgendem Befehl kann in der oben angezeigten Konfiguration ein Standby-Logfile hinzugefügt werden:

```
SQL> ALTER DATABASE
     ADD STANDBY LOGFILE GROUP 8 '+DATA' SIZE 50M;
```

Achten Sie bitte darauf, diese Änderung auf allen beteiligten Systemen durchzuführen, damit Sie bei einem Switchover die gleiche Funktionalität benutzen können.

Je nach Fehlerfall und dem eingestellten Protection Mode kann es vorkommen, dass Transaktionen, die auf dem Primärsystem ausgeführt wurden, nicht mehr auf das Sekundärsystem übertragen werden konnten, bevor die Instanz abgestürzt ist. Falls es noch möglich ist, die Instanz in den Mount-Status hochzufahren, kann man folgenden Befehl ausführen, um die verbliebenen Transaktionen aus den Online-Redologs auf das Standby-System zu übertragen:

```
SQL> ALTER SYSTEM FLUSH REDO TO <Standby-Name>;
```

Im Falle eines Absturzes des primären Systems sollten Sie also überlegen, ob es besser ist,

- die Standby-Datenbank zu aktivieren und die Anwendung schnell wieder zur Verfügung zu stellen, oder
- darauf zu warten, ob es möglich ist, die primäre Datenbank zumindest in den Mount-Zustand zu bekommen, um dann verbliebene Transaktionen zu übertragen.

Wie bereits erwähnt, sollte es also eine schriftliche Abfolge der Schritte inklusive tolerierter Auszeit geben, die genau festlegt, welche Funktionalität wann zum Einsatz kommen soll.

Fast-Start Failover

Fast-Start Failover ermöglicht eine automatische Umschaltung auf die Standby-Datenbank, wenn die primäre Datenbank nicht mehr zur Verfügung steht. Voraussetzung ist auch hier, dass die Umgebung mit dem Data Guard Broker verwaltet wird. Außerdem werden nur die Modi *Maximum Availability* und *Maximum Performance* unterstützt.

Für die Verwendung des Fast-Start Failover wird ein zusätzlicher Prozess, der *Observer* benötigt. Da dieser die Konfiguration überwacht und den Switch einleitet, sollte der Prozess auf einem separaten Rechner laufen. Für eine Hochverfügbarkeit kann auch noch ein alternativer Observer auf einem weiteren Rechner angegeben werden.

Fast-Start Failover funktioniert nur dann, wenn für beide (bzw. alle beteiligten) Datenbanken die Flashback-Database-Funktion aktiviert wurden. Dafür muss beachtet werden, dass die Produktion für das Einschalten heruntergefahren werden muss.

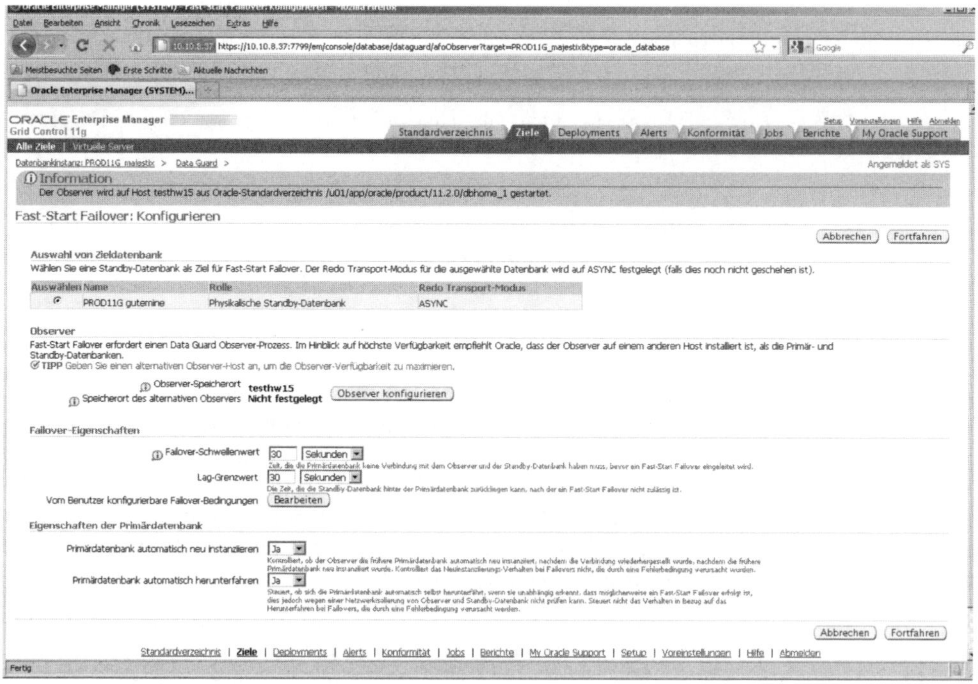

Abbildung 12.13: Fast-Start Failover Konfiguration

Die Konfiguration kann über den Oracle Enterprise Manager vorgenommen werden, dabei werden die Vorgaben überprüft, der Observer gestartet und die Flashback-Database-Funktion – soweit noch nicht aktiv – eingeschaltet (siehe Abbildung 12.13).

Folgende Parameter beeinflussen das Verhalten des Fast-Failovers:

FastStartFailoverThreshold : Dieser Parameter (in Sekunden) gibt an, wie lange auf das primäre System gewartet werden soll, bis ein Failover durchgeführt wird. Voraussetzung für den Switch ist, dass weder die Standby-Datenbank noch der Observer auf die primäre Datenbank zugreifen können.

FastStartFailoverPmyShutdown : Mit diesem Parameter (`True` oder `False`) wird angegeben, ob die primäre Datenbank heruntergefahren werden soll, wenn es Probleme mit der Konfiguration gibt.

FastStartFailoverAutoReinstate : Wenn dieser Parameter (`True` oder `False`) gesetzt ist, wird im Fehlerfall versucht, die primäre Datenbank nach einem Failover als Standby-Datenbank wieder hochzufahren.

Die gesamte Konfiguration kann mit der High-Availability-Konsole überwacht werden (siehe Abbildung 12.11).

Das Monitoring gestaltete sich in unseren Versuchen als schwierig, da der Enterprise Manager die Änderung – z. B. nach dem Stopp der primären Instanz – erst mit großer zeitlicher Verzögerung anzeigte. In der View `v$database` sowie in der Alert-Datei der Standby-Datenbank kann die Umschaltung jedoch einfach nachverfolgt werden.

```
RFS[7]: Possible network disconnect with primary database
Fri Jul 02 11:14:39 2010
RFS[6]: Possible network disconnect with primary database
Fri Jul 02 11:15:10 2010
Attempting Fast-Start Failover because the threshold of 30 seconds has elapsed.
Fri Jul 02 11:15:10 2010
DMON: Beginning failover
Fri Jul 02 11:15:10 2010
ALTER DATABASE RECOVER MANAGED STANDBY DATABASE FINISH FORCE
Terminal Recovery: Stopping real time apply
...
```

Fast Application Notification

Unabhängig davon, welche Art der Hochverfügbarkeit (RAC oder Standby) man einsetzt, ist das wesentliche Element für den Erfolg ein möglichst reibungsloser Betrieb der Anwendung. Seit der Datenbankversion 10g gibt es das so genannte *Fast Application Notification (FAN)*, mit dem Client-Prozesse über Konfigurationsänderungen oder Änderungen von Services (z. B. Ausfall von Services oder ganzen Servern) informiert werden können. Daraufhin können diese Anwendungen mit entsprechenden Maßnahmen, wie z. B. dem Reconnect auf eine andere Instanz, antworten.

Im RAC-Umfeld wird FAN eine Anwendung veranlassen, sofort auf eine andere Instanz zu schwenken, wenn ein Fehler auftritt. Ansonsten (z. B. bei der Data Guard Konfiguration) kann eine Wartezeit erforderlich sein, bevor eine Umschaltung erfolgt.

Anwendungen, die mit dem Oracle-Client (OCI, JDBC, ODP.NET) arbeiten und mindestens auf dem Versionsstand 10gR2 sind, können FAN direkt benutzen. Dazu gehört auch das Transparent Application Failover (TAF) (siehe Kapitel 9.1.4). Das bedeutet, dass es je nach Art der Hochverfügbarkeit einfach einen Failover-Mechanismus für den Client geben muss, und die Applikation wird automatisch auf die neue Instanz bzw. den neuen Rechner geschwenkt.

Bei der Benutzung von FAN für eine Standby-Datenbank kann eine Konfiguration verwendet werden, bei der einfach die Adressen der beteiligten Datenbanken untereinander angegeben werden. Damit wird sichergestellt, dass, falls auf die erste Instanz nicht zugegriffen werden kann, automatisch auf die nächste Adresse ausgewichen wird.

Die Konfiguration für unsere Standby-Datenbank sieht dann wie folgt aus:

```
PROD11GDG=
  (DESCRIPTION=
    (FAILOVER=ON)
    (CONNECT_TIMEOUT=30)
    (ADDRESS=(PROTOCOL=TCP)(HOST=majestix)(PORT=1521))
    (ADDRESS=(PROTOCOL=TCP)(HOST=gutemine)(PORT=1521))
    (CONNECT_DATA=(SERVER=dedicated)(SERVICE_NAME=PROD11G))
  )
```

Die richtige Einstellung für den Parameter `CONNECT_TIMEOUT` muss eventuell ausprobiert werden, damit es nicht zu einem Fehler *ORA-12170 (Connect Timeout)* kommt, bevor die Umschaltung erfolgen kann.

12.5.2 Snapshot-Standby-Datenbank

Bei einer Snapshot-Standby-Datenbank handelt es sich um eine spezielle Konfiguration der Physical-Standby-Datenbank zu Testzwecken. Der Aufbau einer Snapshot-Standby-Datenbank erfolgt in drei Schritten:

1. Das Redo-Apply wird gestoppt, d. h., es wird kein weiteres Recovery ausgeführt, aber die Änderungen werden weiterhin von der primären Datenbank an die Standby-Datenbank geschickt.
2. Es wird ein ein *garantierter Restore-Point* gesetzt, d. h., es wird sichergestellt, dass die Datenbank jederzeit wieder in den Zustand gesetzt werden kann, um das Redo-Apply wieder aufzunehmen.
3. Die Datenbank wird jetzt „normal" geöffnet, d. h., im Folgenden sind alle Arten von lesenden und schreibenden Zugriffen möglich.

Damit existiert eine exakte Kopie der primären Datenbank, auf der jede Art von Änderung getestet werden kann. Sind die Tests abgeschlossen, wird die Datenbank wieder geschlossen und über einen Flashback-Database-Befehl auf den alten Stand zurückgesetzt, der mit dem Restore-Point markiert wurde.

Im Enterprise Manager erfolgt die Umstellung über den Link *Konvertieren*. Voraussetzung für die Aktivierung ist allerdings, dass kein Fast-Start Failover aktiv ist, da sich die Funktionen widersprechen.

12.5.3 Active Data Guard

Wie bereits erwähnt, gibt es ab der Version 11g die zusätzliche Option *Active Data Guard*, so dass die Standby-Datenbank für lesende Zugriffe geöffnet werden kann, während gleichzeitig weiterhin ein Recovery stattfindet.

Im Enterprise Manager genügt ein Klick, um diese Option zu aktivieren (Abbildung 12.14), aber Achtung: Es handelt sich – im Gegensatz zu den anderen Data-Guard-Funktionen – um eine kostenpflichtige Option.

Anschließend kann die Datenbank geöffnet werden – ganz normal mit dem Befehl `ALTER DATABASE OPEN` –, und es kann mit beliebigen Werkzeugen darauf zugegriffen werden. Bei Datenänderungsversuchen wird allerdings eine entsprechende Fehlermeldung ausgegeben.

Es sollte sehr genau überlegt werden, ob diese Option für die Anforderung ausreicht. Oftmals werden von Anwendungen, auch wenn sie scheinbar nur lesend auf die Daten zugreifen, Protokolltabellen gepflegt oder Zwischenabfragen abgespeichert. All dies ist mit der Active-Data-Guard-Konfiguration nicht möglich!

12.5.4 Logical Standby

Zwar kann die Physical-Standby-Datenbank, wie bereits erwähnt, für den lesenden Zugriff geöffnet werden, allerdings mit den besprochenen Einschränkungen. Seit der Version 9 gibt es eine alternative Methode, bei der die Datenbank für alle Zugriffe geöffnet werden kann, während gleichzeitig ein Recovery stattfindet. Diese als *Logical Standby* bezeichnete Methode basiert auf dem Oracle Log Miner. Es erfolgt also kein Recovery im eigentlichen Sinne, sondern aus den Redolog-Dateien werden mithilfe des

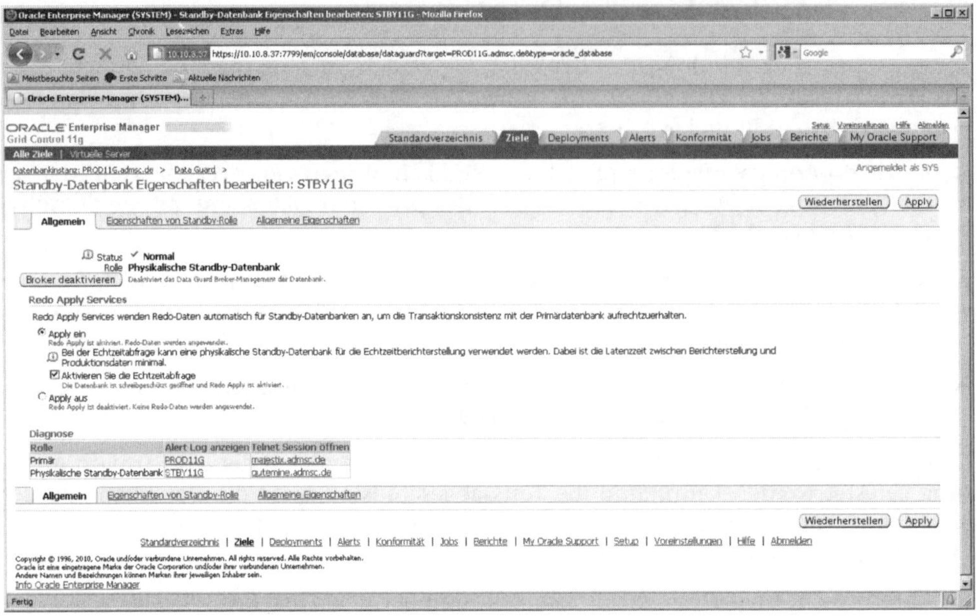

Abbildung 12.14: Aktivieren der Active Standby-Option im Enterprise Manager

Log Miners die Transaktionen wieder hergestellt und dann als DML- oder DDL-Befehle auf der Standby-Datenbank ausgeführt. Abbildung 12.15 zeigt den schematischen Aufbau der Logical Standby Konfiguration.

Allerdings gibt es bei der Verwendung der logischen Standby-Datenbank einige Restriktionen. Bei der Version 11gR2 werden folgende Datentypen nicht unterstützt:

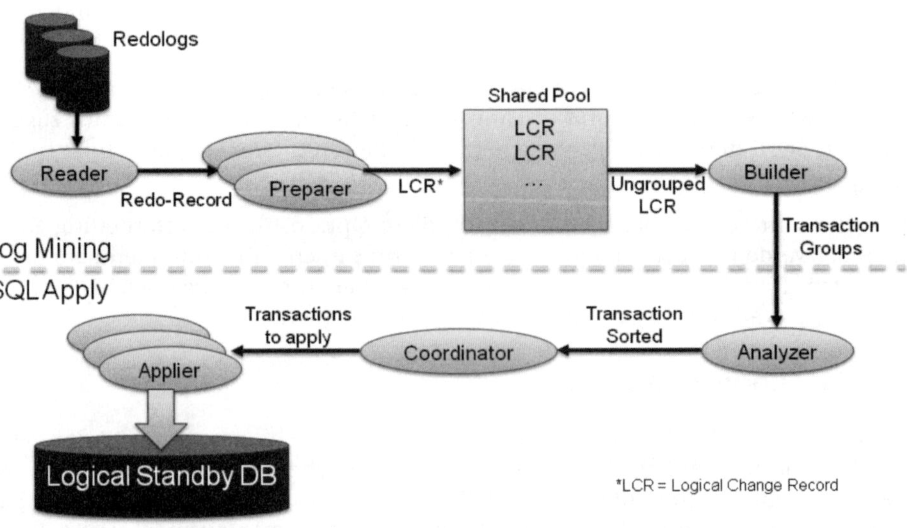

Abbildung 12.15: Logical-Standby-Datenbank

- BFILE
- Collections (inklusive VARRAYS und Nested Tables)
- ROWID und UROWID
- User-Defined Types
- XMLType mit objektrelationaler Speicherung
- Binary XML

Die in der Dokumentation angegebene Einschränkung, dass Tabellen mit virtuellen Spalten nicht unterstützt werden, kann glücklicherweise nicht bestätigt werden.

Mit der View `dba_logstdby_unsupported` kann eine Liste der nicht unterstützten Typen und Objekte ausgegeben werden.

Neben diesen Einschränkungen werden einige DDL-Befehle nicht übertragen. Die komplette Liste finden Sie in der Oracle-Dokumentation. Klar ist sicherlich, dass hierzu die Befehle `CREATE DATABASE` und `ALTER SESSION` gehören. Kritischer ist, dass Materialized Views nicht unterstützt werden. Wenn man sich allerdings überlegt, dass es sich hierbei um eine Replikation handelt, ist es in der Regel auch effektiver, Materialized Views auf dem Zielsystem neu anzulegen und nicht zu übertragen.

Keine Sorgen muss man sich allerdings um Datenbankjobs, Constraints und Trigger machen, die bei einer Standardreplikation zu durchaus unangenehmen Nebeneffekten führen können. Bei der Logical-Standby-Datenbank gilt:

- Constraints werden nicht überprüft und Trigger nicht ausgelöst, wenn die entsprechenden Daten über den Apply-Prozess übertragen wurden.
- Constraints und Trigger auf Tabellen, die nicht über den Apply-Prozess übertragen wurden, werden ganz normal ausgeführt.
- Datenbankjobs werden nicht ausgeführt, sondern es werden nur deren Meta-Informationen (z. B. über den nächsten Ausführungszeitpunkt) übertragen.

In das Thema Hochverfügbarkeit passt die logische Standby-Datenbank auch deshalb, weil damit ein so genanntes Rolling-Upgrade von Oracle-Datenbanken möglich ist, d. h., eine Logical-Standby-Datenbank kann genutzt werden, um eine Datenbank im laufenden Betrieb auf einen neuen Releasestand zu heben. Dies ist in Kapitel 14.2 näher beschrieben.

Da das physikalische Layout der logischen Standby-Datenbank von der des primären Systems abweicht (es dürfen ja auf dem System Änderungen durchgeführt werden), ist es nicht mehr möglich, die Daten über ROWIDs einzupflegen. Es muss daher für jede Tabelle einen Primärschlüssel oder zumindest einen Unique Constraint mit entsprechendem Index geben. Ist diese Voraussetzung nicht erfüllt, werden alle Spalten (außer LONG-, LOB- und LONG RAW-Spalten) als eindeutige Identifizierung eines Satzes benutzt. Über das so genannte Supplemental Logging muss außerdem sichergestellt werden, dass die Primärschlüsselwerte auch in den Redolog-Dateien gespeichert wird.

Supplemental Logging

Ohne die Aktivierung von Supplemental Logging werden nur Daten in die Redolog-Dateien gespeichert, die für das Recovery der Datenbank benötigt werden. Das sind in der Regel die ROWID und die geänderten Daten. Nicht dazu gehören z. B. Informationen über verkettete oder migrierte Sätze (*Chained Rows* bzw. *Migrated Rows*) und natürlich Primärschlüssel (soweit sie nicht zu den geänderten Daten gehören) oder andere Spalten, um einen Satz eindeutig zu identifieren. Daher ist es zunächst nicht möglich, Datensätze aus den Redolog-Dateien für eine andere Datenbank zu nutzen.

Supplemental Logging kann auf Datenbank- oder auf Tabellenebene eingeschaltet werden, in unserem Fall ist natürlich nur die Datenbankebene interessant. Daneben gibt es unterschiedliche Stufen, je nachdem, wie viele zusätzliche Informationen in den Redolog-Dateien gespeichert werden sollen. Sie sollten also, bevor Sie die Funktion nutzen, beachten, dass die Aktivierung einen Einfluss auf die erzeugte Redolog-Menge sowie die Performance der Transaktionen hat.

SUPPLEMENTAL LOG DATA: Speichert zusätzliche Informationen für die Verwaltung von Chained Rows und Cluster-Segmenten. Diese Option sollten Sie benutzen, wenn sie mit dem Log Miner arbeiten wollen, um z. B. alte Transaktionen rückgängig zu machen.

SUPPLEMENTAL LOG DATA (PRIMARY KEY) COLUMNS: Speichert zusätzlich bei jeder Transaktion den Primärschlüssel ab.

SUPPLEMENTAL LOG DATA (UNIQUE) COLUMNS: Jetzt werden neben dem Primärschlüssel auch die für die Identifikation erforderlichen eindeutigen Schlüssel gespeichert.

SUPPLEMENTAL LOG DATA (ALL) COLUMNS: Speichert alle Spalten der Datensätze mit Ausnahme von LONG-, LOB- und LONG RAW-Spalten sowie Spalten mit User Defined Types.

Gerade die letzte Option erzeugt je nach System natürlich einen erheblichen Overhead und sollte nur in absoluten Ausnahmen verwendet werden. Daher sollte vor der Aktivierung des Supplemental Loggings überprüft werden, ob es Tabellen gibt, die weder einen Primär- noch einen eindeutigen Schlüssel haben:

```
SQL> SELECT owner, table_name, bad_column
     FROM   dba_logstdby_not_unique
     WHERE  (owner, table_name) NOT IN (
            SELECT DISTINCT owner, table_name
            FROM   dba_logstdby_unsupported)

OWNER                 TABLE_NAME                     B
--------------------- ------------------------------ -
BASIS                 NACHNAMEN                      N
BASIS                 ORTE                           N
BASIS                 STRASSEN                       N
BASIS                 VORNAMEN                       N
DEMO                  TELEFONE                       N
DEMO                  TESTTABELLE                    N
```

In diesem Fall gibt es also einige Tabellen, die keinen eindeutigen Schlüssel haben. Hier muss man sich mit den Anwendungsverantwortlichen unterhalten, ob man eine Lösung – optimalerweise einen Primärschlüssel für jede Tabelle – finden kann. Ist dies nicht der Fall, muss leider ein komplettes Supplemental Logging eingeschaltet werden. Außerdem bedeutet dies, dass für jede Änderung (UPDATE, DELETE) auf dem Zielsystem ein Full-Table-Scan ausgeführt wird.

Der Eintrag „N" in der letzten Spalte bad_columns gibt an, dass es keine so genannten *unbounded data types* gibt. Das sind Datentypen, die für die eindeutige Identizierung eines Satzes nicht herangezogen werden können (also z. B. LONG oder BLOB). Wenn also eine Tabelle den Eintrag „Y" hat, muss sichergestellt werden, dass jeder Datensatz ohne die „unbounded Spalte" eindeutig ist, ansonsten wird es bei der Replikation zu Fehlern kommen.

```
SQL> ALTER DATABASE
     ADD SUPPLEMENTAL LOG DATA (ALL) COLUMNS;
```

Überprüfen kann man die Einstellung über die View V$DATABASE:

```
SQL> SELECT supplemental_log_data_min supp_min,
            supplemental_log_data_pk supp_pk,
            supplemental_log_data_ui supp_ui,
            supplemental_log_data_fk supp_fk,
            supplemental_log_data_all supp_all
     FROM   v$database;

SUPP_MIN SUPP_PK  SUPP_UI  SUPP_FK  SUPP_ALL
-------- -------- -------- -------- --------
IMPLICIT NO       NO       NO       YES
```

Ausgeschaltet werden kann Supplemental Logging mit dem Befehl:

```
SQL> ALTER DATABASE DROP SUPPLEMENTAL LOG DATA;
```

Erstellung einer Logical Standby Database

Ähnlich wie die Physical-Standby-Datenbank kann auch die logische Standby-Datenbank über den Enterprise Manager erstellt werden. Der Link ist identisch (siehe Abschnitt 12.5.1), mit der Ausnahme, dass in Abbildung 12.7 jetzt die zweite Option „Neue logische Standby-Datenbank erstellen" ausgewählt wird. Nach der erfolgreichen Erstellung sollte die Datenbank dann ebenfalls im Enterprise Manager konfiguriert werden.

Zunächst einmal wird jede Änderung, außer über den Benutzer SYS, von der Standby-Datenbank abgewiesen. Unterschiedliche Konfigurationen können, je nach Anforderungen, über den ALTER DATABASE GUARD-Befehl angegeben werden.

ALL Dies ist die Standardeinstellung und bedeutet, wie beschrieben, dass nur der Benutzer SYS Änderungen durchführen darf.

STANDBY Zusätzlich zu Änderungen durch den Benutzer SYS dürfen ausschließlich DDL- oder DML-Änderungen an Objekten durchgeführt werden, die nicht über SQL-Apply übertragen werden.

NONE Jeder darf beliebig Daten ändern bzw. neue Objekte einfügen (vorausgesetzt natürlich, er hat das entsprechende Privileg in der Datenbank).

Die am häufigsten verwendete Methode ist ALTER DATABASE GUARD STANDBY. Damit wird sichergestellt, dass die Daten, die über SQL-Apply übertragen werden, nicht geändert werden können. Aber es ist möglich, zusätzliche Tabellen, Indizes, Views oder auch ganze Schemata in die Datenbank einzupflegen. Gerade für den Aufbau von Reporting-Datenbanken ist dies sehr empfehlenswert. Allerdings scheint es nicht möglich zu sein, diese oder andere Optionen über den Enterprise Manager ein- oder auszuschalten.

Um nachzusehen, wie die derzeitige Einstellung ist, hilft, wie so oft, die View V$DATABASE:

```
SQL> SELECT name,open_mode,protection_mode, dataguard_broker, guard_status
     FROM   v$database

NAME      OPEN_MODE  PROTECTION_MODE      DATAGUARD_BROKER GUARD_STATUS
--------- ---------- -------------------- ---------------- ------------
LSTBY11G  READ WRITE MAXIMUM PERFORMANCE  ENABLED          STANDBY
```

Jetzt kann mit beliebigen Werkzeugen oder Anwendungen auf diese Datenbank zugegriffen werden, mit der Einschränkung, dass an den replizierten Daten keine Änderungen vorgenommen werden dürfen. Ein Änderungsversuch wird mit folgender Fehlermeldung quittiert:

```
FEHLER in Zeile 1:
ORA-16224: Database Guard ist aktiviert
```

Da das Anlegen von Objekten auf der Standby-Datenbank erlaubt ist, kann es leicht zu Konflikten kommen, wenn das gleiche Objekt anschließend auf dem Quellsystem angelegt wird. In diesem Fall wird der Apply-Prozess beendet, und es muss manuell eingegriffen werden. In der Alert-Datei der Standby-Datenbank kann sich (am Beispiel der Tabelle personen2) der Fehler wie folgt darstellen:

```
Errors in file /u01/app/oracle/diag/rdbms/lstby11g/LSTBY11G/trace/
    LSTBY11G_as01_27501.trc:
ORA-00955: Es gibt bereits ein Objekt mit diesem Namen
Errors in file /u01/app/oracle/diag/rdbms/lstby11g/LSTBY11G/trace/
    LSTBY11G_lsp0_21952.trc:
ORA-26808: Apply process AS01 died unexpectedly.
ORA-00955: Es gibt bereits ein Objekt mit diesem Namen
```

Eine detaillierte Information erhält man aus der View dba_logstdby_events. In der Spalte events ist der SQL-Befehl als CLOB gespeichert.

```
SQL> SELECT event, event_time, status
     FROM   dba_logstdby_events
     ORDER  BY event_time desc;

EVENT                       EVENT_TIME          STATUS
--------------------------- ------------------- ------------------------------
create table personen2 as   28.06.2010 13:42:10 ORA-00955: Es gibt bereits ein
select * from personen                                     Objekt mit diesem Namen

                            28.06.2010 13:42:07 ORA-16111: log mining and appl
                                                           y setting up

                            28.06.2010 13:42:07 Apply LWM 1386617, HWM 1386617
                                                , SCN 1386644

                            28.06.2010 13:42:06 ORA-16222: automatic Logical S
                                                tandby retry of last action

create table personen2 as   28.06.2010 13:42:02 ORA-00955: Es gibt bereits ein
select * from personen                          Objekt mit diesem Namen
```

Um jetzt die Logical-Standby-Datenbank wieder zu aktivieren, muss die fehlerhafte Transaktion eliminiert werden. Dafür gibt es eine spezielle Prozedur: SKIP_TRANSACTION im PL/SQL-Package `dbms_logstdby`. Beim Aufruf dieser Prozedur müssen die Parameter `XIDUSN`, `XIDSLT` und `XIDSQN` angegeben werden. Diese findet man ebenfalls in der View `dbms_logstdby_events`. Danach kann der Apply-Prozess wieder aktiviert werden.

```
SQL> SELECT xidusn, xidslt, xidsqn, status
     FROM   dba_logstdby_events
     WHERE  status LIKE 'ORA-00955%';

    XIDUSN     XIDSLT     XIDSQN STATUS
---------- ---------- ---------- -----------------------------
        10         15       1157 ORA-00955: Es gibt bereits ein
                                  Objekt mit diesem Namen

        10         15       1157 ORA-00955: Es gibt bereits ein
                                  Objekt mit diesem Namen

SQL> EXECUTE DBMS_LOGSTDBY.SKIP_TRANSACTION(10,15,1157);

PL/SQL-Prozedur erfolgreich abgeschlossen.

SQL> ALTER DATABASE START LOGICAL STANDBY APPLY IMMEDIATE;

SQL> SELECT * FROM v$logstdby_state;

PRIMARY_DBID SESSION_ID REALTIME_APPLY      STATE
------------ ---------- ------------------- ----------
  4220953292          1 Y                   APPLYING
```

Der Status zeigt an, dass wieder Daten auf der Standby-Datenbank eingepflegt werden. Wenn auf der Quellseite keine Aktivität ist, der Prozess aber sonst funktioniert, lautet der Status *IDLE*.

Natürlich kann auch hier der Oracle Enterprise Manager genutzt werden. Auch das Überspringen von fehlerhaften DDL-Befehlen ist beim Monitoring möglich. Generell muss allerdings beim Enterprise Manager beachtet werden, dass Änderungen, die unter Umständen über SQL*Plus durchgeführt werden, erst nach einiger Zeit in der Oberfläche sichtbar werden, da abgewartet werden muss, bis der Agent neue Daten überträgt.

Konvertierung in eine Logical-Standby-Datenbank

Leider kann über den Enterprise Manager keine Konvertierung einer Physical- in eine Logical-Standby-Datenbank erfolgen. Der Link *Konvertieren* ist für die Konvertierung einer Physical-Standby- in eine Snapshot-Standby-Datenbank vorgesehen.

Da sich eine logische Standby-Datenkank sehr gut für Reporting-Zwecke nutzen lässt, werden wir eine neue Konfiguration für ein MS-Windows-System aufbauen, bei dem sich die Standby-Datenbank auf dem gleichen Rechner wie die Produktionsdatenbank befindet. Das bedeutet unter anderem, dass die Standby-Datenbank einen anderen Namen und eine andere Verzeichnisstruktur bekommen muss. Dies ist jedoch beim Aufbau einer solchen Umgebung durchaus üblich, da die Datenbank ja ebenfalls produktiv genutzt werden kann. Daher werden die Datenbanken im Folgenden `JA11G2` (Produktion) und `LG11G2` (Standby) genannt.

Zunächst wird die Produktionsdatenbank für den Aufbau einer Standby-Umgebung vorbereitet. Da es sich hier um unterschiedliche Aufgaben handelt, werden die Serverparameter entsprechend angepasst. Nach der Änderung der Produktionsdatenbank wird eine Parameterdatei (initLG11G2.ora) für die Standby-Datenbank erstellt.

```
CMD> sqlplus sys/manager@JA11G2 as sysdba
SQL> ALTER SYSTEM SET log_archive_config = 'DG_CONFIG=(JA11G2,LG11G2)';
SQL> ALTER SYSTEM SET log_archive_dest_1 =
     'LOCATION=USE_DB_RECOVERY_FILE_DEST VALID_FOR=(ALL_LOGFILES,ALL_ROLES)
      DB_UNIQUE_NAME=JA11G2';
SQL> ALTER SYSTEM SET log_archive_dest_2 =
     'SERVICE=LG11G2 VALID_FOR=(ONLINE_LOGFILES,PRIMARY_ROLE)
      DB_UNIQUE_NAME=LG11G2';
SQL> ALTER SYSTEM SET standby_file_management = AUTO;
SQL> ALTER SYSTEM SET log_archive_dest_state_2 = 'DEFER';
SQL> CREATE PFILE='E:\temp\initLG11G2.ora' FROM SPFILE;
```

Für die Standby-Datenbank wird jetzt die Parameterdatei entsprechend angepasst. Um zu vermeiden, dass es zu Verwechslungen zwischen den Parametern der Produktions- und der Standby-Datenbank kommt, empfiehlt es sich, alle Parameter dediziert für die neue Instanz zu setzen. Die geänderte Datei sieht dann wie folgt aus:

```
E:\temp\initLG11G2.ora:

LG11G2.audit_file_dest='D:\oracle\admin\LG11G2\adump'
LG11G2.audit_trail='db'
LG11G2.compatible='11.2.0.0.0'
LG11G2.control_files='E:\oradata\LG11G2\control01.ctl',
                     'E:\orabackup\LG11G2\control02.ctl'
LG11G2.db_block_size=8192
LG11G2.db_domain=''
LG11G2.db_name='JA11G2'
LG11G2.db_recovery_file_dest='E:\orabackup'
LG11G2.db_recovery_file_dest_size=5218762752
LG11G2.diagnostic_dest='D:\oracle'
LG11G2.fal_server='JA11G2'
LG11G2.service_names='LG11G2'
LG11G2.db_unique_name='LG11G2'
LG11G2.log_archive_config='DG_CONFIG=(JA11G2,LG11G2)'
LG11G2.log_archive_dest_1='LOCATION=USE_DB_RECOVERY_FILE_DEST
                           VALID_FOR=(ALL_LOGFILES,ALL_ROLES)
                           DB_UNIQUE_NAME=LG11G2'
LG11G2.log_archive_dest_2='SERVICE=JA11G2
                           VALID_FOR=(ONLINE_LOGFILES,PRIMARY_ROLE)
                           DB_UNIQUE_NAME=JA11G2'
LG11G2.log_archive_dest_state_2='DEFER'
LG11G2.memory_target=629145600
LG11G2.nls_language='GERMAN'
LG11G2.nls_territory='GERMANY'
LG11G2.open_cursors=300
LG11G2.processes=100
LG11G2.remote_login_passwordfile='EXCLUSIVE'
LG11G2.sessions=115
LG11G2.standby_file_management='AUTO'
LG11G2.statistics_level='ALL'
LG11G2.undo_retention=10800
LG11G2.undo_tablespace='UNDOTBS1'
LG11G2.db_file_name_convert  = ('E:\oradata\JA11G2','E:\oradata\LG11G2')
LG11G2.log_file_name_convert = ('E:\oradata\JA11G2','E:\oradata\LG11G2')
```

Es wurden zunächst alle Parameter aus der Produktionsinstanz übernommen und mit dem Namen der neuen Instanz ersetzt. Einzig der Parameter db_name bleibt unverändert. Außerdem wurden gegenüber der bereits erwähnten Konfiguration im Kapitel 12.5.1 zusätzlich die Parameter db_file_name_convert und log_file_name_convert gesetzt. Diese stellen sicher, dass bei jeder Übertragung von Dateien – also sowohl bei der Erstellung der Standby-Datenbank über den RMAN als auch bei der späteren Synchronisierung während des Standby-Betriebs – die Dateien im richtigen Verzeichnis angelegt werden. Es muss darauf geachtet werden, dass hier jedes Verzeichnis angegeben wird, in dem sich Datendateien befinden. Man sollte also regelmäßig überprüfen, ob Datendateien in anderen als den hier angegebenen Verzeichnissn gespeichert werden.

```
SQL> SELECT DISTINCT SUBSTR(file_name,0,instr(file_name,'\',-1,1)) AS directory
       FROM dba_data_files;

DIRECTORY
-------------------------
E:\ORADATA\JA11G2\
```

Als Nächstes werden die notwendigen Verzeichnisse sowie der neue Dienst angelegt. Außerdem werden die Dateien listener.ora sowie tnsnames.ora angepasst.

```
CMD> mkdir E:\oradata\LG11G2
CMD> mkdir E:\orabackup\LG11G2
CMD> mkdir D:\oracle\admin\LG11G2
```

Da es sich hier um einen MS-Windows-Rechner handelt, muss als Nächstes der Service erstellt werden und außerdem wieder eine Passwortdatei, auch wenn diese je nach Duplizierungsart anschließend wieder überschrieben wird.

```
CMD> set ORACLE_SID=LG11G2
CMD> oradim -new -sid LG11G2 -startmode m -spfile
CMD> orapwd file=D:\oracle\product\11.2.0\db_1\database\pwdLG11G2.ora
     password=manager
```

Jetzt kann die neue Instanz im Nomount-Status hochgefahren werden. Danach kann die Serverparameterdatei angelegt werden und die Duplizierung der Datenbank erfolgen.

```
CMD> sqlplus sys/manager@LG11G2 as sysdba
SQL> CREATE SPFILE FROM PFILE='E:\temp\initLG11G2.ora';
SQL> STARTUP NOMOUNT

CMD> rman target sys/manager@JA11G2 auxiliary sys/manager@LG11G2

Recovery Manager: Release 11.2.0.1.0 - Production on Do Jul 1 10:48:58 2010

Copyright (c) 1982, 2009, Oracle and/or its affiliates.  All rights reserved.

Mit Ziel-Datenbank verbunden: JA11G2 (DBID=1403207826)
Bei Hilfsdatenbank angemeldet: JA11G2 (DBID=1403207826, nicht geöffnet)

RMAN> DUPLICATE TARGET DATABASE FOR STANDBY FROM ACTIVE DATABASE;
...
```

```
Inhalt von Speicher-Skript:
{
   set newname for tempfile  1 to
  "E:\ORADATA\LG11G2\TEMP01.DBF";
   switch clone tempfile all;
   set newname for datafile  1 to
  "E:\ORADATA\LG11G2\SYSTEM01.DBF";
   set newname for datafile  2 to
  "E:\ORADATA\LG11G2\SYSAUX01.DBF";
...
   backup as copy reuse
   datafile  1 auxiliary format
  "E:\ORADATA\LG11G2\SYSTEM01.DBF"   datafile
  2 auxiliary format
  "E:\ORADATA\LG11G2\SYSAUX01.DBF"   datafile
  3 auxiliary format
}
Speicher-Skript wird ausgeführt

Befehl wird ausgeführt: SET NEWNAME

Temporüre Datei 1 in Kontrolldatei in E:\ORADATA\LG11G2\TEMP01.DBF umbenannt

Befehl wird ausgeführt: SET NEWNAME

...
Inhalt von Speicher-Skript:
{
   switch clone datafile all;
}
Speicher-Skript wird ausgeführt

Datendatei 1 gegen Datendateikopie ausgetauscht
Eingabe-Datendateikopie RECID=9 STAMP=723204959
Dateiname=E:\ORADATA\LG11G2\SYSTEM01.DBF
Datendatei 2 gegen Datendateikopie ausgetauscht
Eingabe-Datendateikopie RECID=10 STAMP=723204960
Dateiname=E:\ORADATA\LG11G2\SYSAUX01.DBF
Datendatei 3 gegen Datendateikopie ausgetauscht
...
```

Während der Ausführung des RMAN ist zu erkennen, dass die Dateien entsprechend umbenannt werden (SET NEWNAME), bevor die Duplizierung der Datenbank erfolgt. Jetzt kann zunächst die Aktivierung der Physical-Standby-Datenbank erfolgen, bevor diese in eine logische Standby-Datenbank konvertiert wird. Dafür muss zunächst auf der primären Datenbank (JA11G2) die zweite Destination für die Archivelogs eingeschaltet werden, dann kann auf der Standby-Datenbank (LG11G2) die Aktivierung erfolgen.

```
% sqlplus sys/manager@JA11G2 as sysdba
SQL> ALTER SYSTEM set log_archive_dest_state_2='ENABLE';

% sqlplus sys/manager@LG11G2 as sysdba
SQL> ALTER DATABASE RECOVER MANAGED STANDBY DATABASE DISCONNECT FROM SESSION;
```

Die Kontrolle erfolgt wie bereits in Kapitel 12.5.1 beschrieben.

Jetzt kann die Konvertierung in eine logische Standby-Datenbank erfolgen. Hierbei ist die Reihenfolge der Befehle entscheidend für den Erfolg.

1. Die Standby-Datenbank wird aus dem Managed-Recovery-Modus herausgenommen.
2. Die Konvertierung wird auf der Standby-Datenbank angestoßen. Der Befehl bleibt so lange aktiv, bis die Informationen über das Data Dictionary auf der Standby-Seite angekommen sind.
3. Auf der primären Datenbank wird die Data-Dictionary-Information in die Redolog-Dateien geschrieben. Hierbei wird implizit auch ein Supplemental Logging (Primary Key und Unique Contraints) aktiviert, falls noch nicht geschehen.
4. Jetzt sollte der Befehl aus Schritt 2 beendet sein, und die Datenbank kann wieder in den Managed-Recovery-Modus versetzt werden.

```
% sqlplus sys/manager@LG11G2 as sysdba
SQL> ALTER DATABASE RECOVER MANAGED STANDBY DATABASE CANCEL;
SQL> ALTER DATABASE RECOVER TO LOGICAL STANDBY LG11G2;

% sqlplus sys/manager@JA11G2 as sysdba
SQL> EXECUTE DBMS_LOGSTDBY.BUILD;
```

Wichtig zu wissen ist, dass der letzte Befehl auf die Beendigung aller Transaktionen wartet, d. h., in einem laufenden Produktionssystem sollte eine kurze Auszeit einkalkuliert werden. Mit der Umstellung auf eine Standby-Datenbank hat die Datenbank jetzt den Namen `LG11G2` bekommen. Nun müssen also der Parameter `db_name` angepasst und die Instanz neu gestartet werden.

```
% sqlplus sys/manager@LG11G2 as sysdba
SQL> ALTER SYSTEM SET db_name='LG11G2' SCOPE=spfile SID='LG11G2';
SQL> SHUTDOWN
SQL> STARTUP MOUNT
SQL> ALTER DATABASE OPEN RESETLOGS;
SQL> ALTER DATABASE START LOGICAL STANDBY APPLY;
```

Beim Anpassen des Parameters musste die `SID`-Klausel angegeben werden, da wir ja aus Sicherheitsgründen alle Serverparameter mit dem Instanznamen qualifiziert hatten.

Die Änderungen werden in die logische Standby-Datenbank jetzt jedoch erst eingefügt, wenn ein Logswitch auf dem primären System ausgeführt wird. Um dies zu ändern, müssen zunächst, wie bereits erwähnt, Standby-Logfiles angelegt werden und anschließend noch der Modus geändert werden:

```
% sqlplus sys/manager@LG11G2 as sysdba
SQL> ALTER DATABASE ADD STANDBY LOGFILE GROUP 4
         'E:\oradata\LG11G2\stbyredo04.log' size 50M;
SQL> ALTER DATABASE ADD STANDBY LOGFILE GROUP 5
         'E:\oradata\LG11G2\stbyredo05.log' size 50M;
SQL> ALTER DATABASE ADD STANDBY LOGFILE GROUP 6
         'E:\oradata\LG11G2\stbyredo06.log' size 50M;
SQL> ALTER DATABASE START LOGICAL STANDBY APPLY IMMEDIATE;
```

Damit werden Änderungen sofort auf die Standby-Datenbank übertragen, und es kann direkt damit gearbeitet werden. Allerdings ist auch ohne die Benutzung des Data Guards die Datenbank nicht für Änderungen geöffnet.

Wie in Kapitel 14.2 besprochen, wird die Logical-Standby-Datenbank auch dann interessant, wenn ein Rolling Upgrade einer Datenbank durchgeführt werden soll.

Gerade beim Rolling Upgrade sollte zusätzlich ein spezielles Verzeichnis für die Archivierung der Standby-Redolog-Dateien gewählt werden. In diesem Fall werden also folgende Parameter verwendet:

1. `log_archive_dest_1`: Lokales Verzeichnis der aktiven (primären) Datenbank (`VALID_FOR=(ONLINE_LOGFILES,ALL_ROLES)`).
2. `log_archive_dest_2`: Wie bisher der Service, mit dem die sekundäre Datenbank angesprochen wird (`VALID_FOR=(ALL_LOGFILES, PRIMARY_ROLE)`)
3. `log_archive_dest_3`: Lokales Verzeichnis, wenn die Datenbank im Standby-Modus betrieben wird (`VALID_FOR=(STANDBY_LOGFILES,STANDBY_ROLE)`)

Wenn es sich um eine Konfiguration handelt, bei der die archivierten Redolog-Dateien im ASM gespeichert werden, kann das dritte Verzeichnis entfallen, da ASM selbst die unterschiedlichen Redolog-Dateien erkennt.

Die generelle Vorgehensweise unterscheidet sich nicht von der bereits beschriebenen, mit der einen Ausnahme, dass die logische Standby-Datenbank keinen eigenen Namen erhält, sondern die gleiche Identität wie die primäre Datenbank behält. Der Befehl ändert sich daher in:

```
SQL> ALTER DATABASE RECOVER TO LOGICAL STANDBY KEEP IDENTITY;
```

Diese Datenbank kann jetzt für einen einmaligen Switchover verwendet werden. Das bedeutet für einen Upgrade-Prozess, dass nach der Konvertierung zunächst die logische Standby-Datenbank geändert wird. Nach einem Rollentausch (*Graceful Switchover*) zwischen primärer und Standby-Datenbank wird die Anwendung auf diese Standby-Datenbank geschwenkt und es erfolgt ein Upgrade auf die primäre Datenbank. Nach diesem Upgrade kann die Anwendung wieder zurückgeschwenkt werden.

12.6 Replikation

Wenn es um Hochverfügbarkeit geht, stehen auch immer wieder Replikationsmechanismen zur Diskussion, da mit den bereits beschriebenen Varianten unter Umständen nicht alle Anforderungen abgedeckt werden. Ein immer wieder auftauchendes Problem sind Release-Wechsel oder Änderungen an der Anwendung, die mit minimaler Auszeit durchgeführt werden müssen. Daneben spielen Aspekte wie der Wechsel des Betriebssystems ebenfalls eine Rolle. Folgende Anforderungen werden von den Standardmethoden Real Application Clusters, Physical Standby und Logical Standby nicht oder nur sehr eingeschränkt abgedeckt:

- Unterschiedliche Hardware oder Betriebssysteme

  Es ist sicherlich aus Verfügbarkeitgründen nicht sinnvoll, wenn für eine Anwendung zwei Datenbanken auf unterschiedlichen Betriebssystemen eingesetzt werden. Generell sollte man, wenn man sich mit dem Thema Verfügbarkeit beschäftigt, eine möglichst homogene Umgebung einsetzen. Dennoch kann es erforderlich sein, das Betriebssystem bzw. die Hardware zu wechseln.

  Bei kleineren Systemen kann dies mit einer vertretbaren Auszeit von einigen Stunden erledigt sein. Bei größeren Systemen oder wenn es zusätzliche Anforderungen gibt, kann es hilfreich sein, für die Dauer der Umstellung eine Replikation einzusetzen, die dafür sorgt, dass die Änderungen jeweils auf das nicht produktive System übertragen werden (siehe hierzu auch Kapitel 14.6).

- Entfernte Standorte

  Wenn die Standorte, für die die Systeme benötigt werden, weit auseinander liegen, können eine Standby-Lösung und RAC u. U. aufgrund der Latenzzeit sowie der Leitungskosten ausscheiden. Außerdem kann es sinnvoll sein, dass an den Standorten unabhängig, vielleicht auch nur mit einem Teil des Gesamtdatenbestandes, gearbeitet werden kann.

- Partielle Hochverfügbarkeit

  Wenn man heutige Datenbankgrößen von mehreren Terabyte betrachtet, muss man sich die Frage stellen, ob es tatsächlich notwendig ist, den gesamten Datenbestand mehrfach zu verwalten (doppelt reicht schon nicht, da es in der Regel mindestens eine Spiegelung gibt). Es kann also ausreichend sein, ein einzelnes Schema oder auch nur einige kritische Tabellen zu replizieren, um damit die kritische Anwendung umschalten zu können. Mit den Mechanismen der Standby-Datenbank ist aber keine Einschränkung von Objekten möglich.

Alle diese Gründe (und es gibt sicherlich noch einige weitere) können zu einer Replikation auf Basis von *Advanced Replication, Oracle Streams* oder einem anderen Produkt führen. Wir beschränken uns im Folgenden auf den Einsatz der Methoden für den Bereich Hochverfügbarkeit.

Das Thema *Advanced Replication* tritt bei modernen Datenbanken immer mehr in den Hintergrund, da es seit einigen Releases nicht weiterentwickelt wird und Oracle seit Version 10g Streams als Replikationsmechanismus vorzieht. Sicherlich wird in Zukunft auch Goldengate eine große Rolle spielen, und es bleibt abzuwarten, inwieweit Streams tatsächlich als langfristige Strategie zu sehen ist. Neben diesen Oracle-eigenen Methoden werden wir kurz auf das Produkt SharePlex von Quest Software eingehen, da wir in der Vergangenheit viel Erfahrung mit dem Produkt sammeln konnten.

12.6.1 Replikationsarten

In der Praxis werden unterschiedliche Arten der Replikation eingesetzt, je nachdem, wie die Anforderungen der Anwendung sind. Dabei geht es in der Regel um die einfache Frage: *„Wer darf die Daten ändern?“*

Mit der Einführung von Oracle7 im Jahre 1992 hat Oracle die verteilte Datenhaltung erlaubt, was zunächst als entscheidender Schritt für zukünftige Datenbank-Infrastrukturen gewertet wurde. Eine echte Verteilung von Daten findet man heute jedoch nur noch selten, stattdessen werden die Daten durch die Replikation bewusst redundant abgespeichert. Der Grund ist vor allen Dingen die Verfügbarkeit der Anwendung. Während bei der verteilten Umgebung die Gesamtverfügbarkeit nur dann gegeben ist, wenn alle Komponenten (beteiligte Datenbanken plus Netzwerk) funktionieren, wird bei der Replikation die Verfügbarkeit durch die Redundanz erhöht.

Allerdings birgt die Replikation auch die große Gefahr von Inkonsistenzen! Wenn zwei Datenbanken unabhängig voneinander operieren und das Netzwerk zwischen den Systemen zeitweise nicht zur Verfügung steht, kann es vorkommen, dass der gleiche Datensatz auf beiden Systemen geändert wird. Zwar kann dies vermieden werden, indem man zur synchronen Replikation übergeht, allerdings ist dadurch wiederum die Verfügbarkeit herabgesetzt, da eine Transaktion erst dann beendet ist, wenn alle beteiligten Datenbanken die Änderung angenommen haben. Insofern stehen also Verfügbarkeit und Datenkonsistenz gegeneinander.

Folgende Arten von Inkonsistenzen können bei der Replikation auftreten:

- Primary Key-Verletzung: Beim Einfügen eines Datensatzes wird festgestellt, dass es den Datensatz schon gibt. Dieser Konflikt kann am einfachsten dadurch gelöst werden, dass jede beteiligte Datenbank einen eigenen Satz an Schlüsseln bekommt. Das kann ein zusammengesetzter Schlüssel aus Datenbankname und Primärschlüssel sein oder ein Offset bzw. Nummernkreis bei Sequenzen (eine Datenbank die geraden, die andere die ungeraden Zahlen).
- *No Data Found*: Ein Datensatz sollte gelöscht werden, existiert aber nicht. Man könnte in diesem Fall natürlich sagen: *„Macht nichts, der Datensatz sollte ja sowieso gelöscht werden"*. Doch was ist mit der Konsistenz von abhängigen Sätzen? Ist diese dann noch gewährleistet? Besser ist es, wenn man in replizierten Umgebungen das Löschen von Datensätzen aus der Anwendung heraus vermeidet. Das bedeutet, dass die Anwendung einen Datensatz nur als gelöscht markiert (*Update*) und über einen nachgelagerten Prozess (*Batchlauf*) die so markierten Sätze von Zeit zu Zeit gelöscht werden.
- Update-Konflikt: Um eine solche Inkonsistenz zu erkennen, benötigt man eine spezielle Konflikterkennung. Dabei wird vor dem Update der Inhalt der Spalte mit dem ursprünglichen Inhalt (*Before-Image*) auf dem Quellsystem verglichen. Das bedeutet natürlich, dass genau dieses Before-Image ebenfalls mitrepliziert wird. Für die Lösung eines solchen Konfliktes muss es einen Verantwortlichen geben, der entscheidet, welche Information die „richtige" ist. Wobei es je nach Anwendung sehr schwierig ist zu entscheiden, was „richtig" bedeutet. Alternativ kann es eine automatische Konfliktlösung in der Art geben, dass eine Lokation die „Oberhoheit" über die Daten hat, also im Zweifelsfall andere Daten überschreibt.

Aus den genannten Gründen muss eine Replikation als Projekt mit Verantwortlichen aus den Fachabteilungen und der Anwendungsentwicklung aufgesetzt sein. Dabei muss geklärt werden, wie Inkonsistenzen vermieden werden können bzw. was passiert, wenn eine Inkonsistenz auftritt. Folgende Arten der Replikation werden unterschieden:

- Read-Only-Replikation: Hier werden alle Änderungen auf einer zentralen Datenbank (*Master*) durchgeführt und diese dann als Kopie an die beteiligten Replikationsdatenbanken (*Snapshots*) geschickt. Es kann also nicht zu Inkonsistenzen kommen, da die Replikate keine Schreibberechtigung haben. Für die Verfügbarkeit bedeutet dies allerdings, dass alle Anwendungen einen Zugriff auf die zentrale Datenbank haben müssen (z. B. über Datenbank-Links) und beim Ausfall dieses Systems nur noch lesende Zugriffe möglich sind.

  Diese Replikationsart kommt oft für Anwendungen im Außendienst zum Einsatz, bei denen die Mitarbeiter die Daten (z. B. Versicherungspolicen eines Klienten) vom zentralen Server bekommen und dann vor Ort nur neue Policen erstellen, die per Uplink an den Server geschickt werden.
- Updatable Snapshot: Diese Erweiterung der Read-Only-Replikation erlaubt die Änderung der Daten auf allen beteiligten Systemen. Auf dem Master findet jedoch eine Verifizierung statt, bei der Konflikte erkannt und hoffentlich behoben werden.

Durch diese Zentrale ist es möglich, eine einfache Konfliktlösung – z. B. ältester oder jüngster Zeitstempel gewinnt – zu implementieren.

- Multi-Master-Replikation: Hier hat jede Datenbank die gleichen Rechte und Pflichten. Das bedeutet auch, dass alle Daten auf allen Systemen geändert werden können und zudem eine Konflikterkennung und -behebung stattfinden kann. Während bei der Snapshot- und Read-Only-Replikation auch Teilbestände (bestimmte Spalten oder bestimmte Zeilen) repliziert werden können, werden bei der Multi-Master-Replikation in der Regel alle Daten repliziert. Eine Multi-Master-Replikation kann soweit ausgebaut werden, dass sowohl DML- als auch DDL-Operationen übertragen werden, so dass schlussendlich die gesamte Datenbank repliziert werden kann.

  Die Gefahr einer Inkonsistenz ist in diesem Fall am größten. Außerdem ist eine Konfliktlösung bei mehr als zwei beteiligten Datenbanken nur noch schwer zu realisieren. Oft rückt bei der Verwendung von Multi-Master-Replikationen der eigentliche Grund, die Verfügbarkeit zu erhöhen und die Flexibilität zu erweitern, in weite Ferne.

- Primär-Sekundär-Replikation: Dieser Spezialfall wird in der Regel aus der Multi-Master-Replikation entwickelt. Dabei wird sichergestellt, dass sich die Anwendung zu jedem gegebenen Zeitpunkt nur an eine bestimmte Datenbank anmelden kann. Dies kann z. B. durch Oracle Net-Services sowie eine Login-Prozedur geschehen, die überprüft, ob es sich bei dieser Datenbank um die Primärdatenbank handelt. Es sollte daher nicht zu Inkonsistenzen kommen. Das Gesamtkonzept einer solchen Replikation ähnelt dem der Standby-Datenbank, daher werden wir dieses Prinzip hier nicht weiter betrachten.

- Replikation für eine Migration: Bei diesem Spezialfall geht es darum, dass für eine begrenzte Zeit Datensätze von einem produktiven System auf ein sekundäres System übertragen werden. Zum Zeitpunkt x wird dann die Anwendung auf das neue System umgeschaltet, so dass die Rollen – ähnlich wie beim Graceful Switchover einer Standby-Datenbank – getauscht werden. Da zu jedem Zeitpunkt die Anwendung genau gegen eine Datenbank betrieben wird, besteht keine Gefahr von Konflikten.

Bei der Entwicklung einer Replikationsumgebung mit Updatable Snapshots oder einer Multi-Master-Replikation muss also eine Routine zur Konflikterkennung und Konfliktlösung gefunden werden. Ein relativ einfacher Fall kann z. B. so aussehen, dass über einen Staffelstab bzw. Token, der von der Anwendung abgefragt wird, das Schreibrecht auf Anwendungsebene geregelt ist. Dies ist z. B. in der Auftragsverarbeitung hilfreich, wo je nach Bearbeitungszustand der Mitarbeiter das Änderungsrecht an einem Auftrag erhält.

Alle im Anschluss vorgestellten Lösungen (Advanced Replication, Oracle Streams, Quest SharePlex) bieten standardmäßig eine Konflikterkennung und eine Reihe von Konfliktlösungsroutinen. Es ist jedoch Aufgabe der Anwendungsentwicklung bzw. des betroffenen Fachbereiches zu entscheiden, welche Art der Konfliktlösung (oder welche Kombination) zum Einsatz kommt.

Konfliktlösung bedeutet immer, dass ein Datensatz, der von einem Anwender ordnungsgemäß eingegeben wurde, durch das System geändert wird. Daher gehört einige Erfahrung dazu, ein solches System aufzubauen.

12.6.2 Advanced Replication

Bei der Advanced Replication handelt es sich um die älteste Methode (seit Version 7) für die Replikation von Daten zwischen Oracle-, aber auch Fremddatenbanken. Dabei wird zwischen unterschiedlichen Methoden (Multi-Master, Snapshot) unterschieden. In jedem Fall muss mindestens eine Oracle Enterprise Edition-Datenbank beteiligt sein, da nur sie als Master definiert werden kann.

Da sich dieses Replikationsverfahren seit Oracle9i nicht mehr geändert hat und in der Zukunft durch andere Replikationsmechanismen (Streams, Goldengate) ersetzt wird, werden wir uns im Folgenden nur noch mit einigen Basisinformationen beschäftigen. Wer dennoch weiter in die Materie einsteigen möchte, sei auf die Bücher „Oracle9i für den DBA" bzw. „Oracle 10g für den DBA" verwiesen, in denen wir das Thema Advanced Replication näher behandelt haben.

Basis für die Replikation über diesen Mechanismus bilden die Datenbank-Links, das *Two Phase Commit*-Protokoll (2PC) sowie Trigger. Datenbank-Links wurden bereits in Kapitel 9.3 erklärt, das 2PC-Protokoll in Kapitel 9.3.1. Trigger gehören zum Standardrüstzeug relationaler Datenbanken und werden hier daher nicht weiter behandelt.

Multi-Master-Replikation

Multi-Master-Replikationen werden speziell im Hochverfügbarkeitsumfeld eingesetzt, wenn gewährleistet werden muss, dass jederzeit auf alle Daten zugegriffen werden kann. In der Praxis ist dieses Verfahren eher selten, da man in der Regel bei der Hochverfügbarkeit eher auf Data-Guard-Konfigurationen (Physical Standby oder Logical Standby) zurückgreifen wird.

Allerdings kann es vorkommen, dass diese Verfahren aufgrund von Latenzzeiten oder wegen unterschiedlicher Architekturen (Hardware, Betriebssystem, Datenbankversion) nicht eingesetzt werden können.

Nachteil der Multi-Master-Replikation ist vor allen Dingen, dass bei Strukturänderungen, wie z. B. dem Hinzufügen von Spalten an eine Tabelle oder der Hinzunahme von Tabellen, zunächst die gesamte Replikation gestoppt werden muss. Dies ist sicherlich schwer mit einer hochverfügbaren Umgebung in Einklang zu bringen. Noch dazu, wenn – wie es in Praxisfällen durchaus passiert – aufgrund eines Fehlers in der Konfiguration die gesamte Replikation und damit alle beteiligten Anwendungen für längere Zeit ausfallen.

Das Grundprinzip der Multi-Master-Replikation ist die Synchronisation von Daten zwischen identischen Replikationsobjekten, wobei jeder Partner, auch Master (*Master Site*) genannt, mit allen weiteren Partnern auf gleicher Ebene kommuniziert (*Peer-to-peer-Prinzip*). Die Replikationsobjekte müssen dabei sowohl in ihrer Struktur als auch in ihrem Inhalt auf allen Mastern identisch sein. Für Tabellen bedeutet dies, dass sie mit allen Spalten und Zeilen auf jedem Master vertreten sind. Änderungen auf einem Master werden dementsprechend auf alle anderen Master – zeitversetzt oder synchron – repliziert.

Replikationsobjekte werden in so genannten Replikationsgruppen (*Replication Groups*) zusammengefasst. Jede Replikationsgruppe kann Objekte aus einem oder mehreren Schemata enthalten, und umgekehrt können Objekte eines Schemas in unterschiedlichen Replikationsgruppen konfiguriert sein. Jedes Replikationsobjekt darf jedoch nur in einer Gruppe enthalten sein.

Replikationsgruppen dienen der Zusammenfassung von logisch miteinander verbundenen Objekten. Für jede Replikationsgruppe lassen sich ein oder mehrere Master Sites definieren. Alle Replikationsobjekte einer Gruppe werden stets vollständig auf alle der Gruppe zugewiesenen Master repliziert.

Für jede Replikationsgruppe lässt sich darüber hinaus die gewünschte Übertragungsmethode in Bezug auf einen Master festlegen. Es stehen zwei Methoden zur Verfügung:

- Die asynchrone Replikation überträgt angefallene Änderungen zeitlich versetzt. Die Zeitspanne des Versatzes oder die Häufigkeit der Synchronisation lässt sich entsprechend konfigurieren. Asynchrone Verfahren können zu Datenkonflikten führen, wenn innerhalb einer Aktualisierungsperiode mehrere Master identische Datensätze widersprüchlich ändern. Je kürzer die Aktualisierungsperioden konfiguriert werden und je geringer das Änderungsaufkommen ist, desto geringer ist die Wahrscheinlichkeit von Konflikten.

  Oracle stellt vorkonfigurierte Konfliktlösungsmethoden zur Verfügung, die im Falle einer asynchronen Replikation unbedingt aktiviert werden sollten. Darüber hinaus erlauben asynchrone Verfahren lokale Transaktionen auch dann, wenn die entfernten Master kurzzeitig nicht zur Verfügung stehen.

- Die synchrone Replikation überträgt Änderungen unmittelbar im Kontext von verteilten Transaktionen. Für eine erfolgreiche Synchronisation müssen hierzu alle Master der Gruppe verfügbar sein. Ist dies nicht der Fall, sorgt der 2PC-Algorithmus der verteilten Transaktion für das Zurückrollen der lokalen Transaktion. Datenänderungen werden bei dieser Methode unmittelbar auf allen Mastern sichtbar. Aufgrund der synchronen Übertragung sind Datenkonflikte per se ausgeschlossen.

Innerhalb jeder Replikationsgruppe hat einer der vorhandenen Master die Rolle der *Master Definition Site* inne. Über die *Master Definition Site* werden alle administrativen Änderungen im Rahmen der Gruppe durchgeführt, wie z. B. das Hinzufügen neuer Objekte oder weiterer Master. Die *Master Definition Site* verteilt diese Änderungen zentralistisch an alle Master der betreffenden Gruppe.

Replikationsgruppen können unterschiedliche Objekttypen enthalten. Die Art, wie Objekte im Einzelnen repliziert werden, hängt dabei von dem jeweiligen Objekttyp ab:

- Tabellen werden mit ihrer Struktur und ihren Daten repliziert. Zur Struktur zählen hier nicht nur die Spalten, sondern auch die Constraints, nicht aber im Kontext der Tabelle definierte Trigger oder Indizes. Letztere müssen explizit als replizierte Objekte definiert werden.

  Änderungen an den Daten werden über so genannte verzögerte Transaktionen (*deferred transactions*) den anderen Mastern zugespielt. Interne Trigger erzeugen dabei Prozeduraufrufe an entfernte Prozeduren (*remote procedure call*). Im Falle der asynchronen Replikation werden diese Prozeduraufrufe in Tabellen des Schemas SYSTEM zwischengespeichert (*deferred transaction queue*) und von dort aus über Datenbankjobs an die übrigen Master Sites übertragen (Push-Prinzip). Die Prozeduraufrufe enthalten neben den geänderten Spaltenwerten auch die alten Spaltenwerte, um Konflikte zu erkennen.

- PL/SQL-Prozeduren, Funktionen und Packages werden als Programmeinheit repliziert. Generierte Stellvertreterprozeduren (*wrapper*) sorgen dafür, dass der Programmcode nicht nur lokal, sondern auf allen Mastern der betreffenden Gruppe zur Ausführung kommt.
- Trigger werden ebenfalls als Programmeinheit repliziert.
- Synonyme, Views, Indizes und Indextypen werden als *sekundäre* Objekte nur mit ihrer Struktur repliziert, d. h., der betreffende DDL-Befehl wird auf allen Mastern der betreffenden Gruppe zur Ausführung gebracht.

Multi-Master-Umgebungen erlauben grundsätzlich Datenänderungen auf allen beteiligten Mastern (*Update Anywhere-Modell*). Dort, wo die Logik der Anwendung dies nicht zulässt, sind andere Änderungsmodelle denkbar:

- Primary Site-Prinzip: Änderungen sind nur auf einem und stets demselben Master zulässig. Konflikte sind aufgrund dieser Logik ausgeschlossen.
- Workflow-Modell: Auch hier sind Änderungen nur auf einem Master zulässig, die Rolle des ändernden Masters kann jedoch – abhängig von einem festen oder freibleibenden Workflow – wechseln. Auch bei diesem Modell sind Konflikte ausgeschlossen.

Beide oben beschriebenen Modelle müssen im Rahmen der jeweiligen Anwendung mit herkömmlichen Methoden – über entsprechende Privilegien, Trigger und Prozeduren – explizit konfiguriert werden.

12.6.3 Materialized View-Replikation

Die Materialized View-Replikation[14] erlaubt die vollständige oder teilweise Replikation von Master-Objekten. Auf diese Weise lassen sich sowohl ausgesuchte Spalten (*column subsetting*) als auch Zeilen (*row subsetting*) von Master-Tabellen replizieren. Wie der Name Materialized View schon andeutet, ist es ebenfalls möglich, mehrere Tabellen über Join oder Set-Operationen zusammenzufassen. Diese Möglichkeit wird vor allen Dingen im Umfeld von Data-Warehouse-Systemen verwendet und ist daher in Kapitel 13.5 beschrieben.

In der klassischen Replikation werden Materialized Views hingegen verwendet, wenn es darum geht, einem bestimmten Benutzerkreis bzw. einer entsprechenden Außenstelle einen Teil der Daten zur Verfügung zu stellen. Dabei kann es sich um Read-Only-Daten handeln, es ist aber auch ein so genannter Updatable-Snapshot möglich.

Die Aktualisierung der Daten erfolgt bei der Materialized View über so genannte Refresh-Operationen (Pull-Prinzip). Refresh-Operationen können entweder manuell oder über einen Datenbankjob aufseiten der Materialized View initialisiert werden. Die Aktualisierung erfolgt dabei entweder „vollständig“ (*Complete Refresh*), d. h., bei jeder Ausführung wird die komplette Materialized View neu aufgebaut oder „schnell“ (*Fast Refresh*), d. h., nur die seit der letzten Aktualisierung erfassten Änderungen werden eingespielt.

Für den *Fast Refresh* wird ein *Materialized View Log* auf der betreffenden Tabelle benötigt. Dieses Log besteht aus einer Hilfstabelle mit dem Namen `MLOG$_tabelle` sowie

14 Ursprünglich Snapshot-Replikation genannt, daher existieren auch noch einige Views und Prozeduren mit diesem Namen.

einem internen Trigger, der bei allen DML-Operationen die Hilfstabelle mit dem Typ der Operation und dem Primärschlüssel bzw. der ROWID füllt. Die eigentlichen Daten werden also bei der Replikation nach wie vor aus den Basistabellen gelesen mit dem Unterschied, dass nur solche Zeilen gelesen werden, die sich laut Eintrag im Materialized View Log geändert haben.

Ob eine Materialized View über einen Fast Refresh aktualisiert werden kann, hängt von der zugrunde liegenden SQL-Abfrage ab. Bei einfachen Materialized Views (kein Join) ist dies vor allem davon abhängig, ob der Primärschlüssel in der Materialized View vorkommt.

Jede Materialized View bezieht sich stets nur auf ein *Master-Objekt* und tauscht mit diesem die Daten aus. Dieses Master-Objekt kann eine einzelne Tabelle, ein Verbund (Join) oder seinerseits eine Materialized View sein, wodurch sich ein Mehrschichtenmodell konfigurieren lässt. Umgekehrt kann jede Master-Tabelle mehrere Materialized Views bedienen, so dass eine sternförmige Struktur aufgebaut werden kann.

Materialized Views können die ihnen übertragenen Daten in unterschiedlicher Weise verwalten:

- *Read-Only*: Auf die Daten der Materialized View kann nur lesend zugegriffen werden.
- *Writable*: Materialized-View-Daten können über DML-Operationen lokal geändert werden, die durchzuführenden Änderungen werden aber nicht an den Master übertragen, sondern bei der nächsten Aktualisierung verworfen (gelöscht oder überschrieben).
- *Updatable*: Die Daten der Materialized View können geändert werden und werden an den Master übertragen (der diese dann ggf. weiterverteilt). Die Rückübertragung kann synchron oder asynchron erfolgen und nutzt hierfür, genau wie bei der Multi-Master-Replikation, *Deferred Transaction Queues*. Bei der asynchronen Aktualisierung können hier Konflikte entstehen (der gleiche Datensatz wird auf unterschiedlichen Seiten geändert), die – sofern Konfliktlösungsroutinen existieren – auf der Seite des Masters aufgelöst werden.

Materialized Views, die aufgrund ihrer logischen Zusammengehörigkeit gemeinsam und konsistent aktualisiert werden müssen, können in *Refresh Groups* zusammengefasst werden.

Im Kontext einer Materialized-View-Replikation lassen sich neben den besprochenen Materialized Views auch weitere Objekttypen replizieren, dazu gehören Prozeduren, Funktionen, Packages, Indizes, Synonyme, Trigger, Views, Indextypen, Operatoren und Typ-Definitionen. Für diese Objekte wird jedoch nur der entsprechende DDL-Befehl über den Master generiert und das entsprechende Objekt auf diese Weise auf der Materialized-View-Seite angelegt.

12.6.4 Hybride Modelle

Die beschriebenen Arten (Multi-Master-Replikation, Materialized-View-Replikation) lassen sich zu hybriden Modellen mischen. In diesem Fall werden bestimmte Master Sites über Deferred Transaction Queues miteinander verbunden. Jede Master Site kann darüber hinaus Master für eine oder mehrere Materialized Views sein.

Die Materialized Views kommunizieren hierbei ausschließlich mit dem ihnen zugeordneten Master-Objekt. Nur über dieses Objekt gelangen die in ihrem Kontext durchgeführten Änderungen an weitere Materialized Views dieses Masters oder an andere Master der Multi-Master-Welt.

Die Aktualisierungsgruppen werden in Bezug auf Master-Gruppen der Master Site angelegt, können aber – im Gegensatz zu einer reinen Multi-Master-Umgebung – auch Teilmengen einer zugeordneten Mastergruppe sein. Konfliktlösungen lassen sich auch in diesem Modell nur im Kontext der Master-Gruppen konfigurieren. Die Master-Gruppen lösen damit auch die Konflikte der ihnen angeschlossenen Materialized View.

12.6.5 Urladung der Daten und Installationspakete

Beim Definieren von Tabellen als replizierte Objekte oder Materialized Views werden nicht nur die Datenstrukturen, sondern auch die bereits vorhandenen Datensätze auf den entsprechenden Master Sites oder Materialized View Sites repliziert. Für diese „Urladung" (*Instantiation*) der Daten stehen unterschiedliche Verfahren zur Verfügung, die – vor allem bei großen Datenmengen – sorgfältig geplant werden müssen, da sie erheblichen Einfluss auf die Performance der Konfiguration haben.

Beim Standardverfahren, der *Online Instantiation*, werden die Datensätze im Zuge der Definition des betreffenden Objektes über das Netz vom jeweiligen Master abgezogen.

Im Gegensatz dazu lassen sich bei der *Offline Instantiation* die Daten auf alternativen Medien, beispielsweise CD-ROMs, auslagern und ohne Online-Verbindung zu dem betreffenden Master-Objekt einspielen. Das Offline-Instantiation-Verfahren steht sowohl in Multi-Master-Umgebungen als auch für Materialized Views zur Verfügung.

Darüber hinaus lassen sich ganze Materialized-View-Umgebungen in Form von Installationspaketen (*Deployment Templates*) bündeln. Diese Pakete enthalten sowohl die notwendigen Objektdefinitionen als auch die Daten und sind für die effiziente Installation großer Replikationsumgebungen unerlässlich.

In Umgebungen mit „großen" replizierten Tabellen kommt der Urladung der Objekte eine entscheidende Bedeutung zu. Das Standardverfahren mit dem Parameter `copy_rows => true`, bei dem die Daten im Zuge der Konfigurationsprozeduren übertragen werden, führt in diesen Umgebungen zu unvertretbaren Laufzeiten.

Hier ist es empfehlenswert, die Tabellen vorher auf allen Master Sites explizit anzulegen und über geeignete Verfahren, wie z. B. Data-Pump-Export bzw. -Import, zu füllen. Bei der Konfiguration der replizierten Umgebung wird dann über die Parameter `copy_rows => false` und `use_existing_object => true` dafür gesorgt, dass die Struktur der Objekte verglichen wird, die Datenübertragung aber nicht mehr stattfindet. Der Administrator trägt damit natürlich die Verantwortung für die Konsistenz, d. h., die Anwendung darf zu diesem Zeitpunkt noch nicht produktiv genutzt werden.

Überall dort, wo eine große Zahl von identischen Materialized View Sites aufzubauen ist, können *Deployment Templates* eingesetzt werden. Hierbei wird die entsprechende Umgebung mitsamt den dazugehörigen Daten auf der Master Site definiert und vorbereitet, an die Materialized View Site übermittelt und dort mithilfe des Templates vollständig installiert.

12.6.6 Kapazitätsplanung

Replizierte Umgebungen produzieren zusätzliche Daten in Form von verzögerten Transaktionen oder Log-Einträgen und benötigen aus diesem Grunde zusätzliche Ressourcen. Die folgenden Ressourcen sind hier von Bedeutung und sollten im Zuge einer Testinstallation quantifiziert werden:

- Verzögerte Transaktionen werden in der *Deferred Transaction Queue* gespeichert. Die Deferred Transaction Queue besteht aus Tabellen des Schemas `SYSTEM`. Diese Tabellen liegen auch in der Version 11g im Tablespace `SYSTEM`, können jedoch bei Bedarf auch verschoben werden. Die Größe dieser Tabellen hängt einerseits von der Anzahl und Größe der Transaktionen, andererseits von der Häufigkeit und den Zeitintervallen der Löschoperationen ab. Löschoperationen werden über einen speziellen Purge-Job konfiguriert.
- Änderungen an Master-Objekten, denen eine oder mehrere Materialized Views zugeordnet sind, werden über interne Trigger in Materialized View Logs protokolliert. Die Größe dieser Logs, die ihrerseits Tabellen sind, hängt sowohl von der Änderungsrate als auch von den Aktualisierungszyklen der abhängigen Materialized View Sites ab. Log-Einträge werden erst dann gelöscht, wenn die letzte der registrierten Materialized Views ihre Refresh-Operation durchgeführt hat.

  Besonders in Umgebungen, deren Master Sites nur manuelle und damit nicht planbare Aktualisierungen vornehmen, kann dies zu unkontrolliertem Wachstum der Log-Tabellen führen. Tablespaces, die diese Log-Tabellen aufnehmen, müssen demnach ausreichend dimensioniert und beobachtet werden.
- Deferred Transaction Queues und Aktualisierungen von Materialized Views übertragen während der Synchronisationen ihre Daten mithilfe von Datenbank-Links über Netzwerkverbindungen. Die Bandbreite dieser Verbindungen muss die anfallende Last bewältigen können. Das Datenvolumen aller Link-Verbindungen lässt sich mithilfe zweier Systemstatisken aus der View `v$sysstat` abfragen, nämlich `bytes received via SQL*Net from dblink` und `bytes sent via SQL*Net to dblink`.

12.7 Oracle Streams

Die Replikation von Daten über die Advanced-Queueing-Methode in Verbindung mit dem Log Miner hat Oracle in der Version 9 Release 2 erstmals zur Verfügung gestellt. Streams ist kein eigenständiges Produkt sondern besteht aus einer Reihe von PL/SQL-Packages. Bei der Installation der Oracle-Software werden sie also vergeblich nach entsprechenden Einträgen suchen. In der Standardedition ist Streams leider zurzeit nicht enthalten.

12.7.1 Streams-Architektur

Wie bereits erwähnt, basiert Oracle Streams auf der Advanced-Queueing-Architektur. Das heißt, eigentlich besteht die Aufgabe von Streams darin, Nachrichten – welcher Art auch immer – zu erfassen, diese in Queues zu speichern und dann an unterschiedliche Abonnenten (*Subscriber*) weiterzureichen. Das besondere ist, dass es sich bei den Nachrichten um Einträge aus den Redolog-Dateien handelt, die über den Log Miner ausgelesen werden (ähnlich wie bei der Logical-Standby-Datenbank, siehe Abschnitt 12.5.4).

Dadurch hat Streams, ohne den bei Advanced Replication notwendigen Overhead von Triggern, den Zugriff auf alle Datenbankänderungen.

Wenn Streams konfiguriert ist, gibt es einen neuen Hintergrundprozess, der *Capture* genannt wird und die DDL- und DML Änderungen in den Redolog-Dateien erfasst. Diese Befehle werden in sogenannte *Logical Change Records (LCR)* umgewandelt, die dann in einer Queue-Tabelle gespeichert werden. Ein LCR bezieht sich auf eine Änderung – z. B. eines Datensatz –, so dass sich eine Transaktion über beliebig viele LCRs erstrecken kann. Aus der Queue-Tabelle werden die LCRs dann in eine andere Queue-Tabelle in der gleichen oder einer anderen Datenbank übertragen (*Propagation*).

Auf der Gegenseite gibt es einen Apply-Prozess, der die Daten aus der Queue entgegennimmt. Dieser verteilt dann die Messages, je nachdem, ob es sich um einen DML- oder DDL-Befehl handelt, an den entsprechenden Message Handler. Da es sich ja um eine Advanced-Queueing-Methode handelt, können auch Benutzernachrichten eingebettet sein, für die es wiederum einen eigenen Message Handler gibt (siehe Abbildung 12.16).

Die Übertragung der Daten erfolgt bei Oracle Streams durch Jobprozesse, die ganz normal über das PL/SQL-Package `DBMS_JOB` administriert werden.

Im Gegensatz zu den Standby-Funktionalitäten können die Nachrichten jederzeit durch den Streams-Administrator manipuliert oder gefiltert werden. Dadurch ist es möglich, nur bestimmte Daten zu übertragen, oder die Daten nach der Übertragung zu ändern, was zum Beispiel für eine Konfliktlösung bei gleichberechtigter Replikation notwendig ist.

Für den Apply-Prozess auf dem Zielsystem ist es notwendig, die Data-Dictionary-Informationen der Quelle zu kennen. Daher wird für den Start einer Streams-Replikation wiederum ein Data-Dictionary-Export mithilfe des Log Miners benötigt.

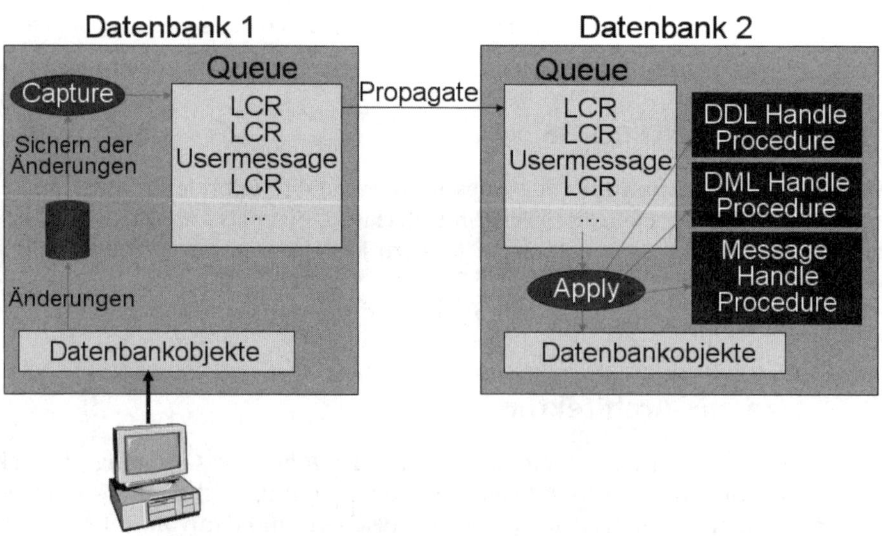

Abbildung 12.16: Oracle Streams, Architektur

Für die Replikation mit Streams stehen unterschiedliche Regeln (Rules) zur Auswahl:

- Tabellenregeln: Hierbei werden nur die Änderungen für eine einzelne Tabelle repliziert.
- Schemaregeln: Alle Änderungen, die ein bestimmtes Schema betreffen, werden repliziert.
- globale Regeln: Alle Datenbank-Änderungen werden repliziert.

Für jede Regel kann außerdem angegeben werden, ob DML-, DDL- oder beide Änderungen repliziert werden sollen.

Speziell für Tabellen-, aber auch für Schema-Regeln, macht es zudem Sinn, diese zu sogenannten *Rule Sets* zusammenzufassen. Dabei gibt es positive (inklusive) und negative (exklusive) Rule Sets, so dass es einfach möglich ist, bestimmte Objekte von einer Replikation auszuschließen, ohne dass man eine lange Liste anfertigen muss.

Eine Regel bezieht sich dabei nicht auf den gesamten Stream, sondern kann für jeden Prozess (*Capture, Propagation, Apply*) einzeln definiert werden. Damit ist es z. B. möglich, zunächst alle Daten zu sammeln (*Capture*), aber nur einen bestimmten Teil an eine andere Datenbank zu schicken (*Propagation*). Auf dem Zielsystem können wiederum aus den empfangenen Daten bestimmte Aktionen (DDL) oder bestimmte Datensätze herausgefiltert werden (*Apply*).

Neben diesen Standardregeln gibt es auch die Möglichkeit, Transformationen durchzuführen. Dadurch kann z. B. eine Replikation zwischen unterschiedlichen Schemas oder unterschiedlichen Tabellenstrukturen erfolgen. Da wir uns hier im Kapitel Hochverfügbarkeit befinden, werden wir nur die Standardregeln verwenden.

Im Gegensatz zur Standby-Datenbank sind bei Replikationen die Datenbanken in der Regel unabhängig voneinander aufgebaut. Da nur Daten aus den Redolog-Dateien übertragen werden, müssen die bereits vorhandenen Daten erst auf das Zielsystem übertragen werden (z. B. per Export/Import), und anschließend muss anhand der SCN-Nummer des Quellsystems eine Synchronisierung erfolgen. Diese SCN wird *Instantiation SCN* genannt und kann entweder über eine Prozedur oder direkt während des Einladens mit dem Import-Befehl angegeben werden.

12.7.2 Downstream Capture

Kritischer Punkt bei der Replikation mit Streams ist, dass die Daten zunächst lokal in einer Queue-Tabelle zwischengespeichert werden. Dabei handelt es sich um eine ganz normale DML-Operation (`INSERT INTO`-Befehl), die dem Transaktionsmechanismus von Oracle unterliegt. Insbesondere werden also Undo-Informationen geschrieben und die Änderungen werden wiederum in den Redolog-Dateien (aus denen sie ja ursprünglich kommen) gespeichert. Das kann bei kritischen Systemen und umfangreichen Replikationen dazu führen, dass die Performance der Datenbank leidet.

In diesem Fall ist es ab Version 10 möglich, einen so genannten *Downstream Capture* aufzubauen, bei dem die Replikation über eine separate Datenbank erfolgt. Ähnlich wie bei der Physical-Standby-Datenbank wird hierfür eine sekundäre Datenbank aufgebaut, die als Quelle für die Streams-Replikation dient. Die Daten werden dann entweder über den Archiver-Prozess (*Archived-log Downstream Capture Process*) oder direkt über den Log-Writer (*Real-time Downstream Capture Process*) auf die sekundäre Datenbank übertragen.

Für den initialen Start von Streams wird – ähnlich wie bei der Logical Standby Datenbank – mit der Prozedur dbms_capture.build eine Kopie des Data-Dictionaries in den Redolog-Dateien gespeichert. Auf diese kann der Capture-Prozess dann aufsetzen und das Data Dictionary für den Log Miner aufbauen.

12.7.3 Voraussetzungen

Wie bereits erwähnt, kann Oracle Streams nur bei der Enterprise-Edition angewendet werden. Daneben gibt es einige Serverparameter, die entsprechend gesetzt werden müssen. In Oracle9i war es noch so, dass die Zwischenspeicherung der LCR-Informationen ausschließlich über den Shared Pool erfolgte. Dies führte nach einiger Zeit zu einer starken Fragmentierung des Pools und damit zu kritischen Einflüssen auf das Produktionssystem.

Ab Version 10g hat Oracle zunächst dafür gesorgt, dass Streams nur noch einen bestimmten Bereich (maximal 10%) im Shared Pool benutzen kann. Alternativ ist es aber auch möglich, einen separaten *Streams Pool* anzulegen. Wir raten auf jeden Fall dazu, dies zu tun. Durch die mittlerweile sehr flexible Änderung von SGA-Parametern ohne Reboot kann der Parameter jederzeit gesetzt bzw. angepasst werden.

Folgende Serverparameter müssen gesetzt bzw. angepasst werden:

- compatible muss mindestens auf den Wert 10.0.0 gesetzt sein.
- global_names sollte auf TRUE gesetzt werden, um Informationen über die Datenbanken auszutauschen.
- log_archive_config wird für das Downstream Capture verwendet (Parameter dg_config).
- open_links muss mindestens den Wert 4 haben.
- job_queue_processes muss mindestens den Wert 2 haben. Streams basiert immer noch auf mittels dbms_job verwalteten Datenbankjobs, nicht auf dem neuen Oracle-Scheduler. Der Parameter spielt allerdings eine untergeordnete Rolle, da er ab Version 11 standardmäßig auf 1000 steht.
- streams_pool_size sollte zunächst für jeden Capture-Prozess 10 MB groß sein. Über die View v$streams_pool_advice kann die optimale Größe später ermittelt werden.

Außerdem muss die Quelldatenbank im Archivelog-Modus betrieben werden, und für die zu replizierenden Objekte muss das Supplemental Logging, mindestens auf Primary Key-Level, aktiviert werden. Da die Datenbanken über Oracle Net bzw. Datenbank-Links miteinander kommunizieren, ist es natürlich notwendig, dass die entsprechenden Netzwerk-Komponenten konfiguriert sind.

Die Konfiguration von Streams geschieht über den Streams-Administrator – ein separates Datenbankschema, das explizit die Rolle DBA haben muss. Außerdem gilt für jede Replikation, dass die zu replizierenden Objekte einen Primärschlüssel haben sollten.

12.7.4 Schemareplikation mit Streams

Als Beispiel werden wir im Folgenden eine bidirektionale Replikation des Schemas DEMO zwischen den Datenbanken BERLIN und KOELN aufbauen. Das bedeutet, wir verwenden eine Schema-Regel, bei der wir alle Aktionen (DML und DDL) zulassen. Für die Namen der wählbaren Streams-Parameter, wie z. B. der Streams-Tabelle haben wir den Namen des Streams-Administrators (streamsadmin) und den Zusatz, um welchen Prozess bzw. welches Objekt es sich handelt, gewählt.

Zunächst sollte in jedem Fall ein separater Tablespace für die Verwaltung der Streams-Objekte gewählt werden. Anschließend wird der Streams-Administrator (streamsadmin) auf den beteiligten Datenbanken angelegt.

```
SQL> CREATE TABLESPACE streamsts
     DATAFILE SIZE 100M AUTOEXTEND ON NEXT 10M MAXSIZE 500M
     EXTENT MANAGEMENT LOCAL
     SEGMENT SPACE MANAGEMENT AUTO;

SQL> CREATE USER streamsadmin
     IDENTIFIED BY manager
     DEFAULT TABLESPACE streamsts;

SQL> GRANT DBA, AQ_ADMINISTRATOR_ROLE
     TO streamsadmin;

SQL> BEGIN
        DBMS_STREAMS_AUTH.GRANT_ADMIN_PRIVILEGE(
           grantee => 'streamsadmin',
           grant_privileges => TRUE);
     END;
     /

SQL> BEGIN
        DBMS_STREAMS_AUTH.GRANT_ADMIN_PRIVILEGE(
           grantee => 'system',
           grant_privileges => TRUE);
     END;
     /
```

Da die Datenbanken im ASM verwaltet werden, wird beim Anlegen des Tablespaces kein Name für die Datendatei angegeben. Der Aufruf des PL/SQL-Pakets ist für die Administration von Streams, beispielsweise über den Oracle Enterprise Manager hilfreich. Daher empfiehlt es sich, auch dem Benutzer SYSTEM die entsprechenden Rechte einzuräumen.

Über den Enterprise Manager kann der Benutzer direkt in allen beteiligten Datenbanken angelegt werden. Dafür ist es allerdings erforderlich, dass das Passwort des Benutzers SYS (und nur über diesen können die erforderlichen Berechtigungen vergeben werden) auf den Datenbanken identisch ist (siehe Abbildung 12.17).

Als Nächstes wird zuerst die Quellseite (BERLIN) und dann die Zielseite (KOELN) exemplarisch für die Replikation des Schemas DEMO konfiguriert.

Konfiguration der Quellseite

Zunächst wird ein Datenbank-Link (KOELN) angelegt, über den im Folgenden die Kommunikation von Streams, aber unter Umständen auch weitere Aktionen (z. B. die Initialbefüllung mittels Data Pump) ausgeführt werden. Im Beispiel wird ein Public-Link gewählt, um zu gewährleisten, dass nicht nur der Streams-Administrator, sondern auch der Administrator SYSTEM diesen verwenden kann. Voraussetzung für die erfolgreiche

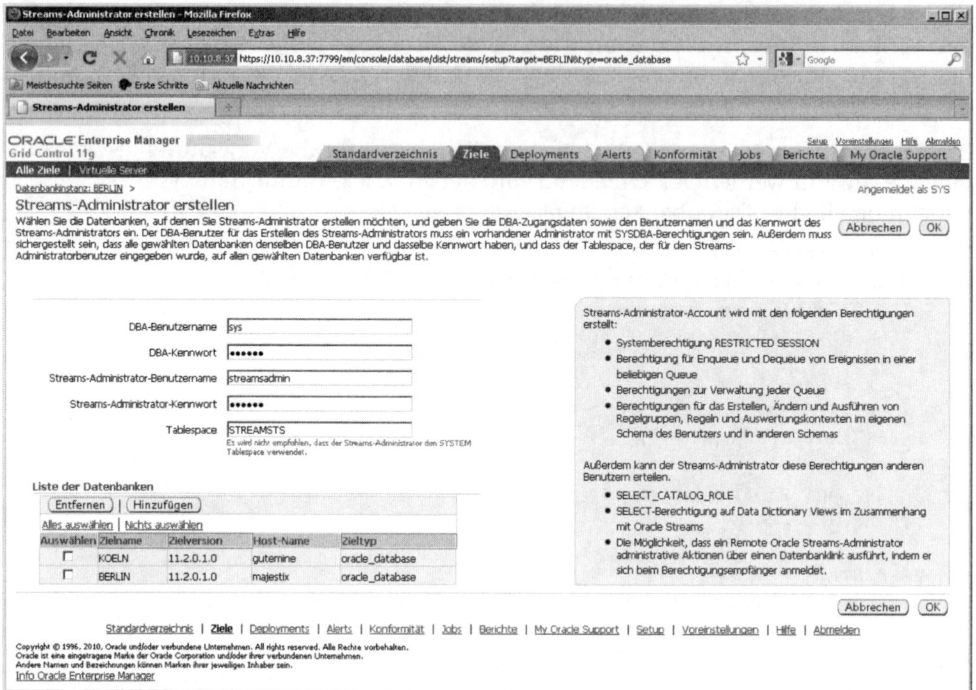

Abbildung 12.17: Streams-Administrator erstellen

Kommunikation ist, dass auf beiden Systemen ein entsprechender Oracle Net-Eintrag existiert.

```
SQL> CREATE PUBLIC DATABASE LINK koeln USING 'KOELN';
```

Als Nächstes wird eine neue Queue mit dem Namen `streams_queue` angelegt. Die Daten werden unter dem Benutzer `streamsadmin` in der Tabelle `streams_queue_table` gespeichert:

```
SQL> BEGIN
       dbms_streams_adm.set_up_queue(
          queue_name      => 'STREAMS_QUEUE',
          queue_table     => 'STREAMS_QUEUE_TABLE',
          queue_user      => 'STREAMSADMIN');
       COMMIT;
     END;
     /
```

Danach wird ein neue Schema-Regel für den Capture-Prozess – also für das Auslesen der Daten aus den Redolog-Dateien – erstellt. In diesem Fall sollen alle Änderungen (DML und DDL) des Benutzers `DEMO` für die Quelldatenbank `BERLIN` protokolliert werden:

```
SQL> BEGIN
       dbms_streams_adm.add_schema_rules(
          schema_name       => 'DEMO',
          streams_type      => 'CAPTURE',
          streams_name      => 'STREAMSADMIN_CAPTURE',
          queue_name        => 'STREAMSADMIN.STREAMS_QUEUE',
```

```
      include_dml      => TRUE,
      include_ddl      => TRUE,
      source_database  => 'BERLIN');
   COMMIT;
END;
/
```

Für die Weitergabe der Daten wird schließlich eine Propagation-Regel erstellt, in der im Wesentlichen die gleichen Informationen stehen wie in der Capture-Regel. Zusätzlich wird hier die „Gegenstelle“ – also die Ziel-Queue – mit dem Datenbank-Link (hier `KOELN`) definiert (`destination_queue_name`):

```
SQL> BEGIN
   dbms_streams_adm.add_schema_propagation_rules(
      schema_name             => 'DEMO',
      streams_name            => 'STREAMSADMIN_PROPAGATE',
      source_queue_name       => 'STREAMSADMIN.STREAMS_QUEUE',
      destination_queue_name  => 'STREAMSADMIN.STREAMS_QUEUE@KOELN',
      include_dml             => TRUE,
      include_ddl             => TRUE,
      source_database         => 'BERLIN');
   COMMIT;
END;
/
```

Konfiguration der Zielseite

Auch in dieser Datenbank wird zunächst ein Datenbank-Link (`BERLIN`) angelegt. Zwar wird dieser für die unidirektionale Replikation nicht benötigt, aber unter Umständen ist es ganz hilfreich, über den Datenbank-Link kommunizieren zu können.

```
SQL> CREATE PUBLIC DATABASE LINK berlin USING 'BERLIN';
```

Als Nächstes wird wiederum eine Queue mit dem Namen `streams_queue` angelegt. Die Namen der Queues sowie der Queue-Tabellen sind frei wählbar, sollten aber auf beiden Seiten gleich sein, da es die Lesbarkeit erleichtert:

```
SQL> BEGIN
   dbms_streams_adm.set_up_queue(
      queue_table      => 'STREAMS_QUEUE_TABLE',
      queue_name       => 'STREAMS_QUEUE',
      queue_user       => 'STREAMSADMIN');
   COMMIT;
END;
/
```

Da es sich bei dieser Datenbank zunächst nur um das Zielsystem handelt, wird auch nur der Apply-Prozess konfiguriert. Das Schema `DEMO` muss an dieser Stelle auf dem Zielsystem noch nicht existieren:

```
SQL> BEGIN
   dbms_streams_adm.add_schema_rules(
      schema_name     => 'DEMO',
      streams_type    => 'APPLY',
      streams_name    => 'STREAMSADMIN_APPLY',
      queue_name      => 'STREAMSADMIN.STREAMS_QUEUE',
      include_dml     => TRUE,
```

```
        include_ddl      => TRUE,
        source_database  => 'BERLIN');
    COMMIT;
END;
/
```

Damit sind alle Vorkehrungen für die Replikation des Benutzers DEMO getroffen. Bevor Streams jetzt für die Replikation konfiguriert wird, bietet es sich an, einen kleinen Test durchzuführen, ob der Datenbank-Link funktioniert. Dazu wird auf beiden Datenbanken im Schema streamsadmin eine Tabelle mit einem Testdatensatz angelegt. Anschließend wird diese Tabelle über den Datenbank-Link gelesen (im Beispiel für die Datenbank BERLIN):

```
-- Auf KOELN
SQL> CREATE TABLE repl (id NUMBER(2), name VARCHAR2(50));
SQL> INSERT INTO repl (id, name) VALUES (1,'koeln');
SQL> COMMIT;

-- Auf BERLIN
SQL> CREATE TABLE repl (id NUMBER(2), name VARCHAR2(50));
SQL> INSERT INTO repl (id, name) VALUES (1,'berlin');
SQL> COMMIT;

SQL> SELECT * FROM repl@koeln;

    ID NAME
------ --------
     1 koeln
```

Als Nächstes muss für die Tabellen *Supplemental Logging* eingeschaltet werden. Da es sich in der Regel um eine ganze Anzahl von Tabellen handelt, kann man natürlich auch für die gesamte Datenbank die Option aktivieren. Bei der Aktivierung für einzelne Tabellen muss allerdings beachtet werden, dass das Logging wieder explizit eingeschaltet werden muss, wenn neue Tabellen in die Replikation aufgenommen werden. Daher empfehlen wir in hochverfügbaren Umgebungen, das Supplemental Logging für die gesamte Datenbank zu setzen.

Supplemental Logging für einzelne Tabellen

Da Supplemental Logging für die gesamte Datenbank bereits beschrieben wurde, folgt hier ein Beispiel für einzelne Tabellen:

```
SQL> SET HEADING OFF
SQL> SET FEEDBACK OFF
SQL> SET PAGES 1000
SQL> SET LINES 1000
SQL> SET TRIMSPOOL ON
SQL> SPOOL c:\temp\enable_sup.sql
SQL> SELECT 'ALTER TABLE DEMO.' || table_name
         || ' ADD SUPPLEMENTAL LOG DATA (ALL) COLUMNS;'
     FROM   user_tables
     /

ALTER TABLE DEMO.TYPEN ADD SUPPLEMENTAL LOG DATA (ALL) COLUMNS;
ALTER TABLE DEMO.TELEFONE ADD SUPPLEMENTAL LOG DATA (ALL) COLUMNS;
ALTER TABLE DEMO.STATUS ADD SUPPLEMENTAL LOG DATA (ALL) COLUMNS;
```

```
ALTER TABLE DEMO.PRODUKTGRUPPEN ADD SUPPLEMENTAL LOG DATA (ALL) COLUMNS;
ALTER TABLE DEMO.PRODUKTE ADD SUPPLEMENTAL LOG DATA (ALL) COLUMNS;
ALTER TABLE DEMO.POSITIONEN ADD SUPPLEMENTAL LOG DATA (ALL) COLUMNS;
ALTER TABLE DEMO.PERSONEN ADD SUPPLEMENTAL LOG DATA (ALL) COLUMNS;
ALTER TABLE DEMO.AUFTRAEGE ADD SUPPLEMENTAL LOG DATA (ALL) COLUMNS;
ALTER TABLE DEMO.ADRESSEN ADD SUPPLEMENTAL LOG DATA (ALL) COLUMNS;

SQL> SPOOL OFF
```

Mit diesem Skript wird ein weiteres Skript `enable_sup.sql` erstellt, dessen Ausführung dann das Supplemental Logging für alle Tabellen des Schemas `DEMO` aktiviert. Über die View `all_log_groups` kann das Supplemental Logging anschließend überprüft werden.

```
SQL> SELECT owner, table_name, log_group_type
     FROM   all_log_groups;

OWNER      TABLE_NAME      LOG_GROUP_TYPE
---------- --------------- -------------------
DEMO       PRODUKTE        ALL COLUMN LOGGING
DEMO       PRODUKTGRUPPEN  ALL COLUMN LOGGING
DEMO       ADRESSEN        ALL COLUMN LOGGING
DEMO       AUFTRAEGE       ALL COLUMN LOGGING
DEMO       PERSONEN        ALL COLUMN LOGGING
DEMO       POSITIONEN      ALL COLUMN LOGGING
DEMO       TYPEN           ALL COLUMN LOGGING
DEMO       STATUS          ALL COLUMN LOGGING
DEMO       TELEFONE        ALL COLUMN LOGGING
```

Falls die Zieldatenbank nicht direkt über ein Backup und Restore erstellt wurde, müssen als Nächstes die Objekte im Zielschema bzw. das Zielschema selbst angelegt werden. Dafür eignet sich am besten das Data Pump-Werkzeug mit der direkten Erstellung der Objekte über den bereits existierenden Datenbank-Link. Die direkte Übertragung funktioniert allerdings nur dann, wenn keine LONG- oder LONG RAW-Datentypen verwendet werden.

Eine Alternative kann auch sein, die Tabellen über ein Skript mit einem `CREATE TABLE AS SELECT`-Befehl anzulegen. Dabei ist jedoch darauf zu achten, dass auch Constraints, Indizes und zusätzliche Objekte wie Views übertragen werden müssen.

Data Pump arbeitet standardmäßig mit den Oracle Flashback-Funktionen, so dass es nicht notwendig ist, explizit einen Konsistenzpunkt zu setzen. Alternativ kann aber eine `Flashback"=SCN` ermittelt und über die Option `FLASHBACK_SCN` beim Data Pump-Export gesetzt werden.

Da der Benutzer `streamsadmin` alle notwendigen Rechte hat, kann die Übertragung über diesen Benutzer erfolgen. Über den Parameter `NETWORK_LINK` ist es zudem möglich, ohne Dump-Datei zu arbeiten. Auf dem Zielsystem (`KOELN`) wird lediglich ein Directory-Objekt für die Logdatei angelegt und anschließend Data Pump-Import gestartet:

```
SQL> CREATE DIRECTORY streamsdump AS '/u02/orabackup/dpdump/';

% impdp streamsadmin/manager logfile=imp_demo.dmp directory=STREAMSDUMP
  schemas='DEMO' content=ALL network_link=BERLIN
```

Damit ist die Initialbefüllung der Zieldatenbank abgeschlossen, und die Replikation kann gestartet werden. Falls während der Initialbefüllung auf der Quelldatenbank gearbeitet wurde, muss eine SCN, die möglichst kurz vor dem Start des Imports liegen sollte, festgelegt und anschließend benutzt werden. Diese wird sowohl als Flashback-SCN bei Data Pump als auch für den Start des Apply-Prozesses angegeben.

```
SQL> SELECT dbms_flashback.get_system_change_number FROM dual@BERLIN;

GET_SYSTEM_CHANGE_NUMBER
------------------------
                  227341

% impdp streamsadmin/manager logfile=imp_demo.dmp directory=STREAMSDUMP
  schemas='DEMO' content=ALL network_link=BERLIN flashback_scn=227341

SQL> DECLARE
        iscn NUMBER;
     BEGIN
        iscn := 227341;
        dbms_apply_adm.set_schema_instantiation_scn(
             source_schema_name   => 'DEMO',
             source_database_name => 'BERLIN',
             instantiation_scn    => iscn,
             recursive  => TRUE);
        COMMIT;
     END;
     /

SQL> BEGIN
        dbms_capture_adm.start_capture(
             capture_name  => 'STREAMSADMIN_CAPTURE');
        END;
     /

SQL> BEGIN
        dbms_apply_adm.start_apply(
        apply_name  => 'STREAMSADMIN_APPLY');
     END;
     /
```

Im Beispiel wird die SCN aus der Quelldatenbank gelesen und für den Import-Prozess als *Flashback-SCN* sowie im Streams als *Instantiation-SCN* benutzt. Danach werden auf dem Quellsystem (`PROD11G`) der Capture-Prozess und auf dem Zielsystem (`STBY11G`) der Apply-Prozess gestartet.

Bitte beachten Sie, dass wir im Beispiel alle Befehle (DML und DDL) replizieren. Wenn wir in dieser Konfiguration Änderungen an einem Schemaobjekt vornehmen, werden diese daher sofort repliziert. Vielleicht werden Sie im ersten Moment sagen: „Das ist ja auch richtig." Sie sollten aber bedenken, dass die häufigste Fehlerursache Anwender- bzw. Anwendungsfehler sind. Gerade der Befehl `TRUNCATE`, gegen den es in der Version 11g im Gegensatz zum `DROP`- oder `DELETE`-Befehl noch kein „Gegenmittel" gibt, kann somit zum Ausfall ihrer kompletten Umgebung führen.

Es ist daher anzuraten, DDL-Befehle nicht zu replizieren, sondern gezielt auf beiden Systemen. Beachten Sie dabei auch, dass Sie die Änderungen erst auf der Zieldatenbank und anschließend auf der Quelldatenbank vornehmen, da es ansonsten zu Fehlern beim Einfügen neuer Sätze kommt.

12.7.5 Monitoring

Mit dem Enterprise Manager 11g gibt es unter dem Oberbegriff *Verschieben von Daten* die Möglichkeit, Streams zu konfigurieren und zu überwachen. In Abbildung 12.18 wird der Durchsatz des Zielsystems dargestellt, dies ist unter anderem daran zu erkennen, dass die Prozesse *Erfassen* und *Propagieren* den Wert `n/a` haben.

Auf der Quellseite gibt die View `dba_capture_prepared_tables` an, für welche Tabellen der Capture-Prozess Nachrichten sammelt.

```
SQL> SELECT table_owner, table_name, scn, timestamp
     FROM   dba_capture_prepared_tables;

TABLE_OWNER     TABLE_NAME                  SCN TIMESTAMP
--------------- -------------------- ---------- -------------------
DEMO            ADRESSEN                 216725 09.07.2010 15:02:04
DEMO            PERSONEN                 216732 09.07.2010 15:02:04
DEMO            STATUS                   216751 09.07.2010 15:02:04
DEMO            POSITIONEN               216735 09.07.2010 15:02:04
DEMO            AUFTRAEGE                216729 09.07.2010 15:02:04
DEMO            PRODUKTGRUPPEN           216745 09.07.2010 15:02:04
DEMO            TELEFONE                 216754 09.07.2010 15:02:04
DEMO            PRODUKTE                 216740 09.07.2010 15:02:04
DEMO            TYPEN                    216759 09.07.2010 15:02:04
```

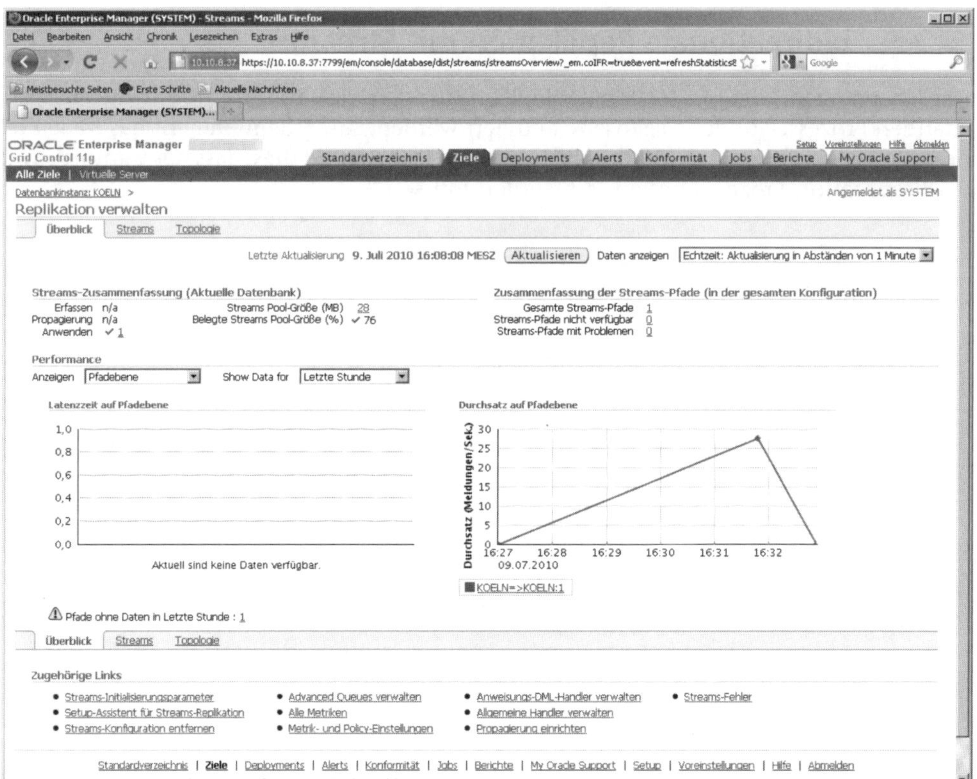

Abbildung 12.18: Streams Apply, Monitoring

Auf dem Zielsystem bildet hierzu die View dba_instantiated_objects das Pendant, in der in unserem Fall die gleichen Informationen stehen sollten.

```
SQL> SELECT source_database,
            source_object_owner,
            source_object_name,
            instantiation_scn
     FROM   dba_apply_instantiated_objects;

SOURCE_DATABASE      SOURCE_OBJECT_OWNER  SOURCE_OBJECT_N INSTANTIATION_SCN
-------------------- -------------------- --------------- -----------------
BERLIN               DEMO                 ADRESSEN                   227341
BERLIN               DEMO                 TYPEN                      227341
BERLIN               DEMO                 TELEFONE                   227341
BERLIN               DEMO                 STATUS                     227341
BERLIN               DEMO                 PRODUKTGRUPPEN             227341
BERLIN               DEMO                 PRODUKTE                   245773
BERLIN               DEMO                 POSITIONEN                 227341
BERLIN               DEMO                 PERSONEN                   227341
BERLIN               DEMO                 AUFTRAEGE                  227341
```

Zusätzlich gibt es auf dem Zielsystem die Möglichkeit, Fehlermeldungen aus der View dba_apply_error abzufragen. Dort ist z. B. aufgeführt, wenn für die Konfiguration keine Instantiation-SCN gesetzt worden ist. Der Apply-Prozess wird in diesem Fall abgebrochen.

12.7.6 Bidirektionale Replikation mit Streams

Der Übergang auf die bidirektionale Replikation ist trivial. Es müssen nur die entsprechenden Prozesse auf der Gegenseite aktiviert werden. Außerdem braucht das neue Ziel natürlich wieder eine Instantiation-SCN. Für KOELN bedeutet dies, dass der Capture- und der Propagation-Prozess konfiguriert werden müssen:

```
BEGIN
   dbms_streams_adm.add_schema_rules(
      schema_name      => 'DEMO',
      streams_type     => 'CAPTURE',
      streams_name     => 'STREAMSADMIN_CAPTURE',
      queue_name       => 'STREAMSADMIN.STREAMS_QUEUE',
      include_dml      => TRUE,
      include_ddl      => TRUE,
      source_database  => 'KOELN');
   COMMIT;
END;
/

BEGIN
   dbms_streams_adm.add_schema_propagation_rules(
      schema_name            => 'DEMO',
      streams_name           => 'STREAMSADMIN_PROPAGATE',
      source_queue_name      => 'STREAMSADMIN.STREAMS_QUEUE',
      destination_queue_name => 'STREAMSADMIN.STREAMS_QUEUE@BERLIN',
      include_dml            => TRUE,
      include_ddl            => TRUE,
      source_database        => 'KOELN');
   COMMIT;
```

```
END;
/

BEGIN
   dbms_capture_adm.start_capture(
       capture_name  => 'STREAMSADMIN_CAPTURE');
END;
/
```

Für BERLIN muss der Apply-Prozess konfiguriert und aktiviert werden. Außerdem muss die Instantiation-SCN gesetzt werden:

```
BEGIN
   dbms_streams_adm.add_schema_rules(
      schema_name        => 'DEMO',
      streams_type       => 'APPLY',
      streams_name       => 'STREAMSADMIN_APPLY',
      queue_name         => 'STREAMSADMIN.STREAMS_QUEUE',
      include_dml        => TRUE,
      include_ddl        => TRUE,
      source_database    => 'KOELN');
   COMMIT;
END;
/

DECLARE
    iscn NUMBER; -- Variable to hold instantiation SCN value
BEGIN
    iscn := dbms_flashback.get_system_change_number@KOELN;
    dbms_apply_adm.set_schema_instantiation_scn(
       source_schema_name   => 'DEMO',
       source_database_name => 'KOELN',
       instantiation_scn    => iscn,
       recursive            => TRUE);
   COMMIT;
END;
/

BEGIN
   dbms_apply_adm.start_apply(
      apply_name  => 'STREAMSADMIN_APPLY');
END;
/
```

Wenn der Fehler auftritt, dass die Instantation-SCN fehlt, muss eine neue Synchronisierung stattfinden. Sollten sich die Daten während dieser Zeit nicht geändert haben, können Sie jederzeit eine Instantiation-SCN, wie im obigen Beispiel, erzeugen.

Am einfachsten geschieht dies durch eine Prozedur, die über den Datenbank-Link als Remote Procedure Call die SCN ausliest und dann entsprechend für die Regel setzt. Wichtig ist hierbei die Angabe von `recursive => TRUE`, da standardmäßig die SCN für jede Tabelle einzeln gesetzt wird, selbst wenn man die Schema-Instantiation wählt.

Interessant ist die anschließende Topologie-Darstellung im Oracle Enterprise Manager (siehe Abbildung 12.19). Leider konnte die Darstellung im Bild nicht verkleinert werden. Diese Darstellung ist außerdem nur im Internet-Explorer und nicht mit Firefox möglich.

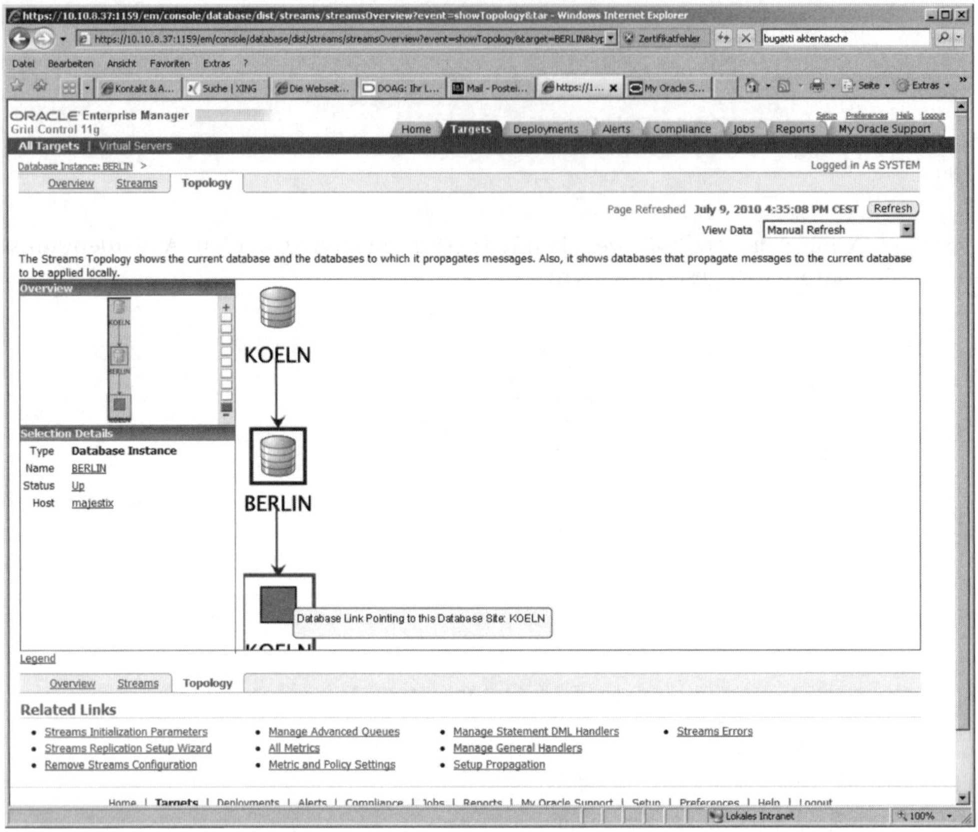

Abbildung 12.19: Streams-Topologie

Da es sich jetzt um eine Multi-Master-Replikation handelt, sollte – bevor die Anwendung tatsächlich in Betrieb geht – darüber nachgedacht werden, wie eine Konfliktlösung aussehen kann. Die Konflikterkennung erfolgt automatisch über den Streams-Prozess, die Konfliktlösung über spezielle Prozeduren des Packages `dbms_apply_adm`.

Dabei können unterschiedliche Verfahren, wie dedizierte Wertebereiche (z. B. eine Seite ungerade, die andere gerade Primärschlüssel), ein Super-Master (diese Seite hat immer Recht) und verschiedene andere Verfahren zum Einsatz kommen. Schwierig ist der immer wieder gerne verwendete Zeitstempel (also: der letzte Eintrag gewinnt), denn dafür müssen bei allen Tabellen zusätzliche Felder gepflegt werden. Dies stellt einen massiven Eingriff in das Datendesign dar und sollte daher mit Bedacht angewendet werden.

Die beste Lösung ist sicherlich, Konflikte generell zu vermeiden, d. h., zu einem Zeitpunkt greift die Anwendung immer nur auf eine der Datenbanken zu. Bevor Sie also zu einer derartigen bidirektionalen Lösung greifen, sollten Sie in jedem Fall das Ziel verfolgen, dass es keine Konflikte gibt.

12.8 Quest SharePlex for Oracle

Das Produkt Quest SharePlex stellt eine sehr interessante und leistungsstarke Software für Replikationen und Migrationen im Oracle-Umfeld dar. Technisch betrachtet handelt es sich bei Shareplex um eine Redolog-basierte Replikation, ähnlich wie Oracle Streams bzw. die Logical-Standby-Datenbank (siehe dort). Ansonsten gibt es aber wenig Gemeinsamkeiten, insbesondere da Shareplex eben ein vollkommen eigenständiges Produkt darstellt, das außer dem Lesen der Redologs und dem Applizieren von SQL-Kommandos auf der Zielseite unabhängig von der Datenbank arbeitet.

12.8.1 Architektur

Auf jedem Rechner, der als Quell- oder Zielrechner an der Replikation beteiligt ist, läuft die Shareplex-Software. Unterschiedliche Prozesse sind für das Auslesen der zu replizierenden Änderungen auf dem Quellsystem, den Transport auf das Zielsystem sowie das Applizieren von SQL-Kommandos dort zuständig. Diese Prozesse tauschen Daten entweder direkt über Shared Memory bzw. über TCP und UDP aus. Stauen sich größere Datenmengen auf, werden diese in Queues ausgelagert, die einfach Dateien darstellen (im Gegensatz zu Oracle Streams, wo die Queues als Datenbank-Tabellen implementiert sind, was einen deutlich größeren Overhead in Form von Transaktionsverwaltung, Rollback- und Redolog-Erzeugung etc. bedeutet). Auch der Datenaustausch über TCP und UDP ist effizienter als über TNS.

Folgende Prozesse sind (in zeitlicher Reihenfolge) an der Replikation eines Datensatzes beteiligt:

Capture: Liest aus den Redolog-Dateien (Online oder archivierte) Änderungen der zu replizierenden Objekte, und schreibt diese in die Capture-Queue. Die Daten anderer Objekte werden an dieser Stelle bereits aussortiert.

Reader: Liest die Daten aus der Capture-Queue, fügt Routing-Informationen für eine oder mehrere Zieldatenbanken hinzu und schreibt diese Daten in die Export-Queue. Bei älteren Datenbanken oder wenn kein Supplemental Logging für Primärschlüssel aktiviert ist, ermittelt er über die ROWID aus der Datenbank den Primary Key (oder einen Alternativ-Schlüssel) des Datensatzes.

Export: Liest die Daten aus der Export-Queue und schickt die Daten über das Netzwerk (TCP und UDP) auf das Zielsystem über einen beliebig zu konfigurierenden Port (standardmäßig 2100).

Import: Nimmt die Daten eines Export-Prozesses entgegen und baut damit die Post-Queue auf.

Post: Liest aus der Post-Queue, erstellt die SQL-Befehle und führt sie auf der Zieldatenbank aus. Für eine schnellere Verarbeitung ist ein Multithreading des Post-Prozesses möglich.

Wie in Abbildung 12.20 ersichtlich, laufen nicht alle Prozesse auf jeder Maschine. Capture, Reader und Export arbeiten auf der Quellmaschine, Import und Post auf der Zielmaschine. Befinden sich beide Datenbanken auf derselben Maschine, so entfallen Export- und Import-Prozess sowie die Export-Queue.

Capture- und Reader-Prozess verfügen über die bemerkenswerte Fähigkeit, auch Datensätze noch offener Transaktionen zu verarbeiten. Das bedeutet: noch bevor eine

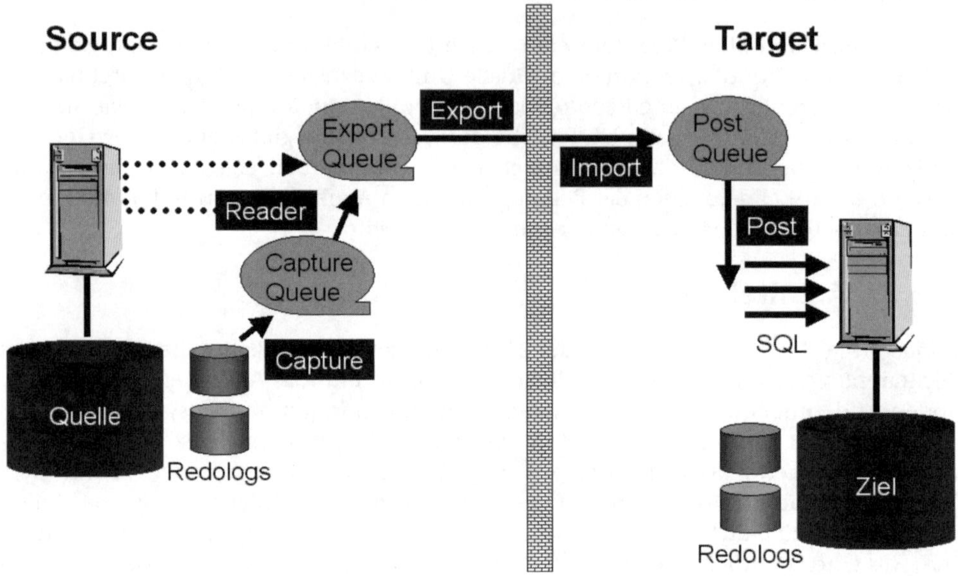

Abbildung 12.20: Quest Shareplex for Oracle

Transaktion abgeschlossen ist, werden die ersten Änderungen in die Zieldatenbank eingepflegt, ohne jedoch „Commited“ zu werden. Dies verschafft Shareplex einen Zeitvorteil insbesondere bei langen Transaktionen. Lediglich in dem (seltenen) Fall, dass eine Anwendung die meisten Transaktionen zurückrollt, kann dieses Verhalten nachteilig sein. In diesem Fall liegt aber ohnehin ein Designfehler der Anwendung vor, da die Oracle-Datenbank als Ganzes auf Commits optimiert ist.

12.8.2 Einsatzmöglichkeiten

Mit der beschriebenen Architektur lassen sich zahlreiche Replikations-Szenarien verwirklichen:

- Einfaches oder zentralisiertes Reporting: Eine oder mehrere Quelldatenbanken können in eine zentrale Zieldatenbank replizieren. Dabei nimmt der Import-Prozess Daten von einem oder mehreren Export-Prozessen auf unterschiedlichen Servern entgegen.
- Hochverfügbarkeit: Zwei aktive Datenbanken replizieren bidirektional. Da sich dabei Konflikte durch gleichzeitige Änderungen auf beiden Seiten ergeben können, ist es möglich, für die gesamte Umgebung oder für einzelne Objekte PL/SQL-Routinen für eine Konfliktlösung einzusetzen. Da die Datenbanken unabhängig voneinander betrieben werden können, ist auch ein Rolling-Upgrade im laufenden Betrieb möglich.
- Verteilung: Die Daten einer Quell-Datenbank werden aus Gründen der Lastverteilung und/oder besseren Zugreifbarkeit in mehrere Ziel-Datenbanken repliziert. Dabei schickt der Export-Prozess dieselben Daten an mehrere Import-Prozesse.

- Backup gegen Benutzerfehler oder Datenkorruptionen: Der Post-Prozess kann für ein zeitverzögertes Applizieren der SQL-Kommandos aus der Post-Queue konfiguriert werden. Damit ist ein Nachlaufen der Zieldatenbank um einen Zeitraum von bis zu fünf Tagen minutengenau möglich. Werden versehentlich Datensätze gelöscht oder verändert, kann man die Replikation bis kurz vor den kritischen Zeitpunkt vorspulen und hat damit auf der Zieldatenbank den Zustand vor dem Benutzerfehler zur Verfügung.
- Migrationen: Ähnlich wie beim Aufbau einer Hochverfügbarkeit, kann SharePlex auch für Migrationen verwendet werden. Durch die Unabhängigkeit der Systeme kann dabei neben dem Releasewechsel auch ein Plattformwechsel oder die Änderung des Zeichensatzes in der Datenbank erfolgen.

12.8.3 Was wird repliziert?

Über eine so genannte Konfigurationsdatei kann ausgewählt werden, welche Tabellen repliziert werden sollen. Dazu wird eine Positivliste aller zu replizierenden Tabellen erstellt (manuell oder per Skript). Ebenso ist es möglich, über Wildcard-Zeichen eine Gruppe von Objekten oder auch ein gesamtes Schema auszuwählen.

Standardmäßig werden dabei alle Spalten repliziert (auch solche, die nachträglich neu erstellt werden), aber auch hier sind Einschränkungen möglich.

Neben den Änderungen an Tabellen (DML) können auch DDL-Operationen repliziert werden. Hierfür gibt es eine Reihe von Optionen, um bestimmte Befehle zuzulassen oder bewusst zu ignorieren (z. B. ein `DROP TABLE`). Daneben ist SharePlex unabhängig von der verwendeten Oracle-Edition, kann also auch mit der Standard-Edition eingesetzt werden. Eine komplette Liste der unterstützten Datentypen und Befehle finden sich auf *support.quest.com* in den Release Notes.

SharePlex ist RAC-fähig, d. h., es kann die Daten aus den unterschiedlichen Redolog-Threads einer RAC-Datenbank lesen und auf der Zielseite in eine RAC- oder Single-Instance-Datenbank einpflegen.

12.8.4 Konfiguration von SharePlex

Das Aufsetzen einer SharePlex-Replikationsumgebung umfasst folgende Schritte:

1. Installation und Patching der Software. Dies geschieht auf Unix unter einem beliebigen OS-Benutzer, der Mitglied der OS-Gruppe dba sein muss. Zuvor müssen drei OS-Gruppen (`spadmin`, `spopr` und `spview`) für SharePlex angelegt worden sein. Durch Mitgliedschaft in einer dieser Gruppen kann einem OS-Benutzer die Autorisisierung für bestimmte Shareplex-Kommandos gegeben werden. Der Installationsbenutzer wird standardmäßig in die spadmin-Gruppe aufgenommen.
2. Anlegen eines Replikationsbenutzers in der Datenbank (üblicherweise ist dies ein Datenbankbenutzer namens `SPLEX`). Eine einmalige Anmeldung als Datenbankbenutzer `SYSTEM` ist hier notwendig, um dem Benutzer `SPLEX` die DBA-Rolle zuzuweisen.
3. Anlegen einer Konfigurationsdatei, die beschreibt, welche Objekte wohin repliziert werden sollen.

4. Aktivieren dieser Konfiguration und initiale Synchronisation von Quell- und Zieldatenbank.

Für die initiale Synchronisation gibt es eine Reihe von Möglichkeiten. In Abhängigkeit vom Gesamtumfang der zu replizierenden Objekte und der Möglichkeit, eine Auszeit für die Quelldatenbank zu bekommen, kann unter diesen Varianten ausgewählt werden:

- Hot Backup oder Klon der Datenbank mittels `RMAN DUPLICATE`-Kommando

  Diese Methode hat den Charme, dass sie für beliebig große Datenbanken ohne Auszeit und mit relativ geringem Aufwand durchgeführt werden kann. Quell- und Zieldatenbank müssen aber identische Datenbankversion und Plattform haben.

- Data Pump oder exp- und imp-Werkzeug

  Damit ist ebenfalls eine Synchronisation ohne Auszeit möglich, auch wenn Quell- und Zielseite unterschiedliche Datenbankversion, Plattform oder gar Zeichensatz haben. Allerdings ist der Zeitaufwand höher.

- Shareplex-interne Kommandos zur Synchronisation

  Auch diese benötigen keinerlei Auszeit, sind aber nur für kleinere Datenbanken, d. h. maximal einige 10 GB, sinnvoll.

- Transportable Tablespace

  Auf die Produktionsdatenbank angewendet, benötigt diese Synchronisationsmethode eine Auszeit. Hat man ohnehin eine Physical-Standby-Datenbank vorliegen oder baut eine solche vorher auf, kann man aus dieser einen Tablespace-Transport vornehmen, so dass keine Auszeit notwendig ist. Quell- und Zieldatenbank können auf unterschiedlichen Plattformen liegen.

Das Aktivieren einer Shareplex-Konfiguration sowie alle weiteren administrative Aktionen werden über die Shareplex-Kommandokonsole (`sp_ctrl`) ausgeführt.

Vor der Aktivierung müssen auf der Zieldatenbank Trigger deaktiviert werden, die Aktionen auf den zu replizierenden Tabellen ausführen, da die Triggeraktionen bereits von Shareplex repliziert werden und ansonsten doppelt auf der Zieldatenbank ankämen. Dasselbe gilt für Fremdschlüssel mit `ON DELETE CASCADE`-Option sowie für Datenbankjobs. Im Falle einer Multi-Master-Replikation können Trigger stattdessen auch mit einer WHEN-Klausel versehen werden, die für den Replikationsbenutzer SPLEX die Auslösung des Triggers unterbindet.

12.8.5 Migrationen mit SharePlex

Da mit SharePlex Replikationen in einem sehr heterogenen Umfeld möglich sind, bietet es sich auch für Migrationszwecke an. Einige herausragende Vorteile einer solchen Migration sollen hier kurz umrissen werden:

- Es sind plattformübergreifende Migrationen von Datenbanken auch im Terabyte-Bereich möglich.
- Auch Zeichensatzmigrationen, die mit Oracle-Bordmitteln nicht möglich sind, können durchgeführt werden, also beispielsweise von `WE8ISO8859P15` nach `AL32UTF8`.
- Mit der Migration kann gleich eine Reorganisation verbunden werden, wenn die Objekte auf der Zieldatenbank neu aufgebaut oder in andere Tablespaces verschoben

werden. Auf diesem Wege können auch gleich neue Oracle-Funktionen (automatische Segmentplatzverwaltung, Partitionierung, SecureFile LOBs etc.) genutzt werden.

- Da bei der Replikation auch Spalten, Tabellen oder Schemata umbenannt sowie Spalten weggelassen werden können, kann die Migration mit leichten Anpassungen des Datenmodells verbunden werden.
- Wird vor dem Anmelden der Applikationen an die neue Datenbank die Replikation in die Gegenrichtung gestartet, hat man jederzeit eine Fallback-Möglichkeit auf die alte Datenbank. Bereits durchgeführte Datenänderungen auf der neuen Datenbank gehen dabei nicht verloren.
- Das eigentliche Umschalten auf die neue Datenbank benötigt nur wenige Minuten Auszeit, um Trigger und triggerähnliche Objekte auf der Zieldatenbank zu reaktivieren, ggf. für Fallback-Zwecke die Replikation in die Gegenrichtung zu starten und die Anwendungen mit den neuen Connect-Daten wieder hochzufahren.

13 Betrieb großer Datenbanken

13.1 Wie groß ist groß?

Schon seit Langem gibt es in Datenbanktheorie und -praxis den Begriff der *Very Large Database (VLDB)*. Auch wenn man intuitiv erahnt, was damit gemeint ist, lohnt sich doch eine genauere Betrachtung dieses Begriffs.

Die naheliegende Abgrenzung – nämlich nach der Größe der Datenbank – greift zu kurz, denn zum einen verschiebt sich die Grenze zwischen „normal" und „groß" im Laufe der Zeit. Datenbanken in der Größenordnung einiger 100 GB, die vor zehn Jahren als groß galten, bilden heute zunehmend den Normalfall.

Zum anderen – und dies dürfte sogar der gewichtigere Grund sein – geht es beim Thema VLDB vor allem um Herausforderungen im Zusammenhang mit dem Betrieb solcher Datenbanken, deren Lösung spezieller Technologien bedarf. So stellt selbst eine riesige Datenbank keine Herausforderung dar, wenn – wie im Falle mancher Archivdatenbanken – sehr wenig Aktivität darauf stattfindet und Verfügbarkeit bzw. Business Continuity nicht kritisch sind.

Damit gelangt man automatisch zu einer genaueren Abgrenzung und Definition dessen, was unter dem Thema VLDB verstanden wird und somit Gegenstand dieses Kapitels sein soll: Es geht um Datenbanken, bei denen verschiedene operative Anforderungen – Größe, Transaktionsvolumen, Anzahl gleichzeitiger Benutzer, Komplexität der Abfragen, erwartete Antwortzeiten, Verfügbarkeit – so zusammenwirken, dass dies mit Standardtechniken nicht mehr gewährleistet werden kann.

Es geht also um fortgeschrittene Techniken, die eine solche Datenbank für den Administrator wieder handhabbar machen. Nicht verwunderlich ist es, dass diese Techniken zu einem großen Teil nur im Rahmen der Enterprise Edition verfügbar sind.

Dieses Kapitel liefert einen Überblick über Techniken, die – Stand heute – darunter fallen. Eine Schlüsselrolle kommt dabei dem Thema *„Partitionierung"* zu, das daher am Anfang steht und relativ ausführlich behandelt wird. Andere Themen wie beispielsweise *„materialisierte Views"* sind in Spezialfällen wie Data Warehouses relevant, können hier aber nur überblicksweise gezeigt werden

13.2 Partitionierung

Eine der wichtigsten Techniken für große Datenbanken ist die Partitionierung. Damit wird zum einen die Administration von großen Datenbanken vereinfacht und beherrschbar gemacht (Löschen, Hinzufügen, Verschieben oder Archivieren von Partitionen). Zum anderen werden dem Oracle-Optimizer weitere Möglichkeiten zur effizienten Abfrage-Bearbeitung an die Hand gegeben, z. B. Partition Pruning, partitionsweise Joins oder auch die Verwendung von Parallelisierung (siehe dazu auch Kapitel 13.3).

Partitionierung arbeitet auf Segmentebene, d. h., es werden Tabellen, Indizes, LOB-Segmente oder auch Materialized Views, die normalerweise ein einzelnes Segment darstellen, nach einer bestimmten Vorschrift in mehrere Segmente aufgeteilt, die *Partitionen* genannt werden. Diese Vorschrift, das *Partitionierungskriterium*, wird vom Administrator beim Anlegen der Tabelle vorgegeben. Neue Daten werden anschließend automatisch in die passende Partition einsortiert.

Partitionen sind physikalisch unabhängig, d. h., sie können in separaten Tablespaces mit unterschiedlichen Speicherparametern abgelegt und verwaltet werden. Aus Sicht der Anwendung sind alle Daten über den Namen der partitionierten Tabelle les- und schreibbar, der Optimizer dagegen kennt die physikalische Aufteilung der Tabelle und ist in der Lage, entsprechend optimierte Zugriffspfade zu generieren. Die zu einer partitionierten Tabelle gehörenden Indizes lassen sich ebenso partitionieren – wahlweise nach eigenständigen oder nach denselben Kriterien wie die Tabelle selbst.

Durch die Aufteilung der Daten in „kleinere" Partitionssegmente kann grundsätzlich eine bessere Verwaltbarkeit und ein effizienterer Aufbau der Indizes erreicht werden.

Die Optimierung von Zugriffen ist prinzipiell durch folgende Merkmale gegeben:

- Partitionen stellen eine im Vergleich zum übergeordneten logischen Objekt kleinere Einheit dar. Table-Scan-Operationen können – in Abhängigkeit von der betreffenden WHERE-Klausel – davon profitieren, indem sie bestimmte Partitionen operational ausklammern. Dies wird *Partition Pruning* genannt.
- Index-Bäume können – da sie partitionsspezifisch aufgebaut werden – flacher ausfallen, d. h., weniger Ebenen benötigen. Hierdurch kann der I/O-Aufwand bei den Zugriffen minimiert werden.
- Bestimmte Tabellenoperationen, wie z. B. Joins, lassen sich auf Joins zwischen korrespondierenden Partitionen reduzieren, sogenannte *partitionsweise Joins*. Diese Einzel-Joins können außerdem parallel ausgeführt werden, da sie auf physikalisch getrennten Daten operieren.

Vereinfachte und verkürzte Verwaltungsroutinen sind prinzipiell möglich, weil

- Partitionen einzeln hinzugefügt, gelöscht und aufgeteilt werden können,
- der Austausch der Daten zwischen Tabellen und Partitionen über sehr effiziente Switch-Operationen durchgeführt werden kann (`EXCHANGE PARTITION`-Kommando).

Diese Vorteile sind prinzipiell möglich. Ob sie jedoch konkret genutzt werden können, ist im Einzelfall durch eine sorgfältige Analyse zu ermitteln, bevor mit der Implementierung dieses Merkmals begonnen wird! Diese Analyse sollte die folgenden Kriterien berücksichtigen:

1. Die Priorisierung der Optimierungsziele: Wird mehr Wert auf eine effizientere Verwaltung oder auf die Optimierung der Zugriffe gelegt?
2. Die Größe der Objekte: Eine Tabelle mit wenigen Tausend Zeilen ist mit Sicherheit nicht für die Partitionierung geeignet, eine mit vielen Millionen Zeilen schon eher.
3. Die Art der Zugriffe: Indexzugriffe auf die betreffenden Objekte, die über die entsprechenden Satzadressen (Rowids) nur wenige Zeilen selektieren, wie sie im so genannten OLTP-Betrieb[1] typisch sind, profitieren in der Regel wenig oder gar nicht

1 OLTP steht für OnLine Transaction Processing und wird – im Gegensatz zum Batch-Betrieb – durch kleine Online-Transaktionen charakterisiert.

von einer Partitionierung. Batch-Zugriffe, die Scans auf große Bereiche der Tabellen durchführen, profitieren dagegen von den kompakteren Partitionsbereichen und eventuell auch von flacheren Indexstrukturen.

4. Die Art der Verwaltung bzw. die DML-Charakteristik: Rolling-Window-Anwendungen[2], die Daten periodisch löschen und hinzufügen, sind vor allem dann geeignete Kandidaten, wenn die Partitionierungskriterien der Tabellen sich mit den Löschzyklen direkt oder indirekt[3] synchronisieren lassen. Modifikationen der Partitionsstrukturen, wie z. B. das Löschen einer Partition, können dagegen die Reorganisation bestimmter Indizes notwendig machen und wirken aus diesem Grunde dem Ziel der Verwaltungsoptimierung entgegen.

Eine Partitionierung kann erst dann empfohlen werden, wenn alle zu einer Priorisierung passenden Kriterien erfüllt werden.

Für wirklich große Tabellen, d. h. Tabellen im zweistelligen Gigabyte-Bereich, sollte die Partitionierung auf jeden Fall in Erwägung gezogen werden.

Die Oracle-Datenbank bietet eine ganze Reihe unterschiedlicher Partitionierungarten. Optional können auch zwei Partitionierungsarten hierarchisch miteinander kombiniert werden, in diesem Fall spricht man von *Composite-Partitioning* oder *Sub-Partitioning*, da die einzelnen Partitionen wiederum nach einem anderen Kriterium unterpartitioniert werden. In der Praxis ist dies eher selten anzutreffen, bietet aber Freiraum für besonders große Datenbanken.

Die maximale Anzahl Partitionen pro Segment wird in den allermeisten Fällen nicht annähernd erreicht werden.[4] Eine sinnvolle Anzahl von Partitionen lässt sich nicht pauschal angeben, sondern sollte sich ganz natürlich daraus ergeben, dass einzelne Partitionen handhabbar bleiben müssen, also typischerweise nicht über den zweistelligen GB-Bereich hinauswachsen sollten. Daraus leitet sich auch unmittelbar die Granularität des Partitionierungskriteriums ab, also z. B. Partitionierung auf Wochen-, Monats-, Quartals- oder Jahresbasis.

Die Partitionierung wird immer aufgrund einer oder mehrerer Tabellenspalten vorgenommen, der sogenannten *Partitionierungsspalten*. Dabei sollte man darauf achten, nur solche Spalten zu verwenden, deren Inhalte nach dem initialen Einfügen eines Datensatzes unveränderlich oder zumindest selten veränderlich sind. Das nachträgliche Ändern einer solchen Spalte kann nämlich bewirken, dass der gesamte Datensatz nun einer anderen Partition zugeschlagen wird und somit physisch bewegt werden muss. Geschieht dies in großem Umfang, macht es einen wesentlichen Vorteil der Partitionierung, nämlich die Skalierbarkeit der Datenhaltung, zunichte.

Seit der Datenbankversion 11gR1 können auch die dort eingeführten *virtuellen Spalten* als Partitionierungsspalten genutzt werden. Dies ist besonders bequem, wenn sich das

---

2 Ein Rolling Window meint ein „Fenster" aktiv vorgehaltener Daten, z. B. Aufträge, die vom Tagesdatum aus zwei zurückliegende Jahre vorgehalten werden.

3 Direkte Synchronisierung: Das Partitionierungskriterium fällt mit der Einheit Zyklus zusammen, z. B. Monat, Quartal. Indirekte Synchronisierung: Die Einheiten fallen nicht zusammen, können aber zur Übereinstimmung gebracht werden, z. B. Tage gegenüber Monaten.

4 Seit der Datenbankversion 10gR2 kann ein Segment bis zu 1024K-1, also mehr als 1 Million Partitionen haben. In Versionen bis einschließlich 10gR1 lag diese Obergrenze bei 64K-1, also mehr als 65000 Partitionen pro Segment.

Partitionierungskriterium nicht direkt als Spalte, sondern z. B. als Teilstring einer Spalte oder durch funktionale Ausdrücke aus einer oder mehreren Spalten berechnen lässt.

Die grundlegenden Partitionierungsarten sind:

Nach Wertebereichen Dies ist die häufigste Variante in der Praxis und bietet sich insbesondere für Segmente an, in denen zeitbezogene Daten stehen. Beispielsweise könnte man aufbauend auf einer Auftragsdatum-Spalte eine Partition pro Woche, Monat, Quartal oder Jahr vorsehen. Diese Variante wird *Range-Partitioning* genannt. Seit der Datenbankversion 11g gibt es als Spezialfall hiervon noch das *Interval-Partitioning*, bei dem neue Partitionen bei Bedarf automatisch erstellt werden.

Nach einer Werteliste Dies bietet sich beispielweise für solche Daten an, die bestimmten Gebieten zugeordnet sind, z. B. kommt hierfür eine Bundesland- oder Region-Spalte in Betracht. Nicht empfehlenswert ist es in den meisten Fällen jedoch für Statusspalten, da diese sich nach dem initialen Einfügen des Datensätzes häufig noch mal ändern. Diese Technik läuft unter dem Namen *List-Partitioning*.

Nach einem Hash-Wert Das sogenannte *Hash-Partitioning* kommt zum Einsatz, wenn es auf den konkreten Wert der Partitionierungsspalte nicht ankommt, sondern einfach nur irgendwelche Partitionen geschaffen werden sollen. Partitioniert man zwei Tabellen derart anhand ihrer Join-Spalte (*Equi-Partitioning*), lässt sich dies vom Optimizer zwar nicht mehr mit Partition-Pruning, aber immer noch in Form eines partitionsweisen Joins ausnutzen. Diese Variante wird auch häufig für Sub-Partitionen eingesetzt, nachdem auf der oberen Ebene eine der anderen Partitionierungsarten zum Zuge gekommen ist.

Nach einer übergeordneten Tabelle Dies ist die logische Fortsetzung und Erweiterung des eben genannten Equi-Partitionings. Der Grund, weshalb dieses sogenannte *Reference-Partitioning* hier als eigenständige Variante auftritt, ist, dass damit nach Spalten partitioniert werden kann, die gar nicht in der betreffenden Tabelle vorkommen, sondern nur in einer per Fremdschlüssel übergeordneten Tabelle. So lässt sich beispielsweise eine Aufträgetabelle nach dem Bundesland des Kunden partitionieren, obwohl die Bundesland-Spalte in der Aufträge-Tabelle gar nicht vorkommt. Dies ist zum einen eine weitere Erleichterung für die Administration, zum anderen unterstützt es hervorragend partitionsweise Joins der betreffenden Tabellen.

Bei der Frage, welche Partitionierungsart man wählen und nach welchen Tabellenspalten partitionieren sollte, ist entscheidend, wie typischerweise auf die Daten zugegriffen wird. Nur wenn die Partitionierungsspalte in der WHERE-Klausel einer Abfrage vorkommt, kann der Oracle-Optimizer dies im Rahmen von Partition Pruning und partitionsweisen Joins ausnutzen, d. h., anstelle der gesamten Tabellen werden nur diejenigen Partitionen, im Extremfall nur eine einzige Partition, gelesen oder gejoint, die die infrage kommenden Datensätze enthalten.

Grundsätzlich gilt, dass nur beim Erstellen einer Tabelle entschieden werden kann, ob die Tabelle partitioniert sein soll oder nicht. Ein nachträgliches Hinzufügen, Entfernen, Splitten oder Verschmelzen von Partitionen einer bereits partitionierten Tabelle ist zwar problemlos möglich, nicht jedoch das Einführen einer Partitionierung für eine nichtpartitionierte Tabelle oder das Ändern der Partitionierungsart. Diese beiden Operationen bedeuten vielmehr einen kompletten Neuaufbau der Tabelle und sind mit einer Reorganisation der Tabelle vergleichbar und typischerweise mit denselben Mitteln realisierbar, beispielsweise mit dem PL/SQL-Paket `dbms_redefinition`.

Dies zeigt, dass Entscheidungen über das Ob und Wie einer Partitionierung sehr weitreichende und typischerweise nur selten und mit erheblichem Aufwand revidierbare Entscheidungen sind, die insofern erst nach einer eingehenden Analyse der Anforderungen umgesetzt werden sollten.

In den folgenden Abschnitten werden die verschiedenen Partitionierungsarten genauer beschrieben und mit entsprechenden Beispielen vorgestellt.

13.2.1 Range-Partitioning

Da Datenmengen meistens erst im Laufe der Zeit wachsen, enthalten große Datenmengen oftmals ein Datumsfeld. Wenn dieses überwiegend unveränderlich ist, eignet sich als Partitionierungsspalte. In einem Data Warehouse enthalten die Detaildaten (Faktentabellen) oftmals ein entsprechendes Datum. Es liegt nahe, diese Tabellen und zugehörige Indizes nach dem Datum zu partitionieren. Für die Auftragstabelle sieht das beispielsweise so aus, wenn das Auftragsdatum als Partitionsspalte verwendet wird:

```
SQL> CREATE TABLE auftraege_part
     (
       aufid         NUMBER(10) PRIMARY KEY,
       persid        NUMBER(10) REFERENCES personen (persid),
       aufdatum      DATE,
       lieferdatum   DATE,
       aufstatus     CHAR(1) REFERENCES status (statusid)
     )
     PARTITION BY RANGE (aufdatum)
     ( PARTITION q1_10 VALUES LESS THAN (to_date('01042010','DDMMYYYY'))
       TABLESPACE ts1,
       PARTITION q2_10 VALUES LESS THAN (to_date('01072010','DDMMYYYY'))
       TABLESPACE ts2,
       PARTITION q3_10 VALUES LESS THAN (to_date('01102010','DDMMYYYY'))
       TABLESPACE ts3,
       PARTITION q4_10 VALUES LESS THAN (to_date('01012011','DDMMYYYY'))
       TABLESPACE ts4,
       PARTITION q1_11 VALUES LESS THAN (MAXVALUE)
       TABLESPACE ts1
     );
```

Wie man sieht, werden die Partitionierungskriterien bei diesem Modell durch fest definierte Wertebereiche einer oder mehrerer Spalten vergeben. Für jede Partition wird über eine entsprechende Values-Klausel die entsprechende Obergrenze vorgegeben.

Auf diese Weise lässt sich auch von außen unmittelbar nachvollziehen, welche Daten in welcher Partition gespeichert sind. Gleichermaßen kann der Optimizer bei lesenden Bereichszugriffen bestimmte Partitionen „ausklammern“ und die Zugriffe auf einzelne Partitionen beschränken.

Einen zugehörigen äquipartitionierten Index auf dem Auftragsdatum würde man wie folgt erstellen:

```
SQL> CREATE INDEX auftraege_part_aufdatum
     ON auftraege_part (aufdatum)
     LOCAL
     ( PARTITION q1_10 TABLESPACE its1,
       PARTITION q2_10 TABLESPACE its2,
       PARTITION q3_10 TABLESPACE its3,
```

```
    PARTITION q4_10 TABLESPACE its4,
    PARTITION q1_11 TABLESPACE its1
  );
```

Der Vorteil bei der Abfragebearbeitung zeigt sich anhand der folgenden Abfrage mitsamt dem Ausführungsplan:

```
SQL> SELECT aufid,aufstatus
     FROM   auftraege_part
     WHERE  aufdatum BETWEEN TO_DATE('01.09.2010','DD.MM.YYYY')
                        AND TO_DATE('05.11.2010','DD.MM.YYYY');

-------------------------------------------------------------------------------
| Id  | Operation                       | Name                | Pstart| Pstop|
-------------------------------------------------------------------------------
|   0 | SELECT STATEMENT                |                     |       |      |
|   1 |  PARTITION RANGE ITERATOR       |                     |     3 |     4|
|   2 |   TABLE ACCESS BY LOCAL INDEX ROWID| AUFTRAEGE_PART   |     3 |     4|
|*  3 |    INDEX RANGE SCAN             | AUFTRAEGE_AUFDATUM  |     3 |     4|
-------------------------------------------------------------------------------
```

Wie man sieht, wird ausschließlich auf die Partitionen 3 und 4 zugegriffen. Dabei handelt es sich um das bereits erwähnte Partition-Pruning. Wichtig für die Realisierung dieses Vorteils ist, dass annäherungsweise eine Gleichverteilung der Daten über die Partitionen vorliegt.

Außerdem bietet diese Form der Partitionierung den Vorteil, dass alte Daten per DDL-Operation gelöscht oder archiviert werden können (DROP PARTITION bzw. EXCHANGE PARTITION). In diesem Zusammenhang wird immer wieder der Begriff *Rolling Window* genannt. Gemeint ist damit, dass sich das Zeitfenster für die Betrachtung verschiebt. Im obigen Beispiel könnte man auf die Idee kommen, das erste Quartal 2010 auszulagern (zum Beispiel auf ein Read-only-Medium) und ein neues Quartal für das Jahr 2011 hinzuzunehmen.

Achtung: Mit dem dafür vorgesehenen Befehl SPLIT PARTITION sollte man dennoch vorsichtig sein. Es liegt zunächst nahe zu sagen, dass alle Daten des Jahres 2011 zunächst in die Partition Q1_11 wandern. Am Ende des Quartals wird dann diese Partition gespalten (SPLIT PARTITION) und damit eine neue Partition Q2_11 angelegt. Dabei werden aber alle Daten der ursprünglichen Partition physisch bewegt, d. h., die Daten der kompletten Partitionen Q1_05 und Q2_05 werden neu eingepflegt, was durchaus einige Zeit dauern kann und entsprechende Undo- und Redolog-Information erzeugt.

Besser ist es daher, immer eine „Dummy"-Partition zu benutzen, um dann auf einer leeren Partition die entsprechende Spaltung auszuführen. Ein Beispiel verdeutlicht dies:

Angenommen, es ist Jahresende 2010 und es wird erwartet, dass die ersten Daten für das Jahr 2011 in die Aufträge-Tabelle eingegeben werden. Bereits jetzt ist es an der Zeit, eine neue Partition für das zweite Quartal 2011 aufzubauen:

```
SQL> ALTER TABLE auftraege_part
     SPLIT PARTITION q1_11
     AT (TO_DATE('01042011','DDMMYYYY'))
     INTO (PARTITION q1_11,PARTITION q2_11 TABLESPACE ts2);
```

Damit wird sichergestellt, dass nur wenige Daten verschoben werden müssen, allerdings auf Kosten einer zusätzlichen, immer leeren Partition.

Wenn Sie sicherstellen können, dass keine Daten in die jeweils letzte, mit MAXVALUE limitierte Partition eingegeben werden, können Sie natürlich auch ganz auf diese „Rest-Partition" verzichten und dann zu gegebener Zeit über den Befehl ADD PARTITION eine neue Partition anlegen:

```
SQL> ALTER TABLE auftraege_part
     ADD PARTITION q2_11
     VALUES LESS THAN (to_date('01072011','DDMMYYYY'))
     TABLESPACE ts2;
```

Dieser Befehl fügt eine Partition an der oberen Partitionsgrenze ein, kann also nicht genutzt werden, wenn eine Partition mit der Grenze MAXVALUE angelegt worden ist.

Spezialfall Interval-Partitioning

Das Erstellen neuer Range-Partitionen im Rahmen eines Rolling-Window-Szenarios kann seit der Datenbankversion 11g automatisiert werden. Dies ist sowohl für neue als auch für bereits vorhandene Range-partitionierte Tabellen möglich. Voraussetzung ist, dass die Tabelle nach einer einzigen Spalte vom Typ DATE oder NUMBER partitioniert ist.

In jedem Fall muss für die Tabelle mindestens eine Range-Partition angegeben werden bzw. vorhanden sein, dagegen darf es keine Partition mit „MAXVALUE" als Obergrenze geben. Die Partition mit der höchsten vorhandenen Partitionsgrenze wird als *Start-Partition* bezeichnet und bildet den Ausgangspunkt für automatisch erzeugte Partitionen. Mit der INTERVAL-Klausel legt man die geplante Partitionsbreite fest, also z. B. einen Monat oder ein Quartal. Die optionale STORE IN-Klausel regelt, in welchen Tablespaces neue Partitionen zu erstellen sind:[5]

```
SQL> CREATE TABLE auftraege_part
     (
       aufid         NUMBER(10) PRIMARY KEY,
       persid        NUMBER(10) REFERENCES personen (persid),
       aufdatum      DATE,
       lieferdatum   DATE,
       aufstatus     CHAR(1) REFERENCES status (statusid)
     )
     PARTITION BY RANGE (aufdatum)
     INTERVAL (NUMTOYMINTERVAL(3,'MONTH'))
     STORE IN (ts1,ts2)
     ( PARTITION q1_10 VALUES LESS THAN (to_date('01042010','DDMMYYYY'))
       TABLESPACE ts1,
       PARTITION q2_10 VALUES LESS THAN (to_date('01072010','DDMMYYYY'))
       TABLESPACE ts2
     );
```

Ist die Aufträge-Tabelle mit Range-Partitionierung bereits vorhanden, kann mit den folgenden zwei Kommandos dasselbe erreicht werden:

```
SQL> ALTER TABLE auftraege_part
     SET INTERVAL (NUMTOYMINTERVAL(3,'MONTH'));
```

5 Auch wenn die angegebenen Tablespaces zum Zeitpunkt der Tabellenerstellung noch nicht benötigt werden, müssen sie dennoch bereits existieren, damit es bei zukünftigen Partitionserstellungen keine Probleme gibt. Leider gibt es aber keinen Schutz gegen ein (versehentliches) Löschen eines leeren Tablespaces der für zukünftige Partitionen genutzt wird. Löscht man diesen Tablespace, wird erst später – beim ersten Versuch, eine entsprechende Zeile einzufügen – eine Fehlermeldung zurückgegeben, dass der Tablespace nicht existiert.

```
SQL> ALTER TABLE auftraege_part
     SET STORE IN (ts1,ts2);
```

Auf dieselbe Art und Weise lassen sich die Partitionsbreiten sowie die zu verwendenden Tablespaces anpassen. Allerdings ändert dies grundsätzlich nichts am Status quo, sondern wirkt sich ausschließlich auf zukünftige Partitionen aus.

Am folgenden Beispiel kann man sehen, wie sich Einfügungen neuer Daten, die nicht in die vorhandenen Partitionen fallen, auswirken. Nach jeder Einfügung wird mit der Abfrage

```
SQL> COLUMN pname FORMAT A8
SQL> COLUMN tname FORMAT A6
SQL> COLUMN interval FORMAT A8
SQL> SET LONG 30
SQL> SELECT partition_name AS pname, high_value, tablespace_name AS tname, interval
     FROM   user_tab_partitions
     WHERE  table_name = 'AUFTRAEGE_PART';
```

kontrolliert, welche Partitionen mit welchen Partitionsgrenzen angelegt wurden:

```
SQL> -- Partitions-Abfrage
PNAME    HIGH_VALUE                     TNAME  INTERVAL
-------- ------------------------------ ------ --------
Q1_10    TO_DATE(' 2010-04-01 00:00:00' TS1    NO
Q2_10    TO_DATE(' 2010-07-01 00:00:00' TS2    NO

SQL> INSERT INTO auftraege_part (aufid, aufdatum)
     VALUES (200001, TO_DATE ('01.07.2010', 'DD.MM.YYYY'));
SQL> -- Partitions-Abfrage
PNAME    HIGH_VALUE                     TNAME  INTERVAL
-------- ------------------------------ ------ --------
Q1_10    TO_DATE(' 2010-04-01 00:00:00' TS1    NO
Q2_10    TO_DATE(' 2010-07-01 00:00:00' TS2    NO
SYS_P501 TO_DATE(' 2010-10-01 00:00:00' TS1    YES

SQL> INSERT INTO auftraege_part (aufid, aufdatum)
     VALUES (200002, TO_DATE ('01.01.2011', 'DD.MM.YYYY'));
SQL> -- Partitions-Abfrage
PNAME    HIGH_VALUE                     TNAME  INTERVAL
-------- ------------------------------ ------ --------
Q1_10    TO_DATE(' 2010-04-01 00:00:00' TS1    NO
Q2_10    TO_DATE(' 2010-07-01 00:00:00' TS2    NO
SYS_P501 TO_DATE(' 2010-10-01 00:00:00' TS1    YES
SYS_P502 TO_DATE(' 2011-04-01 00:00:00' TS1    YES

SQL> INSERT INTO auftraege_part (aufid, aufdatum)
     VALUES (200003, TO_DATE ('01.10.2010', 'DD.MM.YYYY'));
SQL> -- Partitions-Abfrage
PNAME    HIGH_VALUE                     TNAME  INTERVAL
-------- ------------------------------ ------ --------
Q1_10    TO_DATE(' 2010-04-01 00:00:00' TS1    NO
Q2_10    TO_DATE(' 2010-07-01 00:00:00' TS2    NO
SYS_P501 TO_DATE(' 2010-10-01 00:00:00' TS1    YES
SYS_P503 TO_DATE(' 2011-01-01 00:00:00' TS2    YES
SYS_P502 TO_DATE(' 2011-04-01 00:00:00' TS1    YES
```

Wie man sieht, werden die Partitionen mit systemgenerierten Namen der Form SYS_Pnn versehen. Dieses Verhalten lässt sich auch nicht ändern, allenfalls ein nachträgliches Umbenennen der Partitionen ist möglich. Anhand der Spalte interval kann man manuell erstellte von automatisch erzeugten Partitionen unterscheiden.

Die automatisch erzeugte Partition bleibt in jedem Fall bestehen, auch wenn die auslösende DML-Operation zurückgerollt wird.

Wird – wie bei der zweiten Einfügung im obigen Beispiel – ein Datensatz angelegt, der jenseits der nächsten anzulegenden Partition liegt, legt die Datenbank nicht alle dazwischen liegenden Partitionen an, sondern stattdessen eine große (Multi-Intervall-)Partition. Bei Bedarf – beispielsweise bei der dritten Einfügung im obigen Beispiel – wird diese Partition nachträglich gesplittet. Dies läuft automatisch, ohne physisches Bewegen der Zeilen und ohne Invalidierung globaler Indizes, ab.

Wichtig: Mit Intervall-Partitionierung wird lediglich das Erstellen neuer Partitionen automatisiert. Alte Partitionen können hiermit nicht automatisch gelöscht werden, egal ob sie leer sind oder nicht. Das wäre sicherlich auch für die meisten praktischen Zwecke zu riskant. Das Löschen oder Archivieren alter Partitionen obliegt somit weiterhin dem Administrator oder einem von diesem explizit geschriebenen Job.

Ein manuelles Erstellen von Partitionen ist nicht möglich. Dagegen sind Split- und Merge-Operationen möglich sowie auch Löschungen von Partitionen – mit Ausnahme der Start-Partition.

Informationen über die Partitionsbreite erhält man über die View dba_part_tables. Die zu verwendenden Tablespaces lassen sich aber nur über die Data-Dictionary-Tabelle insert_tsn_list$ abfragen:

```
SQL> SELECT interval
     FROM   dba_part_tables
     WHERE  owner = 'DEMO'
     AND    table_name = 'AUFTRAEGE_PART';

INTERVAL
----------------------------------------
NUMTOYMINTERVAL(3,'MONTH')

SQL> SELECT tsn.position#, ts.name AS tablespace_name
     FROM   sys.insert_tsn_list$ tsn, v$tablespace ts, dba_objects o
     WHERE  tsn.ts# = ts.ts#
     AND    tsn.bo# = o.object_id
     AND    o.owner = 'DEMO'
     AND    o.object_name = 'AUFTRAEGE_PART'
     ORDER BY tsn.position#;

 POSITION# TABLESPACE_NAME
---------- ----------------
         1 TS1
         2 TS2
```

Möchte man die automatische Partitionserstellung wieder deaktivieren, kann die Tabelle wie folgt in eine normale Range-partitionierte Tabelle zurückverwandelt werden:

```
SQL> ALTER TABLE auftraege_part
     SET INTERVAL ();
```

13.2.2 List-Partitioning

Bei einer Range-Partition können immer nur Grenzwerte entlang eines geordneten Wertebereichs angegeben werden. Sind Informationen dagegen beispielsweise nach Gebieten oder sonstigen ungeordneten Wertelisten eingeteilt, die relativ unveränderlich sind und nach denen in Abfragen häufig eingeschränkt wird, macht eine Partitionierung nach diesem Kriterium Sinn. Oft lässt sich dies gut mit virtuellen Spalten kombinieren. So sähe eine mögliche Partitionierung der Produkte-Tabelle nach den ersten beiden Ziffern der Produktgruppen-ID wie folgt aus:

```
SQL> CREATE TABLE produkte_part
     (
       prodid       NUMBER(10) PRIMARY KEY,
       pgrid        NUMBER(10),
       produktname  VARCHAR2(255),
       preisek      NUMBER(10,2),
       preisvk      NUMBER(10,2),
       pgrid_2      VARCHAR2(2) AS (SUBSTR(TO_CHAR(pgrid),1,2))
     )
     PARTITION BY LIST (pgrid_2)
     ( PARTITION p1 VALUES ('17','18','19')
       TABLESPACE ts1,
       PARTITION p2 VALUES ('20','21','22','23')
       TABLESPACE ts2,
       PARTITION p3 VALUES ('24','25','26','27')
       TABLESPACE ts3,
       PARTITION p4 VALUES ('28','29')
       TABLESPACE ts4,
       PARTITION p5 VALUES ('30','31','32','33')
       TABLESPACE ts1,
       PARTITION p_rest VALUES (DEFAULT)
       TABLESPACE ts4
     );
```

Im Gegensatz zur Range-Partitionierung können keine Spaltenkombinationen, sondern nur eine einzige Spalte verwendet werden. Die letzte Partition bildet eine Rest-Partition und nimmt alle Datensätze mit nicht explizit aufgeführten Werten auf, entspricht also der MAXVALUE-Partition bei Range-Partitionierung. Es muss also bei List-Partitionen darauf geachtet werden, dass jeder Wert, der vorkommen kann, auch einer Partition zugewiesen wurde oder aber eine solche Rest-Partition vorhanden ist. Ansonsten erscheint beim entsprechenden DML-Kommando eine charakteristische Fehlermeldung:

```
ORA-14400: Eingefügter Partitionsschlüssel kann keiner Partition zugeordnet werden
```

Natürlich kann ein zusätzlicher Wert für eine Partition hinzugefügt werden. Im obigen Beispiel würde eine neue Produktgruppe, die mit den Ziffern „34" beginnt, so berücksichtigt werden:

```
SQL> ALTER TABLE produkte_part
     MODIFY PARTITION p5 ADD VALUES ('34');
```

Die Möglichkeit des Partition-Prunings ist genau wie beim Range-Partitioning gegeben, allerdings nur, wenn die Spalte oder der Definitionsausdruck der virtuellen Spalte in der Abfrage vorkommt. So wird im obigen Beispiel eine Filterbedingung anhand der virtuellen Spalte oder ihres Definitionsausdrucks vom Optimizer berücksichtigt, nicht aber eine Einschränkung aufgrund der Produktgruppen-ID alleine:

```
SQL> SELECT *
     FROM produkte_part
     WHERE SUBSTR(TO_CHAR(pgrid),1,2)='28'

--------------------------------------------------------------
| Id  | Operation               | Name           | Pstart| Pstop |
--------------------------------------------------------------
|   0 | SELECT STATEMENT        |                |       |       |
|   1 |  PARTITION LIST SINGLE|                |   KEY |   KEY |
|*  2 |   TABLE ACCESS FULL     | PRODUKTE_PART  |     4 |     4 |
--------------------------------------------------------------

SQL> SELECT *
     FROM produkte_part
     WHERE pgrid='2810';

-----------------------------------------------------------
| Id  | Operation           | Name           | Pstart| Pstop |
-----------------------------------------------------------
|   0 | SELECT STATEMENT    |                |       |       |
|   1 |  PARTITION LIST ALL|                |     1 |     6 |
|*  2 |   TABLE ACCESS FULL| PRODUKTE_PART  |     1 |     6 |
-----------------------------------------------------------
```

Auch hier gilt daher: Die typische Form der Abfrage entscheidet darüber, wie partitioniert werden sollte, um maximalen Nutzen aus der Partitionierung zu ziehen.

13.2.3 Hash-Partitioning

Lassen sich keine sinnvollen Wertelisten oder Wertebereiche für die Partitionierung finden, kann dennoch mithilfe von Hash-Werten einer Spalte partitioniert werden. Hierbei sollten immer zwei oder mehr Tabellen äquipartitioniert werden, und zwar auf ihren jeweiligen Join-Spalten. In der Praxis bedeutet dies, dass Hash-Partitionierung vor allem auf Fremdschlüsselspalten und den jeweils übergeordneten Primärschlüssel- oder Unique-Spalten eingesetzt wird. Damit lässt sich zwar kein Partition-Pruning realisieren, wohl aber partitionsweise Joins. Bei großen Tabellen stellt diese Möglichkeit für den Optimizer bereits einen erheblichen Vorteil dar.

Bei der Hash-Partitionierung übernimmt eine interne Hash-Funktion die Zuordnung einer Tabellenzeile zu einer Partition. Aufgrund der internen Hash-Funktion ist es von außen nicht absehbar, in welcher Partition ein vorgegebener Spaltenwert gespeichert wird. Daher wird hier normalerweise nur die Anzahl der gewünschten Partitionen vorgegeben. Daher hat auch das Löschen oder Archivieren einzelner Hash-Partitionen keinen Mehrwert.

Um eine möglichst homogene Verteilung der Datensätze auf die einzelnen Partitionen zu gewährleisten, ist es darüber hinaus empfehlenswert, Spalten mit möglichst hoher Selektivität – im Optimalfall eindeutige Werte – als Kriterium auszuwählen.

Im folgenden Beispiel sind die Personen- und die Aufträge-Tabelle jeweils per Hash-Wert über die Personen-ID partitioniert. Wie gesagt, lohnt sich eine explizite Namensgebung für Hash-Partitionen nicht, da ein direkter Bezug auf eine Hash-Partition keinen Mehrwert bietet. Vielmehr werden einfach jeweils 20 Partitionen erstellt, die rollierend über die Tablespaces `TS1`, `TS2`, `TS3` und `TS4` verteilt werden.

```
SQL> CREATE TABLE personen_part
     (
       persid       NUMBER(10) PRIMARY KEY,
       anrede       VARCHAR2(5),
       vorname      VARCHAR2(50),
       nachname     VARCHAR2(50),
       geburtstag   DATE,
       bild         BLOB
     )
     PARTITION BY HASH (persid)
     PARTITIONS 20 STORE IN (ts1,ts2,ts3,ts4);

SQL> CREATE TABLE auftraege_part
     (
       aufid         NUMBER(10) PRIMARY KEY,
       persid        NUMBER(10) REFERENCES personen_part (persid),
       aufdatum      DATE,
       lieferdatum   DATE,
       aufstatus     CHAR(1) REFERENCES status (statusid)
     )
     PARTITION BY HASH (persid)
     PARTITIONS 20 STORE IN (ts1,ts2,ts3,ts4);

SQL> CREATE INDEX auftraege_part_persid
     ON auftraege_part (persid)
     LOCAL;
```

Beim Join eines einzelnen Personen-Datensatzes an die zugehörigen Auftragsdaten muss nun nicht auf die komplette Tabelle, sondern lediglich auf die passende Aufträge-Partition bzw. auf den zugehörigen Index zugegriffen werden, im folgenden Beispiel ist dies Partition Nummer 7:

```
SQL> SELECT p.vorname, p.nachname, a.aufid, a.aufstatus
     FROM   personen_part p, auftraege_part a
     WHERE  p.persid = a.persid
     AND    p.persid = 100127;

-------------------------------------------------------------------------------
| Id  | Operation                          | Name                  | Pstart| Pstop |
-------------------------------------------------------------------------------
|   0 | SELECT STATEMENT                   |                       |       |       |
|   1 |  NESTED LOOPS                      |                       |       |       |
|   2 |   TABLE ACCESS BY GLOBAL INDEX ROWID| PERSONEN_PART        |     7 |     7 |
|*  3 |    INDEX UNIQUE SCAN               | SYS_C009627           |       |       |
|   4 |   PARTITION HASH SINGLE            |                       |     7 |     7 |
|   5 |    TABLE ACCESS BY LOCAL INDEX ROWID| AUFTRAEGE_PART       |     7 |     7 |
|*  6 |     INDEX RANGE SCAN               | AUFTRAEGE_PART_PERSID |     7 |     7 |
-------------------------------------------------------------------------------
```

Analog werden bei einem Join größerer Datenmengen, im Extremfall der beiden kompletten Tabellen, immer nur die jeweils passenden Partitionen miteinander gejoint, wie das folgende Beispiel zeigt:

```
SQL> SELECT p.vorname, p.nachname, a.aufid, a.aufstatus
     FROM   personen_part p, auftraege_part a
     WHERE  p.persid = a.persid;
```

```
-------------------------------------------------------------------------------------
| Id  | Operation                          | Name                   | Pstart| Pstop |
-------------------------------------------------------------------------------------
|   0 | SELECT STATEMENT                   |                        |       |       |
|   1 |  NESTED LOOPS                      |                        |       |       |
|   2 |   NESTED LOOPS                     |                        |       |       |
|   3 |    PARTITION HASH ALL              |                        |     1 |    20 |
|   4 |     TABLE ACCESS FULL              | PERSONEN_PART          |     1 |    20 |
|   5 |    PARTITION HASH ITERATOR         |                        |   KEY |   KEY |
|*  6 |     INDEX RANGE SCAN               | AUFTRAEGE_PART_PERSID  |   KEY |   KEY |
|   7 |   TABLE ACCESS BY LOCAL INDEX ROWID| AUFTRAEGE_PART         |     1 |     1 |
-------------------------------------------------------------------------------------
```

13.2.4 Reference-Partitioning

Die seit der Datenbankversioin 11gR1 verfügbare Reference-Partitionierung ermöglicht eine Äqui-Partitionierung abhängiger Tabellen. Sie baut also darauf auf, dass eine per Fremdschlüssel übergeordnete Tabelle bereits partitioniert ist, und nimmt auf diese Bezug. Beispielsweise würde es bei häufigen Joins zwischen der Aufträge- und der Positionen-Tabelle Sinn machen, beide mit deckungsgleichen Partitionen zu versehen. Bei der Definition muss der Name des Fremdschlüssel-Constraints angegeben werden, der die Beziehung zu der übergeordneten Tabelle herstellt:

```
SQL> CREATE TABLE auftraege_part
     (
       aufid         NUMBER(10) PRIMARY KEY,
       persid        NUMBER(10) REFERENCES personen (persid),
       aufdatum      DATE,
       lieferdatum   DATE,
       aufstatus     CHAR(1) REFERENCES status (statusid)
     )
     PARTITION BY RANGE (aufdatum)
     ( PARTITION q1_10 VALUES LESS THAN (to_date('01042010','DDMMYYYY'))
       TABLESPACE ts1,
       PARTITION q2_10 VALUES LESS THAN (to_date('01072010','DDMMYYYY'))
       TABLESPACE ts2,
       PARTITION q3_10 VALUES LESS THAN (to_date('01102010','DDMMYYYY'))
       TABLESPACE ts3,
       PARTITION q4_10 VALUES LESS THAN (to_date('01012011','DDMMYYYY'))
       TABLESPACE ts4,
       PARTITION q1_11 VALUES LESS THAN (MAXVALUE)
       TABLESPACE ts1
     );

SQL> CREATE TABLE positionen_part
     (
       aufid         NUMBER(10) NOT NULL,
       posid         NUMBER(10) NOT NULL,
       prodid        NUMBER(10) REFERENCES produkte (prodid),
       menge         NUMBER(10,2),
       einzelpreis   NUMBER(7,2),
       CONSTRAINT fk_positionen_part_auftraege FOREIGN KEY (aufid)
       REFERENCES auftraege_part (aufid)
     )
     PARTITION BY REFERENCE (fk_positionen_part_auftraege);
```

Grundsätzlich lässt die Oracle-Datenbank es zu, dass eine oder mehrere Fremdschlüsselspalten NULL-Werte aufnehmen können. Für die Nutzung im Rahmen von Reference-Partitioning ist dies aber nicht erlaubt. Vielmehr müssen alle betreffenden Fremdschlüsselspalten mit NOT NULL-Constraints versehen sein, ansonsten erhält man eine charakteristische, wenn auch nicht ganz sprechende Fehlermeldung:

```
ORA-14652: Referenz-Partitionierungs-Fremdschlüssel wird nicht unterstützt
```

Die Aufträge- und Positionen-Tabelle sind nun äqui-partitioniert nach dem Auftragsdatum, und das, obwohl das Auftragsdatum in der Positionen-Tabelle gar nicht vorkommt.

Jede Umpartitionierung (Hinzufügen, Löschen, Splitten oder Verschmelzen von Partitionen) auf der Aufträge-Tabelle vererbt sich automatisch auf die Positionen-Tabelle. Der Administrator muss also nicht mehr auf eine konsistente Partitionierung der beiden Tabellen achten. Die Partitionen der Positionen-Tabelle werden standardmäßig in demselben Tablespace wie die zugehörige Partition der Aufträge-Tabelle abgelegt. Ein eigenständiges Umpartitionieren der Positionen-Tabelle ist hingegen nicht mehr möglich.

Hätte man nun eine weitere Tabelle, die per Fremdschlüssel von der Positionen-Tabelle abhängt, könnte man diese selbst wiederum mit Reference-Partitioning versehen. Auch könnten weitere von der Aufträge-Tabelle genauso behandelt werden. Reference-Partitioning kann sich also beliebig breit und tief verzweigen. Umpartitionierungen der obersten Tabelle kaskadieren in diesem Falle auf alle direkt oder indirekt abhängigen Tabellen durch.

Wichtig: Mit den Datenbankversion 11gR1 und auch mit dem initialen Release der 11gR2 ist es leider nicht möglich, Reference-Partitioning zu nutzen, wenn die übergeordnete Tabelle intervallpartitioniert ist, also bei Bedarf automatisch neue Range-Partitionen erzeugt. Es bleibt zu hoffen, dass diese Einschränkung in zukünftigen Versionen aufgehoben wird, da diese Kombination natürlich sehr interessant wäre und den administrativen Aufwand auf ein Minimum reduzieren würde.

Das folgende Beispiel zeigt, wie die Äqui-Partitionierung der beiden Tabellen bei einem Join ausgenutzt werden kann. Die Einschränkung auf bestimmte Werte für das Auftragsdatum erlaubt dem Optimizer, sich auf die Partitionen 3 und 4 der Aufträgetabelle zu beschränken. Wegen der Reference-Partitionierung kann diese Einschränkung einfach auch für die Positionen-Tabelle übernommen werden:

```
SQL> SELECT *
     FROM   auftraege_part a, positionen_part p
     WHERE  a.aufid = p.aufid
     AND    a.aufdatum BETWEEN TO_DATE('01.09.2010','DD.MM.YYYY')
                       AND     TO_DATE('05.11.2010','DD.MM.YYYY');

---------------------------------------------------------------------
| Id  | Operation                | Name            | Pstart| Pstop |
---------------------------------------------------------------------
|   0 | SELECT STATEMENT         |                 |       |       |
|   1 |  PARTITION RANGE ITERATOR|                 |     3 |     4 |
|   2 |   NESTED LOOPS           |                 |       |       |
|*  3 |    TABLE ACCESS FULL     | AUFTRAEGE_PART  |     3 |     4 |
|*  4 |    TABLE ACCESS FULL     | POSITIONEN_PART |     3 |     4 |
---------------------------------------------------------------------
```

13.2.5 Subpartitionen

Aus den oben genannten Beispielen für die Vorteile von Partitionierungen wird deutlich, dass bei sehr großen Tabellen eine Verknüpfung zweier Partitionierungsarten Sinn macht.

Hierbei wird in erster Instanz eine Range- oder List-Partitionierung durchgeführt. Innerhalb jeder Partition werden dann in zweiter Instanz *Subpartitionen* nach der Range-, Hash- oder List-Methode angelegt. Jede Subpartition ist hierbei speichertechnisch unabhängig, d. h., sie kann mit eigenen Speicherparametern ausgestattet sein. Auch stehen entsprechende administrative Operationen wie das Hinzufügen, Löschen, Splitten, Verschmelzen oder physische Verschieben einzelner Subpartitionen zur Verfügung.

Alle vorgenannten Optimierungsmöglichkeiten bei der Abfragebearbeitung (Partition-Pruning und partitionsweise Joins, ggf. mit Parallelisierung) funktionieren genauso auch für Subpartitionen.

Ist beispielsweise die Personen-Tabelle auf Basis der Personen-ID hash-partitioniert, die Aufträge-Tabelle dagegen auf Quartalsbasis range-partitioniert, so sind beide Tabellen zunächst einmal – was die Kriterien ihrer Partitionierung betrifft – inkompatibel, der Optimizer kann also keine entsprechenden Techniken anwenden.

Werden nun für die Aufträge-Tabelle Subpartitionen auf Basis der in ihr ebenfalls enthaltenen Kundennummer angelegt, entstehen „kompatible Partitionen“, für die sich partitionsweise Joins durchführen lassen:

```
SQL> CREATE TABLE personen_part
     (
       persid      NUMBER(10) PRIMARY KEY,
       anrede      VARCHAR2(5),
       vorname     VARCHAR2(50),
       nachname    VARCHAR2(50),
       geburtstag  DATE,
       bild        BLOB
     )
     PARTITION BY HASH (persid)
     PARTITIONS 20 STORE IN (ts1,ts2,ts3,ts4);

SQL> CREATE TABLE auftraege_part
     (
       aufid        NUMBER(10) PRIMARY KEY,
       persid       NUMBER(10) REFERENCES personen_part (persid),
       aufdatum     DATE,
       lieferdatum  DATE,
       aufstatus    CHAR(1) REFERENCES status (statusid)
     )
     PARTITION BY RANGE (aufdatum)
     SUBPARTITION BY HASH (persid)
     SUBPARTITIONS 20 STORE IN (ts1,ts2,ts3,ts4)
     ( PARTITION q1_10 VALUES LESS THAN (to_date('01042010','DDMMYYYY'))
       TABLESPACE ts1,
       PARTITION q2_10 VALUES LESS THAN (to_date('01072010','DDMMYYYY'))
       TABLESPACE ts2,
       PARTITION q3_10 VALUES LESS THAN (to_date('01102010','DDMMYYYY'))
       TABLESPACE ts3,
       PARTITION q4_10 VALUES LESS THAN (to_date('01012011','DDMMYYYY'))
```

```
      TABLESPACE ts4,
      PARTITION q1_11 VALUES LESS THAN (MAXVALUE)
      TABLESPACE ts1
    );
```

Beim Join von Personendaten an die zugehörigen Auftragsdaten erkennt der Optimizer, dass er lediglich die passenden Hash-Partitionen der Personen-Tabelle – in diesem Falle die mit der Nummer 7 – mit den passenden Subpartitionen der fünf Partitionen der Aufträge-Tabelle joinen muss:

```
SQL> SELECT p.vorname, p.nachname, a.aufid, a.aufstatus
     FROM   personen_part p, auftraege_part a
     WHERE  p.persid = a.persid
     AND    p.persid = 100127;

------------------------------------------------------------------------------
| Id  | Operation                          | Name           | Pstart| Pstop |
------------------------------------------------------------------------------
|   0 | SELECT STATEMENT                   |                |       |       |
|   1 |  NESTED LOOPS                      |                |       |       |
|   2 |   TABLE ACCESS BY GLOBAL INDEX ROWID| PERSONEN_PART  |     7 |     7 |
|*  3 |    INDEX UNIQUE SCAN               | SYS_C009661    |       |       |
|   4 |   PARTITION RANGE ALL              |                |     1 |     5 |
|   5 |    PARTITION HASH SINGLE           |                |     7 |     7 |
|*  6 |     TABLE ACCESS FULL              | AUFTRAEGE_PART |       |       |
------------------------------------------------------------------------------
```

Achtung: Bis einschließlich der Datenbankversion 10gR2 kommen nur zwei Varianten für Subpartitionierung infrage, nämlich Range-Partitionen zusammen mit Hash- oder List-Subpartitionen. Erst ab der Version 11gR1 sind alle Kombinationen zwischen Range und List auf Partitionsebene sowie Range, Hash und List auf Subpartitionsebene möglich.

13.2.6 Partitionierte Indizes

Ebenso wie Tabellen können auch Indizes partitioniert werden. Es ist grundsätzlich möglich, partitionierte Indizes für partitionierte wie auch für nicht partitionierte Tabellen anzulegen. Ebenso ist es möglich, partitionierte Tabellen mit nicht partitionierten Indizes zu versehen. Mit bestimmten Einschränkungen[6] können sowohl B*- als auch Bitmap-Indizes für die Partitionierung verwendet werden.

Die Auswahl geeigneter Spalten, aber auch geeigneter Indextypen erfordert bei partitionierten Tabellen mindestens die gleiche Aufmerksamkeit wie bei nicht partitionierten.

Typen partitionierter Indizes

Bei partitionierten Indizes werden zwei Eigenschaftspaare unterschieden, die in allen Kombinationen miteinander auftreten können und jeweils spezifische Vor- und Nachteile aufweisen.

Das erste Eigenschaftspaar bezieht sich auf die Kriterien der Partitionierung. Es sind:

6 Nicht partitionierte Tabellen können nicht mit partitionierten Bitmap-Indizes versehen werden; Bitmap-Indizes auf partitionierten Tabellen müssen nach gleichen Kriterien wie die zugeordnete Tabelle partitioniert sein (Äqui-Partitionierung).

Lokale und *globale* Indizes: Ein Index ist *lokal*, wenn er dieselben Partitionierungskriterien – für Partitionen und Subpartitionen – wie die zugrunde liegende Tabelle aufweist (Äqui-Partitionierung). Es gibt also eine 1:1-Zuordnung zwischen Tabellen- und Indexpartitionen. Partitionsänderungen der Tabelle werden dann 1:1 auf den entsprechenden Index übertragen. Aus diesem Grunde wird ein lokaler Index bei allen Operationen auf der partitionierten Tabelle automatisch mitgeführt. Lokale Indizes eignen sich daher besonders für Rolling-Window-Szenarien.

Man spricht dagegen von einem *globalen* Index, wenn der Index eigene, von der zugrunde liegenden Tabelle unabhängige Partitionierungskriterien aufweist, im Extremfall überhaupt nicht partitioniert ist. Operationen auf den Partitionen der zugeordneten Tabelle können hier nicht direkt auf den Index übertragen werden. Das Löschen einer einzigen Tabellenpartition beispielsweise kann den gesamten globalen Index betreffen, Zugriffe auf eine Tabellenpartition können mehrere Indexpartitionen umfassen und umgekehrt. Unabhängig von der Partitionierung der zugrunde liegenden Tabelle können globale Indizes ausschließlich Range- oder Hash-partitioniert sein; List- oder Composite-Partitionierung sind dagegen nicht möglich.

Bei der Indexerstellung kann der gewünschte Typ mit den Schlüsselwörtern `LOCAL` bzw. `GLOBAL` angegeben werden.

Das zweite Eigenschaftspaar hat mit dem Verhältnis zwischen Indexspalten und Partitionsspalten zu tun. Es handelt sich um:

Prefixed und *non-prefixed* Indizes: Ein Index ist prefixed, wenn die für die Partitionierung des Index benutzten Spalten selbst auch indiziert sind und außerdem in der Liste der Indexspalten ganz vorne stehen.

Ein Index auf der Aufträgetabelle, der nach dem Auftragsdatum partitioniert ist, wäre beispielsweise genau dann prefixed, wenn er dieses Auftragsdatum als erste Indexspalte plus ggf. noch weitere Indexspalten aufweist. Non-prefixed wäre er dagegen, wenn das Auftragsdatum nicht an erster Position stünde oder gar nicht unter den Indexspalten wäre.

Alle prefixed Indizes können als Unique-Indizes definiert werden, insbesondere zur Sicherstellung von Unique- oder Primärschlüssel-Constraints. Hintergrund dafür ist, dass die Eindeutigkeit innerhalb der gesamten Tabelle dann einfach sichergestellt werden kann, indem die Eindeutigkeit pro Indexpartition überprüft wird.

Non-prefixed Indizes dagegen können nur dann als Unique-Index definiert werden, wenn jede Partitionsspalte auch Indexspalte ist (wenn auch nicht an vorderster Stelle, denn sonst wäre der Index ja prefixed). Auch in diesem Falle kann aus der Eindeutigkeit pro Indexpartition auf die Eindeutigkeit innerhalb der gesamten Tabelle geschlossen werden.

Benötigt man einen Unique-Index auf einer Spalte, die nicht Partitionsspalte ist, verbleibt also ein globaler Index als die einzige Möglichkeit.

Die oben genannten Eigenschaftspaare können nun in den folgenden drei Kombinationen auftreten und entsprechende Indizes definieren. Die spezifischen Vor- und Nachteile werden im Folgenden genauer erklärt. Bei den Beispielen wird jeweils vorausgesetzt, dass die Aufträge-Tabelle nach dem Auftragsdatum partitioniert ist:

Local prefixed Indizes bieten durch ihre Äqui-Partitionierung eine einfache Handhabung. Außerdem ist nach Umpartitionierungen (SPLIT, MOVE, DROP, TRUNCATE einer Partition) kein Neuaufbau des Index notwendig. Sie können immer auch als Unique-Index definiert werden. Außerdem kann der Optimizer ausnutzen, dass es eine 1:1-Zuordnung zwischen den Tabellen- und Indexpartitionen gibt.

Ein Beispiel für einen solchen Index lautet:

```
SQL> CREATE [UNIQUE] INDEX auftraege_part_datum_status
     ON auftraege_part (aufdatum, aufstatus)
     LOCAL;
```

Local non-prefixed Indizes sind ähnlich, können aber nur noch unter bestimmten Bedingungen als Unique-Index verwendet werden (siehe oben). Schlüsselwerte für eine Tabellenpartition können in mehreren Indexpartitionen vorkommen, daher hat der Optimizer hier weniger Möglichkeiten.

Zwei Beispiele für Local non-prefixed Indizes seien hier gegeben:

```
SQL> CREATE [UNIQUE] INDEX auftraege_part_status_datum
     ON auftraege_part (aufstatus, aufdatum)
     LOCAL;
SQL> CREATE INDEX auftraege_part_lieferdatum
     ON auftraege_part (lieferdatum)
     LOCAL;
```

Global prefixed Indizes haben den Vorteil, dass sie als Unique-Indizes verwendet werden können. Insbesondere werden sie häufig für Tabellen mit historischen oder Archivdaten benötigt, wenn einfach nach einem anderen Kriterium indiziert werden soll als nach dem Datum, das zumeist als Partitionierungsspalte auftritt. Sie erlauben allerdings ausschließlich eine Range- oder Hash-Partitionierung.

Bei Partitionsänderungen der Tabelle müssen sie neu aufgebaut werden, wofür im Allgemeinen die Klausel UPDATE GLOBAL INDEXES des ALTER TABLE-Kommandos verwendet werden sollte. Auch hier hat der Optimizer weniger Möglichkeiten, da Schlüsselwerte einer Indexpartition auf mehrere oder alle Tabellenpartitionen verweisen können.

Nichtpartitionierte Indizes sind immer auch global prefixed Indizes, egal welche Spalten indiziert sind. Beispielsweise unterstützt der folgende Index einen Primärschlüssel-Constraint:

```
SQL> CREATE UNIQUE INDEX pk_auftraege_part
     ON auftraege_part (aufid)
     GLOBAL;
```

Global non-prefixed Indizes werden von der Oracle-Datenbank nicht unterstützt.

Metadaten

Informationen zu partitionierten Indizes sind über die folgenden Views abrufbar:

- dba_indexes enthält allgemeine Informationen und globale Statistiken. Partitionierte Indizes findet man wie folgt:

```
SQL> SELECT *
     FROM   dba_indexes
     WHERE  partitioned = 'YES';
```

- `dba_part_indexes` enthält Informationen zum Typ der Partitionierung und des Index, die für alle Partitionen gültigen Speicherparameter sowie die Anzahl der Partitionen.
- `dba_ind_partitions` enthält Informationen zu den einzelnen Hauptpartitionen, d. h. Namen, Partitionierungskriterien, Speicherparameter und Optimizer-Statistiken.
- `user_ind_subpartitions` ist das Pendant für Subpartitionen.
- `user_ind_columns` enthält die Namen und Reihenfolge der Indexspalten für partitionierte wie auch für nicht partitionierte Indizes.

13.3 Parallelisierung

Die Datenbank bietet für eine Vielzahl von Operationen eine Parallelisierung an, insbesondere für:

- Abfragen, die *Full Table Scans, Full Partition Scans, Fast Full Index Scans, Index Full Scans* oder *Index Range Scans* durchführen. Dazu gehören auch Datenexporte mit dem Data-Pump-Export-Werkzeug;
- DML-Operationen, also Insert-, Update-, Merge- und Delete-Kommandos sowie Datenimporte mit dem Data-Pump-Import- sowie dem SQL*Loader-Werkzeug;
- bestimmte DDL-Operationen, beispielsweise Erstellung und Neuaufbau von Indizes, Erstellung und Überprüfung von Constraints sowie das Erstellung und die Initialbefüllung von Tabellen im Rahmen eines `CREATE TABLE AS SELECT`-Kommandos.

13.3.1 Wann macht Parallelisierung Sinn?

Genau hinschauen sollte man aber bei der Frage, wo eine Parallelisierung auch sinnvoll ist. In der Praxis finden sich immer wieder Fälle, wo aufgrund schlechter Performance der Datenbank jemand auf die Idee gekommen ist, Parallelisierung zu nutzen, weil sich Abfragen und andere Operationen damit ja anscheinend beschleunigen lassen.

War die Ursache der Performance-Probleme aber ein Ressourcenengpass auf dem Datenbankserver (CPU- bzw. Speicherknappheit oder ein begrenztes I/O-System), geht dieser Schuss mit großer Sicherheit nach hinten los. Die Performance wird mit Parallelisierung schlechter sein als zuvor. Auch auf den meisten OLTP-Systemen, wenn die Antwortzeiten von Abfragen im Sekunden- oder Sekundenbruchteil-Bereich liegen, ist Parallelisierung kontraproduktiv.

Dies liegt zum einen daran, dass Parallelisierung im Kontext der Oracle-Datenbank bedeutet: Ein SQL-Kommando, das normalerweise seriell – also in einem OS-Prozess auf einer CPU – abgearbeitet wird, verteilt sich nun auf mehrere Prozesse, die gleichzeitig auf mehreren CPUs arbeiten oder I/O durchführen können. Es werden also mehr Ressourcen eingesetzt, mit dem Ziel, schneller zum Ergebnis zu kommen. Das geht natürlich nur gut, wenn auf der Ressourcenseite noch freie Kapazitäten bestehen.

Zum anderen wird, auch wenn der Datenbankserver noch über freie Ressourcen verfügt, ein kurz laufendes SQL-Kommando nicht profitieren können, weil für die parallele Abarbeitung zunächst eine gewisse Infrastruktur in Form von Slave-Prozessen und bestimmten Memory-Strukturen aufgebaut werden muss, wodurch auch ein gewisser Overhead bei der Abarbeitung entsteht. Eine Daumenregel lautet daher, dass typischerweise erst bei Laufzeiten ab ca. zehn Sekunden positive Effekte durch Parallelisierung zu erwarten sind.

Aus diesen Gründen wird Parallelisierung für den regulären Betrieb vorwiegend in Data Warehouses, OLAP-Datenbanken bzw. Decision-Support-Systemen eingesetzt, also überall dort, wo lang laufende Abfragen an der Tagesordnung sind, weniger jedoch in OLTP-Datenbanken mit vielen kurz laufenden SQL-Befehlen.

Hingegen kann Parallelisierung in allen Datenbanken gewinnbringend für bestimmte administrative Operationen, wie z. B. den Aufbau oder Neuaufbau eines Indizes, die Aktivierung eines Constraints oder das Sammeln von Optimizer-Statistiken benutzt werden. In kontrolliertem Maße, d. h. ad-hoc für ein entsprechendes DDL-Kommando, eingesetzt, lassen sich so die Vorteile der Parallelisierung gezielt nutzen.

13.3.2 Wie funktioniert Parallelisierung?

Wie bereits erwähnt, bringt die Oracle-Datenbank eine dedizierte Infrastruktur für das Thema Parallelisierung mit. Der Hintergrundprozess, der normalerweise die Verbindung zum Client hält und die SQL-Befehle ausführt, schlüpft bei der parallelen Abarbeitung in die Rolle des sogenannten *Query Coordinator*. Wie der Name erahnen lässt, delegiert dieser die eigentliche Arbeit nun an andere spezialisierte Prozesse, sogenannte *Parallel Execution Slaves*, kurz: *PX-Slaves*.

Diese PX-Slaves gehören zur Oracle-Instanz und werden in einem Prozesspool, dem sogenannten *PX-Pool*, verwaltet. Eine wichtige Stelle, an der ein Administrator ansetzen kann, ist daher die Dimensionierung dieses Prozesspools. Hierzu gibt es zwei Serverparameter:

- `parallel_min_servers` gibt die Anzahl der PX-Slaves an, die unmittelbar beim Hochfahren der Oracle-Instanz gestartet werden und – unabhängig von der konkreten Nachfrage – immer gestartet bleiben. Der Standardwert ist 0, sprich es werden erst bei Bedarf PX-Slaves gestartet. In vielen Fällen ist diese Einstellung auch hinreichend. Zur Kontrolle und Entscheidungsfindung sollte man anhand eines snapshotbasierten Mechanismus – z. B. Statspack oder AWR – prüfen, wie viel Zeit die Instanz für das Wait-Event `os thread startup` benötigt. Wird eine erhebliche Zeit darauf verwendet, empfiehlt es sich, den Parameter heraufzusetzen.
- `parallel_max_servers` steht entsprechend für die maximale Anzahl gleichzeitig verfügbarer PX-Slaves. Der Standardwert ergibt sich aus verschiedenen anderen Serverparametern. Ein guter Anhaltspunkt für die Praxis ist etwa das Doppelte der Anzahl CPU-Kerne. Die Anzahl der CPU-Kerne kann bei Bedarf aus dem Serverparameter `cpu_count` abgelesen werden. Sollten allerdings CPU-Kerne mit Hyperthreading verwendet werden, ist der Faktor 2 darin gewissermaßen schon untergebracht, man sollte also dann keine Verdopplung mehr vornehmen.

  Eingestellt wird dies am besten indirekt über einen weiteren Serverparameter `parallel_threads_per_cpu`, der auf den meisten Betriebssystemen auch standardmäßig auf 2 gesetzt ist. Man kann sich hier durchaus an den Wortlaut der

Oracle-Dokumentation halten: Wenn die CPU-Last zu hoch wird, sollte man den Wert reduzieren. Ist das System dagegen eher I/O-beschränkt, kann man versuchen, den Wert zu erhöhen. Im Endeffekt hilft hier nur ausprobieren, um einen optimalen Wert für ein gegebenes Lastprofil zu finden.

Diesen Pool von Arbeitsprozessen in der Hinterhand, schauen wir uns nun an, wie ein SQL-Kommando parallelisiert wird. Dazu wird zunächst einmal geprüft, ob und inwieweit die Arbeit überhaupt parallelisiert werden kann. Grundsätzlich werden dabei die Segmente, also die Tabellen, Indizes etc., auf die zugegriffen wird, in kleine Häppchen unterteilt, die sogenannten *Granulen*. Dafür gibt es zwei Möglichkeiten:

1. Ist das betreffende Objekt partitioniert, können die einzelnen Partitionen als Granulen betrachtet werden, sogenannte *Partitions-Granulen*. Die Parallelisierung verteilt die Arbeit also auf Basis einzelner Partitionen bzw. Subpartitionen an die PX-Slaves.

   In der Praxis funktioniert dies aber nur dann gut, wenn die Daten auch annähernd gleichverteilt über die Partitionen sind. Ansonsten hängt die Bearbeitungszeit vor allem von der größten Partition ab, während die anderen PX-Slaves schon fertig und untätig sind. Dies ist ein weiterer Grund, bei Benutzung von Partitionen auf etwa gleichmäßig gefüllte Partitionen zu achten.

2. Ist das betreffende Objekt nicht partitioniert, werden stattdessen sogenannte *Block Ranges* gebildet, d. h., intern werden hintereinander liegende Teilmengen des Segments definiert und als *Granulen* genutzt, sogenannte *Block-Range-Granulen*. In diesem Fall werden die Daten garantiert gleichmäßig auf die PX-Slaves verteilt.

Der Parallelisierungsgrad (DOP)

Der entscheidende Begriff für die Funktionsweise der Parallelisierung ist der sogenannte *Parallelisierungsgrad*, der häufig auch *DOP (Degree of Parallelism)* genannt wird. Der DOP gibt an, wie viele PX-Slaves angefordert werden. Diese Anforderung bezieht sich nicht – wie man zunächst erwarten würde – auf das komplette SQL-Kommando, sondern auf einzelne Stufen der SQL-Ausführung, sprich auf Schritte im Ausführungsplan.

Die ersten Schritte bei einem Ausführungsplan sind immer Zugriffe auf Tabellen oder Indizes, daher ist es logisch, dass hier die Parallelisierung beginnt. Der Parallelisierungsgrad für den Zugriff auf eine Tabelle oder einen Index gehört zu den Eigenschaften dieses Objekts und kann bei der Erstellung gesetzt oder nachträglich geändert werden:

```
SQL> CREATE TABLE personen (...) PARALLEL 2;
SQL> ALTER TABLE personen PARALLEL 4;
SQL> ALTER TABLE auftraege PARALLEL 4;
SQL> ALTER INDEX pk_auftraege PARALLEL 4;
SQL> ALTER INDEX pk_auftraege NOPARALLEL;
```

Die Klausel `NOPARALLEL` entspricht der Klausel `PARALLEL 1`, bestimmt also einen seriellen Zugriff auf die Tabelle. Dies ist auch die Standardeinstellung, wenn keine entsprechende Klausel angegeben ist.

Die obigen Einstellungen bedeuten also: Wenn der Optimizer versucht, einen Ausführungsplan mit Parallelisierung zu finden, dann werden alle Ausführungsplan-Schritte, wo in Massenverarbeitung auf die entsprechenden Tabellen oder Indizes zugegriffen wird, mit dem angegebenen DOP parallelisiert. Als Massenverarbeitung gelten

- Full Table Scans oder Full Partition Scans,

- Fast Full Index Scans, Index Full Scans und Index Range Scans.

Für alle anderen Zugriffe, beispielsweise Index Unique Scans oder Table Access by Index Rowid, würde Parallelisierung auch keinen Sinn machen, da nur ein einziger Datensatz bearbeitet wird.

Achtung: Es sollte für jede Tabelle und für jeden Index entweder gar keine Parallelisierung oder ein konkreter DOP angegeben werden! Die ebenfalls mögliche Syntax:

```
SQL> ALTER TABLE auftraege PARALLEL;
SQL> ALTER INDEX pk_auftraege PARALLEL;
```

setzt als DOP pauschal das Produkt aus den Serverparametern `cpu_count` und `parallel_threads_per_cpu` ein, also sinngemäß die Höchstzahl verfügbarer PX-Slaves. Für einen einzelnen Tabellen- oder Indexzugriff ist dieser Wert in den allermeisten Fällen viel zu hoch.

Tauchen in einem SQL-Kommando Tabellen oder Indizes mit unterschiedlichen DOPs auf, so ergibt sich der DOP für das SQL-Kommando als Maximum dieser Einzel-DOPs.

Alle nachgeordneten Schritte des Ausführungsplans, die ebenfalls Massenverarbeitungen darstellen, also z. B. Joins, Sortierungen, Aggregationen oder Mengenoperationen wie `UNION` und `INTERSECT`, laufen mit demselben DOP wie die jeweils vorgelagerten Schritte.

In diesem Kontext sind die Begriffe *Producer* und *Consumer* wichtig: Während Tabellen- und Indexzugriffe immer Producer darstellen, sind die nachgelagerten Schritte wie Joins oder Sortierungen zunächst einmal Consumer, die die Daten weiterverarbeiten und ihrerseits als Producer des nächsten Verarbeitungsschrittes – z. B. eines weiteren Joins – auftreten.

Die Oracle-Instanz geht dabei so vor, dass ein Producer- und der unmittelbar folgende Consumer-Schritt gleichzeitig laufen können, wobei die Daten wie in einer Pipe direkt weitergereicht werden. Der oben genannte DOP bezieht sich aber immer auf einen Ausführungsplan-Schritt und damit auf die sogenannte *Intra-Operationsparallelisierung*. Dieser etwas sperrige Begriff meint einfach die Parallelisierung innerhalb einer Operation, also eines Ausführungsplan-Schrittes.

Da wie gesagt zu einem gegebenen Zeitpunkt maximal ein Producer und ein Consumer, also zwei Operationen, gleichzeitig laufen können, kann die Anzahl der PX-Slaves auch das Doppelte des DOP betragen. In diesem Fall spricht man von *Inter-Operationsparallelisierung*.

Es gibt verschiedene Methoden, wie die einzelnen Arbeitshäppchen von den Producern an die Consumer weitergegeben werden können. Aus den Ausführungsplänen kann dies auch abgelesen werden, würde hier aber zu weit führen. Wichtig zu wissen ist noch, dass natürlich irgendwann, spätestens beim letzten Schritt des Ausführungsplans, eine Serialisierung stattfindet, die Teilergebnisse der PX-Slaves also zu einem Gesamtergebnis vermengt werden.

Wie man sieht, determiniert der höchste DOP einer Tabelle bzw. eines Indizes als Initial-Parallelisierungsgrad vollständig die weitere Parallelisierung der gesamten Abfrage. Daher kann er auch pro SQL-Kommando mithilfe von Optimizer-Hints übersteuert werden, z. B.:

```
-- Paralleler Table-Scan mit DOP 2
SQL> SELECT /*+ parallel(a 2) */ COUNT (*)
     FROM   demo.auftraege_part a;

-- Serieller Table-Scan
SQL> SELECT /*+ no_parallel(a) */ COUNT (*)
     FROM   demo.auftraege_part a;

-- Paralleler Index-Scan mit DOP 2
SQL> SELECT /*+ index_ffs(a) parallel_index(a 2) */ COUNT (*)
     FROM   demo.auftraege_part a;

-- Serieller Index-Scan
SQL> SELECT /*+ index_ffs(a) no_parallel_index(a) */ COUNT (*)
     FROM   demo.auftraege_part a;
```

Wichtig: Der PARALLEL-Hint gibt lediglich den DOP für eine Tabelle oder einen Index vor. Wenn der Optimizer einen seriellen Ausführungsplan für günstiger hält, kann also trotz PARALLEL-Hint eine serielle Ausführung stattfinden.

Eine Definition des DOP auf Tabellen- oder Indexebene macht hauptsächlich für solche Datenbanken Sinn, in denen viel mit Parallelisierung gearbeitet wird, also wie oben erwähnt für Data Warehouses und andere OLAP-lastige Systeme. Auf OLTP-orientierten Datenbanken, wo nur einige spezifische Abfragen laufen, die von Parallelisierung profitieren, solltn dieser besser ad hoc, also über Optimizer-Hints, parallelisiert werden.

DOP-Downgrading

Aus dem bisher Gesagten geht hervor, dass der Query Coordinator für die parallele Ausführung eines SQL-Kommandos eine bestimmte Anzahl PX-Slaves anfordert, nämlich entweder DOP (bei Intra-Operationsparallelisierung) oder das Doppelte davon (bei Inter-Operationsparallelisierung).

Da der PX-Pool nach oben hin durch den Serverparameter `parallel_max_servers` begrenzt ist, kann diese Anforderung nicht immer erfüllt werden. Stehen im PX-Pool nicht mehr genügend PX-Slaves zur Verfügung, so hängt das weitere Verhalten wiederum von einem Serverparameter ab, nämlich `parallel_min_percent`. Dieser Parameter bildet einen Prozentwert ab, so dass drei Fälle unterschieden werden können:

- `parallel_min_percent=0`: Es werden so viele PX-Slaves zur Verfügung gestellt, wie der PX-Pool hergibt. Der DOP kann also beliebig weit reduziert werden, im Extremfall – wenn der PX-Pool bereits erschöpft war – findet eine serielle Abarbeitung statt. Dies wird als *DOP-Downgrading* bezeichnet.
- `parallel_min_percent=100`: Wenn der PX-Pool die angeforderte Anzahl PX-Slaves nicht liefern kann, bricht das SQL-Kommando mit einer spezifischen Fehlermeldung ab:

  ```
  ORA-12827: nicht genügend parallele Unterprozesse
  ```
- `parallel_min_percent` zwischen 1 und 99: Wenn der PX-Pool nicht zumindest die angegebene Prozentzahl der angeforderten Anzahl PX-Slaves liefern kann, bricht das SQL-Kommando mit derselben Fehlermeldung wie oben ab. Ansonsten wird ein entsprechendes DOP-Downgrading durchgeführt.

Wenn der Datenbankserver noch über CPU-, Memory- und I/O-Ressourcen verfügt und viele DOP-Downgradings stattfinden, sollte man eine Vergrößerung des PX-Pools, sprich eine Erhöhung des Serverparameters `parallel_max_servers`, in Betracht ziehen. Die Anzahl der DOP-Downgrades lässt sich als Systemstatistik auslesen:

```
SQL> SELECT name, value
     FROM   v$sysstat
     WHERE  name LIKE 'Parallel operations%';

NAME                                                 VALUE
---------------------------------------------------- ------
Parallel operations not downgraded                      108
Parallel operations downgraded to serial                  0
Parallel operations downgraded 75 to 99 pct               0
Parallel operations downgraded 50 to 75 pct               4
Parallel operations downgraded 25 to 50 pct               0
Parallel operations downgraded 1 to 25 pct               16
```

Achtung: Ein weiterer Serverparameter namens `parallel_adaptive_multi_user` führt dazu, dass der angeforderte DOP von vornherein mittels Reduktionsfaktoren verringert wird. In den meisten Fällen ist diese „Dämpfung" aber zu stark und führt dazu, dass der PX-Pool nicht ausgelastet wird. Wir empfehlen daher, diesen standardmäßig aktivierten Parameter zu deaktivieren.

13.3.3 Parallele DML-Kommandos

Neben den bereits erwähnten Serverparametern und DOP-Einstellungen ist noch wichtig zu wissen, dass Parallelisierung auf Session-Ebene ein- und ausgeschaltet werden kann. Etwas verwirrend ist dabei am Anfang, dass Parallelisierung standardmäßig für Abfragen und für DDL-Kommandos aktiviert, für DML-Kommandos jedoch deaktiviert ist.

Möchte man also Massen-DMLs parallelisieren, muss dies zuvor auf Session-Ebene ermöglicht werden:

```
SQL> ALTER SESSION ENABLE PARALLEL DML;
```

Im Gegensatz zu Abfragen, wo auch mittels Optimizer-Hints eine Parallelisierung ermöglicht werden kann, ist dies bei DML-Kommandos nicht möglich. Das obige SQL-Kommando ist also tatsächlich zwingende Voraussetzung für parallele DML-Befehle.

Analog können auch parallele Queries und parallele DDLs deaktiviert und wieder aktiviert werden, in der Praxis ist das aber kaum relevant. Ob für die eigene Session die entsprechenden Parallelisierungsfähigkeiten aktiv sind, lässt sich wie folgt klären:

```
SQL> SELECT pq_status, pdml_status, pddl_status
     FROM   v$session
     WHERE  sid = SYS_CONTEXT('USERENV','SID');

PQ_STATUS PDML_STATUS PDDL_STATUS
--------- ----------- -----------
ENABLED   DISABLED    ENABLED
```

Außerdem sind parallele Inserts ausschließlich im Rahmen von sogenannten *Direct-Path-Inserts* möglich, also

- mithilfe des SQL*Loader-Werkzeugs, wobei die Parameter `DIRECT=TRUE` und `PARALLEL=true` gesetzt sein müssen,
- bei Benutzung des Data-Pump-Import-Werkzeugs, wobei der Parameter `PARALLEL` auf den gewünschten DOP gesetzt wird, oder
- mit einem SQL-Befehl unter Verwendung der Optimizer-Hints `APPEND` und `PARALLEL`, beispielsweise:

```
SQL> INSERT /*+ APPEND PARALLEL(a 4) */ INTO auftraege a
     SELECT * FROM neue_auftraege;
```

13.3.4 Parallelisierung von Wartungsaufgaben

Wie zu Beginn dieses Abschnitts beschrieben, ist Parallelisierung für bestimmte Wartungsaufgaben in jedem Falle interessant und kann hierfür auch zielgerichtet eingesetzt werden. In diesen Bereich fallen:

- der Aufbau und Neuaufbau (*„Rebuild"*) von Indizes
- das Erstellen und Initialbefüllen einer Tabelle mithilfe eines `CREATE TABLE AS SELECT`-Kommandos (CTAS)
- die Erstellung von Optimizer-Statistiken
- das Erstellen und Validieren bestimmter Constraints

Wichtig: Abgesehen von der Erstellung von Optimizer-Statistiken wird in allen folgenden Beispielen mit der `PARALLEL`-Klausel ein DOP gesetzt und unmittelbar genutzt. Dieser DOP bleibt aber auch nach Abschluss des DDL-Kommandos bestehen und würde somit in Zukunft auch für Abfragen und ggf. für DML-Kommandos wirksam werden. Um diesen zumeist unerwünschten Seiteneffekt zu vermeiden, ist es entscheidend wichtig, nach Abschluss des DDL-Kommandos den DOP wieder zurückzusetzen, z. B.:

```
SQL> ALTER TABLE auftraege NOPARALLEL;
SQL> ALTER INDEX auftraege_aufdatum NOPARALLEL;
```

Damit man dies keinesfalls vergisst, ist das Entsprechende in den folgenden Beispielen immer mit integriert.

Paralleler Indexaufbau

Am einfachsten liegt der Fall beim Erstellen und Neuaufbauen von Indizes. Ein entsprechender DOP kann einfach wie folgt angegeben werden und wirkt sich direkt auf das DDL-Kommando aus:

```
SQL> CREATE INDEX auftraege_aufdatum
     ON auftraege (aufdatum) PARALLEL 4;
SQL> ALTER INDEX auftraege_aufdatum NOPARALLEL | PARALLEL <alter Wert>;

SQL> ALTER INDEX auftraege_aufdatum REBUILD PARALLEL 4;
SQL> ALTER INDEX auftraege_aufdatum NOPARALLEL | PARALLEL <alter Wert>;
```

In beiden Fällen findet eine Inter-Operationsparallelisierung statt, d. h., das für den Indexaufbau benötigte Lesen aus der Tabelle sowie das Sortieren der gelesenen Daten finden parallel statt, wobei jeweils vier PX-Slaves angefordert werden. Insgesamt sind also acht PX-Slaves gleichzeitig mit dem Indexaufbau beschäftigt.

Paralleles CTAS

Ebenfalls sehr naheliegend ist die Parallelisierung eines CTAS-Kommandos. Dabei wird ein DOP für die zu erstellende Tabelle angegeben:

```
SQL> CREATE TABLE auftraege_kopie PARALLEL 4 AS
     SELECT /*+ parallel(a 4) */ *
     FROM auftraege a;
SQL> ALTER TABLE auftraege_kopie NOPARALLEL | PARALLEL <alter Wert>;
```

Das Beispiel zeigt die Variante mit Inter-Operationsparallelisierung, d. h., für das Lesen aus der Aufträge-Tabelle und das Schreiben in die Tabellenkopie werden je vier PX-Slaves gestartet. Dies wird aber erst durch den zusätzlichen Optimizer-Hint beim SELECT-Kommando erzwungen. Ansonsten würde die Aufträge-Tabelle gemäß ihres eigenen DOP gelesen, unter Umständen also seriell.

Parallele Erstellung von Optimizer-Statistiken

Das Erstellen und Pflegen von Optimizer-Statistiken besteht im Wesentlichen aus dem kompletten Lesen der zugrunde liegenden Tabellen und Indizes. Daher lässt sich hier nur mit Intra-Operationsparallelisierung arbeiten. Der DOP wird über den Parameter degree mitgegeben, der in diversen Prozeduren des einschlägigen PL/SQL-Packages DBMS_STATS vorkommt, z. B.:

```
SQL> BEGIN
       SYS.DBMS_STATS.GATHER_DATABASE_STATS (
          Granularity        => 'ALL'
         ,Options            => 'GATHER AUTO'
         ,Gather_Sys         => FALSE
         ,Estimate_Percent   => 5
         ,Block_sample       => TRUE
         ,Method_Opt         => 'FOR ALL COLUMNS SIZE 1'
         ,Degree             => 4
         ,Cascade            => TRUE
         ,No_Invalidate      => FALSE);
     END;
     /
```

Parallele Constraint-Erstellung und -Validierung

Bei Constraints sind die Parallelisierungsmöglichkeiten etwas versteckter. In der Oracle-Dokumentation sucht man hier vergeblich nach einer passenden PARALLEL-Klausel.

Bei der Erstellung eines Primärschlüssel- oder Unique-Constraints ist eine Parallelisierung nur möglich, indem zuvor manuell ein Unique-Index auf den entsprechenden Spalten erzeugt wird. Dabei kann der gewünschte DOP angegeben werden. Anschließend wird der Constraint definiert. Dabei merkt die Datenbank, dass bereits ein passender Unique-Index existiert, und nutzt diesen automatisch für den Constraint:

```
SQL> CREATE UNIQUE INDEX auftraege_pk
     ON auftraege (aufid) PARALLEL 4;
SQL> ALTER TABLE auftraege
     ADD CONSTRAINT auftraege_pk PRIMARY KEY (aufid);
SQL> ALTER INDEX auftraege_pk NOPARALLEL | PARALLEL <alter Wert>;
```

Das parallele Erstellen oder Validieren eines Fremdschlüssel- oder Check-Constraints dagegen benötigt eine DOP-Einstellung auf der zugrunde liegenden Tabelle. Das Validieren der Daten wird nämlich intern mit einer Abfrage dieser Tabelle realisiert, die alle Zeilen zurückliefert, die den Constraint verletzen würden. Diese Abfrage nutzt wie jede andere Abfrage auch den DOP der Tabelle im Rahmen einer Intra-Operationsparallelisierung, also z. B.

```
SQL> ALTER TABLE auftraege PARALLEL 4;
SQL> ALTER TABLE auftraege
     ADD CONSTRAINT fk_auftraege_personen
     FOREIGN KEY (persid) REFERENCES personen (persid);
SQL> ALTER TABLE auftraege
     ADD CONSTRAINT ck_auftraege_aufdatum
     CHECK (aufdatum > TO_DATE('01.01.1990','DD.MM.YYYY'));
SQL> ALTER TABLE auftraege NOPARALLEL | PARALLEL <alter Wert>;
```

13.4 Daten transportieren und archivieren

Für sehr große Datenbanken ist es oftmals eine Herausforderung, entsprechende Datenmengen zu transportieren. Solche Transportaufgaben treten in verschiedenen Situationen auf:

- Alte Daten sollen aus einer operativen Datenbank entfernt und in eine Archiv-Datenbank übertragen werden. Das hilft zum einen, die operative Datenbank schlank und performant zu halten. Zum anderen können die historischen Daten in günstigerem Storage abgelegt oder in einen Read-Only-Modus versetzt werden. Sie stehen somit immer noch für Reporting-Zwecke zur Verfügung. In einigen Branchen geben auch gesetzliche Vorschriften einen Rahmen vor, wie lange Daten aufbewahrt werden müssen.
- Neue, aktuelle Daten sollen in ein Date-Warehouse- oder in eine Reporting-Datenbank übertragen werden, um dort für Reporting-Zwecke oder für eine weitergehende Datenverdichtung zur Verfügung zu stehen.
- Auch für manche Migrationsszenarien, beispielsweise den Umstieg auf eine andere Datenbankplattform, müssen große Datenmengen in möglichst kurzer Zeit übertragen werden.

Die im Folgenden vorgestellten Techniken basieren auf dem sogenannten *Tablespace-Transport*. Dieses Verfahren ist deutlich schneller als Methoden, die auf den Werkzeugen exp/imp oder Data Pump basieren, da keine logische Einkapselung der Daten erfolgen muss, sondern direkt die Datendateien übertragen werden.

Im Rahmen sogenannter *Rolling-Windows-Szenarien* (siehe Abschnitt 13.2.1) kann dieses Verfahren auch gezielt für den Transport historischer Daten verwendet werden. Um aktuelle Daten zu übertragen, muss dagegen meistens von einer Klondatenbank aus transportiert oder aber auf Replikationsmethoden ausgewichen werden.

Die folgenden Abschnitte geben zunächst einen allgemeinen Überblick über diese Technik und zeigen anschließend die spezielle Anwendung zur Archivierung historischer Daten durch Transport einzelner Partitionen.

13.4.1 Tablespaces transportieren

Vorbereitungen und Restriktionen

Für die zugrunde liegende Technik des Tablespace-Transports müssen einige Voraussetzungen beachtet werden, die im Folgenden kurz erläutert werden:

1. Die Zeichensätze von Quell- und Zieldatenbank müssen entweder identisch sein, oder der Zeichensatz der Zieldatenbank muss eine strikte Obermenge des Zeichensatzes der Quelldatenbank sein. Alleine an dieser Restriktion scheitern die meisten Übernahmen. So sind zum Beispiel die häufigsten Zeichensätze im deutschsprachigen Raum – `WE8ISO8859P15` und `WE8MSWIN1252` – untereinander inkompatibel sowie inkompatibel mit den Unicode-Zeichensätzen `UTF8` und `AL32UTF8`. Nur wenn die Quelldatenbank im `US7ASCII`-Zeichensatz aufgebaut ist, hat man gute Chancen. Nähere Informationen zu Zeichensätzen finden sich in Kapitel 10.
2. Der Versionsstand der Zieldatenbank (genau genommen: der Wert des Serverparameters `compatible`) muss identisch oder höher als der Versionsstand bzw. `compatible`-Wert der Quelldatenbank sein.
3. Es dürfen keine Beziehungen der Objekte aus den zu transportierenden Tablespaces in andere Tablespaces existieren. Eine Ausnahme bilden Indizes, die durchaus in anderen Tablespaces liegen dürfen.
4. In der Zieldatenbank müssen für die Blockgrößen der zu transportierenden Tablespaces entsprechender Buffer-Caches eingerichtet worden sein, sprich die Serverparameter `db_<n>k_cache_size` müssen gegebenenfalls gesetzt sein.
5. Für die Dauer des Transports müssen die betreffenden Tablespaces auf Read-only gesetzt werden. Während dies bei geeigneter Tablespace-Struktur kein Problem für die Archivierung alter Daten darstellt, wird es häufig als Ausschlusskriterium für die Übertragung aktueller Daten zum Beispiel in ein Data-Warehouse gesehen. Einen Ausweg bildet entweder der Tablespace-Transport aus einer Klondatenbank oder der Umstieg auf replikationsbasierte Lösungen, die hier aber nicht weiter behandelt werden sollen.
6. Die Benutzer, die Objekte in den zu transportierenden Tablespaces haben, müssen auf der Zieldatenbank bereits angelegt sein. Sie dürfen dort aber durchaus schon andere Schemaobjekte haben.

Beispiel für einen Tablespace-Transport

Grundsätzlich gibt es für den Transport zwei Optionen: Die Übertragung der Datendateien und Metadaten kann entweder mit Betriebssystemmitteln oder über einen Datenbank-Link erfolgen.

Sofern in der Zieldatenbank ein Datenbank-Link existiert, der auf die Quelldatenbank zeigt, kann der Transport sowohl der Datendateien als auch der Metadaten alleine mit Oracle-Mitteln durchgeführt werden, OS-Mechanismen zum Kopieren der Dateien werden nicht mehr benötigt.

Seit der Datenbankversion 10g ist in jedem Falle auch ein plattformübergreifender Transport möglich. Hat hingegen eine der beiden beteiligten Datenbanken einen älteren Versionsstand, so müssen Quell- und Zielplattform identisch seien.

Im Folgenden wird beispielhaft der Transport des Tablespace PAOTS mit der Datendatei /u01/oradata/PROD11G/paots01.dbf von der Datenbank PROD11G auf die Datenbank PS112 gezeigt. PROD11G läuft auf Solaris (SPARC), PS112 läuft auf MS-Windows, die Datenbankdateien liegen im Verzeichnis E:\Oracle\Oradata\PS112.

Zunächst wird auf der Quelldatenbank PROD11G geprüft, ob die oben genannten Restriktionen eingehalten sind:

```
SQL> EXEC sys.dbms_tts.transport_set_check('PAOTS', TRUE);

PL/SQL procedure successfully completed.

SQL> SELECT * FROM sys.transport_set_violations;

VIOLATIONS
---------------------------------------------------------------------------
ORA-39921: Default Partition (Table) Tablespace USERS for AUFTRAEGE_PART not
contained in transportable set.
```

Die oben aufgetretenen Fehler beim Test, ob ein Tablespace transportiert werden kann, sind typisch für die Verwendung von Partitionen. Eine partitionierte Tabelle bekommt zusätzlich einen Default-Tablespace zugewiesen, der identisch mit dem Default-Tablespace des anlegenden Benutzers ist. Beim Erstellen der partitionierten Tabelle kann dieser Tablespace nicht verändert, sondern muss nachträglich angepasst werden. Meistens stört dieser Default-Tablespace nicht weiter, für einen Tablespace-Tranbsport muss er jedoch vorher angepasst werden:

```
SQL> ALTER TABLE auftraege_part MODIFY DEFAULT ATTRIBUTES TABLESPACE paots;
```

Für die Dauer des Transports muss der betreffende Tablespace auf Read-only gesetzt werden:

```
SQL> ALTER TABLESPACE paots READ ONLY;
```

Transport via Datenbank-Link

Am einfachsten ist der Transport, wenn ein Datenbank-Link von der Zieldatenbank auf die Quelldatenbank zeigt. Diese Variante geht aber auch davon aus, dass ein physisches Kopieren der Datendateien stattfindet. Möchte man hingegen Split-Mirror-Techniken des Storage-Systems nutzen, muss man den weiter unten beschriebenen Transport ohne Datenbank-Link wählen.

Das Package dbms_file_transfer wird im Folgenden für die Übertragung der Datendateien genutzt. Die Metadaten hingegen werden mit dem Data-Pump-Werkzeug übertragen. Auf Quell- und Zielmaschine müssen im Vorfeld Directory-Objekte erstellt werden, die Lese- bzw. Schreibrechte auf die Verzeichnisse mit den Datendateien geben:

```
-- Auf der Quell-Datenbank, normales Dateisystem
SQL> CREATE DIRECTORY datadir_quelle AS '/u01/oradata/PROD11G';

-- Auf der Quell-Datenbank, Datendateien in ASM-Diskgruppe DATA
SQL> CREATE DIRECTORY datadir_quelle AS '+DATA/prod11g/datafile';

-- Auf der Ziel-Datenbank
SQL> CREATE DIRECTORY datadir_ziel AS 'E:\Oracle\Oradata\PS112';
```

Nun wird auf der Zieldatenbank die Übertragung der Datendateien angestoßen, in diesem Falle also der einen Datendatei des Tablespace PAOTS. Neben den Directory-Objekten und Dateinamen wird dafür der Name des Datenbank-Links benötigt, über den die Dateien übertragen werden. In diesem Falle heißt der Datenbank-Link genauso wie die Quelldatenbank, nämlich PROD11G:

```
SQL> BEGIN
       DBMS_FILE_TRANSFER.get_file(
         'DATADIR_QUELLE'        -- Directory-Objekt und
        ,'paots01.dbf'           -- Datendatei auf der Quelldatenbank
        ,'PROD11G'               -- Name des Datenbank-Links
        ,'DATADIR_ZIEL'          -- Directory-Objekt und
        ,'PAOTS01.DBF.ORIG'      -- Datendatei auf der Zieldatenbank
       );
     END;
     /
```

Die Übertragungsrate ist mit der eines FTP-Transfers vergleichbar. In Tests wurden nur wenige Prozent Unterschied festgestellt. Der Fortschritt der Übertragung kann mit der View v$session_longops überwacht werden. Leider ist es nicht möglich, die Datendateien vorher zu komprimieren, da die Dateigröße ein Vielfaches von 512 Byte sein muss.

Liegen die beteiligten Datenbanken auf unterschiedlichen Plattformen, ist eine Konvertierung des Plattformnamens oder sogar des Binärformats (Little-Endian oder Big-Endian) notwendig. Alle Plattformen, für die eine solche Konvertierung unterstützt wird, finden sich in der View v$transportable_platform. Die Konvertierung wird mithilfe des Backup-Werkzeugs RMAN durchgeführt.

Für dieses Beispiel – Transport von Solaris (SPARC) nach Windows – ergibt sich folgende Konstellation:

```
SQL> SELECT platform_name FROM v$database; -- Auf der Quelldatenbank

PLATFORM_NAME
-----------------------------------------
Solaris[tm] OE (64-bit)

SQL> SELECT platform_name FROM v$database;  -- Auf der Zieldatenbank

PLATFORM_NAME
-----------------------------------------
Microsoft Windows x86 64-bit
```

In diesem Fall ist offenbar eine Konvertierung notwendig. Die Originaldatei wird dabei nicht verändert, stattdessen wird eine neue, konvertierte Datei angelegt, deren Zielort und Name durch die FORMAT-Klausel bestimmt wird. Meistens empfiehlt es sich, die Konvertierung auf der Zielmaschine durchzuführen, nachdem die Datendateien dorthin übertragen wurden, um keine unnötige Belastung der Quelldatenbank zu verursachen:

```
RMAN> CONVERT DATAFILE 'E:\Oracle\Oradata\PS112\paots01.dbf.orig'
      FROM PLATFORM 'Solaris[tm] OE (64-bit)'
      FORMAT 'E:\Oracle\Oradata\PS112\paots01.dbf';
```

Ist ein Tablespace mit demselben Namen in der Zieldatenbank bereits vorhanden, muss dieser vor dem Import umbenannt werden:

```
SQL> ALTER TABLESPACE PAOTS RENAME TO PAOTS_OLD;
```

Ein Umbenennen des zu importierenden Tablespace während des Imports ist hingegen nicht möglich.

Nachdem alle Datendateien an die neue Position kopiert, ggf. konvertiert und umbenannt worden sind, kann der Tablespace in die neue Datenbank eingehängt werden. Dabei werden mittels Data-Pump-Import über den Datenbank-Link die Metadaten der Quelldatenbank exportiert und in die Zieldatenbank eingespielt:

```
$ impdp system@PS112 network_link=PROD11G
                     transport_tablespaces=PAOTS transport_full_check=n
                     transport_datafiles='E:\Oracle\Oradata\PS112\paots01.dbf'
```

Anschließend kann auf der Quelldatenbank der Tablespace wieder auf Read-Write gesetzt werden. Auch auf der Zieldatenbank befindet sich der neu importierte Tablespace zunächst noch im Read-Only-Modus.

Transport ohne Datenbank-Link

Ist ein Datenbank-Link nicht vorhanden, muss die Übertragung der Datendateien sowie der Metadaten mit Betriebssystemmitteln durchgeführt werden. Auf beiden Datenbanken muss ein Directory-Objekt (hier `DUMPDIR`) für die Ablage der Metadaten vorhanden sein.

Die Datendateien werden mit Betriebssystemkommandos wie beispielsweise `ftp` oder `scp` übertragen. Alternativ ist natürlich auch ein Split-Mirror-Verfahren möglich, so das Storage-System dies ermöglicht. In jedem Fall müssen aber bei einem Plattformwechsel wiederum die entsprechenden Konvertierungen durchgeführt werden, so wie es bei der Übertragung mit Datenbank-Link beschrieben wurde.

Anschließend werden auf der Quelldatenbank die Tablespace-Metadaten exportiert:

```
$ expdp system@PROD11G directory=dumpdir dumpfile=tts_paots.dmp
                       logfile=tts_paots_exp.log
                       transport_tablespaces=paots transport_full_check=n
```

Die Dump-Datei `tts_paots.dmp`, welche die Metadaten enthält, wird nun auf den Ziel-Server kopiert, wo der Tablespace anschließend in die Zieldatenbank eingehängt werden kann:

```
$ impdp system@PS112 directory=dumpdir dumpfile=tts_paots.dmp
                     logfile=tts_paots_imp.log
                     transport_datafiles='E:\Oracle\Oradata\PS112\paots01.dbf'
```

Liegen die Datendateien einer der beiden Datenbanken in ASM, sollte man dringend eine Übertragung mit Datenbank-Link bevorzugen. Ohne Datenbank-Link müssen die Dateien nämlich

1. gegebenenfalls von der ASM-Instanz der Quelldatenbank in das normale Dateisystem des Quellservers kopiert,
2. dann mit Betriebssystemkommandos übertragen,
3. anschließend gegeben falls konvertiert

4. und nach dem Einhängen des Tablespace – während dieser noch Read-Only gesetzt ist – vom Dateisystem des Ziel-Servers in die ASM-Instanz der Zieldatenbank kopiert werden.
5. Schlussendlich muss man den veränderten Dateipfad in die Kontrolldatei eintragen.

Die Übertragung zwischen Dateisystem und ASM wird in beiden Richtungen ebenfalls durch das Backup-Werkzeug RMAN geleistet, allerdings muss es sich bereits um eine bestehende Datendatei handeln, sprich der Tablespace muss bereits eingehängt sein. Beispielsweise wird die Datendatei des PAOTS-Tablespace wie folgt aus dem normalen Dateisystem in die ASM-Diskgruppe DATA kopiert:

```
RMAN> COPY DATAFILE 'E:\Oracle\Oradata\PS112\paots01.dbf' TO '+DATA';

SQL> ALTER DATABASE RENAME FILE 'E:\Oracle\Oradata\PS112\paots01.dbf'
     TO '+DATA/ps112/datafile/paots.271.703775271';
```

Transport mit älteren Datenbankversionen

Ist eine der beteiligten Datenbanken eine ältere Version als 10g, kann der Transfer der Datendateien sowie der Dump-Datei nur mit der Variante ohne Datenbank-Link erfolgen.

Außerdem muss dann der konventionelle Export/Import (siehe Abschnitt 7.7) zur Verarbeitung der Metadaten genutzt werden. Für den Export sollte immer das Executable der Quelldatenbank genutzt werden, für den Import dasjenige der Zieldatenbank. Außerdem muss die Anmeldung jeweils mit SYSDBA-Privileg erfolgen:

```
$ exp userid='sys@PROD11G as sysdba' file=tts_paots.dmp log=tts_paots_exp.log
      transport_tablespace=y tablespaces=PAOTS

$ imp userid='sys@PS112 as sysdba' file=tts_paots.dmp log=tts_paots_imp.log
      transport_tablespace=y tablespaces=PAOTS
      datafiles=('E:\Oracle\Oradata\PS112\paots01.dbf')
```

13.4.2 Partitionen transportieren

Die Benutzung von transportablen Tablespaces ist sicherlich insofern interessant, als es die schnellste Methode ist, Daten von einer Datenbank in eine andere zu kopieren. In der Realität scheitert die Benutzung allerdings oftmals an den diversen Einschränkungen. Außerdem sollten Sie beachten, dass während des Transports der Tablespace auf Read-only gesetzt sein muss, was in der Praxis für viele operative Systeme jedoch ein Ausschlusskriterium darstellt.

Eine gute Lösung hierfür bietet sich im Zusammenspiel mit partitionierten Tabellen an. Wie in Abschnitt 13.2.1 bereits kurz umrissen wurde, kommt hier das sogenannte *Rolling-Windows*-Verfahren ins Spiel, d. h., eine nach Monat, Quartal, Jahr oder anderen zeitlichen Abschnitten partitionierte Tabelle wird regelmäßig um eine neue Partition für neue Datensätze ergänzt. Optional kann nun im Gegenzug die älteste Partition archiviert werden. Diese Archivierung bedeutet in der Praxis meistens eine Verschiebung in eine Archivdatenbank. Genau an dieser Stelle setzt nun der Tablespace-Transport an.

Wesentliche Voraussetzungen für dieses Verfahren sind also:

- Die betreffenden Tabellen müssen auf beiden Datenbanken range-partitioniert und äqui-partitioniert sein, aus Gründen der Einfachheit möglichst mit identischen Partitionsnamen. Die Tabellennamen müssen nicht zwingend übereinstimmen.
- Die Partitionen der betreffenden Tabellen sollten zyklisch über Tablespaces verteilt werden, wobei die Zykluslänge über der Größe des Rolling Window liegen muss, also der Anzahl Partitionen, die in der produktiven Datenbank vorgehalten werden sollen. Nur dann nämlich lässt sich der Tablespace der ältesten Partition Read-Only setzen, ohne dass andere Partitionen ebenfalls beeinträchtigt sind. Möchte man also beispielsweise zwölf Quartalspartitionen vorhalten, sollten diese auf 15 oder 20 Tablespaces verteilt sein, damit die älteste Partition wirklich immer alleine in einem Tablespace liegt.

Außerdem ist es technisch nicht unmittelbar möglich, eine einzelne Partition per Tablespace-Transport zu übertragen. Durch die Einschränkung, dass keine Referenzen außerhalb des zu transportierenden Tablespaces existieren dürfen, würde die Prozedur `dbms_tts.transport_set_check` einen Fehler bringen.

Um diesen zu umgehen, wird die Partition über den Befehl `EXCHANGE PARTITION` in eine Tabelle umgewandelt. Sollten globale Indizes für die partitionierten Tabellen existieren, dann macht es außerdem Sinn, die Option `UPDATE GLOBAL INDEXES` (evtl. zusammen mit der `PARALLEL`-Klausel) zu verwenden. Mit dieser Methode werden bei Änderungen von Partitionen die globalen Indizes mit angepasst, so dass es nicht zu dem Status `UNUSABLE` für die Indizes kommt. In der Praxis hat sich gezeigt, dass ein solches Partition-Exchange in der unten angegebenen schneller ist als ein Partition-Exchange ohne Anpassung der globalen Indizes mit anschließendem Neuaufbau (`REBUILD`) der globalen Indizes.

Der erste Schritt ist also das „Abnabeln“ der ältesten Partition und Umwandeln dieser Partition in eine eigenständige Tabelle. Diese „Transport-Tabelle“ muss zuvor erstellt werden, dieselbe Struktur wie die zu transportierende Tabelle haben und darf nicht in demselben Tablespace wie die zu transportierende Partition liegen:

```
SQL> CREATE TABLE auftraege_transport TABLESPACE users
     AS SELECT * FROM auftraege_part WHERE 0 = 1;

SQL> ALTER TABLE auftraege_part EXCHANGE PARTITION q1_08
     WITH TABLE auftraege_transport
     INCLUDING INDEXES UPDATE GLOBAL INDEXES;
```

Durch das Partition-Exchange werden keinerlei Daten physisch bewegt, sondern Partition und Transport-Tabelle tauschen lediglich ihre Rollen. Die Transport-Tabelle liegt also anschließend als einziges Segment in dem Tablespace der ehemaligen Partition. Die ehemalige Partition ist nun leer und liegt im `USERS`-Tablespace. Effektiv enthält die partitionierte Tabelle also nicht mehr die Daten der ältesten Partition, daher mussten auch die globalen Indizes aktualisiert werden.

Nun wird der Tablespace mit der Transport-Tabelle in den Read-Only-Status gesetzt und per Tablespace-Transport auf die Archivdatenbank übertragen. Gegebenenfalls wird dieser Tablespace oder ein Tablespace der Archivdatenbank zuvor umbenannt, um Namenskonflikte zu vermeiden. Die produktive Anwendung merkt von alledem nichts, da die Transport-Tabelle der Anwendung ja nicht bekannt ist und auch keine weiteren Objekte in diesem Tablespace liegen.

In der Archivdatenbank kann dann in umgekehrter Form eine Wiedereingliederung in die entsprechende partitionierte Archivtabelle durchgeführt werden. Um die bei großen Tabellen sehr lang andauernde Validierung zu vermeiden, kann hier mit der Option `WITHOUT VALIDATION` gearbeitet werden:

```
SQL> ALTER TABLE auftraege_archiv EXCHANGE PARTITION q1_08
     WITH TABLE auftraege_transport
     INCLUDING INDEXES WITHOUT VALIDATION UPDATE GLOBAL INDEXES;
```

13.5 Daten konsolidieren und verdichten

Sollten Sie ein Data Warehouse konzipieren oder betreuen, dann stellt sich ziemlich zu Beginn eine entscheidende Frage:

Wie aktuell sollen die Informationen in dem Data Warehouse seien?

Wenn die Antwort lautet: „Identisch mit dem operativen System", dann können Sie die meisten Funktionen eines solchen Systems vergessen. Dieses Data Warehouse ist derart komplex zu verwalten, dass man lieber auf das operative System zugreifen sollte oder ggf. auf ein zweites, daraus in Echtzeit repliziertes System, statt ein separates System aufzusetzen.

In den meisten Fällen wird die Antwort aber lauten: Tagesaktuell!

Konkret bedeutet dies, dass die Daten der operativen Systeme einmal pro Tag (normalerweise nachts) in das Data Warehouse geladen werden und dann bis zum nächsten Ladelauf nur noch lesend darauf zugegriffen werden darf. Natürlich gibt es auch noch andere Szenarien, die hier aber nicht weiter betrachtet werden sollen.

Eine wichtige Aufgabe in Data Warehouses ist es, die von den meisten Anwendern gestellten Fragen schon als möglichst vorgefertigte Ergebnismengen zur Verfügung zu stellen. Diese Verdichtungsebenen kosten einerseits Platz, viel problematischer aber ist es, dass sichergestellt werden muss, dass eine Abfrage auf eine Ergebnismenge die gleiche Information bringt wie die gleiche Abfrage auf die Basistabellen.

Um Unterschiede zwischen Basistabellen und Verdichtungsebenen zu vermeiden, wird ein Prozess aufgesetzt, der zunächst die Basistabellen lädt und in einem weiteren Schritt alle Verdichtungsebenen anlegt. Es gibt zwar die Alternative, die Verdichtungsebenen gleichzeitig mit den Basistabellen zu pflegen (z. B. über Trigger), dadurch wird der Ladevorgang aber erheblich beeinträchtigt.

13.5.1 Materialisierte Views

In Kapitel 6.5.3 wurden diese bereits kurz beschrieben und wie sie sich von normalen Views unterscheiden. An dieser Stelle soll etwas tiefer auf diese Thematik eingegangen werden.

Der Name „Materialized Views" basiert darauf, dass oft benötigte Abfragen, die früher in Form von Views in der Datenbank abgespeichert wurden, in einem Data Warehouse derart ressourcenintensiv werden können, dass es Sinn macht, die Ergebnismenge einer solchen View abzuspeichern, zu „materialisieren".

In der einfachsten Form ist eine Materialized View also nichts anderes als:

```
SQL> CREATE TABLE tagesumsaetze AS
     SELECT TRUNC (a.aufdatum) datum,
            p.prodid produkt_id,
            SUM (p.menge) gesamtmenge,
            SUM (p.menge * p.einzelpreis) gesamtpreis
     FROM   auftraege a, positionen p
     WHERE  a.aufid = p.aufid
     GROUP BY TRUNC (a.aufdatum), p.prodid;
```

Die so entstandene Tagesumsätze-Tabelle hat allerdings den Nachteil, dass sie altert, d. h., wenn sich die Aufträge- oder Positionen-Tabelle ändern, wird die Tabelle mit den Tagesumsätzen nicht gepflegt, und es kommt zu dem oben genannten Problem, dass eine Abfrage auf den Basistabellen (Aufträge und Positionen) ein anderes Ergebnis liefert als die Abfrage auf der Verdichtungstabelle. Wie man sich vorstellen kann, würde eine solche Inkonsistenz schnell zu einem Akzeptanzverlust seitens der Anwender führen.

Die gleiche Funktion erfüllt zunächst einmal folgender Befehl:

```
SQL> CREATE MATERIALIZED VIEW tagesumsaetze_mv
     BUILD IMMEDIATE
     REFRESH COMPLETE ON DEMAND
     ENABLE QUERY REWRITE
     AS
     SELECT TRUNC (a.aufdatum) datum,
            p.prodid produkt_id,
            SUM (p.menge) gesamtmenge,
            SUM (p.menge * p.einzelpreis) gesamtpreis
     FROM   auftraege a, positionen p
     WHERE  a.aufid = p.aufid
     GROUP BY TRUNC (a.aufdatum), p.prodid;
```

Sollte hierbei eine Fehlermeldung der Art

```
ORA-01031: Nicht ausreichende Berechtigungen
```

auftreten, obwohl die Abfrage selbst ausgeführt werden kann, fehlt wahrscheinlich das Recht zur Erstellung materialisierter Views. Dieses Recht muss ggf. vorher zugewiesen werden:

```
SQL> GRANT CREATE MATERIALIZED VIEW TO benutzer;
```

Zwei wichtige Unterschiede gibt es zu dem Beispiel mit der Verdichtungstabelle: Zunächst einmal die Klausel `ENABLE QUERY REWRITE`, die in Abschnitt 13.5.4 näher beschrieben wird, und zum anderen die Klausel `REFRESH COMPLETE ON DEMAND`, die in diesem Fall besagt, dass die Materialized View nur vollständig (`COMPLETE`) und nur nach einem entsprechenden Befehl (`ON DEMAND`) aktualisiert wird. Aktualisierung bedeutet, dass die Materialized View und die von ihr referenzierten Basistabellen vom Datenbestand her konsistent gemacht werden.

Wie gesagt, gibt es dedizierte Befehle zur Aktualisisierung einer Materialized View. Dabei handelt es sich um entsprechende Prozeduren des Packages `DBMS_MVIEW`[7]:

- `dbms_mview.refresh` aktualisiert eine oder mehrere Materialized Views.

7 Es gibt zwar auch einen SQL-Befehl: `ALTER MATERIALIZED VIEW ... REFRESH`. Dieser ändert aber lediglich das Standardverhalten für eine Aktualisierung. Die Aktualisierung selbst führt er nicht durch.

- dbms_mview.refresh_all_mviews aktualisiert alle Materialized Views der Datenbank.
- dbms_mview.refresh_dependent aktualisiert alle Materialized Views, die auf einer spezifischen Tabelle bzw. einer Liste von Tabellen aufbauen. Hat man einen Ladelauf für eine bestimmte Tabelle durchgeführt, kann man so bequem alle von dieser Tabelle abhängigen Materialized Views aktualisieren.

Bezogen auf die Ladeoperationen in einem Data Warehouse ist es meistens sinnvoll, in einem Schritt alle Materialized Views abzugleichen:

```
SQL> SET SERVEROUTPUT ON SIZE 100000
SQL> DECLARE
       failures NUMBER;
     BEGIN
       dbms_mview.refresh_all_mviews(failures,'?','',FALSE,FALSE);
       dbms_output.put_line('Failures = ' || failures);
     END;
     /
```

Der Parameter failures ist der Ausgabewert, wie viele Fehler beim Abgleich aufgetreten sind.

Das „?“ als zweiter Parameter gibt an, dass ein sogenannter *Force Refresh* durchgeführt werden soll, d. h. wenn möglich ein Fast Refresh (inkrementelle Aktualisierung), ansonsten ein Complete Refresh (Neuberechnung). Alternativ sind hier ein explizites Fast Refresh („F“) oder ein explizites Complete Refresh („C“) möglich.

Mit dem dritten Parameter kann ein spezifisches Rollback-Segment angegeben werden. Da wir aber seit Oracle9i mit automatischem Undo-Management arbeiten, entfällt diese Option in der Praxis.

Soll beim Auftreten eines Fehlers der Abgleich abgebrochen werden, so kann der vierte Parameter auf TRUE gesetzt werden. Der letzte Parameter sorgt dafür, dass alle Abgleiche in eigenen Transaktionen durchgeführt werden. Ein TRUE an dieser Stelle bewirkt, dass alle Abgleiche als eine Transaktion ausgeführt werden.

Über die View dba_mview_refresh_times kann die Aktualität jeder Materialized View kontrolliert werden.

Natürlich können auf die Materialized View auch entsprechende Indizes angelegt werden. So ist es sicher sinnvoll, einen Index auf das Datum zu legen, zum Beispiel in der Form:

```
SQL> CREATE INDEX idx_tagesumsaetze_mv_datum ON tagesumsaetze_mv (datum);
```

Auch können Materialized Views partitioniert werden, wie in Abschnitt 13.2 für Tabellen beschrieben.

13.5.2 Inkrementelle Aktualisierung

Neben der vollständigen gibt es auch die Möglichkeit einer inkrementellen Aktualisierung. Bei diesem sogenannten *Fast Refresh* werden anstelle eines Neuaufbaus der gesamten Materialized View lediglich die geänderten Datensätze eingepflegt. Dieses Vorgehen setzt allerdings voraus, dass im Vorfeld für jede Basistabelle ein sogenanntes *Materiali-*

zed View Log erstellt wird. Der Aufbau der Materialized View Logs für das obige Beispiel erfolgt mit dem Befehl:

```
SQL> CREATE MATERIALIZED VIEW LOG ON auftraege
     WITH SEQUENCE, ROWID (aufid, aufdatum)
     INCLUDING NEW VALUES;

SQL> CREATE MATERIALIZED VIEW LOG ON positionen
     WITH SEQUENCE, ROWID (aufid, prodid, menge, einzelpreis)
     INCLUDING NEW VALUES;
```

Damit werden jetzt alle Änderungen an den Aufträge- und Positionen-Tabellen, die Spalten in der obigen Beispielabfrage betreffen, in internen Tabellen mit dem Namen `mlog$_auftraege` bzw. `mlog$_positionen` gespeichert.

Im ersten Moment scheint diese Lösung einleuchtend, und man wird zunächst davon ausgehen, dass dieser Aufbau für alle Aggregationen sinnvoll ist. Wenn man sich jedoch das Verfahren näher betrachtet, werden die Einschränkungen schnell deutlich.

Zunächst einmal führt natürlich die Pflege der Materialized View Logs zu einer stärkeren Belastung des Systems beim Einfügen, Ändern und Löschen von Sätzen auf den Basistabellen. Da die Zeitfenster für die Ladeoperationen oftmals sehr knapp bemessen sind, kann dies dazu führen, dass diese Operationen nicht mehr in der vorgegebenen Zeit zu bewältigen sind.

Außerdem muss geprüft werden, ob die Änderung von Datensätzen auf den Basistabellen überhaupt 1:1 auf die Materialized View reproduziert werden kann. Das bedeutet: Bevor über die Verwendung von Materialized View Logs nachgedacht wird, sollte zunächst einmal geprüft werden, für welche Verdichtungen ein Fast Refresh – selbst mit Materialized View Logs – überhaupt prinzipiell möglich ist.

Oracle bietet ein Package `dbms_mview` an, in dem eine Prozedur (`explain_mview`) überprüft, ob eine vorhandene Materialized View oder eine zugrunde liegende Abfrage per Fast-Refresh aktualisiert werden kann. Diese Prozedur schreibt ihre Analyseergebnisse in eine Tabelle `mv_capabilities_table`, die dann über eine Abfrage wie die unten gezeigte ausgelesen werden kann.

Für das Anlegen der Tabelle gibt es das Skript `utlxmv.sql` im Unterverzeichnis `rdbms/admin` des Oracle-Homes. Das Skript kann von einem beliebigen Benutzer ausgeführt werden und erstellt die Analysetabelle in dessen Schema.

Eine Analyse der Refresh-Möglichkeiten für die oben angelegte Materialized View sieht nun wie folgt aus:

```
SQL> DELETE mv_capabilities_table
     WHERE  mvowner = 'DEMO'
     AND    mvname  = 'TAGESUMSAETZE_MV';

SQL> BEGIN
       DBMS_MVIEW.explain_mview ('DEMO.TAGESUMSAETZE_MV');
     END;
     /
```

Und so werden die Analyseergebnisse angezeigt:

```
SQL> SELECT capability_name || ':' || possible AS capability,
     related_text || ':' || msgtxt AS reason
```

```
     FROM mv_capabilities_table
     ORDER BY capability_name;

CAPABILITY
--------------------------------
REASON
--------------------------------------------------------------------------------
PCT:N
:

PCT_TABLE:N
POSITIONEN:Relation ist keine partitionierte Tabelle

PCT_TABLE:N
AUFTRAEGE:Relation ist keine partitionierte Tabelle

PCT_TABLE_REWRITE:N
POSITIONEN:Relation ist keine partitionierte Tabelle

PCT_TABLE_REWRITE:N
AUFTRAEGE:Relation ist keine partitionierte Tabelle

REFRESH_COMPLETE:Y
:

REFRESH_FAST:Y
:

REFRESH_FAST_AFTER_ANY_DML:N
:Siehe Grund, warum REFRESH_FAST_AFTER_ONETAB_DML deaktiviert ist

REFRESH_FAST_AFTER_INSERT:Y
:

REFRESH_FAST_AFTER_ONETAB_DML:N
GESAMTPREIS:SUM(expr) ohne COUNT(expr)

REFRESH_FAST_AFTER_ONETAB_DML:N
GESAMTMENGE:SUM(expr) ohne COUNT(expr)

REFRESH_FAST_AFTER_ONETAB_DML:N
:COUNT(*) ist in SELECT-Liste nicht vorhanden

REFRESH_FAST_PCT:N
:PCT bei keiner der Detail-Tabellen in der Materialized View möglich

REWRITE:Y
:

REWRITE_FULL_TEXT_MATCH:Y
:

REWRITE_GENERAL:Y
:

REWRITE_PARTIAL_TEXT_MATCH:Y
:
```

```
REWRITE_PCT:N
:Allgemeines Neuschreiben nicht möglich oder PCT bei keiner der Detail-Tabellen möglich
```

Dieses Ergebnis zeigt, dass die Materialized View nur für INSERTs auf den Basistabellen inkrementell aktualisiert werden kann, nicht aber für andere DML-Operationen, sprich für UPDATE- und DELETE-Befehle. In der zweiten Zeile ist jeweils die entsprechende Begründung gegeben, in diesem Falle fehlen bestimmte COUNT-Ausdrücke.

Es ist nicht ungewöhnlich, dass wie hier die Definitionsabfrage der Materialized View angepasst und um bestimmte SELECT-Ausdrücke ergänzt werden muss, auch wenn diese gar nicht benötigt werden. Sie werden aber intern gebraucht, um die View Fast-Refreshable zu machen. In diesem Fall müsste die Materialized View also wie folgt angepasst werden:

```
SQL> CREATE MATERIALIZED VIEW tagesumsaetze_mv
     BUILD IMMEDIATE
     REFRESH FAST ON DEMAND
     ENABLE QUERY REWRITE
     AS
     SELECT TRUNC (a.aufdatum) datum,
            p.prodid produkt_id,
            SUM (p.menge) gesamtmenge,
            SUM (p.menge * p.einzelpreis) gesamtpreis,
            COUNT(p.menge),
            COUNT(p.menge * p.einzelpreis),
            COUNT(*)
     FROM   auftraege a, positionen p
     WHERE  a.aufid = p.aufid
     GROUP BY TRUNC (a.aufdatum), p.prodid;
```

Den Unterschied gegenüber der zuvor erstellten Materialized View machen – neben der `REFRESH FAST`-Klausel – ausschließlich die Zähler (`COUNT`) auf die einzelnen Spalten aus. Nur mithilfe dieser Zähler können Verdichtungen, die auf Summationen (`SUM`), Durchschnittsbildung (`AVG, STDDEV, VARIANCE`) oder Minimal- und Maximalwerte (`MIN, MAX`) basieren, über einen Fast Refresh aktualisiert werden.

Die Klausel `ON DEMAND` kann ersetzt werden durch `ON COMMIT`, was besagt, dass nach jeder festgeschriebenen Änderung der Quelltabellen die Materialized View nachgeführt wird. In einem Data Warehouse wird diese Option aber nur selten eingesetzt, da die Ladeoperationen in mehreren Stufen ablaufen. Es werden zunächst die Basistabellen erstellt, und dann werden die entsprechenden Verdichtungen durchgeführt. Die Aktualisierung der Verdichtungen im gleichen Kontext wie das Laden der Daten würde unweigerlich zu einer Verschlechterung des Gesamtdurchsatzes führen.

13.5.3 MViews automatisch generieren

Das korrekte Erzeugen der Materialized View Logs sowie Materialized Views mit dem Ziel, möglichst alle Fast-Refresh-Optionen zu unterstützen, ist nicht ganz trivial und war in älteren Datenbankversionen häufig nur mittels Ausprobieren zu erreichen. Seit der Datenbankversion 10g ist es über den *MView-Advisor* möglich, alle SQL-Kommandos zur Erzeugung der Materialized Views und Materialized View Logs automatisch erzeugen zu lassen.

Beispielsweise können eine entsprechende Skriptdatei (`mv_create.sql`) sowie ein weiteres Drop-Skript (`mv_drop.sql`) zum Löschen der betreffenden Objekte wie folgt generiert werden (das Erzeugen der Dateien verlangt Schreibrechte auf dem entsprechenden Directory-Objekt):

```
SQL> CREATE DIRECTORY tune_results AS 'C:\Temp';

SQL> DECLARE
       task_name VARCHAR2(100)   := 'myMVTune';
       mystmt    VARCHAR2(32000) :=
         'CREATE MATERIALIZED VIEW tagesumsaetze_mv'
      || ' BUILD IMMEDIATE'
      || ' REFRESH FAST ON DEMAND'
      || ' ENABLE QUERY REWRITE'
      || ' AS'
      || ' SELECT TRUNC (a.aufdatum) datum,'
      || '        p.prodid produkt_id,'
      || '        SUM (p.menge) gesamtmenge,'
      || '        SUM (p.menge * p.einzelpreis) gesamtpreis'
      || ' FROM   auftraege a, positionen p'
      || ' WHERE  a.aufid = p.aufid'
      || ' GROUP BY TRUNC (a.aufdatum), p.prodid';
     BEGIN
     --  dbms_advisor.delete_task(task_name);
       dbms_advisor.tune_mview (task_name, mystmt);
       dbms_advisor.create_file(
         dbms_advisor.get_task_script(task_name),
                     'TUNE_RESULTS', 'mv_create.sql');
       dbms_advisor.create_file(
         dbms_advisor.get_task_script(task_name,'UNDO'),
                     'TUNE_RESULTS', 'mv_undo.sql');
     END;
     /
```

Für die Benutzung des Packages `dbms_advisor` wird neben dem `EXECUTE`-Recht für das Package auch das Systemprivileg `ADVISOR` benötigt. Die generierten Skripte können direkt ausgeführt werden.

13.5.4 Query Rewrite

Die wohl interessanteste Funktion im Umfeld verdichteter Daten ist der für die Anwender transparente Zugriff auf diese Verdichtungen. Müssten die Anwender von jeder Verdichtung wissen und diese explizit in ihren Abfragen berücksichtigen, wäre dies sehr schwer zu handhaben.

Mithilfe von *Query Rewrite* übernimmt der Oracle-Optimizer die Aufgabe, statt auf die Basistabellen automatisch auf die vorhandenen Materialized Views zuzugreifen, um eine Abfrage zu beantworten. Die Anwender können sich also in ihren Abfragen ganz normal auf die Basistabellen beziehen. Dass im Hintergrund bereits vorverdichtete Daten in Form von Materialized Views existieren, brauchen sie nicht zu wissen, sondern der Optimizer trägt dieser Tatsache Rechnung und greift direkt auf die infrage kommenden Materialized Views durch.

Als Voraussetzung für den Einsatz dieser Funktion müssen zwei Serverparameter gesetzt sein:

```
query_rewrite_enabled = true
query_rewrite_integrity = trusted
```

Diese Parameter können allerdings auch dynamisch mit dem Befehl ALTER SYSTEM bzw. für eine Session mit dem Befehl ALTER SESSION gesetzt werden. Seit der Datenbankversion 10g ist query_rewrite_enabled standardmäßig aktiviert.

Eine Abfrage auf die oben angegebenen Verdichtungsdaten würde vom Optimizer also wie folgt behandelt:

```
SQL> SELECT TRUNC (a.aufdatum) datum,
            p.prodid produkt_id,
            SUM (p.menge * p.einzelpreis) gesamtpreis
     FROM   auftraege a, positionen p
     WHERE  a.aufid = p.aufid
     AND    TRUNC (a.aufdatum) > TO_DATE ('01.10.2010', 'DD:MM.YYYY')
     GROUP BY TRUNC (a.aufdatum), p.prodid;
```

```
---------------------------------------------------------------------------
| Id  | Operation                             | Name                        |
---------------------------------------------------------------------------
|   0 | SELECT STATEMENT                      |                             |
|   1 |  MAT_VIEW REWRITE ACCESS BY INDEX ROWID| TAGESUMSAETZE_MV           |
|*  2 |   INDEX RANGE SCAN                    | IDX_TAGESUMSAETZE_MV_DATUM  |
---------------------------------------------------------------------------
```

Zeigt der Ausführungsplan, dass entgegen der Erwartung doch auf die Basistabellen zugegriffen wird, kann es natürlich auch sein, dass der Optimizer dies tatsächlich für vorteilhaft hält. Möchte man hingegen einfach nur wissen, ob eine bestimmte Abfrage per Query Rewrite in der Lage ist, auf irgendeine oder auf eine bestimmte Materialized View zurückzugreifen, leistet der Optimizer-Hint REWRITE gute Dienste, z. B.:

- SELECT /*+ REWRITE (tagesumsaetze_mv) */ ...: Damit weist man den Optimizer an, wenn irgend möglich die angegebene Materialized View für ein Query Rewrite zu nutzen, egal ob es vorteilhaft ist.
- SELECT /*+ REWRITE */ ...: Dies zwingt den Optimizer, wenn möglich irgendeine geeignete Materialized View per Query Rewrite zu nutzen, egal ob es vorteilhaft ist.
- SELECT /*+ REWRITE_OR_ERROR */ ...: Dieser Hint zwingt den Optimizer, irgendeine geeignete Materialized View per Query Rewrite zu nutzen, egal ob es vorteilhaft ist. Wenn es keine geeignete Materialized View gibt, erhält man die Fehlermeldung:

  ```
  ORA-30393: Ein Abfrageblock in der Anweisung wurde nicht neu geschrieben
  ```

13.5.5 Vorschläge für MViews

Die Datenbank kann Hilfestellungen anbieten, welche Materialized Views sinnvoll wären, und entsprechende Skripte aufbereiten.

Die Bedienung dieses sogenannten *Summary Advisors* geschieht über die PL/SQL-Packages dbms_advisor und dbms_sqltune. Im Folgenden wird anhand eines Beispiels die Benutzung gezeigt.

Die Operationen sollten in dem Schema ausgeführt werden, in dem die Materialized Views bzw. Materialized View Logs erstellt werden sollen. Dem Besitzer dieses Schemas (hier: DEMO) müssen ggf. entsprechende Rechte zugewiesen werden:

```
SQL> GRANT ADVISOR TO demo;
```

```
SQL> GRANT ADMINISTER SQL TUNING SET TO demo;
SQL> GRANT SELECT ANY DICTIONARY TO demo;
SQL> CREATE DIRECTORY advisor_results AS 'C:\Temp';
SQL> GRANT WRITE ON DIRECTORY advisor_results TO demo;
```

Anschließend können über das AWR (*Automatic Workload Repository*, siehe Abschnitt 15.4.1) zwei Snapshots angefertigt werden. Innerhalb des Snapshot-Zeitraums sollten diejenigen Client-Anwendungen, Batch-Läufe, Reports etc. laufen, für die ein Tuning via Materialized Views untersucht werden soll.

```
SQL> EXEC dbms_workload_repository.create_snapshot (); -- als DBA
SQL> SQL> SELECT MAX(snap_id) FROM dba_hist_snapshot;

MAX(SNAP_ID)
------------
         154

-- Ausführen des Workloads als normaler User

SQL> EXEC dbms_workload_repository.create_snapshot (); -- als DBA
SQL> SELECT MAX(snap_id) FROM dba_hist_snapshot;

MAX(SNAP_ID)
------------
         155
```

Jetzt werden aus dem angefallenen Workload die ressourcenintensivsten SQL-Statements ausgesucht und in ein so genanntes *SQL-Tuning-Set* (STS) geladen, das einfach einen Container zur weiteren Verarbeitung darstellt.

```
SQL> EXEC dbms_sqltune.create_sqlset('my_sts');

SQL> DECLARE
       sts_cursor dbms_sqltune.sqlset_cursor;
     BEGIN
       OPEN sts_cursor FOR
         SELECT VALUE(p)
         FROM   TABLE(dbms_sqltune.select_workload_repository(
                        154    -- Start-Snap-ID
                       ,155    -- Ende-Snap-ID
                       ,'executions > 1 AND disk_reads > 100' -- Filter
                       ,NULL   -- Object-Filter
                       ,'disk_reads'  -- Sortierung
                     )) p;
       dbms_sqltune.load_sqlset('my_sts', sts_cursor);
     END;
     /
```

Als Nächstes wird ein Workload-Objekt erzeugt, das mit den SQL-Statements aus dem STS befüllt wird. Für diesen Workload wird daraufhin ein Tuning-Task erzeugt und ausgeführt:

```
SQL> VARIABLE workload_name VARCHAR2(20)
SQL> VARIABLE task_name VARCHAR2(20)
SQL> VARIABLE saved_stmts NUMBER
SQL> VARIABLE failed_stmts NUMBER
```

```
SQL> EXEC :workload_name := 'MY_WORKLOAD';
SQL> EXEC :task_name := 'MY_TASK';

SQL> EXEC dbms_advisor.create_sqlwkld(:workload_name);
SQL> EXEC dbms_advisor.import_sqlwkld_sts(
          :workload_name, 'my_sts', 'NEW', 1, :saved_stmts, :failed_stmts);
SQL> EXEC dbms_advisor.create_task ('SQL Access Advisor', :task_name);
SQL> EXEC dbms_advisor.add_sqlwkld_ref(:task_name, :workload_name);
SQL> EXEC dbms_advisor.execute_task(:task_name);
```

Die Tuning-Vorschläge sind nun im Data-Dictionary abgelegt und können von dort bereits abgefragt werden. Komfortabler ist jedoch die Generierung eines Skripts (`tuning.sql`), das bereits entsprechende SQL-Kommandos zur Erzeugung der notwendigen Objekte enthält.

```
SQL> EXEC dbms_advisor.create_file(
        dbms_advisor.get_task_script(:task_name),'ADVISOR_RESULTS', 'tuning.sql');
```

Zu guter Letzt sollte wieder aufgeräumt werden, indem STS, Workload-Objekt und Tuning-Task gelöscht werden:

```
SQL> EXEC dbms_advisor.reset_task(:task_name);
SQL> EXEC dbms_advisor.delete_sqlwkld_ref(:task_name, :workload_name);
SQL> EXEC dbms_advisor.delete_sqlwkld(:workload_name);
SQL> EXEC dbms_advisor.delete_task(:task_name);
SQL> EXEC dbms_sqltune.drop_sqlset('my_sts');
```

13.6 Information Lifecycle Management

Für große Datenbanken, die sowohl aktuelle als auch historische Daten enthalten, wird auch der Begriff des *Information Lifecycle* zunehmend relevant. Häufig macht es Sinn, zwischen unterschiedlichen *Datengenerationen* oder *Datenklassen* zu unterscheiden:

- Auf aktuelle Daten wird normalerweise am häufigsten zugegriffen, und zwar sowohl lesend als auch schreibend. Auch sind hier die Performance- und Verfügbarkeitsanforderungen typischerweise am höchsten.
- Je älter die Daten werden, desto geringer wird die Zugriffsrate.
- Archivdaten nehmen den größten Teil des gesamten Datenvolumens ein, werden aber nur noch ausnahmsweise gelesen. Schreibende Zugriffe finden nicht mehr statt. Zugriffs-Performance und Verfügbarkeit für diese Daten sind weniger relevant.

Die Aufgabe von Information Lifecycle Management ist es nun, eine diesen Rahmenbedingungen entsprechende Implementierung zu finden, die für die Applikation transparent und zudem betriebswirtschaftlich sinnvoll ist.

Eine zentrale Rolle spielt dabei die Storage-Infrastruktur. Während bei den aktuellen Daten für höchste Performance und Verfügbarkeit Enterprise-Storage mit einer Vielzahl schneller Platten benötigt wird, können die anderen Datengenerationen auch mit günstigerem Storage betrieben werden, beispielsweise ATA-Platten, gegebenenfalls unter Verwendung von Komprimierung. Alte Daten können irgendwann in den Read-Only-Modus versetzt oder sogar gelöscht werden.

Innerhalb der Oracle-Datenbank lassen sich diese Anforderungen gut mithilfe einiger der in Kapitel 13.2 vorgestellten Partitionierungsvarianten umsetzen, insbesondere der

Range-, Intervall- und Reference-Partitionierung. Tabellen mit zeitbezogenen Daten lassen sich entlang der unterschiedlichen Datengenerationen in Partitionen aufgliedern. Da Partitionen physikalisch unabhängig sind, können sie entsprechend in verschiedenen Storage-Klassen liegen.

Wichtig für die Zuordnung sind insbesondere folgende Partitionseigenschaften:

- Der Tablespace entscheidet über das verwendete Storage, entweder direkt über die Lokation der Datendateien oder indirekt über die Wahl einer ASM-Diskgruppe.
- Mithilfe von Komprimierung kann Storage eingespart werden. Insbesondere für die älteren Datengenerationen ist dies interessant, da hier das Datenvolumen am größten ist und der auftretende Performance-Overhead nicht so schwer wiegt.
- Read-Only-Attribut: Dieses kann allerdings nicht direkt auf Partitionsebene, sondern lediglich indirekt – für den Tablespace, der die Partition aufnimmt – gesetzt werden.
- Verschlüsselung: Auch diese Eigenschaft lässt sich nur über den Tablespace steuern (*Transparent Data Encryption*, siehe Kapitel 11.12).

Eine entsprechende Implementierung muss also neben dem Erstellen neuer Partitionen (manuell oder automatisch via Intervall-Partitioning) die vorhandenen Daten im Laufe ihres Alterungsprozesses regelmäßig auf ihre jeweiligen Datengenerationen abbilden. Konkret kann dies zum Beispiel bedeuten, dass eine Partition mit alten Daten auf ein günstigeres Storage-Medium verschoben, komprimiert, auf Read-Only gesetzt oder sogar verworfen wird.

Dies entspricht SQL-Befehlen wie:

```
-- Partition q1_10 komprimieren und in Low Cost-Storage verschieben
SQL> ALTER TABLE auftraege_part MOVE PARTITION q1_10
     TABLESPACE ts_alt COMPRESS
     UPDATE GLOBAL INDEXES;

-- Partitionen in Archiv-Tablespace Read-Only setzen
SQL> ALTER TABLESPACE ts_archiv READ ONLY;

-- Partition q1_08 löschen
SQL> ALTER TABLE auftraege_part DROP PARTITION q1_08;
     UPDATE GLOBAL INDEXES;
```

13.6.1 ILM Assistant

Die beschriebenen Mechanismen zum „Altern" der Daten kann man natürlich manuell oder mithilfe von Jobs implementieren. Alternativ gibt es von Oracle auch ein kleines Werkzeug hierfür, das sich *ILM Assistant* nennt. Es handelt sich um eine Apex-Applikation, also eine webbasierte Anwendung, die innerhalb der betreffenden Datenbank läuft. Insbesondere müssen bei der Erstellung der Datenbank oder nachträglich die JVM, XML DB sowie Oracle Application Express installiert werden (siehe Kapitel 9.5.3).

Der ILM Assistant ist ein separater Download von der Oracle-Seite. Die Installation ist in der beiliegenden Dokumentation gut erklärt und besteht im Wesentlichen aus dem Aufruf einiger SQL*Plus-Skripte. Die Umsetzung mithilfe des ILM Assistant besteht im Wesentlichen aus drei Schritten:

1. Definition der *Logical Storage Tiers*: Damit sind die verschiedenen Storage-Töpfe gemeint, zusammen mit den ihnen zugeordneten Tablespaces sowie den Storage-Kosten, die für Reporting-Zwecke benutzt werden.
2. Einrichten der *Lifecycle Definitions*: Hiermit wird festgelegt, was zu bestimmten Zeitpunkten mit den Daten in einem Storage-Topf passieren soll, also ob diese verschoben, archiviert oder gelöscht, komprimiert oder read-only gesetzt werden sollen. Wann diese Aktionen ausgelöst werden, hängt von den festgelegten *Retention Times* ab, also der Angabe, wie lange die Daten in einem Storage-Topf verbleiben sollen.
3. Als Letztes wählt man die Tabellen aus, für die ein solches ILM betrieben werden soll (*Lifecycle Tables*), und ordnet sie den Lifecycle Definitions zu.

Wichtig zu wissen ist, dass der ILM Assistant zunächst einmal nur Vorschläge generiert und diese in Form von *Lifecycle Events* darstellt, einschließlich eines SQL-Skripts zur Umsetzung dieses Vorschlags. Dieses SQL-Skript kann angezeigt, abgespeichert oder auch über den Oracle Scheduler (siehe Abschnitt 7.9.2) zeitgeplant werden.

Einmal eingerichtet, bietet der ILM Assistant auch verschiedene Reports, z. B. über die aktuelle Datenverteilung sowie Kosten und Einsparungen für die verwalteten Tabellen. Auch ist es möglich zu simulieren, wie sich ein ILM für eine bestimmte Tabelle auswirken würde, sprich welche Einsparungen im Storage-Bereich realisiert werden könnten. Dies kann als Hilfe verwendet werden, um den Aufwand für die nachträgliche Partitionierung einer großen Tabelle zu motivieren.

13.7 Backup und Recovery

Naturgemäß dauert auch das Sichern einer großen Datenbank mit Standardverfahren besonders lange. Hier lohnt es sich, einen genaueren Blick auf bestimmte Sicherungsverfahren zu werfen. Dieses Kapitel soll aber keinen Ersatz und auch keine Wiederholung von Kapitel 8 darstellen, sondern lediglich einige Punkte noch einmal betonen, die im Umfeld großer Datenbanken besonders relevant werden.

Wenn eine entsprechende Storage-Infrastruktur vorhanden ist, sind natürlich Snapshot- oder SnapMirror-Verfahren wie die in Kapitel 8.12 beschriebenen sehr interessant, da sie die Zeitfenster für die Sicherung unabhängig von der Datenbankgröße halten.

Eine weitere Möglichkeit, die ohne spezielle Storage-Hardware auskommt, sind die sogenannten *inkrementellen Backups*. Diese sind in Kapitel 8.6.1 genauer beschrieben. Auf zwei Punkte sollte man dringend achten:

- Das sogenannte *Block Change Tracking* sollte aktiviert sein, denn damit bringt ein inkrementelles Backup den größten Zeitvorteil. Zwar werden in jedem Falle nur die geänderten Blöcke auf das Backup-Medium geschrieben. Aber nur im Zusammenspiel mit Block Change Tracking beschränkt sich auch das Lesen aus der Datenbank auf diejenigen Blöcke, die sich tatsächlich geändert haben.
- Um den Restore-Prozess nicht zu sehr zu verlangsamen, sollten kumulative inkrementelle Backups verwendet werden. Das bedeutet, dass alle Änderungen seit dem letzten Voll-Backup gesichert werden, nicht bloß alle Änderungen seit dem letzten Voll- oder inkrementellen Backup. Bei einem Restore müssen somit auch lediglich ein Voll-Backup sowie das letzte inkrementelle Backup wieder eingespielt werden.

Sind die Wiederherstellungszeiten der Datenbank kritisch, so wird die oben genannte Methode nicht immer zufriedenstellend sein, denn durch die Verwendung inkrementeller Backups werden die Restore-Zeiten in jedem Falle verlängert. Gegen Hardware-Fehler helfen hier im Endeffekt nur Replikationstechniken, z. B. der Aufbau einer Data-Guard-Umgebung (siehe Kapitel 12.5).

Eine weitere Hilfe insbesondere gegen Benutzerfehler bieten die verschiedenen Flashback-Techniken:

- *Flashback-Queries* erlauben das Rekonstruieren versehentlich gelöschter oder geänderter Daten. Hier sollte auf einen ausreichend hohen Wert des Serverparameters `undo_retention` sowie einen ausreichend dimensionierten Undo-Tablespace geachtet werden. Diese Konfigurationen sind in Kapitel 8.8.1 genauer beschrieben.
- Mit *Flashback Table* können versehentlich gelöschte Tabellen wiederhergestellt werden. Diese Technik ist standardmäßig aktiviert, für Details siehe Kapitel 8.8.4.
- Etwas Vorbereitung dagegen erfordert die *Flashback Database*-Technik. Dabei werden zusätzlich zu den Redolog-Dateien sogenannte Flashback-Logs geschrieben. Diese ermöglichen ein Zurückrollen der gesamten Datenbank auf einen bestimmten Zeitpunkt. Eine Wiederherstellung auf einen bestimmten Zeitpunkt, z. B. vor einem fehlerhaften Job, wird so deutlich einfacher und schneller. Kapitel 8.8.5 beschreibt die Möglichkeiten und die notwendigen Vorbereitungen.

14 Migrationen und Upgrades

Es gibt eine ganze Reihe von Gründen, weshalb Datenbanken gelegentlich migriert werden müssen:

- Naheliegend ist natürlich die Support-Situation. Datenbanken älterer Versionsstände fallen irgendwann aus dem Support durch Oracle oder auch aus dem Support des Anwendungsherstellers heraus. Somit steht ein Versions-Upgrade an.
- Aber auch die Benutzung neuer Technologien kann eine treibende Kraft für einen Versionssprung sein. Häufig ist es auch eine Überlegung wert, eine ohnehin anstehende Migration mit einer Reorganisation zu kombinieren, um neue Funktionen wie beispielsweise Securefile-LOBs zu nutzen, große Tabellen zu partitionieren, transparente Datenverschlüsselung einzuführen etc.
- Ein Plattform(Hardware)- bzw. Betriebssystemwechsel kann aus verschiedenen Gründen angesagt sein, beispielsweise um Kostensenkungen zu realisieren (Umstieg auf Linux) oder weil durch eine Unternehmensfusion eine neue strategische Plattform gesetzt ist.
- Kostensenkungen lassen sich ggf. auch durch einen Umstieg von der Oracle Enterprise Edition auf Standard Edition oder Standard Edition One realisieren, vorausgesetzt dass keine für die Enterprise Edition spezifischen Funktionen benötigt werden. Da es hierfür keine einfache „Downgrade"-Möglichkeit gibt, muss eine Migration der Datenbank durchgeführt werden.
- Durch Unternehmenszusammenschlüsse oder Konsolidierungen ergeben sich oftmals Standortwechsel auch für das Datacenter.
- Noch weitergehender als ein Plattformwechsel wirkt sich häufig ein initiales Outsourcing der IT oder ein Wechsel des Hosting-Providers aus. Der neue Provider hat womöglich eine andere „favorisierte" Plattform, so dass eine Vielzahl kombinierter Standort- und Plattformmigrationen ins Haus steht.
- Auch ein Wechsel der Storage-Plattform, z. B. auf Oracle ASM, ist häufig aus Kosten- und Performance-Gründen motiviert.
- Schließlich kann es im Rahmen einer fortschreitenden Globalisierung des Geschäfts notwendig sein, dass die Datenbank Unicode-fähig gemacht wird, um beispielsweise Zeichen aus dem ostasiatischen Raum überhaupt speichern und verarbeiten zu können. Dies erfordert unter Umständen einen Zeichensatzwechsel, der in den meisten Fällen einer Migration gleichkommt.

Für die Durchführung der Migration steht eine ganze Reihe von Technologien zur Verfügung. Entscheidend bei der Auswahl sind dabei drei Faktoren, die sich primär aus dem Umfang der Migration und dem Stellenwert der Datenbank bzw. der darauf laufenden Anwendungen ergeben:

- Welches Migrationsszenario liegt vor: Wechsel von Datenbankversion, Edition, Plattform, Betriebssystem, Storage-Plattform, Standort oder Zeichensatz, Reorganisation von Teilen der Datenbank oder eine Kombination hiervon?

- Welche Auszeit ist erträglich? Zwei Anmerkungen hierzu:
  - Natürlich ist eine geringstmögliche Auszeit immer erstrebenswert, andererseits aber regelmäßig auch die teuerste Lösung. Betriebswirtschaftlich handelt es sich daher um ein klassisches Beispiel für Grenzkosten und Grenznutzen: Wie viel bringt eine weitere Einsparung an Auszeit (z. B. zehn Minuten statt einer Stunde) und wie viel Mehrkosten (Projektaufwand, Lizenzkosten) verursacht sie?
  - Neben der reinen Datenbankauszeit sollte man immer auch die Auszeit aus Sicht der Anwendung und der Endanwender im Auge behalten. Hier sind vor allem das Stoppen und Starten der Anwendungen und Schnittstellen sowie ggf. Zusatzarbeiten wie Tauschen von Host-Namen und IP-Adressen oder Einbinden in eine Cluster-Konfiguration zu betrachten.
- Wie hoch ist der potenzielle Schaden im Falle eines Fehlschlags, und was passiert bei einem Fehlschlag? Entscheidend sind hierbei diese Aspekte:
  - Sind realistische Testläufe für die Migration vorgesehen und auch im Zeitplan berücksichtigt, inklusive Zeitpuffern für den Fall, dass beim Test etwas schiefgeht und Korrekturen am Migrationsplan ausgearbeitet werden müssen?
  - Wie sieht eine angemessene Fallback-Strategie aus? Reicht es beispielsweise, ein altes Backup wieder einzuspielen, oder muss auch Tage nach der Migration noch ein Zurückfallen auf die alte Umgebung ohne Datenverlust möglich sein?
  - Häufig wird durch die Fallback-Möglichkeit auch determiniert, ob überhaupt eine In-Place-Migration durchgeführt werden kann oder eine Out-Of-Place-Migration notwendig ist. In letzterem Fall wird eine neue Datenbank in der neuen Umgebung aufgebaut, so dass natürlich temporär auch doppelter Speicherplatz und andere Ressourcen vorzuhalten sind.

Aus unserer Erfahrung können wir sagen, dass jede Migration einer geschäftskritischen Datenbank ein Projekt darstellt und dass so gut wie immer unvorhergesehene Dinge passieren. Geeignete Testläufe mit realistischen Daten und auch einer realistischen Last sind daher – jedenfalls für kritische Datenbanken – dringend zu empfehlen.

Da neben der reinen Funktionsfähigkeit ja auch die Performance nach der Migration stimmen soll, empfiehlt es sich ebenfalls, ausführliche Performance-Daten, z. B. in Form von Lastprofilen, vor und nach der Migration zu sammeln (sei es mit Statspack, AWR/ASH oder mit sonstigen Werkzeugen). Gerade bei Versions-Upgrades stellt sich häufig heraus, dass die meisten SQL-Befehle genauso gut oder besser laufen als vorher, es aber auch einige Querschläger gibt, deren Laufzeit sich deutlich verschlechtert hat und die daher ggf. überarbeitet werden müssen. Hat man entsprechende Vorher-/Nachher-Lastprofile zur Hand, lässt sich eine Problemanalyse viel schneller und entspannter durchführen.

In den folgenden Abschnitten werden nun verschiedene Migrationstechnologien vorgestellt. Dabei wird jeweils zunächst grob skizziert, für welche Migrationsszenarios diese Technologie infrage kommt und welche Vor- und Nachteile sie mit sich bringt.

14.1 Standard-Upgrade der Datenbankversion

Während der Installation der Software wird der Oracle Universal Installer Ihnen eine Liste der Datenbanken anzeigen, die migriert werden können. Normalerweise ist es aber sinnvoller, zunächst die Installation der Software zu beenden und erst in einem zweiten Schritt das Upgrade der Datenbanken durchzuführen. Häufig spielt man zunächst das Basis-Release ein und danach noch weitere Patches. Stößt man also direkt eine Migration aus dem Installer heraus an, würden die entsprechenden Datenbanken auf das Basis-Release migriert und müssten dann, nachdem die Patches eingespielt wurden, ein weiteres Upgrade durchlaufen.

Wenn Sie mit der Software-Installation fertig sind, können Sie das Upgrade der Datenbank am einfachsten über den *Database Upgrade Assistant* (DBUA) durchführen. Bei MS-Windows-Systemen befindet sich das Programm im Menü „Konfigurations- und Migrations-Tools", bei Unix-Systemen wird es einfach über den Befehl `dbua` aufgerufen. Der Vorteil der Benutzung dieses Werkzeugs liegt darin, dass zunächst alle erforderlichen Voraussetzungen geprüft und im Umfeld des Real Application Clusters alle Knoten mit einbezogen werden. Außerdem ist hierbei ein einfaches Zurückrollen im Fehlerfall möglich.

In einigen Fällen kann es schneller und sinnvoller sein, das Upgrade manuell, d. h. anhand von Skripten, durchzuführen. Dabei sind aber allerhand Vorkehrungen zu treffen, so dass Sie diese Art nur dann wählen sollten, wenn Sie:

- ein erfahrener Oracle-Administrator sind,
- sehr wenig Zeit für das Upgrade haben,
- vor dem Upgrade Ihrer Produktionssysteme einige Male das Upgrade geübt haben.

Ein weiterer Grund kann sein, dass der DBUA aus irgendwelchen Gründen das Upgrade nicht erfolgreich durchführt. In diesem Fall ist es wichtig zu wissen, dass die vom DBUA ausgeführten Skripte dieselben sind wie bei der manuellen Ausführung und insbesondere das zentrale Skript `catupgrd.sql` bei Problemen einfach mehrmals aufgerufen werden kann.

Auch bei der besten Vorbereitung kann es doch passieren, dass nach einiger Zeit festgestellt wird, dass der Betrieb der Datenbank unter der neuen Datenbankversion nicht ordnungsgemäß möglich ist. Daher stellt sich die Frage, wie man am schnellsten wieder zurück auf die alte Version kommt. Solange noch keine Funktionen der neuen Datenbankversion genutzt wurden, steht hierfür ein entsprechendes Downgrade-Verfahren zur Verfügung.

Beide Upgrade-Varianten (DBUA und manueller Upgrade) sowie das Downgrade werden in den folgenden Abschnitten genauer beschrieben.

In jedem Falle handelt es sich um ein reines Versions-Upgrade, optional kombiniert mit einer Storage-Migration. Auch ein Wechsel von 32-Bit Oracle-Software auf 64-Bit-Software ist damit möglich. Im Zuge des Upgrades können aber weder Server-, Plattform- oder Zeichensatzwechsel noch Reorganisationen der Datenbank durchgeführt werden. Es handelt sich auch um ein In-Place-Upgrade, daher ist die einzige Rückfallmöglichkeit das weiter unten beschriebene Downgrade-Verfahren, für das ein ähnlicher Zeit- und Testaufwand wie für das Upgrade einkalkuliert werden sollte.

Die konkrete Upgrade-Zeit hängt von den installierten Datenbankoptionen und -komponenten ab. Typische Zeiten liegen zwischen 30 und 90 Minuten. Bereits bei der Erstellung einer neuen Datenbank sollte man daher immer darauf achten, nur diejenigen Komponenten zu installieren, die auch wirklich gebraucht werden. Auf diese Weise hält man die benötigten Upgrade- und auch Patch-Zeiten, die ja bei diesem Verfahren Aus-

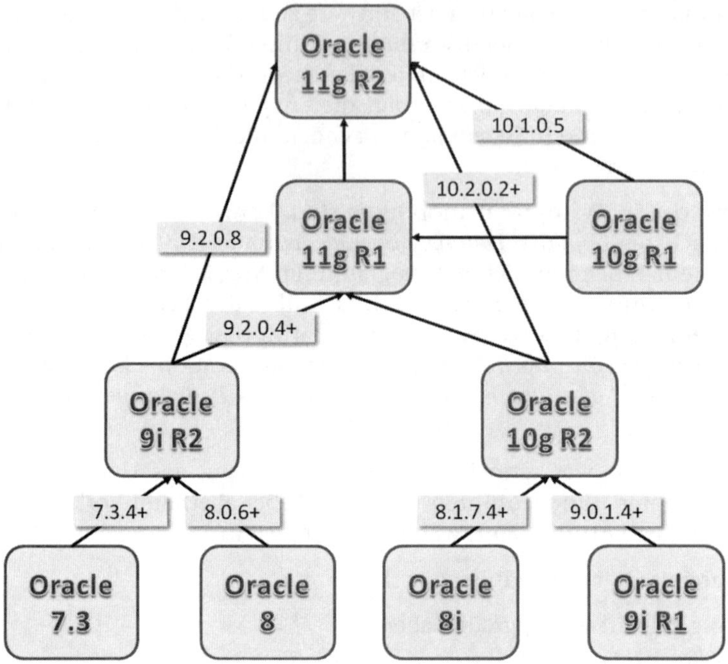

Abbildung 14.1: Mögliche Upgrade-Pfade beim Standard-Upgrade (DBUA oder manuell)

zeiten für die Anwender darstellen, minimal. Bei einer gleichzeitigen Storage-Migration kann die Auszeit erheblich länger ausfallen, da die Datenbankdateien in andere Verzeichnisse oder nach ASM verschoben werden müssen. Ein alternativer Zugang zu Storage-Migrationen wird daher in Abschnitt 14.3 vorgestellt.

Hat man strengere Anforderungen an die Auszeit oder möchte man den Upgrade mit einem Server-, Plattform- oder Zeichensatzwechsel oder einer Reorganisation der Datenbank kombinieren, muss eines der anderen in diesem Kapitel genannten Verfahren benutzt werden.

Vor dem Beginn des Upgrades sollte man sich schließlich noch vergewissern, dass der geplante Versionssprung überhaupt möglich bzw. unterstützt ist, ob ggf. vorher ein Patch-Release eingespielt werden muss oder sogar ein Upgrade in zwei Schritten durchgeführt werden muss. Abbildung 14.1 zeigt die möglichen Schritte, wobei ein unbeschrifteter Pfeil bedeutet, dass kein spezifisches Patchset erforderlich ist. Im Zweifelsfall sollte man die offizielle Dokumentation *Oracle Database Upgrade Guide* der neuen Datenbankversion zurate ziehen, in der ebenfalls alle möglichen Upgrade-Pfade beschrieben sind.

14.1.1 Database Upgrade Assistant

Im Vorfeld wird die neue Datenbank-Software installiert und ggf. gepatcht. Nach dem Aufruf des DBUA erscheint zunächst der obligatorische Willkommensbildschirm, anschließend erhalten Sie ein Auswahlmenü mit der Liste der verfügbaren Datenbanken. Hier wählen Sie die zu migrierende Datenbank aus.

Im nächsten Schritt erhalten Sie ggf. eine Liste von Warnungen und Hinweisen, welche Vorbereitungen vor dem eigentlichen Upgrade getroffen werden sollten (siehe Abbildung 14.2). Natürlich sollte man versuchen, möglichst viele dieser Punkte zu klären. Grundsätzlich gibt es aber auch die Möglichkeit, die Warnungen zu ignorieren und einfach fortzufahren.

Danach kann noch einmal ein Backup angestoßen werden. Dabei handelt es sich um ein Cold-Backup, das im weiteren Verlauf, nämlich nach dem Stoppen der Datenbank, unmittelbar vor dem eigentlichen Upgrade durchgeführt wird. Aus mehreren Gründen ist es aber sinnvoller, dieses Backup nicht auszuwählen und stattdessen ein unabhängiges Backup im Vorfeld durchzuführen:

1. Das DBUA-eigene Backup benötigt naturgemäß Zeit und verlängert damit die für das Upgrade benötigte Auszeit.
2. Werden die Datenbankdateien von ASM verwaltet, ist ohnehin kein DBUA-basiertes Backup möglich.
3. Im Gegensatz zum DBUA-eigenen Backup kann ein unabhängiges Hot-Backup im Vorfeld die bestehende Backup-Infrastruktur nutzen, also insbesondere RMAN, ggf. mit Tape-Anbindungen etc. Damit ist das Backup auch als solches im RMAN-Katalog oder in der Kontrolldatei der Datenbank registriert und kann bei Bedarf mit Standardmitteln wieder eingespielt werden.

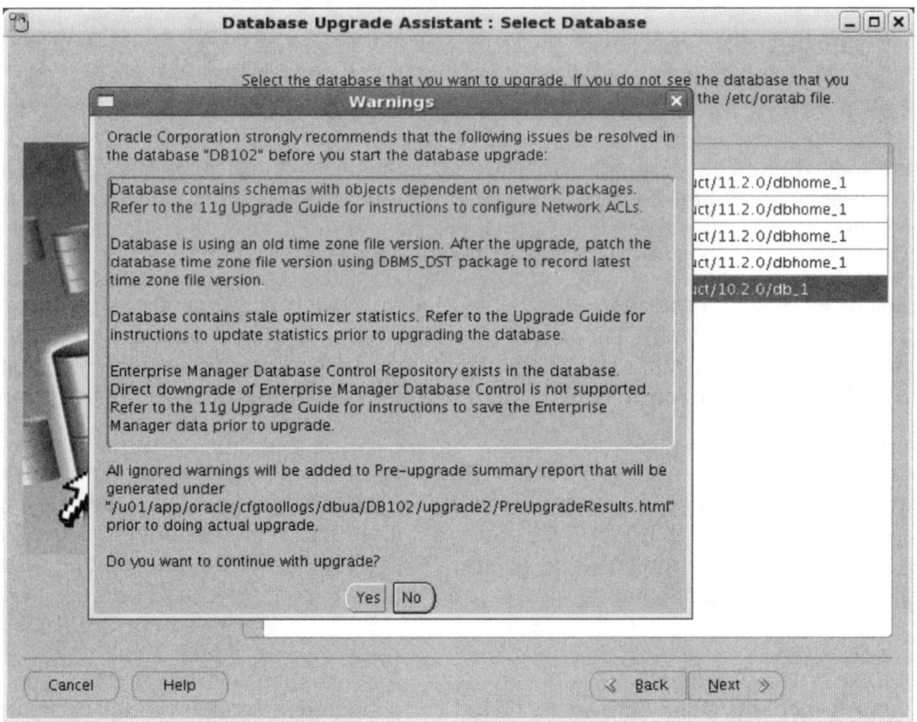

Abbildung 14.2: Warnungen im Vorfeld eines Upgrades mittels DBUA

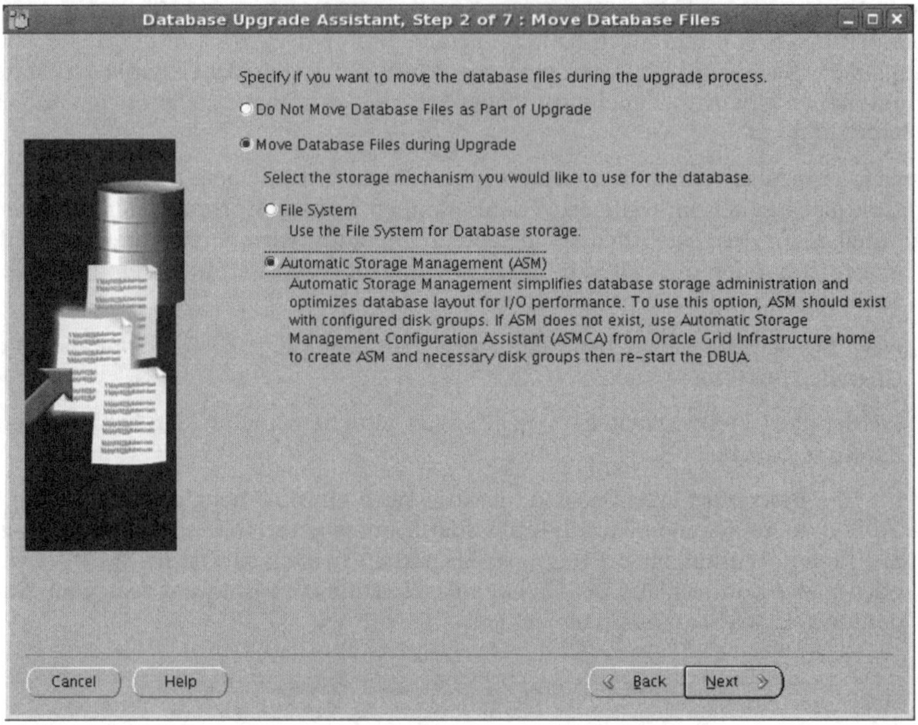

Abbildung 14.3: Storage-Migration mit dem DBUA

Entscheidet man sich dennoch für das DBUA-eigene Backup, muss ein Zielverzeichnis angegeben werden, in das außer den Kopien der Datenbankdateien ein kleines Skript für die Wiederherstellung namens `db_name_restore.bat` (Windows) bzw. `db_name_restore.sh` (Unix und Linux) abgelegt wird.

Im nächsten Schritt kann man entscheiden, ob zusätzlich zum Versions-Upgrade eine Storage-Migration, also eine Verlagerung der Datenbankdateien in andere Verzeichnisse oder nach ASM, stattfinden soll (siehe Abbildung 14.3). Entscheidet man sich dafür, werden im folgenden Schritt entsprechende Zielverzeichnisse oder ASM-Diskgruppen abgefragt.

Nach einigen weiteren Abfragen zur Fast Recovery Area sowie zum Enterprise Manager folgt eine abschließende Zusammenfassung des Datenbank-Upgrades. Hier zeigt sich auch ein weiterer Vorteil des Upgrade Assistants. Die nicht mehr benötigten Serverparameter werden automatisch entfernt. Ebenso werden Parameter, die während der Installation eine Minimalgröße haben müssen, automatisch gesetzt (siehe Abbildung 14.4).

Silent Upgrade

Wenn Sie mehrere Datenbanken in dieser Form upgraden wollen, bietet es sich an, ein Silent Upgrade durchzuführen. Dabei wird der Database Upgrade Assistant mit der Option `-silent` und unter Angabe der Datenbank-SID aufgerufen, z. B. in der Form:

```
$ dbua -silent -sid PS102 <weitere Optionen...>
```

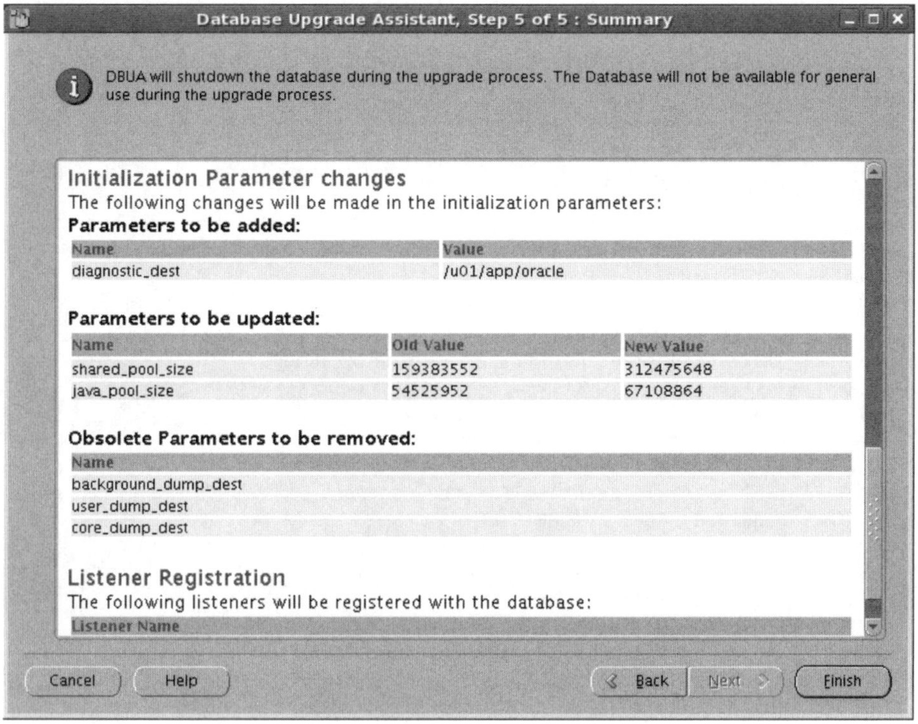

Abbildung 14.4: Upgrade-Zusammenfassung

Alle ansonsten interaktiven Eingaben können nun als weitere Optionen über die Kommandozeile mitgegeben werden. Ein Aufruf mit der Option -help liefert eine Übersicht über alle einschlägigen Optionen.

14.1.2 Manueller Upgrade

Bevor Sie mit einem manuellen Upgrade beginnen, müssen Sie das sogenannte „Pre-Upgrade Information Script" ausführen.[1] Dieses SQL*Plus-Skript liegt im Unterverzeichnis rdbms/admin des neuen Oracle-Homes. Der Skriptname lautet utlu<version>i.sql, im Falle eines Upgrades auf die Datenbankversion 11.2 also utlu112i.sql.

Dieses Skript wird als SYSDBA ausgeführt und liefert eine komplette Liste aller wichtigen Punkte, die für das Upgrade betrachtet werden müssen. Das folgende Listing zeigt die Ausgabe des Skriptes für eine Datenbank namens PS102 mit dem aktuellen Versionsstand 10.2:

1 Ansonsten kommt es spätestens beim eigentlichen Upgrade zu Fehlermeldungen.

```
Oracle Database 11.2 Pre-Upgrade Information Tool    01-14-2010 12:41:03
.
**********************************************************************
Database:
**********************************************************************
--> name:          PS102
--> version:       10.2.0.4.0
--> compatible:    10.2.0.3.0
--> blocksize:     8192
--> platform:      Linux IA (32-bit)
--> timezone file: V4
.
**********************************************************************
Tablespaces: [make adjustments in the current environment]
**********************************************************************
--> SYSTEM tablespace is adequate for the upgrade.
.... minimum required size: 728 MB
.... AUTOEXTEND additional space required: 248 MB
--> UNDOTBS1 tablespace is adequate for the upgrade.
.... minimum required size: 467 MB
.... AUTOEXTEND additional space required: 442 MB
--> SYSAUX tablespace is adequate for the upgrade.
.... minimum required size: 447 MB
.... AUTOEXTEND additional space required: 207 MB
--> TEMP tablespace is adequate for the upgrade.
.... minimum required size: 61 MB
.... AUTOEXTEND additional space required: 41 MB
.
**********************************************************************
Flashback: OFF
**********************************************************************
**********************************************************************
Update Parameters: [Update Oracle Database 11.2 init.ora or spfile]
**********************************************************************
WARNING: --> "shared_pool_size" needs to be increased to at least 298 MB
.
**********************************************************************
Renamed Parameters: [Update Oracle Database 11.2 init.ora or spfile]
**********************************************************************
-- No renamed parameters found. No changes are required.
.
**********************************************************************
Obsolete/Deprecated Parameters: [Update Oracle Database 11.2 init.ora or spfile]
**********************************************************************
--> background_dump_dest         11.1       DEPRECATED   replaced by
"diagnostic_dest"
--> user_dump_dest               11.1       DEPRECATED   replaced by
"diagnostic_dest"
--> core_dump_dest               11.1       DEPRECATED   replaced by
"diagnostic_dest"
.
**********************************************************************
Components: [The following database components will be upgraded or installed]
**********************************************************************
--> Oracle Catalog Views         [upgrade]  VALID
--> Oracle Packages and Types    [upgrade]  VALID
--> JServer JAVA Virtual Machine [upgrade]  VALID
```

```
--> Oracle XDK for Java            [upgrade]  VALID
--> Oracle Workspace Manager       [upgrade]  VALID
--> OLAP Analytic Workspace        [upgrade]  VALID
--> OLAP Catalog                   [upgrade]  VALID
--> EM Repository                  [upgrade]  VALID
--> Oracle Text                    [upgrade]  VALID
--> Oracle XML Database            [upgrade]  VALID
--> Oracle Java Packages           [upgrade]  VALID
--> Oracle interMedia              [upgrade]  VALID
--> Spatial                        [upgrade]  VALID
--> Data Mining                    [upgrade]  VALID
--> Expression Filter              [upgrade]  VALID
--> Rule Manager                   [upgrade]  VALID
--> Oracle OLAP API                [upgrade]  VALID
.
**********************************************************************
Miscellaneous Warnings
**********************************************************************
WARNING: --> Database is using a timezone file older than version 11.
.... After the release migration, it is recommended that DBMS_DST package
.... be used to upgrade the 10.2.0.4.0 database timezone version
.... to the latest version which comes with the new release.
WARNING: --> Database contains schemas with stale optimizer statistics.
.... Refer to the Upgrade Guide for instructions to update
.... schema statistics prior to upgrading the database.
.... Component Schemas with stale statistics:
....   SYS
....   SYSMAN
....   XDB
WARNING: --> Database contains INVALID objects prior to upgrade.
.... The list of invalid SYS/SYSTEM objects was written to
.... registry$sys_inv_objs.
.... The list of non-SYS/SYSTEM objects was written to
.... registry$nonsys_inv_objs.
.... Use utluiobj.sql after the upgrade to identify any new invalid
.... objects due to the upgrade.
.... USER PUBLIC has 1 INVALID objects.
.... USER SYS has 2 INVALID objects.
WARNING: --> Database contains schemas with objects dependent on network
packages.
.... Refer to the Upgrade Guide for instructions to configure Network ACLs.
WARNING: --> EM Database Control Repository exists in the database.
.... Direct downgrade of EM Database Control is not supported. Refer to the
.... Upgrade Guide for instructions to save the EM data prior to upgrade.
WARNING:--> recycle bin in use.
.... Your recycle bin turned on.
.... It is REQUIRED
.... that the recycle bin is empty prior to upgrading
.... your database.
.... The command:  PURGE DBA_RECYCLEBIN
.... must be executed immediately prior to executing your upgrade.
.
```

Im obigen Fall bedeutet dies, dass Sie zunächst den Serverparameter `shared_pool_size` auf 298 MB vergrößern müssen. Außerdem sollten die Parameter `background_dump_dest`, `user_dump_dest` und `core_dump_dest` gelöscht werden, da sie veraltet sind. Wichtiger wäre es, wenn so genannte *„obsolete“* Parameter aufgelistet worden wären, da das Starten der Datenbank unter der neuen Version 11.2 mit einem solchen Parameter nicht funktioniert. Die *„deprecated"* Parameter würden hingegen nur zu einer Warnung in der Alert-Datei führen.

Außerdem muss unmittelbar vor dem Upgrade der Papierkorb (*Recyclebin*) geleert werden.

Das Starten einer zu migrierenden Datenbank unter Version 11gR1 und 11gR2 ist nur möglich, wenn der Parameter `compatible` mindestens den Wert 10.0.0 hat. Daraus folgt eine wichtige Einschränkung: Zwar ist ein direktes Upgrade von 9.2.0.8 auf 11gR1 oder 11gR2 möglich, aber nur, wenn der `compatible`-Parameter zu Beginn des Upgrades mindestens auf besagten Wert 10.0.0 gesetzt wird. Dadurch ist aber kein Downgrade auf das ursprüngliche Release 9.2 mehr möglich. Für alle anderen Ausgangsversionen ist ein entsprechendes Downgrade möglich.

Das manuelle Upgrade sieht nun (für den Fall eines Upgrades der Datenbank `PS102` auf Version 11.2) insgesamt wie folgt aus:

1. Installation der Oracle 11g-Software in ein neues Home-Verzeichnis.
2. Stoppen des Listeners: Wenn Sie nur eine einzige Datenbank je Listener verwenden, ist es sinnvoll, diesen zu stoppen, da dadurch jeglicher Zugriff durch Dritte vermieden werden kann.
3. Prüfung der notwendigen Änderungen mit dem Skript `utlu112i.sql`:

```
SQL> CONNECT / AS SYSDBA
SQL> SPOOL /tmp/preupgrade.log
SQL> @?/rdbms/admin/utlu112i.sql
SQL> SPOOL OFF
```

4. Vollständiges Backup der Datenbank.
5. Anpassen der Serverparameter: Falls Sie eine Serverparameterdatei benutzen, sollten Sie diese zunächst in eine Parameterdatei umwandeln:

```
SQL> CREATE PFILE='/tmp/init.ora' FROM SPFILE;
```

   Diese Parameterdatei muss nun gemäß der Vorgaben des Pre-Upgrade-Information-Skripts angepasst werden. Auch alle anderen Parameter, insbesondere solche, die Pfade beinhalten, sollten noch einmal überprüft und ggf. angepasst werden. Falls es sich um eine RAC-Datenbank handelt, muss auch der Parameter `cluster_database=FALSE` gesetzt werden. Handelt es sich um eine Datenbank der Version 9.2, muss der Parameter `compatible` mindestens auf den Wert `10.1.0` gesetzt werden. Wie bereits erwähnt, ist in diesem Fall bei einem Problem auch kein Downgrade auf die Version 9.2 mehr möglich, sondern nur auf die Version 10.1.

6. Kopieren der Passwortdatei: Falls eine solche benutzt wird, muss sie nun in das neue Oracle-Home und dort in das Unterverzeichnis `dbs` (Unix) bzw. `database` (MS Windows) kopiert werden.
7. Stoppen der Datenbank
8. Bei MS Windows-Systemen muss jetzt der Service-Eintrag gelöscht und mit dem neuen Oracle-Home wieder eingetragen werden:

```
set ORACLE_SID=PS102
set ORACLE_HOME=D:\oracle\product\10.2.0
```

```
D:\oracle\product\10.2.0\bin\oradim -delete -sid PS102
set ORACLE_HOME=D:\oracle\product\11.2.0
D:\oracle\product\11.2.0\bin\oradim -new -sid PS102 -startmode auto -spfile
```

9. Auf Unix- und Linux-Systemen sollte nun das neue Oracle-Home in die `oratab`-Datei eingetragen und mittels `oraenv` sollten die Umgebungsvariablen entsprechend gesetzt werden. Damit wird nun die angepasste Parameterdatei wieder in eine Serverparameterdatei umgewandelt und die Datenbank im neuen Oracle-Home mit der Option „`UPGRADE`“ gestartet:

```
SQL> CREATE SPFILE FROM PFILE='/tmp/init.ora';
SQL> STARTUP UPGRADE
```

10. Falls es sich um ein Upgrade einer Datenbank der Version 9.2 handeln würde, müsste an dieser Stelle der seit Version 10g obligatorische `SYSAUX`-Tablespace erstellt werden, z. B.:

```
SQL> CREATE TABLESPACE SYSAUX
     DATAFILE '/u02/oradata/PS92/sysaux01.dbf' SIZE 500M
     AUTOEXTEND ON NEXT 10M MAXSIZE 1000M
     EXTENT MANAGMENT LOCAL
     SEGMENT SPACE MANAGEMENT AUTO;
```

11. Upgrade des Data-Dictionarys, erster Teil: Dazu müssen Sie das Skript `catupgrd.sql` aus dem Unterverzeichnis `rdbms/admin` des neuen Oracle-Homes aufrufen, also:

```
SQL> SPOOL /tmp/upgrade.log
SQL> @?/rdbms/admin/catupgrd.sql
SQL> SPOOL OFF
```

Sollte einer der folgenden Fehler auftreten:

```
ORA-00942: table or view does not exist
ORA-00904: "TZ_VERSION": invalid identifier
ORA-01722: invalid number
```

so ist das Pre-Upgrade-Information-Skript nicht gelaufen. In diesem Fall muss die Instanz mit `SHUTDOWN ABORT` wieder gestoppt und mit dem alten Oracle-Home normal gestartet werden. Anschließend lassen Sie wie oben beschreiben das Pre-Upgrade-Information-Skript laufen.

Zum Ende des Upgrade-Skripts wird die Instanz automatisch gestoppt.

12. Optionaler Check des Upgrades: Nach dem Upgrade können Sie sich das Ergebnis mit dem Skript `utlu112s.sql` ansehen. Es liegt im Unterverzeichnis `rdbms/admin` des neuen Oracle-Homes und gibt neben dem Status auch die benötigte Zeit pro Datenbankkomponente aus:

```
SQL> STARTUP RESTRICT
SQL> @?/rdbms/admin/utlu112s.sql
.
Oracle Database 11.2 Post-Upgrade Status Tool           01-14-2010 16:37:17
.
Component                               Status          Version  HH:MM:SS
.
Oracle Server
.                                        VALID      11.2.0.1.0  00:17:36
JServer JAVA Virtual Machine
.                                        VALID      11.2.0.1.0  00:05:08
```

```
Oracle Workspace Manager
.                                       VALID        11.2.0.1.0  00:00:43
OLAP Analytic Workspace
.                                  OPTION OFF        10.2.0.4.0  00:00:00
OLAP Catalog
.                                  OPTION OFF        10.2.0.4.0  00:00:00
Oracle OLAP API
.                                  OPTION OFF        10.2.0.4.0  00:00:00
Oracle Enterprise Manager
.                                       VALID        11.2.0.1.0  00:11:41
Oracle XDK
.                                       VALID        11.2.0.1.0  00:01:54
Oracle Text
.                                       VALID        11.2.0.1.0  00:01:01
Oracle XML Database
.                                       VALID        11.2.0.1.0  00:05:15
Oracle Database Java Packages
.                                       VALID        11.2.0.1.0  00:00:28
Oracle Multimedia
.                                       VALID        11.2.0.1.0  00:04:22
Spatial
.                                       VALID        11.2.0.1.0  00:05:13
Oracle Expression Filter
.                                       VALID        11.2.0.1.0  00:00:16
Oracle Rules Manager
.                                       VALID        11.2.0.1.0  00:00:12
Gathering Statistics
.                                                                00:05:35
Total Upgrade Time: 00:59:32
```

13. Upgrade des Data-Dictionarys, zweiter Teil: Durch Aufruf des Skripts `catuppst.sql` aus dem Unterverzeichnis `rdbms/admin` des neuen Oracle-Homes werden weitere Upgrade-Aktionen durchgeführt, für die die Instanz nicht im „Upgrade"-Modus gestartet sein muss:

    ```
    SQL> @?/rdbms/admin/catuppst.sql
    ```

    Wahlweise danach oder gleichzeitig in einer parallelen Session muss nun noch die Rekompilierung der PL/SQL- und Java-Objekte angestoßen werden:

    ```
    SQL> @?/rdbms/admin/utlrp.sql
    ```

    Die Kompilierung wird auf Basis des Serverparameters `cpu_count` automatisch parallelisiert.

14. Erneutes Starten der Datenbank für den normalen Betrieb:

    ```
    SQL> SHUTDOWN IMMEDIATE
    SQL> -- Ggf. Umsetzen des Serverparameters: cluster_database=TRUE
    SQL> STARTUP
    ```

15. Anpassung des Listeners: Wenn Sie eine `listener.ora`-Datei verwenden, müssen Sie zum Abschluss noch den Pfad zum neuen Oracle-Home eintragen. In jedem Fall muss aber der Listener der neuen Datenbankversion für den Remote-Zugriff auf die Datenbank verwendet werden.

Anschließend steht die Datenbank für den normalen Betrieb zur Verfügung.

14.1.3 Downgrade

Auch bei der besten Vorbereitung kann es doch passieren, dass nach einiger Zeit festgestellt wird, dass der Betrieb der Datenbank unter der neuen Version 11.2 nicht ordnungsgemäß möglich ist. Daher stellt sich die Frage, wie man am schnellsten wieder zurück auf die alte Version kommt.

Sicherlich wäre es möglich, eine neue Datenbank unter der alten Version aufzubauen und die Daten aus der 11.2-Datenbank zu exportieren, um sie dann in die alte Datenbank wieder zu importieren. Dieser Vorgang kann aber bei großen Datenbanken Tage in Anspruch nehmen, währenddessen die Datenbank nicht zur Verfügung steht.

Oracle bietet dafür grundsätzlich die Möglichkeit, ähnlich wie bei einem Upgrade, ein Downgrade auf das vorherige Release durchzuführen. Die in Abbildung 14.1 gezeigten direkten Upgrade-Pfade können also in umgekehrter Richtung für ein Downgrade genutzt werden. Einige wichtige Einschränkungen gibt es dabei:

- Das Downgrade ist grundsätzlich nur möglich, wenn sichergestellt ist, dass noch keine Funktionalitäten benutzt wurden, die erst mit der neuen Version möglich sind. Dafür gibt es den Serverparameter `compatible`. Mit diesem Parameter wird verhindert bzw. erlaubt, dass neue Funktionen benutzt werden können. Dieser Parameter muss also für das Downgrade z. B. auf Oracle 10.2 noch den ursprünglichen Wert 10.2.x haben.
- Nach einem Upgrade von der Version 9.2 auf 11.1 oder 11.2 ist kein Downgrade auf die Version 9.2 mehr möglich ist.
- Für den Enterprise Manager Database Control ist kein Downgrade möglich.

Für das Downgrade sind folgende Schritte durchzuführen:

1. Ermitteln, ob ein Downgrade möglich ist:

```
SQL> SHOW PARAMETER compatible
```

2. Stoppen und erneutes Starten der Datenbank mit der Option „`DOWNGRADE`" (aus dem neuen Oracle-Home heraus). Falls der Enterprise Manager Database Control läuft, muss dieser zuvor auf allen Instanzen gestoppt werden:

```
$ export ORACLE_UNQNAME=<Database Unique Name>
$ $ORACLE_HOME/bin/emctl stop dbconsole
SQL> SHUTDOWN IMMEDIATE
SQL> STARTUP DOWNGRADE
```

3. Downgrade des Data Dictionarys: Dazu müssen Sie als Benutzer `SYS` das Skript `catdwgrd.sql` aus dem Unterverzeichnis `rdbms/admin` des neuen Oracle-Homes aufrufen. Da für den Enterprise Manager Database Control kein Downgrade möglich ist, muss dessen Datenbankbenutzer `SYSMAN` ggf. zuvor gelöscht werden, also:

```
SQL> DROP USER sysman CASCADE;
SQL> SPOOL /tmp/downgrade.log
SQL> @?/rdbms/admin/catdwgrd.sql
SQL> SPOOL OFF
```

4. Herunterfahren der Datenbank:

```
SQL> SHUTDOWN IMMEDIATE
```

5. Bei MS Windows-Systemen muss jetzt der Service-Eintrag gelöscht und mit dem alten Oracle-Home wieder eingetragen werden:

```
C:\> set ORACLE_SID=PS102
C:\> set ORACLE_HOME=D:\oracle\product\11.2.0
C:\> D:\oracle\product\11.2.0\bin\oradim -delete -sid PS102
C:\> set ORACLE_HOME=D:\oracle\product\10.2.0
C:\> D:\oracle\product\10.2.0\bin\oradim -new -sid PS102 -startmode auto -spfile
```

6. Auf Unix- und Linux-Systemen sollte nun wieder das alte Oracle-Home in die `oratab`-Datei sollten eingetragen und mittels `oraenv` die Umgebungsvariablen entsprechend gesetzt werden.
7. Wenn sich die alte Serverparameterdatei und Passwortdatei nicht mehr im alten Oracle-Home befinden, müssen diese dort wieder eingespielt oder neu erzeugt werden. Falls es sich um eine RAC-Datenbank handelt, muss der Serverparameter `cluster_database=FALSE` gesetzt werden.
8. Hochfahren der Datenbank unter dem alten Oracle-Home mit der Option „`UPGRADE`" (sic!) und Downgrade aller Datenbankkomponenten:

```
SQL> STARTUP UPGRADE
SQL> SPOOL /tmp/relod.log
SQL> @?/rdbms/admin/catrelod.sql
SQL> SPOOL OFF
```

9. Nach einem erneuten Stoppen und Starten der Instanz sollten nun alle ungültigen Objekte neu kompiliert werden. Wenn es sich um eine RAC-Datenbank handelt, sollte nun auch der Serverparameter `cluster_database` wieder zurückgesetzt werden.

```
SQL> SHUTDOWN IMMEDIATE
SQL> STARTUP RESTRICT
SQL> @?/rdbms/admin/utlrp.sql
SQL> ALTER SYSTEM SET cluster_database=TRUE SCOPE=SPFILE;
```

Nach einem erneuten Durchstarten der Instanz ist das Downgrade geschafft, und die Datenbank arbeitet wieder in der alten Umgebung.

14.2 Rolling Upgrade der Datenbankversion

Seit der Datenbankversion 10.1.0.3 ist es möglich, ein sogenanntes *„Rolling Upgrade"* der Datenbank durchzuführen.[2] Der Vorteil liegt darin, dass die Datenbankauszeit nur so lange dauert wie ein Switchover mit einer Logical-Standby-Datenbank, also im Minutenbereich, im Gegensatz zu der Auszeit bei einem Standard-Upgrade, die typischerweise zwischen 30 und 90 Minuten liegt. Außerdem verringert sich das Risiko durch menschliche oder andere unerwartete Fehler beim Upgrade-Prozess. Diese Vorteile werden mit einer deutlich höheren Gesamtkomplexität des Upgrade-Prozesses erkauft. Hat man die entsprechende Infrastruktur in Form einer Logical Standby-Datenbank einmal aufgebaut, lässt sich diese aber auch für zukünftige Upgrades wiederverwenden.

2 Dieses Verfahren muss unterschieden werden von einem sogenannten „Rolling Patch", das auf einer RAC- oder RAC One-Datenbank durchgeführt werden kann. Wie der Name schon sagt, können damit aber lediglich One Off-Patches sowie CPUs (Critical Patch Updates) ohne Auszeit eingespielt werden, für Patchsets oder ganz neue Versionen funktioniert dieses Verfahren nicht. Wer an Rolling Patches interessiert ist, wird in Kapitel 12.4 fündig.

Es handelt sich um ein Out of Place-Upgrade, d. h., es wird eine neue Datenbank parallel zur bestehenden aufgebaut. Außer dem Versionssprung ist auch ein optionaler Storage-Wechsel möglich, nicht hingegen weitere Änderungen wie Reorganisationen, Plattform- oder Zeichensatzwechsel.

Sollten nach dem Upgrade Probleme auf der neuen Datenbank auftreten, kann ohne Datenverlust wieder auf die alte Umgebung zurückgefallen werden, wobei dafür in der Praxis zumeist ein manuelles Downgrade (siehe Abschnit 14.1.3) durchgeführt werden muss, das entsprechend vorher getestet werden sollte und vom Zeitaufwand her in der Größenordnung einer Stunde liegt.

Alle für Logical-Standby-Datenbanken geltenden Restriktionen übertragen sich auf das Rolling Upgrade-Verfahren, also z. B.:

- Das gesamte Verfahren ist nur im Rahmen der Oracle Enterprise Edition nutzbar.
- Tabellen mit benutzerdefinierten Datentypen (Objekttypen, VArrays und Nested Tables). Dazu gehören auch diverse Datentypen, die von der Spatial-, Image- oder Text-Option verwendet werden. Diese Einschränkung ist mit den Datenbankversionen 10.2.0.4 sowie 11.1.0.7 oder höher teilweise aufgehoben. In diesem Fall können mithilfe von zusätzlichen Spalten in den betroffenen Tabellen sowie Triggern auf der Primär- und Standby-Datenbank die benutzerdefinierten Typen in Standard-Datentypen umgewandelt werden. Diese Technik nennt sich EDS (Extended Datatype Support) und ist in dem My Oracle Support-Dokument 559353.1 genauer beschrieben.
- Tabellen mit Datentypen BFILE, ROWID oder Securefile LOB
- Tabellen mit Securefile LOB-Spalten (eingeschränkt möglich in 11gR2)
- Tabellen mit virtuellen Spalten
- In 11gR1: Tabellen mit COMPRESS-Eigenschaft
- Die Oracle XML DB

Einen umfassenden Überblick über nicht unterstützte Objekte gibt die View `DBA_LOGSTDBY_UNSUPPORTED`. Die Standby-Datenbank enthält zwar diese Objekte, aber Änderungen auf diesen Objekten werden nicht repliziert. Die betreffenden Objekte müssen daher per Export/Import oder Data Pump gesondert übernommen werden, bevor die neue Datenbank für die Benutzer freigegeben wird.

Ein wichtiger und oftmals unterschätzter Aspekt bei dem Verfahren ist die Frage, ob die Anwendungen das „Rollieren“ der Datenbank, sprich das Umschalten auf eine andere Datenbank, mitmachen und – wenn ja – inwiefern dies transparent für die Endbenutzer geht. Dies lässt sich aus Datenbanksicht nicht beurteilen und für manche paketierten Anwendungen auch nicht steuern, ist aber entscheidend für die Frage nach der Gesamt-Auszeit aus Applikations- bzw. Service-Sicht.

Daher werden in den folgenden Abschnitten beide Aspekte genauer beschrieben.

14.2.1 Durchführung des Rolling Upgrades

Das Verfahren sieht grob skizziert so aus:

1. Im Vorfeld wird auf dem bestehenden Datenbankserver die neue Datenbank-Software inklusive aller Patchsets und Patches in ein neues Oracle-Home installiert. Eine Datenbank wird nicht erstellt. Falls es zu der bestehenden Datenbank bereits existierende Physical-Standby-Datenbanken auf anderen Servern gibt (beispielsweise als Desaster-Recovery-System), sollte auch auf diesen bereits die neue Oracle-Software installiert werden.
2. Zunächst wird eine physische Standby-Datenbank aufgebaut,[3] die anschließend in eine logische Standby-Datenbank konvertiert wird. Diese dient als Replikat der bestehenden Datenbank und sollte vorzugsweise auf einem anderen Server laufen. Die Anwender arbeiten normal auf der bisherigen Datenbank weiter, die im Folgenden als Primärdatenbank bezeichnet wird.
3. Wenn die Übertragung der Daten auf das Standby-System via „SQL Apply" funktioniert und die beiden Datenbanken synchron sind, wird die Replikation vorübergehend unterbrochen und das Upgrade auf der Standby-Datenbank durchgeführt, wahlweise mit dem in Abschnitt 14.1.1 beschriebenen DBUA oder mit einem manuellen Upgrade laut Abschnitt 14.1.2. Nach dem Upgrade sollte der Serverparameter `compatible` noch auf dem alten Wert belassen werden.
4. Nach erfolgreichem Upgrade wird die Replikation wieder aufgenommen, wodurch alle zwischenzeitlich erfolgten Änderungen auf der Standby-Datenbank nachgefahren werden.
5. Alle Sessions auf der Primärdatenbank müssen nun abgemeldet werden. Hier beginnt die Auszeit für die Anwender. Anschließend werden die Rollen von Primär- und Standby-Datenbank getauscht. Dies entspricht einem normalen Switchover der Standby-Datenbank. Die einzige Besonderheit ist, dass beide Datenbanken unterschiedliche Versionen haben, wobei allerdings die Werte der `compatible`-Parameter noch übereinstimmen. Nach dem Switchover können sich die Clients an der ehemaligen Standby-Datenbank neu anmelden und zunächst weiterarbeiten. Es erfolgt jedoch jetzt noch keine Replikation in umgekehrter Richtung (das SQL Apply wird gestoppt), da als Nächstes das Upgrade auf der ursprünglichen Datenbank ausgeführt werden soll.
6. Falls es zu der ehemaligen Primärdatenbank bereits Physical-Standby-Datenbanken gab, müssen diese nun ebenfalls auf den neuen Versionsstand gebracht werden:
   (a) Zunächst werden die ehemalige Primärdatenbank sowie sämtliche Physical-Standby-Datenbanken gestoppt.
   (b) Die Physical Standby-Datenbanken werden anschließend aus dem neuen Oracle-Home heraus gestartet, in den MOUNT-Status gebracht und das Recovery gestartet. Mehr ist an dieser Stelle nicht zu tun. Das eigentliche Upgrade der Physical-Standby-Datenbanken erfolgt automatisch im Zuge des Upgrades der ehemaligen Primärdatenbank im nächsten Schritt, da ja alle Änderungem – auch das Upgrade des Data Dictionarys – auf die Standby-Datenbanken repliziert werden.

3 Für den Aufbau eignet sich am besten der `DUPLICATE DATABASE`-Befehl des RMAN.

7. Nun wird aus dem neuen Oracle-Home heraus das Versions-Upgrade auf der ehemaligen Primärdatenbank durchgeführt, wiederum wahlweise mittels DBUA oder manuellem Upgrade.
8. Nach erfolgreichem Upgrade startet man die Replikation („SQL Apply") von der neuen Primär- auf die alte Primärdatenbank. Alle zwischenzeitlich erfolgten Änderungen werden dadurch auf der alten Primärdatenbank nachgefahren.
9. Diese Konstellation mit vertauschten Rollen kann nun beibehalten werden, bis beispielsweise bei einem weiteren zukünftigen Rolling Upgrade ein erneuter Rollentausch die ursprüngliche Rollenverteilung wiederherstellt etc.

   Möchte man hingegen explizit wieder die alte Rollenverteilung herstellen, müssen alle Sessions auf der neuen Primärdatenbank abgemeldet werden. Hier beginnt also eine zweite Auszeit für die Anwender. Anschließend werden wiederum die Rollen der beiden Datenbanken getauscht, so dass wieder die ursprüngliche Rollenverteilung von Primär- und Standby-Datenbank erreicht ist. Nach dem Switchover melden sich die Clients wieder an der Primärdatenbank an.
10. Beide Datenbanken haben nun identische Versionen, die `compatible`-Parameter sind jeweils noch auf dem alten Stand. Sollte es im weiteren Verlauf zu Problemen mit der neuen Datenbankversion kommen, kann man – solange der `compatible`-Parameter noch auf dem alten Wert steht – mit der in Abschnitt 14.1.3 beschriebenen Prozedur ohne Datenverlust auf die alte Version zurückfallen. Den `compatible`-Wert sollte man also nicht ohne Not anpassen, bevor die Datenbank einige Tage stabil läuft.
11. Die Logical-Standby-Datenbank kann anschließend wahlweise gelöscht oder für zukünftige Rolling Upgrades beibehalten werden.

Detaillierte Instruktionen finden sich in entsprechenden Oracle-Whitepapers unter dem Oberbegriff *Maximum Availability Architecture (MAA)*. Dort sind auch spezielle Schritte beschrieben, die notwendig sind, wenn eine oder beide der beteiligten Datenbanken den Versionsstand 10g haben. Beispielsweise müssen für eine 10g-RAC-Datenbank vor jedem Switchover alle Instanzen bis auf eine gestoppt und die zugehörigen Redolog-Threads deaktiviert werden. Außerdem müssen diverse Patches eingespielt werden.

14.2.2 Rolling Upgrade aus Anwendungssicht

Wie oben ersichtlich wird beim Rolling Upgrade einmal oder sogar zweimal die aktive Datenbank gewechselt, wobei zuvor alle Verbindungen beendet werden müssen (freiwillig durch die Anwendungen oder zwangsweise durch *Killen* seitens eines DBA).

Um die Auszeit aus Anwendungssicht gering zu halten, ist es daher wünschenswert, dass die Anwendungen und Endbenutzer möglichst transparent der Datenbank „nachfolgen". Anders als bei einem Failover zwischen verschiedenen Instanzen einer RAC-Datenbank gibt es hier aber nicht einen (!) Listener, der den Status aller Instanzen kennt und den Client an die richtige Instanz verbindet. Trotzdem sollte das Ganze möglichst automatisch vonstatten gehen, um die Komplexität auch für den DBA nicht noch weiter zu erhöhen. Daher ist etwas mehr Aufwand vonnöten, wie gleich ausgeführt wird.

Einrichten eines Rolling Service

Zunächst muss ein Service-Name eingerichtet werden. Ziel ist, dass die Anwendung sich bei der Anmeldung in ihrem TNS-String ausschließlich auf den Service-Namen beruft (das ist heutzutage auch der Normalfall). Entscheidend ist, dass der Service immer nur auf der jeweiligen Primärdatenbank aktiv ist, nicht auf der Logical-Standby-Datenbank. Evtl. ist ein entsprechendes Konstrukt schon eingerichtet, wenn im Vorfeld bereits eine Physical-Standby-Datenbank für Desaster Recovery-Zwecke bestand. Ansonsten kann dies wie folgt eingerichtet werden:

Für einen solchen „dynamischen" Service darf nicht der Serverparameter `service_names` verwendet werden. Stattdessen wird der Service über das PL/SQL-Package `DBMS_SERVICE` erstellt.

```
SQL> BEGIN
       DBMS_SERVICE.CREATE_SERVICE(
         service_name => 'myservice',
         network_name => 'myservice');
     END;
     /
```

Im Falle einer RAC-Datenbank können zusätzlich Informationen über bevorzugte Knoten mittels des `srvctl`-Werkzeugs ergänzt werden:

```
$ srvctl add service -d mydb -s myservice -r mydb1,mydb2 -a mydb3,mydb4
```

Das automatische Migrieren des Service, so dass er nur auf der jeweiligen Primärdatenbank aktiv ist, kann man nun mithilfe eines Triggers umsetzen, der beim Starten sowie bei einem Rollentausch der Datenbank auslöst und den Service entsprechend startet oder stoppt. Dieser Trigger braucht im Vorfeld lediglich auf der bestehenden Datenbank erstellt zu werden und wird anschließend auf alle Standby-Datenbanken repliziert:

```
SQL> CREATE OR REPLACE TRIGGER myservice_ctrl
     AFTER STARTUP OR DB_ROLE_CHANGE ON DATABASE
     DECLARE
       role v$database.database_role%TYPE;
     BEGIN
       SELECT database_role INTO role FROM v$database;
       IF role <> 'PRIMARY' THEN
         DBMS_SERVICE.STOP_SERVICE ('myservice');
       END IF;
       IF role = 'PRIMARY' THEN
         DBMS_SERVICE.START_SERVICE ('myservice');
       END IF;
     END;
     /
```

Transparentes Umschalten der Clients

Bei den Anwendungen und sonstigen Oracle-Clients muss nun unterschieden werden zwischen solchen, die die OCI-Schnittstelle benutzen,[4] und solchen, die mittels Thin JDBC, also unter Umgehung von OCI zugreifen.

4 Dabei ist es unerheblich, ob OCI direkt oder indirekt – z. B. via ODBC-Treiber oder Thick JDBC – genutzt wird.

Anwendungen, die OCI benutzen, können vom sogenannten TAF (Transparent Application Failover) profitieren, indem der von der Anwendung bzw. vom ODBC-Treiber benutzte TNS-Eintrag entsprechend angepasst wird. In dem TNS-Eintrag müssen als Adressliste mit Failover-Funktion die beiden beteiligten Datenbankserver für die Primär- und die logische Standby-Datenbank eingetragen sein, also z. B. so:

```
TNSENTRY =
  (DESCRIPTION =
    (FAILOVER=on)
    (ADDRESS_LIST =
      (ADDRESS = (PROTOCOL = TCP)(HOST = primaryhost)(PORT = 1521))
        (ADDRESS = (PROTOCOL = TCP)(HOST = standbyhost)(PORT = 1521))
      )
    (CONNECT_DATA =
      (SERVICE_NAME = myservice)
        (FAILOVER_MODE=
        (TYPE=select)
        (METHOD=basic)
        (RETRIES=180)
        (DELAY=1)
      )
    )
  )
```

Vollkommen transparent ist das Umschalten aber auch hiermit nur, wenn die Anwendung gerade rein lesend auf die Datenbank zugegriffen hat, also keine Transaktion geöffnet und keinen PL/SQL-Block ausgeführt hatte.

Ist dies nicht der Fall, muss die Anwendung sich zwar nicht explizit neu anmelden, aber über ein entsprechendes Exception-Handling ein Rollback ausführen und die letzte Aktion noch einmal versuchen. Bei einer über Thin JDBC verbundenen Anwendung muss die Anwendung außerdem selbst eine Neuanmeldung an die Datenbank durchführen.

14.3 Umzug auf ASM oder anderes Storage

Seit der Datenbankversion 10g bietet Oracle mit ASM (Automatic Storage Managment) einen eigenen Volume-Manager und ein Dateisystem an, das gerade im RAC-Umfeld gerne genutzt wird, um kein Cluster-Dateisystem lizenzieren zu müssen. Aber auch außerhalb der RAC-Welt ist ASM interessant, da es zum einen dank ungepuffertem I/O sehr gute Performance im Datenbankumfeld liefert, zum anderen mit eigenen Striping-, Mirroring-, Rebalancing-Fähigkeiten auch direkt auf einfachen Platten aufsetzen kann und somit die Anschaffung teurer Storage-Lösungen zumindest teilweise obsolet macht.

In jedem Falle ist der Wechsel auf ASM genauso wie jeder sonstige Wechsel auf ein anderes Storage-System mit einem Umzug der Datenbankdateien verbunden und insofern eine Migration.

14.3.1 Online-Migration mit ASM

Läuft die Datenbank bereits auf Basis von ASM und man möchte beispielsweise auf einen anderen Storage-Hersteller, Storage-Turm und/oder andere Platten migrieren, lassen sich sehr geschickt die Rebalancing-Fähigkeiten von ASM ausnutzen. Bei dieser

Methodik entsteht zwischenzeitlich eine erhöhte I/O-Last auf dem Datenbank-Storage, wodurch natürlich die Performance aller Anwender und Anwendungen etwas beeinträchtigt wird. Eine Auszeit im eigentlichen Sinne tritt aber nicht auf. Außerdem ist die zusätzliche I/O-Last mit der Standardeinstellung relativ gering.

Zunächst muss man die neuen Platten auf Betriebssystemebene sichtbar machen, damit die bestehende ASM-Instanz darauf zugreifen kann. Anschließend werden diese Platten wie in Kapitel 3.4.1 beschrieben für die Benutzung von ASM vorbereitet, d. h., das „Stamping" mithilfe des `oracleasm`-Werkzeugs muss durchgeführt und der Serverparameter `asm_diskstring` gegebenenfalls angepasst werden, um die Pfade zu den neuen Platten abzudecken:

```
SQL> ALTER SYSTEM
     SET asm_diskstring = '/dev/sdc*,/dev/sdd*,/dev/sde*,/dev/sdf*';
```

Für die Migration sollte ein Zeitfenster mit relativ geringer Datenbanklast gewählt werden, da durch das stattfindende Rebalancing eine erhebliche I/O-Last erzeugt wird. Über den Serverparameter `asm_power_limit` lässt sich wie mit einem Schieberegler einstellen, wie viel Energie die ASM-Instanz auf das Rebalancing verwendet. Wenn die Umstellung in einer ansonsten lastarmen Zeit stattfindet, lohnt es sich, für die Dauer der Storage-Migration den Parameter von seinem Standardwert 1 heraufzusetzen (der Wert kann zwischen 0 und 11 variiert werden), zum Beispiel:

```
SQL> ALTER SYSTEM
     SET asm_power_limit = 5;
```

Die eigentliche Migration besteht nun aus drei Schritten, die für jede Diskgroup genau in dieser Reihenfolge ausgeführt werden müssen, z. B. für die Diskgroup DATA:

1. Alle neuen Platten werden in einem Zug in die entsprechende Diskgroup eingehängt. Das Einhängen in einem Zug ist nicht zwingend, aber aus Performance-Sicht zu empfehlen, da dann nur einmal ein Rebalancing durchgeführt werden muss.

   ```
   SQL> ALTER DISKGROUP data ADD DISK 'ORCL:ASMDISK3';
   ```

2. Alle alten Platten werden in einem Zug aus ihrer jeweiligen Diskgroup gelöscht:

   ```
   SQL> ALTER DISKGROUP data DROP DISK 'ASMDISK3';
   ```

3. Das daraufhin einsetzende automatische Rebalancing muss man nun einfach bis zum Ende abwarten, wobei über die View `V$ASM_OPERATION` der Fortschritt kontrolliert und Schätzungen für die verbleibende Zeit abgefragt werden können. Nach Abschluss der Rebalancing-Operation sollte außerdem in der View `V$ASM_DISK` überprüft werden, dass die alten Platten nicht mehr aufgelistet sind.

Innerhalb einer Diskgroup muss wie gesagt diese Reihenfolge eingehalten werden. Es können aber durchaus mehrere Diskgroups parallel auf diese Weise migriert werden.

Im Nachgang kann man nun den Serverparameter `asm_diskstring` ausschließlich auf die neuen Platten setzen und die alten Platten vom Datenbankserver abhängen.

14.3.2 Sonstige Storage-Migrationen

Handelt es sich nun ausschließlich um eine Storage-Migration, d. h., Versionsstand, Plattform, Zeichensatz etc. bleiben unverändert, lässt sich dies gut als Out-of-Place-Migration mithilfe einer Physical-Standby-Datenbank bewerkstelligen. Die Auszeit aus

Datenbanksicht bewegt sich dabei typischerweise im Minutenbereich. Diese Methode bietet auch eine Fallback-Möglichkeit insofern, dass nach der Umstellung die alte Datenbank weiter mitgepflegt wird, so dass man selbst nach einiger Zeit ohne Datenverlust und wiederum mir einer Auszeit im Minutenbereich auf das alte Storage-System zurückfallen kann. Die neue Datenbank kann wahlweise auf demselben Server oder auf einem anderen Server laufen.

Das Verfahren besteht grob aus folgenden Schritten:

1. Aus der bestehenden Datenbank wird eine Physical-Standby-Datenbank erzeugt. Die dabei verwendete Serverparameterdatei verweist für die Speicherung der Datenbankdateien auf ASM-Diskgruppen.
2. Die Anwendungen beenden den Zugriff auf die bestehende Datenbank.
3. Durch ein sogenanntes *„Graceful Switchover"* tauschen die bestehende Produktivdatenbank und die Standby-Datenbank ihre Rollen.
4. Die Anwendungen verbinden sich gegen die neue Produktivdatenbank.
5. Da die ehemalige Produktivdatenbank nun als Standby-Datenbank weiterhin mitgepflegt wird, kann jederzeit ein erneuter Rollentausch (*Graceful Switchover*) stattfinden, um auf die alte Datenbank zurückzufallen.
6. Die Standby-Datenbank wird irgendwann einfach abgehängt und die Konfiguration entsprechend wieder entfernt.

Das Verfahren zum Aufbau einer Standby-Datenbank ist in Abschnitt 12.5.1 im Detail beschrieben. Die einzige Besonderheit, die hier beachtet werden muss, ist der Aufbau der Serverparameterdatei für die Standby-Datenbank, daher wird dieser Schritt hier noch einmal gesondert beschrieben. Oracle-SID und Unique-Name der alten Datenbank lauten in diesem Beispiel `DBNONASM`, die der neuen Datenbank `DBASM`. Läuft die neue Datenbank auf einem neuen Server, können natürlich beide auch identisch heißen.

Zunächst erstellt man aus der bestehenden Produktivdatenbank (`DBNONASM`) eine Vorlage für die Parameterdatei der neuen Datenbank (`DBASM`):

```
SQL> CREATE PFILE='/tmp/initDBASM.ora' FROM SPFILE;
```

Diese Parameterdatei wird nun auf den neuen Datenbankserver kopiert und dort wie folgt angepasst:

- Der Parameter `control_files` wird entfernt. Dieser wird im Rahmen des RMAN `DUPLICATE`-Kommandos zum Erstellen der Standby-Datenbank automatisch wieder hinzugefügt, mit den passenden Pfaden für die neuen Kontrolldateien.
- Parameter für bestehende lokale Redolog-Archivierungen, also `log_archive_dest_[1-31]` werden ebenfalls entfernt. Deren Rolle übernimmt auf der neuen Datenbank der weiter unten beschriebene Parameter `db_recovery_file_dest`.
- Die für Datendateien und archivierte Redolog-Dateien zu verwendenden ASM-Diskgruppen werden eingetragen, z. B.:

```
*.db_create_file_dest=+DATA
*.db_recovery_file_dest=+FRA
*.db_recovery_file_dest_size=20G
```

- Andere Pfade, z. B. der Parameter `diagnostic_dest`, müssen ggf. angepasst werden.

- Der FAL[5]-Parameter für die automatische Synchronisation der Standby-Datenbank werden gesetzt. Außerdem muss für die Zeit nach dem Rollentausch die ehemalige Produktivdatenbank als Standby-Ziel angegeben werden:

```
*.fal_server=TNSDBNONASM
*.standby_file_management=AUTO
*.log_archive_dest_2='service=TNSDBNONASM
                        valid_for=(online_logfiles,primary_role)
                        db_unique_name=DBNONASM' SCOPE=BOTH;
```

  Die beiden hierbei referenzierten TNS-Namen müssen auf dem neuen Datenbankserver auflösbar sein (ggf. durch entsprechende Einträge in der Datei `tnsnames.ora`) und jeweils auf die neue bzw. alte Datenbank verweisen.

- Falls alte und neue Datenbank auf demselben Server laufen, müssen sie unterschiedliche Unique-Names haben, also:

```
*.db_unique_name=DBASM
```

Auch die Parametrierung der bestehenden Datenbank muss leicht angepasst werden. Zum einen muss die neue Datenbank als Standby-Archivierungsziel angegeben werden. Zum anderen soll nach dem Rollentausch die ehemalige Produktivdatenbank als Standby-Datenbank weiter mitlaufen. Insofern benötigt auch diese den FAL-Parameter für die automatische Synchronisation, aber diesmal mit vertauschten Rollen, also z. B.:

```
SQL> ALTER SYSTEM SET log_archive_dest_2='service=TNSDBASM
     valid_for=(online_logfiles,primary_role) db_unique_name=DBASM' SCOPE=BOTH;
SQL> ALTER SYSTEM SET fal_server='TNSDBASM' SCOPE=BOTH;
SQL> ALTER SYSTEM SET standby_file_management=AUTO SCOPE=BOTH;
```

Die beiden referenzierten TNS-Namen müssen also auch auf dem neuen Datenbankserver auflösbar sein (ggf. durch entsprechende Einträge in der Datei `tnsnames.ora`) und jeweils auf die alte bzw. neue Datenbank verweisen.

Anschließend wird mit der angepassten Parametrierung auf dem neuen Datenbankserver eine Serverparameterdatei erstellt und mit dieser die neue Instanz gestartet:

```
SQL> CREATE SPFILE FROM PFILE='/tmp/initDBASM.ora';
SQL> STARTUP NOMOUNT
```

Alle weiteren Schritte zum Aufbau der Standby-Datenbank sowie zum Graceful Switchover für den Rollentausch laufen exakt wie in Kapitel 12.5.1 beschrieben ab.

14.4 Plattformwechsel

Bei einem anstehenden Wechsel der Datenbankplattform ist eine Benutzung des DBUA nicht möglich. Je nach weiteren Migrationsanforderungen sowie der Länge der erträglichen Auszeit können hier unterschiedliche Technologien zum Einsatz kommen:

- Eine logische Offline-Übertragung der Anwendungsdaten
  - entweder über den Umweg des Dateisystems mithilfe der Oracle-Werkzeuge exp/imp oder Data Pump,
  - oder direkt zwischen alter und neuer Datenbank mithilfe von Datenbank-Links.

5 Fetch Archive Log

- Eine physische Offline-Übertragung der Anwendungsdaten mit Techniken wie Transportable Tablespace oder Transportable Database. Hier gibt es leicht unterschiedliche Durchführungsvarianten, die weiter unten beschrieben sind und die dazu führen, dass die benötigte Auszeit entweder proportional zur Datenbankgröße oder unabhängig davon ist.
- Eine logische Online-Übertragung der Anwendungsdaten mittels einer plattformübergreifenden Replikation mit der alten Datenbank als Quell- und der neuen Datenbank als Zielinstanz. Dies leisten beispielsweise Werkzeuge wie Oracle Goldengate, InfoSphere CDC von IBM oder SharePlex von Quest Software. Diese Lösungen bieten zweifellos die höchste Flexibilität und geringstmöglichen Auszeiten auch für komplexe Migrationen, sind aber auch mit zusätzlichen Lizenzkosten verbunden. Es läuft also auf eine Abwägung des Stellenwertes einzelner Datenbanken hinaus, ob sich der Einsatz dieser Werkzeuge lohnt. Dieses Szenario ist in Abschnitt 14.6 näher beschrieben.

14.4.1 Offline-Migration aller Daten

Wenn die Datenbank nicht gerade Read-Only benutzt wird, ist für die Dauer der Datenübertragung eine Auszeit vonnöten, und deren Länge ist proportional zum Datenvolumen. Im Falle einer Terabyte-Datenbank kommen hier schnell Auszeiten in der Größenordnung eines oder mehrerer Tage zusammen. Sie kann ggf. verkürzt werden, indem Daten, die faktisch Read-Only sind, z. B. historische Daten, ohne Auszeit bereits im Vorfeld übertragen werden. Hierfür ist aber eine entsprechende Kenntnis der Anwendung vonnöten.

Ein Vorteil dieser Methode ist, dass sie beliebig mit weiteren Veränderungen wie z. B. Versions-upgrade, Zeichensatzwechsel, Storage-Migration oder Reorganisationen kombinierbar sind. Außerdem funktioniert insbesondere die Variante mit den Werkzeugen exp/imp auch mit sehr alten Datenbankversionen, konkret sind alle Oracle-Datenbanken ab der Version 5 unterstützt!

In jedem Falle muss zunächst die Zieldatenbank als leere Datenbank, z. B. mithilfe des DBCA, aufgebaut werden. Meistens ist es außerdem eine gute Idee, im Vorfeld auch die Strukturen, also Tablespaces sowie sämtliche Anwendungsschemata und Tabellen als leere Hüllen auf der Zielseite anzulegen. Dieses Verfahren hat einige Vorteile:

- Für die eigentliche Migration wird weniger Auszeit benötigt, da „nur" noch die Daten übertragen werden müssen.
- Strukturelle Änderungen, z. B. Änderungen der Datendateipfade, Tablespace-Namen, Schemanamen oder Datentypen können in Ruhe vorbereitet und auf der Zielseite implementiert werden. Dies ist häufig fehlerträchtig und geht mit einigem Skripting-Aufwand einher. Die eigentliche Migration verliert dadurch an Komplexität.
- Bei Zeichensatzmigrationen Richtung Unicode müssen – wenn dies nicht bereits der Fall ist – die Datentypen aller `CHAR`- und `VARCHAR2`-Spalten auf `CHAR`-Längensemantik umgestellt werden. Dies ist weder mit exp/imp noch mit Data-Pump *on the fly* möglich und muss daher zwangsläufig durch vorheriges Erstellen der Tabellen mit entsprechend angepassten Datentypen erfolgen. Wie dies geht, ist in Abschnitt 14.5.1 beschrieben.

Anschließend werden Anwendungen und Endbenutzer von der Datenbank getrennt, ab hier beginnt also die Auszeit. Es folgt die eigentliche Datenübertragung. Ist diese abgeschlossen, können die Anwender sich auf der neuen Datenbank anmelden. Außerdem sollte schnellstmöglich ein Backup der neuen Datenbank angestoßen werden, damit man bei einem Medienfehler nicht unter Datenverlust wieder auf die alte Datenbank zurückfallen muss.

Die Details hinsichtlich der Übertragung der Strukturen sowie der eigentlichen Daten werden in den folgenden Abschnitten genauer beschrieben.

Datenübertragung

Die Werkzeuge exp/imp erlauben eine Übertragung auch von älteren Datenbankversionen. Insbesondere für diesen Zweck ist ihre Nutzung auch vollständig unterstützt. Für die Migration neuerer Datenbankversionen – ab der Version 10g – sollte allerdings die Alternative Data Pump in Betracht gezogen werden. Ab der Version 11g ist die Benutzung von exp nicht mehr unterstützt (imp hingegen bleibt unterstützt).

exp/imp sind durch ihre lange Historie sehr zuverlässig, haben allerdings gegenüber Data Pump Defizite bei der Performance. In jedem Fall sind die Laufzeiten proportional zur Datenmenge, wobei der Import häufig etwa zwei- bis dreimal so lange läuft wie der Export.

Bei der Arbeit mit exp/imp sowie Data-Pump im Migrationsumfeld sind einige Spezialitäten zu beachten:

- Für das Übertragen der Strukturen bzw. Daten sollte entweder ein Full-Export (Option `FULL=Y`) oder – gerade wenn es auch um eine Bereinigung geht – ein expliziter Export der einschlägigen Schemata oder sogar Tabellen angestoßen werden. Für die Übertragung der Strukturen werden mit der Option `ROWS=N` (exp/imp) bzw. `CONTENT=METADATA_ONLY` (Data Pump) die Dateninhalte ausgeblendet.
- Wird ein Full-Export genutzt, so muss dieser immer als Benutzer `SYSTEM` durchgeführt werden, nicht als Benutzer `SYS`. Andernfalls würde auch das Data Dictionary entladen und auf der Zieldatenbank wieder eingeladen, die aber ja bereits ein eigenes Data Dictionary besitzt. Dies führt mit großer Wahrscheinlichkeit zu Problemen.
- Das benutzte Export-Werkzeug muss der Version der alten Datenbank entsprechen. Analog muss das benutzte Import-Werkzeug der Version der neuen Datenbank entsprechen. Der Hintergrund ist, dass zwar das von exp/imp bzw. Data Pump benutzte Dateiformat versionskompatibel ist, nicht aber die Werkzeuge selbst. Häufig ist es sinnvoll, einfach das jeweilige Werkzeug aus dem entsprechenden Oracle-Home des Datenbankservers zu benutzen. Auf diese Weise muss auch nicht die gesamte Datenbank über das Netzwerk übertragen werden, sondern wird lokal auf dem Datenbankserver exportiert bzw. importiert.
- Die Performance des konventionellen Exports lässt sich durch Angabe der Klausel `DIRECT=Y` deutlich verbessern. Da das exp-Werkzeug keine direkte Parallelisierung anbietet, muss man ggf. selbst eine Parallelisierung des Exports durch Skripting mehrerer unabhängiger Teilexport realisieren, um eine weitere Beschleunigung zu erreichen.
- Der Import profitiert von einem großen Speicherbereich für den Aufbau der Indizes. Leider kann der Import nicht selbst die einschlägigen Session-Parameter setzen.

Stattdessen muss die neue Datenbank vor dem Import entsprechend parametriert werden. Standardmäßig ist eine Datenbank z. B. so konfiguriert:

```
workarea_size_policy=AUTO
pga_aggregate_target=1G
```

Für den normalen Betrieb ist dies eine sinnvolle Einstellung, allerdings gibt es eine Restriktion, dass eine einzelne Session, z. B. der Import, maximal 5 % des Gesamt-PGA-Pools erhält, also in obigem Beispiel 50 MB. Um einer einzigen oder wenigen Sessions mehr Hauptspeicher zuzuordnen, beispielsweise 1 GB, kann Folgendes gesetzt werden:

```
SQL> ALTER SYSTEM SET workarea_size_policy=MANUAL;
SQL> ALTER SYSTEM SET sort_area_size=1000000000 DEFERRED;
```

Dadurch wird jeder neuen Session, in diesem Falle also der Import-Session, 1 GB an Sortierbereich zugeordnet. Dies kann den Indexaufbau im Zuge des Imports um Faktoren beschleunigen. Man sollte aber auf keinen Fall vergessen, die entsprechenden Änderungen später wieder rückgängig zu machen!

- Export, Übertragung der Daten und Import können parallelisiert werden, wobei gleichzeitig das Disk-I/O zum Schreiben und Lesen der Dump-Dateien wegfällt. Bei exp/imp geht dies auf Unix-/Linux-Systemen, indem eine Named Pipe als Dump-Datei angegeben wird und ein weiterer Prozess per SSH die Daten aus der einen Named Pipe in die andere schreibt. Bei Data Pump gibt es hierfür einen eigenen Parameter namens `NETWORK_LINK`. Für beide Varianten werden unten Beispiele angegeben.
- Vor einer Datenübertragung mit Data Pump zwischen Datenbanken mit unterschiedlichen Zeichensätzen sollte man das My Oracle Support-Dokument 553337.1 genau zurate ziehen, da es bei älteren Patch-Levels sonst zu Datenkorruptionen kommen kann.

Beispiele

Hier seien einige Beispiele gegeben, jeweils mit exp/imp bzw. Data Pump:

Für einen Export der Strukturen bzw. Daten mit dem konventionellen Export bzw. Data Pump:

```
$ exp system FULL=Y FILE=fulldb.dmp LOG=fulldb_exp.log DIRECT=Y [ROWS=N]
$ expdp system FULL=Y DIRECTORY=mydpdir DUMPFILE=fulldb.dmp
  LOGFILE=fulldb_exp.log [CONTENT=METADATA_ONLY]
```

Für einen Import der Daten mit dem konventionellen Export bzw. Data Pump bei bereits vorhandenen Strukturen:

```
$ imp system FULL=Y FILE=fulldb.dmp LOG=fulldb_imp.log IGNORE=Y
$ impdp system FULL=Y DIRECTORY=mydpdir DUMPFILE=fulldb.dmp LOGFILE=fulldb_imp.log
  TABLE_EXISTS_ACTION=APPEND
```

Parallelisierung von Export und Import unter Umgehung von Platten-I/O mit exp/imp: Auf dem neuen Datenbankserver wird ein Import aus einer Named Pipe angestoßen. Dieser hängt zunächst:

```
$ mknod /tmp/exp_pipe p
$ imp system file=/tmp/exp_pipe <weitere Optionen...>
```

Auf dem alten Datenbankserver wird der Export in eine Named Pipe sowie ein SSH-Transfer in die Named Pipe auf dem neuen Datenbankserver angestoßen:

```
$ mknod /tmp/exp_pipe p
$ cat /tmp/exp_pipe | ssh zielhost -l oracle "cat > /tmp/exp_pipe" &
$ exp system file=/tmp/exp_pipe <weitere Optionen...> &
```

Mit Data Pump läuft die Parallelisierung von Export und Import unter Umgehung von Platten-I/O etwas anders ab: Es wird kein expliziter Export aufgerufen. Stattdessen wird lediglich auf dem neuen Datenbankserver ein Import gestartet, wobei mit dem Parameter `NETWORK_LINK` ein Datenbank-Link mitgegeben wird, der auf den alten Datenbankserver zurück verweist. Es wird keinerlei Dump-Datei erzeugt oder benutzt, sondern alle Daten werden per DB-Link übertragen. Dies funktioniert daher auch nur für solche Daten, die prinzipiell per DB-Link übertragen werden können, also nicht für Datentypen LONG und LONG RAW sowie für Objekttypen.

```
SQL> CREATE DATABASE LINK olddb CONNECT TO system IDENTIFIED BY <password>
     USING '<Alte Datenbank>';
$ impdp system FULL=Y NETWORK_LINK=olddb <weitere Optionen...>
```

14.4.2 Transportable Tablespace

Ein Tablespace-Transport ermöglicht das Umziehen auch großer Datenbanken auf einen anderen Datenbankserver mit geringer Auszeit.

Grundvoraussetzung ist in jedem Falle, dass die bestehende Datenbank als Enterprise Edition lizenziert ist und mindestens den Versionsstand 8i hat. Die Zieldatenbank muss dagegen nicht zwangsläufig als Enterprise Edition lizenziert sein. Damit tatsächlich auch ein Plattformwechsel möglich ist, müssen beide Datenbanken mindestens Versionsstand 10g haben. In diesem Fall sind sogar Wechsel auf eine Plattform mit einer anderen Byteorder[6] möglich, z. B. von HP/UX nach Linux. In der View `v$transportable_platform` sind alle hierfür unterstützten Plattformen aufgelistet.

Außerdem funktioniert das Verfahren nur, wenn die Zeichensätze von Quell- und Zieldatenbank übereinstimmen, ein Wechsel z. B. auf Unicode ist also nicht möglich.

Da der Tablespace-Transport ein physisches Kopieren der Datendateien beinhaltet, ist es mit dieser Methode nicht möglich, nebenbei eine Reorganisation der Datenbank durchzuführen, also z. B. auf neue Tablespace-Typen oder auf Securefile-LOBs zu wechseln oder einzelne Tabellen zu partitionieren. Ein Fallback ohne Datenverlust ist durch einen entsprechenden Rücktransport der Tablespaces möglich, wenn und solange der `compatible`-Parameter der neuen Datenbank dem der alten Datenbank entspricht.

Ein Plattformwechsel mittels Tablespace-Transport läuft nach folgendem Schema ab:

1. Anlegen der neuen Datenbank und Übertragen aller Objekte, die nicht in Tablespaces liegen
2. Export der Tablespace-Metadaten auf der bestehenden Datenbank. Die Tablespaces müssen zuvor Read-Only gesetzt werden. Ab jetzt darf auf der Quelle also nicht mehr gearbeitet werden!

6 Byteorder oder auch Endianness bezeichnet die Speicherorganisation für Zahlen; HP/UX gehört dabei zu den sogenannten Big-Endian-Systemen während Intel-Basierte Betriebssysteme, wie Linux, zu den Little-Endian-Systemen gehören

3. Übertragen der Datendateien
4. Import der Tablespace-Metadaten und damit Einhängen der Tablespaces in die neue Datenbank
5. Synchronisieren der Sequenzwerte

Die Dauer der Auszeit hängt vorrangig von der Zeit ab, die für Export und Import der Metadaten sowie die Übertragung der Datendateien benötigt wird. Während die Übertragung der Datendateien mit SAN-Techniken – z. B. Unmounten der Platten und Mounten an den neuen Datenbankserver – beschleunigt werden kann, hängt der Zeitbedarf für den Metadaten-Import vor allem davon ab, wie viele Objekte sich in der Datenbank befinden, da für jedes Objekt entsprechende Einträge im Data Dictionary erstellt werden müssen. Hier hilft in der Praxis nur ein Testlauf, um den konkreten Zeitbedarf zu ermitteln.

Anlegen der neuen Datenbank

Zunächst wird die Datenbank in der neuen Umgebung als leere Hülle angelegt. Diese Datenbank läuft also bereits auf der neuen Plattform und besteht ausschließlich aus `SYSTEM`-, `SYSAUX`-, `UNDO`- und Temporär-Tablespaces. Die Anwendungs-Tablespaces existieren noch nicht in der neuen Datenbank. Außerdem müssen alle Benutzerobjekte in die neue Datenbank übernommen werden, die nicht in den Anwendungs-Tablespaces liegen, also z. B. Views, Synonyme, Sequenzen, PL/SQL-Objekte, Trigger, Rechte, Directory-Objekte etc. Ab diesem Zeitpunkt sollten keine Schemaänderungen durch die Applikation auf der laufenden Datenbank mehr stattfinden („DDL-Freeze").

Der einfachste Weg hierfür ist meistens das Erstellen einer Klondatenbank mittels des RMAN-Kommandos `DUPLICATE`. Dazu sind zunächst einige Vorarbeiten zu leisten:

- Die Instanz für die neue Datenbank muss erstellt und gestartet werden. Dazu kann man beispielsweise die Serverparameterdatei der laufenden Datenbank als Vorlage nutzen:

  ```
  SQL> CREATE PFILE='/tmp/initNEWDB.ora' FROM SPFILE;
  ```

  Alle hierin verwendeten Verzeichnisse müssen vorerstellt werden. Anschließend wird die Instanz gestartet, also in den `NOMOUNT`-Status gebracht.

- Der Listener auf dem neuen Datenbankserver muss einen Eintrag für die Zieldatenbank in der Listener-Konfigurationsdatei `listener.ora` haben. Die normale automatische Registrierung der Instanz beim Listener genügt nicht, da für das Kloning eine TNS-Verbindung an die neue Instanz benutzt und die Instanz während des Klonings zwischenzeitlich durchgestartet wird. Mit automatischer Registrierung alleine bricht der Klonprozess beim erneuten Connect-Versuch mit einer Fehlermeldung ab.

Anschließend meldet man sich mit dem RMAN an die bestehende Datenbank als Zieldatenbank an. Gegebenenfalls wird noch ein Full-Backup der Datenbank und/oder der letzten Archivelog-Dateien angestoßen, um diese für das Recovery der neuen Datenbank verfügbar zu haben. Die neue Datenbankinstanz wird als Auxiliary-Datenbank verbunden. Anschließend wird das Kloning angestoßen:

```
rman target /
RMAN> BACKUP ARCHIVELOG ALL;
RMAN> CONNECT AUXILIARY sys@NEWDB
RMAN> RUN
   {
   ALLOCATE AUXILIARY CHANNEL newdb1 DEVICE TYPE SBT_TAPE;
   DUPLICATE TARGET DATABASE TO newdb
   DB_FILE_NAME_CONVERT=('/u01/oradata/PROD11G','/u02/oradata/NEWDB')
   UNTIL TIME 'SYSDATE-5/60/24'
   LOGFILE
   GROUP 1 ('/u02/oradata/NEWDB/redo01.log') SIZE 50M,
   GROUP 2 ('/u02/oradata/NEWDB/redo02.log') SIZE 50M,
   GROUP 3 ('/u02/oradata/NEWDB/redo03.log') SIZE 50M;
   }
```

Alle Anwendungs-Tablespaces müssen nun zunächst wieder gelöscht werden, da sie später per Tablespace-Transport übertragen werden:

```
SQL> DROP TABLESPACE users INCLUDING CONTENTS AND DATAFILES;
```

Der Vorteil dieser Methode ist, dass definitiv alle Datenbankobjekte, Benutzerobjekte, Rechte etc. übernommen werden. Gegebenenfalls muss der Default-Tablespace der Datenbank vorübergehend geändert werden, da dieser Tablespace ansonsten nicht gelöscht werden kann:

```
SQL> ALTER DATABASE DEFAULT TABLESPACE system;
```

Ähnliches wäre auch direkt beim Kloning der Datenbank mit der `SKIP TABLESPACE`-Klausel möglich gewesen, der Nachteil in diesem Falle ist aber, dass die Reihenfolge der Tablespace-Löschungen nicht beeinflusst werden kann und man daher meistens folgende Fehlermeldungen erhält:

```
ORA-02429: cannot drop index used for enforcement of unique/primary key
ORA-12919: Can not drop the default permanent tablespace
```

Übertragen der Tablespaces

Zunächst müssen die Anwendungs-Tablespaces der bestehenden Datenbank in den Read-Only-Modus versetzt werden:

```
SQL> ALTER TABLESPACE users READ ONLY;
```

Ab hier beginnt eine Auszeit für die Anwendungen, die auf diese Datenbank zugreifen. Der eigentliche Tablespace-Transport besteht aus folgenden Schritten:

1. Aus der bestehenden Datenbank werden die Metadaten über die Tablespaces und die in ihnen enthaltenen Objekte (Tabellen, Indizes, Partitionen, Materialized Views etc.) exportiert. Je nach Versionsstand kann hierfür der Data-Pump-Export oder – bei Datenbanken vor Version 10g – der konventionelle Export verwendet werden. Ab Version 11g muss zwingend Data-Pump verwendet werden, z. B.:

   ```
   $ expdp system DIRECTORY=dpump_dir DUMPFILE=tts.dmp LOGFILE=exp_tts.log
                  TRANSPORT_TABLESPACES=users TRANSPORT_FULL_CHECK=y
   ```

2. Die Datendateien werden übertragen, so dass die neue Datenbank darauf zugreifen kann. Dabei spielt es prinzipiell keine Rolle, ob die Dateien mit Werkzeugen wie `scp` oder `ftp` physisch übertragen oder die entsprechenden Mountpoints mittels SAN-

Techniken oder per NFS-Mount auf den neuen Server umgehängt werden. Liegen die Datendateien auf einer oder beiden Seiten innerhalb von ASM, ist eine Übertragung mithilfe des PL/SQL-Packages DBMS_FILE_TRANSFER möglich, z. B.:

```
-- Auf der neuen Datenbank
SQL> CREATE DIRECTORY new_dir AS '+DATA/NEWDB';

-- Auf der bestehenden Datenbank
SQL> CREATE DIRECTORY old_dir AS '/u01/oradata/PROD11G';
SQL> CREATE DATABASE LINK newdb CONNECT TO system IDENTIFIED BY <passwort>
     USING 'NEWDB';

SQL> EXEC DBMS_FILE_TRANSFER.PUT_FILE ('old_dir','users01.dbf'
                                        ,'new_dir','users01.dbf','newdb')
```

Sollte die Datenbank mit dem Datentyp BFILE arbeiten bzw. auf externe Tabellen oder sonstige Dateien außerhalb der Datenbank zugreifen (z. B. via UTL_FILE), müssen diese ebenfalls auf den neuen Datenbankserver übertragen werden.

3. Falls es sich um einen Plattformwechsel handelt, müssen die Datendateien zunächst in eine Staging-Area auf der Zielseite übertragen werden. Mit einem speziellen RMAN-Befehl werden sie in das Format der neuen Plattform konvertiert und in die endgültigen Verzeichnisse gelegt.[7] Die Plattformnamen sind der Spalte platform_name der View v$database zu entnehmen:

```
RMAN> CONVERT DATAFILE
   '/tmp/NEWDB/users01.dbf','/tmp/NEWDB/users02.dbf'
   TO PLATFORM="Linux IA (32-bit)"
   FROM PLATFORM="Microsoft Windows IA (32-bit)"
   DB_FILE_NAME_CONVERT=('/tmp/NEWDB','/u02/oradata/NEWDB')
   PARALLELISM=4;
```

4. Die Tablespaces werden durch Import der Metadaten in die neue Datenbank eingehängt. Hierfür wird der Data-Pump-Import bzw. der konventionelle Import verwendet.

```
$ impdp system DIRECTORY=dpump_dir DUMPFILE=tts.dmp LOGFILE=imp_tts.log
               TRANSPORT_DATAFILES='/u02/oradata/NEWDB/users01.dbf'
                                  ,'/u02/oradata/NEWDB/users02.dbf'
```

Nach abgeschlossenem Import können die Tablespaces auf der neuen Datenbank auf Read-Write gesetzt werden.

```
SQL> ALTER TABLESPACE users READ WRITE;
```

Synchronisieren der Sequenzwerte

Da Sequenzwerte nicht einfach eingefroren werden können, muss berücksichtigt werden, dass sie sich seit ihrer initialen Erstellung in der neuen Datenbank bereits geändert haben dürften. Um nun Inkonsistenzen beispielsweise durch doppelte Primärschlüssel oder in sonstigen Nummernkreisen zu vermeiden, müssen die aktuellen Sequenzwerte von der alten auf die neue Datenbank übertragen werden, bevor die Anwendungen und Anwender sich an die neue Datenbank anmelden.

7 Grundsätzlich kann die Konvertierung auch auf der Quellseite erfolgen. Da die Konvertierung eine I/O-intensive Operation darstellt, sollte sie prinzipiell auf der Seite mit der besseren I/O-Performance erfolgen. In der Praxis ist dies häufig die Zielseite.

Es gibt leider keinen SQL-Befehl zum expliziten Ändern des aktuellen Sequenzwertes, daher müssen die Sequenzen gelöscht und neu erstellt werden. Da durch das Löschen auch Rechte (Grants) und Audit-Einstellungen verloren gehen, müssen auch diese neu erstellt werden. Wenn die bestehende Datenbank auf dem Versionsstand 10g ist, geht dies am einfachsten durch einen Data-Pump-Export:

```
$ expdp system@altdb DIRECTORY=dpump_dir DUMPFILE=sequences.dmp
        LOGFILE=exp_sequences.log
        SCHEMAS=('LISTE', 'ALLER', 'ANWENDUNGSSCHEMATA')
        CONTENT=metadata_only INCLUDE=sequence JOB_NAME='exp_sequences'

-- Übertragen der Dumpdatei und Löschen der Sequenten auf der neuen Datenbank
$ impdp system@neudb DIRECTORY=dpump_dir DUMPFILE-sequences.dmp"
```

Ist Data-Pump nicht verfügbar, muss man dies durch entsprechende Skriptgeneratoren selber machen, z. B.:

```
SQL> SELECT 'DROP SEQUENCE "' || sequence_owner || '"."' || sequence_name
        || '";' || CHR(13) || CHR(10)
        || 'CREATE SEQUENCE "' || sequence_owner || '"."' || sequence_name
        || '" START WITH ' || last_number
        || ' INCREMENT BY ' || increment_by
        || DECODE(cache_size, 0, ' NOCACHE', ' CACHE ' || cache_size) || ';'
     FROM DBA_SEQUENCES
     WHERE sequence_owner IN ('LISTE', 'ALLER', 'ANWENDUNGSSCHEMATA');
```

Nachbereitungen

Da keine weitere Synchronisation zwischen Alt- und Neu-Datenbank stattfindet, muss sichergestellt werden, dass die Benutzer und Anwendungen sich nun ausschließlich an der neuen Datenbank anmelden. Hier endet also die Auszeit für die Anwendungen.

Hat man zu Beginn den Default-Tablespace der Datenbank geändert, sollte dieser nun wieder zurückgesetzt werden.

Nun sollte man dringend ein vollständiges Backup der neuen Datenbank anstoßen, da ansonsten bei einem Medienfehler nur die Alt-Datenbank wiederherstellbar ist und die gesamte Migration somit wiederholt werden müsste.

14.4.3 Transportable Database

Mit der „Transportable Database"-Technik kann man eine Datenbank auf einen anderen Server umziehen, wobei auch ein Plattformwechsel möglich ist. Allerdings muss der Plattformwechsel innerhalb derselben Endianness-Gruppe bleiben. So ist z. B. ein Wechsel zwischen Linux und Windows möglich (Little-Endian), oder auch ein Wechsel zwischen AIX und HP-UX (Big-Endian), nicht aber zwischen AIX und Linux. Jede Datenbank listet in der View `v$db_transportable_platform` alle hierfür unterstützten Plattformen auf, sprich alle Plattformen mit derselben Endianness. Mindestvoraussetzung ist die Datenbankversion 10gR2, Enterprise Edition wird aber nicht benötigt. Alte und neue Datenbank müssen exakt denselben Versionsstand haben, inklusive Patchsets, CPUs und Oneoff-Patches. Dies sollte im Vorfeld verifiziert werden, indem für das alte und neue Datenbank-Home jeweils die Ausgabe des folgenden Kommandos verglichen wird:

```
$ $ORACLE_HOME/OPatch/opatch lsinventory
```

Da es sich letztlich um das Erstellen einer physischen Kopie der bestehenden Datenbank nebst Konvertierung auf eine andere Plattform handelt, sind mit dieser Methode weder Zeichensatzmigrationen noch Reorganisationen möglich.

Ein Umziehen der Datenbank mittels Transportable Database läuft in folgenden Schritten ab:

1. Die bestehende Datenbank wird gestoppt und im Read-Only-Modus neu geöffnet.
2. Alle Datendateien werden konvertiert und auf den neuen Datenbankserver übertragen. Diese beiden Schritte können auf verschiedenen Wegen parallelisiert werden.
3. Außerhalb der Datenbank gespeicherte Objekte (Externe Tabellen oder BFiles) werden übertragen.
4. Kontrolldateien, Redolog-Dateien und Temp-Dateien für die neue Datenbank werden erstellt. Die neue Datenbank wird geöffnet.
5. Pfade für Directory-Objekte, externe Tabellen oder BFiles werden ggf. angepasst.

Die Dauer der Auszeit hängt vorrangig von der Zeit ab, die für die Übertragung und Konvertierung der Datendateien sowie ggf. die Übertragung externer Objekte benötigt wird. Außerdem werden im Rahmen der Konvertierung bestimmte Skripte sowie eine Parameterdatei erzeugt, die überprüft und angepasst werden müssen. Diese Anpassungen kann man optimalerweise im Vorfeld durchführen, um für die eigentliche Migration Zeit zu sparen. Leider ist ein entsprechender Testlauf aber nur möglich, wenn sich die Datenbank im Read-Only-Modus befindet.

Als Ausweg bietet sich die Benutzung einer Physical-Standby-Datenbank an, die auch Vorteile bei der Übertragungszeit für die Datendateien bietet, wie weiter unten beschrieben wird. Baut man im Vorfeld eine physikalische Standby-Datenbank auf einem anderen System mit der Quellplattform sowie einer schnelleren Netzwerkverbindung zum Zielsystem auf, kann man alle Schritte, die ansonsten auf der Quelldatenbank stattfinden würden, stattdessen auf der Standby-Datenbank durchführen. Dies ermöglicht zum einen entsprechende Testläufe, indem einfach die Standby-Datenbank in den Read Only-Modus versetzt wird, zum anderen lässt sich damit häufig die Übertragungszeit und damit die Auszeit bei der Migration reduzieren.

Für die eigentliche Migration muss man in diesem Falle aber sicherstellen, dass zunächst die Anwendungen gestoppt werden und anschließend die Standby-Datenbank alle Änderungen appliziert, sprich die Standby-Datenbank muss auch die Online-Redolog-Dateien der Quelldatenbank verarbeiten, nicht nur die archivierten Redolog-Dateien. Bei neueren Umgebungen ist das aber meistens der Fall.

Externe Objekte identifizieren

Das PL/SQL-Package `DBMS_TDB` enthält einige Funktionen zum Überprüfen der Voraussetzungen für einen Datenbanktransport. Insbesondere sollte man vorher prüfen, ob es Referenzen aus der Datenbank in das Server-Dateisystem gibt. Die referenzierten Dateien oder Verzeichnisse müssen irgendwann zwischendurch gesondert übertragen und die Referenzen ggf. angepasst werden. Insbesondere wenn zwischen einem Windows-Server und einem Linux-/Unix-Server migriert wird, müssen natürlich sämtliche Pfade überarbeitet werden.

```
SQL> SET SERVEROUTPUT ON
SQL> DECLARE
       ok BOOLEAN;
     BEGIN
       ok := dbms_tdb.check_external;
     END;
     /
The following directories exist in the database:
SYS.QUEST_SOO_UDUMP_DIR_1_54, SYS.ORACLE_OCM_CONFIG_DIR,
SYS.QUEST_SOO_UDUMP_DIR_1_44, SYS.QUEST_SOO_UDUMP_DIR, SYS.QUEST_SOO_CDUMP_DIR,
SYS.QUEST_SOO_BDUMP_DIR, SYS.QUEST_SOO_ADUMP_DIR, SYS.DATA_PUMP_DIR

PL/SQL-Prozedur erfolgreich abgeschlossen.
```

Daten konvertieren und übertragen

An dieser Stelle beginnt die Auszeit für die Anwendungen. Nachdem diese gestoppt wurden, sollte entweder die Quelldatenbank selbst oder die zuvor bereitgestellte physikalische Standby-Datenbank in den Read-Only-Modus versetzt werden. Im Falle der Standby-Datenbank sollte man vorher auf jeden Fall überprüfen, dass wirklich alle Redolog-Daten appliziert wurden.

Grundsätzlich kann die Konvertierung auf dem Quell- oder auf dem Zielserver angestoßen werden. In beiden Fällen ist eine Parallelisierung von Konvertierung und Übertragung möglich, indem die jeweils andere Seite per NFS gemountet und als Ziel bzw. Quelle der Konvertierung angegeben wird.

Wenn keine Parallelisierung per NFS möglich ist, ist es meistens schneller, die Konvertierung auf demjenigen Server durchzuführen, der die bessere I/O-Performance hat. Häufig ist dies der Zielserver. Vom Ablauf her ist dagegen eine Konvertierung auf dem Quellserver etwas einfacher.

In jedem Falle entsteht dabei ein sogenanntes „Transportskript" und eine Parameterdatei (*init.ora*) für die neue Datenbank. Beim Transportskript handelt es sich um ein SQL-Skript, das – entgegen seinem Namen – nicht den Transport der Dateien übernimmt, sondern nach dem Transport die Datendateien wieder zu einer neuen Datenbank zusammensetzt, also um Kontrolldateien, Online-Redolog-Dateien sowie Temp-Dateien ergänzt.

Bei einer Konvertierung auf der Zielseite wird ferner ein *„Convert-Skript"* erstellt. Dieses ist ein RMAN-Skript, das für jede Datendatei ein separates Konvertierungskommando enthält. Der Grund dafür ist, dass auf dem neuen Datenbankserver ja noch keine Kontrolldatei für die neue Datenbank vorliegt und somit RMAN nicht wissen kann, aus welchen Dateien die zukünftige Datenbank besteht, mithin welche Dateien konvertiert werden müssen. Der RMAN auf dem Quellserver, der ja die Datenbankstruktur kennt, erstellt in Form des Konvert-Skripts eine Arbeitsanweisung für den RMAN auf dem Zielserver und nimmt auf diese Weise dem Administrator die Arbeit ab, alle Datendateien manuell aufzulisten.

Achtung: Beide Skripte und auch die Parameterdatei müssen in den meisten Fällen überarbeitet werden. Daher lohnt es sich, die notwendigen Anpassungen in einem Testlauf vorher einzupflegen, um für die eigentliche Migration stressfrei die korrigierten Skripte vorliegen zu haben.

Konvertierung auf der Quellseite

Das RMAN-Kommando zum Anstoßen der Konvertierung auf der Quellseite lautet beispielhaft (der Quellserver ist in diesem Falle ein MS-Windows-Server):

```
RMAN> CONVERT DATABASE
      TRANSPORT SCRIPT 'D:\tdb\transport_newdb.sql'
      NEW DATABASE 'NEWDB'
      TO PLATFORM 'Linux IA (32-bit)'
      PARALLELISM 4
      FORMAT 'D:\Oracle\Oradata\NEWDB'
      DB_FILE_NAME_CONVERT 'D:\Oracle\Oradata\PS11','D:\Oracle\Oradata\NEWDB';
```

Mit den Klauseln DB_FILE_NAME_CONVERT und FORMAT werden Zielverzeichnisse angegeben, wobei DB_FILE_NAME_CONVERT jeweils paarweise Zuordnungen zwischen Original- und Zielverzeichnissen erlaubt, während FORMAT als Standardeinstellung greift, wenn keine passende Zuordnung existiert. Alle diese Pfade und auch der Name der neuen Datenbank werden in dem Transportskript verwertet, dessen Lokation mit der gleichnamigen Klausel festgelegt wird.

Falls die erzeugten Dateien nicht per NFS-Mount schon auf dem Zielserver eingeblendet werden, müssen nun die konvertierten Datendateien, das Transport-Skript und die Parameterdatei auf den Zielserver übertragen werden. In jedem Falle müssen außerdem die oben aufgelisteten BFiles und externen Tabellen übertragen werden. Wie gesagt bedürfen sowohl die Parameterdatei als auch die im Transport-Skript aufgeführten Dateipfade in den meisten Fällen einer Überarbeitung. Anschließend verbindet man sich mit SQL*Plus an die neue Datenbank (SYSDBA-Login) und lässt das Transport-Skript laufen.

Nachdem die neue Datenbank geöffnet ist, müssen ggf. noch die Pfade für Directory-Objekte, externe Tabellen und BFiles angepasst werden.

Konvertierung auf der Zielseite

Das RMAN-Kommando für eine Konvertierung auf der Zielseite lautet beispielhaft (der Quellserver ist in diesem Falle ein MS-Windows-Server):

```
RMAN> CONVERT DATABASE ON TARGET PLATFORM
      CONVERT SCRIPT   'D:\tdb\convert_mydb.sql'
      TRANSPORT SCRIPT 'D:\tdb\transport_mydb.sql'
      NEW DATABASE 'NEWDB'
      PARALLELISM 4
      FORMAT 'D:\Test'
      DB_FILE_NAME_CONVERT 'D:\Oracle\Oradata\PS11','D:\Oracle\Oradata\NEWDB';
```

Dieses Kommando läuft sehr schnell, da es nicht die eigentliche Konvertierung leistet, sondern nur ein entsprechendes Konvert-Skript generiert. Was die Zielverzeichnisse für die konvertierten Datendateien angeht, gilt dasselbe wie bei einer Konvertierung auf der Quellseite.

Auch hier müssen alle erzeugten Dateien auf den Zielserver übertragen und angepasst sowie die oben aufgelisteten BFiles und externen Tabellen übertragen werden. Insbesondere im Konvert-Skript sollten nun die endgültigen Zielverzeichnisse für die Datendateien auf dem neuen Server eingetragen werden. Anschließend verbindet man sich mit

RMAN an die neue Datenbank und lässt das Konvert-Skript laufen. Danach erfolgt eine erneute SYSDBA-Verbindung mit SQL*Plus und ein Aufruf des Transport-Skripts.

Nachdem die neue Datenbank geöffnet ist, müssen ggf. noch die Pfade für Directory-Objekte, externe Tabellen und BFiles angepasst werden.

14.5 Zeichensatzwechsel

Oft stellt sich bei einer Datenbankmigration (z. B. auf eine neue Version) die Frage, ob der Zeichensatz geändert werden soll. Aber auch ohne eine solche Migration stellt sich manchmal die Frage nach einem anderen Datenbankzeichensatz, z. B. wenn die Anforderung zur Darstellung von speziellen Zeichen auftaucht. Man muss unterscheiden, ob diese Migration mit der bestehenden Datenbank (In-Place-Migration) oder durch einen Neuaufbau der Datenbank inklusive Ent- und Beladen der Daten, z. B. mittels Export/Import oder Data-Pump, erfolgen muss. Bei der In-Place-Migration bleibt der Datenbankzeichensatz zunächst erhalten. Mithilfe des CSALTER-Werkzeugs kann dann für eine bestehende Datenbank, gewisse Vorbedingungen vorausgesetzt, der Datenbankzeichensatz geändert werden.

14.5.1 In-Place-Migration

Zunächst eine Warnung: Mit der Umstellung des Zeichensatzes bzw. des nationalen Zeichensatzes einer Datenbank wird ein zentraler Parameter der Datenbank umgestellt, der extrem viel Einfluss auf die Funktionsweise und das Verhalten des Gesamtsystems hat. Diese Umstellung ist nicht trivial und erfordert ein Höchstmaß an Sicherheitsvorkehrungen. Für produktive Systeme gelten mindestens die folgenden Voraussetzungen:

- Die Umstellung muss zunächst an einer Kopie des produktiven Systems getestet werden. Der Test bezieht sich nicht nur auf die reine Konvertierung des Zeichensatzes, sondern auch auf die Funktionsfähigkeit sämtlicher Programme, die auf die Datenbank zugreifen.
- Vor der Umstellung des produktiven Systems muss in jedem Fall eine vollständige Sicherung durchgeführt werden. Empfehlenswert ist ebenfalls eine weitere Sicherung nach der erfolgten Umstellung.

Bei dieser Methode wird das sogenannte CSALTER-Werkzeug benutzt, um den Zeichensatz der Datenbank zu ändern. Dieses Werkzeug kapselt das eigentliche (undokumentierte und für direkte Benutzerausführung nicht unterstützte!) Kommando

```
SQL> ALTER DATABASE [NATIONAL] CHARACTER SET INTERNAL_USE <neuer_zeichensatz>;
```

in eine Umgebung, die versucht, mögliche Fehler bei der Konvertierung von Zeichensätzen auszuschließen.

Das CSALTER-Skript erlaubt die Konvertierung des Datenbankzeichensatzes dann und nur dann, wenn für alle vorhandenen Zeichen in Benutzertabellen gilt, dass sie im neuen Zeichensatz die gleiche Binärdarstellung haben wie im alten Zeichensatz. Das bedeutet, dass zumindest für die Teilmenge der benutzten Zeichen gilt, dass der neue Zeichensatz eine strikte Obermenge des alten Zeichensatzes ist.

Hierzu einige Beispiele:

- Die Konvertierung einer US7ASCII-Datenbank in eine Datenbank mit ISO-, Windows- oder Unicode-Zeichensatz sollte praktisch immer funktionieren.
- Die Konvertierung einer Datenbank im ISO- oder Windows-Zeichensatz nach Unicode funktioniert nur dann, wenn alle verwendeten Zeichen im Bereich des US7ASCII-Zeichensatzes liegen. Mit anderen Worten: wenn keine Umlaute vorhanden sind.
- Falls von einem Single-Byte-Zeichensatz (z. B. US7ASCII, ISO- oder Windows-Zeichensatz) in einen Multi-Byte-Zeichensatz (z. B. Unicode) konvertiert wird, dürfen keine CLOB-Spalten in Benutzertabellen vorhanden sein.

Hintergrund für all diese Einschränkungen ist, dass das CSALTER-Werkzeug keinerlei Konvertierungen auf den Benutzerdaten vornimmt. Allerdings werden Zeichen im Data Dictionary passend konvertiert.

In jedem Falle muss vorher mit dem Characterset Scanner-Werkzeug CSSCAN untersucht werden, ob die entsprechende Konvertierung verlustfrei durchgeführt werden kann. Ein CSSCAN-Durchlauf ist unabdingbare Voraussetzung für die Ausführung des CSALTER-Werkzeugs. Konkret muss ein erfolgreich verlaufener, vollständiger Scan innerhalb der letzten sieben Tage vor dem CSALTER-Aufruf durchgeführt worden sein.

Vorbereitungen

Der Characterset Scanner und das CSALTER-Werkzeug benötigen ein eigenes kleines Schema mit einigen Objekten in der Datenbank, die als Benutzer SYS durch Aufruf des Skripts $ORACLE_HOME/rdbms/admin/csminst.sql angelegt werden. Das Skript legt u. a. den Benutzer CSMIG an.

Achtung: Dieses SQL-Skript sollte vor dem Aufruf angepasst werden! Relativ weit oben im Skript steht folgende Zeile:

```
SQL> ALTER USER csmig DEFAULT TABLESPACE system QUOTA UNLIMITED ON system;
```

Hier sollte statt SYSTEM ein Tablespace wie z. B. TOOLS oder ein dedizierter Tablespace eingetragen werden, da unter Umständen viele Daten, nämlich alle nicht konvertierbaren Dateninhalte, in den Tabellen des CSMIG-Benutzers protokolliert werden.

Durchführung eines Scans

Das CSSCAN-Werkzeug selbst ist kein SQL-Skript, sondern ein Kommandozeilen-Tool. Der Aufruf für einen vollständigen Datenbank-Scan sieht wie folgt aus:

```
$ csscan \"sys/password AS SYSDBA\" TOCHAR=AL32UTF8 ARRAY=1000000 PROCESS=1 FULL=Y
```

Mit dem Parameter TOCHAR wird der Zielzeichensatz angegeben. Optional kann mit TONCHAR auch ein geänderter nationaler Zeichensatz bestimmt werden. Mit ARRAY wird die Puffergröße für das Lesen von Daten eingestellt, mit PROCESS die Anzahl der Scanprozesse. Mit FULL wird bestimmt, dass die gesamte Datenbank gescannt werden soll. Es gibt einige weitere Parameter, mit denen das Verhalten des Scans beeinflusst werden kann; einen Überblick bekommt man mit:

```
$ csscan help=y
```

Das CSSCAN-Werkzeug erzeugt mindestens eine Datei `scan.txt`, in der die Ergebnisse des Scans enthalten sind. Dort findet man u. a. Hinweise, ob eine Konvertierung ohne Risiko durchgeführt werden kann oder nicht.

Falls die Konvertierung nicht durchgeführt werden kann, sollten die Gründe hierfür analysiert werden. Wenn ein Großteil der Datenbank Daten enthält, die einer Konvertierung im Wege stehen, so bietet sich ein Export und Import der kompletten Datenbank in eine neue Datenbank an. Falls nur wenige Datenbankobjekte betroffen sind, können diese selektiv exportiert, gelöscht und nach der Konvertierung wieder importiert werden.

Durchführung der Migration

Nach einem obligatorischen Backup der Datenbank beginnt nun aus Applikationssicht die Auszeit bei dieser Migrationsmethode.

Für den Fall einer Konvertierung von einem Single-Byte- auf einen Multi-Byte-Zeichensatz, insbesondere also für Migrationen Richtung Unicode, sollten zunächst alle CHAR- und `VARCHAR2`-Spalten der Anwendungsobjekte, die in Byte-Längensemantik vorliegen, in die sogenannte Char-Längensemantik überführt werden. Also z. B. muss eine Spalte des Typs `VARCHAR2(50)` in den Typ `VARCHAR2(50 CHAR)` umgewandelt werden. Würde man dies nicht tun, liefe man Gefahr, dass bestimmte Dateninhalte nach der Zeichensatzumstellung nicht mehr in die Spalte passen. So benötigt ein Buchstabe „Ä“ in Unicode eben 2 Byte anstelle von 1 Byte in den ISO-Zeichensätzen.

Bei der CSSCAN-Analyse werden solche Dateninhalte als „Truncation“ dargestellt. Auch wenn es technisch genügen würde, nur die im CSSCAN-Bericht angemahnten Spalten auf diese Weise umzuwandeln, sollte dies doch lückenlos für alle Textspalten in Anwendungstabellen geschehen, damit auch in Zukunft keine solchen Beschränkungen auftreten.

In vielen Fällen geht die Umwandlung einfach durch ein Kommando der Form:

```
SQL> ALTER TABLE demo.personen MODIFY nachname VARCHAR2(200 CHAR);
```

Dieses Kommando benötigt zwar eine kurze Exklusivsperre auf der Tabelle, die Dauer der Sperre und auch die Laufzeit des Kommandos sind aber unabhängig von der Tabellengröße. Auf der My Oracle Support-Seite gibt es außerdem ein Dokument (Doc-ID 313175.1), das eine Beschreibung und ein Skript liefert, wie dies für alle Spalten aller Anwendungstabellen durchgeführt werden kann.

In manchen Fällen ist die Umwandlung nicht einfach möglich, z. B. wenn es sich um eine Partitionierungsspalte handelt oder ein funktionsbasierter Index auf der Spalte definiert ist. Für solche Fälle liefert Doc-ID 260192.1 eine gute Zusammenstellung, was zu tun ist.

In jedem Fall müssen als Nächstes alle zu konvertierenden Datenbankobjekte zunächst exportiert und anschließend gelöscht oder geleert werden. Daraufhin muss ein weiterer CSSCAN-Aufruf erfolgen, der bescheinigt, dass:

- alle verbliebenen Data-Dictionary-Objekte sicher migriert werden können, d. h., ihre Daten vom Typ „Changeless“ oder – bei CLOB-Spalten – vom Typ „Convertible“ sind.

- alle verbliebenen sonstigen Daten („Anwendungsdaten") vom Typ „Changeless" sind.

Erst dann sollte das CSALTER-Werkzeug gestartet werden, bei dem es sich um ein als Benutzer SYS auszuführendes SQL-Skript handelt:

```
SQL> @?/rdbms/admin/csalter.plb
```

Technisch ist hierbei nicht sichergestellt, dass zwischen dem letzten CSSCAN-Aufruf und dem CSALTER-Aufruf keine neuen Daten oder Objekte erstellt wurden, die nicht migriert werden können. Es wird lediglich überprüft, dass beim letzten CSSCAN-Aufruf die genannten Bedingungen erfüllt waren und dieser nicht länger als sieben Tage zurückliegt. Daher sollte man – wie oben gesagt – wirklich bereits vor dem CSSCAN-Aufruf alle Anwendungen und sonstigen Schnittstellen zur Datenbank stoppen.

Häufig erhält man beim Aufruf des CSALTER-Werkzeug erst einmal die folgende Fehlermeldung, die zudem ohne Fehlercode zwischen anderen Rückmeldungen steht und daher nicht ohne Weiteres als Fehlermeldung zu erkennen ist:

```
Sorry only one session is allowed to run this script
```

Gemeint ist damit, dass es beim Aufruf des CSALTER-Werkzeugs keine anderen Sessions mit einem von NULL verschiedenen Benutzernamen geben darf, also nichts außer Hintergrundprozessen wie DBWR, LGWR etc.

Leider lässt sich dies häufig nicht so einfach erreichen, da z. B. selbst nach Stoppen aller Anwendungen noch der Enterprise Manager angemeldet ist. Am einfachsten ist hier ein Stoppen und erneutes Starten der Instanz im Restricted-Modus:

```
$ sqlplus / as sysdba
SQL> SHUTDOWN IMMEDIATE
SQL> STARTUP RESTRICT
SQL> @?/rdbms/admin/csalter.plb
```

Anschließend können die zuvor exportierten Objekte wieder importiert werden.

Damit ist der grobe Ablauf skizziert. Im konkreten Fall gibt es zahlreiche Details, die ggf. berücksichtigt werden müssen. Eine sehr gute und ausführliche Anleitung steht auf der My Oracle Support-Seite unter der Dokument-ID 260192.1 zur Verfügung. Dabei wird zwar „nur" der Spezialfall einer Migration nach Unicode behandelt, dies dürfte aber in der Praxis der mit Abstand bedeutendste, wenn nicht sogar der einzig relevante Fall einer Zeichensatzmigration sein.

Besondere Vorsicht ist auch geboten, wenn – z. B. aus Performance-Gründen – für den Export und Import zu konvertierender Daten das Data-Pump-Werkzeug verwendet wird. Auch hierzu gibt das erwähnte Dokument 260192.1 Auskunft.

In der Praxis ist allerdings aufgrund der Tatsache, dass im westeuropäischen Raum spezielle Zeichen wie Umlaute an der Tagesordnung sind, die Möglichkeit der Verwendung von CSALTER sehr eingeschränkt. In diesem Fall läuft es häufig darauf hinaus, dass ein bedeutender Anteil der Nutzdaten per Export/Import konvertiert werden muss, was die Auszeit erheblich verlängert. Oftmals ist der Unterschied zu einem kompletten Neuaufbau der Datenbank so gering, dass sich die Benutzung des CSALTER-Verfahrens mit seiner zusätzlichen Komplexität kaum lohnt.

14.5.2 Neuaufbau der Datenbank

Beim Neuaufbau der Datenbank ist man nahezu unbeschränkt in der Wahl des neuen Zeichensatzes; man sollte lediglich sicherstellen, dass der neue Zeichensatz eine Obermenge des alten ist oder dass der neue Zeichensatz zumindest alle verwendeten Zeichen des alten Zeichensatzes enthält. Beim Import werden alle Zeichen in den neuen Zeichensatz konvertiert.

Ist die neue Datenbank mit einem Multi-Byte-Zeichensatz wie z. B. Unicode konfiguriert, ist zu beachten, dass Textspalten in der neuen Datenbank mit Char-Semantik vorliegen sollten, nicht mit Byte-Semantik. Anstelle eines Datentyps `VARCHAR2(50)` sollte der Datentyp `VARCHAR2(50 CHAR)` benutzt werden. Analoges gilt für den Datentyp CHAR. Ansonsten passen die Daten im Unicode-Zeichensatz u. U. nicht in die Spalte, da beispielsweise der Buchstabe „Ä" zwei Byte benötigt.

Leider ist diese Umwandlung weder mit dem klassischen Oracle Export/Import noch mit dem Datapump-Werkzeug direkt realisierbar. Stattdessen muss man in mehreren Schritten vorgehen:

Aufbau einer leeren Zieldatenbank

Zunächst wird die neue Datenbank als leere Hülle aufgebaut. Dies kann ganz normal mithilfe des DBCA geschehen. Auch die Tablespaces für die Nutzdaten sowie die Benutzer sollten bereits angelegt und mit Tablespace-Quotas versehen werden, damit im Folgenden die Objekte importiert werden können. Dies kann beispielsweise mit dem PL/SQL-Package `DBMS_METADATA` durchgeführt werden, indem man auf der bestehenden Datenbank folgendes Skript ausführt:

```
SQL> SET LONG 50000
SQL> SET PAGESIZE 0
SQL> SET LINESIZE 200
SQL> SET TRIMSPOOL ON
SQL> SET VERIFY OFF
SQL> SET ECHO OFF
SQL> SET FEEDBACK OFF
SQL> SPOOL ts_user_quotas.sql

-- Tablespaces
SQL> SELECT DBMS_METADATA.get_ddl ('TABLESPACE', tablespace_name) || ';'
     FROM   dba_tablespaces
     WHERE  contents NOT IN ('UNDO', 'TEMPORARY')
     AND    tablespace_name NOT IN ('SYSTEM', 'SYSAUX');

-- Benutzer
SQL> SELECT DBMS_METADATA.get_ddl ('USER', username) || ';'
     FROM   dba_users
     WHERE  username IN (<benutzerliste>);
```

```
-- Tablespace Quotas
SQL> SELECT DBMS_METADATA.get_granted_ddl ('TABLESPACE_QUOTA', q.username)
         || CHR (13) || CHR (10) || '/'
     FROM (
       SELECT DISTINCT username
       FROM   dba_ts_quotas
       WHERE username IN (<benutzerliste>)
       ) q;

SQL> SPOOL OFF
```

Die so erzeugte Spool-Datei muss man ggf. noch hinsichtlich der Datendateipfade anpassen und anschließend auf der Zieldatenbank ausführen.

Vorbereitung der Tabellen

Als Nächstes müssen die Anwendungstabellen als leere Hüllen erstellt werden, wobei wie gesagt alle Spalten mit Zeichendatentypen auf die Längensemantik `CHAR` umgestellt werden müssen.[8] Dafür gibt es im Wesentlichen zwei mögliche Wege:

1. Entweder man importiert zunächst mittels exp/imp oder Data Pump die Tabellen ohne Dateninhalte in die Zieldatenbank (wobei zwangsläufig die bisherige Längensemantik übernommen wird) und stellt dann die Längensemantik auf `CHAR` um. Dazu kann das Skript verwendet werden, das auf der My Oracle Support-Seite in dem Dokument Doc-ID 313175.1 vorgestellt wird. Dieses Skript wurde bereits in Abschnitt 14.5.1 erwähnt, wo auch die Einschränkungen dieser Methode beschrieben wurden.

2. Oder aber man lässt sich wiederum mit `DBMS_METADATA` auf der bestehenden Datenbank ein SQL-Skript generieren, das CREATE-Kommandos für sämtliche betroffenen Tabellen enthält:

   ```
   SQL> SPOOL tables.sql
   SQL> SELECT DBMS_METADATA.get_ddl ('TABLE', table_name, owner) || ';'
        FROM   dba_tables
        WHERE  owner IN (<benutzerliste>);
   SQL> SPOOL OFF
   ```

   Die Standardeinstellung von `DBMS_METADATA` bewirkt nun, dass – zumindest bei Spalten mit `BYTE`-Längensemantik – das Schlüsselwort `BYTE` nicht mit geskriptet wird. Daher kann man die erzeugte Spool-Datei einfach auf der Zieldatenbank ausführen, wenn man folgenden SQL-Befehl davorschaltet, der die Default-Längensemantik setzt:

   ```
   SQL> ALTER SESSION SET NLS_LENGTH_SEMANTICS = 'CHAR';
   ```

   Die von `DBMS_METADATA` generierte Ausgabe weist manchmal unerwartete Leerzeilen auf, die die Ausführung des SQL-Skripts scheitern lassen. Auch hierzu gibt es einen kleinen Trick, um SQL*Plus anzuweisen, solche Leerzeilen zu ignorieren, indem man einfach das folgende SQL*Plus-Kommando vorschaltet:

   ```
   SQL> SET SQLBLANKLINES ON
   ```

8 Es genügt, dies für Tabellen durchzuführen. Views, Synonyme und auch Materialized Views „erben" bei der Definition ihre Spalten inklusive deren Längensemantik von den darunter liegenden Tabellen.

Übertragung der eigentlichen Daten

Schließlich wird der eigentliche Datenexport und -import durchgeführt, wobei die Option IGNORE=Y beim konventionellen Import bzw. TABLE_EXISTS_ACTION=APPEND beim Data-Pump-Import angegeben wird. Die in Abschnitt 14.4.1 beschriebenen Optimierungen des Exports und Imports der Daten können hier genauso berücksichtigt werden.

Während der Datenübertragung dürfen entweder keine Änderungen auf der Quelldatenbank durchgeführt werden, diese sollte also beispielsweise im Restricted-Modus neu gestartet werden. In diesem Fall dauert die Auszeit so lange wie das Übertragen der Daten in die Zieldatenbank.

14.6 Neuaufbau mit minimaler Auszeit

Alternativ zu den bisher beschriebenen Verfahren gibt es noch den Weg über Replikationstechniken wie Oracle Goldengate, InfoSphere CDC von IBM oder SharePlex von Quest Software.

Diese Methode hat den Charme, dass selbst kombinierte Migrationen mit Plattform-, Storage- und/oder Zeichensatzwechsel möglich sind, bei einer Auszeit, die unabhängig von der Datenbankgröße typischerweise im Minutenbereich liegt. Außerdem bietet sie eine umfassende Fallback-Möglichkeit, d. h. auch nach Tagen kann ohne Datenverlust auf die alte Datenbank zurückgeschwenkt werden. In vielen Fällen – insbesondere wenn die neue Datenbank als Enterprise Edition lizenziert ist – sind auch vor der Umstellung umfangreiche Applikationstests in der neuen Umgebung möglich.

Die andere Seite der Medaille ist, dass die erwähnten Replikationslösungen ihrerseits Lizenzkosten verursachen. Außerdem sollte man sich darüber im Klaren sein, dass die Gesamtdauer des Migrationsprojekts durch diese Lösungen wächst. Im Gegenzug verringert sich aber in den allermeisten Fällen – gerade bei großen Datenbanken – die Auszeit für die Migration.

Der Ablauf gliedert sich in diesem Fall grob in eine Vorbereitung (ohne Auszeit für die Anwendungen), optionale Applikationstests und die eigentliche Umstellung auf die neue Datenbank.

Vorbereitung

Die Vorbereitung läuft wie folgt ab:

1. Die Zieldatenbank, Tablespaces, Benutzer, Quotas und die angepassten Tabellen werden wie in Abschnitt 14.5.2 beschrieben vorerstellt.
2. Anschließend wird eine Replikation der Anwendungstabellen von der bestehenden Datenbank in die Zieldatenbank gestartet, wobei die Änderungen aber zunächst gepuffert werden. Da die Änderungen in Form von SQL-Kommandos übertragen werden, ist dies möglich, obwohl die Zieldatenbank einen anderen Zeichensatz hat, evtl. auf einer Plattform liegt, einen anderen Versionsstand hat etc.
3. Während die Benutzer weiter arbeiten, wird die Datenübertragung vorgenommen, wobei beim konventionellen Export oder beim Data-Pump-Export jeweils die Option FLASHBACK_SCN genutzt wird, um einen Datenbestand mit einem festgelegten Zeitstempel zu übertragen.

4. Ist die Datenübertragung erfolgreich beendet, müssen aktive Datenbankobjekte, also Trigger, Datenbankjobs und Fremdschlüssel-Constraints mit Cascade-Eigenschaft, in der Zieldatenbank deaktiviert werden, damit sie bei der folgenden Replikation nicht doppelt auslösen.
5. Nun werden die gepufferten Änderungen mit den übertragenen Daten synchronisiert, indem überflüssige Änderungen verworfen und die restlichen Änderungen einfach in die Zieldatenbank appliziert werden.

Jetzt hat man bestehende und neue Datenbank gemeinsam laufen, wobei der zeitliche Versatz typischerweise einige Sekunden beträgt. Da die beschriebenen Replikationstechniken allesamt so arbeiten, dass SQL-Kommandos aus den Online- bzw. archivierten Redolog-Dateien rekonstruiert werden, ist der gesamte Aufbau für die Anwendungen völlig transparent und asynchron.

Applikationstests

Wenn die Zieldatenbank als Oracle Enterprise Edition lizenziert ist, kann man diese Situation beispielsweise für Applikationstests nutzen: Dazu wird die Zieldatenbank, die ja noch nicht produktiv ist, einmalig in den Mount-Status gebracht und der sogenannte Flashback-Modus aktiviert. Hierfür müssen die Serverparameter `DB_RECOVERY_FILE_DEST` (Zielverzeichnis oder ASM-Diskgruppe für die Speicherung der Flashback-Logs) und `DB_FLASHBACK_RETENTION_TARGET` (Aufbewahrungszeit für Flashback-Logs) gesetzt und anschließend das Flashback-Logging gestartet werden, also z. B.:

```
SQL> ALTER SYSTEM SET db_recovery_file_dest='/u02/orabackup/flash_recovery_area'
     SCOPE=SPFILE;
SQL> ALTER SYSTEM SET db_recovery_file_dest_size=20G SCOPE=SPFILE;
SQL> SHUTDOWN IMMEDIATE
SQL> STARTUP MOUNT
SQL> ALTER DATABASE FLASHBACK ON;
SQL> ALTER DATABASE OPEN;
```

Ab diesem Zeitpunkt werden Flashback-Logs geschrieben, die ein Zurückrollen der gesamten Datenbank auf einen historischen Zeitpunkt ermöglichen. In Vorbereitung eines Testlaufs wird zunächst die Replikation temporär auf Eis gelegt, so dass neue Transaktionen wiederum zwischengepuffert werden.Anschließend wird Oracle-seitig ein sogenannter Restore-Punkt erzeugt:

```
SQL> CREATE RESTORE POINT vor_dem_test;
```

Dieser Restore-Punkt verhält sich wie ein Snapshot und erlaubt ein späteres Zurücksetzen auf den Datenbestand zu diesem Zeitpunkt. Nach erfolgten Tests wird die Zieldatenbank abermals durchgestartet, in den Mount-Status gebracht, auf den zuvor definierten Restore-Punkt zurückgesetzt und wieder geöffnet:

```
SQL> SHUTDOWN IMMEDIATE
SQL> STARTUP MOUNT
SQL> FLASHBACK DATABASE TO RESTORE POINT vor_dem_test;
SQL> ALTER DATABASE OPEN RESETLOGS;
```

Anschließend wird die Replikation wieder aufgenommen, wodurch insbesondere die zwischenzeitlich gepufferten Änderungen nachgefahren werden.

Umschalten auf die neue Datenbank

Das eigentliche Umschalten auf die neue Datenbank besteht nun aus folgenden Schritten:

1. Die Anwendung und andere Schnittstellen, die auf die Datenbank zugreifen, müssen gestoppt werden. Ab hier beginnt also die Auszeit aus Applikations- bzw. Service-Sicht.
2. Die letzten Transaktionen werden auf die neue Datenbank repliziert. Zuvor deaktivierte Trigger und Datenbankjobs werden wieder aktiviert, deaktivierte Fremdschlüssel zunächst in den Status `ENABLE NOVALIDATE` versetzt. Der gesamte Vorgang benötigt wenige Sekunden bis Minuten.
3. Optional wird nun die Replikation in die Gegenrichtung gestartet, also von der neuen auf die alte Datenbank. Dies ermöglicht im weiteren Verlauf ein Fallback ohne Datenverlust, da die alte Datenbank weiterhin mit gepflegt wird. Dazu müssen nun auch Trigger, Datenbankjobs und Fremdschlüssel mit Cascade-Eigenschaft auf der alten Datenbank deaktiviert werden. Auch hier liegt der Zeitaufwand bei wenigen Sekunden bis Minuten.
4. Die Anwendung und alle weiteren Schnittstellen werden gegen die neue Datenbank gestartet. Damit ist die Anwendung bzw. der Service wieder verfügbar.
5. Im Hintergrund können nun die Fremdschlüssel validiert, d. h. in den Status `ENABLE VALIDATE` gesetzt werden. Dieser Übergang läuft ohne jede Sperre auf der Tabelle ab und ist damit für die Anwendung transparent.

Die zuvor aktivierte Fallback-Replikation kann noch einige Zeit mitlaufen, z. B. für eine Woche. Sollten innerhalb dieser Zeitspanne doch noch unerwartete, gravierende Probleme auftreten, kann ohne Datenverlust wieder zurückgeschwenkt werden.

14.7 Einführung eines neuen Anwendungs-Release

Seit Oracle 11g Release 2 gibt es die Möglichkeit bestimmte Objekte zu versionieren. In der Oracle-Dokumention wird dies als *„Edition Redefinition"* bezeichnet, d. h., es wird, abhängig von einer definierten Edition bzw. Umgebung, in der man sich befindet, eine unterschiedliche Version des Objektes benutzt. Zunächst einmal gibt es also ein zusätzliches Datenbankobjekt, die *Edition*. Diese Editionen sind systemweit gültig, d. h. nicht schemaabhängig.

Für die Editionen gilt – zumindest in der Version 11gR2 – eine einfache Vater-Kind-Beziehung, d. h., es gibt eine Grundedition namens `ORA$BASE`, die mit Installation der Datenbank existiert. Auf diese Edition kann jetzt genau eine weitere Edition als Kind aufgebaut werden. Diese wiederum kann dann zum Vater der nächsten Edition werden (Eins-zu-eins-Beziehung). Sicherlich ist davon auszugehen, dass Oracle dieses Konzept in zukünftigen Releases ausbaut, so dass es auch – ähnlich wie bei Versionierungen – Editionen geben kann, die vom gleichen Vater abstammen.

Die folgenden Objekte sind auf diese Weise „editionierbar“:

- Alle PL/SQL-Objekte, also Funktionen, Prozeduren, Trigger, Packages und Package-Bodies, Typen und Typ-Bodies sowie Libraries
- Views
- Synonyme

14.7.1 Definition

Als Grundvoraussetzung für die Benutzung von Editionen gilt, dass der Benutzer die Berechtigung `CREATE ANY EDITION` bekommt. In der Regel erhält dieser Benutzer dann auch die Berechtigungen `ALTER ANY EDITION` und `DROP ANY EDITION`. Damit ist der Benutzer in der Lage, systemweit Editionen zu erstellen, zu ändern und zu löschen. Mit dem Befehl `GRANT USE ON EDITION` kann eine erstellte Edition anderen (auch `PUBLIC`) zur Verfügung gestellt werden. Zwischen den einzelnen Editionen können dann die Benutzer, die dieses Recht erhalten haben, mit dem Befehl

```
SQL> ALTER SESSION SET EDITION = <editionsname>;
```

hin und her schalten. Neben diesen recht einleuchtenden Berechtigungen gibt es zusätzlich noch den Befehl

```
SQL> ALTER USER <username> ENABLE EDITION;
```

Dieser irreversible (!) Befehl erlaubt es den Benutzern, eigene Objekte auf Basis von Editions anzulegen. Dieser Befehl kann bei den Oracle-internen Schemata (also `SYS`, `SYSTEM`, `DBSNMP` etc.) nicht verwendet werden. Das bedeutet allerdings nicht, dass diese Benutzer nicht mit Editions arbeiten dürfen.

Um einen besseren Einblick in die Funktionsweise der Editions zu bekommen, soll ein kleines Beispiel dies verdeutlichen. Als Grundelement nehmen wir unsere kleine Warenwirtschaft mit den bekannten Tabellen (unter anderem `personen` und `auftraege`). Die Tabellen wurden im Schema `demotab` angelegt. Auch aufgrund von Sicherheitsgründen ist es sinnvoll, dass die Anwendung selbst nicht mit diesem Schema arbeitet, sondern mit einem (eventuell auch mehreren) anderen Schemata, die lediglich entsprechende INSERT-, UPDATE-, DELETE- und SELECT-Rechte auf den Tabellen haben. Damit ist sichergestellt, dass von den Anwendern aus keine DDL-Befehle auf die Tabellen ausgeführt werden können. In unserem Fall bedeutet dies, dass wir ein zweites Schema mit dem Namen `demo` erstellen, mit dem die Anwendung anschließend arbeiten soll. In diesem Fall ist es einfach, die Edition einzuführen und in Zukunft durch ihre Verwendung die Auszeiten für die Anwendung zu minimieren.

1. Zunächst müssen dem Benutzer `demotab` die Rechte zur Erstellung von Editionen gegeben werden. Außerdem erhalten der Benutzer `demotab` und der Benutzer `demo` die Option `ENABLE EDITION`. Der Benutzer `demo` benötigt diese Option, um später Synonyme auf die *Editioning Views* anlegen zu dürfen.

```
SQL> -- Benutzer SYSTEM
SQL> GRANT CREATE ANY EDITION,
           ALTER ANY EDITION,
           DROP ANY EDITION TO demo_tab;

SQL> ALTER USER demotab ENABLE EDITIONS;
SQL> ALTER USER demo ENABLE EDITIONS;
```

2. Als Nächstes erstellt der Benutzer `demotab` so genannte *Editioning Views* für die existierenden Tabellen. Da Tabellen nicht *editionierbar* sind, stellen diese Views das Bindeglied zwischen Tabellen und Editionen dar. Auf Editioning Views können alle Arten von Triggern angelegt werden, dadurch können sie sich gegenüber der Anwendung wie normale Tabellen verhalten. Bei der Erstellung dieser Views gibt es die Option `WITH READ ONLY`, so dass diese Views nur lesbar sind. Standardmäßig ist jedoch Lesen und Schreiben auf den Views erlaubt. Über entsprechende Grants werden dem Benutzer `DEMO` die Berechtigungen erteilt, darauf zuzugreifen (bis jetzt noch ohne auf Editions einzugehen). Natürlich gilt – wie bei allen Views –, dass nicht mit Wildcards (*) gearbeitet werden sollte.

```
SQL> -- Benutzer DEMOTAB
SQL> CREATE OR REPLACE EDITIONING VIEW personen_ev
     AS SELECT persid, anrede, vorname, nachname,
               geburtstag, bild
          FROM personen;

SQL> CREATE OR REPLACE EDITIONING VIEW auftraege_ev
     AS SELECT aufid, persid, aufdatum,
               lieferdatum, aufstatus
          FROM auftraege;
...

SQL> GRANT INSERT, UPDATE, DELETE, SELECT
       ON personen_ev TO demo;
SQL> GRANT INSERT, UPDATE, DELETE, SELECT
       ON auftraege_ev TO demo;
...
```

3. Da der Benutzer `demo` das Privileg `ENABLE EDITION` hat, kann er auf diese Views entsprechende Synonyme anlegen.

```
SQL> -- Benutzer DEMO
SQL> CREATE SYNONYM personen FOR demo1.personen_ev;

SQL> CREATE SYNONYM auftraege
     FOR demo1.auftraege_ev;
...
```

4. Während die Anwendung jetzt mit den ursprünglichen Objekten arbeitet, kann in dem Schema `demotab` eine neue Edition angelegt werden (`CREATE EDITION`). Da es sich im Beispiel um die erste Edition handelt, die auf der Basisedition `ORA$BASE` basiert, kann die Klausel `AS CHILD OF` entfallen. Alle weiteren Editionen müssen jedoch über diese Klausel verfügen, obwohl es bisher ohnehin nicht möglich ist, Verzweigungen zu benutzen.

   Über den Befehl `ALTER SESSION SET EDITION` wird jetzt die Umgebung der Session entsprechend gesetzt, und es können Views, Synonyme und PL/SQL-Objekte angelegt werden, die nur in dieser sowie in neueren Editionen sichtbar sind. In unserem Beispiel wird bei der Tabelle `personen` die Spalte `bild` nicht mehr benötigt, in der Tabelle `auftraege` kommt hingegen eine Spalte `bemerkung` hinzu, die von der Anwendung genutzt werden soll. Wichtig ist, dass die Hinzunahme der Spalte bei der Tabelle `auftraege` natürlich für alle sichtbar ist, da ja eine Tabelle nicht editionierbar ist.

Die neuen Views werden zunächst mit der Klausel `WITH READ ONLY` angelegt, damit vermieden wird, dass auf die Tabellen schon ändernd zugegriffen werden kann. Außerdem muss beachtet werden, dass dem Benutzer `demo` auch Zugriffsrechte an diesen neuen Views gegeben werden. Sicherlich würde hierfür zunächst ein `SELECT`-Recht genügen. Um aber zu einem späteren Zeitpunkt auch ändernd auf die Tabellen zugreifen zu können, empfiehlt sich das obige Vorgehen, die Read-Only-Einschränkung mit den Views, nicht mit den Zugriffsrechten umzusetzen.

```
SQL> -- Benutzer DEMOTAB
SQL> CREATE EDITION neue_version;

SQL> ALTER SESSION SET EDITION = neue_version;

SQL> GRANT USE ON EDITION neue_version TO PUBLIC;

SQL> CREATE OR REPLACE EDITIONING VIEW personen_ev
     AS SELECT persid, anrede, vorname, nachname,
               geburtstag
          FROM personen
     WITH READ ONLY;

SQL> ALTER TABLE auftraege
     ADD bemerkung VARCHAR2(200);

SQL> CREATE OR REPLACE EDITIONING VIEW auftraege_ev
     AS SELECT aufid, persid, aufdatum,
               lieferdatum, aufstatus, bemerkung
          FROM auftraege
     WITH READ ONLY;

SQL> GRANT INSERT, UPDATE, DELETE, SELECT ON personen_ev TO demo;
SQL> GRANT INSERT, UPDATE, DELETE, SELECT ON auftraege_ev TO demo;
```

5. Der Benutzer `demo` kann jetzt beliebig zwischen den Editionen hin und her schalten und sieht dem entsprechend die alte oder neue „Tabellen"-Struktur.

```
SQL> -- Benutzer DEMO
SQL> ALTER SESSION SET EDITION = ORA$BASE;
SQL> DESC personen;
 Name                  Null?    Type
 --------------------- -------- -----------------
 PERSID                NOT NULL NUMBER(10)
 ANREDE                         VARCHAR2(5 CHAR)
 VORNAME                        VARCHAR2(50 CHAR)
 NACHNAME                       VARCHAR2(50 CHAR)
 GEBURTSTAG                     DATE
 BILD                           BLOB

SQL> DESC auftraege;
 Name                  Null?    Type
 --------------------- -------- -----------------
 AUFID                 NOT NULL NUMBER(10)
 PERSID                NOT NULL NUMBER(10)
 AUFDATUM                       DATE
 LIEFERDATUM                    DATE
 AUFSTATUS             NOT NULL CHAR(1 CHAR)
```

```
SQL> ALTER SESSION SET EDITION = neue_version;

SQL> DESC personen;
 -------------------- -------- -----------------
 PERSID               NOT NULL NUMBER(10)
 ANREDE                        VARCHAR2(5 CHAR)
 VORNAME                       VARCHAR2(50 CHAR)
 NACHNAME                      VARCHAR2(50 CHAR)
 GEBURTSTAG                    DATE

SQL> DESC auftraege;
 Name                 Null?    Type
 -------------------- -------- -----------------
 AUFID                NOT NULL NUMBER(10)
 PERSID               NOT NULL NUMBER(10)
 AUFDATUM                      DATE
 LIEFERDATUM                   DATE
 AUFSTATUS            NOT NULL CHAR(1 CHAR)
 BEMERKUNG                     VARCHAR2(200)
```

Jetzt kann über den Benutzer demo die „neue" Anwendung zunächst nur lesend, aber im nächsten Schritt auch schreibend getestet werden. Sind diese Tests erfolgreich abgeschlossen, kann die neue Edition zur Standard-Edition erklärt werden. Hierfür werden zunächst die Read-Only-Einschränkungen der Editioning Views aufgehoben und danach die neue Standard-Edition definiert.

Damit ältere Editionen nicht mehr genutzt werden können, sollten die Pauschalrechte für deren Nutzung (*PUBLIC*-Rechte) entzogen werden. Erfolgt dieses Entziehen durch den Benutzer SYS, dann kann tatsächlich außer SYS niemand mehr auf die Edition und die darin erstelle Objekte zugreifen. Erfolgt das Entziehen mit dem Ersteller der Edition, kann dieser anschließend immer noch auf die Edition zugreifen!

```
SQL> -- Benutzer SYS
SQL> ALTER DATABASE DEFAULT EDITION = neue_edition;

SQL> REVOKE USE ON EDITION ORA$BASE FROM PUBLIC;
```

Für die Verifikation, in welcher Edition man sich gerade befindet, steht ein Aufruf der SQL-Funktion SYS_CONTEXT mit den Parametern CURRENT_EDITION_NAME und SESSION_EDITION_NAME zur Verfügung, z. B.:

```
SQL> SELECT SYS_CONTEXT('USERENV', 'CURRENT_EDITION_NAME')
     FROM DUAL;

SYS_CONTEXT('USERENV','CURRENT_EDITION_NAME')
------------------------------------------------------
NEUE_VERSION
```

Als kritisch hat sich in unseren Tests das Löschen von Editionen herausgestellt. Natürlich gibt es mit dem Befehl DROP EDITION die Möglichkeit, Editionen zu löschen. Dabei gibt es aber ein paar Voraussetzungen, die erfüllt sein müssen:

- Die Edition darf nicht „zwischen anderen Editionen" liegen. Natürlich kann man so recht einfach die letzte Edition löschen, aber in der Regel ist es genau diese, die man eigentlich behalten möchte. Man muss also bei der mitgelieferten Edition ORA$BASE anfangen und nacheinander alle Editionen löschen. Mit der CASCADE-Option können dabei alle in der Edition angelegten Objekte direkt mitgelöscht werden:

```
SQL> DROP EDITION <editionname> CASCADE;
```

- Es darf aber auch von neueren Editionen keine Verweise mehr auf Objekte in dieser Edition geben, was natürlich bei größeren Anwendungen schwierig zu administrieren ist.

15 Performance-Analyse und Tuning

Unzureichend performante Systeme sind normal und daher kein Grund zur Beunruhigung. Tuning ist daher ein alltägliches Geschäft, das sich noch dazu beständig ändert – abhängig von eingesetzten Technologien und der Architektur der Anwendung. Tuning ist darüber hinaus auch kein automatischer Prozess, sondern baut auf einer zielgemäßen und bewussten Planung, Umsetzung und Kontrolle auf. Akzeptierte Antwortzeiten, gute Skalierbarkeit und eine ausreichende Verfügbarkeit sind die drei Säulen, die nach wie vor eine erfolgreiche Datenbankinstallation auszeichnen. Die Skalierbarkeit wird dabei durch einen sparsamen Umgang mit Datenbankressourcen erreicht, der garantiert, dass auch bei wachsenden Benutzerzahlen und Datenmengen die vorgegebenen Antwortzeiten eingehalten werden können.

Bei der Vielzahl an Merkmalen und Funktionalitäten, die Oracle mittlerweile bietet, ist es nicht immer leicht, diese drei Säulen dauerhaft und zuverlässig zu implementieren. Das vorliegende Kapitel Tuning konzentriert sich auf die ersten beiden – Antwortzeiten und Skalierbarkeit – und zeigt, wie Datenbankinstanzen und Anwendungen, die mit ihnen arbeiten, systematisch analysiert und erfolgreich optimiert werden können.

Um dem Thema gerecht zu werden, konzentrieren wir uns nach einer kurzen Einleitung zunächst auf die Erstellung von Lastprofilen, die stets am Anfang einer systematischen Systemanalyse stehen sollten. Die Lastprofile geben uns detaillierte Hinweise und „Marschrichtungen" für nachfolgende Detailanalysen. Sie zeigen im Wesentlichen Wartezeiten und CPU-Zeiten auf, daher werden wir im Anschluss die wichtigsten Wartezyklen (*Wait Events*) und ihre Ursachen besprechen sowie die – mittlerweile zahlreichen – Analysewerkzeuge. Der zweite Teil des Kapitels konzentriert sich schließlich auf die Arbeit des Optimizers und die Optimierung von Zugriffen.

Trotz des recht umfangreichen Kapitels „Tuning" können wir längst nicht alle Themen im Detail präsentieren[1]. Uns geht es vielmehr um die Darstellung der wichtigsten operativen Zusammenhänge, die es uns ermöglichen, effizient und zielgerichtet unsere Optimierungsarbeiten umzusetzen.

15.1 Präludium

Jede Version der Datenbank beschert uns – unermüdlich – eine Reihe neuer technischer Merkmale, welche auf der einen Seite die Möglichkeiten, komplexe geschäftliche Anforderungen umzusetzen, bereichern, auf der anderen Seite aber die Komplexität der Systeme beständig erhöhen. Diese erhöhte Komplexität stellt durchgehend auch höhere Anforderungen an alle Beteiligten, sei es bei der Planung und Entwicklung von Applikationen, bei der Verwaltung oder auch bei der Optimierung bestehender Systeme – dem Thema des aktuellen Kapitels. Auf technischer Seite begegnet Oracle dem Thema „Komplexität" im Wesentlichen durch drei unterschiedliche, sich jedoch ergänzende Strategien:

---

1 Hier sei auf die Handbücher verwiesen, dort vor allem auf „Performance Tuning Guide", „PL/SQL Packages and Types Reference" und „Reference".

- Durch Automatisierung bei der Konfiguration von Kernkomponenten – erkennbar etwa an den Neuerungen bei der Verwaltung des *Shared Memory*-Bereichs.
- Durch „selbstlernende" Subsysteme, wie etwa *SQL Plan Management*[2], das Ausführungspläne von SQL-Befehlen nur nach interner Prüfung der Laufzeit übernimmt.
- Durch präzisere sowie komfortablere Werkzeuge, welche die Erkennung von Performance-Engpässen erleichtern sollen – an dieser Stelle sei nur das Stichwort *Automatic Workload Repository* (AWR) erwähnt.

Diese Strategien sind sinnvoll und notwendig, entlasten sie uns doch von *manchen* Routineaufgaben der Vergangenheit. Nach wie vor stellen uns vielschichtige Produktionsumgebungen jedoch beinahe täglich vor neue Herausforderungen, um den Anforderungen an die Skalierbarkeit, Performance und Verfügbarkeit der Systeme gerecht zu werden. Nicht selten gerät dabei die Datenbank – vorschnell – in die Schusslinie, und die Administratoren sehen sich in der Pflicht, den auftretenden Problemen auf den Grund zu gehen.

Dabei haben sich die Gründe für den Bedarf an, aber auch die Grenzen von Optimierung in den letzten Jahren im Bereich der Datenbank wenig geändert. Die folgende Liste zählt einige der wichtigsten Gründe auf und ließe sich mit Sicherheit noch erweitern:

Fehlendes oder unzureichendes Systemdesign Entwickler konzentrieren sich auf die geforderten Funktionalitäten und lassen Fragen des Datenbankdesign, der Skalierbarkeit und Performance-Planung außer Acht.

Unspezifische Entwicklung Applikationen werden – aus Gründen der Offenheit – so entwickelt, dass sie unterschiedliche Datenhaltungssysteme tolerieren. Der Einsatz spezifischer Features gefährdet diese Offenheit und verbietet sich aus diesem Grund.

Altlasten Programmatische Neuerungen erfordern oftmals die Anpassung von Code-Bereichen und setzen darüber hinaus aktuelle Kernel-Versionen der Datenbank voraus. Diese Anpassungen erhöhen die Aufwendungen für die Entwicklung und Zertifizierung des betreffenden Produktes und werden aus diesem Grunde niedriger priorisiert. Auf der anderen Seite meiden Anwender vorschnelle Migrationen auf – vermeintlich – instabile neue Datenbankversionen.

Unkenntnis Die rasante technische Entwicklung bringt es mit sich, dass manche nützliche technische Raffinesse den Entwicklern ganz einfach nicht bekannt ist.

Lizenzkosten Manche Neuerungen sind an die Enterprise Edition und in deren Kontext an zusätzliche Optionen oder Pakete gebunden. Diese können aus Kostengründen nicht immer vorausgesetzt werden. Entsprechende Features werden daher mit Vorsicht verwendet.

Automatismen In manchen Fällen generieren *Frameworks* SQL-Code für Zugriffe auf die Datenbank. Die Programmierer und die DBAs haben hier so gut wie keinen Einfluss auf die syntaktischen wie performance-technischen Resultate.

Patina Allmähliche funktionale Erweiterungen haben eine vormals gut optimierte Anwendung über die Jahre ausgehöhlt. Eine Konsolidierung und Optimierung ist daher angesagt, kann aber aus Kostengründen nicht immer in dem wünschenswerten Zeitrahmen umgesetzt werden.

2 Siehe Abschnitt 15.6.5.

Natürliche Entwicklung Die Realität in Form des Datenvolumens, der Anzahl der Nutzer sowie der geforderten Antwortzeiten hat sich geändert. Daraus resultieren neue Anforderungen an die Datenbank und Instanz.

Wie auch immer im einzelnen Fall die Gründe aussehen mögen, aus pragmatischer Sicht bedeutet „Tuning" für den DBA:

- *Entweder*: Die Behebung des Problems kraft der ihm möglichen konfiguratorischen Maßnahmen, beispielsweise durch Anpassung von Systemparametern, Bereitstellung von geeigneten Statistiken oder Einspielen von Patches.
- *Oder*: Umfassende Dokumentation der Engpässe mit Lösungsvorschlägen für andere Teams der Systemlandschaft, beispielsweise Vorschläge für zusätzliche Indizes an die Adresse der Entwickler, Übermittlung von nicht akzeptablen I/O-Statistiken an die Storage-Gruppe und dergleichen.

Aufgrund der Komplexität moderner IT-Umgebungen ist es in den meisten Fällen ratsam, bei (schwerwiegenden) Performance-Problemen von vornherein eine entsprechende *Task Force* zusammenzustellen, die aus jeweils einem kompetenten Vertreter aller beteiligten Technologiekomponenten besteht. Dies sind in der Regel neben dem DBA Vertreter der Storage-Gruppe, Netzwerkadministratoren und Web-Tier-Spezialisten. Die vorliegenden Organisationsstrukturen sollten dieses Vorgehen unterstützten.

Der Erfolg von Tuning-Maßnahmen ist – neben der technischen Expertise der Beteiligten – sehr stark auch eine Frage der angewandten Strategie. Folgende Erkenntnisse haben sich in der Praxis bewährt und sollten die Tuning-Arbeit begleiten

- Mutmaßungen und vorschnelle Maßnahmen sind zu unterlassen. Sie führen in den meisten Fällen in die Irre, erschweren dadurch die spätere Arbeit und kosten unnötige Zeit.
- Optimiert wird stattdessen auf der Basis von *Kennzahlen.*
- Das Problem besteht nicht darin, die geeignete Lösung zu finden, sondern aussagekräftige und präzise Kennzahlen zu erhalten. Liegen diese vor, drängt sich die Lösung in vielen Fällen auf.
- Jedes eigenständige Performance-Problem hat eigenständige Ursachen, erfordert daher eigenständige Analysen und eigenständige Lösungen. Was beim letzten Problem geholfen hat, muss dies nicht auch beim aktuellen tun.
- Werkzeuge lösen keine Probleme, sie helfen nur bei der Analyse.
- Tuning ist kein Selbstzweck. Konkrete *Zielvorgaben* helfen dabei, die Arbeit rechtzeitig zu beenden und den Erfolg derselben glaubhaft machen zu können.

Mit diesen strategischen Prämissen hat sich folgendes Vorgehen – in der dargestellten Reihenfolge – bewährt:

Problemkontext ermitteln Ausgangspunkt für unsere Analyse sollte stets eine genaue Beschreibung des beobachteten Engpasses sein: Wann genau tritt er auf, bei welchen Funktionen und mit welchen Daten. Darüber hinaus sollten wir die geschäftliche Relevanz des betreffenden Problems im Auge haben: Steht der zu erwartende Aufwand in Relation zu dem erhofften Nutzen unserer Maßnahmen?

Systemarchitektur ermitteln Auch wenn wir unsere Kennzahlen über die umfangreichen Möglichkeiten der Datenbank ermitteln, wir müssen stets das Gesamtsystem im Blick haben! Das bedeutet, wird sollten *in jedem Fall* ein Architektur-Diagramm der betreffenden Anwendung vorliegen haben und wissen, welche Komponenten – innerhalb und außerhalb der Datenbank – bei den beobachteten Engpässen beteiligt sind.

Teststellungen aufsetzen Wie bereits erwähnt wurde, müssen wir den Erfolg unserer Maßnahmen dokumentieren. Hierzu müssen wir vergleichbare Teststellungen bereithalten, die sowohl den Zugriffscode als auch die Daten in geeigneter Form erfassen.

Kennzahlen ermitteln Vor *diesem* Hintergrund erstellen wir ein Lastprofil. Die umfangreichen Möglichkeiten, die sich im Umfeld von Oracle-Datenbanken bieten, werden in diesem Kapitel ausführlich dargestellt. In manchen Fällen kann es jedoch – in Abhängigkeit von der Systemarchitektur – notwendig sein, zusätzliche Kennzahlen im Kontext von Applikationsservern oder Netzwerken zu ermitteln. Diese Möglichkeiten werden wir hier nicht im Detail besprechen können.

Analyse durchführen Auf Basis der Kennzahlen lässt sich mithilfe von Werkzeugen ein Lastprofil erstellen, das die Grundlage für unsere Analyse darstellt. Aus diesem Lastprofil werden maßgebliche und geschäftsrelevante Engpässe isoliert.

Maßnahmen umsetzen und testen Die Umsetzung der Tuning-Maßnahmen wird an den vorbereiteten Teststellungen gemessen. Die Maßnahmen sind beendet, wenn die vorgegebenen Antwortzeiten erreicht sind oder der Problemkontext eindeutig außerhalb unseres Verantwortungsbereichs identifiziert wurde.

Wir sollten jedoch nicht nur den Prozess des Tunings in dem vorstehend skizzierten Sinne optimieren, sondern immer auch im Auge haben, wie sich Tuning-Einsätze insgesamt minimieren lassen. Aus den genannten Beispielen lassen sich diesbezüglich bereits wichtige Maßnahmen ableiten.

- Das Feinkonzept sollte auf der Grundlage einer gründlichen Anforderungsanalyse erstellt werden, die nicht nur funktionale Aspekte berücksichtigt, sondern auch konsequent die Themen Performance und Skalierbarkeit berücksichtigt.
- Die physische Implementierung des Datenmodells sollte mit Blick auf die technischen Möglichkeiten einer Oracle-Datenbank erfolgen: Es werden mittlerweile vielfältige Tabellen- und Indextypen unterstützt, die – sinnvoll eingesetzt – erhebliche Performance-Vorteile bieten können.
- Eine sinnvolle Modularisierung sollte dafür sorgen, dass aufwendige Datenmanipulationen möglichst „datennah" realisiert werden und die Programmlogik effizient aufgesetzt wird.
- Lasttests sollten frühzeitg eingeplant und durchgeführt werden.

Den Autoren ist durchaus bewusst, dass die vorstehend genannten Forderungen ein Idealbild darstellen, das in der Praxis nicht immer umsetzbar ist. Eingekaufte Anwendungen „von der Stange", die aus geschäftlicher und funktionaler Sicht dringend erforderlich sind, machen uns immer wieder einen Strich durch diese Rechnung. Trotz allem sollten wir die genannten Ziele im Auge behalten und für den Betrieb von – aus dieser Sicht – problematischen Anwendungen besondere Vorkehrungen treffen.

In der Praxis ist es nicht immer leicht, „Tuning" von „Troubleshooting" zu unterscheiden. Ist beispielsweise die lange Laufzeit einer PL/SQL-Prozedur, die durch Wartezyklen und Hang-Situationen beim Locking verursacht wird, ein Problem, das durch Tuning- oder Troubleshooting-Maßnahmen behoben wird? Wie verhält es sich mit Verzögerungen bei Schreiboperationen, die zustande kommen, weil die betreffende Session auf die Fertigstellung eines Checkpoints warten muss und aus diesem Grunde kein Log-Switch durchgeführt werden kann?

Im Kontext dieses Buches verstehen wir „Tuning" als Summe aller Maßnahmen, welche die Optimierung der Antwortzeiten und die Verbesserung der Skalierbarkeit zum Ziele haben. Tuning-Maßnahmen legitimieren sich nicht durch auftretende Fehler.

Im Gegensatz dazu bezeichnet „Troubleshooting" alle Aktivitäten zur Analyse und Behebung von konkreten Fehlersituationen. Fehlersituationen werden durch Fehlermeldungen im Kontext von Sessions oder in entsprechenden Log-, Trace- oder Alert-Dateien ausgewiesen. Ergänzend hierzu verstehen wir unter „Monitoring" alle Aktivitäten, die der bewertenden Erfassung diverser Datenbankressourcen dienen und als Ziel die frühzeitige Erkennung möglicher Fehlerquellen oder Performance-Engpässe haben. Die Themen Monitoring und Diagnose (alias Troubleshooting) werden aus diesem Grunde separat behandelt.

15.2 Erstellung und Analyse von Lastprofilen

In den vorangehenden Abschnitten haben wir bereits deutlich gemacht: Tuning-Maßnahmen beginnen mit einem Lastprofil, das im Rahmen des betreffenden Problemkontextes erstellt wurde und uns eine detaillierte und strukturierte Übersicht über die Nutzung der Systemressourcen zu dem für uns relevanten Zeitpunkt liefert. Wir werden in diesem Kapitel unterschiedliche Methoden und Werkzeuge kennenlernen, Lastprofile zu generieren. So unterschiedlich die daraus resultierende formale Präsentation der Ergebnisse auch ausfallen möge, gute Lastprofile müssen stets folgende Kriterien erfüllen:

- Zeitliche Analysen: Angaben zur gesamten Messperiode, Anteil der CPU-Zeiten und der Wartezeiten an der Gesamtzeit.
- Untergliederung der CPU-Zeiten: für welche Datenbankaktivitäten wurde welcher Anteil CPU-Zeit genutzt.
- Untergliederung der Wartezeiten: *Wait Events* kategorisieren Wartezeiten, z. B. für I/O-Operationen. Jede Kategorie muss mit ihrem Anteil an der gesamten Wartezeit ausgewiesen werden.
- Auflistung und Sortierung von Datenbankzugriffen nach unterschiedlichen Kriterien: *Elapsed*-Zeiten, Blockzugriffen.

Tuning im engeren Sinne des Wortes kümmert sich um die Sicherstellung von akzeptablen Antwortzeiten für geschäftsrelevante Prozesse. Antwortzeiten lassen sich in CPU- und Wartezeiten untergliedern. CPU-Zeiten entstehen beispielsweise durch das Parsing von SQL-Befehlen oder die Ausführung von Prozeduren. Wartezeiten ergeben sich immer dann, wenn die Datenbank auf die Bereitstellung von Ressourcen oder die Fertigstellung externer Anforderungen – z. B. I/O-Operationen – warten muss.

Tuning reagiert in diesem Zusammenhang immer auf konkrete Probleme durch die Erstellung eines detaillierten Lastprofils, das die anfallenden CPU- und Wartezeiten im Kontext eines konkretes Programmmoduls oder SQL-Befehls auflistet.

Die Optimierung des betreffenden Prozesses wird dann erreicht, indem die markantesten Problembereiche dieses Lastprofils analysiert und optimiert werden. Zeigt das Lastprofil einer Prozedur beispielsweise, dass 60 % der Wartezeiten aufgrund von I/O-Operationen entstehen und nur 5 % durch Latch Contention, werden in erster Linie die I/O-Operationen für eine Optimierung infrage kommen, weil sie das größte Potenzial für die Verkürzung der Antwortzeit bergen.

Unsere Analysen können nur dann erfolgreich sein, wenn das entsprechende Lastprofil auch „semantisch" korrekt erzeugt wurde:

Zeitpunkt – Es versteht sich, dass wir nur dann aussagekräftige Kennzahlen ermitteln können, wenn wir die Generierung zum Zeitpunkt des auftretenden Engpasses in dem jeweils betroffenen System vornehmen.

Kontext – Profile lassen sich in unterschiedlichen Kontexten erstellen: Datenbank, Session, Modul, Datenbankservice. Je umfangreicher der Kontext, desto höher das Risiko, „verwässerte" Ergebnisse zu erhalten, die uns von den eigentlichen Problemen ablenken. Ein Datenbankprofil enthält naturgemäß Kennzahlen sämtlicher aktiven Sessions. Session- oder Modulprofile fokussieren dagegen wesentlich besser, setzen aber voraus, dass wir die betreffende Session oder das Modul isolieren können, was beispielsweise bei Webanwendungen sehr schwierig werden kann.

Fokus – Im vorliegenden Kapitel konzentrieren wir uns auf Analysen, die mithilfe von Datenbank-Kennzahlen durchgeführt werden. Moderne Applikationen sind dagegen oftmals vielschichtig. Die Datenbank stellt demnach nur einen Baustein des jeweiligen Systems dar und mithin auch nur eine mögliche Ursache für Perfomance-Probleme. Dies sollten wir stets im Auge behalten. Das bereits erwähnte Architekturdiagramm hilft uns auch dabei.

Zur Generierung von Lastprofilen sind Metriken und Kennzahlen notwendig. Diese Basisdaten können auf unterschiedlichem Weg gewonnen werden:

Snapshot-Prinzip Sogenannte *dynamische Performance-Views*[3] bieten direkte Durchgriffe auf viele Bereiche der *System Global Area* und anderer zentraler Systemkomponenten. Da die Daten dieser Performance-Views nur den jeweils aktuellen Zustand zeigen und manche von ihnen darüber hinaus beim Herunterfahren der Instance zurückgesetzt werden, müssen sie für nachträgliche, historische Analysen explizit gespeichert werden. Diese Speicherung wird im Rahmen von „Momentaufnahmen", sogenannten *Snapshots*, durchgeführt[4].

Lastprofile, die auf Basis dieser Snapshots aufbauen, haben einen eindeutigen Start- und Stopp-Punkt und errechnen ihre Kennzahlen durch Subtraktion der Startwerte von den Zielwerten. Zusätzlich werden daraus Durchschnitte pro Sekunde und pro Transaktion ermittelt. Je häufiger Snapshots gespeichert werden, desto flexibler und präziser lassen sich im Rückblick Lastprofile generieren.

Trace-Prinzip Während Snapshot-Profile dem *Polling*-Prinzip folgen, werden Performance-Daten in *Trace-Dateien* permanent aufgezeichnet. Über entsprechende Kommondos lässt sich die Generierung von Trace-Dateien in unterschiedlichen Kontexten an- und abschalten. Diese – in der Regel sehr umfangreichen – Dateien enthalten

3 Eine detaillierte Übersicht findet sich in dem Abschnitt 15.4.1.

4 Siehe hierzu die Abschnitte 15.4.1 und 15.4.1.

zunächst „Rohdaten", die anschließend über verschiedene Werkzeuge ausgewertet, formatiert und analysiert werden können. Da es sich bei ihnen um reine Textdateien handelt, können sie bei Bedarf auch direkt zu Detailanalysen herangezogen werden.

Während Lastprofile auf Basis des Snapshot-Prinzips gerne im ersten Schritt für übergreifende Analysen herangezogen werden, lassen sich Trace-Profile sehr effizient im zweiten Schritt bei Detailanalysen nutzen. Die zur Generierung der Daten sowie zur Formatierung und Analyse gebräuchlichen Werkzeuge werden in den folgenden Abschnitten detailliert besprochen.

Auf welchem Weg und mit welchen Werkzeugen wir auch immer unsere Profile generieren, wir erwarten von einem aussagekräftigen Lastprofil die Präzisierung der Problembeschreibung und entweder Hinweise für die Lösung oder zumindest Hinweise für das weitere Vorgehen. In den folgenden Abschnitten werden zunächst einige Beispiele von Lastprofilen vorgestellt und erläutert, die mit unterschiedlichen Werkzeugen erstellt wurden. Im Anschluss daran werden die Werkzeuge zur Erstellung dieser Reports dann im Einzelnen vorgestellt.

Das folgende, erste Beispiel zeigt den einführenden Abschnitt eines AWR-Reports[5]. AWR steht für Automatic Workload Repository und speichert – nach dem Snapshot-Prinzip – in regelmäßigen Abständen Performance-Kennzahlen von Instanzen für nachträgliche Auswertungen und Analysen. Der gezeigte Ausschnitt leitet den Bericht ein und zeigt den zeitlichen sowie technischen Kontext der Messungen. Die hier gelieferten Kennzahlen dienen dementsprechend nur der ersten Verifizierung der Messperiode und ermöglichen eine grobe Einschätzung der Systemlast.

```
WORKLOAD REPOSITORY report for

DB Name         DB Id    Instance     Inst Num Startup Time    Release     RAC
------------ ----------- ------------ -------- --------------- ----------- ---
DB11          1244342159 db11                1 13-May-10 11:25 11.2.0.1.0  NO

Host Name        Platform                         CPUs Cores Sockets Memory(GB)
---------------- -------------------------------- ---- ----- ------- ----------
oel.dbc.de       Linux IA (32-bit)                   1                     1.98

              Snap Id      Snap Time      Sessions Curs/Sess
            --------- ------------------- -------- ---------
Begin Snap:      2652 24-Mai-10 04:11:16        32       3.5
  End Snap:      2833 31-Mai-10 17:00:59        41       6.8
   Elapsed:               10,849.71 (mins)
   DB Time:                  134.41 (mins)
```

Unserem Beispiel liegt eine recht lange Messperiode zugrunde, die sich vom 24. bis 31. Mai über eine Gesamtdauer (*Elapsed*) von über 10.849 Minuten erstreckte. Das System war während dieser Zeit recht wenig gefordert, denn die gesamte Ablaufzeit *Elapsed Time* aller *User-level Calls* wird über die Statistik *DB Time* mit nur 134 Minuten angegeben. Dies entspricht nur etwas mehr als 1 % der Gesamtzeit.

Das zweite Beispiel zeigt ein wesentlich höher ausgelastetes System. Da hier mehrere Prozessorkerne im Einsatz waren, übersteigt die *DB Time* sogar die Gesamtdauer:

5 Für Details zum Thema AWR siehe den Abschnitt 15.4.1.

```
              Snap Id      Snap Time      Sessions Curs/Sess
            --------- ------------------- -------- ---------
Begin Snap:      1443 24-Mai-10 00:00:20       106      13.2
  End Snap:      1527 27-Mai-10 12:00:49       178      15.9
   Elapsed:             5,040.48 (mins)
   DB Time:             6,717.24 (mins)
```

Auch der folgende Abschnitt – überschrieben *Cache Sizes* – stammt aus einem AWR-Report. Er erlaubt ebenfalls keine Detailanalysen, gibt aber einen guten Eindruck von den Anforderungen an die Speicherbereiche der SGA. In diesem Beispiel war offensichtlich die dynamische Speicherverwaltung im Spiel, denn die Cache-Größen zu Anfang und Ende der Messperiode weichen voneinander ab. Dies könnte zum Anlass genommen werden, die entsprechenden Systemparameter und darüber die Cache-Größen zu überprüfen. Bei – mehr oder weniger - konstanten Anforderungen an die SGA kann das System durch die statische Konfiguration der Speicherbereiche entlastet werden.

```
Cache Sizes
~~~~~~~~~~~                       Begin        End
                             ---------- ----------
               Buffer Cache:       924M       890M  Std Block Size: 8K
           Shared Pool Size:        84M       100M      Log Buffer: 2,096K
```

Auch der Bereich *Load Profile* des AWR-Reports ist nicht dazu da, konkrete Tuning-Maßnahmen abzuleiten, sondern liefert vielmehr eine gute Lastchrakteristik des betreffenden Systems. Ein verlässlicher Indikator für die Schreiblast ist die Kennzahl *Redo Size,* die in Bytes gemessen wird.

Wichtig ist dabei, dass der Bericht die Kennzahlen auf der Basis von Sekunden und Transaktionen umrechnet. So ist die Vergleichbarkeit auch dann gegeben, wenn unterschiedliche Messperioden zugrunde liegen. Im folgenden Beispiel werden über 267.552 Bytes pro Sekunde in das Redolog geschrieben, was auf ein recht aktives System hinweist. Gleichzeitig wird über diese Instanz auch verstärkt gelesen: Die Anzahl der *Physical reads* ist mit 115,78 mehr als doppelt so hoch wie die der *Physical writes* (50,71).

```
Load Profile
~~~~~~~~~~~~                            Per Second       Per Transaction
                                   ---------------       ---------------
                  Redo size:            267,552.74             61,314.94
              Logical reads:             20,200.89              4,629.43
              Block changes:                912.06                209.02
             Physical reads:                115.78                 26.53
            Physical writes:                 50.71                 11.62
                 User calls:                 30.26                  6.93
                     Parses:                 23.78                  5.45
                Hard parses:                  1.88                  0.43
                      Sorts:                 25.60                  5.87
                     Logons:                  0.64                  0.15
                   Executes:                443.37                101.61
               Transactions:                  4.36
```

Der allgemeine Teil des Berichts wird mit dem folgenden Abschnitt *Instance Efficiency Percentages* abgeschlossen. Wir erkennen hier durchwegs gute bis sehr gute Trefferquoten jenseits der 90 % in den *Caches*. Auch die weiteren Kennzahlen können sich sehen lassen: Die Quote *Soft Parse* zeigt, dass für 92 % der Parse-Aktionen sowohl der Parent- als auch der Child-Cursor bereits im Library Cache der SGA vorlagen und für die betreffenden SQL-Befehle nur die Syntax, die Semantik und die Zugriffsrechte geprüft werden mussten (*Soft Parse*). Über 98 % der Befehle werden mehrfach ausgeführt (*SQL with executions > 1*), dementsprechend ist auch das Verhältnis zwischen den Ausführungen (*Executions*) und den Parse-Calls gut (*Execute to Parse*).

Mit anderen Worten: Die Instanz zeigt einen guten Umgang mit der Ausführung von Cursorn. Damit ist freilich noch nichts über die Effizienz der einzelnen SQL-Befehle ausgesagt worden.

```
Instance Efficiency Percentages (Target 100%)
~~~~~~~~~~~~~~~~~~~~~~~~~~~~~~~~~~~~~~~~~~~~~
            Buffer Nowait %:   99.88       Redo NoWait %:  100.00
            Buffer  Hit   %:   99.75    In-memory Sort %:  100.00
            Library Hit   %:   99.39        Soft Parse %:   92.08
         Execute to Parse %:   94.64         Latch Hit %:   95.56
Parse CPU to Parse Elapsd %:   15.99     % Non-Parse CPU:   99.45

 Shared Pool Statistics        Begin    End
                               ------  ------
             Memory Usage %:   89.57   87.22
    % SQL with executions>1:   98.88   98.23
  % Memory for SQL w/exec>1:   97.10   95.18
```

Um es noch einmal klarzustellen: Die in den vorangehenden Abschnitten dargestellten Kennzahlen dienen nicht dazu, konkrete Tuning-Maßnahmen einzuleiten, sondern helfen dabei, Trends bei den gemessenen Systemen zu erkennen und auf Basis dieser Trends Aussagen über die Relevanz der Berichtsperiode machen zu können.

Die konkrete Tuning-Arbeit wird durch die nun folgenden Abschnitte des AWR-Berichts eingeleitet. Dreh- und Angelpunkt einer ersten Systemanalyse stellt der Bereich *Top 5 Timed Events* dar. Hier erkennen wir – absteigend sortiert nach dem zeitlichen Anteil – die massgeblichen Warte- und CPU-Zeiten der Instanz. Das folgende Beispiel zeigt an erster Stelle mit einem Anteil von 37,1 % *db file scattered read*. In dieser Klasse werden alle I/O-Wartezeiten erfasst, die im Zusammenhang mit *Multi-Block*-Zugriffen entstehen, wie sie typischerweise bei *Full Table Scan*-Operationen auf Tabellen oder *Fast Full Scan*-Zugriffen auf Indizes vorkommen.

```
Top 5 Timed Events                                       Avg %Total
~~~~~~~~~~~~~~~~~~                                      wait   Call
Event                                Waits    Time (s)   (ms)   Time Wait
Class
------------------------------ ------------ ----------- ------ ----------------
db file scattered read              230,405       8,871     39   37.1 User I/O
CPU time                                          7,395          30.9
control file parallel write         156,477       2,629     17   11.0 System I/O
db file sequential read             187,803       1,231      7    5.1 User I/O
log file parallel write              17,906         707     40    3.0 System I/O
```

Die Probleme in diesem Beispiel liegen damit zweifelsfrei im Bereich des I/O. Wir können diese These nun durch einen Blick auf die I/O-Statistiken des AWR-Berichts präzisieren. Der folgende Ausschnitt zeigt die Tablespace ABC an erste Stelle mit 391.859 Lese- und 850 Schreiboperationen. Die durchschnittlichen Lesezugriffe (*Av Rd(ms)*) sind mit 24,8 Millisekunden mit Abstand die schlechtesten der Datenbank und weit entfernt von wünschenswerten Zugriffszeiten zwischen drei und fünf Millisekunden.

```
File IO Stats                         DB/Inst: PROD/PROD  Snaps: 6634-6765
-> ordered by Tablespace, File
```

```
Tablespace                Filename
------------------------  ----------------------------------------------------
                 Av      Av      Av                    Av        Buffer Av Buf
        Reads Reads/s Rd(ms) Blks/Rd       Writes Writes/s       Waits Wt(ms)
-------------- ------- ------ ------- ------------ -------- ---------- ------
ABC                       /oradata/PROD/DB/data/abc01.dbf
      391,859        1  24.8    66.3          850        0          0 0.0
SYSAUX                    /oradata/PROD/DB/data/sysaux01.dbf
       19,307        0  17.7     1.9       30,132        0          0 0.0
SYSTEM                    /oradata/PROD/DB/data/system01.dbf
        4,429        0  10.3     1.2        3,684        0          4 17.5
SYSTEM                    /oradata/PROD/DB/data/system02.dbf
        2,759        0  13.7     1.5        4,436        0          3 70.0
TEMP01                    /oradata/PROD/DB/data/temp01_01.dbf
          206        0   1.7    75.8          654        0          0 N/A
UNDOTBS1                  /oradata/PROD/DB/data/undotbs01.dbf
          155        0   0.1     1.0       11,149        0         11 0.0
USERS                     /oradata/PROD/DB/data/users01.dbf
            2        0   5.0     1.0            1        0          0 0.0
          -------------------------------------------------------------
```

Die gemessenen I/O-Probleme scheinen aufgrund dieser Zahlen also durchaus plausibel zu sein. Engpässe im Bereich des I/O können grundsätzlich ausgelöst werden durch:

- Schlechte oder unzureichende Konfiguration des Storage-Systems.
- Überlastung durch zu viele und zu häufige I/O-Anforderungen.
- Eine Kombination aus beiden vorangehenden Faktoren.

Dementsprechend muss das dem Filesystem zugrunde liegende Storage-System entlastet oder konfiguratorisch geprüft und optimiert werden. Die Konfiguration von Storage-Systemen ist in der Regel personell getrennt von der Datenbankverwaltung organisiert[6] und hängt darüber hinaus sehr stark von der eingesetzten Hardware ab. Wir werden dieses Thema daher hier nicht weiter vertiefen. Aus Sicht des DBA und Entwicklers bleiben in diesem Fall folgende – sich gegenseitig ergänzende – Strategien zur Entlastung des Systems übrig:

Bessere I/O-Verteilung – kann durch zusätzliche Tablespaces, das Anlegen zusätzlicher Datendateien innerhalb derselben oder den Einsatz zusätzlicher Platten (ASM-Konfiguration) erreicht werden. Es versteht sich, dass diese zusätzlichen Dateien auf alternativen Hardware-Kanälen anzulegen sind.

I/O-Reduktion – da I/O-Operationen in Datenbanken im Wesentlichen durch SQL-Befehle ausgelöst werden, gilt es, die Zugriffspläne der aufwendigsten Befehle zu optimieren, beispielsweise durch zusätzliche Indizes oder moderne Optimizer-Algorithmen. In einzelnen Fällen kann es auch notwendig werden, die Logik zugreifender Programme zu optimieren, um unnötige Zugriffe zu eleminieren.

In unserem Beispiel werden wir nun die Strategie der I/O-Reduktion anwenden und müssen aus diesem Grunde geeignete Kandidaten, d. h. SQL-Befehle, finden. Jeder AWR-Report enthält einen umfangreichen SQL-Bereich, der die aufwendigsten SQL-Befehle, nach unterschiedlichen Kriterien sortiert, ausweist:

6 Beim Einsatz von ASM überlappen sich oftmals diese Bereiche.

```
SQL ordered by Elapsed Time
SQL ordered by CPU Time
SQL ordered by Gets
SQL ordered by Reads
SQL ordered by Executions
SQL ordered by Parse Calls
SQL ordered by Sharable Memory
SQL ordered by Version Count
```

Wir entscheiden uns für die Sortierung nach *Elapsed Time* und navigieren zu dem folgenden Abschnitt des Berichts:

```
SQL ordered by Elapsed Time              DB/Inst: PROD/PROD  Snaps: 9147-9333
-> Resources reported for PL/SQL code includes the resources used by all SQL
   statements called by the code.
-> % Total DB Time is the Elapsed Time of the SQL statement divided
   into the Total Database Time multiplied by 100

  Elapsed      CPU                  Elap per  % Total
  Time (s)   Time (s)  Executions   Exec (s)  DB Time    SQL Id
---------- ---------- ------------ ---------- ------- -------------
   339,237     84,204       51,309        6.6     8.1 063ack4c4h435
Module: ABR
select * from ( select rownum as position, gebernr, num_of_rows from (select ge
bernr, count(*) as num_of_rows from TEST_MELDUNGEN where periode = :1 a
nd sv_id = :2 group by gebernr order by count(*) desc, gebernr)) where position
>= :3 and position <= :4
```

Hier finden wir die Befehle absteigend nach ihrer *gesamten* Ablaufzeit sortiert. Der Report weist neben dem SQL-Text auch die Statistiken des Zugriffs und den Namen des ausführenden Moduls[7] aus. Zur Beurteilung ist es wichtig, dass wir unbedingt die Anzahl der Ausführungen mit im Blick haben. In unserem Beispiel „kostete" das SQL mit der ID „`063ack4c4h435`" zwar 339.237 Sekunden und damit 8,1 % der gesamten *DB Time*, wurde aber auch 51.309 Mal ausgeführt, sodass für die einzelne Ausführung (*Elap per Exec (s)*) „nur" 6,6 Sekunden zu Buche schlagen.

Der Report gibt darüber hinaus keine weiteren Einzelheiten der SQL-Befehle preis. Wir haben aber die Möglichkeit, im Rahmen des Workload Repository eigene SQL-Reports zu generieren. Hierzu geben wir neben den Snapshots die betreffende *SQL ID* an und erhalten dann einen Bericht, der alle für diesen Befehl erfassten Zugriffspläne mit ihren Statistiken ausweist. Die Abbildung 15.1 zeigt einen Ausschnitt aus dem SQL-Bericht für die SQL ID „`3jkzhjxrgl9r7`". Der Bericht wurde im HTML-Format generiert.

Ein völlig anderes Szenario bietet sich in dem folgenden Beispiel: Hier nutzt die betreffende Instanz die CPU sehr intensiv (77,47 %). Wartezyklen treten nur marginal unterhalb der 10 %-Grenze auf und bremsen das System nur unwesentlich aus:

```
Top 5 Timed Events
~~~~~~~~~~~~~~~~~~                                                   % Total
Event                                            Waits    Time (s) Ela Time
-------------------------------------------- ------------ ----------- --------
CPU time                                                          475    77.47
latch free                                         22,698          45     7.34
```

7 Das Modul muss zuvor im ausführenden Code explizit mithilfe des Paketes `DBMS_APPLICATION_INFO` gesetzt worden sein.

```
log file sync                                          15,803          37      6.05
log file parallel write                                31,894          28      4.61
db file sequential read                                 1,893          18      2.96
                         -------------------------------------------------------------
```

SQL ID: 3jkzhjxrg19r7

- 1st Capture and Last Capture Snap IDs refer to Snapshot IDs witin the snapshot range
- SELECT "RELATIONSHIP_NAME" FROM CIRELATIONSHIPM1 WHERE "RELATIONSHIP_N...

#	Plan Hash Value	Total Elapsed Time(ms)	Executions	1st Capture Snap ID	Last Capture Snap ID
1	6799632	1,540,626	32,811	5768	5774
2	2340153454	283,626	107,489	5742	5766

Back to Top

Plan 1(PHV: 6799632)

- Plan Statistics
- Execution Plan

Back to Top

Plan Statistics

- % Total DB Time is the Elapsed Time of the SQL statement divided into the Total Database Time multiplied by 100

Stat Name	Statement Total	Per Execution	% Snap Total
Elapsed Time (ms)	1,540,626	46.95	3.70
CPU Time (ms)	1,467,629	44.73	4.12
Executions	32,811		
Buffer Gets	4,268,057	130.08	1.24
Disk Reads	1	0.00	0.00
Parse Calls	32,811	1.00	0.05
Rows	2,132,715	65.00	
User I/O Wait Time (ms)	0		
Cluster Wait Time (ms)	0		
Application Wait Time (ms)	0		
Concurrency Wait Time (ms)	0		
Invalidations	0		
Version Count	1,388		
Sharable Mem(KB)	13,075		

Back to Plan 1(PHV: 6799632)
Back to Top

Execution Plan

Id	Operation	Name	Rows	Bytes	Cost (%CPU)	Time
0	SELECT STATEMENT				34 (100)	
1	INDEX FAST FULL SCAN	CIRELATIONSHIPM113B2675B	11	682	34 (0)	00:00:01

Abbildung 15.1: AWR SQL-Report (Ausschnitt)

Diese dominante Nutzung der CPU kann einerseits auf ein gut ausgelastetes, aber im Kern gesundes System hindeuten, vor allem dann, wenn die vereinbarten und erwarteten Antwortzeiten erfüllt werden. Auf der anderen Seite kann es aber ebenso ein Hinweis darauf sein, dass die Prozessoren den Anforderungen nicht gerecht werden können. Letzteres ist vor allem dann der Fall, wenn die Erwartungen an die Antwortzeiten eben nicht erfüllt werden können.

Im letzteren Fall ist ein Blick auf die Anzahl und Taktraten der verwendeten Prozessoren sowie deren Auslastung wichtig. Diese kann mit Betriebssystemmitteln[8] gut dargestellt werden. Systeme, die mit derart dominanten CPU-Zeiten keine befriedigenden Anwortzeiten erreichen, können im Prinzip wie folgt optimiert werden:

Parallelisierung – Falls genügend Prozessorkerne zur Verfügung stehen, lassen sich Datenbankoperationen, wie beispielsweise *Full Table Scans* und Sortierungen, auf mehrere CPUs verteilen und damit beschleunigen. Die im System vorhandene CPU-Leistung wird dadurch besser genutzt, Antwortzeiten werden reduziert.

Aufrüstung – Falls die Parallelisierung nicht möglich ist oder nicht ausreicht, bleibt nur noch die Aufrüstung der CPU-Leistung durch höhere Takraten oder eine höhere Anzahl der Kerne.

Die wenigen Beispiele haben bereits deutlich gemacht: Durch die Arbeit mit Snapshots können wir uns sehr schnell zum Kern der jeweiligen Performance-Probleme vorarbeiten, sofern wir den Kontext unserer Analyse mit Bedacht gewählt haben. In manchen Fällen gibt uns der oben dargestellte Bericht bereits genügend Material, um die Engpässe zu beheben oder den Fokus unserer Arbeit zu verlagern, wenn nicht, weist er uns zumindest präzise den Weg zu weiteren, tiefer gehenden Analysen.

Diese Analysen können im Anschluss beispielsweise durch die Generierung und Formatierung von Trace-Dateien durchgeführt werden. Mit dem Material aus den Snapshot-Berichten können wir den Fokus dabei sehr präzise auf eine Datenbank-Session, einen Service oder ein Modul setzen. Die hierfür nötigen Werkzeuge werden wir noch im Detail kennenlernen.

Die Abbildungen 15.2 und 15.3 zeigen Ausschnitte aus einem Lastprofil, das mithilfe des Werkzeugs *„Oracle Session Resource Profiler"* (OraSRP)[9] auf Basis von Trace-Dateien im HTML-Format generiert wurde. Zuvor wurde für eine markante Datenbank-Session das Mitschreiben aller Operationen über das Paket `DBMS_MONITOR` aktiviert.

Session Flat Profile

Event Name	% Time	Seconds	Calls	- Time per Call -		
				Avg	Min	Max
FETCH calls [CPU]	80.6%	112.2200s	6,057	0.0185s	0.0000s	112.0700s
SQL*Net message from client [idle]	12.6%	17.5786s	3	5.8595s	0.0017s	17.5428s
db file sequential read	5.1%	7.0852s	2,292	0.0030s	0.0000s	0.0887s
unaccounted-for time	1.2%	1.7308s				
PARSE calls [CPU]	0.4%	0.5100s	443	0.0011s	0.0000s	0.4400s
EXEC calls [CPU]	0.0%	0.1200s	2,108	0.0000s	-0.0600s	0.0100s
SQL*Net message from client	0.0%	0.0021s	1	0.0021s	0.0021s	0.0021s
SQL*Net more data to client	0.0%	0.0000s	4	0.0000s	0.0000s	0.0000s
SQL*Net more data from client	0.0%	0.0000s	3	0.0000s	0.0000s	0.0000s
SQL*Net message to client	0.0%	0.0000s	4	0.0000s	0.0000s	0.0000s
Total	**100.0%**	**139.2469s**				

Abbildung 15.2: OraSRP (Ausschnitt 1)

8 Unter Unix eignen sich beispielsweise `sar` oder `mpstat`.

9 Siehe hierzu auch: `http://www.oracledba.ru/orasrp`.

Top 5 Statements per Event

FETCH calls [CPU]

SQL Statement Id	% Time	Seconds	Calls	- Ti
				Avg
2042164764	99.9%	112.0700s	2	56.0350s
1433558559	0.0%	0.0300s	1,668	0.0000s
2065408759	0.0%	0.0300s	738	0.0000s
839312984	0.0%	0.0300s	632	0.0000s
199663413	0.0%	0.0200s	75	0.0002s
23 others	0.0%	0.0400s	2,942	0.0000s
Total	**100.0%**	**112.2200s**	**6,057**	**0.0185s**

Abbildung 15.3: OraSRP (Ausschnitt 2)

Die Abbildung 15.2 zeigt aus diesem Profil unter der Überschrift *Session Flat Profile* die Gruppierung aller Aktivitäten zusammen mit der gemessenen Dauer und ihrem Anteil an der Gesamtzeit. In unserem Beispiel entfallen 80,6 %, nämlich 112,22 von insgesamt 139,2469 Sekunden, auf die Aktivität *FETCH calls [CPU]*. Mit anderen Worten: 80 % der Zeit hat das System die CPU für das Lesen von Datensätzen (*fetch*) beschäftigt.

Über den mit dem Event verbundenen Link kommen wir nun in den Detailbereich mit einer weiteren statistische Auswertung. Wir erkennen in Abbildung 15.3, dass nahezu 100 % aller Aktivitäten dieser Kategorie auf einen SQL-Befehl mit der ID 2042164764 zurückzuführen sind und können – wiederum über einen Link – den betreffenden Befehl in dem Abschnitt *SQL Statements* des Reports direkt erreichen.

Dort finden wir alle Details, die aus den Trace-Dateien gewonnen werden können:

- den vollständigen Text des betreffenden Befehls
- Statistiken zur Ausführung (Abbildung 15.4)
- ein Lastprofil bezogen auf den betreffenden Befehl
- Statistiken über Blockzugriffe: Anzahl Blöcke pro Leseoperation, betroffene Datendateien und ihr zeitlicher Anteil
- den Zugriffsplan
- verwendete Bindevariablen und ihre Werte

Die Analyse unseres Beispiels können wir nun wie folgt auf den Punkt bringen: 99,9 % von 80,6 %, nämlich 112 von 139 Sekunden entfallen auf Fetch-Operationen eines einzigen SQL-Befehls, der darüber hinaus auch nur einmal ausgeführt wurde (*Call Exec, Count 1*). Wenn wir die hinter der Trace-Datei stehende Geschäftsfunktion aus Sicht der

Statement Self Statistics

Call	Cache Misses	Count	- Seconds -		Physical Reads	- Logical Reads -		Rows
			CPU	Elapsed		Consistent	Current	
Parse	1	1	0.4400s	0.4679s	0	0	0	0
Exec	0	1	-0.0600s	-0.2527s	-34	-879	0	0
Fetch		2	112.0700s	119.0371s	1,894	1,278,523	0	10
Total	**1**	**4**	**112.4500s**	**119.2522s**	**1,860**	**1,277,644**	**0**	**10**
Per Fch	0.5	2.0	56.2250s	59.6261s	930.0	638,822.0	0.0	5.0
Per Row	0.1	0.4	11.2450s	11.9252s	186.0	127,764.4	0.0	1.0

Abbildung 15.4: OraSRP (Ausschnitt 3)

Datenbank optimieren wollen, müssen wir uns auf diesen Befehl konzentrieren und haben dort ein Optimierungspotenzial von annähernd 80 %.

15.3 Die wichtigsten Wait Events

Die im Rahmen von Lastprofilen in der Datenbank gemessenen Vorgänge lassen sich – grob betrachtet – in zwei Bereiche gliedern:

CPU-Zeiten weisen auf CPU-Aktivitäten im Zusammenhang mit SQL-, PL/SQL- oder Java-Code hin.

Wartezeiten entstehen durch externe Calls, beispielsweise an das I/O-Subsystem.

Wartezeiten werden kategorisch erfasst und in den Profilen ausgewiesen. Mit Stand der aktuellen Version 11g zählen wir über die View `v$event_name` nicht weniger als 1117 *Wait Events*, die in elf Kategorien unterteilt werden. Über die View `v$system_wait_class` können wir die Klassen und die mit ihnen verbundenen Wartezeiten (Spalte `TIME_WAITED`) ermitteln. Der folgende Ausschnitt zeigt die Klassen und die Anzahl der hinter ihnen versammelten Events aus der View `v$event_name`.

```
SQL> SELECT   wait_class#, wait_class, COUNT(*)
     FROM     v$event_name
     GROUP BY wait_class#, wait_class
     ORDER BY wait_class#;

WAIT_CLASS# WAIT_CLASS     COUNT(*)
----------- -------------- --------
          0 Other               719
          1 Application          17
          2 Configuration        24
          3 Administrative       54
          4 Concurrency          32
          5 Commit                2
          6 Idle                 94
          7 Network              35
          8 User I/O             45
          9 System I/O           30
         10 Scheduler             7
         11 Cluster              50
         12 Queueing              9
```

Für die genaue Beurteilung eines Lastprofils ist es unerlässlich, nicht nur die kumulierten Wartezeiten der Klassen zu betrachten, sondern die Anteile einzelner *Wait Events* bezogen auf konkrete Aktivitäten, also beispielsweise bestimmte SQL-Befehle zu analysieren. Dieser Abschnitt stellt daher kurz die wichtigsten[10] Events vor, beschreibt ihre Ursachen und mögliche Optimierungsstrategien.

Die View `v$event_name` liefert uns auch wichtige Zusatzinformationen zu den einzelnen Events, vor allem die Belegung der Parameterattribute `p1`, `p2` und `p3`, welche jedes Aufkommen eines Wartezustands präzise eingrenzen. Die folgende Liste zeigt diese Parameter für die Events dieses Abschnitts:

```
SQL> SELECT   name, parameter1, parameter2, parameter3
```

10 Eine vollständige Liste mit Beschreibung findet sich in „Oracle Database Reference", Anhang C.

```
    FROM     v$event_name
    WHERE    event# IN (91,140,143,144)
    ORDER BY name;

NAME                         PARAMETER1 PARAMETER2 PARAMETER3
---------------------------- ---------- ---------- ----------
buffer busy waits            file#      block#     class#
db file scattered read       file#      block#     blocks
db file sequential read      file#      block#     blocks
log file sync                buffer#    sync       scn
```

Mit anderen Worten: Für *jedes* Aufkommen des Events `db file scattered read` werden die Datei und Blocknummer sowie die Anzahl der angeforderten Blöcke ausgegeben. Zwar gehen diese Detailinformationen in den Zusammenfassungen der Snapshot-Reports verloren, sie sind jedoch Bestandteil der „rohen" Trace-Dateien, können dort betrachtet werden und werden von manchen Werkzeugen auch entsprechend berücksichtigt.

Der folgende Ausschnitt zeigt einen Bereich aus einem mit Trace Analyzer generierten Report. Er nutzt die Blockinformationen und ordnet ihnen die entsprechenden Segmente der Datenbank zu.

```
Details for wait event                          Times Count     Max. Total  Blocks
'db file scattered read (multiblock full scan)' Waited Zero Time Wait Waited Accessed
----------------------------------------------- ------ --------- ---- ------ --------
bom.bom_calendar_dates.........................     26         8 0.02   0.19      178
mrp.mrp_schedule_dates_n1......................      2         0 0.04   0.06       21
mrp.mrp_load_parameters........................      2         0 0.02   0.03        6
----------------------------------------------- ------ --------- ---- ------ --------
total..........................................     30         8 0.04   0.28      205
```

15.3.1 db file scattered read

Der Name dieses Events macht schon deutlich, dass er in den Bereich „User IO" fällt. Der Zusatz *scattered* lässt jedoch nicht unbedigt vermuten, dass es sich hier um mehrfache und kontinuierliche Blockanforderungen handelt, wie sie typischerweise – beeinflusst von dem Serverparameter `db_file_multiblock_read_count` – bei *Full Scan*-Operationen im Bereich von Tabellen und Indizes auftauchen.

Beim signifikanten Auftreten dieses Events ist zunächst zu klären,

1. ob die I/O-Operationen im Schnitt zu langsam sind (hier können die View `v$filestat` oder entsprechende Snapshot-Berichte zurate gezogen werden) oder
2. ob die Anwendung – beispielsweise aufgrund fehlender Indizes – exzessive *Full Scans* durchführt.

Möglicherweise können sich auch beide Symptome überlagern.

Die erforderlichen Maßnahmen lassen sich nach dieser Analyse relativ leicht ableiten, wobei die eingangs erwähnte Zuordnung von Segmenten zu den einzelnen Events sehr hilfreich ist. Im ersten Fall müssen wir uns um die Optimierung des I/O-Subsystems kümmern, im zweiten die SQL-Befehle mit den stärksten I/O-Anforderungen optimieren. Die Strategie ist damit klar, auch wenn die Detailarbeit durchaus langwierig und mühsam ausfallen kann.

15.3.2 db file sequential read

`db file sequential read` ist genauso wie die *Scattered*-Variante unschwer als I/O-Event auszumachen. Im Gegensatz zu jenem wird dieser jedoch von *Single Block Reads* verursacht, die entsprechende Wartezyklen durchlaufen müssen. *Single-Block*-Anforderungen werden typischerweise bei Zugriffen auf und über Indizes, auf Rollback-Segmente, aber auch auf Segment-Header ausgelöst.

Manche dieser Zugriffe – beispielsweise auf Segment-Header und Rollback-Segmente – sind nur schwer vermeidbar. Indexzugriffe dagegen können hinterfragt werden: Bringen sie die notwendigen Performance-Gewinne, sind sie effizient aufgebaut (*Clustering*-Faktor und *Deleted Rows*), oder könnte ein Rebuild helfen? Es versteht sich, dass wir diese Untersuchung nur im Kontext der am stärksten betroffenen Segmente durchführen, die wir über die Blocknummern ermitteln können.

Natürlich kann auch bei diesem Event unser I/O-System einfach zu langsam oder überlastet sein.

15.3.3 buffer busy waits

Dieser Event fällt in die Klasse *Concurrency* und entsteht, wenn eine Session auf die Lokalisierung (*Pinning*) eines Blockbuffers im Buffer-Cache der SGA wartet. Das *Pinning* ist sowohl für *Read*- als auch für *Write*-Operationen auf den Buffern notwendig. Genau genommen muss jede Session unter dem Schutz des *Cache Buffer Chain*-Latches den erforderlichen Buffer-Header, der den benötigten Block enthält, lokalisieren, um dann – je nach Art des geplanten Zugriffs – einen exklusiven oder einen *Shared*-Lock auf dem Buffer zu setzen. Diese exklusive Sperrung sollte nicht mit dem Sperren der Rows aus Sicht der Transaktionen verwechselt werden!

In der Regel entstehen *Buffer Busy Wait*-Zustände bei massivem Schreibbedarf auf einzelnen Blöcken, die kurzfristig exklusive Sperren während des Zugriffs benötigen. Auch hier ist es von essenzieller Wichtigkeit, dass wir die von dem Event betroffenen Blöcke und damit die Segmente und Blockklassen (Parameter `p3`) kennen. Nur dann können wir adäquat reagieren. In Abhängigkeit von der Blockklasse können folgende Empfehlungen gegeben werden:

Tabelle – bessere Verteilung der Rows über die Blöcke, geringerer Füllgrad pro Block. Dies kann durch automatische Segmentplatzverwaltung des Tablespace (ASSM), erhöhte PCTFREE-Werte oder kleinere Blockgrößen erreicht werden.

Index – wenn die Leaf-Blöcke betroffen sind: Möglicherweise kann ein Reverse-Key-Index helfen oder auch hier eine geringere Blockgröße, ggf. auch die Partitionierung.

Segment Header – enthalten u. a. Freiplatz-Informationen, d. h., diese sollten „gestreut" werden durch mehrere Freilistengruppen oder ASSM.

File Header – enthalten Extent-Informationen, hier sollten die Extent-Einstellungen der Tablespaces betrachtet werden.

Diese kurze Übersicht macht bereits deutlich: *Buffer Busy Waits*, wenn sie nachhaltig und massiv auftreten, sodass sie zum *maßgeblichen* Engpass werden, verursachen erheblichen Aufwand beim Tuning.

15.3.4 log file sync

Wie der Name nahelegt: Eine Session wartet – nach dem Auslösen eines `COMMIT`-Befehls – auf die Synchronisation des Logwriter-Prozesses, der Redo-Einträge aus dem Redolog Buffer in die Online-Redolog-Dateien schreibt.

Wenn dieses Event die Wartezeiten merklich beherrscht, haben wir in der Regel ein massives Problem mit den Schreibvorgängen in das Online Redolog, möglicherweise auch zusätzlich mit der Größe unseres Redolog Buffers in der SGA. Dementsprechend sind die I/O-Zeiten der Log-Dateien zu verbessern oder diese – getrennt von den Datendateien – zu verlagern.

15.4 Die Werkzeuge

In den vorangehenden Abschnitten wurden Strategien zur Interpretation von Lastprofilen vorgestellt. Der aktuelle Abschnitt wird sich nun auf die Techniken zur Generierung von Kennzahlen und Erstellung von Lastprofilen konzentrieren. Pauschal betrachtet, ist die Erstellung von Lastprofilen eher simpel:

- Nach der Ermittlung des Kontextes/der Instanz oder Datenbank werden die notwendigen Daten ermittelt.
- Im Anschluss daran werden diese Daten aggregiert und formatiert, sodass auf dieser Basis Rückschlüsse auf die Engpässe eines Systems möglich werden.

Die Fülle an Möglichkeiten, die in diesem Bereich zur Verfügung stehen, macht es nicht immer leicht, ein für die Optimierung optimales Werkzeug auszuwählen. Im Folgenden werden wir zunächst die wichtigsten Methoden in diesem Bereich vorstellen.

Bei der Erfassung von Kennzahlen, die zur Systemanalyse herangezogen werden, lassen sich zwei unterschiedliche Strategien erkennen:

Polling – *To poll* bedeutet wörtlich übersetzt „abfragen". Dementsprechend werden bei dieser Methode von der ermittelnden Instanz explizite Abfragen generiert, um vorgegebene Kennzahlen zu ermitteln. Die Präzision dieses Verfahrens hängt ganz entscheidend von der Frequenz und der Art dieser Abfragen ab. Je häufiger auf der einen Seite abgefragt wird, desto mehr kann das auf der anderen Seite bei dem zu analysierenden System zu einer Art Rückkopplung führen und die Messungen beeinträchtigen.

Bei diesem Verfahren kommt es also darauf an, so schonend wie möglich und gleichzeitig so detailliert wie nötig zu ermitteln. Wenn dies geschieht, können über die Stichproben mit verhältnismäßig geringem Aufwand aussagekräftige Daten ermittelt werden. Das Polling-Verfahren wird dementsprechend bevorzugt für die routinemäßige Ermittlung von Kennzahlen eingesetzt.

Tracing – Bei diesem Verfahren wird in umgekehrtem Sinne verfahren: Der Ermittler fragt nicht, sondern das System macht seinerseits seine Aktionen nach außen hin transparent und schreibt seine Protokolle in entsprechende Trace-Dateien. Das Ergebnis sind lückenlose Daten, die ein ebenso lückenloses Abbild der Aktivitäten liefern können. Diese Präzision wird allerdings erkauft mit einem beträchtlich größeren Datenvolumen. Nur wenn dieses auch entsprechend aufbereitet werden kann, ergibt sich ein zusätzlicher Nutzen bei der Systemanalyse. Aus diesem Grunde werden Tracing-Verfahren häufig im Nachgang für punktgenaue Tiefenanalysen eingesetzt.

15.4.1 Polling-Verfahren

Oracle Performance-Views

Die Oracle-Datenbank stellt eine große Menge von Performance-Statistiken in internen Performance-Views zur Verfügung. Basis dieser Views ist eine Reihe von X$-„Tabellen". Im Gegensatz zu herkömmlichen Tabellen basieren X$-Objekte jedoch nicht auf Datenbanksegmenten, sondern greifen über interne Kernmodule direkt auf Speicher- oder Dateibereiche der Datenbank und der Instanz zu. Dementsprechend kryptisch sind ihre Namen, da diese sich direkt an den Namen der ihnen zugeordneten Module orientieren:
Das Objekt `X$KSPPI` beispielsweise steht für „Kernel - Service - Parameter - Parameter Info" und stellt eine der Grundlagen für die allseits bekannte „View" `V$PARAMETER` dar, welche Informationen über Serverparameter bereithält. Im Gegensatz zu `V$PARAMETER` stellt `X$KSPPI` jedoch auch offiziell nicht unterstützte „Unterstrich"-Parameter dar.

Bei genauerer Betrachtung ergibt sich für die Performance-Views ein Schichtenmodell aus Synonymen, Data Dictionary Views, internen Views und Tabellen wie es die Abbildung 15.5 darstellt.

Die Performance-Views gliedern sich darüber hinaus in zwei Familien:

GV$-Views zeigen die gesamte Sicht auf alle Instanzen der betreffenden Datenbank.

V$-Views dagegen geben nur die Kennzahlen der aktuellen Instanz wieder.

Über Performance-Views werden dem Benutzer interne Kennzahlen in Tabellenform zugänglich gemacht. Der Charme dieser Views liegt darin, dass herkömmliche SQL-Befehle zur Aufarbeitung der dargebotenen Rohdaten eingesetzt werden können.

Die erwähnten X$-Tabellen sind – entsprechende Privilegien[11] vorausgesetzt – natürlich problemlos zugänglich, da sie jedoch direkt aus den Modulen des Datenbankkerns

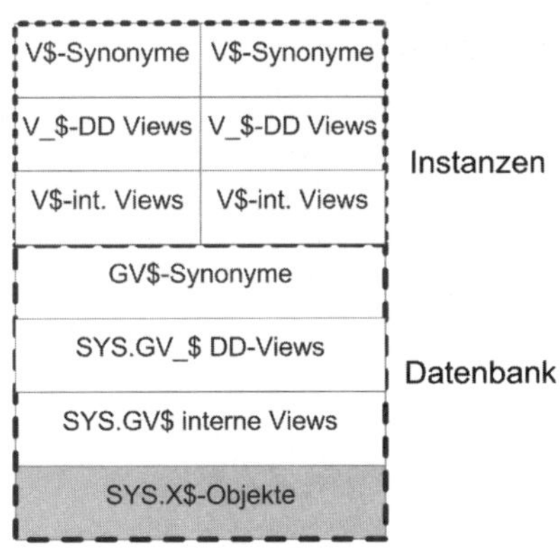

Abbildung 15.5: Dynamische Performance-Objekte

11 Direkte Grants auf X$-Tabellen sind nicht möglich. Stattdessen muss eine entsprechende View im Schema SYS dazwischengeschaltet werden.

gespeist werden, ist ihr Inhalt oftmals kryptisch und für den Nichteingeweihten schwer oder gar nicht verständlich.

Hier kommen die V$-Views ins Spiel, welche ihren Inhalt in „sprechender" Form aufbereiten und daher – wann immer möglich – statt der X$-Objekte genutzt werden sollten.

Die direkte Arbeit mit diesen Views stellt die unmittelbarste Möglichkeit dar, Kennzahlen für Systemanalysen zu ermitteln. Diese Methode kommt aber in der Regel wegen des damit verbundenen Programmieraufwandes nur in begrenztem Umfang zum Einsatz. Weil V$-Views aber – neben direkten Block- und Memory-Zugriffen – die einzige Möglichkeit darstellen, interne Systemkennzahlen zu ermitteln, nutzen viele Werkzeuge ihre Möglichkeiten und bieten komfortable Oberflächen zur Darstellung und Auswertung.

In jeder Datenbankversion kommt stets eine nicht unerhebliche Zahl neuer Performance-Views hinzu[12], die mittlerweile jeden Winkel der SGA ausleuchten. Es ist daher nicht verwunderlich, dass bereits mit der Version 9.2 ein Serverparameter geschaffen wurde, der den Umfang der internen Datenermittlung kontrolliert: `statistics_level` kann die Werte `BASIC`, `TYPICAL` und `ALL` annehmen, wobei `TYPICAL` die Voreinstellung ist. Eine Übersicht darüber, welche Funktionalitäten mit den einzelnen Einstellungen verbunden sind, liefert die View `V$STATISTICS_LEVEL`:

```
SQL> SELECT statistics_name, activation_level, statistics_view_name
     FROM   v$statistics_level;

STATISTICS_NAME                      ACTIVATION_L STATISTICS_VIEW_NAME
------------------------------------ ------------ -------------------------
Active Session History               TYPICAL      V$ACTIVE_SESSION_HISTORY
Adaptive Thresholds Enabled          TYPICAL
Automated Maintenance Tasks          TYPICAL
Bind Data Capture                    TYPICAL      V$SQL_BIND_CAPTURE
Buffer Cache Advice                  TYPICAL      V$DB_CACHE_ADVICE
Global Cache Statistics              TYPICAL
Longops Statistics                   TYPICAL      V$SESSION_LONGOPS
MTTR Advice                          TYPICAL      V$MTTR_TARGET_ADVICE
Modification Monitoring              TYPICAL
PGA Advice                           TYPICAL      V$PGA_TARGET_ADVICE
Plan Execution Sampling              TYPICAL      V$ACTIVE_SESSION_HISTORY
Plan Execution Statistics            ALL          V$SQL_PLAN_STATISTICS
SQL Monitoring                       TYPICAL      V$SQL_MONITORING
Segment Level Statistics             TYPICAL      V$SEGSTAT
Shared Pool Advice                   TYPICAL      V$SHARED_POOL_ADVICE
Streams Pool Advice                  TYPICAL      V$STREAMS_POOL_ADVICE
Threshold-based Alerts               TYPICAL
Time Model Events                    TYPICAL      V$SESS_TIME_MODEL
Timed OS Statistics                  ALL
Timed Statistics                     TYPICAL
Ultrafast Latch Statistics           TYPICAL
Undo Advisor, Alerts and Fast Ramp up TYPICAL     V$UNDOSTAT
V$IOSTAT_* statistics                TYPICAL
```

Ein großer Teil der in dieser View referenzierten Funktionalitäten fällt in den Bereich des AWR und wird entsprechend im Abschnitt 15.4.1 behandelt.

12 Die Version 11gR2 zählt derzeit 913 X$-, 525 V$ und 496 GV$-Objekte.

An dieser Stelle soll lediglich eine kurze Übersicht der wichtigsten über V$-Objekte abgedeckten Funktionsbereiche gegeben werden:

- Sessions, z. B. Wartezeiten für jede einzelne Session
- Services, also beispielsweise verschiedene Anwendungen innerhalb einer Datenbank.
- Datendateien, z. B. Umfang und Performance von Lese- und Schreibzugriffen pro Datei
- Segmente, z. B. die Anzahl logischer oder physischer Lese- und Schreibzugriffe pro Tabelle, Index etc.
- SQL-Kommandos, die sich im Cursor-Cache (SQL-Area) befinden, beispielsweise Anzahl der Ausführungen, die dadurch verursachten Lesezugriffe, der Ausführungsplan etc.
- Aktive Transaktionen, beispielsweise der Startzeitpunkt, I/O-Daten
- Undo-Segmente
- Sperrverhalten von Oracle, insbesondere Sperren für Datensätze (Enqueues) sowie interne Sperren (Latches)
- Außerdem gibt es Gesamtstatistiken (Systemebene), die Summenwerte über alle Sessions darstellen.

Die Tabelle 15.1 zeigt eine Übersicht über die wichtigsten V$-Views und ihre Kontexte. Eine vollständige Übersicht und Beschreibung findet sich in der Oracle-Dokumentation[13].

Der dargestellte Charakter der Performance-Views bringt es mit sich, dass ein großer Teil ihrer Inhalte flüchtig ist und einen Neustart der Instanz nicht überdauert. Für historische Analysen ist es daher notwendig, die Daten in entsprechenden Hilfstabellen dauerhaft zu speichern.

In den Versionen bis Oracle9i wurden ausschließlich grundlegende Kennzahlen übermittelt, wie beispielsweise *consistent gets*, *db block gets* und *physical writes*. Alle wichtigen Metriken mussten aus diesen Basiszahlen syntaktisch ermittelt werden. Seit der Version 10g werden Metriken auch direkt über Performance Views ausgegeben. Die Metriken sind darüber hinaus in feststehenden Metrikgruppen organisiert: So gibt beispielsweise die Metrik „Buffer Cache Hit Ratio" – wie der Name nahelegt – die Trefferquoten im Buffer Cache aus. Sie ist in zwei Gruppen organisiert: „System Metrics Long Duration" und „System Metrics Short Duration".

Die Gruppe einer Metrik entscheidet über die Intervalllänge bei der Ermittlung der Daten. Das folgende Beispiel zeigt die Einstellungen für die beiden erwähnten Gruppen. In Gruppe 2 werden Metriken alle 60 Sekunden (6000 Hundertstel Sekunden) ermittelt, 60 Messungen werden im Speicher vorgehalten.

```
SQL> SELECT *
     FROM   v$metricgroup
     WHERE  group_id IN (2,3);
```

13 Oracle Database Reference

Kontext 1	Kontext 2	V$View
Sessions	Statistiken	V$SESSION
		V$SESSTAT
		V$MYSTAT
		V$SESS_IO
	Wartezustände	V$SESSION_EVENT
		V$SESSION_WAIT
		V$SESSION_WAIT_CLASS
	Metrik	V$SESSMETRIC
	Metrik-Historie	V$ACTIVE_SESSION_HISTORY
Services	Statistiken	V$SERVICE_STATS
	Wartezustände	V$SERVICE_EVENT
		V$SERVICE_WAIT_CLASS
	Metrik	V$SERVICEMETRIC
	Metrik-Historie	V$SERVICEMETRIC_HISTORY
System	Statistiken	V$SYSSTAT
	Wartezustände	V$SYSTEM_EVENT
		V$SYSTEM_WAIT_CLASS
	Histogramme	V$EVENT_HISTOGRAM
	Metrik	V$EVENTMETRIC
		V$SYSMETRIC
		V$SYSMETRIC_SUMMARY
		V$WAITCLASSMETRIC
		V$FILEMETRIC
	Metrik-Historie	V$SYSMETRIC_HISTORY
		V$WAITCLASSMETRIC_HISTORY
		V$METRIC_HISTORY
		V$FILEMETRIC_HISTORY
Dateien	Statistiken	V$FILESTAT
		V$TEMPSTAT
	Histogramme	V$FILE_HISTOGRAM
		V$TEMP_HISTOGRAM
	Metrik	V$FILEMETRIC
	Metrik-Historie	V$FILEMETRIC_HISTORY
Segmente	Statistiken	V$SEGSTAT
		V$SEGMENT_STATISTICS
SQL	Statistiken	V$SQL
		V$SQL_PLAN_STATISTICS
	Histogramme	V$SQL_WORKAREA_HISTORAM
Transaktionen	Statistiken	V$TRANSACTION
Undo-Segmente	Statistiken	V$ROLLSTAT
	Metrik-Historie	V$UNDOSTAT
Sperren (*enqueues*)	Statistiken	V$TRANSACTION
		V$TRANSACTION_ENQUEUE
		V$ENQUEUE_LOCK
		V$ENQUEUE_STAT
		V$LOCK
		V$LOCKED_OBJECT

Tabelle 15.1: V$Tabellen und Funktionskontexte, Teil 1

Kontext 1	Kontext 2	V$View
Latches	Statistiken	V$LATCH
		V$LATCHHOLDER
		V$LATCH_MISSES
Betriebssystem	Statistiken	V$OSSTAT

Tabelle 15.1: V$Tabellen und Funktionskontexte, Teil 2

```
GROUP_ID NAME                          INTERVAL_SIZE MAX_INTERVAL
-------- ----------------------------- ------------- ------------
       2 System Metrics Long Duration           6000           60
       3 System Metrics Short Duration          1500           12
```

Eine Übersicht über alle Metriken findet sich in der View V$METRICNAME. Über die View V$METRIC lassen sich die jeweils aktuellen Werte aller Metriken selektieren. V$METRIC_HISTORY gibt alle im *Speicher* befindlichen Werte aller Metriken aus, das sind für jede Metrik MAX_INTERVAL Messungen. Darüber hinaus existieren Views für entsprechende Untermengen, so beispielsweise V$SESSMETRIC (Session-Metriken) oder V$FILEMETRIC (File-Metriken).

Schließlich enthalten die „Summary"-Views eine Zusammenfassung für jede im Speicher erfasste Metrik mit Minimal- und Maximalwerten etc.:

```
SQL> SELECT metric_name, maxval, minval, average, standard_deviation
     FROM   v$sysmetric_summary
     WHERE  metric_id = 2000
     AND    group_id = 2;

METRIC_NAME            MAXVAL MINVAL AVERAGE          STANDARD_DEVIATION
---------------------- ------ ------ ---------------- ------------------
Buffer Cache Hit Ratio    100      0 99,5689297182368   1,18171710058316
```

Die nächste Hierarchiestufe bei der Speicherung von Metriken findet sich beispielsweise in der View DBA_HIST_SYSMETRIC_SUMMARY, die – mit den gleichen Attributen wie das V$-Pendant – Metriken im Kontext von AWR-Snapshots speichert. Das Thema AWR werden wir ausführlich in Abschnitt 15.4.1 behandeln.

Seit Oracle 10g werden auch die Wartezustände (*Wait Events*) in Kategorien unterteilt, wie die Spalte wait_class in der View V$EVENT_NAME zeigt. Dies ist insbesondere zur Aussortierung „unechter" Wartezustände – sogenannter *Idle Events* – sehr nützlich, da diese in einer eigenen Klasse zusammengefasst werden. Andere interessante Kategorien sind:

- Physische Lese- und Schreiboperationen: (Kategorie *User I/O*)
- Wartezustände, die zunächst einmal durch reine Konfigurationsmaßnahmen entschärft werden können, z. B. kann das Warten auf Checkpoints durch mehr oder größere Redo-Log-Dateien beseitigt werden (Kategorie *Configuration*).
- Wartezustände wegen Cache- oder Sperrsynchronisation in RAC-Umgebungen (Kategorie *Cluster*)
- Netzwerklatenzen, z. B. das Lesen via DB-Link (Kategorie *Network*)

Die bereits mehrfach erwähnten Basisstatistiken werden in V$STATNAME aufgeführt und lassen sich mit Views auf Session-, Service- und Systemebene selektieren. Die Spalte `statistic#` ist hierbei Join-Spalte, `name` enthält die Statistikbezeichnung. Die Spalte `class` gibt an, zu welcher Performance-Kategorie die Statistik gehört. Für diese Statistikkategorien gibt es aber keine eigene Referenztabelle, sondern es gilt folgende Einteilung:

- 1: Benutzer-Sessions
- 2: Redo-Log-Aktivität
- 4: Sperrverhalten (Enqueues)
- 8: Caching (physischer und logischer I/O)
- 16: Betriebssystem – diese Statistiken werden nur dann gepflegt und angezeigt, wenn der Serverparameter `timed_os_statistics` auf einen Wert größer 0 gesetzt ist.
- 32: RAC (Real Application Cluster)
- 64: SQL-Kommandos (Zugriffsmethoden auf Tabellen, Parsing, Sortierungen)
- 128: Debugging (interne Statistiken)

Liegt eine Zugehörigkeit zu mehreren Kategorien vor, wird dieses Schema additiv verwendet. Zur Eingrenzung auf eine Kategorie muss also eine bitweise AND-Verknüpfung (SQL-Funktion `BITAND`) durchgeführt werden.

Neben Statistiken und Metriken bieten die V$-Objekte auch Prognose-Tabellen, sogenannte *Advisories* an. Diese Tabellen enthalten Hochrechnungen, welche erwartete Trefferquoten für veränderte Cache-Größen in den Bereichen des Buffer-Cache, Shared-Pool, Java-Pool und PGA-Pool prognostizieren. Das folgende Beispiel zeigt die Prognosen für den Buffer-Cache:

```
SQL> SELECT size_for_estimate AS size_est,
            size_factor AS factor,
            buffers_for_estimate AS buffers,
            estd_physical_read_factor AS read_fct,
            estd_physical_reads AS phy_reads,
            estd_physical_read_time AS phy_rtime
     FROM   v$db_cache_advice
     WHERE  name = 'DEFAULT'
     AND    block_size = 8192;

  SIZE_EST FACTOR    BUFFERS   READ_FCT  PHY_READS PHY_RTIME
---------- ------ ---------- ---------- ---------- ---------
         4     ,1        501     5,5853     125998      2397
         8     ,2       1002     3,3464      75490      1347
        12     ,3       1503     2,6664      60152      1029
        16     ,4       2004     2,2532      50830       835
        20     ,5       2505     2,0398      46016       735
        24     ,6       3006     1,6026      36152       530
        28     ,7       3507     1,3471      30389       410
        32     ,8       4008     1,1751      26508       329
        36     ,9       4509     1,0887      24559       289
        40    1,0       5010          1      22559       247
        44    1,1       5511      ,9437      21288       221
        48    1,2       6012      ,8933      20152       197
        52    1,3       6513      ,8467      19101       175
        56    1,4       7014      ,7896      17813       148
        60    1,5       7515      ,7596      17135       134
        64    1,6       8016      ,7183      16203       115
```

```
    68    1,7           8517      ,686         15474         100
    72    1,8           9018      ,6469        14593          82
    76    1,9           9519      ,6243        14085          71
    80    2,0          10020      ,6108        13779          65
```

In diesem Beispiel werden verschiedene Cache-Größen zwischen 10% und 200% der aktuellen Cache-Größe betrachtet. Die ersten drei Spalten geben die betrachtete Cache-Größe an, die folgenden Spalten zeigen absolute und relative Werte für physische Lese-Operationen, beispielsweise gilt: Eine Verdopplung des Buffer-Caches führt zu einer Reduktion der physischen Lese-Operationen auf ca. 61% (gerechnet seit Instanzstart oder seit der letzten Änderung der Buffer-Cache-Größe).

Um einen Eindruck von der tatsächlichen Zeiteinsparung zu bekommen, sollte auch die letzte Spalte betrachtet werden, welche die Gesamtzeit für physisches Lesen in Hundertstel Sekunden angibt.

Für den Shared Pool kann die Parsing-Zeit für SQL-Kommandos in Abhängigkeit von der Pool-Größe untersucht werden. Analog ist dasselbe für den Java-Pool möglich (V$JAVA_POOL_ADVICE):

```
SQL> SELECT shared_pool_size_for_estimate AS size_est
           ,shared_pool_size_factor AS factor
           ,estd_lc_load_time AS load_time
           ,estd_lc_load_time_factor AS l_factor
     FROM   v$shared_pool_advice;
```

Auch für den PGA-Pool, der durch den Serverparameter pga_aggregate_target dimensioniert wird, steht eine Advisory zur Verfügung.
Die View V$PGA_TARGET_ADVICE_HISTOGRAM liefert für verschiedene Größen des PGA-Pools je ein Histogramm über die Anzahl von Operationen, die eine bestimmte PGA-Größe beansprucht haben. Ein Auszug aus dieser Performance-View soll dies verdeutlichen:

```
SQL> SELECT pga_target_for_estimate AS size_est
           ,pga_target_factor AS factor
           ,low_optimal_size AS lower_lim
           ,high_optimal_size AS upper_lim
           ,estd_optimal_executions AS in_memory
           ,estd_onepass_executions AS pass_1
           ,estd_multipasses_executions AS pass_n
     FROM   v$pga_target_advice_histogram;

 SIZE_EST FACTOR LOWER_LIM UPPER_LIM IN_MEMORY PASS_1 PASS_N
--------- ------ --------- --------- --------- ------ ------
...
 23592960    ,75   4194304   8388607         0      0      0
 23592960    ,75   2097152   4194303         0      0      0
 23592960    ,75   1048576   2097151         3      0      2
 23592960    ,75    524288   1048575       223      0      8
 23592960    ,75    262144    524287        40      0      0
 23592960    ,75    131072    262143        18      0      0
 23592960    ,75     65536    131071        47      0      0
 23592960    ,75     32768     65535         0      0      0
 23592960    ,75     16384     32767         0      0      0
 23592960    ,75      8192     16383         0      0      0
 23592960    ,75      4096      8191         0      0      0
 23592960    ,75      2048      4095     16817      0      0
```

```
23592960    .75     1024     2047        0     0     0
23592960    .75        0     1023        0     0     0
...
```

Dem vorstehenden Beispiel ist zu entnehmen, dass bei einem PGA-Pool mit 75 % der aktuellen Größe die meisten Operationen (Sortierungen, Hash-Joins sowie Aufbau und Merging von Bitmap-Indizes) weiterhin im Speicher hätten stattfinden können. Für die weitaus meisten – nämlich 16817 Operationen – genügt dafür sogar ein Arbeitsbereich zwischen 2 KB und 4 KB innerhalb des PGA-Pools. Allerdings hätten insgesamt zehn Operationen (mit Sortiervolumina zwischen 512 KB und 2 MB) auch eine mehrfache Auslagerung in Temporärsegmente erfordert (Spalte `pass_n`).

Der PGA-Pool sollte so dimensioniert werden, dass die meisten Operationen im Hauptspeicher ausgeführt werden können. Weniger als 10 % aller Operationen sollten eine einzige Auslagerung in Temporärsegmente benötigen (Spalte `pass_1`). Bei OLAP-Systemen kann diese Anforderung etwas gelockert werden. Mehrfach-Auslagerungen sollten aber in jedem Fall vermieden werden.

Die von den Advisories prognostizierten Werte sind in der Regel recht verlässlich. Bei einer dynamischen Vergrößerung oder Verkleinerung eines Pools durch das Kommando `ALTER SYSTEM` oder automatisch bei gesetztem Serverparameter `sga_target` bzw. `memory_target` werden die betreffenden Advisory-Tabellen reinitialisiert.

Statspack

Das Werkzeug Statspack blickt auf eine lange Geschichte zurück: Beginnend mit der Version 8i der Datenbank wurde es aus den Skripten `UTLBSTAT` und `UTLESTAT` weiterentwickelt, indem die Generierung der Daten von der der Reports getrennt wurde, und hält sich seither tapfer als einfaches, aber universell verfügbares Werkzeug zum Generieren von Lastprofilen. Statspack wurde beständig an jedes Release angepasst, erweitert und ist auch unter der aktuellen Version 11gR2 verfügbar, wenn auch dort noch in der Version 11.1.

Die Funktionsweise von Statspack ist denkbar einfach: In einem eigenen Schema mit Namen `PERFSTAT` wird ein Repository bestehend aus 72 Tabellen mit dem Präfix `STATS$`, einer View und dem Paket `STATSPACK` angelegt, das die gesamte Funktionalität enthält. Mithilfe dieses Paketes werden *Snapshots* – entweder manuell oder über einen Datenbankjob – generiert und in den Repository-Tabellen gespeichert.

Auf Basis dieser Snapshots lassen sich dann mithilfe von SQL-Skripten Berichte generieren, die ein Lastprofil der betreffenden Instanz und Datenbank zeigen. Dieses Vorgehensmodell ist nach außen hin identisch mit dem von AWR[14], auch der generierte Bericht unterscheidet sich auf den ersten Blick kaum. Trotzdem gibt es einige signifikante Unterschiede zwischen beiden Werkzeugen:

- Statspack generiert seine Daten direkt über diverse V$-Objekte und nutzt keine eigenen Hintergrundprozesse wie AWR.
- Statspack kennt keine automatisierte Folgeverarbeitung, wie sie in Form von ADDM und ASH[15] vorliegt.

---

14 Siehe den Abschnitt 15.4.1.

15 Beide Werkzeuge werden im Abschnitt 15.4.1 besprochen.

- Statspack braucht dementsprechend keine zusätzlichen Lizenzen, für AWR ist dagegen die Enterprise Edition mit dem *Diagnostic Pack* notwendig.

Statspack bietet aufgrund dessen nicht die Finessen von AWR, erfreut sich aber trotz allem einer großen Verbreitung und Beliebtheit und ist aus diesem Grunde nach wie vor eine konstante und verlässliche Größe im Tuning-Alltag.

Das Werkzeug wird in Form von diversen Dateien mit dem Präfix `sp` im Verzeichnis `rdbms/admin` des Oracle-Homes ausgeliefert. Eine ausführliche Dokumentation aller Funktionalitäten findet sich an diesem Ort in der Datei `spdoc.txt`. Die Installation wird unter `SYS` oder einem vergleichbar privilegierten Benutzer wie folgt gestartet:

```
SQL> CONNECT / as sysdba
Connected.
SQL> @?rdbms/admin/spcreate
```

Nach einem kurzen Dialog, in dessen Verlauf das Kennwort und die Tablespace-Einstellungen abgefragt werden, werden das Schema `PERFSTAT` mit den erwähnten Objekten und entsprechende `PUBLIC`-Synonyme für die Tabellen aufgebaut. Perfstat ist nun einsatzbereit.

Zur Generierung von Lastprofilen müssen allerdings zunächst Snapshots erstellt werden. Dies kann entweder manuell über die Prozedur oder gleichnamige Funktion `STATSPACK.SNAP` oder periodisch und automatisiert über einen entsprechende Datenbankjob erledigt werden. Die Datei `spauto.sql` steht hierfür zur Verfügung und legt einen entsprechenden Job an, der im Stundenrhythmus die Generierung vornimmt. Der folgende Abschnitt zeigt einen Ausschnitt aus dieser Datei.

```
SQL> VARIABLE jobno NUMBER;
SQL> VARIABLE instno NUMBER;
SQL> BEGIN
       SELECT instance_number INTO :instno FROM v$instance;
       DBMS_JOB.submit(:jobno, 'statspack.snap;', TRUNC(SYSDATE+1/24,'HH'),
         'TRUNC(SYSDATE+1/24,''HH'')', TRUE, :instno);
       COMMIT;
     END;
     /
```

Es versteht sich, dass der Code leicht an die eigenen Bedürfnisse angepasst werden kann. Umfang und Detaillierungsgrad der gespeicherten Daten werden über drei sich gegenseitig ergänzende Einstellungen geregelt:

Zeitmessung – Die interne Zeitmessung des Datenbankkerns wird bekanntlich über den Serverparameter `timed_statistics` geregelt. Dieser ist entweder explizit auf `TRUE` zu schalten oder wird indirekt über den Parameter `statistics_level` aktiviert, wenn dieser auf den Wert `ALL` gesetzt wurde. Ist die Zeitmessung nicht eingeschaltet, werden alle abhängigen Statistiken, wie z. B. `CPU used by this session`, nicht generiert. Ab der Version 11g ist das explizite und separate Ein- und Ausschalten von `timed_statistics` nur möglich, wenn `statistics_level` auf `BASIC` steht, ansonsten ist der Parameter als Voreinstellung aktiviert.

Level – Es stehen insgesamt fünf unterschiedliche, numerische Level mit steigendem Detaillierungsgrad bei der Datenermittlung zur Verfügung. Wie häufig, so sind die Level auch hier additiv zu verstehen, d. h., jeder Level schließt den Funktionsumfang seiner Vorgänger mit ein. Der Umfang der einzelnen Level ist in der

Übersicht 15.2 beschrieben und kann darüber hinaus auch online aus der Tabelle STATS$LEVEL_DESCRIPTION entnommen werden. Alle Standardeinstellungen lassen sich über die Tabelle STATS$STATSPACK_PARAMETER kontrollieren.

Level können explizit mit einmaliger oder den Standardwert verändernder Wirkung gesetzt werden:

```
SQL> REM expliziter Aufruf mit temporärer Wirkung
SQL> EXECUTE statspack.snap(i_snap_level=>6);

SQL> REM expliziter Aufruf und Setzen eines neue Standardwertes
SQL> EXECUTE statspack.snap(i_snap_level=>6, i_modify_parameter=>'true');

SQL> REM nur Anpassen des Standardwertes
SQL> EXECUTE statspack.modify_statspack_parameter (i_snap_level=>6);
```

Grenzwerte (*Thresholds*) – werden benötigt, um „aufwendige“, d. h. in ihrem Ressourcenverbrauch über den Grenzwerten liegende SQL-Befehle bei der Datensammlung ab Level 5 zu erfassen. Darüber hinaus können ebenso Grenzwerte für Segmentstatistiken (ab Level 7) gesetzt werden. Auch in diesem Bereich lassen sich die Werte entweder beim Aufruf angeben oder werden aus den Voreinstellungen, die modifizierbar sind, beigesteuert.

Die Tabelle 15.3 gibt eine Übersicht. SQL-Befehle oder Segmente werden aufgezeichnet, wenn sie mindestens einen der genannten Werte überschreiten.

Die gesammelten Daten können nun für unterschiedliche Berichte in Textform aufbereitet und ausgegeben werden. Für die Aufbereitung stehen entsprechende SQL-Skripte zur Verfügung. Als Parameter werden die Snapshot-Nummern für den Beginn und das Ende der Report-Periode sowie der Name der Ausgabedatei gefordert. Die Parameter lassen sich entweder interaktiv oder mit Vorbelegungen über Parameter beisteuern. Folgende Alternativen stehen für Berichte zur Verfügung:

- Der *Instance Report* analysiert alle gesammelten Daten einer Instanz. Er wird – für die jeweils aktuelle Instanz – über das Skript spreport.sql oder – für eine beliebige Instanz einer RAC-Datenbank – über sprepins.sql erzeugt. Das erste Beispiel initiiert einen Bericht, der ohne weitere Interaktion die Periode von Snapshot 10 bis 15 umfasst und mit dem Namen Batch_Lauf_10 für die aktuelle Instanz ausgegeben wird:

Level	Beschreibung
0	Sammelt allgemeine Statstiken zu folgenden Bereichen: Rollback-Segmente, *Row cache*, SGA, *System Events*, *Background Events*, *Session Events*, Systemstatistiken, *Wait Statistics*, *Lock Statistics* und Informationen zu Latches.
5	Ist die Voreinstellung. Sammelt zusätzlich SQL-Befehle mit dem höchsten Ressourcenverbrauch. Der genaue Umfang der gesammelten SQL-Daten wird über *Thresholds* festgelegt.
6	Zusätzliche SQL-Ausführungspläne und Statistiken zu den einzelnen Operationen *SQL plan usage information*.
7	Zusätzlich Segmentstatistiken, logische und physikalische Leseoperationen, *Row locks*, und Wartezustände auf Buffer-Operationen (*Buffer busy waits*).
10	Höchster Level, enthält zusätzlich individuelle Latch-Statisitiken (*Child latches*).

Tabelle 15.2: Snapshot Level

Parameter	Wertebereich	Default	Beschreibung
i_executions_th	Ganzzahl ≥ 0	100	SQL: Anzahl der Ausführungen
i_disk_reads_th	Ganzzahl ≥ 0	1000	SQL: Anzahl der Leseoperationen
i_parse_calls_th	Ganzzahl ≥ 0	1000	SQL: Anzahl der Parsecalls
i_buffer_gets_th	Ganzzahl ≥ 0	10000	SQL: Anzahl der Pufferzugriffe (*Buffer Gets*)
i_sharable_mem_th	Ganzzahl ≥ 0	1048576	SQL: Größe des Speicherbereichs (*Shared Sql Area*)
i_version_count_th	Ganzzahl ≥ 0	20	SQL: Anzahl der im Speicher gehaltenen Versionen
i_seg_phy_reads_th	Ganzzahl ≥ 0	1000	Segment: Anzahl physikalischer Leseoperationen
i_seg_log_reads_th	Ganzzahl ≥ 0	10000	Segment: Anzahl logischer Leseoperationen
i_seg_buff_busy_th	Ganzzahl ≥ 0	100	Segment: Anzahl von *Buffer busy waits*
i_seg_rowlock_w_th	Ganzzahl ≥ 0	100	Segment: Anzahl von *Row lock waits*
i_seg_itl_waits_th	Ganzzahl ≥ 0	100	Segment: Anzahl von *ITL waits*
i_seg_cr_bks_sd_th	Ganzzahl ≥ 0	1000	Segment: Anzahl von Blöcken gelesen als *Consistent read*
i_seg_cu_bks_sd_th	Ganzzahl ≥ 0	1000	Segment: Anzahl von Blöcken gelesen als *Current read*

Tabelle 15.3: Statspack-Grenzwerte (Thresholds)

```
SQL> CONNECT perfstat/perfstat_password
SQL> DEFINE begin_snap=10
SQL> DEFINE end_snap=15
SQL> DEFINE report_name=batch_lauf_10.txt
SQL> @?/rdbms/admin/spreport
```

- Der *Instance Report mit Session-Statistiken* gibt zusätzlich noch die Statistiken einer ausgewählten Session aus. Dieser Report setzt voraus, dass bereits zum Zeitpunkt der Datenermittlung eine Session explizit angegeben wurde, in unserem zweiten Beispiel ist dies die Session 56. Die Erstellung des Reports erfolgt dann wie im ersten Beispiel.

```
SQL> EXECUTE statspack.snap(i_session_id=>56);
```

- Der *SQL-Report* analysiert einen angegebenen SQL-Befehl und gibt entsprechende Statistiken und Zugriffspläne aus[16]. Dieser Report ist häufig im Nachgang nützlich, wenn der Instance Report erste Hinweise auf verbesserungswürdige SQL-Befehle enthält.

  Auch hier sind die Snapshot-Nummern für den Beginn und das Ende der Messperiode sowie die Ausgabedatei anzugeben. Der SQL-Befehl selbst wird über den entsprechenden *old hash value* angegeben, der im Instance Report in den SQL-Abschnitten entsprechend ausgewiesen wird. Dieser „alte" Hash-Wert wurde bis zur Version 9i zur eindeutigen Identifizierung von Cursorn benutzt, um dann ab der Version 10g

16 Der Detaillierungsgrad ist abhängig von dem eingestellten Snap-Level.

durch eine veränderte Hash-Kalkulation ersetzt zu werden[17]. Darüber hinaus gibt es zur Identifizierung von Cursorn die Spalte SQL_ID[18].

Auch bei diesem Bericht kann die Eingabe über einen Dialog oder Variablen erfolgen. Das folgende Beispiel zeigt ein SQL-Skript, welches einen Report für den SQL-Befehl mit dem Hash-Wert 3285818817 im Zeitraum von Snapshot 11 bis 18 generiert und die Ausgabe in die Datei batch_sql_run.txt schreibt.

```
SQL> DEFINE begin_snap=11
SQL> DEFINE end_snap=18
SQL> DEFINE hash_value=3285818817
SQL> DEFINE report_name=batch_sql_run.txt
SQL> @?/rdbms/admin/sprepsql
```

Das Format der Statspack-Berichte ist nahezu identisch mit dem der AWR-Berichte, die in Abschnitt 15.2 besprochen wurden. Insofern werden diese nach den gleichen Regeln analysiert.

Als weitere Auswertungsmöglichkeit hat sich die Webseite www.oraperf.com bewährt. Dort kann ein erzeugter Statspack-Report hochgeladen werden. Eine automatische Analyse-Engine erzeugt daraus einen weiteren Report in HTML-Form, der noch mehr Übersichtlichkeit sowie zahlreiche Lösungsvorschläge insbesondere im Zusammenhang mit aufgetretenen Wartezuständen bietet.

Es versteht sich, dass in produktiven Umgebungen Snapshots nach vorgegebenen Regeln erstellt und verwaltet werden müssen. Die Datei spauto.sql wurde in diesem Zusammenhang bereits erwähnt, um Snapshots im Zeittakt zu generieren. Um vereinbarte Vorhaltezeiten einhalten zu können, gibt es auf der anderen Seite unterschiedliche Möglichkeiten, Snapshots zu löschen, sei es manuell oder im Rahmen eines Datenbankjobs. Das folgende Beispiel tut dies durch entsprechende zeitliche Vorgaben. Dabei werden auch alle betroffenen Zugriffspläne und Segmentstatistiken entfernt (Parameter i_extended_purge):

```
SQL> BEGIN
       statspack.purge(
         i_begin_date     => TO_DATE('01-JAN-2010', 'DD-MON-YYYY'),
         i_end_date       => TO_DATE('01-FEB-2010', 'DD-MON-YYYY'),
         i_extended_purge => TRUE);
     END;
     /
```

Gleichermaßen können auch alle Snapshots, die älter als eine vorgegebenen Anzahl Tage sind, gelöscht werden, in unserem Beispiel 31 Tage:

```
SQL> EXECUTE statspack.purge(31);
```

Snapshots, die als Referenzdaten erhalten werden sollen, können in *Baselines* eingeschlossen werden und sind dann für Löschoperationen im Rahmen der Purge-Prozedur tabu. Im folgenden Beispiel werden die Snapshots 30 bis 35 entsprechend markiert:

```
SQL> BEGIN
       statspack.make_baseline(
```

17 Siehe hierzu die Spalten OLD_HASH_VALUE und HASH_VALUE der Tabelle V$SQL.

18 Siehe hierzu „SQL_ID is just a fancy representation of hash value" von Tanel Poder unter http://blog.tanelpoder.com/2009/02/22/sql_id-is-just-a-fancy-representation-of-hash-value.

```
        i_begin_snap => 30,
        i_end_snap   => 35);
    END;
    /
```

Automatic Workload Repository

Seit der Version 10g steht uns das *Automatic Workload Repository* (AWR) zum Tuning und Troubleshooting, aber auch für interne Optimierungsprozesse, beispielsweise bei der automatisierten Speicherverwaltung, zur Verfügung. AWR speichert über eigene Hintergrundprozesse – *Manageability Monitor Process* (MMON) und seine „Light"-Version MMNL – und mithilfe von APIs Performance-Daten zu folgenden Kontexten:

- System- und Session-Statistiken
- Wartezyklen (*Wait Events*)
- Cursor-Informationen und Statistiken
- Statistiken zu aktiven Sessions (*Active Session History* – ASH)
- Information zur Segmentnutzung u. v. m.

AWR wird – ungefragt – zusammen mit der Datenbank installiert und ist in der Voreinstellung so konfiguriert, dass in 60-Minuten-Intervallen Snapshots generiert werden, welche ihre Daten für acht Tage (*Retention*) in WRH$- und WRM$-Tabellen des Tablespace `SYSAUX` speichern. Des Weiteren stehen Views (`DBA_HIST_*`) für Abfragen zur Verfügung. Die ermittelten Daten werden darüber hinaus im Anschluss automatisch mithilfe des *Automatic Database Diagnostic Monitor* (ADDM) analysiert. Entsprechende Empfehlungen dieses Analyseprozesses werden ebenfalls im Repository gespeichert und stehen zur Begutachtung durch den DBA zur Verfügung.

So automatisch die Installation und Konfiguration von AWR, ASH und ADDM erfolgt, so speziell muss ihre Nutzung über Lizenzen legitimiert werden: AWR und seine Mitstreiter setzen die Enterprise Edition mit dem Diagnostic Pack voraus! Dies gilt nicht nur für die Nutzung im Rahmen grafischer Werkzeuge, wie beispielsweise Enterprise Manager, sondern auch für den Zugriff auf die Basistabellen und Views.

Wenn die Nutzung von AWR aus Gründen der Lizenzierung nicht möglich ist, kann die Komponente auch ausgeschaltet werden, indem das Snapshot-Intervall auf 0 gesetzt wird. Leider ist dann aber auch keine manuelle Snapshot-Erstellung mehr möglich. Stattdessen kann aber z. B. der Maximalwert des Snapshot-Intervalls (100 Jahre) benutzt werden, was praktisch einer Deaktivierung der AWR-Automatik gleichkommt, manuelle Snapshots aber weiterhin zulässt.

Ein völliges Deaktivieren des AWR (sowohl automatisch als auch manuell) ist möglich, indem der Serverparameter `control_management_pack_access` (ab der Version 11g) oder der undokumentierte Serverparameter `_awr_restrict_mode` (Oracle 10g) gesetzt werden. Beide Parameter sind weiter unten beschrieben. Jeder Versuch, AWR zu benutzen, wird anschließend mit einer Fehlermeldung quittiert.

Auf den ersten Blick hat AWR eine große Ähnlichkeit mit dem im vorangehenden Abschnitt beschriebenen Statspack: Es werden Snapshots zur Historisierung der Daten genutzt, es lassen sich Baselines erstellen, auf Basis der Daten können Lastprofile und

SQL-Profile ausgegeben werden. Bei genauerer Betrachtung lassen sich jedoch einige Besonderheiten herausarbeiten:

- AWR nutzt eigene Hintergrundprozesse, die Kennzahlen direkt aus den Speicherbereichen ermitteln können.
- Die ermittelten Daten werden – wie bereits erwähnt – automatisiert für weitergehende Analysen genutzt.
- Daten aller aktiven Sessions[19] werden gespeichert. Hierzu wird die Session-Queue im Sekundentakt gescannt, die ermittelten Daten in einem eigenen ASH-Puffer der SGA abgelegt und von dort im Rahmen des nächsten Snapshots, oder wenn der ASH-Puffer seine maximale Füllung erreicht hat, in die Tabellen des Repository geschrieben.
- Reports können wahlweise im Text- oder HTML-Format ausgegeben werden.
- Unter 11g: Fortgeschrittene Baseline- und Grenzwert-Techniken.

Es versteht sich, dass die Grundkonfiguration von AWR in vielerlei Hinsicht verändert und angepasst werden kann. Folgende Parameter, Views und Prozeduren sind in diesem Zusammenhang wichtig:

STATISTICS_LEVEL – Der Serverparameter bestimmt den Umfang der Datensammlung von AWR. Der Wert `BASIC` schaltet die Sammlung von AWR-Daten und damit die Erstellung von Snapshots aus. Die View `V$STATISTICS_LEVEL`, die bereits in Abschnitt 15.4.1 vorgestellt wurde, gibt Auskunft darüber, welche Daten für die Einstellungen `TYPICAL` oder `ALL` aktiviert werden.

CONTROL_MANAGEMENT_PACK_ACCESS – Der Serverparameter regelt die Nutzung von Features im Rahmen des Diagnostic und Tuning Packs. Er ist standardmäßig auf `DIAGNOSTIC+TUNING` eingestellt, erlaubt also die volle Nutzung von AWR.

DBA_HIST_WR_CONTROL – Die View zeigt die aktuellen Einstellungen zu dem Snapshot-Intervall, der Vorhaltezeit (*Retention*) und dem Umfang der Sammlung aufwendiger SQL-Befehle aus dem Cursor-Cache. (*Top SQL*).

Das folgende Beispiel zeigt die unveränderten Standardeinstellungen. Der Wert `Default` für `TOPNSQL` bedeutet bei der Einstellung `TYPICAL`, dass die aufwendigsten 30 SQL-Befehle erfasst werden, für `ALL` wären es 100.

```
SQL> SELECT name, value
     FROM   v$parameter
     WHERE  name = 'statistics_level';

NAME                 VALUE
-------------------- ------------
statistics_level     TYPICAL

SQL> SELECT *
     FROM   dba_hist_wr_control;
```

19 Aktive Sessions sind Sessions, die gerade die CPU beschäftigen oder einen Wartezyklus haben.

```
      DBID SNAP_INTERVAL          RETENTION             TOPNSQL
---------- --------------------- --------------------- ------------
1244342159 +00000 01:00:00.0      +00008 00:00:00.0     DEFAULT
```

V$SYSAUX_OCCUPANTS – Die View zeigt den Platzverbrauch für Komponenten, die ihre Daten in der Tablespace SYSAUX ablegen, unter ihnen befinden sich auch die AWR-Tabellen. In unserem Beispiel haben wir es mit einem recht „jungen" Repository zu tun, denn der Platzverbrauch ist noch recht gering.

```
SQL> SELECT occupant_name, space_usage_bytes
     FROM   v$sysaux_occupants
     WHERE  occupant_name = 'SM/AWR';

OCCUPANT_NAME   SPACE_USAGE_KBYTES
--------------- ------------------
SM/AWR                      610504
```

Ein detaillierter Bericht über den Platzverbrauch, aufgeteilt in die einzelnen Komponenten, findet sich in dem *AWR Info Report*, der über folgendes Skript generiert werden kann:

```
SQL> @?/rdbms/admin/awrinfo.sql
```

Der folgende Abschnitt zeigt zwei Ausschnitte aus diesem Bericht:

```
*******************************************************
(1b) SYSAUX occupants space usage (v$sysaux_occupants)
*******************************************************
|
| Occupant Name        Schema Name               Space Usage
| -------------------- -------------------- ---------------
| SM/AWR               SYS                          71.5 MB
| SM/ADVISOR           SYS                          17.3 MB
| SM/OPTSTAT           SYS                          15.4 MB
.....
************************************
(2) Size estimates for AWR snapshots
************************************
|
| Estimates based on 60 mins snapshot INTERVAL:
|    AWR size/day           41.9 MB (1,786 K/snap * 24 snaps/day)
|    AWR size/wk           293.0 MB (size_per_day * 7) per instance
|
| Estimates based on 24 snaps in past 24 hours:
|    AWR size/day           41.9 MB (1,786 K/snap and 24 snaps in past 24 hours)
|    AWR size/wk           293.0 MB (size_per_day * 7) per instance
|
```

Für die vorausschauende Planung der AWR-Komponenten empfiehlt sich der SYSAUX *Size Estimation Report*, der mithilfe des Skriptes utlsyxsz.sql[20] generiert wird. Nach dem Start werden einige Planzahlen abgefragt, beispielsweise die geplante Vorhaltezeit für Snapshots und Optimizer-Statistiken, die Intervalle und die Anzahl der erwarteten Sessions. Heraus kommt dann ein detaillierter Bericht in Form einer Textdatei, der für die Größenplanung recht hilfreich ist.

20 Das Skript liegt wie gewohnt im rdbms/admin-Unterverzeichnis des Oracle-Homes.

„Unterstrich"-Parameter – Die Feinabstimmung von AWR, ASH und ADDM wird über eine Reihe „inoffzieller", d. h. mit einem Unterstrich beginnender, Serverparameter geregelt. Die Nutzung dieser Parameter sollte – wenn überhaupt – mit äußerster Vorsicht erfolgen. Die folgende Liste enthält einige Beispiele:

_awr_restrict_mode (Standardwert FALSE) deaktiviert, wenn eingeschaltet, sämtliche AWR-Aktivitäten.

_addm_auto_enable (Standardwert TRUE) startet die ADDM-Analyse nach jedem Snapshot.

_ash_enable (Standardwert TRUE) aktiviert die Sammlung von Daten aktiver Sessions.

_ash_sampling_interval (Standardwert 1000) bestimmt die Frequenz der ASH-Datenermittlung in Millisekunden. Weitere Parameter können über die internen Tabellen X$KSPPI und X$KSPPSV ermitelt werden.

CPU-Verbrauch – Der CPU-Verbrauch wird für jeden Snapshot in der Spalte FLUSH_ELAPSED der View DBA_HIST_SNAPSHOT erfasst. Auf dieser Basis lässt sich leicht der mit der Generierung verbundene Aufwand kalkulieren.

Die Standardeinstellungen sind für durchschnittliche Umgebungen durchaus sinnvoll. Bei besonderen Anforderungen erfolgt die eigenständige Konfiguration der AWR-Umgebung – bis auf die Serverparameter – über das Paket DBMS_WORKLOAD_REPOSITORY und dort vor allem über die Prozedur MODIFY_SNAPSHOT_SETTINGS. Die Tabelle 15.4 zeigt die entsprechenden Parameter und Wertebereiche. Für Minimal- und Maximalwerte stellt das Paket Konstanten zur Verfügung.

Parameter	Bedeutung	Wertebereich/Konstanten
retention	Vorhaltezeit Snapshot	Gemessen in Minuten
		MIN_RETENTION (1 Tag)
		MAX_RETENTION (100 Jahre)
		0 („unbegrenzte" Dauer)
		null (alter Wert bleibt erhalten)
interval	Zeitabstand zw. Snapshots	Gemessen in Minuten
		MIN_INTERVAL (10 Minuten)
		MAX_INTERVAL (100 Jahre)
		0 (Ausschalten der Automatik)
		null (alter Wert bleibt erhalten)
		null (alter Wert bleibt erhalten)
topnsql	Erfasste SQLs	Ganzzahl
		DEFAULT (30/100) Level TYPICAL/ALL
		MAXIMUM (vollständiger Cursor-Cache)
		0 (Ausschalten der Automatik)
		null (alter Wert bleibt erhalten)

Tabelle 15.4: Parametereinstellungen modify_snapshot_settings

Zusätzlich zu diesen Einstellungen ist es natürlich jederzeit möglich[21], Snapshots von Hand zu generieren. Hierbei kann, wie das folgende Beispiel zeigt, auch der systemweite Statistik-Level temporär überschrieben werden:

```
SQL> EXECUTE dbms_workload_repository.create_snapshot('ALL');

SQL> SELECT s.snap_id, s.snap_level, s.begin_interval_time,
            s.end_interval_time, s.flush_elapsed
     FROM   dba_hist_snapshot s
     WHERE  s.snap_id IN (SELECT MAX(snap_id)
                          FROM   dba_hist_snapshot);

SNAP_ID SNAP_LEV BEGIN_INTERVAL_TIME        END_INTERVAL_TIME          FLUSH_ELAPSED
------- -------- ---------------------- ----------------------  --------------------
    134        2 21.06.2010 15:01:33,024 21.06.2010 15:47:14,225   +00 00:00:06.800000
```

Der Snapshot dieses Beispiels wurde um 15:47 Uhr generiert und hat seine Daten beginnend mit dem davorliegenden Snapshot (15:01 Uhr) generiert. Er brauchte für die Ermittlung 6,8 Sekunden.

Der Umfang der Datenerfassung kann auch durch das „Kolorieren" von Cursorn beeinflusst werden. Hierzu wird ein Cursor über die ihm zugeordnete `SQL_ID` mithilfe der Prozedur `add_colored_sql` markiert. Fortan werden alle abhängigen Daten in jedem Snapshot aufgezeichnet, auch dann, wenn der Cursor nicht unter die *Top SQL*-Befehle fällt, aber gleichwohl für unsere Analysen von Bedeutung ist.

Umgekehrt lässt sich die Markierung über `remove_colored_sql` wieder entfernen. Registrierte Cursor können über die View `DBA_HIST_COLORED_SQL` leicht ermittelt werden. Die eingegebenen Identifier werden nicht im Cursor-Cache überprüft. Es ist daher anzuraten, die Eingabe genau mithilfe der View `V$SQL` zu prüfen. Im folgenden Beispiel wird zunächst der Cursor ermittelt und dann entsprechend markiert:

```
SQL> SELECT sql_id, sql_text
     FROM   v$sql
     WHERE  sql_text LIKE '%EINDEUTIGES_MERKMAL%'
     AND    command_type = 3;

SQL> EXECUTE dbms_workload_repository.add_colored_sql('93djdy6ss3');
```

Einmal ermittelt, können die Daten zur Generierung von Performance-Berichten im HTML- wie im Textformat genutzt werden. Die HTML-Dateien werden mit entsprechenden Sprungmarken erstellt, die eine schnelle und effiziente Navigation in den Dokumenten erlauben. Für die Generierung stehen einseits vorgefertigte SQL-Skripte, andererseits auch Tabellenfunktionen zur Verfügung. Letztendlich rufen die Skripte nach einem einleitenden Dialog, in dem der Start- und Endpunkt abgefragt werden, auch die genannten Tabellenfunktionen auf. Es können auf diese Weise folgende Berichte erzeugt werden:

AWR-Report Dieser Report gibt das Lastprofil der gesamten Instanz/Datenbank aus.

ASH-Report Wie der Name nahelegt, werden mit diesem Report die Daten der erfassten aktiven Sessions zusammengefasst.

SQL-Report Gibt Statistiken und Ausführungsdaten für einen vorgegebenen Cursor aus.

---

21 Wenn AWR explizit ausgeschaltet wurde, ist die Snapshot-Erstellung nicht möglich.

Im folgenden Beispiel wird ein AWR-Report von Snapshot 129 bis 134 für die Datenbank mit der ID 1244342159 und die Instanz 1 generiert:

```
SQL> -- Ermittlung Snapshots
SQL> SELECT s.snap_id, s.begin_interval_time, s.end_interval_time
     FROM   dba_hist_snapshot s
     WHERE  s.snap_id IN (129,134);

SNAP_ID BEGIN_INTERVAL_TIME     END_INTERVAL_TIME
------- ----------------------- -----------------------
    129 21.06.2010 10:00:52,093 21.06.2010 11:00:07,551
    134 21.06.2010 15:01:33,024 21.06.2010 15:47:14,225

SQL> -- Ermittlung der DBID
SQL> SELECT dbid
     FROM   v$database;

SQL> -- Generierung AWR Textbericht
SQL> SELECT output
     FROM   TABLE(dbms_workload_repository.awr_report_text(1244342159,1,129,134));
```

Es versteht sich, dass AWR-Reports auch über grafische Werkzeuge wie den Enterprise Manager und Toad interaktiv erstellt werden können. Die Abbildung 15.6 zeigt einen Ausschnitt.

Die Tabelle 15.5 listet die zur Berichterstellung verfügbaren Skripte und Tabellenfunktionen auf. Sämtliche Skripte finden sich im Verzeichnis `rdbms/admin` des Home-Verzeichnisses.

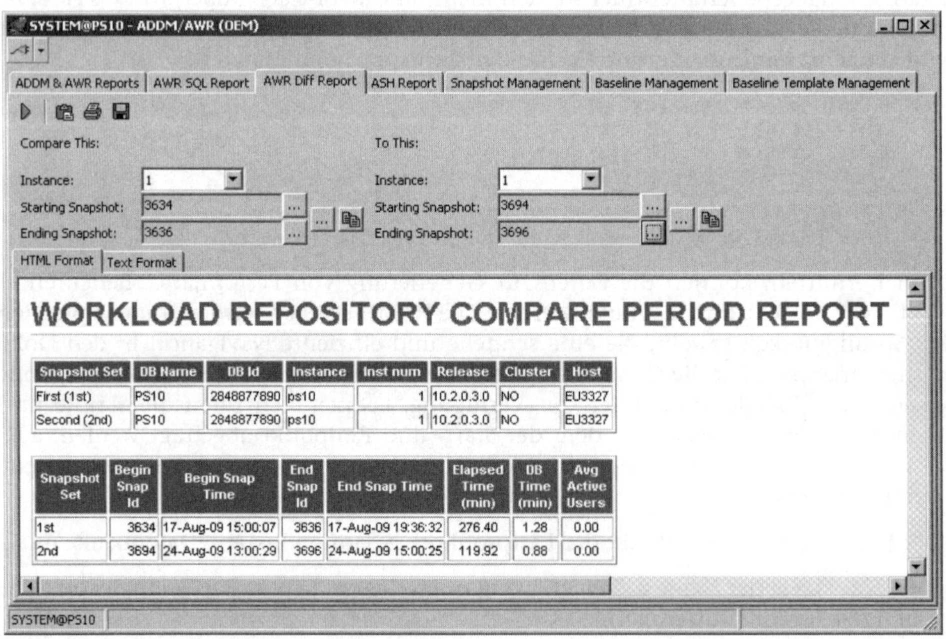

Abbildung 15.6: AWR im Toad

Bericht	Format	Skript	Tabellenfunktion
AWR	Text	awrrpt.sql	awr_report_text
	HTML	awrrpt.sql	awr_report_html
AWRg	Text	awrgrpt.sql	awr_global_report_text
	HTML	awrgrpt.sql	awr_global_report_html
AWRd	Text	awrddrpt.sql	awr_diff_report_text
	HTML	awrddrpt.sql	awr_diff_report_html
AWRdg	Text	awrgdrpt.sql	awr_global_diff_report_text
	HTML	awrgdrpt.sql	awr_global_diff_report_html
ASH	Text	ashrpt.sql	ash_report_text
	HTML	ashrpt.sql	ash_report_html
ASHg	Text	ashrpt.sql	ash_global_report_text
	HTML	ashrpt.sql	ash_global_report_html
SQL	Text	awrsqrpt.sql	awr_sql_report_text
	HTML	awrsqrpt.sql	awr_sql_report_html

Tabelle 15.5: AWR-Reports

Sämtliche Tabellenfunktionen sind Teil des Paketes DBMS_WORKLOAD_REPOSITORY. *Global Reports* (g) sind für RAC-Umgebungen gedacht und akzeptieren als Eingabe eine Liste von Instanznummern. *Differenzberichte* (d) vergleichen zwei Snapshot-Perioden miteinander.

Die Auswertung der AWR-Daten in Berichten kann darüber hinaus auch über Grenzwerte gesteuert werden. Die Grenzwerte legen fest, in welchem Umfang Details in Form von Top-Listen Eingang in die Berichte finden. Zu diesem Zweck wurde die Prozedur awr_set_report_thresholds im Paket DBMS_WORKLOAD_REPOSITORY geschaffen. Die folgende Liste zeigt einen Ausschnitt aus dem Header-Bereich der Prozedurspezifikation mit der dort abgelegten Beschreibung der Parameter:

```
awr_set_report_thresholds >
--  Parameters
--    top_n_events   - number of most significant wait events to be included
--    top_n_files    - number of most active files to be included
--    top_n_segments - number of most active segments to be included
--    top_n_services - number of most active services to be included
--    top_n_sql      - number of most significant SQL statements to be
--                     included
--    top_n_sql_max  - number of SQL statements to be included if their
--                     activity is greater than that specified by
--                     top_sql_pct.
--    top_sql_pct    - significance threshold for SQL statements between
--                     top_n_sql and top_n_max_sql
--    shmem_threshold - shared memory low threshold
--    versions_threshold - plan version count low threshold
```

Snapshots, die außerhalb der Vorhalteregeln als Referenzdaten erhalten werden sollen, können die Grundlage von *Baselines* bilden. Baselines speichern AWR-Daten nicht aufs Neue, sondern sorgen lediglich dafür, dass die zugrunde liegenden Snapshots erhalten bleiben. Dementsprechend können Baseline-Reports mit den gleichen Schnittstellen wie AWR-Reports erstellt werden.

Baselines, welche die Daten aus der Vergangenheit einmalig zusammenfassen, werden auch *Fixed Baselines* genannt.

Im folgenden Beispiel wird eine Fixed Baseline mit Namen „Beta-Test“ für die Snapshot-Periode 129 bis 149 erzeugt. Die Vorhaltezeit (EXPIRATION) wird nicht festgelegt, die Baseline bleibt damit bis zur expliziten Löschung erhalten. Alternativ könnten statt der Nummern auch Datums- und Uhrzeitangaben für die Generierung genutzt werden, was in der Praxis die Arbeit wesentlich vereinfacht.

```
SQL> BEGIN
       dbms_workload_repository.create_baseline(
         start_snap_id => 129,
         end_snap_id   => 149,
         baseline_name => 'Beta-Test',
         dbid          => 1244342159,
         expiration    => NULL);
     END;
     /
```

Neben den *Fixed Baselines* existieren noch *Moving Window Baselines*, die – wie der Name nahelegt – beständig eine vorgegebene Zeitspanne der Vergangenheit betrachten. Die Voreinstellung ist hier die Vorhaltezeit von Snapshot-Daten, also acht Tage. Diese Baselines werden dazu genutzt, sogenannte *Adaptive Thresholds* zu generieren, die als dynamische Grenzwerte die tatsächliche, in der jüngsten Vergangenheit auftretende Systemlast berücksichtigen und bei Überschreitung Warnmeldungen (*Server generated alerts*) erzeugen. Adaptive Grenzwerte fallen eher in den Bereich „Troubleshooting“ und werden aus diesem Grunde hier nicht näher betrachtet.

Baselines können über *Baseline Templates* auch vorausschauend für zukünftige Zeitspannen eingerichtet werden. In diesem Zusammenhang werden zwei Typen unterschieden:

Single Baselines – werden einmalig für einen zusammenhängenden Zeitraum in der Zukunft definiert.

Repeating Baselines – werden wiederholt zur Ausführung gebracht.

Baseline Templates sorgen – mit anderen Worten – für die terminierte Generierung von Snapshots, welche über eigene Vorhaltezeiten verwaltet werden und damit dauerhaft zur Verfügung stehen können. Das folgende Beispiel definiert eine *Single Baseline*, einmalig für den 1. Juli 2010 zwischen 0 und 5 Uhr mit einer Vorhaltezeit von 100 Tagen:

```
SQL> SELECT sysdate FROM dual;

SYSDATE
---------
22-JUN-10

SQL> BEGIN
       DBMS_WORKLOAD_REPOSITORY.create_baseline_template(
         start_time    => TO_DATE('01-JUL-2010 00:00', 'DD-MON-YYYY HH24:MI'),
         end_time      => TO_DATE('01-JUL-2010 05:00', 'DD-MON-YYYY HH24:MI'),
         baseline_name => 'DBCtest1',
         template_name => 'DBCtest1tp',
         expiration    => 100);
     END;
     /
```

Für die wiederholte Ausführung von Baseline Templates sind entsprechende, zusätzliche Parameter notwendig, wie das folgende Beispiel deutlich macht. Hier wird für die kommenden sechs Monate jeden Montagmorgen ab 0 Uhr für fünf Stunden gemessen. Die Daten werden alsdann unbegrenzt gespeichert.

```
SQL> BEGIN
       DBMS_WORKLOAD_REPOSITORY.create_baseline_template(
         day_of_week          => 'MONDAY',
         hour_in_day          => 0,
         duration             => 5,
         start_time           => SYSDATE,
         end_time             => ADD_MONTHS(SYSDATE, 6),
         baseline_name_prefix => 'DBCmontag',
         template_name        => 'DBCmontagTp',
         expiration           => NULL);
     END;
     /
```

ADDM und weitere Advisor

Der *Automatic Database Diagnostic Monitor* (ADDM) baut auf den mittels AWR gesammelten Kennzahlen auf, analysiert diese und gibt entsprechende Empfehlungen zur Optimierung von Performance-Engpässen. Auf diese Weise hat der DBA eine einfache und schnelle Möglichkeit, Routinekontrollen problematischer Instanzen durchzuführen. Die *Findings* können als Anregungen verstanden und bei Bedarf auch verworfen werden.

Wie AWR setzt auch ADDM die Enterprise Edition mit dem Diagnostic Pack voraus. Zur Durchführung der Analysen muss dementsprechend der Serverparameter `statistics_level` auf den Wert `TYPICAL` oder `ALL` gesetzt worden sein.

ADDM erledigt seine Arbeit entweder – wie bereits erwähnt wurde – automatisch im Anschluss an die Erstellung eines AWR-Snapshots oder wird bei Bedarf manuell aufgerufen. ADDM arbeitet stets auf Basis zweier Snapshots und speichert seine Analyseergebnisse in Tabellen des AWR-Repository. Die Daten können dann über diverse Views oder eine Paket-Funktion abgerufen werden, die – ähnlich wie bei AWR-Reports – auch über ein Skript gekapselt ist.

Im folgenden Beispiel werden alle *Advisor Tasks* des Tages abgerufen. Die Beschreibung macht deutlich, dass in diesem Beispiel ausschließlich automatisch gestartete Analysen vorliegen und dass für *Task* 250 eine Empfehlung ausgesprochen wurde:

```
SQL> SELECT  task_id, recommendation_count AS rc, description
     FROM    dba_advisor_tasks
     WHERE   created >= TRUNC(SYSDATE);

TASK_ID RC DESCRIPTION
------- -- ------------------------------------------------------------------
    250  1  ADDM auto run: snapshots [158, 159], instance 1, database id 1244342159
    257  0  ADDM auto run: snapshots [159, 160], instance 1, database id 1244342159
```

Im nächsten Beispiel wird eine ADDM-Analyse explizit gestartet, um die Daten von Snapshot 124 bis 130 zu analysieren.

```
SQL> DECLARE
       task_id NUMBER;
```

```
    task_name VARCHAR2(30) := 'ADDMdbc 3';
    task_desc VARCHAR2(30) := 'ADDM Feature Test';
  BEGIN
    dbms_advisor.create_task('ADDM', task_id, task_name, task_desc, null);
    dbms_advisor.set_task_parameter(task_name, 'START_SNAPSHOT', 124);
    dbms_advisor.set_task_parameter(task_name, 'END_SNAPSHOT', 130);
    dbms_advisor.set_task_parameter(task_name, 'INSTANCE', 1);
    dbms_advisor.set_task_parameter(task_name, 'DB_ID', 1244342159);
    dbms_advisor.execute_task(task_name);
  END;
  /
```

Der aufrufende Benutzer benötigt hierzu das EXECUTE-Recht auf dem Package `DBMS_ADVISOR` sowie das Systemprivileg `ADVISOR`. Diese Rechte können bei Bedarf wie folgt zugewiesen werden:

```
SQL> GRANT EXECUTE ON dbms_advisor TO perfstat;
SQL> GRANT ADVISOR TO perfstat;
```

Die Ergebnisse der Analyse lassen sich nun über die Funktion `GET_TASK_REPORT` des Paketes `DBMS_ADVISOR` in Form eines `CLOB` wie folgt zurückgeben:

```
SQL> SET LONG 1000000
SQL> SET PAGES 0
SQL> SET LONGCHUNKSIZE 1000
SQL> COLUMN get_clob FORMAT A80
SQL> SELECT dbms_advisor.get_task_report('ADDMdbc 3', 'TEXT', 'TYPICAL')
     FROM   dual;
```

Beide Schritte, die Generierung einer ADDM-Analyse und die Ausgabe des entsprechenden Berichtes, lassen sich kombiniert über das Skript `addmrpt.sql` im Verzeichnis `rdbms/admin` des Home-Verzeichnisses ausführen. Dieses Skript nutzt letzten Endes dieselbe Funktion. Die dort vorhandenen Voreinstellungen lassen sich leicht an die eigenen Bedürfnisse anpassen.

Falls während des betrachteten Intervalls sehr wenig Aktivität stattfand, d.h., der Gesamtverbrauch an Datenbankzeit zu gering ist, wird der Report mit einer Fehlermeldung abgebrochen:

```
THERE WAS NOT ENOUGH INSTANCE SERVICE TIME FOR ADDM ANALYSIS.
```

Der folgende Abschnitt zeigt in Ausschnitten einen solchen ADDM-Bericht.

Präambel – Wie üblich gibt es auch hier eine kurze Präambel, in der die Datenbank und Messperioden festgehalten werden:

```
Analysis Period
---------------
AWR snapshot range from 124 to 130.
Time period starts at 17-JUN-10 10.02.27 PM
Time period ends at 21-JUN-10 12.01.35 PM

Analysis Target
---------------
Database 'DB11' with DB ID 1244342159.
Database version 11.2.0.1.0.
ADDM performed an analysis of instance db11, numbered 1 and hosted at
oel.dbc.de.
```

Findings – also Auffälligkeiten, die in Stichworten beschrieben und in ihren Auswirkungen gewichtet werden (*impact*), beispielsweise:

```
FINDING 1: 23% impact (1252 seconds)
-----------------------------------
SQL-Anweisungen, die wesentliche Datenbankzeit belegen, wurden gefunden.
```

oder

```
Finding 1: Undersized instance memory
Impact is 27 active sessions, 14.24% of total activity.
-----------------------------------------------------
The Oracle instance memory (SGA and PGA) was inadequately sized, causing
additional I/O and CPU usage.
The value of parameter "memory_target" was "500 M" during the analysis period.
```

Recommendation – Empfehlungen werden jeweils in Abhängigkeit von den Auffälligkeiten angeführt. Zu jeder Empfehlung werden die Symptome und die erwarteten Performance-Gewinne aufgelistet. Gleichzeitig werden konkrete Aktionen (*action*) vorgeschlagen und ein oder mehrere Begründungen (*rationale*) geliefert:

```
Recommendation 1: Host Configuration
   Estimated benefit is 27 active sessions, 4.16% of total activity.
   ---------------------------------------------------------------
   Action
      Investigate the possibility of improving the performance of I/O to the
      online redo log files.
   Rationale
      The average size of writes to the online redo log files was 4 K and the
      average time per write was 5 milliseconds.
   Rationale
      The redo log I/O throughput was divided as follows: 0% by RMAN and
      recovery, 100% by Log Writer, 0% by Archiver, 0% by Streams AQ and 0% by
      all other activity.
```

Für SQL-Befehle sieht das Format der Empfehlungen ein wenig anders aus:

```
RECOMMENDATION 1: SQL Tuning, 4,8% benefit (266 seconds)
   ACTION: Führen Sie SQL Tuning Advisor für die SQL-Anweisung mit SQL_ID
      "gmnabmbjlaws5" aus.
      RELEVANT OBJECT: SQL statement with SQL_ID gmnabmbjlaws5 and
      PLAN_HASH 990882269
      select JAHR, KST, KIND, KONTO, case when sum(BETRAG) < :"SYS_B_00"
      ...
```

Es versteht sich, dass alle ADDM-Aktivitäten auch über grafische Werkzeuge wie Enterprise Manager und Toad erledigt werden können.

Sicherlich sind die empfohlenen Aktionen der ADDM-Reports nicht dazu geeignet, blind und ohne kritische Prüfung umgesetzt zu werden. Manche Aktion kann in Kenntnis des genauen Kontextes getrost vergessen werden. Trotz allem hat ADDM einen gewissen Reiz, um schnell und ohne große Mühen einen „Expertenbericht" über das betreffende System zu erhalten. Die Entscheidung darüber, ob umgesetzt wird oder nicht, trifft nach wie vor der DBA.

Aufbauend auf den Metriken der SGA und des AWR gibt es noch eine ganze „Familie" weiterer „Berater", die bei Tuning-Aufgaben helfen können. Die Abbildung 15.7 zeigt eine Übersicht.

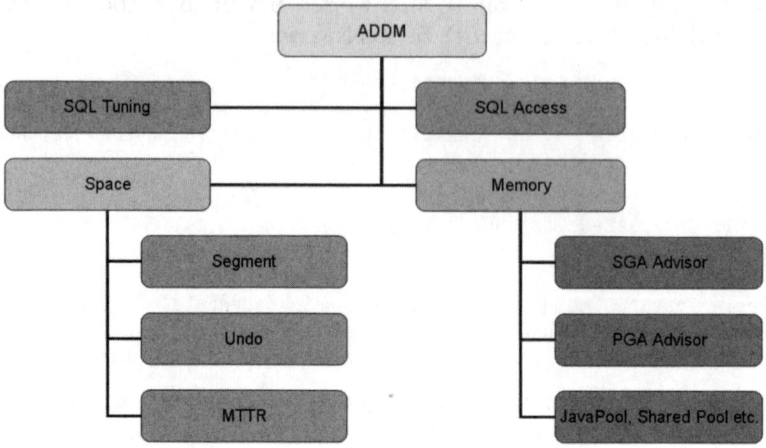

Abbildung 15.7: Advisor-Familie

Alle verfügbaren Advisories sind ferner über die View DBA_ADVISOR_DEFINITIONS abrufbar. Über DBA_ADVISOR_USAGE können darüber hinaus Statistiken zur Arbeit mit diesen Komponenten abgefragt werden, wie beispielsweise die Anzahl der Ausführungen, das Datum der letzten Ausführung und der letzten Berichtgenerierung. Die Tabelle 15.6 zeigt alle verfügbaren Advisories und ihre Schnittstellen, manche von ihnen fallen eindeutig unter das Thema „Troubleshooting". Wir werden in diesem Kapitel nur den SQL Tuning Advisor detaillierter vorstellen.

Advisor	Schnittstelle	Einsatzbereich
ADDM	DBMS_ADVISOR	Metrikanalyse
Compression Advisor	DBMS_COMPRESS	Kalkuliert zu erwartende Kompressionsfaktoren. Für die Versionen 9i bis 11g R1 kann stattdessen DBMS_COMP_ADVISOR heruntergeladen werden.
SQL Access Advisor	DBMS_ADVISOR	Vorschläge für Indizes, Partitionen, Materialized Views
SQL Performance Analyzer	DBMS_SQLPA	Analysiert SQL-Befehle im Umfeld von veränderten Umgebungen (Parameteränderungen)
SQL Repair Advisor	DBMS_SQLDIAG	Patch-Empfehlungen für SQL-Befehle mit kritischen Fehlern
SQL Tuning Advisor	DBMS_SQLTUNE	Analysiert SQL-Befehle, macht Vorschläge, generiert SQL-Profile
SQL Workload Manager	DBMS_ADVISOR	Stellt SQL-Workloads (SQL Tuning Sets) bereit
Segment Advisor	DBMS_ADVISOR	Analysiert ungenutzten Tabellenplatz für *Shrink*-Operationen
MView-Advisor	DBMS_ADVISOR	Optimiert Materialized Views
Undo Advisor	DBMS_UNDO_ADV	Analysiert Undo-Tablespace und -Daten

Tabelle 15.6: Advisories und ihre Schnittstellen

15.4.2 Tracing-Verfahren

Tracing-Verfahren ermitteln ihre Daten nicht „von außen" in vorgegebenen Zeitintervallen, sondern veranlassen die beteiligten Prozesse, alle relevanten Daten ihrerseits in Dump-Dateien zu protokollieren. Die Vorteile bei Tracing-Verfahren sind eindeutig die vollständige und lückenlose Erfassung der Daten.

Die Nachteile ergeben sich gerade daraus: Die große Menge der produzierten Daten führt dazu, dass Tracing-Verfahren in der Regel nur sehr fokussiert zur Anwendung kommen. Zur Auswertung der Daten sind darüber hinaus gute Formatierungs- und Analyse-Werkzeuge notwendig.

Oracle-Datenbanken bieten unzählige Kontexte, in denen Tracing eingeschaltet werden kann. In diesem Kapitel werden wir uns auf das Tracing von Applikationen, oder besser gesagt: das SQL-Tracing konzentrieren.

SQL-Tracing kann auf unterschiedlichen Ebenen eingeschaltet werden:

- Für einzelne laufende Oracle-Sessions (Session-Tracing)
- Für einen oder mehrere Oracle-Clients. Dies ist immer dann erforderlich, wenn keine eindeutige Zuordnung zwischen Clients und Sessions möglich ist, z. B. wenn Clients lediglich indirekt (über einen Middle-Tier) auf die Datenbank zugreifen. Auch im Rahmen von Parallel-Query bzw. Parallel-DML ist dieses Vorgehen anzuraten, da hier mehrere PX-Slave-Prozesse für einen Client-Task arbeiten, die jeweils eigene Trace-Files erstellen (Client-Tracing).
- Für Datenbank-Services, d. h. alle Sessions, die über einen bestimmten Service mit der Datenbank verbunden sind.
- Für die gesamte Datenbank, d. h. für alle laufenden und neuen Sessions (Datenbank-Tracing)!

Außerdem gibt es verschiedene Ausbaustufen, die sich durch Art und Umfang der gesammelten Informationen unterscheiden:

- Beim Basis-Tracing werden Ausführungsstatistiken von SQL- und PL/SQL-Statements gesammelt.
- Beim erweiterten Tracing werden zusätzlich zu den Ausführungsstatistiken auch Informationen über *Wait Events* und/oder Bindevariablen gesammelt. *Wait Events* sind für die Erstellung eines genauen Lastprofils unerlässlich und sollten daher stets mit eingeschlossen werden.

Beim Tracing muss grundsätzlich unterschieden werden zwischen *Schnittstellen*, welche die Prozesse dazu veranlassen, ihre Daten in Dump-Dateien zu schreiben, und *Werkzeugen*, welche mit den Dump-Dateien umgehen und die enthaltenen Daten formatieren und zusammenfassen können. Grundsätzlich stehen folgende Schnittstellen in diesem Zusammenhang zur Verfügung. Die wichtigsten von ihnen werden im Folgenden noch genau besprochen:

- Event 10046 – die „Urmutter" der SQL Trace-Analyse veranlasst die aktuelle Session zum Schreiben von SQL Trace-Daten. Numerische Level steuern den Detaillierungsgrad.
- `DBMS_SESSION.SET_SQL_TRACE` – aktiviert innerhalb der eigenen Session.

- `DBMS_SYSTEM.SET_EV` – diese mittlerweile überkommene Methode, mithilfe des Events 10046 für beliebige Sessions das Tracing zu aktivieren, ist nicht mehr empfehlenswert.
- `DBMS_SUPPORT.START_TRACE_IN_SESSION` – kann ebenfalls zur Aktivierung einer beliebigen Session genutzt werden. Auch dieses Package ist veraltet.
- Das Paket `DBMS_MONITOR` – die seit Version 10g empfohlene Variante. Es existieren verschiedene Prozeduren für die unterschiedlichen Kontexte, wie Sessions, Services etc.

So unterschiedlich die Syntax der Befehle auch sein mag, das *Format* der von ihnen produzierten Dump-Dateien ist in jedem Fall gleich. Das bedeutet, dass Dump-Dateien alternativ von unterschiedlichen Werkzeugen formatiert werden können. Die folgende Aufzählung gibt eine Übersicht. Die wichtigsten Werkzeuge werden unten noch genauer beschrieben:

- `tkprof` – *„Transient Kernel Analyzer“* – Der in jeder Oracle-Installation verfügbare Klassiker mit vielfältigen Möglichkeiten zur Sortierung der formatierten Daten, aber mit einigen Defiziten bei der Zuordnung von Wait Events zu SQL-Befehlen und der Darstellung der Werte für Bindevariablen.
- *Trace Analyzer* – Komplett in PL/SQL implementiert und dementsprechend im jeweiligen Zielsystem installiert, steht dieses Werkzeug kostenlos über Oracle Support zum Herunterladen[22] bereit.
- *OraSRP* – *„Oracle Session Resource Profiler“* ist komplett in der Programmiersprache „D“ geschrieben und ebenfalls kostenlos für MS-Windows, Linux und Mac OS verfügbar[23]. Zur Analyse braucht dieses Werkzeug keine Verbindung zur Datenbank. Dies hat Vorteile, wenn „extern“ analysiert werden muss, muss aber auf alle Online-Features verzichten, beispielsweise die Zuordnung von Segmenten zu Wait Events (hierzu müssen Blocknummern verifiziert werden).
- `TVD$XTAT`[24] – von Chris Antognini entwickelt, mit größerer Präzision als `tkprof`.
- *ESQLTRCPROF* – der „Extended SQL Trace Profiler“ wurde von Norbert Debes entwickelt und wird ebenfalls als Nachfolger von `tkprof` gehandelt.

Im Folgenden werden einige Beispiele dargestellt.

Session-Tracing Für die eigene Oracle-Session kann das Basis-Tracing der SQL-Befehle über folgende Kommandos eingeschaltet werden.

```
-- Varianten 1
SQL> ALTER SESSION SET sql_trace = TRUE;
-- Variante 2
SQL> EXECUTE DBMS_SESSION.set_sql_trace(TRUE);
```

Das Kommando kann auch aus beliebigen Anwendungen heraus abgesetzt werden, aktiviert jedoch – wie dargestellt – stets die eigene Session. Diese Variante wird daher

22 Siehe My Oracle Support-Dokument 224270.1.

23 Siehe `http://www.oracledba.ru/orasrp.`

24 Siehe `http://antognini.ch/top/downloadable-files.`

vornehmlich vom Entwickler oder Datenbankadministrator genutzt werden, der SQL-Befehle, die er näher untersuchen möchte, in einem Skript separiert hat.

In der Praxis ist es dagegen in den meisten Fällen notwendig, Sessions „von außen" für das Tracing zu aktivieren. Hierzu müssen die relevanten Sessions zunächst ermittelt werden, was häufig nicht leicht ist, vor allem dann, wenn – etwa bei Webanwendungen – zentrale Benutzer oder *Connection Pools* zum Einsatz kommen.

Zur Ermittlung der relevanten *Session ID* (sid) und der ihr zugeordneten *Serial Number* (serial#) zur eindeutigen Identifizierung der Session sind daher diverse Spalten der View V$SESSION auszureizen: wie zum Beispiel terminal, program oder module.

Ist die Session identifiziert, steht folgender Befehl zur Aktivierung des Tracings zur Verfügung:

```
-- Fuer Session 8,30
-- Variante 1 Basistrace
SQL> EXECUTE DBMS_MONITOR.session_trace_enable(8,30,FALSE);

-- Variante2 im erweiterten Modus mit Wait Events und Bindevariablen
SQL> EXECUTE DBMS_MONITOR.session_trace_enable(8,30,TRUE,TRUE);

-- Die Deaktivierung am Ende:
SQL> EXECUTE DBMS_MONITOR.session_trace_disable(8,30);
```

Sollte die Session vorher beendet werden, ist das Tracing automatisch beendet. Es ist jedoch darauf zu achten, dass entsprechende Trace-Dateien vom Server auch geschlossen werden. Der nachträgliche Aufruf von session_trace_disable stellt dies sicher.

Das Protokoll des Tracings wird in das Verzeichnis geschrieben, das über den Serverparameter user_dump_dest bzw. im ADR (Automatic Diagnostic Repository) über das entsprechende diagnostic_dest (z.B. $ORACLE_BASE/diag/rdbms/<db_name>/<instance_name>/trace) eingestellt ist. Die Namen der erzeugten Trace-Dateien variieren je nach Betriebssystem. Bestandteil des Namens ist die Betriebssystem-Prozessnummer des Oracle-Serverprozesses. In der Praxis sucht man im Filesystem nach einer Datei mit der Endung .trc, die einen Zeitstempel zum Ende des Tracings trägt. Unter Unix kann dazu der Befehl ls -ltr verwendet werden. Über den Serverparameter tracefile_identifier lassen sich darüber hinaus markante Zeichenketten definieren, die als Infix Eingang in den Namen der generierten Trace-Dateien finden.

Client- und anwendungsbasiertes Tracing Client- und anwendungsbasiertes Tracing nutzt die Möglichkeit, Oracle-Sessions seitens des Clients bzw. der Anwendung zu markieren, um diese datenbankseitig problemlos und automatisch identifizieren zu können. Dies geschieht mittels Prozeduren des Paketes DBMS_APPLICATION_INFO – dort SET_MODULE und SET_ACTION – sowie über das Paket DBMS_SESSION – dort die Prozeduren SET_IDENTIFIER und zum Aufheben CLEAR_IDENTIFIER. Über diese Prozeduren kann vom Client eine Identifikation an die Datenbank durchgereicht werden, die anschließend z. B. in V$SESSION – dort die Spalten MODULE, ACTION und CLIENT_IDENTIFIER – sichtbar ist.

Achtung: Die Prozedur DBMS_APPLICATION_INFO.SET_CLIENT_INFO setzt ebenfalls eine Client-Information, die über die Spalte CLIENT_INFO in V$SESSION abgefragt werden kann, jedoch für das Client-Tracing nicht relevant ist! Es besteht hier leider starke Verwechslungsgefahr.

Alle drei Werte können im Laufe einer Session beliebig oft verändert werden, die beabsichtigte Verwendung ist jedoch wie folgt: Über SET_IDENTIFIER werden beliebige Informationen über den Client mitgegeben, z. B. der Name der Anwendung oder – bei Connection-Pooling im Rahmen von Webanwendungen – der Name des authentifizierten Benutzers.

Dies sollte möglichst unmittelbar nach der Anmeldung an die Datenbank geschehen, um im Rahmen eines Client-Tracings wirklich alle vom Client abgesetzten SQL-Statements zu erfassen. Mittels SET_MODULE und SET_ACTION kann der Eintritt in einen bestimmten Code-Abschnitt der Client-Anwendung mitgeteilt werden, z. B. ein bestimmtes Formular, ein Report oder ein Batch-Lauf. Auch dies ist explizit zu implementieren, um genutzt werden zu können.

Dementsprechend sollten geeignete Bezeichner für Clients sowie Module oder einzelne Aktionen aufseiten der Anwendungsentwicklung definiert und dokumentiert werden. Erfahrungsgemäß wird diese Funktionalität in vielen Anwendungen leider noch nicht verwendet. Soll in diesem Fall dennoch an eine Verwendung von Client-Tracing gedacht werden, ist dies nur über eine entsprechende Anpassung der Anwendung möglich.

Verfügt eine Anwendung über diese Funktionalität, kann das Tracing für alle Aktivitäten, die im Rahmen der gesetzten Markierungen getätigt werden, mit einem Befehl ein- und entsprechend ausgeschaltet werden. Beispielsweise könnte ein in PL/SQL geschriebenes Reporting-Tool im Rahmen einer Report-Generierung folgenden Marker setzen:

```
SQL> BEGIN
       -- Setzen
       dbms_application_info.set_module(module_name => 'Verkaufsbericht (heute)',
                                        action_name => 'Initialisierung');

       /* Erstellung des Reports */

       -- Zuruecksetzen
       dbms_application_info.set_module(module_name => NULL,action_name => NULL);
     END;
     /
```

Der DBA kann beispielsweise vor der Erstellung des Reports wie folgt ein Client-Tracing für diesen und andere Reports vereinbaren:

```
SQL> EXECUTE dbms_monitor.serv_mod_act_trace_enable
             ('SUN10G','Verkaufsbericht (Woche)');
SQL> EXECUTE dbms_monitor.serv_mod_act_trace_enable
             ( -'SUN10G','Verkaufsbericht (heute)','Initialisierung');
```

Der erste Parameter ist ein Service-Name, unter dem die Datenbank erreichbar ist. Dies ist der einzige Parameter, der unbedingt erforderlich ist. Es werden nur solche Sessions erfasst, die unter dem angegebenen Service-Namen auf die Datenbank zugreifen. Sessions, die nicht über einen Service-Namen, sondern lokal über eine SID angemeldet sind, werden unter dem speziellen Service-Namen SYS$USERS erfasst.

Für Oracle-Hintergrundprozesse wird der pauschale Service-Name SYS$BACKGROUND benutzt. Damit kann also auch ein Tracing für Hintergrundprozesse(SMON, PMON etc.) durchgeführt werden, wenn Performance-Probleme an dieser Stelle vermutet werden. Im Zweifelsfall kann der Service-Name einer Session aus der Spalte `SERVICE_NAME` in `V$SESSION` abgelesen werden.

Die ersten drei Parameter dieser Prozedur (`service_name`, `module_name`, `action_name`) bilden ein hierarchisches Schema zur Definition von Tracing-Regeln ab:

- Wird lediglich ein Service-Name übergeben, entspricht dies einem datenbankweiten Tracing mit der Einschränkung, dass nur solche Sessions getracet werden, die über den entsprechenden Service-Namen an die Datenbank angemeldet sind. Bedient eine Datenbank mehrere Anwendungen, sollte daher jeder Anwendung ein separater Service-Name zugeordnet sein, um auf diese Weise ein Tracing auf Anwendungsebene zu ermöglichen.
- Wird außerdem ein Modulname angegeben, werden diese Sessions nur getracet, solange der entsprechende Modulname gesetzt ist. Damit kann eine bestimmte Komponente innerhalb einer Anwendung getracet werden.
- Wird außerdem ein Aktionsname angegeben, werden diese Sessions nur getracet, solange der entsprechende Modul- und Aktionsname gesetzt ist. Ein Tracing eines bestimmten Code-Abschnitts innerhalb einer Anwendung ist auf diese Weise möglich.
- Sowohl für den Modul- als auch für den Aktionsnamen kann `NULL` übergeben werden, dann wird jede Session nur getracet, solange kein Modul bzw. keine Aktion gesetzt ist. Vorsichtshalber sollte dies immer durchgeführt werden, wenn nicht sicher ist, dass die Anwendung diese beiden Marker setzt.

Für jede Tracing-Regel kann außerdem angegeben werden, ob ein Basis-Tracing oder ein erweitertes Tracing durchgeführt werden soll (boolesche Parameter `waits` und `binds`). In RAC-Umgebungen kann auch eine Beschränkung auf eine Instanz erfolgen (Parameter `instance_name`), wenn bekannt ist, dass nur bei dieser Instanz Probleme auftreten.

Service-Name, Modul und Aktion bilden, wenn sie wie oben beschrieben verwendet werden, eine hierarchisches Schema, das die Struktur der Anwendung aufseiten der Datenbank bekannt macht. Davon unabhängig stellt die Client-Markierung Informationen über den Client aufseiten der Datenbank bereit. Ein Client-Tracing auf Basis der Client-Markierung wird daher wie folgt durchgeführt. Das oben erwähnte Reporting-Tool setzt nach der Anmeldung an die Datenbank eine Client-Markierung. Dabei wird die Login-Information des Clients durchgereicht:

```
SQL> BEGIN
       dbms_session.set_identifier(client_id => 'GUNBESCH');
     END;
     /
```

Um nun alle von diesem Benutzer ausgelösten SQL-Statements zu tracen, ist folgender Aufruf notwendig:

```
SQL> EXECUTE dbms_monitor.client_id_trace_enable('GUNBESCH');
```

Jeder Aufruf von `DBMS_MONITOR.SERV_MOD_ACT_TRACE_ENABLE` bzw. `DBMS_MONITOR.CLIENT_ID_TRACE_ENABLE` definiert eine Tracing-Regel wie oben beschrieben. Es können beliebig viele Tracing-Regeln vereinbart werden. Diese wirken kumulativ, d. h., für jede Session werden Trace-Informationen geschrieben, solange mindestens eine Tracing-Regel erfüllt ist.

Aktivierte Client-Tracings können über die View dba_enabled_traces abgefragt werden, aktivierte Session-Tracings aber leider nicht.

```
SQL> COLUMN primary_id FORMAT A10
SQL> COLUMN qualifier_id1 FORMAT A25
SQL> COLUMN qualifier_id2 FORMAT A15
SQL> SELECT trace_type, primary_id, qualifier_id1, qualifier_id2, waits, binds
     FROM   dba_enabled_traces;

TRACE_TYPE            PRIMARY_ID QUALIFIER_ID1             QUALIFIER_ID2   WAITS BINDS
--------------------- ---------- ------------------------- --------------- ----- -----
SERVICE_MODULE_ACTION SUN10G     Verkaufsbericht (heute)   Initialisierung TRUE  FALSE
SERVICE_MODULE        SUN10G     Verkaufsbericht (Woche)                   TRUE  FALSE
CLIENT_ID             GUNBESCH                                             TRUE  FALSE
```

Nach beendetem Tracing kann das Client-Tracing wieder deaktiviert werden:

```
SQL> EXECUTE dbms_monitor.serv_mod_act_trace_disable( -
                'SUN10G','Verkaufsbericht (Woche)');
SQL> EXECUTE dbms_monitor.serv_mod_act_trace_disable( -
                'SUN10G','Verkaufsbericht (heute)','Initialisierung');
SQL> EXECUTE dbms_monitor.client_id_trace_disable('GUNBESCH');
```

Achtung: Regeln für Client-Tracing werden in Datenbanktabellen abgespeichert und bleiben daher über den Neustart der Instanz hinweg erhalten. Eine explizite Deaktivierung solcher Tracing-Regeln wie oben gezeigt ist daher erforderlich!

Datenbank-Tracing Für eine komplette Oracle-Instanz kann das Tracing aller SQL-Befehle über folgendes Kommando eingeschaltet werden.

```
SQL> ALTER SYSTEM SET sql_trace = TRUE;
```

Ist dieser Serverparameter gesetzt, wird jeder Prozess protokolliert. Dadurch kann es zu nicht unerheblichen Belastungen des Systems kommen, sowohl in Bezug auf die CPU als auch auf den I/O, besonders auf der Platte, auf die der Serverparameter user_dump_dest bzw. diagnostic_dest verweist. Zudem wird unter Umständen enorm viel Platz auf dieser Platte benötigt. Die Größe einer Trace-Datei lässt sich über den Serverparameter max_dump_file_size begrenzen.

Die Auswertung einer solchen Menge von Trace-Dateien ist natürlich auch problematisch, da auch im Nachhinein eine Zuordnung zu Anwendungen und Anwendern schwierig ist. Diese Möglichkeit bietet sich also, wenn überhaupt, dann nur für Testsysteme an, auf denen festgelegte Anwendungen auf die Performance untersucht werden sollen.

Konsolidierung von Trace-Dateien Trace-Dateien werden von Serverprozessen geschrieben. Aus diesem Grunden können im Rahmen einer Messperiode mehrere Trace-Dateien entstehen, weil:

- mehrere Sessions beteiligt waren, beispielsweise beim Tracing von Modulen, oder
- eine Session aufgrund von parallelen Operationen mehrere Server-Prozesse beschäftigte.

Dementsprechend kann die Konsolidierung von Trace-Dateien darin bestehen, mehrere Dateien zu einer zusammenzufassen oder partielle Informationen aus einer oder mehreren Dateien zu überführen.

Das Werkzeug `trcsess` ist in diesem Zusammenhang notwendig. Es konsolidiert mehrere Trace-Dateien, gleichzeitig können unerwünschte Einträge auf Basis verschiedener Kriterien ausgefiltert werden. Das Skript befindet sich im `bin`-Unterverzeichnis des Oracle-Homes. Das Werkzeug ist in Java geschrieben.

Ein Aufruf ohne Parameter gibt eine entsprechende Syntax-Hilfe aus.

```
$ trcsess output=trace_cons.trc
          module="Verkaufsbericht (heute)"
          action="Initialisierung"
          ps10_ora_1452.trc ps10_ora_1556.trc ps10_ora_1640.trc

output    Ausgabedatei für die Konsolidierung
module    Nur Einträge mit dem angegebenen Modul-Wert werden für die
          Konsolidierung berücksichtigt.
action    Nur Einträge mit dem angegebenen Action-Wert werden für die
          Konsolidierung berücksichtigt.
*.trc     Namen der Trace-Dateien, die konsolidiert werden sollen
```

Analog zu den Parametern `module` und `action` sind auch folgende Parameter möglich:

```
service   Eingrenzung nach Service-Namen des Clients
clientid  Eingrenzung nach Client-ID
session   Eingrenzung nach Oracle-Session in der Form <SID>.<Serial#>
          Beispiel: session=146.78
```

Mindestens einer der Filter-Parameter muss angegeben werden. Leider gibt es keine Möglichkeit, nach dem Datum des Trace-Eintrags zu filtern. Das Abtrennen alter Einträge muss daher ggf. zuvor manuell erfolgen.

Achtung: Die für das Filtern notwendigen Trace-Einträge (Module-, Action-Wert etc.) werden nicht in die Ausgabedatei übernommen. Daher kann die Ausgabedatei (`trace_cons.trc` im obigen Beispiel) nicht für einen weiteren Konsolidierungsschritt benutzt werden. Eine Konsolidierung in mehreren Stufen ist also nicht möglich.

TKPROF Der Inhalt einer Trace-Datei ist zwar lesbar[25], bedarf aber zur Analyse einer entsprechenden Aufbereitung. Die Datei kann in ihrer Gesamtheit also nicht einfach interpretiert werden. Für die Aufbereitung der Trace-Dateien wird ein Werkzeug mitgeliefert, `TKPROF`. Das ausführbare Programm ist im `bin`-Unterverzeichnis des Oracle-Homes zu finden und kann über die Shell eines Unix-Systems oder über die MS-Windows-Kommandoebene aufgerufen werden. Der Aufruf ohne Parameter gibt ein Hilfsmenü mit allen verfügbaren Parametern und ihrer Bedeutung aus.

Aufruf:

```
$ tkprof ora00391.trc out.tkp explain=username/passwd sort=fchqry
```

Die Bedeutung der Parameter:

- `ora00391.trc` – Name der Trace-Datei, die ausgewertet werden soll.

25 Siehe hierzu z. B. das My Oracle Support-Dokument 39817.1.

- out.tkp – Ausgabedatei der Auswertung, hier muss auf die Schreibberechtigung geachtet werden.
- explain – Gibt an, dass die Ausführungspläne der SQL-Befehle der Trace-Datei durch eine explizite Datenbankverbindung ermittelt werden sollen – statt sie direkt aus der Trace-Datei zu übernehmen. Es muss ein Benutzername und dessen Passwort angegeben werden. Hier sollten Sie darauf achten, dass es der Benutzer ist, unter dem auch die Anwendung während des Tracings ausgeführt worden ist, damit sichergestellt ist, dass es sich um die gleichen Schema-Objekte handelt. Der Ausführungsplan wird nicht aus der Trace-Datei gelesen, sondern wird zum Zeitpunkt des TKPROF-Aufrufs ermittelt.
  Vorsicht: Nach dem Tracing angelegte oder gelöschte Indizes können daher den Ausführungsplan verfälschen. Eine Methode, um garantiert an die korrekten Ausführungspläne zu kommen, wird weiter unten beschrieben. Wird explain nicht angegeben, generiert TKPROF die Pläne direkt aus den Angaben der Trace-Datei.
- sort – Die Befehle können in der Ausgabedatei nach verschiedenen Kriterien sortiert werden. Wird nichts angegeben, werden sie in der Reihenfolge der Ausführung dargestellt. Sortiert werden kann nach Zeitverbrauch oder der Anzahl von gelesenen Blöcken in den drei Phasen der SQL-Befehle: PARSE, EXECUTE oder FETCH. Beispiele:
  - prscpu – CPU-Zeitverbrauch für SQL-Parsing
  - exeela – Verweilzeit für Ausführung (meist bei DML)
  - fchqry – Anzahl gelesener Oracle-Blöcke (Select)
  - (prsela,exeela,fchela) – Summe der Gesamtzeiten für Parsing, Ausführung und Auslesen

Durch die optionale Angabe SYS=NO können rekursive Befehle des Benutzers SYS aus der Ausgabe herausgefiltert werden. Zusätzlich zu den Statistiken eines SQL-Befehls wird der Ausführungsplan dargestellt. In dem unten aufgeführten Beispiel sollen diese Ausführungspläne nicht aus der rohen Trace-Datei, sondern direkt über eine Datenbankverbindung ermittelt werden. Die Interpretation von Ausführungsplänen wird im Abschnitt 15.6.1 näher erläutert.

```
$ tkprof ora00031.trc out1.tkp explain=demo/demo sys=no
Optimizer goal: CHOOSE
Parsing user id: 26 (DEMO)
*************************************************************
SELECT k.kd_ort,
       SUM(p.pos_menge * p.pos_einzelpreis) AS umsatz
  FROM kunden k,
       auftraege a,
       positionen p
 WHERE k.kd_nr = a.auf_kdnr
 AND   a.auf_nr = p.pos_aufnr
 AND   UPPER(k.kd_nachname) = 'AHRENDS'
 AND   UPPER(k.kd_vorname) = 'MARLIES'
 GROUP BY k.kd_ort
```

```
call     count  cpu    elapsed  disk     query    current  rows
------- ------ ----- -------- ------- ------- -------- ------
Parse        1  0.04     0.02        0      15        0      0
Execute      1  0.00     0.00        0       0        0      0
Fetch        2  1.85     8.77    27771   28142        0      1
------- ------ ----- -------- ------- ------- -------- ------
total        4  1.90     8.79    27771   28157        0      1
Misses in library cache during parse: 1
Optimizer goal: CHOOSE
Parsing user id:, 26 (DEMO)
Rows    Row Source Operation
------- ---------------------------------------------------
      1 SORT GROUP BY
     27  HASH JOIN
      9   HASH JOIN
      1    TABLE ACCESS FULL KUNDEN
1000000    TABLE ACCESS FULL AUFTRAEGE
2502684   TABLE ACCESS FULL POSITIONEN
Rows Execution Plan
------- ---------------------------------------------------
0 SELECT STATEMENT GOAL: CHOOSE
1 SORT (GROUP BY)
27 HASH JOIN
9 HASH JOIN
1 TABLE ACCESS GOAL: ANALYZED (FULL) OF 'KUNDEN'
1000000 TABLE ACCESS GOAL: ANALYZED (FULL) OF 'AUFTRAEGE'
2502684 TABLE ACCESS GOAL: ANALYZED (FULL) OF 'POSITIONEN'
*****************************************************************
......
*****************************************************************
OVERALL TOTALS FOR ALL NON-RECURSIVE STATEMENTS
call     count  cpu    elapsed  disk     query    current  rows
------- ------ ----- -------- ------- ------- -------- ------
Parse        6  0.04     0.02        0      15        0      0
Execute      7  0.00     0.00        0       6        9      7
Fetch        5  1.85     8.77    27771   28164        0      8
------- ------ ----- -------- ------- ------- -------- ------
total       18  1.90     8.80    27771   28185        9     15
Misses in library cache during parse: 5
Misses in library cache during execute: 1
OVERALL TOTALS FOR ALL RECURSIVE STATEMENTS
call     count  cpu    elapsed  disk     query    current  rows
------- ------ ----- -------- ------- ------- -------- ------
Parse       18  0.03     0.01        0       0        0      0
Execute     45  0.00     0.01        0       2        8      7
Fetch       66  0.00     0.00        0     104        0     37
------- ------ ----- -------- ------- ------- -------- ------
total      129  0.03     0.02        0     106        8     44
Misses in library cache during parse: 14
Misses in library cache during execute: 1
8 user SQL statements in session.
17 internal SQL statements in session.
25 SQL statements in session.
5 statements EXPLAINed in this session.
*****************************************************************
```

Interpretationsproblematiken:

- Falsche Ausführungspläne durch implizite Datentypkonvertierungen
TKPROF kennt nicht die Inhalte von Bindevariablen und daher auch nicht die verwendeten Datentypen. Es ist daher möglich, dass in der TKPROF-Ausgabe ein Ausführungsplan angezeigt wird, der nicht den tatsächlichen Ausführungsplan abbildet, weil sich durch implizite Datentypkonvertierungen, die immer aufseiten der Tabellenfelder ausgeführt werden, dieser Zugriff nicht realisieren lässt. Diese Diskrepanz ist nur anhand der Statistiken festzustellen, wenn z. B. trotz angezeigter Indexbenutzung die Anzahl der gelesenen Blöcke zu hoch erscheint.

- Anzahl gelesener Blöcke bei Lesekonsistenz
Zu beachten ist, dass die Anzahl der gelesenen Blöcke im Konsistenzmodus in der Spalte `query` auch die gelesenen Undo-Segment-Blöcke beinhaltet, die für die Wahrung der Lesekonsistenz herangezogen werden mussten. So kann diese Zahl differieren, abhängig davon, ob gerade DML-Operationen von anderen Prozessen auf den beteiligten Tabellen der Abfrage durchgeführt werden.

- Falsche Ausführungspläne durch Änderungen am Schema
Die Ausführungspläne der SQL-Befehle werden in der Regel mit in die Trace-Datei geschrieben, bei Nutzung der explain-Klausel jedoch neu aus der Datenbank generiert. In solchen Fällen ist es möglich, dass in der Zwischenzeit angelegte oder gelöschte Indizes einen vom Original abweichenden Ausführungsplan ausgeben.

- Interpretation der *Elapsed time*
Die elapsed time wird von der CPU time häufig abweichen, gerade dann, wenn Wartezustände auf Plattenzugriffe auftreten oder der Prozess nicht permanent CPU-Zeit zugeteilt bekommen kann. Aber auch künstlich erzeugte Wartezustände auf Tabellen, wie z. B. eine exklusive Sperre auf einer Tabelle, können die Zeitinformationen ungewollt verfälschen. Darüber hinaus gehen die Ausführungszeiten rekursiver Calls mit in die Elapsed-Zeiten ihrer auslösenden Befehle ein.

- Höherer Ressourcenverbrauch durch Trigger
In den Statistiken wird der komplette Ressourcenverbrauch eines Befehls kumuliert, so z. B. auch Aktivitäten, die durch Trigger auf den Tabellen erzeugt werden, auf die zugegriffen wird. Daraus können auf den ersten Blick nicht erklärbare Werte in den Statistikinformationen entstehen.

Trace Analyzer (TRCA) Ein Nachteil von `tkprof` ist, dass insbesondere bei SQL-Befehlen mit Bindevariablen Summenwerte über alle Ausführungen des Kommandos ausgegeben werden, die Performance jedoch in einigen Fällen von den konkreten Werten für Bindevariablen abhängt (z. B. bei schlecht ausbalancierten Indizes). Außerdem können Wartezustände einen Großteil der Gesamtzeit (*Elapsed time*) ausmachen bzw. die Ergebnisse verfälschen.

Prinzipiell können Werte von Bindevariablen sowie aufgetretene Wartezustände mittels erweitertem Tracing in die Trace-Datei mit einbezogen werden. Diese zusätzlichen Einträge werden jedoch von TKPROF nicht vollständig interpretiert. Oracle stellt daher über die Support-Seite (Dokument 224270.1) das Werkzeug *Trace Analyzer* (TRCA) zur Verfügung, das alle Informationen im Rahmen des erweiterten Tracings interpretiert und ein detailliertes Last- und Ressourcenprofil der gemessenen Zeitspanne liefert. Im Gegensatz zu TKPROF besteht TRCA aus einer Sammlung von SQL- und PL/SQL-Skripten und läuft vollständig in der Datenbank, wo auch ein Repository verwaltet wird. Die Skripte erlauben einen genauen Einblick in die Arbeitsweise des Tools und sind beliebig anpassbar und erweiterbar. Die Abbildungen 15.8 und 15.9 zeigen Ausschnitte aus dem Bericht, der als HTML-Dokument generiert wird.

TRCA-Administration TRCA verwaltet ein Repository in der Datenbank, bestehend aus Tabellen und Indizes, deren Namen sämtlich mit `TRCA$` beginnen, einem Package `TRCA$` sowie einem Directory-Alias mit dem Namen `udump`. Sämtliche Skripte laufen im Schema des Aufrufenden ab (die Skripte führen kein CONNECT aus). Alle Skripte haben die Form `TRCA*.sql`, bspw. `TRCACREA.sql`:

`CREA, DROP`: Erstellen und Löschen des Repositorys. Alle Objekte werden im Default Tablespace des Aufrufenden erstellt.

`GRNT, REVK <user>`: Zuweisen/Entziehen von SELECT-Rechten auf einige DBA- und V$-Views sowie des READ-Rechtes auf den Directory-Alias für den Benutzer `<user>`. Diese Rechte werden benötigt, um den Trace Analyzer auszuführen.

`TRNC`: Leert alle Repository-Tabellen

`PURG <days>`: Löscht alle Repository-Einträge, die älter als die angegebene Anzahl Tage sind.

Generierung eines Gesamtberichts Ein Aufruf von `TRCANLZR.sql` liest zunächst zeilenweise die angegebene Trace-Datei und speichert den interpretierten Inhalt im Repository. Dabei wird eine Trace-ID zugewiesen, mittels derer im weiteren Verlauf auf den Inhalt dieser Trace-Datei Bezug genommen werden kann. Daran anschließend wird der Gesamtbericht erstellt. Beim Aufruf müssen der Directory-Alias für das Verzeichnis angegeben werden, in dem die Trace-Datei liegt (standardmäßig `udump`) sowie der Name der Trace-Datei.

```
SQL> @TRCANLZR udump <trc-file>
```

Folgende Informationen werden in den Gesamtbericht geschrieben:

- Die Top-5-SQL-Cursor bezüglich CPU-Zeit, Elapsed-Zeit, Non-Idle- und Idle-Wartezuständen (jeweils Gesamtwerte über alle Ausführungen). Der Übersicht halber werden zunächst nur die Cursor-ID (wird von TRCA analog zu `tkprof` vergeben), die User-ID des Ausführenden (0 für `SYS`) und der Oracle Command Type aufgelistet. Letzterer ist in der Trace-Datei als Eintrag `oct` codiert und wird über die Tabelle `AUDIT_ACTIONS` aufgelöst. Häufige Command Types sind `SELECT`, `INSERT`, `UPDATE`, `DELETE`, `PL/SQL EXECUTE`, `ANALYZE TABLE`. Für jeden Cursor, der nach mindestens einem Kriterium zu den Top 5 gehört, wird eine Zeile dargestellt.
- Aufgetretene ORA-Fehler während des Tracings.
- *Gaps* (Zeiträume ohne Aktivität) werden anhand des Vergleichs aufeinanderfolgender `tim`-Einträge im Trace-File ermittelt und ausgegeben.
- Abgeschlossene Transaktionen (`XCTEND`) im Trace-File, zusammen mit der Information, ob mit `COMMIT` oder `ROLLBACK` beendet wurde und ob DML-Aktivität stattfand oder nicht.

Trace Analyzer Report: 29522 6

- Trace Identification
- Trace Header
- SQL Statements Count
- Time Summary
- User Non-Recursive Totals
- User Recursive Totals
- Internal Totals
- Hot I/O Blocks
- Core I/O Waits Summary
- Top 20 SQL Statements
- List of 31 Unique SQL Statements
- Gaps of no Trace Activity (2)
- Transactions (1)
- Non-Default Initialization Parameters
- SQL Statements Details

Abbildung 15.8: TRCA-Report, Navigation

Time Summary (secs)

	User (Non-Recursive)	User (Recursive)	Internal
CPU Time (secs):	112.810	0.040	0.350
Elapsed Time (secs):	120.742	0.209	1.746
Wait Time (non-idle):	5.705	0.000	1.379
Wait Time (idle):	17.581	0.000	0.000

User Non-Recursive Totals (user>0 and depth:0)

hide

Call Type	Call Count	CPU Time (secs)	Elapsed Time (secs)	Disk (blocks)	Query (blocks)	Current (blocks)
Parse:	2	0.730	1.696	317	9745	0
Execute:	3	0.010	0.009	0	0	0
Fetch:	2	112.070	119.037	1894	1278523	0
Total:	7	112.810	120.742	2211	1288268	0

Non-idle Wait Event	Times Waited	Max Wait (secs)	Total Time Waited (secs)
db file sequential read:	1894	0.089	5.705
SQL*Net more data to client:	4	0.000	0.000
Total non-idle:	1898	0.089	5.705

Idle Wait Event	Times Waited	Max Wait (secs)	Total Time Waited (secs)
SQL*Net message from client:	4	17.543	17.581
SQL*Net message to client:	4	0.000	0.000

Abbildung 15.9: TRCA-Report, Ausschnitt

- Ausführungsstatistiken pro Benutzer, getrennt nach Recursive/Non-Recursive SQL. Dies erlaubt insbesondere eine Differenzierung zwischen *User recursive SQL* (Inhalt von PL/SQL-Blöcken) und *System recursive SQL*.
- Jeweils eine Zeile für Parse-/Exec-/Fetch-Phase (analog zu `tkprof`)
- Eine Zeile pro Kommandotyp
- Wartezustandsstatistiken pro User, getrennt nach Recursive/Non-Recursive SQL. Idle-Waits stehen jeweils als Letztes. Außerdem werden jeweils Teilsummenzeilen für alle Idle-Waits bzw. Non-Idle-Waits ausgegeben.
- Für einige Non-Idle-Waits, z. B. `db file sequential read` und `db file scattered read` werden außerdem Statistiken pro Datenbankobjekt ausgegeben.
- Die „Hottest 5 blocks" (die Blöcke mit der höchsten Wartezeit) und Cursor-IDs der entsprechenden Cursor.
- Kommandotyp, Ausführungsstatistiken (à la `tkprof`) sowie Non-Idle/Idle-Wartezeiten pro Cursor. Damit kann sehr schnell eine Vorauswahl relevanter SQLKommandos vorgenommen werden.
- Cursorliste: Dabei werden (analog zu TKPROF) Gesamt-Ausführungsstatistiken und Wartezustandsstatistiken sowie der Ausführungsplan dargestellt. Außerdem werden die Substitutionswerte aller Bindevariablen pro Ausführung sowie Ausführungs- und Wartezustandsstatistiken pro Ausführung dargestellt. An dieser Stelle lassen sich sehr gut einzelne Ausreißer erkennen.

In der Trace-Datei und auch in den TRCA-Reports sind leider nicht die Namen der Bindevariablen eingetragen. Stattdessen sind diese entsprechend der Reihenfolge ihres Vorkommens im SQL-Statement mit 0 beginnend aufsteigend durchnummeriert. Die Zuordnung zu entsprechenden evtl. mit sprechenden Namen versehenen Bindevariablen muss daher ggf. durch Abzählen der Positionen der Bindevariablen innerhalb des SQL-Kommandos vorgenommen werden. Falls eine Bindevariable mehrfach vorkommt, wird bei allen außer dem ersten Vorkommen als Substitutionswert *NSBBE (no separate bind buffer exists)* ausgegeben.

Einige Obergrenzen sind in den TRCA-Skripten fest eingetragen. So werden maximal 2000 Cursor in den Gesamtbericht geschrieben. Pro Cursor werden maximal 100 Ausführungen (zehn bei Benutzer SYS) angezeigt. All diese Begrenzungen können natürlich angepasst bzw. aufgehoben werden.

Ganz oben im Gesamtbericht ist auch die Trace-ID eingetragen, die für die Detailberichte verwendet werden muss.

Generierung von Detailberichten Falls aufgrund der genannten Obergrenzen nicht alle Ausführungen eines Cursors im Gesamtbericht gelistet wurden, kann ein entsprechender Detailbericht erstellt werden, der sämtliche Ausführungen umfasst:

```
SQL> @TRCACRSR <trace-id> <cursor-id>
```

Ein entsprechendes Beispiel findet sich unterhalb der Ausführungsliste im Gesamtbericht in Form folgender Zeile, z. B.:

```
REPORTING ONLY FIRST 100...
(TO REPORT ALL: SQL> START TRCACRSR.sql 11 2; )
```

Hier muss lediglich die gewünschte Cursor-ID eingesetzt und per Copy-and-Paste ins SQL*Plus-Fenster übertragen werden.

Cursor-IDs werden im Gesamtbericht mit 1 beginnend aufsteigend vergeben. Durch Einsetzen von 0 als Cursor-ID werden alle Ausführungen für alle Cursor ausgegeben. Ein Bericht über den detaillierten Ablauf einer einzelnen Ausführung schließlich kann unter Angabe der Bind-Line erzeugt werden. Diese ist in den vorgenannten Berichten in der Spalte `binds trc_line` zu finden und entspricht der Zeilennummer im ursprünglichen Trace-File.

```
SQL> @TRCAEXEC <trace-id> <cursor-id> <bindline>
```

Auch hier findet sich im Gesamtbericht unterhalb der Ausführungsliste eine entsprechende Beispielzeile. Durch Einsetzen von 0 als Bind-Line werden Detailinformationen über alle Ausführungen des betreffenden Cursors geliefert. Für Wartezustände, bei denen dies möglich ist, werden die Parameter p1, p2, p3 in Segmentname und Extent-Nummer aufgelöst, sodass unmittelbar erkennbar ist, worauf gewartet wurde.

Tracing und Ausführungspläne Wie bereits erwähnt, ist das nachträgliche Erstellen eines Ausführungsplans (via explain-Parameter) mithilfe des TKPROF-Werkzeugs problematisch, da der so gefundene Ausführungsplan nicht zwangsläufig dem tatsächlichen Ausführungsplan entspricht.

Seit Oracle9i werden prinzipiell aber auch die Ausführungspläne jedes SQL-Kommandos in die Trace-Datei geschrieben. Die TKPROF-Werkzeuge ab Oracle9i geben diese auch korrekt aus. Eigentlich besteht also gar keine Notwendigkeit mehr für das nachträgliche Generieren eines Ausführungsplans. Allerdings merkt man in der Praxis recht schnell, dass seltsamerweise nicht für alle SQL-Kommandos tatsächlich Ausführungspläne in die Trace-Datei geschrieben werden. Dies sorgt oftmals für Verwirrung, da auch scheinbar bei jedem Lauf andere Kommandos von diesem Umstand betroffen sind.

Des Rätsels Lösung liegt darin, dass der Ausführungsplan eines SQL-Kommandos erst in dem Moment in die Trace-Datei geschrieben wird, in dem der zugehörige SQL-Cursor im Library-Cache geschlossen wird. Dies kann zeitlich weit hinter der eigentlichen Ausführung und sogar nach der Beendigung des Tracings liegen. In letzterem Fall tritt das beschriebene Problem auf. Da kaum vorherzusagen ist, wann der Cursor geschlossen wird, kann man sich – gerade bei häufig benutzten SQL-Kommandos – nicht auf diesen Mechanismus verlassen.

Der einzige Weg, ein Schließen aller SQL-Cursor und damit das Schreiben aller Ausführungspläne in die Trace-Datei zu erzwingen, besteht darin, das Tracing nicht (!) sauber zu beenden, sondern einfach die Session zu beenden (via Disconnect oder SQL*Plus-Kommando quit). Bei einer Anwendung mit Connection-Pool ist das natürlich nicht immer so einfach, es stellt aber leider die einzige Lösung dar, die garantiert zum gewünschten Ergebnis führt.

15.5 Der Optimizer

Die Aufgabe des Optimizers ist die Ermittlung des optimalen Zugriffspfades für einen SQL-Befehl. Die Optimierung ist Teil des Parsings, der Übersetzung des SQL-Befehls in eine ausführbare Form.

Der Optimizer soll bei einem Zugriff auf eine Tabelle z. B. feststellen, ob ein Zugriff über einen Index aufgrund der WHERE-Klausel ausgeführt werden kann, bei mehreren vorhandenen Indizes auch über welchen. Bei Join-Operationen, also dem Zugriff auf zwei oder mehr Tabellen in einem SELECT-Befehl, muss ermittelt werden, welche Tabelle zuerst gelesen wird, also zur treibenden Tabelle wird, und in welcher Reihenfolge die weiteren Tabellen hinzugenommen werden. Zudem ist die Methode der Zusammenführung der Teilmengen der Tabellen entscheidend (*Merge Join, Nested Loop Join, Hash Join*).

Der *„regelbasierte Optimizer"* (RBO), der in älteren Oracle-Versionen stets noch unterstützt, wenn auch nicht mehr empfohlen wurde, wird seit der Datenbankversion 10g nicht mehr unterstützt und wird daher an dieser Stelle auch nicht behandelt. Die Alternative in Form des kostenbasierten Optimizers (CBO) wurde mit der Version 10g in *„Query Optimizer"* umbenannt und ist bedingungslos zu empfehlen.

Der Query Optimizer ist ein Expertensystem, das die optimalen Zugriffspfade zu Oracle-Tabellen aufgrund statistischer Informationen, die für Tabellen, Indizes und Cluster erzeugt werden können, ermittelt. Neben den Statistiken der Objekte sind für die Pfade auch Instanzressourcen und Parametrierungen der Instanz relevant, die im Folgenden noch erläutert werden.

Die Nachteile, die beim regelbasierten Optimizer festgestellt wurden, sollen durch den Query Optimizer eliminiert werden, da dieser die Größen der Tabellen ebenso wie die Selektivität der Indizes berücksichtigen kann.

Zur Ermittlung des optimalen Pfades werden zunächst alle möglichen Permutationen von möglichen Zugriffen gebildet. Zu jedem Pfad werden dann auf Grundlage der Statistiken die entsprechenden Kosten errechnet, welche die Nutzung von Ressourcen beziffern, wie z. B. die Anzahl der I/O-Operationen, die Hauptspeichernutzung und die CPU-Zeit. Der Zugriffspfad mit den geringsten Kosten ist der optimale, insofern eine Parallelisierung außer Acht gelassen wird.

15.5.1 Die Ausführung von SQL-Code

Die Abarbeitung eines SQL-Befehls erfolgt nicht an einem Stück, sondern in mehreren Phasen. Die einzelnen Phasen werden im Folgenden kurz erklärt. Sie gelten im Wesentlichen für alle Arten von SQL-Befehlen. Eine Ausnahme ist lediglich die FETCH-Phase, die nur beim SELECT-Befehl existiert und dafür sorgt, dass die Ergebnisdatensätze vom Server zum Client übertragen werden.

Der Cursor

Um in den nachfolgend diskutierten Phasen Informationen zwischenzuspeichern, wird eine spezielle Datenstruktur benötigt. Diese wird, in Anlehnung an die Vorstellung eines Zeigers, der bei der Ausgabe der Datensätze die aktuelle Position angibt, als Cursor bezeichnet. Bezieht man sich auf die dort enthaltenen Informationen, so wird diese Struktur auch *Context Area* genannt.

Der Cursor ist die Schaltzentrale für die Ausführung eines SQL-Befehls. Er enthält den betreffenden SQL-Befehl als Zeichenkette sowie den Ausführungsplan des SQL-Befehls als Zeiger auf den Shared Pool sowie Zeitstempel- und Zustandsinformationen. Ein Anwendungsprogramm kann – bis auf die Beschränkungen des virtuellen Adressraums und des Serverparameters `open_cursors` – beliebig viele Cursors öffnen.

Weiterhin werden in der Anwendung Variablen benutzt, um einerseits Parameter an SQL-Befehle zu übergeben (z. B. in WHERE-Klauseln) und um andererseits das Ergebnis eines SELECT-Befehls aufzunehmen. Diese Variablen werden als Bindevariablen bezeichnet und ebenfalls cursor-spezifisch behandelt. Das Vorgehen zum Binden von Variablen unterscheidet sich nach Art des Clients (Embedded SQL, Forms, OCI usw.).

Um die Arbeitsweise des Oracle-Servers zu verdeutlichen, muss noch auf eine spezielle Eigenschaft hingewiesen werden: Der Oracle-Server arbeitet ausschließlich nach einer Methode, die allgemein als dynamisches SQL bezeichnet wird. Dies bedeutet, dass die SQL-Befehle der Anwendungen dem Oracle-Server vor der Ausführung nicht bekannt sein müssen. Im Gegensatz dazu müssen bei Datenbankservern, die mit statischem SQL arbeiten, die Anwendungen vorher übersetzt werden, sodass beim Ablauf der Anwendungen alle SQL-Befehle bekannt sind und ein beim Übersetzen festgelegter Ausführungsplan benutzt wird.

Das dynamische SQL des Oracle-Servers hat den Vorteil, dass die Anwendungen dadurch flexibler werden: Moderne SQL-Werkzeuge generieren SQL-Befehle aus den Eingaben des Benutzers in eine grafische Oberfläche, sodass permanent neue SQL-Befehle entstehen. Das Datenbank-Tuning wird dadurch vereinfacht, dass z. B. ein neu kreierter Index sofort von allen Anwendungen benutzt werden kann, wenn die Benutzung aus der Sicht des Optimizers Sinn macht.

Um die Performance des dynamischen SQLs zu optimieren, wird beim Oracle-Server der einmal bestimmte Ausführungsplan in einem dafür vorgesehenen Teil der SGA, dem *Shared Pool*, abgelegt. Somit kann generell in der PARSE-Phase Zeit eingespart werden, indem zunächst überprüft wird, ob der Befehl bereits im Shared Pool abgelegt ist und vom aktuellen Benutzer ohne Verletzung der Zugriffsrechte benutzt werden kann. Die Suche des SQL-Befehls im Shared Pool erfolgt mithilfe eines Hash-Algorithmus recht schnell, sodass bei einem Nichtvorhandensein kein allzu großer Nachteil entsteht.

Die größten Vorteile des Shared Pools entstehen aus der Verwendung des Oracle-Servers mit fest programmierten SQL-Befehlen in den Anwendungen im Mehrbenutzerbetrieb: Diese werden nur einmal übersetzt und dann immer wieder verwendet. Da aber auch die vom Oracle-Server intern generierten SQL-Befehle, sogenannte rekursive SQL-Befehle, über den Shared Pool abgewickelt werden, können bei praktisch allen Anwendungen die Vorteile des Shared Pools genutzt werden.

Der Effekt eines gut gefüllten Shared Pools vereint die Vorteile von dynamischem und statischem SQL: Die Flexibilität des dynamischen SQL erreicht fast die Performance von statischem SQL.

Die OPEN-Phase

In der OPEN-Phase wird lediglich die Datenstruktur des Cursors bereitgestellt und initialisiert. In einigen Programmierumgebungen wird die nachfolgende PARSE-Phase automatisch beim OPEN ausgeführt.

Die PARSE-Phase

Die PARSE-Phase dient zur Vorbereitung der Ausführung eines SQL-Befehls.

In der PARSE-Phase wird der zu bearbeitende SQL-Befehl als Zeichenkette an den Oracle-Server geschickt und dort zunächst einmal analysiert. Wird der Befehl im Shared

Pool gefunden und kann er verwendet werden, wird die PARSE-Phase sofort erfolgreich beendet (*soft parse*).

Ansonsten erfolgt eine Syntaxprüfung (Ist der Befehl korrekt formuliert?), die Auswertung der betroffenen Datenbankobjekte (Tabellen, Views, Sequenzen usw.) inklusive einer Zugriffsprüfung (Darf der Benutzer auf die Objekte zugreifen?) sowie der Bestimmung eines Ausführungsplans durch den Optimizer (Welches Objekt wird zuerst gelesen, welche Indizes werden benutzt?). Der Ausführungsplan und der SQL-Befehl werden im Shared Pool abgelegt. Nach diesem *hard parse* ist der Befehl fertig zur Ausführung.

Binden der Eingabevariablen

Bevor der SQL-Befehl endgültig ausgeführt werden kann, müssen eventuell vorhandene Eingabevariablen an Werte gebunden werden, d. h., die Werte werden als Parameter an den Oracle-Server übertragen. Ein SQL-Befehl mit einer Bindevariablen kann z. B. wie folgt aussehen:

```
SQL> SELECT name
     FROM   kunde
     WHERE  kdnr = :b1;
```

Vor der Ausführung des Befehls muss die Variable `B1` mit einem Wert gefüllt werden.

Die EXECUTE-Phase

Die EXECUTE-Phase kann nur nach einer erfolgreichen PARSE-Phase durchgeführt werden. In allen SQL-Befehlen außer dem SELECT-Befehl verbirgt sich hier die komplette Befehlsausführung.

Zunächst wird auf jeden Fall der Zeitpunkt der Lesekonsistenz gesetzt. Hierzu wird ein interner Zeitstempel, die *System Change Number* (SCN), im Cursor vermerkt, sodass die Möglichkeit besteht, die SCN mit derjenigen von eventuellen Änderungen an Datensätzen zu vergleichen. Sobald im späteren Verlauf der EXECUTE-Phase oder in der FETCH-Phase Datensätze gelesen werden, die nach der vermerkten SCN verändert worden sind, werden automatisch die Daten so rekonstruiert, wie sie zum Zeitpunkt der vermerkten SCN waren. Damit wird sichergestellt, dass ein SQL-Befehl immer lesekonsistent arbeitet, d. h., aus Sicht des Befehls haben sich die Daten seit Befehlsstart nicht verändert. Dies ist notwendig, um nachvollziehbare, richtige Ergebnisse zu erhalten.

Beim SELECT-Befehl hängt der Umfang der Arbeit, die zusätzlich in der EXECUTE-Phase zu tun ist, von der Art des Befehls ab. Sind etwa Sortierungen oder Gruppierungen vorzunehmen, so erfolgen diese Operationen in der EXECUTE-Phase. Die aufbereitete Ergebnismenge wird dann in einem Temporärbereich so zur Verfügung gestellt, dass in der nächsten Phase sofort die ersten Datensätze übertragen werden können.

Alle anderen Befehle werden nach dem Setzen des Lesekonsistenzzeitpunkts vollständig abgearbeitet.

Die FETCH-Phase

Diese Phase wird ausschließlich für SELECT-Befehle durchgeführt, da alle anderen Befehle mit der EXECUTE-Phase abgeschlossen sind.

Bei SELECT-Befehlen werden in der FETCH-Phase die Ergebnisdatensätze an die Anwendung übertragen. Dabei wird entweder aus den Daten- und Indexblöcken oder aus dem in der EXECUTE-Phase vorbereiteten Temporärbereich gelesen. Eine Spezialität der Client-Server-Funktionalität des Oracle-Servers ist der *Array Fetch*, bei dem ein Array von Ergebnisdatensätzen anstatt eines einzigen Datensatzes übertragen wird.

Hierzu ist anzumerken, dass der ANSI-Standard die Übertragung eines Datensatzes pro FETCH vorsieht. In Netzwerkumgebungen ist jedoch die Optimierung des Übertragungsverhaltens von entscheidender Bedeutung – nicht nur in Bezug auf die Performance einer einzelnen Anwendung, sondern auch im Sinne aller Netzwerkbenutzer auf die gesamte Netzwerkauslastung. Somit ist die Verwendung des *Array-Fetch*-Mechanismus uneingeschränkt zu empfehlen.

Die CLOSE-Phase

Wenn der Cursor nicht mehr gebraucht wird, kann er durch ein CLOSE beendet und entfernt werden. Das Schließen eines Cursors sollte allerdings nur dann durchgeführt werden, wenn der Cursor mit Sicherheit nicht mehr benutzt wird. Ansonsten kann z. B. mit dem Binden anderer Werte an die Variablen neu eingestiegen werden, wenn der SQL-Befehl mit anderen Variablen nochmals ausgeführt werden soll. Damit kann die recht aufwendige PARSE-Phase eingespart werden.

15.5.2 Erstellung und Pflege von Statistiken

Aktuelle und präzise Objektstatistiken sind – neben den internen Algorithmen – unerlässlich für die zuverlässige Arbeit des kostenbasierten Optimizers. Bei der Generierung müssen dabei durchaus widersprüchliche Anforderungen in Einklang gebracht werden: Zum einen sind größtmögliche Präzision und Aktualität sowie ein entsprechender Detaillierungsgrad gefragt, zum anderen sollte das System durch die Ermittlung selbst nicht zu sehr belastet werden. Darüber hinaus sollten die Statistiken die Arbeit des Optimizers „beflügeln" und die Antwortzeiten eher verbessern als verlangsamen.

Um die oben genannten Ziele zu erreichen, sind unterschiedliche Strategien möglich:

Explizite Generierung – Die Generierung kann manuell oder über selbst gestaltete Jobs angestoßen werden. Dafür stehen die Prozeduren des Paketes `DBMS_STAT` oder – inzwischen weniger empfehlenswert – der Befehl `ANALYZE` zur Verfügung. Diese Methode bietet die maximale Prozesskontrolle, setzt aber eine genaue Kenntnis der DML-Charakteristik der betreffenden Anwendung voraus und wird aus diesem Grunde vor allem bei besonderen Anforderungen angewendet.

Im Rahmen dieser Methode kann es für einzelne, in ihrer statistischen Ausprägung stark schwankende Objekte auch sinnvoll sein, Statistiken nicht zu generieren, sondern explizit zu setzen oder von anderen Datenbanken zu übernehmen (Export/Import).

Automatische Generierung – Die automatische Generierung enthebt den DBA und Anwendungsentwickler der genauen Planung, wann und in welchem Umfang die Generierungsläufe stattfinden sollen, und setzt stattdessen auf interne Regeln. Sie ist überall dort gut einzusetzen, wo einerseits diese Planung nicht vorliegt und andererseits die Antwortzeiten der SQL-Zugriffe den Anforderungen gerecht werden.

Beginnend mit der Version 10g wurde die Generierung zunächst von einem vorgefertigten Scheduler Job namens GATHER_STATS_JOB erledigt. Dieser implementierte das Scheduler-Programm GATHER_STATS_PROG, welches wiederum die Prozedur gather_database_stats_job_proc des Paketes DBMS_STATS nutzt. Die zeitliche Steuerung steht im Zeichen der Fenstergruppe MAINTENANCE_WINDOW_GROUP, welche wiederum jeweils ein Zeitfenster (*window*) für alle Wochentage (WEEKNIGHT_WINDOW) und eines für das Wochenende (WEEKEND_WINDOW) enthält.

Die Job-Klasse AUTO_TASKS_JOB_CLASS bindet schließlich den Database Resource Manager über die Consumer-Gruppe AUTO_TASK_CONSUMER_GROUP mit in den Generierungsprozess ein und regelt über *Plan Directives* die Zuteilung von Systemressourcen für die *Maintenance Jobs*. Die Abbildung 15.10 zeigt diese Zusammenhänge für die Version 10g.

Ab der Version 11g hingegen suchen wir den genannten Scheduler Job vergeblich. Das System wurde unter dem Titel *Automated Maintenance Tasks Infrastructure* verfeinert. Diese – mittlerweile recht komplexe – Infrastruktur sorgt dabei nicht nur für die Generierung der Statistiken, sondern hat darüber hinaus weitere „Clients", wie den *Space Advisor* und den *Tuning Advisor*. Der Ablauf lässt sich für den Autotask-Client *Auto Optimizer Stats Collection*, der für die Sammlung der Statistiken verantwortlich ist, wie folgt skizzieren:

- Der Client steht immer dann zur Verfügung, wenn er für die betreffende Datenbank aktiviert wurde:

```
SQL> SELECT client_name, status
     FROM   dba_autotask_task
     WHERE  client_name LIKE '%optimizer%';

CLIENT_NAME                    STATUS
------------------------------ -------
auto optimizer stats collection ENABLED
```

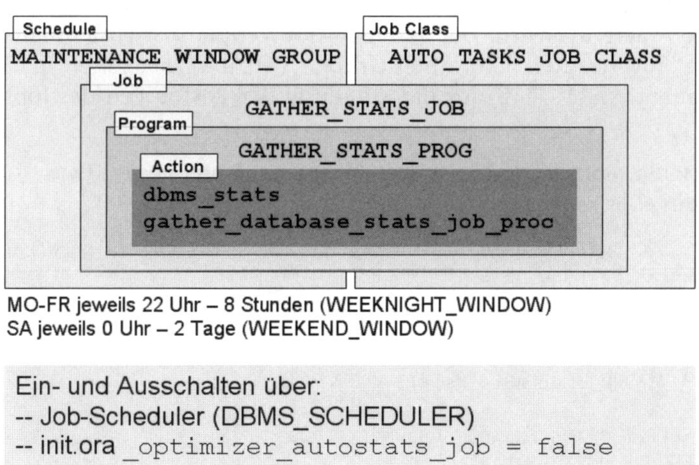

Abbildung 15.10: Autotasks in der Version 10g

- Durch die Verknüpfung der Clients mit einer *Window Group* des Schedulers ergeben sich die dort für die Ausführung definierten Zeitfenster:

```
SQL> SELECT client_name, window_group
     FROM   dba_autotask_client
     WHERE  client_name LIKE '%optimizer%';

CLIENT_NAME                        WINDOW_GROUP
---------------------------------- --------------
auto optimizer stats collection ORA$AT_WGRP_OS

SQL> SELECT w.window_name, w.repeat_interval
     FROM   dba_scheduler_wingroup_members m, dba_scheduler_windows w
     WHERE  window_group_name = 'ORA$AT_WGRP_OS'
     AND    w.window_name = m.window_name;

WINDOW_NAME      REPEAT_INTERVAL
---------------- -------------------------------------------------------------
MONDAY_WINDOW    freq=daily;byday=MON;byhour=22;byminute=0; bysecond=0
TUESDAY_WINDOW   freq=daily;byday=TUE;byhour=22;byminute=0; bysecond=0
WEDNESDAY_WINDOW freq=daily;byday=WED;byhour=22;byminute=0; bysecond=0
THURSDAY_WINDOW  freq=daily;byday=THU;byhour=22;byminute=0; bysecond=0
FRIDAY_WINDOW    freq=daily;byday=FRI;byhour=22;byminute=0; bysecond=0
SATURDAY_WINDOW  freq=daily;byday=SAT;byhour=6;byminute=0; bysecond=0
SUNDAY_WINDOW    freq=daily;byday=SUN;byhour=6;byminute=0; bysecond=0
```

  Die – hier aus Platzgründen nicht abgebildete – Spalte `duration` der View `dba_scheduler_windows` gibt die Dauer der Zeitfenster an. Demnach steht für die automatische Generierung an allen Wochentagen ab 22 Uhr für vier Stunden sowie an den Wochenenden ab 6 Uhr früh für 20 Stunden ein Zeitfenster bereit. Der Client startet im Rahmen des jeweils aktiven Fensters eigenständig einen Job. Die Historie der Jobstarts findet sich in der View `dba_autotask_job_history`.

- Die View `dba_scheduler_windows` gibt in dem Attribut `resource_plan` ebenfalls den Ressourcenplan aus, der beim Start des Fensters bzw. des betreffenden Jobs aktiviert wird. Der aktive Ressourcenplan ist zusammen mit der dem Client anvertrauten Consumer-Gruppe (Attribut `consumer_group` der View `dba_autotask_client`) für die Zuteilung der Ressourcen des Jobs verantwortlich.

  In unserem Beispiel sind dies die Gruppe `ora$autotask_stats_group` und der Plan `default_maintenance_plan`.

```
SQL> SELECT window_name, resource_plan FROM dba_scheduler_windows
     WHERE  window_name IN ('MONDAY_WINDOW');

WINDOW_NAME    RESOURCE_PLAN
-------------- -------------------------
MONDAY_WINDOW    DEFAULT_MAINTENANCE_PLAN

SQL> SELECT client_name, consumer_group
     FROM   dba_autotask_client
     WHERE  client_name = 'auto optimizer stats collection';
```

```
CLIENT_NAME                      CONSUMER_GROUP
-------------------------------- ------------------------
auto optimizer stats collection ORA$AUTOTASK_STATS_GROUP
```

Aufgrund der – verwirrenden – Schachtelung von Ressourcenplänen und den über *Plan Directives* verknüpften Consumer-Gruppen und Unterplänen sowie der Schichtung von CPU-Anteilen innerhalb der Direktiven ist es nicht leicht, die für die Generierung von Statistiken tatsächlich vorgesehenen Ressourcen zu ermitteln.

Die Abbildung 15.11 versucht, die Aufteilung der CPU-Ressourcen im Rahmen des DEFAULT_MAINTENANCE_PLAN zu veranschaulichen[26]. Demnach entfallen, wenn SYS_GROUP die ihr zugeteilten 75 % voll nutzt, noch 25 % der restlichen 25 % – also 6,25 % – auf den Unterplan ORA$AUTOTASK_SUB_PLAN. Wenn dann ORA$AUTOTASK_URGENT_GROUP keine Ressourcen benötigt, wird dieser Anteil zu 100 % gleichmäßig unter den vier Autotask-Gruppen aufgeteilt.

Die genannten Einstellungen lassen sich über die Views DBA_RSRC_PLANS und DBA_RSRC_PLAN_DIRECTIVES nachvollziehen.

Die beschriebenen Automatismen lassen sich auf unterschiedliche Art beeinflussen und den eigenen Bedürfnissen anpassen:

- Über das Paket DBMS_AUTO_TASK_ADMIN kann der Client pauschal oder für einzelne Zeitfenster ein- und ausgeschaltet werden. Darüber hinaus lassen sich die Prioritäten anpassen und damit die Ressourcengruppen beeinflussen.

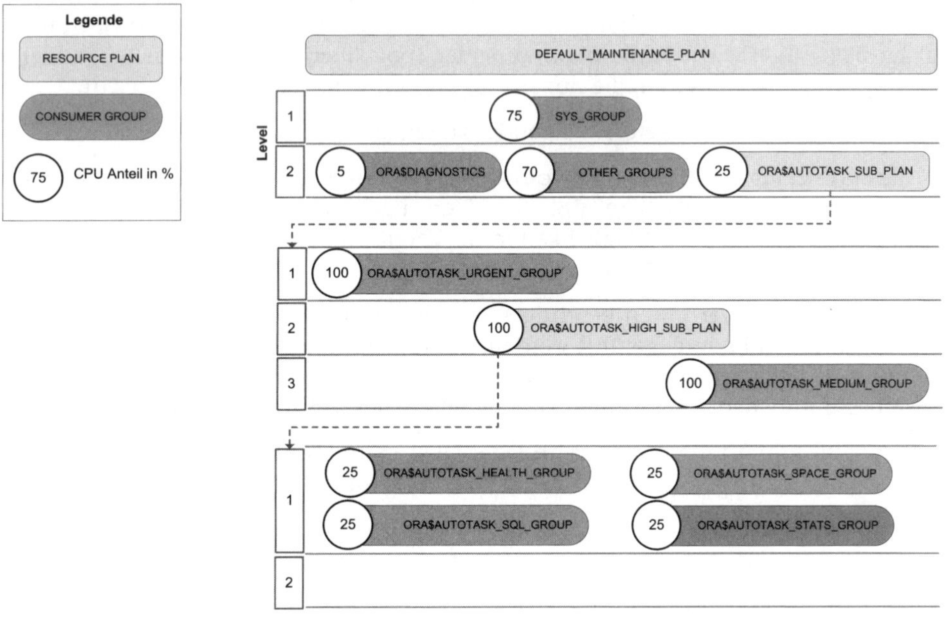

Abbildung 15.11: Ressourcenzuteilung beim Default-Maintenance-Plan

26 CPU-Ressourcen lassen sich über hierarchische „Schichten" (*Level*) einteilen. Schicht 2 „erbt" demnach alle „Restressourcen" von Schicht 1 usw.

- Die einzelnen Zeitfenster können beliebig über das Paket DBMS_SCHEDULER und dort die Prozedur SET_ATTRIBUTE verändert werden.
- Die Ressourcenpläne und Direktiven lassen sich mithilfe von DBMS_RESOURCE_MANAGER anpassen. Damit kann der Prozentsatz der CPU-Zuteilung beeinflusst werden.
- Einzelne Tabellen, Partitionen oder ganze Schemata können für die Statistikgenerierung gesperrt werden, wie das folgende Beispiel zeigt, bei dem für alle Tabellen des Schemas „DEMO" sowohl die Daten- als auch die Cache-Statistiken gesperrt werden:

```
SQL> BEGIN
       DBMS_STATS.lock_schema_stats(
         ownname  => 'DEMO',
         stattype => 'ALL');
     END;
     /
```

- Schließlich können wir die Generierung auch außerhalb der Zeitfenster explizit anstoßen:

```
SQL> EXECUTE DBMS_AUTO_TASK_IMMEDIATE.gather_optimizer_stats;
```

In den folgenden Abschnitten schauen wir uns einige Varianten und Besonderheiten an, die immer dann von Bedeutung sind, wenn Statistiken explizit und manuell generiert werden sollen.

Es gibt zurzeit zwei voneinander unabhängige Varianten, um Statistikinformationen explizit zu erzeugen. Dabei handelt es sich um den ANALYZE-Befehl sowie um das Package DBMS_STATS. Die Funktionalität beider Tools überlappt sich zum Teil, andererseits gibt es auch Funktionen, die nur jeweils eines der beiden Tools beherrscht.

Zur konkreten Anwendbarkeit ist Folgendes zu sagen:

- Alle Statistikinformationen, die vom Query Optimizer benutzt werden, sollten ausschließlich mit dem Package DBMS_STATS erzeugt und verwaltet werden, da es hierfür erheblich erweiterte Möglichkeiten im Vergleich zum ANALYZE-Kommando bietet.
- Lediglich die weiter unten beschriebenen Spezialfunktionen sollten mit dem ANALYZE-Kommando durchgeführt werden. Die Ergebnisse dieser Analysen werden vom Optimizer ohnehin nicht verwendet, sondern geben beispielsweise Anhaltspunkte für bestimmte Reorganisationen von Tabellen oder Indizes:

Die Statistikinformationen werden im Data Dictionary abgelegt. Sie sind über die folgenden Views abzurufen (hier dba_, aber auch all_ und user_). Die Namen sprechen für sich.

- dba_tables, dba_tab_partitions, dba_tab_subpartitions
- dba_tab_statistics, dba_ind_statistics
- dba_indexes, dba_ind_partitions, dba_ind_subpartitions
- dba_part_col_statistics, dba_subpart_col_statistics
- dba_tab_columns, dba_tab_col_statistics

- dba_ind_columns
- dba_tab_histograms, dba_subpart_histograms
- dba_clusters

Die Güte der Zugriffspfade wird durch den Detaillierungsgrad und die Aktualität der Statistiken bestimmt, aber auch durch die implementierten Algorithmen des Optimizers, die von Version zu Version verbessert werden.

Statistikerstellung über DBMS_STATS

Das Package DBMS_STATS bietet reichhaltige Möglichkeiten, Statistiken zu erzeugen und zu verwalten. Es ist sowohl aus administrativen als auch aus Performance-Gesichtspunkten dem ANALYZE-Kommando in der Erstellung relevanter Statistikinformationen überlegen.

Im Folgenden soll ein Überblick über die wichtigsten Features und deren Funktionsweise gegeben werden.

Erstellung der Statistiken Es ist möglich, Statistiken für einzelne Tabellen, Indizes oder Tabellenspalten (Histogramme) zu generieren bzw. zu verwalten (z. B. die Prozeduren GATHER_TABLE_STATS, GATHER_INDEX_STATS und GATHER_COLUMN_STATS).

Alternativ können jedoch auch Statistiken für ein ganzes Schema oder für die gesamte Datenbank erzeugt werden (Prozeduren GATHER_SCHEMA_STATS und GATHER_DATABASE_STATS). Insbesondere das Arbeiten auf Schema-Ebene ist zu empfehlen, da so beim Anlegen neuer Tabellen keine Anpassung vorhandener Statistikskripte und/oder -jobs notwendig ist. Über entsprechende Prozeduren DELETE_*_STATS können Statistiken ersatzlos gelöscht werden.

Statistikwerte schätzen Das Berechnen der genauen Statistiken kann bei großen Tabellen extrem zeitaufwendig sein und einen hohen Ressourcenverbrauch erzeugen. Daher können Statistikinformationen geschätzt werden. Dazu wird ein bestimmter Prozentsatz der Daten gelesen, und die daraus ermittelten Statistiken werden auf den gesamten Datenbestand hochgerechnet. Der Prozentsatz kann über den Parameter estimate_percent eingestellt werden.

In diesem Zusammenhang sollte auch das sogenannte Block-Sampling benutzt werden (Parameter block_sample auf TRUE setzen), damit ein entsprechender Anteil aller Blöcke gelesen wird. Enthält für eine bestimmte Tabelle beispielsweise jeder Oracle-Block ca. 100 Zeilen, so würde eine Statistikschätzung mit 2% ohne Block-Sampling jede 50. Zeile lesen, also müsste wahrscheinlich jeder Block einmal geladen werden. Performance-technisch wäre gegenüber einer exakten Statistikberechnung nichts gewonnen. Bei einem Block-Sampling wird hingegen jeder 50. Block geladen, und alle Zeilen aus diesem Block werden gelesen.

Parallelisierung Die Ermittlung exakter bzw. geschätzter Statistikwerte kann parallel durch mehrere *Slave*-Prozesse erfolgen. Hierzu kann über den Parameter degree z. B. ein konkreter Wert für den Parallelisierungsgrad übergeben werden. Weitere Varianten hierfür sind der Dokumentation zu entnehmen.

Indexstatistiken und Histogramme Bei der Ermittlung von Statistiken auf Tabellen-, Schema- oder Datenbankebene kann eingestellt werden, dass neben den Tabellenstatistiken auch Statistiken für Indizes dieser Tabellen sowie Histogramme für Tabellenspalten generiert werden sollen. Dies ist stark anzuraten, da diese weitere essenzielle Informationen für den Optimizer darstellen. Indexstatistiken werden zusätzlich gesammelt, indem der Parameter `cascade` auf `TRUE` gesetzt wird.

Histogramme größtmöglicher Genauigkeit werden erstellt, indem für den Parameter `method_opt` Folgendes übergeben wird:
`'FOR ALL COLUMNS SIZE 254'`.
Beide Optionen sind sehr zu empfehlen und werden weiter unten noch detaillierter besprochen.

Gespeicherte Statistiken Es ist wünschenswert, dass SQL-Befehle auf ihre Performance hin getestet werden, bevor sie in den Produktionsbetrieb gehen. Insbesondere dann, wenn der kostenbasierte Optimizer genutzt wird, stellt sich diese Untersuchung auf dem Entwicklungs- oder Testrechner als sehr problematisch dar, da diese Rechner immer kleiner ausgelegt sind als das Produktionssystem und keinen kompletten Abzug der Produktionsdaten bieten.

Ein solcher Aufwand ist meist aus Kostengründen nicht möglich und auch unter Datenschutzgesichtspunkten problematisch. Hier bieten die gespeicherten Statistiken einen Lösungsweg:

Statistiken können aus dem Data Dictionary in eine sogenannte Benutzer-Statistiktabelle exportiert werden. Dabei handelt es sich um eine normale Tabelle im Schema eines Benutzers, die zuvor über die Prozedur `CREATE_STAT_TABLE` erstellt werden muss. Anschließend kann über eine der Prozeduren `EXPORT_*_STATS` ein Statistikexport des Produktionsschemas durchgeführt werden. Als Ziel wird die soeben erstellte Benutzer-Statistiktabelle angegeben. Diese Statistiktabelle kann auf ein Testsystem übertragen werden, wo die Statistiken mittels einer der Prozeduren `IMPORT_*_STATS` in das Data Dictionary übertragen werden.

Über diesen Weg kann ohne physikalischen Platzbedarf eine große Datenbank für den Optimizer simuliert werden. Das Arbeiten mit gespeicherten Statistiken soll für Tabellenstatistiken an einem einfachen Beispiel mit dem Schema „`DEMO`“ erläutert werden.

Unter diesem Schema muss als Erstes auf der Produktionsdatenbank eine Statistiktabelle aufgebaut werden.

```
SQL> EXECUTE dbms_stats.create_stat_table('DEMO','STAT_TAB');
```

Nun können die Statistikinformationen für eine Tabelle, z. B. kunden, in die Statistiktabelle exportiert werden.

```
SQL> EXECUTE dbms_stats.export_table_stats('DEMO','KUNDEN',NULL,'STAT_TAB','1',TRUE,'DEMO');
```

Parameter:

- `DEMO` – Eigentümer der Tabelle, deren Statistiken exportiert werden.
- `KUNDEN` – Tabellenname
- `NULL` – Partition; NULL, wenn die Tabelle nicht partitioniert ist

- STAT_TAB – Name der Statistiktabelle
- '1' – Optionaler Bezeichner für diesen Export
- TRUE – CASCADE=TRUE, d. h., Statistiken für Indizes und Spalten werden mitexportiert
- DEMO – Eigentümer der Statistiktabelle (braucht nur angegeben zu werden, wenn er vom aktuellen Schema abweicht)

Die so gefüllte Statistiktabelle stat_tab kann nun über einen Datenbank-Link oder mit den Werkzeugen Data-Pump oder exp/imp auf das Testsystem übertragen werden. Hier können optional noch Statistikinformationen verändert werden, um andere Datenmengen oder Schlüsselverteilungen zu simulieren (siehe den folgenden Abschnitt „Manipulierte Statistiken").

Nun können die Statistiken aus der Statistiktabelle in das Data Dictionary der Testdatenbank importiert werden.

```
SQL> EXECUTE dbms_stats.import_table_stats('DEMO','KUNDEN',NULL,'STAT_TAB','1',TRUE,'DEMO');
```

Manipulierte Statistiken Über die Prozeduren SET_*_STATS können Statistikinformationen auch explizit verändert werden, um andere Datenmengen oder Schlüsselverteilungen zu simulieren. Die Manipulation kann direkt am Data Dictionary ansetzen oder zunächst nur an einer Benutzer-Statistiktabelle, die erst anschließend importiert wird.

```
SQL> EXECUTE dbms_stats.set_table_stats -
       ('DEMO','KUNDEN',NULL,'STAT_TAB', '1',10000,1000,NULL,NULL,'DEMO');
```

Hier wird für die Benutzer-Statistiktabelle HLADMIN.STAT_TAB eingestellt, dass die Tabelle KUNDEN 10.000 Sätze hat, die auf 1.000 Blöcke verteilt sind. Die restlichen Statistikwerte werden nicht modifiziert.

```
SQL> EXECUTE dbms_stats.set_table_stats -
       ('DEMO','KUNDEN',NULL,NULL,'1',10000,1000,NULL,NULL,NULL);
```

Hier wird dieselbe Statistikinformation direkt ins Data Dictionary geschrieben. Die Parameter für den Namen und Eigentümer der Statistiktabelle wurden dazu auf NULL gesetzt.

Automatische Statistiken Oracle protokolliert automatisch DML-Aktivitäten für Tabellen. Voraussetzung dafür ist, dass der Serverparameter statistics_level auf TYPICAL oder ALL gesetzt ist. Während in früheren Versionen diese Protokollierung für jede Tabelle aktiviert werden musste, gibt es seit der Version 10g lediglich einen versteckten Serverparameter namens _dml_monitoring_enabled, der in der Voreinstellung auf TRUE steht.

Dabei werden für jede Tabelle die Anzahl eingefügter, geänderter und gelöschter Zeilen nachgehalten. Diese Informationen können aus der View dba_tab_modifications abgelesen werden. Bei der Erstellung von Statistiken auf Schema- oder Datenbankebene kann durch Setzen des Parameters options auf den Wert GATHER AUTO erreicht werden, dass nur für solche Tabellen neue Statistiken generiert werden, für die mindestens eines der folgenden Kriterien gilt:

- Die Gesamtzahl der Einfügungen, Änderungen und Löschungen seit der letzten Analyse überschreitet 10 % der Zeilenzahl[27].
- Seit der letzten Analyse wurde ein TRUNCATE durchgeführt.
- Es existieren noch keine Statistiken.

Dadurch kann insbesondere bei Datenbanken mit vielen Tabellen der Aufwand für die Statistikerstellung deutlich reduziert werden, da nur einige Tabellen gravierende Änderungen der Datenmengen aufweisen, viele hingegen relativ statisch sind. Auf diese Weise lässt sich das für die Statistikgenerierung benötigte Zeitfenster ohne negative Auswirkungen auf die Aktualität der Statistiken deutlich verringern.

```
SQL> BEGIN
       dbms_stats.gather_schema_stats(
         ownname => 'HLADMIN'
        ,options => 'GATHER AUTO'
        ,estimate_percent => 5
        ,block_sample => TRUE
       );
     END;
     /
```

Präferenzen für Statistiken Die Voreinstellungen für die Parameter zur Generierung von Statistiken können mittlerweile auf vielschichtige Art den eigenen Bedürfnissen angepasst werden. Auf diese Weise lassen sich Routinen zur Statistikgenerierung syntaktisch minimieren und darüber hinaus flexibel und zentral über die Anpassung der Voreinstellungen steuern.

Die Tabelle 15.7 gibt eine Übersicht über alle Parameter, welche in ihren Präferenzen angepasst werden können.

Darüber hinaus lässt sich der Wirkungskreis der Präferenzen auf unterschiedlichen Ebenen (*Level*) regeln. Damit kann ein Höchstmaß an Flexibilität erreicht werden:

Global – bestimmt die globale Einstellung für alle existierenden und zukünftigen Objekte, sofern sie keine eigenen Präferenzen auf Tabellenebene gesetzt haben.

Database – setzt Präferenzen für alle existierenden Tabellen. Über den Parameter ADD_SYS lässt sich steuern, ob Systemtabellen mit einbezogen werden (TRUE) oder nicht (FALSE).

Table – setzt die Präferenzen für eine vorgegebene Tabelle.

Schema – passt die Voreinstellungen für alle existierenden Tabellen eines Schemas an.

Das Paket DBMS_STATS hat jeweils eigene Prozeduren, um die Werte für jede Ebene zu setzen, anzuzeigen oder auf die werksseitigen Voreinstellungen zurückzusetzen. Die folgende Liste zeigt einige Syntax-Beispiele:

27 Diese und weitere Präferenzen lassen sich indiviuell einstellen, siehe den folgenden Abschnitt „Präferenzen für Statistiken“.

Parameter	Wertebereich	Beschreibung
CASCADE	TRUE/FALSE	Generierung von Index-Statistiken zusammen mit der Tabelle.
DEGREE	Ganzzahl	Der Parallelisierungsgrad für die Ermittlung. Der Standardwert NULL übernimmt die Voreinstellungen der betreffenden Tabelle.
ESTIMATE_PERCENT	NULL oder 0.000001 bis 100	Prozentsatz der Tabellenzeilen für die anteilsmäßige Ermittlungsmethode. Bei NULL werden alle Zeilen herangezogen.
METHOD_OPT		Optionen für die Ermittlung der Spaltenstatistiken und Histogramme.
NO_INVALIDATE	TRUE/FALSE	Sollen abhängige Cursor sofort ungültig werden, d. h. mit dem nächsten Aufruf eine *Hard Parse*-Aktion erforderlich machen. Standardwert ist DBMS_STATS.AUTO_INVALIDATE (das System entscheidet).
GRANULARITY	ALL, GLOBAL AND PARTITION, PARTITION, weitere Werte möglich	Regelt bei partitionierten Objekten den Umfang der Generierung von globalen und/oder Partitionsstatistiken.
PUBLISH	TRUE/FALSE	Regelt die „Veröffentlichung" von Statistiken. In der Voreinstellung werden Statistiken sofort verfügbar gemacht.
INCREMENTAL	TRUE/FALSE	Regelt die inkrementelle Anpassung der globalen Statistiken von partitionierten Tabellen.
STALE_PERCENT	$0 \leq n \leq 100$	Prozentsatz der Tabellenzeilen, die modifiziert werden müssen, damit die Statistiken als „abgestanden" gelten und über options => 'gather_stale' neu generiert werden.

Tabelle 15.7: Statistikpräferenzen

```
SQL> -- Tabelle AUFTRAEGE im Schema DEMO
SQL> EXECUTE DBMS_STATS.set_table_prefs('DEMO','AUFTRAEGE','STALE_PERCENT',20);

SQL> -- Schema DEMO
SQL> EXECUTE DBMS_STATS.set_schema_prefs('DEMO','PUBLISH',FALSE);

SQL> -- Loeschen fuer Tabelle DEMO.TEST und zuruecksetzen auf allgemeine Vorgabe
SQL> EXECUTE DBMS_STATS.delete_table_prefs('DEMO','TEST','STALE_PERCENT');
```

Die eingestellten Werte lassen sich über die View DBA_TAB_STAT_PREFS[28] abfragen. Alternativ steht hierfür die Funktion DBMS_STATS.GET_PREFS zur Verfügung.

Systemstatistiken Systemstatistiken bilden die Basis für grundlegende Kalkulationen des Optimizers, weil sie die Kennzahlen zur Leistungsfähigkeit der CPU und des I/O-Subsystems liefern. Es ist daher von zentraler Bedeutung, dass diese Statistiken sorgfältig, d. h. mit einer konkreten Systemlast (WORKLOAD-Verfahren) und nicht über Voreinstellungen oder im NOWORKLOAD-Verfahren, ermittelt werden.

28 Es versteht sich, dass entsprechende USER- und ALL-Varianten ebenfalls vorliegen.

Tabelle 15.8 stellt die in diesem Zusammenhang ermittelbaren Kennzahlen dar.

Wie bereits gesagt können einige dieser Werte nur bezüglich eines bestimmten Lastprofils sinnvoll ermittelt und verwendet werden. Da sich der Workload eines Systems aber permanent ändert, ist es sinnvoll, ein Intervall für die Messung anzugeben und die Messung zu unterschiedlichen Zeiten (Tagesbetrieb, Nachtbetrieb, eventuelle Spitzenzeiten) zu wiederholen. Um Systemstatistiken im empfohlenen `WORKLOAD`-Verfahren zu ermitteln, wird in einer typischen Lastperiode wie folgt verfahren:

- Starten der Sammlung über:

  ```
  SQL> EXECUTE dbms_stats.gather_system_stats('START');
  ```

- Am Ende der Periode wird die Statistiksammlung beendet:

  ```
  SQL> EXECUTE dbms_stats.gather_system_stats('STOP');
  ```

Ist der Zeitraum a priori bekannt, z. B. das Tagesgeschäft einer Anwendung, kann die Beendigung auch automatisiert werden. Dazu könnte beispielsweise um 08:00 Uhr folgendes Kommando abgesetzt werden:

```
SQL> EXECUTE dbms_stats.gather_system_stats('INTERVAL',9*60);
```

Der zweite Parameter gibt die Dauer der Statistiksammlung in Minuten an. Im Hintergrund wird nun ein Datenbankjob erzeugt, der nach der angegebenen Zahl Minuten die Statistiksammlung beendet. Eine vorzeitige explizite Beendigung via `'STOP'` ist jedoch ebenfalls problemlos möglich.

Die auf diese Art ermittelten Statistiken können nun – bei annähernd gleich bleibender I/O- und CPU-Leistung – über längere Zeit aktiv bleiben. Systemstatistiken sind – einmal ermittelt – in der Regel nicht so „sensibel" wie Objektstatistiken. Alternativ lassen sich ermittelte Werte für „typische" Lastzeiten aber auch in Statistiktabellen speichern und dann bei Bedarf abrufen und aktivieren. Diesen Export erledigt die Prozedur `EXPORT_SYSTEM_STATS`.

Wichtig ist hierbei, einen sprechenden Bezeichner für den Parameter `statid` zu verwenden (z. B. ‚Tagesgeschäft'), um später die richtigen Statistiken für das jeweilige Lastprofil wiederzufinden. Es könnte nun ein Datenbankjob definiert werden, der beispielsweise

Statistik	Parametername (PNAME)	Benötigt Lastprofil
durchschnittliche Latenzzeit für Positionierung des Schreib-/Lesekopfes (in Millisekunden)	`IOSEEKTIM`	nein
CPU-Geschwindigkeit (in MHz)	`CPUSPEED`	nein
Durchschnittliche Wartezeit für das Lesen eines einzelnen Blocks (in Millisekunden)	`SREADTIM`	ja
Durchschnittliche Wartezeit für das Lesen einer Blocksequenz „Multi-Block-Read" (in Millisekunden)	`MREADTIM`	ja
Durchschnittliche Anzahl gelesener Blöcke bei Multi-Block-Reads	`MBRC`	ja
Maximaler I/O-Durchsatz (Bytes pro Sekunde)	`MAXTHR`	ja
Durchschnittlicher I/O-Durchsatz für einen Prozess beim *parallel processing*	`SLAVETHR`	ja

Tabelle 15.8: Systemstatistiken

wochentags um 08:00 Uhr genau diese Statistiken unter Angabe der vergebenen statid wieder importiert (Prozedur IMPORT_SYSTEM_STATS).

Die aktuellen Statistiken können aus der Tabelle SYS.AUX_STATS$ abgefragt werden. Über das Attribut sname werden die Werte dort gruppiert: Die Gruppe SYSSTATS_INFO enthält Angaben zu den Zeiten und Methoden der Generierung, SYSSTATS_MAIN zeigt die ermittelten Kennzahlen.

Im Gegensatz zu Objektstatistiken werden bei einem Wechsel der Systemstatistiken (z. B. durch Import) vorhandene Ausführungspläne betroffener SQL-Befehle nicht ungültig. Dies bedeutet, dass der beschriebene Lastwechsel auf bestehende Ausführungspläne zunächst keine Auswirkung hat, da keine Neubewertung der Kosten durch den Optimizer stattfindet.

Dies erscheint auf den ersten Blick widersinnig (wozu werden dann überhaupt Systemstatistiken benutzt, wenn sie keinen Einfluss auf die Ausführungspläne haben?), wird jedoch in den meisten Situationen dadurch gelöst, dass ja nach einem Lastwechsel auch ganz andere SQL-Kommandos ausgeführt werden als zuvor. Für diese neuen Kommandos wird somit ohnehin ein erneutes Parsing inklusive Kostenabschätzung durchgeführt.

Im Zweifelsfall kann für ein gegebenes SQL-Kommando in der View V$SQL unter der Spalte LAST_LOAD_TIME nachgeschaut werden, wann das letzte Parsing stattfand. Dieser Zeitpunkt sollte zeitlich nach dem Lastwechsel liegen. Ist dies für die meisten SQL-Kommandos nicht der Fall, bleibt als Ausweg nur das explizite Löschen aller Ausführungspläne:

```
SQL> ALTER SYSTEM FLUSH SHARED_POOL;
```

Achtung: Dieser Befehl sollte erst dann ausgeführt werden, wenn auch sichergestellt ist, dass der Lastwechsel auch tatsächlich stattgefunden hat und somit die aktuellen SQL-Kommandos nicht mehr benötigt werden, da sonst kurzfristig ein erheblicher Performance-Einbruch für diese Kommandos zu erwarten ist. Mittels der Prozedur DELETE_SYSTEM_STATS können die vorhandenen Systemstatistiken ersatzlos deaktiviert werden. Da die Datenbank jedoch niemals ohne Systemstatistiken operiert, werden durch das Löschen lediglich die pauschalen Vorgabewerte eingesetzt! Die Lösung sollte daher, wenn überhaupt, dann wohlüberlegt stattfinden.

Statistikhistorisierung Jede über DBMS_STATS vollzogene Änderung der Statistiken im Data Dictionary – nicht in Benutzer-Statistiktabellen – wird automatisch historisiert. Die Historisierung der Statistiken wird stets für alle Objekte der Datenbank mit identischen Einstellungen vorgenommen. Durch die Historisierung ist es möglich, alte Werte für bestimmte Tabellenobjekte wieder herzustellen, wenn durch aktuelle Statistiken Zugriffspläne nachteilig beeinflusst worden sind.

Die maximale Aufbewahrungszeit kann über die Prozedur ALTER_STATS_HISTORY_RETENTION in Tagen definiert werden, der Standard beträgt 31 Tage. Aktuelle Werte lassen sich wie folgt ermitteln:

```
SQL> SELECT dbms_stats.get_stats_history_retention
     FROM   dual;
```

Die pauschale zeitliche Verfügbarkeit ist ebenfalls über eine Funktion abrufbar[29]:

```
SQL> SELECT sysdate, dbms_stats.get_stats_history_availability
     FROM   dual;

SYSDATE             GET_STATS_HISTORY_AVAILABILITY
------------------- ------------------------------------
05.07.2010 11:43:16 03.06.2010 20:41:43,141781000 +02:00
```

Über die View DBA_TAB_STATS_HISTORY kann die Verfügbarkeit für einzelne Tabellen ermittelt werden. Auf Basis dieser Informationen kann dann bei Bedarf die Rückführung vorgenommen werden. Im folgenden Beispiel werden zwei Tage alte Werte zurückgespielt.

```
SQL> BEGIN
       dbms_stats.restore_schema_stats(
         ownname          => 'SCHULUNG',
         as_of_timestamp => SYSTIMESTAMP - INTERVAL '2 00:00:00' DAY TO SECOND);
     END;
     /
```

Für den Fall, dass vor dem Zurückspielen ein Vergleich der einzelnen Statistikwerte angebracht erscheint, kann die Tabellenfunktion diff_tabl_stats_in_history bemüht werden. Über den Parameter pctthreshold kann ein minimaler Unterschied vorgegeben werden. Im folgenden Beispiel wird nur ein Zeitpunkt (time1) vorgegeben, für den zweiten werden dann per Voreinstellung die aktuellen Daten genommen. Der resultierende Report ist hier nur in einem Ausschnitt wiedergegeben.

```
SQL> SELECT *
     FROM   TABLE(dbms_stats.diff_table_stats_in_history(
                    ownname      => 'PERFSTAT',
                    tabname      =>  'STATS$SNAPSHOT',
                    time1          =>  '29-JUN-10 11.13.03.904173 AM +01:00',
                    pctthreshold => 10 ));

###############################################################################

STATISTICS DIFFERENCE REPORT FOR:
.................................

TABLE          : STATS$SNAPSHOT
OWNER          : PERFSTAT
SOURCE A       : Statistics as of 29-JUN-10 11.13.03.904173 AM +01:00
SOURCE B       : Current Statistics in dictionary
PCTTHRESHOLD   : 1
~~~~~~~~~~~~~~~~~~~~~~~~~~~~~~~~~~~~~~~~~~~~~~~~~~~~~~~~~~~~~~~~~~~~~~~~~~~~~~~

TABLE / (SUB)PARTITION STATISTICS DIFFERENCE:
.............................................
OBJECTNAME                  TYP SRC ROWS       BLOCKS     ROWLEN     SAMPSIZE
...............................................................................
STATS$SNAPSHOT              T   A   62         60         89         62
                                B   100        60         89         100
~~~~~~~~~~~~~~~~~~~~~~~~~~~~~~~~~~~~~~~~~~~~~~~~~~~~~~~~~~~~~~~~~~~~~~~~~~~~~~~
```

29 Die Ausgabe der DATE- und TIMESTAMP-Spalten wurde über das verwendete Werkzeug entsprechend formatiert. Unter SQL*Plus müsste der SQL-Befehl entsprechende TO_CHAR-Elemente aufweisen.

Vorläufige Statistiken Ab der Version 11g gibt es eine weitere Strategie, Laufzeit-Überraschungen, die durch neu generierte Statistiken entstehen, zu begegnen. Statt – im Nachhinein – die alten Werte zu restaurieren, können Statistiken nun auch „vorläufig" generiert, in einem geschützten Umfeld ausführlich getestet und – erst bei Erfolg – öffentlich gemacht werden. Das Stichwort hierzu lautet *Pending Statistics*. Es versteht sich, dass diese Strategie niemals im großen Rahmen, sondern nur bei ganz speziellen „Problemkandidaten" zur Anwendung kommen sollte. Diese Kandidaten gilt es, im Rahmen einer Systemanalyse zu ermitteln.

Um mit vorläufigen Statistiken zu arbeiten, muss die Präferenz für die Option `publish` auf `TRUE` gesetzt werden. Dies kann – wie bereits dargestellt wurde – auf unterschiedlichen Ebenen geschehen. Im folgenden Beispiel wird zunächst die allgemeine Voreinstellung ermittelt, dann die für die Tabelle „`TESTTAB`" im Schema „`DEMO`". Im Anschluss wird die Präferenz für diese Tabelle auf `FALSE` gesetzt:

```
SQL> SELECT dbms_stats.get_prefs('PUBLISH')
     FROM   dual;
SQL> SELECT dbms_stats.get_prefs('PUBLISH', 'DEMO', 'TESTTAB')
     FROM   dual;
SQL> EXECUTE dbms_stats.set_table_prefs('DEMO', 'TESTTAB', 'PUBLISH', 'FALSE');
```

Die Statistiken können nun wie gewohnt generiert werden. Die Werte lassen sich beispielsweise über die View `DBA_TAB_PENDING_STATS`[30] selektieren. Damit der Optimizer mit diesen vorläufigen Zahlen arbeitet, muss die testende Session zuvor entsprechend eingestellt werden:

```
SQL> ALTER SESSION SET optimizer_use_pending_statistics = TRUE;
```

Sind die Tests erfolgreich verlaufen, werden die Statistiken „publiziert":

```
SQL> EXECUTE dbms_stats.publish_pending_stats('DEMO','TESTTAB');
```

Darüber hinaus existieren weitere Schnittstellen, um vorläufige Statistiken zu exportieren und importieren, zu löschen oder in einem Differenzbericht anzeigen zu lassen.

Gesperrte Statistiken Sollen für eine oder mehrere Tabellen bestimmte Statistikinformationen verbindlich festgeschrieben werden, können diese ermittelt und anschließend über die Prozedur `LOCK_TABLE_STATS` „schreibgeschützt" werden. Dabei werden auch Statistiken abhängiger Objekte (Indexstatistiken und Histogramme) ebenfalls gesperrt.

Weiter oben wurde bereits beschrieben, wie die Sperrung durchgeführt werden kann. Über die zugehörigen `UNLOCK_*_STATS`-Prozeduren wird der Schreibschutz entsprechend aufgehoben. Die meisten Prozeduren verfügen außerdem über einen Parameter `force`, der – auf `TRUE` gesetzt – den Schreibschutz ignoriert.

Inkrementelle Statistiken Die Generierung inkrementeller Statistiken ist im Umfeld von partitionierten Tabellen von Interesse. Partitionierte Tabellen benötigen einerseits Statistiken auf Ebene der Partitionen, andererseits aber auch globale Statistiken, die sich auf alle Partitionen der betreffenden Tabelle beziehen und immer dann zum Einsatz

30 Weitere Views: `DBA_COL_PENDING_STATS`, `DBA_IND_PENDING_STATS`, `DBA_TAB_HISTGRM_PENDING_STATS`. Entsprechende USER- und ALL-Varianten sind wie gewohnt ebenfalls verfügbar.

kommen, wenn der Zugriffspfad auf mehr als eine Partition der Tabelle umgesetzt werden muss. Manche der globalen Statistiken können rechnerisch leicht aus den Partitionsstatistiken gewonnen werden, wie beispielsweise der Anzahl der Rows. Andere, wie beispielsweise die Anzahl distinktiver Werte einer Spalte[31], erfordern dagegen zusätzliche Verfahren.

In der Vergangenheit wurden globale Statistiken durch einen vollen Scan über alle Partitionen der betreffenden Tabelle generiert. Dies führte sehr schnell – proportional zum Wachstum der Tabelle – zu erheblichen Aufwänden bei der Generierung. Beginnend mit der Version 11g steht nun ein inkrementelles Verfahren zur Verfügung. Hier werden die Statistiken zunächst nur für neue oder veränderte Partitionen generiert, globale Werte werden dann im Anschluss aus „Synopsen" errechnet[32], die im Sysaux-Tablespace gespeichert werden. Synopsen sind nichts weiter als Strukturen distinktiver Werte.

Die Generierung inkrementeller Statistiken ist laut Voreinstellung nicht aktiv. Dementsprechend müssen wir die Präferenzen umsetzen und die im folgenden Beispiel dargestellten Parameter korrekt einbringen.

```
SQL> EXECUTE dbms_stats.set_table_prefs('DEMO', 'TESTTABLE', 'INCREMENTAL', '
     TRUE');
SQL> EXECUTE dbms_stats.gather_table_stats( - owner => 'DEMO', tabname => '
     TESTTABLE', granularity => 'AUTO');
```

Spaltengruppen und erweiterte Statistiken Überall dort, wo Attribute durch Ausdrücke und Funktionen verändert werden oder mehrere Attribute semantisch voneinander abhängig sind, kann es sinnvoll sein, erweiterte Statistiken zu generieren. Hierdurch kann die Berechnung der Selektivität durch den Optimizer, die entscheidend den Zugriffsplan bestimmt, optimiert werden. Die Generierung dieser *Extended Statistics* erzeugt im Einzelnen die Anzahl distinktiver Werte, die Anzahl von NULL-Werten sowie Histogramme für Spaltengruppen (*Multi-column Statistics*) oder Funktionsausdrücke (*Expression Statistics*).

Wie die folgenden Beispiele zeigen, kommt auch hier das Paket DBMS_STATS zum Einsatz:

```
SQL> -- Anlegen der Gruppe
SQL> SELECT dbms_stats.create_extended_stats(
                ownname => 'DEMO','tabname => 'TESTTABLE', extension => '(C2,C3)')
     FROM   dual;

SQL> -- Anschauen
SQL> SELECT extension_name, extension
     FROM   dba_stat_extensions
     WHERE  owner = 'DEMO'
     AND    table_name = 'TESTTABLE';

EXTENSION_NAME                 EXTENSION
------------------------------ -----------
SYS_STUOXVZ1C2WGW4DRVBD89VDEO_ ("C2","C3")
```

31 NDV = Number of Distinct Values

32 http://optimizermagic.blogspot.com/2009/02/maintaining-statistics-on-large.html oder http://portal.acm.org/citation.cfm?id=1376616.1376721&coll=ACM&dl=ACM&CFID=21820301&CFTOKEN=48169365

```
SQL> SELECT value, unit
     FROM   v$pgastat
     WHERE  name = 'global memory bound';
```

- sort_area_size/hash_area_size Als Alternative zur automatischen Verwaltung der PGA-Größen mittels pga_aggregate_target gibt es noch die Möglichkeit, feste Maximalgrößen für verschiedene Arbeitsbereiche festzulegen. Der Parameter sort_area_size bestimmt die maximale Größe des Hauptspeichers, die jeder einzelne Serverprozess für Sortierungen bekommt.

  Aus diesem Parameter abgeleitet wird die hash_area_size festgelegt, die, wenn nichts anderes spezifiziert wurde, doppelt so groß ist wie die sort_area_size. Dieser Hauptspeicherbereich steht jedem Serverprozess für den Hash-Algorithmus des Hash Join zur Verfügung. Auch hier gilt: Je größer diese Werte sind, desto seltener müssen Zwischenergebnisse in den Temporär-Tablespace ausgelagert werden. Auch hier wird der Optimizer in diesen Fällen zu häufig Merge Joins oder Hash Joins verwenden, die für die Ressourcen belastender als *Nested Loop Joins* sind.

- db_file_multiblock_read_count Über diesen Parameter kann eingestellt werden, wie viele Oracle-Blöcke im Rahmen eines Full Table Scans jeweils mit einem Betriebssystem-I/O in die SGA geholt werden sollen. Die Standardeinstellung ist 8. Insbesondere bei einem Striping der Platten mit „64-KByte-Chunks" harmoniert dies bei einer Datenbankblockgröße von 8 KByte hervorragend mit der I/O-Größe.

  Dieser Wert sollte nur dann heraufgesetzt werden, wenn auch Systemstatistiken benutzt werden. Der Hintergrund hierfür ist, dass der Optimizer bei höheren Einstellungen Full Table Scans stärker favorisiert, da aus seiner Sicht dann eine einzelne I/O-Operation für eine große Menge von Daten ausreicht.

  Verschärft wird diese Problematik noch dadurch, dass genau genommen maximal acht Blöcke pro I/O-Operation gelesen werden. Befinden sich einzelne Blöcke bereits im Buffer-Cache, wird die I/O-Operation aufgeteilt, sodass der bereits im Cache befindliche Block übersprungen wird. Auch über Extent-Grenzen hinweg wird nicht mit einer I/O-Operation gelesen.

  Werden Tabellen nun vorwiegend unter Verwendung von Indizes gelesen, führt dies häufig zu einer Zersplitterung der I/O-Zugriffe für einen Full Table Scan, da viele einzelne Blöcke der Tabelle bereits im Buffer-Cache liegen. Im Rahmen der Systemstatistiken wird daher u. a. ermittelt, wie viele Blöcke im laufenden Betrieb im Durchschnitt tatsächlich gelesen werden. Dieser Wert kann wie folgt abgefragt werden:

```
SQL> SELECT pval1
     FROM   sys.aux_stats$
     WHERE  pname = 'MBRC';
```

Sind Systemstatistiken vorhanden, wird der dort gespeicherte Wert anstelle des über den Parameter db_file_multiblock_read_count gesetzten Wertes für die Kostenschätzungen des Optimizers benutzt. Eine Manipulation dieses Wertes ist ebenfalls möglich.

In der Praxis tritt häufig das Problem auf, dass eine Anwendung mithilfe von ALTER SESSION-Kommandos Optimizer-relevante Serverparameter verändert. Es ist dann nicht so einfach, eine identische Tuning-Umgebung herzustellen, da diese Kommandos u. U. irgendwo in der Anwendung „versteckt" sind. Als Lösung für diese Situation gibt es die View v$ses_optimizer_env, welche die Optimizer-Einstellungen jeder Session zeigt.

```
SQL> SELECT name, value, isdefault
     FROM   v$ses_optimizer_env
     WHERE  sid = <Session-SID>;

NAME                           VALUE      ISD
------------------------------ ---------- ---
parallel_execution_enabled     true       YES
optimizer_features_enable      11.2.0.1   YES
cpu_count                      1          YES
active_instance_count          1          YES
parallel_threads_per_cpu       2          YES
hash_area_size                 2000000    NO
bitmap_merge_area_size         1048576    YES
sort_area_size                 65536      YES
sort_area_retained_size        0          YES
db_file_multiblock_read_count  16         NO
pga_aggregate_target           51200 KB   YES
parallel_query_mode            enabled    YES
parallel_dml_mode              disabled   YES
parallel_ddl_mode              enabled    YES
optimizer_mode                 choose     NO
cursor_sharing                 similar    NO
star_transformation_enabled    false      YES
optimizer_index_cost_adj       100        YES
optimizer_index_caching        0          YES
query_rewrite_enabled          true       YES
query_rewrite_integrity        trusted    NO
workarea_size_policy           auto       YES
optimizer_dynamic_sampling     2          YES
statistics_level               typical    YES
skip_unusable_indexes          true       YES
```

Für besonders harte Fälle kann auch eine vollständige Liste aller (auch undokumentierten) Optimizer-Einstellungen einer Session abgerufen werden:

```
SQL> SELECT pname_qksceserow AS name,
            pvalue_qksceserow AS value,
            DECODE(BITAND(flags_qksceserow, 2),0,'NO','YES') AS isdefault
     FROM   x$qksceses
     WHERE  sid_qksceserow = <Session-SID>;
```

15.6 Zugriffsoptimierung

Zeigt das generierte Lastprofil problematische SQL-Befehle, die noch dazu eine – aus geschäftlicher Sicht – hohe Priorität aufweisen (*business critical*), müssen wir uns um die Optimierung dieser Zugriffe kümmern. Da der Optimizer die zentrale Instanz ist, die den Zugriff bestimmt, bedeutet „Zugriffsoptimierung" zunächst, die Einflussfaktoren des Optimizers zu verstehen, um sie dann im Einzelfall so anpassen zu können, dass die erwarteten Antwortzeiten erreicht werden. Dabei können sich durch die Vielzahl unterschiedlicher SQL-Abfragen leicht widersprüchliche Anforderungen ergeben.

Die folgenden Faktoren wirken auf den Optimizer ein:

- *Systemstatistiken* liefern die Basiswerte für CPU- und I/O-Operationen.
- *Objektstatistiken* klassifizieren die involvierten Datenbankobjekte.

- *Serverparameter* steuern das grundlegende Verhalten des Optimizers.
- Constraints, Tabellen- und Index*strukturen* bestimmen das Portfolio möglicher Zugriffsoptionen
- Auch die *Syntax* hat einen – wenn auch in Zeiten des CBO schwindenden – Einfluss auf die Zugriffskalkulation.
- Interne Algorithmen des Datenbankkerns, abhängig von der Version, bestimmen auch das Portfolio möglicher Operationen.

Vor diesem Hintergrund ergeben sich folgende, formale Möglichkeiten, Zugriffe zu optimieren:

- Generierung von aktuelleren oder „besseren" Statistiken.
- Anpassung von Serverparametern. Dies kann entweder im Rahmen der Instanz oder der Session geschehen.
- Optimierung von Schemastrukturen, etwa durch das Anlegen dringend benötigter Indizes, durch die Reorganisation von Speicherplatz etc.
- Expliziter Eingriff in die Entscheidung des Optimizers, etwa durch die Nutzung von *Hints*.

Neben der einmaligen Optimierung von SQL-Zugriffen ist es in der Praxis jedoch mindestens ebenso wichtig, dass wir – trotz ständig sich ändernder Rahmenbedingungen – eine *Zugriffskonstanz* oder *Nachhaltigkeit* erzielen können, die unsere Systeme letzten Endes robust und damit erfolgreich macht. Vor allem folgende Änderungen können uns in diesem Zusammenhang Sorgen bereiten:

- Mengenverhältnisse der Basisobjekte (Tabellen und Indizes).
- Änderungen interner Algorithmen durch das Einspielen neuer Versionen oder Patchsets

Für die Absicherung dieser Nachhaltigkeit bietet uns die Datenbank eigene Techniken und Strategien an: *Stored Outlines*, *SQL Profiles*, *SQL Plan Baselines* mit *SQL Plan Management*

Die wichtigsten dieser Techniken werden wir in den nachfolgenden Abschnitten besprechen.

15.6.1 Ausführungspläne

Am Anfang jeder Zugriffsoptimierung steht – neben dem problematischen SQL-Befehl natürlich – der entsprechende Zugriffsplan. Auf dieser Basis kann die Qualität der Zugriffstrategie beurteilt und mögliche Optimierungen können ins Auge gefasst werden. Die Kunst besteht in der Regel darin, diese vermeintlich besseren Strategien zu verifizieren und den Optimizer so einzustellen, dass er diese dann auch tatsächlich nutzen kann.

Wichtig ist hierbei, dass wir nicht irgendeinen Plan untersuchen, der für den zu optimierenden Befehl generiert wird, sondern nach Möglichkeit genau den, der tatsächlich in dem untersuchten Programmkontext aktiv war. Dies ist nicht nicht immer trivial, da jeder Zugriff – neben den unverrückbaren Schema-Objekten wie Indizes und derglechen – auch von „flüchtigen" Session-Einstellungen wie beispielsweise Sort-Parametern oder Hash-Speichern beeinflusst werden kann.

Der Ausführungsplan eines Befehls zeigt sowohl die Reihenfolge, in der auf die beteiligten Tabellen zugegriffen wird, als auch die Zugriffsmethode, also z. B. indiziertes Lesen, Lesen von Indexbereichen oder Full Table Scans. Ausführungspläne (auch *Explain Plans* genannt), können auf unterschiedliche Arten sichtbar gemacht werden.

- Ermitteln von Ausführungsplänen für aktuelle Befehle über Werkzeuge wie Oracle Enterprise Manager, Quest Toad für Oracle und viele weitere grafische Tools.
- SQL-Tracing von Anwendungen und Erstellung der Ausführungspläne aus der entsprechenden Trace-Datei wie bereits im Abschnitt 15.4.2 dargestellt wurde.
- Darstellung eines Ausführungsplans für einen konkreten Befehl aus SQL*Plus (`AUTOTRACE`) nach der Ausführung des Befehls.
- Alleinige Ermittlung eines Ausführungsplans für ein SQL-Kommando mit dem SQL*Plus-Befehl `EXPLAIN PLAN` oder – besser – dem Package `DBMS_XPLAN`.
- Alleinige Ermittlung eines Ausführungsplans für ein SQL-Kommando im Cursor-Cache (abfragbar über `V$SQL`) oder für ein im AWR (Automatic Workload Repository) gespeichertes SQL-Kommando über das Package `DBMS_XPLAN`.
- Die Generierung des Ausführungsplanes sowie aller Metadaten, wie z. B. der Objektstatistiken über das Werkzeug *Enhanced Explain Plan*. Dieses Werkzeug kann sowohl Cursor aus dem Cursor Cache als auch aus dem AWR-Repository aufbereiten und stellt aus unserer Sicht die derzeit ausführlichsten Berichte für Analysen bereit[33]. Abbildung 15.12 zeigt den einleitenden Ausschnitt eines solchen HTML-Berichtes, der recht anschaulich den Umfang darstellt.

Jede der genannten Arten hat ihre Vor- und Nachteile. Die grafischen Werkzeuge bieten oft die Möglichkeit, neben dem Ausführungsplan auch Informationen über die zugrunde liegenden Tabellen und deren Indizes anzuzeigen. Das Tracing von Anwendungen hat hingegen den Vorteil, dass die gesamte Anwendung bzw. der relevante Teil betrachtet werden kann. Außerdem werden dabei zusätzliche Statistikinformationen wie z. B. der CPU-Bedarf der einzelnen Phasen und die im Kontext der Phasen aufgetretenen Wartezustände ermittelt. Die Generierung eines Ausführungsplans aus SQL*Plus ist hingegen interessant, wenn keine grafische Oberfläche zur Verfügung steht und die SQL-Befehle mehrfach geändert und überprüft werden sollen.

Das folgende Beispiel generiert für einen SQL-Befehl den Ausführungsplan aus SQL*Plus heraus. Voraussetzung ist, dass die Rolle `PLUSTRACE` existiert und dem Benutzer zugewiesen wurde:

```
SQL> CONNECT / as sysdba
SQL> @?/sqlplus/admin/plustrace
SQL> GRANT plustrace TO demo;
```

Als Nächstes muss nun für den entsprechenden Benutzer die Tabelle `plan_table`[34] angelegt werden:

---

33 Siehe hierzu auch das My Oracle Support-Dokument 215187.1.

34 Da die Tabelle in neuen Releases häufig angepasst bzw. erweitert wird, empfiehlt es sich hier, bei Migrationen entsprechend zu reagieren.

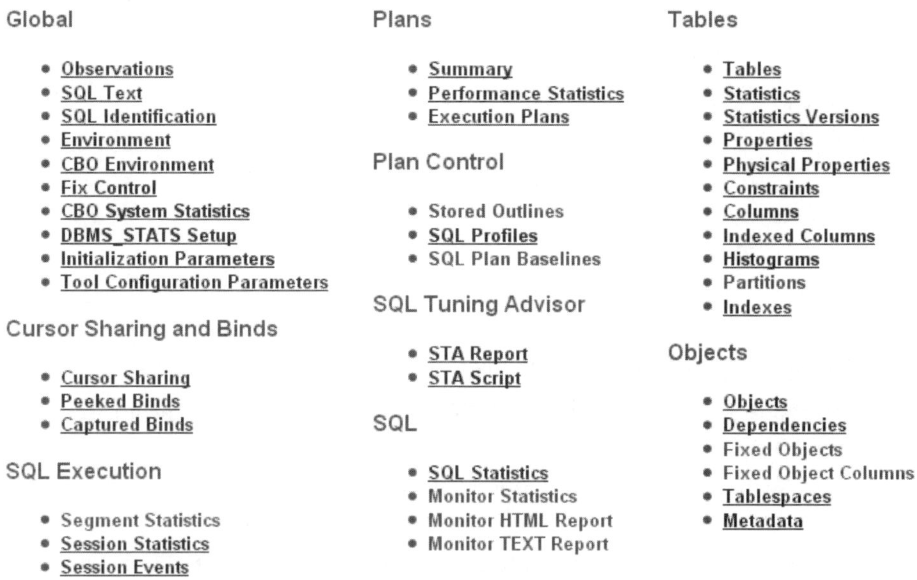

Abbildung 15.12: Enhanced Explain Plan

```
SQL> CONNECT demo/demo
SQL> @?/rdbms/admin/utlxplan
```

Jetzt steht der Benutzung von Autotrace nichts mehr im Wege:

```
SQL> SET AUTOTRACE ON -- Einschalten von Autotrace
SQL> SET AUTOTRACE TRACEONLY -- Nur Tracing-Informationen ausgeben
SQL> SELECT k.kd_ort, SUM(p.pos_menge * p.pos_einzelpreis) AS umsatz
     FROM   kunden k, auftraege a, positionen p
     WHERE  k.kd_nr = a.auf_kdnr
     AND    a.auf_nr = p.pos_aufnr
     AND    UPPER(k.kd_nachname) = 'MÜLLER'
     AND    UPPER(k.kd_vorname) = 'GERD'
     GROUP BY k.kd_ort;
Ausführungsplan
----------------------------------------------------------
  0      SELECT STATEMENT Optimizer=CHOOSE
                    (Cost=582 Card=8 Bytes=432)
  1   0    SORT (GROUP BY) (Cost=582 Card=8 Bytes=432)
  2   1      TABLE ACCESS (BY INDEX ROWID) OF 'POSITIONEN'
                    (Cost=2 Card=3 Bytes=39)
  3   2        NESTED LOOPS (Cost=578 Card=287 Bytes=15498)
  4   3          NESTED LOOPS (Cost=348 Card=115 Bytes=4715)
  5   4            TABLE ACCESS (FULL) OF 'KUNDEN'
                        (Cost=337 Card=11 Bytes=341)
  6   4            INDEX (RANGE SCAN) OF 'AUFTRAEGE_IDX_002'
                       (NON-UNIQUE) (Cost=1 Card=10 Bytes=100)
  7   3          INDEX (RANGE SCAN) OF 'POSITIONEN_IDX_003'
                          (NON-UNIQUE) (Cost=1 Card=3)
```

```
Statistiken
----------------------------------------------------------
        157  recursive calls
          0  db block gets
       2282  consistent gets
       2210  physical reads
          0  redo size
        451  bytes sent via SQL*Net to client
        503  bytes received via SQL*Net from client
          2  SQL*Net roundtrips to/from client
          5  sorts (memory)
          0  sorts (disk)
          1  rows processed
```

Der Ausführungsplan lässt sich nun wie folgt interpretieren:

- Die erste Spalte ist eine durchlaufende Nummerierung (`ID`) aller Befehlsteile bzw. Operationen.
- Die zweite Spalte gibt die `ID` der übergeordneten Operation an. Auf diese Weise lassen sich Hierarchien und die Abfolge der Operationen bestimmen.
- Die dritte Spalte gibt dann die betreffende Operation ergänzt durch eventuelle Optionen, z. B. `BY INDEX ROWID`, sowie die ermittelten Kosten, die Kardinalität[35] und die zu übertragenden Bytes an. Die Ausführung beginnt mit der hierarchisch niedrigsten Operation, wobei in Schleifen (*Loops*) stets der erste Teil als „führend" betrachtet wird, d. h. als Erstes ausgeführt wird. In unserem Beispiel ist dies die Operation mit der ID 5, gefolgt von ID 6, beide gehen in ID 4 ein, gefolgt von ID 7, die zusammen mit ID 4 in ID 3 eingeht, gefolgt von ID 2 und schließlich ID 1.

Das gesamte Beispiel liest sich mit anderen Worten wie folgt:

1. Zeile 5: `TABLE ACCESS (FULL) OF 'KUNDEN'`: Es wird ein Full Table Scan auf die Kundentabelle ausgeführt.
2. Zeile 6: `INDEX (RANGE SCAN) OF 'AUFTRAEGE_IDX_002'`: Es wird auf einen Index über einen Bereich zugegriffen.
3. Zeile 4: `NESTED LOOPS`: Ein Nested Loop Join wird zwischen dem in Zeile 5 ermittelten Indexbereich und dem Full Table Scan durchgeführt.
4. Zeile 7: `INDEX (RANGE SCAN) OF 'POSITIONEN_IDX_003'`: Es wird auf einen zweiten Index über einen Bereich zugegriffen.
5. Zeile 3: `NESTED LOOPS`: Ein Nested Loop Join wird zwischen dem in Zeile 7 ermittelten Indexbereich und dem Ergebnis des Nested Loop Joins aus Zeile 4 durchgeführt.
6. Zeile 2: `TABLE ACCESS (BY INDEX ROWID) OF 'POSITIONEN'`: Es wird auf die Datensätze der Tabelle `positionen` über ihre Row-ID (aus dem Index Zeile 7 ermittelt) zugegriffen.
7. Zeile 1: `SORT (GROUP BY)`: Das ermittelte Ergebnis wird sortiert.
8. Zeile 0: `SELECT STATEMENT`: Das Ergebnis wird dargestellt.

35 Die Kardinalität bezeichnet die erwartete Anzahl der zurückgelieferten Zeilen eines Gesamt- oder Zwischenergebnisses.

In dem obigen Beispiel fällt auf, dass auf die Tabelle `auftraege` gar nicht zugegriffen wird. Dies ist darauf zurückzuführen, dass alle für die Abfrage relevanten Daten aus dem zugehörigen Index (`AUFTRAEGE_IDX_002`) ermittelt werden können.

Statt `AUTOTRACE` könnte auch ein `EXPLAIN PLAN` verwendet werden. In diesem Fall wird der Ausführungsplan in der Tabelle `plan_table` eingetragen, aber nicht ausgeführt. Daher eignet sich dieses Vorgehen vor allen Dingen bei komplexen und lang laufenden SQL-Befehlen bzw. bei Befehlen, bei denen Bindevariablen verwendet werden, die nicht bekannt sind. Das obige Beispiel mit Bindevariablen könnte so aussehen:

```
SQL> EXPLAIN PLAN
     SET STATEMENT_ID = 'demo_explain'
     FOR
     SELECT k.kd_ort, SUM(p.pos_menge * p.pos_einzelpreis) AS umsatz
     FROM   kunden k, auftraege a, positionen p
     WHERE  k.kd_nr = a.auf_kdnr
     AND    a.auf_nr = p.pos_aufnr
     AND    UPPER(k.kd_nachname) = :nachname
     AND    UPPER(k.kd_vorname) = :vorname
     GROUP  BY k.kd_ort;
```

Das Anzeigen des Ausführungsplans geschieht nun über die Tabellenfunktion `DBMS_XPLAN.DISPLAY`:

```
SQL> SELECT plan_table_output
     FROM TABLE(
       dbms_xplan.display('plan_table','demo_explain','basic'
     ));

PLAN_TABLE_OUTPUT
--------------------------------------------------------------

Plan hash value: 1679115540

------------------------------------------------------------
| Id | Operation                     | Name              |
------------------------------------------------------------
|  0 | SELECT STATEMENT              |                   |
|  1 |  SORT GROUP BY                |                   |
|  2 |   TABLE ACCESS BY INDEX ROWID | POSITIONEN        |
|  3 |    NESTED LOOPS               |                   |
|  4 |     NESTED LOOPS              |                   |
|  5 |      TABLE FULL SCAN          | KUNDEN            |
|  6 |      INDEX RANGE SCAN         | AUFTRAEGE_IDX_002 |
|  7 |     INDEX RANGE SCAN          | POSITIONEN_IDX_003 |
------------------------------------------------------------

14 Zeilen ausgewählt.
```

Der dritte Parameter ist optional und kann außer `basic` noch die Werte `typical` und `all` annehmen, die weitere Informationen zum Ausführungsplan ausgeben.

Im Einzelnen steuern die Formate folgende Inhalte:

- `BASIC` gibt minimale Informationen aus, z. B. `operation id`, `operation name` und seine Optionen
- `TYPICAL` zeigt darüber hinaus `#rows`, `#bytes` und `optimizer cost`, zeigt Prädikatinformationen und – wenn angebracht – parallele Operationen.
- `SERIAL` arbeitet wie `TYPICAL`, verzichtet nur auf die Informationen zu parallelen Operationen.
- `ALL` gibt die maximalen Informationen, wie `PROJECTION` und Remote-SQL.

Zusätzlich lassen sich die Inhalte der vordefinierten Formate über Schlüsselworte steuern, die jeweils einzelne Attribute unterdrücken oder bereitstellen. Im folgenden Beispiel wird der ohne `statement_id` in der Tabelle `plan_table` hinterlegte Zugriffsplan im Format `basic` mit zusätzlichen Prädikatinformationen ausgegeben:

```
SQL> SELECT *
     FROM TABLE(
       dbms_xplan.display('plan_table', null, 'basic+predicate'
     ));

PLAN_TABLE_OUTPUT
Plan hash value: 1789365701

----------------------------------------
| Id  | Operation           | Name      |
----------------------------------------
|   0 | SELECT STATEMENT    |           |
|*  1 |  FILTER             |           |
|   2 |   HASH GROUP BY     |           |
|   3 |    TABLE ACCESS FULL| PRODUKTE  |
----------------------------------------

Predicate Information (identified by operation id):
---------------------------------------------------

   1 - filter(COUNT(*)>5)
```

Nicht nur diese komfortablen Möglichkeiten machen `dbms_xplan` zum Mittel der Wahl, wenn es um die Formatierung von Zugriffsplänen geht. Das Paket bietet seine Dienste auch für weitere SQL-Quellen an:

- `display_cursor` formatiert direkt aus dem Cursor Cache, aufbauend auf den Views `V$SQL` und `v$sql_plan_statistics_all`.

  `DISPLAY_CURSOR` arbeitet dabei entweder ohne Parameter und zeigt das zuletzt ausgeführte Kommando oder wird durch Angabe der SQL-ID sowie der Child-Number auf einen beliebigen Cursor im Cache gelenkt. Unterschiedliche Child-Nummern zu derselben SQL-ID identifizieren unterschiedliche Ausführungspläne für dasselbe Kommando. Ein Beispiel findet sich im Anschluss an diese Liste.
- `display_awr` arbeitet mit den Statements im AWR-Repository.
- `display_sqlset` zeigt einen Befehl aus einem SQL-Set an. `DISPLAY_SQL_PLAN_BASELINE` gibt die als Baseline gespeicherten Pläne eines Befehls aus.

```
SQL> SELECT sql_id, child_number
     FROM   v$sql
     WHERE  ...;

SQL_ID        CHILD_NUMBER
------------- ------------
ffwhd4jkg425q            0

SQL> SELECT plan_table_output
     FROM TABLE(
       dbms_xplan.display_cursor('ffwhd4jkg425q','0','all'
     ));
```

Der Aufrufende benötigt SELECT-Rechte auf den Views VSQL, VSQL_PLAN und V$SQL_PLAN_STATISTICS_ALL, sonst wird eine entsprechende Meldung (keine Fehlermeldung!) ausgegeben.

Ein im AWR gespeichertes Kommando wird ebenfalls über seine SQL-ID identifiziert. Diese taucht entweder in einem AWR- oder ADDM-Report auf oder kann direkt den AWR-Views (dba_hist_sqltext) entnommen werden. Wichtig ist hierbei nur, dass der Zeitraum der Erfassung (Snapshot) entsprechend vorgegeben wird.

Gibt es unterschiedliche Ausführungspläne für dasselbe Kommando, werden alle angezeigt. Die Einschränkung auf eine Variante geschieht hier nicht über die Child-Number, sondern über den Plan-Hashwert (Spalte plan_hash_value in V$SQL oder DBA_HIST_SQL_PLAN), der als zweiter Parameter übergeben werden kann. Der dritte Parameter ist die Datenbank-ID. Im Normalfall wird auf das AWR der lokalen Datenbank Bezug genommen, sodass dieser Parameter ebenfalls auf NULL gesetzt werden kann. Der Aufrufende benötigt hierzu SELECT-Rechte auf den Views dba_hist_sql_plan, dba_hist_sqltext und V$DATABASE.

Gespeicherte Statistiken Es ist wünschenswert, dass SQL-Befehle auf ihre Performance hin getestet werden, bevor sie in den Produktionsbetrieb gehen.

Insbesondere dann, wenn der kostenbasierte Optimizer genutzt wird, stellt sich diese Untersuchung auf dem Entwicklungs- oder Testrechner als sehr problematisch dar, da diese Rechner immer kleiner ausgelegt sind als das Produktionssystem und keinen kompletten Abzug der Produktionsdaten bieten. Ein solcher Aufwand ist meist aus Kostengründen nicht möglich und auch unter Datenschutzgesichtspunkten problematisch.

Hier bieten – wie bereits erwähnt wurde – die gespeicherten Statistiken einen Lösungsweg. Über Prozeduren des Paketes DBMS_STATS können Statistiken von Tabellen, Indizes und Feldern aus dem Data Dictionary in eine Statistiktabelle exportiert werden. Diese Statistiktabelle kann auf ein Testsystem übertragen werden, aus dem dann die Statistiken der Produktionsdatenbank in das Data Dictionary der Testdatenbank importiert werden können. Über diesen Weg kann ohne physikalischen Platzbedarf eine große Datenbank für den kostenbasierten Optimizer simuliert werden.

Eine weitergehende Möglichkeit der Simulation ist auch das manuelle Verändern der Statistiken. So kann der Einfluss einer Veränderung in der Statistik auf Ausführungspläne im Vorfeld bestimmt werden. Für Details wird auf den Abschnitt 15.5.2 verwiesen, wo die notwendigen Schritte für die Erstellung und Pflege von Statistiken bereits beschrieben wurden.

Auch das Aufbewahren historischer Statistiken war und ist ein gutes Mittel, um ggf. alte Statistiken zurückzuholen, wenn aus den neuen Statistiken Ausführungspläne mit schlechterer Performance resultieren. Daher werden Statistiken – wie bereits beschrieben wurde – automatisch historisiert, ein manuell erstelltes Skript hierfür ist nicht nötig.

Plan Stability Trotz gespeicherter Statistiken kann ein Entwickler nicht garantieren, dass ein für ein Produktionssystem ausgelieferter SQL-Befehl den gleichen Ausführungsplan wie auf seinem Testsystem hat.

Eine Änderung des Ausführungsplans kann naturgemäß jederzeit durch Aktualisierung der Statistiken stattfinden, aber auch durch Serverparameter, die sich von denen des Testsystems unterscheiden. Besonders geht es hier um Parameter wie `pga_aggregate_target`, `sort_area_size`, `hash_area_size` oder `db_file_multiblock_read_count`.

Die Lösung dieses Problems heißt *Plan Stability*. Ein Ausführungsplan für einen SQL-Befehl kann während der Ausführung aufgezeichnet werden. Solchermaßen gespeicherte Ausführungspläne werden auch als *Stored Outlines* bezeichnet. Sobald ein SQL-Befehl ausgeführt wird, der identisch mit dem gespeicherten ist, wird der gespeicherte Ausführungsplan verwendet.

Die Erkennung von identischen Befehlen ist dabei äquivalent zu der Erkennung im Shared Pool. Das bedeutet, dass die Verwendung von Literalen oder zusätzliche Leerzeichen die Verwendung verhindert. Hier ist aber auch die automatische Ersetzung von Literalen durch Bindevariablen möglich, die über den Serverparameter
`cursor_sharing = force | similar`
erreicht werden kann – wie im Folgenden noch ausgeführt werden wird.

Die Zugriffspfade werden in den Data-Dictionary-Tabellen `OL$`, `OL$HINTS` und `OL$NODES` abgelegt, deren Eigentümer der automatisch bei der Erstellung der Datenbank angelegte Benutzer `OUTLN` ist.

Stored Outlines können in unterschiedlichen Kategorien abgelegt werden. Es existiert eine feste Kategorie mit dem Namen `DEFAULT`. Weitere Kategorien werden implizit angelegt, wenn ein Outline in eine neue Kategorie verschoben oder in dieser neu erstellt wird. Für Laufzeitvergleiche lassen sich diese Kategorien dann „aktivieren".

Voraussetzungen Um mit Stored Outlines wirklich konstante Ausführungspläne zu garantieren, müssen die Serverparameter `query_rewrite_enabled`, `star_transformation_enabled` und `optimizer_features_enable` bei der Erstellung der Stored Outlines und bei deren Benutzung identische Werte haben. Zur Erstellung von Stored Outlines ist außerdem das Systemprivileg `CREATE ANY OUTLINE` notwendig.

Anlegen von Stored Outlines

Zum Anlegen von Stored Outlines gibt es drei Möglichkeiten:

1. Aktivierung der Aufzeichnung von Ausführungsplänen auf der Sitzungsebene:

   ```
   SQL> ALTER SESSION SET create_stored_outlines = TRUE;
   ```

   Für alle SQL-Befehle, die nach der Aktivierung ausgeführt werden, werden die Zugriffspläne gespeichert, und zwar in der Standardkategorie DEFAULT. Möchten

Sie in eine selbst benannte Kategorie, z. B. `rule_cat`, speichern, so sieht die Aktivierung wie folgt aus:

```
SQL> ALTER SESSION SET create_stored_outlines = rule_cat;
```

Möchten Sie die Aufzeichnung von Ausführungsplänen beenden, so geben Sie ein:

```
SQL> ALTER SESSION SET create_stored_outlines = FALSE;
```

2. Benutzung des SQL-Kommandos `CREATE OUTLINE`

   Sie können auch gezielt für einen SQL-Befehl eine Stored Outline erstellen. Es ist jedoch darauf zu achten, dass bei dieser Art der Erstellung der Serverparameter `cursor_sharing` nicht berücksichtigt wird, sodass bei Befehlen mit Literalen – wie noch beschrieben wird – keine Übereinstimmung erkannt wird.

```
SQL> CREATE OUTLINE zugriff_1
     FOR CATEGORY rule_cat ON SELECT ...;
```

3. Benutzung der Prozedur `DBMS_OUTLN.CREATE_OUTLINE`

   Auch ein SQL-Befehl aus dem Cursor-Cache (View `V$SQL`) kann direkt zur Angabe der Parameter `hash_value` und `child_number` (aus den gleichnamigen Spalten in der View `V$SQL`) für die Erstellung eines Stored Outlines herangezogen werden.

Public Outlines und Private Outlines

Neben unterschiedlichen Kategorien können Sie auch *Private Outlines* definieren. Dazu müssen Sie sich zuerst eigene Outline-Tabellen definieren.

```
SQL> EXECUTE dbms_outln_edit.create_edit_tables;
```

Nun kann mit dem Befehl

```
SQL> CREATE PRIVATE OUTLINE priv_outline_1
     ON SELECT ...;
```

eine neue Private Outline erzeugt werden. Sie können sich aber auch eine Stored (Public) Outline in eine Private Outline kopieren:

```
SQL> CREATE PRIVATE OUTLINE priv_outline_1
     FROM outline_1;
```

Private Outlines werden dann verwendet, wenn über die Prozedur

```
SQL> EXECUTE dbms_outln_edit.change_join_pos(...)
```

beispielsweise die Join-Reihenfolge eines SQL-Befehls vertauscht werden soll (Änderung des `LEADING`-Hints). Damit Fehler, die hier entstehen können, nicht nach außen getragen werden, kann zunächst in einer lokalen Kopie getestet werden. Wird manuell editiert, so muss anschließend eine Synchronisierung ausgeführt werden.

```
SQL> EXDECUTE dbms_outln_edit.refresh_private_outline (priv_outline_1);
```

Nach einem Test kann die Private Outline wieder in die Public Outline überstellt werden.

```
SQL> CREATE OR REPLACE OUTLINE outline_1
     FROM PRIVATE priv_outline_1;
```

Verwendung der Stored Outlines

Bisher ist beschrieben worden, wie Stored Outlines erstellt werden. Damit identische SQL-Befehle diese gespeicherten Zugriffspfade auch nutzen, muss entweder auf Sitzungs- oder auf Systemebene der entsprechende Serverparameter aktiviert werden.

```
SQL> ALTER SESSION | SYSTEM
     SET use_stored_outlines = TRUE | category;
```

Die Nutzung von Private Outlines ist ausschließlich auf Sitzungsebene möglich und kann daher auch nicht generell über einen Serverparameter oder von außen gesetzt werden.

```
SQL> ALTER SESSION
     SET use_stored_outlines = TRUE | category;
```

Nach Aktivierung eines dieser Parameter wird also die Erkennung identischer Befehle ausgeführt und der entsprechende gespeicherte Ausführungsplan benutzt.

Administration von Stored Outlines

Die in der Datenbank abgelegten Stored Outlines können nun vom Administrator abgefragt werden, müssen aber auch überwacht und verwaltet werden.

Zwei Views, `dba_outlines` und `dba_outline_hints`, liefern die Daten aus den Dictionary-Tabellen `OL$`, `OL$HINTS` und `OL$NODES`.

In `dba_outlines` wird die Zuordnung von Stored Outlines mit Namen zu Kategorien und SQL-Befehlen dargestellt.

`dba_outline_hints` zeigt zu den einzelnen Stored Outlines die Zugriffspfade.

Verwaltung von Kategorien

Einzelne Stored Outlines können von einer Kategorie in eine andere verlegt werden. Das ist z. B. dann sinnvoll, wenn erkannt wird, dass ein gespeicherter Zugriffspfad nicht performant ist. In diesem Fall kann eine Kategorie für Problemfälle definiert werden, in die diese Stored Outlines dann ausgelagert werden. Dort können sie dann weiter untersucht werden, stören aber nicht mehr bei der Benutzung der allgemeinen Kategorie.

```
SQL> ALTER OUTLINE zugriff_1
     CHANGE_CATEGORY TO problem_cat;
```

Weiterhin steht ein Package zur Verfügung, das für die Administration verwendet werden sollte. Die wichtigen Prozeduren aus dem Package `dbms_outln` sind:

- `drop_by_cat`: Löscht alle Stored Outlines einer bestimmten Kategorie.
- `drop_unused`: Löscht alle Stored Outlines aller Kategorien, die noch nie verwendet worden sind. Bei Anwendungen, die dynamisches SQL verwenden, können bei der Erstellung der Stored Outlines SQL-Kommandos auftauchen, die später nie wieder vorkommen ("Eintagsfliegen"). Deren Outlines verbrauchen unnötigen Platz.
- `update_by_cat`: Ordnet alle Stored Outlines einer Kategorie einer anderen zu.

Export und Import von Stored Outlines

Mithilfe der Stored Outlines ist es nun möglich, feste Zugriffspfade für SQL-Zugriffe zusammen mit einer Anwendung auszuliefern. Dazu können diese aus den Data-Dictionary-Tabellen exportiert werden. Mithilfe des QUERY-Parameters des Exports ist es so auch möglich, nur bestimmte Kategorien zu extrahieren.

```
$ exp system/pwd file=ol.dmp
                  tables=(outln.ol$, outln.ol$hints, outln.ol$nodes)
                  query='WHERE CATEGORY=''DEFAULT'''
```

In diesem Beispiel wird nur die Kategorie `DEFAULT` exportiert. Da der QUERY-Parameter nur bei tabellenbezogenem Export möglich ist, müssen hier die drei beteiligten Tabellen explizit aufgeführt werden. Wird die Exportdatei nun in die Zieldatenbank importiert, sind die gespeicherten Ausführungspläne dort vorhanden und können aktiviert werden.

Zur Laufzeit wird anhand eines Hashwertes, der sogenannten Signatur, überprüft, ob für das betreffende SQL-Kommando ein Stored Outline hinterlegt ist. Da der Hash-Algorithmus mit der Oracle-Version variiert, muss im Falle eines Imports aus einer älteren Datenbankversion nach dem Import einmalig die Prozedur `DBMS_OUTLN.UPDATE_SIGNATURES` aufgerufen werden, damit die Stored Outlines gefunden werden.

Anwendungsmöglichkeiten

Eine Anwendungsmöglichkeit ist natürlich die Auslieferung von stabilen Ausführungsplänen mit einer Software. Stored Outlines sind aber auch sehr hilfreich, wenn im Rahmen einer Migration Zugriffspläne stabil gehalten werden sollen. Sie können in diesem Fall zunächst die Ausführungspläne aufzeichnen. Dann aktivieren Sie deren Nutzung.

Nach der Erstellung der Tabellen- und Indexstatistiken und Veränderung des Serverparameters `optimizer_mode` werden trotzdem die Ausführungspläne stabil bleiben. Zum Test der Performance mit dem regelbasierten Ansatz können dann sukzessive die gespeicherten Ausführungspläne deaktiviert werden, indem Sie diese einer nicht verwendeten Kategorie zuweisen.

Weitere Möglichkeiten

Neben Stored Outlines lassen sich SQL-Befehle noch über SQL-Profiles oder im Rahmen von Plan Baselines stabilisieren. Beide Themen werden weiter unten noch besprochen.

15.6.2 Indizierung

An dieser Stelle sollen spezielle Indextypen besprochen werden, die sicherlich nicht als Standard eingesetzt werden, sondern nur in dedizierten Fällen sinnvoll sind. Hier sollen anhand von Beispielen Einsatzmöglichkeiten, aber auch Randbedingungen und Nachteile aufgezeigt werden. Grundlegendes über Indizes ist in Kapitel 6.3 beschrieben.

Index-Histogramme

Histogramme sind zwar kein eigener Indextyp, jedoch stellen sie im weitesten Sinne eine Erweiterung der Indizes dar. Sie unterstützen den Optimizer dabei, die Anzahl der Tabellenzeilen, die sich hinter einem Schlüsselwert verbergen, genauer zu bestimmen.

Je exakter diese Kardinalität bestimmt werden kann, desto präziser lassen sich die „Kosten" eines Zugriffs und damit letzten Endes auch die Anwortzeit optimieren. Denn in den vielen Fällen ist ein indizierter Zugriff auf Daten einer Tabelle nur dann sinnvoll, wenn in etwa 15 % oder weninger des Tabelleninhaltes als Ergebnismenge geliefert werden[36]. Ansonsten ist ein Full Table Scan in der Regel sinnvoller, da hierbei – im Gegensatz zu Indexzugriffen – sogenannte *Multi-block reads*[37] durchgeführt werden. Hierdurch lässt sich zwar nicht die Anzahl der gelesenen Blöcke, wohl aber die Anzahl der I/O-Operationen reduzieren.

Ein kleines Beispiel soll diesen Sachverhalt verdeutlichen: In einer Tabelle namens `auftrag` sind die Aufträge eines Unternehmens der letzten zwei Jahre gespeichert. Die Tabelle speichert ca. 100.000 Sätze. Ein Attribut der Tabelle sei `auftragsstatus`. Das Attribut soll die Werte 0 für „Offen" und 1 für „Abgeschlossen" haben. Es sollen derzeit 180 Aufträge mit dem Status „Offen" vorliegen. Außerdem gibt es noch weitere – eher seltene – Statuswerte (2 bis 4), sodass wir in Summe auf fünf unterschiedliche Auftragsstatuswerte kommen.

Über eine Anwendung können sich Sachbearbeiter die offenen Aufträge anzeigen lassen. In den – ohne Histogramme angelegten – Statistiken des betreffenden Index findet der Optimizer u. a. die Information: `distinct_keys = 5`. Bei der Berechnung der Kardinalität geht der Optimizer, wenn keine Histogramme vorliegen, stets von einer Gleichverteilung der Tabellenzeilen aus, d. h., für 100.000 Datensätze werden pro Schlüsselwert 20 %, d. h. 20.000 Sätze erwartet.

Ein solcher Index würde vom Optimizer daher für Zugriffe auf das Attribut `auftragsstatus` aller Wahrscheinlichkeit nach nicht benutzt werden, obwohl die Wirklichkeit – wie in unserem Beispiel – weit davon entfernt sein kann. Dieses Problem lässt sich über ein Histogramm für dieses Attribut lösen. In diesem Histogramm wird die Verteilung der Sätze auf die Schlüsselwerte abgebildet.

In der Theorie gibt es zwei Arten von Histogrammen:

- Breitenbalancierte Histogramme, bei denen die Schlüsselwerte so auf verschiedene Partitionen (Buckets) aufgeteilt werden, dass jede Partition die gleiche Anzahl von Schlüsselwerten enthält. Als Konsequenz ergibt sich eine ungleiche Verteilung der Schlüsselwerte in den Partitionen, wenn die Schlüsselverteilung in der Tabelle ungleichmäßig ist.
- Höhenbalancierte Histogramme besitzen Partitionen mit gleicher Anzahl von Elementen, welche die Sätze der Tabelle abbilden. Bei ungleichmäßiger Schlüsselverteilung ergibt sich dementsprechend eine unterschiedliche Anzahl von Schlüsseln in den Buckets. Pro Bucket werden Endpunkte (*endpoints*) verwaltet, welche die Schlüsselwerte am Anfang und am Ende eines Buckets angeben.

Oracle hat sowohl höhen- als auch breitenbalancierte Histogramme implementiert, die Realisierung ist dabei abhängig von der `Size`-Klausel bei der Generierung der Statistiken. Wird die `Size`-Klausel größer oder gleich der Anzahl distinktiver Schlüsselwerte gesetzt, entsteht ein breitenbalanciertes Histogramm, wird sie kleiner gesetzt, wird

36 Der Schwellenwert hängt von der Blockgröße und durchschnittlichen Satzlänge ab und kann dementsprechend nach unten oder oben variieren.

37 Auch bei Indexzugriffen können Mehrfach-Lesezugriffe (Fast Full Scans) realisiert werden. In der Regel wird jedoch mit Single Block Reads gearbeitet.

höhenbalanciert generiert. Bei höhenbalancierten Histogrammen betrachtet der Optimizer häufig vorkommende Werte (*Popular Values*) und selten vorkommende Werte (*Non-popular Values*). Popular Values sind solche, die in mehr als einem Endpunkt erscheinen.

Wir denken uns ein höhenbalanciertes Histogramm, das die Werte 0,1,2,3,4 vertritt, aus fünf Buckets besteht und die folgenden Endpunkte aufweist: 0,1,1,1 und 4. Die Berechnung der Selektivität für den Schlüssel mit dem Wert 1, der in drei von fünf Endpunkten erscheint (Popular Value) wird wie folgt durchgeführt:
$S(column = 1) = \frac{3}{4} = 0,75$

Für *Nonpopular Values* wird ein *Density*-Faktor errechnet, wobei hier eine Gleichverteilung der Schlüsselwerte angenommen wird. Histogramme können mit dem folgenden Befehl erstellt werden, wobei in diesem Beispiel für die Tabelle `kunde` ein Histogramm mit 25 Buckets definiert wird.

```
SQL> ANALYZE TABLE kunde
     COMPUTE STATISTICS FOR COLUMNS kredit SIZE 25;
```

Wie viele Buckets tatsächliche angelegt wurden, ist aus der Spalte `num_buckets` der View `dba_tab_columns` abzulesen. Diese kann jedoch nie höher als die Anzahl der unterschiedlichen Schlüsselwerte sein. Die Anzahl der Endpunkte ist die Anzahl der Buckets +1 und ist aus `dba_histograms` abzulesen. Die Anzahl der Buckets sollte immer höher als die angenommene Anzahl der häufig vorkommenden Schlüsselwerte sein, damit für die Berechnung der Selektivität ausreichend viele Popular Values entstehen.

Darüber hinaus ist es bemerkenswert, dass Histogramme nur eine begrenzte Anzahl von führenden Zeichen einer Spalte auswerten. Dies ist abhängig vom Datentyp und bedeutet, dass Werte, die sich am Ende der Zeichenkette unterscheiden, vom Histogram nich mehr unterschiedlich wahrgenommen werden können![38]

Bitmap-Indizes

Über Bitmap-Indizes lässt sich die Optimierung von Abfragen gestalten, die durch verschiedene Kombinationen unterschiedlicher, gering selektiver Kriterien eine hohe Gesamtselektivität erzeugen. Mit herkömmlichen Indizes kann in diesem Fall nicht gearbeitet werden, da ansonsten für sämtliche Permutationen der in der WHERE-Klausel kombinierten Einschränkungen dementsprechend zusammengesetzte Indizes erstellt werden müssten.

Einsatzgebiete sind typischerweise Data-Warehouse-Datenbanken, bei denen Auswertungen von Daten unter Auswahl verschiedener Kriterien durchgeführt werden. Die Einschränkung der Einsatzgebiete ergibt sich auch durch die Restriktionen, die aufgrund der physikalischen Speicherung der Bitmap-Indizes auftreten und im Folgenden noch behandelt werden.

Für eine indizierte Spalte einer Tabelle wird im Bitmap-Index für jeden Schlüsselwert eine Bit-Leiste erstellt, in der über die Werte 0 und 1 abgelegt ist, ob der Wert in einem Satz vorkommt oder nicht. Jedes Bit repräsentiert dabei einen Datensatz. Als einfaches Beispiel soll die Indizierung der Spalte `auftragsstatus` in der Tabelle `auftraege`

38 Siehe die Diskussion unter `http://mwidlake.wordpress.com/2009/08/11/decrypting-histogram-data`.

genommen werden. Auftragsstatus O bedeutet offen, also noch in Bearbeitung, A bedeutet abgeschlossen.

```
O | 00010000010001000001 ... Anzahl Sätze
A | 11101111101110111110 ... Anzahl Sätze
```

Physikalisch werden diese Bit-Leisten in Teilbereichen gespeichert, die jeweils maximal die Größe eines halben Oracle-Blocks haben. Die Bit-Leisten selbst werden über eine B*Baumstruktur navigierbar. Zusätzlich sind die Anfangs- und Endadressen der Datenblöcke jeder Leiste in Form von Rowids gespeichert. Bytes jeder Leiste, deren Bits vollständig aus Nullen bestehen, werden darüber hinaus komprimiert. Die Anzahl der Bit-Positionen pro Datenblock ergibt sich

- *entweder* aus der per Tabellendefinition minimal möglichen Satzlänge – aus der die maximal denkbare Anzahl Sätze pro Datenblock abgeleitet wird –
- *oder* aus der tatsächlich maximal vorgefundenen Anzahl Datensätze. Im letzteren Fall ist diese Anzahl vor der Erstellung des betreffenden Bitmap-Index durch den Befehl
  `ALTER TABLE <tablename> MINIMIZE RECORDS_PER_BLOCK`
  zu ermitteln und im Data Dictionary festzuschreiben.

Unter Vorgabe der errechneten oder festgeschriebenen Satzanzahl sowie der begrenzenden Blockadressen der Bit-Liste wird bei Zugriffen über einen Algorithmus aus den Bit-Positionen eine Satzadresse berechnet. Daraus ergibt sich aber auch, dass bei Änderung der minimalen Satzlänge durch einen ALTER TABLE-Befehl der Bitmap-Index ungültig werden kann und reorganisiert werden muss.

Die erwähnte Komprimierung verringert den Platzbedarf des Index und damit auch die I/O-Operationen, die für sein Lesen notwendig sind. So benötigen Bitmap-Indizes häufig nur wenige Prozent des Platzes von B*Bäumen. Das ist natürlich sehr abhängig von der Anzahl der unterschiedlichen Schlüsselwerte und der Anzahl der Sätze. Je größer die Anzahl der Satzadressen pro Schlüsselwert und die Anzahl der Schlüsselwerte selbst ist, desto günstiger kann sich die oben erwähnte Komprimierung auswirken.

Daraus ergeben sich folgende Vorteile:

- Geringerer Platzbedarf, besonders bei geringer Kardinalität, also bei wenig unterschiedlichen Schlüsselwerten und einer hohen Anzahl von Tabellenzeilen
- Sehr effiziente AND- und OR-Verknüpfungen. Die Bit-Leisten unterschiedlicher Bitmap-Indizes einer Tabelle können über boolesche Operationen verknüpft werden. Erst mit dem Ergebnis der Verknüpfung wird über die Konvertierung in Satzadressen auf die Tabelle zugegriffen.
- Sehr schnelle Zähloperationen (COUNT-Funktion).

Ein Nachteil von Bitmap-Indizes ist dagegen folgender Umstand:

Werden durch DML-Operationen indizierte Spalten verändert, muss der gesamte physische Bitmap-Bereich – wie erwähnt maximal ein halber Block – gesperrt werden. Diese Sperren sind zwar kurzzeitig, können aber bei OLTP-Transaktionen zu erheblichen Sperrkonflikten führen und sind daher in solchen Umgebungen nicht einsetzbar. In der Praxis ergibt sich daher die Konsequenz, dass Bitmap-Indizes nur für Tabellen sinnvoll sind, die entweder statisch sind oder nur durch einen dedizierten Prozess befüllt und verändert werden.

Relevante Serverparameter für Bitmap-Indizes sind insbesondere:

- `create_bitmap_area_size` (Default: 8 MB)

  Bestimmt für einen Prozess die Größe des Hauptspeicherbereichs, der für die Erstellung eines Bitmap-Index zur Verfügung steht. Je geringer die Selektivität der zu indizierenden Spalte, desto mehr Hauptspeicher wird für den Indexaufbau benötigt. Dieser Parameter wird nur aus Kompatibilitätsgründen und für Shared-Server-Konfigurationen weiter unterstützt. Ansonsten wird auf den Parameter `pga_aggregate_target` verwiesen.

- `bitmap_merge_area_size` (Default: 1 MB)

  Hier kann die Größe des Hauptspeicherbereichs pro Prozess definiert werden, in dem Bit-Leisten verknüpft werden können. Auch dieser Parameter wird nur für Shared-Server- Konfigurationen angeraten, ansonsten wird auf `pga_aggregate_target` verwiesen.

- `pga_aggregate_target`

  Über diesen Parameter wird die Gesamtspeichermenge für alle Prozesse definiert, die u. a. für Bitmap-Operationen verwendet werden kann. Für eine genaue Beschreibung siehe Abschnitt 15.5.3.

Das Anlegen eines Bitmap-Index erfolgt über den Befehl:

```
SQL> CREATE BITMAP INDEX auftrag_bmi_status
     ON auftrag(status);
```

Informationen sind der View `dba_indexes` zu entnehmen. Bitmap-Indizes sind am Wert `BITMAP` in der Spalte `index_type` zu erkennen.

Index-organized Tables

Streng genommen sind Index-organized Tables keine Spezialform eines Index, sondern von Tabellen, deren Daten in einer B*Baumstruktur abgelegt sind. Über diese Sonderform lassen sich invertierte Listen, also Inhaltsverzeichnisse, besonders effektiv ablegen. Anstatt die jeweils 10 Byte lange ROWID zu einem Schlüsselwert zu speichern, können auch die Daten eines Satzes, die nicht zum Primärschlüssel gehören, direkt mit in der B*Baumstruktur gespeichert werden. Das bedeutet, dass neben der ROWID auch noch die ansonsten redundant im Index und in der Tabelle gespeicherten Schlüsselfelder nur einfach gehalten werden.

Es versteht sich, dass die zusätzlich zu den Indexwerten gespeicherten Daten nicht zu umfangreich sein dürfen, da ansonsten die Struktur des B*Baumes wenig effizient wird. Aus diesem Grunde kann ein Überlaufbereich definiert werden, in den Daten ausgelagert werden, die einen definierbaren Schwellenwert (`PCTTHRESHOLD`) bezüglich des prozentualen Anteils der gesamten Satzlänge überschreiten.

```
SQL> CREATE TABLE inhaltsverzeichnis (
       begriff VARCHAR2(50),
       dokument_nr NUMBER,
       fundstelle NUMBER)
     CONSTRAINT cons_iot PRIMARY KEY (begriff)
     ORGANIZATION INDEX TABLESPACE ts1
     PCTTHRESHOLD 20 OVERFLOW TABLESPACE ts2;
```

Nachteilig können Zugriffe über Sekundärschlüssel sein, die auch für Index-organized Tables angelegt werden können. Die Sekundärschlüssel können nicht immer sicher über ROWIDs auf die Sätze im B*Baum verweisen, da diese durch Blockaufteilungen und -verschmelzungen verschoben werden können. Die im Sekundärindex gespeicherte sogenannte logische ROWID enthält daher zusätzlich zu der physischen ROWID – die bei der Erstellung des Index immer korrekt ist – auch noch den zugehörigen Primärschlüsselwert.

Der Zugriff erfolgt dann zunächst über die physische ROWID, falls der betreffende Satz in der Zwischenzeit „migriert" wurde, im Anschluss daran über den Primärschlüssel. Im letzteren Fall entstehen zusätzliche Blockzugriffe, wodurch sich die erwähnten Nachteile ergeben.

Besondere Berücksichtigung sollte der Parameter `COMPRESS` finden. Es kann eine Ganzzahl angegeben werden, die bestimmt, wie viele Felder des Primärschlüssels als „Präfixe" nur einmal pro Indexblock gespeichert werden. Über diesen Parameter können – je nach Beschaffenheit der Schlüsselwerte – u. U. erhebliche Platzersparnisse für indexorganisierte Tabellen – aber auch für herkömmliche B*Indizes – erreicht werden.

Reverse-Key-Indizes

Wie der Name schon sagt: Bei diesem Indextyp werden die Schlüsselwerte in umgekehrter Reihenfolge (*reverse*) gespeichert. Der Einsatz dieses Indextyps ist nur in wenigen Fällen angezeigt, und zwar dann, wenn bei parallelem Einfügen von Sätzen Zugriffskonflikte auf Indexblöcken auftreten. Das kann zum Beispiel dadurch verursacht werden, dass Werte für einen Primärschlüssel aus einer Sequenz gefüllt und damit Sätze eingefügt werden, deren Schlüssel im selben Block gespeichert werden. Dieser Block bildet dann einen Engpass.

Mit einem Reverse-Key-Index werden die Schlüsselwerte in ihrem binären Wert umgekehrt. In einem einfachen Beispiel sieht die Umkehrung wie folgt aus:

```
1 00110001 -> 10001100
2 00110010 -> 01001100
5 00110101 -> 10101100
```

Auf diese Art und Weise wird eine höhere Verteilung der Werte auf verschiedenen Leaf-Blöcken eines Index erreicht, wodurch die Engpässe beim parallelen Zugriff eliminiert werden.

Angelegt werden Reverse-Key-Indizes genauso wie herkömmliche Indizes, jedoch mit dem Zusatz `REVERSE`.

```
SQL> CREATE INDEX r_ind1
     ON tab1 (feld1, feld2) REVERSE;
```

Die Umkehrung kann bei einem Neuaufbau des betreffenden Index aufgehoben werden.

```
SQL> ALTER INDEX r_ind1 REBUILD NOREVERSE;
```

Function-based Indizes

Indizes können nur dann genutzt werden, wenn sie die gesuchten Werte in ihrer Grundform enthalten. Aus diesem Grunde führt die Benutzung von Funktionen und Ausdrücken dazu, dass ein Index vom Optimizer übergangen werden muss – es sei denn, er wurde auf Basis der gleichen Ausdrücke und Funktionen angelegt, die in der betreffenden Where-Klausel zur Anwendung kommen.

Die Einsatzmöglichkeiten der Function-based Indizes sollen auch hier an einem kleinen Beispiel verdeutlicht werden. In einer Tabelle `KUNDEN` wird der Kundenname in Groß- und Kleinschreibung abgelegt. Bei der Suche nach einem Kunden mit dem Namen als Suchkriterium ist meistens die verwendete Schreibweise nicht bekannt, „`Oracle`" oder „`ORACLE`".

Um diese Problematik zu umgehen, können das Attribut und der entsprechende Abfragewert über eine Funktion auf den gleichen „Nenner" gebracht werden:

```
SQL> SELECT *
     FROM   kunden
     WHERE  UPPER(kundenname) = UPPER(:variable);
```

Für die Optimierung des Zugriffs kann – wie bereits erwähnt wurde – ein herkömmlicher Index auf dem Feld `kundenname` nicht verwendet werden, da auf dieses Feld in der Abfrage eine Funktion angewendet wird. Der Zugriff erfolgt demnach über einen Full Table Scan. Wird stattdessen ein Function-based Index angelegt, kann das Problem umgangen werden:

```
SQL> CREATE INDEX kunden_kundenname_caps
     ON kunden (UPPER(kundenname)) ...;
```

15.6.3 Hints

Trotz diverser Möglichkeiten der Indizierung und der Nutzung von Histogrammen wird der kostenbasierte Optimizer nicht immer die beste Möglichkeit des Zugriffs wählen, da viele Annahmen getroffen werden müssen und Grenzwerte vordefiniert sind, die nicht immer stimmen. Weiterhin kann es vorkommen, dass durch die Einschränkung der Permutationen ein nicht performanter Weg gewählt wird oder dass für einige wenige Befehle die Parametrierung der Instanz, die andere Anwendungen optimal unterstützt, zu schlechten Ausführungsplänen führt.

In diesen Fällen können Sie dem Optimizer Hinweise geben, wie der Zugriff am besten zu realisieren ist. Ein *Hint* ist auch wirklich als Hinweis zu verstehen, d. h., der angegebene Zugriff muss nicht zwingend vom Optimizer verwendet werden, wenn – aus welchen Gründen auch immer – der Zugriff so nicht realisiert werden kann.

Der Einsatz von Hints bei der Optimierung von Zugriffen ist stets sehr kontrovers zu betrachten. Im Folgenden sind einige Vor- und Nachteile dieser Strategie aufgelistet:

- **Vorteile** Präzise Steuerung der Zugriffe ist möglich.
- **Nachteile** Zugriff auf den Source-Code und dessen Modifikation ist notwendig. Dies erfordert eine präzise Detailanalyse des SQL-Befehls.

  Hints sind „festgeschrieben" und agieren auch dann, wenn die Mengenverhältnisse des betreffenden Objektes sich geändert haben oder die Algorithmen des Optimizers weiterentwickelt wurden.

Diese kurze Übersicht macht bereits deutlich: Die Nachteile bei der Verwendung von Hints überwiegen die Vorteile. Aus diesem Grunde sollten sie äußerst sparsam zum Einsatz kommen. Trotz allem können Hints bei einzelnen, hartnäckigen Laufzeitproblemen wertvolle Hilfe leisten. In den folgenden Abschnitten werden wir daher die wichtigsten Hints besprechen.

Syntax

```
SQL> SELECT /*+ hint */ * FROM ...;
```

oder

```
SQL> SELECT --+ hint
     * FROM ...; -- neue Zeile erforderlich
```

Der Hinweis für den Optimizer wird in der Form eines Kommentars sofort nach dem Schlüsselwort `SELECT` angegeben. Entscheidend für die Interpretation als Hint ist das Pluszeichen nach Einleitung des Kommentars. Sie sollten ausschließlich die erste Form benutzen, da bei der zweiten Möglichkeit Probleme bei kombinierten Hints auftreten, weil das Ende des Hints nicht eindeutig gekennzeichnet ist.

Auch ist es unbedingt wichtig, nach dem Pluszeichen genau ein Leerzeichen anzugeben und vor Beendigung des Kommentars ebenfalls ein Leerzeichen zu verwenden. SQL*Plus interpretiert die Hints auch ohne die Leerzeichen richtig, PL/SQL hingegen benötigt insbesondere in älteren Versionen die Leerzeichen unbedingt, um die Hints erkennen zu können.

Da Hints in die herkömmliche Kommentarsyntax von SQL eingebunden werden, führen Schreibfehler nicht zu Syntaxfehlern, sondern lediglich zur Ignorierung der Anweisung. Aus diesem Grunde ist es unbedingt notwendig, die Ausführung von Hints vor der produktiven Implementierung anhand von Zugriffsplänen zu verifizieren.

Eine zweite Besonderheit ist bei der Verwendung von Aliasnamen für Tabellennamen zu beachten. Werden in der FROM-Klausel Aliasnamen verwendet, müssen diese ebenfalls im Hint eingesetzt werden. Wird stattdessen der Tabellenname im Hint angegeben, so kann dieser nicht interpretiert werden.

Beispiel:

```
SQL> SELECT /*+ full(auftrag) */ SUM(auftragswert)
     FROM   auftrag;
```

Verwendung eines Tabellennamen-Alias:

```
SQL> SELECT /*+ full(a) */ SUM(auftragswert)
     FROM   auftrag a;
```

Dies funktioniert!

```
SQL> SELECT /*+ full(auftrag) */ SUM(auftragswert)
     FROM   auftrag a;
```

Dies funktioniert nicht!

In den folgenden Abschnitten wird eine Übersicht über die möglichen Optimizer-Hints gegeben. Innerhalb jedes Abschnitts wird auch eine Priorisierung der einzelnen Hints vorgenommen. Die zuerst Genannten spielen die größte Rolle in der praktischen Tuning-Arbeit.

Globale Hints Eine Problematik bei der Verwendung von Hints stellt sich, wenn in der FROM-Klausel einer Abfrage Views verwendet werden. Die Zugriffspfade können dann nicht direkt mit den üblichen Hints beeinflusst werden. Es ist jedoch auch nicht anzuraten, Hints innerhalb der SELECT-Anweisung in einer View zu spezifizieren, da man dadurch Abfragen negativ beeinflussen könnte, die diese View ebenfalls verwenden, aber andere WHERE-Klauseln haben. Die Lösung dieses Problems sind globale Hints, die aus dem aufrufenden SELECT-Befehl den Ausführungsplan innerhalb der View bestimmen.

Beispiel:

```
SQL> CREATE VIEW auftrag_positionen
     AS     SELECT a.aufnr, a.kdnr, a.kdname, a.aufstatus,
                   p.posnr, p.artnr, p.poswert
            FROM   auftraege a, positionen p
            WHERE  a.aufnr = p.aufnr

SQL> SELECT *
     FROM   auftrag_positionen ap
     WHERE  ap.aufstatus = 'O';
```

Da nur eine kleine Anzahl der Aufträge im System den Status „offen" hat, wäre ein Zugriff über einen Index auf dem Feld `aufstatus` sehr attraktiv, obwohl laut Statistik der Index eine geringe Selektivität aufweist. Es würde sich hier absolut verbieten, einen Hint zur Erzwingung des indizierten Zugriffs in die View selbst zu schreiben, da dies für einen Zugriff auf die Daten mit `aufstatus` „geliefert" hochgradig kontraproduktiv wäre.

Hier sollten Sie also einen globalen Hint in folgender Form nutzen:

```
SQL> SELECT /*+ INDEX(ap.a ind_aufstatus) */ *
     FROM   auftrag_positionen ap
     WHERE  ap.aufstatus = 'O';
```

Der globale Hint verweist also mit der Nomenklatur `ap.a` auf die Tabelle mit dem Alias `a` in der View mit dem Alias `ap`. In den folgenden Abschnitten kann für `tablespec` stets wahlweise ein einfacher oder ein globaler Hint eingesetzt werden.

Hints für Unterabfragen Hints können auch in Unterabfragen verwendet werden.

```
SQL> SELECT /*+ ordered */
            k.kdnr, k.vorname, k.nachname,
            COUNT(a.aufnr) AS anz_auftraege
     FROM   kunden k, auftraege a
     WHERE  k.kdnr = a.kdnr (+) AND k.kdnr NOT IN (
         SELECT /*+ index(t idx$telnummern_kdnr) */ t.kdnr
         FROM   telnummern t
         WHERE  t.kdnr = k.kdnr
     )
     GROUP BY k.kdnr, k.vorname, k.nachname;
```

Dabei wirken sich die durch den Hint gemachten Vorschläge ausschließlich für die betreffende Unterabfrage aus, die äußeren Abfrageblöcke bleiben unberührt (wichtig zum Beispiel bei Hints wie `ORDERED`, `USE_CONCAT` etc., die sich nicht auf eine Tabelle beziehen). Entsprechendes gilt für unterschiedliche Zweige einer Abfrage mit `UNION`, `INTERSECT` oder `MINUS`.

Seit Oracle 10g ist es auch möglich, alle Hints eines komplexen SQL-Kommandos übersichtlich zu Beginn des Kommandos – also hinter dem ersten, äußersten SELECT – zu versammeln. Dazu kann jedem Abfrageblock (Zweig oder Unterabfrage) ein Name zugewiesen werden. Dies geschieht durch den speziellen Hint `QB_NAME`, der als einziger in dem Abfrageblock verbleibt. Alle anderen Hints werden hinter das erste, äußerste SELECT gesetzt und um den Abfrageblock-Namen ergänzt. Die Syntax hierfür ist: `@blockname tablespec` anstatt `tablespec` alleine.

Die obige Abfrage kann damit wie folgt dargestellt werden:

```
SQL> SELECT /*+ ordered index(@sub_tel t idx$telnummern_kdnr) */
            k.kdnr, k.vorname, k.nachname,
            COUNT(a.aufnr) AS anz_auftraege
     FROM  kunden k, auftraege a
     WHERE k.kdnr = a.kdnr (+)
     AND   k.kdnr NOT IN (
         SELECT /*+ qb_name(sub_tel) */ t.kdnr
         FROM   telnummern t
         WHERE  t.kdnr = k.kdnr
     )
     GROUP BY k.kdnr, k.vorname, k.nachname;
```

Hints zur Auswahl des Optimierungsziels Mit diesen Hints kann pro SQL-Befehl die Benutzung eines bestimmten Optimierungsansatzes gewählt werden.

`ALL_ROWS`

Optimierung auf Gewinnung der gesamten Ergebnismenge (Standardeinstellung bei `CHOOSE`).

`FIRST_ROWS(n)`

Optimierung auf schnellstmögliche Gewinnung der ersten n Sätze. Sinnvoll für Online-Anwendungen oder wenn bekannt ist, dass via Cursor-Fetch-Operationen ohnehin nur einer oder wenige Datensätze gelesen werden.

Hints für Zugriffsmethoden Mit dieser Kategorie von Hinweisen können Sie auf die Zugriffsmethode Einfluss nehmen, also ob die Tabelle über einen Full Table Scan oder einen bestimmten Index gelesen werden soll. So würde man z. B. dann verfahren, wenn der Optimizer einen Index aufgrund der Statistiken als nicht selektiv betrachtet, für eine bestimmte Abfrage mit einem fest definierten Wertebereich der indizierte Zugriff aber sinnvoll ist.

`FULL(tablespec)`

Für den Zugriff auf die im FULL-Hint angegebene Tabelle wird ein Full Table Scan angefordert. Das kann dann sinnvoll sein, wenn man weiß, dass auf einen Wertebereich zugegriffen werden soll, der einen Großteil der Tabelle ausmacht und so keinen selektiven Zugriff über einen Index bietet.

`INDEX(tablespec indname)`

In diesem Fall wird ein indizierter Zugriff erzwungen. Hier sollte bekannt sein, dass man in der WHERE-Klausel der Abfrage auf einen selektiven Wert einschränkt, wohingegen der benutzte Index selbst nur wenige unterschiedliche Schlüsselwerte aufweist und normalerweise deshalb nicht vom Optimizer benutzt würde.

```
INDEX_ASC(tablespec indname), INDEX_DESC(tablespec indname)
```

Diese beiden Hints fordern Index-Range-Scans auf die angegebene Tabelle über den angegebenen Index an. Da Oracle standardmäßig eine aufsteigende Reihenfolge verwendet, ist die Funktion von `INDEX_ASC` identisch mit der des Hints `INDEX`. `INDEX_DESC` muss angegeben werden, damit ein Index-Scan in absteigender Reihenfolge durchgeführt wird, z. B. für eine absteigende Sortierung einer Ergebnismenge.

```
INDEX_FFS(tablespec indname)
```

Es wird ein Index-Fast-Full-Scan angefordert. Hierbei wird der gesamte Index im *multiblock-io* durchgelesen. Kann über die Felder des angegebenen Index die Abfrage beschickt werden, so kann dadurch ein „Full Table Scan“ auf die Tabelle ersetzt werden.

```
INDEX_COMBINE(tablespec bitmap_indname1 bitmap_indname2)
```

Dieser Hint erzwingt den Zugriff auf die angegebene Tabelle über eine boolesche Kombination von Bitmap-Indizes. Um Indizes für den Zugriff kombinieren zu können, gilt als Voraussetzung, dass es sich um Bitmap-Indizes handelt. Sollten die angegebenen Indizes B*Baum-Indizes sein, ist es möglich, dass eine interne Konvertierung vorgeschaltet wird. Ob dann noch ein Vorteil beim Zugriff messbar ist, muss ermittelt werden.

```
INDEX_SS(tablespec indname)
INDEX_SS_DESC(tabalias indname)
```

Diese Hints versuchen einen indizierten Zugriff auf die angegebene Tabelle. Die Besonderheit besteht darin, dass der Indexzugriff auch dann möglich ist, wenn die erste Indexspalte nicht in der WHERE-Klausel eingegrenzt wird (Präfix-Kriterium ist nicht erfüllt). Dies ist für Indizes gedacht, deren erste Spalte geringe Selektivität, also nur wenige Ausprägungen hat, z. B. Geschlecht, Status-IDs oder Mandanten-IDs. Für jede Ausprägung wird ein entsprechender Indexzugriff durchgeführt, und die Ergebnisse werden anschließend zusammengefügt. Diese Methode wird als Index-Skip-Scan bezeichnet. `INDEX_SS_DESC` muss angegeben werden, damit ein Index-Skip-Scan in absteigender Reihenfolge durchgeführt wird, z. B. für eine absteigende Sortierung einer Ergebnismenge.

```
NO_INDEX(tablespec [indname [indname]])
NO_INDEX_SS(tablespec [indname [indname]])
```

Mit diesen Hints kann die Benutzung einzelner Indizes oder aller Indizes für den Optimizer ausgeschaltet werden, die auf der spezifizierten Tabelle liegen.

```
CLUSTER(tablespec), HASH(tablespec)
```

Die Hints `CLUSTER` und `HASH` können nur auf Tabellen angewendet werden, die in einem Oracle-Tabellen-Cluster abgelegt sind, und fordern für diese einen „Cluster Scan“ oder einen „Hash Scan“ an.

Hints für Join-Reihenfolgen und Join-Operationen

```
ORDERED
```

Der ORDERED-Hint kennt keine weiteren Parameter. Er bestimmt, dass die Zugriffe auf die Tabellen in der Reihenfolge ausgeführt werden, wie sie in der FROM-Klausel angegeben ist. Stellen Sie bei der Verwendung dieses Hints aber sicher, dass auch entsprechende Join-Kriterien zur Verfügung stehen, um von einer Tabelle zur nächsten zu kommen. Ansonsten könnten Sie mit diesem Hint kartesische Produkte als Zwischenschritte erzeugen.

```
LEADING(tablespec)
```

Mit dem Hint LEADING kann genau eine Tabelle angegeben werden, die als treibende Tabelle benutzt wird. Im Gegensatz zum ORDERED-Hint ist also nicht die vollständige Reihenfolge, sondern nur das erste Glied der Join-Kette festgelegt. Die Join-Reihenfolge der weiteren Tabellen aus der FROM-Klausel wird durch den Optimizer ermittelt. Wird mehr als eine Tabelle angegeben, so wird der Hint ignoriert. Ein ORDERED-Hint überschreibt den LEADING-Hint.

```
USE_NL(tablespec [tablespec...])
USE_NL_WITH_INDEX(tablespec [indname indname ...])
```

Es wird die Benutzung von Nested-Loops, also von verschachtelten Schleifen, erzwungen. Dabei beschreibt die im Hint angegebene Tabelle diejenige, die über eine verschachtelte Schleife an eine bereits existierende Ergebnismenge angehängt werden soll.

Beispiel:

```
SQL> SELECT /*+ USE_NL(p) */
            aufnr, aufpos, wert
     FROM   auftraege a, positionen p
     WHERE  a.aufnr = p.aufnr;
```

In diesem Beispiel wird also zuerst die Tabelle auftraege gelesen. Auf die Tabelle positionen wird dann innerhalb einer Nested Loop zugegriffen, wobei die Tabelle auftraege die treibende Tabelle darstellt.

Damit der Zugriff auf die Positionstabelle nicht aus Versehen über einen Full-Table- Scan passiert (z. B. weil der entscheidende Index in einem neuen Software-Release nicht mehr existiert), kann der USE_NL_WITH_INDEX-Hint verwendet werden. Auf diese Weise wird der Nested Loop Join nur dann gewählt, wenn einer der angegebenen Indizes existiert. Ist kein Index angegeben, sucht der Optimizer, ob er einen geeigneten Index findet. Existiert kein geeigneter Index, wird der Hint ignoriert.

```
USE_MERGE(tablespec [tablespec...])
```

Mit diesem Hint wird ein Merge Join erzwungen. Bei einem Merge Join werden die beteiligten Tabellen nach dem Join-Kriterium sortiert und die Ergebnismengen gemischt, also übereinandergelegt. Diese Join-Methode ist bei kleinen Tabellen sehr effektiv. Sobald aber der Hauptspeicher-Sortierbereich pro Prozess (eingestellt über die Serverparameter sort_area_size bei manueller PGA-Verwaltung oder pga_aggregate_target bei automatischer PGA-Verwaltung) überschritten ist und die Sortierzwischenschritte auf den Temporär-Tablespace ausgelagert werden müssen, geht die Effektivität verloren. Dann ist ein Nested Loop vorzuziehen. Die Parametrierung ist hier die gleiche wie beim USE_NL.

```
USE_HASH(tablespec [tablespec...])
```

Dieser Hint hat die gleiche Parametrierung wie die beiden vorhergehenden. Hier werden die spezifizierten Tabellen über einen Hash Join verbunden, wobei der Zugriff von der treibenden Tabelle aus über eine Satzadresse geschieht, die über einen Hash-Algorithmus berechnet wird. Auch für die Verwendung des Hash-Algorithmus muss ein Sortierproblem gelöst werden. Der dafür zur Verfügung stehende Hauptspeicherbereich pro Prozess wird über den Serverparameter `hash_area_size` (bei manueller PGA-Verwaltung, Standardwert ist das Doppelte der `sort_area_size`) bzw. `pga_aggregate_target` (bei automatischer PGA-Verwaltung) eingestellt.

```
NO_USE_NL(tablespec),NO_USE_MARGE(tablespec)
NO_USE_HASH(tablespec)
```

Diese Hints verbieten entsprechende Join-Methoden für die betreffende Tabelle.

```
DRIVING_SITE(tablespec)
```

Dieser Hint ist nur interessant für Abfragen, die Tabellen aus unterschiedlichen Datenbanken in Relation setzen. Über diesen Hint wird die Datenbank bzw. die damit verbundene Instanz festgelegt, auf deren Seite die Aktivität des Joins ausgeführt wird.

Beispiel:

```
SQL> SELECT kdnr, kdname, aufnr, aufwert
     FROM   kunden k, auftraege@aufdb
     WHERE  k.kdnr = :var_kdnr
     AND    k.kdnr = a.kdnr;
```

Normalerweise werden die benötigten Datensätze auf die lokale Seite transportiert. In diesem Fall werden also die Sätze aus der Tabelle `auftraege` von der Instanz `aufdb` auf die lokale Seite geholt, wo der Join dann ausgeführt wird.

Es wäre jedoch viel effektiver, nur den einen Satz für den entsprechenden Kunden auf die entfernte Seite zu transportieren und dann dort die Ergebnismenge zu ermitteln. Dieses kann mit dem folgenden Hint erreicht werden:

```
SQL> SELECT /*+ DRIVING_SITE(auftraege) */
            kdnr, kdname, aufnr,aufwert
     FROM   kunden k, auftraege@aufdb
     WHERE  k.kdnr = :var_kdnr
     AND    k.kdnr = a.kdnr;
```

Hints zur Parallelisierung

```
PARALLEL(tablespec n|DEFAULT)
```

Der Hint zur Parallelisierung kann sowohl für SELECT-Anweisungen als auch für DML-Anweisungen genutzt werden und bestimmt die Anzahl der Serverprozesse, die für die Abarbeitung des Befehls genutzt werden. Dabei gibt der Wert den Parallelisierungsgrad an.

Wird der Wert `DEFAULT` spezifiziert, so werden die Werte der entsprechenden Serverparameter bzw. der Tabellen-Parallelisierungsgrad verwendet.

Die Anzahl der wirklichen benutzten Serverprozesse kann doppelt so hoch sein wie angegeben, wenn nämlich in der Abfrage mit einer `ORDER BY`- oder `GROUP BY`-Operation gearbeitet wird. Die angegebene Anzahl von Serverprozessen wird dann für die Abarbeitung der Abfrage genutzt, für die Sortieroperation wird noch einmal die gleiche Anzahl von Prozessen gestartet. Der Hint wird ignoriert, sobald eine Voraussetzung für die Möglichkeit des Parallelisierens nicht gegeben ist.

```
NO_PARALLEL(tablespec)
```

Mit dem Hint `NO_PARALLEL` kann eine auf Tabellenebene eingestellte Parallelisierung ausgeschaltet werden.

```
PQ_DISTRIBUTE(tablespec_innere_Tabelle,
   Lieferung äußerer Tabelle, Lieferung innerer Tabelle)
```

Dieser sehr komplizierte Hint hilft bei der Optimierung eines Joins. Hier werden die Wege beschrieben, wie die Daten der äußeren treibenden Tabelle von parallelen Prozessen an die parallelen Prozesse der inneren Tabelle geliefert werden. Im Folgenden werden die möglichen Kombinationen beschrieben und die Fälle, in denen sie angewendet werden sollten:

- `HASH, HASH`
  Beide Tabellen sind ähnlich groß, Join-Operation ist Merge Join oder Hash Join.
- `BROADCAST, NONE`
  Die äußere Tabelle ist wesentlich kleiner als die innere Tabelle, genauer:
  (Größe äußerer Tabelle) × (Anzahl PX-Slaves) < Größe innerer Tabelle.
- `NONE, BROADCAST`
  Der umgekehrte Fall wie vorher.
- `PARTITION, NONE`
  Ordnet die Sätze der äußeren Tabelle Partitionen der inneren Tabelle zu. Die innere Tabelle muss partitioniert sein, und zwar über die Schlüssel, über die auch der Join durchgeführt wird. Die Anzahl der Partitionen der äußeren Tabelle sollte dabei etwa einem Vielfachen der Anzahl der PX-Slaves entsprechen.
- `NONE, PARTITION`
  Der umgekehrte Fall wie vorher.
- `NONE, NONE`
  Jeder Query Server beschäftigt sich mit den übereinstimmenden Partitionen zweier „Equi-partitionierter“ Tabellen, die über das Partitionierungskriterium verbunden werden.

```
PARALLEL_INDEX(tablespec indname n|DEFAULT)
```

Über diesen Hint wird der Parallelisierungsgrad für einen Index-Scan auf einen partitionierten Index ausgewählt. Wie beim PARALLEL-Hint beschreibt der Wert nach dem Namen des Index den Grad der Parallelisierung.

```
NO_PARALLEL_INDEX(tablespec indname)
```

Schaltet den auf Indexebene eingestellten Grad der Parallelisierung aus.

Hints für Abfragetransformationen

```
USE_CONCAT
```

Hierdurch wird die Transformation von kombinierten OR-Bedingungen in einer WHERE-Klausel in eine `UNION ALL`-Operation erzwungen.

`NO_EXPAND`

`OR`-Expansionen werden vermieden. Es werden, in Umkehrung zum `USE_CONCAT`-Hint, `OR`-Operatoren oder IN-List-Operationen bevorzugt.

`REWRITE, REWRITE(mview [mview ...])`

Bei der Verwendung von Materialized Views können Abfragen auf Tabellen durch Oracle auf die Verwendung dieser Materialized Views umgeschrieben werden. Dazu muss der Serverparameter `query_rewrite_enabled` auf `TRUE` gesetzt sein. Der Hint erzwingt dieses Verfahren ohne Berücksichtigung der kalkulierten Kosten. Ggf. können auch gleich eine oder mehrere infrage kommende materialisierte Views mitgegeben werden.

`NO_REWRITE`

Verbietet das Umschreiben einer Abfrage, auch wenn der Serverparameter `query_rewrite_enabled` auf `TRUE` gesetzt ist.

`MERGE(tablespec)`

Der Hint beschreibt das Verfahren, wie eine SQL-Abfrage in einer View mit der SQL-Abfrage verbunden wird, die diese View verwendet. Der Hint `MERGE` erzwingt die Verschmelzung der Abfragen.

`NO_MERGE(tablespec)`

Die Verschmelzung der Abfrage in einer View mit der aufrufenden Abfrage wird verhindert, auch wenn dieses möglich wäre. Sie erhalten dadurch mehr Kontrolle über den Zeitpunkt der Abarbeitung der View.

`STAR_TRANSFORMATION, FACT(tablespec), NO_FACT(tablespec)`

Wird der Hint `STAR_TRANSFORMATION` angegeben, so wird der Optimizer angewiesen, nach dem besten Zugriffsplan unter Einschluss einer Star-Query-Transformation der Abfrage zu ermitteln. In einem Data-Warehouse-Umfeld kann durch eine solche Transformation eine schnellere Verarbeitung von Joins zwischen einer Fakten- und mehreren Dimensionstabellen erreicht werden.

Voraussetzung ist die Existenz von Bitmap-Indizes auf den Join-Spalten der Faktentabelle oder von Bitmap-Join-Indizes auf den dazugehörigen Spalten der Dimensionstabellen. Über die Hints `FACT` und `NO_FACT` kann in diesem Zusammenhang weitere Information mitgegeben werden, welche der beteiligten Tabellen eine Faktentabelle ist. Voraussetzung für diese Transformation ist auch, dass der Serverparameter `star_transformation_enabled` auf `TRUE` oder auf `TEMP_DISABLE` gesetzt ist.

`NO_STAR_TRANSFORMATION`

Unterbindet den Versuch einer Star-Query-Transformation.

`UNNEST`

Dieser Hint versucht die Umschreibung von Unteranfragen in einen Join, um dem Optimizer andere Zugriffspfade zu ermöglichen.

`NO_UNNEST`

Der `NO_UNNEST`-Hint deaktiviert die Möglichkeit der Auflösung von Unteranfragen in Joins für einen Block.

NO_QUERY_TRANSFORMATION

Verhindert sämtliche Abfragetransformationen.

Diverse Hints

APPEND

Der APPEND-Hint aktiviert den Direct Path-Modus für einen INSERT-Befehl. Dabei wird, vergleichbar mit dem direkten Pfad des Oracle-Loaders, das normale SQLHandling umgangen. Die Daten werden nicht über den Database-Buffer-Cache geschickt, und Integritätsbedingungen werden ignoriert. APPEND gibt an, dass die Datensätze in nicht benutzte Blöcke ans Ende der Tabelle geschrieben werden. Die im seriellen Modus durchgeführte Platzverwaltung über Free Block Lists wird nicht benutzt. Im Append-Modus können wesentlich bessere Zeiten für INSERTs erreicht werden.

NOAPPEND

Der Append-Modus ist die Standardeinstellung bei paralleler Verarbeitung. Über den Hint NOAPPEND kann dieser Modus in der Parallelverarbeitung deaktiviert werden.

CURSOR_SHARING_EXACT

Der Serverparameter cursor_sharing kann die Werte exact, force und similar annehmen und bestimmt damit, ob in der Parsing-Phase eines SQL-Befehls versucht wird, Literale in einem Befehl durch Bindevariablen zu ersetzen. Der hier genannte Hint verhindert die Ersetzung von Literalen für den Befehl, in dem er spezifiziert wurde. Damit können trotz aktiviertem Cursor-Sharing für ein SQL-Kommando Histogramm-Informationen genutzt werden.

CACHE(tablespec)

Blöcke einer Tabelle, die durch einen Full Table Scan gelesen werden, werden nicht über den LRU-Algorithmus (Least Recently Used) im Database-Buffer-Cache verwaltet, sondern direkt zum Überschreiben freigegeben. Bei kleinen Tabellen, die als Referenztabellen dienen und immer wiederkehrend gelesen werden, empfiehlt es sich, diese Blöcke über den LRU-Algorithmus verwalten zu lassen. Das kann über den Hint CACHE für eine Tabelle erreicht werden (alternativ lässt sich der Speicherparameter CACHE auf Tabellenebene setzen).

NOCACHE(tablespec)

Mit NOCACHE kann eine auf Tabellenebene gesetzte LRU-Verwaltung für Full-Table- Scans für einen Befehl deaktiviert werden.

PUSH_PRED(viewname)

Wird in einem SELECT-Befehl ein Join zwischen einer Tabelle und einer View ausgeführt, so kann mit diesem Hint das Join-Prädikat in die View geschoben werden.

NO_PUSH_PRED(viewname)

Das Verschieben des Join-Prädikats in die View wird verhindert.

PUSH_SUBQ

Dieser Hint bewirkt, dass eine nicht korrelierte Subquery (diese werden normalerweise vom Optimizer zuletzt ausgeführt) im Ausführungsplan an erster Stelle steht. Das ist dann sinnvoll, wenn die Subquery nur wenig aufwendig ist, dadurch aber die Treffermenge beim Zugriff auf die weiteren Tabellen signifikant reduziert werden kann.

`ORDERED_PREDICATES`

Alle bisher beschriebenen Hints folgen sofort auf die Einleitung des Befehls. `ORDERED_PREDICATES` hingegen wird in der WHERE-Klausel eines SQL-Befehls angegeben und erzwingt die Beibehaltung der Reihenfolge für die Auswertung der Prädikate, wobei indizierte Spalten ausgenommen sind. Es geht also hier um die Reihenfolge der Ausführung von benutzerdefinierten Funktionen, Typmethoden und Subqueries.

Spezial-Hints Die folgenden beiden Hints sind nicht dokumentiert und sollten nur in Ausnahmefällen verwendet werden:

`CARDINALITY([tablespec] n)`

Damit nimmt der Optimizer an, dass die betreffende Tabelle n Zeilen zurückliefert. Interessant ist dieser Hint für temporäre Tabellen sowie für Tabellenfunktionen. In diesen Fällen hat der Optimizer keine anderen Möglichkeiten, die Zeilenzahl abzuschätzen. Wird kein Tabellenalias angegeben, heißt das, dass die gesamte Abfrage n Zeilen zurückliefert. Dies ist in den genannten Fällen für Unterabfragen interessant.

`SELECTIVITY([tablespec] s)`

Damit nimmt der Optimizer an, dass die Gesamtselektivität aller Filterbedingungen für die betreffende Tabelle s beträgt. Dies ist für Abfragen interessant, in denen auf Spalten eingegrenzt wird, deren Werte nicht voneinander unabhängig sind, beispielsweise Ort und PLZ. Da der Optimizer unabhängige Spaltenausprägungen annimmt (Einzelselektivitäten werden einfach miteinander multipliziert), trifft er in solchen Situationen regelmäßig falsche Abschätzungen für die Größe von Ergebnissen oder Zwischenergebnissen.

15.6.4 Automatisches SQL-Tuning

Seit Oracle 10g ist eine Reihe von Begrifflichkeiten aufgekommen, die in die Richtung „automatisches Tuning" weisen, wie beispielsweise:

- Automatic SQL Tuning
- SQL Tuning Advisor
- Automatic Tuning Optimizer
- SQL Tuning Sets
- Oracle 11g hat dieses Angebot nochmals durch SQL Plan Baselines erweitert.

Das vorliegende Kapitel soll eine Ordnung in diesen Begriffsdschungel bringen sowie klären, welche Möglichkeiten tatsächlich durch Einführung neuer Tuning-Techniken geschaffen wurden.

Der Automatic Tuning Optimizer

In den vergangenen Versionen der Oracle-Datenbank gab es zwei Technologien, SQL-Kommandos in konkrete Ausführungspläne übersetzen zu lassen: den regelbasierten

(RBO) sowie den kostenbasierten Optimizer (CBO). Mit Oracle 10g ist der regelbasierte zwar noch vorhanden, aber endgültig zum Auslaufmodell erklärt worden und sollte daher nicht mehr benutzt werden. Der RBO wird daher im Folgenden vollständig ignoriert.

Der CBO ist dagegen zu einem Expertensystem ausgebaut worden. Er ist nicht nur in der Lage, unter den gegebenen Umständen einen möglichst guten Ausführungsplan zu berechnen, sondern kann nun auch Maßnahmen vorschlagen, die zu einer weiteren Verbesserung des betreffenden Ausführungsplans führen könnten. Hierzu gehört z. B. ob – und, wenn ja, welche – Indizes, Materialized Views, Statistiken oder sonstige Objekte erstellt werden sollten. Auch bestimmte Rewrite-Techniken werden betrachtet.

Es geht also nicht um das Vorschlagen von Optimizer-Hints, die den CBO ja nur zur Wahl eines bereits möglichen Ausführungsplans überreden sollen, sondern um die Ermöglichung ganz neuer Ausführungspläne. Dies bedingt offenbar einen nicht unerheblichen Analyseaufwand sowie die Möglichkeit, entsprechende Tuning-Empfehlungen einem menschlichen Benutzer mitzuteilen.

Beides passt nicht in den Kontext, in dem der CBO normalerweise arbeitet, nämlich zur Ausführungszeit eines SQL-Kommandos – also live – im Hintergrund möglichst schnell einen möglichst guten Ausführungsplan mit den vorhandenen Indizes, Materialized Views etc. zu erstellen.

Daher wurde eine Aufteilung des Optimizers in zwei Komponenten vorgenommen:

- Der „Query Optimizer" entspricht in seiner Funktionalität dem alten CBO.
- Der „Automatic Tuning Optimizer" (ATO) ist neu. Es handelt sich um ein Expertensystem mit den oben beschriebenen erweiterten Analysemöglichkeiten sowie einer Schnittstelle, um generierte Tuning-Empfehlungen an den Benutzer weiterzureichen.

Dieser Ansatz bietet einen großen, prinzipiellen Vorteil gegenüber den zahlreichen sonst benutzten Tuning-Tools. Solche Tools müssen nämlich immer auf dem neuesten Stand sein, was die Möglichkeiten des Optimizers angeht, also möglichst umfassendes Knowhow über die einzelnen Ausführungsschritte sowie die Bewertungsregeln für vollständige Ausführungspläne besitzen, um (abgesehen von Optimizer-Hints) gute Empfehlungen geben zu können.

Da beide Komponenten denselben Regelsatz benutzen und kennen, fällt diese Problematik bei der Benutzung des ATO offenbar weg. Die Kostenschätzungen und damit Verhaltensprognosen sind damit garantiert kohärent zum tatsächlichen Verhalten des Query Optimizers. Neue Optimizer-Techniken sind automatisch mit berücksichtigt. Die praktische Effizienz des ATO hängt damit nur noch davon ab, wie viele Heuristiken für die Erzeugung von Tuning-Empfehlungen eingebaut werden.

Dies ist natürlich auch das eigentliche Betriebsgeheimnis, und es ist davon auszugehen, dass dieser Satz von Regeln und Heuristiken mit jedem Datenbank-Release und/oder Patchset mehr oder weniger stark erweitert wird.

Die Abbildung verdeutlicht noch einmal die Architektur des CBO. Der Query Optimizer bearbeitet unbemerkt vom Benutzer zur Ausführungszeit die ankommenden SQL-Kommandos. Der ATO dagegen wird nur aktiv, wenn er explizit über eine Schnittstelle von einem Benutzer angesprochen wird. Bei dieser Schnittstelle handelt es sich um den

SQL Tuning Advisor, der in dem mitgelieferten Package DBMS_SQLTUNE implementiert ist.

Mit dem Begriff Automatic SQL Tuning ist nichts anderes als die Benutzung des ATO über diese Schnittstelle gemeint. Dies läuft im Rahmen eines sogenannten Tuning-Tasks an, was in den folgenden Abschnitten näher beschrieben wird. Auch auf die sogenannten SQL-Profile, die mit der Oracle-Version 10g neu hinzugekommen sind, wird weiter unten genauer eingegangen.

Arbeitsweise des ATO Als Eingabe für den ATO können einzelne SQL-Kommandos oder ganze Kollektionen von Kommandos verwendet werden. Diese werden entweder direkt mit dem SQL-Text eingegeben, oder man nimmt auf Kommandos Bezug, die im Cursor- Cache (View V$SQL) vorliegen oder in einem AWR- oder ADDM-Report als kritisch eingestuft wurden.

Ausgabe sind in jedem Fall Tuning-Empfehlungen, Begründungen sowie Abschätzungen zu möglichen Einsparungen. Gleichzeitig werden die entsprechenden SQL-Kommandos zur Umsetzung der Empfehlungen mitgegeben.

Die gesamte Interaktion zwischen Benutzer und ATO geschieht über Prozeduraufrufe des Packages DBMS_SQLTUNE. Dies kann wahlweise per SQL oder über den Enterprise Manager Database Control erfolgen (dort über den Punkt ADVISOR CENTRAL und weiter über *SQL TUNING ADVISOR*). Der ausführende Benutzer benötigt in jedem Falle die Rolle DBA sowie das Systemprivileg ADVISOR.

Wie bereits erwähnt, dürften sich die Fähigkeiten des ATO von Version zu Version erweitern. Unter anderem sind folgende Möglichkeiten eingebaut:

- Simulation von Indizes und Materialized Views. Es werden Ausführungspläne und Kosten berechnet, als wenn entsprechende Objekte vorhanden wären.
- Ersetzen von UNION durch UNION ALL, wenn ableitbar ist, dass keine Duplikate vorkommen können
- Ersetzen von NOT IN- durch NOT EXISTS-Unterabfragen
- Ersetzen von Filterbedingungen der Form: TO_CHAR(datumswert) = datumsstring durch Bedingungen der Form: datumswert BETWEEN datumsstring_1 AND datumsstring_2
- Beseitigung kartesischer Produkte (in der Praxis meistens gepaart mit anschließender Duplikat-Elimination via DISTINCT)
- Überprüfung der Existenz und Gültigkeit von Objektstatistiken.

Benutzung des ATO Um den Ablauf und die Arbeitsweise des ATO zu verstehen, ist es nützlich, einen Tuning-Vorgang einmal Schritt für Schritt zu verfolgen: Zunächst wird ein Tuning-Task erstellt. Dabei wird festgelegt,

- welches Statement bzw. welche Statements untersucht werden sollen; ggf. können Werte für Bindevariablen festgesetzt werden (Parameter sql_text und bind_list). Die Variable sql_text ist vom Typ CLOB, Probleme mit langen SQL-Kommandos gibt es daher nicht.

- unter welchem Schema das Statement ausgeführt wird (Parameter `user_name`).
- ob auch SQL-Profile erstellt werden sollen (`SCOPE_COMPREHENSIVE`) oder nicht (`SCOPE_LIMITED`). Da die Erstellung von SQL-Profilen Teilausführungen des/der SQL-Kommandos beinhaltet, die u. U. eine Weile dauern, kann in diesem Fall ein Zeitlimit für die gesamte Analyse festgelegt werden (Parameter `time_limit`, Angabe in Sekunden, Default-Wert ist eine halbe Stunde). Ohne SQL-Profile kann man von einer Laufzeit von etwa einer Sekunde pro SQL-Statement ausgehen.

Für den Task wird ein Name vergeben (`task_name`; wenn nichts übergeben wird, wird ein systemgenerierter Name zurückgegeben), der in den folgenden Aufrufen als *Handle* für den Tuning-Task dient.

```
SQL> DECLARE
       my_task_name VARCHAR2(30);
       my_sqltext CLOB;
     BEGIN
       my_sqltext := 'SELECT * FROM kunden k, auftraege a '
                  || 'WHERE k.kdnr = a.kdnr '
                  || 'AND k.nachname = :b1';
       my_task_name := dbms_sqltune.create_tuning_task (
          sql_text => my_sqltext
         ,bind_list =>
               sql_binds(anydata.ConvertVarchar2('Seglitz'))
         ,user_name => 'schwanke'
         ,scope => DBMS_SQLTUNE.SCOPE_COMPREHENSIVE
         ,time_limit => 60
         ,task_name => 'my_sql_tuning_task'
         ,description => 'Tuning-Auftraege eines Kunden');
     END;
/
```

Die Prozedur `CREATE_TUNING_TASK` ist mehrfach überladen. Soll z. B. ein SQL-Kommando aus dem Cursor-Cache verwendet werden, werden statt `sql_text` und `bind_list` die Parameter `sql_id` und `plan_hash_value` verwendet, welche die Werte der gleichnamigen Spalten aus `V$SQL` übernehmen. Über `plan_hash_value` werden unterschiedliche Ausführungspläne für dasselbe SQL-Kommandos auseinandergehalten (z. B. bei unterschiedlichen Schemata oder wenn der Optimizer aufgrund veränderter Objektstatistiken einen anderen Ausführungsplan bevorzugt). Analog können SQL-Statements verwendet werden, die in AWR-Reports auftauchen, dazu muss der Report-Zeitraum (`begin_snapshot_id` und `end_snapshot_id`) übergeben werden.

Um mehrere SQL-Kommandos zu tunen, sind nicht entsprechend viele Tuning-Tasks erforderlich, sondern die betreffenden Statements können in einer Kollektion, einem sogenannten SQL Tuning Set (STS), zusammengefasst werden. Der Aufbau eines solchen SQL Tuning Sets auf der Basis von AWR-Workloads ist – wenn auch in einem anderen Kontext – in Abschnitt 13.5.5 beschrieben. Bei der Erzeugung des Tuning-Tasks wird der Name des STS (Parameter `sqlset_name`) übergeben. Für weitere Parameter zum Filtern und Ranken der einzelnen Kommandos siehe die Dokumentation Oracle 11g PL/SQL Packages and Types Reference.

Der so definierte Tuning-Task wird nun gestartet:

```
SQL> BEGIN
       dbms_sqltune.execute_tuning_task (
         task_name => 'my_sql_tuning_task' );
     END;
     /
```

Bei lang laufenden Tuning-Tasks kann auch der Fortschritt des Tasks einfach überwacht werden:

```
SQL> SELECT status
     FROM   dba_advisor_log
     WHERE  task_name = 'my_sql_tuning_task';

STATUS
-----------
COMPLETED

SQL> SELECT sofar,totalwork,units,time_remaining,
            elapsed_seconds,message
     FROM   v$session_longops
     WHERE  opname = 'SQL Tune';

SOFAR TOTALWORK  UNITS           TIME_REMAINING ELAPSED_SECONDS
------ ---------- --------------- -------------- ---------------
MESSAGE
---------------------------------------------
     1          1  SQL Statements             0               2
SQL Tune: : 1 out of 1 SQL Statements done
```

Ist die Bearbeitung abgeschlossen, kann ein Ergebnisreport abgefragt werden. Es bietet sich an, diesen per `SPOOL`-Kommando direkt in eine Datei zu leiten:

```
SQL> SET LONG 1000000
SQL> SET LINESIZE 100
SQL> SPOOL sqltune_report.txt
SQL> SELECT dbms_sqltune.report_tuning_task (
       'my_sql_tuning_task','TEXT','TYPICAL','ALL')
     FROM DUAL;
SQL> SPOOL OFF
```

Dieser Aufruf generiert den Bericht als Textdatei. Auch eine Ausgabe im HTML- oder XML-Format ist vorgesehen (`TEXT`, `HTML`, `XML`).

Der Umfang der Ausführungspläne kann eingestellt werden (`BASIC`, `TYPICAL`, `ALL`), außerdem kann auf einzelne Berichtsabschnitte eingeschränkt werden (`ALL`, `FINDINGS`, `PLANS`, `INFORMATION`, `ERRORS`). Beispielsweise liefert `FINDINGS` nur die Ergebnisse und Kommandos zur Umsetzung der Empfehlungen. Die oben benutzten Werte sind die Default-Werte.

Die entsprechenden `CREATE INDEX`-Kommandos können direkt aus dem Report herauskopiert werden, sollten aber noch angepasst werden hinsichtlich sprechender Index-Namen, Tablespaces etc. In der Spalte *Cost* (`%CPU`) ist zu erkennen, wie stark sich die geschätzten Gesamtkosten verringern. Entgegen der Spaltenüberschrift handelt es sich nicht um reine CPU-Kosten, sondern um I/O- plus CPU-Kosten.

Sind diese Maßnahmen umgesetzt, kann gleich ein weiterer Analyselauf angestoßen werden, um ggf. weiteres Tuning-Potenzial auszunutzen. Der Tuning-Task muss dazu nicht neu erstellt werden, lediglich die bisherigen Ergebnisse müssen gelöscht werden.

```
SQL> BEGIN
       dbms_sqltune.reset_tuning_task (
         task_name => 'my_sql_tuning_task' );
     END;
     /
```

Anschließend geht es mit einem erneuten Aufruf von `EXECUTE_TUNING_TASK` weiter. Analog kann über die Prozeduren

```
{INTERRUPT | RESUME | CANCEL}_TUNING_TASK
```

eine langlaufende Analyse unterbrochen, wiederaufgenommen oder vollständig abgebrochen werden. Da die Tuning-Tasks persistent sind, also auch nach Beendigung der Session weiterexistieren, sollte man nach einer abgeschlossenen Analyse mittels `DROP_TUNING_TASK` aufräumen. Einziger Parameter ist jeweils `task_name`.

SQL-Profile

In manchen Fällen empfiehlt der ATO die Erstellung eines sogenannten SQL-Profils. Dabei handelt es sich um eine Art „Korrekturstatistik", die speziell für das untersuchte SQL-Kommando hinterlegt wird, um dem Query-Optimizer genauere Kostenschätzungen zu ermöglichen.

Die herkömmlichen Objektstatistiken, die der Query-Optimizer insbesondere zur Schätzung der Größe von Zwischenergebnissen benutzt, können aus verschiedenen Gründen zu systematischen Fehlschätzungen führen, beispielsweise:

- Der Query-Optimizer geht davon aus, dass es keine Datenkorrelationen zwischen unterschiedlichen, in der `WHERE`-Klausel eingeschränkten Spalten gibt.

  Bei einer Eingrenzung z. B. auf den Wohnort und das Geburtsdatum eines Kunden geht dies in den meisten Fällen gut, da die beiden Eigenschaften weitgehend unabhängig voneinander sein dürften. Bei einer Eingrenzung auf Wohnort und PLZ jedoch ist offensichtlich eine Abhängigkeit vorhanden. Natürlich kann man in diesem Fall argumentieren, dass die PLZ den Ort eindeutig determiniert und somit Letzterer einfach weggelassen werden kann. Ist das SQL-Kommando in einer Anwendung codiert, evtl. sogar dort dynamisch erzeugt, ist eine Anpassung aber nicht mehr so einfach.

  Außerdem müssen es nicht immer deterministische Zusammenhänge sein. Zum Beispiel ist bei einer Eingrenzung auf Wohnort und Beschäftigungsstatus nicht von einer Unabhängigkeit der beiden Attribute auszugehen, da Arbeitslosigkeitsraten offenbar regional differieren. Durch Spalten-Histogramme ist das Problem nicht lösbar, da diese lediglich eine „Innenansicht" einer Spalte bieten, aber keine Abhängigkeiten zu anderen Spalten aufdecken.

- Ein ähnliches Problem kann bei Joins auftreten, wenn beide betroffenen Tabellen eingeschränkt werden. Sucht man beispielsweise alle via Internet übermittelten Aufträge (Einschränkung auf der Aufträge-Tabelle) von über 60-jährigen Kunden (Einschränkung auf der Kundentabelle), so kann der Query-Optimizer die Größen der eingeschränkten Tabellen durch Benutzung von Histogrammen zwar korrekt schätzen.

Wenn aber die über 60-jährigen Kunden verhältnismäßig selten per Internet bestellen, ist der Join der beiden Teilmengen sehr dünn besetzt. Dies kann der Optimizer aber nicht wissen. Die Ergebnismenge würde systematisch zu groß geschätzt.

Für solche und ähnliche Probleme gab und gibt es weiterhin die Möglichkeit, Stored Outlines – wie bereits beschrieben – zu definieren, wodurch sämtliche Statistiken und Histogramme ignoriert werden und ein ganz bestimmter, vorher festgelegter Ausführungsplan erzwungen wird. Der Nachteil hierbei ist, dass Entwicklungen der Tabellengrößen oder Werteverteilungen vom Optimizer nicht mehr berücksichtigt werden, stattdessen müssen ggf. irgendwann die Stored Outlines manuell angepasst werden.

Die mit Oracle 10g eingeführten SQL-Profile stellen in dieser Hinsicht einen Mittelweg dar. Im Gegensatz zu Stored Outlines werden für ein betroffenes SQL-Kommando nicht der komplette Ausführungsplan, sondern lediglich einige weitere Statistikinformationen speziell für dieses SQL-Kommando persistent hinterlegt. Diese stellen Korrekturfaktoren für die oben angesprochenen Situationen dar (sogenannte Filter- und Join-Selektivitäten).

Die herkömmlichen Objektstatistiken werden weiterhin benutzt, die SQL-Optimierung ist daher flexibler als mit Stored Outlines.

Beiden Verfahren ist aber gemein, dass sie SQL-Tuning von Anwendungs-SQL ohne Eingriffe in die Anwendung ermöglichen. Auch sollten beide Wege erst dann beschritten werden, wenn klar ist, dass die normalen Objektstatistiken nicht ausreichen. Dies ist insbesondere bei den Empfehlungen des ATO zu berücksichtigen, die manchmal neben anderen Vorschlägen auch die Erstellung eines SQL-Profiles beinhalten. In diesem Fall sollten – wenn möglich – zuerst die anderen Vorschläge umgesetzt werden, wie z. B. die Erstellung von Indizes, Materialized Views, die Aktualisierung von Objektstatistiken und Histogrammen etc., und anschließend ein erneuter Analyselauf angestoßen werden. Häufig tauchen die SQL-Profile dann bereits nicht mehr im Analysebericht auf.

Aus dem oben Gesagten ist klar, dass die Notwendigkeit eines SQL-Profils nur erkannt werden kann, indem die Größenschätzungen des Query-Optimizers mit den tatsächlichen Größen der Ergebnisse und Zwischenergebnisse verglichen werden. Das bedeutet, dass der ATO bei der Analyse die betreffende SQL-Abfrage konkret ausführt. Um Zeit zu sparen, wird bei großen Ergebnismengen mit Teilausführungen gearbeitet und die Ergebnisgröße hochgerechnet. Über die Parameter `scope` und `time_limit` wird eingestellt, ob dieser Vergleich durchgeführt werden soll, sowie ein Zeitlimit für die Ausführung gesetzt. Während der Analyse wird ggf. ein SQL-Profil vorbereitet. Im Analysebericht findet sich dann im Abschnitt Findings ein Hinweis sowie ein SQL*Plus-Kommando, um das SQL-Profil tatsächlich zu übernehmen.

SQL-Profile können in Kategorien eingeordnet werden. Für produktive Sessions (beispielsweise einer Anwendung) kann nun über den Serverparameter `sqltune_category` gesteuert werden, ob und, wenn ja, welche SQL-Profile genutzt werden (dies ist analog zum Parameter `use_stored_outlines` bei Stored Outlines).

Die Standardkategorie heißt `DEFAULT`, kann aber über den Serverparameter `sqltune_category` geändert werden.

Beim Aufruf von accept_sql_profile sollte zusätzlich über den Parameter category eine Zielkategorie für das neue Profil mitgegeben werden. Ansonsten landet es in der Kategorie DEFAULT, ist also für laufende Sessions unmittelbar aktiv. Besser ist es, zunächst eine Testkategorie zu benutzen. Also z. B.:

```
SQL> DECLARE
       profile_name VARCHAR2(200);
     BEGIN
       profile_name := dbms_sqltune.accept_sql_profile(
         task_name => 'my_sql_tuning_task',
         name => 'my_sql_profile',
         category => 'TEST');
     END;
     /
```

Anschließend kann der Effekt des SQL-Profils durchgetestet werden. Eine Testumgebung wird einfach durch Setzen der zu verwendenden Kategorie erzeugt:

```
SQL> ALTER SESSION SET sqltune_category = TEST;
SQL> -- Ausführen des SQL-Kommandos
```

Die Verknüpfung eines SQL-Befehls mit vorhandenen Profilen geschieht über den Text des SQL-Befehls. Dieser muss abgesehen von *Whitespace* (Leerzeichen, Tabulator, Return) und Groß- und Kleinschreibung (außer in Literalen) identisch sein. Zur Übernahme in den produktiven Betrieb wird einfach die Kategorie des Profils geändert. Ist der Profilname nicht bekannt, kann er über die Spalte name der View DBA_SQL_PROFILES herausgefunden werden.

```
SQL> BEGIN
       dbms_sqltune.alter_sql_profile(
         'my_sql_profile',
         'CATEGORY',
         'NEUE_KATEGORIE');
     END;
     /
```

Sollten dennoch Probleme auftreten, ist ein vorübergehendes Deaktivieren des Profils möglich:

```
SQL> BEGIN
       dbms_sqltune.alter_sql_profile(
         'my_sql_profile'
         ,'STATUS'
         ,'DISABLED'); -- analog 'ENABLED'
     END;
/
```

Über die Prozedur drop_sql_profile wird ein Profil gelöscht.

Seit der Version 10gR2 können SQL-Profile auch von einer Test-Datenbank exportiert und in ein Produktionssystem importiert werden. Da die SQL-Profil-Daten in Tabellen des Schemas SYS liegen, ist ein Verfahren analog zu Stored Outlines (direkter Export und Import der zugrunde liegenden Daten) nicht möglich. Stattdessen wird hier mit einer Staging-Tabelle gearbeitet, die die zu transportierenden SQL-Profile aufnimmt. Diese muss zunächst erstellt werden:

```
SQL> BEGIN
       DBMS_SQLTUNE.create_stgtab_sqlprof(
         table_name  => 'my_staging_table',
         schema_name => 'DEMO' );
     END;
     /
```

Jetzt werden ein oder mehrere SQL-Profile in diese Staging-Tabelle exportiert:

```
SQL> BEGIN
       DBMS_SQLTUNE.pack_stgtab_sqlprof(
         profile_name          => 'my_sql_profile',
         staging_table_name    => 'my_staging_table',
         staging_schema_owner => 'DEMO' );
     END;
     /
```

Nun überträgt man die Staging-Tabelle auf die Zieldatenbank. Dies kann mit beliebigen Mitteln durchgeführt werden, beispielsweise per Data Pump oder via Datenbank-Link. Auf der Zielseite werden die SQL-Profil daraus extrahiert:

```
SQL> BEGIN
       DBMS_SQLTUNE.UNPACK_STGTAB_SQLPROF(
         replace               => TRUE,
         staging_table_name    => 'my_staging_table',
             staging_schema_owner => 'DEMO');
     END;
     /
```

Zu beachten ist natürlich, dass die Wirksamkeit eines SQL-Profils stark von den konkreten Daten abhängt, also nur dann Sinn macht, wenn die Testdaten eine repräsentative Teilmenge der Produktionsdaten darstellen.

Die beschriebenen Verwaltungsschritte für SQL-Profile erfordern die Systemprivilegien `CREATE`, `ALTER` bzw. `DROP ANY SQL PROFILE`. In der für Tuning-Tasks benötigten DBA-Rolle sind diese Privilegien aber ohnehin enthalten.

Zusammenspiel mit anderen Funktionen

Es wurde bereits beschrieben, wie SQL-Profile und Stored Outlines zueinander abgegrenzt werden. In der Praxis ist für ein konkretes SQL-Kommando abzuwägen, welche Methode bessere Ergebnisse liefert. Dadurch, dass Stored Outlines ebenfalls per Kategorie verwaltet und ein- oder ausgeschaltet werden können, ist eine große Flexibilität möglich. Liegen bei der Ausführung eines SQL-Befehls sowohl ein SQLProfil als auch ein Stored Outline vor, hat das Stored Outline Priorität. Im Rahmen von SQL-Tuning ist auch folgendes Vorgehen interessant, das letztlich zu einem Stored Outline führt:

1. Ein SQL-Profil für den betreffenden SQL-Befehl wird erstellt und übernommen. Dies führt zu einem optimierten Ausführungsplan.
2. Anschließend wird die SQL-Profil-Kategorie für die Session gesetzt, sodass das erzeugte Profil benutzt wird und ein Stored Outline erstellt. Dieses enthält dann den optimierten Ausführungsplan. Das SQL-Profil wird anschließend wieder gelöscht.

Da die Effektivität eines SQL-Profils offenbar von konkreten Werteverteilungen in den Daten abhängt, sollte bei SQL-Kommandos mit Bindevariablen gut überlegt werden, ob es sinnvoll ist, ein Profil zu hinterlegen. Das Verhalten von SQL-Profilen in Zusammenhang mit dem Serverparameter `cursor_sharing` (automatische Ersetzung von Literalen durch Bindevariablen) ist nicht dokumentiert, eigene Tests zeigten aber, dass unabhängig von der Einstellung des Parameters weder bei der Erstellung eines Profils noch beim Verknüpfen eines SQL-Kommandos mit einem Profil Bindevariablen eingesetzt werden.

SQL-Profile werden also immer für Kommandos mit konkreten Werten angelegt. Nur wenn der Benutzer explizit ein Kommando mit Bindevariablen an den ATO gibt, wird hiervon eine Ausnahme gemacht. Aus den erwähnten Gründen macht diese Regelung auch Sinn.

15.6.5 SQL Plan Baselines

Zusammen mit der Version 11g wurden SQL Plan Baselines eingeführt. Obwohl sie intern anders funktionieren, haben sie doch mit Stored Outlines eines gemein: Sie sollen Ausführungspläne von SQL-Befehlen stabilisieren helfen und die Anwender vor Überraschungen im Laufzeitverhalten bewahren. Auch wenn sie sicher nicht pauschal für alle Befehle einer Datenbank nützlich sind, helfen sie doch, einige hochsensible SQL-Zugriffe zu „zähmen".

Vereinfachend lässt sich der Prozess wie folgt beschreiben: Wiederholt ausgeführte Befehle, und nur diese, werden in der *SQL Management Base* (SMB) im `SYSAUX`-Tablespace erfasst. Neben der gehashten Signatur des Befehls werden u. a. auch die Zugriffspläne und Bindevariablen gespeichert.

Nachdem der erste „Referenzplan" für ein Statement vorliegt[39], werden alle weiteren Ausführungspläne mit diesem „Baseline Plan" verglichen. Bei Abweichungen zum Guten werden diese neuen Pläne zwar im SMB gespeichert, ausgeführt wird aber immer nur der jeweils „akzeptierte" Plan. Das Aktzeptieren der Pläne (*evolve*) wird stets explizit über einen eigenen Prozeduraufruf oder mithilfe des Tuning Packs im Hintergrund automatisch geregelt.

Auf diese Weise wird sichergestellt, dass neue Ausführungspläne nur dann zum Tragen kommen, wenn sie in ihrer gesamten Antwortzeit den Erwartungen entsprechen.

SQL-Befehle können auf unterschiedliche Art und Weise Plan Baselines zugeführt werden:

- *Automatische Erfassung* – hierbei wird – innerhalb einer Session oder systemweit – die Erfassung eingeschaltet, und alsdann werden die entsprechenden Zugriffe gestartet.
- *Laden aus dem Shared Pool* – Cursor, die im Shared Pool liegen, lassen sich über unterschiedliche Kriterien integrieren. Z.B. über Modul- oder Action-Namen, SQL-Texte oder den Namen des parsenden Schemas.
- *Tuning Sets* können ebenfalls übernommen werden, womit sich interessante Perspektiven für die datenbankübergreifende Nutzung ergeben (Tuning Sets können bekanntlich ex- und importiert werden).

Im Folgenden werden wir kurz die automatische Erfassung im Kontext einer Session beschreiben. Es versteht sich, dass wir die Erfassung in einer Referenzumgebung durchführen sollten, in der die Antwortzeiten unseren Erwartungen entsprechen.

---

39 Dieser wird vom System automatisch eingestellt.

Zunächst wird die Session entsprechend vorbereitet:

```
SQL> ALTER SESSION SET optimizer_capture_sql_plan_baselines = TRUE;
```

Nun können die „kritischen" Befehle über Skripte oder manuell ausgeführt werden. Der oben beschriebene Mechanismus sorgt im Hintergrund dafür, dass die ersten Baselines entstehen. Die Erfassung lässt sich ensprechend über `FALSE` wieder ausschalten.

Ein erster Test der erfassten Daten kann nun wie folgt durchgeführt werden:

```
SELECT sql_handle, sql_text, plan_name, origin, enabled, accepted,
       TO_CHAR(last_verified,'DD.MM.YYYY HH24:MI') verification
FROM   dba_sql_plan_baselines;
```

Das Attribut `sql_handle` kann auch dazu benutzt werden, den gespeicherten Ausführungsplan abzurufen. Das Paket `DBMS_XPLAN` wurde entsprechend erweitert:

```
SQL> SELECT *
     FROM TABLE(dbms_xplan.display_sql_plan_baseline('SYS_SQL_0b7958c381e9005a'));
```

Damit der Optimizer mit den Baselines arbeitet, muss der Server- oder Session-Parameter `optimizer_use_sql_plan_baselines` auf seinem Standardwert `TRUE` stehen.

Sollten nach geraumer Zeit bessere Zugriffsalternativen vorliegen, können wir dies über eine Abfrage auf `dba_sql_plan_baselines` leicht ermitteln und in der Folge den Validierungsprozess *Evolve* anstoßen, der neue Pläne – wenn sie tatsächlich besser sind – „akzeptiert" und somit zur Ausführung übernimmt:

```
SQL> VARIABLE cl CLOB
SQL> EXECUTE :cl := DBMS_SPM.evolve_sql_plan_baseline('SYS_SQL_0b7958c381e9005a');
PL/SQL procedure successfully completed.

SQL> PRINT cl
```

Der generierte Report gibt dann die Details der Verifizierung aus:

```
-------------------------------------------------------------------------------
                        Evolve SQL Plan Baseline Report
-------------------------------------------------------------------------------

Inputs:
-------
  SQL_HANDLE = SYS_SQL_0b7958c381e9005a
  PLAN_NAME  =
  TIME_LIMIT = DBMS_SPM.AUTO_LIMIT
  VERIFY     = YES
  COMMIT     = YES

Plan: SYS_SQL_PLAN_81e9005a11df68d0
-----------------------------------
  Plan was verified: Time used 1.54 seconds.
  Failed performance criterion: Compound improvement ratio <= .67.

                      Baseline Plan      Test Plan     Improv. Ratio
                      -------------      ---------     -------------
  Execution Status:        COMPLETE       COMPLETE
  Rows Processed:            507466         507466
  Elapsed Time(ms):             459            928               .49
  CPU Time(ms):                 456            682               .67
```

```
  Buffer Gets:                    4667          4574              1.02
  Disk Reads:                        0           126                 0
  Direct Writes:                     0             0
  Fetches:                           0            28                 0
  Executions:                        1             1

-------------------------------------------------------------------------------
                              Report Summary
-------------------------------------------------------------------------------
Number of SQL plan baselines verified: 1.
Number of SQL plan baselines evolved: 0.
```

In diesem Beispiel wurde der Plan nicht akzeptiert. Alternativ ließe sich das auch explizit über folgende Prozedur erledigen

```
SQL> EXECUTE dbms_spm.alter_sql_plan_baseline(...);
```

16 Monitoring und Diagnose

Primäre Aufgabe eines Datenbankadministrators ist es, dafür zu sorgen, dass die Anwendungen ohne Einschränkung auf die von ihm betreuten Datenbanken zugreifen können. Natürlich gehören dazu die alltäglichen Aufgaben, wie Einrichten bzw. Erweitern der Datenbank, Verwaltung der Benutzer und ein sicheres Backup und Recovery Konzept. Allerdings arbeiten immer noch sehr viele Datenbank Administratoren reaktiv, d. h. sie führen Aufgaben aus, wenn sie damit betraut werden. Entweder in Form von Troubletickets oder einfach über einen Anruf oder eine E-Mail. Dagegen ist bei Verwaltungsaufgaben nichts einzuwenden. Beim Thema Verfügbarkeit ist dies jedoch sicherlich kein geeignetes Vorgehen. Ein Administrator sollte in der Lage sein, aufkommende Probleme frühzeitig zu erkennen und entsprechend gegensteuern zu können. Nur dann kann die primäre Aufgabe des Administrators erfolgreich erfüllt werden.

Es gibt heute eine Reihe von Monitoring-Werkzeugen als Freeware (z. B. Nagios), vom Hersteller selbst (also in diesem Fall Oracle Enterprise Manager) oder von Drittherstellern (z. B. Foglight von Quest Software). Alle diese Werkzeuge unterstützen den Administrator und unterscheiden sich im Wesentlichen von der Art der Speicherung bzw. der Darstellung. Es ist nicht Anspruch dieses Kapitels, wie auch des gesamten Buches, Werkzeuge zu vergleichen bzw. sich für oder wider bestimmte Werkzeuge auszusprechen, dafür ist die Bandbreite zu groß. Wir beschränken uns im Folgenden auf die unserer Ansicht nach notwendigen Messungen und wie diese von einem Administrator zu bewerten sind. Ob Sie das lieber über eine bunte Grafik oder eine einfache Textdatei machen möchten, bleibt Ihnen, lieber Leser, überlassen.

Folgende Anforderungen müssen daher für erfolgreiches Monitoring erfüllt werden:

1. Messwerte müssen kontinuierlich in möglichst gleich bleibenden Intervallen und immer gleichem Messverfahren gesammelt werden.
2. Bei der Erfassung der Messwerte muss eine Balance zwischen minimalem Intervall und Einfluss der Sammlung auf die zu überwachende Datenbank gefunden werden.
3. Neben den Messwerten müssen statische Parameter, wie Versionen, Betriebssystem, Serverparamter mit gesammelt werden.
4. Die Daten müssen separat gespeichert werden, um auch dann zugreifbar zu sein, wenn die Datenbank nicht zur Verfügung steht (Thema Troubleshooting).
5. Die Daten müssen als fixe Werte gespeichert (z. B. MByte) aber als Verhältniswerten dargestellt werden (prozentualer Füllgrad).
6. Schwellenwerte und zu messende Komponenten müssen eingestellt bzw. ein- und ausgeschaltet werden können.
7. Es muss eine mehrstufige Bewertung (Information, Warnung, Alarm, ...) erfolgen.
8. Auch die „Nichtmessung“ muss protokolliert werden.
9. Zusätzlich sollte ein so genannter *Blackout* definiert werden können um zu vermeiden, dass es zu fehlerhaften Alarmen bei Wartungsarbeiten kommt.

Neben diesen klassischen Kriterien eines Monitorings gibt es seit einigen Jahren eine vermehrte Anforderung des End-To-End Monitorings, d. h. neben der Datenbank werden auch Application Server und Anwender bzw. Anwendungen überwacht. Durch dieses so genannte *Application Performance Monitoring* lässt sich die Auswirkung eines Engpasses auf die Verfügbarkeit einer Anwendung wesentlich besser darstellen (siehe Kapitel 2.3).

16.1 Was bedeuten diese Anforderungen?

Die Punkte 1 bis 3 sind sicherlich von entscheidender Bedeutung für ein erfolgreiches Monitoring. Es bietet sich an, zunächst einmal bestimmte Intervalltypen festzulegen. Statische Werte, wie die Oracle-Version oder die Serverparameter kann man einmal pro Tag erfassen. Sie sind wichtig für die Beurteilung von Engpässen, aber ändern sich eben nur sehr selten.

Die zweite Gruppe von Messwerten bilden die leicht dynamischen Werte, wie z. B. die Größe und der Füllgrad in den Tablespaces. Je nach System kann es sein, dass hierfür unterschiedliche Intervalle gewählt werden, in den meisten Fällen hat sich aber ein Intervall von 3 bis 6 Stunden als ausreichend herausgestellt. Schneller änderbare Werte, wie z. B. der verfügbare Platz für die archivierten Redolog-Dateien oder aber auch Informationen über Session bzw. SQL-Befehle werden in der Regel in Intervallen von 15 oder 30 Minuten gesammelt. Hierzu gehören auch die für das Automatic Workload Repository (AWR) benötigten Daten.

Kritisch wird die Sammlung von Daten in noch kürzeren Intervallen, wie z. B. für Lock-Konflikte und Performancedaten. Oftmals scheidet hier die Ermittlung über SQL-Befehle aus, weil der damit verbundene Einfluss auf die Datenbank (und damit Punkt 2) nicht mehr toleriert werden kann. In diesen Fällen muss auf spezielle Diagnosewerkzeuge, wie der Active Session History (ASH) oder Quest Foglight Performance Analysis ausgewichen werden.

Für die Speicherung der Daten in einer separaten Datenbank (Punkt 4) spricht neben dem Troubleshooting auch, dass der Einfluss auf das produktive System dann geringer ist. Denn alle Messdaten belegen ja auch entsprechenden Platz in der Datenbank und müssen z. B. auch bei Backups mit gesichert werden.

Leider wird der Punkt 5 beim Monitoring oftmals vergessen bzw. nur teilweise beherzigt. Natürlich ist es für das Monitoring selbst ausreichend, zu wissen, dass noch *x* Prozent Platz in einem Tablespace vorhanden sind. Wenn der Tablespace bzw. die zugehörige Datendatei automatisch erweitert wird, besteht die Gefahr, dass ein unkontrolliertes Wachstum eines Objektes erst zu spät (nämlich dann, wenn kein Platz mehr im entsprechenden Filesystem ist) erkannt wird. Generell wird es beim Troubleshooting wichtig sein, die Entwicklung von Messwerten analysieren zu können.

Für Punkt 6 kommt zum Tragen, dass es **DIE** Monitoring Einstellung nicht gibt. Jede Datenbank muss nach den eigenen Anforderungen eingestellt werden. In der Praxis werden hierfür oftmals Templates definiert, d. h. die Datenbanken werden in Klassen eingeteilt (z.B: Entwicklung, Preproduktion, Produkion) und die Schwellenwert-Definition bzw. die zu messenden Werte werden dem entsprechend gesetzt. Im Oracle Enterprise Manager können die Templates über den Reiter *Setup* im Menüpunkt *Überwachungsvorlagen* definiert bzw. geändert werden (siehe Abbildung 16.1).

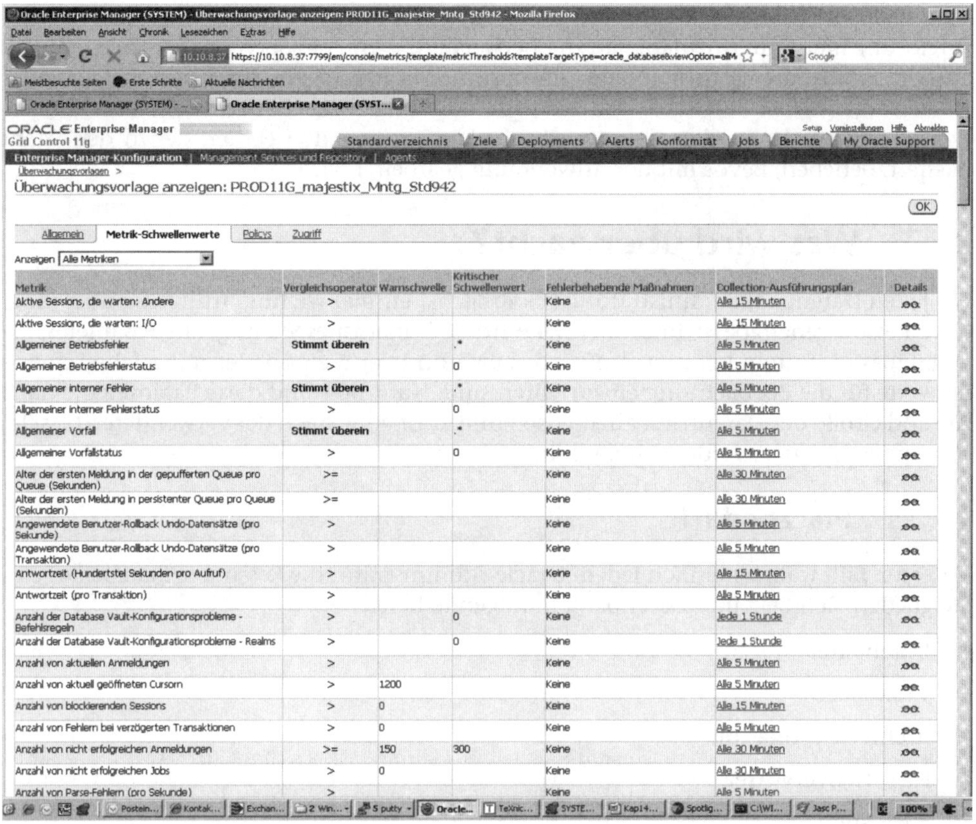

Abbildung 16.1: Überwachungsvorlagen im Enterprise Manager

Wenn über Monitoring-Software geredet wird, fallen jedem sofort Beispiele mit gelben und roten Fahnen ein. Dass also die Forderung von Punkt 6 erfüllt sein muss, leuchtet dementsprechend ein. Dabei wird in der Regel zwischen Information, Warnung und Alarm unterschieden und zusätzlich bei einem Ausfall noch ein fataler Event dargestellt. Wichtig ist auch, dass neben der mehrstufigen Alarmierung die Nichtverfügbarkeit der Daten, z. B. weil ein Agent nicht auf die Datenbank zugreifen konnte, dargestellt wird. In der Vergangenheit gab es immer wieder Systeme, die eine hübsche grüne Fahne angezeigt haben, obwohl der Agent gar keine Daten sammeln konnte. Dies gilt auch für den Fall von Wartungsarbeiten. Hier sollte gekennzeichnet werden, dass es sich um einen Blackout, d. h., eine bewusste Beeinträchtigung des Systems handelt, weitere Messungen erfolgen jedoch nicht.

Zu guter Letzt ist das Monitoring nur so gut, wie das Vertrauen, dass man darin setzen kann. Wichtig ist dabei, dass so genannte Alarm Storms vermieden werden. Diese tauchen auf, wenn Messungen aufeinander aufbauen und dann die unterste Komponente einen Fehler hat. Bei der Datenbank würde dies bedeuten, dass beim Ausfall des Servers jede einzelne Datenbank einen Fehler meldet, zusätzlich die Listener und vielleicht noch eine weitere Prozessüberwachung.

Gerade dieser Fehler, der bei Demonstrationen gerne benutzt wird, ist mit einer Monitoringlösung meist nur unzulänglich zu überwachen. Wenn ein Server oder die Datenbank ausfällt, erfährt dies der Datenbankadministrator in der Regel schneller vom Anwender als von irgendeiner Software. Dennoch sollte natürlich die Verfügbarkeit von Komponenten überwacht werden, denn vielleicht kann man einen Fehler, der in der Nacht passiert, beheben, bevor mit der Anwendung gearbeitet wird.

16.2 Was wird überwacht?

Für jeden Datenbankadministrator ist es zunächst einmal wichtig, frühzeitig über mögliche Ressourcenengpässe informiert zu werden. Daher ist es wichtig, alle Parameter, die zu Engpässen führen könnten, aufzuschreiben und dann zu überlegen, welche Schwellenwerte für die Beobachtung einzurichten sind. Natürlich sind diese Parameter je nach Art und Größe der Datenbank anzupassen und können je nach der verwendeten Oracle-Version komplizierter oder simpler sein.

16.2.1 Platzbedarf

Als erstes fällt wahrscheinlich jedem Oracle-Administrator die Ressource Platzbedarf ein. Sie gliedert sich bei einer Datenbank in folgende Bereiche:

- Datendatei
- Tablespace
- Archive Destination
- Fast-Recovery-Area
- Filesystem
- ASM

Jeder der oben genannten Bereiche kann dazu führen, dass keine DML-Befehle mehr möglich sind, d. h., es kann nicht mehr gearbeitet werden, da zunächst wieder Platz geschaffen werden muss.

Um diese Informationen überwachen zu können, reicht es in der Regel aus, die entsprechenden Oracle- oder Betriebssystemparameter in relativ großen Abständen zu messen. Gerade bei diesen Parametern spielt aber auch das Betriebssystem eine große Rolle, so dass man hierbei normalerweise nicht mit der Ausführung von SQL-Befehlen auskommt.

16.2.2 Grenzen

Als nächstes sind die harten Limitierungen einer Datenbank zu beobachten, als da wären:

- Anzahl Prozesse
- Anzahl Datenbankdateien
- Anzahl Redolog-Dateien
- Anzahl Datenbanksitzungen
- Anzahl gleichzeitig geöffneter Cursor

Diese Parameter führen zwar nicht zu einem Stillstand der Datenbank, jedoch zu einer abnormalen Beendigung einer Datenbanksitzung. Es wird dem einzelnen Anwender aber einerlei sein, weshalb seine Anwendung abgebrochen wurde.

16.2.3 Tuningparameter

Natürlich gehören auch die performancerelevanten Parameter in den Bereich des Monitoring, da sie zwar nicht zum Abbruch von Transaktionen oder zum Stillstand der Datenbank führen, jedoch je nach Anwendung zu sehr kritischen Situationen, da sich das System unter Umständen aufschaukeln kann.

- Buffer Cache
- Library Cache
- Redo Buffer
- Disk I/O
- Locks
- Interconnect bei RAC

Neben diesen Datenbank spezifischen Daten müssen zusätzliche Betriebssystem Informationen gesammelt werden. Dazu gehören:

- CPU Auslastung
- Memory Auslastung und Paging
- Storage relevante Informationen

Wenn die Datenbank auf einer virtuellen Umgebung betrieben wird, muss es hierbei möglich sein, eine Beziehung zwischen den Daten des virtuellen Gastes und der physikalischen Hardware herzustellen. Die Information, dass die CPU zu 90 % ausgelastet war, ist unbrauchbar, wenn nicht gleichzeitig ermittelt werden kann, wie viel CPU denn diesem virtuellen Gast zur Verfügung gestellt wurde und wie sich dies historisch entwickelt hat.

16.2.4 Prozesse

Zu guter Letzt sollten natürlich auch die Prozesse bzw. die Instanz selbst überwacht werden. Dazu gehört:

- Connect an die Datenbank
- Listener
- ASM Instanz
- Cluster Ready Services

Auch wenn es offensichtlich erscheint, sollte immer auch eine Verbindung zur Instanz aufgebaut werden, um zu testen, ob die Datenbank für die Anwendung noch zur Verfügung steht. Hier sollte in jedem Fall ein eigenes Schema oder das Schema `dbsnmp`, nicht jedoch `SYS` benutzt werden.

16.3 Wie wird beobachtet?

Einen wichtigen Aspekt bei der Auswahl eines Monitoringwerkzeugs stellt natürlich auch die Performance bzw. die zur Verfügung stehende Infrastruktur dar. Wenn Sie über eine 64 KBit-Leitung eine Datenbank überwachen wollen, können Java-Programme, die über das Netz geladen werden, eher hinderlich sein, d. h., in solchen Fällen sollten Sie die guten alten SQL-Skripte zur Hand haben, um die wichtigen Funktionen über die Data-Dictionary-Views zu ermitteln.

Aber selbst wenn Sie sich in einem LAN befinden, werden Sie feststellen, dass die grafischen Werkzeuge sehr lange brauchen, um die benötigte Information anzuzeigen. Im Folgenden wird deshalb immer wieder auch auf den Einsatz von SQL-Befehlen zurückgegriffen.

16.3.1 Alert-Datei

Die Oracle Alert-Datei ist eine chronologische Sammlung von Mitteilungen und Fehlermeldungen, die die Datenbank betreffen. Dazu gehören:

- Alle internen Fehlermeldungen (ORA-600), Block Korruptionen (ORA-1579) und Deadlocks (ORA-60)
- Befehle für die Administration der Datenbank (z.B: `CREATE TABLESPACE`, `STARTUP`, `SHUTDOWN`, `ARCHIVELOG`)
- Prozessrelevante Informationen und Fehlermeldungen (z.B: für Dispatcher und Shared Server)
- Fehler beim Refresh von Materialized Views
- Fehler Aufgrund von Platzproblemen (ORA-1653)
- Beim Startup Serverparameter, die keinen Standardwert haben
- Füllgrad der Fast-Recovery-Area, nachdem ein bestimmter Schwellenwert überschritten wurde (siehe auch Kapitel 8.3)

Es werden aber keine Anwendungsfehler (z. B. Primärschlüsselverletzung) abgespeichert.

Je nach Art des Problems sollten Sie also zunächst einmal einen Blick auf die Alert-Datei der Datenbank werfen. In vielen Fällen hat diese recht einfache Methode das Problem schon gelöst. Wichtig ist dabei, dass Sie genau wissen, wo sich diese Datei befindet, denn sie ist die einzige Informationsquelle, die es Ihnen ermöglicht, auf einen Blick zu erkennen, ob es Ressourcenengpässe gegeben hat und – wenn ja – wo. Allerdings kann die Datei, je nach protokollierten Events recht groß werden, daher sollten Sie zusätzlich immer die Größe dieser Datei überwachen und von Zeit zu Zeit eine Kopie erstellen. Spätestens, wenn Sie das erste Mal in der Datei einen Fehlereintrag suchen und feststellen, dass die Größe mittlerweile 100 MB überschritten hat, werden Sie verstehen, warum.

Sollten Sie nicht sicher sein, wo sich diese Datei befindet, so melden Sie sich an die Datenbank an und setzen folgenden Befehl ab:

```
SQL> SHOW PARAMETER background_dump_dest

NAME                    TYPE         VALUE
----------------------- ------------ ------------------------------------------------
background_dump_dest    string       /u01/app/oracle/diag/rdbms/prod11g/PROD11G/trace
```

In diesem Verzeichnis befindet sich die Datei `alertPROD11G.log`, d. h. die Alert-Datei der entsprechenden Instanz. Dieser Parameter existiert zwar noch in Oracle 11g, aber er wird von einem neuen Parameter (`diagnostic_dest`) für das Automatic Diagnostic Repository abgelöst. Diese bereits in Kapitel 7 geschriebene Konfiguration speichert alle Arten von Log-Dateien, Traces und auch Konfigurationsinformationen in einem einheitlichen Verzeichnisbaum im XML-Format ab. Daher gibt es mit Version 11g zwei Alert-Dateien. Zum einen das „alte“ Format als reine Textdatei mit der Endung „`.log`“ und zum anderen die XML-Version (Endung „`.xml`“). Die Textdatei liegt, wie beschrieben, im Unterverzeichnis `trace` während sich die XML-Version im Verzeichnis `alert` befindet. Mit dem Befehl `adrci` kann über die Kommandozeile direkt auf die XML-Dateien zugegriffen bzw. auch so genannte Incident Packages erstellt werden. Um also einen Blick in die Alert-Datei zu werfen, ruft man einfach den Befehl auf:

```
% adrci

ADRCI: Release 11.2.0.1.0 - Production on Tue Jul 6 15:20:26 2010

Copyright (c) 1982, 2009, Oracle and/or its affiliates.  All rights reserved.

ADR base = "/u01/app/oracle"
adrci> show alert

Choose the alert log from the following homes to view:

1: diag/clients/user_oracle/host_3676690860_76
2: diag/clients/user_oracle/host_3676690860_11
3: diag/tnslsnr/testhw15/listener
4: diag/diagtool/user_oracle/host_3676690860_11
5: diag/rdbms/test11g/TEST11G
6: diag/rdbms/dummy/JA11R1
7: diag/rdbms/ja11r2/JA11R2
8: diag/rdbms/dgr/DGR
9: diag/rdbms/prd11g2/PRD11G2
10: diag/rdbms/test11g2/TEST11G2
11: diag/rdbms/ja11r1/JA11R1u3
12: diag/rdbms/ja11r1/JA11R1
Q: to quit

Please select option:
```

Wie in diesem Beispiel zu sehen, gibt es mehrere Installationen und Datenbanken auf diesem Rechner. Über die einfache Auswahl einer Option wird dann die entsprechende Alert-Datei aufgerufen. Auf Linux bzw. Unix Systemen in der Regel mit dem `vi` und auf MS-Windows mit dem Texteditor. Natürlich kann ein alternativer Editor gewählt werden.

16.3.2 Server generierter Alarm

Neben den Standardalarmen ist es ab Oracle 11g möglich, so genannte *Server-Generated Alerts* zu nutzen. Dabei handelt es sich um Events (z. B. Snapshot-Too-Old) oder die Überschreitung von Schwellenwerten (z. B. Tablespace Füllgrad), die in eine Queue (ALERT_QUE) geschrieben und vom Oracle Enterprise Manager oder auch selbst geschriebenen Anwendungen (z. B. als E-Mail) ausgelesen werden können. Im Gegensatz zu den in der Alert-Datei protokollierten Events können hier eigene Regeln bzw. Schwellenwerte definiert und angepasst werden.

Ein Beispiel ist in Abbildung 16.3 im Bereich *Alarme* zu erkennen. Dort ist angegeben, dass die *Benutzer Anmeldezeit* einen kritischen Wert überschritten hat.

Die Informationen aus der Queue werden außerdem in regelmäßigen Abständen in das Automatic Diagnostic Repository geschrieben und die Queue aufgeräumt.

Über das Package dbms_server_alerts können die Schwellenwerte ausgelesen (get_threshold) oder gesetzt get_threshold werden. Eine gute Übersicht über die eingestellten Werte liefert die Tabelle dba_thresholds.

```
SQL> SELECT metrics_name,
            warning_value,
            critical_value,
            object_type,
            object_name,
            status
     FROM   dba_thresholds;

METRICS_NAME                   WARNING CRITICA OBJECT_TYPE   OBJECT_NAME    STATUS
------------------------------ ------- ------- ------------- -------------- -------
Average Users Waiting Counts   10              EVENT_CLASS   Administrative VALID
...
Blocked User Session Count     0               SESSION                      VALID
Current Open Cursors Count     1200            SYSTEM                       VALID
Logons Per Sec                 100             SYSTEM                       VALID
Session Limit %                90      97      SYSTEM                       VALID
Tablespace Bytes Space Usage   0       0       TABLESPACE                   VALID
Tablespace Space Usage         0       0       TABLESPACE    TEMP           VALID
Tablespace Space Usage         0       0       TABLESPACE    UNDOTBS1       VALID
Tablespace Space Usage         85      97      TABLESPACE                   VALID
```

In dem Beispiel handelt es sich um die Standardeinstellung, d. h., es wird z. B. eine Warnung generiert, wenn der Füllgrad eines Tablespaces 85 % überschreitet, ein kritischer Alarm wird bei über 97 % gesendet. Interessanterweise erfolgt die Bewertung auch bei Tablespaces, deren Datendateien sich automatisch erweitern können, allerdings nur auf die maximale Größe der Datei bezogen. Wenn sich die Datendatei also bis „unendlich" erweitern kann, wird dieser Alarm nicht feuern.

Abbildung 16.2 zeigt den Zeitverlauf für das Wachstum in einem Tablespace sowie die daraus resultierenden Alarme. Die Meldung *„SYSMAN hat eine manuelle Neuauswertung des Alerts initiiert"* bedeutet, dass eine Aktualisierung im Enterprise Manager selbst durchgeführt wurde.

Weitere Informationen über derzeitige oder historische Alarme finden sich in den Tabellen dba_outstanding_alerts und dba_alert_history.

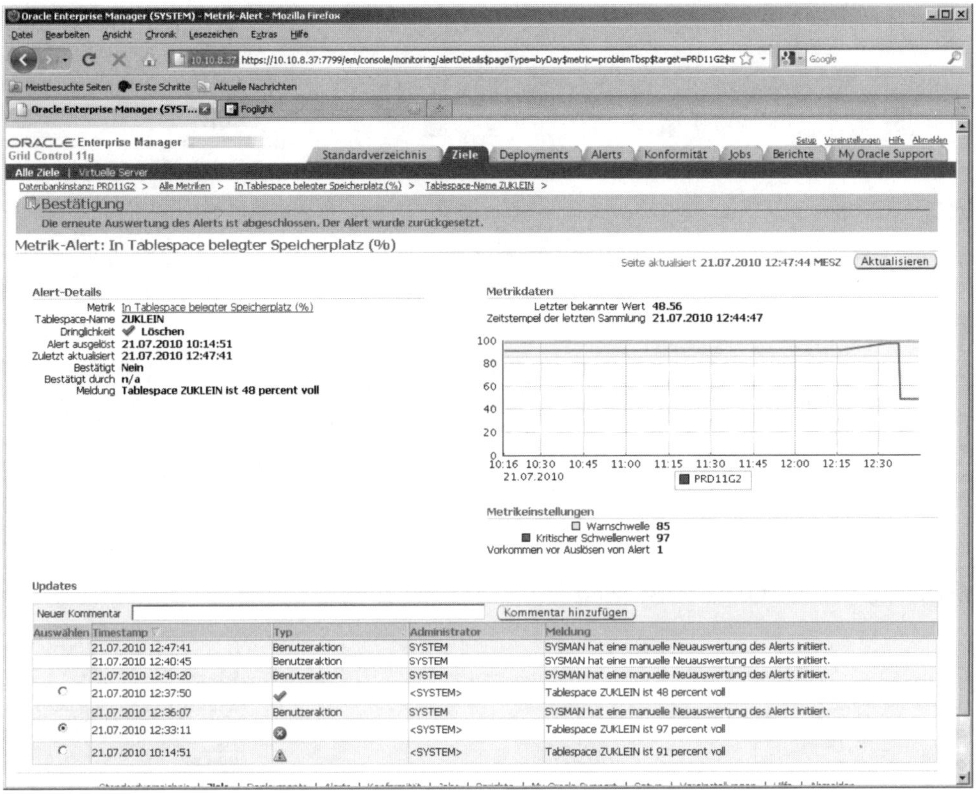

Abbildung 16.2: Server generierter Alarm

16.3.3 Enterprise Manager Alarme

Im Enterprise Manager werden Alarme im Standardverzeichnis der Datenbank angezeigt und können mit weiteren Links detailliert dargestellt werden (siehe Abbildung 16.3).

Unter dem Bereich *Zugehörige Alerts* (Abbildung 16.4) findet man Informationen über Komponenten, die nicht direkt zur überwachten Datenbank gehören, jedoch einen Einfluss auf diese haben. Im Beispiel ist dies die Information über die ASM Instanz.

In der *Diagnosezusammenfassung* findet sich die Information, dass es keine ORA-Fehler, d. h. keine kritischen Einträge in der Alert-Datei gibt. Um Sicher zu gehen, kann man über den Link *Inhalt des Alert Logs* (ganz unten auf der Seite) die Alert-Datei im Browser darstellen.

In den Bereich der Analyse geht der Link *Alert-Historie* (Abbildung 16.5). Diese Historie zeigt für den Tag oder auch für ganze Wochen an, wann bzw. wie lange ein entsprechender Alarm aufgetreten ist. Zusätzlich können dann über eine Drill-Down-Funktion Details zu den einzelnen Alarmen angezeigt werden.

Die gesammelten Metriken für diese Datenbank findet man unter dem Link *Metrik- und Policy-Einstellungen* und kann diese bei Bedarf entsprechend anpassen.

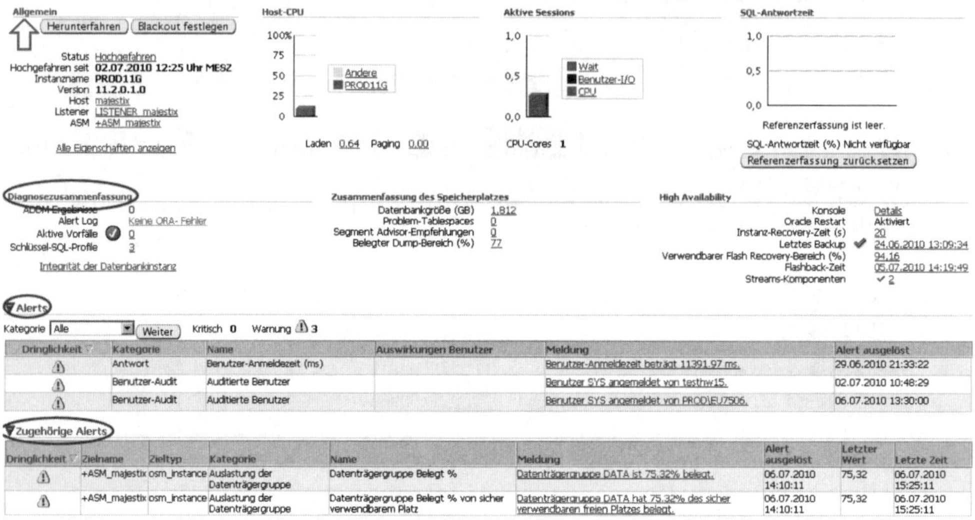

Abbildung 16.3: Alert Datei Darstellung

Abbildung 16.4: Link auf die Alert Datei

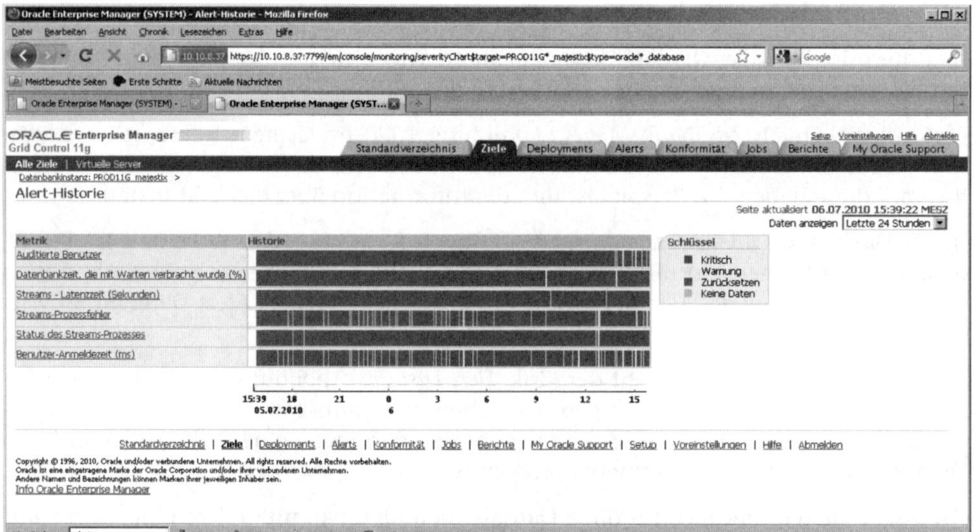

Abbildung 16.5: Alert-Historie

16.3.4 Tablespace und Datendatei

Anhand der Data-Dictionary-Views `dba_data_files` und `dba_free_space` wird überwacht, wie groß der maximale freie Bereich in der entsprechenden Datendatei ist. Sollten Sie dieses Skript selbst schreiben, sollten Sie folgendes beachten:

- Benutzen Sie `MAX(blocks)` und zusätzlich `SUM(blocks)`, wenn Sie den freien Platz in einer Datendatei ermitteln wollen.
- Benutzen Sie einen Outer-Join bei der Verknüpfung von `dba_data_files` und `dba_free_space`, da es durchaus vorkommen kann, dass es keinen Eintrag mehr in `dba_free_space` gibt, weil alles belegt ist. Diese Datendatei würde dann einfach nicht angezeigt.
- Überprüfen Sie, ob ein `AUTOEXTEND` der Datendatei gesetzt ist und ob die maximale Größe unter Umständen auf `UNLIMITED` gesetzt wurde. Wenn dem so ist, müssen Sie über Betriebssytemmittel (z. B. `df -k`) den Platz in den einzelnen Dateisystemen überwachen. Außer bei der Verwendung von ASM und selbst dort nur sehr eingeschränkt, empfehlen wir, die maximale Größe einer Datendatei nie auf `UNLIMITED` sondern auf einen realistischen Wert zu setzen.

Ein SQL*Plus Skript könnte wie folgt aussehen:

```
SQL> SET PAGES 100
SQL> SET LINES 100
SQL> SET TRIMSPOOL ON
SQL> COLUMN tablespace_name FORMAT A20
SQL> COLUMN sumbytes FORMAT 999G999G999
SQL> COLUMN bytesused FORMAT 999G999G999
SQL> COLUMN freespace FORMAT 999G999G999
SQL> COLUMN percent_used FORMAT 999D99
SQL> COLUMN autoextend FORMAT A10
SQL> COLUMN df_maxbytes FORMAT 9G999G999G999
SQL> SELECT ts.tablespace_name,
            df_bytes sumbytes,
            NVL((df_bytes - free_bytes),df_bytes) bytes_used,
            NVL(free_bytes,0) freespace,
            NVL((df_bytes - free_bytes)/df_bytes*100,100) percent_used,
            DECODE(df_autoextend,0,'NO',1,'YES') AUTOEXTEND,
            df_maxbytes
     FROM   dba_tablespaces ts,
     (
     SELECT df2.tablespace_name tn,
            SUM(bytes) df_bytes,
            SUM(DECODE(maxbytes,0,bytes,maxbytes)) df_maxbytes,
            MAX(DECODE(autoextensible,'YES',1,'NO',0)) df_autoextend
     FROM   dba_data_files df2
     GROUP  BY tablespace_name
     ) df2,
     (
     SELECT fs.tablespace_name tn,
            SUM(bytes) free_bytes
     FROM   dba_free_space fs
     GROUP  BY tablespace_name
     ) fs
     WHERE  ts.tablespace_name=df2.tn
       AND  ts.tablespace_name=fs.tn (+)
```

```
    ORDER  BY tablespace_name;

TABLESPACE_NAME       SUMBYTES BYTES_USED    FREESPACE PERCENT_U AUTO    DF_MAXBYTES
---------------- ------------ ---------- ------------ --------- ----- --------------
DATATS             104.857.600   35061760   69.795.840     33,44 YES   1.048.576.000
KLEINERTS            2.097.152    2097152            0    100,00 NO        2.097.152
STREAMSTS          104.857.600    2752512  102.105.088      2,63 YES     524.288.000
SYSAUX             629.145.600  312737792  316.407.808     49,71 YES   1.048.576.000
SYSTEM             734.003.200  291831808  442.171.392     39,76 YES   1.048.576.000
UNDOTBS1           209.715.200   49610752  160.104.448     23,66 YES   1.048.576.000
USERS                5.242.880    1048576    4.194.304     20,00 YES   1.048.576.000
```

Diese etwas längliche Darstellung beinhaltet auch die Abfrage von Tablespaces, die aus mehreren Datendateien bestehen, wobei einzelne Dateien mit bzw. ohne *Autoextend* angegeben wurden (zweite SELECT-Bereich). In diesem Fall wird für den gesamten Tablespace der Flag `AUTOEXTEND` auf `YES` gesetzt. Es wird bei der Sammlung kein Schwellenwert eingestellt (z. B. nur Tablespaces, die zu mehr als 90 % gefüllt sind), denn nur so ist es möglich, ein schnelles Wachstum in einem Tablespace unabhängig davon, ob es erweitert werden kann oder nicht, zu erkennen.

16.3.5 Extents

Generell gehen wir davon aus, dass Sie spätestens mit der Version 10g Abschied von den Dictionary-Managed-Tablespaces genommen haben. Dann spielt die Überwachung von Extents für Sie keine Rolle mehr und brauchen auch nicht mehr überwacht werden. Zwar werden Extents auch weiterhin gepflegt und in der Alert-Datei wird immer noch festgestellt, dass ein Objekt nicht um ein Extent von der Größe x erweitert werden kann. Dies ist jedoch nur für die Überwachung der Tablespaces relevant und nicht für die Extentüberwachung selbst.

16.3.6 Filesystem

In der Vergangenheit kam speziell der Überwachung des Verzeichnisses für die archivierten Redolog-Dateien ein entscheidendes Augenmerk zu. Ein Engpass in diesem Bereich führte unweigerlich zum Stillstand der Datenbank. Mit der Einführung der Fast-Recovery-Area wird dieses Problem auf die Ebene der Datenbank verlagert, ist aber natürlich nicht einfach erledigt. Ganz im Gegenteil, eine fehlerhafte Einstellung des Serverparameters `db_recovery_file_dest_size` kann dazu führen, dass die Datenbank stehen bleibt, obwohl noch ausreichend Ressourcen zur Verfügung stehen.

Wenn das Verzeichnis für die archivierten Redolog-Dateien voll ist bzw. die Grenze für die Fast-Recovery-Area erreicht ist, können auf der gesamten Datenbank keine Transaktionen mehr ausgeführt werden. Die Datenbank kann in diesem Fall weder ordentlich heruntergefahren werden, noch durch irgendeinen Befehl zum Weiterarbeiten ermuntert werden. Abhilfe schafft in diesen Fällen nur die Vergrößerung des Bereiches oder das Löschen der archivierten Redolog-Dateien, wobei allerdings beachtet werden sollte, dass bei der Verwendung der Fast-Recovery-Area ein *Crosscheck* und ein logisches Löschen der Dateien über den Recovery-Manager erfolgen muss (siehe Kapitel 8.3).

Ein Datenbankadministrator sollte also, auch wenn es entsprechende Überwachungswerkzeuge auf Betriebssystemebene gibt, immer den freien Platz im Archivierungsverzeichnis im Auge haben. Hierbei empfiehlt es sich, diesen Platz häufiger zu überwachen als andere Bereiche, da ein einziger Batch-Lauf durchaus ein Vielfaches des zu ändernden Datenbestandes als Log-Information schreibt.

16.3.7 ASM

Bei der Verwendung von ASM als Speicher für die Datenbankdateien, muss dieses genau so wie ein Filesystem mit überwacht werden. Wie im Abschnitt 16.3.3 beschrieben, zeigt der Enterprise Manager abhängige Alarme automatisch an. Wenn das ASM überwacht wird, muss darauf geachtet werden, wie die Spiegelung eingestellt ist, da dies nicht jede Software erkennt.

Über eine einfache Abfrage kann man den freien Platz in der Diskgruppe bzw. den Diskgruppen direkt aus der Datenbank heraus abfragen:

```
SQL> SELECT name, total_mb, free_mb, usable_file_mb
     FROM   v$asm_diskgroup;

NAME         TOTAL_MB    FREE_MB USABLE_FILE_MB
---------- ---------- ---------- --------------
DATA             9992       2664           1332
```

Wichtig ist hierbei die Spalte `USABLE_FILE_MB`, da diese die tatsächlich verfügbaren Platz anzeigt, während `FREE_MB` eine Spiegelung außer acht lässt.

16.3.8 Unvorhergesehene Engpässe

Sicherlich wäre es optimal, wenn man, sobald ein Schwellenwert überschritten wird, einen entsprechenden Alarm bekommen würde. Praktisch ist dies jedoch nicht möglich, da die Sammlung der Informationen mehr oder weniger Zeit in Anspruch nimmt. Gerade für die Überwachung von Tablespaces und Datafiles bedeutet dies in der Regel, dass die Daten nur selten (z. B. zweimal täglich) aufgenommen werden.

Der Datenbankadministrator ist also darauf angewiesen, dass es keine unvorhergesehenen Aktionen gibt, die in der Zwischenzeit so viele Daten erzeugen, dass die Ressourcen nicht mehr ausreichen. Optimalerweise wird er informiert, wenn außerplanmäßige Aktionen (z. B. das Einspielen einer neuen Software, etc.) anstehen. Hilfreich ist in jedem Fall, wenn er beim Auftreten eines Fehlers erklären kann, dass es sich um eine ungewöhnliche Aktion gehandelt hat.

Am Einfachsten ist dies, indem man sich eine Matrix über die Redolog-Switches anzeigen lässt, aus der die Log-Switches pro Stunde bzw. pro Tag angezeigt werden. Eine schöne Darstellung bietet an dieser Stelle *Toad for Oracle* von Quest Software mit der *Log Switch Frequency Map* (siehe Abbildung 16.6).

Aus diesem Bild wird ersichtlich, dass am 05.07.2010 in der Zeit von 15 bis 18 Uhr eine extreme Häufung an Log-Switches erfolgte, die für den Administrator zu einer nicht zu kalkulierenden Ressourcenbenutzung geführt haben kann.

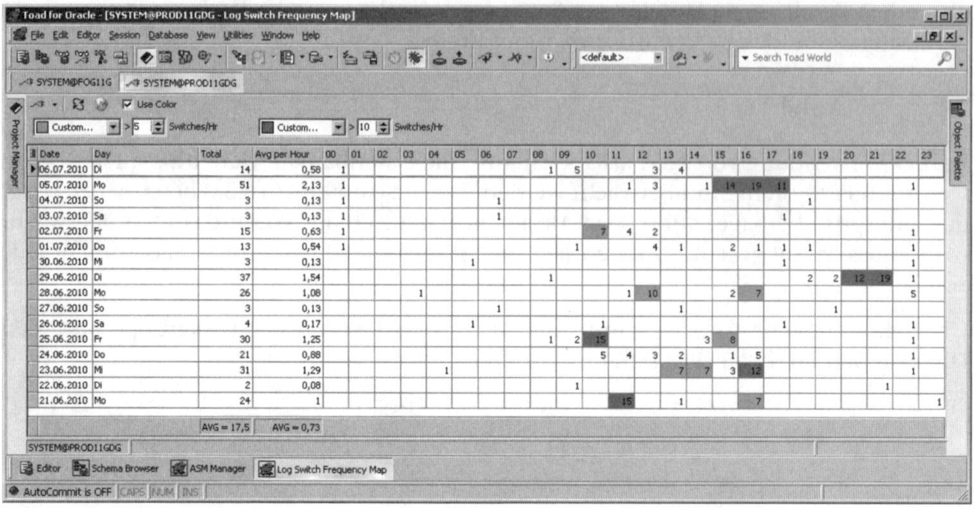

Abbildung 16.6: Log Switch Frequency Map im Toad

16.4 Health-Check

Eine besondere Stellung nehmen die so genannten *Health-Checks* ein. Sie werden aus zwei Gründen eingesetzt:

1. Um sich eine Übersicht über eine Datenbank, deren Struktur und Größe, sowie kritische Elemente zu verschaffen.
2. Wenn es keine permanente Verbindung zur Datenbank gibt, z. B. bei der Fernwartung von Datenbanken.

Im ersten Fall geht dabei darum, eine kurzfristige Analyse der Datenbank durchzuführen z. B. zur Vorbereitung einer Migration oder bei der Übernahme von Systemen durch Dritte – Thema Outsourcing. Die Skripte liegen oft in Form von SQL-Routinen vor und die Ausgabe erfolgt als HTML-Report oder als einfache textuelle Darstellung. Eine Bewertung hinsichtlich Schwellenwerte oder Engpässe erfolgt nicht allerdings werden teilweise recht umfangreiche Befehle gestartet, die einen nennenswerten Einfluss auf die Performance der Datenbank haben können.

Im zweiten Fall wird zu bestimmten Zeiten eine Reihe von SQL-Befehlen gestartet, deren Ergebnis entweder direkt oder in einem nachgelagerten Schritt bewertet (Schwellenwertanalyse) und historisiert werden. Da es sich um eine regelmäßige Sammlung von Daten handelt, muss eine gute Balance zwischen Informationstiefe und Einfluss auf die Datenbank gefunden werden. In jedem Fall muss die Datensammlung zwei Kriterien erfüllen:

1. Der Detaillierungsgrad muss ausreichend sein, um Engpässe frühzeitig erkennen zu können.
2. Die Daten müssen eine erste Diagnose im Fehlerfall erlauben.

Oft werden daher bei der Fernwartung folgende Daten ermittelt:

- Basisdaten: z. B. Datenbankname, Datum des Checks, ausführender Benutzer, Betriebssystem
- Konfigurationsdaten: z. B. Datenbankversion, verwendete Optionen, Serverparameter
- Alertdatei: protokollierte Fehlermeldungen
- Informationen über die Datenbank: z. B. Tablespaces, Größe der Datendateien inclusive freiem Platz, Logdateien, Logswitches pro Tag/Stunde, durchgeführte Sicherungen
- Objektinformationen: größte Segmente, Statistikinformationen, verwendete Datentypen, abgebrochene Jobs
- Sicherheitsrelevante Informationen: z.B: Standard-Kennworte, Privilegierte Benutzer (DBA-Rolle)
- Generelle Performancedaten: Memory (Buffercache, Shared Pool) Statistiken, Wait-Statistiken, Top SQL

Optimalerweise werden kritische Zustände (z. B. Füllgrad von Tablespaces übersteigt *x* Prozent) direkt angezeigt. Ansonsten obliegt es dem Datenbank-Administrator eine entsprechende Wertung vorzunehmen. Auf jeden Fall sollten Trends erkennbar sein, damit man frühzeitig Maßnahmen für eine Erweiterung bzw. Behebung ergreifen kann.

SQL*Plus eignet sich, weil es zu jeder Datenbankinstallation gehört, sehr gut, um solche Health-Checks durchzuführen. Das Beispiel im Abschnitt 16.3.4 zeigt, wie ein solches Skript aufgebaut sein kann.

Im Oracle Enterprise Manager werden entsprechende Checks als einzelne Berichte angeboten, die man bei Bedarf oder automatisch ausführen kann. Auf Basis der vordefinierten Berichte können dann beliebige weitere definiert werden (siehe Abbildung 16.7).

Im Quest Toad for Oracle gibt es einen vordefinierten Health-Check, der entsprechend parametriert ebenfalls manuell oder automatisch ausgeführt werden kann (Abbildung 16.8).

Ein Health-Check kann jedoch nicht die Anforderungen an ein Monitoring erfüllen. Als wesentliche Forderung fehlt die automatische Alarmierung. Aber auch bei der Korrelation von anderen Daten gibt es in der Regel Einschränkungen.

16.5 Diagnose

Die Diagnose kommt oft dann zum Tragen, wenn „das Kind in den Brunnen gefallen ist"! Das heißt, es gibt ein gravierendes Problem in der Datenbank, das dazu führt, dass die Anwender nicht mehr produktiv arbeiten können. Das kann bedeuten, dass tatsächlich ein Tablespace voll gelaufen ist oder der Anwender meldet sich mit dem bekannten Satz „Meine Anwendung geht nicht!". In diesem Fall ist der Administrator darauf angewiesen, entweder möglichst schnell den Engpass zu finden und dann zu beheben oder dem Anwender zu sagen, er möge Geduld haben, da es nun einmal seine Zeit braucht, bis eine Million Datensätze auf dem Bildschirm dargestellt werden.

Daher ist es zunächst einmal wichtig, herauszufinden, ob es sich um einen Fehler in der Anwendung oder einen Fehler in der Datenbank (bzw. den zugehörigen Komponenten)

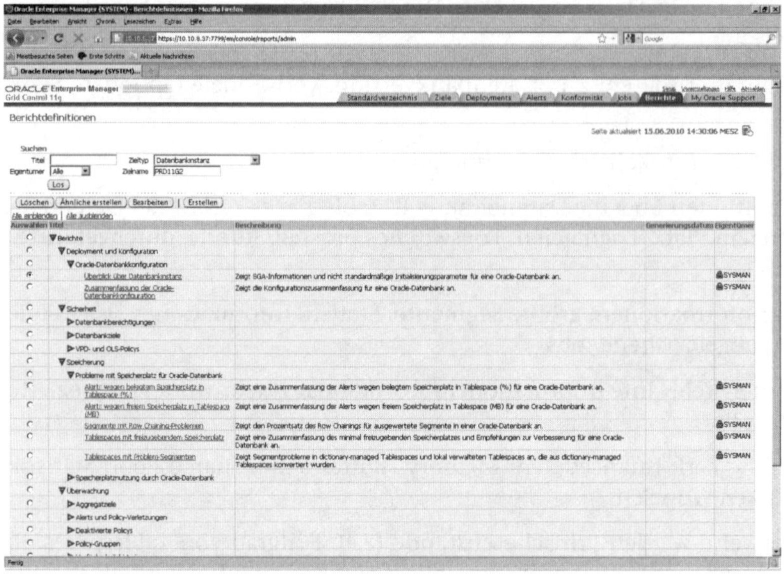

Abbildung 16.7: Berichte im Grid Control

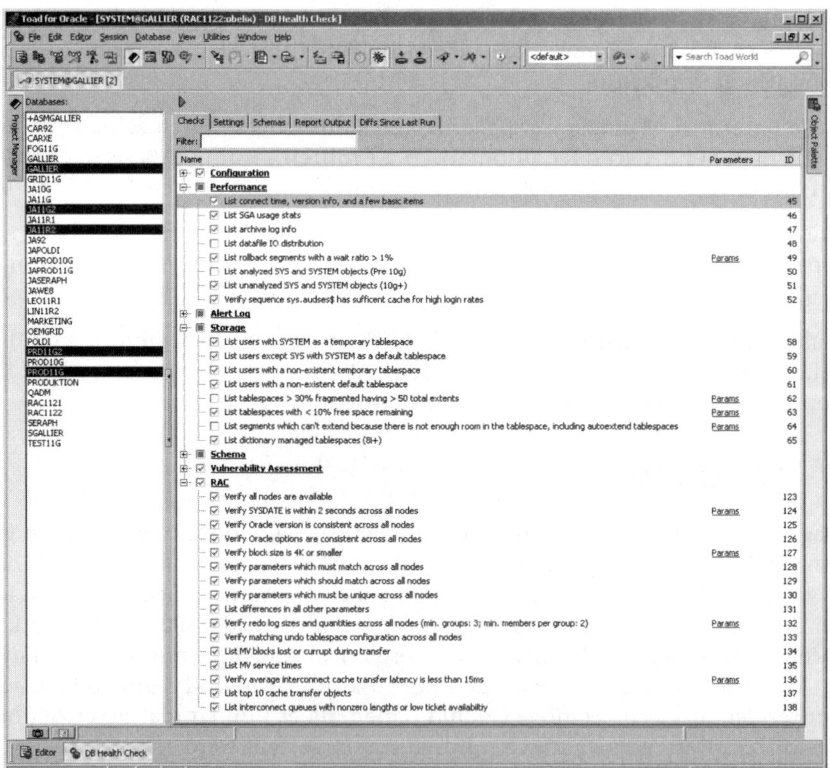

Abbildung 16.8: Toad Health Check

handelt. Das hört sich zwar trivial an und in dem Beispiel „Meine Anwendung geht nicht" ist sicherlich zunächst einmal eine Fragestunde angesagt, aber oftmals verliert man bei der Diagnose von Problemen viel Zeit, bevor man erkennt, dass es sich um einen Anwendungsfehler handelt, der in der Datenbank so gar nicht sichtbar ist. Ein einfacher Fall ist eine Primärschlüsselverletzung.

```
SQL> INSERT INTO personen(
        persid, anrede, vorname,
        nachname, geburtstag, bild)
     VALUES (100305,'Herr','Patrick','Schwanke','31.12.2000',NULL);
INSERT INTO PERSONEN (
*
FEHLER in Zeile 1:
ORA-00001: Unique Constraint (DEMO.PK_PERSONEN) verletzt
```

In diesem Fall wird man sich schwer tun, eine Information in Log- oder Trace-Dateien zu finden, da es sich um einen Anwendungsfehler handelt, d. h., für die Datenbank ist dieser Fehler irrelevant.

Bei weniger offensichtlichen Fehlern können Detaildaten aus der Datenbank bei der Analyse helfen. Hierzu gehören vor allen Dingen die bereits erwähnten V$-Tabellen. Zunächst einmal sollte man die entsprechenden Selektionskriterien vom Anwender erfragen (z. B. Schemaname oder Betriebssystembenutzer, Name des Objektes etc.). Mit diesen Vorgaben lassen sich dann die entsprechenden SQL-Befehle aus der Datenbank mittels der virtuellen Tabelle `v$session` oder `v$sqlarea` ermitteln.

```
SQL>  SELECT a.sid, a.serial#, a.username, a.schemaname,
             a.osuser, a.terminal,a.program
      FROM   v$session a
      WHERE  a.schemaname = 'DEMO';

 SID  SERIAL# USERNAME   SCHEMANAME OSUSER     TERMINAL   PROGRAM
---- -------- ---------- ---------- ---------- ---------- ------------
  61     3918 DEMO       DEMO       johannes   sun1       sqlplus.exe
  71      695 DEMO       DEMO       johannes   PC32       Toad.exe
```

Mit den Informationen aus der virtuellen Tabelle `v$session` kann dann zum Beispiel ein Tracing der entsprechenden Anwendung durchgeführt werden (siehe Kapitel 15.4.2).

Entscheidend für das schnelle Auffinden eines Engpasses ist es, aus möglichst vielen dieser Tabellen eine aussagefähige Information zu generieren – oftmals gar nicht so einfach. Daher empfiehlt es sich, auf grafische Werkzeuge zurückzugreifen, die auf die Diagnose von Datenbank-Engpässen spezialisert sind. Dazu gehört sicherlich der Enterprise Manager mit den Session Informationen (z.B: die *Top Aktitivät* in der Performance Übersicht siehe Abbildung 16.9).

Allerdings ist hierbei zu beachten, dass diese Funktion nur bei der Enterprise Edition in Verdindung mit dem Diagnostic Pack zur Verfügung steht. Eine weitere Alternative ist das Produkt Spotlight von Quest Software, dass als MS-Windows Client die V$-Daten grafisch darstellt und über Drill-Down Funktionen eine Ursachenforschung erlaubt. Abbildung 16.10 zeigt die Übersichtsdarstellung von Spotlight on RAC mit zwei Instanzen und den zugehörigen Informationen der globalen Datenbank sowie der ASM-Struktur.

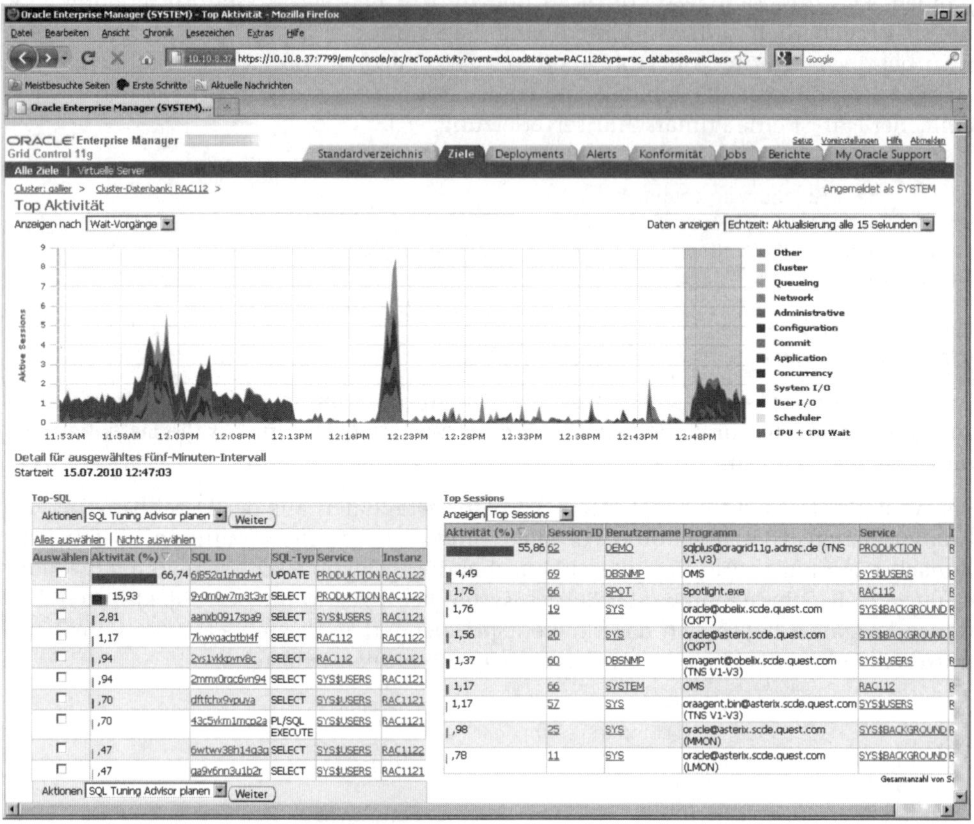

Abbildung 16.9: Grid Control Top Aktivität

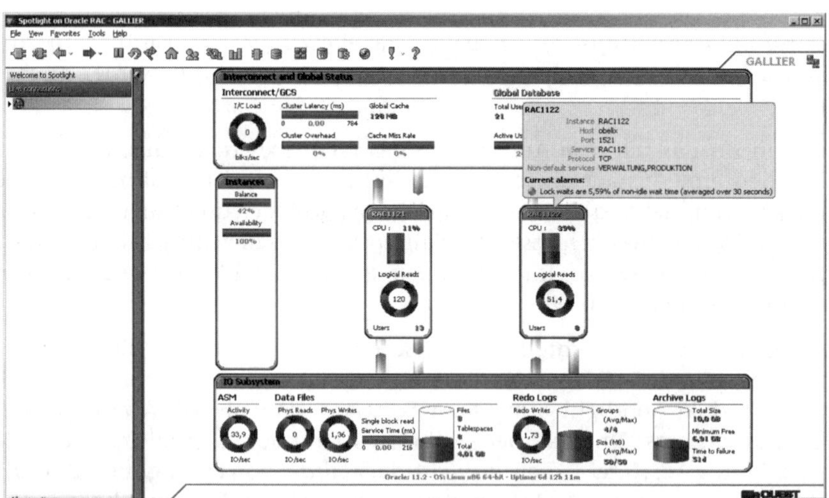

Abbildung 16.10: Quest Spotlight On RAC

Eine oftmals unterschätzte Sicht ist sicherlich auch `v$session_longops`. Hier werden Informationen über SQL-Befehle gespeichert, die bereits länger als sechs Sekunden laufen. Dabei werden die Statistiken der zugehörigen Tabellen für die Laufzeit zugrunde gelegt.

```
SQL> SELECT sid, serial#, username, target,
            time_remaining remaining, elapsed_seconds elapsed,
            message
     FROM   v$session_longops;

SID  SERI  USERNAME TARGET             REM ELA MESSAGE
---- ----- -------- ------------------ --- --- ----------------------------------------
 105    38 DEMOBIG  DEMOBIG.POSITIONEN  19   7 Table Scan:  DEMOBIG.POSITIONEN:
                                               29678 out of 109037 Blocks done
  23   564 DEMOBIG  DEMOBIG.POSITIONEN   0  68 Table Scan:  DEMOBIG.POSITIONEN:
                                               109037 out of 109037 Blocks done
  23   564 DEMOBIG                      32  65 Transaction Rollback: xid:0x0002.019.0001c9d4 :
                                               1018 out of 1518 Blocks done
```

Gerade diese View ist sehr hilfreich, wenn es darum geht, zu entscheiden, ob eine Transaktion abgebrochen werden soll oder ob auf die Beendigung gewartet werden soll. In dem obigen Beispiel wurde zunächst ein Update auf die Tabelle `positionen` durchgeführt und anschließend wurden die Änderungen zurückgenommen (Transaction Rollback). Man erkennt, dass dieser Rollback bereits 65 Sekunden läuft und noch weitere 32 Sekunden benötigen wird, d. h. das Rollback dauert mit ca. 97 Sekunden fast 30 Sekunden länger als das Update.

16.6 Application Performance Monitoring

In den letzten Jahren tritt ein neuer Aspekt immer mehr in den Vordergrund: das Application Performance Monitoring. Dabei geht es nicht mehr darum, einzelne Komponenten, wie die Datenbank, ein Betriebssystem oder den Application Server zu überwachen, sondern bei allen Betrachtungen die Anwendung bzw. den Anwender in den Vordergrund zu stellen. Natürlich ist es auch dafür notwendig, Monitoringdaten in der Datenbank zu sammeln, insofern gilt das in diesem Kapitel gesagte auch weiterhin. Eine Bewertung dieser Daten kann aber nicht mehr im Kontext der Datenbank allein vorgenommen werden, sondern müssen mit weiteren Daten korreliert werden, um damit Aussagen über die Beeinflussung einer Anwendung und damit des Geschäfts bzw. des Unternehmens treffen zu können.

Für den Datenbank Administrator bedeutet dies, dass es eine zweite Bewertungsebene für die Daten gibt. Je besser er über die auf der Datenbank laufenden Anwendungen Bescheid weiß, desto leichter sollte es ihm fallen, Aussagen über Verfügbarkeit und Performance in Relation zur Anwendung tätigen zu können. Beispiel hierfür ist Oracle Real Application Clusters, der für Hochverfügbarkeit und Skalierung von Anwendungen genutzt wird (siehe Kapitel 12). Die Definition von Services hilft dabei, einen ersten Bezug zur Anwendung herzustellen. So kann der Administrator beim Ausfall eines Knotens schnell beurteilen, welche Services in welcher Form davon betroffen sind:

- Der Service und damit die Anwendung steht nicht mehr zur Verfügung.
- Der Service wurde auf einen anderen Knoten verlagert, d. h. es hat eine kurze Beeinträchtigung der Verfügbarkeit gegeben.

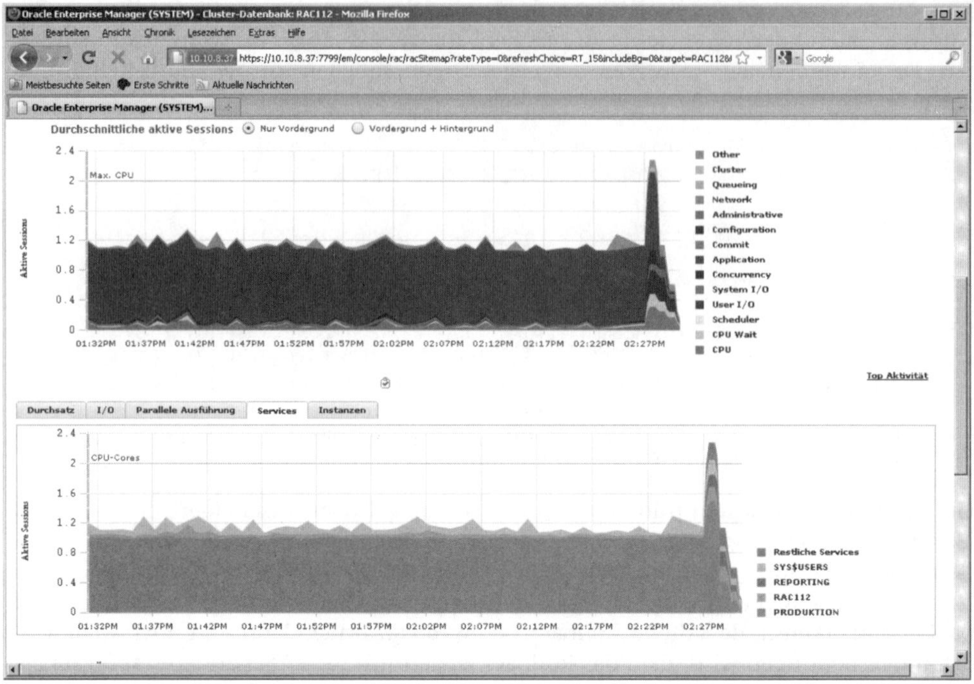

Abbildung 16.11: Services im Grid Control

- Der Service läuft jetzt auf 3 statt vorher 4 Knoten, eventuell kann dies zukünftig zu einer Verschlechterung der Antwortzeiten durch höhere Last auf den Knoten führen.

Abbildung 16.11 zeigt im oberen Abschnitt die einzelnen Wait-Classes und im unteren Bereich ist zu erkennen, dass der Service `PRODUKTION` die größte Last erzeugt.

Durch die Hinzunahme von Informationen über das Netzwerk, die Application Server, die Webserver oder auch durch aktive und passive Messung von Anwendungen kann das Monitoring verfeinert und die Auswirkung auf die Anwendung besser definiert werden. Nebenbei lassen sich durch solche Maßnahmen *Warrooms* bzw. das gegenseitige Fingerzeigen vermeiden.

Stichwortverzeichnis

Z